陈桥驿先生（1923—2015）

国家出版基金项目
NATIONAL PUBLICATION FOUNDATION

中国国家历史地理

【第十三卷】

陈桥驿全集

陈桥驿 著

人民出版社

英　　国

日　　本

世界煤炭地理

国家出版基金项目
NATIONAL PUBLICATION FOUNDATION

中国国家历史地理

【第十三卷】

陈桥驿全集

陈桥驿 著

人民出版社

目　录

欧洲资本主义国家地理

英　　国

日　　本

世界煤炭地理

马尔代夫共和国

淮河流域

黄　河

祖国最大省份新疆省

江淮流经的安徽省

民族融洽的贵州省

祖国的河流

高中外国经济地理

小学地理教学法讲话

欧洲资本主义国家地理

前　言

欧洲是全世界中除了澳洲以外的最小的一洲,但是就世界政治、经济上的重要性来说,它却是占有头等地位的。

谁都知道,资本主义的最早发展在欧洲,社会主义革命的首先成功也从欧洲开始。几个世纪来,欧洲形势的变化,一直牵动着整个世界形势的变化。第二次世界大战以后,世界形势变化得更剧烈了,马林科夫同志在联共(布)第十九次代表大会上所作联共(布)中央委员会的报告中,曾经指出:"战后时期是世界资本主义体系进一步削弱和民主与社会主义力量日益壮大的时期。"这一事实,对于欧洲来说,更是表现得明显和尖锐的。

在政治方面,战后时期,欧洲大陆上形成了两个完全对立的阵营。一边是以苏联为首的和平民主阵营;这中间,除了苏联居于领导地位以外,大部分东欧和东南欧的国家,如波兰、捷克斯洛伐克、匈牙利、罗马尼亚、保加利亚、阿尔巴尼亚和德意志等,都成了这个阵营的主要力量。由于政治、经济制度的优越,整个阵营得到了欣欣向荣和空前壮大的发展。另外一边,是缚在美国战车上的没落的资本主义——帝国主义阵营;这里面,除了英、法两个老牌的帝国主义国家以外,还有另外大大小小十多个高度水平或中等水平的资本主义国家。这些国家绝大多数都是在反动的"《北大西洋公约》"或其他一些侵略性和奴役性的条约之下,套上了华尔街的绳索。这些国家,正如马林科夫报告中所说的:"实际上都抛弃了它们本国的政策,而执行着美帝国主义者指定的政策"。完全失去了政治上的独立地位。

两大阵营形成在经济上的结果，伟大的斯大林同志在他的天才著作《苏联社会主义经济问题》中已经指出，是"统一的无所不包的世界市场瓦解了，因而现在就有了两个平行的、也是互相对立的世界市场"。关于这一点，在欧洲大陆上也是表现得特别具体和尖锐的。一边是在东欧人民民主国家中间，由于相互间建立了经济上的合作和互助，特别是苏联慷慨地给予这些国家以真正的和技术精湛的帮助，使这些国家迅速地得到了高速度的工业发展。这样，由于这些国家的产量的不断增加，在东欧民主阵营中间，就建立了日益发展的民主市场。在另一边，西欧的资本主义国家中间，一方面由于长期的战争创伤在它们的社会制度下无法恢复，另一方面，由于这些国家的统治者，在美国的命令下，执行了罪恶的备战政策，并且停止了和东欧民主国家的交易；这样，就造成了西欧市场的空前萧条疲敝，使这些国家的工业生产能力和工业产品销路两者之间的矛盾更为加深。于是这些国家的人民，就陷入了可怕的失业和贫困的深渊里。

在目前，欧洲大陆上，由于这样两个阵营的对立，形成了东部和西部政治及经济上一个十分尖锐的对比。这个对比，指出了资本主义——帝国主义阵营的没落途径和民主阵营的必然胜利。对于我们来说，是有着十分重要的教育意义和实际意义的。因此，就需要更进一步地研究欧洲形势发展的趋向。对于这个问题来说，则让我们懂得一些欧洲国家的地理概况，是一件很有裨益而且也是必要的事。由于解放以来，对于欧洲的东部——苏联和各人民民主国家，出版界已经有了较多的资料供给读者参考了。因此，本书的任务，就专门落在对欧洲资本主义国家的概况，特别是地理概况的叙述上。

斯大林的天才著作《苏联社会主义经济问题》和马林科夫在苏联第十九次党代表大会上关于联共（布）中央委员会的报告中，提供了对欧洲资本主义国家情况的极重要和确切的诊断。本书的写作，是依据了这两大不朽的文件的精神的。另外，本书的内容，主要还参考了苏联 И. A. 维特威尔著的《世界经济地理》、胡明编著的《世界经济地理讲座》和人民教育出版社编的"高级中学课本外国经济地理"下册的油印原稿；在自然地理部分，也酌量参考了邹豹君著的《欧洲地理》；在各国的目前形势部分，则参考了一些重要的杂志和其他著作。为了慎重一些，也为了满足读者的参考需要，每一章以后，都把该章的主要参考资料附列了。

最后，除了感谢金擎宇先生对本书初稿的细心校阅和地图出版社编辑部提供的修改意见以外，还希望读者们不断地指教和批评。

一、英国(附爱尔兰)

近代英国的经济发展,可说是从 16 世纪后期开始的。当时西欧的佛兰德尔一带(即现在的比利时西部和与其邻接的法国部分),已经有了相当发达的工业,英国成为这一工业区的羊毛供给者。由于和佛兰德尔的接触,也就促进了英国本国工业的发展;同时,因为羊毛需要的激增,英国的地主纷纷地把耕地辟为牧场,赶走了原来在土地上耕种的农民,大批失去土地的农民就迅速地转变为都市工业无产阶级。这些都是英国经济发展的主要动力。另一方面,那时候美洲大陆已经发现,英国是欧美航路上的要道,欧美之间的交通逐渐频繁,对英国工商业和海上贸易的发展,也起了相当巨大的刺激作用。从那时起,英国先后在海上击败了许多和它竞争的对手,如西班牙、葡萄牙、荷兰、法国等,占领了大片的海外殖民地。然后从对殖民地的掠夺和海上贸易的垄断中,累积了大量的资本,成为一个资本主义高度发展的殖民帝国,并且在这个帝国的"宝座"上持续了长长的 300 年之久。

早在第一次世界大战发生以前,英国的资本主义已经发展到了顶点。当时世界上新进的资本主义国家,如美国和德国,它们的生产水平,已经逐渐地赶上了英国。第一次世界大战的结果,德国虽然被打垮,但是英国本身却也伤了很大的元气,只有美国在战争中发了横财。从此美国的发展,就很快地超过了英国,英国日益明显地走向下坡。

在第二次世界大战里,英国遭受了比第一次世界大战更为严重的损伤。战争中,国土经常地被德国飞机轰炸,毁坏了大批的工厂和住宅;庞大的战争费用更把英国的资金消耗殆尽。因此,战争结束以后,英国已从一个债权国变为一个债务国,海外投资的一半已转移到美国财主手上。从此英国便走上了更为狼狈的道路。不列颠帝国事实上已在土崩瓦解之中了。

第二次世界大战以后的英国,由于统治者仍然没有放弃他殖民帝国的迷梦,因此海外驻军无法复员,战争工业也不能恢复为和平工业。前者影响了国内劳动力的不足,后者则使输出货品不能迅速增加。加上大量负担的军费支出,整个国民经济就急速地走向崩溃的危机。于是1945年冬英美成立了37.5亿美元大借款的协定,从此美国主子的绳索就套上了英国的头颈。英国撤销了关税优惠制,取消了英镑集团,开放了英国市场。于是,美国资本立刻大量地流入英国殖民地;在世界商品市场中,英国货品被美国货品排挤到十分可怜的处境。这样,英美之间就发生了非常尖锐的矛盾。但是由于英国反动统治者,在本质上注定了无法摆脱美帝的羁绊,因此,英国接着仍然是饮鸩止渴地接受了"马歇尔计划"的"援助",并且也参加了《北大西洋公约》的侵略集团。在任何美帝的侵略活动中,英国总是摇尾乞怜地、走狗般地站在首要的帮凶地位。在联合国中,英国是美帝重要的应声虫和表决机器;在朝鲜战场上,英国忠顺地替美帝送来炮灰,帮助美帝进行血腥的屠杀;在欧洲,英国热诚地帮助美帝武装了阿登纳傀儡,和阿登纳签订了所谓"一般性条约"。英国的反动统治者已决心将自己的国家献给美帝,让美帝当作一艘侵略欧洲、进攻苏联的"航空母舰",大批美军已经源源地开到英国(1952年驻英美军已达5万人)。

英国是一个立宪王国,政治上很久以来被保守党和工党这两个大党把持着。这两个党派,在表面上看来,似乎各有一套不同的政治主张,但实际上却是一样反动的东西,正如马林科夫报告中所说的:"英国的首脑人物,不管是保守党的,还是工党的,很久以来,就委身充当美国的小伙计,也就是保证不执行有利他们自己民族的政策,而遵循美国的政策。由于这种政策,英国人民已经遭受到严重的苦难,大英帝国正在摇摇欲坠。"

从第二次世界大战以后,一直到1951年为止,工党掌握了英国的政权,工党在战后竞选时,曾经发表了一篇使人惶惑的施政纲领,他们扬言要把英国"不流血达到社会主义"。但是在他们的5年执政当中,相反的却替人民招致了无穷的灾难。对内方面,工党政府实行了一套所谓大企业的"国有化运动"。根据工党首脑们的说法,这就是实行社会主义的步骤;但是实际上"国有化运动"是怎样一回事呢? 工党政府曾先后将国内的煤矿、铁路等企业收归国营;然而所谓收归,却并不是无偿的,政府要发给原业主股票和赔偿费,每年得按期支付股息,这样,业主们放弃了因牟利而耗竭到极限的、设备陈旧的煤矿,放弃了破烂的铁路,却能安安稳稳地坐享股息的收入。以煤矿一项来说,原业主所得到的股息和赔偿费的收入,要比萧条时期的工业收入多出 7 倍以上。因此,"国有化运动"让政府每年负担了 8 千万镑的股息支出,而企业的本身,却仍旧间接地被资本家控制着。所以,凡是"国有化"以后的工业部门,就必须提高工人们的劳动强度和压低工资;这就是英国广大工人阶级所受到的工党政府的"杰作"——"国有化运动"的"恩赐"。工党政府的对外政策,那更是彻头彻尾地反动的。他们一方面紧紧地跟随着他们的美国主子,唯命是从地甘心充当美帝的走卒;另一方面,更在殖民地进行了血腥的屠杀行动,对马来亚人民的残酷屠杀,是全世界和平人类所共愤的。工党政府在它执政的五年里,就这样地失尽了民心。所以,1951 年大选中保守党的再度上台,绝不能说是保守党的胜利,而应该是工党被人民唾弃的具体证明。自然,以著名的战争贩子丘吉尔为首的保守党,是一个更反动的政党;这个英国人民死敌的反动政党的上台,意味着英国人民的灾难已经越来越加深了。

当然,英国人民不是永远会受反动统治者的欺骗的。在战后几年来活生生的事实的教训之下,英国人民觉悟起来了。国内进步力量的增强,正表示着英国人民政治认识的提高。在总书记波立特同志领导之下的英国共产党,已经发展到 6 万多党员,比第二次世界大战以前几乎扩大了 1 倍。这就是英国进步力量的核心,他们正领导着英国人民,为了争取和平、争取真正的民主和幸福的生活而斗争。1951 年英国共产党公布了他们的纲领。这一个符合大多数英国人民的需要和衷心愿望的纲领,是英国走向社会主义的真正道路。这个纲领,正普遍地被英国人民拥护着。

英国是建立在欧洲西北部大西洋中不列颠群岛上的一个国家。不列颠群岛中最主要的,是大不列颠岛和西面的爱尔兰岛,英国占有大不列颠岛的全部和爱尔兰岛的北部。因此英国的全称是"大不列颠北爱尔兰联合王国"。大不列颠岛又分成三部:南部和中部是英格兰,北部是苏格兰,西部是威尔士。包括附近一些岛屿在内,英国的面积一共是 24.4 万平方公里。爱尔兰岛南部的绝大部分,本来也是英国的自治领,1937 年起,已经宣布脱离英国,成立了独立的爱尔兰共和国。

英国除了本国以外,在世界各处占有了很多殖民地。英国统治阶级,把这些殖民地组成了一个庞大的"不列颠帝国"。不列颠帝国的范围遍及世界各洲,面积超过英国本土 130 倍(第二次世界大战后脱离英国而独立的已经不计在内)。从前,英国常常以"日不落国"自夸,但是自从第二次世界大战以后,"日不落国"显然已经摇摇欲坠了。一部分殖民地(如印度、缅甸等)已经脱离英国独立(虽然英国还在那里保有了政权);另一部分(如加拿大等)已经落入美帝的掌握;另外还有一些(如马来亚等)则已掀起了争取独立、解放的革命运动。"大英帝国"已经注定了要走上土崩瓦解的道路了。

英国的居民,是由历史上几批侵入不列颠群岛的不同民族混合而成的:最早住在不列颠群岛的民族,是克尔特人;从公元 6 世纪到 7 世纪,在英格兰南部侵入了盎格鲁撒克逊人;公元 8 世纪到 10 世纪,英格兰东部又侵入了丹麦人;其后,斯坎的纳维亚半岛上的诺曼人,西欧大陆上的法兰西人,都曾先后侵入过不列颠群岛。因此,现在占英国全部人口 4/5 的盎格鲁撒克逊人,是混杂了许多别的民族的血统和文化的;至于克尔特人,却到如今还保存着他们民族的特性,居住在苏格士、威尔士和爱尔兰一带。

根据 1949 年英国官方的统计,全国共有人口 5052 万人。英国的人口密度,每平方公里超过 200 人,在世界上,仅次于荷兰和比利时。英国一向被称为是一个地小人多的国家。人口的众多,向来是英国统治阶级对外侵略的一个借口;事实上,英国的人口分布,是极不均匀的,人口密度最大的,仅在英格兰一带,北部苏格兰山地和西部威尔士山地,每平方公里都只有 25 人,尤其是中部的奔宁山地中竟还有好些无人的荒地。

不列颠群岛本来也是欧洲大陆的一部分;由于陆地崩陷的结果,才造成了这样一串支离破碎的群岛。不列颠群岛所包括的岛屿,大小计在 5500 以上;除了大不列颠岛和爱尔兰岛以外,比较重要的,还有爱尔兰海中的明岛、北部的赫布里底群岛和设得兰群岛等。不列颠群岛的东面是北海。而对着西欧大陆一些重要河流(如莱茵河、买士河、些耳德河等)的出海口,是欧洲海上交通的重要部分;群岛的西面是大西洋;群岛的南面是英吉利海峡;英吉利海峡中的最狭部分是多维尔海峡,在这里,英法两国之间的距离只有 32 公里。英国是全世界海岸线最曲折的国家之一,特别是在大不列颠岛的北部,分布着一些峡江式的海岸,沿岸有很多优良的港湾。

英国的地形是相当复杂的:大不列颠岛的西部和北部多山;苏格兰的北部是一块海拔 600 米到 1000 米的高地,格兰扁山脉是这一带主要的山脉;尼维斯峰高达 1343 米,是英国最高的山峰。由于冰河和海浪的侵蚀,这一带的西岸,有着非常曲折的峡江式海岸。摩来湾和罗恩湾之间的喀里多尼亚运河,是这里最重要的河流。不过运河的水深还不到 3 米,大船无法通航。格兰扁山脉以南,有一宽约 50 公里的谷地,这是苏格兰最重要的地区;虽然面积只占苏格兰的 1/5,但是却有 4/5 的苏格兰人口集中在这里,所有苏格兰的较大城市都分布在这块谷地上面;谷地上的重要河流,是流入北海峡的克来德河和流入北海的福尔斯河。谷地以南,又是一块高台地;这里的主要山脉,是和英格兰交界处的哲维倭特丘陵,这条低低的丘陵乃是一带侵蚀剧烈的火山块。哲维倭特丘陵以南是奔宁山脉,这是大不列颠岛中部的主要山脉。山脉自北而南,纵贯中央英格兰,因此而有"英格兰脊骨"之称。奔宁山脉以西索尔威湾以南的地区,略成一个半圆形的半岛,叫作肯布利亚山地,是英国著名的湖区;这一带,风景优美,湾泊众多,主要的有南部的温德美湖和北部的额勒斯瓦特湖等。

英格兰的西部,是威尔士半岛,整个半岛被康布连山脉所盘踞。半岛西北的士诺登峰,高达 1088 米,是英国第二高峰。威尔士半岛以南,是狭长的德文半岛,半岛的东部,是一块肥沃的平原,西部则是崎岖的花冈岩丘陵。

英格兰的东南,大部分是平原,平原的北部由于煤铁蕴藏的丰富,称为"黑英格兰",主要是奔宁山脉东西两侧的地带,包括西北部的兰开厦郡和切厦郡,东部的诺丁罕姆厦、约克厦、杜尔夯和诸桑勃兰各郡,以及中部英格兰的斯塔福特厦郡等。这一带的主要河流,有塞文河和恒比尔河等;塞文河全长 355 公里,是大不列颠岛上的第一大河。

英格兰平原的南部,由于大片牧场的分布,所以称为"绿英格兰"。这是一片由石灰岩高地和黏土低地所构成的地带,主要包括伦敦盆地、英格兰南岸中部的汉浦厦盆地和德文半岛东部的索摩塞平原等。泰晤士河全长 332 公里,流域面积达 10800 平方公里,水量充足,水位安定,是英国最重要的一条河流。

英国有一个非常温和的海洋性气候。虽然就纬度说,英国的纬度,大部分比我国的黑龙江流域还要高;但伦敦一月份的平均气温却有摄氏 3.8 度,比我国上海还高一点,而同纬度的我国黑龙江地区,则低至摄氏零下二十几度。7 月份的伦敦平均气温只有摄氏 17 度,比我国上海要低 10 度。英国气候温和的原因,主要是由于暖流的关系,墨西哥湾流流过英国附近的海面,使英国各地的气温普遍提高;另外,从大西洋吹来的强劲西风,对英国气候也有重要的调节作用,西风并且也带来了多量的水汽,因此,英国的空气是经常地非常湿润的。就雨量说,西部的迎风坡全年雨量超过 1000 毫米,山地中也有在 2000 毫米以上的;在英格兰西部,一星期里面,平均有 5 天下雨;东部背风坡的雨量较少,但全年也在 600 毫米以上。此外,英国是以大雾著名的,伦敦就是一个被称作"雾都"的城市;特别是在秋、冬两季,很难得碰着一个天朗气清的日子,常常是整日地刮着濛濛的大雾,市街的交通有时竟因此而停顿起来;在伦敦附近的海面上,浓雾也经常地妨碍船舶的行驶。

不列颠群岛气温　　　　　　　　　　　　　　　　　(摄氏)

地　　别	1 月	2 月	3 月	4 月	5 月	6 月	7 月	8 月	9 月	10 月	11 月	12 月	年平均	较差
瓦棱西亚岛 (爱尔兰西南)	6.9	6.8	7.2	8.8	11.4	13.7	14.9	14.9	13.6	10.8	8.6	7.5	10.4	8.1
都 柏 林	5.6	5.8	6.5	8.3	11.0	14.0	15.6	15.5	13.3	10.1	7.7	5.9	9.9	10.0
伦　　敦	3.8	4.5	5.8	8.5	11.9	15.1	17.0	16.4	13.9	9.8	6.6	4.6	9.8	13.2
奈　　恩 (苏格兰东北)	2.9	3.1	4.1	6.5	9.0	12.2	13.7	13.4	11.5	7.8	5.1	3.1	7.2	10.8

不列颠群岛雨量　　　　　　　　　　　　（毫米）

地　　别	1月	2月	3月	4月	5月	6月	7月	8月	9月	10月	11月	12月	年雨量
瓦棱西亚岛	137	130	112	92	80	80	95	120	102	140	137	170	1,390
都柏林	57	23	23	23	50	50	65	75	23	67	67	62	585
伦　敦	23	42	45	37	45	45	65	55	45	65	60	60	612
奈　恩	50	45	23	37	45	45	67	60	55	60	60	55	622

农业在英国，只占极轻微的地位。英国是所有资本主义国家中最忽视农业的国家。早在英国资产阶级争取海上霸权成功的同时，为了满足羊毛生产的需要，英国地主曾在自己的土地上赶走了佃农，把大片耕地改为牧场，这就是著名的"圈地运动"。因此，英国现在仅保有极小的耕地面积，包括饲料作物播种地在内，耕地面积只占全国面积的23%；农业人口也只占全国职业人口的7.5%。农村的土地，大部分属于地主，地主把土地租给农场企业主，由农场企业主再雇佣劳动者进行耕种。谷类作物中，主要的是燕麦、小麦和大麦，主要都产于英格兰的东部。水果和蔬菜的栽培，在农业中占了很重要的地位，另外在北部爱尔兰，也有一些亚麻的出产。一般说来，农业只能供给英国1/3的粮食消费。

英国的土地利用

地　　别	英格兰	威尔士	苏格兰	北爱尔兰
地　林（%）	5.1	5.0	5.6	1.3
粗放牧场（%）	11.3	33.8	66.8	15.7
牧　场（%）	42.8	41.9	8.3	45.6
耕　地（%）	26.5	11.9	15.9	27.9
其　他（%）	14.3	7.8	3.4	9.5

英国的畜牧业比农业远为重要。除了占全国土地57%的天然牧场以外，耕地面积几乎也有一半是为了畜牧业服务，种植了饲草和供饲用的根作物。畜牧的对象，主要的是乳牛、菜牛、羊、猪和禽类。就肉类和乳类的生产量说，英国国内的生产，弥补了它消费量的40%—50%。另外，也供给了国内毛织工业中的1/4的羊毛。

英国的渔业很发达，捕鱼的范围也非常广大：北至冰岛，南达非洲北部的摩洛哥沿岸，西至大西洋中部，东到北冰洋西部，都有英国渔船的足迹。特别是不列颠群岛附近的海面，是世界重要的渔场之一。由于这一带都是浅海，深度不到200米，捕捉极为容易。因此，北海，英格兰和冰岛之间，爱尔兰岛周围的海面，以及英吉利海峡和比斯开湾,都是英国最重要的渔场。英国最大的渔港都分布在面对北海的大不列颠岛东岸。每年能捕获鱼类 5 万吨以上的渔港,在苏格兰东岸有亚伯丁,在英格兰东岸有赫尔、格林斯必、雅穆斯和洛威斯托夫等处。英国计有渔民 25 万人,每年捕获的鱼类达 100 万吨,主要是鲱鱼和鳕鱼等。这是英国唯一能够自给自足的肉食。

英国矿藏的种类不多,但是主要矿产的贮藏量却很大,这对英国工业的发展,曾起了极重大的作用。最丰富的矿产是煤。煤田的分布,大致可以分为三区:即英格兰煤田、威尔士煤田和苏格兰煤田。英格兰煤田的范围最大,藏量也最丰富;这一区煤田主要的分布在诺丁罕姆厦的设菲尔德和里子一带,兰开厦的曼彻斯特和利物浦一带,斯塔福特的北明翰一带,诺桑勃兰的纽卡斯尔一带;其他如东南部的东肯特和西南部的索摩尔,也都是重要的藏煤区。威尔士煤田有南北二区:南部主要的在南威尔士的斯温西到加的夫一带,这是英国藏煤量最丰富的区域之一;在北部,则柏肯黑德以南的北威尔士地区也有煤的贮藏。苏格兰煤田大致分布在格兰扁山脉和哲维倭特丘陵之间的谷地中,主要是腓夫厦和兰那克厦附近的爱丁堡一带,以及亚尔厦的亚尔一带。英国煤的总贮藏量大约有 1900 亿吨。虽然在世界各国的煤贮藏量中,它只占第五位(次于苏联、美国、加拿大和中国),但是英国的煤矿却有着它特殊的优点。首先它的煤矿总是集中在较小的地区之内,就单位面积内的煤贮藏量来说,英国居有世界的第一位;而且很多煤矿正在海边,这就增加了运输的便利;即使不在海边,运输也毫不困难,因为在大不列颠岛上绝找不到一个离海超过 120 公里的地方。其次,英国的煤矿大部分品质都很优良,富于黏结性,而矿层离地面很近,采掘也比较容易(现在上层煤矿大部分已采完了)。

除了煤矿以外,英国也有相当丰富的铁矿。铁矿中以侏罗纪岩层中的水成铁矿占绝对优势。主要分布在林肯厦的佛拉丁罕附近的约克厦和诺桑勃兰一带。这类铁矿含铁的成分极低,一般含铁量仅有 22%—23%(瑞典铁矿的含铁量是 63%,西班牙铁矿的含铁量是 51%);虽然在肯布兰和兰开厦西北部一带也有一些含铁成分超过 50% 的赤铁矿,但是在英国的全部铁矿中,这类矿砂只占微不足道的少数。英国铁矿的总贮藏量约为 597000 万吨,计含铁量为 198600 万吨,只占资本主义世界藏铁量的 7%。

此外,在苏格兰的爱丁堡一带,有着数量不多的油页岩贮藏;在达尔贝厦有重晶石的贮藏;在切厦也有岩盐的贮藏;还有在爱尔兰岛的北部有着铁矾土的贮藏。

英国是最早发展工业的国家;到了现在,虽然情况已经大不如前,但是在资本主义阵营里,它仍然是一个重要的工业国家。英国工业的主要特点,就是偏重于生产品质较高的贵重产品。这由于英国国内没有充足的原料基础,在熟练工人丰富和生产费高贵的情况下,生产半制成品和低廉的用品是得不到利益的。因此,英国大量地输出高贵产品,却又大量地输入半制成品和低廉产品。

英国工业有新旧两个部门:新的工业部门是20世纪才发展起来的;旧的部门则在工业革命时代就开始,在蒸汽动力最盛行的时代里发展的,分布在能够供给这种动力的采煤区域里。

英国工业的旧的部门,主要包括采煤工业、冶金工业、蒸汽机制造工业、纺织机制造工业、机车制造工业、造船工业和纺织工业等。这些工业,都曾经辉煌一时,称霸世界;但是到了现在,却显然已经完全衰老了。

英国的采煤工业分布在煤矿区。煤的生产,除了满足本国的需要以外,还可以输出到北欧、西欧(都从纽卡斯尔出口)和南欧、南美(都从加的夫出口)等地。英国的冶金工业,主要集中在"黑英格兰"的煤矿区附近,北明翰和设菲尔德是两个重要的中心;其他如格拉斯哥、纽卡斯尔、加的夫等地,也都有规模巨大的冶金工业(全国铸铁的年产量约为七八百万吨,钢的生产量则为1200万到1400万吨)。在冶金工业地区,同时也发展了各种机器制造工业。在旧的工业部门里,发展得较好的,是造船工业和纺织工业。造船工业的主要中心是格拉斯哥和纽卡斯尔,其他如朴资茅斯、巴罗以及爱尔兰岛北部的贝尔发斯特等地,也都有相当的发展。纺织工业是英国国内发展最早的工业;到现在为止,就纺锤的锭数说,英国的纺织工业仍占世界的首要地位。纺织工业中最重要的,是棉织工业,最大的中心是兰开厦的曼彻斯特。棉织工业的原料,最主要的来自美国,其次则来自印度和埃及等地。在纺织工业中占第二位的,是毛织工业。毛织工业在英国的纺织工业中发展最早,分布也比较普遍,主要的中心在里子一带。麻织工业和丝织工业,在英国的重要性不大,爱尔兰岛北部的贝尔法斯特,是英国麻织工业的发展中心。

英国工业的旧的部门存在着很多缺点:主要的是企业的分散,分布的不合理,和设备的陈旧。就煤矿来说,英国的采煤工业中,有许多很小的矿井,机械化的程度非常落后,小规模的企业,造成了行政费用和销售费用的提高;机械化的落后,造成了生产能力的低落(英国工人平均每天每人的采煤1.1吨,德国是1.5吨,美国是4.5吨)。这样,成本提高的结果,就使英国煤找不到市场。冶金工业的情况也正相似,在英国,一座熔矿炉的出铁量,也远远及不到美国和其他资本主义发展的国家。

在第一次世界大战以后,英国的资产阶级也曾经企图把他们的旧的工业部门加以改良,他们采用了企业联合和生产合理化的方法;因此,在第一次世界大战以后的20年中,英国的旧的工业部门有了一些变化。他仍运用了许多康采恩混合的方法,成立了冶金、兵工、机器制造的企业联合,进行了生产上的技术改良;在采煤工业中,则成立了采煤企业的联合,封闭了许多过旧的矿井。但是这一些改革,并不能根本改造英国的工业。

英国工业的新的部门,是20世纪才发展起来的,主要的包括汽车工业、航空工业、电气工业、化学工业和人造丝工业等。新的工业部门,有着高度的技术水平,并且广泛地应用了生产综合化的方式。这些工业部门,都被强有力的垄断资本控制着。新的工业部门,主要的分布在英格兰的东南部,伦敦就是最重要的中心。它们中间,除了化学和电气两部门供给大量的出口以外,其余的大部分,都是为了国内市场而工作;新的工业部门,在英国的整个工业和出口中,重要性远不及旧的工业部门。

第二次世界大战以后,英国的工业情况是愈来愈惨了:海外市场的大部分都被美帝夺去;"马歇尔援助"又控制了欧洲各国的原料和市场;1951年美帝导演的"舒曼计划",更垄断了西欧的煤钢生产,使英国的煤钢工业受到了沉重的打击。此外,殖民地和半殖民地的人民解放运动,使英国失去了很多原有的原料(如伊朗的石油);而工党政府的所谓"国有化运动",也无非是花了国家一笔很大的款子,去对那些破烂陈旧企业的企业主支付赔偿费和股息而已。在这样的情况下,除了军事工业以外,英国的工业迅速地衰退了。英国极重要的纺织工业,在1951年的第三季中,比1950年年底要减产10%;皮鞋和制鞋工业的生产,在1951年的九个月,减少了13%以上;小汽车的出产量,则降低了25%。紧接着民用工业的萧条,工人阶级的生活就进入了更艰苦悲惨的地步:工资被"冻结"着不动,物价却没有一天不在上涨。从1947年起,食品价格的官方指数上涨了58%,衣服上涨了47%,燃料和电灯费用上涨了40%,家具上涨了37%。因此,英国工人的工资收入,至少已比战前降低了20%。另外,失业工人正在继续不断地增加:完全失业的已有50万人;其他还有成千上万的工人,每星期只有16小时的工作可做。就英国重要的纺织业来说,这个部门的工人,目下已有一半失业和半失业。现在,全国失业和半失业的工人,已经超过了100万。更可恶的是,政府还在不断地提高捐税,1951年的捐税总额已比战前提高了4倍多。英国工人阶级所付的国家保险费、所得税和其他苛捐杂税等,几乎等于扣除了1/3的工资收入。在这样的情况下,英国工人阶级生活的困苦,已是不言而喻的事了。

在交通运输方面,英国计有32000余公里的铁路长度,就密度说,它仅次于比利时;铁路对国内的货运起了最大的作用。另外,英国在大不列颠岛上,有一个包括很多运河和设有水闸的内河交通网。但是内河交通网的绝大部分,是在工业革命的时代完成的,到了现在,几乎还保持着百余年前的状态;因此,虽然英国的内河水道长度在欧洲资本主义国家中仅次于法国(德国不计在内),但是就内河的载运能力来说,却大大地落后了。在第一次世界大战以后,英国也发展了大规模的汽车交通,英国现有汽车达200万辆,在资本主义世界中,仅次于美国和法国。

　　海上运输是英国交通运输上的最重要部分。维护英国海上交通的优势地位，巩固海上的统治权，是当时英国称霸世界的主要基础之一。靠着强大的商船队，英国经常地输入粮食和原料，并且把工业品和煤斤输出国外。在 19 世纪末叶，英国船舶的总吨位，几乎要占世界的一半。直到第二次世界大战前夕，英国的商船队仍是世界上最强大的；当时计有商船吨位 1800 万吨，要占全世界商船总吨位的 22%。第二次世界大战中，英国的船舶受到了严重的损失；1940 年，英国曾迫不得已，以美洲东岸的一些岛屿向美国换取了 50 艘超龄的军舰。战后，随着英国海外市场的萎缩，随着英国造船工业的衰退，英国的船舶吨位和海上交通，已经远远地落后于美国了。

　　英国自从工业革命以后，大批失去了土地的人民，集于工业地带，这样就迅速地成长了很多工业城市和港口。英国的城市人口占总人口的 80%，乡村人口只占 20%，这是世界上任何国家所没有的现象。英国的最大城市是伦敦，这是英国的国都，也是全国第一大都市和大港口。伦敦位于泰晤士河下流，海洋船只可以直达这里。在伦敦对外的贸易关系上，输入远远地超过了输出；因此，这是英国最大的入口港。伦敦港从伦敦桥向上，延伸达 41 公里，码头的长度总共计达 54 公里。伦敦的中心是西梯，这里集中了许多银行、交易所、各种企业的管理局等，是英国的金融中心。西梯以西，是英国的政治中心，那里集中着许多政府机关，如国会和内阁等。从这里再向西，便是豪华的资产阶级住宅区。伦敦的东部，是工业区，这里分布着汽车工业、航空工业、电气和化学工业，大部分都是英国工业的新的部门。工业区附近，是伦敦著名的贫民窟，这里情况真有不可想象的凄惨；居民的密度达到了骇人听闻的拥挤程度，某些地方每平方公里中竟局促着 8 万人口；和西部的那些豪华的贵族住宅比较，形成一个极度尖锐的对比。整个伦敦的人口，包括它的郊区在内（即所谓"大伦敦"），1950 年的统计，达 840 余万人，是次于纽约的世界第二大城市。

　　英国的第二大城市是北明翰，1950 年，这里有 118 万多人口。它和它北部的设菲尔德（有 81 万多人口），是英国的主要钢铁工业中心，向来有着"黑乡"的称号。这些地方，到处充满了煤炭和铁滓，满天是乌烟瘴气，见不到一丝绿色；劳动人民的住宅，更显得狭小可怜。设菲尔德的西部，是曼彻斯特和利物浦：曼彻斯特是英国的棉织工业中心；利物浦是英国的第二大港，也是英国最大的出口港；这里有纵长达 60 公里的码头设备。

　　英国北部苏格兰的最大工业城市是格拉斯哥，这是英国最大的造船工业中心，也是世界最大的造船工业区之一；世界最大的轮船，如"玛利皇后号"和"伊利莎白公主号"等，载重量超过 8 万吨，都是这里的产品。1950 年，这里有 108 万多人口。苏格兰的另一大城是爱丁堡；爱丁堡的苏格兰的东部海岸，和西部海岸的格拉斯哥，相距只有

60 公里。这里是苏格兰的古代首都,是英国文化、艺术上的一个著名城市。

爱尔兰岛除了北部一角(仅有 14000 平方公里的面积)以外,全部属于爱尔兰共和国。爱尔兰共和国计有领土 69000 平方公里;这里的人民几乎全部是克尔特族,总共约有 300 万人口。

多少世纪以来,爱尔兰一直是在英国的统治之下,英国政府屡次残酷地压制了爱尔兰的民族解放运动。一直到第一次世界大战以后,由于爱尔兰革命运动的蓬勃展开,英国才不得不在 1921 年允许爱尔兰成为自治领。1937 年,爱尔兰宣布和英国完全脱离,成立了独立的爱尔兰共和国。由于爱尔兰国内有着很多的德国投资,爱尔兰统治者和第二次世界大战前的德国有着密切的联系;因此,在第二次世界大战中,爱尔兰统治者采取了和法西斯德国保持友好,而对苏联抱不友好的反动态度。

爱尔兰岛的北部,是墨恩山脉和玄武岩熔岩流所构成的安特利姆高原;南部为威克斯福德台地;中部是一块沼泽遍布的平原。善农河从西南海岸出海,全长 360 公里,是不列颠群岛中最长的河流;但是河浅滩多,不能通航大船。

爱尔兰的农民,占职业人口的 52%,农产品主要有燕麦和马铃薯等;不过纯农业在爱尔兰只占次要的地位,谷物的生产也不够自给。畜牧业是爱尔兰经济的重要部分,牧场的面积远远地超过了耕地;在爱尔兰的对外贸易中,畜产品的输出要占全部输出的 1/3,绝大部分是输往英格兰。

爱尔兰的矿藏资源非常贫乏,只有一些品质低劣的煤矿,和多数的泥炭;不过善农河供给了大量的水力,第二次世界大战以前,德国资本流入爱尔兰,在这里建造了大规模的水力发电厂。

爱尔兰的主要工业部门是食品工业,大的企业都被英国资本所控制着。在爱尔兰南部的科尔克一带,也发展了一些机器制造工业,但是规模都很小。爱尔兰的工业人口还不到全部职业人口的 15%。

爱尔兰的首都是都柏林,位于爱尔兰东部的爱尔兰海沿岸,1946 年,这里有 50 万人口,是爱尔兰全国最大的城市。

主要参考资料

世界经济地理　И. А. 维特威尔著　卢彬　董策三　张文蕴译　五十年代出版社

高级中学课本外国经济地理　下册(油印原稿)　人民教育出版社

世界经济地理讲座　胡明编著　光华出版社

英国选举以后　波立特著　实吾译　世界知识　1952 年第 3、4、5 各期

不列颠帝国的危机 英 杜德著 胡仲持 浦寿昌 艾纳合译 世界知识出版社
英国走向社会主义的道路 施芝禅辑译 世界知识出版社
英国经济因扩张军备而遭遇危机 高兰 争取持久和平,争取人民民主! 中文版 第 156 期

二、法国（附安道耳和摩纳哥）

法国就是法兰西共和国的简称。

法国在第一次世界大战中，是主要战场；虽然德国最后终于溃败，但法国人民曾对此付出了惨重的代价；因此，第一次世界大战以后，法国本来应该严密地防制德国侵略势力的再起。但是由于法国的政权一直是掌握在大资产阶级——两百家族的手中，对于他们来说，他们只害怕共产党和无产阶级的革命运动，而并不害怕德国侵略者，他们有意地让希特勒破坏了所有《凡尔赛和约》中的规定；因为他们认为法西斯德国是他们理想中的反苏、反共的打手。这样，在第二次世界大战以前，法国的统治者一直是追随着英国的统治者，用可耻的"绥靖政策"来对付希特勒。他们听任希特勒在他们的南方培养了佛朗哥政权；他们默许法西斯德国并吞了奥地利；他们更卑鄙地在慕尼黑出卖了捷克斯洛伐克。固然，希特勒到最后终究是和他的那些培养者的想法相同，是发动了对苏联的疯狂进攻的；但是，在当时的情况，却正和斯大林在《苏联社会主义经济问题》中所说的一样，法西斯德国和英、法、美集团之间的矛盾，"在实践上，是比资本主义阵营和社会主义阵营间的矛盾更为激烈"。因此，当1939年希特勒挑起"走廊问题"攻占了波兰以后，并没有立刻进攻苏联，"却转而用自己多年准备的力量去反对英、法、美集团"。这样，法国就首先遭受到希特勒的进攻。

在很短的时期中，德军冲破了建筑8年、耗资亿万的所谓"马其诺防线"，法国就这样迅速地被打垮了。对法国人民来说，这是一件非常恐怖的事，但是对两百家族来说，却并不十分严重。他们叫贝当出面向法西斯德国投降。于是德军立刻占领整个法国；贝当将政府迁到中部高原的维琪，替法国历史上沾上了一个可耻的污点。这样，从1940年—1944年，法国人民过了4年亡国生活。在这段漫长黑暗的时期里，法国共产党领导全国人民，和法西斯强盗进行了坚决的斗争。4年里面，有40万游击队员，为了法国的独立、解放而贡献了他们的生命。通过了这样艰苦的斗争，法国共产党在广大的人民群众中树立了不可动摇的威信，成为全国第一大党。

1944年，由于苏联红军在东线的大规模反攻，法国境内的德军也就开始溃败，法国总算复国了。复国以后的法国，于1945年举行普选，普选中，共产党由于得到了群众的普遍爱戴，获得了全国1/3的选票，在法国议会中占有了很多的席位，同时也参加了法国的内阁。复国初期的法国，在国际关系上，和苏联订立了互助条约；在国内，则由于共产党参加了政府，使复国初期的法国经济恢复得相当迅速。对久经磨难的法国人民来说，这样的情况已替他们带来了一些幸福的希望。但是这一点幸福的希望，却终于又在法国反动势力的把持下被断送了。

在复国初期，法国的反动势力，包括人民共和党、社会党和戴高乐法西斯集团等，由于人民的压力和共产党在政府中的作用，使他们暂时不敢明目张胆地胡作胡为。但是不久，他们终于在美帝的支持下，暴露了他们的反动面目，在政府中排斥了共产党，把法国拖入了严重的危机。

自从共产党被迫退出内阁以后，法国的反动统治者，立刻开始了他们早就预谋的反动计划。他们接受了"马歇尔计划"的"援助"；恶化了法国和苏联及东欧人民民主国家的关系；参加了"北大西洋公约"的侵略集团；甚至不顾30余年来两次遭受进攻的教训，同意美帝武装阿登纳傀儡。1952年，法国反动政府不顾国内人民的坚决反对，和西德签订了所谓"一般性条约"，随即又签订了为期50年的所谓"欧洲防务集团"条约。法国的反动统治者，正和马林科夫报告中所说的一样："他们正亲手帮助复活法国多年的死敌德国军国主义。"他们还是和第二次世界大战以前一样，要把从前寄托在希特勒身上的希望，转而寄托到阿登纳傀儡身上，企图把西德作为一个反苏、反共的前哨。

为了准备挑起新的战争，为了大规模的扩军，为了对殖民地进行血腥的屠杀，法国统治者正想尽各种方法以达成他们祸国殃民的企图。人民负担的赋税大大地增加了，1951年的赋税比1938年高出54倍；通货膨胀的情况愈来愈严重，日用品涨价了好几十倍，人民的购买力1951年比1945年降低了40%以上。一切都被放到准备战争的需要上去，1952年的军事预算竟达14000亿法郎的天文数字（实际支出远不止此数），要占法国全部预算的40%。

　　法国人民的处境,真是太艰苦了。他们除了忍受经济上的贫乏以外,他们还得承担一切殖民地人民的苦痛。法国现在是十足地美国殖民地化了,全国 90 个省之中,已经有 80 个省在不同的程度上被美帝占领。但是法国人民是绝不会屈服的。在历史上,法国曾是一个革命和进步的策源地;早在 1871 年,法国无产阶级的巴黎公社,已替世界劳动人民的革命开掘了伟大的先河。有着优秀革命传统和丰富斗争经验的法国人民,是绝不甘心美帝的统治和反动政府的压迫的。拥有党员 80 万人的法国共产党,正领导着法国总工会(拥有 500 万会员)和全国人民,对反动统治者作坚决的斗争。虽然反动政府采用了卑鄙、下流和野蛮的手段,对付共产党(例如 1952 年他们曾非法逮捕和诬陷法共书记杜克洛,后来在国际和国内人民的一致抗议下被迫释放)和共产党领导的群众;但是这绝不能削弱他们的斗争意志。相反地,法国人民已经愈来愈坚强了。早在 1948 年,法共总书记多列士同志已经宣布:"法国人民将不会,永远也不会对苏联作战。"这个理直气壮的正义宣告,已经获得法国人民的一致拥护了。

　　法国是欧洲资本主义国家中的第一大国,就整个欧洲说,它也仅次于苏联。法国的领土,包括地中海的科西嘉岛和战后从意大利割让来的五小区(计 708 平方公里)在内,一共是 551694 平方公里。法国海外殖民地的面积,等于本国的 22 倍,主要的都在非洲。在亚洲,中印半岛上的越南、寮国和高棉,过去也都是法国的殖民地,但是第二次世界大战以后,它们都已经宣告独立。虽然法国反动统治者还死不甘心,在美帝的支持下,已经进行了 5 年肮脏的战争;但是除了少数几个据点以外,中印半岛上过去的法国殖民地,现在大部分都已经获得解放了。另外,法国的北非殖民地,如摩洛哥、突尼斯和阿尔及利亚的人民解放运动,也日益高涨;法国反动统治者,正在那里进行严厉的镇压和血腥的屠杀;但是,这些都是无补于两百家族的殖民地统治的最后土崩瓦解的。

　　法国人民主要的是拉丁族的法兰西人。少数民族分布在法国的边疆,主要的是布列塔尼半岛西部的不列颠人(约 100 万)、比利牛斯山中的巴斯克人(约 20 万)、科西嘉岛上的科西嘉人(约 30 万)等;另外,在法国和比利时的边疆,还有少数的佛拉曼德人。

　　法国全国根据 1952 年的估计材料,约有居民 4220 万人。法国人口的自然增加,非常微小。当 19 世纪之初,法国人口原占欧洲的第一位(俄国在外);但是到了现在,法国人口已经退居欧洲的第四位了(次于德国、英国、意大利)。在第二次世界大战以前的几年中,法国人口几乎没有增加;第二次世界大战中,人口大约又损失了 100 万。因此,在欧洲,法国是有些国家特别是意大利和过去的波兰移民的对象。法国人口密度最大的地带,是北部和里昂地区,在那里每平方公里中可以超过 300 人;但是在阿尔卑斯山和比利牛斯山一带,每平方公里中在20人以下。

法国的形状,略成六边形,境内有很多欧洲著名的山脉和河流:法国中部是塞文山脉和奥汾涅山脉;东部和意大利交界处是阿尔卑斯山脉;和瑞士交界处是侏侏山脉;和德国交界处是佛日山脉;南部和西班牙交界处,是比利牛斯山脉。

法国的河流,大部自中央高原发源,向四方奔流:流入英吉利海峡的有塞纳河;流入比斯开湾的有罗亚尔河和加隆河;流入地中海的叫罗尼河(上流的另一支叫索恩河)。另外,有莱茵河流过法国的东北边疆(莱茵河的支流摩塞尔河在法国北部);谬司河和些耳德河从法国北部发源,流入比利时境内。

错综复杂的山脉和河流,构成了法国错综复杂的地形。就法国的地形说,最重要的一区是巴黎盆地。巴黎盆地的范围:南至中央高原,北到英吉利海峡,东抵佛日山地,西达阿尔莫利坎丘陵(见后);南北长约300公里,东西广约40余公里;盆地内部高度在200米以下,边缘则也有高达五六百米的。塞纳河长776公里,流贯盆地中央;罗亚尔河长1000公里,流过盆地南部,是法国最长的河流。巴黎盆地是法国最重要的工业区和农业区,也是法国最富庶繁华的地方。巴黎盆地的西部,是阿尔莫利坎丘陵:丘陵在英吉利海峡和比斯开湾之间,包括北面的诺曼底半岛和布列塔尼半岛;除了少数地方高达400米以外,一般都在200米以内。巴黎盆地以东,是佛日山地:这里包括洛林和阿尔萨斯,是法国重要的工矿区;佛日山脉高1400米、它和德国的黑森林山脉之间有一带谷地,莱茵河就在这谷地上流过,作为法、德二国的天然疆界。巴黎盆地的南面,是中央高原,对全国来说,中央高原在全国的正中偏南:高原上主要的是塞文山和奥汾涅山,高度一般在1000米以上,最高可达2000米;法国的大河如塞纳河、罗亚尔河、罗尼河的支流索恩河和加隆河的一些支流,都在这里发源。中央高原以西,比斯开湾以东,加隆河流域的地区,是一块三角状的大平原,称为亚奎丹盆地:加隆河长达650公里,中央高原以西和比利牛斯山以北的水,大部分都流入此河;加隆河和它最大的支流多尔顿河会合后,形成一个三角江,叫做吉伦特河;亚奎丹盆地也是法国重要的农业区。法国东部和意大利及瑞士交界的地方,是侏侏·阿尔卑斯山地:正当三国交界处的勃朗峰,是阿尔卑斯山的主峰,高达4810米,在欧洲再也没有超过它的山峰了。侏侏·阿尔卑斯山地和中央高原之间,流贯着法国唯一流入地中海的大河罗尼河(发源于瑞士)和它的支流索恩河,构成了一块狭长的索恩·罗尼河谷地:罗尼河全长760公里,是法国第三大河。以上所述的,是法国地形上的主要区域,其他如地中海沿岸地带,比利牛斯山以北地带等,在地形上也都是独立的区域,不过范围都很小。至于法国在地中海的岛屿科西嘉,是一个花冈岩和片岩构成的岛屿,全岛除了西部稍为低平以外,其余都是崎岖的高地,岛的中部高达500米以上。

　　由于地形的复杂,法国的气候也是比较复杂的。法国的西部,特别是在布列塔尼半岛和诺曼底半岛,气候温和,和英国西南部相似,是典型的西欧海洋性气候。以布列塔尼半岛为例,夏天的平均气温是摄氏 16 度,冬天是摄氏 7 度,年较差极小。从西部沿海向东进入内地,气候就逐渐变得严酷。中央高原和佛日山地都是温和的大陆性气候,那里有一个很长的冬季。在法国的地中海沿岸,因为有阿尔卑斯山和中央高原与北方隔绝,气候自成一区,是一种亚热带的地中海气候。夏季酷热而干燥,平均气温达摄氏 22 度;冬季温和多雨,平均气温接近摄氏 8 度。

法国气温　　　　　　　　　　　　　　　　　　　　　　（摄氏）

地　　别	1 月	2 月	3 月	4 月	5 月	6 月	7 月	8 月	9 月	10 月	11 月	12 月	年平均	较差
巴　黎	2.6	4.1	6.2	9.6	13.4	16.5	18.1	17.7	14.7	10.0	5.8	3.4	11.2	15.5
波尔多	4.8	6.2	8.2	11.7	14.6	18.0	20.1	20.1	17.6	13.0	8.3	5.1	12.3	15.3
马　赛	6.8	7.8	10.0	12.7	16.2	19.7	22.1	21.4	19.1	14.8	10.6	7.6	14.1	15.3

　　法国的雨量,各区不同,下降的季节也不一致。巴黎和马赛的雨量,都在五六百毫米之间,比斯开湾南部的波尔多,每年雨量在 700 毫米以上。

法国雨量　　　　　　　　　　　　　　　　　　　　　　（毫米）

地　　别	1 月	2 月	3 月	4 月	5 月	6 月	7 月	8 月	9 月	10 月	11 月	12 月	年雨量
巴　黎	37	30	40	42	52	57	55	55	50	57	45	42	565
波尔多	62	50	57	62	70	70	47	50	65	90	77	67	751
马　赛	42	37	47	55	42	27	1	2	60	97	70	52	565

　　法国是一个工农业国家,农业人口比工业人口略多,要占全国的35%。就法国土地在农业上的利用程度来说,耕地占总面积的40.7%,牧场占20.6%,森林占19.1%,没有利用的荒地占19.6%。

　　法国在 1789 年—1794 年的资产阶级革命中,清算了农村的封建土地所有权,这是法国农村和英国农村的主要区别。但是地主的绝大部分土地,并没有到农民的手里,而是被资产阶级所收买了。他们在法国北部建立了大农场,应用农业机械和化学肥料,以资本主义的方式来进行。在法国西南部,却多是贫苦、落后的小农经济。农民中的绝大部分(小自耕农和佃农),都无法和资本家的农场竞争,而且重重的赋税更压得他们透不过气来,终于陷入了不可自拔的债务泥淖中。第二次世界大战以后,苛捐杂税越来越重了,尤其是"马歇尔计划"强迫法国输入农产品,结果,法国的农民破产

了,每年要消失 5 万户以上的中、小农;这些农民到都市里也找不到工作,很多就被迫
参加了失业军;从数字上也可以看出法国农村衰落的情况:1950 年的小麦播种面积只
有 100 万公顷,比战前减少了 20% ,1951 年小麦的收获量也比战前要低;土地越来越
迅速地集中到少数人手上了。

法国的农作物,有很多的部门:这里面,谷物播种的面积占全部耕地面积的 58%。
谷物中最普通的是小麦,播种在塞纳河、罗亚尔河和加隆河流域,收获量以塞纳河流域
为最多。燕麦和裸麦也是较多的谷物,前者播种于西北的潮湿区域,后者则播种于比
较贫瘠的地方,如中央高原和布列塔尼半岛一带。另外,玉米的出产也不少,主要的是
播种在加隆河流域。在技术作物中,甜菜是主要的一项:巴黎盆地是播种的中心,制糖
厂也都分布在这一带;法国每年有 1/4 的糖生产总量可供输出。在加隆河下流和地中
海沿岸,是法国重要的葡萄种植区。法国的酿造事业是世界闻名的。就葡萄酒的酿造
说,法国占世界第一位(供给了世界酒类生产总量的 1/4)。但是一般法国人民却只能
享受廉价的劣质酒;因此,法国每年要向国外(如意大利和西班牙)进口大量的劣质
酒,另外输出较少量的优等酒以作为抵偿。很多世界著名的酒类,都冠以法国的产区
地名(如香槟、白兰地等),就可看出法国酿造事业的发展情况。但是近年以来,法国
昂贵酒类的销路也已经愈来愈小了。另外,法国的园艺农业也有相当的发展:蔬菜多
种植于西北部,主要是向英国输出;果树和花草则大多栽培于地中海沿岸地带。

畜养事业在法国农业中也占了很重要的位置:最重要的地区是在北部和西北部,
前者因为有甜菜生产的废料可作饲料,后者则由于饲草供给的充分;在中央高原、阿尔
卑斯山西部和比利牛斯山北部的山地草原中,也有了畜养事业的发展:畜养事业中主
要是肉用和乳用的畜类,牛的畜养最为普遍。

在地中海沿岸和索恩·罗尼河谷地上,人民栽培了桑园,发展了蚕桑事业。法国
是欧洲的第二蚕桑国(次于意大利),但是现在已经大大地衰落了。

法国有着丰富的铁矿,铁的贮藏,在资本主义世界中仅次于美国和巴西,铁矿的含
铁总量计有 32 亿吨。主要的藏铁区是东北部的洛林,它的含铁量虽不很多,但是埋藏
不深,开采极为便利。其他如诺曼底、罗亚尔河流域、比利牛斯等地,也都有少量的贮
藏。法国的煤矿却比较贫乏,总藏量仅 176 亿吨。主要地贮藏区是以里尔为中心的北
部地带;这一带煤田,和比利时的煤田连接,由于受剧烈的褶曲作用,煤层极不规则,而
且埋藏得很深,开采非常困难。另外,如中央高原的圣德田一带,东北地区的萨该明一
带,也都有少量的贮藏。法国的煤矿,不但是藏量不多,开采困难,而且质地也不好,大
部分都不能炼焦。除了铁和煤以外,法国比较丰富的矿藏,还有铁矾土和钾盐:法国的
铁矾土矿层,是世界最大的,主要分布在罗尼河口的地中海沿岸,其中以普罗完斯最为

著名,每年有大量矿石的输出(主要输往挪威)。法国的钾盐贮藏量,在世界上仅次于苏联和德国;贮藏区在阿尔萨斯的牟罗兹一带。另外,在洛林还有一些磷灰石矿,在阿尔萨斯也有极少量的石油贮藏和出产。

从阿尔卑斯山、比利牛斯山和中央高原发源的河流,供给了法国很多的水力;特别是罗尼河支流伊塞尔河和都兰斯河一带,水力已有了普遍的开发。但是若和英国一比,却还不如,法国全部水力资源的总和,比英国要小10倍。

法国也是一个高度发展的工业国家。工业人口比农业人口略小,约占34%。法国工业中有一个很重要的弱点,那就是燃料的不足。第二次世界大战以前,法国每年产煤4500万到5000万吨,还缺乏2500万到3000万吨,需要从英国、德国和比利时输入。另外,法国还更要进口大量的石油和石油产品,结果造成了法国动力的特别昂贵,这就大大提高了工业的成本。

和英国一样,法国的工业也可以分成新和旧两个部门:旧的部门的工业,是法国最早发展的工业,包括纺织、成衣、奢侈品和时髦品等等;对于纺织工业,法国国内几乎全无原料。丝织工业的中心,在索恩·罗尼河谷地,特别是在里昂,但由于人造丝的发展,重要性已经大大减少。棉织工业分布得比较普遍,在东北佛日山地区域,有牟罗兹和厄比纳尔;在北部有里尔、鲁贝和土哥英;在西北部有卢昂;法国的棉花全部要从国外输入。毛织业的中心,主要在北部的里尔、鲁贝和土哥英一带;法国国内的羊毛,只能供给10%的需要,其余也依赖输入。时装、奢侈品和时髦品,一向以巴黎为中心,由于各国都树立了关税壁垒,以抵抗这些货品的输入,因此这一部分工业,也已经大大地衰退了。

法国工业的新的部门,大概都在第一次世界大战以后建立起来的,主要包括冶金、机器制造、化学、人造丝等等:冶金工业大部分集中在洛林矿区,法国的钢铁有3/4是由洛林供给的。和比利时交界处的煤矿区,也有一些冶金工业,铁矿是从洛林运来的;在这一区里,同时也发展了铁轨、火车头和其他的机器制造。次要的冶金工业地带是诺曼底、中央高原的克勒索和圣德田。另外,在阿尔卑斯山以西,也发展了电气制铝工业。法国的机器制造工业中心是巴黎和里昂,主要是生产农业机器、纺织机器、电机、汽车和飞机。法国最大的军事工业中心在克勒索,其次也是巴黎和里昂。化学工业最发展的区域是北部地区和巴黎一带,主要的产品是钾盐肥料、多马司磷酸肥料(多马斯法炼钢所得的副产品)、硫酸和有机染料等。法国的人造丝生产,则以里昂为中心。

在第一次世界大战以前,法国的工业发展得比任何资本主义国家都要慢,这主要的有三个原因:第一是法国农村中充满了购买力薄弱的贫、雇农,工业品没有广大的国内市场;而且农民被束缚在土地上,又不能供给工业以足够的劳动力。第二是由于煤铁的缺乏（当时洛林区还没有收回），使法国没有发展重工业的原料。第三是因为法国资本家觉得把资本输出比较投资在国内的工业上获益更大，结果，资本源源地以贷款形式输出，使法国成为一个国际的高利贷者，而本国反而短少了足够发展工业的资本。一直要到第一次世界大战以后，法国从德国收回了阿尔萨斯和洛林，在这上面获得了很重要的矿产（如铁、钾盐等），并且也获得了巨大的冶金工厂和其他工业机构；这样，法国才迅速地发展了它的新的部门的工业。自然，这些发展起来的巨大工业，都是落在一些独占资本家手中的。法国的两百家族，控制了 30 个金融公司，30 个冶金公司，20 个采煤和采矿企业，30 个电力公司，几十家化学工业托拉斯、煤气和自来水公司、铁道公司和运输公司。第二次世界大战前，两百家族的大批资产，曾是他们压迫人民和向殖民地进行侵略的资本；第二次世界大战中，他们挟带着这批资产，向德国法西斯投降，把这些资产为希特勒奴役欧洲而服务；现在，两百家族又带着他们的一切，投向美帝，法国庞大的独占企业，已将成为美帝侵略欧洲的资本了。

两百家族对美帝的指示，是唯命是从的，在 1951 年签字的丑恶的"舒曼计划"中，法国反动政府将自己的煤钢工业，和西德、比利时、荷兰、卢森堡、意大利等国结合起来，一起交给美国老板控制。两百家族遵照美帝的意旨，疯狂地发展了军事工业和绞杀了民用工业。法国的拖拉机、建筑、造船等工业，都受了"马援"的严重打击。例如：纺织工业于 1950 年的生产仅达 1929 年的 91%，到 1951 年第 3 季，更惨跌到 75%；皮革生产 1950 年仅有 1929 年的 64%，1951 年第 3 季更惨跌到 53%。从 1926 到 1932 年间，法国每月平均可出产火车头 22 座，但是到了 1951 年第 3 季，每月平均就只能生产火车头 6 座了。从接受"马援"之日起到现在，全国已有 18000 家工商企业宣告破产和倒闭。采煤工业也大大地减缩，计有 90 个矿场已经停工，因此而失业的矿工即达 7 万人。即使是根据反动政府的统计，从 1947 年—1951 年，失业工人已增加了 4 倍。另外，由于工资"冻结"的结果，法国工人的实际收入已不到战前的一半。

在交通运输方面，法国有 4 万公里以上的铁路长度，巴黎是全国铁路中心，主要的铁路干线都以这里为交点。另外，法国也发展了强有力的公路交通，全国拥有汽车 300 万辆，在资本主义世界中，它仅次于美国。法国的内河水道长度计有 12000 公里：在天然河流中，航行价值最大的是塞纳河（全河有 563 公里可以通航，卢昂以下可以通行吃水 5 米的大船）。法国的运河密度也很大，在塞纳河和罗亚尔河、罗尼河、莱茵河之间，在罗亚尔河和罗尼河之间，以及其他许多河流之间，都有运河联系着。但是许多河流和运河的航行能力都不大，因为这些运河都是旧式建筑，设备已经陈腐不堪了。沟通地中海和比斯开湾的运河，是新型的深水河道；这条运河的一部分，是利用了加隆河河道；自从这条运河凿成以后，法国在地中海和大西洋之间，就可以不必再绕道直布罗陀海峡了。就海上运输交通说,法国是唯一的在欧洲具有地中海和大西洋两种海岸的国家(西班牙虽然也如此,但情形却完全不能和法国相比)。在第二次世界大战以前,法国约有300万吨的商船吨位,这中间多数是客船,货运在法国航运中并不占重要地位。在第二次世界大战中,法国的商船队受到很大的损失:到1949年为止,法国商船最多还不到250万吨,而且这中间还有许多超龄和受伤的坏船。在大西洋和地中海沿岸,法国有好些较大的港口:在大西洋沿岸的,是哈佛尔、卢昂、鄂扣克、加来、布伦、南特、波尔多,还有瑟堡和布勒斯特两个重要的军港。在地中海沿岸,最重要的港口是马赛,另外是马赛以东的重要军港土伦。

法国的首都巴黎,是法国资产阶级的政权中心和金融堡垒,但同时又是资本主义世界里具有光荣的革命传统的纪念地。巴黎横跨在塞纳河的两岸:就交通说,它是全国的铁路中心和内河航运中心。就工业说,巴黎城内是法国旧的工业部门,如时装、花边及其他种种化妆品和奢侈品等,大部分是小的手工业生产;巴黎近郊,则是规模庞大的近代化企业,如冶金工业、汽车工业、航空工业、机器制造工业、化学工业、制糖工业等等。另外,巴黎是欧洲一个著名的文艺都市,这里集中了法国科学和艺术的一切精华:诸如凯旋门、鲁佛尔博物馆、康考尔德广场、特鲁加德卢博物院、埃菲尔铁塔、卢森堡博物院、诺特达姆寺等,都是著名的名胜古迹;其他如巴黎西郊的布伦森林和凡尔赛宫,南郊的巴黎大学等,也都是法国历史上的名地。巴黎市的中心是商业区,东部是工业区,西部是资产阶级的住宅区,巴黎的劳动人民住在环绕市郊的地区。从结核病的死亡率统计数字中,可以看资产阶级住宅区和工人住宅的生活距离:在资产阶级住宅区中,平均1000个居民1年中,只有一个人死于结核病;但是在工人住宅区,平均1000个人1年中的结核病死亡者,最高竟达13人。包括郊区在内,巴黎有500万以上的居民。巴黎以北的法国重要城市,如西北的里尔和东北的南锡,都是主要的工矿中心;巴黎西北塞纳河沿岸的卢昂和哈佛尔,都是英吉利海峡上的大商港。法国的第二大城是马赛,马赛同时也是法国最大的港口。对于法国和北非、地中海沿岸及亚洲的交通来说,这里是最为重要的。1950年,这里有70万居民。索恩·罗尼河谷地上的里昂,是法国的第三大都市。里昂在索恩河和罗尼河的交会处,有运河沟通了塞纳河、罗亚尔河和莱茵河各流域,而马赛则是它的出纳港口。这是法国自昔发展的一个工业中心,集中了很多的丝织业、人造丝工业、化学工业、五金制造工业和汽车制造工业。里昂全市约有50余万居民。法国比斯开湾附近的重要城市是波尔多。波尔多在吉伦特河的起点,居民有20余万,是法国最大的葡萄酒输出港。加隆河上流的土鲁斯,是法国南部的最大工业中心,特别是发展了军火工业。

在法国南部的比利牛斯山中,还有一个小国,叫做安道耳。安道耳只有452平方

公里的面积（大概和南京市的面积相仿）。居民属于古老的巴斯克族，一共还不到
6000 人。安道耳全国有 6 个村庄，首都也叫安道耳，居民还不到 1000 人。安道耳位
于 2000 米以上的群山中，交通非常困难。出产有麦类、葡萄和若干矿物，但粮食不足
自给，还是要靠外面运入。安道耳是一个小共和国，政治上受法国和西班牙的"保
护"。

　　在法国南部的利古里亚海沿岸，另外还有一个小侯国，叫做摩纳哥。这是世界上
最小的一个国家，国土面积只有 20 平方公里。这里有 25000 居民，是法国和意大利的
一种混合种，叫做摩涅加斯克人。由于山脉的屏障，摩纳哥有着一个温和宜人的气候，
是欧洲一个著名的疗养地。摩纳哥有 3 个城市，即摩纳哥、蒙特卡罗、拉康达明；这 3
个城市，实际上是互相联合在一起的。摩纳哥城是首都，蒙特卡罗城则是腐化的资本
主义世界上的一个著名赌窟。摩纳哥的一切经费，几乎全部靠赌税开支的。摩纳哥在
关税上和法国联盟，是法国的保护国。

主要参考资料

　　世界经济地理　И. А. 维特威尔著　卢彬　董策三　张文蕴译　五十年代出版社

　　高级中学课本外国经济地理　下册（油印原稿）　人民教育出版社

　　世界经济地理讲座　胡明编著　光华出版社

　　欧洲地理　邹豹君著　商务印书馆

　　华尔街和二百家族统治下的法国　刘淮　世界知识　1952 年第 23 期

　　备战经济引导法国走向毁灭　法杜茂林　世界知识　1952 年第 20 期

　　法国的政府危机　秋楠　世界知识　1952 年第 4 期

三、荷　兰

　　在 16、17 世纪,荷兰曾是一等的海上强国。荷兰的航海家曾经发现了很多地方,特别是在南太平洋,例如澳大利亚、塔斯马尼亚和新西兰等。当时荷兰击败了它的对手西班牙和葡萄牙,但是对于它的另一个对手英国,它却完全处于劣势的地位。最后,英国占领了大部分先前被荷兰航海家所发现的殖民地。在世界殖民帝国的阵营里,荷兰终于退居到次要的地位;附随在英、美势力之后,苟延残喘地维持了它少部分的海外殖民地。

　　第二次世界大战中,法西斯德国占领了荷兰,荷兰女王和内阁流亡到伦敦,荷兰人民过了四年多的亡国生活。东线苏联反攻胜利、德军溃败以后,荷兰才得复国。1946年大选以后,反动的天主教党把持了国家的统治权。但是荷兰共产党的力量已经大大发展,1951 年已经有了 55000 多党员。

　　荷兰的反动统治者,战后一直是跟着美帝,甘心做美帝的一个走卒。他们不但接受了"马歇尔计划"的"援助",加入了侵略的"北大西洋集团";在美帝发动侵略朝鲜战争以后,荷兰的反动统治者为了取悦于他们的主子,更不惜把自己的青年献给美帝充炮灰,派遣了一营军队到朝鲜参加侵略战争。1952 年,荷兰又参加了"欧洲防务集团"的协定。虽然,法西斯德国在大战期间对荷兰的掠夺破坏还不过是几年以前的事,但是荷兰的反动统治者却已完全忘记了人民在大战中遭受的磨难,而竟支持了阿登纳傀儡的被重新武装。荷兰反动统治者这样一连串危害人民利益的行动,已经激起了荷兰人民无比的愤怒；在荷兰共产党领导之下，全国已掀起了反对"一般性条约"、反对"欧洲防务集团"的运动。荷兰人民，除了衷心地庆贺德意志民主共和国在争取建立一个统一、爱好和平、民主的德国的斗争中所获得的成就以外，他们也以同样的心情，密切地注视着西德劳动人民争取独立、民主的斗争。荷兰人民和德国人民斗争的目标是相同的，他们一定更加紧密地团结起来。

荷兰的本土，只有 34000 平方公里的面积(恰等于浙江省的 1/3)。但是荷兰是一个殖民帝国，第二次世界大战以前，荷兰在海外的殖民地面积大于它本土 60 倍。荷兰的殖民地中，最重要的是东印度群岛。这是一群物产丰富、人口众多的岛屿，荷兰在这里已经进行了一个很长时期的掠夺。在第二次世界大战中，日本侵略军占领了这些地方，荷兰的统治者逃跑了，但是东印度的人民，却自己组织起来，和敌人进行了斗争。日本投降以后，东印度宣布了印度尼西亚人民共和国的成立；但是荷兰军队，却在英国支持之下卷土重来了。他们曾在印度尼西亚发动了骇人听闻的血腥屠杀。以后，虽然在 1950 年成立一个印度尼西亚共和国，但荷兰显然不甘心于放弃这样一块殖民地；不过美国的势力已经同时大大地渗入了印尼，事实上已经把荷兰在印尼的势力取而代之了。荷兰其他的海外殖民地，还有南美洲圭亚那的中部及西印度群岛和南美洲北部沿海的一些岛屿；但是这些都没有什么大的经济价值。

荷兰全国有 1000 万人口，每一平方公里面积上超过 290 人，是全世界人口密度最大的国家(就区域来说，则中国的太湖流域、印度尼西亚的爪哇岛和英国的英格兰都要超过它)。荷兰的民族属于日耳曼民族，语言文字也和德国相近。

荷兰人民自己称他们的国家为尼德兰，尼德兰就字面解释，就是"低地"的意思。荷兰和比利时同为西欧的低地国，但是荷兰和比利时不同，在比利时东南角还有阿登山脉，在荷兰的国内，根本找不出任何山脉的踪迹。荷兰东部是一片沙地和沼泽平原；西部则是一些河流冲积而成的三角洲。东部荷兰的土壤，非常贫瘠，沼泽分布很多，中间也起伏着一些沙丘，只有石南科植物在那里生长，耕地都需要经过土壤的改良；西部荷兰有很多比海平面还低的土地，统计荷兰全国低于海平面的地方要占 1/4。

荷兰的海滨一带，是连续分布的砂丘。砂丘高的达数十米，宽度自 50 米以至 1 公里不等。沙丘上经过了植物的生长以后，不易移动，有着堤防的效用。从北部的黑尔得到南部的荷兰岬之间，是砂丘完整的连续地带。在荷兰岬以南，是莱茵、买士和些耳德河的三角洲的末端。这一带的砂丘，由于河水的冲刷和波浪的破坏，造成很多东西向的星罗棋布的岛屿。黑尔得以北的砂丘，也早被风浪所破坏了，破坏的结果，留下了一丝弧形的西佛里西安群岛。

风浪对荷兰海岸的破坏，的确是惊人的。在 14 世纪，海浪曾冲入黑尔得以北的地区,海水漫溢陆上,和这一带原来所有的湖泊打成一片,造成了一个广阔的须德海。在荷兰历史上,海水曾经多次冲进河口,淹没了很多村舍和田地。也就在这样艰苦的环境里,锻炼了荷兰人民和海斗争的精神。荷兰人民采用各种方法来巩固砂丘和建筑了很多的堤防。在海岸一带,用远自挪威采来的花冈石和莱茵河上流的玄武岩,建筑了规模伟大的堤防。这些堤防,有15米高和100米宽。堤上铺设了双轨的铁路,以便随时运送石块和木料。在荷兰境内运河两岸,也都建造了堤岸,以免河水泛滥。河流的入海处,更建筑了大坝和水闸,退潮时打开,涨潮时关上。另外,在海岸附近,设置了很多的风车和抽水机,利用强劲的西风,随时抽出堤内的积水。堤岸、风车构成了荷兰沿海一幅景色特殊的图画。

荷兰人民也采取了各种方式从水库里争取出土地来。自从16世纪以来,荷兰人民从水底捞出的肥沃耕地已有4000平方公里,约等于荷兰全面积的1/8。第一次世界大战以后,荷兰又着手于须德海的排水干化工程。这个工程计划把须德海分成四区,每一区都筑起防水堤,然后排去海水,变成圩田。从这里可以得2245平方公里的新耕地。

对荷兰人民来说,他们的和水斗争的精神,是值得自豪的,斗争的经验也是丰富的。荷兰人说:"上帝造海,荷兰人造陆。"这确是一种令人佩服的气概。但是在荷兰反动统治者的统治之下,荷兰人民和水斗争的工作,是不可能顺利地进行的。以须德海的填平工程来说,这个工程设计远在1891年,但是拖到1914年才正式动工。由于统治阶级要把钱用到别的不是对人民有好处的地方去,因此工程就时作时辍,进展极慢。到现在为止,还只完成了防水堤的一小段。可见得在反动统治者没有被推翻以前,荷兰人民是不可能有计划、有步骤地进行和自然斗争的工作。

荷兰的气候是一种温和的西欧型海洋性气候。由于地形的单纯,全国的气候也大致相同。以位处荷兰全国中心的乌得勒支为例,一月份平均气温为摄氏1.2度,七月份则为摄氏17度。荷兰的空气是非常湿润的,一年中平均有200天是雨天,而有300天是阴云的天气。但实际上降落地面的雨量倒也不算多,一年大概总在700毫米左右。

乌得勒支气温和雨量

	1月	2月	3月	4月	5月	6月	7月	8月	9月	10月	11月	12月	年平均温度及年雨量
气温(摄氏)	1.2	2.0	4.0	8.0	11.8	15.5	17.0	16.7	14.0	9.4	4.7	2.1	10.1
雨量(毫米)	52	42	50	42	50	57	75	82	60	73	60	67	717

荷兰的农业,主要的是乳农业,五谷和其他技术作物的播种面积,只占全国面积的13%。主要的谷物是裸麦、燕麦、马铃薯等。技术作物有甜菜、亚麻和烟草。另外,荷兰也培植了各种园艺植物,花草和蔬菜都是输出的重要项目。乳农业是荷兰农业的主要部分,有1/2的土地种植了饲用植物。全国大概有240万头牛,200万头猪,将近70万头羊和30余万匹马。荷兰乳牛的肥大及其产乳量之多,曾经名闻世界。荷兰每年的产乳量约有30亿升。

在北海上,荷兰也发展了相当规模的渔业。大战以前,荷兰有渔船3000余艘,每年捕获的鱼类约有20万吨,这中间最主要的是鲱鱼。荷兰沿海很少商港,但渔港却很普遍,如北部的格罗宁根,西北部的哈林根,以及西部的伊牟登、荷兰岬等,都是比较重要的渔港。

荷兰几乎没有什么地下资源:南部的林堡省有一些煤矿,但是产量不多,每年只有一千三四百万吨;波奇洛有盐矿,但每年产量也不过十余万吨。因此,荷兰的工业原料和动力,大部分都要依靠国外输入。食品工业如制糖、牛油、烟草等,是荷兰工业的主要部门,也是荷兰仅有的能自己供给一部分原料的工业。此外,荷兰也发展了一些造船工业,主要在阿姆斯特丹和鹿特丹一带。阿姆斯特丹的金刚石琢磨工业,本来是名闻全球的,现在则已随着资本主义世界的衰微而逐渐衰微了。其他,荷兰也有一些纺织工业,分布比较普遍,但规模都不很大。

由于"马歇尔援助"的影响,荷兰的工业已进入非常狼狈的境地。美国奶粉和罐头充斥了西欧市场,荷兰畜产品的销路受到了致命的打击。于是工厂就不断地紧缩甚至关门,接着来的便是失业工人的逐渐增加,即使是根据荷兰官方的统计数字,荷兰在1952年登记失业的工人已达11万多人;实际上的失业人数是远远超过此数的,因为在统计数字中,并没有包括失业的青年在内。另外,荷兰工人阶级的生活,更是贫苦而悲惨的,不仅是生活水平的极度低落,由于资本家只顾利润而毫不注意工人的安全设备,荷兰工人随时都有发生事故而死亡或变成残废的危险。以1951年的荷兰建筑工业为例,全国16万工人中,竟发生事故39000起,除了数十人因此而死亡以外,6000余工人都被损坏了眼睛。这就说明了荷兰资产阶级残暴掠夺的具体情况。

荷兰全国有将近4000公里的铁路,和比利时一比,则相差很多。不过荷兰的内河交通却非常发达。荷兰全国有3200公里的运河,加上天然河流,全国可以通航的水道约在7000公里左右,就运河的密度来说,荷兰居世界第一位。荷兰的海上运输事业也有相当发达。荷兰是一个重要的海上贸易国家,在第二次世界大战以前,它拥有一支300万吨船舶的商船队,要占当时世界船舶总吨位的4%。荷兰从事运输事业的人民,要占职业人口的32%,超过欧洲的任何国家。

阿姆斯特丹是荷兰最大的都市,这里虽不靠海边,但是和北海之间有一条水深达15米的北海运河相通,所以交通非常便利。很多人把阿姆斯特丹称为荷兰的首都,因为议会和很多行政机关都设在这里,而且根据荷兰国家的传统习惯,国王即位,必须在这里举行典礼。1950年,这里有83万多人口。阿姆斯特丹以西的哈雷姆,是一个著名的园艺城市;这里栽培了各式各样的花草,特别是水仙花,主要的主顾是英国。海牙是荷兰的另一个重要都市,这里一向也是被认为是荷兰的首都的,原因是荷兰的王宫建筑在这里。这是一个风光绮丽、环境清幽的都市,许多资本主义的国际组织都设在这里。1950年这里的人口将近56万。莱茵河畔的鹿特丹是荷兰最大的商港,也是荷兰的最大都市之一。这里港宽水深,海洋轮船可以直达。在西欧,它的情况和比利时的安特卫普是很相似的,人口也有60余万。

主要参考资料

世界经济地理　И.А.维特威尔著　卢彬　董策三　张文蕴译　五十年代出版社

高级中学课本外国经济地理　下册(油印原稿)　人民教育出版社

世界经济地理讲座　胡明编著　光华出版社

反对波恩单独条约,争取荷兰民族独立　格鲁特　争取持久和平,争取人民民主!　中文版第158期

荷兰工人的困境　争取持久和平,争取人民民主!　中文版　第165期

四、比利时（附卢森堡）

1831 年,英、普、俄、奥四国在伦敦条约中,保证了比利时的中立,从那时起,世界上才开始有比利时这样一个国家。

比利时的位置,适在西欧的交通过道上,30 多年来,曾经两次被当作战场。在第一次世界大战里,德国借道比利时进攻法国;第二次世界大战中,比利时也是首先遭难的国家之一,法西斯德国于 1940 年全部占领比利时,比利时人民在德军铁蹄下过了整整 4 年多痛苦的亡国生活。

比利时是一个立宪王国,第二次世界大战以前,一切都紧紧地跟随英国。在第二次世界大战中,国王被俘,政府则流亡到伦敦;比利时共产党在沦陷区领导游击战争和各种方式的抵抗运动。到了 1945 年解放以后,旧的统治者又回到了比利时,从此,比利时就立刻落入了美帝的控制之下。

反动的比利时政府,接受了"马歇尔计划"的"援助",而且更参加了"北大西洋公约"的侵略集团。比利时的反动统治者,似乎已经忘记了不久以前法西斯德国在他们国内的所作所为。他们对于美帝扶植西德阿登纳傀儡,竟毫不表示惊异;而且相反地,他们决心把小小的比利时,再一次投入战争阵营里去。1952 年 5 月,比利时的反动统治者,不顾国内人民的激烈反对,在巴黎和法国及傀儡西德等签订了所谓"欧洲防务集团"的条约。他们甘心充当美帝的一名小卒,来燃起一个新的战争的烽火。

历史教训了比利时的广大人民,30 多年来,他们经历了两次亡国的磨难。因此,他们已经认识到,在西欧的任何战争里,比利时总逃不了是一个双方厮杀的战场。所以对于比利时的人民来说,他们不需要"马援",更不需要任何侵略性的条约,顶重要的莫过于和平的取得。他们也意识到,目前的反动政府,只会把他们带到战争里去。在这种情况下,比利时的进步力量开始抬头了。在总书记拉尔曼同志领导之下的比利时共产党,已经发展到 10 万党员。他们正领导着全国人民和反动统治者作各种方式的斗争。

比利时全国只有 30400 平方公里的面积(还不到浙江省的 1/3),这里面,包括在第一次世界大战以后从德国割让来的由坪和马尔美地两小区在内。比利时是高度发展的资本主义国家中最小的一个国家,但是比利时在海外有着巨大面积的殖民地。比利时的殖民地,是非洲的比属刚果和刚果以东的委托代管地卢安达和乌隆的(第一次世界大战前的德国殖民地)。比利时的殖民地面积,比比利时本土要大 80 倍。

比利时全国有 860 万居民,平均每一平方公里的土地上,人口超过 280,是次于荷兰的全世界人口密度最大的国家。比利时国内有着两种不同的民族,在国都布鲁塞尔以北是佛来米人,佛来米人的语言和荷兰人相近;在布鲁塞尔以南居住着讲法国语言的华龙人。佛来米人比华龙人要多一些。在比利时的殖民地刚果境内,大部分都是土著人,白种人只有 3 万。1914 年,比属刚果有 1500 万人口,到了 1931 年,减少到只剩900 万人;这就充分地说明了比利时的统治者对殖民地的残酷统治情形。

比利时和荷兰同被称为"西欧低地国"。比利时的地形,一般也是很低平的,但是和荷兰相比,它就比较要复杂些了。全国有 3/4 是平坦的或是稍微起伏的低地,只在东南部有一些山地,分布着高达 600 米的阿登山脉,地理上称这一带为阿登山地。山地南高北低,从 600 米逐渐降低到二、三百米。从阿登山地到西部的些耳德河为止,是一块庞大的丘陵平原,是比利时土地最肥沃的一部分。丘陵平原的东侧,是著名的谬司·松布尔谷地;谬司河和松布尔河都发源于法国,它们在比利时的那慕尔附近会合,然后流入荷兰(到荷兰以后叫买士河)。丘陵平原的西侧是些耳德河;些耳德河的上源也在法国,出海处却在荷兰境内。比利时的沿海一带,称为佛兰得尔低地,连续的沙丘分布在海岸上,情况和荷兰极相似。沙丘高而且直,可以阻挡海浪的侵入;比利时人在这一带筑起堤防,加以保护,开辟了很多圩田。不过和荷兰相比,则规模远不可及。

比利时的气候,是典型的西欧海洋性气候。距海的远近,和地势的高低,对比利时气候有一些影响,但一般都是温和宜人的。以布鲁塞尔为例,一月份平均气温为摄氏一度半,七月份平均气温为摄氏 17 度,年较差还不到 16 度。东南部阿登山地的气候,比较严酷;比利时沿海一带每年降霜不到 50 天,但是阿登山地的降霜日数却在 134 天以上。就雨量说,沿海一带约为 700 毫米左右,但阿登山地则可多到 1500 毫米。

　　比利时的耕地面积很大，几乎要占全国总面积的 60%。重要的农业区在谬司·松布尔谷地和些耳德河流域：前者是主要的麦类、甜菜和马铃薯产区；后者除了麦类以外，还种植了很多的亚麻和饲料作用，因此，这一区也是比利时重要的乳农业区。比利时的农业，有着高度的技术水平，而且应用了机械和化学肥料。但是农业在比利时的经济中，只占次要的地位；全国只有 19% 的农民，出产的谷类也只能供给全国不到 1/2 的需要。因此，比利时每年要进口大量的粮食，其价值也要占输入品总数的 25%。

　　比利时的矿产资源相当丰富，主要的是煤。煤田有两区：一区在谬司·松布尔谷地上；此区煤田，和法国北部的煤田相接，藏量丰富，主要在蒙斯和沙罗勒之间，列日一带也有蕴藏。另一区在东北部的坎平区；此区藏煤的发现，为时还不过 30 余年，煤层极深，约在 1500 米—3000 米之下，但藏量也很丰富。比利时的煤贮藏量，已经可以确定的，约有 110 亿吨，等于法国全部贮藏量的 2/3。比利时其他矿产不多，在阿登山地一带有若干铁的贮藏，另外也还有少量的铅、锌、铜等，不过都没有什么重要性。

　　比利时的非洲殖民地刚果，有很多重要的矿产：提供原子能的重要矿物铀，刚果的贮藏量在全世界占有重要的位置；其他还有很多的金刚石、锡、铜、金等。

　　比利时是一个工业高度发展的国家，它有 47% 的工业人口。矿工业、钢铁工业和机器制造工业是比利时工业的主要部门。每年煤的采掘量为数达 2500 万到 2700 万吨，矿井都已经被采掘到了很大的深度。比利时的煤，有一部分输送到法国和荷兰，但同时却要从德国和英国补充一大部分。钢铁工业主要分布在列日、蒙斯和沙罗勒一带。比利时本国很少产铁，铁矿几乎全从卢森堡运来。比利时（包括卢森堡在内）每年生产 500 多万吨铁和同数的钢，有色金属的冶炼，也很发达，主要在东北部的坎平区。这一带的奥伦，已成为全国锌、铅、铜的冶炼中心；特别是锌，比利时的生产量在资本主义世界中仅次于美国，占着第二的位置；锌的矿石，几乎全部是靠输入。机器制造工业发展在钢铁工业地区以及布鲁塞尔、安特卫普和根特等大城市。在列日也发展了相当规模的军火工业。造船工业则主要在安特卫普一带。另外，在谬司·松布尔谷地一带，比较普遍地分布了玻璃、陶瓷器和化学肥料的生产。纺织工业在比利时也有很大的重要性，列日以东的佛维尔，是比利时最古老的纺织区；西部的根特、布鲁日一带，则发展了规模较大的毛织业、麻织业和棉织业。在安特卫普，也有一些金刚石琢磨工业，但是和荷兰一比，那就差得多了。

　　比利时是一个高度发展的资本主义国家，同时也是一个充分的帝国主义国家。除了对它的殖民地进行野兽般的掠夺以外，比利时有大量的资本输出，投资在国外的企业及有价证券里。但同时，比利时本国却也是处在更有力的帝国主义之下的。第二次世界大战以前，比利时的资本，和法国资本有很多的依存关系；比利时的银行系统，有着很大的英国投资。第二次世界大战以后,美国资本开始渗入了比利时,而且美国资本家的手段,比其他一切国家的资本家都狠毒,比利时显然在美国控制下弄得狼狈万状了。比利时的工业品,无法和过去一样的运销出去,因为"马援"早把西欧各国的市场都控制住了,甚至在比利时国内的市场上,也充斥了那些美国的、西德的甚至日本的货品。在这样的情况下,就迅速地制造了比利时国内工业的萧条和工人的失业。这样一个小国,目下失业的工人竟已有30多万了。

比利时全国有将近1万公里的铁路,就密度来说,居世界第一位。马林斯是全国铁路的中心,从这里出发的铁路,可到全国所有较大的城市。谬司·松布尔谷地是西欧著名的通道;从德国的柏林和科隆到法国巴黎的铁路就从这里通过。内河交通在比利时也极便利,全国可以航行的河流计有1000公里。这中间包括了一些重要的运河。比利时的主要运河有五条,长达150公里;支渠可以通行驳船的,则达700余公里。比利时的运河密度,仅次于荷兰居世界第二位。在海洋上,比利时自己没有较大的商船队,运输大多要靠外国船只进行,安特卫普是西欧著名的大港。至于它和英国之间的贸易,则很多利用沿海的小港口俄斯坦特来进行。

比利时的首都布鲁塞尔是比利时最大的都市,也是一个重要的工业中心,1948年这里已有130万人口。布鲁塞尔的都市形式很像巴黎,所以有"小巴黎"之称。比利时的第二个大城市是安特卫普,这是比利时最大的港口;虽然从这里沿些耳德河出海还有80余公里的路程,但是吃水8米的船只却仍可自由出入;自从它和列日之间的运河完成了以后,这里的商业就更加发达了。在西欧,这是和荷兰的阿姆斯特丹并称的两大巨港;1948年这里有将近80万居民。列日在谬司·松布尔谷地上,这里集中了比利时最大的钢铁工业和机器制造工业;另外,如军火工业、锌的提炼和玻璃工业等,也都很发达。列日也是一个重要的交通中心,德、法之间的铁路交通必须经过这里。全市居民达20余万。些耳德河沿岸的根特,是比利时一个著名的水都,城市横跨在26个小岛上,有300座桥梁联系着小岛之间的交通,另外有很多运河都在这里集中;虽然这里的商业已经大部分为安特卫普所夺,但它却仍是比利时一个重要的纺织工业特别是麻织工业中心,人口也有20万光景。

比利时的东南和法国及德国交界的地方,有一个小国,叫做卢森堡。卢森堡是一个大公国,面积只有2585平方公里(比3个上海市要小),居民也只有297000千人,大部分是日耳曼人。

第一次世界大战以后,卢森堡和比利时订立了关税同盟。在第二次世界大战中,德国占领了并且合并了卢森堡。卢森堡的统治者流亡到伦敦。直到苏联反攻胜利、德军彻底溃败以后才得恢复。战后,卢森堡接受了"马歇尔计划"的"援助",参加了反动的"北大西洋公约"的集团,1952年更参加了所谓"欧洲防务集团"。美帝之所以对这小小的卢森堡感兴趣,主要的是卢森堡有着丰富的铁矿。美帝正在进行整个掠夺卢森堡的矿藏富源。

卢森堡位于莱茵河和谬司河中间的阿登山地里,莱茵河的支流摩塞尔河流过国境东南,摩塞尔河的支流沙鸥河流贯国土中部。这里的铁矿和法国的洛林矿区相连,产量非常丰富。铁矿中心在南部的厄什·亚勒塞特;铁矿的采掘量一年达到400万至700万吨,居全世界的第八位。由于铁产丰富,卢森堡有着规模宏大的钢铁工业;在战前,卢森堡全国有35座的炼铁炉和若干的炼钢厂,钢铁的生产在欧洲占有第六位。钢铁工业集中在卢森堡的首都和首都西南的厄什·亚勒塞特一带。卢森堡每年有大量的铁矿、钢铁和金属制品输出,但是工业的燃料和轻工业品却全要依赖国外的输入。

1951年卢森堡钢铁生产 (公吨)

铁 砂	5660,000
铣 铁	3157,000
钢	3077,000

卢森堡的首都也叫卢森堡,这里有6万人口,是全国最大的城市;从这里到邻国的工业中心有稠密的铁路网联系着。卢森堡的第二个城市是厄什·亚勒塞特,这里除了是矿区中心以外,也是一个重要的工业区,全城约有3万居民。

卢森堡的农业很不发达,全国只有1/3的人民从事农业,出产不多的小麦、大麦、甜菜、葡萄等;粮食不够自给,每年要从国外输入小麦弥补。

主要参考资料

世界经济地理 И. A. 维特威尔著 卢彬 董策三 张文蕴译 五十年代出版社
世界经济地理讲座 胡明编著 光华出版社
高级中学课本外国经济地理 下册(油印原稿) 人民教育出版社
欧洲地理 邹豹君著 商务印书馆
五国纪行 苏 爱伦堡著 根香译 世界知识出版社
卢森堡 苏 M.倍尔金作 达文节译 旅行杂志 第25卷第6期

五、瑞士(附列支敦士登)

　　瑞士是阿尔卑斯山中的一个内陆国,近年两次世界大战都没有波及着它;原来国际上一向把瑞士认为是"永久中立国",但在事实上,所谓瑞士式的"中立",只不过是它彻头彻脑替帝国主义和战争服务的一个幌子而已。从表面上看来,瑞士是一个资产阶级的联邦共和国,全国由 22 个自治州组织而成;这在形式上似乎是一种民主主义的政治;可是实际上,瑞士的政权全在反动的大资产阶级掌握之中,各州的自治权只不过是一纸虚文而已。

　　瑞士的大资产阶级是国际战争的盼望者和鼓动者。因为对于他们来说,挂上了这块"中立"的招牌,战争只会带给他们大批的横财。每一次战争结束以后,邻国都在忙着统计伤亡,调查损失,而瑞士的资产阶级却正好结算他们在战争里获得的利润。因此,只要大家打得起来,"中立国"瑞士保证尽量供给你以军用物资。第二次世界大战的结果,使瑞士国内出现了 1900 多个大富翁,他们每人都拥有 4.3 亿瑞士法郎(百万美金)的资产,也就是这些人,他们都在朝夕盼望着第三次大战的快些到来。

　　在第二次世界大战以前,瑞士国内的许多企业部门,都和德国资本有着密切的关系,这就可以说明瑞士在第二次世界大战中的"中立",到底是怎样一回事。战后,美国资本就很快地渗入了瑞士,取代了德国的地位。这正如列宁所说的:"成千条的线早把瑞士的资产阶级和帝国主义的利益联系起来。"因此,在瑞士,只要是鼓励战争鼓励反苏反共的人,都会得到统治者的支持和赞扬;而爱好和平、宣传和平的人,就会受到反动统治者的痛恨和迫害。日内瓦大学的四位大学生,因为提议在斯德哥尔摩和平呼吁书上签名而被处罚;巴塞尔有一个女学生,为了向同学们散发反对原子武器的传单,竟受到了开除的处分。

上面这些,正是瑞士的反动统治者之所以接受"马歇尔计划"的"援助"和所以派遣军官到美国去"受训"的极好说明。瑞士的反动统治者除了不断地提高军事预算(1951年的军事预算已接近总预算的一半)以外,更决定在1951年—1954年内实施所谓"紧急财政体制"。这种曾在大战期间实施过的财政体制的复活,意味着瑞士反动统治者已经决定把瑞士人民更深一步地拖入备战和苦难的深渊里去了。

瑞士全国有41000平方公里的面积,在高度发展的资本主义小国中,它比荷兰和比利时都要大一些,但是却只有奥地利的一半。

瑞士全国有460万人口。在方言上,瑞士的居民主要分成三大部分:讲德语的人民分布在北部和中部,占全国人口的72%,其文化情形和生活方式都有浓厚的德国色彩;讲法语的人民分布在西部,占全国人口的20%,其文化和生活都和法国相似;在瑞士南部则分布着占总人口6%的讲意大利语的人民。1937年,瑞士政府又承认罗曼语为瑞士的第四种国语。使用这种语言的人民,只在瑞士东南一小角才有,为数也不过1%而已。言语的不统一,是瑞士一件较为麻烦的事;瑞士的戏院里,往往同一出戏剧,第一天用德国语演出,第二天用法国语演出,第三天又用意大利语演出;瑞士的报纸也往往需要三种不同语文的翻版。

瑞士从地形上说,全国可以分成三部分:东南部是阿尔卑斯山地,这一部分要占全国面积的一半以上。这里是阿尔卑斯山脉最雄伟高峻的一段,山脉一般都在海拔2000米以上,并且有很多海拔超过3000米的高峰。阿尔卑斯山的主峰勃朗峰,在瑞士、法国和意大利之间,高达4810米,是欧洲第一高峰。其他如玫瑰峰高达4639米,麦丹合恩峰高达4483米,都是阿尔卑斯山的著名高峰。另外,这一带有很多宽广的冰河和冰田,最大的如阿列斯冰河,长达20余公里。阿尔卑斯山地是欧洲许多大河的发源地,例如莱茵河及其支流亚尔河和列士河、罗尼河、多瑙河及其支流因尼河、波河的支流西诺河等。冰蚀湖在这一带也分布得很普遍,例如马奏列湖、罗迦诺湖、科摩湖(在意大利境内)等。

阿尔卑斯山地以北是瑞士高原,这是一块东北西南走向的广谷状高原,平均高度约500米。高原从西到东长约300公里,宽广由数公里起到50公里不等,约占瑞士总面积的30%。高原上有起伏的丘陵,山谷的土壤由山间河流的冲积土构成。在山麓和高原地方分布着很多的湖泊,著名的如法国边境的日内瓦湖、德国边境的君士坦士湖;另外,如苏黎世湖、琉森湖和纽沙泰尔湖等。这些湖泊,多数都是著名的风景区。

瑞士高原是瑞士境内生活最便利的地区,因为这一带的居民最为稠密。

瑞士的西北部是侏儸山地,这里隆起着一带侏儸山脉。虽然个别山峰也可以高达1500米以上;但是一般说来,这是一些平均高度仅及800米的石灰质山岭。侏儸山地只占瑞士总面积的10%。

瑞士由于其山岳性的地形,而且又离大西洋不远,受到西风的影响很大;因而产生了海洋性的温带山岳气候,阳光充足,雨量丰富,是一种极适于健康的气候。瑞士1月份的平均气温,大概在摄氏零下1度左右,7月份的平均气温,则在摄氏18度左右,较差很小。雨量以面向大西洋的向风地带为多,每年约在1000毫米以上;阿尔卑斯山内部的一些谷地比较干燥。在阿尔卑斯山南麓,尤其是在日内瓦湖一带,气候特别温和宜人,是一种接近于地中海型的气候。但是在瑞士的高山上,却是经常积雪,气候非常寒冷。在瑞士,可以看到从地中海气候到冰河气候中间的复杂变化。

瑞士气温 （摄氏）

地　别	1月	2月	3月	4月	5月	6月	7月	8月	9月	10月	11月	12月	年平均	较差
巴塞尔	-0.1	2.2	4.3	9.5	13.3	17.0	19.1	18.1	14.7	9.2	4.7	0.6	9.5	19.2
日内瓦	0.0	2.0	4.9	9.8	13.2	17.0	19.5	13.2	15.1	9.5	4.8	0.9	9.5	19.5
苏黎世	-1.2	0.7	3.7	8.6	12.7	15.3	18.2	17.0	14.1	9.3	3.7	-0.3	8.5	19.5

瑞士雨量 （毫米）

地　　别	1月	2月	3月	4月	5月	6月	7月	8月	9月	10月	11月	12月	年雨量
巴塞尔	37	37	50	65	80	105	87	85	77	80	60	50	812
日内瓦	40	45	52	65	80	75	77	87	77	110	77	55	842
苏黎世	43	50	70	93	120	145	157	127	110	78	62	57	1,157

瑞士的农业人口占全国职业人口的21%,农业中的乳农业占绝对优势。农作物的播种面积很小,大概只占全国面积的12%左右,主要都在瑞士高原。农产品以小麦、燕麦和马铃薯为主。乳农业的发展大大地超过了农业,约有1/2的土地被牧场和饲草田占据了。乳酪和炼乳是两项重要的输出,畜产品的收入要占全部农业收入的4/5。瑞士的畜牧是一种很有规律的季动性畜牧:每当春末夏初山雪开始融化的时候,牧者将牛羊赶到山麓;到盛夏,则逐渐赶上高山,直到抵达雪线为止,在那里筑有特造的木屋,牧者就在木屋里过夏;等到秋雪初降,又将牛羊群赶回山下;到冬天,则回到山谷中的小屋里。一年四季,程次井然。

随着瑞士资本主义的发展,农村中富农经济的重要性大大地加强了。大多数的自耕农负了重重的债务,而不得不把他们的土地抵押出去,自耕农已经仅仅是一个名义了。

瑞士极少矿产,全国只有盐矿两处,另外,在圣加棱州还有一些小规模的铁矿和锰矿。水力的储藏虽然比较丰富,但是要维持瑞士的工业生产,每年平均还得输入200万吨的煤炭。瑞士是高度发展的工业国家,工业人口要占职业人口的45%。瑞士的工业也可以分新旧两个部门:新的部门包括机器制造、电气制铝和化学工业等;这些工业,一开始就是以大工厂的形式发展起来的。旧的部门包括丝织、棉织、成衣和钟表制造等;这些工业有时还保持着分散在乡村的小企业状态。至于各种工业的分布情况,大概苏黎世是机器制造、火车头制造和电机工业的中心;巴塞尔是化学工业和纺织工业的中心;钟表工业则集中于侏㑇山地的查克的芳得斯(拉相德芳)一带;瑞士的钟表工业,已经有了较长时期的国际声誉。由于瑞士没有工业原料,因此对外国的经济依存关系极大;一切工业原料几乎全由国外输入,而瑞士的工业品也有60%—70%要向国外输出。

"马援"替瑞士工业带来了无穷的灾祸:玻璃丝袜取代了瑞士丝织品的位置;可口可乐打垮了瑞士葡萄酒的酿造;由于美国钟表联合会对瑞士的钟表出口采取了行动,美货钟表充斥了西欧市场,瑞士的钟表工人都减少了工作的时间;瑞士的肥皂不能出口,但综合洗涤品却反从美国大量地输入瑞士。这样,瑞士的失业工人正在迅速地增加着。即使是没有失业的工人,每月也仅有四五百瑞士法郎的工资收入;在物价高涨声中,支付房租就得花去全部工资的1/3。这样,瑞士工人阶级的艰难困苦的生活状况已是不难想象的事了。

瑞士资产阶级的另外一种赚钱的方法,即是大规模疗养事业和游览事业的发展。由于自然风景的秀丽,瑞士资产阶级在这上面投入了巨额的资金。他们在各风景区建造了许多别墅、旅馆、饭店、疗养院;铺设了许多专门为了游览需要的道路。单单日内瓦一地,就有100余所旅馆和饭店,20余所夜总会和音乐厅;这里经常聚集着来自世界各地的大资产者和那些王公贵族们,制造了瑞士的"繁荣"。

瑞士全国有6000公里长的铁路,就密度说,在世界上仅次于比利时而和英国相仿。瑞士的铁路一半是国营的,另一半则是大资产阶级的私产。在阿尔卑斯山地,铁路工程的艰巨是世界闻名的:1882年,瑞士在阿尔卑斯山凿通了全长达15公里的圣哥特大隧道,沟通了德意志和意大利之间的交通;1906年,又在罗尼河谷开凿了全长20公里、称为世界第一的新普伦大隧道,沟通了瑞士和意大利之间的交通。在整个瑞士的铁路系统中,有全长70公里的桥梁和300公里的隧道。瑞士的铁路票价非常昂贵,工人和公务人员大部分都坐不起这样高价的火车,而不得不徒步赶程,或以自行车代步。

瑞士的首都伯尔尼,在莱茵河的支流亚尔河上流;在瑞士,伯尔尼并不是一个很大的城市,全市也仅有 13 万居民,不过这里的自然风景确是很美丽的。苏黎世湖畔的大城市苏黎世,是瑞士最大的工业中心;这里集中了各个部门的瑞士新工业,全市有 33 万余人口,是瑞士全国第一大城市。巴塞尔位于和德国交界的莱茵河沿岸;就工业的发展来说,这是仅次于苏黎世的瑞士第二大城市;巴塞尔的船只可以南驶莱茵河口,因此,这是瑞士一个重要的河港;这里计有 16 万以上的居民;瑞士西南部日内瓦湖畔的日内瓦,是一个世界闻名的风景城市,这里有 12 万以上的居民;在日内瓦,可以看到一切军火商、荒淫的贵族和一些政治垃圾所过的纸醉金迷的生活,和瑞士普通人民艰难质朴生活强烈的对照。

在瑞士国境东部和奥地利交界的地方,有一个很小的立宪公国,叫做列支敦士登。这是一个国土面积仅 159 平方公里(还不到我北京市的 1/4)的小国家,全国只有 12000 属于日耳曼民族的居民。列支敦士登的首都瓦都士,位于莱茵河沿岸,全城只有 2000 居民。列支敦士登是瑞士的保护国,瑞士掌握了它的外交权、关税权和邮电权。

主要参考资料

高级中学课本外国经济地理　下册(油印原稿)　人民教育出版社
世界经济地理　И. А. 维特威尔著　卢彬　董策三　张文蕴译　五十年代出版社
欧洲地理　邹豹君著　商务印书馆
五国纪行　苏　爱伦堡著　根香译　世界知识出版社
瑞士行　苏　S. 维汀著　范楚生译　旅行杂志　第 25 卷第 6 期

六、奥地利

奥地利的前身是奥匈帝国,它的领土曾经横跨整个多瑙河中游,包括奥地利本部、匈牙利、外雪尔伐尼亚、捷克斯洛伐克以及波兰南部和南斯拉夫北部的大块区域。当时的人口超过 5 千万,包括了多种多样的民族。1914 年,奥国统治阶级为了满足其贪得无厌的扩张野心,挑起了第一次世界大战。战争失败以后,奥匈帝国就随着土崩瓦解。1919 年《圣日耳曼条约》的签订,承认了匈牙利和捷克斯洛伐克的独立,并且分别归还了过去占领的别国土地;哈普斯堡王朝从此结束了他们的统治,最后留下来的奥地利部分,成立了一个资产阶级的共和国。

1938 年,希特勒在英、美、法政府的默认和鼓励之下,出兵占领了整个奥地利,把奥地利改成了他的"东方省"。通过奥地利的并吞,希特勒和墨索里尼这两个法西斯恶棍才在地理上联成一气;奥地利人民就这样过了 6 年多惨痛的亡国生活。

1943 年,苏、英、美三国在莫斯科会议中宣布了战后尊重奥地利独立的决定。1945 年,在法西斯德国崩溃前的一月,苏联红军替奥地利人民解放了他们的首都维也纳,并且成立了临时政府。同年,盟国当局宣布奥地利领土维持 1937 年的界线。并将全国分成四区,由盟国军队暂时占领:苏军占东北,美军占西北,英军占南部,法军占西部。

接着奥地利就举行了国民议会议员的选举。在选举中,反动的天主教人民党利用了保守势力的支持,在议会中获得了多数的席位;另外一个反动的右翼社会党,获得了次多数的选票；这样，奥地利的政权，就立刻落入这两反动党派的手里，造成了今天奥地利人民的不幸生活。

在反动统治者的把持之下，奥地利接受了"马歇尔计划"的"援助"，恶化了它和人民民主国家之间的关系，包庇释放了纳粹分子，竭力设法破坏盟国管制委员会所通过的关于使奥地利非军国主义化的决议；这样，奥地利就逐渐走上了扩军备战的道路。当然，在反动政府勾结了美帝国主义的这样倒行逆施之下，奥地利的劳动人民受到了严重的损害；由于"马援"的恶劣影响，奥地利的失业人数正在与日俱增之中：1947年冬季的失业人数是 5.2 万人，1948 年冬季增加到 5.4 万人，1949 年冬季剧增到 10 万人，到了 1951 年春季，在短短的这两三个月中，失业工人竟增加到 22 万人。由于物价的不断上涨，目前奥地利人民的购买力只有战前的 50%，而劳动人民的生活水平则比战前降低了 90% 以上。

日益艰苦的生活，提高了奥地利人民的政治觉悟。奥地利共产党在 1947 年是 16 万党员，但是到 1951 年，就增加到了 22 万。在奥共主席科普莱利克同志的领导之下，这支伟大的力量，正为奥地利人民的独立、民主而斗争。

奥地利是中欧的一个内陆国，面积只有 84000 平方公里。

奥地利全国有居民 700 万人，全部都是日耳曼民族的奥地利人，城市人口占了极大的比例。

就地形说，奥地利是一个山国：阿尔卑斯山几乎盘踞了整个奥地利的 3/4；在东北部多瑙河以北的捷克斯洛伐克边界上，有一带波希米亚山的余脉。奥地利最重要的河流，就是切过东北部一角的多瑙河。多瑙河在奥地利构成了一块长 90 公里宽 50 余公里的维也纳盆地，维也纳盆地是全国最平坦的区域。多瑙河的支流，在奥地利构成了很多琐碎的小盆地和谷地：拉布河和模尔河构成了格拉次盆地（在东南部）；德拉瓦河构成了克拉根佛尔德盆地（在南部）；恩斯河构成了恩斯河谷地；另外，因尼河流过了国境的西部，那是奥地利全国最崎岖高峻的地方。奥地利境内山势雄伟秀丽，有着崇高的山峰和伟大的冰河，情况和瑞士差可相比；中部阿尔卑斯山的格罗克纳山峰，高达 3800 米，是奥地利境内的第一高峰。

奥地利的气候，由于境内山脉分布的错综复杂，情况很不一致；但一般都是接近于大陆性的气候。奥地利北部多西风和西北风，受到大西洋的影响较大，气候比较温和；南部就远比北部寒冷。就雨量说，四季分配得颇均匀，全年的总雨量约在 700 毫米左右；但是在南部的阿尔卑斯山地也可达千余毫米。

奥地利的农业很不发达，耕地只占全国面积的 13%，主要分布在多瑙河流域的维也纳盆地。农作物以裸麦和燕麦为主，大麦和甜菜次之。奥地利的谷物出产，只能供给全国半年的需要,因此,奥地利进口的粮食非常可观,要占全部输入物品价值的1/3。奥地利的畜牧事业比农业更为重要,畜牧业发展的地区主要在西部的山地中,牧场的面积要占全国面积的20%。畜牧业以饲养乳用牲畜为主,牛、马、乳酪等是奥地利主要的畜产品。

森林是奥地利的一项重要富源,林地面积占全国面积的37%,森林中针叶林最为普遍,要占林地总面积的71%,阔叶林占19%,混合林占10%。针叶林中以松树为最多,每年采伐约达600万株,一部分用以输出,另一部分作为国内造纸的原料。

奥地利的矿藏还算丰富:品质优良(没有硫磺的磷质的混合物)的铁矿,埋藏在恩斯河谷地和模尔河谷地之间的爱孙内兹·佛顿堡山脉一带,矿藏接近地面,可以露天采掘。煤的产量不多,主要的是品质较差的褐炭,产于格拉次及模尔河谷地。因尼河沿岸和德国交界处的萨尔斯堡附近,有一处规模极大的岩盐矿,产量异常丰富。在奥地利东北,也有少量的石油出产。此外,铅、锌、铜和菱苦土等,也有若干蕴藏。奥地利的河流,水势湍急,提供了丰富的水力,全国大概有370万匹马力的水力藏量,但是已经开发利用的,迄今还不到20%。

奥地利是一个工业发达的国家,其发展水平和瑞士及比利时相似,工人占全国人口的1/3,奥地利的输出品中,工业品要占1/4。机器工业和冶金工业的主要分布地有四处:维也纳和维也纳新城以机器制造为主;格拉次以制造火车头为主;斯泰耳一带以精巧机器的制造为主;克拉根佛尔德则以农业机器的制造为主;造纸工业分布在维也纳新城一带;纺织工业分布在维也纳新城和北部的林嗣。

奥地利由于经常地大量入超,因此,在它的工业部门中,有着很大量的外国资本。在德国占领时期,奥地利的整个生产部门都转移到德国人手中,德国人把奥地利工业全部投入战争,使奥地利工业蒙受了极其重大的破坏。奥地利这样脆弱的、历经磨难的工业,战后在"马歇尔计划"的"援助"之下,更显得奄奄一息了。美帝一方面把大批的"援助"货品源源地流入奥地利,一方面又把奥地利国内的原料都囊括而去,奥地利的工厂已发生了严重的原料荒。美制汽车塞满了奥地利的道路,因此,奥地利国内生产爬山汽车的著名工厂只好关门大吉。这就是今天奥地利工业被美帝所绞杀的活生生的事实。

奥地利全国有6000多公里的铁路长度,在山区,奥地利铁路工程也很艰巨,从西部勃伦纳山隘沟通意大利的铁路,是中欧和南欧的交通要道。电气火车在奥地利也已经应用得相当普遍。多瑙河的航运,对奥地利的关系也很大,这是它出黑海的唯一通道。

奥地利的首都维也纳,位于多瑙河的西南岸,是维也纳盆地的中心。维也纳是欧洲历史上的有名城市之一,是次于柏林的中欧最大都市。1948 年,这里有 170 余万居民,几乎要占奥地利全国人口的 1/4。东南部的格拉次,在模尔河流域,这里由于煤、铁和水力都比较便利,是奥地利的一个重要工业城市。林嗣在奥地利北部的多瑙河沿岸,是奥地利通德国和捷克斯洛伐克的要道,毛织工业相当发达。音斯布卢克在德、意两国的交通要冲上,是奥地利西部的最大城市。

主要参考资料

高级中学课本外国经济地理　下册(油印原稿)　人民教育出版社

世界经济地理讲座　胡明编著　光华出版社

世界经济地理　盛叙功著　中华书局

欧洲地理　邹豹君著　商务印书馆

反美斗争中的奥地利　元方　世界知识　第 24 卷第 12 期

七、意大利（附梵蒂冈和圣马力诺）

    1922 年起，法西斯主义的首创者墨索里尼篡夺了意大利的政权。从此，意大利就进入了一个漫长、黑暗的恐怖时期。那些身穿黑衫的暴徒们，在各处耀武扬威地迫害人民。20 余年间，意大利人民一直是在窒息、穷困、战争、死亡之中过着悲惨痛苦的生活。

    墨索里尼统治下的意大利，向外进行了疯狂的侵略：1935 年并吞了非洲的阿比西尼亚；1936 年又和希特勒合伙挑起了西班牙的内战，扶植了反动的佛朗哥政权；并且和德、日两国结成了反共、反人民的法西斯轴心；1939 年又占领阿尔巴尼亚；第二次世界大战发生以后，初则自称"非交战国"，但是当德国打垮了法国的时候，它立刻加入了战争，从事分赃式的掠夺。

    自从参战以后，战争的一切苦痛，顿时就加到久经磨难的意大利人民头上，这样更大大地提高了人民的觉悟。由于人民力量的不断增大，使法西斯意大利成为轴心势力中最脆弱的一环。1943 年，意大利成立了左、右翼联合的新政府。新政府下令解散法西斯党，一面向盟国投降，同时并宣布了参加对德的战争。希特勒虽然煞费心计用第五纵队劫夺祸首墨索里尼到意大利的北方，企图让他在那里收拾余烬，负隅顽抗。但是事实证明了一切都是徒然；到后来这一代魔王终于被起义的人民明正典刑，而且悬尸示众，遗臭万年！这正是世界上所有战争贩子的必然下场。

    1946 年，意大利举行公民复决和大选。公民复决的目的，是为了让人民表示自己的意愿,究竟意大利还是继续实行专制政体,抑是改为民主共和。在复决中,法西斯余孽和那些保王分子,曾经百般阻挠,到处暴动滋扰;但人民还是坚决地表示了他们的意愿。这样,复决以后,这个大地主和大资本家的代表人、法西斯主义的支持者——萨伏伊王朝,就被推翻了。接着就举行大选;在选举中,共产党、社会党和反动的基督教民主党占先,组成了三党联合的内阁,由基督教民主党的首脑加斯贝里担任内阁总理。

以加斯贝里为首的基督教民主党,是一个保守、反动的政党。自从他们登台以后,曾经用尽了各种方法,企图把意大利人民拖入过去那种痛苦的深渊里去。他们竭力要排斥共产党和社会党,因为这样,他们的卖国事业才能干得更顺利。终于在美帝的支持下,1947年加斯贝里借口财政困难,声言要组织"举国一致"的内阁,就这样地排斥了共产党和社会党。

从此,意大利的情况便步入了每况愈下的境地。1949年,加斯贝里把意大利拖入了"《北大西洋公约》"的集团。1951年,反动政府更肆无忌惮地把意大利的正规军加入由美帝统率的(当时是艾森豪威尔,现在是李奇微)"《北大西洋公约》"侵略集团的军队。大批美国军队驻扎在意大利,意大利的许多重要港口如那不勒斯、热那亚和西西里岛等,都变成了美国的海陆空军基地。另外,反动政府在美帝的指使下,大大地扩充了他们的军备,完全破坏了1947年盟国对意和约的规定。1952年,加斯贝里更变本加厉地和法国及阿登纳傀儡等签订了所谓"欧洲防务集团"的条约,把意大利进一步地拖入了新战争的边缘。

在反动政府这样扩军备战的政策下,意大利的军费预算就一天比一天膨大。1951年—1952会计年度的军费预算,竟达4900亿里拉(意币名),占意大利总预算的80%。1952年—1953会计年度,军费预算再度提高到6100亿里拉,真是骇人听闻的数字。

为了支持这样庞大的军费支出,加斯贝里采用了增加赋税和通货膨胀的政策。意大利在第二次世界大战以前,本来是赋税沉重的国家;但是加斯贝里的赋税比墨索里尼的已要超过一倍半。到1951年年底止,意大利发行纸币达12920亿里拉的天文数字。另外,到1952年6月止,意大利的国债共有30766亿里拉。目前里拉的购买力,已抵不到1939年的2%。在这样的情况下,意大利人民的生活是够可怜的;根据1951年的估计,意大利4口之家的最低限度生活费每月需要5.9万到6万里拉,这就超过产业工人平均工资的2倍。因此,在今天意大利的一般人民,连一天一餐通心粉的生活也不能保证了。即使是根据反动政府统计局的统计吧,意大利人民平均每5年才买一双皮鞋,每12个月才换一双袜子。

　　但是不管你反动政府是那样的专制凶暴,意大利的人民是绝不会屈服的。在总书记陶里亚蒂同志领导之下的意大利共产党,拥有 220 万的党员,这是意大利进步力量的核心。其他如世界著名的和平斗士南尼领导的意大利社会党,还有拥有 700 万会员的总工会及全意大利工人管理生产委员会等,都在积极地和意大利的反动势力作不倦的斗争。陶里亚蒂同志宣布意大利人民绝不参加对苏战争! 这是多么响亮的正义之声,也是意大利人民斗争必定胜利的充分证明。

　　意大利是地中海中部沿岸的国家,全国总面积 302000 平方公里。大战前后,意大利的领土范围起了一些变化。根据盟国对意和约,规定将东北的萨拉区以及伊斯的里亚半岛的大部分归还南斯拉夫;的里亚斯得港划为国际自由市;西北和法国交界处,将小圣伯尔拿山隘、西塞尼高地、泰波尔山、夏勃顿及包括丹达和布列加的上丁尼·维苏比·洛雅等五小区割让给法国。另外,它在爱琴海的多得坎尼斯群岛让予希腊。关于意大利的非洲殖民地,如北非的利比亚、东非的厄立特里亚和意属索马利兰等,1947年的和约中,本来已经规定意大利放弃,并由苏、美、英、法共同决定这些地方的处置办法。但是由于美英集团对这些殖民地的恶劣企图,一直拖延了这个问题的解决。苏联曾在 1949 年和 1950 年两届联合国大会中提出了严正的提案,建议立刻宣布这些地方的独立。但是在美、英、法帝国主义的操纵下,联合国中的表决器竟通过了延缓独立时期的提案,而对撤退外国军队和取消外国军事基地的问题却只字不提。现在,索马利兰已被决定让意大利"托管",厄立特里亚则和阿比西尼亚合并组成"联邦",利比亚也仅仅取得了军事占领下的"独立"。由于美国操纵联合国的结果,这 3 个地方,实际上都没有获得独立,而是在不同的掩饰之下继续沦为美、英、法 3 国的殖民地和军事基地了。

　　意大利全国有人民 4600 万人,全部是拉丁族的意大利人。人口的分布,以北部低地及利古里亚海岸一带最为稠密,半岛和岛屿部分人口密度不大。由于国内社会制度的不合理,引起了人民生计的困难;因此,意大利是一个移民极盛的国家。意大利经常有大批农民移居国外,主要是移居到美国、南美的巴西和阿根廷以及北非和法国等地。侨居国外的意大利人民,大概有 1000 万人。侨民的汇款也是意大利一项重要的收入。

　　意大利的地形,可分北部大陆、中部半岛和地中海岛屿三个部分。北部大陆的边缘,在意大利和法国、瑞士、奥地利交界的地区是高峻的阿尔卑斯山脉。山脉以南是一条长达 652 公里的波河。波河从西到东,滋润了整个意大利的北部,构成了一块富庶的伦巴底平原。伦巴底平原东西长 400 公里,南北的宽度在伦巴底省为 80 公里,在波河三角洲为 200 公里,在威尼斯的东北为 120 公里。伦巴底平原的面积还不到全国的

16%，但是这一带却集中了全国40%的人民；是意大利最重要的农业区。

伦巴底平原以南，就是亚平宁半岛，这是南欧三大半岛之一。半岛突出在利古里亚海（西北）、第勒尼安海（西南）、亚得里亚海（东部）、爱奥尼亚海（东南）和地中海（南部）之间，东北长度达800公里，东西宽度则自150到200公里不等，形状很像一支长筒皮靴。半岛自北至南，纵贯着一条亚平宁山脉。直到"靴尖"部分，山势依然崎岖，形成一块高达千余米的喀拉布连台地。由于山脉的分布，半岛上很少能找出一条像样的河流；流过佛罗伦萨的阿诺河和流过罗马的台伯河，算是半岛上最大的河流了。这两条河流，构成了面积不大的阿诺河盆地和台伯河盆地。

半岛的沿海，分布着很多岛屿。主要的如离半岛"靴尖"只有3公里的西西里，第勒尼安海西部的撒丁，以及半岛西侧沿海的利巴利群岛、蓬丁群岛和曾经幽禁过拿破仑的厄尔巴岛等。这些岛屿也大都是崎岖的山地。

亚平宁半岛和沿海的一些岛屿，是欧洲著名的火山区。亚平宁半岛那不勒斯港以东的维苏威火山，西西里东部的埃得纳火山（高达海拔3400米，是意大利最高的火山），利巴利群岛上的斯特罗婆利火山等，都是意大利著名的活火山。这些火山，在平时山顶经常冒出烟气，有时更会轰然爆发，造成可怕的灾难。

维苏威火山在历史记载上一直当它是一座死火山；因为在公元79年以前的年代里，人们就从来没有知道它曾经爆发过。公元63年，附近居民曾听到山内发出隆隆之声；但是在意大利，这种现象原是不足为怪的。到了公元79年，维苏威火山突然来了一次空前的大爆发。两天之中，附近的城市庞贝、希尔姑兰及另外一座名叫塞太比的小城，都被全部毁灭。直到1748年，庞贝城又重新在火山熔岩下发掘出来，市痕宛在，成为考古学家的重要资料。维苏威火山自从那一次大爆发以后，每隔数十年即要爆发一次。西西里岛上的埃得纳火山也是经常爆发的，1908年的一次，竟把西西里岛东北角的墨西拿城全部毁掉，死亡人口达7.5万人；真是一场惊人的浩劫。

意大利的气候，在岛屿及半岛区域全为地中海型气候：夏季干燥而炎热，冬季温和而多雨。意大利的冬天的确是可爱的，虽然多雨，但是雨过以后，总是天朗气清，从来没有阴霾满布的天气。意大利的北部，由于山脉阻隔，受到海洋的影响很少，气候比较接近中欧，是一种温和的大陆性气候，气温的较差略大。在1月份，北部米兰的平均气温接近摄氏零度，而西西里岛的墨西拿却是摄氏11度；但是到了夏天，南北的较差就显得很小，7月份伦巴底平原的平均气温是摄氏23度，西西里岛也不过摄氏24度而已。一般而论，意大利有气候温暖的地理条件，因为阿尔卑斯山脉横亘在北方，阻挡了从北欧南下的寒流；而地中海的水温很高，又可增加地面的温度。

意大利气温 （摄氏）

地　别	1 月	2 月	3 月	4 月	5 月	6 月	7 月	8 月	9 月	10 月	11 月	12 月	年平均	较差
米　兰	1.2	4.0	8.2	12.4	17.6	21.6	23.7	23.3	19.2	13.1	6.6	4.0	12.8	22.4
热那亚	7.5	9.7	10.8	14.2	18.3	21.1	24.1	24.0	21.5	16.7	11.8	8.5	15.5	16.6
罗　马	7.0	8.2	10.5	13.7	18.0	21.6	24.1	24.1	20.8	16.5	11.5	8.0	15.3	17.4
那不勒斯	8.2	9.1	10.8	13.7	17.6	21.2	24.2	23.8	21.0	17.2	13.7	9.2	15.7	16.0
巴勒摩	10.2	11.2	12.6	14.8	17.7	21.5	24.5	24.8	23.0	19.0	14.6	11.9	17.2	14.6

　　意大利的雨量分布情况是这样的：在全国范围内，北部大陆比半岛部分多雨，但是在半岛部分，则西部雨量又比东部丰沛。这是由于山脉分布所造成的迎风面和背风面的缘故。例如在热那亚，每年有 1300 毫米的雨量，但是在威尼斯每年却只有 750 毫米。降雨季节的分布，各部也不相同，北部春秋多雨，夏季雨量较少；南部则冬季多雨，夏季干旱无雨。

意大利雨量 （毫米）

地别	1 月	2 月	3 月	4 月	5 月	6 月	7 月	8 月	9 月	10 月	11 月	12 月	年雨量
米　兰	60	57	68	85	102	83	68	80	87	118	107	75	995
热那亚	105	105	102	102	87	70	42	60	125	195	187	120	1,300
罗　马	80	67	72	65	55	37	18	25	62	125	110	97	817
那不勒斯	87	70	72	65	50	32	15	27	70	112	115	110	825
巴勒摩	97	82	70	65	32	15	7	15	37	97	97	112	737

　　意大利的自然条件，对于农业的各部门，都是非常适合的。但是耕地的大部分却落在大地主手中。特别显著的是意大利南部，地主把土地分成小的耕区，出租给小佃户，佃户要把收获的 1/3 甚至一半缴给地主。小自耕农的人数也不少，他们大概都是贫农，没有好的农具和充足的肥料，经常在债务中煎熬。另外，大概还有一半的农业居民是替地主或赁租人做工的雇农。这些人，在一年中只有一部分季节或仅仅是夏季的几个月才能找到工作。从这里，就很可以看出意大利的农村情况了。在波河流域，也有用资本主义方式进行的大农业。在那里，普遍地使用了耕种机器和人造肥料，收获量比南部高出二三倍，是意大利最发展的资本主义农业地区。

　　意大利全部耕地的面积，包括果园和菜园在内，约占全国土地的 50%。最重要的谷物是小麦，主要的产区是伦巴底平原和西西里岛；其次是玉米，主要产在伦巴底平原；另外，意大利也有稻米的出产，那几乎是全部在伦巴底平原。伦巴底平原确是意大利重要的谷仓。在那里,小麦的出产占全国30%,玉米占55%,稻米占99%。但是不管怎样,意大利的谷物还是缺乏的,每年有15%—20%的谷物需要借输入来补充。在技术作物方面,主要的是甜菜和大麻,产区也在伦巴底平原;在那里,甜菜的出产要占全国的85%,大麻则占全国的10%。

果园在意大利经济上占着很重要的地位。橄榄园分布在台伯河流域及半岛的"靴尖"和"靴跟"上,品质最佳的橄榄则产在阿诺河流域的彼萨和鲁卡一带。葡萄园的分布,比橄榄园更为普遍,大概以中部和南部为最多。意大利的橄榄油出产次于西班牙,葡萄酒出产次于法国,都占世界的第二位。另外,如柑橘也是意大利重要的果园出产,大部分产在南部,特别是在西西里岛上。

在伦巴底平原,意大利也栽培了很多的桑园,并且发展了大规模的养蚕事业。意大利次于我国和日本是世界第三蚕桑国,在欧洲它却居第一位。

意大利的矿藏资源是非常贫乏的:煤和石油几乎没有,铁矿也仅在厄尔巴岛和特斯坎沿岸有少量的存在。意大利所有的一些矿产,都是次要的:东北部和南斯拉夫交界处是世界最大的水银产地之一;西西里岛上的硫磺,在1911年产量曾盛极一时,占世界的50%,以后才逐渐衰微;此外,特斯坎一带有丰富的大理石;撒丁岛和特斯坎一带的铅锌矿,藏量也还丰富;意大利东部,也有部分铁矾土的贮藏和出产。

意大利的水力藏量非常可观,可弥补煤和石油的不足。水力总藏量约为520万匹马力,有70%分布在北部阿尔卑斯山脉的南麓。意大利全国有大小1000多个水力发电厂,水力的应用大概弥补了意大利动力燃料需要的40%,火力发电在意大利的作用已经大大减少了。

意大利动力及工业原料生产(1950年)

电　　力	24,681,000,000 瓩时(其中水电 21,605,000,000 瓩时)
铣　　铁	503,673 公吨
钢块及铸钢	2,362,430 公吨
硫　　磺	1,672,525 公吨

意大利是一个工农业国家,在工业中的独立活动居民,约占30%。在工业中,轻工业的比重较重工业大。最发达的是纺织工业,这是意大利工业的旧的部门,多数分布在北部地区;近年来,人造丝工业发展得非常迅速。意大利的冶金工业不很发达,由于铁矿和燃料的缺乏,就造成了钢铁的出产比铣铁多的现象。钢铁的原料大部分都是从国外输入的废铁。第一次世界大战以后,意大利曾发展了它工业的新的部门,如汽车、航空、冶金、军火及化学工业等。这些工业,有着高度的技术水平,但是却都被强大

的独占资本家占有着。他们操纵了全国的生产；例如都灵的"菲亚特"汽车公司，就占有了意大利全部汽车制造的80%。

第二次世界大战后，自从意大利的反动统治者投靠美帝之日起，在美帝的命令之下，开始大大地扩张了军事工业，同时就竭力地缩减了民用工业。以意大利最大的化学康采恩"蒙特卡提尼"公司为例，1950年增加氮气生产21%，铝38%，但同时却大大地缩减了它的磷酸盐肥料和有机颜料的生产。"菲亚特"汽车公司为了军事订货计划，拼命地增加了军用汽车的生产，这样就只好停止了它的拖拉机和其他农业机器的制造。

美帝对意大利工业的摧残，是非常野蛮而毒辣的。一方面，美帝不允许意大利和苏联及人民民主国家进行贸易；另一方面，又限制意大利货品的输入美国，但是美国的货品却自由地源源不断地输入意大利。在这样的情况下，意大利的工业，的确已进入了山穷水尽的境地。以1951年为例，意大利的工业生产能力只利用了60%—70%；机器制造工业只利用了目前生产能力的64%；造船和拖拉机工业只利用了50%；铁道设备工业只利用了30%。1952年民用工业的生产更大大下降，纺织工业下降25%；橡胶工业下降35%；鞋靴工业下降10%。在这段时期内，工厂倒闭的情况真是骇人听闻的。在1951年的头9个月内，全国有5431家工厂倒闭，1952年的一二两个月中，又有631家企业停止生产。在这样的情况下，不消说工人的失业正在突飞猛进地增加着。就个别工业来说，1938年意大利有造船业工人6.3万人，1950年年底就只剩了3.87万人；1952年5月以前，人造纤维和纺织业中有九万失业工人，要占该业全部工人的30%。就整个工业来说，即使是根据反动政府的统计。1950年6月，全国有失业工人167.3万人，比1938年增加了两倍；到了1951年，失业工人即增到212万人；1952年2月，根据反动政府劳工部的统计，正式登记失业的工人已有228.55万人，连同半失业的在内，全国共有失业工人550万人。这是多么惊人的一个数字！

在交通方面，意大利全国有23000公里的铁路，密度以伦巴底平原为最大。穿过阿尔卑斯山脉到瑞士和奥地利的几条铁路，是世界有名的险峻工程。另外，意大利的商船队，在1939年340万吨的船舶，占有当时世界的第六位；但是由于战争的破坏，到战后只剩下了60万吨；在反动政府的统治之下，是无法恢复原状的。

在意大利，虽然不像法国能够找得到一个和巴黎一样可以作为全国中心的大城市，但是一般人口众多、商业发达的普通大城市，意大利却远比法国要多。罗马是意大利的首都，这是一个充满着历史古迹和艺术宝藏的世界名城。罗马的位置，在台伯河下流，根据1950年的统计，这里的人口已经接近170万，是意大利全国的最大城市。但是罗马的工业并不发达，这是由于在法西斯执政的年代里，统治者为了害怕工业无产阶级聚集在京城里,所以他们就不敢在这里建筑工厂。米兰是意大利伦巴底平原上的最大城市,也是全国的第二大城;阿尔卑斯山与亚平宁之间各重要铁路,都集中在这里,因此,这里是意大利北部的重要交通中心。各种工业如汽车、军火、纺织等,在这里也都有很大的发展,是意大利最大的一个工业城市。另外,伦巴底平原的蚕桑事业也以这里为中心。1950年,这里的人口接近130万。米兰附近的大城市,还有西部的都灵和南部的热那亚:都灵是意大利北部的另一个工业中心,这里集中着意大利最大的汽车工业和毛织工业;在交通上是通往法国的要道;1950年,这里有73万居民。热那亚为波河流域西部的门户,是一个重要的港口;意大利北部工业区的原料和工业品,大部分都从这里吐纳;1950年有居民67万人。那不勒斯湾以北的那不勒斯,是亚平宁半岛上最大的港口,也是一个著名的工业城市;这里的工业,大部分都是第一次世界大战以后发展起来的意大利工业的新的部门。那不勒斯港背山面海,风景优美,气候宜人,是一个美丽的都市。1950年,这里的人口已经超过了100万。在意大利的亚得里亚海北岸,还有一个历史上曾经显赫一时的名城,那就是水都威尼斯。威尼斯在威尼斯湾的沿岸,城市是建筑在一个礁湖中的122个小岛上。这些岛屿,是用木桩来巩固着的。岛屿之间有桥梁350座。另外又开掘了运河176条,运河上也有桥梁410座。由于热那亚和的里亚斯得两港的兴起,威尼斯已经衰落,现在已只有30万人口了。

亚平宁半岛上的另外两个独立国家是梵蒂冈教廷和圣马力诺。

梵蒂冈在罗马以西,它和罗马只隔了一条台伯河,实际上是毗连的。在过去梵蒂冈和意大利用一条矮木棚隔开;到了加斯贝里政府上台,教皇庇护士十二世索性连这条象征性的界限也命令拆去了。

梵蒂冈全境面积只有0.41平方公里,人口也只有970人,这中间包括了一些穿了古典戏中的军服和手执博物院里的兵器的武装军警。

梵蒂冈是世界上天主教教会最高的发号施令的地方,教皇具有至高无上的权威。梵蒂冈在本质上被注定了是世界保守势力及反动势力的支持者和鼓舞者,而且它的本身即是一个大资产者。在意大利,没有那一个经济活动的部门里没有梵蒂冈的资本。在有些情形下,梵蒂冈是股票的直接持有者;在另外一些情形下,间接地通过其代理人指导着确实属于梵蒂冈的各种企业。另外,梵蒂冈在法国、西班牙、葡萄牙、瑞士、南美洲的阿根廷、巴西、玻利维亚等,都有股票、土地和财产。梵蒂冈在美国,也有着大量的股份公司的股票,它是"辛克莱煤油托拉斯"、"安那康达铜公司"和其他很多托拉斯的重要股东。梵蒂冈的政策之所以支持任何和每一个反共、反民主和反苏的运动,这是毫不出人意外的。

第二次世界大战以前,梵蒂冈曾经屡次鼓励了法西斯的侵略暴行。第二次世界大战以后，在 1946 年法国和意大利大选的前夜，教皇号召欧洲的天主教徒结合起来，反抗欧洲的社会主义化。1951 年，梵蒂冈又召集了所谓"世界圣徒会议"；会议的中心任务，主要是讨论怎样动员一切间谍、奸细、特务和反共宣传家们，来从事破坏苏联和各人民民主国家的活动。在我国，像李安东、黎培里以及圣母军等等案件，正是这类所谓"世界会议"的很好注脚。

但是梵蒂冈所一贯进行的披了宗教外衣的这些罪恶活动，最后必定是全盘失败的。在世界各地区中，广大的、正直的天主教徒，已经明白了梵蒂冈的这些卑鄙、无耻的勾当，他们已愈来愈多地叛离了这个罪恶的渊薮了。

圣马力诺是亚平宁半岛北隅的一个小共和国。在过去五、六年中，这个小共和国的治理者，已经大多数是共产党员和社会党员了。为此，自从意大利反动的加斯贝里政府上台以后，就想尽方法来破坏圣马力诺的民主事业。他们封锁了圣马力诺的周围，禁止游历者跑进这个国家里去；因为游历事业也是圣马力诺的一项重要收入，这样就可以从经济上打击圣马力诺的民主政府了。但是一切都是枉费心机的；在圣马力诺的国会——"大会议"中，共产党、社会党和左翼共和党，总是占着多数的席位——60 席中的 35 席。

圣马力诺的确是个小国，全国只有 64 平方公里的面积（北京市的 1/10），全国的 14000 居民中有 1500 人住在首都圣马力诺城。

在第二次世界大战中，圣马力诺曾用白色油漆在国境周围做了记号，在空中可以看得很清楚。但是残忍的美国飞机毕竟还是轰炸了他们，使这个小国蒙受了 200 人民的死伤，首都的火车站也被炸毁了。

第二次世界大战以后，圣马力诺迅速地恢复了战争的创伤，而且不断地改善了人民的生活条件。政府努力替没有生计的失业者安顿工作，佃农可以拿到 64% 的收获物。这些都是引起意大利反动政府嫉恨的原因。

圣马力诺有许多小工厂，其中有一半是纺织厂。主要的农作物是酿酒作物，另外，小麦的种植也很普遍。

主要参考资料

世界经济地理讲座　胡明编著　光华出版社

高级中学课本外国经济地理　下册（油印原稿）　人民教育出版社

世界经济地理　И. A. 维特威尔著　卢彬　董策三　张文蕴译　五十年代出版社

缚在美国战车上的意大利　谢曜　世界知识　1952 年第 4 期

意大利的经济危机　茹茣　世界知识　1952 年第 46 期

意大利争取民主自由的斗争　谢嘉　争取持久和平, 争取人民民主!　中文版　第 164 期

梵蒂冈的世界会议　奥松　世界知识　第 24 卷第 19 期

"圣年"与梵蒂冈的政策　格尔曼内托　争取持久和平, 争取人民民主!　中文版　第 92 期

被封锁的圣马力诺　德　西瑞阿耶夫作　陶冶译　旅行杂志　第 25 卷第 6 期

八、南斯拉夫

南斯拉夫位于巴尔干半岛的西北方,在历史上,这一带曾经被土耳其人统治过一个时期。1804 年,塞尔维亚第一个脱离土耳其独立出来。1914 年,两个塞尔维亚青年在塞拉内窝刺杀了奥国太子斐迪南,这就是第一次世界大战的导火线。大战结束以后,塞尔维亚人曾经和附近的克罗地亚人、斯洛汶人组成一个塞尔维·克罗特·斯洛汶王国。直到 1919 年才改名为南斯拉夫王国。

南斯拉夫王国表面上是一个立宪王国,实际上却是一个法西斯式的独裁国家。塞尔维亚的统治者,残酷地压迫和榨取着组成南斯拉夫的其他各种民族,造成了民族间的反感和仇恨。

在第二次世界大战中,德意联军在短短 10 天中击溃了南斯拉夫的军队,在克罗地亚和塞尔维亚组织了傀儡政权。原来的专制政府流亡到伦敦,留在国内"游击"的流亡政府军政部长立刻和纳粹勾结,掉转枪口残杀人民。在这样的情况下,南斯拉夫人民起来和法西斯统治做了激烈的斗争。在斗争中,各民族同历患难,比肩作战,大大地消除了过去的隔阂,建立了牢不可破的友谊。在法西斯德国崩溃以前,南斯拉夫领土已有很大一部分在人民解放军的战斗中解放出来了。1944 年,苏联红军以排山倒海的攻势,帮助南斯拉夫人民解放了首都贝尔格莱德,并且成立了新型的人民政府。

战后的南斯拉夫,充满了一股奋发蓬勃的朝气。1945 年 4 月,和苏联签订了友好互助协定;1945 年 8 月,选举议会,宣布南斯拉夫为联邦人民共和国。从此南斯拉夫国内展开了一系列的民主改革。在全国人民一致努力和苏联的友谊帮助下,被战争摧毁了的工农业迅速地恢复了。1946 年,农业生产即达战前的 65%,工业生产中的煤铁各项,都超过了战前的最高产量。1947 年起,南斯拉夫实行了经济复兴的五年计划,替南斯拉夫人民带来了无限光明的远景。但是形势的发展,在中途起了变化,南斯拉夫人民用血汗换来的胜利果实却被可耻的铁托集团所出卖了。

从此南斯拉夫人民又进入了黑暗的恐怖时代,铁托—兰科维奇集团在国内进行了血腥的屠杀。一个残暴的"国家保安局"成立了,特务网遍布全国,大批的监狱开始建造,20 万以上的优秀青年男女被监禁了起来。

接着,铁托集团宣布停止了五年计划,已经收归国有的企业准备仍交还原主。为了赔偿大企业主在企业国有化时所受到的损失,铁托发给了他们"特种债券"。另外,又花了大批美金赔偿外国资本在企业国有化时的"损失":计赔偿了美国 1700 万美元,英国 1800 万美元,比利时 36500 万比利时法郎,瑞典 4100 万瑞典币,瑞士 7500 万瑞士法郎……甚至还偿还了战前皇家法西斯政府欠下的 3850 万美元的借款。在农村中,富农又开始抬头,骑在农民的身上。富农成为铁托集团在农村中的支柱。77000户富农占有全国耕地的 18.1%,63 万户贫农却只有全国耕地的 7%。铁托更命令关闭了所有为农民服务的农村合作社。

铁托集团的法西斯统治,替南斯拉夫人民带来了无限的痛苦和灾难。逐年增加的军事预算(1949 年占全国总预算的 33%,1950 年占 50%,1951 年占 71%),压得人民透不过气来。粮食缺乏,物价飞涨,加上工人的工资一减再减,南斯拉夫的劳动人民已尝尽了悲惨痛苦的滋味。平均每五分钟就有一个人死于肺病,即使是根据铁托匪帮的统计数字,每年也有 10 万人患肺病而死亡;这真是一幅惨绝人寰的图画!

铁托—兰科维奇集团并不是偶然转到资本主义和法西斯主义方面去的。这种叛变是完全遵照他们的主子即美英帝国主义者的指令而实施的。根据共产党情报局的查明,铁托—兰科维奇集团在很久以前已是美帝国主义者的佣仆了。这些混入进步阵营的帝国主义走狗,最后终于完全暴露了他们的原形;他们已成了美帝破坏东欧人民民主国家的一个间谍基地,铁托就是特务头子。所有东欧人民民主国家内发生的巨大叛国案件的主角,如匈牙利的拉伊克、保加利亚的科斯托夫和捷克斯洛伐克的斯兰斯基等,都是铁托的同路人,和铁托集团有着密切的联系。

1948 年 6 月,九国共产党情报局在罗马尼亚举行会议,揭露了铁托的罪行,并宣布开除由铁托集团领导的已经完全腐化了的南斯拉夫共产党。南斯拉夫人民更掀起了反对铁托—兰科维奇集团的高潮,在波皮沃达同志领导之下,新生的南斯拉夫共产党——南斯拉夫爱国者联盟组织起来了。他们在艰苦的环境里领导全国人民和铁托分子展开斗争。工人们不断罢工的结果，大大地增加了铁托集团的损失；1950年的罢工，使铁托集团损失了1.2亿个工作日，几乎占全年工作日总数的30%。在农村中，农民们宁愿让土地荒芜，而不愿向铁托分子纳税，1950年，铁托分子向农民搜刮的谷物竟达不到规定税额的一半。此外，全国的青年学生、妇女、甚至士兵和军官们，都参加了这个反铁托集团的运动。不管铁托分子用怎样残酷的手段，人民的斗争是一定会获得胜利的。

南斯拉夫在战前有24万平方公里的领土，战后从意大利收回了萨拉区和伊斯的里亚半岛的大部分。另外，又从匈牙利收回了战前被占的一块多瑙河以北的三角地带。现在的南斯拉夫计有255000平方公里的领土面积。

南斯拉夫全国有1600万人口。民族的构成非常复杂，但主要的都属斯拉夫族。重要的民族计有塞尔维亚、克罗地亚、斯洛汶、马其顿、门的内哥罗和波斯尼亚、赫兹哥维那7种，另外，在国境四周还有少数的日耳曼、马扎儿、保加利亚和阿尔巴尼亚人。这中间，塞尔维亚人最多，要占全部人口的40%。

南斯拉夫是一个多山的国家，全国有3/4的面积是山地。亚得里亚海沿岸的维里毕特山和狄那立克阿尔卑斯山，是南斯拉夫最主要的山脉。全国只有东北和匈牙利接壤的部分是一块盆地；多瑙河在这块盆地上截过一角；很多重要的支流：如蒂沙河（发源于匈牙利）、德拉瓦河（发源于奥地利）、萨夫河和摩拉发河（都发源于南斯拉夫）等，都在它的附近流入多瑙河；这是南斯拉夫最富庶的一块土地。

南斯拉夫的气候是比较复杂的。在亚得里亚海沿岸是地中海气候，这里的雨量总在1000毫米以上，甚至有些地方超过了4000毫米，是欧洲最多雨的地区。但是由于这一带是世界著名的"喀斯德地形"区域，多量的雨水都沿着石灰岩裂罅下渗；因此，地面上找不到一条较大的河流。在狄那立克山以东的南斯拉夫绝大部分地方，由于山脉遮断了它们和地中海的关系，是一种比较温和的大陆性气候，雨量一般都在600毫米左右。

南斯拉夫是一个农业国，农业人口占全国人口的70%。主要的耕种区集中在东北部多瑙河附近的盆地里。小麦和玉米是最重要的作物，另外，果园培植也很普遍发达，葡萄是南斯拉夫的重要输出品之一。南斯拉夫是一个缺粮的国家，但是铁托集团为了讨好美帝，不管自己的人民挨饿，每年仍把大批小麦输出到美帝占领的德国西部地区去。

南斯拉夫的山区，大部分是天然牧场和森林。畜养事业在南斯拉夫的经济上有很大的意义，牲畜和蛋类都是重要的输出品。牧畜中的牛、羊、猪为最多，家禽的饲养也很普遍。由于铁托集团对中、贫农的残酷掠夺，牲畜的数字正在迅速地减少中；以

1950 年为例,就要比 1949 年减少牛羊 60 万头和猪 50 万头。森林面积约占全国土地的 30%,是南斯拉夫一宗重要的富源。大概在沿亚得里亚海一带的地区是常绿树和灌木林;山地中则是枞树和松杉组成的针叶树林;沿海和山地之间的地区是阔叶树林,以樫树和山毛榉占优势。建筑木材的输出,是南斯拉夫对法国和意大利贸易的主要项目。

南斯拉夫的矿藏资源是相当丰富的,已经开采的有塞尔维亚东北部的铜、达尔马提亚的铁矾土和斯罗维尼亚的水银等,锑、铅、锌、铁和煤,也有一些蕴藏。另外,南斯拉夫还有 350 万匹马力的水力藏量,但是已经利用的却很少。

南斯拉夫主要矿产年产量　　　　　　　　　　　　　　　(吨)

煤	4, 150, 000
铜	987, 000
锑	776, 000
铁矾土	314, 000

南斯拉夫的工业是在发展的道路上被铁托集团摧毁了的。工业区主要的在西北部的斯罗维尼亚和克罗地亚,那里有规模较大的锯木工业、食品工业和纺织工业;首都伯尔格来德的工业也很发达。但是这些工业目前都在每况愈下的处境中。

南斯拉夫全国有将近 1 万公里的铁路长度,这些铁路的设备,都是非常恶劣的。其中也有一些具有国际意义的路线,主要的是从伯尔格来德到土耳其的伊斯坦布尔和希腊的萨罗尼加两条。前者是中欧沟通近东的捷径;后者则是多瑙河中流国家出爱琴海的要道。另外,从伯尔格来德沟通萨格勒和里卡的铁路,是亚得里亚海和南斯拉夫内地的主要联系。南斯拉夫的河流可以通航的不多,除了多瑙河本流以外,只有萨夫河和德拉瓦河了。

南斯拉夫是个农业国家,全国很少大城市。多瑙河沿岸的贝尔格莱德,是全国最大的城市,也是南斯拉夫的首都所在。这是巴尔干半岛上的一个重要的铁路交通中心,从这里可通黑海、爱琴海、亚得里亚海以及中欧和近东,地位冲要,所以有"巴尔干之键"的称号。这里大概有 40 万居民。萨夫河上流的萨格勒(亚格朗),是克罗地亚的工业中心,人口约 20 万,为全国的第二大城。萨格勒以西亚得里亚海沿岸的里卡(阜姆),是战后从意大利收回的领土,为全国最大的港口。

里卡港西北伊斯的里亚半岛上的里雅斯特港,是亚得里亚海沿岸最重要的港口,中欧国家出地中海,以经由此港为最近便。的里雅斯特战前被意大利占有,战后在对意和约的附件中曾规定将的里雅斯特及其附近划为自由区,暂时由英、美和南斯拉夫军队占领。联合国安全理事会必须在 1947 年 9 月以前,任命一个总督管理该港,外国军队应该撤退,民主和自由必须获得充分的发展。但是在美英集团的蓄意破坏下,的里雅斯特沦入了异常悲惨的命运。

占领军不但没有按时撤退,相反地增加了。民主和自由不但得不到充分发展,民主报纸和进步组织且全遭了迫害。的里雅斯特成为一个"逃亡者"的大本营,这里麇集了 7 千多个从人民民主国家逃亡出来的反革命罪犯。在的里雅斯特城里,有三个"逃亡者"的招待所,它们被用作间谍和破坏者的招募中心。

的里雅斯特曾一度在东南欧及中欧的商业上占有重要地位。但是,由于美英集团对人民民主国家所进行的经济封锁,过去的繁荣已经完全消失了。目前把的里雅斯特作为商港的,实际上已只有南斯拉夫、意大利、奥地利和希腊 4 个国家;运往人民民主国家的少许货物,在这里登岸时,要受到占领者的百般拦阻;因此,货物的流通量已经大大地萎缩。工商业的衰落,替的里雅斯特人民带来了贫困、失业和饥饿。

除了在美国支持下为了战争服务的一些造船工业还在进行以外,轻工业已经全部瘫痪了。随着工厂的倒闭,失业工人正在不断地增加:1948 年,的里雅斯特有工作能力的人口中失业的已达 8.6%,1951 年这数字就增加到 14.1。另外还有成千男女,每星期只有几天工作,过着痛苦不堪的生活。

的里雅斯特的人民已经行动起来了。无论是意大利人、斯洛汶人和克罗地亚人,他们都已经联合起来,为了争取一个自由、民主和不虞匮乏的生活而和美英及铁托集团展开了斗争。

主要参考资料

世界经济地理讲座　胡明编著　光华出版社
高级中学课本外国经济地理　下册(油印原稿)　人民教育出版社
世界经济地理　盛叙功著　中华书局
九国共产党情报局会议文件集　"争取人民民主,争取持久和平!"报馆
南斯拉夫现势和南斯拉夫人民的斗争　冀代　世界知识　第 24 卷第 23 期
的里雅斯特　苏　特费尔斯戈依　世界知识　1952 年第 22 期

九、希　腊

希腊是一个历史悠久的古国,远在 2400 多年以前,希腊的祖先已替欧洲创造了辉煌灿烂的文化。但是以后,它却又经历了两千年漫长黑暗的亡国时期,直到 1829 年才从土耳其的统治下独立起来。

1830 年,希腊正式成立了独立的王国。但是这个名义上独立的国家,实际上全是被周围的一些帝国主义者所把持的。希腊统治当局的主子最主要的是英帝国主义。从直布罗陀海峡经过马耳他岛然后再联结克里特岛、塞浦鲁斯岛和苏伊士运河的这一条路线,是英帝侵略地中海、北非和亚洲的"生命线";而希腊东部的爱琴海,更是达达尼尔海峡的门户;故英帝国主义者一直毫不放松地控制着希腊。希腊的统治阶级跟随着英帝国主义,从 1912 年—1922 年的十年中,连续参加了 4 次战争(两次巴尔干战争、第一次世界大战和 1921 年—1922 年的希土战争),这些战争,把希腊打得精疲力竭,外债和苛捐杂税残酷地摧残着人民的生计,使希腊成为一个灾难重重的国家。

1941 年,法西斯德国军队击败了希腊和英国军队,占领了整个希腊,并且用伞兵和滑翔机群,越海攻占了克里特岛。希腊政府就抛弃了它素不关心的人民而流亡到伦敦去。另外,一部分政府人员,则留在国内,和德国占领军合作,对付希腊的爱国分子。

在法西斯德国占领时期,希腊人民起来,组织了人民解放军,和敌人进行了奋勇的斗争,解放了大部分的土地。1945 年苏联红军在巴尔干的辉煌胜利,迫使德国占领军退出希腊,替希腊的全面解放起了决定性的作用。

希腊人民刚刚从法西斯德国占领下把希腊解放出来，英国军队却接踵来了。他们在希腊扶植了一个极端反动的政权，把逃亡的希腊国王乔治二世捧回来复辟。希腊的反动政权就在英国支持下发动了屠杀人民的内战。在这样的情况下，1947年年底希腊人民在自由希腊（希腊解放区）成立了临时民主政府，为争取希腊的独立解放而斗争。拥有40万党员的希腊共产党，是希腊人民争取独立解放的核心力量。

英帝国主义为了支持希腊反动政权进行残杀人民的内战，从1945年起到1947年止，花去了3.5亿到7亿美元的巨款，对英国千疮百孔的财政情况给予一个惨重的打击，终于使它不得不乞援于美帝。1947年3月，杜鲁门提出以4亿美元"援助"希腊和土耳其的法案（其中2.5亿"援助"希腊）；这样，英帝退出了希腊，希腊就变为"杜鲁门主义"的试验品。在美帝的指挥下，希腊的反动统治者终于在1952年正式地加入了"北大西洋公约"的侵略集团。今天，希腊人民陷入了更恐怖悲惨的境地，特务、奸细布满了城市，天一黑，到处都是抢劫和逮捕，甚至公共汽车里的乘客随时都要受到特务的搜查。

军事法庭遍及全国，到1950年为止，判处死刑的即已达8000人之多。反动统治者狂妄地乱吠："共产主义是希腊文化在三千年历史中所遭遇到的最大威胁。"但是人民却坚决地回答："现在的政府，是三千年来最坏的政府！"在帝国主义和国内反动统治者的双重压迫之下，希腊人民的斗争是艰苦的，但是这个斗争已是愈来愈坚强了。

希腊的巴尔干半岛最南端的国家，它的本身也是爱琴海和爱奥尼亚海之间的一个半岛；另外，还包括了很多岛屿和群岛，主要的是地中海的克里特岛、爱奥尼亚海的爱奥尼亚群岛、爱琴海的昔加拉提群岛和斯波拉提群岛等；战后又从意大利取得了爱琴海的多得坎尼斯群岛。这样，希腊共有133000平方公里的领土，这中间，岛屿面积占了1/10。

希腊共有780万人口，其中90%是希腊人，另外，还有保加利亚人、马其顿人、阿尔巴尼亚人、土耳其人和犹太人。1922年希土战争以后，希腊曾以国内50万土耳其人和土耳其换回了150万希腊人。这些归国的希腊人民，一直在没有照顾的情况下过着赤贫的可怜生活。

希腊的地形是非常崎岖的：狄那立克阿尔卑斯山从南斯拉夫伸入希腊半岛，叫做斑都斯山脉；希腊东北部和保加利亚接壤的地区，则是罗多彼山脉的南坡。整个希腊只有东北部的马里乍河下流和半岛上班都斯山脉以东的色萨利盆地比较平坦。色萨利盆地以东的万神山（奥林匹克山），高达3000米，山下的奥林匹克村，曾是希腊历史上举行4年一度的竞技会的地点，现在的"国际奥林匹克运动会"的名称，就是从这里起源的。

　　由于山脉的崎岖,这就构成了希腊的曲折的海岸和众多的港湾。北部的萨罗尼加湾,南部的爱吉那湾和科林斯湾,都是著名的港湾。科林斯湾以南是摩里亚半岛,这是希腊最南端的半岛;但是自从科林斯运河开凿以后,这里实际上已经变成一个岛屿了。

　　希腊的气候除了在高山上以外,大部分都属于地中海气候,是非常和煦宜人的。在东北部也有轻微的大陆性现象,那些地方冬季就比较寒冷。希腊的雨量,一般在500 毫米左右,西部海岸一带可达 1000 毫米。

希腊气温　　　　　　　　　　　　　　　　　　　　（摄氏）

地　别	1月	2月	3月	4月	5月	6月	7月	8月	9月	10月	11月	12月	年平均	较差
科孚岛（希腊西岸）	10.2	10.6	11.8	15.4	19.1	23.1	25.5	25.9	23.5	19.9	15.2	14.1	17.7	15.7
雅　典	9.1	9.7	11.2	14.7	19.0	23.5	26.6	26.3	22.0	18.8	14.0	11.2	17.2	17.5
萨罗尼加	5.3	7.1	10.1	14.0	19.3	23.5	26.6	25.7	22.0	17.5	11.2	7.7	18.8	21.3

希腊雨量　　　　　　　　　　　　　　　　　　　　（毫米）

地　别	1月	2月	3月	4月	5月	6月	7月	8月	9月	10月	11月	12月	年雨量
科孚岛	147	167	85	82	57	32	10	22	72	145	167	207	1,197
雅　典	50	43	30	23	20	18	7	12	18	40	65	65	387
萨罗尼加	37	35	40	48	60	43	25	30	40	52	68	60	537

　　希腊是一个落后的农业国,农民占全部居民的54%,绝大部分的输出是农产品。希腊的主要农作物是烟草和果品;烟草种植于马其顿、色雷斯和色萨利等地,品质很好;果品中以橄榄和葡萄为主,橄榄树大概分布在沿海地带,葡萄种植在丘陵区,摩里亚西北岸的无核小葡萄,是一种名贵的产品。近年来,希腊也开始了棉花的栽培,在第二次世界大战前的数年,棉花的出产已逐渐增加。由于希腊山地多而平原少,耕地面积还不到全部土地的20%。大部分耕地都落在地主手上,耕种的技术又是非常幼稚的,因此,希腊农民的痛苦生活是不难想象的。希腊是一个缺粮的国家,每年进口的粮食要占全部输入的1/4。

　　希腊全国还有18%的林地和大片荒瘠的牧场和石山坡。季动性的畜牧,在希腊比较普遍,主要的畜产品是羊。另外,在欧罗斯区也有一些规模不大的蚕桑业。

　　希腊的矿产种类很多,但是藏量不很丰富。金属中主要的有铬、铁矾土和锑等,另外,还有少量的银、锌、铅、铁、锰和黄铁矿之类。煤的贮藏更少,只有品质低劣的褐炭。

　　希腊的工业基础非常脆弱,工人只占全部职业人口的16%。农产品加工工业和食品工业,是希腊工业的主要部门,烟草和烟草制品的输出占全部输出的45%,葡萄干占12.5%;另外,橄榄油和葡萄酒的制作和输出也不少。希腊的次要工业部门是纺织工业,中心在雅典和比里犹斯一带。

在美帝摧残下的希腊工业,情况是极度可悲的。美帝对希腊工业的绞杀,不仅仅是大量商品的竞争,他们更干脆地禁止希腊创办或是扩充会妨碍美帝垄断的一切企业。例如美帝曾禁止希腊装置一个从德国赔偿来的炼铁高炉,因为这座高炉一旦装好,希腊的铁就会满足了。另外,美帝也不许希腊开设制糖厂,他们更破坏了希腊的一个中心水电站的建筑,因为希腊如果有了自己的电力厂,美国老板们每年就会失去4500万美元的利润。在这样的情况下,目下希腊的矿工业只达到战前水平的18%,航运工业只有战前的5%。另外,美国控制了所有马歇尔化国家的对外贸易,因此,美国烟草充斥了欧洲市场,希腊烟草就从此失去了销路。这样,占希腊全部人口1/7的烟农和制烟工人,就全部陷入了饥饿穷困的境地。

在交通运输方面,希腊境内有2500余公里的铁路,密度以东北马其顿一带为最大。1893年科林斯运河的开凿,缩短了爱琴海和爱奥尼亚海之间的航程。科林斯土腰只有6公里的宽度,确是开凿运河的理想地点;只可惜运河的宽度只有30米,深度也很小,大船无法通航。另外,希腊利用它在地中海东部商业上的有利位置,很早就发展了规模较大的海上贸易;希腊的商船队在国际航海事业中有相当地位,航海的收入,弥补了希腊一部分的入超。第二次世界大战以前,希腊有200万吨的船舶,在战争中损失了110万吨;战后由于反动政府进行了杀害人民的内战,因此到现在还不能完全恢复。

航海业的发展,促成了希腊沿海都市的畸形繁荣,全国有1/3的人口集中在都市里。最大的都市是雅典、比里犹斯和萨罗尼加。

雅典是希腊的国都,这是欧洲古代文明的策源地之一。全市名胜古迹极多,加以风光优美,气候宜人,是一个美丽可爱的都市;全市有居民40余万人。雅典以西的爱吉那湾沿岸,有着它的外港比里犹斯,这是希腊最大的商港,有居民25万人。希腊北部的主要港口是萨罗尼加海湾上的萨罗尼加,这里不但是希腊的重要港口,而且也是巴尔干各国特别是南斯拉夫和保加利亚出地中海的重要港口。这里有居民24万人。

萨罗尼加的南部是加勒希狄克半岛,加勒希狄克半岛的南部又分成三个小半岛,三个小半岛中的最东面一个叫做北亚陀斯,上有亚陀斯山,是世界上著名的宗教独立区,不受希腊的管辖,境内有希腊正教寺院20所,各国僧侣约5000人。

主要参考资料

世界经济地理讲座　胡明编著　光华出版社

高级中学课本外国经济地理　下册(油印原稿)　人民教育出版社

欧洲地理　邹豹君著　商务印书馆

世界经济地理　盛叙功著　中华书局

今日的希腊　L. G.　世界知识　第 24 卷第 9 期

十、西班牙

　　从 15 世纪到 16 世纪,西班牙曾是一个最有势力的海上强国。那时西班牙的航海家们,发现了许多新的海洋航道,占领了许多海外殖民地。西班牙人所组织的哥伦布探险队,更于 1492 年远涉重洋,发现了西印度群岛和美洲大陆。从此,西班牙的殖民事业发展到了顶点;它们占领了整个中美洲;又和葡萄牙瓜分了南美洲;它们建立了强大的"无敌舰队",在海洋上横行一时。

　　西班牙的殖民者,在各殖民地掠夺了大批的金银珠宝,不断地运回国内。但是对于西班牙国内的封建统治人物来说,掳掠是他们的能事,至于怎样使用这些财富,对于他们却是全部陌生的。他们没有把这些财富用在发展工业上,而是拿来胡乱地挥霍一顿。国王、贵族、教会,他们尽量地想法子浪费,把他们的生活铺张到使人难以相信的地步。另外,他们还用这些财富发动了新的战争。因此,得来虽然容易,耗费却也更快。而且,金银的大量流入,大大地提高了国内的物价,使国内多数的农民和手工业者穷困得透不过气来。这样,从殖民地得来的横财,不是造成西班牙的经济繁荣,而是相反地把西班牙引入日趋衰落的地步。

　　接着,荷兰、英国、法国在海上的势力膨大起来了。它们击溃了西班牙的"无敌舰队",劫夺了西班牙从殖民地掳掠得来的物资。到了 19 世纪初叶,西班牙的美洲殖民地纷纷暴动,大部分都脱离了西班牙的统治而独立。到了 19 世纪末叶,美国最后出来武力接收了西班牙剩余的一些殖民地(主要的是菲律宾群岛和波多黎各岛)。从此,西班牙除了在非洲还保留了一些残余的殖民地以外,就什么也没有了。

第一次世界大战以后,世界革命的巨流推动了西班牙工人群众的革命运动。他们开始团结起来,和封建地主及反动统治者展开了激烈的斗争。当时世界经济大恐慌的浪潮袭击了西班牙,使阶级矛盾愈加尖锐起来:工人们大批失业,农产品价格随着惨跌,引起了农民生活的日益穷困;工人和农民联合的战线就这样很快地稳固和扩大起来。1931 年,西班牙的王权统治终于在革命的浪涛中被推翻了。

但是革命并没有完成西班牙的民主改造。因为革命以后所建立的新政权,仍旧是换汤不换药地操在工业资本家和地主、贵族们的手里;教会的财产也原封不动地保留了下来;工农的生活丝毫没有得到改善。这样,虽然在革命以后,西班牙的工农群众却仍须继续着他们不断的斗争。终于在 1936 年的国会大选中,代表劳动群众反抗反动势力的人民阵线获得了胜利。

人民阵线政府取得了政权以后,立刻实行了一连串的民主措施。他们下令废除了封建的贡税;并且进行土地改革,将地主的土地分给无地和少地的农民;另外,更释放了在监狱中的 3 万革命者,建立了民主的政治。

但是与此同时,德、意法西斯所支持的反动军阀佛朗哥于 1936 年发起了反革命的叛变。战争经过了 3 年,在 3 年之中,西班牙人民付出了惨重的代价。德、意法西斯供给叛军以大量的飞机、大炮和其他装备;英、美、法统治阶级则以"不干涉政策"为掩护,同意将西班牙出卖给法西斯匪徒;只有苏联始终正义地支持了西班牙的共和国政府。西班牙人民经过了 3 年的苦斗,终于在众寡悬殊的情况下,被佛朗哥匪徒占领了全国,西班牙共和国政府流亡到墨西哥。

于是佛朗哥就开始了他的血腥统治,大批的革命青年及和平居民被残酷地杀戮和监禁了,有两百万人民曾经尝过铁窗风味,数十万人至今还被关在监狱里。佛朗哥每年要花 1.2 亿庇斯太(西币名)作为监狱的建筑费,单单是囚禁儿童的监狱,全国就有349 处之多。这样,没有民主,没有自由,恐怖、饥饿、失业、死亡,包围了整个西班牙。10 多年来,西班牙已成了一个可怕的人间地狱。

第二次世界大战爆发以后,佛朗哥表面上自称为"非交战国",实际上他除了将物资源源地套运给法西斯轴心以外,到了战争紧张之际,竟违背国际规约,出兵并吞非洲的丹吉尔,并且出兵摩洛哥,牵制盟国在北非的军事行动,以策应希特勒在欧洲的进攻。1943 年—1945 年中,更变本加厉地派出了 47 万人的所谓"蓝色师团",参加了侵苏战争。他们屠杀诺伏哥洛特的集体农民;参加过列宁格勒的围城战;破坏了普希金博物馆;对苏联人民犯下了滔天的罪恶。

因此,在 1946 年的联合国大会里,曾经通过了一项决议,除了不准佛朗哥加入联合国和联合国各会员国应立即召回其驻马德里的外交人员以外,要是西班牙在相当时期内还不能建立一个人民所同意的政权,尊重言论、宗教和集会的自由,并尽速举行人民不受威胁与恫吓、没有顾虑、可以自由表示其意志的选举,则联合国安全理事会应对西班牙采取适当的措施。

但是联合国会员之一的美国,却完全没有遵守这项决议。相反地,它们看中了佛朗哥这个承受法西斯衣钵的军阀,在美帝的操纵把持下,联合国竟于1950年通过取消1946年关于禁止各会员派驻西班牙使节的决议。立刻,美国和英国都和佛朗哥交换了使节。接着,美帝在西班牙的活动就由秘密而转入公开。佛朗哥把许多海空基地交给美帝。和美帝订阅了"军事同盟",规定以22个西班牙师的陆军由美国军官指挥;另外,佛朗哥又答应替美国动员200万人做炮灰。现在,美帝正企图用多种方法把佛朗哥拉入完全侵略性的"北大西洋公约"的集团里去。

西班牙的灾难是愈来愈深重了,但是西班牙人民的斗争精神却也愈炼愈英勇了。在西班牙共产党总书记伊巴露丽同志领导之下,正团结了整个工人阶级和人民,对佛朗哥展开激烈的斗争。1951年巴塞罗那的大罢工,即是这个斗争的一部分。现在,整个西班牙已经广泛地喊出了"西班牙青年永不对苏联作战"、"打倒佛朗哥"等口号,最后的胜利必定是属于西班牙的革命人民的。

西班牙是伊比利安半岛(也称比利牛斯半岛)上的一个国家。伊比利安半岛是南欧三大半岛之一,半岛上除了西侧1/6的面积属于葡萄牙以外,其余的都属于西班牙。西班牙的领土包括地中海中的巴利阿雷科群岛和大西洋中的加纳利群岛在内,计有503000平方公里。在非洲,西班牙还保留着一些殖民地,主要的是西属摩洛哥、里俄特俄罗以及西属几内亚和附近的一些岛屿。这些殖民地都没有什么经济意义。

西班牙全国有2800万人口。人口密度最大的地区是沿海平原,其次是中央的卡斯第里亚州。西班牙的民族以卡斯第里亚人为主,其他还有一些少数民族,如卡塔诺里亚人(约500多万人)、加里西亚人(约250万人)和巴斯克人(约70万人)。西班牙的少数民族,就语言和文化说,和卡斯第里亚人有很大的区别。另外,西班牙的南部历史上曾经被来自非洲的回教民族摩尔人盘踞过,因此,到现在还保留着回教文化的色彩。西班牙的居民中,有45%是文盲。佛朗哥政府的教育经费只占全国总预算的4%,1950年全国就有一万所小学因经费的困难而停办;因此,在佛朗哥的统治下,西班牙的文盲数字今后还必须急剧地增加。

伊比利安半岛在地形上和南欧另外两个半岛不同,它几乎是四面临海的(只有东北一隅和法国相连)。东面是地中海,西面是大西洋,北面是比斯开湾,南面是一条和

非洲只隔 7 海里半的直布罗陀海峡。伊比利安半岛有 7/8 的界线被海环绕,只有 1/8
连接大陆。

西班牙是个地形复杂的国家,境内有很多从西到东的山脉。和法国之间是比利牛
斯山脉,宽度和高度都很大,一般在 1500 米以上,最高的安奈多峰高达 3400 米。比利
牛斯山的西侧是坎达布连山脉,绵亘在整个比斯开湾沿岸。坎达布连山脉以南是瓜达
拉马山脉,这是西班牙中部最主要的山脉;它和它南面的多勒多山脉构成西班牙中部
的麦塞他高原。麦塞他高原的南侧有摩勒纳山脉,山中有丰富的金属矿藏。西班牙南
部沿海的山脉是内华达山脉,长约 600 余公里,余脉从东北入海,构成地中海中的巴利
阿雷科群岛。

随着山脉的分布,西班牙的河流也都是东西方向的。流入地中海的河流,主要的
只有一条,那就是比利牛斯山脉以南的厄布罗河;河流所经之处,构成一块厄布罗谷
地。流入大西洋的河流有好几条:主要的是坎达布连山脉和瓜达拉马山脉之间的斗罗
河;瓜达拉马山脉和多勒多山脉之间的德古斯河;多勒多山脉和摩勒纳山脉之间的瓜
的牙纳河;这些河流都从葡萄牙出海。摩勒纳山脉以南的瓜达尔几微河是西班牙最重
要的一条河流,瓜达尔几微谷地也是西班牙最大最重要的一块平原;由于气候的干燥,
西班牙的河流一般都是"流动两个月,休息十个月"的,只有瓜达尔几微河才是一年四
季都充满了水量。

西班牙的气候相当复杂,大部分地区都非常干燥:"比利牛斯是非常的起点",
这是欧洲人惯说的谚语;2000 年前的罗马人,也曾经把卡斯第里亚形容成"夜莺飞
过,也得自己带食物和饮料"的地方:西班牙的干燥情况于此已可想见了。西班牙
在气候上,大致可以分成北岸、东岸、南岸和内陆四区,其中内陆区的范围很大,沿
岸区的范围极小:大概从比斯开湾向南延伸 100 公里的范围内是北岸区;沿地中海
东岸和南岸向西北延伸 10 公里的范围以内是东岸区和南岸区;其他大部分都是内
陆区。北岸区是伊比利安半岛上雨量最多的区域,大概在 800 到 1500 毫米之间;这
一带的气候接近西欧型:冬季温和,夏季凉爽,温度较差极小。南岸区和东岸区因
为受内华达山脉阻挡的关系,冬、夏两季都不易得雨,气候炎热而干燥,可以种植热
带植物。内陆区是干旱区,这是一种大陆性的气候,温度较差极大;冬季温度可降
低到摄氏零度,但一到夏季天气亢旱,阳光强烈,地面蒸发量极大,植物枯萎,形成
半沙漠状态。

西班牙气温 （摄氏）

地　　别	1 月	2 月	3 月	4 月	5 月	6 月	7 月	8 月	9 月	10 月	11 月	12 月	年平均	较差
直布罗陀	12.7	13.2	14.1	15.8	18.1	20.8	23.0	23.8	22.2	18.7	15.8	13.3	17.6	11.0
巴塞罗那	8.0	9.7	10.7	13.2	16.5	20.4	23.2	23.0	20.5	16.1	12.2	8.7	15.2	15.2
圣地亚哥	7.2	8.3	9.4	11.0	13.7	16.7	18.2	18.8	16.8	13.1	10.3	8.0	12.7	11.6
马德里	4.6	6.5	8.7	12.1	16.1	20.6	25.1	24.7	19.6	13.3	8.5	5.0	13.7	20.5

西班牙雨量 （毫米）

地别	1 月	2 月	3 月	4 月	5 月	6 月	7 月	8 月	9 月	10 月	11 月	12 月	年雨量
直布罗陀	127	105	120	68	43	12	0	3	35	82	170	137	882
巴塞罗那	35	33	43	50	37	33	22	35	75	72	45	43	530
圣地亚哥	187	175	157	148	125	70	57	48	130	108	175	175	1,720
马德里	33	27	43	48	43	30	12	10	33	45	48	40	410

西班牙基本上是一个落后的农业国家,农民要占全国人口的80％。耕地面积只占全国面积的32％,而且大部分都落在贵族、地主、修道院手里。西班牙现在有17000个地主,他们所有的土地比其他300万个贫农所有的土地要多出一倍。目下西班牙的农业产量,比共和国时代减低了63％。主要的农产品是小麦和大麦,小麦分布在中央高地和瓜达尔几微谷地一带,但出产还不够供给本国需要。果园事业在西班牙有极大的重要性:橄榄园分布在东南海岸,西班牙的橄榄油出产居世界第一位;葡萄园的分布比橄榄园更多,西班牙的葡萄酒出产居世界第三位(次于法国和意大利)。另外,柑橘的培植的西班牙也很普遍。

牧场和山地占西班牙全部面积的46％,羊为畜牧的主要对象。西班牙的畜牧是一种季动性的畜牧:当夏季地面上的草被吃光以后,牧者即驱羊上高山,就食山上的牧草;到冬季高山天寒,又将羊赶回地面。美利奴羊是西班牙的名产,羊毛细长而有光泽,是优良的纺织原料。西班牙全国有羊2000万头,羊毛的出产在西欧仅次于英国占第二位。另外,西班牙有牛400余万头,猪500余万头,还有若干的马、驴、骡之类。

西班牙在沿海地带也发展了一些渔业,渔港大部分在西北海岸,所产的鱼类主要的是沙丁鱼、鲭鱼和鳕鱼等,每年捕获量约在50万吨左右。

西班牙的矿藏资源是非常丰富的。在摩勒纳山地中,蕴藏着多种的有色金属,主要的有铜、铅、银、汞和黄铁矿等。西班牙铜的出产,在过去曾长期地占有世界的第一位,产地主要的在里窝亭托。银和铅产于里纳勒斯区,汞产于亚勒马敦。北部比斯开湾沿岸的坎达布达山脉地区,是西班牙煤、铁的重要蕴藏地:毕尔巴鄂一带有丰富的铁矿,奥维亚多一带则是重要的产煤区。另外,西班牙的河流供给了相当大的水力,大概有600万匹马力的总藏量,但是应用的却少得可怜。西班牙的矿产,多数是以矿砂和半加工的形式输出的,而且,在反动统治者的摧残下,矿业生产已经大大地减退了。例如铁的产量在1900年曾占世界第四位,现在已退居世界第20位。1900年西班牙出产了占世界57%的铅,但是现在出产的铅已只占世界的2%。而曾经长期占世界首位的铜的出产,现在也已萎缩到极低的地位了。

1950 年西班牙重要矿物产量　　　　　（公吨）

无烟煤	1,504,124
烟煤	9,613,619
褐煤	1,315,671
铜砂	352,026
铁砂	3,068,692
黄铁	1,401,672
锌砂	118,422

就工业来说,西班牙是非常落后的。采矿工业和纺织工业是西班牙工业的两大部门:采矿工业的分布,大概和矿区一致;纺织工业则集中在东北沿海的加泰罗尼亚州,特别是巴塞罗那城。在这里,还有另外规模不大的电机、航空、造船和汽车工业。首都马德里,也发展了多种部门的工业,但规模还不及巴塞罗那。西班牙虽然有丰富的铁矿,却完全不能发展冶金工业。这是由于本国资本的缺乏,国内销路的有限;特别是由于最重要的铁矿都属于英国资本家。因此,西班牙的铁矿采掘工业,只是为了英国的钢铁工业而服务。

西班牙的工业极大部分是被美英集团操纵把持的。远在1922年,美国摩根财团的国际电话和电报公司已经取得了西班牙电话的专利权;洛克菲勒财团的美孚油公司也早就握有了西班牙油公司50%的股权。第二次世界大战以后,美、英资本更大量地流入西班牙;到1948年春季为止,美、英等国在西班牙的投资已达56亿庇塞太之巨,要占西班牙总财富的1/4,其中最多的是美国资本。摩根财团的美国通用电气公司在西班牙西北部、西部和中部的电气工业中拥有巨大的股份;梅隆财团垄断了西班牙的制铝工业;杜邦财团代替了德国I.G颜料托拉斯,控制了西班牙的化学工业;福特公司也在西班牙开设了汽车和航空工厂;整个西班牙的工业已经被美国资本全部控制了。

西班牙的铁路共长16000公里。铁路的建筑毫无系统,设备也非常恶劣;因此,铁路的撞车事故在西班牙是一件常事。即使根据佛朗哥政府的统计数字,在 1949 年 2 月 12 日至 12 月 31 日的短短 10 个半月中,车祸就有 106 起。在西班牙的铁路中,有着巨额的法国资本。就海上运输来说,西班牙在世界上已不占什么重要的地位了,甚至抵不上希腊;在第二次世界大战以前,它计有 120 万吨的船舶。

西班牙的首都马德里,位于伊比利安半岛的中心、德古斯河的上流、瓜达拉马山南麓的海拔 650 米的高原上。这里是西班牙的铁路交通中心,也是西班牙全国最大的城市,1950 年,这里有居民 150 万人。巴塞罗那在西班牙东北的地中海海岸,是西班牙第一大港,也是最重要的工业城市,1950 年,巴塞罗那的居民已接近 130 万人,因此,这是西班牙除了马德里以外的最大城市。西班牙南部最大的城市是塞维尔。塞维尔位于瓜达尔几微河下流的左岸,海洋轮船可以直达这里,因此,这里就不啻是南方的最大港口,居民约有 30 余万。塞维尔城中有哥伦布墓,哥伦布的探险队即是从这里西南的巴罗斯港出发的。与巴罗斯港隔水相望的韦尔发,则是摩勒纳山地中有色金属的出口港。塞维尔以南的加的斯,曾是新大陆发现以后、新旧大陆之间往来的繁盛港口。西班牙的东部大城是瓦棱西亚。瓦棱西亚位于瓦棱西亚湾上,是地中海沿岸次于巴塞罗那的最大港口。1950 年,这里的居民已接近 60 万人。

西班牙南端的直布罗陀半岛,是英国的重要军港。直布罗陀原来也属西班牙,1704 年以后才被英国霸占,建立军港。直布罗陀半岛只有 5 平方公里的面积,高度却超过 400 米;它的东坡和南坡峭壁险峻,不易攀登,只有西坡较缓;西坡紧靠直布罗陀湾,港阔水深,可避风浪。直布罗陀军港的面积很大,可以容纳一支大型舰队;港口的炮台、煤库、石油库、弹药库等,都建筑在悬崖隐蔽的地下室里。从直布罗陀经过意大利西西里岛南部的马耳他岛联络苏伊士的航线,是英帝侵略地中海、北非和亚洲的"生命线"。

主要参考资料

世界经济地理　И.А.维特威尔著　卢彬　董策三　张文蕴译　五十年代出版社

世界经济地理讲座　胡明编著　光华出版社

高级中学课本外国经济地理　下册(油印原稿)　人民教育出版社

欧洲地理　邹豹君著　商务印书馆

佛朗哥西班牙与美帝扩张政策　捷尔莱雪夫著　高尔森译　世界知识出版社

两个西班牙　殷宇　世界知识　第 23 卷第 12 期

扩军备战政策下的西班牙　王庆　世界知识　1952 年第 10 期

十一、葡萄牙

    和西班牙一样,葡萄牙在第 15、16 世纪也曾是一个显赫一时的殖民帝国。的确,在那一段时期里,葡萄牙人对于新航路的发掘和殖民事业的拓展,是有过一番惊人的造就的。葡萄牙人的瓦斯利达·加玛探险队,在 1498 年从非洲西岸绕过好望角到达了印度;1519 年起,葡萄牙人麦哲伦船队第一个完成了环绕地球一周的旅行。在当时,葡萄牙人在世界各处的势力几乎比西班牙人更为普遍。他们在非洲、印度、南洋群岛和中国以及南美洲的东部(巴西)建立了殖民地,在殖民地搜刮了大批的财富。但是也和西班牙一样,国内根深蒂固的封建势力阻碍了把这些财富用到发展工业上去。最后,在王室、贵族、地主和僧侣们的挥霍之下,掠夺来的财富就很快地花完了。新兴的荷兰人从南洋群岛驱逐了葡萄人的势力,南美洲的殖民地接着又宣告独立,这个称雄一时的殖民帝国就这样在国际舞台中没落下去了。

    1910 年,葡萄牙国内发生革命,推翻了布拉根萨王朝的马纽尔王;1911 年,葡萄牙建立了资产阶级的共和国。到了 1926 年,葡萄牙军人高士达元帅集合了他在第一次欧战中所指挥的远征军向首都里斯本进军,推翻了里斯本的政党政府;从此以后,葡萄牙就开始了它的军人法西斯专政局面。后来,另外一个军人卡尔蒙纳被推选为总统;他于 1928 年任命墨索里尼的信徒萨拉查为内阁总理;萨拉查正和他所崇拜的墨索里尼一样,是一个典型的法西斯独裁者。自从他上台以后,一直到今天,葡萄牙的人民始终是生活在恐怖和忧乱之中。

　　萨拉查政府在战前是英国的尾巴,战后它又立刻向美帝献媚,接受了"马歇尔计划"的"援助",并且加入了"北大西洋公约"的侵略集团。在国内则愈来愈残忍地加强了他的血腥统治:1947年,他用武装部队残杀了罢工的群众,数百个爱国的反法西斯者被囚禁在狱中;1949年,更逮捕了葡萄牙的共产党重要领袖如 A. 康哈尔及 M. 里贝拉,大批政治犯都被送到佛得角群岛的塔尔伐尔集中营去受苦刑,葡共中央委员会书记里贝拉就在反动统治者这样地折磨之下英勇地牺牲了。

　　为了讨好美国主子,萨拉查不惜将葡萄牙的一切都献给美帝。现在,大西洋上的亚速尔群岛已经让给美国作为空军基地;葡萄牙的非洲殖民地如莫三鼻给和安哥拉等地,也都让给美帝建筑各种军事工程;美国军事代表团在葡萄牙境内到处横行。萨拉查用增加赋税、加重剥削的方法,进行积极的备战政策;1951年的军事支出,竟超过了200万康托(葡币名,一康托约合35美元)。葡萄牙人民就这样在饥饿、失业和死亡中生活着。

　　但是,葡萄牙人民已经团结起来了。在葡萄牙共产党的领导下,他们已经展开了反萨拉查政府的英勇斗争。1949年,葡萄牙共产党宣布:"万一发生战争,葡萄牙人民不会拿起武器对苏联作战,只会加强推翻卖国政府——萨拉查法西斯政府的斗争。"这就是葡萄牙人民的真正声音。

　　葡萄牙是伊比利安半岛西隅的一个小国,包括大西洋上的亚速尔群岛和马得拉群岛在内,面积共92000平方公里。但是由于葡萄牙反动统治者紧紧地追随着美、英帝国主义者,做了它们的尾巴和走狗,葡萄牙还能勉强地维持它在海外的殖民地。葡萄牙的殖民地远远地超过了西班牙。在非洲:主要的是安哥拉、莫三鼻给、葡属几内亚和佛得角群岛等;在亚洲:除了南洋群岛中的帝汶和我国的澳门以外,在印度半岛还有果阿、达曼和第乌岛第三小区。殖民地的总面积计有210万平方公里,超过本土面积24倍。

　　葡萄牙全国有850万人口,全部属于拉丁族的葡萄牙人。人民的文化水平极度低落,文盲占全国人口的一半。由于社会制度的不合理,移民极盛,每年移往海外的贫苦人民达三四十万,主要是到南美洲的巴西,约占全部移民的70%。葡萄牙的海外殖民地总计有居民1100万人。

　　葡萄牙就地形说,可以分成三部分:北部和西班牙的麦塞他高原相接,丘陵崎岖,大致都是西班牙山脉的延伸部分;这一带河流侵蚀剧烈,河谷与河谷之间形成极多的小丘陵,斗罗河是这里的唯一大河。中部也是一块丘陵区;此区上承艾斯特拉山脉,是葡萄牙气候的重要分界线;德古斯河由此区出海,是葡萄牙最大的河流。南部是一块较低的山地,瓜的牙纳河从这里流过。

葡萄牙的气候显然比西班牙优良。就气温说,由于接近海洋,较差很小;就雨量说,因为面向西风,当然也比内陆高原丰沛得多。葡萄牙的气候大致分成南北两区:在艾特拉斯山脉以北,是湿润的西欧气候;艾特拉斯山脉以南,则是夏季干旱的地中海气候。里斯本的年雨量是750毫米,由此向北,逐渐增加,向南则逐渐减少。

葡萄牙是一个落后的农业国,不过就地理环境说,它比西班牙要好得多;因为葡萄牙没有像西班牙一样的高原和干燥区。耕地和牧场占全部土地的1/3强,但是大部分都落在贵族地主的手里,巨大的庄园,和身无立锥之地的贫苦农民,形成一个非常尖锐的对比。在农产品之中,谷物以小麦为主,玉米次之,粮食不足自给。果树的栽培,是葡萄牙农业的重要部分,果园占耕地面积的12%,橄榄园和葡萄园最为普遍,橄榄油和葡萄酒的输出极盛。

葡萄牙的土地利用

类　　别	占全国百分比
农场及牧场	37.4
葡萄园	5.4
其他果园	6.2
林　地	26.0
荒　地	25.0

葡萄牙有1/4以上的土地是森林,森林中,特别是南部,一种叫栎树的常绿乔木约占地50余万公顷,这对葡萄牙的经济很有关系;他们利用栎树皮制成软木塞,在过去,葡萄牙曾供给过全世界软木塞的一半。另外,渔业对葡萄牙也比较重要,全国约有5万人从事这项事业;里斯本和南部的塞图巴尔一带,是最主要的渔业区,每年出产的沙丁鱼约在10万吨左右。

葡萄牙的矿藏并不贫乏,主要有铜、钨、锡、铅、黄铁矿、煤和高岭土等。但是开采不盛,现在这些矿藏的开采权已经逐步地落入美帝国主义者的手中了。

葡萄牙的工业,比西班牙更为落后。纺织工业占了最大的比重,约有5万工人从事这项工作。瓷砖和瓷器工业也比较发达,里斯本附近有新式的瓷砖和瓷器工厂。另外,如软木塞制造和一些仪器工业——包括罐头鱼、葡萄酒、橄榄油等,也都是比较重要的工业部门。

葡萄牙的工人阶级是贫穷痛苦的,"马援"打垮了葡萄牙弱小的工业,并且更严重地堵塞了葡萄牙出口品的欧洲市场。这样,就招致了工厂的倒闭和大批工人的失业,1950年,葡萄牙已有24万失业工人,另外,还有很多工人只能找到半日工作。

葡萄牙只有 3000 多公里的铁路长度,航海事业也已经大大衰退。葡萄牙全国没有什么大都市:里斯本是它的首都,位于德古斯河的下流,是一个比较重要的港口;就海上交通说,它是西欧到南美和西部非洲的最后大港;就航空交通说,它也是欧洲大陆通往南、北美洲的中间站;1948 年,这里的人口已接近 80 万。俄伯尔多在斗罗河下流,是葡萄牙的第二大城,也是葡萄牙北部的最大港口,工业比较发达,人口约有30 万。

主要参考资料

高级中学课本外国经济地理　下册(油印原稿)　人民教育出版社
世界经济地理　И. А. 维特威尔著　卢彬　董策三　张文蕴译　五十年代出版社
葡萄牙的法西斯恐怖　阿发罗·G　争取持久和平,争取人民民主!　中文版　第 29 期
战争集团的走卒——葡萄牙　元方　世界知识　1952 年第 8 期

十二、丹　麦

　　丹麦位于欧洲大陆的北部,南面和德国邻接。第二次世界大战的前夕,丹麦曾和德国签订了为期10年的互不侵犯条约;但是1940年春,法西斯德国到底撕碎了条约,侵占了整个丹麦。从此,国王被俘,内阁也无法执行职权,德军控制了丹麦的一切。沦陷期间,丹麦共产党领导全国人民,在各地进行了抵抗运动;仅仅1944年一年中,大规模的工人怠工事件即达930件之多。通过战时和法西斯德国的艰苦斗争,丹麦共产党在人民群众中增加了信仰,因而获得很大的发展,现在估计已有党员6万人。

　　1945年苏联反攻胜利,法西斯德国崩溃以后,丹麦才得到了解放。经过了5年漫长的痛苦教训,丹麦的统治阶级却并不因沦陷时期所遭受的灾难而有所警惕;战后的丹麦立刻又被这些反动统治者带上了可怕的道路。丹麦接受了"马歇尔计划"的"援助",而且更加入了"北大西洋公约"的侵略集团,甘愿充当美帝挑起新战争的一名小卒。丹麦总理伊里克逊在1952年8月已经公开承认了"美国基地正在修建之中,而且美国军队是驻扎在丹麦领土之上的"。这样,美军占领丹麦的威胁大大地引起了丹麦人民的惊惧和愤怒,他们正在进一步地团结起来,为争取丹麦的独立、和平而斗争。

　　丹麦由日德尔半岛及其他500余大小岛屿组成。岛屿中主要的有西兰岛、菲因岛、罗兰岛和法斯忒岛等。全国面积只有43000平方公里,其中日德兰半岛占3万平方公里,其他岛屿占1.3万平方公里。此外,丹麦还有一些在海外的属地,例如波罗的海上的波荷尔姆岛,大西洋上的法尔俄群岛和格陵兰岛。冰岛本来也是丹麦的属地,战后已经脱离丹麦而独立了。

在欧洲,丹麦的位置虽然并不十分偏北,但是在习惯上,丹麦总是和挪威、瑞典、芬兰在一起,被称作北欧国家的。另外,由于丹麦和瑞典、挪威两国在历史、语言、经济发展和政治制度上有许多共同的地方,因此,虽然丹麦的领土并不在斯堪的纳维亚半岛上,却也被称为是斯堪的纳维亚国家。

丹麦全国有400万人民,全部是条顿族的丹麦人。日德兰半岛南端的石勒苏益格地区,是第一次世界大战以后德国归还丹麦的土地,这一带至今还居住着少数的日耳曼人。

丹麦的地形非常单纯,土地的下层是白垩纪岩层,表层则是冰漂石黏土。丹麦境内虽然也有一些起伏的低丘,但是大部分却都是平原低地。日德兰半岛上亚胡斯西南的地区,算是全国最高的地方,也不过海拔172米而已。

丹麦的海岸线相当曲折,日兰德半岛是介乎北海和波罗的海之间的北欧第二大半岛,这一带有很多复杂的海峡:半岛和菲因岛之间有小贝尔特海峡;在菲因岛和西兰岛之间有大贝尔特海峡;在西兰岛和瑞典南部之间有松德海峡,松德海峡的最狭处只有4公里,但水道却远较大、小贝尔特海峡为深,可以通行大船。另外,日德兰半岛的北端和瑞典、挪威构成了喀得家特海峡和斯喀基而拉克海峡。这些海峡都是北海和波罗的海之间的交通要道。

丹麦有一个温润而湿和的气候,1月份的平均气温在摄氏零度左右,7月份的平均气温在摄氏16度左右。在冬季,靠波罗的海的一岸有短时期的封冻,但西部北海沿岸却经冬不冰。大西洋的温润空气和波罗的海寒流接触地带,海岸常有浓雾。丹麦全年约有600毫米的雨量,以七、八两月降下的最多。

哥本哈根气温和雨量

	1月	2月	3月	4月	5月	6月	7月	8月	9月	10月	11月	12月	年平均温度及年雨量
气温(摄氏)	-0.1	-0.1	1.3	5.3	10.3	14.7	16.0	15.8	13.0	8.5	4.5	1.3	7.7
雨量(毫米)	32	32	37	32	37	45	57	65	45	52	43	45	517

丹麦是一个农业非常发达的国家,农民占全部农业人口的35%。除了日德兰半岛西岸的沙丘区以外,全国有90%的土地是生产区,耕地占总面积的70%以上。由于机器和化学肥料的应用,土地的生产力一般都很大。主要的农作物是大麦、燕麦和甜菜,但是大部分的耕地上却种植了饲用植物,如苜草、饲用萝卜和芜青之类。因此,丹麦的乳农业规模远远地超过了农业。乳农业是丹麦经济的最重要部分,全国大概有牛

310 万头，其中多半是乳牛；有猪 440 万头；羊和马也有畜养，但重要性远不及牛和猪。此外，也大规模地发展了养禽业，鸡的数字估计约有 2600 余万。由于大批牲畜的饲养，丹麦本国生产的饲料不够供应自己的需要，每年仍须向国外输入多量的饲用粮食和油饼。

丹麦人民在畜养事业中运用了一些较好的方法，因此而得到了较高的产量。丹麦农民养牛，一般都将牛系在牧场中的木桩上，不让牛自由行动，每天仅将木桩移动数次，以改换食草地点。这样就充分利用了牧场。乳酪生产的废物和如浮乳和乳浆之类，作为猪的上等饲料，这样猪的发育就能更快。大约小猪饲养 6 个月以后，体重就有 200 磅光景，即可宰杀作为腌肉。丹麦每年出产大量的乳酪、火腿、鸡蛋和腌肉。特别是乳酪，每年的产量约有 17 万吨，其中有 15 万吨输出，供给了世界乳酪输出量的 1/3。火腿的出口量也居世界第二位（次于美国）。丹麦乳农业生产品的主要雇主是英国，丹麦一向有"英国食厨"之称，这里就可以看出丹麦经济对英国的依存关系了。丹麦将高价的产品卖给英国，国内劳动人民却只能享用劣等品，例如丹麦的乳酪大批输入英国，国内人民却普遍的只能使用马尔加油（人造油）。

农业合作社在丹麦有着很大的意义，合作社有组织地供给饲料、肥料、机器，并且检查生产品的标准。丹麦出口品的检查是比较严格的，例如丹麦出口的每个鸡蛋，都经过检查者加盖印章后才装箱出口。因此，在资本主义世界中，丹麦货品的商誉很好，但售价也是较高的。合作社的支配者，是那些有着雇佣劳动能够广泛应用机器和化学肥料的自耕农。资产阶级的学者们，一直是把丹麦作为中小农业"繁荣"的例子，而事实上，丹麦的农业正和列宁所说的一样，是纯粹资本主义农业，而有着明显的阶级分化。在第一次世界大战以后的各年间，丹麦农村中的阶级分化更剧速了。严重的生产品滞销现象，使很多小农破产和负债，这样就大批地造成了农业无产阶级（占全部职业人口的一半以上）。银行通过对农业合作社的资助，已成为丹麦农村的实际主人了。第二次世界大战中，德军的占领，断绝了丹麦从国外输入饲料的可能，乳牛大批地被宰杀，乳农业生产品只能在德军的统治之下输入德国，使丹麦农民又遭受了巨大的损失，更加速地制造了丹麦的无产大众。第二次世界大战以后，作为丹麦乳农业产品主要主顾的英国，购买力已大大减低，而且美国乳品充斥了欧洲所有接受"美援"国家的市场；这一切，都是使丹麦农村阶级分化更加迅速的主要因子。

除了乳农业以外，丹麦也发展了相当规模的渔业。在第二次世界大战以前，丹麦拥有渔船 15000 多艘，其中有 6000 多艘是摩托船。日德兰半岛西岸的厄斯堡，是丹麦北海沿岸的重要渔港。此外，丹麦还在大西洋上的法尔俄群岛和格陵兰岛建立了渔业根据地。

　　丹麦的工业人口占全部职业人口的 27%。由于丹麦没有什么矿产,也没有动力可以利用,因此工业的主要部门是食品工业。虽然也发展了一些机器制造工业,但是都要靠国外输入的原料来维持。农业机器和工具的生产很发达,造船工业也有相当基础,丹麦是世界上第一个制造航海摩托船的国家。哥本哈根的瓷器制造,在欧洲也很著名,原料是从波荷尔姆岛上采掘的瓷土。日德兰半岛北部的阿尔堡,和西兰岛东南的墨恩岛一带,因为有白垩岩层,也发展了水泥工业。由于"马歇尔计划"的摧残,使丹麦的工业发生了很大的危机,失业者正在不断地增加。1951 年下半年工业生产的每月平均指数,比上半年降低了 9%,这种情况还在继续恶化。

　　丹麦全国有铁路 5000 余公里。在日德兰半岛和菲因岛之间及西兰岛和法斯忒岛之间,都已建有铁桥联系。另外,哥本哈根和瑞典的马尔摩,赫尔新哥和瑞典的哈尔新堡,以及法斯忒岛南端的港口吉滋尔和德国的瓦内蒙德之间,都已建立了定期的铁路轮渡交通。

　　丹麦的海上运输事业也很发达,服务于运输商业的人民要占职业人口的 17%。丹麦的商船不但替自己的海上贸易工作,而且也替国外运输工作。第二次世界大战以前,丹麦商船队有 120 万吨的吨位,战时损失一半,很难恢复旧观。丹麦控制了波罗的海和北海之间经过松德海峡、喀得加特海峡和斯喀基尔拉克海峡之间的航路(大、小贝尔特海峡因水浅不便航行),在历史上,丹麦曾对经过这些海峡的别国船只课税;但是自从基尔运河开通以后,这一条水道的重要性就大大地减低了。

　　丹麦的国都哥本哈根,在西兰岛的东北部,1950 年这里有 76 万多人口,几乎集中了全国人民的 1/5。哥本哈根一词,在丹麦语中的意义是"商人之国",事实上它也的确是北欧最大的商业都市和港口。日德兰半岛东岸的亚胡斯,是丹麦第二大城,是一个农产品的集散中心。

　　大西洋中冰岛和不列颠群岛之间的法尔俄群岛,在行政上是丹麦的一郡。这是一群包括大小 21 个岛屿的群岛,主要的有斯特罗摩、俄斯特罗等岛。群岛由火山岩构成,是丹麦在大西洋渔业根据地。整个法尔俄群岛,大约有居民 26000 人,首府叫索斯黑文,在斯特罗摩岛上。

　　丹麦在大西洋上的另一处属地是格陵兰岛(也译绿洲)。格陵兰位北美大陆的东北角,西隔巴芬湾及达维斯海峡和加拿大相对;东隔丹麦海峡和冰岛为邻。面积达 210 万平方公里,是全世界第一大岛。

　　格陵兰的发现,远比新大陆要早;公元 870 年,诺曼人即已知道格陵兰的所在而前往殖民。后来这里又曾为挪威占有,和丹麦争夺甚烈;直到 1933 年格陵兰才决定归丹麦领有。

格陵兰全岛是一块台地,终年掩覆着冰雪,冰河入海成为冰山,是航行的极大威胁,著名的邮船铁塔尼号,即在这一带被浮冰撞击而沉没。全岛仅在靠达维斯海峡的西南沿岸,因受墨西哥湾流的影响,气候比较温和,夏季冰雪融化时,略可种植,稍产麦类和马铃薯之类。格陵兰沿岸有很多海豹、白熊等寒带动物,因此兽皮就成为这里的重要出产。最近岛上也发现了很多矿物资源如铜、铁、煤、铈等,但是冰雪掩盖,开采还不容易。

格陵兰全岛只有居民 17000 余人,大部分都是爱斯基摩人,丹麦人只有 1/4;另外,有一些丹麦人冬去夏来,从事兽皮的贸易。由于格陵兰是欧美之间的最短航空线上的要站,美帝已把它作为北极的重要侵略军事基地。

主要参考资料

世界经济地理讲座　胡明编著　光华出版社

高级中学课本外国经济地理　下册(油印原稿)　人民教育出版社

世界经济地理　И.А.维特威尔著　卢彬　董策三　张文蕴译　五十年代出版社

认识丹麦　徐希朗　地理知识　第 7 期

为美国服务的丹麦统治者　马莱克　争取持久和平,争取人民民主!　中文版　第 158 期

十三、冰　岛

　　冰岛在 9 世纪初已被人们发现；到了 9 世纪末就有一些挪威人迁移到那里去居住。他们开始在冰岛建立了家族社会的组织，并且根据了挪威的法律形式设立了冰岛的最初法律。到了公元 930 年以后，由于冰岛各族间的内讧，挪威的势力，就逐渐渗入了冰岛。1262 年冰岛国会终于通过了一项决议，正式承认挪威国王对冰岛的统治权；这样，冰岛就从此丧失了它的独立。

　　14 世纪末叶，丹麦取得了挪威的统治权，冰岛也就转入到丹麦人手里。虽然挪威到 19 世纪初叶又脱离丹麦而独立，但是冰岛却于一直在丹麦国王的残酷统治之下。一直到 1903 年，当时冰岛的商业资本已逐渐兴起，新兴的资产阶级在人民的支持之下，开始从丹麦国王那里争取回来一部分主权；这样，冰岛才组织了自己的内阁。1918 年，丹麦和冰岛组织了君合国，协定中规定冰岛拥戴丹麦王为国王，丹麦则承认从 1940 年起，放弃其对冰岛外交上和渔业上的干涉权利。

　　1940 年，纳粹德国占领了丹麦，冰岛国会于是就通过了一项决议，宣布终止丹、冰两国关于成立君合国的协定。这样，冰岛才算脱离了长期来被人统治的地位，成立了一个独立的国家。

　　但是和冰岛独立的同时，英、美帝国主义者的势力立刻侵入了冰岛。1940 年 5 月，英军进驻冰岛，接着美军也于 1941 年侵入。一直到目前为止，美军还没有从冰岛撤离，冰岛已成为美帝侵略欧洲的一块跳板了。

　　冰岛人民曾于 1944 年举行公民投票。投票中有 98％的票数赞成和丹麦脱离,成立一个独立的共和国;但是在美帝侵略者的把持之下,这个"独立"仅仅是名义上的。1946 年,冰岛政府和美国成立协定,允许美帝利用冰岛基地。这一反动的法案,虽然经过冰岛统一社会党(共产党)议员在国会中竭力反对,但却终于在反动党派的同意下通过了。1947 年,美国共和党的一些议员们,曾经公开表示,希望将冰岛并入美国版图。这个野心,虽然在冰岛人民的反抗之下没有实现;但是冰岛却终于接受了"马歇尔计划"的"援助",而且更于 1949 年加入了反动的"北大西洋集团"。1951 年,冰岛的反动统治者又和美帝签订了所谓"北大西洋公约"范围内的军事协定。从此,美军源源开入冰岛,冰岛就这样地全部被美帝占领了。

　　冰岛人民对美帝的占领,和反动统治者的卖国行为,已经激起了无比的愤怒;在冰岛无产阶级的政党——统一社会党的领导下,各种形式的斗争已经激烈地展开了。冰岛人民对于争取他们的独立解放,已经有了 600 年的斗争传统,可以相信,胜利一定是属于冰岛人民的。

　　冰岛是北大西洋中的一个大岛,位置介于格陵兰和挪威海岸之间。距欧洲大陆约 1000 公里,距英国东北海岸约 700 余公里。全岛面积 103000 平方公里(大概和浙江一省的面积相等),是欧洲次于大不列颠的第二大岛。

　　冰岛全国有居民 137000 人,都是挪威移民的后裔。居住地区大概都在沿海一带。

　　冰岛的地形是一块高台地,下部是古老的岩层,上部有火山岩。大概全岛高地区域占 97％,低地区域只占 3％。一般在沿海地区比较低平,内陆地区就非常高峻。全岛火山极多,总计在 100 座以上,其中有 25 座有史以来曾经活动。南部的希克剌火山,高 1557 米,是欧洲著名的火山之一。冰岛的火山大致可分四类:第一类是圆锥形的火山,坡度极陡;第二类是锅状火山,坡度很缓,有极大的喷火口,周围都是熔岩流成的台地;第三类是连续的火山口,分布在地壳的裂罅带;第四类则是没有喷火口的火山。地下岩浆从地壳裂缝中流到地面,裂缝上面掩盖着冰雪,岩浆的上升,促使冰雪的迅速融化,因此就时常发生洪水。由于火山的活动,岛上分布着很多的温泉。温泉中最著名的是大间歇泉,它能按时喷出高达 30 米的泉水,温度竟接近沸点。冰岛的内陆,有着广大的冰田,瓦特那冰田的面积达 8500 平方公里,其他如荷夫斯冰田、郎冰田等,也都是著名的大冰田。冰田的边缘是冰河,大小冰河数字超过 400 以上。

　　冰岛的位置接近北极圈,因此气候酷寒;但是沿海地带,由于大西洋暖流的影响,却比较温和。雨量的分布,南北很不均匀,南部在 1000 毫米以上,北部只有 400 毫米。

　　农业在冰岛没有什么发展,全岛 86％以上的土地是荒地,只在西南沿海地带有少量马铃薯和甜菜的种植。冰岛人民生活的主要来源是渔业,其次便是养羊业。冰岛沿海,也有一些峡江式的海岸,捕鱼比较容易,渔业产品便成冰岛最大的输出。主要有冰冻鱼、罐头鱼和鱼肝油等,其价值要占出口总值的 90% 以上。另外,冰岛的畜牧业,特别是养羊业,也比较发达,冰岛可以耕种的地带,种植了很大面积的饲料作物。

冰岛的首都雷克雅未克,在岛的西南岸,是冰岛唯一重要的商港。这里设有世界上最偏北的天文台,居民只有 3 万人。除此以外,冰岛只有一些小镇和渔村了。

主要参考资料

高级中学课本外国经济地理　下册(油印原稿)　人民教育出版社

世界经济地理　И.А.维特威尔著　卢彬　董策三　张文蕴译　五十年代出版社

欧洲地理　邹豹君著　商务印书馆

美帝北极战略圈中的冰岛　石铁生　世界知识　1952 年第 10 期

十四、挪　威

　　挪威曾长时期受丹麦和瑞典的统治,挪威的获得独立,还是不久以前的事。1905年,挪威才脱离瑞典,成立了一个君主立宪国。

　　第二次世界大战中,法西斯德国于1940年用伞兵占领了挪威,挪威国王和内阁流亡到伦敦。希特勒利用挪奸吉斯林,组织了一个傀儡政权。那些日子里,人民生活的痛苦是可以想象的,漫长黑暗的5年中,共产党领导着全国人民,和希特勒匪帮及吉斯林傀儡进行了各种方式的斗争。

　　1945年法西斯德国由于苏联的反攻而完全崩溃以后,挪威得到了解放。挪威北部的领土,则早在德国崩溃前由苏联红军帮助收复了。挪威解放后,当年就举行了普选;普选中,反动集团曾用尽各种卑鄙的方法,企图阻止共产党进入议会。但是挪威共产党的实际行动,早已取得了广大人民的信仰。因此,在战前议会中不占一席的共产党,那次普选中却获得11席,得到了空前的胜利。普选的结果,由社会民主党组织了内阁。

　　挪威的社会民主党,正和欧洲其他资本主义国家内的社会民主党一样,是一个投机取巧的反动政党。在普选以前,他们曾作了一些伪装进步的表示,发出了一些欺骗人民的诺言;但是在他们一旦登台以后,反动的面目就立刻暴露无遗了。他们接受了"马歇尔计划"的"援助",而且更不顾人民的反对,参加了"北大西洋公约"的反动集团。挪威首都奥斯陆,变成了北大西洋侵略集团北翼司令部的所在地,大批美帝国主义者的军官和特务都麇集在那里。挪威的经济资源被反动统治者当作备战的资本。1952 年的预算，比 1938 年高出 8 倍，这中间用在军备和军事训练的竟达 1/3。空军和海军的兵役期限已经大大延长，陆军也准备延长服役期限。社会民主党决心把挪威再一次投入新的战争里去。

但是挪威人民的政治觉悟现在已经大大地提高了。他们已完全认清了社会民主党的反动面目，开始为挪威的民主、独立而斗争。作为进步力量核心的挪威共产党，在主席洛夫廉同志的领导之下，于 1950 年清除了党内托洛茨基——民族主义者的集团，巩固了自己的队伍。虽然社会民主党在 1949 年的普选之中用了卑鄙下流的舞弊手段把共产党排斥到议会之外，但是团结在共产党周围的群众却愈来愈多了。1950 年，挪威共产党在特别代表大会中提出了一项响亮的口号："挪威必须与英美军事集团破裂！挪威人民永远将不与苏联和人民民主国家作战！"这就是挪威人民的真正声音。

挪威是斯堪的纳维亚半岛西部的国家，国土总面积为 323000 平方公里。挪威的属地，包括挪威西北 500 公里的北冰洋中的斯匹次卑尔根群岛（斯伐尔巴德群岛）、斯匹次卑尔根群岛和挪威之间的熊岛以及挪威和格陵兰之间的鲸美因岛等。其中以斯匹次卑尔根群岛最为重要，群岛有 65000 平方公里的面积。挪威的反动统治者，早已准备把这些北部的岛屿让予美帝，作为美帝轰炸苏联的空军基地。苏联对这项阴谋，已予以无情地揭露和严正地抗议。

挪威全国有 320 万人口，几乎全部是条顿族的挪威人，全国人口的 1/2 以上居住着奥斯陆平原和西南海岸上，挪威北部，有为数不到 3 万的拉伯人和芬人。挪威北冰洋的属地斯匹次卑尔根岛上，只有居民 2000 余人。由于社会制度的不合理，人民无法克服国内恶劣的地理环境，挪威向海外移民很盛。在国外特别是在美国的挪威人，估计约在 40 万人以上。

挪威的地形是异常崎岖的，全国差不多都被斯堪的纳维亚山脉（基阿连山脉）所盘踞了。斯堪的纳维亚山脉由太古代的岩层（结晶质的片岩、花冈岩和片麻岩）所构成。水和冰河的活动，已把山峰逐渐削平，现在大部分成为高原和台地。挪威南部的多维尔高原，是全国最高峻的地方，其中的加尔呼必格山，高达 2500 米，山上有巨大的冰河。其他如斯奈海达、格里亭德各山，高度也都在 2000 米以上。加尔呼必格山以西，有面积广达 1200 平方公里的约斯特尔冰田，是欧洲著名的"冰冠"。

由于山脉的分布，挪威全国没有较大的河流，东南部的格罗门河和洛根河算是最主要的河流。这些河流的下流，构成面积不大的奥斯陆平原。

挪威的崎岖的山脉，造成了曲折而又高峻的海岸。在挪威，大概每 16 平方公里的国土面积上就有海岸线 1 公里，是世界海岸线最曲折的国家之一。要是挪威的海岸形态和荷兰或丹麦一样,那么,它的海岸线长度仅是现有长度的 1/6 而已。挪威的海岸是由海、岩石和冰河结合的一种特殊形式。海岸上被冰河作用侵蚀过的地区,经海水的侵入而产生一种深而高峻的港湾,称为峡江。世界的其他地区,除了苏格兰北部和南美智利的南部以外(规模都不及挪威),没有这样峡江式的海岸。挪威的峡江大致可以分成两类:一类是高岸式的峡江,两岸峭壁悬崖,水的深度极大;另一类是低岸峡江,两岸低平,深度不大。高岸峡江分布在挪威的西部和北部,低岸峡江则在南部(也有部分在瑞典西南部)。从西南部的斯达完格到德伦的英一段,是海岸最曲折和峡江最多的地带。索格内湾长 160 公里,水深 100 至 220 米,是最伟大的峡江。其他如哈当革湾、斯达完格湾和德伦的英湾等,也都很著名。

峡江之外,在挪威大西洋和北冰洋的沿岸,有极多的岛屿和暗礁。挪威沿海的岛屿,数字竟多至 5 万以上。其中最重要的是佛罗敦群岛。岛屿的面积大概要占挪威全国总面积的 7%。

挪威虽然纬度极高,但是由于西风和暖流的关系,气候却是属于海洋性的。四季的气温,各处较差都不大:夏季北部可达摄氏 10 度,南部是摄氏 15 度,相差不过五度;冬季北部为摄氏零下 5 度,南部为零下 4 度,相差只有 1 度。拿西南海岸的卑尔根为例,1 月份平均气温是摄氏 1 度,7 月份平均气温是摄氏 15 度;若和同纬度的世界各处比较,这一带的确是非常温和的气候了。挪威的西岸是迎风坡,西风带来的水汽被高原阻挡,都在这一带降下来,因此雨量很多,卑尔根年雨量达 2000 毫米。沿岸向北,雨量逐渐减少,但一般都还在 7、8 百毫米之间。挪威的东部如奥斯陆平原一带,因位于北风地带,雨量减少,每年不到 600 毫米。这一带受海洋的影响微弱,气候也比较严酷。

卑尔根气温和雨量

	1 月	2 月	3 月	4 月	5 月	6 月	7 月	8 月	9 月	10 月	11 月	12 月	年平均温度及年雨量
气温(摄氏)	1.2	0.8	1.8	5.5	9.4	11.7	14.4	14.2	11.5	5.2	3.6	1.5	7.0
雨量(毫米)	212	160	147	102	112	98	148	188	218	222	207	212	2,025

由于高纬度的关系,挪威的昼夜变化是很大的。在夏季,北冰洋沿岸的北角,从 5 月 12 日起,至 7 月 29 日止,太阳一直在地平线上打圈子,长昼共有 79 天之久。即在挪威中部偏北的波多,夏季里从 7 月 3 日至 7 日,也有 5 天的长昼时间。到冬季,当然同样地也有一个漫漫的长夜,即在挪威南部各地,冬季夜长也达 17 小时。所好的是在长夜漫漫的寒冬,挪威沿海并不会冰冻,因为挪威冬季空气中的热量并不来自阳光,主

要的是靠着洋流带来的暖气。挪威北冰洋属地斯匹次卑尔根群岛,也靠着洋流的恩赐,一年中有 4 个多月可以免于封冻,维持了海上交通。由于位置的更偏北,斯匹次卑尔根群岛一年中有 18 个星期的长昼和长夜。

挪威全国有 74.4% 的土地是不能耕种的山岩、荒原和雪地。耕地只占全面积的 3.4%,主要的都在沿海一带的平原上,特别是格罗门河下流一带。德伦的英湾沿岸,也有狭长的平原可以耕种,这在以前是号称世界上最偏北的农业地区,近由于苏联伟大的植物学家米丘林、李森科等的努力,已能够在北极圈内经营农作和园艺,挪威遂不得以此项天惠独优著名于世了。挪威的农村中,以小农经济占优势;农民占职业人口的 29%,但是大部分农民都兼有其他手工业,专门从事农业的人口不多。农作物以大麦、燕麦和马铃薯为主,粮食不够供给本国的需要。园艺栽培和牛羊畜养,比耕种要发达些;挪威的北部主要是依靠驯鹿的畜养。

挪威的林地面积占总面积的 1/4,林业出产,是挪威一宗重要的富源;木材主要的有松、枞、白桦和白杨等。挪威的矿藏资源不多,东北部的克尔克奈斯,产少量的铁,铜产于格罗门河上流的罗罗斯,如波多以东的地带,另外也有一些镍和黄铁矿,北部还有若干磷灰石矿层。湍急而短促的河流,提供了大量的水力,挪威是西欧和北欧水力藏量最丰富的国家,估计约有 1200 万匹马力。挪威北冰洋属地斯匹次卑尔根群岛上,有大量煤炭的贮藏,采掘工作是由苏联的企业"北极煤炭公司"在那里进行。

渔业在挪威的经济中占有极重要的位置。挪威西岸和冰岛之间,是世界著名的大渔场,挪威每年捕获的鱼类约有 100 万公吨,主要的是鲱鱼、鳕鱼和鲭鱼等。挪威是世界上重要的渔业国,每年有大量干鱼、罐头鱼和鱼肝油的输出。较大的渔港在北方有德琅素、亨墨菲斯;在南方有卑尔根和斯达完格等。此外,挪威也发展了规模很大的远洋捕鲸业,捕鲸区域在两极附近,特别是在南极附近的太平洋上。挪威每年捕获的鲸鱼,和供应世界的鲸油,几乎要占世界的一半。但是在挪威的捕鲸业中,有着大量的英国资本。挪威全国从事捕鱼和捕鲸的人民,要占职业人口的 6%。

挪威的工业人口占职业人口的 27%。工业主要的分成四个部门:第一部分是木材工业,包括伐木、锯木、木浆和造纸等,出品几乎全部都供输出。第二部门是五金工业,这里面包括机器制造工业和冶金工业,所需的金属大部都靠输入。由于水力发电的发展,电气制铝的规模很大,原料是从法国输入的铁矾土;挪威的铝产量占全世界的 10%,是次于加拿大的第二个铝输出国。第三部门是电气化学工业,这里面最重要的是氮素制造,在挪威南部的台里马克省境内的诺托顿和林坎各地,都有大规模的氮素制造厂,在空气中提取氮素。制造原子弹的重水,也是挪威硝化物的副产品;第二次世界大战中,法西斯德国对此很感兴趣,现在则由美帝继承了希特勒在掠取这项出产。

挪威工业的第四部门是食品工业,那里主要的就是罐头鱼类的生产。工业区集中在南部,主要的如奥斯陆、克利斯提安桑德、斯达完格和卑尔根等地。

由于"马援"的侵袭,挪威的工业情况是变得每况愈下了。以 1951 年为例,下半年的生产指数就比上半年降低了 9%,物价比战前上涨了 20%,税款比战前提高了 8倍,工人阶级的生活越来越糟了。

挪威只有 4000 公里的铁路长度,大部分在奥斯陆平原。在北极圈以内,只有一条从瑞典铁矿区通到北部港口那尔维克的电气铁路;这条铁路,是专为瑞典的铁矿输出而铺设的。挪威的海上运输在国民经济中占了重要的地位,全部职业人口的 22% 从事于海上运输和商业。挪威有一支强大的商船队,船舶吨位仅次于美、英而居世界第3 位。在过去,挪威在海上运输业中的收入,几乎占全部工业生产量的 1/3。但是自从反动政府接受了"马援"以后,"马歇尔计划"的协定条件之一,规定美国货物必须由美国船只运输,这样,许多挪威商船就只好停着不动。于是挪威在对外贸易中的亏空就无法取得弥补,仅仅在 1949 年一年中,挪威就因此而亏空了挪币 18 亿,这就是"马援"带来的"繁荣"。

挪威的首都奥斯陆,位于东南部的奥斯陆湾以北,工业发达,有居民 28 万,是挪威最大的城市。西南海岸的卑尔根,市街建筑在山坡上,风景秀丽;这里不但是挪威的渔业中心,也是重要的木材输出港,贸易额仅次于奥斯陆;居民达 10 万以上,是挪威第二大城市。挪威北部的德琅索和亨墨菲斯,都是较大的渔港。亨墨菲斯旧称世界最北的都市,在夏季夜半可见日出的奇景;今苏联西伯利亚的北冰洋岸,新建的城市很多,地位皆远在亨墨菲斯以北,亨墨菲斯已不能保有这最北都市的美名了。唯因地近西欧,是避暑的胜地,故仍能吸引很多资产阶级的游览者。挪威是次于瑞士和意大利的欧洲许多游览访问者的国家之一,游览的收入,也是挪威收入的主要项目。

主要参考资料

世界经济地理讲座　胡明编著　光华出版社

高级中学课本外国经济地理　下册(油印原稿)　人民教育出版社

世界经济地理　И. A. 维特威尔著　卢彬　董策三　张文蕴译　五十年代出版社

挪威人民采取行动反动战争政策　洛夫廉　争取持久和平,争取人民民主!　中文版　第163 期

挪共巩固自己的队伍　洛夫廉　争取持久和平,争取人民民主!　中文版　第 32 期

十五、瑞　典

　　瑞典在历史上曾受丹麦的统治,其后又和挪威有一个时期的合并。1905 年,挪威脱离瑞典而独立,从那时起到现在,瑞典领土没有任何变化,政治制度也一直是立宪王国。

　　欧洲在最近 40 年中,曾经发生了两次大战和若干次小规模的战争,但是瑞典都没有被卷入。特别是在第二次世界大战中,东面的芬兰加入了法西斯轴心,西面的挪威和南面隔海的丹麦都被法西斯德国占领,但是瑞典却一直没有遭受任何军事攻击。

　　两次大战中,瑞典在表面上都是"中立国";事实上却不然,每一次战争里,瑞典都做了德国的支持者。在第二次世界大战的时候,瑞典将自己的铁矿源源地供应给法西斯德国。瑞典的好几个独占资本集团,包括好些军火工厂在内,和德国资本有着密切的联系。因此,瑞典在战争中的这种方式的"中立",就非常可以理解了。自然,每一次大战都替瑞典的独占资本带来了大批的横财。

　　在第二次世界大战中,瑞典国内的进步力量有了长足的发展。在进步力量的压力下,瑞典政府在战后不得不实行了一些进步的措施。1946 年,瑞典和苏联签订了互惠的商约,由瑞典每年贷款苏联 2 亿克朗(瑞典本位货币),以 5 年为期,让苏联在瑞典购买复兴建设所需的物资。这样,苏联和瑞典两国之间友谊关系的增进,本来应该是北欧和平的象征。而且和苏联这样一个资源丰富的国家建立友好的贸易关系,对瑞典来说,可以解决它很多工业上的困难问题,是完全有利的事。但是瑞典统治者的反动本质,毕竟还是无法遮掩的。1948 年,瑞典统治者终于不顾国内人民的反对,接受了"马歇尔计划"的"援助",公然投入了美帝的侵略集团。虽然,由于国内进步力量的日益膨大,全国人民的激烈反抗,使瑞典统治者有所顾忌,不敢再进一步参加"《北大西洋公约》"的反动集团。但是在马歇尔代表团的监督之下,瑞典统治者正在积极地执行着备战的政策。自从接受了"马援"以后,军费预算就逐年增加了。1949 年—1950年度的军费预算是 8 亿克朗,1951 年度已增加到 13.8 亿克朗。在这样的情况之下,瑞典反动统治者就实行了提高税率、通货膨胀和降低工人生活水平的一连串反动措施,使人民蒙受了极大的痛苦。

在反动统治者日益加紧的压迫之下,瑞典人民的觉悟程度大大提高,团结力量也空前加强了。林德洛特同志领导下的瑞典共产党,已经发展到将近 5 万人数的党员,这是瑞典人民和反动统治者斗争的核心力量。瑞典人民和反动统治者以及帝国主义战争贩子的斗争,是有成就的,1950 年春,著名的禁用原子弹的宣言,就是在瑞典的首都斯德哥尔摩发出的,瑞典人民首先拥护了这项伟大的宣言。

瑞典位于斯堪的纳维亚半岛东部,是一个狭长形的国家。包括波罗的海上的曷兰岛和哥德兰岛在内,领土面积为 449000 平方公里,是北欧最大的国家。

瑞典全国有 700 万人口,几乎全部都是条顿族的瑞典人;在北方,也有少数的拉伯人和芬人。人口密度最大的地区,是在中部和南部;北部山林地区人口密度极小,西北部高山区域几乎没有人烟。

瑞典在斯堪的纳维亚山脉的东侧,在地形上可以分成南北两部:达尔河以南是南部瑞典,南部瑞典又有三种不同的景象:在极南部的沿海地带称为斯坎平原;这一带地势低平,和丹麦群岛相似,是瑞典主要的农业区。紧靠达尔河以南的地区是瑞典的中部湖区;这一带有很多冰河造成的湖泊,主要的如威内尔湖、威德尔湖和马拉尔湖等;威内尔湖是欧洲第三大淡水湖(次于苏联的刺多牙湖和阿尼牙湖)。中部湖区和斯坎平原之间的地区是斯马兰高原;高原都在 1000 米以下,长着很茂密的森林。

达尔河以北的地区是北部瑞典,这是一块广大的高原。整块高原是斯堪的纳维亚山脉的东斜坡,一般称为诺尔兰特高原,最高处达 2000 米以上。高原急速地向波的尼亚湾倾斜下降,造成了很多瀑布。诺尔兰特高原有很多的河流,这些河流都流入波的尼亚湾。因为冰河的侵蚀,几乎每一条河流的上流都有一个狭长形的湖泊,构成了本区河流的一种特殊景色。

由于斯堪的纳维亚山脉的南北纵贯,挡住了从大西洋吹来的西风。因此,瑞典的气候和挪威完全不同,是一种大陆性的气候。这一带冬季酷寒,波的尼亚湾北端沿岸的哈巴兰达,二月份的平均气温是摄氏零下 12 度。靠瑞典的波的尼亚湾沿岸,由于波罗的海寒流的影响(波罗的海寒流由北向南,经过瑞典东岸,北海暖流由南向北,经过芬兰西岸),也较芬兰远为寒冷。波的尼亚湾是一个浅水湾,平均有4个月的冰期;在冰期中,瑞典和芬兰两国可以在冰上往来。瑞典南部由于位置的向大西洋敞开,气候比较温和。瑞典的雨量,每年大概在500毫米左右,南部较北部为多。

瑞典的农业是这样的:农村中大部分耕地都集中在地主和富农手上,他们采用了机器和化学肥料,经营了资本主义的农场。农村中的多数农民是小自耕农、佃农和雇农;小自耕农往往是负着沉重的债务,他们绝不可能和那些拥有资本的大农场竞争。瑞典的耕地面积极小,总计还不到全国总面积的10%;南部的斯坎平原和中部湖区是瑞典的主要耕种区,特别是斯坎平原,在那里,90%的土地都已辟为耕田了。瑞典的主要农作物是燕麦、黑麦和小麦,其次则为马铃薯和甜菜等根作物。瑞典的谷物出产很少,不够供应本国的需要。乳农业的比重超过农业,饲料作物的播种面积也比谷物播种面积要大。瑞典全国有350万头牛和将近200万头猪,黄油和腌肉的输出很盛。

瑞典有着广大的森林,林地面积要占全国总面积的56%,是一项重大的富源。最大的森林地区在北部,那是由松树和枞树等所组成的针叶树林;威内尔湖一带,针叶树林也很普遍。斯马兰高原和瑞典南部分布着混合树林;这一带除了针叶树以外,还杂有山毛榉、橡树、榆树和柳木等。瑞典是欧洲除了苏联以外的最大林业国。

瑞典的矿产资源主要的是铁矿;不但是藏量丰富,而且品质也非常优良;铁矿中平均含有纯铁63%,纯铁总量已勘测确定的计有14亿公吨。铁矿区分布在中部和北部:中部铁矿在威内尔湖东北以至波的尼亚湾沿岸地带;北部铁矿主要分布在加力瓦尔和吉鲁纳等地,藏量远较中部丰富。瑞典的铁矿大部分都供外运,每年的采掘量是1000万吨到1200万吨,但其中输出的也将近1000万吨。输出的主要对象是英国和德国。瑞典国内极少煤的出产,仅在南部斯坎平原有很小的煤矿,每年产量只有40万吨,远远不敷瑞典的消耗;因此,每年需要进口450万到500万吨的煤;主要是从英国输入。瑞典的湍急河流,供给了多量的水力,全国约有900万匹马力的水力藏量;在德罗尔哈丹、阿力卡利培和浦约斯等地,都设有规模很大的水力发电厂,是瑞典工业的重要动力。

瑞典工业的主要部门是铁矿采掘和木材工业,这两项要占全部工业生产量的50%以上,并且占瑞典全部输出的80%。木材工业包括伐木、锯木、木浆以及和它有密切关系的火柴、造纸等工业。伐木工作多在冬季进行,砍伐的木材让它堆在山坡上,初夏一到,山雪融化,急流会把木材送到山谷里去。制木工厂和木材堆栈多数都在北部,主要的如波的尼亚湾沿岸的瑟得罕、松兹发尔和哈努桑德等;因为靠近海岸,运输就比较便利。中部湖区也有一部分木材工业，中心在威内尔湖北岸的卡尔斯塔德。斯马兰高原上有着很大的柳木林，这是制造火柴杆的最好原料，因此，在这一带就发展了规模极大的火柴工业。威德尔湖南岸的颜哥浜，是瑞典的火柴工业中心；瑞典的火柴公司控制了好些国家的火柴生产，但这里面有着很大的英、美资本。造纸工业也很发达，在威内尔湖沿岸，分布着很多的木浆制造厂和造纸工厂。瑞典虽然有丰富的铁矿，但是冶金工业却并不发达，钢铁的提炼每年不过 100 万吨，只能供给本国机器制造工业的需要。关于瑞典铁矿丰富而冶金工业并不发达的事实，资产阶级的地理学者一直来是拿瑞典缺煤这一毫无意义的理由作为论据的。这当然是完全歪曲的说法，法国不是也缺煤吗？但是法国的冶金工业却为什么相当发达呢？瑞典冶金工业不发达的真正原因，乃是由于经营矿砂出口的康采仑（特拉菲克·格仑格斯堡）占有 90% 的铁砂矿穴，而这个康采仑是和德国钢铁工业密切联系着，并且，部分地和英国钢铁工业密切联系着的。因此，在二次世界大战以前，瑞典出产的铁砂，有 95% 是被运出口了。矿砂出口的独占，使瑞典的冶金工业失去了重要的原料，这是瑞典冶金工业落后的真正原因。瑞典机器制造工业的中心在斯德哥尔摩、诺尔哥浜和哥德堡一带，主要的产品为轴承、切纸机、电动机、分离器、电话设备和无线电设备等。另外也发展了相当规模的军火生产。瑞典的纺织工业不很发达，在诺尔哥浜有毛织工业，在哥德堡有棉织工业，但是规模都不很大。

瑞典有 17000 公里的铁路长度，大部分集中在东南部。主要的铁路线联通了斯德哥尔摩、哥德堡和马尔摩三个重要的港口。从马尔摩和丹麦及德国之间，已经开辟了铁路轮渡的交通。瑞典有很多的电气化铁路，在北极圈以内的加力瓦尔铁矿区，有一条电气铁路，南通波的尼亚湾的港口卢雷亚；北通挪威的港口那尔维克，这是一条专供运输铁矿的铁路。瑞典也有一支相当规模的商船队，大概有 170 万吨的船舶。在波罗的海和喀得加特海峡间的陆地上，有一条哥德运河；哥德运河并不是全部都由人工开凿的，中间利用了威德尔湖和威内尔湖，全长计有 450 公里；这样，一艘斯德哥尔摩的船只要到哥德堡，就不必再绕道整个瑞典南部海岸和松德海峡了。

瑞典的首都斯德哥尔摩，是波罗的海沿岸的一个重要港口，它的西面则是马拉尔湖。斯德哥尔摩是瑞典最大的都市，整个北欧就人口来说，它也仅次于丹麦的哥本哈根，1949 年，这里已有 73 万多居民了。斯德哥尔摩全市建筑在 13 个小岛上，风光特殊，有"北欧威尼斯"之称；但是一到冬季，海面封冻，船只就无法往来，是一个地理上的缺点。瑞典西南部喀得加特海峡沿岸哥德运河河口的哥德堡，是全国第二大都市；这里不但冬季不冻，而且对欧洲大部分国家来说，交通都比斯德哥尔摩便利，因此，这里的商业有超过斯德哥尔摩的趋势。马尔摩是一个木材和火柴的输出港，人口约有

30万;它在瑞典的最南端,隔松德海峡和丹麦首都哥本哈根遥遥相对;和丹麦及德国之间,都有了定期的铁路轮渡交通,是瑞典南部的大都市,全市有15万多居民。

主要参考资料

世界经济地理讲座　胡明编著　光华出版社

高级中学课本外国经济地理　下册(油印原稿)　人民教育出版社

世界经济地理　盛叙功著　中华书局

欧洲地区　邹豹君著　商务印书馆

备战竞赛中的瑞典工人生活　赤岸　世界知识　第24卷第10期

十六、芬　兰

芬兰在历史上曾经长期地被瑞典统治,1809 年以后,它又成为帝俄的一部分。伟大的十月社会主义革命,宣布了民族自决的权利,使芬兰能够组成了独立的国家。

1918 年,芬兰的工人群众发动起义,从反动统治者手中夺取了政权。正当芬兰的革命政权准备和苏维埃政权缔结友好条约以前,反革命的芬兰"白卫军",在德国的"征伐团"和瑞典的"黑色纵队"的帮助之下,摧残了芬兰人民的革命运动。1919 年,芬兰成立了形式上的资产阶级共和国,而实际上却是一个近于法西斯军人独裁的国家。

反动的芬兰政府,除了在国内实行恐怖残酷的法西斯统治以外,对西方帝国主义者来说,它更忠心耿耿地负起了反苏反共的前哨任务。反动的首脑曼纳林,在芬兰国界上距离列宁格勒只有 32 公里的地方,建造了侵略性的军事工程,即所谓"曼纳林防线",作为他们向苏联进攻的初步动作。

第二次世界大战爆发以后,苏联为了加强西北边境的安全,曾经向芬兰提出友善的建议,愿意以中央卡累利阿 5529 平方公里的土地,和芬兰交换卡累利阿地峡的一部分土地。反动的芬兰政府,不但没有对苏联的友善建议加以考虑,反而在西方帝国主义者的鼓动和支持之下,大事整兵备战。侵略狂迷住了芬兰反动统治者的心窍,依恃了所谓"曼纳林防线",他们在边境上处处寻衅;结果终于挑起了 1939 年 9 月的苏芬战争。

战争开始以后，美国立刻"捐助"了3000万美元，供给芬兰反动统治者作战争费用；英法等国也开始积极筹划，运送飞机大炮和弹药给芬兰，并更准备派遣"远征军"到芬兰助战。但是芬兰的侵略军并没有西方帝国主义者所预料的那样"强大"，正当帝国主义者积极准备的时候，苏联红军已经很快地突破了"曼纳林防线"，击溃了芬兰的侵略军。这样，芬兰的反动统治者就不得不向苏联求和。

本来苏联很可以一举消灭芬兰的侵略军和反动政权，但是为了和平，苏联接受了芬兰的求和。1940年3月，苏联和芬兰在莫斯科签订了和约，芬兰仅将包括维普里城在内的整个卡累利阿地峡、包括开克斯荷尔姆城在内的剌多牙湖西部和北部的索塔瓦拉以及芬兰东北部的列巴奇半岛等地让予苏联；另外，以芬兰湾口的汉科半岛和附近岛屿租给苏联使用30年。

苏联对于芬兰的这样温和合理的条件，并不丝毫感动芬兰的反动统治者；他们不但没有停止反苏反共的阴谋，而且更随时准备待机而动。当1941年法西斯德国进攻苏联的时候，芬兰反动统治者立刻加入轴心，向苏联发动了进攻。芬兰的侵略军，曾经会同德军攻击了列宁格勒和慕尔曼斯克。

侵略战争给芬兰统治者以现实的教训：1943年，法西斯德国的侵略军在斯大林格勒被红军包围歼灭，战争形势急转直下，使芬兰反动统治者不得不在1944年宣布退出战争，并且和德国断绝了关系。同年，同盟各国和芬兰在莫斯科签订了停战协定，芬兰把北部巴伦支海岸的贝柴摩省归还苏联；苏联放弃1940年和约中对漠科半岛的租借权，另由芬兰将汉科半岛和赫尔辛基之间的波卡拉半岛租借给苏联。另外，芬兰必须立刻解散国内一切法西斯组织和敌视联合国及苏联的团体，并且保证以后再没有这种组织出现。

战争带给芬兰人民很多苦难，但是也提高了芬兰人民的政治认识。战后，芬兰人民的进步力量开始大大地抬头。芬兰共产党在总书记贝西领导之下，已经发展到5万党员，共产党和统一社会党所组成的芬兰人民民主联盟，在广大的人民支持之下，获得议会选举中一次比一次更伟大的胜利。但是另一方面，由于反动统治者根深蒂固地统治，他们的潜势力还是不小的。以社会民主党和农民联盟为首的反动政党，在议会中还是占据了较多的席位，他们正企图竭力把芬兰拖入美帝的统治中去。因此，芬兰人民要争取真正的民主、和平和美好的生活，还需要经过努力地斗争。

芬兰是波罗的海沿岸的北欧国家，全国面积337000平方公里。芬兰的东面，有很长的国界和苏联接壤；芬兰全国有1/4的土地在北极以内，是世界上极偏北的国家；芬兰的西面和南面，是波罗的海的波的尼亚湾。波的尼亚湾口的亚兰群岛，也是芬兰的领土。

　　芬兰全国有 400 万人口,这里面 90% 是黄种的芬人,瑞典人只占芬兰总人口的
9%,另外,在北部冻土带,还有少数黄种的拉伯人。瑞典人在芬兰虽然只占极小的比
例,但是他们却是芬兰的实际统治者。芬兰也和世界上其他的资本主义国家一样,整
个国家的经济命脉被控制在 20 个显贵的家庭手上;但是在芬兰 20 家庭中,属于芬人
血统的只有两家,另外,18 家都是瑞典人;瑞典人在芬兰的势力,由此可见一斑。

　　芬兰是一个南北狭长的国家,北部芬兰是斯堪的纳维亚山脉的延长部分所构成的
低丘陵地;所有的山脉都被强烈的冰河作用滑平了,只有在西北部和挪威交界的地区
才有 1000 米以上的山峰,稍南还有一些高不过六七百米的低矮山脉,称为曼塞尔克
岭。北部芬兰的最大河流是开密河以及和瑞典交界上的摩尼亚河,这些河流都流入波
的尼亚湾。

　　芬兰在北纬 65 度以南的地区是一块古老的低台地;由于冰河的侵蚀和冰堆石的
阻塞,这一带产生了很多的湖泊。这些湖泊大概可以分成 3 个系统:东面的是塞马湖
系,有河流和苏联的刺多牙湖相通;中部的是培查纳湖系,有河流和芬兰湾相通;西面
的是那西湖系,有河流和波的尼亚湾相通。芬兰人民自己称呼他们的国家为“沙门·
塔萨瓦尔塔”,这就是“千湖之国”的意思;而实际上,这一带的湖泊数字竟多至 35000
以上。芬兰的湖泊面积要占全国面积的 1/8。

　　芬兰的沿海地带即芬兰湾的北岸和波的尼亚湾的东岸,是一片低地。这一带地区
露出海面的时间还不是长久,土壤比较肥沃,是芬兰主要的农业地带。

　　芬兰的气候非常严酷,一年里除了两个月温和的夏季以外,其余的日子多半是寒
冷的。2 月份的平均气温,亚兰群岛是摄氏零下 15 度。积雪的日期,在南方是 100 天
到 150 天,在北方则有 250 天之久。仅仅在西南部以及西部波的尼亚湾沿岸,因为有
北海暖流的冲洗,气候比较温和。芬兰的雨量,大概在 500 毫米左右,南方比北方要
多些。

　　芬兰的农业很不发达,主要的耕种区在西南沿海一带,耕地面积只占全国面积的
7%。主要的农作物是马铃薯、燕麦和大麦等,但是远不够供给本国的需要。乳农业在
农业中占绝对的优势,全国有牛 180 万头,供给了多量的奶油和干酪。乳农业产品的
输出,要占芬兰全部输出的 10%。

　　地主和富农在芬兰农村里掌握了极大的势力;在芬兰乳农业产品中起很大作用的
合作社,全被他们所把持。芬兰农村中的绝大部分人民都是贫苦的农民,这里面包括
小自耕农、小佃农和贫雇农等。在第一次世界大战结束后,虽然的少数雇农获得了一
些土地;但是对于这少量土地的获得,他们曾向地主付出了相当数字的赎金;因此,仍
使他们陷在负债的泥淖里,过着贫苦艰难的生活。

芬兰的主要富源是森林,森林面积占有芬兰全国面积的 60%。芬兰的工业主要的都和森林有关,例如,伐木、锯木、锯板和造纸等。木材工人占芬兰工人的一半以上;木材工业的产品占芬兰全部输出的 85%。另外,芬兰也还有一些小规模的冶金、纺织和制革工业。水力在芬兰工业中,起了重要的作用,全国有 260 万匹马力的水力藏量,应用得已经相当普遍:塞马湖附近的法克孙河下流,有依马塔拉瀑布,这里建筑了芬兰最大的水力发电厂;那西湖畔的坦倍累附近,水力应用也有相当规模。

芬兰全国除了少量的铁矿和铜矿以外,几乎没有什么地下资源。煤矿完全没有,芬兰人民都用泥炭和木材作燃料。另外,有一种红色的花岗石,色泽美丽,可以作为建筑材料之用。

芬兰全国约有 5000 多公里的铁路,大部分都集中在南部。海上运输还算发达,主要的贸易是对英国和德国进行。

芬兰的首都赫尔辛基,在芬兰湾沿岸,是芬兰的第一大城,并且也是一个重要的港口,芬兰的木材、纸浆、牛酪等,都在这里输出;全市有 30 余万居民。那西湖南岸的坦倍累,附近有丰富的水力可以利用,是芬兰的工业中心。

主要参考资料

高级中学课本外国经济地理　下册(油印原稿)　人民教育出版社

世界经济地理讲座　胡明编著　光华出版社

世界经济地理　盛叙功著　中华书局

争取人民民主的芬兰人民　元方　世界知识　第 24 卷第 3 期

十七、西德占领区

早在第二次世界大战还没有结束以前，美、英帝国主义者就已有了肢解德国的企图。在 1943 年的德黑兰会议上，美国曾提议把德国分成 5 部；1944 年丘吉尔也提出过把德国分成 3 部的计划。所有这些阴谋诡计，都是在苏联的坚决反对下失败的。最后，苏联和美、英取得协议，在 1945 年的波茨坦会议中，规定战败的德国，由苏、美、英、法 4 国分占，但 4 国必须认为德国是一个单独的整体。分区占领的目的，只是彻底消灭法西斯残余，造成建立自由新德国的条件。但是后来经事实的证明，只有苏联在东部严格地恪守并执行这个国际协定中的一切义务；美、英、法在它们的占领区中，实行了和波茨坦协定完全相反的罪恶政策。

以美帝为首的帝国主义者，决心要分裂德国。1946 年，美、英两国签订了美、英"双占区"经济上合并的协定，于 1947 年起实行。这一措施，严重地违反了波茨坦协定，破坏了德国经济的统一。1948 年，美、英、法三国片面地和比利时、荷兰及卢森堡举行了伦敦会议，决定分裂德国，在西德成立傀儡政权。同年，美、英、法 3 国又单独地在西德和柏林西区（根据波茨坦协定，柏林也由 4 国分占，苏联占东区，美、英、法占西区）实行了"币制的改革"，使西德和东德在经济上完全隔离，以实现它们垄断西德市场和分裂德国的罪恶目的。终于在 1949 年美帝安排着的一些傀儡们——"总统"休士和"总理"阿登纳粉墨登场了。德国就是这样被美帝分裂的。

从此，美帝就明目张胆地在西德实行了它利用西德发动新战争的一切步骤。1950

年,美、英、法三国在纽约举行会议,公然宣布了它们武装西德和长期占领西德的企图。此后,美帝又和阿登纳傀儡进行了一连串秘密的会商,讨论了如何使阿登纳"国家"军国主义化的办法。接着,包括臭名远扬的军火商克虏伯在内的大批纳粹战犯被释放了,多种名义的部队成立起来了,各种军事建筑如营房、飞机场、弹药库和战略性的公路,建筑起来了。1951 年,美、英、法和阿登纳傀儡在巴黎会议中订立了占领西德 50年的所谓"一般性条约"。1952 年,美帝又指使法国、比利时、荷兰、卢森堡和意大利 5国,与阿登纳傀儡签订了所谓"欧洲防务集团"的条约,正式把西德军队拉入所谓"欧洲军"之内。美帝阴谋用西德青年作炮灰,发动一个新的侵略战争。这个野心,已经越来越迫切了。

但是西德占领区的人民,对美、英帝国主义者和阿登纳傀儡的阴谋诡计,已经完全认识清楚了。30 多年来的两次惨痛的战争回忆,告诉了他们和平的可贵,也告诉了他们一个真正独立、民主的新德国是必需建立起来的。因此,对于 1949 年德意志民主共和国在德国东部的诞生,西德人民感到了衷心地希望和狂热地兴奋。为了庆祝新德国的诞生,西德的汉堡、纽伦堡和其他大城市,都曾冒着帝国主义占领军的枪刺,举行了几万人的群众大会。因为对于苦难深重的西德人民来说,从此才有了他们奋斗的目标。几年来,在德意志民主共和国境内的和平建设,欣欣向荣的情况,和西德占领区境内的失业、贫困、恐怖、死亡的情况,恰成了一个非常尖锐的对比。这个对比,教育了西德人民,大大地加强了他们斗争的信心。西德占领区拥有 30 余万党员的共产党,正领导着人民进行这个伟大、艰苦的斗争。现在,全德国的人民已普遍地响起了争取统一的正义呼声,统一德国的时机已经不远了。德国人民的斗争是必定会获得胜利的。

战后德国的领土,计有 357000 平方公里,除了德意志民主共和国现辖的面积121000 平方公里以外,西德占领区的面积一共是 236000 平方公里。这中间,英国占领北部,美国占领南部,法国占领西南部。

现在的德国,几乎全部是由日耳曼人构成,总共计有人口 7000 万。除了在东部民主德国境内的 2200 万以外,西德占领区共有 4800 万居民。不过这个数字是有着流动性的,特别是西德占领区的人民,由于忍受不了反动统治者的压迫和饥寒交迫的痛苦,另外,他们也为了逃避被征入外籍军团和西德雇佣军的恐怖,而逐渐向民主德国境内流动。从 1951 年初,到 1952 年 6 月止,西德和柏林西区就有将近 4 万人移入民主德国境内。另外,在战后德国归还给波兰和捷克斯洛伐克地区内的日耳曼民族,都迁回了德国。这中间,有一半定居在东部民主德国,他们都已分得了土地或找到了工作。但是回到西德占领区的另一半,却遭到了反动统治者的白眼。反动统治者故意让他们生活得更痛苦些,然后煽动他们、利用他们做炮灰,要他们"打回老家去"。但是这些人民,早已以他们自己的切身经验,认识了发动侵略战争所带来的痛苦,他们再也不会相信反动统治者的这一套鬼话了。

西德占领区在地形上可以分成三部:北部是低地,特别是在北海的沿岸,情况和荷兰非常相似;很多地方低于海平面,破碎的沙丘形成了东佛里西安群岛;很多河流如易北河、威悉河和埃姆河都在这里流入北海。西德的中部是一带山地,这里流贯着西欧最大的河流——莱茵河;莱茵河的东面,主要是惠斯特瓦尔特山,河的西面则是阿登山脉的余脉。莱茵河全长1326公里,本支流范围所及,包括瑞士、德国、法国、卢森堡和荷兰等国家;特别是在西德,不但占了莱茵河的极长部分,而且它的主要支流如美因河、兰河、摩塞尔河和鲁尔河等,也都在这一带。西德的南部是一块高原,这里分布着很多山脉:莱茵河以东是黑森林山脉,捷克斯洛伐克的边界上是波希米亚山脉,高度都达海拔1500米。另外,还有侏倮山脉和南部奥地利边界上的阿尔卑斯山脉。阿尔卑斯山脉的高度达3000米。南部高原是欧洲的另外一条大河——多瑙河的发源地。

西德占领区的气候南北不同:北部(特别是西北部)属于西欧的海洋性气候,情况和荷兰相似;以汉堡为例,1月份的平均气温是摄氏0.2度,7月份是摄氏17.2度,年较差为17度。南部的气候就比较严酷;以慕尼黑为例,1月份的平均气温,是摄氏零下2.1度,7月份是摄氏17.7度,年较差计有19.8度。就雨量说,南部山地要比北部多些,慕尼黑的年雨量是850毫米,汉堡则是680毫米。

西德占领区的农作物分布是这样的:裸麦、燕麦和马铃薯分布在北部,小麦分布在中、南部,作为酿造原料的大麦则主要产在南部。另外,在中部还出产很多的甜菜,莱茵河流域则普遍地栽种了葡萄、果树和烟草。畜牧业也是西德农业中重要的部分,饲养的主要对象是牛和猪。在西北部的北海沿岸,发展了乳农业,情况和荷兰相似;南部的阿尔卑斯山一带,进行着季动性的畜牧,情形和瑞士一样。

西德占领区的农民境遇,是异常悲惨的,和东部民主德国相反,美、英、法占领者,在西德支持了地主的土地所有权,另外,美帝更千方百计地破坏西德的农业生产,他们支持大地主的怠工,把大量的耕地霸占作为军用;这样,就在西德境内制造了严重的粮食恐慌。于是美国粮食就源源地运来。除了趁火打劫发一笔横财以外,还得来一个"救济"的美名;而西德人民却就因此要经常挣扎在饥饿线上。

今天,在西德占领区的农村中,农民的贫穷、落后、没有土地、没有耕具和肥料的凄惨景况,和东部民主德国农村中经过土地改革以后,农民获得土地、耕具、丰衣足食,欣欣向荣的情况,形成了一个非常尖锐的对比。

就地下资源说,西德占领区有非常丰富的煤矿。主要的产区在莱茵河支流的鲁尔河流。鲁尔区的藏煤量达875亿吨,占全德贮藏量的3/4,等于法国全部藏煤量的5

倍。另外一个产煤区是西南部的萨尔区。区在科隆和波恩之间一带,有着比较丰富的褐煤贮藏。西德占领区的其他矿藏不多,哈诺威东北有小规模的油田。铁的藏量极少,分布在鲁尔区和莱茵河支流细格河流域、兰河流域等一带。另外,在哈诺威一带,有着大量的钾盐贮藏和出产。

西德占领区工业最发展的地方是鲁尔河流域,这里也是全德最大的工业区。鲁尔区东西长60公里,南北长30公里,集中了各种大规模的工业。最大的钢铁工业中心是埃森;电机、重机器以及各种机器的制造,则集中在埃森、杜伊斯堡、多特蒙德和杜塞尔多夫一带;纺织工业中心在窝伯特尔和克累斐尔;大规模的军火工业也集中在埃森。多少年来,鲁尔区的垄断资本一直是德国发动侵略战争的主导力量。因此,在二次大战以后,苏联曾力主在鲁尔区建立苏、美、英、法四国的共同管制,以彻底肃清该区的垄断资本,使德国能真正走上和平、民主的道路。但是美帝却拒绝了这样合理的建议,单独垄断了鲁尔区的生产,尽量扩充了那里的军火工业。并且通过臭名昭彰的"舒曼计划",建立了以鲁尔区为中心的让美帝操纵把持的西欧全部国家(英国除外)的煤钢托拉斯。今日的鲁尔区,已成为美帝发动侵苏战争的前哨兵工厂了。

除了鲁尔区以外,在西德还有一些另外的重要工业区。例如萨尔区,也发展了规模很大的钢铁工业和机器制造工业。化学工业则主要在美因河流域的法兰克福及其附近的路易港一带(鲁尔区也是一样),主要的内容是颜料、人造肥料、人造纤维和人造橡胶等。特别是颜料,路易港一带的颜料生产,在过去曾垄断过整个世界的颜料市场。另外,汉堡和基尔,是重要的造船工业中心。

西德占领区的工业,在美帝的命令和监督之下,已全部投入了军事生产。截至1951年6月,西德约有17个工厂正在生产飞机及其装备,约有35个工厂正在生产大炮、子弹和炸药,约有30个工厂正在制造装甲车及其装备。但另一方面,和平工业已经整个瘫痪了。

今天,在西德占领区疯狂的发展军事工业,绞杀和平工业,工人生活极度贫困,失业队伍日益增大(目前失业和半失业者已超过了300万人)的情况,和东部民主德国的发展和平工业,完成两年经济计划,以及工人阶级取得政权和美满生活的情况,形成了一个非常尖锐的对比。

对于西德占领区的工业,美帝还准备着另外一个更可怕的阴谋。在目前,西德的工业区被美帝作为它侵略的前哨兵工厂;但是为了预计到侵略战的失利,因此,它又随时准备毁灭西德的全部工业。美帝已在莱茵河的罗莉莱山峡埋藏了45坑强力的炸药。必要时,只要一按电钮,山峡爆炸,岩石阻塞莱茵河,河水至少可以提高到20米。这样,法兰克福一带的几百座工业城镇,都会变成泽国。然后再把岩石炸开,则流速达

11 米³/秒的急流洪水,可以顷刻之间把鲁尔区整个冲毁。这就是美帝正在准备着的滔天罪行。

在交通方面,西德占领区的铁路密度,仅次于比利时、英国和瑞士,是世界铁路密度最大的地区之一。科隆、汉堡等地,都是重要的铁路交通中心。就内河航运说,莱茵河、易北河、威悉河和埃姆斯河,都可以通行船只。特别是莱茵河,沿河的杜伊斯堡、科隆、曼海姆等,都是著名的河港。运河的开凿,联系了各河流间的交通。著名的运河有多特蒙德·埃姆斯运河和基尔运河;基尔运河全长 98 公里,深度达 12 米,是波罗的海和北海之间的交通捷径。

鲁尔河流域及其附近,是西德城市最密集的地方。根据 1950 年的资料,埃森有 60 万人口,多特蒙德有 50 万人口。科隆是莱茵河沿岸的一个重要工商业城市,人口也达 60 万(1950 年资料)。科隆以南的波恩,是阿登纳“国家”的“首都”。这是一个小城市,傀儡们的“首都”特别选择在这样一个远离工人阶级的偏僻小城,是有着深长的意味着。

美因河畔的法兰克福,是西德占领区另外一个工业区的中心。这里在交通上又是铁路和河运的联络站。1950 年,这里有 52 万居民。西德南部的慕尼黑,在多瑙河支流伊萨尔河上流,这是西德南部的最大城市。在历史上,这是纳粹的“发祥地”,也是英、法、美等帝国主义者出卖捷克斯洛伐克的可耻纪念地。1950 年,这里有 83 万居民。

西德占领区的北部,有三个重要的港口,那就是易北河上的汉堡、威悉河上的不来梅和埃姆斯河上的埃姆登。特别是汉堡,这是西欧著名的大港,1950 年这里有 160 万人口。不来梅在 1950 年也有 56 万人口。这些港口,由于美、英的占领和与东方国家关系的断绝,吞吐量已经大大地下降了。

主要参考资料

世界经济地理　И. А. 维特威尔著　卢彬　董策三　张文蕴译　五十年代出版社
世界经济地理讲座　胡明编著　光华出版社
高级中学课本外国经济地理　下册(油印原稿)　人民教育出版社
新德国的诞生和成长　沈予　金庆瀛著　世界知识出版社
西德游记　苏　柯罗里柯夫著　陈用仪译　世界知识出版社

十八、土耳其

　　土耳其虽然是一个地跨欧亚两洲的国家,不过它领土的绝大部分都在亚洲,因此,土耳其无疑地是一个亚洲国家。但是在另一方面,由于它所处的地位,和欧洲国家有很多联系,这不仅是因为它有小部分的领土在欧洲,主要的是因为它是欧亚大陆的交通要道,特别是黑海和爱琴海之间的海峡问题,几乎完全是有关欧洲国家(苏联、罗马尼亚、保加利亚)的问题。因此,在论及欧洲地理的当中,土耳其有附带一提的必要。

　　在历史上,土耳其曾是一个横跨欧、亚、非三洲的回教大帝国;但是远在第一次大战以前,它的国势已经大大地削弱了。在第一次大战中,土耳其参加了德奥同盟方面,战败的结果,它的土地大部分被割让了。在万分危殆的情况下,凯末尔领导土耳其人民发动了一个民族运动。他击败了一些欧洲的侵略者(主要的是希腊),挽救了土耳其遭受瓜分的危机。在土耳其的民族运动中,唯一伸手援助的国家是苏联。

　　苏联除了在事实上承认了土耳其的自主权利以外;在经济上,苏联曾用工业设备的形式,贷与土耳其以大量的款项;并且在土耳其的建设中给予很多的技术援助;在苏联的工厂里,训练了土耳其的工业工作者。另外,土耳其工业建设的"五年计划",是在苏联第一届五年计划成功的影响下实施的。虽然这个"五年计划"和社会主义建设的计划并没有丝毫相同的地方,但是对于土耳其的工业来说,却是发生了一定的成效的。

　　由于土耳其在民族运动以后的一些改革措施并不是整个社会制度的根本改造,因此,土耳其的反动势力,最后终于阻挠和破坏了土耳其所有的进步措施。第二次世界

大战以前,土耳其已经逐渐形成了一个法西斯式的统治。第二次世界大战发生以后,
土耳其一直用"中立"的幌子把很多战争物资,特别是炼钢所必需的铬运到德国去。
在 1941 年,法西斯德国进攻苏联的前 4 天,土耳其和希特勒签订了"友好与互不侵
犯"的条约,保证了德国侵略者东南侧翼的安全,可以让它在巴尔干半岛抽调更多的
部队去进攻苏联。另外,土耳其统治者甚至破坏"蒙德勒协定"的约束,让德、意军舰
开入黑海以威胁苏联。在德军深入苏联领土的紧张阶段,土耳其的部队忽然集中苏、
土边境,声援德军的进攻。直到德军崩溃前的数月,土耳其统治者才宣告和德国处于
战争状态;自然,这个投机的措施,无非是让它在处理战后问题的时候能够得到一点利
益而已。

第二次世界大战以后,苏联鉴于在大战中德、意军舰曾进入黑海侵略苏联的事实,
为了苏联和其他黑海国家的安全,苏联向土耳其提出关于修改"蒙德娄协定"和联防
海峡(即黑海和爱琴海之间的博斯普鲁斯海峡和达达尼尔海峡)地带的建议。但是在
美、英帝国主义者的支持下,土耳其的反动统治者拒绝了这项合理的建议。接着,杜鲁
门于 1947 年宣布"援助"土耳其;1948 年土耳其和美帝签订了一项"经济合作"的协
定;1952 年 2 月土耳其的反动统治者,更公然参加了"北大西洋公约"的侵略集团;从
此土耳其就完全在美帝掌握之中了。在美帝的命令之下,土耳其的反动统治者已经积
极地从事备战的工作,飞机场、兵营、军事铁路,在各处建筑起来了。早在 1951 年土耳
其的预算中,军事费用已占了 60%,比 1939 年高出 5 倍以上。庞大的军费支出,压在
土耳其人民的身上,窒息了土耳其的整个经济。从 1948 年起,土耳其的国债即已超过
20 亿里拉(土币名),人民要缴纳六十几种苛捐杂税来供给反动统治者的战争准备。

但是在残酷的压迫之下,土耳其人民已经开始了英勇的斗争。他们发动了反对派
遣军队到朝鲜替美帝充炮灰的运动(朝鲜战争发生后,土耳其反动政府曾派遣军队
4500 名赴朝,参加侵略战争);工人们以罢工来拒绝替那些装运美国军火到土耳其来
的轮船卸货;农民们在农村中和地主及保护地主的宪兵展开武装的斗争。在土耳其共
产党的领导下,土耳其人民的正义斗争是会获得最后的胜利的。

土耳其领土在欧亚两洲之间,全国面积共 766000 平方公里。领土的主要部分都
在亚洲;在欧洲仅仅是马里乍河以东的很小地区,面积只有 14000 平方公里。

土耳其全国有 1900 万居民,80% 以上是土耳其人(突厥族的一支)。土耳其境内
的少数民族,主要的有古尔特人(住在东部山地)、希腊人(住在伊斯坦布尔城)、拉齐
人(格鲁吉亚人的分支)、亚美尼亚人、阿拉伯人。

就地形说,土耳其最重要的部分是小亚细亚半岛。半岛在黑海、地中海和爱琴海
之间,除了极小的沿海部分以外,半岛的大部分被从东到西的阿那托里亚高原所占有。

高原有海拔 800 米—1200 米的高度,北部是蓬廷山脉,南部是套鲁斯山脉;奇悉尔伊尔马克河和萨卡利亚河,是这一区较大的河流,高原中部的图斯湖是全国第二大湖。阿那托里亚高原以东是更高的亚美尼亚和古的斯坦高原,亚美尼亚诸山构成了这一区高峻崎岖的地形,和伊朗交界处的亚拉拉特山,高达 5160 米,是土耳其最高的山峰;高原上还有土耳其的第一大咸水湖凡湖;著名的大河幼发拉底河和底格里斯河都在这里发源。土耳其的欧洲部分在巴尔干半岛的东北、马里乍河的东部,这大致是一块丘陵起伏的地区,一般称为东色雷斯盆地。

土耳其的亚、欧两区之间是马尔马拉海。马尔马拉海的北端是博斯普鲁斯海峡,南端是达达尼尔海峡。两峡是黑海和地中海之间的唯一通道。博斯普鲁斯海峡全长 30 公里,最狭处只有 1 公里,航道极深,可通大船。达达尼尔海峡长 50 余公里,宽度从 1 公里到 5 公里,形势极为险要。

土耳其除了在地中海和马尔马拉海沿岸属于地中海型气候以外,阿那托里亚高原的大部分都是大陆性气候,有一个炎热、干燥的夏季和长期积雪的寒冬,愈向东,气候就愈严酷。雨量一般都很稀少,安卡拉的全年雨量不到 300 毫米。

土耳其全国有 80% 的居民是农民,几乎全部输出都是农产品。主要的农作物是谷类(播种面积占全部耕地的 90%),包括大麦、小麦和豆类。技术作物以烟草、棉花、葡萄、橄榄、无花果等为重要;土耳其的烟草以品质优良著名,是土耳其最重要的作物,输出量要占全部输出的 1/4 以上。畜牧业在土耳其也有重要的经济意义,这中间特别是山羊和绵羊的畜养;阿那托里亚高原上的安卡拉种山羊,供给了品质非常优良的羊毛。家禽的畜养很普遍,蛋类也是土耳其的重要出口品之一。另外,在马尔马拉海沿岸的布尔萨一带也发展了蚕桑业。

土耳其的农民生活是极端痛苦的:在全国 14500 万德克(一德克等于 1000 平方米)的耕地中,被只占农村居民 5% 的地主和富农占有了 8800 万德克;农民们几乎要拿全部的收获去缴纳捐税和地租。另外,土耳其反动政府更采用压低农产品价格的方法来垄断农产品市场,使农民的生活更陷入绝境。土耳其农民买一双鞋子便得卖出 400 公斤的小麦;买一升向日葵子油也得卖出 40 公斤的小麦。大约有 100 万身无立锥之地的雇农,每年只能赚一个里拉的工资,要 40 天的收入才能买得到 1 米布。当然,这样苦难重重的生活,农民们是不会一辈子忍受下去的。现在土耳其的农民们,已经日益加强地和地主们展开了武装斗争;不久以前,单单在图斯湖以南的科尼亚一州的反地主斗争中,参加的农民就有 1000 人以上。

土耳其的矿藏资源还没有经过很好的勘测。主要的有煤、铁、石油、铜和铬等;煤的开采以首都以北的黑海沿岸的宋古尔达克为主,年产量约 400 万吨;铁大部分在阿那托里亚高原;石油在安卡拉附近、凡湖以西以及黑海沿岸地区;铜产于东部的黑海沿岸和阿那托里亚高原;铬的储藏则分布得更为普遍。土耳其的矿工业中,大部分是外国资本:在过去,英、法资本曾起了很大的作用;第二次世界大战以后,全部石油和铬的产销都已被美帝垄断了。

1950 年土耳其重要矿物产量 (千公吨)

煤	4,361
褐煤	1,204
铬	431
铜	12

土耳其的其他工业不很发达,全国有工人 28 万,大部分都是手工业者。除了两、三个规模不大的冶金工厂以外,几乎谈不上什么重工业。在轻工业中,食品工业(烟草、葡萄干、橄榄油等)、纺织工业、制毛工业占了最重要的地位。土耳其过去曾经依靠苏联的贷款和技术援助而建立它的工业;但是在美帝的摧残之下,这些工业已经面临着严重的危机了。仅仅在 1950 年一年之中,布尔萨有 25 家纺织厂倒闭,伊斯密尔有 25 家以上纺织厂倒闭,在伊斯坦布尔和其他城市,倒闭的工厂也有好几十家。对土耳其经济有极重要关系的烟草市场,已经全部被美帝侵夺;这就大大地打击了土耳其的烟草工人和烟农,使他们的生活陷于绝境。目下,土耳其国内的失业群众,已经空前地扩大了。

土耳其的交通很不方便,全国只有 8000 公里的铁路长度,汽车更少得可怜。因此,骆驼和骡马的驮运,在土耳其的陆上运输中仍起着很大的作用。在海上运输中,重要的港口有伊斯坦布尔和伊斯密尔:前者是全国第一个输入港,后者则是最大的输出港。

土耳其的首都安卡拉,位于全国的中部,是古代商道的要站,并且曾经也是个手工业中心。这是一个古老的小城市;但是现在这里已建筑了铁路,城市的规模也比以前要大得多了。土耳其的最大城市是伊斯坦布尔(即是古代东罗马的京城著名的君士坦丁堡)。伊斯坦布尔在博斯普鲁斯海峡西侧,是一个欧洲范围内的都市。由于位置适在欧、亚陆上交通和黑海、地中海海上交通的十字街口,因此,形势就非常重要。这里居住着极端复杂的居民,包括土耳其人、希腊人、亚美尼亚人和犹太人等。1945 年,这里有 84 万多人口。伊斯密尔是土耳其爱琴海沿岸的最大港口,土耳其的农产品大部分都从这里输出。

主要参考资料

世界经济地理　И. А. 维特威尔著　卢彬　董策三　张文蕴译　五十年代出版社

世界经济地理讲座　胡明编著　光华出版社

高级中学课本外国经济地理　上册　颜迺卿　周光歧编著　人民教育出版社

西班牙和土耳其　英文研究会编译　东北新华书店

美帝奴役下的土耳其　王庆　世界知识　第 24 卷第 17 期

土耳其农民的悲惨生活　苏　巴沙门诺夫作　孟长麟译　世界知识　1952 年第 9 期

十九、总　结

　　在分别叙述了欧洲资本主义国家的地理概况以后,把这些国家作一个总结是必要的。因为这对于让我们认识整个欧洲的形势发展将会更有些帮助。

　　就地理概况说,欧洲资本主义国家大都具备了很优越的条件。这一带的地形是复杂多变的,山地、盆地、平原、半岛相互交错着;湍急的溪流供给了便宜的水力;宽阔的河道增加了交通的便利;曲折的海岸构成了优良的港湾。在气候方面,这些国家大概也都是温和湿润的。资源方面,则这一带也有着相当丰富的贮藏。就经济上说,这里是世界资本主义最早发展的地区,有着高度技术的工业设备,熟练众多的产业工人,纵横密布的运输路线。的确,如果仅仅是孤立地看这些情况,则对于这些国家之为什么竟至于民不聊生、灾难重重,真是一件不可思议的事。

　　为什么这些国家会弄到这般田地呢? 这些国家今后发展的趋向将是怎样呢? 要研究这些问题,深入一层地分析这些国家的情况,是很有意义的。

　　只要稍加注意,就可以发现,欧洲资本主义国家有着重重内在的,不可克服的矛盾。这里首先是这些国家和美国之间的矛盾。

　　从正文里我们已经了解,美国怎样地用各种侵略性和奴役性的条约扼住了欧洲资本主义国家的咽喉。这里面,"马歇尔计划"和"北大西洋公约"是最重要的两端。在今天的欧洲资本主义国家之中,几乎没有一个(除了芬兰)不上了"马援"的圈套的。大部分国家(除了芬兰、瑞典、瑞士、奥地利等)并且更参加了"北大西洋公约"的集团。

另外,还有"舒曼计划"、"一般性条约"、"欧洲防务集团"等等。到了今天,欧洲资本主义国家都在不同的程度上被美国殖民地化了。美国派遣了军队,驻扎在这些国家的领土上;美国禁止它们和苏联及东欧人民民主国家做生意;美国货物源源地向这些国家倾销,却不准这些国家的货物运到美国去;特别是对英、法这些老牌的帝国主义国家,美国更抢去了它们原来的殖民地市场。美国对欧洲资本主义国家这样压迫的结果,造成了这些国家经济上的加倍的恐慌。欧洲资本主义国家和美国之间的矛盾,正在日益尖锐之中。这个矛盾发展的结果将会怎样呢? 是不是可以保证这些国家,特别是英国和法国,将会永无止境地忍受现在的这种情况呢? 斯大林同志在《苏联社会主义经济问题》中告诉我们:"这样的保证是没有的。"并且还更明确地指出:"资本主义国家间战争的不可避免性是仍然存在的。"对于欧洲资本主义国家今后发展的趋向来说,这个重要的指示,是值得我们特别注意的。

欧洲资本主义国家内部存在着的另外一个矛盾,即是这些国家的统治阶级对其殖民地人民和本国人民之间的矛盾。斯大林同志在《苏联社会主义经济问题》中也说明了,现代资本主义基本经济法则的主要特点和要求,是"用剥削本国大多数居民并使他们破产和贫困的办法,用奴役和不断掠夺其他国家人民,特别是落后国家人民的办法,以及用旨在保证最高利润的战争和国民经济军事化的办法,来保证最大限度的资本主义利润。"因此,这个矛盾乃是必然会发生的。

西欧资本主义国家的主要分子都是殖民帝国,在战后时期,它们和殖民地之间的矛盾加大了。正如马林科夫报告中所说的:"英国、法国、比利时及其他殖民国家,正在设法把它们和美国的经济军事化所加给它们的重担,转嫁给殖民地。"这样就加速了殖民地人民独立解放运动的爆发。马林科夫在报告中更进一步指出:"殖民地和附属国的人民正日益坚决地反抗帝国主义奴役者。越南、缅甸、马来亚、菲律宾和印度尼西亚的人民正在进行的斗争,印度、伊朗、埃及和其他国家的民族抵抗运动的发展,可以证明民族解放运动的规模正在扩大。"这种情况,已经使没落中的欧洲殖民帝国捉襟见肘、疲于奔命。

至于在本国,严重的情况是相同的。马林科夫报告中也已经说明了:"由于扩张军备而引起的广大阶层人民物质条件的不断恶化,引起了人民群众越来越大的不满,并使他们加强自己的斗争,来反对降低生活水平和反对整个准备新战争的政策。帝国主义资产阶级和工人阶级及全体劳动人民之间的阶级矛盾急剧地尖锐化,罢工运动的浪潮遍及整个资本主义世界。"

在目前,欧洲资本主义国家,就是处在这样矛盾重重、无法自解的情况里。

在这样局促、狼狈的处境里,它们会不会铤而走险、跟着美帝国主义发动对苏联和东欧人民民主国家的侵略战争呢？不错，眼前这些国家的很多措施，都正在朝着这个方向进行。但是问题却在于，这样的做法是不是能够达到它们预期的目的呢？不必赘言，民主阵营的坚持强大，已经绝不是它们可以撼动的。即使就它们自己国内的情况说吧，马林科夫的报告已经明白指出了："在资本主义国家，工人阶级比以前更好地组织起来了，工人、农民、妇女和青年的强大的、民主的国际组织建立起来了，为和平事业而进行英勇斗争的各国共产党都成长壮大起来了。"目下，帝国主义阵营内部各帝国主义国家法西斯反动势力，和人民民主力量之间的斗争，已经急剧地尖锐起来。"这种局势，对战争挑拨者来说，是孕育着非常严重的后果的"。

那么欧洲资本主义国家究竟往哪里走呢？

它们最后将在自己内部的混战中，将在殖民地人民的英勇斗争中，将在冒险发动侵略战争的失败中，将在本国人民的革命浪潮中，走完它们资本主义的道路。

世界是不断地向前发展的，欧洲也是不断地向前发展的。东欧国家的事例已经证明了，中国的事例也已经证明了。东欧国家人民和中国人民所得到的今天，正是欧洲资本主义国家人民明天所要得到的。

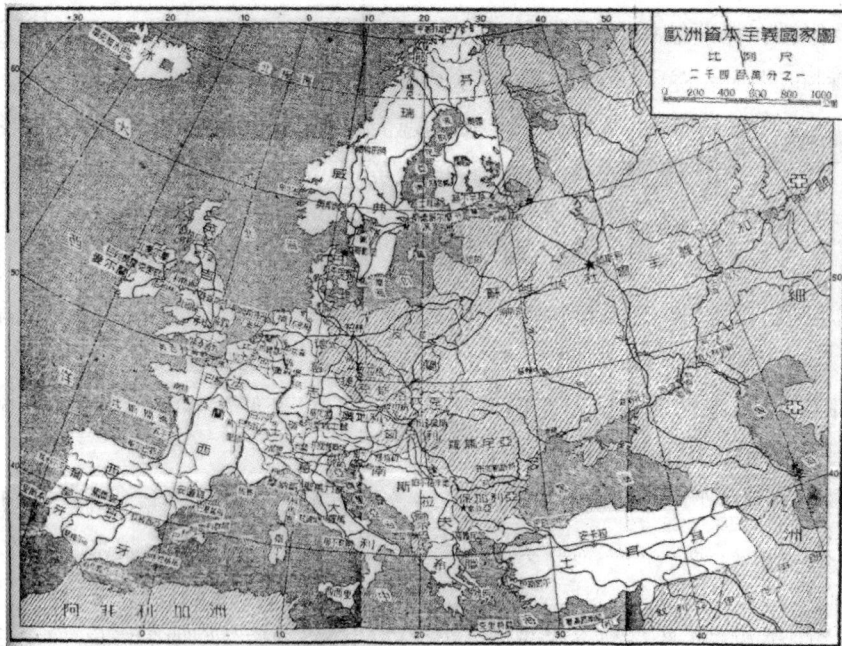

原著(上海)地图出版社1953年版

本书据1954年第3版收录

英　　国

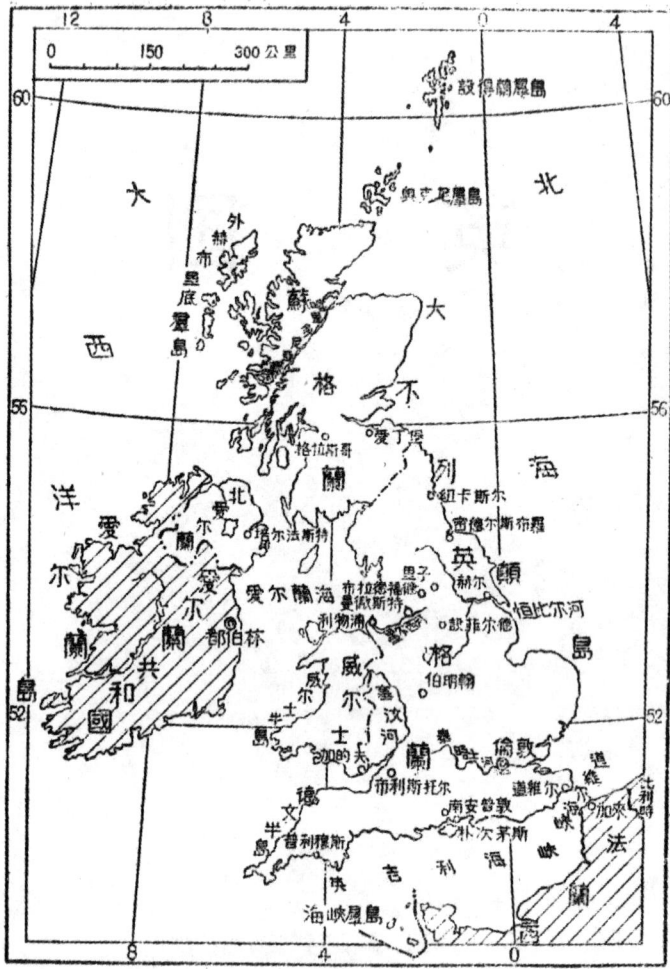

英国略图

第一章　英国的自然地理

第一节　领土的规模

英国的国名

在讨论英国的领土以前，我们还得把英国的国名先谈一谈。

关于英国这个国家，我们通常可以看到很多不同的称谓，除了"英国"这个最普遍使用的名称以外，还有"英格兰""英吉利""大不列颠""不列颠帝国""大英帝国"等等。

在这许多不同的称谓中，究竟哪一个真正是英国的国名呢？

英国的正式国名，应该是"大不列颠及北爱尔兰联合王国"。不过英国是个庞大的殖民帝国，除了本土以外，还拥有广大的海外殖民地。"大不列颠及北爱尔兰联合王国"只是指它的本土而言，假使把英国本土和海外殖民地一起包括在内，这就应该称为"不列颠帝国"或者是"大英帝国"。

"大不列颠及北爱尔兰联合王国"是由大不列颠岛和爱尔兰岛的北部一角组成的。虽然在名义上北爱尔兰和大不列颠有着同等的地位，但是事实上英国统治阶级一直把爱尔兰当作一个附属品。因此，讲起国名来的时候也就往往把北爱尔兰这一部分略去，这就是英国之所以常常称为"大不列颠"的原因。

大不列颠岛上原来分成英格兰、苏格兰和威尔士三区,"英格兰"一译"英吉利",是三区之中发展水平最高,居于领导地位的地区。因此"英格兰"或"英吉利"在习惯上又常被拿来代表英国了。

英国的领土

我们这里所谈的英国领土,指的是英国本土,就是所谓"大不列颠及北爱尔兰联合王国"。至于包括它所有海外殖民地在内的"不列颠帝国",我们要到以后才谈到。

英国是建立在不列颠群岛上的一个岛屿国家。不列颠群岛的全部面积是 31.1 万多平方公里,但是这还不能算是英国本土的面积,因为不列颠群岛上有着英国和爱尔兰共和国两个国家。在 1937 年以前,爱尔兰岛是英国的自治领;但是从 1937 年起,爱尔兰岛南部的极大部分已经成为一个独立的国家了。因此除了爱尔兰共和国的 6.9 万平方公里的领土面积以外,英国的全部领土面积应该是 24.4 万多平方公里。这里面包括大不列颠岛、爱尔兰岛的东北部(即北爱尔兰)和其他许多不大的岛屿。大不列颠岛分成北部的苏格兰、中部和南部的英格兰以及突出于英格兰西部的半岛威尔士三个区域,它们是构成英国领土的主要部分。

从英国本土的面积来看,英国实在是一个小国。它的面积还不到苏联的 1/90,只有苏联的内湖——里海水面的 3/5 那么大。和我国相比,英国面积也只等于我国的1/40,不过是我国两个福建省那样大小而已。

第二节　位置、海洋和海岸

沧海桑田的群岛

英国是不列颠群岛上的一个岛屿国家。不列颠群岛是欧洲西部一个非常复杂的岛屿群,这里大大小小的岛屿,总数竟在 5500 个以上。不过除了欧洲第一大岛的大不列颠岛和西部的爱尔兰岛以外,其余的许多岛屿,都是微不足道的。

根据地质学家的考证,在古代,不列颠群岛和欧洲大陆原是连成一片的。那时候,目前的北海还是一块水草丰美的洼地,而英国和法国之间,则是互相连结的白垩高原。在当时,莱茵河下游流经今天的北海注入北冰洋,而大不列颠岛上的大河泰晤士河,那时还是莱茵河下游的一条支流呢。

不列颠群岛和欧洲大陆的分离,大概在古石器时代的末期和新石器时代的初期。那时候,地球上已经到处出现了人类,人类曾经亲眼看到这一次沧海桑田的变迁。

　　许多事实都证明了不列颠群岛和欧洲大陆在古代的关系。今天在群岛和大陆之间的海洋，不过是一个极浅的海滩，这就是英国和丹麦、荷兰之间的杜格浅滩。这个浅滩的深度不超过 40 米，其中深度在 20 米以下的面积，广达 650 平方公里，最浅处竟在 15 米以下。杜格浅滩即是古代莱茵河下游所经的地方，莱茵河口所遗留的很多古代动物——古象和驯鹿等的骨骼，今天还常常被渔民在这一带海中捞到。假使海水下降 50 米，不列颠群岛即可和法国接壤；要是海水下降 200 米，则全部北海将涸出，不列颠群岛就安全和欧洲大陆连成一片了。

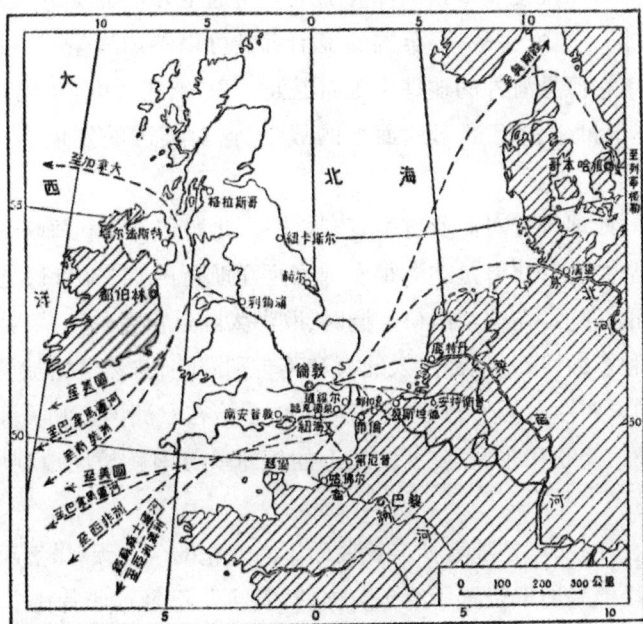

英国的地理位置

英国的地理位置

　　不列颠群岛位于欧洲西部的大西洋中，东面隔北海和英吉利海峡，面对着西欧资本主义国家——法国、比利时、荷兰、丹麦和挪威等；西隔大西洋和美国、加拿大遥遥相对；南部沿着比斯开湾和大西洋与西班牙、葡萄牙及非洲西岸相望；北部濒临着辽阔的大西洋和挪威海，并且面向北冰洋敞开。

　　在地图上看英国的境域：东至大雅茅斯以南的罗末斯多夫特沿岸，位于东经 1 度 40 分附近；南到德文半岛西南的列柴特角，位于北纬 50 度，海洋中的最南境域则要到法国诺曼底半岛以西的海峡群岛，约当北纬 49 度 9 分。大不列颠岛的最西一点是苏格兰西部喀利多尼亚运河河口以北的阿纳牟青角，位于西经 8 度 10 分附近，但英国的最西国境是北爱尔兰西部埃纳湖以西的埃纳河下游,该地约在西经 6 度 13 分。大不列颠岛的最北一点是苏格兰北部的但奈脱角,位于北纬 58 度 40 分附近,但海洋上的最北境域则在设得兰群岛,约在北纬 60 度 50 分附近。

英国的地理位置是有很多优点的。它处在海洋环绕之中,和欧洲大陆完全隔离,但距离却极近。从英国东部沿岸各地渡越英吉利海峡到法国,或是渡越北海到比利时和荷兰,都不过 200 公里左右;而英吉利海峡和北海之间的道维尔海峡,竟狭至 32 公里。在天气晴朗的日子里,站在英国海边可以清晰地看见欧洲大陆的海岸线。这样的地理位置,使英国可以很便利地跟欧洲大陆维系交通上和商业上的关系,并且参与政治活动。欧洲大陆一旦发生战争,英国的统治者既可以参加战争,又可以在情势不利于它的时候,利用它孤悬海外的地理位置而退处一旁,坐观时机。由于这样,不列颠群岛上几乎已有 9 个世纪没有遭遇地面上的战争,这对英国的发展,自然有着很大的好处。

其次,英国的地理位置对商业也很有利。因为北海和英吉利海峡是西欧各国海上贸易往来最频繁的场所,北海是欧洲很多国家远洋航行的唯一出口,是海洋航业的巨大门户,而英国正好是站在这个门口。同时,欧洲大陆最重要的一些内河如易北河、莱茵河、些耳德河和塞纳河等,也都注入北海和英吉利海峡,自然又增加了英国地理位置在欧洲交通上的重要性。另外,不列颠群岛的位置恰在欧洲国家和美洲国家交通的中途,同时又是西欧、北欧和非洲、澳洲航线上的枢纽。英国就长期地利用了这些优点,垄断了海上贸易。

不过地理位置的优点是随着社会发展而不断变化的。今天,虽然英国的地理位置和过去还是一样,但是地理位置所给予英国的"特惠",已经远非昔比了。19 世纪初叶拿破仑席卷欧洲大陆时,英国靠了它一衣带水的优越形势避免了拿破仑的蹂躏。但是由于新战争武器的不断发明,第一次世界大战中,英国就开始受到潜水艇的威胁和小规模的空袭。到了第二次大战时期,则轮番的轰炸和飞弹的袭击更使英国造成了相当严重的损失。这就清楚地说明了不列颠群岛地理位置的优越性已经逐渐消失了。

同样的,英国在交通上和商业上的优越形势也已经时过境迁了。在过去一个漫长的岁月里,西欧曾经是世界资本主义最发展的地带,英国就是当时世界海上贸易的中心。但是随着美国的兴起,英国的优势便大大削弱。第二次世界大战以后,由于苏联和各人民民主国家经济上的飞速发展,统一的无所不包的世界市场瓦解了,世界上已经出现了两个平行的和互相对立的市场,因此,英国在交通上和商业上的优越位置,可以说已经完全消失了。

曲折的海岸

由于岛屿的分歧和海洋的复杂,不列颠群岛的海岸是非常曲折的,全部海岸统计长 11450 公里(大不列颠 7900 公里,爱尔兰 3550 公里)。英国几乎每 31 平方公里面积中,就有海岸线 1 公里。因此,按领土面积的比例来说,英国是世界上海岸线最长和最曲折的国家之一。

就整个英国的海岸来看,西北部比东南部要曲折多变。从爱尔兰和苏格兰之间的北海峡到苏格兰北部的奥克尼群岛之间的海岸,是一种称为峡江式的特殊海岸,海岸线特别破碎曲折,港湾楔入,海水很深,岛屿也非常众多。组成不列颠群岛的 5500 多个岛屿中,就有 5 千以上分布在这一带。

不列颠群岛海岸线之所以特别曲折,和地盘的沉降有着很大的关系。在冰河时代,不列颠群岛的地形比今天要高得多。以后,由于地盘下降,海水上升,爱尔兰岛首先和大不列颠岛分离,接着大不列颠岛又和欧洲大陆分离。此外,地盘继续下降,海水侵入群岛,形成了曲折多港的海岸。这种海岸,在地理学上称为"沉降海岸"。

对英国来说,曲折的海岸也是一个优越的自然条件。由于港湾的深深楔入内陆,使内陆和海洋之间的交通非常便利。大不列颠岛上没有一个地方距离海岸超过 120 公里的。其次,由于海岸线曲折,沿海就罗列了众多的港湾,这对于发展航海业和渔业,都是非常有利的。

第三节　地形和河流

两个地形区

大不列颠岛的面积虽然不大,但是它的地质构造却是相当复杂的,因此地形也就显得非常多样化。就整体看来,大不列颠岛的地形,西北部和东南部有着很大的差异:西北部的地层成立极古,地势却相当高峻;东南部的地层成立较新,地势比较平坦。至于爱尔兰岛的地形,由于它原来也是大不列颠岛的一部分,构造上和大不列颠岛有很多相同的地方,岛的北部大致和苏格兰及英格兰北部相似,岛的南部则和威尔士相似。不过爱尔兰岛只有东北一小角属于英国,这里就不详细说明了。

大不列颠岛的地形,如果从英格兰东北悌斯河口到英格兰西南德文半岛上的爱克斯河口画一条直线,就可以分成两个不同的地形区。这条线的东南,大部分都是平原和起伏不大的丘陵;在这条线的东北,则除了奔宁山脉西侧的兰开斯特利亚平原以外,

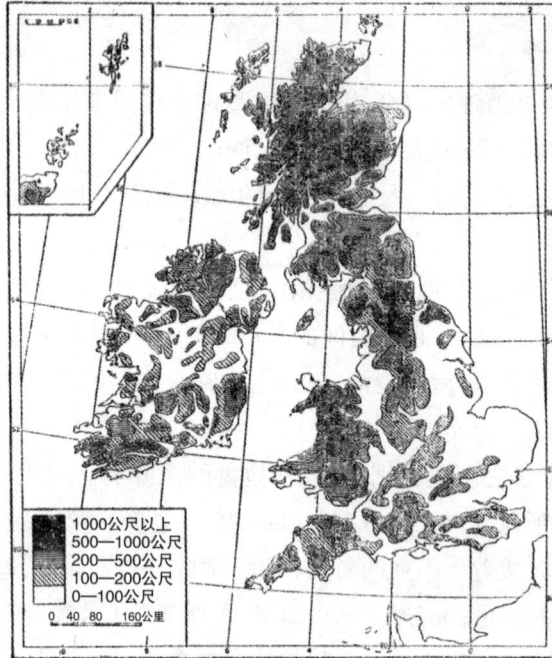

1000公尺以上
500—1000公尺
200—500公尺
100—200公尺
0—100公尺

0　40　80　　160公里

英国的地形图

大部分都是崎岖的山地。下面,我们把英国的地形和河流分成三个区域来作一个简单的叙述。

西北高地

西北高地占有整个大不列颠岛的北部和西部地带,包括苏格兰和威尔士的全部以及英格兰西部和北部的一小部分。西北高地按照内部的地形差异,又可以分成下列各区:

(一)苏格兰高地和南苏高地:苏格兰北部是一块由片麻岩和结晶片岩构成的高地,由于长期受流水和冰河的侵蚀,表面起伏极大,山顶也多凌夷成为圆形,但一般高度仍在海拔 600 到 1000 米之间。苏格兰高地中最主要的山脉是格兰扁山脉,是在古生代造山运动中隆起的褶曲山脉,主峰尼维斯峰在山脉的西部,高达海拔 1343 米,是大不列颠岛上的最高一点。

苏格兰高地的中部有一名叫格伦穆尔的大断层裂谷,把山地分成南北两部。裂谷中有着本区最大的河流,就是摩累湾到罗尼湾的喀利多尼亚运河。运河水深还不到 3 米,大船无法通航。

从苏格兰高地向南,经过一片陷落的低地以后,又有一块隆起的苏格兰南部高地,简称南苏高地。南苏高地是志留纪到石炭纪时造成的古褶曲山地,山地向东南倾斜,

英国的地形区

东部是海拔 400 至 500 米的连绵的山峰,但西部只有些孤立的丘陵。这里东南部和英格兰邻接的地方有侵蚀剧烈的火山块,叫做哲维倭特丘陵,高度在海拔 800 米左右。

(二)苏格兰中央低地:格兰扁山脉之南,由于古代断层作用,原来的岩层向下陷落,构成一条东北—西南走向的裂谷,这就是介于苏格兰北部高地和南苏高地之间的苏格兰中央低地。苏格兰境内较大的河流,如注入克莱德湾的克莱德河和注入福尔斯湾的福尔斯河,都在这里入海。

苏格兰中央低地的南北宽度不过 50 公里,面积只占苏格兰全境的 1/5,但这里却是苏格兰最重要的地区。苏格兰 4/5 的人口和全部最大的城市都集中在这里。

(三)奔宁山脉和肯布利亚山地:南苏高地以南,英格兰的北部,有一系列石灰岩和砂岩构成的古生代褶曲山脉,称为奔宁山脉。奔宁山脉南北延伸达 120 公里,有"英格兰脊骨"之称。但是经过长期风雨和流水的侵蚀,山脉的高度已经大大削减,对山脉东西两侧的交通已经没有大的阻碍了。

奔宁山脉以西是一块狭窄的、由埃丁河构成的谷地,埃丁河北流注入索尔威湾。埃丁河以西、索尔威湾以南的地区是一个半圆形的半岛,称为肯布利亚山地。这是和苏格兰高地同时产生的褶曲山地,山地的中部是寒武纪地层,四周则是较新的石炭二叠纪和三叠纪地层,在构造上并且和爱尔兰海中的萌岛相连。由于冰河的作用,肯布利亚山地出现了很多狭长的湖泊,成为一个风景美丽的湖区。南部的温德美湖和北部的额勒斯瓦特湖是最大的两个湖。

(四)威尔士山地和德文半岛:威尔士全境以及和它毗连的英格兰西部的一小片地区,是一块崎岖的山地,绵延着坎布连山脉,西北部的士诺敦峰,高达海拔 1085 米,是不列颠群岛上的第二高峰。由于长期侵蚀,威尔士山地的表面起伏非常剧烈,只有在南部沿海一带才分布着若干面积不大的海岸平原。

从威尔士山地越过布利斯托尔海峡以后是一个狭长的德文半岛。德文半岛的东部是平坦的索摩斯尔平原,不属于西北高地范围以内。但是在爱克斯河以西则是一片崎岖的花岗岩丘陵。半岛西部泰玛河以西的科尔奴尔郡,是古代的一个矿区。

东南低地

从悌斯河口到爱克斯河口一线以东的地区,是一片丘陵、断崖和平原相间的低地,称为东南低地。东南低地主要可以分成下列几个部分。

(一)兰开斯特利亚平原和英格兰东北低地:在奔宁山脉的东西两侧,有两片平原遥遥相对,即东侧的英格兰东北低地和西侧的兰开斯特利亚平原。兰开斯特利亚平原在悌斯—爱克斯一线以西,是大不列颠岛西侧唯一较大的平原。平原包括兰开厦和切厦两郡,其间虽然也分布着一些起伏不平的岗阜,但一般高度都在海拔 100 米以下。

英格兰东北低地介于奔宁山脉和北海之间,包括诺丁罕姆厦、约克厦、杜尔罕和诺桑勃兰四郡,大部分都是平原和低地。恒比尔河由发源于奔宁山脉东侧的奥西河和爱里河会合而成,在本区注入北海,是本区最大的河流。

(二)英格兰中部及南部平原:奔宁山脉以南,威尔士山地以东的英格兰中部地区,是一块三角形的低地,伯明翰就是这块低地的中心。这是一块由二叠纪以至三叠纪的红色砂岩所构成的低地。低地中除了一些不高的山脊和丘陵以外,一般都很平坦。发源于威尔士山地坎布连山脉东侧的泼立力蒙泽地的塞汶河,流经本区西部,注入布利斯托尔海峡。塞汶河全长达 355 公里,是大不列颠岛上的第一大河。

英格兰中部低地以南,超过塞汶河河口,就是德文半岛东部的肥沃的索摩斯尔平原。平原以东,即英吉利海峡的中段沿岸,有一块名为汉浦厦的盆地。盆地四周是白垩层的丘陵,中间则是黏土和砂砾的低地。盆地南部由于地盘沉降和海浪侵蚀,已和大陆分离而成为一个岛屿,叫做威脱岛。

(三)伦敦盆地:伦敦附近是一块由近代岩层构成的低地,低地的南北两侧都是起伏的白垩丘陵,这就是著名的伦敦盆地,在构造上属于第四纪的洪积层。盆地中横贯着东西流向的泰晤士河,这条全长 332 公里的河流,流域面积广达 10800 平方公里。它的发源处在色伦斯特地方,高出海面仅有 115 米,其倾斜度每公里不过 300 毫米。泰晤士河水流缓和,加上流域内雨量丰富,四季匀称,所以水位稳定,航行便利,经济效益极大,是英国最重要的一条河流。

伦敦盆地的周围,地形一般虽都比较平坦,但构造却很复杂。盆地南的威尔德区,是穹窿起伏的背斜褶曲地带;从盆地向北和向东直到北海沿岸的广大地区,是一片沼泽和森林相间的低地,称为东安格利亚平原。此外,伦敦盆地和塞汶河谷之间,是一片由黏土和细砂层、砂岩和石灰岩构成的侏罗纪断崖;伦敦盆地和汉浦厦盆地之间则分布着一片石灰岩纯粹的白垩纪断崖。

北爱尔兰的地形

北爱尔兰的大部分地方是一片由喷出的玄武岩所构成的安特利姆高原,高原的西北是斯泼林山脉,东南是冒纳山脉,冒纳山脉就是苏格兰南部山地越过北海峡的延伸部分。

高原上最大的河流是发源在冒纳山脉北麓、北流注入大西洋的朋河。由于冰河侵蚀的作用,朋河上游形成了英国的第一大湖——尼亚湖。在湖的周围,有一块较大的平坦地区,这是北爱尔兰最主要的平原。

北爱尔兰的西南是一个由冰河侵蚀成的湖区,分布着大小不等的许多湖泊,其中最大的埃纳湖和上埃纳湖,埃纳河把这些湖泊连贯在一起。埃纳河下游在爱尔兰共和国境内,注入大西洋的多内加尔湾。

第四节　气候、土壤和生物

西风气候

不列颠群岛的气候,是一种非常温和湿润的气候,叫做西风气候。

就气温说,大不列颠岛确是够得上称为冬暖夏凉的。英国的纬度大部分比我国的黑龙江流域要高,但是拿 1 月份的等温线图来看,我国黑龙江流域的平均气温在摄氏零下 20 多度,大不列颠岛上除了高山地带以外,任何一个地方的平均气温,却都在摄氏 2.9 度以上。绝大部分地方的冬季气温比我国上海还要高些。再看 7 月份的平均气温,以英国全境气温最高的伦敦一带来说,也不过摄氏 17 度,比我国上

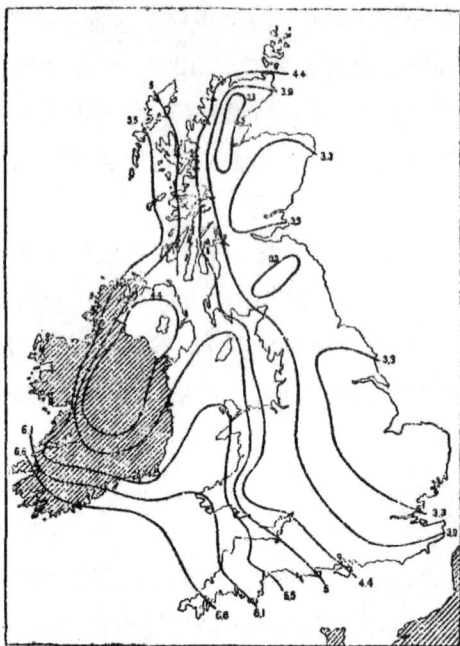

英国 1 月平均气温(摄氏)

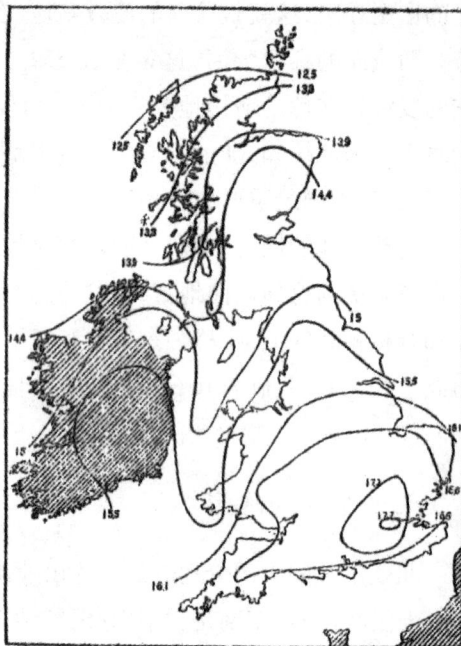

英国 7 月气温(摄氏)

海要低 10 度。

在这样的高纬度地带,因为气候的温和,一年里面竟很少看到冰雪。同纬度的我国黑龙江,每年的冰期达 6 个月以上;但是在伦敦,一年中的平均雪期,不过两个星期而已。同时,由于气候的冬暖夏凉,一年中的气温较差也是非常微小的。在下面这个图表中,我们选出英格兰南部的伦敦、牛津、剑桥和北部的约克,苏格兰南部的利斯(在爱丁堡以北),苏格兰东北沿岸的奈恩和北部的奥克尼群岛等地,把它们各月的平均气温列举出来,可以从这里看出英国各地冬暖夏凉和气温年较差微小的情况。

就雨量来说,不列颠群岛也是滋润丰富的。英国境内的雨量分布,大致受着两种因素影响。首先是海洋的影响,就是愈靠西岸,愈接近大西洋的地带,雨量愈多,愈靠东南,愈接近欧洲大陆的地带雨量愈少。西岸一带的年雨量可达 1 千到 2 千毫米,东南岸则不过六七百毫米。第二种影响是地形的影响,英国北部如苏格兰等地,由于地形远比南部高峻,接受水气的机会较多,雨量也就比南部丰富。

西风气候的雨量特色是一年中分布很均匀,没有什么季节性的变化。一般说来,春季是不列颠群岛各地最干燥的季节,四五两月是英国雨量较少的月份。但是只要看一看英国各地各月的雨量,就可以知道,这种季节上的差异确是很微小的。

英国各地气温 （摄氏度）

月份＼地名	奥克尼群岛	奈恩	利斯	约克	剑桥	牛津	伦敦
1 月	3.9	2.9	4.0	3.3	3.1	3.6	3.8
2 月	3.6	3.1	4.2	4.0	4.0	4.3	4.5
3 月	4.0	4.1	5.2	5.3	5.4	5.6	5.8
4 月	6.8	6.5	7.4	7.8	8.2	8.3	8.5
5 月	7.9	9.3	10.1	10.9	11.6	11.6	11.9
6 月	10.4	12.2	13.2	14.2	14.7	14.7	15.1
7 月	11.9	13.7	14.8	15.8	16.6	16.6	17.0
8 月	11.9	13.4	14.6	15.4	16.1	16.0	16.4
9 月	10.8	11.5	12.6	13.2	13.8	13.7	13.9
10 月	8.3	7.8	9.2	9.2	9.7	9.7	9.8
11 月	6.0	5.1	6.3	6.1	6.2	6.4	6.6
12 月	4.4	3.1	4.4	3.9	3.8	4.4	4.6
年平均	7.4	7.2	8.8	9.1	9.4	9.6	9.8
年较差	8.3	10.8	10.8	12.5	13.5	13.0	13.2

英国的雨量分布图

英国雨量的季节分配　　　　　　　　　　（％）

地　名	伦敦	牛津	爱丁堡
冬	24	24	22
春	21	21	20
夏	27	28	31
秋	28	27	27
冬半年	52	51	49
夏半年	48	49	51

　　不列颠群岛上的雨，极大部分是毛毛细雨，很少有倾盆的大雨，因此一年中的降雨日子很多。伦敦的全年雨量虽然只有 612 毫米，但是平均一年中雨日却有 160 天。在英国北部的设得兰群岛，一年中平均竟有雨日 260 天。从下面这张图表里，我们可以看出英国各地雨量分布的大概情况。

英国雨量　　　　　　　　　　（毫米）

月份＼地名	奈　恩	格拉斯哥	纽卡斯尔	诺丁罕	牛　津	普利穆斯	伦　敦
1 月	50	84	51	44	47	84	23
2 月	45	79	41	38	41	74	42
3 月	23	69	53	41	41	74	45
4 月	37	53	41	33	41	56	37
5 月	45	67	51	47	49	53	45
6 月	45	64	56	49	56	53	50
7 月	67	79	67	59	61	72	60
8 月	60	99	74	62	59	76	55
9 月	55	76	51	41	44	61	45
10 月	60	86	82	62	74	99	65
11 月	60	91	61	47	59	86	60
12 月	55	107	61	59	64	127	60
年雨量	602	954	689	582	636	915	587

　　高山地带的气候是比较特殊的。由于地势高峻，它的气温就有着显著的降低，另外，因为高山容易迎接西风带来的水汽，雨量也就大大增加。苏格兰北部的尼维斯峰就是这样。在那里，一年中有半年以上气温在摄氏零度以下，而年雨量竟比伦敦大上

7倍。不过英国的高山不多,像这样的气候也是很少的。下面是尼维斯峰的气温和雨量情况。

尼维斯峰的气温和雨量　　(单位:气温:摄氏　雨量:毫米)

月　份	气　温	雨　量
1月	−4.4	475
2月	−4.6	384
3月	−4.4	432
4月	−3.1	260
5月	0.6	211
6月	4.3	198
7月	5.1	287
8月	4.7	356
9月	3.3	429
10月	−0.3	376
11月	−1.7	406
12月	−3.8	538
年平均	−0.3	4352
年较差	9.3	

多雾又是英国气候的另一特色。特别是在冬季,大西洋的热空气随着西风到达不列颠群岛沿岸,这时大陆上的空气远比海洋冷,于是空气中的水蒸气由于温度的骤然降低而凝结成小水滴,浮沉于空气之中,这就是涨漫的大雾了。英国的首都伦敦,就是一个著名的雾都。秋季两季,在那里很难碰得上一个天朗气清的日子。大雾常常连续到68小时,在雾色加浓时,白昼竟会黝黑得和黑夜一样,人们看不到两三步以外的东西,市街交通常常因此完全断绝。伦敦附近的海面上,虽然设置了很多的灯塔和信号,但是船舶仍旧时常不得不停止行驶。

西风和湾流

构成英国这种西风气候的最主要的因素,顾名思义就可知道是西风。

在地球上南北纬各30度附近的地带,由于空气下沉,形成一个高气压带,称为副热带高气压带。从副热带高气压带向极圈流动的气流,因为地球自转的关系,形成了永远不变的盛行西风,即是所谓盛行西风带。不列颠群岛的位置恰巧在盛行西风带以内,经年不断的西风,就永远成为调节不列颠群岛气候的主要力量。

西风气候的另外一个重要的因素是湾流。湾流是从暖和的美洲墨西哥湾流出来的一股海水,这股海水宽达 80 公里,深也在 600 米以上,经年不断地流动着,把温暖的海水送到遥远的北方。湾流横过大西洋,从欧洲大陆和冰岛之间流向北冰洋,这一带的盛行西风就把它的温暖带向欧洲沿海,增加了英国冬季里的温暖。和不列颠群岛处在同一纬度上的大西洋西岸的拉布拉多半岛,因为受不到湾流的恩赐,整个冬季坚冰不解,足见湾流对气候确有着极大的影响。

荒谬的气候决定论

西风气候虽然具有温和湿润的优点,但是并不是说它就完全没有缺点。西风气候的主要缺点是夏季过于凉爽,使有很多谷物不能很好地生长。其次,冬天虽然比较温和,但是却也经常是那种雾气濛濛、阴霾满布的令人不快的天气。

但是,资产阶级的地理学者,却在这种气候上找到了荒谬绝伦的理论和向外侵略的借口。美国的反动地理学者亨丁顿认为一个国家繁荣富强的条件,是冬天凉而不寒,夏天温和,气温常有变动。也就是说,具有西风气候的国家,才够得上称为繁荣富强的国家。自然,资产阶级的帮凶们的这种荒谬、反动的理论,目的无非是替美国、英国和其他西欧帝国主义国家对澳、非各殖民地的掠夺找寻一个行凶的"理由"而已。

谁都知道,一个国家的繁荣富强,是决定于社会的生产方式而绝不是决定于什么气候,这是毋庸置辩的真理。事实证明:苏联并不在西风区内,但今天已经发展成为世界上最繁荣富强的国家;东欧国家也不在西风区内,但是由于政治制度的改变,也得到了迅速的巨大的发展。而西风区内的英国和西欧各国,今天却相反地处在萧条、没落的狼狈境地,这就完全戳穿了资产阶级气候决定论的拙劣把戏。因此,虽然英美帝国主义者到今天还是宣扬着这些无耻的言论,企图拿西风气候作为侵略的借口,但是人们已经愈来愈清楚地认识它们的罪恶面目了。

土壤、植物和动物

英国的土壤以英格兰东南部和苏格兰中央低地一带最为肥沃,这主要是长期以来农业耕种的结果。英格兰的西北部大都是肥力很小的灰化土,而奔宁山地、威尔士山地中,更到处分布着贫瘠多石的土壤和起伏累累的泥炭坑。在苏格兰西部,土壤和奔宁山地一样瘠薄;但它的东部,在古代的红色砂岩上堆积着由冰河带来的粗砂土层,比西部肥沃得多。

不列颠群岛在古代有很大面积的原始森林,但是已在历来的大量砍伐中急剧缩小,现在残存的包括人造林在内,只占不列颠群岛全部面积的 5% 了。在以前,大不列颠岛的东南部原是橡树林分布最盛的地带,由于汽船发达时期以前旧式造船业的大量需要,加上中古时代用木炭炼铁,橡树林面积已经大大缩减,虽然直到今天为止,在英格兰中部和南部,橡树还是很重要的树类,但是这些残存的林地中,每公顷内只有几棵橡树,其他都是杂木,经济意义已经大大降低了。

山毛榉在不列颠群岛上分布较广,不管是南部和北部,丘陵地带的树林总是以它为主体的。此外,在英国北部和其他地形较高的地带,桦树也不少。苏格兰的河谷地带,则有着比较大片的松林。山地和沼泽地带,特别是东安格利亚平原的沿海地带,普遍地生长着一种石南科植物。这是一些高仅数尺的常绿灌木,遍覆地面,景色非常特殊。

由于长期滥予捕猎,不列颠群岛上的野生动物已经很少,只有在山地中才偶然有熊和狼之类的动物出现。地主、贵族和资产阶级,往往只能在自己的庄园里进行狩猎。这种狩猎仅仅是有钱人的一种消遣,没有任何经济意义的。

浮游在不列颠群岛周围海洋中的大批鱼类,是和英国关系最密切的动物界,也是英国一宗重要的富源。鱼类的种类非常多,最主要是鲱鱼、鳘鱼和比目鱼。

第五节　地下资源

煤和铁

英国是世界上资本主义发展最早的国家,丰富的煤铁资源是它获得发展的很重要的条件之一。

英国的主要煤田,有下列 6 处。

威尔士煤田分布于威尔士半岛南部从加的夫起到斯温西附近的沿海地区;英格兰中部煤田在斯塔福特和伯明翰一带;兰开厦煤田在奔宁山脉东侧的里子到设菲尔德一带;诺桑勃兰煤田在英格兰东北部的纽卡斯尔到密德尔斯布罗之间的沿海地区;苏格兰煤田在苏格兰中央低地,西到格拉斯哥,东到爱丁堡。此外,威尔士的东北部,英格兰西南部的索摩斯尔平原,肯布利亚山地的西部沿海地带以及伦敦东南沿海的肯特东部等地,也都有小片的煤田。

英国全部煤田的总蕴藏量,估计有 1900 亿公吨,居世界第五位(次于苏联、美国、加拿大和中国)。但这个数字只等于苏联全部煤藏量的 1/17(根据 1947 年的估计,苏联煤的蕴藏量为 33300 亿公吨以上)。

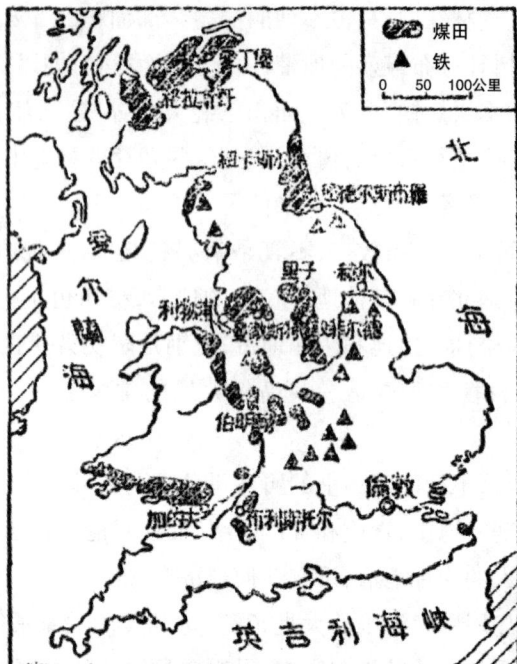

英国煤铁资源的分布图

　　英国的铁矿绝大部分在英格兰境内,以侏罗纪的水成铁矿为最多,主要分布在林肯厦的佛拉丁罕附近和约克厦的诺桑勃兰一带。这种铁矿的含铁成分极低,一般含铁量都只有22%—33%(瑞典铁矿的含铁量是55.7%,西班牙铁矿的含铁量是51%)。虽然在兰开厦和肯布利亚山地一带,也分布了一些含铁成分超过50%的赤铁矿,但是在英国的全部铁矿中,这种富矿只占极少数。

　　英国铁矿的全部蕴藏量估计约为59.7亿吨,实际含铁量约为22.54亿吨,只占资本主义世界全部藏铁量的5%—6%。这和英国煤矿的蕴藏量是不相应的。

煤铁优势的变化

　　英国煤的蕴藏是集中在较小的区域里的。英国煤田在单位面积上的蕴藏量,无疑居有很高的世界地位。煤质一般优良,煤层分布极浅,许多地方几乎已暴露在地面上,开采很容易。其次,英国的煤田大部分分布在沿海地带,即使是深处内陆,和大的内河航道的距离也不远,这就大大地便利了运输。最后,煤矿和铁矿的分布,在英国几乎总是连在一起的,这对于冶金工业的发展提供了十分有利的条件。

　　不过煤铁资源的有利条件,仅仅是在英国资本主义发展的初期才作了显著的贡献;随着时代的不断前进,这种有利条件所能起的作用已经愈来愈小了。第一,在蒸汽动力盛行的时代,煤是获得动力的唯一燃料;但是今天,燃料的种类和性能比蒸汽动力时代变得更多样化和更进步了。现在,单靠煤已经不能完全解决问题,而英国除了煤以外,其他燃料却是极端缺乏的。第二,即使专就煤来说,过去的优势,今天也已大大改变。煤田的表层已经采掘殆尽,需要不断地向深处挖掘(目前英国煤坑的平均深度已达350米,最深竟有到900米的),费用自然大大提高,而且品质优良的煤已经极度稀少。英国现在虽然还可以向国外输出煤斤,但是优质煤却已要从国外输入了。第三,铁矿的蕴藏更是日益枯竭,到目前为止,英国国内采掘的矿砂,只能满足本国60%的需要,每年要从瑞典、西班牙和北非等地输入大量的铁砂。

其他矿藏

不列颠群岛虽然早在中古时代就以出产各种丰富的矿物而著称于欧洲,但是,今天除了煤和铁两项以外,英国的其他矿藏已非常贫乏。

英国的石油到第二次世界大战期间才开始采掘。油矿分布在英格兰的诺丁罕一带,总储量不过210万公吨。根据1948年的估计,英国已经开钻的油井为407处,但能够生产的油井只有247处。此外,在苏格兰中部有少量油页岩的蕴藏,也可以提取石油。不过这种油页岩的品质很差,每吨矿石平均只能提取石油23加仑(一加仑等于4.546公升),而世界上其他地区的优质油页岩,每吨竟有能提取石油130加仑的。英国全年产石油不过20万吨至23万吨,仅能满足国内需要的2%。

英国的有色金属矿也很少,只有不多的锡、铅、铜之类。德文半岛西部的科尔奴尔郡,算是自古开采的一个著名锡矿区,18世纪产量曾居当时世界的首位。此处矿脉和花岗岩共生,除了锡以外,还混有少量的铜、铅、锌、钨等。但是多数矿穴已经开采极深,从1929年—1947年间,平均每年产锡不过2000吨。此后更加减少,1950年出产已只有900多吨。英国北部也有一些铅矿,第二次世界大战以前,每年约能产铅5万多吨。战后产量大减,1948年产量已仅2000多吨。此外,爱尔兰岛北部还有铁矾土的蕴藏,但数量也很微小,1945年的产量约为37000吨。

在非金属矿产中,石膏算是英国比较丰富的一项,产量约居欧洲第二位。全国1/3的产量集中在杜尔罕,其次是诺丁罕和斯塔福特附近地区。此外,重晶石的产区在诺桑勃兰、杜尔罕和肯布兰一带;岩盐的产区在切厦及其附近。由于白垩纪石灰岩在英格兰东南部相当普遍,石灰的出产颇多,是制造水泥的主要原料。英格兰西南部的瓷土,过去虽然曾经著名一时,但是现在也已经快要采完了。

英国河流的水力蕴藏量很小,在枯水季约只能发电90万匹马力,因此,虽然已经有了相当的开发和利用,但在动力上却没有什么重要意义。

第二章　英国的民族和人口

民族的形成

英国的民族，是历史上从欧洲大陆先后侵入不列颠群岛的多种部族的大混合。究竟最早居住在不列颠群岛的是怎样的一种居民，现在还不十分清楚。在新石器时代，西南欧洲的伊比利亚人开始移入。这种最早的移民，和今天法国与西班牙之间的比利牛斯山地中的古老的巴斯克人属于同一血统。

后于伊比利亚人移入不列颠群岛的是南欧的克尔特人。从公元前 7 世纪起到公元前 3 世纪止，克尔特人分批移入，足迹几乎遍及整个不列颠群岛。在"罗马占领"时代，虽然也有不少罗马人移入，但对以后不列颠群岛民族的影响不大。

从公元 5 世纪到 7 世纪，是英国民族形成的历史中的重要阶段。在这个时期，分布在欧洲中部及莱茵河流域一带的盎格鲁人和撒克逊人，开始渡过海峡，侵入了英格兰的东南部。他们把克尔特人排挤到山岳地区，成为当时不列颠群岛上的主人。此外，从 8 世纪到 10 世纪，丹麦人也来到了英格兰；11 世纪后期，北欧的诺曼人又征服了大部分不列颠群岛。从此以后，就不再有大批的新移民进入英国，而今天构成英国居民主要部分的英格兰人，也就在这时逐渐形成。最后进入英国的诺曼人，由于在进入以前的法国西北部居住了很长的时期，生活、语言和文化上带有浓厚的法国色彩。因此，今天的英国语言，是以盎格鲁·撒克逊语言为基础，但又加入了某些法国语言的

不列颠居民移入路线图

影响。英格兰人约占英国全部居民的 4/5。只有居住在苏格兰、威尔士和北爱尔兰的克尔特人，仍然保持着他们原有的民族特性，成为英国的少数民族。不过不说英语的克尔特人却已经很少了。

今天，英国和美国的反动统治阶级，正在大肆宣扬着野蛮的荒谬的民族优劣论。他们雇用了一批"学者"，厚着脸皮硬说盎格鲁·撒克逊人是"高等种族"，负有统治"劣等种族"的使命。谁都知道，盎格鲁·撒克逊人也正和日耳曼人一样，是由各种种族经过历史上的多次接触混合而成的。英美帝国主义者的这种荒谬理论，无非是企图模糊国内人民的认识，并且激发他们狭隘的民族主义感情，以便挑起新的民族侵略战争。

但是这已经不是什么新的花样了。今天英美帝国主义者所选择的道路，不过是不久以前希特勒所曾经走过而完全走不通的老路。英美反动统治阶级这样热诚地继承希特勒的衣钵，他们最后必然得到和希特勒相同的结局。

人口的分布

根据 1952 年年底的估计，英国有居民 5053.5 万人，在欧洲范围内仅次于苏联和德国。英国的平均人口密度为每平方公里 207 人，在欧洲仅次于荷兰和比利时，是世界上人口密度最大的国家之一。

英国的人口分布是非常不平衡的。这种不平衡现象的产生，主要是由于资本主义制度下生产配置极度不平衡。下列六个地区，是英国人口密度最大的区域，每平方公里内的居民都在 300 人以上。

（一）伦敦和它附近的地区；

（二）英格兰中部，包括伯明翰等城市；

（三）兰开厦，包括曼彻斯特和利物浦等城市；

（四）英格兰东北沿海，包括从泰因河口到悌斯河口的地区；

（五）苏格兰中央低地，包括格拉斯哥和爱丁堡等城市；

（六）威尔士南部，并包括英格兰西南部的布利斯托尔附近地区。

城市人口的集中，英国是很典型的。全国大约有 80% 的人口居住在城市里，只有 20% 住在乡下。例如伦敦一地，就集中了 800 万以上的人口，要占英国全国人口的 1/6，比丹麦和挪威两国的人口还多。除了伦敦以外，人口超过百万以上的城市还有英格兰的伯明翰、利物浦、曼彻斯特和苏格兰的格拉斯哥。

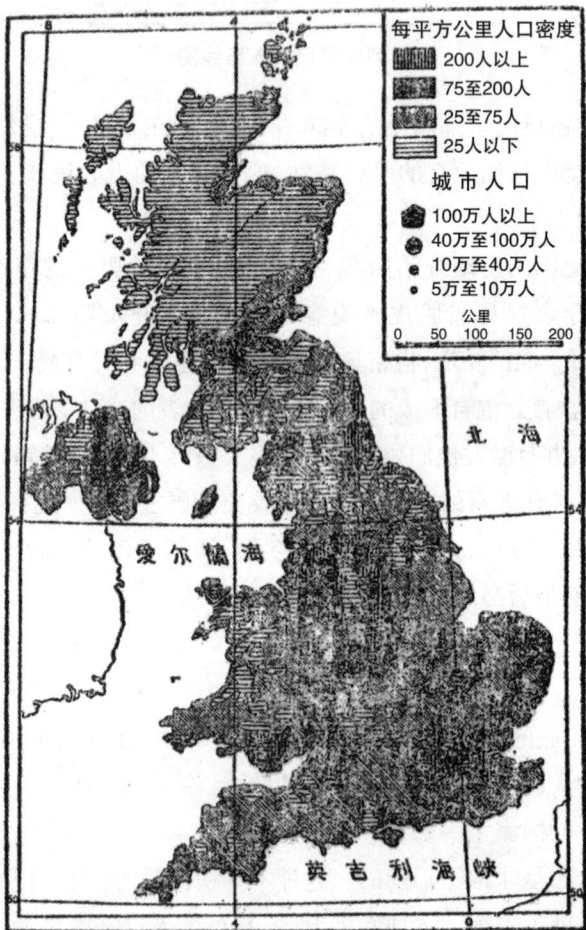

英国的人口分布图

地小人多向来是英帝国主义向外侵略的重要借口。资产阶级的御用地理学者,一直用很多荒谬的理论,替帝国主义者的侵略野心作掩饰。英国人口的平均密度较大,这固然是事实。但是不是在英国境内确实已经没有插足的余地了呢? 事实完全不是这样。直到今天,英国还有相当广大的人烟稀少的地区。威尔士山地每平方公里内只有 25 人,苏格兰的北部只有 10 人,而奔宁山地中也竟还有不少寂无人烟的地方。苏格兰全境的荒地比例高达 2/3,其余各区也都有大片可耕的荒地。原来是良田美地,被地主或贵族辟为个人享乐用庄园猎场后荒芜的土地也不在少数。富者田连阡陌,贫者身无立锥之地,这种现象,在英国是严重地存在着的。因此,英国也正和世界上其他资本主义国家一样,表面上的人口过剩现象,并不是真正由于地小,而是在资本主义制度下必然要产生的社会问题。

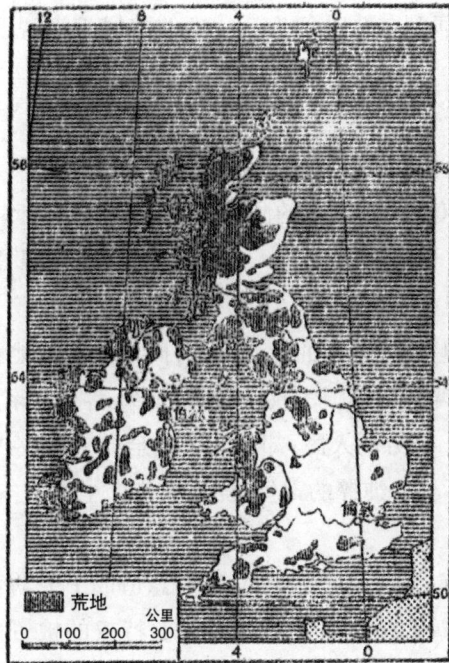

英国的荒地

海外移民

由于社会制度的不合理,失业就经常成为英国的一个严重的社会问题。关于这,我们可以从它的经济发展的历史中来追溯。16 世纪的"圈地运动",使许多农民失去了土地,使英国历史上第一次成批出现失业队伍。18 世纪的工业革命,又使许多手工业工人失业。现代英国的历次经济危机中,许多倒闭和停工的工厂里,又不断地制造出了大批的失业人口。这些在国内衣食无着的劳动人民,就是英国海外移民队伍中的最主要部分。

自然,资产阶级同样地也参加了海外移民的队伍。不过他们和穷人们抛离乡井、流亡异地的情况是截然不同的。他们腰缠万贯地踏上殖民地,利用本国移民和殖民地土著人民的血汗劳动养肥他们。这就是今天在美国、加拿大和澳洲的那些垄断资本家的前身。

从19世纪初叶到本世纪初叶,从英国移往海外的人数,总计已有1700万人。在这以前的移民人数恐怕还要大。一直到第一次世界大战以后,由于美国对外来移民严格限制,英国的海外移民才有了减少。第二次世界大战以后,英国国内遭到大规模的失业和贫困的袭击,移民的浪潮又再度高涨。仅仅在1947年一年中,就有20万人向政府登记请求迁往澳洲,这个数字还没有把他们的家属计算在内,1948年,又有12.9万人离开英国本土而迁居到各自治领生活。新的移民浪潮说明了英国政治经济上新的危机。

居民的阶级成分

由于资本主义的高度发展,社会的阶级矛盾在英国是非常尖锐的。英国的居民中,工人和职员几乎要占全体自力谋生人口的90%。没有雇佣劳动的小企业主只占6%。剥削别人劳动的资本家只占4%。

英国的资产阶级不但剥削本国的劳动人民,而且更残酷地剥削殖民地和半殖民地国家的广大劳动人民。英国全部国民收入的55%,就落在这寥寥可数的4%的资本家手里;而占全人口的96%的劳动人民,却只能得到全部国民收入的45%。在英国资产阶级中,有着一个数目不小的纯粹的寄生集团,这些人全靠资本所获得的利息,常年过着十分优裕的生活。

为了削弱劳动人民的团结,英国资产阶级有意造成了劳动者之间工资收入的巨大差别。一方面是少数薪俸优厚的高级职员和享有特权的被资本家所收买的"工人贵族"。"工人贵族"只占主要工业中工人数目的20%,总数不过100万人。资本家只要在他们所得的巨额利润中提出极少一部分,就足以豢养他们了。劳动者的另一方面则是广大的收入菲薄的工人大众。即使是根据英国官方的统计,也至少有550万到600万人,每星期的工资收入低于3英镑,要比英国平均工资低60%—66%。

不管是英国统治阶级采用哪一种虚伪和欺骗的手段(像工党政府提出的"社会主义"之类),居民的阶级对立的极端化却愈来愈严重,这也是资本主义制度下绝对无法避免的。

第三章　英国的历史发展

第一节　古代史和近代史概要

古代的英国

远古时代的英国历史概况,至今还比较模糊。虽然中石器时代的文化遗迹,在英国已有发现,但是关于英国土著居民的情形,目前仍缺乏完整可靠的资料。伊比利亚人和克尔特人进入不列颠群岛那时,英国的社会大概还处于原始公社的阶段。

公元43年,不列颠群岛被罗马人侵入,占领了达300年之久,这就是英国历史上的所谓"罗马占领"时代。罗马人于公元5世纪初退出,但接着中欧的盎格鲁人和撒克逊人相继侵入,把原来的克尔特人驱逐到苏格兰、威尔士和爱尔兰等地,并在英格兰建立许多王国。到了8世纪,北欧的丹麦人也侵入群岛,和盎格鲁·撒克逊发生了长期的战争。到10世纪中叶,盎格鲁·撒克逊人才击败了丹麦人,成立了英国历史上第一个统一的王国,这就是英吉利王国。

11世纪后半期,建立在法国塞纳河下游的诺曼底公国的公爵威廉,率领部队征服了英吉利,做了那里的国王,这就是英国历史上的所谓"诺曼征服"时代。在诺曼征服时代,英国的封建制度大大地加强了,使英国成为一个具有强大君主政权的统一的国家。

　　王权加强以后,国王和封建领主之间利益上就发生了矛盾,封建领主不断地反抗国王,到了 13 世纪初叶的国王约翰时代,封建领主终于得到了胜利。国王被迫在他们拟定的一个文书上宣誓:尊重人民(封建领主)的自由;不得人民(封建领主)的同意,不能征税;不许非法逮捕任何人。这就是英国历史上著名的"自由大宪章"。接着,封建领主又在 13 世纪 60 年代联络主教、骑士和富裕市民等,召开了英国历史上的第一次国会,强迫国王接受国会的各项规定。于是,封建领主的势力大大地扩展了。

　　封建领主操纵了国会以后,他们对农民的统治愈益加强了。农民在忍无可忍的情况下,纷纷地爆发了起义运动。其中最著名的一次是 1381 年的"瓦特·泰勒起义"(由于起义的领导人名为瓦特·泰勒而命名的)。这次起义的规模很大,但是由于封建领主和城市富豪们拥有有组织、有训练的武装队伍,因此,起义的农民最后终于失败。不过农民起义虽然失败,封建领主们却不得不减少对农民的强迫劳役,逐渐代之以货币地租。农民起义以后大约 100 年的时间里,英国的农奴制度基本上消灭了。大批农奴的获得自由,替英国资本主义的发展创造了有利的条件。

　　早在 15 世纪前后,英国和欧洲大陆上好些地区的手工毛织业已经开始萌芽。一部分封建领主已经放弃了他们原来的自给自足的庄园而从事牧羊和贩卖羊毛。到了16 世纪,英国的毛织工业更发达了。企业家在城市建立起规模很大的手工业作坊,把城乡广大的贫苦手工业者和农民吸收到作坊里工作,成为出卖劳动力的工人,而他们自己则成为拥有生产资料的资本家。这样,初级形式的资本主义生产在英国形成了。

　　随着资本主义生产规模的扩大和分工的逐渐精密,生产量大大提高。这样,羊毛的消耗量迅速增加,使牧羊成为当时非常有利的事业。于是地主们就在土地上赶走农民,把土地圈起来,辟成养羊的牧场。这就是英国历史上的所谓"圈地运动"。圈地运动以后,大批农民失去了土地,家破人亡,只得充当城市企业家的廉价劳动力,这就促使英国工业的进一步发展。

　　16 世纪下半期,英国的工商业更发达了。英国政府采取了坚决保护工商业的政策。他们建立海军,击败了当时称霸海上的西班牙的"无敌舰队",夺取了海上的霸权。另外,政府用各种方法鼓励经营工商业,保护贸易公司,并给予它们和远洋国家的独立贸易权。于是,包括著名的东印度公司在内的很多贸易公司成立了,英国开始向海外作殖民掠夺。

　　在中古历史结束以前,英国就成为当时欧洲的头等海上强国了。

资产阶级革命

　　英国资产阶级革命是英国历史上的重要事件,世界近代史由此开始。

　　由于资本主义生产的发展,到了 17 世纪,英国的资产阶级已经空前壮大了。他们不仅需要继续不断地扩展自己经营的工商业,同时也需要更进一步地掌握国家的政权。这自然不可避免地引起了他们和国王之间的利害冲突。

　　1625 年,查理一世当了国王。这也是一个凶残暴戾的人物,专制政治更强化了。他信任宠臣,横征暴敛,并且解散国会,残杀了许多反对他的人。终于在 1642 年掀起了一场革命战争。

　　战争的一方是国王领导的旧贵族和反动僧侣,另一方则是国会领导的包括新贵族在内的资产阶级和进步教徒。农民、手工业工人和城市贫民也都反对国王,主张坚决革命,他们成为革命军的主要力量。革命军在一个地主出身的领袖克伦威尔的领导下,经过了多次战斗,终于在 1645 年击溃了国王的军队,并且俘虏了查理一世。

　　国王被俘以后,国会和革命军的内部却起了动乱和分化。起先是军队和国会的摩擦,军队占领伦敦,驱逐了国会中的王党。接着军队内部也发生了分化,一部分士兵因为克伦威尔的严厉压迫而起义。于是王党又乘机叛乱,被俘虏了的查理一世也逃跑出来参加了叛乱。在这样严重的情况下,克伦威尔的军队才重新团结起来,击溃了王党的叛乱,并且再度俘获国王,于 1649 年判处了他的死刑。就在这一年,英国宣布为共和国。但是克伦威尔接着于 1653 年解散国会,当了被称为"护国公"的军事独裁者,掌握了英国的政权。

　　虽然克伦威尔的胜利完全是农民、手工业工人和城市贫民奋勇作战的结果,但是克伦威尔上台后的作为,却是无微不至地保护了资产阶级和新贵族的利益。为了资产阶级的利益,克伦威尔发动对外战争,先后击败了荷兰和西班牙,占领了西班牙在西印度群岛的殖民地。克伦威尔对爱尔兰的革命人民进行了残酷的屠杀,也严厉地镇压了国内人民的起义。

　　1658 年,克伦威尔死了。在资产阶级和新贵族的策划下,英国又恢复了王权,但是恢复了政权的斯图亚特王朝却仍然和资产阶级为敌。于是,1688 年,英国国会迎接英王亲戚荷兰国王威廉为英国国王,同时强迫国王承认征收捐税以及国家一切重大问题都必须由国会决定。从此,国王的权力大大削弱,资产阶级和新贵族在国会中的统治地位完全确立,英国的资产阶级革命,也就宣告完成了。

　　由于资产阶级革命的完成,封建势力的被击溃,资本主义的发展就获得了充分的保障。从此,英国国力飞速增强,顺利地夺取了许多海外殖民地和巩固了海上霸权。到了 18 世纪中叶,英国就成为当时世界第一的殖民强国了。

　　工业革命及其影响

　　资产阶级革命完成以后,一切足以阻碍资本主义发展的势力都被扫除了。于是,英国资本家通过工业经营、海上贸易的独占、殖民地的掠夺以及黑人奴隶的贩卖等方式，累积了大量的资金。另外，海外殖民地的不断扩大，使英国商品市场不断扩大。而国内"圈地运动"的继续进行，又经常替资本家供给大量便宜的劳动力。这样，资金、市场和劳动力的条件都十分优裕，问题却在于手工业生产无法满足愈来愈多的输出需要。于是，英国工业生产上的革命就成为资本主义发展迫切需要解决的问题了。

工业革命首先发生于当时最主要的工业部门——纺织工业中。1733 年，开伊发明了提高织布效率的"飞梭"；为了配合"飞梭"，织工哈格里夫斯于 1765 年发明了同时能纺 16 根棉纱的"珍妮纺纱机"；1769 年，理发匠阿克来创制了水力发动机；1785 年，卡德莱特又发明了提高织布工作效率达 40 倍的自动织布机。这些发明，使纺织工业突飞猛进地发展。与此同时，与纺织工业有关的漂白、染色等工业也有了改进；其他工业部门也都普遍地应用了新的机器和新的技术。

早在 1763 年，格拉斯哥大学实验员瓦特，开始制造一种利用蒸汽为动力的发动机。到了 1784 年，这种蒸汽机终于制造成功，并且接着就应用于纺织工厂，这才完成了英国工业革命中的重要步骤。此后，蒸汽机的应用范围逐步扩大到了每一个工业部门。于是英国就在 18 世纪末叶首先完成了大规模机器工业的建立工作。

工业革命对英国和世界的影响都是十分巨大的。由于机器的发明和应用，大规模的工厂才跟着出现，资本主义社会中的两大基本阶级——工业资产阶级和无产阶级就明确地形成了。

走向帝国主义

工业革命以后，英国成为全世界最强大的工业国家。在强大的工业支援下，英国坚持地推行了"自由贸易"的政策。英国政府用军舰和大炮支持了所谓"自由贸易"，其实就是对外实行经济侵略。

当时，英国的海外殖民地已经遍布了世界各洲。英国除了从殖民地掠取工业原料和倾销大量商品以外，更通过银行贷款和企业投资等方式，向殖民地和其他国家进行资本输出，因为这样可以对当地劳动人民施行更残酷的剥削和获得更大的利润。列宁指出：从 19 世纪中叶起，英国具备了帝国主义国家的两个重大特点，即占有巨量的殖民领土和在世界市场上占据了垄断的地位。（参看《列宁文选》两卷本，莫斯科外国文书籍出版局，1950 年中文本，第 1 卷，第 1012 页。）

英国的工业优势一直保持到 19 世纪的 60 年代末。当时英国的煤产量比美国或德国大 3 倍到 4 倍；铁产量则比美国大 4 倍左右，比德国大 5 倍。但是从此以后，情况就开始转变了，美国、德国和其他西欧国家的工业都大大发展起来。它们首先在自己国内排斥了英国的商品,接着又将商品流入世界市场,和英国商品发生了激烈的竞争。特别是美国和德国,由于国内资本主义的飞速发展,成为当时英国的最大劲敌。英国的许多工业部门,已经开始落在这两个新兴国家的后面;整个英国的工业,也就此失去了霸占已久的世界首席地位。不过资本输出这一方面,当时世界上其他帝国主义国家还没有能够赶得上它的。另外,由于英国仍然拥有一支世界最大的舰队和商船队,因此,在对外贸易上它也依旧站在世界的第一位。

英国对我国的侵略

在英国走向帝国主义的过程中,也曾经凶恶地侵略了我国,欠下了计算不清的深重血债。

1840年,由于不顾羞耻地硬要把害人的毒品鸦片输入我国而出兵进攻广州和江浙沿海,逼迫清朝政府于1842年签订了我国的第一个不平等条约——《南京条约》,强占了我国领土香港。1843年又续订《中英五口通商善后条约》,替一切帝国主义者在我国取得租界、协定关税和取得领事裁判权开了先例。1857年,它又和法国共同强占广州,大肆屠杀人民。1858年则攻陷天津,强迫满清政府签订《天津条约》,成为帝国主义者在我国掠夺内河航行权的开端。1860年,英法联军更攻抵北京城郊,一路焚烧杀戮,并烧毁了我国的伟大建筑物圆明园,抢光了藏在那里的所有文化艺术珍宝,并且和清朝政府签订了《北京条约》,强占了我国的九龙司(九龙半岛南部和香港相对的一带地方)。此后,英国又从1862年起帮助清朝政府进攻革命的太平军,英国军官戈登所指挥的"洋枪队",在扑灭太平天国革命运动中起了罪大恶极的作用。1876年,英国又和清朝政府缔结《烟台条约》,取得了到甘肃、青海、四川、西藏一带"游历"的特权,替它侵略西藏和中国西部其他地方创造了便利的条件。1897年,英国又强迫清朝政府割让云南省西部野人山地区的一部,下一年又强把九龙半岛、大鹏、深圳二湾和香港附近的一些岛屿作为它的租借地。

对于我国的领土西藏,英帝国主义者处心积虑地企图攫为己有。自从19世纪初期占领印度以后,英国的侵略矛头就指向了西藏。1889年,英军占了西藏的属地锡金。1890年和1893年,又逼迫清朝政府先后签订了《中英藏印条约》和《藏印续约》两个不平等条约,正式从政治上和经济上侵入了西藏。由于受到了西藏人民的激烈反对,英帝国主义者竟于1904年武装侵入西藏,占领拉萨,实际上控制了整个西藏。辛亥革命以后,英国又策动西藏的上层分子,演出了"独立"的傀儡戏。在此后中国军阀混战和国民党政府统治的漫长岁月里,西藏一直处于英帝国主义者的控制和蹂躏之下。

中国人民解放战争的伟大胜利,结束了一百多年来英帝国主义对我国侵略的历史。英国和所有帝国主义国家强加在我国人民头上的不平等条约以及它们在我国的一切特殊"权利"都永远废除了。长期处于英国控制之下的西藏,也于 1951 年得到了和平的解放,回到了祖国的怀抱。今天,除了香港和九龙以外,一个多世纪来英国在我国的侵略势力,已经被我们全部扫除了。

第一次世界大战和英国

19 世纪末叶,由于新兴帝国主义国家的出现,英国独霸世界的时代结束了。英国为了继续维持其世界霸权,竭力抑制新兴的帝国主义国家;而新兴的帝国主义国家为了要重新分割世界殖民地和建立世界霸权,就积极地反抗英国。这中间特别重要的是德国。由于德国的资本主义发展得较迟,当它开始有力量向海外攫取殖民地的时候,世界最重要的殖民地已经早被以英国为主的帝国主义国家瓜分了。但德国国内资本主义工业的飞速发展,又逼迫着它非从海外获得广大的原料基地和商品市场不可。因此,英德两国之间就发生了极大的利害冲突。本世纪初,英德两国之间的矛盾已经成为各帝国主义国家间的主要矛盾。自然,其他许多帝国主义国家之间,也存在着许多错综复杂的矛盾。帝国主义国家之间的矛盾,就是第一次世界大战发生的基本原因。

在交织的重重矛盾之下,战争终于在 1914 年爆发了。英国、法国和俄国站在一起,进行了对德国和奥国的战争。这一场帝国主义国家的大混战,持续了 4 年之久,直到 1918 年,才在德国失败的情况下宣告结束。

第一次世界大战结束以后,世界的形势起了极大的变化,英国的形势也起了极大的变化。

就历史的观点来说,第一次世界大战结束以后,世界近代史也结束了。世界近代史是资本主义怎样在世界范围内发展和衰落的历史。英国自然不能例外,第一次世界大战以后,它开始从发展走向衰落了。

第二节　第二次世界大战前后的英国

第一次世界大战后的英国

第一次世界大战以后,美帝国主义力量的加强,加速了英国走向下坡。就工业上说,英国已经远远地落后于美国,而从 19 世纪末叶以来英国最后所勉强维持的传统海上优越,也在 1921 年—1922 年"华盛顿会议"中宣告结束。根据那次会议的规定,英、美、日三国的海军力量为 5、5、3 之比。海上优势的结束,充分说明了英帝国主义日益没落。

其次,由于伟大十月革命的成功,使俄国境内广大被压迫的人民获得了真正的解放。在这样的影响下,英国各殖民地人民争取独立解放的运动普遍地展开了。虽然英国努力地对这些殖民地革命运动采取血腥的镇压,但是革命的浪潮还是前仆后继地涌起,使英国统治阶级疲于奔命,无法应付,这是整个"大英帝国"崩溃的征兆。

第一次世界大战后,资本主义世界中不可避免的经济危机浪潮,一次比一次更凶地袭击着英国。1920 年—1922 年的经济危机过去不久,英国人民还喘息未定,更严重的经济危机在 1929 年的秋天袭来了。这一次可怕的灾难,一直延续到 1933 年。英国的对外贸易总额缩减了 1/2 以上,失业现象空前严重,和 1929 年相比,1930 年的工业产量总额降低到 92.4% ,1931 年则更降低到 83.8% 。整个英国,呈现着一片惨淡萧条的景象。

在愈来愈多的困难中,英国统治阶级采用了毒辣的办法,把一切困难所引起的后果转嫁到国内人民和殖民地人民身上。因此,第一次世界大战以后,英国统治阶级的对内政策和殖民政策显得愈凶恶、愈残酷了。他们增加捐税,削减工资,禁止工人罢工,通过法西斯法案(如 1920 年的《非常权力施行法》和 1935 年的《惩治叛乱法》等),组织法西斯团体(如 1932 年工党党人摩斯里领导的"英国法西斯联盟"等),加强对殖民地的掠夺,使英国人民和广大殖民地人民的生活,陷于水深火热的境地。

反动的对外政策

由于俄国伟大十月革命的胜利,在地球上 1/6 的土地上出现了第一个社会主义的国家,打破了统一的世界资本主义体系。英国资产阶级一开始就认识到世界社会主义革命浪潮的高涨,敲起了他们这个阶级死亡的丧钟。因此,他们坚决地镇压国内的工人运动和积极地干涉并力图摧毁在俄国建立的苏维埃政权。

早在第一次世界大战还没有结束的时候,英国军队已经从北方的摩尔曼斯克和南方的高加索侵入了苏维埃俄罗斯,企图直接用武力摧毁苏维埃政权。第一次世界大战结束以后,英国资产阶级仍然积极地继续实行他们的武装干涉政策。除了对苏俄实施凶恶的经济封锁以外,更将武器源源地运给苏俄境内的反革命军队,策动他们进行反革命内战。其中最重要的一次即是 1920 年地主波兰和反革命白卫军弗兰格尔在英国和美、法等国资助和组织下的武装进攻。但是,这一连串的武装干涉,都被列宁和斯大林领导下的苏维埃俄罗斯人民彻底击溃了。

武装干涉失败以后,英国统治集团转而组织帝国主义侵略集团和培养法西斯德国的军事力量,以包围和进攻苏联。1931 年,日本帝国主义者侵占了中国的东北。虽然日本对中国的侵略行动也确实很大地影响了英国在中国的利益,但英国却鼓励了日本的这种侵略,因为它们希望日本最后能从东方发起一次进攻苏联的侵略战争。1933年,英国支持希特勒在德国夺取了政权。虽然希特勒以后的一连串行动也确曾损害了英国的利益,但英国统治阶级还是给予希特勒以鼓励和帮助。它们希望法西斯德国能从西方进攻苏联,使苏联陷于东西夹攻的处境中而最后肢解。

在英帝国主义和美、法两国的共同鼓励和培养下,法西斯气焰在欧洲范围内大大地嚣张起来了。1935 年,法西斯意大利发动了侵略阿比西尼亚的战争,并于次年将它全部并吞。1936 年,德、意法西斯又挑起了佛朗哥在西班牙共和国的反革命叛乱。对于法西斯的这一系列侵略行动,英国却采取了名为"不干涉"的纵容态度。1938 年,法西斯德国在取得英国政府同意以后侵占了奥地利。同年,英国统治者又和德、意、法三国在德国南部举行了臭名远扬的"慕尼黑会议",把捷克斯洛伐克奉送给德国。英国统治集团将这种纵容法西斯侵略而希望它们最后把侵略矛头指向苏联的罪恶勾当,称为"绥靖政策"。

"绥靖政策"的最后结局是挑起了一场可怕的第二次世界大战。

第二次世界大战

虽然,在第二次世界大战以前,整个世界的主要矛盾毫无疑问的是资本主义阵营和社会主义国家(苏联)之间的矛盾,但是正和斯大林在他的天才著作《苏联社会主义经济问题》中所说的一样:"当时资本主义国家间争夺市场的斗争以及它们想把自己的竞争者淹死的愿望,在实践上是比资本主义阵营和社会主义阵营间的矛盾更为剧烈。"第二次世界大战的火焰首先是在资本主义阵营——英、法和德国之间燃烧起来。

1939 年 9 月,希特勒开始进攻波兰。由于英国统治集团与法西斯德国在重新瓜分殖民地、重新划分世界市场和势力范围方面不能取得协议,英国随即向德国宣战。但是英国的宣战非常明显地仍然期待着希特勒于结束波兰战争以后挥戈东侵,所以宣战以后的英国,一直没有对德国采取任何军事行动。希特勒有了充分的时间,就在结束波兰战争后进军占领丹麦和挪威。等到英国仓猝应战的时候,法西斯德军已经迅雷不及掩耳地侵入了荷兰和比利时,而且在极短时间内打垮了法国,使英国处于风雨飘摇的危险境地。

从 1940 年 6 月起,英国就面临着法西斯德军大举侵入的直接威胁。英国人民遭受了他们有史以来最可怕的轮番轰炸。希特勒架设在法国西北海岸的重炮,一直轰击到英国的东南沿海。英国统治阶级的"绥靖政策",最后招致了英国人民的深重灾难和巨大牺牲。要不是苏联在1940年夏季完成了对抗希特勒侵略的"东方"战线的建立工作，牵制了大量法西斯师团的话，则希特勒必然会从德国东部抽调大批军力，在英国实行登陆。英国的将成为当时的第二法国，那也是毫不足怪的。

1941年6月，希特勒终于悍然地在东线发动了对苏联的进攻，第二次世界大战从帝国主义之间的混战转为世界广大爱好和平民主的人民的反法西斯战争，战争的性质整个改变了。英国统治集团在当时真有一旦如释重负的感觉。他们准备从此站在战争圈子以外袖手旁观，让苏联和德国一起在战争中拖垮，然后由他们出来收拾残局，独霸欧洲。但是已经受了一年多战争磨难的英国人民一致反对英国统治集团的这种卑鄙企图，他们要求和苏联建立联盟来共同进行反对法西斯德国的战争。在英国人民和全世界人民的巨大压力下，英国和美国一起，只好声明它们和苏联联合，共同进行对德战争。

但是，英国统治集团此后还是一直暗算着它的"盟国"苏联的。在1942年的《苏英会谈公报》和《美苏会谈公报》中，英国和美国虽然都曾经提出了于1942年内的欧洲大陆开辟第二战场的庄严诺言。但是英国统治集团和美国串通，不实现这个诺言。它们采取了坐观成败的态度，希望苏联在独力承当反法西斯的战争中拖得精疲力竭。直到1944年，眼看苏联红军已经完全可能独力击溃法西斯德军解放整个欧洲大陆的时候，英军才和美军一起，在法国沿海登陆。自然，它们的这一行动，并不是为了加速法西斯德国的崩溃，而是为了扼杀欧洲各国人民的解放运动，瓜分德国，占领西欧，作为日后反对苏联的基地。

在亚洲的情形也正相同。中国人民在八年抗日战争中付出了惨重的代价和作出了巨大的贡献。苏联红军又在其结束了欧洲方面的战争以后不久，对占领中国东北的日军发起了强大的攻势，彻底击溃了日军主力的"关东军"而迅速地结束了亚洲方面的战争。但是英国却接着毫不费力地接收了在战时拱手退让给日本的一切殖民地如香港、马来亚、北婆罗洲和缅甸等，并且凶恶地摧毁了殖民地人民自己组织起来的抗日政权。

战后的英国

在第二次世界大战中，尽管英国一直是采用了牺牲盟友和保存自己实力的政策，但是这次战争所带给它的损失，毕竟还是大大地超过了第一次世界大战。除了直接牺牲于战场有24.47万多人以外，英国国内也受到了相当严重的轰炸。由于战争中的巨大支出，英国的国债从1939年的72.473亿英镑增加到1945年的237.419亿英镑。海外投资损失了很大的一部分。此外，国内生产无法恢复，粮食和原料普遍地感到枯竭,而美国又利用战争的机会大规模地劫夺了英国各殖民地。战后英国的政治经济发生了极度严重的危机。

在困难重重的战后岁月里,英国统治阶级倒行逆施地实行了一系列的反动政策,招致了英国更为严重的灾难。在对内方面,除了实行了旨在保障资本家利益的所谓"国有化政策"以外,并且广泛地削减工资,增加捐税,减少社会福利经费。在对外方面,更一味地仰仗美国主子的鼻息,祈求它的施舍。在美国主子的命令下,实行了反苏、反人民和扩军备战的罪恶政策。几年来,英国统治集团加入了侵略性的"北大西洋公约"集团,跟随着美帝国主义进行了侵朝战争,并且积极地支持了美帝武装西德的政策。它们竟忘记了不久以前"绥靖政策"的可怕后果,准备再一次把英国人民带入战争的灾难中去。

日益贫困的生活

第二次世界大战以后,因为在战争中受了重创,美帝国主义又趁火打劫,特别是因为英国政府奉行扩军备战的反动政策,苛捐杂税大大增加,物价不断上涨,工人的实际工资日益降低,广大劳动人民的生活已经愈来愈贫困了。

直到今天,英国还没有取消战时的食物配给制,而且配给量也是有减无增。但是因为劳动人民生活的赤贫化,即使是已经少得可怜的配给额,还仍然有很多人买不起。就肉类配给额一项来说,每月就经常约有 200 万人放弃购买。仅仅在 1950 年—1952年这一时期内,英国人民对鲜肉和冻肉的消费减少了 16%,动物油的消费减少了35%,干酪的消费减少了 24%,鸡蛋的消费减少了 15%。英国营养问题专家比克内尔曾经著文指出:现在英国的在业工人,和 1930 年经济大恐慌时代的失业工人相比,每天每人所获得的热量单位平均比那时还少了 400 个。英国人每天大约需要 3000 个热量单位,但是根据今天的平均消费标准,每个英国人所获得的热量单位不会超过 2100个。英国广大的劳动人民都在忍受着一种长时间的慢性饥饿。这还是指有职业的人,在英国还有 50 万以上的失业工人,他们的生活自然就更不堪设想了。

在住的方面,英国劳动人民也是十分艰苦的。英国本来是一直闹着房荒,加上第二次世界大战期间很多房屋被炸毁,直到现在还没有修复,因此房荒就愈来愈严重了。现在,英国缺少民房达 600 万所,而且全国已有 1/6 的房屋是 1851 年前建造的残破不堪的旧屋,已经不适宜再居住了。

在所有城市里,工人阶级的住宅区和那些著名的贫民窟的狼狈情况,简直是人们所不能想象的。这些不避风雨的百年老屋,地板破烂,墙壁潮湿,门窗零落,终日散播着腐臭的气味。在英国这样的工业国家,这些住宅区里却还普遍地使用着油灯和蜡烛。有些人由于出不起较高的房租而不得已以地下室作为住宅，过着终年黄昏的生活。

对于文教卫生和其他有关人民福利安全的设施，英国政府自然就更不关心了。第二次世界大战以后，甚至还削减了原来已经不够的教育经费，使大批儿童和青少年失学。不要以为英国是一个"物质文明"的国家，仅仅是英格兰和威尔士两区，成年文盲就不下 20 至 30 万人。半文盲则更达 300 万人之多。

由于水利不修，堤防倾颓，英国人民还得经常在天灾中付出巨大的牺牲。仅仅在 1953 年 2 月的一次风暴和洪灾里，就有 11 万多公顷的土地被淹，3000 多人失踪和将近 5 万人流离失所，无家可归。

今天，英国的广大人民，正生活的贫穷、困苦、天灾、人祸的重重危难中。

英美矛盾的尖锐化

第一次世界大战使英国丧失了资本主义最大强国的地位，而由美国取代了它的原有位置。第二次世界大战则更进一步地削弱了英国，使它低落成为美国的附庸。第二次世界大战以后，英国统治者首先用美国的借款替自己加上镣铐；接着，"马歇尔计划"的绳索又牢牢地缚住了它的脖子。于是美国军队开上了英国本土，把它当做一艘侵略欧洲的不沉的航空母舰。美国商品大量地流入英国殖民地和其他英国的传统市场。原来是供给英国的原料，现在却大量地被美国掠夺而去。在美国的挑拨和霸占下，各殖民地和英国的关系愈来愈疏淡了，而美国实际上已经在很多殖民地中取代了英国的统治。此外，英国又奉命停止了它和苏联及各人民民主国家的正常贸易。在美国的控制下，英国已经面临着山穷水尽的严重危机。

自然，不管英国已经削弱到哪样程度，它毕竟还是一个拥有大量殖民地的帝国主义国家，它是不可能无止境地忍受现在的这种情况的，它总想从美国的锁链下挣脱出来，以便自己有独立的地位。这样，英美之间就不可避免地发生了十分尖锐的矛盾。这种矛盾，非常明显地表现在原料地和市场的争夺上，表现在两国经济政策的不一致上，表现在对于西欧、中东和太平洋等地霸权的争夺上。英国和美国之间的矛盾，已经成为今天资本主义世界中的主要矛盾了。

第四章　英国的政治现状

第一节　英国的政权组织

徒拥虚名的国王

英国是一个资产阶级专政的立宪王国，从形式上说，国王是全国的最高元首。在名义上，英国国王有统率全国武装力量、执掌对外关系、任命首相和部长及其他重要官员、召集和提前解散议会等权力。不过在实际上，今天英国的国事大权，完全掌握在执行政务的内阁首相手中了。

但是英国国王在英国政治上却也并不是完全没有作用的。英国统治阶级之所以一直要把这一具政治偶像放在人民头上，是有着他们深长的意义的。首先，就英国本国来说，有了这样一具偶像，就容易欺骗人民，激发人民狭隘的民族感情和国家观念，培养他们"忠君爱国"的思想，以便于统治者统治。其次，英国国王被利用作为"大英帝国"统一的象征，所有殖民地人民都要拥戴英王为他们的元首，这也就是说，所有殖民地人民都得接受英国统治阶级的统治。

因此，英国国王虽然没有任何实权，但是英国统治阶级却竭力在表面上恭维他、崇敬他，把国王置于一种"神圣不可侵犯的、至高无上的"地位。他们把国王加冕的仪式弄得十分神秘和豪华隆重，竭力设法鼓起人民的"欢腾"情绪。英国的阁员、议员、部长之流，在议会中发言或在其他对内对外的正式文告上，总是口口声声地称自己的政府是"英王陛下的政府"，而从来不说"我国政府"。这种矫揉造作的目的就是更有效地统治本国和所有殖民地的人民。

大权在握的内阁

内阁是英国行政上最高的权力机关。内阁的组织者和领导者是首相，虽然在名义上首相是由国王任命的，但是事实上所有首相都是在每届大选以后，由大选中的多数党领袖出来担任的。所谓国王任命，无非是个形式罢了。

根据 1937 年的《皇室大臣法》，内阁由 17 名包括首相在内的大臣（部长）组成。不过英国政府中的部长多至 30 余人，因此部长中大约只有一半比较重要的（如外交、财政、内政、殖民、国防等）才能加入内阁。在一般情况下，英国内阁总是由一个政党单独组成的，例如第二次世界大战以后的工党内阁和 1951 年以后的保守党内阁等。但在有些时候，也有几个政党联合组成内阁的，称为联合内阁。例如在第二次世界大战期间，英国的内阁就由保守党、工党和自由党联合组成。

英国内阁的权限是非常广大的。内阁中除了政府各部以外，还设立国防委员会、立法委员会、经济政策委员会和生产委员会等，对各有关的政府部门起着决策的作用。现在，英国的国家机关正在日益趋向于法西斯化，职位固定的高级官僚，即对于部内各司的工作起决定影响的所谓行政官阶级，已经都成为垄断资本的工具了。

在表面上，内阁的一切政策都需要提交议会辩论，内阁的提案也必须经过议会通过。如果议会不同意内阁的政策，否决了内阁的重要提案（如预算案之类），或是对内阁提出了不信任案时，内阁就得全体辞职。不过这种规定实在早已只是形式了。在英国，由下议院投票否决而迫使内阁辞职，实际上已经让位于通过执政党内或各党之间的秘密勾结而更换或改组内阁了。

多年以来，英国的内阁虽然经常在更换，每个执政的党派表面上都有它们一套冠冕堂皇的纲领和政策，但是，竭力维持资产阶级在英国本土和广大殖民地的统治权的目的却是完全一致的。因此，内阁虽然经常更换，实际上却是换汤不换药，无非以此作为"民主"的幌子，欺骗一下人民。

标榜"民主"的议会

议会是最高的立法机关。英国的议会由上议院（贵族院）和下议院（众议院）两院组成。上议院由王族、世袭贵族、大主教等组成，议员人数约有 835 名左右。今日英国的上议院，除了领导各级法院和例行手续的通过一些下议院所已经通过的法案以外，已经没有什么实权了。

下议院在形式上有着立法上的无上权力,创立每一个法律都要在这里经过三读通过。但是实际上,下议院主要是听从在大选中获胜的那一个政党所组成的内阁的支配。下议院的全部活动,都取决于各党党魁的幕后操纵,它不过是替党的上级机关的决议安排一个通过的手续罢了。

在下议院举行会议的时候,可以听到会场里那批议员老爷的滔滔雄辩和长篇大论;也可以遇到鼓掌、嘘声、叫嚷、嬉笑、谩骂等趣味场面。英国资产阶级拿这样一套老早就被马克思戳穿了的所谓"议会痴"把戏,来标榜它们的"民主",真是一个天大的笑话。

假使有人醉心于英国下议院开会时的这种混乱的可笑场面,那真是一件愚蠢到顶的事。实际上,下议院的会场活像一座戏台,那些唇枪舌剑的辩论家正是戏台上扮红脸和扮白脸的角色,而满场的嬉笑、谩骂、鼓掌、嘘声,好比是戏台上的喧天锣鼓。因为唯有如此,才能把每一场假戏都演得生动逼真,让观众看得昏头昏脑、莫名其妙。而所有反动的法案经过了这样一番大吵大闹的做作以后,却都一一顺利通过了。议会"民主"原来只不过是一个政治骗局。

下议院的议员人数一共是625人,每5年改选一次。英国资产阶级也经常标榜他们的选举是"民主"的。但是事实上这种选举只限于年满21岁并且在选举登记时居住在选区的人,居留在英国的殖民地人民就没有选举权。至于议员的竞选,那更是资产阶级的专有权利。因为法律规定,凡是提名为候选人的人,都得预先缴出150英镑押金。如果这一候选人在选举中没有获得该选区投票总额的1/8,这笔押金就被全部没收。这就是英国资产阶级阻止劳动人民进入议会的凶恶手段。至于那些反动党派,他们的竞选活动是在国内垄断资本集团甚至于国外垄断资本集团的直接资助下进行的,例如保守党在1950年和1951年的竞选活动中,就得到了美国"洛克菲勒垄断集团"的大量资助。诸如此类,都是英国式"民主"的真实面目。

第二节　英国的政党

共产党——人民的希望

英国共产党成立于1920年,它是英国工人阶级的先锋队,也是全体英国人民的希望。

从它成立的日子起,它就和英国一切反动势力进行坚决的斗争,并且从斗争中逐渐地巩固和壮大了自己的队伍。起初,英国共产党用一切力量加强了争取党的队伍的布尔什维克化。在马克思列宁主义理论的指导下,英国共产党大大地发展和巩固了。在1929年以后几年的经济大危机中,共产党组织和领导英国工人阶级,有力地击破了资产阶级企图使工人担负危机的沉重恶果的阴谋诡计。共产党曾经领导失业工人进行了声势壮大的"饥饿游行"。

在1934年法西斯威胁日益严重的岁月里,英国共产党组织了有15万工人参加的伦敦示威游行,大大地打击了法西斯的气焰。在德、意法西斯武装干涉西班牙共和国的战争中,曾有400多个英国共产党人参加了支援西班牙人民的国际纵队,作出了巨大的贡献。

第二次世界大战以前,英国政府和美、法政府串通,进行了旨在促使法西斯德国进攻苏联的罪恶的"绥靖政策"。英国共产党及时地揭露了政府的这种卑鄙政策,号召人民和苏联建立友好的关系,以抑制法西斯德国的侵略野心。在第二次世界大战期间,英国共产党除了积极号召努力进行反对法西斯的斗争以外,并且有力地揭露了丘吉尔和工党领袖为了企图削弱苏联而延缓开辟第二战场的阴谋。

第二次世界大战以后,共产党于1947年拟订了一个详尽的英国经济发展的三年计划——"大不列颠复兴计划"。在这个计划中提出了消灭英国垄断企业的办法,并且也提出了在国民经济最重要的各部门实行国有化、对工业实行技术改造和提高人民生活福利的办法。此外,在这个计划中,共产党还提出了和苏联及各人民民主国家建立持久的友好关系的建议。英国共产党并且积极地参加了保卫和平的运动,努力揭穿英、美帝国主义者的各种侵略阴谋。它号召反对帝国主义者对希腊的武装干涉,揭露了英国统治者的罪恶的殖民政策,发表了"停止马来亚战争"的正义宣言。在历次英国统治者和美国策划的战争条约、军事集团及企图使德国和日本重新军国主义化的卑鄙勾当中,英国共产党都及时地加以揭露和坚决地反对。在1950年美英共同发动侵略朝鲜的战争时,英国共产党也号召和领导人民,和反动统治者进行了正义的斗争。在1950年的竞选宣言中,共产党提出了争取和平和民主,争取英国民族主权和独立,反对英国屈从于美帝国主义,争取与苏联及各人民民主国家建立友谊等口号,作为自己当前的基本任务。1951年,英国共产党又通过了它的纲领《英国走向社会主义的道路》,指出了:"英国人民的前进的道路就是在一个真正代表人民的议会的基础上建立人民政府。"这个纲领,无异在广大的英国人民面前,竖起了一座光明的引路灯塔。

根据1953年宣布的数字,英国共产党有党员36000人。和英国工人阶级的人数相比,这个数目虽然还很小,但是由于它真正为英国工人阶级和广大人民的利益而奋斗,由于它的不屈不挠的斗争信心,英国共产党在英国人民中的影响已经愈来愈大了。

反动堡垒——保守党

保守党的前身是"托雷党",到19世纪中叶才转化成为现在这个党派。在过去,托雷党是代表大地主和贵族的利益的;到今天,保守党已经成为垄断资本和大地主的政党。正和它的名称一样,保守党是一个保守、反动、腐朽和好战的政党,是英国人民、殖民地人民和全世界广大的爱好和平人民的凶恶敌人。

伟大的十月社会主义革命胜利以后,保守党曾经积极地鼓动和组织武装干涉苏维埃俄罗斯的侵略战争。武装干涉失败以后,保守党又于1927年断绝了英国和苏联的外交关系,并且努力拼凑各种帝国主义侵略集团和培养法西斯德国的军事力量,以利用它们进攻苏联。

第二次世界大战期间,以保守党为首的英国政府,名义上虽然是苏联的"盟国",但是实际上却千方百计地阻挠着第二战场的开辟,企图把苏联拖垮,坐收渔人之利。这个卑鄙无耻的企图。结果为苏联在反法西斯战争中的伟大胜利所彻底破灭。

第二次世界大战以后,保守党在1945年的大选中失败了,它就以在野党的地位,全力支持工党政府的反动政策。并且到处鼓吹,企图挑起一次对苏联和各人民民主国家的侵略战争。保守党的党魁丘吉尔,就是一个疯狂的战争嗜好者。

在1951年的竞选中,保守党利用英国人民对工党政府的不满情绪和美国垄断资本集团的资助,又重新获得了政权。此后,保守党对外进一步追随美帝国主义,积极地进行扩军备战的政策;对内则加强反动统治,竭力设法降低广大人民的生活水平,把英国人民推向战争、饥饿和贫穷的绝境。

随着保守党实行变本加厉的反动政策,英国人民已经愈来愈清楚地认识这个党派的罪恶本质。保守党终将被英国人民所一致唾弃。

工人阶级的叛徒——工党

工党的前身是1900年成立的"劳工代表委员会",1906年才改组成为工党。工党的成立应该是英国工人阶级觉悟程度提高的表现,因为他们明白:除了职工会的组织以外,工人阶级必须建立自己的政党。

但是工党从它成立的日子起,领导权就落在一些机会主义和改良主义者的党官、工会官和合作社官之流的官僚手里。他们否定了阶级斗争,荒谬地承认工人阶级的利益应该建立在和资本家利益"和谐一致"的基础上。这就注定了工党的资产阶级本质和它的纲领的反动性。正如列宁所说:"工党乃是彻头彻尾的资产阶级的党;因为,虽然它也是由工人所组成,但领导它的却是一些反动分子,乃是完全按照资产阶级精神进行活动的最恶劣的运动分子。"(《列宁全集》,俄文第 4 版,第 31 卷,第 232 页。)

第二次世界大战以前,工党曾于 1924 年和 1929 年两度执政,这段时间充分暴露了这个党派的资产阶级的、反动的本质。第二次世界大战前夕,工党首脑不遗余力地支持当时保守党政府培养法西斯德国反苏武装和镇压国内工人运动的政策。第二次世界大战期间,工党领袖参加了以保守党为主的联合内阁,和保守党人共同推行了旨在使苏联精疲力竭的阻挠开辟第二战场的政策。

第二次世界大战以后,为了骗取选票以掌握政权,工党提出了"国有化政策"、社会改良以及和苏联友好等煽惑性纲领。但是他们一登了台,事实立刻证明,"国有化政策"完全是为了维护资本家的利益,而工党头子们所大肆宣传的"民主社会主义"则更是一个可耻的骗局。

工党政府对殖民地人民施行了严厉的镇压,发动了血腥的马来亚殖民战争。在外交上更顺从地追随美国主子,积极推行了反对苏联和各人民民主国家的政策。1950年,工党政府又跟随着美帝国主义进行了侵略朝鲜民主主义人民共和国的战争。今天,工党的党魁不仅是英国资产阶级可靠的代理人,同时也成为美帝国主义侵略的工具了。

其他党派

英国比较大的资产阶级政党除了保守党和工党以外,还有自由党。自由党的前身是"惠格党",这是一个在 19 世纪初叶就已经成立的政党。自由党代表英国工商业资本家的利益,坚持"自由贸易"的主张。

在过去将近 100 年的悠长岁月中,自由党一直和保守党并列,成为英国的第二大党。但是到了帝国主义时代,由于阶级斗争的更形尖锐化,资产阶级聚集在拥有公开反动和侵略纲领的保守党的周围,原来拥护自由党的小资产阶级则都投奔了工党。于是,自由党很快地就衰落下来,而由工党取代了它的位置。到了今天,自由党已经只能作为保守党的应声虫了。

此外,在英国还有合作党,独立工业和其他一些在政治生活中不起什么作用的小党派。英国的法西斯组织在第二次世界大战以后已有了增加,它们和保守党之间发生了密切的关系,同时也得到了工党的支持。

第五章 英国的经济地理

第一节 农业概况

微不足道的农业

世界上没有一个主要的资本主义国家像英国那样把农业置于最不重要的地位。全部英国的农业生产,只能供给国内粮食消费的1/3。包括饲料作物播种地在内,英国的耕地面积只占全国土地面积的23%,农业的人口也只占全国人口总数的20%。

在农业的各个部门中,耕作业又被放在最微不足道的地位。根据第二次世界大战以前英国各区土地利用的调查中,我们可以很清楚地看出它耕作业的微薄性。

英国的土地利用 (%)

利 用 类 别	英格兰	威尔士	苏格兰	北爱尔兰
林　　　地	5.1	5.0	5.6	1.3
粗放牧场(荒地)	11.3	33.8	66.8	15.7
牧　　　场	42.8	41.8	8.3	45.6
耕　　　地	26.5	11.9	15.9	27.9
其　　　他	14.3	7.5	3.4	9.5

　　在耕作业的各部门中,果品和蔬菜的栽培显得特别重要。菜园多数分布在英格兰南部,如肯特、索摩斯脱、德文和瓦什湾周围的各郡。主要的出产是苹果、梅子、梨、李、樱桃及制酒苹果等。苏格兰出产的水果很少,只有在格拉斯哥以东的克莱德河谷内,才有古老的果园。此外,在东岸比较干燥的地带,有醋栗、草莓、覆盆子等小果实的出产。菜园的分布比果园普遍,利用温室培植的早熟蔬菜如黄瓜、番茄、新马铃薯和龙须菜之类种植得最多,伦敦附近,英格兰南部的色塞克斯郡以及英吉利海峡中的海峡群岛等地,都有温室设备的菜园。其他如豌豆、蚕豆、甘蓝、芹菜、胡萝卜等也有相当数量的出产。花卉的栽培在科尔奴尔郡最为发达,以水仙、郁金香和紫罗兰等为多,主要是供给伦敦的需要。

　　谷物在耕作业中只占次要的地位。英国的气候对于很多谷物的生长是不利的,只有燕麦比较能够适应这里的气候,因此种植得最普遍。小麦的种植区主要在泰晤士河和恒比尔河之间,因为这个地带雨量较少,夏季气温最高,阳光也比较充足。别的地方只有零星的小麦田,而7月摄氏15度等温线以北和750毫米等雨量线以西的地区,基本上没有小麦的种植。大麦的种植区大体上和小麦相同,不过由于大麦比小麦更需要干燥的气候,所以,不论是在苏格兰或英格兰,大麦种植区总比小麦种植区更偏于东岸。除了麦类以外,马铃薯和豆类也是英国播种较多的粮食,但产量远比麦类要少。从下面这两个统计表中,可以看出第二次世界大战前后英国各区粮食播种和收获的大概情况。

英国粮食播种面积　　　　　　　　　　　　　　　　　　（单位:千英亩）

年　份	1939	1949	1950	1951	1952
小　麦	1,766	1,963	2,131	2,131	2,030
大　麦	1,013	2,060	1,778	1,908	2,281
燕　麦	2,427	3,252	3,105	2,857	2,882
马铃薯	704	1,308	1,235	1,050	900

　　附注:1英亩折合40.4671公亩或6.07中国市亩

英国粮食收获量　　　　　　　　　　　　　　　　　　（单位:千吨）

年　份	1939	1949	1950	1951	1952
小　麦	1,645	2,204	2,606	2,316	2,307
大　麦	892	2,129	1,711	1,939	2,334
燕　麦	2,003	2,995	2,692	2,616	2,772
马铃薯	5,218	9,035	9,507	8,284	7,848

　　需要说明的是上列表中的谷物,并不是完全作为食粮的。例如大麦几乎全是作为

酿酒原料的,苏格兰名产"威士忌酒"就是大麦酒的一种。另外如燕麦主要是作为饲料,马铃薯也有一半作为饲料,这些都不能直接记在粮食的账上。

技术作物更少,只有亚麻和甜菜稍有种植。亚麻种植于北爱尔兰排水良好的黏土地带,但产量不多,远不够适应当地麻织工业的需要。甜菜的种植地区较广,年产量约在 400 万吨左右。此外,忽布的种植以东南沿海最为普遍,忽布用以使啤酒有苦味,是酿造业中的重要作物。

农业中的三个阶级

耕作业的所以特别萎缩,除了受历史上所谓"圈地运动"的影响以外,主要是现有的土地占有制度不合理。

英国的大部分土地属于大地主。在英格兰和威尔士,2250 个地主占有全部耕地的一半;在苏格兰,600 个地主占有全部土地的 4/5。英国地主阶级拥有土地的广大是惊人的。例如苏格兰的塞受兰公爵,他在塞受兰郡的地产,可以横贯苏格兰两岸,沟通北海和大西洋。勃莱台尔侯爵从他的寓所铺出一条长 100 哩(一哩等于 1. 609 公里)直达海滨的道路,经过的地方都是他本人的。诺福克公爵在色塞克斯郡的地产,周围长达 15 哩。从这个例子中,我们就可以看出英国土地集中的一斑了。地主们把他们的许多土地辟作苑囿和围场,成为他们消遣用的猎场或游乐用的庄园别墅,于是这许多土地就永远荒芜而不能耕种了。

地主们过惯了饱食终日、无所事事的寄生生活,因此多不愿意自己经营农场,而将土地出租他人坐享地租的收入。于是,在英国农业中就又出现了另一个阶级——农业资本家。农业资本家拥有了或多或少的资本,向地主租入比较大片的土地(一般租入 20 公顷到 120 公顷),建立起资本主义的农场,使用农业机器和化学肥料,雇用农业工人耕种。他们支付给地主的地租,毫无疑问地就转嫁在广大的雇农身上。

占英国农村人口最大部分的农业,他们都是身无立锥之地的穷苦人民,由于地主和农业资本家的双重剥削,他们劳苦终年,不得温饱,而失业的魔影又经常地跟随着他们。

英国农村中很少有自耕农。事实上,在大地主的土地占有制和农业资本家的大农场排挤之下,那些仅有少量土地、没有农业机器和缺乏肥料的小自耕农,怎么能够站住脚?他们一天一天陷入高利贷的罗网里,最后被迫出让土地而降为雇农。

大地主的土地占有制度,不但使占英国农村人口绝大多数的雇农阶级,过着贫穷的生活,而且使整个英国的农业陷入瘫痪的境地。

畜牧业

在英国的农业各部门中,畜牧业的重要性远远地超过了耕作业。16 世纪的"圈地运动"以后,养羊业首先大规模发展起来。以后,其他畜类的饲养头数也都普遍增加。在过去,英国的畜牧业主要是供给国内轻工业以原料——羊毛;但是后来就渐渐地转移到供给肉类、乳类和蛋类,而把养羊业推广到它的殖民地上去。

英国的牧场和粗放牧场要占到全国土地面积的一半以上。特别是在英格兰南部,原来很多肥沃的耕田,"圈地运动"以后都变成了牧场。人们把这块牧草青青、绿茵葱茏的原料称为"绿英格兰"。

耕作业中也有很多是专门为畜牧业服务的。除了前面说到的燕麦和马铃薯等供给畜牧业的需要以外,还有在很大面积的耕地上种植的饲草(如三叶草之类)、饲料甜菜和饲料芜菁。包括前述的燕麦和作为饲料用的马铃薯在内,饲料的种植,要占英国全部耕地面积的一半。下表所列的是第二次世界大战以前英国各区饲料种植的情况。

1937 年英国饲料播种情况　　　　(单位:1000 公顷)

饲料名称	英格兰和威尔士	苏格兰	北爱尔兰
饲　草	2,458	237	166
饲料甜菜	82	1	0.4
饲料芜菁	176	132	12

英国畜牧业以饲养牛、畜、羊等为主。牛分乳牛和菜牛两种,数量大致相等,以英格兰和威尔士为主要饲养地。羊的饲养偏重在有天然牧场的地区,以奔宁山地和威尔士山地最多,苏格兰北部也是一个较重要的养羊区。现在英国饲养的是以多生肉少生毛的羊种为主,因此,羊毛的出产已经不很重要,全国的牧羊业大概只能供给国内毛织工业所需的 1/4。猪和家禽的饲养比较普遍。英国的马种在过去也曾著名一时,但现在数量已经显著减少,只有在英格兰和威尔士还有小规模的饲养。

战后畜牧业的变化

经过两次世界大战,英国畜牧业对耕作业的优势已经有了改变。因为在战争时期,粮食输入很困难,英国就不得不设法增加一些耕作业的生产。随着谷物和其他粮食种植面积的扩大,牧场和饲料作物的种植就相对地减少了,因此畜牧业的生产就收缩了一些。这种趋势,在第二次世界大战中特别显著。

第二次世界大战以后,耕作业扩展而畜牧业缩减的变化显得更经常和突出了。

根据官方的资料,战后牧场的面积已比战前减少了34%;而谷物播种地面积,由于开垦牧场和减少饲料作物种植,已比战前增加了50%。小麦、大麦和燕麦等谷物的生产量,1936年—1938年平均每年收获440万吨,战后也已增加到每年收获660万吨。工党政府曾于1948年宣布:凡开垦牧场种植小麦者,每英亩发给奖金3英镑;开垦牧场种植马铃薯者,每英亩发给奖金8英镑。奖金自然不会落到农民手里,因为掌握土地所有权的是地主,经营开垦的则是农业资本家,他们才是注定了应该发这笔横财的。

英国统治阶级为什么要这样做呢? 这说明第二次世界大战以后,英国人民的生活愈来愈贫困了。由于广大劳动人民生活水平的不断降低,人们经常地只能用粗面包和马铃薯果腹,高价的肉类和乳类食品的市场就愈益狭小,英国的统治阶级不得不采取削减畜牧业和增加粮食播种的措施。

重要的渔业

渔业在英国有着很大的经济意义,而且也非常发达。英国的渔船每年能够捕猎各种鱼类达100万公吨,其中以鲱鱼最多,约占全部捕获量的一半,其他如鳖鱼、鲽鱼、鲭鱼和比目鱼等也不少。英国每年能有捕获的1/3的鱼输出国外。在英国,约有25万人是全靠渔业为生的。

从地理上说,英国的确具备了一个非常适宜于发展渔业的自然条件。首先,英国周围有广大的洋面,可以让渔船到处活动。东到整个北海和北冰洋西部,北到冰岛,西到大西洋中部,南到非洲摩洛哥海岸,都有英国渔船的踪迹。最主要的自然是不列颠群岛周围的海洋,因为这一带都是深不及200米的大陆架,不但适宜于鱼类发育生长,而且也便于捕捉;因此,北海、英吉利海峡、比斯开湾、爱尔兰周围、英格兰和冰岛之间的海面等地方,都成了重要的大渔场。这些渔场中鱼类最丰富的是北海的杜格浅滩。因为这里海洋极浅,阳光可以直射海底,适宜于各种菌藻植物和其他浮游生物的繁殖,供给了鱼类以充分的食饵,吸引了鱼类的大量聚集。大概英国每年的鱼类捕获量中,北海占47%,大西洋北部占38%,爱尔兰海和英吉利海峡占10%,其余占5%。

不列颠群岛曲折的海岸线,使英国有众多的海湾可以作为渔船的根据地,这是发展渔业的良好条件。最大的渔港都分布在大不列颠岛的东岸,每年可以捕获鱼类5万吨以上的港口有苏格兰东岸的亚伯丁,英格兰东岸的赫尔、格林斯必、大雅茅斯和罗未斯多夫特等。每年可捕获鱼类5000吨以上的渔港有15处,其中半数在苏格兰。每年捕获量不到5000吨的渔港,全国共有30余处。

第二节　工业和工业区域

旧的工业部门

英国是世界上资本主义发展最早的国家,早在产业革命以后,近代工业的基础就开始建立起来了。和其他一些后起的资本主义国家不同,英国的工业是在一段较长的的时期里先后建立起来的。由于建立的时代不同,设备和技术条件也就不同,因此英国的工业中出现了旧的和新的两个部门。

英国工业的旧的部门多数是在工业革命时代建立起来的,这是英国工业的基本部门,主要包括纺织、采煤、冶金、蒸汽机制造、纺织机制造、火车头制造和船舶制造等工业。因为这些工业的极大部分都是以蒸汽作为动力,所以它们大都分布在能够供给这些工业以蒸汽动力的采煤区附近。

英国的旧的工业部门是有着许多缺点的。首先,整个工业的地区配置显得极不平衡。极大部分的工业都集中在英格兰。在威尔士、苏格兰和北爱尔兰,除了个别城市以外,工业是很落后的。而且即使在英格兰,一个工业区往往也只是盲目地建立起来的各种类型、各种规模的工厂的集合。生产联合的发展,在旧的工业部门中是非常落后的。其次,这些工业是按着蒸汽动力盛行时代的规格建立起来的,设备陈旧,技术水平极低,生产能力自然也就十分低下。

就采煤工业来说,在英国的煤矿中,有许多很小的、分散的矿井,机械化的程度十分落后。小规模的企业,造成了行政费用和销售费用的提高;机械化程度的落后,更使生产能力大大低落。在资本主义世界里,英国采煤工业的生产能力是远远落后于美国和以前的德国的(英国工人平均每人每天采煤 1.1 公吨,德国是 1.5 公吨,美国是 4.5 公吨)。近年来,英国每年约生产 2 亿多吨的煤(1952 年英国产煤2.285 亿吨),除了供给国内工业和其他的需要,也将一部分输出到北欧、西欧、南欧甚至南美等地。

黑色冶金工业每年替英国生产 900 万吨左右的铸铁和 1500 万吨左右的钢(1952年产铸铁 1090.4 万吨,钢 1633.2 万吨),在资本主义世界里,钢的产量次于美国,铸铁的产量次于美国和西德。英国黑色冶金工业的情况也正和采煤工业相似,企业分布的不合理,生产联合的不发展和熔铁炉生产率的微小,使英国的黑色冶金工业在资本主义世界里的地位也日益弱小。

在第一次世界大战以后,英国的资产阶级曾经企图把他们的旧的工业部门特别是煤铁工业加以改良。他们在黑色冶金工业和机器制造工业中采用了一些企业联合的方法,成立了冶金、武器制造和机器制造的企业联合,作了某些生产技术上的改良。在采煤工业中,他们也成立采煤企业的联合,并且封闭了一些使用过旧的矿井。自然,在资本主义制度下,这种头痛医头,脚痛医脚的方法,绝不可能把英国的旧的工业部门作根本改造的。

第二次世界大战以后,英国的煤铁工业陷入更严重的困境。1950年,法国外交部长舒曼在美国的授意之下提出了臭名远扬的"舒曼计划"。把法国、西德、比利时、荷兰、意大利、卢森堡等6个国家的煤钢工业,在美国垄断资本控制下实行"联营",这就是所谓"欧洲煤钢联营"。"欧洲煤钢联营"大大地打击了英国的煤钢工业,降低了它的固有地位,缩小了它的传统市场。

纺织工业在英国旧的工业部门中有着极重要的地位,也是英国最重要的出口生产部门之一。纺织工业中包括棉织业、毛织业、麻织业和丝织业4个部门,其中在英国最早发展的是毛织业,但经济意义最大的却是后来居上的棉织业。麻织业和丝织业在英国都不重要。

就棉织业中的纺锤锭数来说,英国到目前还居于资本主义世界中的第一位。但是英国纺织工业的基础是非常脆弱的,这里面最重要的就是原料缺乏,它主要依靠美国以及埃及、印度等地棉花的进口。毛织业的原料在国内虽然有一些出产,但是极大部分也需要从澳洲、新西兰、南非和阿根廷等地输入。远程输入原料,自然大大提高了英国纺织品的成本。

旧的工业部门中还有船舶制造和各种机器制造的工业,它们本身的缺点也是很多很多的。

新的工业部门

英国工业的新的部门,主要是在这个世纪里发展起来的,特别是在第一次世界大战以后到第二次世界大战爆发这个时期里。新的部门的工业主要包括汽车制造工业、航空工业、电气工业、化学工业和人造丝工业等,由于这些工业部门都有比较高度的技术水平和广泛地实行了生产的综合化,生产能力较高。自然,这些工业都是控制在垄断资本家手里的。

在新的工业部门开始建立的时候,生产品主要是为了满足国内市场的需要。但是后来,有好些部门特别是电气工业和化学工业,在出口贸易上也占了相当重要的地位。不过在整个英国工业和出口贸易中的比重,新的工业部门仍然不及旧的工业部门。

新的工业部门采用了比蒸汽更现代化的动力(主要是电力),因此,它并不需要和

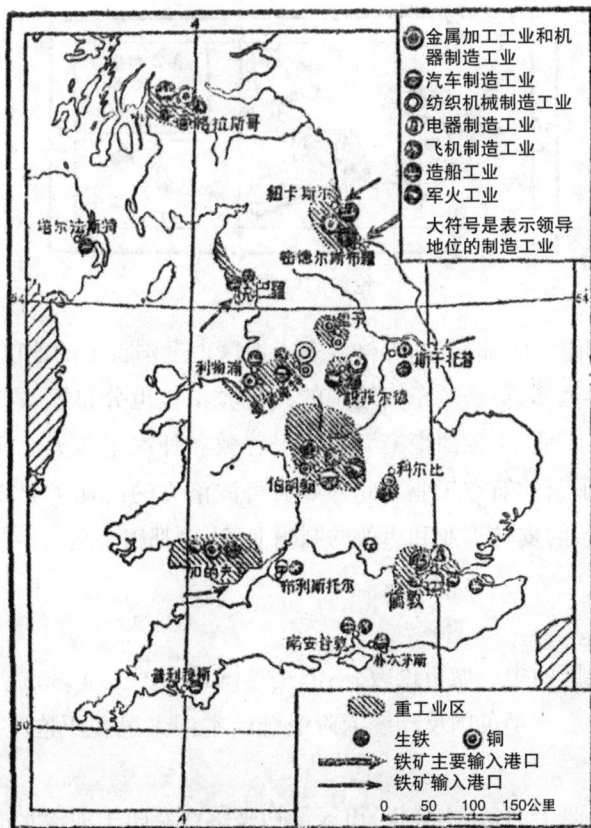

英国的制造工业分布图

采煤工业挤在一道。这些工业,除了有一部分分布在旧的工业区域,主要都集中在英国的东南部特别是伦敦及其近郊。

英格兰东南区

英格兰东南地区是英国历史发展过程中的中心,也是今天的重要工业区之一。

英格兰东南地区的中心无疑是首都伦敦。早在手工业发展时代,伦敦已经聚集了规模不小的各种手工业作坊,形成了一个古代的工业中心。产业革命以后,由于英格兰东南地区找不到蒸汽动力所必需的煤矿(肯特东部的煤矿是后来才发现的,而且规模也不大),因此,英国的工业中心就很快地迁移到煤矿丰富的英格兰北部地区去了。于是伦敦的工业发展就从此停滞下来。直到本世纪的初期,英格兰东南地区的工业还只限于食品、鞋靴和缝纫等轻工业。

第一次世界大战以后,新的工业部门开始大规模地在英格兰东南地区建立起来,庞大的汽车、航空、机器制造、金属加工、电气和化学等工厂在伦敦和它的近郊出现了。

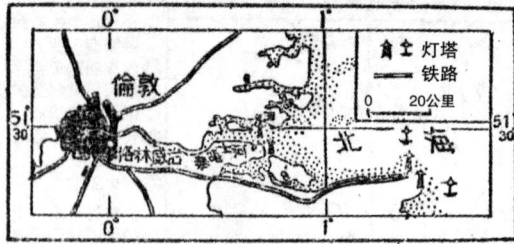

伦敦的位置图

特别是汽车制造和电气工业两项,英格兰东南地区占全国首要的地位。

除了伦敦及其近郊,英格兰东南地区的其他城市里也分布了一些工业:伦敦以西的牛津建立了航空工业,伦敦西南沿海的南安普敦和朴次茅斯等地,除了原有的造船工业以外,也建立了新的航空工业。此外如彼得波洛夫的砖瓦工业,璐威池的农业机器制造业,诺桑普敦的皮鞋工业和卢敦的制帽业等,也都很著名。

伦敦一瞥

英格兰东南地区的中心城市伦敦,不但是英国最大的工业城市之一,还是全国的政治中心和金融中心。是英国反动统治阶级统治本国人民和压迫广大殖民地人民的大本营。

伦敦市距离泰晤士河口64公里,市区最初坐落在泰晤士河深水道的尽头,那里的河面狭窄,可以架桥。伦敦桥早在16世纪中叶就架立了。此后,市区的范围逐渐扩大,人口也就不断地增加。1682年,伦敦全市人口不过67万人,1806年增加到95万人(当时巴黎只有55万人,纽约只有8万人),1861年又增加到280万人,1938年则增加到870万人。不过第二次世界大战以后,由于劳动人民生活困难,失业者向外逃避饥饿,伦敦的人口已经逐渐下降了。根据1951年的估计,全市人口为834.6万人,是世界上人口众多的城市之一。

伦敦市的中心是西蒂。这里集中了英国最大的银行、交易所和各种企业的管理局等,是英国资产阶级管理自己的资本和统治人民的据点。西蒂以西是英国的政治中心,集中了许多政府机关如议会和内阁各部等。这一带同时也是资产阶级的住宅区,耸立着一幢一幢财阀和贵族的金碧辉煌的宅院。西蒂以东是工人住宅区,这里麇集着肮脏、潮湿、拥挤、地狱一般的贫民窟,每一平方公里中竟拥挤着8万居民,和西部的那些豪华宅院恰成一个非常尖锐的对比。

伦敦同时是英国最大的港口。伦敦港由伦敦桥下游延伸达40公里,码头的总长度达54公里。由于泰晤士河不深(退潮时最低2.7米,涨潮时最高8到9米),加上港

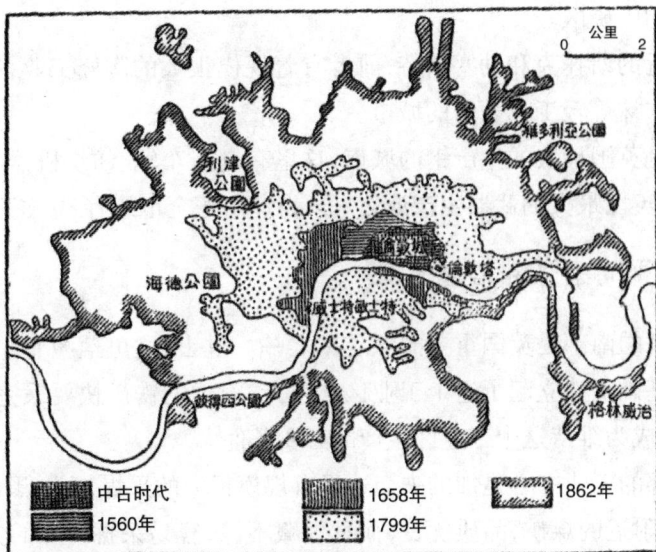

中古时代　　1560年　　1658年　　1799年　　1862年

伦敦市区的变迁图

口的建筑毫无计划,整个港口终日充满了烦嚣和纷乱。

伦敦市的四周还有别的重要的港口和城市。东部的道维尔,是与欧洲大陆距离最近和联系最密切的港口;西南部的朴次茅斯,则是重要的军港。伦敦西部的牛津和北部的剑桥,有在12世纪创设的古老的牛津大学和剑桥大学,是英国高等教育的主要中心。这两所大学都是以保守、落后而著名的学校,讲授的内容充满了守旧的贵族传统和狭隘的民族主义气氛,并且也充满了重商主义、帝国主义和浓厚的侵略色彩。

伯明翰和设菲尔德的五金工业

伯明翰位于英格兰中部平原,距伦敦180公里,距曼彻斯特135公里,距布利斯托尔145公里,位置非常优越。设菲尔德在奔宁山脉的南麓。两者都是英国最大的五金工业城市。早于中古时代,这里一带用木炭炼制铸铁的工业就已经有了相当发展,今天,这里的工业还是以规模宏大的黑色冶金工业为主。

伯明翰按人口说(1950年有118万多人)是英国第二个大城市,这里集中了钢铁、金属加工、机器制造、武器制造和汽车制造等工业。在伯明翰的五金工业部门比较齐全,产品种类很多:从各种最大的机器、车辆直到各种最小的零件如小刀、钉、别针、钓鱼钩、钢笔尖等。伯明翰东南的科文特里,是英国最大的航空工业中心。

伯明翰一向有着"黑乡"的称号,城里到处是煤铁和矿渣,满天乌烟瘴气,绝大部分地方见不到一丝绿色,劳动人民的住宅狭小而简陋,是一个典型的、杂乱的、悲惨的资本主义国家的工矿区。

伯明翰附近的斯托克和勒塞斯特,前者有着规模很大的陶瓷工业,后者则是一个以制造皮革和衣袜等轻工业著名的城市。

设菲尔德是英国最大的生产钢的城市,这里有制造车辆、纺织机器和各种钢制品的工厂,并且是英国最大的武器生产地之一。设菲尔德全市约有 80 多万居民。

威尔士南部的采煤和冶金工业

威尔士半岛的南部是英国重要的煤矿区之一。过去,这里蕴藏着一些铁矿,因此在本地的煤铁基础上建立起了这个工业区。今天,附近的铁矿快要采完了,从国外输入的铁矿石,就成为维持这个工业区生产的必要条件。

威尔士南部的工业中心是加的夫。这里有规模很大的采煤工业、黑色冶金工业和武器制造工业,附近的煤矿,品质优良,而且埋藏不深,容易采掘。加的夫又是一个港口,运输非常方便。过去,这里的煤曾经大量输出到南欧和南美的缺煤国家,加的夫成为英国一个重要的煤港,直到第二次世界大战开始,这里煤的输出才逐渐减少。

加的夫的黑色冶金工业主要是为当地的白铁制造工业服务,因为这里是英国最大的白铁产地。白铁是制造船舶甲板、各种罐头和其他多种用具的原料。

加的夫以西的斯温西(天鹅海)和加的夫以东、布利斯托尔峡东岸的布利斯托尔,也都是这一工业区的重要工业城市(从地区上说,布利斯托尔并不在威尔士)。布利斯托尔建立了相当规模的汽车制造工业和航空工业,都是英国工业的新的部门。布利斯托尔虽然并不属于威尔士,但是它有一条长达 8 公里的水底隧道穿过塞汶河和威尔士相通,所以联系非常方便。斯温西是英国重要的有色金属冶炼中心,特别是对于铜的冶炼。

兰开厦和约克厦的纺织工业

兰开厦在奔宁山脉的西侧,约克厦在奔宁山脉的东侧,这是英国最大的纺织工业区。

早在棉织工业发达以前,兰开厦毛织工业已经有了发展。当时的毛织工业是利用奔宁山地的羊毛和水力来生产的,并且培养出了许多熟练工人。等到印度棉布在英国市场上出现以后,英国资产阶级就纷纷投资于棉织工业,兰开厦就成为发展棉织工业、获取巨额利润的理想的地方。因为这里除了已经有毛织工业的优越基础以外,在自然条件上,也确有很多适宜之处。第一,兰开厦气候很湿润,适宜于细纱的纺织;第二,奔宁山外流的各河流水,多为软水,对棉织品的漂染很相宜;第三,动力基础很雄厚(起

先是奔宁山的水力,后来则又利用了附近的煤田);第四,兰开厦和切厦很近,切厦有
丰富的岩盐矿,对和棉织工业极有关系的漂染工业有莫大的功用;第五,兰开厦接近海
岸,以利物浦为外港,输入原料和输出成品都很方便。于是,兰开厦的工业,特别是棉
织工业,就大大地发展起来了。

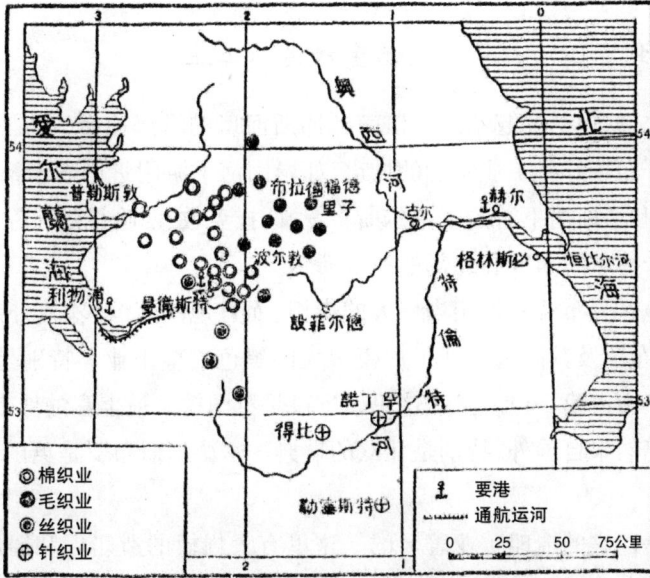

兰开厦和约克厦的纺织工业分布图

兰开厦的中心城市是曼彻斯特,这是英国最大的棉织工业和纺织机器制造业中
心,集中在它和它周围的若干城市中的棉织工业,要占英国全部棉织工业的3/4。曼
彻斯特的北部和东部,如波尔敦、布里、洛契台尔、俄尔汉、阿息敦等城市,连接成一个
弧形,包围了曼彻斯特,这些城市中都有规模不小的纺织、漂染和纺织机器制造等工业。
曼彻斯特以西的惠根和圣赫连等城市,也有一些棉织工业、采矿工业和金属加工工业。

曼彻斯特以西的利物浦,位于爱尔兰海沿岸的墨尔西河口,它不但是个重要的工
业城市,集中了冶钢、造船和纺织等工业,而且是英国除了伦敦以外的最大港口。这里
有纵长达60公里的码头设备,兰开厦和约克厦的工业品特别是纺织品,绝大部分都从
这里出口。利物浦和曼彻斯特相距45公里,中间有5条双轨铁路和一条能通航海洋
船舶的运河紧密地联系着,交通非常便利。

奔宁山脉以东的约克厦是英国很早就获得发展的纺织工业区,现在集中在这个区
域里的毛织业工厂要占英国全部毛织业工厂的80%。这里的原料原来是依靠奔宁山
地的养羊业供给的,但是,今天它的原料绝大部分已经需要进口了。

约克厦的最大工业城市是里子,其次是布拉德福德。这一带除了规模很大的毛织工业以外,也建立了一些纺织机器制造工业和金属加工工业。此外,里子及布拉德福德的西部和南部,也分布着好些较大的工业城市,主要有该格里、哈列法克斯、丢斯布里、亨特斐特等,这些城市的工业都以毛织工业为主。约克厦虽然也有着它自己的港口——恒比尔河下游的赫尔,但是它的大部分产品却是从利物浦输出的。

悌斯河口到泰因河口沿岸的冶金和造船工业

英格兰东北部,包括北起泰因河口南到悌斯河口的沿海地带,也是一个很重要的工业区。这里分布着好些工业发达的城市,如泰因河下游附近的纽卡斯尔(新堡)、南希尔兹、孙得兰和悌斯河下游的密德尔斯布罗、斯托克敦、西哈得尔浦等处。其中最重要的是南部的密德尔斯布罗和北部的纽卡斯尔。

由于这个地区分布着一片相当广大的煤田,而且地濒海滨,输入外来的铁矿也很便利,密德尔斯布罗及其附近发展了规模很大的黑色冶金工业。特别是铸铁的冶炼,在英国铸铁生产中占第一位。虽然这里附近正是英国铁矿最丰富的地带,但是绝大部分的铁矿砂却仍然来自国外,特别是北欧的瑞典。密德尔斯布罗是英国最大的铁矿输入港。

纽卡斯尔是以它的造船工业著名的。这里有大规模的造船厂和船坞设备。虽然英国的造船工业在世界范围内已经大大衰落,但是就它本国来说,纽卡斯尔仍是仅次于格拉斯哥的全国第二个造船工业城市。

苏格兰中央低地区

苏格兰中央低地是英国最偏北的工业区。在英国历史上,这个区域一直是以福尔斯河口的爱丁堡为中心。但是近代工业兴起以后,克莱德河下游的格拉斯哥就一跃而起,成为一个巨大的工业城市,在经济上的重要性已大大地超过了爱丁堡。

苏格兰中央低地是英国北部的重要煤田带。依靠当地的煤和从国外输入的铁矿砂,格拉斯哥建立了黑色冶金工业。在黑色冶金工业的基础上,又发展了规模巨大的造船工业。这里无疑是英国最大的造船工业中心,也是世界范围内最大的造船工业城市之一。造船厂和巨大的船坞沿着克莱德河下游延伸达好几公里。英国的最大的军舰和邮船,都是这里的造船厂的出品。格拉斯哥一地的船舶生产量,大约要占英国全国船舶生产总量的1/3。

除了造船工业以外,在格拉斯哥也发展了相当规模的航空、化学、玻璃和纺织工业。各种工业吸引了数量众多的工人阶级。格拉斯哥按照居民的数字来说(1950年约有108万多人口）是英国仅次于伦敦和伯明翰的第三个大城市。和其他别的城市一样,格拉斯哥的工人住宅区呈现着一幅地狱般的凄惨景象,破陋龌龊的程度甚至于超过了伦敦的贫民窟。

格拉斯哥的工业建立较早,设备陈旧,技术水平也很低。第一次世界大战以后,这里的工业就已经显出衰老低落的现象了。现在,这一地区的工业有逐渐向克莱德河河口移动的趋向,克莱德河北岸的邓巴敦和南岸的格林诺克,都已逐渐兴起,建立了一些工业。

爱丁堡是苏格兰中央低地区的第二个大城市。这是古代苏格兰的首都,是苏格兰的民族中心。在这里,文化上的意义大大地超过了工业上的意义。爱丁堡有着古老的大学和著名的博物馆,是一个历史悠久的文化艺术城市。这里分布着一些钢铁、造纸、印刷、罐头等工业,以印刷业最为著名。爱丁堡以北的利斯,距离爱丁堡2公里,是它的外港。

除了上述工业区以外,德文半岛南岸泰玛河口的普利穆斯,也有一些造船工业;肯布利亚山地南缘沿海的巴罗,是一个黑色金属冶炼和造船工业区;北爱尔兰最大的城市培尔法斯特,则有造船工业和英国最大的麻织工业。

第三节　运输业和对外贸易

海上霸权的盛衰

英国是一个海岛国家,而且又是一个殖民帝国,海上运输对它的重要性是不言而喻的。没有粮食、棉花、羊毛、橡胶、铁矿等等原料输入,所有工厂的机器都要停止转动;同样地,没有工业品和煤斤的输出,也就无法挽回必需的粮食和工业原料。自然,为了统治广大的海外殖民地,更必须建立起一支强有力的舰队。建立海上霸权无疑是英帝国主义立国的重要基础。

在19世纪,英国的商船和舰队在世界船舶总吨位中占着压倒的优势。例如在1885年,英国的商船吨位就要占当时世界商船总吨位的一半。第一次世界大战以后,英国的海上霸权开始动摇了,虽然就总的吨位来说,仍能勉强占第一位,但是在世界商船总吨位中的比数却已经大大缩小了。到了第二次世界大战前夕,英国计有商船队1800万吨,已经退居到只占当时世界商船总吨位数的20%。

在第二次世界大战时期中,英国的商船队和舰队,遭到了法西斯德国的海空攻击,损伤极大。早于1940年大战的初期,英国就因缺乏船舰而迫不得已将它在美国东岸的一些岛屿向美国交换了 50 艘超龄的破旧军舰。大战以后,美国的商船队和舰队都已远远地超过了英国,取代了英国海上霸权的地位。

不过直到目前为止,海上运输对英国仍然有着头等重要的意义。英国的商船队不但从事本国的客货运,同时也为其他国家的客货运输。在战后时期,虽然由于美国商船队的倾轧排挤,由于英国自己的船舶破旧和缺乏,使它的经营范围日益缩小,但是商船队承运外国客货,毕竟还是英国一项不算很小的收入。

和海上运输有重大关系的是沿海的港口。伦敦、利物浦、加的夫、南安普敦、格拉斯哥、赫尔、密德尔斯布罗等,都是船只往来频繁、商业鼎盛的港口。其中伦敦是英国最大的输入港,利物浦则是最大的输出港。伦敦外围有很多小港口,和欧洲大陆有着频繁的来往,例如道维尔与法国的加来及比利时的奥斯坦德之间,福克斯东与法国的布伦之间,纽海文与法国的第厄普之间,哈威池与荷兰及丹麦之间等等。

此外,英国沿海也分布了好些军港,其中最重要的是英吉利海峡中部沿岸的朴次茅斯,其次是德文半岛南岸的普利穆斯。

铁路和内河航运

英国是世界上最早建造铁路的国家之一,早在 18 世纪,各地已有铁轨的铺设,用以运送货物,不过当时铁路上的车辆是用畜力牵引的。1804 年,威尔士的煤矿中开始

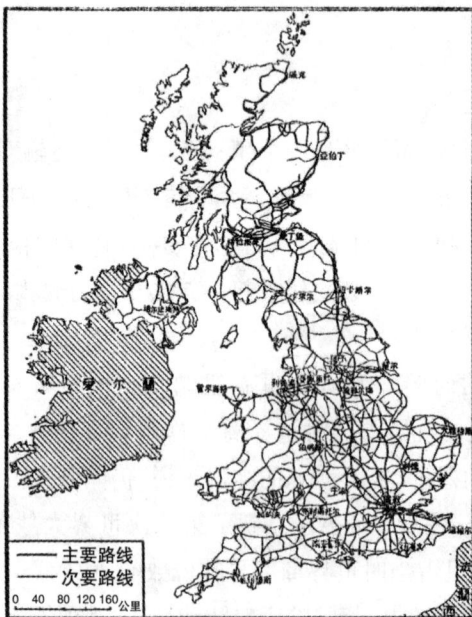

英国的铁路线图

将蒸汽机应用于铁道运输,这是英国最早使用的机动车。1824 年,曼彻斯特和利物浦之间全长 45 公里的铁路建筑完成,正式通车,这可以说是世界上最早正式通车的铁路。

就目前说,英国计有铁路 32800 公里,密度仅次于比利时,居世界各国的第二位。至于长度,在欧洲范围内,则次于苏联、德国和法国,居第四位。英国国内的货运,极大部分是由铁路承担的。

英国的铁路网,大概可区分成下列四部分。

(一)伦敦·密特兰·苏格兰铁路——从伦敦向北通过以伯明翰为主的英格兰中部工业区,再向北通过以曼彻斯特为主的兰开厦工业区,然后进入苏格兰中央低地,最后到达苏格兰北部边缘。

(二)伦敦·东北部铁路——自伦敦沿东部向北,到达以密德尔斯布罗和纽卡斯尔为主的英格兰东北部工业区。

(三)西部铁路——从伦敦向西,到达威尔士的北部、南部和英格兰的西南部。

(四)南部铁路——从伦敦到达英格兰南部各港口,如道维尔、南安普敦和普利穆斯等处。

英国国内货运的第二种重要方式是沿海的航运。内河航运在英国运输业上的意义远远不及铁路,只占运输上的第三位,运输量一般只占铁路的 1/25。

英国的天然河流大多短促,航程较长的仅有泰晤士河一条,其余的都只有在河口一段才能航行。从 1770 年—1792 年之间,曾经开凿了一系列的运河,内河航运在当时的运输业上曾起了很大的作用。

英国南部的运河图

英国的主要运河约有下列几条：

（一）大干运河——联络墨尔西河和特林特河（恒比尔河的支流之一），沟通北海和爱尔兰海。

（二）里子·利物浦运河——横过奔宁山脉，联系墨尔西河和恒比尔河。

（三）伯明翰运河——联络特林特河和塞汶河。

（四）曼彻斯特入海运河——联络曼彻斯特和利物浦，更向北横越奔宁山脉沟通爱里河（恒比尔河支流之一）。

（五）大联运河——联络伦敦和勒塞斯特。

（六）牛津·吉斯脱尔运河——联络泰晤士河和墨尔西河。

（七）肯内脱·阿翁运河——联络肯内脱河（泰晤士河支流）和阿翁河（塞汶河支流）。

（八）威尔士浦尔运河——联络塞汶河和墨尔西河。

（九）喀利多尼亚运河——沟通摩累湾和罗尼湾。

（十）克莱德·福尔斯运河——沟通克莱德湾和福尔斯湾。

（十一）乌拉斯脱尔运河——在北爱尔兰，联络尼亚湖和埃纳河。

诸如上述，虽然在数量上说，特别是在英格兰平原上，运河确实不少，但是所有这些运河都是设备陈旧和运输量微薄的，其中有许多已经废弃不用。只有曼彻斯特入海运河具有良好价值，使深处内陆的曼彻斯特可以直接和海洋交通。

第一次世界大战以后，英国也开始发展了规模较大的公路交通。广大的公路网建筑起来了，汽车也有了很大的增加。1938 年，英国有汽车 254.3 万辆，在当时次于美国而居世界第二位。第二次世界大战以后，英国的汽车急剧地减少了，1945 年，英国只有汽车 120 万辆。到 1948 年才又增加到 171.9 万辆，居于资本主义世界中的第三位（次于美国和法国）。但是由于载重量的限制，汽车在运输上只有辅助的意义。

对外贸易

英国为了获得粮食和工业原料，为了输出工业生产品，使资本家得到最大限度的利润，长久以来，除了从战争中直接掠夺和对广大殖民地进行其他方式的榨取以外，就是开展对外贸易。

英国每年要从国外输入大批粮食（如各种谷物）、食油、肉类、蛋类、糖、茶叶、咖啡、水果和蔬菜等等，同时也输入大批的工业原料如棉花、羊毛、橡胶、木材、石油和各种矿砂。自然，英国本身就必然要向外输出大量的工业品如纺织品、五金器材、各种机器、军火、化学品和煤等。英国每年输出的生产品总值大致要占全国生产品总值的

40% 以上。其中棉织业制成品的输出百分比竟高达该业的 60%—70%。此外,英国也将其来自广大殖民地的一部分工业原料转行输出国外,从中取利。

英国对外贸易的对象,根据 1951 年的材料,出口贸易中的 48% 左右和进口贸易中的 35% 左右是英镑区国家(主要是澳大利亚、南非联邦、印度和新西兰等),其次是"马歇尔化"的国家(主要是西欧各国)和美元区的国家(主要是美国和美洲的其他国家)。由于反动统治阶级奉行了美国的"禁运"政策,英国和苏联及欧洲人民民主国家之间的贸易,在 1952 年以前还不到它全部进口贸易的 3% 和出口贸易的 2%,对我国的贸易自然更微不足道了。这种反动的措施,替英国的经济招致了严重的困难。

资本输出

英国对外贸易的主要特点就是每年输入大大超过输出。我们把二次大战以后几年中英国对外贸易的基本数字列举出来,就可以清楚地看出这种情况。

英国战后历年对外贸易数字　　　　　　(单位:百万英镑)

年　份	1947	1948	1949	1950	1951	1952
输　入	1,794	2,078	2,274	2,608	3,904	3,481
输　出	1,138	1,582	1,786	2,256	2,707	2,692
逆　差	656	496	488	352	1,197	789

输入的多而输出的少,英国用什么钱来支付这笔可观的逆差呢? 这中间,除了不到 1/3 的亏累是用英国船舶运输外国客货这一项收入来弥补以外,其余逆差,极大部分是靠着英国在海外投资所得的利润来抵偿的。这也就是说,英国资本家,靠着他们对落后国家特别是殖民地国家的掠夺和剥削,来弥补对外贸易中的入超,供给他们挥霍。虽然多年以来,这一直是英国弥补它对外贸易中的赤字的主要手段,但是这种建立在掠夺基础上的赚钱方法,不仅它的本身充满了血腥和罪恶,而且也是极不巩固的。

在过去很长的时期里,英国资本输出的数字是非常可观的。到第二次世界大战前夕,英国在海外投资的总额约有 35 亿余英镑。其中有 58% 是投资在不列颠帝国的内部,最多的是澳大利亚、南非联邦、加拿大和印度。在不列颠帝国范围以外,英国的投资主要是在拉丁美洲各国,特别是阿根廷和巴西;在亚洲,英国也有大量的资本投放在伊朗和西亚各国。解放以前的中国,也曾经是英国投资的对象。

依靠了巨大数字的资本输出,英国不但掌握了不列颠帝国范围以内的全部原料,而且也掌握了其他很多殖民地国家和半殖民地国家的原料。这样,除了使它获得了丰富的原料和广阔的市场以外,同时也就在殖民剥削中补偿了它对外贸易中的巨大逆差。这就是英国资产阶级的生财之道。不过第二次世界大战以后,由于美国的倾轧、排挤和其他种种原因,英国的这条生财之道上已经布满重重障碍了。

第四节　日益严重的经济危机

战争的创伤

早在第一次世界大战以前,英国的资本主义已经发展到了顶点,就从那时起,英国在经济上的繁荣时代过去了,接着而来的是英国资本主义的衰亡和没落。这种趋势是世界上任何资本主义国家都无法避免的。

第一次世界大战以后接着又是1929年的经济大危机,英国从那时起实在就没有恢复过它的元气。紧紧跟来的第二次世界大战,终于把这个当时业已外强中干的老大帝国弄得遍体鳞伤。

第二次世界大战中,虽然英国所受到的直接的战争破坏要比欧洲大陆上的国家都轻微得多。但在战争时期,由于生产的遭受破坏,对外贸易的大为减少,加上十分浩大的军费支出,这个破落帝国承受了空前沉重的负担,造成了经济上的严重困难。

早于大战初期,英国国内所有美国有价证券和加拿大有价证券,大部分已由英国政府出卖给美国。大战过程中,英国又被迫出卖它在印度和其他很多地方的企业。直到大战结束以后的1947年初,英国在穷困的煎熬下不得已又把它在阿根廷经营的铁路以1.5亿英镑的代价出让给阿根廷政府。根据英国官方的统计,从1939年9月到1945年6月这一段时期里,英国的损失约如下表:

英国战时损失

损　失　项　目	金额(百万英镑)
黄金准备及外汇等	152
空袭损失	1,450
无法再用的固定资本	885
船舶及货物损失	700
总　　计	3,187

除上表所列,战争期中英国又被迫出让它海外投资总额的1/4,价值在35亿美元

以上。英国在战争时期的全部损失加上存货的减少在内,估计约有 73 亿英镑,折合 194 亿美元,约当英国全国财富的 1/4。

由于在大战期中大量输入没有相当的输出来支付,除了出卖它的大批海外投资以外,英国耗尽了它国内的库存,又在不列颠帝国内部以及其他的一些殖民地和半殖民地国家中欠下了巨额的债务。使英国从大战以前的债权国一变而为一个负债累累的债务国家了。下面是第二次世界大战期中英国对外负债的一张大概的清单。

第二次世界大战期中的英国债务　　　　　　　　　　(单位:百万英镑)

债　权　国	金　额
印度	1,138
埃及	402
澳洲联邦	118
巴勒斯坦	116
不列颠其他殖民地	672
爱尔兰	178
阿根廷和巴西等	600

美国"朋友"的"援助"

1945 年年底,英美两国订立了 37.5 亿美元借款的协定;接着,英国又于 1947 年接受了"马歇尔计划"的"援助"。从表面上看,英国得了美国"朋友"的"援助",似乎可以克服它经济上的困难。但是实际上,所有这些"援助"都是在英国承认了奴役性的义务以后才订立的。事实证明,这些饮鸩止渴的办法,只会愈来愈深地把英国陷入经济危机的泥淖。

用了美国的钱,自然得听美国的话。从美国的"援助"到来之日起,美国的绳索就紧紧地套住了英国的脖子了。英国政府首先顺从地奉行了美国的扩军备战政策,把大批金钱投入这个永远填不满的深沟里。英国加入了"北大西洋公约",进行了举世共愤、惨无人道的马来亚殖民战争,并且和美国一起发动了侵略朝鲜的战争。把 1/3 以上的预算和大批人力用在军事目标上,使战后民用事业和对外贸易更加萎缩。

其次,由于借了美国的钱,英国就只得取消了帝国内部的关税特惠制,把帝国的市场向美国开放。于是,美国商品就源源不断地流入英帝国内部和它所有其他的传统市场里,排挤英国商品在这些地方的固有地位。以 1952 年为例,美国对拉丁美洲的输出总值比英国大至9倍,对西欧各国的输出比英国多53%。美国商品进入英帝国市场的总数计达39亿多美元,超过了英国(英国仅有35亿多美元)。除此以外,在美国扶植下的西德和日本也急起直追,向英国的传统市场进行大量的商品倾销,使英国很难招架。目前,西德对西欧各国的输出额已经超过了英国,而拉丁美洲、中东和近东等市场上,西德商品也已成为英国的劲敌。在远东,日本商品很快地夺取了英国的市场。1952年一年中,日本对马来西亚的棉织品输出已为英国的两倍,对巴基斯坦的棉织品输出则超过了英国的4倍。

最后,英国还得听命于美国主子,实行对苏联和各人民民主国家的"禁运"政策。这又使英国丧失了一个很重要的贸易对象。美国主子不允许英国把所谓"战略物资"输出到东欧去,英国自然也就无法得到来自东欧的粮食、木材和其他各种工业原料。"禁运"的范围是极广的,利物浦一家皮球制造厂向东欧输出皮球竟也遭到禁止。另外还有很多诸如此类的物品,也都是荒唐地被宣布为"战略物资"而"禁运"。"禁运"政策自然损害不了苏联和各人民民主国家,但对英国的经济却起了极大的恶劣影响。

工党的"国有化政策"

英国的统治阶级是不是有办法把它从严重的经济危机中解放出来呢?

不论是工党或保守党,他们都有着一套自吹自擂的"锦囊妙计"。上台以前,谁都曾宣布过许多使英国"繁荣富强"的动人词句。但是实际上的情形怎样呢?让我们看看他们解救经济危机的办法吧。

工党政府是第二次世界大战以后的第一个政府,他们所奉行的解救英国经济危机的办法,除了一切听从美国的指挥,向美国主子摇尾乞怜以求施舍以外,便是那臭名昭彰的"国有化政策"。

早在第二次世界大战结束时期,工党首脑们为了欺骗选民,获取政权,提出了所谓"民主社会主义"的炫人纲领。据说他们有这样一套方法,可以使英国不要流血而到达"社会主义"。工党上台以后,一方面动手把运输业、燃料和动力工业、英格兰银行、海底电报和无线电报、民用航空、冶钢等基本工业和普通的公用事业陆续收归"国有"。一方面就大言不惭地宣称,这就是他们的"社会主义"。

让我们看一看工党的"国有化政策"的真实面目。

首先,被工党政府拣中了实行"国有化"的这些企业部门,特别是煤矿和铁路等,都是些设备陈旧、生产能力低落、资本家老早已经很少油水可得的企业部门。国家付出了大额的赔偿费和股息去接收这些企业部门,使资本家可以放下他们的沉重包袱,并以获得的赔偿费和股息去经营其他有利的企业,这自然正中资本家下怀。

以"国有化"的采煤业为例，国家每年支付给旧的股东们的股息，总在1500万英镑左右。这个数字，比战前采煤业最赚钱的年份还要高，比该业1927年—1938年10年中的平均利润高出两倍，比1931年—1932年的平均利润高出6倍。事实非常明显，当政府将赔偿额公布以后，所有煤矿公司的股票立刻涨价。的确，这样的"国有化政策"，怎会不受资本家的欢迎呢？

其次，因为收归"国有"的企业部门，都是些基本工业和普通公用事业，国家对这些企业的控制，便可能使煤炭、钢、瓦斯、电力和运输业等价格，保持着非常低的水平，而这些东西却都是为了资本家所进行的其他企业部门服务的。这样就保证了资本家所从事的其他企业部门能有低廉的成本，能获得更高的利润。英国资产阶级刊物《经济学家》周刊曾经坦率地说："要不国有化，事情就更糟糕。煤会少起来，会贵起来，铁路运费也会涨价。"这不是英国资本家欢迎"国有化"的一个很好的招供吗？

最后，还得研究一下，"国有化"的企业是不是真的和资本家一刀两断，没有了关系呢？事实不是如此，各级"国有化"企业的经营和管理，实际上都牢牢地把持在那些从资本家企业的经理队伍中选拔出来的人物的手里。掌握英格兰银行的卡托爵士，即是许多"国有化"企业中留任下来的资本家的心腹之一。因此，英国"国有化"的结果，除了让资本家可以更不费力地获得比利润更多的股息以外，又可间接地仍然掌握他们的企业。吃亏的自然是英国的广大人民，而首先蒙难的则是这些"国有化"企业部门中的职工大众。因为这些企业原有许多缺点，加上大额的赔偿费和股息的支出，政府要把这堆烂摊子支持下去，要不是增加劳动强度就得削减工资。这就是工党政府的"民主社会主义"。

因此，工党政府所实行的"国有化"，是一点社会主义的气息都闻不着的。只是说明了最有势力的垄断资本家，怎样利用"国家所有制"的虚伪幌子来达到自己的目的。这并不是社会主义，而是国家垄断资本主义，是资本主义没落过程中必然会出现的一种垂死挣扎的办法。

列宁老早就指出了："在资本主义社会中，国家的独占仅仅是某些工业中行将破产的百万富翁们提高并巩固其收益的方法。"（《列宁全集》，第22卷，第205页。）英国的"国有化政策"，正如列宁所说的一样，除了替这些企业的资本家及其他和这些企业有关的资本家获得更高的利润以外，就是更加增加了经济危机的严重性。

保守党用什么方法解救英国经济的危机呢？

保守党的"超级节约计划"

必须明了，保守党是一个代表垄断资本利益的更为反动的政党。它不像工党那样用一些"进步"的伪装来粉饰门面。因此，甚至像上述的那种为一部分资本家所竭力支持的"国有化政策"，也是保守党所反对的。

1951 年保守党上台以后，除了变本加厉地继承了工党政府追随美帝国主义的扩军备战政策以外，接着就三番两次地宣布它的"超级节约计划"。企图从加紧对全国人民的压榨中，解放英国的经济危机。首先，保守党采用了削减食物和日常必需品进口的措施。于是从 1951 年 11 月起到 1952 年 4 月之间，国内市场上就有 66 种食物和 24 种日用必需品涨了价，使劳动人民的收入受到了无形的打击。其次，以前工党政府的一些作为粉饰门面的社会福利事业和教育事业，保守党也毫不客气把它们列入"节约"之例，地方教育经费削减了 5%，国家保健制度也徒然剩下一个空名。但是各种名目的苛捐杂税却大大地增加了。

十分显然，保守党的"超级节约计划"的矛头是针对着英国最广大的贫苦阶层的。它的目的自然是为了巩固不列颠帝国和进行更疯狂的扩军备战政策。因此，不管是这种"节约"有着多少动人听闻的辞藻，人们可以毫不困难地看出，这是英国垄断资本家企图以新的战争来解救经济危机的一种阴谋。自然，这种荒谬透顶的"超级节约"，不但丝毫不能解救英国的经济危机，而且将会相反地把英国拖入更危险的境地。

国民经济军事化的恶果

不论是保守党或是工党，它们都企图用国民经济军事化的办法来缓和英国面临的经济危机。它们实行了长期的扩军备战的计划；用军事订货来刺激国内工业，维持工厂的开工；狂热地进行了原子武器的叫嚣、制造和贮藏的竞赛（英国曾于 1952 年在澳大利亚蒙特贝罗岛试验第一颗自制的原子弹，1953 年又在澳大利亚武麦拉西北部的试验场上爆炸原子武器）；并且进行了惨无人道的殖民战争和发动了新的侵略战争。它们指望用这样的方法来维持就业，制造"繁荣"。虽然从表面现象看来，国民经济军事化的方法，在某些程度上暂时地延缓了英国的经济灾难，可是它却给英国资本主义本身不可克服的矛盾带来了更严重的恶果，使英国愈益临近更为深刻和破坏力更大的经济危机。

为了实行国民经济军事化，英国的军费支出开始飞速地增加了。在第二次世界大战前，1937—1938 会计年度中，英国的军费支出不过 2.63 亿英镑，今天，军费支出的数字已比那时增加了 6 倍以上。从下表中，我们可以看出英国战后军费支出逐渐增加的情况。

英国的军费支出　　　　　　　　（单位:百万英镑）

年　　度	1949—1950	1950—1951	1951—1952	1952—1953	1953—1954
直接军费	800	1,136	1,131.5	1,513.5	1,636.7
占预算	19%	21%	26%	34%	38.4%

附注:英国的会计年度是从当年4月1日起至次年3月31日止

　　为了维持如此庞大的军费支出,英国政府大大地增加了各种捐税,特别是间接税的征收。间接税基本上是由工人和其他贫苦居民所纳的,因此,国民经济军事化的结果首先是向广大人民的生活水平进攻,替他们带来了更严重的贫穷和困苦。即使是英国官方的数字,我们也可以看出英国战后间接税飞速增加的情况了。

英国间接税收入　　　　　　　　（单位:百万英镑）

年　　份	1938	1946	1947	1948	1949	1950
金　　额	578	1,459	1,655	1,919	1,852	1,904

　　单靠捐税的增加,事实上仍然无法减轻由于国民经济军事化而造成的经济困难。于是,英国的国债空前地增加了,目前,英国的国债已经超过了260亿英镑。为了补偿这些过度的军事债款,英国政府就采用了加紧发行纸币和使通货贬值的办法。自然,因此而遭殃的仍然是广大的收入菲薄的劳动人民,英镑的购买力,现在已经抵不到战前水平的一半了。战后英国人民的日益穷困的可怜境况,主要就是罪恶的国民经济军事化的政策所带来的。

　　国民经济军事化是不是意味着"生产发展"和"充分就业"呢? 必须懂得,军事订货对英国经济的意义,正如替一个病人打上一支吗啡针一样,它虽然造成了一个虚假的和暂时的经济安定,但实际上却只能使英国的经济危机更加病入膏肓。由于军事工业的扩充,它的灾难首先是落在民用轻工业上面,战后时期,英国的纺织工业大大地衰落了。在1937年时,英国有3920万纱锭,生产了棉织品36亿码;但是在1948年,英国已只有2510万纱锭,生产的棉织品也减少到只有19亿码。而且这种灾难,也已经开始泛滥到非军事性的重工业部门中去,英国的各种金属、车床、电气设备等工业的订货,都有了逐渐减少的趋势。"山雨欲来风满楼"! 一个更巨大更可怕的经济危机,已经孕育成熟了。

　　从农业方面看,国民经济军事化也已经产生了非常恶劣的影响。虽然在第二次世界大战期间以及战后初期,由于客观需要的逼迫,英国的农业特别是耕作业曾经有过一些发展,但是由于受国民经济军事化的影响而造成的人民生活的赤贫化,使农业品的市场大为缩小,特别是高贵的农业品;同时,也由于在军事工业中投资容易赚钱而影响到对农业投资的缩减。因此,假使把 1950 年—1951 年作为英国农业好转的顶点的话,从此以后农业生产走向下坡的趋势,也已非常明显了。数字表明:1950 年—1951 年的英国农业生产高出了战前极低水平的 43%,但 1951 年—1952 年却只增加了 0.7%。在农业投资方面,1951 年的投资总额为 9200 万英镑,但 1952 年就降低到 8500 万英镑,减少了 8%。英国农业发展中的"好景不长"的情况,进一步说明国民经济军事化在英国经济中的恶劣影响已经逐渐扩大和加深了。

国民经济军事化的最后目的自然是发动新的侵略战争。虽然对于战争的狂热,在英国统治集团和美国统治集团之间,还有着一些差别,但是它们都企图最后用发动侵略战争来缓和它们的经济危机。在 1954 年 10 月和 11 月,英国的好战军人蒙哥马利元帅,曾经声嘶力竭地叫嚣着进攻苏联和人民民主国家,扬言要使用原子武器,并且要求美国司令部告诉苏联:"我们要给他们苦头吃。"这就是今天英国统治集团企图发动新侵略战争的新的招供。但是,新的侵略战争会替英国带来些什么呢? 正和苏联元帅华西列夫斯基对战争贩子蒙哥马利的警告中说的那样:"原子弹和氢弹是大规模消灭和平居民的武器,是毁灭城市的武器,而且是对土地狭小而人口众多的国家特别危险的武器。强迫人类接受原子战争意味着犯罪。"要是英国统治集团决心孤注一掷地发动新的侵略战争的话,他们必然要落得个"玩火自焚"的下场。

英国的出路

"国有化政策"和"超级节约计划"都不能解救英国的经济危机。罪恶的国民经济军事化的政策,更只能将英国推向绝路。那么,什么是英国的出路呢?

英国共产党总书记波立特同志在 1952 年英国共产党第 22 次全国代表大会上的政治报告中,提出了一个以下述措施为基础的新政策,这才是目前英国真正的出路。

(一)取消对社会福利经费的一切削减,恢复被削减了的食物津贴;增加工资以适应生活费用的高涨,增加失业津贴、老年人津贴和战争残废津贴。

(二)发展东方与西方间的贸易。

(三)裁减军备。

(四)缔结五大国和平公约。

(五)英国军队撤出朝鲜、马来亚和埃及。

(六)摆脱美国对英国的统治

当然,这个新政策并不是英国政治经济制度的整体改造,它只不过是在目前情况下的最低限度的要求。在资本主义制度下,绝不可能有一个能够完全解救其经济危机的办法。正如英国共产党纲领中所说："只有社会主义才能够最后解决英国的问题，并且保证它的人民获得美好的生活、持久的和平与不断提高的生活水准。"

发展东西方贸易

新政策的第二项是"发展东方与西方间的贸易"。就现阶段来说，这项措施的实现，对解救英国的经济危机有着特别重要的意义。东欧国家本来都是英国对外贸易的重要对象，但是第二次世界大战以后，由于英国政府奉行了美帝的"禁运"政策，使英国和东欧国家的正常贸易濒于断绝，而西方的固有市场又大部分被美帝攫夺而去，这样就大大地增加了英国经济上的困难。

只要稍加回忆，就可以知道展开东西方贸易对英国经济有些什么帮助。1929 年的资本主义经济大危机中，苏联的巨大购买力曾是稳定好些资本主义国家市场的重要力量。1931 年，苏联购买的机器占当时世界机器输出总额的 1/3，1932 年则更增加到 1/2。在 1930 年初，英国出口的车床有 80% 是卖给苏联的。由于苏联的巨大购买力，当时英国的许多工业部门才能幸免于破产。

现在，情况正复相同，苏联的购买力已经日益扩大了，而欧洲各人民民主国家正在进行大规模的经济建设，更可以大量输入英国的各种机器。同时，英国也可以按公平合理的价格向苏联和欧洲各人民民主国家购买它所需要的粮食、木材和其他工业原料，这样自然能够大大地减轻它的经济困难。

同样的理由，英国和新中国之间正常贸易的展开，也将会替英国带来很多的好处。中国是一个拥有巨量物资的国家，大豆、蛋品、猪鬃、桐油、茶叶、烟叶和各种矿砂、丝绸等等，一向都是英国十分需要进口的东西。而英国厂商所急需推销的商品，如机车、电气设备、轮船、机器产品和五金钢材等，中国也可以大量地购买。因此，中英之间贸易关系的恢复和扩大，确也能解决英国经济上很多困难的问题。

在第二次世界大战几年来活生生的事实的教训下，在萧条和苦难的煎熬下，英国的广大人民包括一部分资产阶级在内，已经认识到听从美国命令实施对苏联和各人民民主国家的"禁运"，会在英国经济上造成恶劣的后果，同时也开始认识到，美国"朋友"的"援助"，是同样地只会替英国带来灾难。因此，"要贸易不要援助"的呼声，已经从英国广大人民群众中叫喊出来，而且这个呼声越来越高。随着这样的呼声，英国设法挣断美国的锁链，争取和苏联及各人民民主国家恢复正常贸易的行动也已初步开始。1954 年以来，英国的许多工业和贸易界的代表，到莫斯科和苏联对外贸易机构签订了若干贸易合同。在 1954 年 1 月的一项合同中，规定了英国供应苏联食糖 5 万吨和苏联供应英国铸铁 10 万吨；在同年 2 月的一项合同中，又规定了由英国供应苏联拖捞船、纺织工业和发电厂设备等,总额达 1700 余万英镑;在原则上已经议定的苏联向英国购买的新订货,包括拖捞船和其他工业设备等,总额达 5.5 亿卢布。此外,英国工业联合会与英国电气和联合制造商协会都要求放宽东西方贸易的限制。英国贸易部也宣布要和匈牙利、波兰和捷克斯洛伐克等人民民主国家举行贸易谈判。在 1954 年 4 月到 7 月的日内瓦会议期间,英国工商团体也和我国代表团的贸易专家讨论,双方同意互派贸易访问团访问。这些措施,对缓和英国的经济困难,自然都是很有裨益的。

不过,与此同时,美国对英国的压力也显得愈来愈凶了。因此,直到目前为止,英国政府对这问题的态度还是暧昧不明,徘徊在歧路上。摆在英国面前的是两条路:一条是能够缓和英国经济困难的、开展和东方国家贸易的路,另一条是继续执行罪恶的"禁运"政策、继续饮鸩止渴地接受"美援"的路。究竟走哪一条路? 现在是英国抉择的时机了。

第六章　没落中的"大英帝国"

第一节　"大英帝国"的组成

"大英帝国"

英帝国主义经过两次世界大战，在世界上的地位下降了。在全盛时期的所谓"大英帝国"，它的土地散布在各大洲，面积共达3300多万平方公里，比英国本土大135倍；"大英帝国"人口有5.6亿，比英国本国大11倍。

英国所有的殖民地在"大英帝国"中的地位是不相同的。有一些已经获得了独立的名义；也有一些已经取得了"自治"的权利，称为自治领；此外还有殖民地、保护国和托管地等种种名称。名称虽然不同，但是实际上却都是处在英国统治阶级的统治之下，只是程度上有某些差别而已。

自治领

自治领即是"自治的领土"的简称，是已经获得了一部分自治权利的英国殖民地。自治领有了自己的政府和议会，可以和别的国家互换使节及参加联合国。不过英国国王不但在形式上仍然兼任自治领的国王，而且能任命自治领的总理（虽然需要得到自治领政府的同意）和否决自治领议会的法案。同时，英国政府派有驻各自治领的高级专员以监督各自治领的政治。各自治领的总理又须定时参加由英国首相主持的联邦会议。此外,各自治领和英国之间,都有着关税特惠制的规定,以便让英国垄断各自治领的对外贸易。因此,英国和各自治领之间的不平等关系是很明显的。

自治领在英国的殖民地中,算是生产水平较高的国家。由于工业的发展,各自治领内资产阶级和无产阶级的尖锐对立都早已形成。自治领的大资产阶级,因为害怕工人阶级和广大贫苦人民的力量,就往往和英国的统治阶级紧密地勾结在一起,共同统治和压迫自治领的广大人民,这样自然更增加了自治领对英国的依附性。如上所述,自治领纵然有一些"自治"的权利,也是当地资产阶级所专有的东西,至于自治领的广大人民,他们是从来嗅不到一点"自治"的气味的。

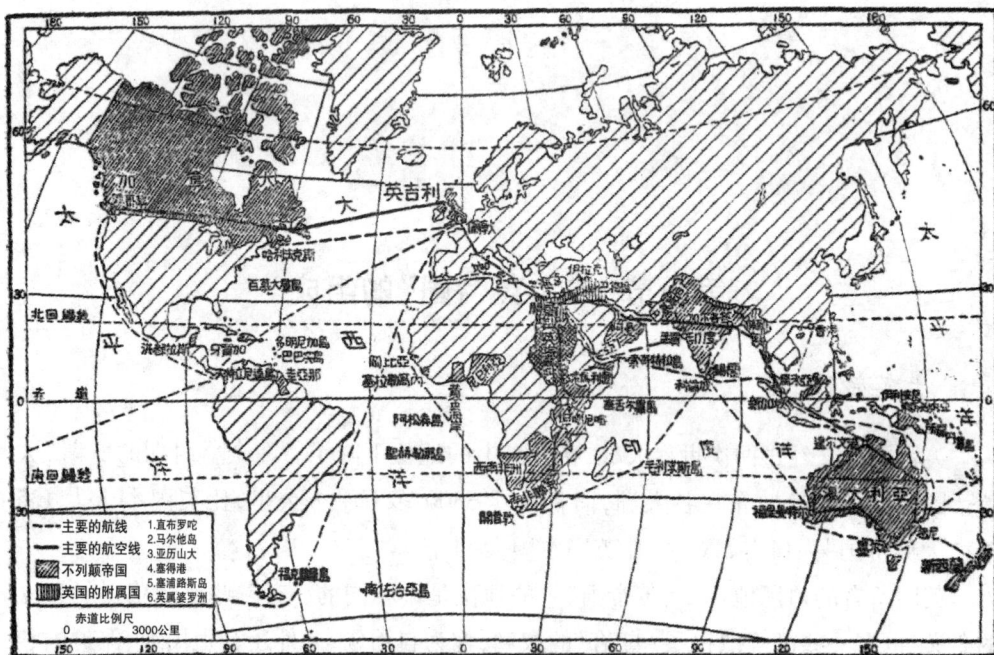

"不列颠帝国"图

目前英国的自治领,在亚洲有巴基斯坦和锡兰;在非洲有南非联邦;在澳洲有澳大利亚联邦和新西兰;在北美则有加拿大。加拿大以东的纽芬兰岛,本来也是英国的自治领之一,第二次世界大战以后已被剥夺自治的权利,并入了加拿大。

爱尔兰和印度也曾经都是英国的自治领。爱尔兰于 1937 年起已经脱离英国,成立资产阶级的共和国(英国直到 1949 年才正式承认它的独立)。印度本来是英国的殖民地,1947 年以后成为自治领,1950 年则正式宣布为"独立自主的民主共和国"。

不过印度至今仍然参加联邦会议,为"大英帝国"的成员之一。

保护国、殖民地和托管地

保护国、殖民地和托管地等,是比自治领更低级的英国殖民地。保护国是英国统治阶级利用当地的酋长或土王之类的封建首脑以统治当地人民的一种殖民地。所有保护国大都保有了自己原有的封建或半封建的行政制度。英国政府在那里驻有高级专员或顾问之流,负着实际统治的责任。

殖民地又是另外一种统治的形式。很多殖民地是由英王任命的总督操纵着一切政治大权,当地的人民完全在总督的统治和奴役之下。这种殖民地称为直辖殖民地。也有些殖民地已经获得了若干名义上的"自治"权利,称为自治殖民地。

英国的殖民地清单中还有一些托管地。这是第一次世界大战以后,由国际联盟委托当时的各资本主义大国统治的地方,因此也称为委托统治地。例如西亚的巴勒斯坦,20多年来一直是英国的托管地,直到1948年才结束托管。此外,还有所谓共管地,例如在非洲和埃及共管的英埃苏丹,在澳洲和法国共管的新赫布利底群岛等。

除了上述的一些殖民地形式以外,英国还在"大英帝国"范围以外的好些国家里具有政治经济上的特殊势力,例如亚洲的伊拉克和非洲的埃及等。原为英国殖民地而战后已经独立的缅甸,也在很多方面和英国仍然有着依附关系。

第二节　英国和殖民地的关系

原料的掠夺

从海外大量地掠夺粮食和工业原料,以维持国内的工业生产,满足垄断资本家贪得无厌的要求,这是英国统治阶级在殖民地的主要工作之一。

在英国的广大殖民地中,各种资源确是非常丰富的。在"大英帝国"的范围里面,黄金的产额占不包括苏联在内的世界产额的2/3(主要的产地是南非联邦),镍占9/10(主要产在加拿大),锰占2/3(主要产在印度),其余如锡、铜、锌、铝等占30%—40%。另外,橡胶(主要产在马来亚和锡兰)和羊毛(主要产在澳洲和新西兰)也都占1/2。以1952年的实际数字为例,在那一年中,英镑区各国(主要是加拿大除外的"大英帝国",其余还有一些附庸小国),小麦的产量占资本主义世界小麦总产量的14%(假使把加拿大列入,比数就更高),可可豆占50%,茶占80%,羊毛占60%,棉花占

15%，黄麻占97%，西沙尔麻占58%，生橡胶占44%，锡占41%，铜占16%，铝占17%，锰矿砂占37%，黄金占60%。

在"大英帝国"范围以内，石油比较缺乏，因此，英国就积极地向帝国以外的石油产地进行掠夺。在委内瑞拉、伊朗、伊拉克和印度尼西亚等国建立了许多油矿和炼油厂。也因此而和美帝国主义发生了重大的利害冲突。

在历史上，英国的舰队曾经长时期进行海盗式的劫夺海外物资。今天，这种掠夺方式虽然已不便再继续采用，但是由于海上优势的控制，关税特惠制的便利以及其他种种和殖民地之间的奴役性条约，英国可以用非常低廉的价格从殖民地获得各种物资。例如在1952年，英国和31个国家（主要是殖民地及自治领），签订了为期7年或7年以上关于大批购买22种食品的协定。根据这些协定，英国进口的主要食品（肉类、油类、乳酪、蛋类、糖、咖啡等）的比重，便由36%增加到99%。英国政府经常在殖民地按照低于市场的价格，进行掠夺式的大量收购。以油类为例，英国在其自治领澳大利亚和新西兰的收购价格，就比它到丹麦去购买的价格要便宜10%。

使殖民地生产极端片面化，是英帝国主义榨取殖民地人民的一个很重要的手段。例如英国资本家在马来亚和锡兰破坏了原有的大片稻田，把它变成橡胶园。这样，英国资本家就可更便利地控制这些地区的橡胶价格，使他们可以获得最大限度的利润。至于这些地方所需要的粮食，就必须由英国船舶从缅甸或其他地区运去，自然，英国资本家在这里面又可以对殖民地人民剥削一次。两个多世纪以来，英帝国主义者从殖民地掠夺去的物资，真是无法估计的！

商品和资本输出的对象

英国资本家在殖民地掠夺了大量物资，到本国加工以后，又源源地输出到殖民地去，殖民地是英国商品输出的主要市场。除了加拿大以外，英国的极大部分殖民地都是工业非常落后的地区。澳大利亚在两次大战之中由于英国的需要才建立了它的重工业；印度是一个资源丰富的国家，但是它却一直没有良好的工业基础；其他各国自然就更落后了。正由于殖民地的工业很落后，英国才能源源不断地向它们输出商品。埃及每年可以供给英国纺织业以大量棉花，但是埃及人民不得不购买从英国运来的棉布。因为在那里没有较大的棉织工业可以供给自己以足够的棉织品。根据英国海关的官方统计资料，在1953年这一年中，英国输往殖民地和自治领的棉织品，要占他国内棉织品出口总量的70%，毛织品占46%，陶器和玻璃器占70%，鞋占61%，刀类占57%，化工品、药品和染料占50%，服装占45%。殖民地市场对英国商品输出的重要性，由此可见一斑。

英国资本家竭力不把机器运到殖民地去。因为他们非常清楚,机器的输出是有使他们失去商品市场的危险的。例如,英国经常向它的殖民地和自治领推销纺织品(这些纺织品的很大部分是利用殖民地的原料制成的),但是它却绝不轻易地增加向自治领出口纺织机的数量。以 1953 年为例,英国向自治领出口的纺织品总值达 2 亿英镑之巨,但出口的纺织机却仅 1500 万英镑,只占它国内纺织机生产量的 8% 弱。

除了商品输出以外,广大的殖民地又是英国资本家投资的重要对象。从 20 世纪初期起,英国就开始向国外特别是殖民地输出大量的资本。1913 年,英国的海外投资共达 40 亿英镑,占当时世界殖民地外债的 7/8 和其他国家外债的 3/4。第一次世界大战以后,海外投资减少到 27 亿英镑。到了第二次世界大战前,则又增加到 35.45 亿英镑,其中有 58% 是投资在它的殖民地上。英国资本家在殖民地夺取和收购了大量的土地及矿山,在那里建立了资本主义的大农场,建立了各种采矿工业。同时,各种农产品和矿产品的加工工业在殖民地建立起来了,因为粗笨的原料经过初步的加工,可以大大地减轻重量或缩小体积,节省很多的运费,提高利润。此外,各种轻工业也陆续在殖民地出现,这不仅是为了节省运费,主要是因为殖民地的劳动力比英国本国不知要便宜多少倍,英国资本家自然就可以获得更多的利润。

英国垄断资本家在资本输出的这个项目下所获得的利润,真是不可估计的。以英国对帝国范围以外的伊朗石油的投资为例,根据英国资本控制下的英伊石油公司的统计,从 1912 年起到 1949 年为止,英伊石油公司在伊朗提取了 2.6874 亿公吨的石油。每吨石油价格若以 18 美元计算,则 37 年之间,英国已经从伊朗石油矿中获得 48.37 亿美元了。这里面该有多少伊朗人民的血汗啊!

战略上的据点

从地图上看"大英帝国",除了那些整片相连、面积广大的殖民地以外,还有很多细小的点子。这些散布在地图上的细小点子,没有什么原料可以从这上面获得,对资本主义的商品和资本输出也没有什么意义。英帝国主义者所以要控制这些地方,乃是因为这些地方在军事上和交通上有着极大的意义,是重要的战略据点。

在地中海,英国控制了直布罗陀、马耳他岛和塞浦路斯岛,又占领了埃及的塞得港和亚历山大港,并且更把苏伊士运河据为己有。在亚洲,英国把持了亚丁、索哥特拉岛、槟榔屿和新加坡等地。在非洲,英国占领了西岸的阿松森岛、圣赫勒拿岛和东岸的毛里求斯岛等。此外,如北美的百慕大群岛和牙买加,南美的福克兰群岛和太平洋中其他很多的岛屿,也都是英国很重要的战略据点。

　　通过这些战略据点,英帝国主义者用繁密的海空交通网,联系英国本土和广大殖民地。从英国本土到东方来的海上航线主要有两条:一条沿非洲西岸绕过好望角而到达印度;另一条则从地中海经过苏伊士运河和红海而到亚洲。通过地中海的这一条自然更便捷重要。英帝国主义一直把这条侵略我们亚洲人民的交通线称为是它的"生命线"。

　　从英国本土到西方去的海上航线有3条:一条横过大西洋到加拿大,一条经过西印度群岛、穿过巴拿马运河到太平洋,另一条则绕过南美洲而到达太平洋。西方的英国海上航线和东方的英国海上航线最后在澳大利亚联邦会合。

　　英国向西的主要航空线连结了大西洋彼岸的加拿大;向东的航空线以埃及首都开罗为重要枢纽,从开罗向南可达南非联邦,向东则可到达巴基斯坦、印度、新加坡和澳大利亚。

第三节　土崩瓦解的现状

美帝的侵入

　　广大的殖民地,在英国资本主义发展的过程中,曾经起过极为重大的作用,殖民地人民的膏血养肥了英国的垄断资本家。不过早于第一次世界大战以后,"大英帝国"的基础已经开始动摇。到了第二次世界大战以后,情况更急转直下,"大英帝国"已经行将土崩瓦解了。

　　美帝国主义的侵入,是"大英帝国"受到致命打击的重要原因之一。美国"朋友"是最善于趁火打劫的。大战期间,由于英国自顾不暇,对帝国内部的统治削弱了。于是美国就乘机钻进了"大英帝国"的很多地区。从政治上和经济上排斥英国在那些地方的固有势力,动摇了"大英帝国"的基础。

　　在第二次世界大战期间和战后年代中,美国先后和好些英国殖民地签订了一系列军事上、政治上和经济上的条约,逐渐地取代了英国在那些地方的统治地位。最近水楼台的当然是加拿大,在战时和战后,美国和加拿大签订了很多条约,如《美加海军合作协议》、《美加经济合作协定》和《美加联合工业动员委员会》等。这些条约一方面加速了加拿大的经济军事化,使加拿大的经济进一步从属于美国的战争计划;另一方面更严重地影响了英国在加拿大的利益。美国和加拿大在战后一直继续保存了在大战期间成立的"美加联防委员会"。1950年成立的"美国东北司令部",其辖区竟将加拿大的1/3领土包括在内。美国垄断资本家甚至一再叫喊,要把加拿大并入美国。因此,目前英国和加拿大的关系,几乎只剩下了一个名义。在美国的霸占下,英国对加拿大已经无法染指了。

在澳洲的情形也正相似。第二次世界大战期间,美国乘着英国在东方势力十分虚弱的机会,就牢固地培植了自己在澳洲的力量。战后,美国于1951年和澳大利亚联邦及新西兰订立《美、澳、新三国安全条约》,大大地削弱了英国在澳洲的固有地位。1953年,美国又和澳大利亚签订了相互取消两国公司缴纳双重税的3个条约。这些条约规定美国开设在澳大利亚的公司,可以不向澳大利亚政府缴纳所得税、财产税和馈赠税。这自然是严重地打击了英国在澳大利亚的利益的。此外,在"大英帝国"名义以外的英国势力范围中,美国也无孔不入地在排斥着英国。在伊朗和阿拉伯国家间,美国掠夺了很多原来被英国所掠夺的石油资源;在埃及,美国策动了反英的政变。美国向整个"大英帝国"及其势力范围展开了全面的攻势。

首先美国不遗余力地夺取澳大利亚、新西兰、南非联邦和印度等市场,并且对于英国势力范围中的其他传统市场如拉丁美洲、中东等地,也进行了强有力的进攻。以印度为例,在1951年的上半年,美国在印度的对外贸易中,已经飞升到和英国并驾齐驱的地位。美国对英国的重要传统市场中东各国的输入,1951年比战前增加了10倍,但英国只增加了2倍半。

其次,在战时和战后,美国资本源源不断地流入"大英帝国"和英国其他的势力范围,排斥和劫夺了英国在那些地方的投资。英国在第二次世界大战期间丧失了的海外投资,绝大部分是被美国接收了去的。现在,英国的殖民地如加拿大、澳大利亚、南非联邦、新西兰、印度和其他非洲殖民地中,美国的投资已经空前增加了。美国在加拿大的投资,已占加拿大全部外国资本的3/4,而英国却跌到只占1/5。在澳大利亚,美国的投资总额接近3.5亿美元,也已超过了英国。美国在南非联邦的投资,战后比战前增加了近8倍。在印度的投资也有了显著的增加。虽然,在整个"大英帝国"范围内,除了加拿大以外,英国的投资到目前为止仍然超过美国,但是已不能和第二次世界大战前的情况相比了。

"大英帝国"范围内有着各种丰富的原料,美国是这些原料的大消费者,因此,在资本渗入的同时,美国发动了垄断"大英帝国"各种原料的攻势。在这场激烈的原料斗争中,英国同样处在一个十分劣势的地位。目前,加拿大的铀矿几乎全被美国占有;而马来亚的橡胶和锡,由于美国在该地投资数字的激增(1952年底止,美国在马来亚的投资总额为4.6亿美元,英国的投资也不过5.7亿美元),英国的独占地位也岌岌可危。此外,如锡兰和北婆罗洲的橡胶,南非的铀矿,以及英国其他势力范围中的各种原料如比属刚果的铀矿(产量占资本主义世界铀产量的9/10)和中东的石油等,也都次第被美国攫夺和垄断了。这样就造成了英国日益严重的原料荒。

此外,在第二次世界大战后,美国对英镑区的压力也显得比以前更为猛烈了。英镑区是英国为垄断国际市场而组织起来的一个包括很多国家的集团(除了加拿大以外的"大英帝国"、爱尔兰、缅甸、伊拉克、埃及、苏丹和冰岛等国)。这些国家都在英国的监督下进行它们的对外贸易,并受统一的财政外汇制和帝国特惠制的约束。这些措施,很久以来保证着英镑区内部贸易的进行,限制了外来竞争者的活动,它是英国在经济上和美元抗衡的重要手段。但是由于美国在英镑区投资的增加,原料垄断和商品倾销的加强,同时也由于英镑区国家在美国命令下实施对苏联及各人民民主国家的"禁运",英镑区各国家的美元储备已经空前地枯竭了。在美国的压迫下,英国不得已于1949 年宣布了英镑的贬值(从 1 英镑等于 4.03 美元跌到 2.8 美元)。但是,美国对英镑区的压力还在继续加强,它正试图采用一切方法,以摧毁英镑区,使之完全从属于美元的统治。美国对英镑区的争夺,确已使英国应付为难了。

诸如上述,美国正在处处利用英国的困难,力图瓦解"大英帝国"。正和马林科夫同志指出的一样:"事实说明:英国从来没有一个敌人像它的美国'朋友'那样给它这么严重的打击,并且从它的手中把它的帝国一片片地蚕食了去。"(《在第十九次党代表大会上关于苏共(布)中央工作的总结报告》)

殖民地人民解放运动的高涨

第二次世界大战以后,殖民地和附属国人民反对英帝国主义统治的民族解放运动已经普遍地高涨了。这是促使"大英帝国"土崩瓦解的主要力量。

由于战后东欧很多国家的解放斗争得到了胜利,特别是由于中国人民解放斗争的伟大胜利,大大地鼓舞了殖民地人民的斗争意志和信心。另外,由于英国正在设法把它经济军事化和由于美国的扩张所加给它的重担转嫁给殖民地人民,加紧对殖民地的压迫和掠夺,自然就加深了英国和殖民地之间的愈来愈尖锐的矛盾,增强了殖民地人民的反抗力量。

在广大殖民地人民争取独立解放的怒潮中,英国一方面不得不向它们作一些让步,勾结殖民地的上层分子,以求在另外一种形式下仍然保存它在殖民地的势力。例如 1946 年英国给西亚的外约旦以名义上的独立,1947 年又将处于它统治下一百多年的印度划分为两个自治领(即印度和巴基斯坦,印度随后又于 1950 年宣布独立),1948 年则又宣布缅甸的独立和锡兰成为自治领。但是在另一方面,英国更不惜派遣军队,对殖民地人民进行惨无人道的屠杀。

第二次世界大战以前,英国用于殖民地的政费每年不过 1600 万英镑,到了 1947

年,国外政费竟增加到了 2. 34 亿英镑。这些自然都是用于加强对殖民地的统治和镇压殖民地的人民革命运动的。但是,不管是英国统治阶级采取哪一种可耻的手段,最后总是阻挠不了殖民地广大人民要求独立解放的正义斗争的。

现在,解放斗争的高潮已经在"大英帝国"和它的其他势力范围以内普遍地掀起了。伊朗人民赶走了英帝国主义者对它们石油矿的霸占(由于伊朗反动统治阶级的叛卖,伊朗的石油现在又被出让给另外一个以美国为首的国际垄断资本集团了)。在埃及,由于广大人民的力量,使英国不得不签订了英埃关于苏伊士运河区的撤军协议。在非洲,如尼日利亚、乌干达和黄金海岸等地的人民起义运动也已空前高涨。日益蓬勃的殖民地解放运动,已使英国统治阶级手忙脚乱了。"大英帝国"殖民地人民解放运动的普遍高涨,不仅使这些衰老的帝国趋于崩溃,还打击了世界所有的殖民国家,世界殖民制度的末日已经来临了。

本国人民觉悟程度的提高

英国国内广大人民觉悟程度的逐渐提高,这是促使"大英帝国"崩溃的内在因素,是一个很重要的力量。

由于资本主义的高度发展,英国国内工人阶级的队伍是非常壮大的。在英国共产党的领导和教育下,英国工人阶级已经逐渐地认识了资本主义制度的腐朽性。他们开始知道,一个规模庞大的殖民帝国,除了垄断资本家们可以借殖民地人民的膏血养肥他们自己以外,带给英国广大人民的,却只有战争、贫穷和苦难。他们同时也已认识,自己正和殖民地人民一样,也是处于英国统治阶级的重重压迫和剥削之下。因此,他们的斗争和殖民地人民的斗争是完全一致的。另一方面,苏联、东欧和新中国人民的幸福生活和欣欣向荣的气象,更给予他们以非常现实的教育,使他们逐渐懂得,英国共产党纲领中所说的:"只有社会主义才能最后解决英国问题"的话是完全正确的。今天,在英国工人阶级和广大人民之间,这种思想已经越来越占优势了。这种趋势,意味着"大英帝国"的没落,但是却也意味着英国人民自己的新生活正在一步步实现着。

在英国共产党纲领中,对于殖民地的问题,曾明确地指出要使英国人民与英帝国各族人民的平等权利的基础上建立巩固的友谊,以结束今天英国人民与英帝国人民之间由于殖民战争和压迫而形成的不正常的关系。并且要把所有武装部队撤出殖民地和属地,并且把主权交给人民自由选举出来的政府。这确是符合英国人民和广大殖民地人民的要求的,也是今后一定会获得实现的。

两个多世纪以来,英国的统治阶级目空一切地自夸他们的帝国为"日不落国"。

但是曾几何时,这个显赫一时的偌大帝国,已经行将日落西山了。

这是毫不足怪的事。社会发展的巨轮正在一刻不停地向前转动,任何资本主义和帝国主义国家,不管它曾经如何强大,最后必然地都要走上这条道路。

原著(上海)新知识出版社 1955 年版

日　本

第一章　概说

　　日本是亚洲东部太平洋上的一个岛屿国家。组成日本国土的这些岛屿，通常称为日本列岛。它是东亚花彩列岛①的一部分，是一个南北走向而向东南突出的岛弧。

　　在第二次世界大战以前，日本是一个凶恶的帝国主义国家。并且也是一个殖民帝国。当时日本的殖民地面积，相当于它本土面积的 90% 以上。第二次世界大战以后，根据"开罗宣言"和"雅尔达协定"的规定，台湾和澎湖列岛交还了中国，萨哈连岛（库页岛）南部和千岛群岛归还了苏联，朝鲜则脱离了它的统治而建立了自己的独立国家。大战期间盟国没有协议确定的领土，包括琉球群岛、小笠原群岛、硫磺群岛以及战前由日本代管的马绍尔、马利亚纳和加罗林三个群岛，②现在均在美军占领之下。由于美帝国主义的阻挠和破坏，全面的对日和约迄今还不能签订。因此，日本的领土范围和面积，至今还不能确定。根据目前的状况，日本的领土，主要是本州、北海道、四国和九州岛四个大岛，并包括沿海及琉球群岛以北的奄美群岛等数百个岛屿，全部面积计为 368764 平方公里，其中本州占了最主要的部分。

　　根据目前的领土范围，日本的国境可以按下列四个极点加以确定：

　　东　北海道东部花咲半岛东端的纳沙布岬，位于东经 145°49′；

　　南　奄美群岛的与论岛，位于北纬 29°；

　　西　九州岛以西的男女群岛，位于东经 128°21′；

　　北　北海道北端的宗谷岬，位于北纬 45°32′。

日本的领土

岛屿名称	面积（平方公里）	占全国面积的百分比（％）
本　　州	224736	60.9
北 海 道	77990	21.2
九　　州	40379	11.0
四　　国	18215	4.9
其他岛屿	7444	2.0
合　　计	368764	100.0

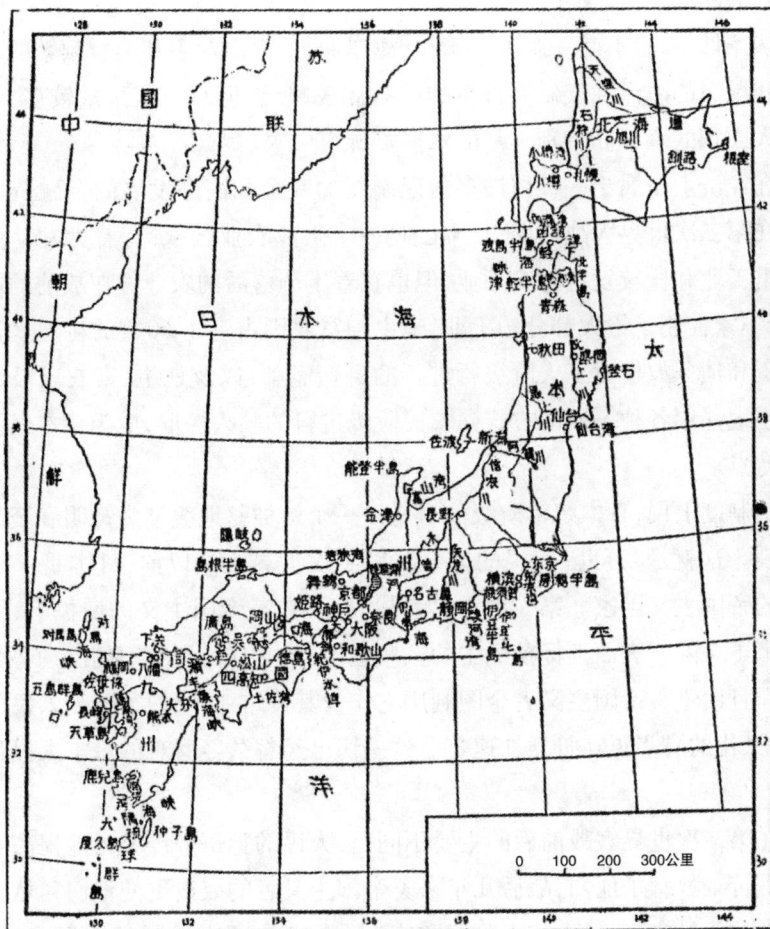

日本略图

　　日本列岛的位置和亚洲大陆非常接近,而和美洲大陆距离遥远。日本和朝鲜之间的对马海峡和朝鲜海峡,总共不过 122 浬。从九州岛到我国的上海和从北海道到苏联的海参崴,都不过 400 多浬。但日本和美国的旧金山及西雅图等地,距离都在 4000 浬以上。

　　日本地方行政区划,全国分为 1 都(东京)、2 府(大阪、京都)、1 道(北海道)、42县。但在日本的传统习惯上,全国又划分为 8 个地方:除了北海道、四国和九州各为一个地方以外,本州包括了奥羽、关东、中部、近畿、中国等 5 个地方。在古代,日本全国划分成畿内(即京都附近地区)和 8 道。畿内和每一道又划分成若干国,全国计有 85国。这些国的名称,至今仍为地理上所沿用。

　　根据 1955 年 10 月的调查,日本全国有居民的 89,269,278 人,居亚洲各国的第三位和世界各国的第五位。

　　在自然条件上,日本是一个地形崎岖、海岸曲折、火山众多和地震频繁的岛国。它具有着温和湿润的海洋性气候。日本的矿藏此较缺乏,但水力蕴藏量较多。此外,并且还有广大面积的森林和特别丰富的水产资源。

　　日本在经济上是属于一种由许多封建制度的残余和高度发展的金融资本相结合的类型。在第二次世界大战初期,日本已是一个工业农业国家,有着为发动侵略战争而建立的重工业和比较发达的轻工业,但也有着十分落后的农业。在战前的国民经济中,垄断资本家控制了绝大部分的工业,地主和富农则占有了 60% 的耕地。资本家以低廉的工资和债务奴役对工人阶级所进行的野蛮剥削,以及地主、富农以极端苛刻的条件出租土地并用各种不同的方式向农民阶级进行的骇人榨取,成为日本经济制度上最突出的特点。

　　从政治制度上说,日本统治阶级一直是以一个被神秘地渲染为神明和至高无上的偶像为代表。这就是"万世一系"的天皇。第二次世界大战以前,日本是一个军人法西斯专政的帝国主义国家。第二次世界大战以后,在美帝国主义的庇护下,天皇制度被保持下来了。除了表面上标榜民主的一些虚伪修饰以外,所有旧的反动势力依然原封不动。而且由于美帝国主义者企图利用它作为其侵略亚洲、奴役亚洲人民的军事基地,军国主义化的脚步正在日益加速着。这一切已经替久经磨难的日本人民带来了莫大的痛苦。

　　日本在第二次世界大战前后的主要不同是,人民的觉悟程度大大地提高了。战争带来的深重苦难教育了他们;战后几年来美帝国主义者的奴役更使他们猛然觉醒。在日本共产党的领导之下,日本工人阶级和广大人民正在日益蓬勃地为保卫和平、反对美帝国主义的奴役和反对军国主义化而斗争。

注释:

① 亚洲大陆的东部边缘,分布着一系列的弧形岛屿,例如千岛群岛、日本列岛、琉球群岛等。这些支离破碎、曲折多变的岛屿,好像花彩一样,地理学上常称它们为东亚花彩列岛。

② 第一次世界大战以后,太平洋中赤道以北属于德国的岛屿,均由日本代管。

第二章　自然地理概观

第一节　地史和地质

日本列岛分布在亚洲大陆的东部边缘,在地质年代中,它曾经是亚洲大陆的一部分。因此,日本列岛从构造上说是一群大陆岛屿。

日本列岛和亚洲大陆曾经相连的关系是很清楚的。第一,列岛南部的山脉,其构造和走向,和我国的昆仑山系都很相似,很可能就是昆仑山系的延续部分。第二,列岛周围的海洋深度,也是很好的证明。日本和中国之间的海洋,从朝鲜西岸起,直到台湾北部为止,只不过是一个200米的大陆架。要是海水降落200米,则渤海、黄海和东海都将变成陆地,而日本列岛本身也将互相连成一片。但是日本列岛东部的海洋就完全不是这样,在那里,离岸不远的地带,海深就达4000米,而日本海沟(又称塔斯卡罗拉海沟)的深度更达9438米。足见列岛和亚洲大陆原来相连,而列岛的东方才是真正的海洋。第三,从生物分布上也可找到证据。日本列岛的动物,和亚洲大陆大体相同,但和美洲大陆却有显著的区别。古生物学家曾经研究过从日本第三纪和第四纪地层中发现的象牙化石,认为和中国北部的象牙化石相同。根据上述这些理由,日本列岛在地质年代中和亚洲大陆相连的关系,就不致于再成为使人怀疑的事了。

现在,让我们进一步看看日本列岛在地质年代中的演变吧。

在太古代(距今约21亿年),日本列岛几乎全部都被海水所掩盖。目前日本最高的地方,那时无非也是海底的水成岩而已。在这段漫长的年代里,关于列岛的详细演变过程,目前还不是很清楚的。到了古生代(距今约 2 亿—5 亿年),日本列岛的西南部才隆起了一些西南东北走向的古老山脉,如中国山脉、四国山脉、纪伊山脉和九州山脉等,出现了一些陆地。但是从这个时期岩层中普遍发现的鱼类和两栖类等动物的化石中,我们可以相信,古生代的日本列岛,大部分地方仍是在海面以下。在中生代的侏罗纪到白垩纪之间(距今约 6000 万年—12000 万年)的燕山运动中,日本列岛的东北部发生了褶曲作用和断层作用,同时也发生了火山活动,出现了一些新的山脉。因此,列岛的面积就更扩大了。到了第三纪(距今约 1000 万年—6000 万年),地球上好些地方发生了一次极为强烈的造山运动,称为阿尔卑斯——喜马拉雅运动。由于这一次造山运动的剧烈影响,使日本列岛发生了很大的变化。列岛以西的日本海盆,像锅子一样地凹陷了下去,而列岛本身则发生了微缓地向外推动并隆起的作用。这次变化中发生了非常强烈的褶曲和断层,并且还伴随着规模极大的火山爆发,使列岛上出现了很多高山,形成了今天的地形轮廓。但是还必须指出,在整个第四纪(距今约 25000 年—100 万年)中,日本列岛的西部仍和大陆相连。一直要到第四纪末期,由于海面上升的结果,才使列岛和大陆完全脱离,成为今天的面貌。

　　由于地质年代中的历次变迁,日本列岛在地质构造上是相当复杂的。从日本表层岩石的分布来看,最贫乏的是太古代岩层,只占全国面积的 4%,主要是片麻岩和结晶片岩,分布在阿武隈山地、纪伊半岛的北部和四国的北部等地。花岗岩的分布较广,要占全国面积的 12%,主要是在本州岛的中部、西部以及九州岛的北部一带。古生代和中生代的水成岩约占全国面积的 21%,它们分布在北海道的中部、本州岛的中部、纪伊半岛的南部和四国、九州等地。这些岩层都经过了强烈的褶曲和断层作用,使这一带的地形显得特别崎岖。日本表层岩石中分布得最广泛的是火山岩,包括古代火山岩和新期(第三纪和第四纪)火山岩在内,要占列岛面积的 26%。特别是新期火山岩,它以各种不同的形式散布在整个日本地表,如熔岩锥、凝灰岩锥、熔岩高原和凝灰岩高原等,占列岛火山岩地层中的极大部分。上述 5 种岩层,总计要占日本全国面积的 63%,由于它们的质地都很坚硬,抵抗侵蚀作用的力量较强,这就是日本的大部分地区所以成为崎岖高峻的山地的缘故。

　　在日本的岩层构造中,质地较弱抵抗侵蚀作用的力量较小的第三纪岩层,其中包括砂岩、页岩和砾岩等,约占全国面积的 20%。此外,列岛上还有构造更新的第四纪洪积层和冲积层。这些地层在日本的总面积中所占的比例很小,但在经济上的意义却十分重大。第三纪岩层是日本主要矿藏煤矿和石油矿的贮藏地带,第四纪的洪积层和冲积层则是日本目前最重要的农业区。

日本的地质图

　　下面是日本地质构造的简单表解：

地质层组	占全国面积%	地质层组	占全国面积%
太古代岩层	4	第三纪岩层	20
花岗岩	12	火山岩	26
古生代岩层	14	洪积层	6
中生代岩层	7	冲积层	12

　　总的说来,日本列岛在地质构造上有着三个主要的特点:第一,水成岩分布非常广大,除了第四纪洪积层和冲积层以外,其余古生代、中生代和第三纪岩层中,绝大部分也都是水成岩。大概水成岩分布要占日本全国面积的2/3以上,这就说明了列岛在地质年代中曾经长期遭受海水淹覆的情况。第二,日本在地质构造上绝大部分地区是新生代(第三纪和第三纪以后)岩层,大概也要占全国面积的2/3,这就说明了列岛露出海面还是不久以前的事。第三,列岛上第三纪和第四纪的火山岩分布得很广,说明了

当时火山活动剧烈的情况。直到现在,日本的火山活动还很频繁,我们将在下面提到。

第二节　地形

地形的发育和地质构造有着非常密切的关系。日本有着相当复杂的地质构造,加上火山活动的剧烈、地震的频繁、海岸线的上升、河流的冲积等等原因,使日本具有了一个十分复杂的地形面貌。

在观察日本的地形之前,我们还必须把日本的构造地形单元加以注意。列岛有着两种方向的构造线,即横断本州岛的"糸鱼川—静冈构造线"和纵贯岛弧的"中央构造线"。

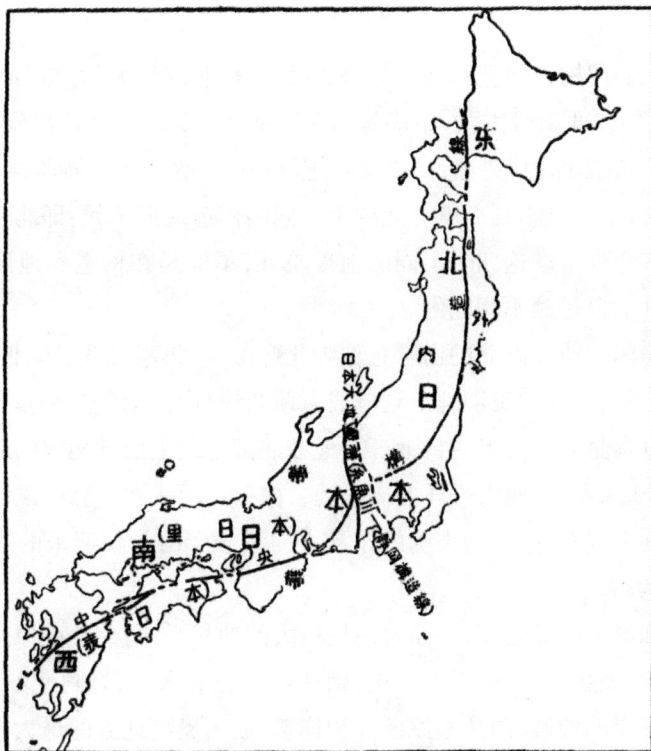

日本的构造地形单元图

糸鱼川—静冈构造线是本州岛中部一条略呈南北走向的断层带,所以又称为日本大地堑带。这条断层带北起日本海沿岸的糸鱼川,南沿姬川经松本平原和甲府盆地而达太平洋沿岸的静冈。断层带南北长达 250 公里,东西宽度在 60 公里左右。其两侧显出急剧的地层变位:东侧是古生代的关东山脉,西侧是新生代的飞驒、木曾、亦石等山脉。在断层带附近,偏北有浅间山,偏南有富士山,高度一般都在海拔 2000 米以上,成为日本地形士非常突出的部分。在断层带内部,由于火山活动和地震的结果,形成了一系列的断层盆地,如松本平原、诹访地沟和甲府盆地等都是。

中央构造线是一条纵贯岛弧略向东侧突出的弧线。和糸鱼川—静冈构造线形成十字相交的形势。在北部,中央构造线北起北海道的石狩平原,沿本州岛奥羽山脉的东麓,直达糸鱼川—静冈构造线的中部,因此又称奥羽地沟带。在糸鱼川—静冈构造线以南,中央构造线自诹访湖附近,向南经赤石、木曾二山脉间的伊那谷,沿天龙川支流丰川河谷出伊势海,再从宫川和纪之川河谷东西横过纪伊半岛北部,又从吉野川河谷横过四国北部,然后由九州岛的臼杵到八代而终结。这条构造线,大致经过瀬户内海南缘,所以也叫瀬户内海地沟带。中央构造线不论是在北部或南部,都代表着一条低洼的地带。

糸鱼川——静冈构造线把列岛分为南北两部分:北部称为"北弯"或"东北日本",南部称为"南弯"或"西南日本"。中央构造线则把列岛分成东西两部分:西部称为"内带"或"里日本",东部称为"外带"或"表日本"。由于糸鱼川—静冈构造线和中央构造线的十字相交,整个日本列岛就分成四个不同的构造地形单元:即北弯内带、北弯外带、南弯内带、南弯外带。这四个不同的地理单元,不但是在构造和地形上有着差异,在其他自然条件上也是颇不相同的。

糸鱼川—静冈构造线以北的山脉总称为北弯山系,北弯山系以南北走向的奥羽山脉为骨干,把本州岛北部的奥羽地方划分成东西两块具有显著差异的地形区域。奥羽山脉以东的表日本是一片古老的台地。台地在北部是北上山脉构成的北上高原,平均高度在海拔 1000 米左右,向太平洋方向缓倾。南部是阿武隈山脉构成的阿武隈高原,平均高度在 800 米左右,向奥羽山脉的东麓方向缓倾。由于长期来的侵蚀,整片台地已呈准平原的状态。

台地西侧和奥羽山脉之间,分布着两块较大的冲积平原:北上高原西南,有北上川冲积的仙台平原,面积达 1500 平方公里;阿武隈高原的东北,有阿武隈川冲积的阿武隈平原。由于海岸的伸展,两片平原已互相连接,成为奥羽地方的最大平原。

在奥羽山脉以西的里日本,分布着两条和奥羽山脉平行的山脉:北部是出羽山脉,南部是越后山脉,都由第三纪地层构成。由于岩层比较软弱,整个地面因河流的切割而成为由许多孤立山块构成的丘陵。在这些山块和奥羽山脉之间,分布着一系列的山间盆地:自北至南,比较重要的盆地有鹰巢、横手、新庄、米泽、山形和会津等 6 处,形成南北相连的一带盆谷地形。在出羽和越后二山脉以西,海岸平原也比太平洋沿岸要多,自北至南有津轻、能代、秋田、庄内、越后等平原。其中越后平原面积达 1800 平方公里,是全国重要的平原之一。

在奥羽山脉的南端,又分布着雁行式的帝释山脉、三国山脉和关东山脉。这些山脉的南部和东部,即是日本最著名的关东平原。关东平原面积达 13000 平方公里,是全国最大的平原。

北弯山系越津轻海峡和北海道的山脉相连。北海道的山脉总称为虾夷山系,其中最重要的是位于中部略成南北走向的北见山脉和日高山脉,是北海道的主要分水脊线。这些山脉以西,尚有几乎和这些山脉平行的天盐山脉和夕张山脉,在这两列山脉之间,则分布着一些很小的山间盆地。北海道的西南部,是一个地形崎岖而火山遍布的渡岛半岛,这就是本州岛的奥羽山脉向北伸展的部分。北海道缺乏平原,只有东部的钏路、根室两平原和西部的石狩平原比较广阔。石狩平原即是北海道的中央地沟带,面积达 2100 平方公里。这一带湖沼棋布、河渠纵横,是北海道最重要的农业区。

在西南日本,由于断层作用更为剧烈,因此,南弯山系较北弯山系复杂,而地形也更为破碎。紧靠着糸鱼川—静冈构造线的西侧,是南弯地形最高峻的部分。这里自北至南分布着飞驒、木曾、赤石等山脉,高峰均超过海拔 3000 米,形成一片全国最高的地区,称为"日本的阿尔卑斯"。"日本的阿尔卑斯"以西,内带和外带在地形上有着显著的差异:内带的地形比较完整,同时也富于平原;外带则更为破碎,而且全是崎岖的褶曲山地。

"日本的阿尔卑斯"以西,内带分布着东西排列的三块重要平原:即浓尾平原、近江盆地和畿内平原。浓尾平原面积达 1800 平方公里,畿内平原面积达 1250 平方公里,都是全国著名的平原;近江盆地中则分布着日本最大的湖泊琵琶湖。

在浓尾平原以南的伊势海和濑户内海中的播磨滩之间,由于断层作用的关系,地垒和地堑相间,成为一个典型的断层地形。这一带分布着南北走向的地垒性山脉,自东至西有铃鹿山脉、笠置山脉、金刚山脉和淡路岛,而伊贺盆地、奈良盆地和畿内平原,即是这些山脉之间的地堑带。

近江盆地和畿内平原以西,一直到本州岛的最西南端为止,横贯着东西走向的中国山脉。北部称为山阴,山脉向日本海陡倾,平原极为缺乏;南部称为山阳,山势倾斜和缓,不但濑户内海沿岸的平原比较广阔,而且在山麓地带还分布着一系列的小盆地。

中国山脉越下关海峡在九州岛西北部崛起为筑紫山脉,分布在门司和佐世保之间。由于长期的侵蚀,形成许多孤立的山块,这些山块构成了九州西北部的低矮丘陵。在筑紫山脉以南的有明海东岸,分布着几乎互相连接的筑紫平原和熊本平原。筑紫平原面积达 1200 平方公里,是九州岛最大的平原。

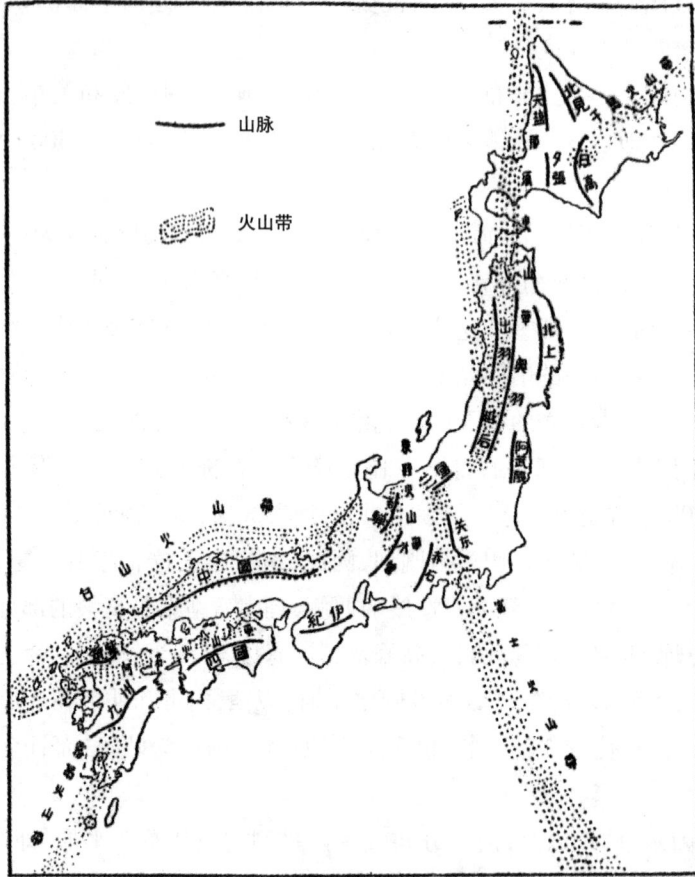

日本的山系和火山带的分布图

　　南弯的外带包括纪伊半岛和四国、九州的绝大部分，是一片断层作用剧烈的崎岖山地。纪伊半岛上东西横贯着海拔1500米左右的纪伊山脉，几乎完全没有平原。纪伊山脉向西伸展成为四国岛的四国山脉，四国山脉的高峰接近海拔2000米，地形比纪伊半岛更为高峻。除了中央构造线通过的吉野川河谷以及属于内带的濑户内海沿岸以外，四国岛也十分缺乏平原。在地质年代中，四国岛和纪伊半岛及九州岛本来相连，由于地层的陷落，才造成了纪伊和丰后两条水道，成为一个岛屿。

　　四国山脉越丰豫海峡而成为九州岛的九州山脉。九州山脉自北至南纵贯全岛，成为岛上的主要分水岭。九州岛虽然比四国岛富于平原，但重要的平原都在内带，外带仍是一片崎岖的褶曲山地。

　　根据以上的叙述，日本的地形总的说来具有下列三个特点。

　　第一，日本列岛绝大部分地面属于山地和丘陵，估计要占全国总面积的75%。只有沿海一带才有不大的平原和低地,内陆的山间盆地,面积就更狭小。沿海平原多由河流冲积而成,但它们的外围往往也分布着大小不等的洪积阶地,这多是海岸上升的结果。

第二,由于褶曲作用和断层作用的剧烈,加上长期来的侵蚀和切割,使日本地形显得特别支离破碎和曲折幽深。所以日本的地形区域非常复杂,并且有着曲折悠长的海岸线。

第三,从地形发育的阶段上看,列岛上虽然也有局部的老年期地形,但壮年期和幼年期地形占了更大的面积,所以日本的山岳一般都是陡峻雄伟。日本山地的平均坡度超过15°,地形的崎岖已于此可见。

第三节　火山和地震

火山的众多和地震的频繁,是日本自然地理上特别突出的现象,也是日本自然条件中的一个很大缺陷。

日本在古地质时代中曾经也有过火山的活动,但今天的火山活动却完全是第三纪以来火山活动的延续。前面已经指出,日本列岛本来是亚洲大陆的边缘部分,直到第三纪的阿尔卑斯—喜马拉雅造山运动中才因日本海盆的陷落而和大陆分离,本身隆起成为高山。因此,火山活动和地震便伴随着这个时期的剧烈造山运动而大规模地发生。日本在第三纪和第四纪中的火山活动是普遍而剧烈的,这可以从今天占日本地面26%的火山岩分布中得到充分的证明。第三纪造山运动直到今天还在继续进行,因此,日本的火山活动和地震,仍然也在继续进行之中。

日本全国有火山168座,其中有35座是活火山,它们都是太平洋火山带的一部分。日本列岛的内带,在整个褶曲构造中处于背斜顶部的位置,地壳脆弱,特别容易发生裂罅,引起火山的爆发。因此,这里就分布了全国最主要的火山带。

日本列岛共有下列8条重要的火山带。

千岛火山带　从北海道中部向东北延伸,贯联了苏联的千岛群岛,并和堪察加半岛的火山带遥遥相接。这条火山带中分布了30多座火山,其中活火山达10座以上。

那须火山带　从苏联的萨哈连岛南部向南延伸,经北海道西部而入本州,从奥羽山脉直到三国山脉。这条火山带的长度要占整个日本列岛的一半。其中如奥羽北部的岩手山、驹岳,南部的吾妻山、磐梯山和那须山等,都是比较著名的火山。北海道的胆振火山,曾在1910年爆发。

鸟海火山带　沿本州北部内带的出羽丘陵作南北走向,向北伸展并可越过津轻海峡包括北海道的渡岛半岛。这条火山带中的重要火山在北部有岩木山,南部有鸟海山,以鸟海山特别著名。

乘鞍火山带　是沿着本州中部的飞驒山脉作东北西南走向的一条火山带,分布虽较短促,但山势却特别雄伟。其中主要的火山如乘鞍岳和御岳等,高度都超过海拔3000米。

富士火山带　从日本大地堑带向南,经过富士山,然后入海连结大岛、三宅岛、八丈岛等,直达太平洋中的小笠原群岛和硫磺群岛,是一条南北纵断的火山带。富士山是这条火山带中最著名的火山。富士山以北的浅间山,曾于1947年爆发,是一座活火山。

白山火山带　从本州中部的内带,西延越若狭湾经中国山脉而入海,并包括日本海中的壹岐等岛屿在内,是一条东西横贯的火山带;其中最重要的火山有白山和大山等,白山是一座高达海拔2702米的活火山。

阿苏火山带　从四国岛的北部沿濑户内海横过九州岛的中部而达长崎一带,也是一条东西横贯的火山带。这条火山带中分布着很多活火山,九州中部的阿苏山是其中最著名的一座。

雾岛火山带　从九州岛的南部入海,沿琉球群岛的西侧海洋而和我国台湾北部的大屯火山带遥遥相接。九州南部的雾岛山和樱岛的御岳等,都是这条火山带中的著名火山。樱岛的三崎火山,曾于1941年爆发,把附近的大片甘蔗田和柑橘林整个毁灭,居民死亡在2万人以上。

从火山的形状来说,日本的火山绝大部分是圆锥形的火山。日本的第一高峰富士山,高达海拔3776米,即是一座标式的圆锥形火山,有着一个终年积雪和形状美丽的火山锥,日本人民一向来把它崇为"圣山"。富士山的圆锥形是一个对称的圆锥形,山顶的圆锥部分有32°—34°的陡倾,山腹地带的坡度就减为17°,再向下更逐渐缓倾,终于成为一片直径达40公里的山麓原野。富士山本来是一座活火山,从它历次喷出物的层次观察,大概曾经发生过20次以上的爆发。最后一次爆发是1707年,此后就没有什么活动的迹象了。

另一种火山是盾形火山。这是一种坡度很小的扁平火山,系由火山爆发时流出的熔岩覆盖而成,九州的阿苏山即是盾形火山的最好例子。阿苏山高达海拔1592米,火山中部有一个世界上最大的锅状外轮火山口。这个火山口东西宽18公里,南北长24公里,周围达80余公里,火山口中有火山锥十多个。它的内轮火山口并且还不时喷出大量的烟气和火山灰,是一座活火山。

最后一种火山是钟形火山。由于构成这种火山的熔岩黏性较强,喷出时不致于像盾形火山那样漫流很广,因此它不成为扁平的盾形而成为较为高耸的钟形火山。这种火山以日本南部分布较多,近畿地方奈良盆地边缘的三笠山是一个很典型的钟形火山。

除了众多的火山以外,日本也是世界上最著名的地震国家之一。日本虽然有着频繁的火山活动,但它的地震按其成因来说,除了极少数属于火山地震以外,主要的都是构造地震。[①]日本地震的地理分布以表日本最多,特别是岛弧向东南突出的关东地方。由于这一带接近日本海沟,处于大陆和深海的对置地位,地震和海啸往往同时发生,造成惨重的灾难。此外,里日本也有两个比较重要的地震带,即奥羽地方西岸的出羽地震带和中国地方北部的山阴地震带。

在日本历史上,有记录的大地震已有 2000 多次,强弱不等的地震平均每年要发生 600 多次。在地震最频繁的东京附近地区,平均每 3 天里面就有一次可以使人感觉到的地震。1703 年的日本大地震,死亡达 20 万人,东京城遭到整个的毁灭。这样巨大的地震在 1923 年又发生了一次,即是著名的关东大地震。地震发生于 1923 年 9 月 1 日上午 11 时 58 分。震源是相模湾中(东经 $139°17'$、北纬 $35°22'$)发生了断距达 100 米以上的海底大断层。最剧烈的震动只有几秒钟,担较强的波动延长达 3 小时半。这次地震毁灭了东京全市房屋的 73% 和横滨全市房屋的 96%,巨大的海浪除了卷没了港口和海湾中的 8000 艘船舶以外,更卷去了陆地上的许多人畜财物。仅在东京一地,56774 人死于地震引起的空前火灾,11227 人被海浪卷去淹死,3068 人死于建筑物和房屋的倒塌。整个京滨地区,死亡和失踪人数达 142807 人,受伤人数达 103773 人,把当时日本全国财富的 1/20 化为灰烬,真是一场骇人听闻的浩劫!

除了火山和地震以外,和火山活动有着密切关系的,是日本全国分布着很多的温泉,总计约在 1000 处以上,其中有很多是矿泉。像富士山东南的箱根、伊豆半岛北部的热海和九州东北的别府等,都是以温泉或矿泉而著名的风景区。

第四节　矿藏

矿藏的生成和分布,与地质构造有着密切的关系。从日本的地质构造来看,新生代地层占了一个很广大的面积,因此,日本显然是缺乏古老矿藏的。由于日本是一个著名的火山国家。在火山活动的过程中,没有升到地面上来的大量岩浆,凝结在地壳的裂缝里,生成了多种多样的金属矿藏。而好些非金属矿藏的生成和蕴藏,也往往和日本的近期火山活动及新生代地层有着密切的关系。这是我们在讨论日本矿藏之前所必须明确的。

　　各种矿藏中占有首要位置的是煤,要占日本全部矿产总值的 50%—60%。世界上质量最好的煤主要都在古生代的石炭纪和二叠纪生成,但日本列岛的大部分地方在那时还是一片茫茫大海,自然不可能有植物生长和生成煤的条件。在日本,甚至连中生代的煤田也很难找到。全部煤田几乎都是在第三纪地层里的。不消说,煤的品质一般是不高的。90% 以上都是发热量较低的烟煤,品质优良的工业用煤在日本是非常缺乏的。

　　把无烟煤、烟煤和品质很劣的褐煤都算在一起,并且把那些有颇大程度不可靠性的贮藏量也都估计在内,日本的煤贮藏量接近 167 亿吨。

日本煤贮藏量

（千吨）

品　　种	已经证实的藏量	估计可能的藏量	不甚可靠的藏量	总　　计	百分比(%)
无烟煤	454745	131944	132093	718782	4.3
烟　煤	5349905	3780975	6278211	15409091	92.8
褐　煤	65765	132582	275113	473460	2.9
总　计	5870415	4045501	6685417	16601333	100.0

　　日本煤矿在地理分布上是相当集中的。全部煤贮藏量的 1/2 在九州,1/3 在北海道,本州和四国的煤矿很少。九州的煤矿主要分布在西北部,共有十余处之多,其中以筑丰、三池、唐津、天草、北松浦、西彼杵等处较重要,筑丰煤矿是全国最大的煤矿。北海道也有煤矿十多处,分布在中部和东部,以中部的夕张煤矿和石狩煤矿为最重要。本州的煤矿分布比较零星,较大的有两处:一处是关东地方的茨城县和奥羽地方的福岛县之间的常磐煤矿,另一处是中国地方西部的大岭煤矿。

　　煤矿以外的另一种动力资源是石油。日本油田在构造上大概都在第三纪中新世背斜层的顶部,贮油层多为砂岩。中部地方的新潟和奥羽地方的秋田是全国最重要的油田所在,此外还有较小的北海道石狩油田和厚真油田。日本石油的总贮藏量只有17600 万吨,仅为苏联石油总贮藏量的 1/50。日本每年出产的石油,还不够供给国内10% 的需要。

　　日本的铁矿贮藏量也很贫乏。若按照矿石中所含纯铁计算,全国贮藏量约为12000 万吨。最重要的铁矿在本州北部,其次是北海道。除此以外,只有一些分散和贮藏量很小的矿床,而且它们又多数分布在山地,开采和运输都有很多困难。

　　从构造上说,日本的铁矿大都生成在火成岩的接触变质带中,这些矿床多为磁铁矿和赤铁矿。品质很好,矿石的含铁量到达 60%,甚至更高一些。日本的最大铁矿——本州北部太平洋沿岸的釜石铁矿,即是重要的接触矿床。沉积矿床在日本铁矿

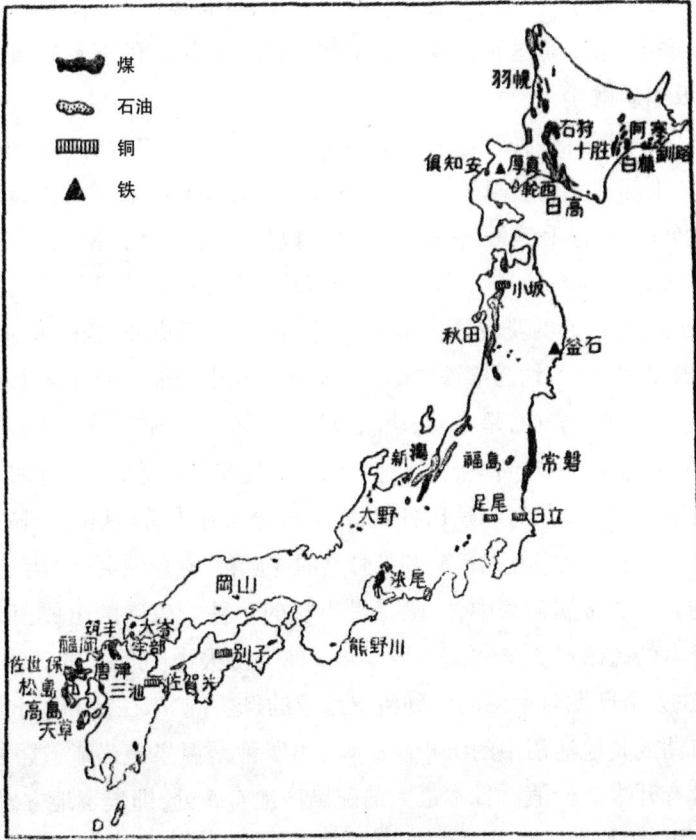

日本主要矿藏的分布图

中比较次要，这类矿床多为褐铁矿，日本的第二个铁矿——北海道西南部的俱知安铁矿，就是沉积矿床。碎屑矿床分布得相当广泛，在中国地方，这种矿床零碎地生成在花岗岩、闪长岩和基性火山岩等岩层中；也有一些矿床分布在洪积阶地和海滩上，通常称为砂铁矿，合铁量约为 30％，在日本铁矿总贮藏量中占了一个颇大的比重，这类矿床主要在奥羽地方的岩手县、青森县和北海道西南的内浦湾一带。

　　在日本各种金属矿藏中最丰富的是铜矿。铜的总贮藏量约为 66 万吨，其产值在各种矿产中仅次于煤。产铜的地方很多，其中最重要的计有 5 处：即四国北部爱媛县的别子铜矿，关东地方栃木县的足尾铜矿和茨城县的日立铜矿，秋田附近的小坂铜矿和九州东北部大分县的佐贺关铜矿。

　　日本的铜矿按其生成的原因可分接触矿床、填充矿床和交换矿床 3 种。接触矿床较少，品质也最差。填充矿床分布很广，有生成于古生代地层中的深矿床和第三纪地层中的浅矿床等各种类型，足尾铜矿就是填充矿床之一。交换矿床可分含铜黄铁矿和黑带矿两种,前者生成于古生代地层或结晶片岩中,分布很广,日本最重要的铜矿如别子铜矿和日立铜矿等,都是这种矿床。黑带矿生成于第三纪的凝灰岩或页岩内,矿石呈块状,如小坂铜矿就是。

除铜以外,日本还有多种有色金属矿藏,但藏量一般不多。锌矿埋藏在奥羽地方的宫城、福岛和中部地方的岐阜等县,主要是接触变质矿床。锡矿在近畿地方的兵库,九州地方的大分、鹿儿岛和宫崎等县都有蕴藏,以兵库县较为丰富。矿床分矿脉、砂矿和接触变质矿床等3种。锑矿分布在兵库县和四国地方的爱媛县,矿石以辉锑矿为主。钨矿蕴藏在关东地方的茨城县、中国地方的冈山县以及九州、四国等地,矿床分矿脉和接触变质矿床2种,矿石均为锰铁钨矿。铬矿蕴藏在中国地方的鸟取县和北海道的日高等地,矿石生成于蛇纹岩中,呈条状、块状或层状分布。锰矿的分布虽较多,但藏量也都不大,主要在近畿地方的滋贺县、关东地方的栃木县和北海道的渡岛半岛等地。此外,金矿分布在大分、茨城、鹿儿岛和秋田各县,银矿则分布在大分、秋田、茨城各县,金银往往和铜矿共生。至于像岐阜县的铅矿和长野县的镍矿,贮藏量就更微不足道了。

在日本的其他非金属矿藏中,硫磺是最丰富的一种。硫磺的生成,和火山活动有密切关系。日本的硫磺矿大概可分4种:第一种是由火山喷气孔的硫磺气升华而成的;第二种是在火山爆发时熔融的硫磺流出结成的,这种矿床往往和泥土混合;第三种是沉积在火口湖或其他池沼中的沉积硫磺矿;第四种是温泉硫磺矿,这种矿床只有医疗的意义而没有开采的价值。日本最大的硫磺产地有5处:即奥羽地方岩手县的松尾和福岛县的沼尻,中部地方群马县的小串和吾妻,北海道西南部的幌别。此外如北海道的渡岛半岛以及本州岛的长野和栃木等县,蕴藏也很丰富。硫磺虽非重要矿藏,但它对日本的化学工业提供了很大的便利。

高岭土的分布在日本也很普遍,中部地方特别丰富。高岭土多由花岗岩分解和火山岩风化而成,是日本陶瓷工业的重要基础。此外,日本还有一些第三纪的磷矿,如能登半岛的第三纪凝灰岩内有磷矿层,九州地方的宫崎县也有第三纪的球状和块状磷矿。但这些磷矿不但藏量有限,质量一般也较低劣。

总的说来,日本的矿藏种类颇多,但贮藏量一般都不大。工业上最重要的矿藏特别是铁和石油尤其感到缺乏。煤虽有一定数量的贮藏,但质量也较低劣。不过在另一方面,日本的某些矿藏如铜和硫磺等,贮藏量相当丰富;而动力矿藏的缺乏又有丰富的水力资源可以弥补。因此,日本的矿藏虽然存在着颇大程度的缺憾,但也并不是极端贫乏。日本在矿产原料上存在的困难,其中有一些毫无疑问的是由于资本主义掠夺式的开采和对于天然资源的大量破坏与浪费而引起的。资产阶级学者长期来把日本渲染成为一个几乎完全没有矿藏的贫穷国家,这完全是为了替日本帝国主义对外侵略找寻一个借口。事实上，只要能对其矿藏加以合理的开发和利用，并且和它的邻国之间展开有无相济的正常贸易，日本在矿藏中存在的缺憾是容易解决的。

第五节　海洋和海岸

日本是一个岛国，四周全被海洋所包围。日本列岛的西部和北部与亚洲大陆之间有一系列的边缘海。九州西南和我国的海岸之间是东海，它的外缘被琉球群岛所包围。从朝鲜海峡和对马海峡向北直达鞑靼海峡，其中是日本海，它的外缘即是日本岛弧的本身。北海道东北和苏联的萨哈连岛及堪察加半岛之间是鄂霍次克海，它的外缘被苏联的千岛群岛所包围。这些边缘海的深度都不大，就东海说，虽然在靠近琉球群岛的狭窄地带，最大深度也可到达2631米，但它的平均深度却不过177米而已。日本海的平均深度是1530米，鄂霍次克海的平均深度是1270米。虽然它们的最大深度都可超过3000米（日本海最深处达3712米，鄂霍次克海最深处达3374米），但是要和外侧的太平洋一比，这些海洋仍然都是浅海。

日本列岛的东部是太平洋。和西部边缘海的情况完全不同，离海岸不远的地带即分布着许多深度极大的海沟。从苏联千岛群岛的北部起，沿着日本列岛直达小笠原群岛，是一条长达2800公里的日本海沟（塔斯卡罗拉海沟）。[②]这是地球上最长和最深的海沟之一，它的平均深度在6000米以上，最深的一点到达9435米。

在西部的边缘海和东部太平洋之间，即本州南部和四国、九州的北部之间的地方，还有一个被称为"日本地中海"的濑户内海。这是一个面积达3430平方公里的狭长

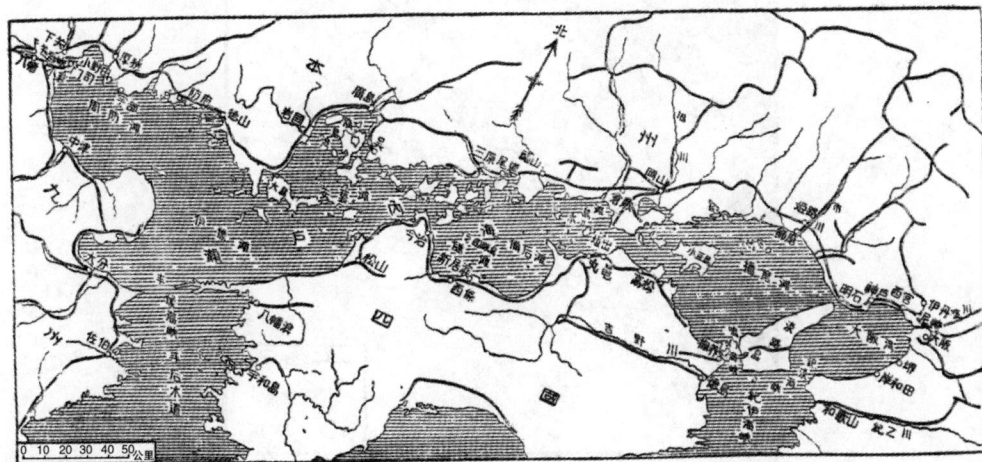

濑户内海图

形内海。东西长度约354公里,南北的宽度最大不过77公里,狭窄之处则只有6公里。内海是由于地壳下陷而形成的,深度很小,一般不超过40米,最深处也不过124米。要是海水下降40米,则四国和九州岛将和本州岛连接而成为一个大岛。

瀬户内海具有三个重要的特点。第一,它是一个多岛屿和滩的内海。最大的岛屿是东部的淡路岛,其次如小豆岛和大岛等,特别是内海的北岸,岛屿最多。多滩的情形也很突出,在地图上看,整个内海几乎全由各个不同名称的滩所构成,例如东部的播磨滩,中部的备后滩、燧滩、安艺滩、硫磺滩以及西部的周防滩等。达些海滩都是盐业和渔业的重要基地。第二,瀬户内海的海岸线特别曲折,构成了很多优良的港湾。第三,瀬户内海具有很大程度的闭塞性,它和太平洋之间只有两条水道相通,和日本海之间则只有一条水道相连。和太平洋之间的通道,一条是九州和四国之间的丰豫海峡和丰后水道,另一条通道是四国和纪伊半岛之间的纪伊水道,它的北端由于淡路岛的横亘,成为鸣门和纪淡两个海峡,这些通道都很狭隘。瀬户内海和日本海之间的通道,则是更为狭隘的下关和门司之间的下关海峡。

在了解了日本周围的海洋分布以后,我们还必须进一步把日本沿海的洋流作一个探讨。

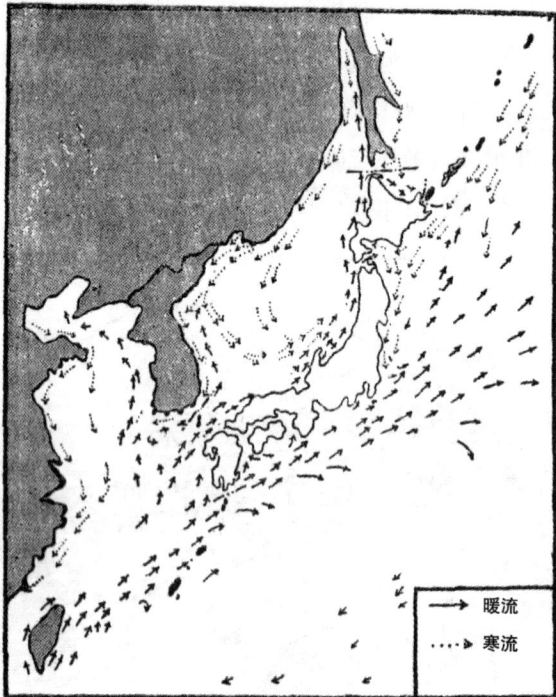

日本沿海的洋流图

日本沿海的洋流分寒流和暖流两种。寒流通常称为亲潮。其实亲潮只不过寒流中较为重要的一支,它沿着苏联的堪察加半岛和千岛群岛的东岸向西南流注,所以又称千岛海流。这支寒流沿着北海道和本州北部的东岸南流,直到利根川口的犬吠崎为止。亲潮的流速约为每日3浬—10浬,宽度达50浬。

第二支寒流是发源于鄂霍次克海的萨哈连东海流。这支寒流的一部分经拉比路柴海峡(宗谷海峡)而入日本海;另一部分则经千岛群岛间的各海峡,和亲潮汇合南下。

第三支寒流是里曼海流,这支寒流也发源于鄂霍次克海,经鞑靼海峡而入日本海,日速为7浬—15浬。它所流过的地带,主要是在日本海的西部,所以和日本的关系不大。

暖流的情况比寒流简单。日本沿海的主要暖流是黑潮。黑潮溯源于太平洋的北赤道海流,它向北沿菲律宾群岛东部北上,经我国台湾的东岸,沿台湾和琉球群岛南部的石垣岛之间进入东海,然后折向东北,沿日本列岛东侧北流,到北纬40°附近和亲潮相遇。另一支则经过朝鲜海峡和对马海峡进入日本海,称为对马海流。对马海流沿日本列岛的西侧北流,一部分经津轻海峡注入太平洋,另一部分则经拉比路柴海峡进入鄂霍次克海。黑潮的宽度约在100浬左右,其流速在日本附近为每日30浬—40浬。

在日本周围的海洋中,洋流是一种非常重要的自然现象,它和日本的自然地理和经济地理都有很密切的关系,在下面将分别提到。

四面环海的日本列岛,有着非常曲折悠长的海岸线。日本海岸线的总长度约为27000公里。也就是说,全国每13.5平方公里的土地面积中,就有海岸钱1公里,是世界上海岸线最曲折的国家之一。

日本的海岸有下沉海岸和上升海岸两种。下沉海岸以南弯为普遍,北弯只有在奥羽地方东部牡鹿半岛以北的沿海地带才有发现。下沉海岸最发达的地区是九州岛的西北部和濑户内海沿岸。这些地方,山脉往往不和海岸平行,而是和海岸形成一定斜度或是雁行式的分布。这种海岸沉降的结果,海水侵入纵谷,形成了许多曲折多变的海湾,这就是地理学上的所谓"里亚式海岸"。[③]以九州岛西北的肥前半岛为例,半岛本身又枝枝节节地向四面八方分出了东松浦、北松浦、西彼杵、岛原等许多半岛上的半岛,参差的海湾,曲曲折折地楔入了这些半岛的内部,形成了支离破碎、变幻莫测的海岸景色。

上升海岸分布在北海道东部的根室平原沿海、本州的阿武隈山脉沿岸、利根川三角洲、天龙川三角洲和本州西部的日本海沿岸等地。海岸的上升可以由海岸平原和海岸阶地的发育得到证明。北海道根室平原的旧海岸,已经高出目前的海岸达300米;阿武隈山脉东岸和本州的日本海沿岸,都有30米—300米的海岸阶地。

　　在地图上把日本的海岸作一个总的浏览,可以发现太平洋沿岸比日本海沿岸远为复杂曲折。若以海岸线的长度作比较,则太平洋沿岸和日本海沿岸约为 3.7 与 1 之比。因此,日本在太平洋沿岸比其他各沿海都富于港湾。日本列岛的港湾总数约在 1400 个以上,其中比较重要的,在太平洋沿岸有内浦湾(喷火湾)、仙台湾、东京湾、相模湾、骏河湾和伊势海;在濑户内海沿岸有大阪湾和广岛湾;在东海沿岸有鹿儿岛湾、岛原湾(有明海)和长崎湾;在日本海沿岸有若狭湾、富山湾、陆奥湾和小樽湾等。许多的港湾从各方楔入日本内陆,使日本国内任何一处内陆,距离海岸都不超过 100 公里,这是日本很有利的一个自然条件。

第六节　气候

　　在讨论日本气候的时候,我们必须首先把影响日本气候的主要因素加以研究,这对于我们了解日本的整个气候概况是很有帮助的。

　　由于地球上气候的分布与纬度有着重要的关系,因此,日本列岛分布的位置是影响日本气候的第一个因素。列岛的位置大概在北纬31°—46°之间,在气候带中属于温带,这就说明了日本气候一般具有温和的特点。但是从另一方面看,列岛在纬度上南北相差达 15 度,这就必然引起南北气候上的差异。日本北部已经进入寒温带,但南部的气候却完全具有着亚热带的特色。

　　其次,日本列岛分布在亚洲大陆的东部边缘。亚洲东部是世界上最典型的季风区域,日本自然也免不了受季风的影响。因此,季风便成为影响日本气候的第二个主要

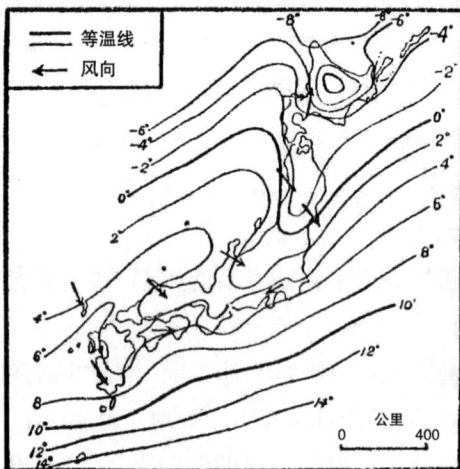

日本 1 月气温(摄氏)和风向图

因素。当然,大陆季风在越过日本海的过程中,或多或少地也要接受一些海洋的影响
而带上若干海洋色彩,但其基本的性质却仍是不变的。从东南吹来的海洋季风和从西
北吹来的大陆季风,不但在日本的季节变化中扮演了主要的角色,而且还使面临海洋
季风的表日本和对于大陆季风首当其冲的里日本,在气候上存在一定的差异。

　　四面环海的岛屿环境,是影响日本气候的第三个因素。这个气候因素可以从两方
面来理解,首先是海洋对于气候的一般影响,也就是说,由于海水的比热远较陆地为
大,因而有力地调节了大陆的气温,增加了日本气候的海洋性色彩。从日本本国来说,
沿海的气候要比同纬度的内陆温和。日本冬季等温线的弧形向北突出和夏季等温线
的弧形向南突出的现象,可以充分说明这个问题。就日本和亚洲大陆之间的比较来
说,则它的气候更比同纬度的大陆来得温和。例如北海道的根室在纬度上和苏联的海
参崴大致相当,海参崴1月平均气温在 −13℃以下,但根室却不过 −5℃。九州南部的
鹿儿岛在纬度上和我国上海相去不远,上海的1月平均气温是 3.3℃,但鹿儿岛却高
达 7.1℃。

　　海洋对于日本气候的另一种重要影响是由洋流形成的。在日本,由于暖流流过整
个里日本沿海和表日本的南弯海岸,而寒流则流过表日本的北弯海岸,给予这些地带
以不同的影响。例如北弯的里日本沿海在气温上要比北弯的表日本沿海高一些;而温
暖的对马海流,对于里日本的多雨,也起了重要的作用。

　　由于上述各种因素交互影响的结果,形成了日本海洋性的温带季风气候。

　　现在,让我们更进一步把日本的气候要素作一个分析吧。

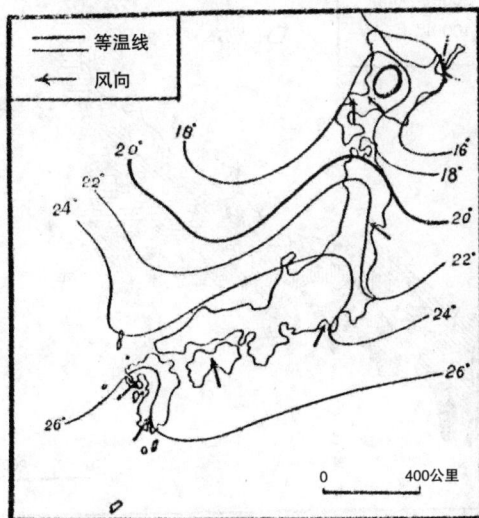

日本7月气温(摄氏)和风向图

　　就气温说,日本是相当温和的。列岛最偏北的北海道北部地带,年平均气温尚在
5℃以上;而列岛最南方的九州南部,年平均气温也不过17℃。所以日本气候是很少
严寒和酷暑的。在冬季,日本的寒冷区域只限于北部的较小地区,1月0℃等温线通过
奥羽西岸的男鹿半岛和东岸的牡鹿半岛之间。北海道内部有一封闭的－10℃等温区,
是全国最寒冷的地方。1月6℃等温线标志着日本冬季最温暖的地带,这条等温线成
东北西南方向,从房总半岛和伊豆半岛的南端,通过纪伊半岛中部、四国北部和九州中
部。在气温最高的七月,20℃等温线通过本州最北部的陆奥湾,但北海道的最偏北地
区,气温也不低于16℃。离海洋较远的内陆,由于受到海洋的调节作用较小,气温往
往相对地升高,所以在伊豆半岛和纪伊半岛的北部各有一封闭的26℃等温区。但位
于最南部的九州岛,平均气温也不过26℃,这说明了日本夏季并无溽暑酷热的现象。

　　日本的雨量是非常丰富的。全国除了北海道东部和本州北部的极小地区年雨量
不足1000毫米以外,绝大部分地区年雨量都超过1000毫米甚至2000毫米以上。造
成日本降雨的原因,首先是季风。从太平洋吹来的东南季风,本来具有湿润的特性,加

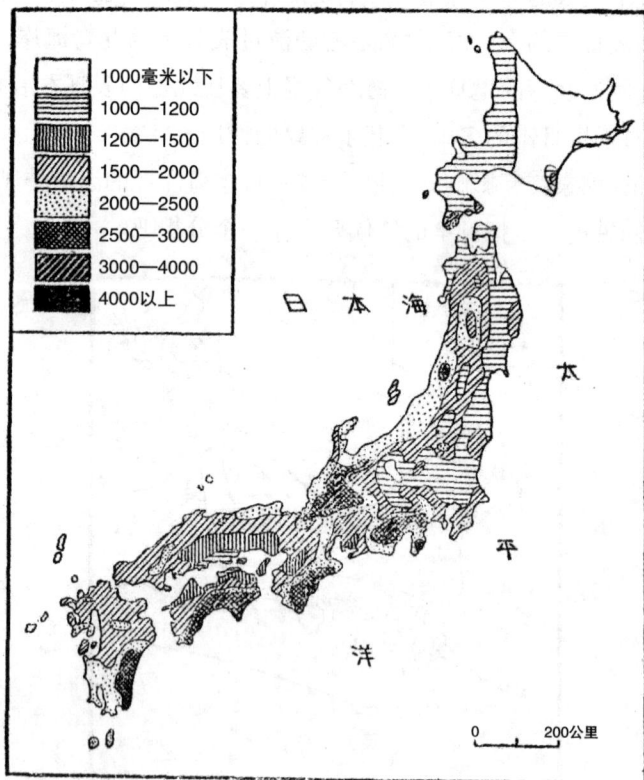

日本的雨量分布图

上在登陆以前又横过了广大的黑潮流域,挟带的水汽更大为增加,造成表日本南弯沿海春夏季的大量降雨,情形和我国东南沿海相似;和我国不同的,是日本的西北季风也常造成里日本北弯沿海的秋冬降雨。这是因为从大陆吹来的西北季风当其横过日本海时,多少也带上了海洋的色彩,特别是因为在登陆以前曾经横过温暖湿润的对马海流,使它也饱含了水汽的缘故。

日本降雨的另一原因是温带气旋。温带气旋来自我国,它造成日本六、七月间很长时期阴霾满布和细雨连绵的天气,这就是所谓"梅雨",情况和我国的"梅雨"一样。此外,热带气旋(即台风)也是造成日本降雨的重要原因。台风于每年7月到10月来临,特别是在9、10月间,当东南季风和西北季风交替的季节,是台风最容易袭击日本的时期。南弯的太平洋沿岸,热带气旋经过频繁,狂风暴雨,常常造成这些地区的惨重灾难。

除了丰沛的雨量以外,日本沿海还有多雾的特点,空气非常湿润。多雾的地区主要是在日本海的西北部以及北海道的北部和东南部沿海一带。这些地方在冬季半年中经常有从北方海洋漂浮过来的浮冰。浮冰周围的空气在迅速冷却的过程中形成了浓雾。此外,在本州东部黑潮和亲潮汇合的地带,由于暖水和冷水的骤然接触,也经常造成漫天大雾。

在上面我们已经讨论了日本的气候因素和要素。由于日本各地气候因素和要素的不同,就造成了日本气候的区域差异。根据日本气候区域差异的程度,日本列岛大致可以划分成五个气候区域。下面是日本各气候区域的大概情况。

北海道气候区 包括渡岛半岛以北的整个北海道。这里全年平均气温在8℃以下,属于寒温带气候。因为位置上和亚洲大陆比较接近,所以气候的大陆性色彩还相当显著;像西部的札幌,年较差到达27℃,这是日本其他地方所少见的。由于虾夷山系的南北纵贯,本区又可分成东西两个副区。虾夷山系以西,因为接近温暖的对马海流,冬季气温较高;而且大陆季风从暖流带来的水气,使这里有相当丰沛的冬季降雨,年雨量在1000毫米以上。虾夷山系以东,因为远离暖流,冬季就更为寒冷,而且也比较干燥。这里降雨多在夏季,年雨量在1000毫米以下。和其他各区相比,北海道气候区是日本各气候区中气温最低和积雪时间最长的区域。

东北日本气候区 包括北海道的渡岛半岛和本州北部的奥羽地方。在距海较远的内陆,并且还可向南伸展到中部地方的飞驒驿山脉一带的高地。这一带全年平均气温在8℃—12℃之间,就日本全国说,还是比较寒凉的地区。本区里日本沿海的降雨,主要是受西北季风的影响,属于冬雨型,而且也比较丰富,年雨量达1800毫米。本区表日本沿海的降雨则是受东南季风的影响,属于夏雨型,比里日本干燥,年雨量约为

日本的气候区域图

1200 毫米。另外,由于里日本沿海有对马海流经过而表日本沿海为亲潮流注,因此里日本在气温上也比表日本暖和。

里日本气候区　北起奥羽地方的山形县,沿日本海向南,到中国地方的石见县为止,包括奥羽地方的南部、中部地方、近畿地方和中国地方的全部日本海沿岸地区在内。这一带,全年平均气温在 12℃—15℃之间,即使是最冷的二月份,平均气温也在 2℃左右,而最热的八月份,平均气温已经到达 24℃左右,因此,本区的气候是相当的温暖。由于对马海流经年地流润着本区海岸,增加了气候温暖湿润的程度,使本区具有日照较少而云量很多的特色,并且常常发生涨漫的大雾。特别是当西北季风来到的冬季,对马海流借季风供给了源源的水汽,形成一个长期阴雨的天气。本区年雨量在 2000 毫米以上,属于冬雨型。遇到冬季气温较低的年份,降雪的机会就大大增加,往往造成深厚的积雪。

中央气候区　包括本州太平洋沿岸的关东和浓尾两大平原,畿内平原和濑户内海沿岸的其他地区以及九州岛的北部。这一带全年平均气温在 14℃—16℃之间。虽然冬季仍不免霜雪,但整个夏季的平均气温都在 20 ℃以上,气候温和的情况和我国长江流域大致相似。由于这一带面临太平洋的地理位置,东南季风是造成降雨的主要原因,所以降雨多在夏季,年雨量在 1800 毫米—2000 毫米之间。但濑户内海沿岸地区,

因为南受四国山脉的屏障,北有中国山脉的阻挡,成为一个雨影地带,年雨量只有
1200毫米左右。

南日本气候区　中央气候区以南的本州、九州和四国的全部地区,包括本州房总
半岛和伊豆半岛的南部,骏河湾和伊势海之间的沿海地带,纪伊半岛的南部以及四国,
九州的南部等地。这里是日本气候最暖和的地带,全年平均气温大概都在16℃以上,
冬季各月的平均气温也不低于6℃,霜雪已很少见了。本区和里日本气候区同是日本
最多雨的地区,年雨量达2000毫米以上。不过本区的降雨季节主要在夏季,降雨日数
比里日本气候区要少,但降雨的强度则远远过之。特别是因为热带气旋最容易侵袭本
区,常常带来狂风和暴雨。

在简单地浏览了日本各气候区的情况以后,我们再从每个气候区中各选出一地,
列举它全年各月的气温和雨量资料,以便让大家更进一步地了解各气候区的具体情
况,并且也便于在各区之间的相互比较。

日本气温　　　　　　　　　　　　　　　　　　　　　　　　（摄氏）

气候区	地名	1月	2月	3月	4月	5月	6月	7月	8月	9月	10月	11月	12月	年平均	年较差
北海道	札幌	-6.3	-5.2	-1.8	5.2	10.4	14.8	18.9	20.7	16.1	9.3	2.8	-2.1	7.0	27.0
东北日本	石卷	-0.4	0.2	3.1	8.8	13.2	17.2	21.3	23.3	19.8	13.7	7.9	2.4	10.9	23.7
里日本	金泽	2.5	2.3	5.3	11.0	15.6	20.0	24.2	25.6	21.5	15.4	10.1	5.2	13.2	23.1
中　央	东京	3.1	3.7	6.9	12.7	16.6	20.5	24.3	25.6	22.0	16.0	10.5	5.4	14.0	22.5
南日本	鹿儿岛	7.1	7.5	10.8	15.5	18.9	22.3	26.1	26.8	24.2	18.9	13.7	8.9	16.7	19.7

日本雨量　　　　　　　　　　　　　　　　　　　　　　　　（毫米）

气候区	地名	1月	2月	3月	4月	5月	6月	7月	8月	9月	10月	11月	12月	全年
北海道	根室	37	28	56	77	93	91	109	143	103	99	87	58	981
东北日本	石卷	41	50	74	94	112	111	121	116	161	125	67	44	1114
里日本	金泽	270	188	169	164	139	170	205	162	237	210	272	347	2533
中　央	东京	52	73	111	132	155	160	133	154	237	199	100	57	1562
南日本	鹿儿岛	83	100	155	216	212	398	298	192	220	124	94	86	2172

第七节　河流和湖泊

　　河流的流向完全受地形的支配，而水文情况则又和气候有着不可分割的关系。根据日本的地形和气候条件，日本的河流具有下列一些特点。

　　第一，由于日本列岛是一群南北走向的狭长岛屿，分水岭纵贯列岛中部，东西两侧地面狭隘，因此日本完全缺乏大河；长度在300公里以上的河流，全国不过4条而已。

　　第二，由于地形的崎岖复杂，日本绝大部分河流的河床坡度很大，水势非常湍急，只有在下游冲积平原地区才有航行的价值，水力利用的意义比航行更为重大。

　　第三，因为雨量的丰富，日本河流的水量大都充足。但表日本和里日本的雨季不同，所以表日本河流夏秋水位最高，里日本河流冬春水位最高。多雨季节，各河往往山洪暴发，泛滥成灾。

　　第四，日本气候温和，1月0℃等温线横过本州北部，所以大部分河流在冬季并不冰冻；只有少数河流冬季结冰，但冰期也很短促。

　　由于列岛分水脊线顺着岛弧纵走，日本的河流按照它们的流向可以分成3个不同的斜面：即太平洋斜面、边缘海斜面和濑户内海斜面。其中边缘海斜面的河流分别注入鄂霍次克海、日本海和东海。

　　太平洋斜面是日本最富于河流的地区。日本最主要的12条大河中有一半是注入太平洋的。这些河流的上游往往沿着山脉成为纵谷，下游则多成为比较广大的平原。日本最主要的平原如利根川下游的关东平原、木曾川下游的浓尾平原、北上川下游的仙台平原以及北海道的钏路平原和十胜平原等，都分布在太平洋沿岸。

　　边缘海斜面的河流虽然不及太平洋斜面的众多，但全国最大的河流如信浓川和石狩川等，却都在这个斜面入海．这些河流下游所构成的平原虽不及太平洋沿岸那些平原的广大，但它们的上游和中游却也不像太平洋斜面河流那样地成为纵谷，而往往分布着一些山间盆地。像奥羽地方雄物川上游的横手盆地，最上川上游的米泽盆地和中游的山形盆地、新庄盆地等，都是很好的例子。从水力的蕴藏量来说，边缘海斜面也超过了太平洋斜面。

　　最缺乏河流的是濑户内海斜面。这里最长的河流是发源于琵琶湖的淀川，但它在日本各主要河流中却仍是最短小的。不过它和大和川所共同构成的畿内平原，倒有很大的重要性。这块平原按其历史意义来说，确是日本文化发展的摇篮。

　　下面表列的是日本主要河流的大概情况。

河流名称	所在地	注入海洋	长度(公里)	通航里程(公里)	流域面积(平方公里)
石狩川	北海道	日本海	365	275	14250
天盐川	北海道	日本海	306	181	5820
阿武隈川	本州岛	太平洋	196	150	5480
北上川	本州岛	太平洋	243	232	10720
利根川	本州岛	太平洋	322	275	15760
天龙川	本州岛	太平洋	216	200	4890
木曾川	本州岛	太平洋	232	86	9100
信浓川	本州	日本海	368	285	12260
阿贺川	本州	日本海	169	149	8340
最上川	本州	日本海	216	196	7400
淀川	本州	濑户内海	79	71	8410
吉野川	四国	太平洋	236	110	8700

日本的湖泊很多,但面积大都很小。从湖泊的地理分布来说,北弯远远地多于南弯;从湖泊的形成原因来说,则主要是由于地层断裂、地震、火山爆发和海岸沙嘴堆积的结果。

第一种类型的湖泊是构造湖,这往往是由地层断裂造成的,深度一般很大,近畿地方的琵琶湖是典型的例子。琵琶湖位于近江盆地的中心,面积达 675 平方公里,是全国最大的湖泊。

第二类湖泊是积水在死火山口中的火口湖。由于日本火山活动的频繁,这类湖泊的数量极多。火口湖多分布在海拔很高的地区,深度往往很大。关东地方日光附近的中禅寺湖,位于海拔 1270 米的高山上,是全国最高的湖泊。湖水外溢,形成日本最著名的华岩瀑布。奥羽地方和北海道,是火口湖特别发达的区域。奥羽的猪苗代湖和十和田湖,都是全国著名的大湖,而田泽湖的深度达 425 米,是日本最深的湖泊。在北海道,则像支笏湖、洞爷湖和屈斜路湖等,也都是火口湖。

在火口湖附近,一般都是山光水色和风景很美丽的地方。富士山附近分布着大大小小 8 个火口湖,称为"富士八湖",湖山相映,平添了不少景色。此外,由于火口湖大都分布在很高的地区,丰富的水量加上巨大的落差,就成为很有价值的动力资源。

第三类湖泊是由于滨海地带的沙嘴堆积和海岸线移动而形成的堆积湖。在日本通常把这种湖泊称为"潟"。堆积湖的深度一般都很小,其中有很多是咸水湖。如中国地方岛根半岛南侧的中海和宍道湖,关东地方利根川下游的霞浦和北浦等,都是堆积湖的例子。奥羽地方西岸的堆积湖八郎潟,是日本全国的第二大湖。

下面表列的，是日本主要湖泊的大概情况：

湖泊名称	所在地	海拔高度（米）	深度（米）	面积（平方公里）
网走湖	北海道	0.6	18	34
能取湖	北海道	0	22	59
猿涧湖	北海道	0	9	151
屈斜路湖	北海道	121	125	80
洞爷湖	北海道	83	183	70
支笏湖	北海道	248	363	76
小川原沼	奥　羽	1.5		65
十和田湖	奥　羽	401	378	60
田泽湖	奥　羽	250	425	26
八郎潟	奥　羽	0	4.7	223
猪苗代湖	奥　羽	514	102	105
霞　浦	关　东	2	7.6	183
北　浦	关　东	1	10	40
印旛沼	关　东	0.8	1	26
中禅寺湖	关　东	1270	170	11
诹访湖	中　部	759	7	15
琵琶湖	近　畿	86	95	675
中　海	中　国	0	14	102
宍道湖	中　国	1	6.4	83
池田湖	九　州	68	227	22

　　日本的河湖在经济意义上可以从航行、灌溉、水产养殖和水力利用等4方面加以说明。日本河流虽然大多湍急，但中下游往往仍有或长或短的里程可通舟楫，在前面表列的主要河流概况中对此已经提及。日本河流有着丰富的水量，在农业灌溉上也具有重要的意义；像北海道的石狩川，本州的信浓川、利根川、木曾川、淀川，九州的筑紫川和四国的吉野川等，都是最重要的灌溉河流，滋润了沿岸的广大耕地。在水产养殖方面，虽然对于日本来说，河湖远抵不上海洋，但也仍具有一定价值；像琵琶湖的鲋鱼和霞浦的白鱼等，都是日本内湖中的名产。最后谈到水力利用，这是日本河湖在经济上的最主要意义。

　　日本的湍急河流和落差极大的湖泊，潜藏着非常丰富的水力，是日本一项重要的动力资源。日本河流的水力贮藏量大概如下：

水　位	水力贮藏量（千匹马力）
高　水　位	14090
低　水　位	6415
一般水位	11988

就整个日本的河流来说，日本海斜面的河流在水力贮藏量上比太平洋斜面的河流要丰富些。就个别河流说，则以信浓、木曾、天龙、阿贺各川贮藏量为最丰富。下面表列的是日本主要河流的一年平均水力。

日本海斜面河流	一年平均水力（千万匹马力）	太平洋斜面河流	一年平均水力（千万匹马力）
阿贺川	582	木曾川	686
最上川	214	天龙川	549
神通川	416	富士川	289
黑部川	311	利根川	158
信浓川	701	大井川	190
石狩川	98		

当然，日本河湖在水力利用方面并非没有缺点；最主要的是水位的季节变化极大，很多河流在枯水季节的水位要比一般时期的水位降低达 40%，造成了水力开发和利用上相当严重的问题。不过由于日本海斜面的河流和太平洋斜面的河流在水位涨落的季节上并不一致，所以这种缺点仍能得到适当的调剂。总之，对于日本这样一个缺乏其他动力资源的国家来说，水力资源特别显得是一种可贵的财富。

第八节　土壤、植物和动物

土壤在地球上分布的一般图式是依存于气候的，日本自然也不例外。根据日本的气候条件，除了高山地区以外，自北至南，大致上具有轻灰化土、棕壤和红壤 3 个土壤带。下面是这 3 个土壤带的大概情况。

轻灰化土带　这一土壤带包括北海道的全部、奥羽地方的大部以及中部、近畿、中国各地方的西部。这里的土壤是一种发育在寒凉、潮湿和树冠比较茂密地带的轻度灰化的酸性土壤。这种土壤的腐殖质含量不多，特别缺乏可溶性的矿物质，是一种比较贫瘠的土壤。

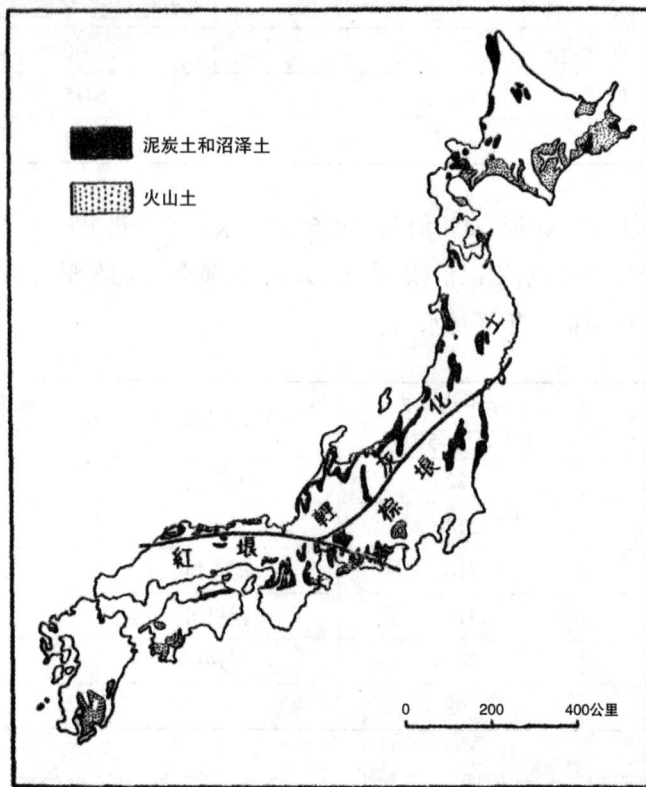

日本的土壤分布图

棕壤带　这一土壤带主要是在本州中央的东部地带。这里的土壤是一种中性的棕壤。棕壤含腐殖质较灰化土要多些，而这个地带雨量并不太多，淋溶作用进行得较为缓慢，因此可溶性盐类的含量也比较丰富。在日本的各类土壤中，棕壤是较为肥沃的一种。在棕壤带内海拔450米以上的山地中，灰化土仍有很广泛的分布。

红壤带　包括九州、四国两岛和本州西南部大致北纬35°以南的地带。在气候上说，红壤带是日本最暖和多雨的地带。由于经常的降雨，淋溶作用很盛，土壤中的矿物质和腐殖质都相当缺乏。因此，红壤带的土壤也是比较贫瘠的。不过红壤土质疏松，垦植是很容易进行的。红壤带内同时也零星地分布着小片的棕壤。此外，在海拔900米—1300米的高地上，灰化土的分布仍很普遍。

除了上述的3个土壤带以外，在好些河流沿岸和关东、浓尾、畿内等平原上，也分布着面积不等的冲积土，夹杂在上述3个主要的土类之中。冲积土不但肥力较高，而且这些地方地势很平坦，垦植非常便利，多已被开辟为水稻田。由于长期耕作的结果，使这些地方的土壤成为一种特殊的水稻土。不过这种情况一般是在较新的冲积带出现,跟古老的冲积带即所谓洪积阶地的情况是大不相同的。在那些地方,土壤的表面结构非常粗糙,表土大概是疏松而多孔的砂土,而底土则往往是砾石。不消说,这种土壤是很贫瘠的,特别不适宜于水稻的种植。

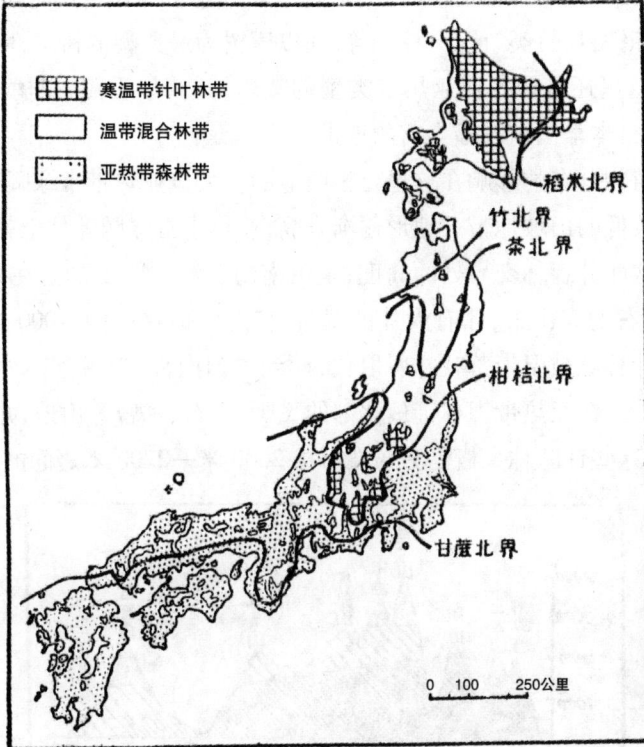

日本的植物分布图

此外,在火山活动特别发达的九州南部、四国西南部和北海道的南部及东部地区,分布着面积大小不等的火山土;这种土壤是以火山灰为母质而发育形成的,含有较多的磷、钙等矿物质,因此比较肥沃。本州西岸、东南岸和北海道的西岸,也有泥炭土和沼泽土的分布,但面积不大。

日本列岛的植物界是相当丰富的。植物的种数约在 5500 种以上,其中有用植物有 1500 种之多,而栽培植物也超过了 400 种。自然植物中特别丰富的是由各种树木构成的森林。日本的森林中包括了 160 种以上的树木,超过了整个欧洲森林中的树木种数。日本的森林面积也非常广大,大概要占它全部领土面积的 54.5%,其他还有 15% 左右的土地是布满着灌木的原野。这都是日本非常重要的财富。

在日本的全部森林中,分布最广泛的是阔叶林,要占全部林地面积的 44.1%,针叶林占 26.4%,混合林占 26.5%;此外还有 3% 是竹林和其他杂种树林。森林带的分布,受着气候和地形的显著影响。下面是日本3个主要森林带的大概情况。

日本的南部,大致在北纬37°或88°以南的地带,包括九州、四国以及本州东岸的关东平原和西岸能登半岛以南的地区,是亚热带阔叶林带。这一带的全年平均气温在13℃—21℃之间,雨量非常丰富。因此,主要的森林是常绿阔叶林。最普遍的植物有樟科、山茶科、苏铁科、竹类、芭蕉、棕榈等,而以橅树为最典型的树木,所以这个森林带又称"橅带"。这里还有着各种亚热带类型的栽培植物,如香蕉、柑橘、荔枝、龙眼、茶树和甘蔗等,是日本全国植物最丰富的地带。

地形对于植物分布的影响在这里是很明显的。大概亚热带常绿阔叶林的分布,主要都在低地或较低的山坡地带。地形逐渐升高,亚热带常绿阔叶林也就逐渐为温带落叶林所代替。这两种森林交界处的高度,是由南向北渐次降低的。在九州,一般要到海拔1500米左右的高山上,才有大片的温带落叶林;但在四国,1000米左右的高地,亚热带常绿阔叶林就被温带落叶林所取代;而到本州南部,温带落叶林在500米的地带就普遍出现了。在亚热带森林带最北部的飞驒、赤石、木曽等山地,并且还有寒温带针叶林的分布;这些针叶林大概是分布在海拔2000米—2700米之间的地带。

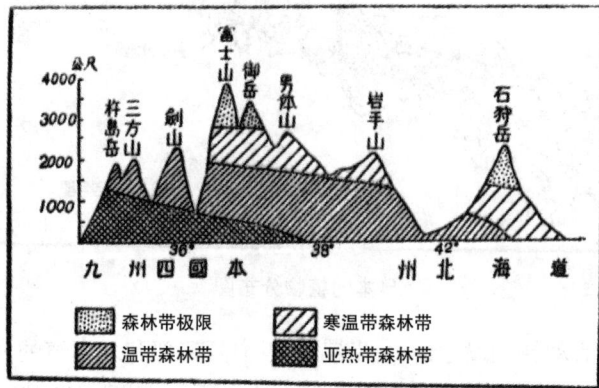

日本森林的垂直分布图

日本的第二个森林带是温带混合林带,主要是在本州北部北纬37°或38°以北的地带。此外,在北海道东经140°以西和北纬43°30′以南各地,也有颇大面积的温带混合林分布。从气候上说,这一森林带的南界略和年平均13℃等温线一致,北界略和年平均6℃等温线一致,比亚热带森林带自然要寒冷些了。这一带的主要阔叶树有山毛榉、栎、栗、白桦、白杨、槭、银杏树、柳、枫等,针叶树则有五叶松、落叶松、杉、枞、柏等。槲树是这个森林带中最典型的树木,所以这里又称"槲带"。除了北海道和本州的极北部以外,竹林在这一带仍很普遍;另外还有多种栽培植物如茶树、桑、漆、苹果、樱桃等。

温带混合林带在气候上具有日本南北气候过渡地带的性质,这种性质在这个地带的植物分布中充分地反映出来。这一带的南部多常绿阔叶林,但北部则以针叶林占最大优势。北海道南部的渡岛半岛,植物分布表现出最典型的过渡色彩。在这里,既有奥羽地方所常见的五叶松,也有北海道东部寒温带针叶林带中分布很广的椴松。但由此向北,却很少再能看到五叶松;向南越过津轻海峡,则椴松也就完全绝迹了。此外,地形对植物分布的影响也很明显;如奥羽山脉和渡岛半岛的中部,由于是温带混合林带中央的较高地区,境内也分布着南北纵列、时断时续的一带寒温带针叶林。

北海道东北部全年平均气温低于6℃的地区,是日本的寒温带针叶林带,构成这个森林带的绝大部分森林是针叶树,主要有云杉、冷杉、椴松、虾夷松、枞、柏、落叶松、白桧等,另外则也有一些如白桦、杨、榆等小叶树;其中最典型的树木是白桧和椴松,所以这个森林带又称"白桧带"。寒温带森林在日本的全部森林中只占很小的比例,但由于这些树木多是优良的用材,因此在经济意义上却能得到很高的评价。

日本森林中除了原始林以外,也包括了相当面积的人造林。人造林主要在本州、四国和九州,要占日本全部森林面积的19%,北海道的人造林只占全部森林面积的1.6%。最大的人造林分布在四国的吉野川流域和本州中部地方的天龙川流域。当然,在日本的政治制度下,造林的速度是远远落后于森林滥伐的速度的,这是日本森林的一个严重危机,我们将在以后提到。

除了广大面积的森林以外,日本还有占全国面积15%的地面上被荆棘灌木丛所被覆,这种地区在日本通常称为"原野"。这里缺乏高大的树木,地面上长满了各种杂草和矮小的灌木,往往被利用作为牧场,或者是采集薪炭和肥料的地方。

和植物界相反,日本列岛的陆上动物是非常缺乏的。陆上动物的缺乏,主要可归之于下列一些原因。

第一,虽然在地质年代中日本列岛曾是亚洲大陆的一部分,但是由于长期和大陆分离的结果,不可避免地造成了陆上动物缺乏的现象。日本现存的各种陆上动物如熊、狼、狐、猿、野猪等,固然基本上和亚洲大陆相同;但大陆上的很大一部分动物,在日本却是完全没有的。

第二,日本列岛本身的地形特点,也是缺乏陆上动物的重要原因。崎岖高峻的地面,在列岛面积中占了很大的比例,有力地阻碍了陆上动物的蔓延和博播。各岛屿之间的彼此隔离,更使各岛上动物的交流成为很困难的事。例如北海道的虾夷山鸡、赤黑、黑貂等,在津轻海峡以南从未发现;而津轻海峡以南所有的猿和黑熊,也是北海道所完全没有的。

第三,长期来对野生动物的大量捕杀,是日本陆上动物贫乏的又一个原因。例如在日本历史上,鹿曾是一种极为普遍的动物,至今日本的很多地名,仍然以"鹿"为名。④但实际上今天日本已经很少有野生的鹿了。

可以和陆上动物的贫乏构成一个鲜明对比的,是日本有着异常丰富的水栖动物,主要是各种鱼类如鲣、鲔、鰊、鳕、鳟、鲭、鲷、秋刀鱼、乌贼、蟹类等。日本列岛附近有700种以上的近海鱼类,成为一宗非常重要的财富。

关于日本海栖动物为什么如此丰富,大概可就下列两点加以解释。

第一,日本列岛位于亚洲东岸的大陆架上,是各种鱼类很理想的繁殖场所。特别是濑户内海和西部的各边缘海,由于多数地方都是浅海,阳光可以到达海的底部,这对于作为鱼类主要食物的藻类和各种浮游生物的生长,是一个极有利的条件。因此而吸引了大量鱼类的聚集。

第二,日本沿海有暖流和寒流流过,汇集了各种习于暖水和冷水的鱼类,增加了海栖动物的种类。同时在寒暖流汇合的地带,更多死亡的浮游生物,对鱼类具有很大的吸引力。

当然,日本列岛海岸线的曲折而富于港湾,更替它具备了捞捕这些海栖动物的优良条件。不过这已涉及到日本渔业的问题,我们将在以后再行讨论。

注释:

① 地震按照发生的原因可分3种:第一种是由于地壳上的山崩而引起的,称为陷落地震;第二种是由火山活动而引起的,称为火山地震;第三种是由造山运动而引起的,称为构造地震或断层地震。构造地震所造成的灾害最大。

② 日本海沟由美国测量船塔斯卡罗拉号所首先发现,所以又称塔斯卡罗拉海沟。

③ 这种海岸在欧洲西班牙的西北部分布极广,地理学上就以当地的地名"里亚"作为世界上所有这种海岸的名称。

④ 以"鹿"作为地名,在日本是很普遍的。例如奥羽地方有男鹿半岛和牡鹿半岛,关东地方有鹿岛滩和鹿野山,北海道有鹿部,九州有鹿儿岛等。

第三章　历史概要

第一节　古代史和中世史

一直到第二次世界大战结束为止,日本的历史教科书对日本古代历史的叙述都是从"神代"开始的。"神代"是叙述日本历史开始的一个神话。据说:在开天辟地以后,接着就有两位尊神在"高天原"诞生。他们生出了所谓"八大洲"的国土和其他天地万物,最后生出了一位称为"天照大神"的最高神。"天照大神"的子孙率领了许多神降临于日向(今九州岛东南)的高千穗峰,这就是日本皇室的祖先,而日本人也就因此是"天孙民族"。

这样一类的神话原是世界上任何民族都有流传的,本来不足为怪。但是把神话原封不动地作为一个近代国家的历史教科书,却的确是骇人听闻的。当然,说穿来道理也很简单,因为向人民宣传天皇是随着开天辟地就确定了的神之裔胄,可以便于巩固统治阶级的地位。而以杜撰的"天孙民族"这样的名称宣扬日本民族是世界上最优秀的民族,更能培养人们的狭隘的民族感情,以便让统治者一再愚弄、随时提供侵略战争的炮灰。自然,这样荒唐地叙述历史以及统治阶级所以一直要这样自欺欺人的目的,现在已被大多数的日本人民所懂得了。在科学发达的今天,这样的神话,谁也不会相信的。

根据目前能够知道的材料,日本列岛的最早居民是从新石器时代开始的。那时的日本居民,过着原始氏族社会生活。直到纪元前1—2世纪,铁的使用方法由中国经朝鲜而传入,这才大大地促进了日本的生产力,使日本社会受到重大的影响,农业一跃而成为主要的产业。于是阶级分化开始了,产生了贵族、平民和奴隶各阶级。日本从此由原始共产社会进入了奴隶社会。据中国《前汉书》和《魏志》记载,3世纪时,日本有百余个独立的或半独立的贵族集团。当时日本的政治中心是在大和地方(今近畿地方的奈良县一带)。到了纪元5世纪,日本大和地方的"大伴"、"物部"、"苏我"、"平群"、"天皇"等大贵族,成了最有力量的贵族集团。大和的势力大体上已统一了日本全国。

6世纪末叶,日本奴隶社会的矛盾趋向尖锐化了。一方面是奴隶、部民[①]和平民反抗贵族压迫的斗争逐渐加强,贵族们为了更残酷地剥削和压迫这些奴隶和平民,逐渐把势力集中起来建立了坚强的国家政权以镇压奴隶们的反抗;另一方面,在大和地方的各贵族之间,为了要增加自己的财富和权力,相互间发生了激烈的斗争。为了缓和贵族集团间的斗争,并且能进一步加强对奴隶和一般平民的统治,日本统治阶级就在公元645年按照当时已和日本有密切往来的中国唐朝的制度,进行了一次政治改革。这就是日本历史上著名的"大化革新"。

"大化革新"是由当时贵族首领中臣镰足氏联合贵族天皇氏暗杀了当时最有势力的贵族苏我氏来实现的。在当时,苏我氏是很有力量可以打倒当时的皇室来掌握政治实权的大权势家。当苏我氏被暗杀,政变成功以后,中臣氏把形式上的政权让给了天皇氏,而自己规避在幕落,掌握着政治实权。他为了确保胜利和缓和人民的反抗,便依照中国样式的中央集权制实行了一些政治和经济的改革;在苏我氏被暗杀后的次年正月一日,颁布了"革新诏书",规定贵族必须把以前所有的土地和人民献给国家,实行全国新的行政和军事体制;此外并制定了"班田收授法",将全国耕地按户口分配给人民,奴隶也得到了部分的土地,但人民必须向国家缴纳租税(田赋)、劳役和织物捐税。从此,中央集权的制度就建立了。同时,就在这一年,把年号确定为大化元年,因此,这次改革,叫做"大化革新"。

"大化革新"并没有结束日本的奴隶社会,奴隶只获得了某些程度的自由,政府仍然是用法律来巩固奴隶制度的。不过从另一方面说,"大化革新"在实质上是建立了新的封建制度。虽然这种封建制度是和奴隶制度密切结合着的,但在此后的发展中,封建制度的比重就日益增加了。

从公元645年"大化革新"起到1184年镰仓幕府[②]建立为止的将近540年,是日本史上的古代。古代大致可以分成两个时期:公元794年以前,京城设在奈良,称为奈良时代;从794年起,京城迁到平安(现在的京都),称为平安时代。日本的古代基本上是奴隶社会。但是自从"大化革新"以来就开始孕育着的封建制度,在这个时期中大大加强了。特别是在平安时代,地方贵族出现了。他们破坏了班田制而建立了自己的庄园,奠定了封建制度的基础。庄园主因为感到劳动力的不足,同时为了缓和奴隶们的反抗和逃亡,终于迫使他们废除了奴隶制度。从此,庄园中出现了持有土地的地主和被地主剥削的农奴两个阶级,封建制度就这样形成了。

从1184年镰仓幕府建立起到1867年德川幕府崩溃为止的684年间,是日本史上的中世。中世也就是封建制度在日本发展和衰落的历史。

庄园扩大的结果,地方封建主的势力逐渐扩大了。最有权势的封建主就组织集团,并开始割据兼并以谋进一步掌握全国政权。10世纪时,国家政权终于被一个称霸于东北部的封建集团"源"氏所夺取。1184年,源赖朝在镰仓(今关东地方的神奈川县境内)建立幕府,掌握实际政权。此后,幕府更迭,京都的天皇就成为傀儡了。

镰仓幕府的末世,由于幕府和皇室之间的冲突,造成了日本历史上的"南北朝"时代,而继续了140多年的镰仓幕府也因此崩溃。接着起来的是北朝的扶持者足利尊氏,他于1336年在京都的室町建立了室町幕府,成为日本历史上的第二个幕府。

由于"南北朝"时代的混乱,因此,到了室町幕府时代,各地大名(即封建诸侯)都已在混乱的时局中扩大了自己的势力。力量雄厚的大名已可割据一方不听幕府的号令了。于是在室町幕府末期就出现了一个群雄割据、战乱不息的"战国时代"。战国群雄中势力最大的是大名织田信长。他在混战中获得了最后的胜利,而他的部将丰臣秀吉更于他死后完成了统一全国的工作。1603年,丰臣秀吉的部将德川家康在江户(现在的东京)建立了江户幕府。这是日本历史上的第三个也就是最后一个幕府,统治权延续达250年之久。

在江户幕府时代,正是欧美资本主义大大发展的时期。资本主义的浪潮袭击了日本,欧美列强的军舰开到了日本的港口,封建制度的基础开始动摇了。面对着这样的潮流,江户幕府却采取了闭关锁国的政策。它不但拒绝和一切资本主义国家通商,甚至也拒绝一切资本主义文化的传入。但是事实上,当时日本国内的商品经济已经大大发展,商人和高利贷者的力量空前壮大了。他们不但剥削农民和城市贫民,而且也成了各地大名的债权人,封建势力呈现了显著的没落。而由于愈来愈多的农民和城市贫民的暴动,更使江户幕府捉襟见肘、疲于奔命;另一方面,不自量力的锁国政策也在1854年因美国舰队的威胁而破产。接着,一连串的不平等条约就加到了日本人民头上,这自然引起了人民对幕府统治的更大愤恨。

在各种原因的凑合下,日本终于在1867年发生了明治维新的政治变化,江户幕府的统治就结束了。

第二节　从明治维新到第二次世界大战

　　明治维新的确是日本历史上的一件大事。这是日本从一个闭关锁国的封建小国变为一个生产力发展的近代强国的转折点。但是，明治维新和西欧的资产阶级民主主义革命却有着迥然不同的性质。因为明治维新并不曾清算封建主义，地主阶级的利益没有受到损失。虽然在表面上新的政府曾宣布了土地的私有制，对农民发给了地契。但是早在江户幕府时代，农民已经把从领主那里领来的土地押给地主和富农了。因此，这一措施毫无疑问的是巩固了地主和富农的剥削制度。事实土，直到1880年左右，天皇政府国库岁入的8—9成还是地租，这个新国家的性质依旧是封建的。因此，明治维新仅仅是一次不彻底的变革。

　　当然，对于新兴的资产阶级来说，明治维新是替他们开辟了广阔的发展道路的。天皇政府一成立，就立刻废除关卡，解除了江户幕府时代的官营行业和官许的工商业行会，并且实行了币制的统一，着手建立银行、工厂和其他邮电交通机构。于是像造船、兵工、钢铁、采矿和纺织等工业，都在政府的支持下兴办起来了。政府并且把三井、岩崎（三菱）等人称为"政商"，给以特权和保护。1880年以后，政府又把除了军事工业和交通邮电业以外的所有工业企业如造船厂、纺织厂和矿山等，全部以低廉的价格卖结这些"政商"们。于是，财阀的基础奠定了，资本主义开始得到很大的发展。

　　但是，日本资本主义的发展毕竟是很不正常的。由于封建压迫依然存在，占全国人口90%的农民和城市劳动者，生活十分贫困。因此，国内市场就根本无法消化用机器生产出来的大量商品。所以日本资本主义一开始就急于找寻海外市场，带上了鲜明的侵略色彩。而侵略的矛头，首先就对准了中国。1894年，由于朝鲜问题而爆发了中日战争，日本军队击溃了腐败的清朝军队，1895年订立了中日马关条约。于是朝鲜变成在它"保护"下的"独立国"，台湾和澎湖列岛划入了它的版图，又取得了在中国建立商埠和工厂的特权，而特别重要的，还获得了2万万两白银的赔款。这样，从战争而累积的资本，有力地刺激了日本资本主义的发展。从1894年—1902年的8年中，纺织工厂由45所增加到59所，各厂的资本总额则增加了近1.5倍；造船工厂由21所增加到40所；车辆工厂由4所增加到21所；锅炉蒸汽机械工厂由23所增加到32所。同时，垄断组织在这一时期开始出现了。日本逐渐从资本主义过渡到帝国主义。

　　中日战争以后，日本开始在我国东北树立势力范围。这样，它就和另一个比它更早地在那里进行侵略活动的帝俄发生了利害上的冲突，孕育了新的战争危机。日本终于在英、美的支持之下，在1904年向东北俄军发动了攻击，爆发了日俄战争。战争延续了 18 个月,由于沙皇政府的昏聩,帝俄的陆海军都遭到失败。最后在美国的调停下结束了战争。1905 年两国在美国的朴资茅斯签订了和约,日本获得了辽东半岛的租借权和南满铁路的一切权益,北纬 50° 以南的库页岛也由帝俄割让给日本。另外,由于条约中规定了帝俄承认日本在朝鲜的特权,日本乃于 1910 年正式并吞了朝鲜。

日俄战争对日本的更大影响还在于对日本资本主义的资本积累起了很大的作用。由于战争的需要,军需品的生产迅速地扩展,资本家的货币资本也大大增加了。1906 年底,日本全国银行的存款比 1903 年年底几乎增加了 1.5 倍。在战争累积的基础上,日本的工业特别是重工业得到了很大的发展。若以中日战争以后日本工业公司的实缴资本指数作为 100,则日俄战争以后,纺织工业为 177,机器制造工业为 322,化学工业为 349,煤气、电气和自来水更增加到 1109。各种企业的垄断组织如雨后春笋般地建立起来了。日本从此就进入了帝国主义阶段。

随着工业生产的发展,日本对于市场和原料的需要就愈益迫切了。而中国首先成了它满足这种需要的主要对象。日俄战争以后,日本对我国的侵略有了进一步的加强。1914 年第一次世界大战的爆发,造成了日本侵略我国的良好机会。它立刻向德国宣战,并占领了属于德国势力范围的青岛和胶济铁路。1915 年,日本向卖国贼袁世凯提出了旨在灭亡我国的“二十一条”。1917 年—1918 年间,又向另一卖国贼段祺瑞提出了更为苛刻的要求。当时,美国曾大力支持了日本对我国的侵略行为,在 1917 年订立的美日“蓝辛石井协定”③中,美国承认日本在我国有特殊的权益,作为日本承认美国在华权益的交换条件,狼狈为奸地进行了对我国的掠夺。由于中国人民的激烈反抗,掀起了反对帝国主义的伟大的五四运动,有力地回击了日本帝国主义者的侵略野心,才使这些侵略条约归于无效。

第一次世界大战对于日本资本主义的发展又是一个大好机会。由于欧美各资本主义大国倾全力于欧洲战场,日本乘机大大地扩展了它的对外贸易。有力地刺激了它的工业生产,使日本资本主义又一次得到了大量资本的累积。若以 1906 年—1910 年日本工业会社的实缴资本指数为 100,则 1916 年—1920 年的实缴指数:纺织工业是 412,机器制造工业是 829,化学工业是 641。这一时期,重工业的发展是特别突出的,若以 1920 年和 1913 年相比:煤产量增加了近 70%,生铁增加了 2 倍,钢增加了 2.5 倍,造船吨数更增加达 6 倍,全国船舶的总吨位也增加了将近 1 倍。

不难看出:日本从明治维新到第一次世界大战,每逢战争一次就强大一步,资本主义也同时获得一次飞跃的发展。日本垄断资本家就是这样靠战争起家的。但是由于日本是一个资本主义和封建残余相结合的国家,不管资本主义获得多大的发展,广大的农民依然处于封建制度的束缚之下。落后的小农生产无法供给城市工业以充分的原料和粮食,而极端贫困的生活使他们对于工业品的购买濒于完全无力。因此,第一次世界大战以后不久,日本资本主义的危机已有山雨欲来风满楼之势。这种预感,促使日本统治阶级产生了发动更大规模侵略战争的野心。于是,一个规模庞大的、以灭亡中国作为其称霸世界的基础的侵略计划,在1927年由内阁首相田中义一提出来了。这就是臭名昭彰的"田中奏折"。④

也就在"田中奏折"提出的这一年,日本开始爆发了金融恐慌,十几家银行倒闭了,川崎和铃木等财阀也遭到了垮台的命运。接着,世界性的经济大恐慌又袭击了日本。从1930年—1931年间,全国有1万家以上的中小企业倒闭,失业人数到达300万人。大恐慌震惊了日本统治阶级,他们立刻就把出路寄托在新的侵略战争上面。按着"田中奏折"的步骤,于1931年悍然发动了侵略我国东北的"九一八事变"。

当时,反动的蒋介石卖国政府正在倾全力于反革命的内战。他命令东北的军队不准抵抗,日军就顺利地占领了东北全境,制造了一个伪"满洲国"。对于日本统治阶级来说,占领东北的迅速成功,一方面获得了大量的煤铁和农业资源,暂时地缓和了国内的经济困难;另一方面是使他们更迷惑于"田中奏折"的"远景",鼓舞了他们更为疯狂的侵略野心。

为了准备发动更大的侵略战争,日本政府于"九一八事变"以后就倾其全力扶植钢铁、机器制造和化学等军需工业。军需工业的膨胀,使军部和垄断资本之间有了进一步的结合,国家权力变成了垄断资本的武器,垄断资本变成了国家垄断资本主义。国民经济军事化的体制完全建立了。到此,第一次世界大战以来的政党内阁制度已经无法再适应随时发动大规模侵略战争的需要。于是就在1932年取消了政党内阁而代之以在官僚中选任内阁的制度,使内阁可以完全控制在军部和垄断资本家的手里。于是,日本政治法西斯化的工作完成了。

在政治经济制度上完成了军事体制以后,日本统治阶级就一心一意地从事于安排发动侵略战争的日程表。1933年,日本退出国际联盟;1934年,又废除了华盛顿军缩条约;1935年内,连续利用我国的汉奸卖国贼成立伪"冀东自治政府",并侵略内蒙古,嗾使德王发表所谓"内蒙独立宣言";1936年,日本和法西斯德国签订了"德日防共协定";到了1937年,终于制造了"七七事变",开始发动旨在并吞我国的大规模侵略战争。

不过当时我国的情况和"九一八事变"时已经有了很大的变化。由于中国共产党的艰苦斗争和正义号召,全国人民的觉悟已经大大提高了,普遍地认识到当时面临的严重的民族危机。在广大人民的压力之下,使国民党政府不得不停止了它一贯奉行的不抵抗政策。于是,全国人民就团结在中国共产党的周围,进行了神圣的抗日战争。

中国共产党一方面组织和领导人民,在前线予日军以严厉的打击;另一方面更屡次揭发国民党政府投降的阴谋,使战争成为长期性的持久战争,使日本统治阶级遭到了空前的失败。

在战争初期,由于日军的长期准备和国民党军队的腐败无能,日军在各战场取得了很大的进展,在1938年内占领了华北、华中和华南的很多地方。但是战争长期化了以后,早已潜伏着的各种矛盾就在日本国内显露出来了。最突出的是经济上的困难,由于军需生产代替了各种日用工业的生产,使出口商品急速减少,国内生活资料极感紧张,而粮食和军需生产所必需的石油、橡胶等资源特别发生恐慌;另外,在中国战场上,因为中国共产党所领导的军队已经深入敌后,游击战争在日占区大规模地展开,更使日军一夕数惊、疲于奔命,伤亡大大地增加了。在种种危机交逼之下,使日本统治阶级变得更凶恶疯狂。他们在国内加紧了法西斯的恐怖统治,镇压一切进步和革命的力量;在国际上也就变本加厉、铤而走险,于1940年和正在从事欧洲战争的法西斯德国和意大利结成了三国的侵略同盟,并且接着于1941年年底挑起了太平洋战争。

在1942年中,日军占领了整个中印半岛和马来亚,占领了菲律宾和东印度群岛。当时日军的势力南达所罗门群岛和澳洲东北的珊瑚海,东至太平洋中部,向北也占领了阿留申群岛中的若干岛屿。日本帝国主义者的凶焰至此到达了顶点。但是这种胜利却只有像昙花一现似的短促,在不到一年的时间里,失败接着到来了。

由于在欧洲战场上苏联红军几乎全部负担了对德作战的重担,我国人民在亚洲战场更牵制了大量的日军,使美国有可能在1943年中挽回了它在太平洋中的劣势。特别重要的是1943年苏联红军在斯大林格勒的大捷,整个地扭转了第二次世界大战的形势,完全注定了德日法西斯必然覆亡的命运。

1945年5月,苏联胜利地结束了摧毁法西斯德国的战争;同年8月对日本宣战,以雷霆万钧的威力歼灭了日军精锐的关东军,解放了我国的东北。日本统治阶级才不得已在山穷水尽的情况下,于1945年8月宣布无条件投降,并于9月正式向盟国签具了投降书。

在中国人民的艰苦斗争下,在苏联红军的强大攻势下,在全世界爱好和平和正义人民的一致团结下,彻底地粉碎了日本帝国主义数十年来的狂妄野心。这也是世界上一切帝国主义者的必然结局。

注释:

① 部民是比奴隶略有自由的半奴隶,他们也和奴隶一样,在贵族的土地上经营农业,但允许

有自己的家室;也有些部民专门制造贵族需要的工艺品。

② 在日本历史上的中世时代(封建社会),名义上拥有君主,而地方政权实际都操在诸藩(割据的各小邦)手里,其中最强的藩则操纵中央政权,称为"幕府"。

③ 这个条约签订于 1917 年 11 月 2 日,蓝辛是当时美国的国务卿,石井是日本驻美国的大使。

④ 田中义一在这个奏折上说:"吾人欲征服中国,则必先征服满洲及蒙古;吾人欲征服世界,则必先征服中国。吾人如能征服中国,则其余所有亚洲国家及南洋诸国,均将畏惧于我,投降于我。此时,世界各国将了然于东亚乃吾人之东亚,而不敢再行侵犯我之权利。……当吾人得以支配中国全部资源之后,吾人将更能进而征服印度、南洋群岛、小亚细亚以至欧洲。"

第四章　居民

　　构成日本居民的绝大部分是日本民族,但日本人往往自称其民族为"大和民族"。这个名称的本身虽然有着它的历史渊源,但是毫无疑问的,在近代军国主义者的歪曲渲染之下,"大和"二字带上了非常显著的狭隘的民族自尊感色彩。事实上所谓大和民族乃是历史上先后移入日本列岛的各个部族的大混合,并不是像日本统治阶级所宣称的是什么"天皇民族"。

　　日本列岛的最初居民是虾夷族。这种居民是赤道人种的一支,他们起初居住在日本南部,后来逐渐地分布全国。现在日本的很多地名,是起源于虾夷语言的。①以后陆续移入日本的居民有通古斯族(即东胡族)、印度支那族、马来族、印度尼西亚族和汉族等;其中最重要的是通古斯族,他们在历史上曾经多次移入,成为日本民族的主要骨干。汉族的移入开始于公元前 1 世纪;印度支那族曾经大批移入九州北部;印度尼西亚族则分布于九州南部。大概通古斯族和汉族从北方移入,印度支那族、印度尼西亚族和马来族则从南方移入。这些居民经过长期的融合,才成为今天的日本民族。

　　可以称为是日本土著的虾夷族,由于后来移入者的压迫,逐渐退缩到北海道一隅,在长期地歧视和残害之下,现在已只有 16000 人了,成为日本的少数民族。此外,日本还有为数不多的中国人和朝鲜人。日本的少数民族只占总人口的 7‰,是一个民族比较单纯的国家。

　　根据 1954 年的调查,日本全国有居民 88, 404, 182 人,次于我国、印度、苏联、美国而居世界的第五位。日本人口密度平均每平方公里有 232 人,是世界上居民最稠密的国家之一。

多年来,日本军国主义者曾一再叫嚷"生存空间"和"人口压力"等口号,作为其向外侵略的借口。欧美资产阶级地理学者,[②]也经常强调日本人口增加的迅速,声援其侵略行为。第二次世界大战以后,日本统治阶级依然不愿放弃其对于人口问题的叫嚷。日本总理府资源调查会曾于 1953 年发表白皮书说:"十余年后,如再不增加和九州差不多大小的一个岛屿,那末要维持目前的生活是不可能的。"足见日本统治阶级仍企图发动在"人口压力"和"生存空间"等借口下的侵略战争,这是值得我们充分注意的。

当然,任何有理智的文明人类都不会承认人口的增加可以构成向外侵略的理由。而且在事实上,日本统治阶级所叫嚷的"人口压力",更是一个虚伪的、自欺欺人的幌子。只要把日本人口的分布情况加以分析,就可以完全戳穿"人口压力"的荒唐无稽。日本部分地区的人口密度虽然较高,但居民的分布是极不平衡的,绝大部分的居民都集中在沿海平原和河谷盆地上。不过即就某些所谓"人口过剩"的地区来说,其人口密度还远不如中国、印度和印度尼西亚的一些地区。但是在占全国土地一半以上的森林里,几乎没有定居的居民。山地中的人口更为稀少,南部各岛海拔 1000 米以上和北海道海拔 500 米以上的地区,至今还全是没有人烟的地方。在若干沿海平原上,每平方公里中甚至聚集了 1000 人以上的人口,但北海道却有很大部分的地区每平方公里中只有 10 人,全岛的平均人口密度也不过每平方公里 35 人。尽管统治阶级高嚷"生存空间"的缺乏,但日本全国仍有很多荒芜的土地,甚至经济最发展的关东地方,荒地面积仍然不少。当然,无地和少地的农民是不可能获得这些土地的。尽管统治阶级把人民的贫困和失业全归之于"人口过剩",但是日本垄断资本家的财富却在直线上升。非常明显,日本某些地区表面上存在的"人口过剩"现象,毫无疑问的是因为生产资料为少数人所占有和生活资料分配不合理所造成的。

也有人认为日本在战前确曾有部分居民移居海外,"人口过剩"的话可能还有些根据。但是事实上,第二次世界大战前日本帝国全部殖民地的 3000 万人口中,日本人不过 200 万。这样少量的人口移出,是毫无理由可以说明"人口过剩"的。何况战前日本的移民,主要还有其军事意义。例如日本曾在我国东北驻军屯垦,这就是为了准备对我国和苏联的侵略战争;日本居民的移入夏威夷和马来群岛,也是和侵略野心分不开的。夏威夷群岛上的日本移民,就在日军偷袭珍珠港以前替日本海空军做好了一切准备工作。事实上,战前日本的移民,大部分是由陆军部辅助的退役军人,这就完全可以说明日本移民的内幕了。总之,一切社会问题存在于社会制度的本身,和人口增加没有什么相干,这个真理已经被世界上愈来愈多的人民所认识。各式装扮的马尔萨斯学说,从此快要无所施其伎俩了。

由于近代资本主义的发展,日本的城市人口比例很高,大概每 100 个居民中有 40 人居于城市。日本全国有 38 个人口超过 10 万的城市,其中人口超过 100 万的城市有东京、大阪、名古屋、京都、横滨 5 处,神户及其郊区,人口也到达 100 万人。

虽然日本城市居民在全国人口中占着较高的比例,但是大部分的日本居民仍是在乡村从事于农业生产的。关于日本居民的职业组成,日本官方曾在 1953 年作过统计。全国 14 岁以上的居民,从事各种职业的情况如下表所示:

日本居民的职业组成　　　　　　　　　（单位千人）

职 业	人 数	百分比
农林业	13930	37.8
渔 业	770	2.1
矿 业	600	1.6
建设业	1720	4.6
制造工业	7070	19.0
水电运输业	1970	5.3
商业金融业	5960	16.1
服务业	3950	10.7
公 务	1110	2.9
合 计	37080	100.0

资产阶级的统计资料往往有意地隐蔽了许多不可告人的事实。因此,在观察上列这张图表的时候,我们还必须加以分析,以便进一步认识不包括在图表以内的日本居民职业组成上的重要问题。首先,图表是把所有就业的居民不分阶级的混淆统计的。因此,占农民 70% 以上的佃农和半佃农,就和一小撮富农甚至地主都统计在农林业职业人口的项下。在城市中也一样,广大的无产阶级,是和那些直接经营企业的资本家、富商以及受资本家豢养的高级职员和工贼等等,一起都算作是各项工商职业人口的。因此,在每一项职业人口的数字中,都是把不劳而食的剥削阶级与劳动人民混在一起的。其次,在资本主义国家里,特别是像日本这样一个被腐朽透顶的美帝国主义所控制的国家里,职业组成表中必然还有很多不便列入的职业项目:例如食利者、佣人、警察、[③]特务、密探、娼妓、"榔榔女郎"[④]等等,而且从事于这类工作的人,在比例上正在不断地扩大着。最后,我们更得注意,在这张职业组成表以外,日本还有大批的失业人

口存在着。而且,即使是已经列入表内的数字中,也有很大一部分是处于半失业状态中的。

日本人民的生活是非常贫困的。在第二次世界大战前,日本人民的生活水平本来已经处于各资本主义工业国家中的最后位置;而战争以后,由于战争造成的灾难,特别是美日反动派的罪恶统治,使日本人民遭受更为严重的贫困和痛苦。

日本劳动人民的收入极端菲薄。在全国 1300 余万雇佣工人(包括工头和高级职员)中,每月收入在 2 万日元以上的只占 5.9%,每月收入在 1 万日元以下的却占了 63.8%。全部雇佣工人中的一半,每月收入不到 8000 日元,但按照今天日本的高昂物价,维持一个普通家庭,每月至少需要 2 万日元。由此可见,日本工人阶级绝大部分是挣扎在饥饿线上的。而且,这还是有职业的人,至于那为数达 325 万的失业和半失业者,生活的困难自然更不堪设想了。

农民的遭遇比工人更为可怜。他们不但要负担占收入 30% 以上的重税,而且还不得不以低于成本的"公价"将粮食卖给政府。这还是指有少量土地的自耕农而言,至于广大的向地主租赁土地的农民,境况自然更为艰难。目前,在东北日本,农民啃树皮草根已经不是新闻了,卖儿鬻女的更为常见。一个女孩子的卖价常常低到不值 1 万日元,这是多么悲惨的情景。

今天,日本已有 1700 万人民没有房屋或是缺乏房屋;70% 以上的学生因家庭贫苦而无法安心读书;中小学生因贫困而辍学的已达 34 万人以上,在大学里,男学生卖血和女学生卖淫的更是到处可见。特别惊人的是因无法生活而自杀的人数空前增加了。根据日本厚生省的调查:1952 年的自杀人数为 15600 人,1953 年为 17500 人,而在 1954 年的上半年中,平均每天竟有 54 人自杀。也就是说,每小时中至少有两个日本人民因为无法生活下去而不得已自己送掉了自己的生命。今天,为了艰难的生活,丈夫逼迫爱妻服毒,母亲绞死亲生的儿女,儿子砍死衰老的父亲等惨绝人寰的故事,已成为日本报纸上经常的新闻了。

贫苦折磨了日本人民,但同时也教育和锻炼了他们,使他们愈来愈清楚地认识了制造贫苦和灾难的这个万恶的社会制度。他们正在日益坚强地团结起来,展开对为他们制造贫苦和灾难的美日反动派的斗争。

注释:

① 例如富士山的"富士"二字,即虾夷语中"火"的意思。

② 例如曾在我国居住多年的文化特务、美国地理学家葛德石,在他的《亚洲的地与人》一书中

说:"日本本部人口的增加,每年超过百万,这些岛民将住在何处? 怎样工作和生活? 人口压力是日本唯一的忧虑,这个问题不但无法避免,且将日趋严重。"

③　日本统治阶级在战后雇佣了大批警察,以监视和镇压人民对统治阶级的反抗。根据统计:大阪每1000人中有警察2.9人,东京每1000人中有警察4.2人。

④　在美国占领下的日本,由于人民生活的极端贫困,因此出现了大批操特殊职业的妇女,在日本称为"梆梆女郎"。她们被迫向美军出卖肉体,赚取美元。1951年,"梆梆女郎"的收入达2亿美元,这个数字等于曾在数年间占日本输出品首位的生丝输出额的3倍。日本政府居然恬不知耻地把她们的收入编入国家预算。并且正式宣称:直到1958年,政府仍需"梆梆女郎"收入的美元弥补对外贸易中的赤字。

第五章　经济地理概观

第一节　经济发展的特点

日本拥有比较发达的近代工业,早在1929年,工业生产已占国民经济总收入的68.8%。自从1937年发动了对我国的侵略战争以后,由于战争的刺激,工业生产的比重更有急遽的增加。1938年,工业生产达到国民经济总收入的82.3%。但是在另一方面,农业在日本国民经济中仍具有相当重要的地位。这不仅是因为农业生产在正常的情况下仍占国民经济总收入的一定比重,而特别重要的是从事农业生产的人数在日本全部职业人口中要占40%。所以总的说来,日本可认为是一个工农业国家。

日本经济上的第一个特点是高度发展的资本主义和封建制度残余的结合。

前面已经指出日本拥有相当发展的近代工业,这些工业不仅是在技术水平和电气化的程度上已经达到了相当的标准;特别是这些工业的极大部分都掌握在一小撮强有力的垄断资本家手里,成为日本资本主义高度发展的重要指标。日本全国有15个重要的垄断集团,其中以三井、三菱、安田、住友、大仓最为显要,这是日本的五大财阀。[①]在另一方面,日本经济上至今还保留着极为显著的封建制度残余。不仅是在农村中,地主、富农对农民的封建剥削是普遍而残酷的;即使是在近代工业中,落后的封建剥削也根深柢固地存在着。工厂里普遍地收买着贫苦人家的儿童;以劳役偿还债务的情形在工业中广泛地被采用着；对女工和童工的残酷剥削，更是资本家降低成本、获取暴利的主要手段。像这样高度发展的资本主义和封建残余牢固结合的情况，不仅是日本经济上的一个特点，而且在整个资本主义世界中，也是一种非常突出的现象。

日本经济上的第二个特点，是国内财阀和国际垄断资本特别是美国垄断资本的结合。

由于日本是一个后起的和先天薄弱的资本主义国家，在日本资本主义发展的过程中，国际垄断资本的投资曾经起过不小的作用。因此，日本财阀和国际垄断资本特别是美国垄断资本之间，早就存在着千丝万缕的关系。在第二次世界大战以前，美国垄断资本在日本的直接投资和公司债券就达22700万美元之巨。第二次世界大战以后，美国利用其单独占领的特殊条件，通过所谓技术合作和直接取得日本公司股票等办法，大大地增加了在日本的投资，迫使日本垄断资本处于隶属于美国垄断资本之下的地位。到1954年9月止，日本工业企业中包括技术投资在内的外国资本已达38500万美元，其中美国占了绝大部分。特别是在具有军事战略意义的石油、化学、电气机械和金属4个部门中，美国投资要占全部外国资本的83％。在战后美日垄断资本的进一步勾结中，日本中小企业受到了严重的摧残。

日本经济上的第三个特点，是它的军事实力和经济基础的薄弱不相适应。

在第二次世界大战以前，从军事实力上看，日本毫无疑问的是当时世界上的一个头等强国。但是从它的工农业发展水平来说，它却是远远落后于当时资本主义世界中的其他大国。农业部门的落后情况表现得更为突出，由于在封建制度统治下的小农经济广泛存在，几乎完全谈不上机械化，甚至化学肥料的应用也十分有限。第二次世界大战以后，虽然它的军事实力已经摧毁，但在美国的罪恶统治下，由于军事工业的片面发展、农业的萎缩和对外贸易的被限制，经济上更显出了外强中干的虚弱状态。

日本经济上的最后一个特点，则是在第二次世界大战以后处于美国占领下的经济军事化和殖民地化。美国利用了"通商航海条约"、"经济措施协定"，"保障投资协定"等一连串的不平等条约，控制了日本的经济命脉，并且蛮横地断绝了日本的传统贸易市场，使日本在经济上不得不完全依附于美国。于是，随着军事上的占领，经济上的殖民地色彩也大大加强了。

今天的日本，一方面是在美国货大量倾销下民用工业和农业日趋破产；另一方面则是依靠美国加工订货和在美国的命令下重整本国军备的军事工业在飞速地发展。在第二次世界大战的前夕，日本军事工业尚且不过占全国工业生产总量的38％，但是在美国侵朝战争中的 1951 年,军事工业竟达到全国工业生产总量的 45%。而在同一时期,对日本经济特别重要的纺织业的生产,却相应地从 44% 降低到 24%。看了这样的数字,不必再提农业和其他民用工业的狼狈情况,就已经具体说明日本殖民地军事经济的严重恶果了。

根据上述的日本经济发展的这些特点来看,显然可以看出:日本在第二次世界大战前具有着高度发展的资本主义和落后的封建残余相结合的经济类型,是一个基础薄弱的帝国主义国家;在第二次世界大战以后,它已完全在美国占领和美国垄断资本的控制之下,成为一个经济军事化和殖民地化的国家了。

第二节　工业

在明治维新以前,日本是个落后的农业国。但是在明治维新以后的短短 50 年内,一跃而成为一个工业远比农业发达的资本主义国家,发展确是比较迅速的。由于政府对资本家采取了无微不至的保护政策,由于资本家对工人阶级进行了最大限度的剥削,也由于几次对外战争中的掠夺,特别是对我国的掠夺,使日本资本家迅速地靠侵略战争累积了大量资本,发展了他们的工业。

不过在一个相当长的时期中,日本的工业一直是以轻工业占绝对优势,这中间特别是棉织业。在"七七事变"以前的好些年代中,纺织工人一直是占全国工人的一半,其产值也占全部工业总产值的 1/3 以上。

日本重工业的发展,是和准备侵略战争分不开的,1937 年可视为这中间的一个重要分界点。在 1937 年以前的几年中,由于积极准备侵略我国的战争,重工业开始有了显著的进展。到了 1937 年,虽然轻工业的工厂数和工人数还超过重工业,但那一年重工业的产值已占全部工业总产值的 54.8%,开始超过了轻工业。侵略我国的战争也就在这一年发生。以后,由于侵略战争的规模不断扩大,重工业的发展速度就更趋迅速。到了 1941 年,重工业不仅在全部工业总产值中高达 66.3%,工人的数字也开始超过轻工业了。

不管是轻工业部门或重工业部门,日本工业的原料基础是极端薄弱的。矿产品原料固然无法自给,农产品原料也同样十分缺乏。从 1952 年重要工业原料输入的百分数中,可以清楚地说明这个问题。

1952 年日本输入工业原料的情况

原料名称	依靠输入的百分数（％）	原料名称	依靠输入的百分数（％）
铁矿石	80	盐	30
焦　炭	32	棉花	100
石　油	95	橡胶	100
锌矿石	85	羊毛	100
铁矾土	100	兽皮皮革	98
镍	100	大豆	60
磷酸盐	100		

　　在世界各高度发展的资本主义国家中,日本工业原料基础的薄弱是较突出的;但是在握有巨大金融力量的垄断资本对于工业企业的控制这一方面,日本却和其他各高度发展的资本主义国家完全一样。最巨大的三井、三菱两个垄断集团控制了几乎全部的造纸工业和制糖工业,并且还控制了面粉工业的 70％ 和大部分的化学工业;三井、三菱和住友三大垄断集团,控制了全国一半的煤钢生产和商船吨位,并且也控制了70％以上的兵工厂。在每一种工业部门中,绝大部分的产量都属于少数几个垄断集团的大企业,数字众多的中小企业在产量上却只占了一个极轻微的比重。从下面的图示中,可以看出在日本几个重要的工业企业部门中生产集中于大企业的情况。

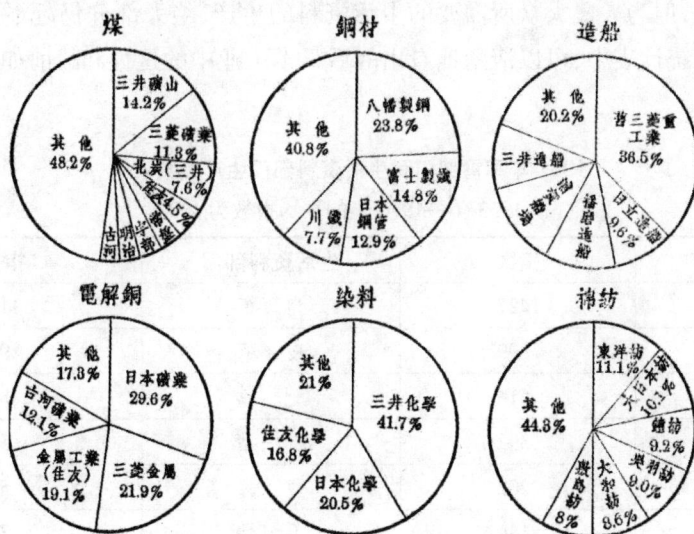

生产集中在大企业的情况

　　第二次世界大战以后，在美国占领者的庇护和支持之下，日本的财阀不但没有受到应有的惩处，而且相反地所有垄断集团都比战前有了扩展。与此同时，美国垄断资本也利用种种特权源源涌入日本，操纵了很多工业企业部门。例如美孚油公司握有了日本东亚燃料工业公司51%的股票，海湾石油公司握有了日本三菱石油公司50%的股票，美国的孟山都化学公司，握有了日本化学公司51%的股票，美国的固特异轮胎及橡胶公司，在日本的橡胶工业企业中也拥有巨大的势力。此外，如通用电气公司和威斯汀豪斯电气公司等，也都在日本的电气工业企业中投下了大量的资本。在美日垄断资本的相互勾结下，一方面是广大中小企业的纷纷倒闭，使资本集中发展得愈益剧速；另一方面则是使军事工业的发展具备了更有利的条件，大大地加速了日本国民经济军事化的过程。

　　前面指出，日本的工业发展是和准备及从事侵略战争分不开的。因此不论是重工业或轻工业中，军需品的生产往往占了很大的比重。特别是从"七七事变"起，军事工业的剧速扩展和民用工业的极端萎缩，构成了日本工业中一个非常鲜明的对比。在1931年，各种工业的生产价值中，棉织工业居第一位，食品工业居第二位。到了1941年，这两项工业迅速地退居到第四位和第五位，而为战争服务的机器制造、冶金和化学工业则一跃而居于最高的位置。第二次世界大战以后，由于美国占领者企图把日本作为其侵略亚洲的军事基地，日本工业中的这种畸形发展的现象，不但没有得到纠正，而且相反地更变本加厉了。在战后的这些年代中，日本军需部门的生产，已经远远地超过了战前水平，但为人民大众所需要的生活资料的生产，绝大部分仍赶不上战前的水平。从下面的统计表中，可以清楚地看出战后日本工业中的这种和战前如出一辙的危险趋向。

1951 年军需部门和生活资料部门生产指数表
（以 1933 年—1936 年的平均指数为 100）

军需部门	指数	生活资料部门	指数
军用麻织品	1427	自行车	110
望远镜	899	皮　革	97
汽　车	518	肥　皂	88
铝	392	棉织品	56
石　油	202	豆　酱	52
钢　铁	146	毛织品	37
煤	113		

在美日反动派控制之下,第二次世界大战后日本工业发展的这种走向战争道路的趋向,是日本和亚洲人民的一个重大威胁。久经战争磨难的日本人民、曾在日本军国主义者侵略下遭受巨大牺牲的中国人民、东南亚各国人民以及全世界爱好和平的人民,对此必须引起充分的注意。

下面是日本各重要工业部门的大概情况。

(一)动力工业

动力工业是一切工业的基础。日本动力工业的自然缺陷是煤和石油等动力资源的缺乏,它的优点则是拥有丰富的水力,可以弥补矿藏的不足。

煤矿的采掘是日本各种矿工业中最主要的部门,煤矿工人占全部矿工业工人的2/3 以上。1953 年,日本的煤产量是 4653 万吨。最大的煤产地是九州北部的福冈县,第二个产地在北海道的石狩煤田,此外如九州的佐贺、中国地方的山口、奥羽地方的福岛、关东地方的茨城各县及北海道东部的钏路国等地,也都有煤的出产。在几个主要的煤矿区附近,还附有人造液体的工业,从事于以煤为原料的人造液体提炼工作。

石油的产量极小,产地主要在中部地方的新潟,其次是奥羽地方的秋田。每年出产不过 30 万—40 万吨,需要大量地输入。炼油厂大多设在油矿附近。第二次世界大战以后,由于美国垄断资本大量涌入日本的石油工业,已使炼油厂的炼油能力有了剧速的提高。

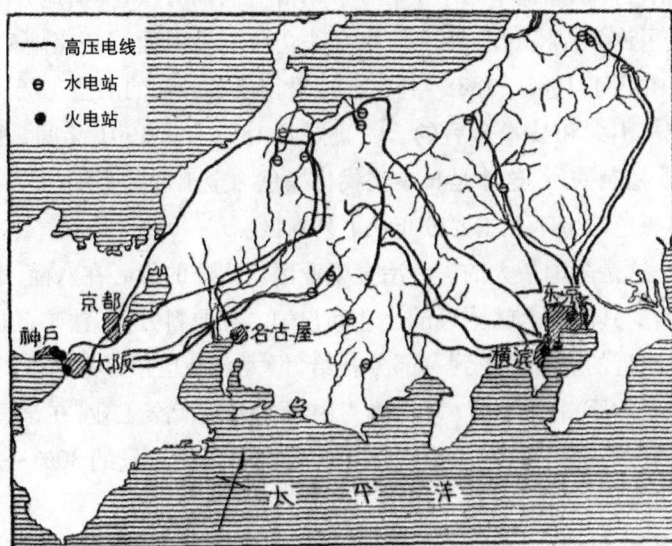

日本主要工业区的动力供应情况图

　　水力在日本动力中有着极端重要的意义,以1953年为例,那一年日本的总发电量为45766百万瓩时,其中水力发电站所发的达36022百万瓩时,占总发电量的75.6%。日本的水力发电站,虽然在第一次世界大战以前已在各地建造,但规模较大的水电站却一直到第一次世界大战以后才开始在本州中部的山地中兴建,并利用高压电线输送到各工业区。由于日本工业配置的不平衡,水电站距离电力市场往往很远,造成了动力使用中的一个很大的浪费。日本水电站的数字很可观,但发电能力大多极小。下面是日本水力发电站的大概情况。

日本的水力发电站

发电能力(瓩)	发电站数	发电能力(瓩)	发电站数
100以下	265	7000—9999	30
100—499	300	10000—14999	36
500—999	198	15000—19999	15
1000—2999	318	20000—29999	23
3000—4999	85	30000以上	21
5000—6999	67	合　计	1388

(二)冶金工业

　　日本人民在古代就知道了用木炭和矿砂冶炼金属的方法,奥羽地方的釜石铁矿附近,很早已建立了许多规模狭小的手工业冶铁企业。日本的第一座熔矿炉也于1849年建立在这里,并且于1885—1888年间,在这里创设了最初的冶金工场。不过所有这些工场,都是规模不大和技术落后的。一直要到1897年—1901年间,九州北部建立了规模宏大的八幡制铁所,这才是日本现代化黑色冶金工业的开端。

　　目前,日本黑色冶金工业主要分布在下列6区。

　　九州北部　这是全国最大的黑色冶金工业区。主要的中心在八幡,那里有全国第一的八幡制铁所。其次是八幡附近的小仓和户畑。在原料方面,铁矿石和废铁全部需要进口;煤可从附近的煤矿区得到一部分补给,但大部分也依靠进口。八幡以北的若松,即是一个重要的原料进口港。以八幡为中心的黑色冶金工业,在全国钢铁生产中占了一个占压倒优势的比重;其中生铁的生产占全国生产总量的30%—35%,钢更占全国总产量的40%—50%。

　　神户和大阪　这里的黑色冶金工厂主要在神户,其次在大阪和附近城市,原料全部依靠输入。生铁产量占全国总产量的18%—22%,钢占了16%—22%。这个区域

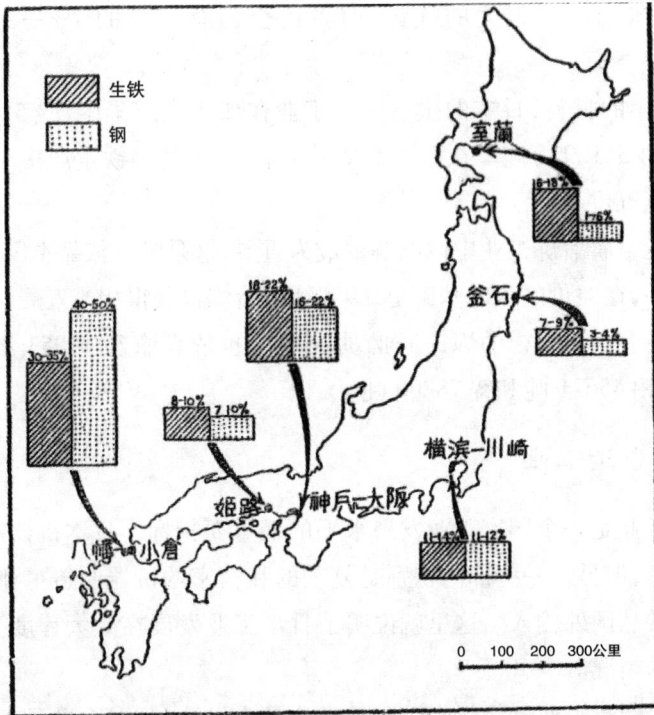

日本黑色冶金工业的地理分布图

的黑色冶金工业是和造船工业密切结合着的。

北海道　北海道的黑色冶金工业分布在南部内浦湾口的室兰。由于当地有着比较丰富的煤矿,而俱知安和内浦湾沿岸的轮西一带都有铁矿,可以就地取得一部分原料,但大部分原料特别是铁矿石仍然依靠进口。生铁的产量比钢占有很大的优势,前者占全国总产量的16%—18%,但后者只占1%—6%。

横滨和川崎　东京以南的横滨和川崎,也是日本最重要的黑色冶金工业区之一。最大的钢铁工厂设在横滨,其次是横滨以北的川崎。原料完全依靠输入。和神户及大阪一样,这里的黑色冶金工业和造船工业也有着非常密切的结合。生铁的产量占全国总产量的11%—14%,钢占11%—12%。

姬路　近畿地方兵库县的姬路,也发展了依靠外来原料的黑色冶金工业。姬路在濑户内海的北面,饰磨是它的外港,而姬路的黑色冶金工业也正供给饰磨的造船工业的需要。这里的生铁产量占全国总产量的8%—10%,钢占了7%—10%。

本州北部　本州北部的最大黑色冶金工业中心是奥羽地方岩手县的釜石,这是日本最古老的黑色冶金工业区。在过去很长的时期里,这里的黑色冶金工业一直依靠本地的原料进行生产,但后来由于规模的逐渐扩大,绝大部分的原料也需要进口了。这里的生铁产量比钢占了很大的优势,前者占全国总产量的 7%—9%,后者只占 3%—4%。

根据 1953 年的材料,日本的黑色冶金工业在那年生产了生铁 451.8 万吨,钢块 766.3 万吨,钢材 541.9 万吨。在资本主义国家中,日本的钢铁生产次于美、西德、英、法各国而居于第五位。

日本的有色金属冶炼工业中以电解铜最为重要,这是唯一依靠本国原料而可以出口的金属。此外,在廉价的水电基础上,铝和镁的冶炼也获得相当发展,但原料全部需要输入。日本还有相当规模的炼锌工业,原料主要也依靠输入。1953 年,日本生产电解铜 91020 吨、铝 45671 吨和锌 78800 吨。

(三)机器制造工业

机器制造工业是一个国家工业发展水平的最重要指标。日本机器制造工业的某些部门相当发达,但另外一些部门特别是复杂的和精密的机器制造工业,则显得非常落后。需要经常从国外输入。这里就说明了日本工业发展在颇大程度上落后于其他资本主义国家的情况。

日本的机器制造工业各部门中以造船工业最为发达,第二次世界大战以前,日本造船工业在资本主义国家中次于英、美而占第三位。第二次世界大战以后,它仍保持了每年造船 80 万吨和修船 722 万吨的能力,1953 年,日本造船达 626000 吨。最大的造船工业中心是大阪,其次是长崎和神奈川县的浦贺,此外如横滨和神户等地,造船工业也很发达。

电机制造工业以东京为最大中心,这是日本机器制造工业中第二个比较发展的部门,主要是涡轮、发电机和其他电气器材的制造。此外,各种纺织机器和火车头的制造也有相当的发展。

工作母机、农业机器和汽车等的制造,在日本就显得非常落后,以 1953 年为例,那一年日本生产的工作母机只有 7775 台,而各种汽车的生产也不过 27593 辆。

机器制造工业中进展最迅速的是各种武器和其他军用装备的制造。以名古屋、吴、八幡、横须贺等地为中心的军事工业,在第二次世界大战期中曾得到畸形的发展。战后,由于美国决心把日本成为它侵略亚洲的兵工厂的政策,这些军事工业得到再一次的"繁荣"。在美国发动侵朝战争时期,仅从 1951 年—1953 年的 3 年间,与日本的军事工业签订的军事订货合同即达 11 亿美元之巨,大大地刺激了军事工业的扩展。日本垄断资本的参谋部"日本经济团体联合会"已特别设立了一个"防卫生产委员会",专门研究新式飞机、坦克、定向飞弹等武器的制造。在美国的支持下,日本政府已于 1950 年正式废止了军备生产的限制。目下已有好几家公司开始了军用飞机(包括喷气式飞机)、潜水艇和其他各种海军舰艇的制造了。

(四)纺织工业

纺织工业是日本最早发展的工业部门,长期以来,它一直在整个工业中占据了主导的地位。以 1931 年为例,从事于纺织工业的工人要占全国工人总数的一半以上,纺织工厂的数字占全国所有工厂总数的 1/3,纺织品的产值也要占全国一切工业品总产值的 37.2%。直到"七七事变"前夕(1937 年),纺织品仍占全国工业品总产值的 25.8%,维持了在各种工业品中的最高地位。但是在第二次世界大战期间。由于军事工业的急剧膨胀,纺织工业遭到了严重的摧残。大战以后,已经退居各种工业中的第四位了。

日本纺织工业有着 3 个非常突出的特点。

第一,棉花的消费系数和每一纺锤的平均使用系数极高。直到"七七事变"前夕,日本的纺锤锭数不过 950 万锭,此数向不及当时英国纺锤锭数的 1/4 和美国的 1/3,并且也不及德国和法国。但在 1932 年—1936 年间,日本对于棉花的消耗量却高居世界第二位仅次于英国。足见日本在每个纺锤锭上出产的棉纱是大大地超过其他国家的。这种现象绝不是日本的纺织工业在技术水平上有什么新的成就,而毫无疑问的是由于资本家对工人加紧榨取——延长工作时间和提高劳动强度的结果。

第二,前面早就指出了日本工业缺乏原料的情况,这种情况在纺织工业中表现得最为突出。除了生丝和人造丝以外,全部的棉花、羊毛和绝大部分的麻都需要输入。棉花来自美国、印度和巴基斯坦,羊毛来自澳大利亚和阿根廷。因此,虽然日本有着异常低廉的劳动力,但由于原料的远程运输,不免仍然提高了纺织品的成本。

第三,日本纺织品几乎全部要依靠国外市场。为了争取市场,日本资本家除了向工人进行最大限度的剥削以外,另一种办法是降低纺织品的质量。因此,第二次世界大战以前,粗劣而廉价的日本棉织品曾经充斥了国际市场。在 1933 年以后的各年间,在数量上竟超过英国而居世界第一位。第二次世界大战以后,日本纺织品的输出曾于 1947 年下降至世界第三位。目前虽然在数量上又挤到第一位,但由于国外市场在美、英等国倾轧之下的不稳定性和国内人民购买力的更加低落,日本通商产业省不得不决定于 1955 年 5 月起使棉纱减产 12%,8 月起更减产至 16%。

日本的纺织工业主要包括棉织、丝织和毛织三个部门,其中棉织业占有最重要的意义。棉织工业分布在输入棉花便利的本州中部靠太平洋和濑户内海的各港口,主要是大阪、神户、名古屋和东京,其中大阪是最大的棉织工业中心,有"日本的曼彻斯特"

之称。^②

由于原料供应的充分,日本的丝织业在世界资本主义国家中占有首要的地位。最主要的丝织工业区在日本海沿岸的福井和石川两县,京都和它的近郊也有很多丝织工厂。缫丝工业主要分布在蚕桑业最发达的长野县,冈谷成为全国最大的缫丝工业中心。在太平洋沿岸,丝织工业以福岛和宫城比较发达,宫城县的仙台,也分布了不少的丝织工厂。人造丝织物在日本非常发达,约占世界年产量的15%。

日本的毛织工业比较落后,战后更一蹶不振。毛织工业主要分布在兵库、滋贺、爱知等各县,名古屋是最大的中心。

(五)化学工业

化学工业的原料比较简单,空气、水和其他工业部门中的副产品与废品等,来源极为容易。而像硫磺和黄铁矿之类,日本也不虞匮乏。此外,化学工业的某些部门(如人造肥料)所必须大量消耗的电力,日本也有廉阶的水电可以供应。需要大量进口的原料主要只有食盐和磷灰石等,因此,发展化学工业的条件,在日本要比其他工业优越得多。

日本的化学工业包括了很多部门,如人造肥料、硫酸、苛性碱、爆炸物、染料、人造丝、塑料和药品等等。由于这些部门有很多和军事需要有着密切的关系,因此,在大战期间曾经也得到迅速的发展,生产总值甚至超过纺织工业而居全国工业中的第三位。战后,化学工业也和其他军需生产部门一样获得继续发展,以爆炸物的制造为例,1950年就此1949年增加了70%以上。

从化学工业中的各个部门来看,硫酸和苛性碱的制造是相当发达的,它们多分布在东京、横滨、大阪和神户各地。人造肥料的制造包括硫酸铵、酸性磷酸盐和氮化石灰等。在战前,日本托管的太平洋各岛上,拥有这一方面的丰富原料——鸟粪层,并且也对我国南海诸岛上的鸟粪层进行抢劫,^③使这个部门的原料十分充足。第二次世界大战后,这个工业部门就需要全部依靠进口的磷灰石了。染料的制造在化学工业各部门中是特别需要具有高度科学设备和技术水平的,在日本发展较晚。但是由于它和日本最重要的纺织工业有着密切的关系,因此扩展得也很迅速。人造丝的制造由于在国内有着充足的木质纤维原料,战前最高年产量曾达5亿磅以上而居世界首位。但战后已大大衰落,1953年的产量不过163百万磅。由于美国人造丝的排挤,恢复旧观已很有困难了。

(六)食品工业

食品工业是第二次世界大战前日本最发达的工业部门之一。以1937年为例,食品工业的生产价值和工厂数都居各工业部门中次于纺织工业的第二位,从事于这种工业的工人,也居各工业部门中的第三位。在大战中,食品工业一落千丈,生产价值退居各工业部门中的第四位。战后,在美日反动派的统治下,要人民缩紧裤带的政策变本加厉,食品工业自然更每况愈下了。

日本的食品工业包括了众多的内容:如碾米、面粉、水产品加工、酿造、罐头、制茶、制烟、制糖等等。这中间,像碾米、面粉和旧式酿造等工业是遍布于全国各地的,它们主要是为了供应国内市场的需要。这些部门建立的历史已很悠久,规模极为狭小,设备和技术水平很低,很多还处于分散的手工业状态。另外一些部门如水产品加工、罐头、啤酒酿造、制茶、制烟和制糖等工业,建立的时期较晚,主要分布在各大城市,规模较大,设备和技术水平也较高,生产品除了供应国内市场外,某些部门如水产品加工之类,并可大量地向国外输出。

在食品工业各部门中,制茶和罐头具有最重要的意义。制茶工业集中在主要茶田带附近的静冈县。这里有着规模很大和技术水平极高的新式制茶厂,产品极大部分输往美国。静冈东北的清水,即是最主要的茶叶出口港。

罐头食品的制作主要是各种蟹类和鱼类罐头。这种工厂多数建立在几个较大的渔港附近,但是也有一部分是在渔船所附设的专门进行鱼类加工的船只上制造的。日本的罐头食品,可供给大量出口。也有些水产品是采用曝晒或腌制等手续进行加工的,如海参、干贝、昆布及各种鲞类等,每年输出也很可观。

旧式酿造工业主要是米酒和酱油的制作,前者集中于产米最盛的兵库和福冈等县,后者以东京及千叶、爱知等县为发达。新式酿造采用了大规模的机器生产,主要的产品是啤酒。制糖工业由于原料的缺乏,远远不够供应本国的需要。甘蔗糖的制造分布于本州太平洋沿岸的东京、大阪、神户和名古屋等地。北海道东南部的十胜平原是日本最主要的甜菜种植区,那里一带发展了以甜菜为原料的制糖工业。

(七)其他工业

日本的其他工业部门还有很多,但和上述工业部门相比,在国民经济上都只有次要的意义。这里只作一个简单的介绍。

由于日本拥有很丰富的高岭土,因此发展了颇大规模的陶瓷工业。陶瓷工业按其发展的历史可分新旧两个部门。旧式陶瓷工业系从我国传入,历史悠久,分布极为广泛,绝大部分处于分散的手工业状态,制造品主要是日用器皿和居室装饰品。具有历史意义和艺术价值的日本陶瓷器,在出口商品中也有一定的位置。新式陶瓷工业专门制造电气绝缘器和各种砖瓦等建筑材料,最大的中心是名古屋,那里有着设备近代化和规模宏大的陶瓷工厂。

　　木材工业在日本也有颇大的重要性。伐木和锯木的工业多集中在森林丰富的地区,如本州北部的青森、秋田各县及木曾川上游一带。规模较大的木材加工工业则分布在名古屋、大阪等城市中。木材工业除了供给日本以建筑用材和铁路枕木等以外,更替造纸、人造丝、火柴及其他多种化学工业提供了原料。

　　和木材工业发生密切关系的是造纸工业。造纸工业主要分布在能够供给木质纤维的林区附近,北海道南部的苫小牧,有着规模很大的造纸工厂。烧炭工业和木材也有不可分割的关系,木炭是日本人民最经常的燃料之一,这种工业几乎遍布全国各地,但全部都是手工业生产。

　　此外,如水泥工业、玻璃工业、橡胶工业、皮革工业、印刷工业等等,也都有一定程度的发展,其分布也和上述主要的工业部门一样,绝大部分集中在少数几个大城市中,显出了资本主义制度下生产配置极端不平衡的状态。

　　除了近代化的机器工业以外,在日本的许多中小城市和广大农村,还存在着种类繁多的手工业:如丝织、陶瓷、珐琅、铜器、竹器、漆器、玩具和各种食品等。虽然,手工业中的很多部门,具有着悠久的历史和熟练的劳动技巧,但是在垄断资本的压榨之下,在充斥市场的美国货的排挤之下,它们的命运比城市中小企业更悲惨,已濒于山穷水尽的地步了。

第三节　农业

　　在农业中,日本至今还保留了封建的土地占有制度,全国土地的60%为地主和富农所有。根据1944年的官方调查,日本农村中的农业户口共为5536508户,除了17793户不进行耕作业(经营蚕桑、畜牧或完全破产者)的农业户口外,其中有1573730户是完全没有土地的贫雇农;另外有2216456户农业户口,因为自己的土地极少,也需要向地主租入土地耕作。这样说来,日本农村中无地和少地的农民就要占全部农民的70%。自耕农计有1520002户,他们拥有全部耕地的60%。日本的地主仅有208527户,只占农户总数的3.8%,但是他们却占有全部耕地的40%。富者田连阡陌,贫者身无立锥之地,成为农村中阶级对立的一个尖锐对比。

　　地主向农民征收地租,采用了落后的实物地租形式,农民要把每年收入的一半甚至3/4向地主缴租。由于地租的高昂,加上生产技术的落后,日本农民通常只能向地主租入很小块的土地进行耕种。全国耕种0.3町步④土地的有183万余户,耕种0.3町步以上而不足1町步的有167多万户,耕种1町步到1.5町步的有147多万户,耕种 2 町步以上的只有 50 多万户。这样,日本农民在小块的土地上,用着落后的工具和不足的肥料,进行着典型的小农生产。这是日本农业中最突出的现象。

第二次世界大战以后,为了欺骗农民、削弱农民阶级斗争的意识,在美国占领者的导演下,日本反动政府实行了自欺欺人的所谓"土地改革"。规定将不在乡村的地主的土地和在乡地主出租的 1 町步以上的土地,由国家收买,再转卖给农民。美国占领当局和日本政府曾经大事吹嘘,宣称日本农村已经"没有"了地主。事实上,"土地改革"是一个彻头彻尾的骗局,除了少数富裕农民以外,广大的贫苦农民根本得不到一点好处。首先是因为法令规定了所有在乡地主都可保留 1 町步的"保留地",因此,80% 的在乡地主都借口在自己"保留地"范围以内出租,他们的土地根本没有被当作收买的对象,自然就丝毫不受影响。其次,那些不在乡的地主,一听到要"土地改革",也都纷纷在法令没有公布以前赶回家乡,将出租的土地从农民手中强行夺回,[⑤]采用分散、假卖等方法隐蔽起来,他们的土地自然就大量保留下来了。事实上谁都会想得到,在乡村政权全部掌握在地主阶级手中的情况下,资本主义国家的所谓"土地改革",会有什么好的结果呢? 对广大的贫苦农民来说,"土地改革"反而更增加了他们的痛苦。由于地主阶级蛮横地夺回土地,他们能耕种的土地更小了。为了维持生计,就不得不在比以前还苛刻的条件下向地主租种土地。"土地改革"造成了广大农民更大的贫困。

"土地改革"到 1949 年年底结束,美国占领者和日本政府一面大吹大擂地宣扬"改革"的成果;而另一面却原形毕露地于 1950 年公布了"新土地法",把"土地改革"中用来粉饰门面的点滴措施也一笔勾销了。"新土地法"规定将地租提高 7 倍,并且不再统制土地价格。根据"新土地法",只要经过地主阶级的农地委员会所认定的"正当"的耕种事业,便可以保有 3 町步以上的土地。而且只要经过双方的"同意",地主阶级在"土地改革"时出卖给农民的土地,可以允许收回。此外,"新土地法"中还有许多便于地主阶级压榨广大农民的规定,它整个地暴露了美日反动派的丑恶面貌,并且替日本农民带来了更大的痛苦。

日本的农业包括耕作业、林业、畜牧业和水产业 4 个主要的部门。下面是农业各部门的大概情况。

(一) 耕作业

在日本农业各部门中,耕作业是最基本的一个部门。但在封建制度统治下农业技术很落后,耕地面积约占全国土地总面积的 17% 稍多一点,这中间,水田和旱田大致上各占半数。耕地多数分布在沿海平原、山间盆地及河谷地带。在日本可以看到阶梯相连的大片梯田。

日本的粮食作物主要有下列几种。

稻米 这是日本最重要的作物。日本是世界上次于我国和印度的第三个稻米生产国,稻田要占全国耕地面积的50%左右。战后每年平均产量约5500万日石⑥左右,约占全部农产品总值的一半。日本的稻田分布很广,南至九州,北到北海道,无论平原、河谷或山地梯田,都有稻米的种植。在中部和南部,因为气候条件更好,每年可以收获二次。稻田最多的主要有下列各区:

1. 本州岛的西部,特别是新潟、富山、山形、秋田各县;

2. 本州岛中部的太平洋沿岸,主要是关东平原;

3. 濑户内海沿岸一带,包括九州的福冈,本州的冈山、兵库,四国的香川、爱媛各县;

4. 北海道,主要是石狩平原和中部的山间盆地。

麦 是次于稻米的第二种粮食作物,包括小麦、大麦和裸麦在内,播种面积为180万町步,约占全国耕地面积的21%。由于很多地方的气候条件对于麦类的生长并不相宜,因此它的分布地区也远较稻米为狭小。干湿季比较分明的太平洋和濑户内海区域,是全国最主要的小麦播种区。但沿海地带的小麦,往往是在稻米收获以后播种的,只有在比较干燥的山岳地带如本州的群马、栃木各县,小麦的种植才有独立的意义。日本年产各种麦类,约在2500万日石以上。

除了稻米和麦类以外,粮食作物中还有北部的马铃薯,南部的甘藷以及荞麦、黍之类,但是这些都没有重要的意义。日本所产的粮食,不够供应本国的需要,需要经常从国外输入粮食。

日本的技术作物,主要有下列几种:

蚕丝 日本是一个蚕桑业非常发达的国家,每年能够生产大量的蚕丝。由于桑树的生长需要较高的气温和较多的雨量,因此,日本除了比较寒冷的北海道以外,几乎无处没有蚕桑业的分布。本州岛中部的山岳地带,特别是长野县及其附近地区,是全国蚕桑业最发达的地方。日本的桑树品种达200种以上,各种桑树的生长期互有参差,终年几乎都有桑叶可以供应,对育蚕提供了优越的条件。

由于很多农民没有土地,即使有少量土地的农民,单靠土地也不能维持最低限度的生活。因此在战前,全国有220万户农民从事育蚕或把育蚕作为副业。当时日本年产蚕丝1130多万贯,⑦其输出量要占世界的70%。第二次世界大战期间,蚕丝的输出完全停顿,桑树遭到大量的砍伐,改种其他粮食作物,使蚕桑业的基础受到重大的摧残。1952年,全国育蚕的农户已只有79万余户,蚕丝产量也降低到410万贯左右。

第二次世界大战后日本的蚕桑业已大大衰落了。

茶　这是日本仅次于蚕丝的第二种技术作物。由于它需要一个高温湿润而排水良好的生长环境，因此茶园都分布在本州岛、四国、九州岛的南部和东南部。最主要的种茶区是中部地方的静冈县，那里的茶园面积约占全国茶园面积的1/5，而产量更占全国的1/3。其余如近畿地方的京都、三重、滋贺，关东地方的茨城、埼玉和九州的鹿儿岛等各县，茶的种植也较普遍。1952年，日本的茶叶产量为1500多万贯。

水果和蔬菜　在园艺作物中，水果特别具有意义。日本水果以蜜橘和苹果最重要，前者盛产于北纬36°以南，特别是中国地方和九州岛，可视为日本亚热带的标式水果；后者盛产于北纬36°以北，特别是奥羽地方的北部和北海道，是日本温带水果的代表。此外如桃、梨、葡萄、柿、樱桃等，分布较广，但产量不多。

蔬菜的种植以接近消费地的各市郊最为发达，由于广大人民的贫穷，高级蔬菜的需要量极少，而像萝卜、芜青之类的低级蔬菜就显得普遍和重要。此外，如芋、豌豆、四季豆等，也是各地常见的蔬菜。

除了上述各种农作物以外，在奥羽地方北上川流域和北海道还出产比较丰富的大豆。此外，像大麻、亚麻、烟草、甜菜、花生等，各地也有种植，但产量均少，远远不足供给本国的需要。

下面是最近几年以来日本主要农作物的生产情况：

日本主要农作物产量　　　　（单位：千日石）

农作物	1950 年	1951 年	1952 年	1953 年
稻　米	60270	60277	66152	54923
小　麦	10885	10885	11231	10038
大　麦	9726	9726	9912	10103
裸　麦	—	—	7784	7150
大　豆	3407	3677	3734	3328

由于长期来不修水利，在台风和山洪暴发的侵袭下，海塘和河堤经常溃决，给日本耕作业带来非常严重的灾害。从1926年到第二次世界大战结束的20年间，耕地遭灾面积平均每年达23000町步；从1946年—1951年的6年间，平均每年遭灾的耕地面积更达55000町步，比战前增加了1.5倍。以1953年为例，农林省在全国各地调查的17万多户农户中，有80%受到灾害的影响，使水稻大大地减产。这一年全国因此而减少了农户达37000户。另外，由于长期来水利失修和耕作的恶劣，使很多耕地不是用水不足便是排水不良，需要经过土壤改良，才能维持正常的生产。根据1949年农林省调

查的结果,在全部 280 万町步的水田中,需要改良土壤的竟达 264 万町步,旱田的情况当然也就可想而知了。

此外,由于美国占领者在日本建立军事基地的结果,很多的飞机场和演习场等,占去了广大的耕地面积。据估计旧日本军过去在日本国内保有的全部军用土地约为 28 万町步,而目前美军和保安队所占用的土地,估计已接近这个数目了,就算其中耕地只占 1/10,也要有 23000 町步光景。这些土地上每年可以生产稻米 44 万—46 万日石,足够供给 44 万人一年的需要。

在日本政府倒行逆施的统治下,日本农业部门中最主要的耕作业,已经面临到严重的危机了。

(二)林业

日本有着丰富的森林资源,在占全国面积 54.5% 的林区中,除了已经被砍伐的地区和林区内部的灌木原野以外,实有的森林面积也达 2174 万町步,木材总贮量约有 57 亿石。[8]

森林在日本经济上的意义是很重大的。日本城市住宅建筑费用的估价总额中,有 20% 是各种木材所占的部分,农村住宅则几乎全部用木材建筑。[9]造船业和铁路枕木等都需要大量木材,而日本工业中的重要部门如人造丝、造纸等工业,也都直接间接地和森林有关。此外,由于日本是一个缺乏燃料的国家,因此,日本的森林除了大部分作为用材采伐以外,也有一部分作为薪炭原料;前者称为用材林,后者称为薪炭林。

但是也正和耕地一样,日本森林的绝大部分是掌握在地主阶级的手中,而且在集中的程度上比耕地显得更为突出。整个森林的 80% 属于地主和皇族,只占农村人口 0.3% 的大地主占有了全部森林的 22%。在战后的所谓"土地改革"之中,地主的森林是明文规定被保证不动丝毫的。而且日本反动统治阶级更在 1952 年起实施了所谓"修正森林法",以"计划"造林、"计划"采伐等口号为幌子,排斥农民对于薪炭林和灌木原野的利用,进一步巩固地主在林业中的势力,使林业完全成为附庸于美帝国主义的军事性的事业。

在美日反动派的控制之下,日本林业已进入了非常悲惨的境地。由于林业政策的错误,加上大地主的滥施砍伐,每年的采伐量竟达 2 亿石之巨,但每年能成长的木材却不过 8300 石。根据计算,薪炭林只能维持 10 年就要砍光,用材林也无非只能再维持 16 年。到那时候,宝贵的森林资源遭受的损失可想而知,广大的山地也将成为濯濯童山了。而且山于森林的逐渐砍尽,土壤冲刷大大加速,水旱灾害将要更趋频繁。不仅是林业本身,即耕作业也势必遭受到愈来愈严重的损害。

　　除了因滥施砍伐而引起的木材贮量的急速减少以外,战后时期,日本的森林火灾和病虫害也空前增加了。根据统计,每年约有 4 万町步的森林面积发生火灾,等于每年新造林区面积的 1/5。在 1947 年初,因砍伐或灾害而荒芜了的林地还只有 25 万町步;到了 1952 年初,已经增加到约 30 万町步。群山日渐扩大了黄色的地面,日本林业的危机正在日益加深中。

(三)畜牧业

　　畜牧业是日本农业各部门中最不发达的一个部门。主要的原因是因为日本的土地掌握在地主手里,农民最重要的谷物粮食尚且无法满足需要,自然没有余力来从事畜牧生产了。日本的灌木原野绝大部分为地主所有,而这些土地在战后的所谓"土地改革"中也是和森林一样受到保护的。而且战后日本政府还规定凡是树冠所占面积的疏密度[⑩]在 0.3% 以上的地面,都作为森林处理,禁止农民在这些地方放牧,对本来已经十分凋敝的畜牧业,又加上了一重摧残。畜牧业不发达的另外一个原因是农村劳动人民生活的贫困,因为人民生活贫困,很多应该使用役畜的工作都由人们代劳了;同时对于肉类和乳类的购买力也极度薄弱。凡此种种,自然也都影响了畜牧业的发展。因此,日本的畜牧业绝大部分都是农民的副业,零星地、小规模地进行。大规模的专业化畜牧业,除了少数大城市近郊和北部各地为了军事需要的马匹饲养以外,其他地方几乎是完全没有的。

　　日本南部以牛为役畜,特别是中国地方、九州岛和近畿地方的西部,牛的饲养最盛。近畿的兵库县居全国首位,其他如九州的鹿儿岛,中国的广岛、冈山等县,牛的数量也不少。虽然北海道的农民以马为耕畜,但日本的马匹饲养主要还是为了军事上的需要。奥羽地方的岩手、青森等县,是全国最重要的马匹饲养中心;此外,北海道的东部和九州岛,饲马业也相当发达。猪的饲养是在明治维新以后才开始普遍,至今数量仍不多,主要分布在九州南部和关东平原。牧羊业多在奥羽地方和北海道,山羊比绵羊要多,对羊毛的供应几乎完全没有意义。根据 1953 年的统计,日本全国有牛 282 万头,马 109 万头,猪 99 万头。

　　家禽饲养业在日本农村中比较普遍,但规模更为零星和微小。最主要的家禽是鸡,其余有鸭和吐绶鸡等。

(四)水产业

　　水产业是日本国民经济中最重要的部门之一。这中间包括多种内容,如捕鱼业、水产养殖业、捕鲸业、海藻类的栽培和采集业、制盐业[1]等等，但捕鱼业占了最重要的位置。日本全国从事捕鱼业的职业人口达 77 万人，依靠捕鱼业为生的居民当在 400 万人以上。

由于日本农民缺乏土地，农村的大批剩余劳动力除了流向城市以外，另外一条路径就是到海上捕鱼。当然，日本列岛的自然环境的确也很有利于渔业的发展，在前面自然地理概观中已经提到，由于海岸线曲折、沿海有着广大的大陆架以及沿海寒暖流交会等种种关系，使日本沿海聚集了种类繁多和数量巨大的海栖动物，成为一个理想的渔场。

日本的渔业最初以濑户内海为中心，但后来逐渐扩展，遍及于太平洋、日本海、鄂霍次克海和中国东部沿海。第二次世界大战以前，随着帝国主义扩张政策的加强，日本的捕鱼范围也大大扩张，甚至到达南太平洋和印度洋，也经常在我国领海内进行捕捞，破坏了我国的主权。直到我国解放以后，中日双方的民间渔业代表团于 1955 年在北京签订了关于黄海和东海的渔业协议，对这个问题才有了公平妥善的解决。

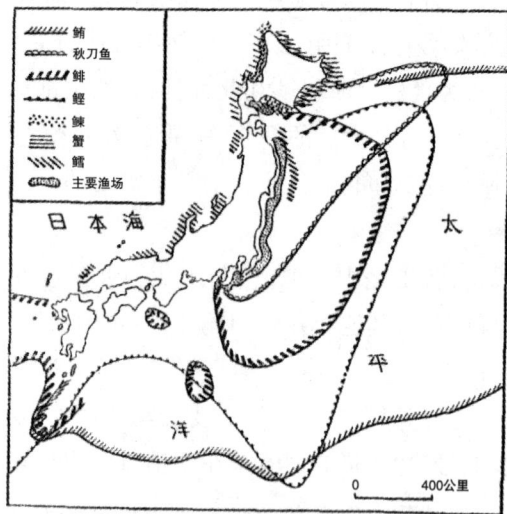

日本沿海主要渔场和渔业资源的分布图

日本有着一支规模巨大的渔船队，这支渔船队拥有 55000 艘渔船，包括 90% 的机动船和 18 万艘小艇。日本渔船队在战争期间没有受到较大的破坏，所以实力大体保存。渔船队的根据地是许多大小不等的渔港和为数更多的沿海渔村。全国最大的渔港是北海道的函馆和本州岛西南端的下关，渔村的分布遍及整个日本列岛的沿岸，仅在濑户内海一带，大小渔村即达数百个之多。

在日本捕获的各种鱼类中，冷水鱼以鲑、鳟、鳕、鲢、鲽等为最多，暖水鱼多为鲣、

鲔、鳁(沙丁鱼)、墨鱼、牡蛎等,此外如鲭、鲷、鲱、秋刀鱼和蟹类等也很丰富。第二次
世界大战以前,日本每年的鱼类捕获量在 300 万吨左右,居世界的第一位。1952 年,
日本捕鱼达 11 亿余贯,已经超过了战前的水平。

日本的捕鲸业也相当地发达,从北冰洋经过白令海峡南游的鲸类,可以在太平洋
沿岸捕获,但数量不多。从 1934 年起,日本远洋捕鲸队开始进入南极区域,并且发展
得非常迅速。第二次世界大战以前,日本捕鲸队每年捕鲸的数字居世界的第四位,拥
有 55 艘捕鲸舰,6 个水上工厂和 3 个海岸站。

水产养殖业分淡水和咸水两类,但意义远远不及海洋渔业。淡水养殖多系农村副
业,系利用湖泊进行的。霞浦的白鱼和琵琶湖的鲋鱼比较著名,其他还有鲤、鳗等等。
咸水养殖业以牡蛎、珍珠和蛤蜊等为主,多利用海湾进行。海藻类的养殖和采集也是
在沿海一带和海湾中进行,其中以昆布最为重要,此外如紫菜、海苔、石花草等也很普
遍。北海道的东部沿海和东京湾等地,是海藻类养殖和采集最发达的地区。

在美国的占领下,日本渔民在战后遭到了严重的困难。美军在日本沿海占领的海
面面积,约有 48000 平方公里,每年因此而损失的捕鱼量达 1065 万贯,受害渔民达
89200 人。此外,美国在太平洋一再进行的原子武器和氢武器试验,也替日本渔业招
致了危害。因为海洋中的原子爆炸,可使大批鱼类带上放射性而不能食用。1954 年
美国在太平洋的比基尼岛试验氢弹,东京的渔市场上曾经埋葬了亿万条带有放射性的
鱼类。正在海上捕鱼的渔民,也因此而遭到杀害。

水产业的最后一个部门是制盐业。由于岩岸的陡峭和沿海的多雨,日本制盐的自
然条件是很差的。只有在海岸多滩和比较少雨的濑户内海沿岸较为发达。中国地方
的冈山、广岛、山口和四国北岸的香川、德岛各县,有着全国最重要的盐场。为了满足
国内化学工业和渔业加工的需要,日本每年还需要进口大量的外盐。

第四节　运输业

日本是一个岛屿国家,因此海上运输必然成为运输业中最重要的一个部门。在第
一次世界大战以前,日本的海上运输业还很落后,远远不能和英、美及其他西欧国家相
比。第一次世界大战的发生,使日本的海上运输业得到了剧速发展的机会,在短时期
内发展成为一个海上运输业非常发达的国家。第二次世界大战以前,不但其舰队的实
力已高居当时世界的第三位;商船队的吨位也一跃而超过了挪威、荷兰、法国等海上运
输业素称发达的西欧国家,而舰队同样地居次于英、美以下的第三位。1937 年,日本
拥有总吨位达 560 余万吨、船舶数近万艘的海轮;此外,还拥有总吨位达 140 余万吨的

57000 多艘汽船和总吨位达 104 万吨的 17000 多艘帆船。组成了一支规模庞大的商船队。到了 1941 年,由于战争的刺激,海轮总数更增加到 630 余万吨,海上运输业获得了空前的畸形发展。

正和工业部门一样,表面强大的日本海上运输业,却是建筑在一个十分脆弱的基础上的。战前的日本商船队,有着两个非常突出的特点。首先是商船队中以轻吨位船舶占优势,万吨级以上巨轮总共不过十余艘,占总吨位中最大比重的是 3000 吨—6000 吨的中小型船舶。其次,整个商船队中破旧船舶的比数很大。这是因为日本资本家曾于第一次世界大战以后大量收购西欧各国和美国出售的超龄旧船,所以商船队中 20 年以上的老朽船舶占总吨位的 28%,而 10 年以下的新船仅占总吨位的 22%。因此,日本商船队虽然有一个庞大的数量,但质量却是十分低劣的。

第二次世界大战期间,日本船舶遭到了致命的毁伤,战后初期,船舶总吨位减少到只有 150 余万吨。直到 1953 年底,才恢复到 313 万吨。但和战前全盛时期还有很大的距离,一时很难恢复旧观。

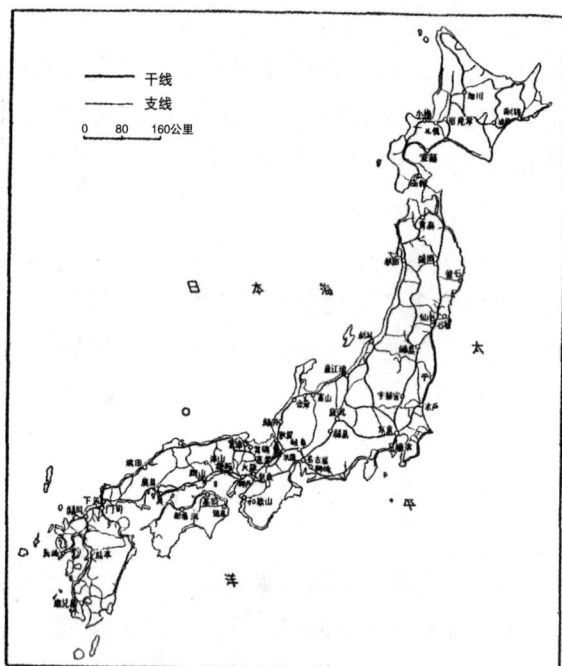

日本铁道分布图

日本的海上运输业可分沿海航运和远洋航运两部分。沿海航运多由轻型船只和小汽船负担,对日本国内的货运具有很大的意义。远洋航运是日本对外贸易的唯一手段,和世界各地的定期航线总数在 30 条以上,诸如美国的旧金山和西雅图,法国的马赛,英国的伦敦,印度的孟买,澳洲的墨尔本等地,都有定期船舶往来。日本全国约有大小海港750余处,其中38处具有国际性的意义,而横滨、神户和大阪更为全国最重要的3个大港。所有这些港口,都是沿海航运和远洋航运的基地。

第二次世界大战以后,日本的海上运输业也和各工业部门一样,遭到了美国的控制。目前全国已有12家由美国资本创办的轮船公司,掌握了海上运输最重要的航线。此外,日本本国的很多轮船公司中,也有了大量的美国投资。

由于美国控制了日本的海上运输业,因此,虽然日本有着自己的船舶,而且自己船舶的吨位尚未充分利用,但是日本从美国的购货就必须由美国船舶运输。1936年,日本商船载运了全部出口货的72%和进口货的65%;而1953年,日本商船仅载运了全部出口货的39%和进口货的46%。这是何等重大的一项损失。

日本的陆上运输以铁路为主。铁路全长达24500公里,密度很大,但分布极不平衡。关东、近畿、九州岛北部和本州岛的沿海地带,铁路网甚为稠密。但其余各岛和内地山区,铁路就相当缺乏。特别是四国岛,那里是全国铁路运输最落后的地方。

由于货运的任务大部分由运输量更大和运价更低廉的沿海航运负担了,因此铁路运输的主要任务便落在客运上面。日本的货车数字,只比客车的一半稍多一些。

日本的主要铁路干线有下列几条:

东北本线　从东京经仙台到达本州最北端的青森,全长达997公里。

东海道本线　从东京沿太平洋岸经名古屋而到达大阪和神户,全长达489公里。此线连结了关东、浓尾和畿内三大平原,是日本生产最发展的地区,行车密度最大,为全国最重要的路线。

中央本线　从东京经盐尻到名古屋,是不经沿海的内陆铁路线。

山阳本线　从神户向西,沿濑户内海经广岛而达下关。下关和九州岛的门司之间,有两条海底隧道相连。由海底隧道越下关海峡又可和九州岛西岸的鹿儿岛本线联接。经门司、八幡、福冈诸地直达九州岛南端的鹿儿岛。

山阴本线、北陆本线、羽越本线　这3条铁路都在日本海沿岸,从下关向东北行,经松江、舞鹤、敦贺、新潟、秋田而达青森,和山阳、东海道、东北3条本线略成平行。但行车密度和载运量比东部铁路要小得多。

在上述各纵贯本州的南北干线之间,又有不少东西横贯的路线,作为太平洋沿岸和日本海沿岸的联系。这些铁路路程很短,但往往翻山越岭,工程比较浩大。主要的横断路线有东京至直江津,名古屋至敦贺,大阪至舞鹤,石卷至酒田,釜石至秋田各线。此外,本州岛北部的青森和北海道南部的函馆之间,还设有铁路轮渡,使东北本线和北海道的函馆本线可以直接相连。

　　日本虽然有了一个比较稠密的铁路网,但是就整个铁路系统中的各种建设来衡量,它却是相当落后的。在铁路开始建筑时,日本的铁路几乎全部是窄轨线,第一次世界大战以后虽已逐渐改换标准轨,[⑫]但直到目前,窄轨线的分布仍很普遍。窄轨线铁路限制了运输量的提高,而各路线的轨辐不同又大大地影响了调运的便利。其次,日本虽然拥有了相当雄厚的水电基础,但电力对于铁路交通的应用却十分有限,电气化的铁路至今也还不过2%而已。

　　第二次世界大战以后,由于战争的破坏,特别是在反动政府把大批物资用于重新武装而忽视民用交通建设的情况下,铁路交通的残破情况,已经达到了使人吃惊的程度。根据统计,日本铁路系统上迄今尚在使用的已经超过了20年的蒸汽机车和电气机车,竟在2300辆以上,使用达20年以上的客车(包括电车)也在3000辆以上,而使用达30年以上的货车为数更达2万辆。此外尚有数字巨大的路轨、桥梁、隧道、站台以及其他建筑都已倾颓。在这样恶劣的设备条件下,车祸自然不断地增加。在第二次世界大战后连续发生的火车惨案中,不知已经丧失了多少人的生命。

　　日本的公路从名称上说有国有公路、府县公路、市有公路和乡村公路等等。但因为日本人习惯上把一切能通行畜力或人力车辆的道路都称为公路,所以日本的公路长度和真正能够通行汽车的道路的长度,是完全不相符合的。根据1952年的材料,国有公路和府县公路全长达135000公里,但这中间大部分是不合规格和行车困难的。其中有64000公里完全不能行驶汽车,约占全部长度的47%;能够顺利行车的只有18000公里,仅占全部长度的13%。这些公路中全部桥梁(约115500座)中的一半是非永久性的木造桥梁,而32%的木桥是不能安全通行车辆的。至于市有公路和乡村公路,绝大部分都是路基不良、路面狭窄的畜力或人力车道。即使是原来可以勉强通行汽车的,也因年久失修而不堪再用了。目前,全部市有公路和乡村公路之中,能够通行汽车的还不到20%。

　　和公路残破的情况恰恰相反,日本的汽车数字近来已大大增加了。第二次世界大战前日本汽车的最高纪录是1938年的217000辆,到了1953年,全国已有汽车达76万辆左右。汽车数字的突然大量增加,绝不是日本交通运输业上的任何进步,而相反地充分说明了日本在美帝国主义统治下的悲惨的殖民地现象。日本本国的汽车制造工业并不发达,目前所有的绝大部分汽车是从美国进口的,而这些汽车所消耗的大量汽油自然也是美国的出口品。毫无疑问,这些汽车的绝大部分是用于军事需要的。由于大批巨型的和高速度的汽车的涌到,日本公路的使用率就必然地大大增加,使原来已经残破不堪的公路遭到了更大的灾难。

　　另外必须提出,在今天全国公路普遍残破无力修复的情况下,纯粹为了军事需要的公路却仍在大规模地修建。而且和普通公路残破狭隘的情况恰巧相反,新建的军用公路都是路基坚固和路面宽广的。从东京到大阪之间的所谓"炮弹公路",[13]即是战后新建的许多军用公路中的一条。为了服从美国主子发动新战争的需要,日本反动统治者宁可让全国公路处于每况愈下的瘫痪境地,却不惜投下大量资金,来建筑这些为战争服务的罪恶道路。

除了铁路和公路以外,日本的陆上运输,特别是在内地和山区,还处于普遍使用畜力或人力的原始状态。那些地方分布着一些被称为"公路"的大路,另外还有更多的小路。这些道路,多数都是路基不良和路面崎岖狭隘的,运输量自然极为低微。

日本的河流都是流程短促而水势湍急,因此在运输业上就很少意义。在前面自然地理概观部分,已经列表叙述了全国主要河流通航的情况,全国河流通航里程超过100公里的不过10条,航行利益最大的如信浓、利根、石狩诸川,通航里程仍不到300公里。只有在若干沿海港埠附近入海的河流,如东京的荒川,川崎的六乡川,名古屋的庄内川和大阪的淀川等,在货物的驳运上有较大的价值。此外,林区的河流,对于木材的结筏飘运上也提供了一些便利。

在第二次世界大战以前,日本的航空运输已经相当发展,有着一个比较稠密的航空运输纲。1939年,全国有定期航线15335公里,载客近7万人,运货达30万公斤。大战以后,航空运输全部停顿。直到1951年,才恢复了两条航线。国内仅有的一家航空公司,也已被美国资本所控制。至于对海外的航空运输,则完全被外国特别是美国航空公司所独占。

第五节　对外贸易

随着资本主义的不断发展,日本愈来愈迫切地需要发展它的对外贸易。1866年,日本对外贸易的总额只有2620余万日元,到了1936年,对外输出总额就高达2693百万日元。因为日本是一个原料基础比较薄弱的工业国家,国内有些工业原料赶不上畸形发展的工业生产的需要;同时由于人民的购买力低弱和资本主义盲目生产的结果,又使国内许多工业产品大量积压。所以对外贸易对于日本经济有着重要的意义。以1936年为例,那一年日本就输出了国内生产的85%的棉织品、67%的人造丝织品22%的黑色金属制成品、14%的肥皂工业产品及11%的水泥工业产品。出口是抵偿进口的主要资金来源。换句话说,正常的对外贸易,乃是保证日本工业取得某些比较缺乏的原料和保证居民获得粮食及工作的必需条件。

第二次世界大战前日本的对外贸易,就贸易货品的种类说,输出品主要是制成品和半制成品,而其中又以纺织工业品(棉织品、丝织品和人造丝织品)为大宗。在好些年份中,纺织品的输出要占输出总额的65%左右。此外,较多的是陶磁器、纸张、自行车、缝纫机等,机器的输出很少。输出的原料主要只有生丝一项,输出的食品则以水产品和茶叶等为主要。

在日本的输入品中,主要是各种原料。纺织原料特别是棉花是输入品的基本项目,在好些年份中,纺织原料的输入要占日本输入总额的1/3。此外,燃料(石油和煤)、废铁、铁矿石和其他日本缺乏的有色金属(铅、锡、锌等),输入也很可观。还经常输入稻米和小麦等谷物粮食。由于日本机器制造工业中迄今仍存在着好些落后的部门,所以进口品中机器还是一个比较重要的项目,主要是纺织机、蒸汽机、矿山机械、汽车和其他制作过程复杂及需要高度技术的机器。

战前日本的对外贸易中,以对美国的贸易占首位。许多年份中,美国一直占有了日本输入总额的约1/3和输出总额的1/3以上。从日本输往美国的物品主要是生丝,占日本生丝输出总额的95%—96%;其余是陶磁器、茶叶和各种丝织品等,但在价值和数量上都无法和生丝相比。从美国输往日本的主要是棉花,占美国对日输出总额的45%—50%;其余是木材、废铁、石油、各种机器和小麦等。

第二次世界大战前日本的第二个贸易国是我国。日本从我国运去的物品主要是大豆、豆饼、棉花、煤、铁矿石和其他各种金属矿石等,输入我国的则以棉布为最重要,其他还有水产品、纸张、玻璃、水泥、玩具等,并且也有一部分机器,主要是纺织机。

印度、东南亚国家(主要是印度尼西亚)和澳大利亚是战前日本对外贸易中次于美国和我国的重要对象。日本向印度购买棉花和铁矿石,向东南亚国家购买橡胶和其他热带资源,向澳大利亚购买羊毛。日本输入这些国家的主要也是棉织品和其他轻工业品。此外,日本在战前和加拿大及拉丁美洲各国的贸易也很频繁。战前日本和欧洲各国的贸易额较小,主要是对英、德两国进行。

第二次世界大战前日本对外贸易中的重要特点是经常的入超。由于军国主义者需要囤积大量的物资以从事于侵略战争,由于很大一部分生产力投入了战争物资的生产而引起的生产力不足,也由于日本皇族、资产阶级和地主阶级漫无限制的挥霍,使输出货品无法抵偿大量的输入。因此,从第一次大战直到"七七事变"发生的20多年中,除了1936年和1938年两年以外,其余全部都是入超的。日本统治阶级曾经采取了各种办法以改善这种情况,他们疯狂地压榨本国人民和殖民地人民,一再地降低工资,并且采用通货膨胀和降低外汇比价等办法,使其商品能在国外市场上以更低廉的价格倾销。甚至更不顾廉耻地在我国华北进行武装走私以垄断我国的市场。这一切自然都是徒然的,直到1941年太平洋战事爆发,日本对外贸易中的这种经常入超的情况,始终没有任何改变。

第二次世界大战以后,由于美国的占领,作为日本经济命脉的对外贸易,全部落入美国占领者的掌握之中了。美国采用了种种毒辣的办法,使日本的对外贸易完全为美国垄断资本服务,为它的对外扩张和制造新的侵略战争的政策而服务。于是战后日本对外贸易就显得每况愈下,造成了经济上的严重危机。

日本投降以后,美国一开始就严格地管制了它的外汇。日本政府处理其外汇时,必须事前获得美国占领当局的同意。美国占领者并且经常指示日本政府,如何为了美国垄断资本的利益而使用其外汇。第二次世界大战后初期,美国就采用这个从根本上完全控制日本对外贸易的办法,操纵了日本的经济命脉,使日本在经济上完全成为美国的附庸。

美国控制日本对外贸易的另外一个办法即是臭名远扬的"禁运政策"。美国通过其对日本的一些饮鸩止渴的所谓"援助"和贷款,严厉限制了它和中国、苏联及其他人民民主国家之间的正常贸易。这中间特别引起恶劣后果的是限制其对我国的贸易。前面已经提到,我国是战前日本重要的贸易国之一,战前日本需要从我国购买许多种类的工业原料和粮食,而日本的机器和有些工业品,我国购买的也不少。失去了这样一个近水楼台的重要贸易国,对日本经济土的损失的确是不可估量的。

首先,由于日本无法买到中国出口的某些原料,它只好以相差悬殊的高价向美国购买。例如向中国购买铁矿石一吨,只要化 4,094 日元,但向美国购买,就得花 8,357日元;向中国购买盐一吨,只需 5,220 日元,但美国盐每吨却高达 7,649 日元。此外,从美国来的原料,还得支付远隔重洋的巨额运费,在 1951 年,日本的进口总值中竟有25%是运费。这是何等重大的损失。

其次,由于日本和我国中断了对外贸易,使它不得不转向英镑区和自由结账区[14]去找寻市场。但是要插足到那些别人已经建立了巩固基础的市场中去,就必须不顾血本地进行倾销。向外低价倾销的结果,就必然要提高国内的售价以为弥补,例如出口价格每码 53 日元的棉布,国内售价需要 75 日元;出口价格每吨 78000 日元的马口铁,国内售价需要 118000 日元。但是,不管日本采用哪样的不顾血本的方式,日本的输出在资本主义国家总输出中所占的比例,战后仍不免大大萎缩了。

日本在资本主义世界总输出中所占的比例　　　　　　（%）

年　度	1938	1950	1951	1952	1953
百分比	3.33	1.47	1.80	1.76	1.73

除了在资本主义世界总输出中所占的比例已经大大不及战前以外,仅按其对外贸

易实际额的指数来看,和战前也是相去甚远的。这些主要都是由于不能和世界和平阵营的国家展开正常的贸易而由美帝国主义控制其对外贸易所引起的恶果。

日本对外贸易实际额的指数

年　度	出　口	进　口
1934—1936 年平均数	100	100
1951 年	31.4	48.3
1952 年	31.4	54.2
1953 年	35.3	74.4

此外,由于失去了我国这样一个重要的贸易国,势必愈益增加日本对美国的依附程度。美国一方面乘机高价向日本倾销大量的工业品和农产品;另一方面对于日本商品的输入却作了种种严格的限制。除了高树关税壁垒以外,[⑤]更常常借口日本商品的原料来自中国而拒绝进口。例如美国对于日本酱油、刷子等的禁止进口,即在这种荒谬的借口下提出的。这样,日本在对外贸易中被逼得走投无路,而入超的数字,比战前更大大地增加了。

日本对外贸易的入超 　　　　　　　　　　　　（百万美元）

年　度	1934 年—1936 年平均数	1951 年	1952 年	1953 年	1954（上半年）
输　出	928	1355	1273	1275	720
输　入	951	2047	2028	2410	1411
入　超	23	692	755	1135	691

此外,美国还采用更蛮横的强盗式的掠夺手段和日本进行贸易,使日本经济受到更严重的摧残。在美国发动侵朝战争的时期,曾以远远低于成本的价格,向日本订购军火。例如成本每架达 30 万日元的迫击炮,美国只付 9 万日元的低价;成本每罐达5385 日元的涂料,美国只付 3240 日元。1952 年,美国为了豢养盘踞在中国台湾的蒋介石卖国集团,又强迫日本输入 138 亿日元的台湾白糖,但日本假使自己向古巴购买同样数量的白糖,则只要 111.5 亿日元就够了。这和直接掠夺有什么区别?

美国对日本对外贸易的凶恶控制和严重摧残,已经成为战后日本经济危机的主要原因之一。日本人民,包括很大一部分的资产阶级在内,今天也已认识了对外贸易中独立自主的重要性。因此,反对“禁运”,特别是要求和我国恢复正常贸易的呼声,已经在全国范围内普遍的增长了。1952 年年底,日本成立了“国会议员促进日中贸易联

盟"，参加联盟的有众议院和参议院内的各党派议员 373 人。1955 午在日本举行的
"中国商品展览会"，更受到了日本各界人士的热烈欢迎。足见要求自由贸易，特别是
恢复和我国的正常贸易，已是日本朝野一致的迫切愿望。

　　几年来，日本的工商业团体也正在作各种努力，以求摆脱美国的束缚而和我国展
开正常贸易。在我国人民的支持之下，几年来的中日贸易，已经有了逐步地增加。这
是展现在走投无路的日本对外贸易中的一线曙光。

几年来日本对我国的贸易　　　　（万美元）

年　　度	输　　出	输　　入
1952 年	599	14917
1953 年	4539	29700
1954 年	19100	40770

　　但是必须指出，若和第二次世界大战前相比，几年来中日贸易的数字还是微不足
道的。而且美国还在千方百计地进行阻挠，破坏日本和我国之间正常贸易的发展。因
此，为了争取对外贸易中独立自主的地位，为了恢复和我国之间的正常贸易以扭转其
对外贸易中山穷水尽的处境和日益加深的经济危机，日本人民和工商界还需要作更大
的努力。

注释：

① 除了五大财阀以外，日本其他最显要的财阀是：浅野、涩泽、川崎、山口、古河、久原、森、野
　口、中岛、石原等等。

② 曼彻斯特在英国的兰开厦，是全世界最大的棉织工业城市。

③ 第二次世界大战期间，日本曾大量掠夺我国南海诸岛上的鸟粪。先后抢去了西沙群岛上
　永兴岛全部鸟粪贮量的 1/4 和石岛鸟粪的全部，并且也抢去了南沙群岛太平岛上的大部分
　鸟粪。

④ 町步为日本土地面积的单位，1 町步约等于 99.18 公亩或 14.9 市亩。

⑤ 从日本投降以后到"土地改革"时止，地主向农民夺回土地的事情共达 45 万件之多。

⑥ 日石是日本的容量单位，1 日石为 10 日斗，1 日斗为 10 日升，1 日升等于 1.804 公升。

⑦ 贯是日本的重量单位，1 贯等于 3.75 公斤。

⑧ 石是日本量木材体积的单位，和容量单位的日石不同。1 石等于 10 立方日尺。1 日尺等于
　0.909 市尺。

⑨ 日本住宅全用木材建造，即使在城市中，钢骨水泥的建筑物也是不久以前才出现的。1921

年以前的东京,在全市 358000 所建筑物中,有 326000 所用木材建造,钢骨水泥建造的只有 232 所,其余系用砖瓦或石料建造。

⑩ 树冠的疏密度是指林木树冠互相挨挤的程度而首。森林中树冠相挤,挡住了阳光的射入,树冠透光的程度是区别森林密度的标准。原始森林中树冠密集,完全挡住了阳光的射入,树冠的密度为 1.0。

⑪ 制盐业并不属于农业部门,但日本制盐业很不发达,所以就在农业部门的水产业中附带叙述。

⑫ 世界上大部分国家的铁路,轨距(两条轨道之间的距离)为 4.85 呎,称为标准轨。日本的很多铁路,轨距仅 1 米,称为窄轨。

⑬ 一种效率最高的军用公路。路面坚固、平坦、宽阔、光滑,可容车辆在上面高速度行驰。修建这种公路的目的,完全为了供军事使用。

⑭ 英镑区是指规定用英镑进行交易的区域,主要是属于大不列颠联邦的各国。自由结账区是指经协议规定不在每次交易时付款,而是相互间的借贷达到一定款额时再作实际支付的一些国家。这些国家计有印度尼西亚、泰国、阿根廷、法国、西德等等。

⑮ 为了限制日本商品的输入,美国在第二次世界大战后大大地提高了日货进口的关税率。像竹制工艺品和玻璃制品等,均抽关税达商品价格的 50%;绸缎和台布抽至 90%。陶瓷制品原抽关税 25%,现拟提高到 50%;丝制围巾原抽 22.5%,现拟提高到 65%。

第六章　经济区域

第一节　本州岛

本州岛是日本最重要的大岛,占有全国领土面积的 60.9%,并且有占全国 3/4 以上的人口。本州岛南部在历史上一直是日本人民活动的中心,按照经济发展的程度说,它毫无疑问地占有全国的首要地位。

但是本州的经济发展及其分布是极不平衡的。最重要的工业区全分布在南部太平洋和瀬户内海沿岸的几个狭小地区,其余广大的土地上,都是落后的农业区。本州主要有 4 个工业区,那就是:关东地方的东京—横滨区,中部地方的名古屋,近畿地方的大阪—神户区和中国地方的瀬户内海区。

东京—横滨区位于东京湾沿岸,包括东京、横滨和川崎等城市,它面临太平洋,有着房总、三浦两半岛的拱卫;背负广大而肥沃的关东平原,作为它重要的农业基地。它和东北部的常磐煤矿相距不远,而富士山区的水电站更是动力的主要来源。本区在工业上没有明显的专业化,是一个以中小型企业占优势而包有了各种部门的综合工业区。重要的工业部门有造船、飞机制造、汽车制造,电气化学、电气冶金、火车头制造以及其他化学、食品等工业。

东京在东京湾底,它是日本的首都,也是这个工业区的中心。这里在 1956 年拥有 826 万人口,是全国第一个大城市。除了在海上交通方面是一个重要的港口以外,陆上交通方面是东北本钱、东海道本线、中央本钱等3大铁路干线的会合点,并且还拥有数字更多的支线和电气车道。东京发展了多种部门的工业,主要是制作过程复杂、需要高度技术的机器制造工业,其他还有纺织、造纸、橡胶、玻璃等轻工业。

　　东京市区的东部和北部直抵荒川,南部以六乡川和川崎为界。东京港以北的隅田川两岸,是全市的工商业中心。隅田川以东称为江东,包括本所和深川二区,是最大的工业区。隅田川以西的日本桥和京桥二区,则是金融和商业的中心。皇宫和政府机关在全市中央部分的麴町区。麴町的北部和南部,有着著名的上野公园和日比谷公园,并且分布着全国最重要的大学如帝国大学和早稻田大学等。东京有着十足欧化的高层大厦和充满着封建意味的宫殿式建筑,形成尖锐的对比;同时更有着许多资产阶级、皇族和官僚们的豪华府第和很多劳动人民的残破矮小的贫民窟,形成了显著的对照。东京可以说是一个形形色色的复杂的城市。

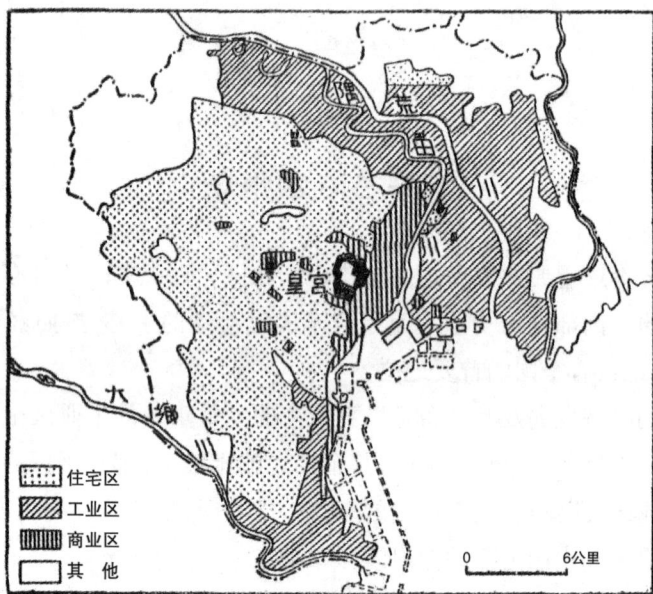

东京市图

　　东京以南28公里是横滨,这里有着比东京更为优越的深水港湾,和世界上很多大港口建有航运联系,是全国最大的商港。横滨同时可认为是东京的外港,它和东京之间除了有东海道本线以外,还有好几条电气车道和公路相连,关系十分密切。按照居民的数字说,这里在1956年有114万人口,是全国第五个大城市。横滨并且发展了规模不小的黑色冶金工业和造船工业,是一个重要的工业中心。

　　横滨以南的三浦半岛北部,有着日本最大的军港横须贺,现在已成为美国的军事基地。横须贺东南的浦贺,设有很大的船坞和造船厂。此外,横滨和东京之间的川崎,也是一个工商业发达的大城市,拥有巨大的钢铁工厂。

东京—横滨工业区的农业基地关东平原,是日本最发达的农业区之一。这里的耕地上40%种了稻米,大麦的播种面积占全国的一半,小麦的播种面积也占全国的1/3,部分地供给了工业城市的粮食需要;20%的耕地是桑林,因此蚕桑业相当发达;此外还有甘薯、烟草、大麻、花生等作物,专门为城市服务的蔬菜、水果、花草、乳品等近郊园艺畜牧业也有相当高度的发展。

本州岛的第二个工业区域是大阪—神户区。这里面临着濑户内海的大阪湾,拥有广大的畿内平原,包括了以大阪、神户和京都三大城市为主的许许多多工业城镇。

大阪市区在淀川以南和大和川以北。1956年,这里有居民254万,是全国第二个大城市。大阪的工业以棉织工业为主,约占全国纱锭总数的20%左右。此外还有造船、冶金、机器制造和化学等工业。

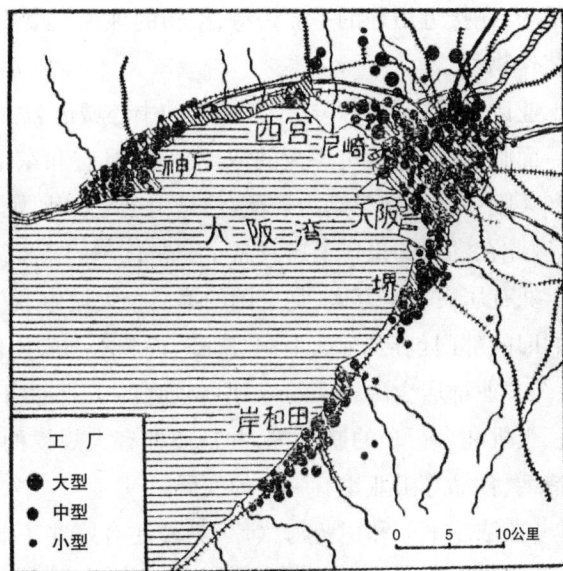

大阪湾沿岸的工业城市图

神户在大阪以西,它有全国最大的黑色冶金工业,也是造船工业中心之一,并且还有飞机制造、汽车制造、纺织、木材加工等工业部门。由于神户有着设备比大阪更好的深水港湾,因此它是全国仅次于横滨的第二个商港。包括郊区在内,神户的居民也到达100万,是全国第六个大城市。

在大阪湾沿岸,其他还有很多工业城镇。大阪以南有堺市及岸和田,堺市可认为是大阪的延续,它和大阪市区只隔了一条大和川。大阪和神户之间有尼崎、伊丹和西宫等。所有这些城镇，都是棉织品专业化的地区，发展了纺织、漂白、染色及各种化学工业。伊丹和西宫并且是重要的酿造工业中心。

大阪—神户工业区的另一工业城市京都，位于琵琶湖西南的山城盆地，盆地南端和畿内平原连成一片。京都是日本唯一不靠海滨而人口超过100万的大城市，1956年，它拥有120万居民，居全国城市中的第四位。京都是日本的故都，市内有历史上的各种名胜古迹。它同时也是一个古老的工业城市，以出产丝织品、艺术品、艺术陶瓷器和其他手工艺品著名。但在第二次世界大战中，这里也发展了军事工业。

畿内平原以东，隔着狭小的金刚山脉是奈良盆地。盆地中有日本著名古城之一的奈良，它和大阪及京都之间，都有便利的铁路交通联系。奈良原来是一个有着众多名胜古迹的游览城市，但现在也发展了相当规模的纺织业。此外，畿内平原以南纪之川南岸的和歌山，也是一个工商业很发达的大城市。

畿内平原在农业上是日本最古老的农业区之一，这里分布着纵横交错的灌溉网，最主要的作物也是稻米；在接近山地的平原边缘，茶树的种植也很普遍；此外也栽培蔬菜和瓜果等近郊园艺作物。

本州的第三个工业区是名古屋区。这个工业区的中心城市名古屋，居于东京和大阪之间的交通中枢。面临伊势海，背负广大的浓尾平原，具有和东京颇为相似的地理形势。它附近虽然和大阪一样地缺乏动力矿藏，但是由于它和水力最丰富的中部地方的高山地区很接近，因此在动力的供应上就具备了非常优越的条件。按照人口的数字来说，这里在1956年拥有居民133万人，是全国的第三个大城市。

名古屋工业中的旧的部门包括棉织、毛织、陶瓷、面粉等，棉织工业在全国仅次于大阪，陶瓷工业和毛织工业都居全国第一位。建立较晚的工业部门是机器制造工业，包括纺织机、内燃机、飞机和自行车的制造等，并且还拥有大规模的军事工业。此外，钟表制造、人造丝、造纸、食品等工业也有一定的发展。

除了名古屋以外，在浓尾平原和伊势海沿岸，另外还有好些工业城市。名古屋以北的一宫和岐阜，有着相当发达的毛织和丝织工业；东南部的冈崎，是一个缫丝和丝织工业的城市；规模不小的陶瓷工业，分布在东部的濑户和多治见等地。名古屋西南，海岸平原一直向南伸展到伊势海海口，这一带也分布了好些工商业发达的城市，主要有桑名、四日、津市、松阪和宇治山田等，其中四日有着发达的棉织工业，并且是名古屋的一个辅助港口，津市则以人造丝工业著名。

浓尾平原也是日本的重要的农业区之一，耕地上播种的作物主要是稻米。在接近山区的地带，有着众多的茶园。同时蚕桑业也得到了普遍的发展。此外，东南部还有着比较发达的家禽饲养业。

本州岛的最后一个工业区是濑户内海区。这里的工业城市不像上面三个区域那样集中在一处。在发展的程度上，也不及上述各区。主要的工业城市是分散在近畿西部和整个中国地方濑户内海北岸的漫长海岸上，从东到西有姬路、饰磨、冈山、吴、广岛、宇部、下关等。这个工业区中，除了第二次世界大战以前原有的若干规模不大的工业部门以外，主要是在大战时期发展起来的规模很大的军事工业、机器制造工业和造船工业。这些工业大部分是分布在姬路、冈山、广岛、吴和下关等几个城市中。

广岛位于广岛湾北岸，是中国地方最大的城市。这里曾经建立了军火、被服、罐头、人造丝等各种工业，在第二次世界大战末期遭到美国原子弹的轰炸而全部毁灭。广岛东南的吴港是日本次于横须贺的最大海军根据地，有着规模很大的造船厂，现在已成为美国的军事基地。

下关位于本州岛最西南端的下关海峡北岸，当日本海和濑户内海的出入孔道。它和九州岛北部的门司有着通过下关海峡的海底隧道相连，和朝鲜南部的釜山间也设有铁路轮渡。它是日本的重要商港，并且又是全国最大的渔港之一，同时也发展了相当规模的工业。下关以东的小野田有水泥工业，小野田北部的厚狭有火药制造厂。此外，小野田及其东部的宇部附近都发展了采煤工业，宇部即是一个煤的输出港。

冈山位于儿岛湾以北的旭川西岸，它原来有着比较发达的纺织工业，第二次世界大战中又建立了若干新的军事工业部门。冈山以西的仓敷、福山、尾道等城市，也都发展了一些工业。此外，冈山以西的濑户内海沿岸，由于雨量较少、沙滩连绵，是日本最大的盐场所在。鹿儿岛半岛的味野、尾道和福山之间的松永及西部周防滩沿岸的防府，是三大制盐业中心。

冈山以东近畿境内的姬路，是濑户内海区最大的黑色冶金工业城市，也是日本晚近建立的黑色冶金工业城市之一。它的外港是面临播磨滩的饰磨，那里有着造船工业，和姬路的黑色冶金工业是密切结合着的。

在本州岛，除了上述4个工业区以外，关东、中部、近畿、中国各地方的其余广大部分都是农业区，主要发展了稻米种植和蚕桑业，山地中以林业为主，沿海则有着发达的渔业。但工业却非常落后，零星散布的、以附近农产品为基础的小型工厂和普遍存在的手工业，成为这些地方的工业特色。

在中部地方，由于蚕桑业的普遍，缫丝和丝织工业比较发达。如冈谷、松元、金泽、福井等地，都有缫丝和丝织工厂。此外，在新潟及其附近的新津一带，因为油田的分布而发展了一些石油工业。中部地方的日本海沿岸，也分布了若干港口，往往具有商港兼渔港的性质，其中最重要的是新潟和富山湾沿岸的富山。

在近畿地方，除了琵琶湖沿岸分布了一些缫丝和丝织工业以外，其余都是分散落后的手工业。日本海沿岸的各港口中以若狭湾中的舞鹤和敦贺为重要,其中舞鹤是日本在日本海沿岸的最大的海军根据地。现在则都在美军掌握之中。

中国地方比中部地方和近畿地方更为落后,只有在津山盆地、鸟取县境内和宍道湖沿岸才有些规模很小的缫丝工业。日本海沿岸的港口也不多,比较重要的只有荻、境二处。

本州岛北部的奥羽地方,占有本州岛30%的土地面积,但在经济发展上却是本州岛最落后的地区。沿海平原和山间盆地中的耕作业以及近海的渔业,成为当地居民生活的主要来源。这里人口稀疏,居民生活水平比本州岛南部更为低落,因此各种农产品包括稻米、水果和鱼类等,经常地被运往本州岛南部经济发达的地区。

奥羽地方的工业非常落后,虽然利用日桥川和猪苗代湖之间的落差而建成的水电站,具有日本水电站中的第一流规模,但电力市场却远在工业发达的关东地方。釜石的黑色冶金工业是奥羽地方最主要的重工业,但是这里的炼钢能力远远落后于炼铁,而且在附近更没有相当的机器制造工业可以配合,因此,产品的大部分还是以生铁和钢材的形式送往本州岛南部机器制造工业发达的地区。在秋田附近的土崎港有依靠油田而建立起来的炼油工业,八郎潟以北的能代有很大规模的木材工业,但这些也只限于对矿产品和农林产品进行初步加工,目的仍然是为了向南部工业发达的地区输出。此外,北部的青森有为着鱼类加工而设置的大规模罐头工厂,仙台、福岛、郡山、若松等地有些纺织工业。奥羽地方没有像本州岛南部那样的大港口,比较重要的,在太平洋沿岸有八户、釜石和松岛湾内的盐釜(仙台的外港),在日本海沿岸有能代、土崎(秋田的外港)和酒田。在北部陆奥湾沿岸则以青森为重要。这里的城市建筑也远远不能和本州岛南部相比,中小城市往往成为落后的"街村"。①

第二节　九州岛

九州岛是日本最偏南的一个大岛,它和本州岛南部都是日本历史上最早开发的地方,在经济发展的程度上也彼此相当。

九州岛北部是日本的最大工业区之一——北九州岛工业区。这是一个以采煤、黑色冶金和军火制造为专业的重工业区。这里的采煤工业居全国第一,八幡以南的筑丰煤矿是日本最大的煤矿,像直方、饭冢、后藤寺等,都是在这个煤矿附近发展起来的矿工业城市。此外,福冈以南有糟屋煤矿,唐津以南有唐津煤矿,佐世保以北有肥前煤矿,长崎以西有高岛煤矿,有明海东岸的大牟田附近有三池煤矿,岛原半岛以南的天草岛上又有天草煤矿。这些煤矿,都是全国范围内的大煤矿。在煤矿附近,兴起了许多大小不等的工业城镇。

　　和采煤工业结合在一起,这里发展了全国最大规模的黑色冶金、军火以及其他机器制造等工业。此外还有造船、化工、水泥、木材、纺织、陶瓷和食品等工业。随着工业的发展,这里也建筑了稠密的铁路网和巨大的港口,和本州南部的其他工业发达的地区有着十分相似的情况。

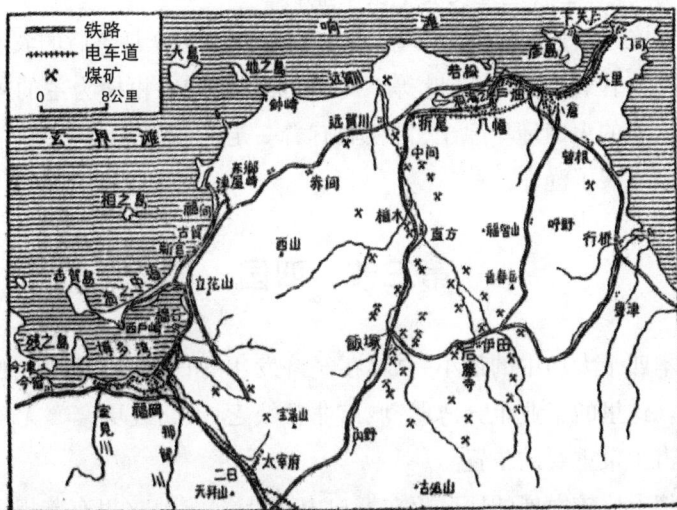

北九州工业区分布图

　　北九州最重要的工业城市是八幡。八幡位于九州北部的洞海南岸。以它为中心的工业区,向西直到洞海西南的折尾,向北包括若松和户畑,向东一直伸展到小仓和门司。八幡是采煤、黑色冶金、军火和机器制造的中心,户畑也有很大的钢铁工厂,小仓则以钢铁工厂和兵工厂著名。若松和门司,除了本身都是工业城市以外,而且还是这个工业区的重要吐纳港。

　　北九州的另外一个工业发达的地区是八幡以西的福冈,它是一个军事工业中心,有着巨大的兵工厂,同时也有采煤和黑色冶金等工业。在交通上,这里是鹿儿岛本线和北九州铁道的交会点,北面又濒临博多湾,并且还有博多湾北部海之中道的西户崎作为辅助港,海陆交通都很便利。

　　肥前半岛西南部的长崎,也是北九州的主要工业城市之一。这里是日本最大的造船工业中心之一,附近并且还有采煤、木材加工和纺织等工业。长崎同时也是一个重要的商港,它和我国上海之间,不过459公里的航程,战前往来十分密切。第二次世界大战末期,这里也被美国用原子弹轰炸,遭到几乎全部的毁灭。

　　北九州的其他工商业城市还有很多。北松浦半岛上的佐世保,是日本重要的海军根据地之一，设有海军工厂，附近并有采煤工业。佐世保以东的有田和伊万里，则以陶瓷工业著名。此外如唐津、久留米、佐贺、大牟田、熊本等地，工商业也都很发达。在北九州的东端，那里有以采铜工业著名的佐贺关及其附近的大分、别府等重要城市。

北九州同时也是九州岛土最富于平原的地方，这里分布着全岛最大的筑紫平原和熊本平原，是九州的重要农业区。这些平原上最主要的农产品是稻米，其他有甘薯、茶叶、蔬菜、水果等，并且也普遍地发展了蚕桑业。

九州岛南部在经济发展上完全不能和北部相比，那里全是落后的农业区。农产品主要有稻米、小麦、甘薯、烟草和茶叶等。此外，蚕桑业和以柑橘为主的果园栽培业也相当普遍。在广大的火山麓草原土，畜牧业有着一定的发展，牛、马、山羊是主要的牲畜。沿海地带则发展了渔业。

第三节　四国

四国是日本四个大岛中的最小一岛，在经济发达的日本南部地区，四国无疑也是最落后的地方。这里的工业十分薄弱，城市非常缺乏，铁路线更寥寥无几。农业生产在国民经济中占了最重要的位置。

四国在经济上比较发展的地区仅在濑户内海沿岸一带，这里有着规模较大的铜矿采掘和有色金属冶炼等工业。四国的别子铜矿是日本最大的铜矿之一，它位于距濑户内海的燧滩海岸约20公里的四国山脉中。铜矿石从矿山用铁路运到濑户内海沿岸的新居滨，然后再转运到燧滩的四阪岛，岛上设有规模颇大的炼铜厂。新居滨虽然不能炼铜，但它拥有炼铝和制造化学肥料的工业，是一个工业城市兼港口。

四国的其他工业城市很少，西北部的今治和松山，有规模不大的棉织工业。东北部从丸龟到高松一带，特别是中间的坂出，有着广大的盐田，是日本制盐业最发达的地区之一。西部丰豫海峡和丰后水道沿岸的较大城市有八幡滨、宇和岛两处，分布着一些棉织和水产品加工工业。东部吉野川下游的德岛，虽然是四国最大的城市，但也只发展了一些纺织、食品等工业。德岛以北的抚养，是四国的第二大盐场。南部地区最为落后，只有在高知及其附近，有些规模很小的造纸工业。

四国的绝大部分地方都是落后的农业区，由于地形崎岖、平原狭小，耕作业的规模也无法和其他各岛相比。粮食作物以北部沿海平原的裸麦为重要，稻米的出产很少。技术作物中较多的是烟草和以柑橘为主的水果，以外，蚕桑业发展得比较普遍。由于山多林密，木材成为这里的大宗出产。沿海地带的居民多从事渔业，但也无法和本州岛及其他岛屿相比。

第四节　北海道

北海道是日本最偏北的一个大岛,这里原来的居民是虾夷人,日本从 19 世纪起才开始大批地向这里殖民。因此,北海道在经济发展上有着显著的殖民地色彩。

北海道有着相当丰富的煤矿,有利用石狩川、支笏湖等发电的水电站,有着广大面积的森林和条件优越的渔场。在这些自然资源的基础土,北海道发展了一些工业。但它的所有工业部门都得服从于本州南部各经济发达地区的需要。

采煤工业最发达的地区在石狩川中游,夕张和岩见泽等地都是矿山中心。此外,东南部的钏路附近也有小规模的煤矿。室兰的黑色冶金工业按其规模是全国最大的重工业企业之一,但是由于其炼钢能力和炼铁能力比较薄弱,而且附近又没有发达的机器制造工业,所以它生产的钢铁主要还是为了供给本州各工业区的机器制造工业的需要。

以森林为基础的造纸、木浆、火柴及其他木材加工工业,也是北海道工业的重要部门。造纸工业的中心在苫小牧和札幌,火柴和其他木材加工工业更为普遍,诸如小樽、旭川、钏路、网走各处都有分布。

由于北海道有着十分发达的渔业,当地水产品加工工业得到很大的发展。函馆和小樽不仅是两个最大的渔港,并且还有着规模很大的罐头工厂。除了水产品加工以外,北海道还有其他不同种类的食品工业,岛上最大的城市札幌即是一个重要的食品工业中心。这里拥有面粉,肉类、乳品、油脂、啤酒等工厂,供给了本州南部工业区以各种食品。在甜菜种植区十胜平原中心的带广,建立了全国最大的甜菜糖厂。中部的旭川也以各种食品工业著名。

此外,北海道的工业尚有苫小牧等地的化学肥料、函馆一带的麻织和函馆西北部上矶的水泥工业等。

北海道土地广大,人口稀疏,具有发展农业的极大可能性。也正由于如此,这里封建制度的基础较之本州更为巩固。地主、富农占有了大量的土地,广大的农民都是雇农。

最主要的农业区是石狩平原,平原从苫小牧一带的太平洋沿岸向北一直伸展到小樽湾。上面分布着利用石狩川支流千岁川、夕张川、江别川、丰平川等河流而开凿的繁密的灌溉网,播种了稻米、麦类、马铃薯、大豆和亚麻等作物。技术作物供给本地加工工业的需要,粮食则可经常向本州输出。此外,以旭川为中心的上川盆地,是水稻的专业化区域;以带广为中心的十胜平原则是甜菜和亚麻的专业化区域。

北海道的每个农业区中,都具有了耕作业和畜牧业混合的类型。在石狩平原上,札幌东郊的月寒牧场是全国范围内最大的牧场之一,以牛和猪的畜养著名。它供给了札幌的食品工业以原料。此外如钏路平原的白糠牧场、十胜平原的带广牧场和日高国的新冠牧场等,都是重要的马匹产地。

渔业是北海道重要的农业部门之一,北海道沿海是日本全国最大的渔场。这里捕获的鱼类主要是鳕、鲱、鰊等,此外还有鲑、鳟、鲽、蟹类和昆布等,这是函馆和小樽等地罐头工业的主要基础。北海道有着众多的渔港和渔村,除了为首的函馆和小樽以外,如太平洋沿岸的钏路、厚岸和根室,鄂霍次克海沿岸的网走,日本海沿岸的留萌和增毛等,也都是重要的渔业根据地。

注释:

① 街村是沿着交通路线的两侧发展起来的形似驿站的长带状聚落。建筑全用泥土和木材,简陋矮小,是一种很落后的原始聚落。

第七章　美帝国主义的奴役和
　　日本人民的斗争

　　日本统治阶级在历史上一贯善于发动侵略战争。每一次战争都使被侵略的国家在人力和财富上遭受巨大的损失。特别是在第二次世界大战和侵略我国的 8 年战争中，它不仅使我国人民损失了千万人以上的生命和 500 亿美元以上的财产，给我国和亚洲各国人民带来无可估计的灾难和损害；同时把日本人民也投入了侵略战争的火坑。在这 8 年的侵略战争中，日本人民除了负担 1870 亿日元的巨额战费以外，约有200 万人在作战中死亡或变成永久残废，50 万人在美国飞机空袭中罹难，298 万户住宅遭到炸毁，900 多万人因此而流离失所。这都是日本统治阶级发动侵略战争给日本人民带来的后果。但在日本人民付出了如此巨大的损失以后，接着又遭受了美帝国主义的占领，给日本人民带来了新的苦难，甚至丧失了民族独立的地位。

　　根据"波茨坦公告"，盟国占领日本的目的，是为了彻底消灭日本军国主义的法西斯统治，以使日本人民能够表示自由意志，建立一个和平民主的政府。但是在日本投降以后，美国独揽了占领日本的权力，并且执行了和"波茨坦公告"完全背道而驰的政策，替日本人民招致了新的危机。

　　在占领初期，为了欺骗日本人民和世界舆论，美国曾经勉强地实行了一些如逮捕战犯、解散军队和释放政治犯等措施。但是接着，它立刻掩耳盗铃地宣布"民主化日本"的措施已经结束。于是，使日本殖民地化、复活它的军国主义和使它变成美国侵略亚洲的军事基地的罪恶阴谋,就赤裸裸地从美国占领者身上暴露出来了。

1951 年 9 月,美国拉拢了它的一些仆从国家,在旧金山签订了非法的对日"和约"。并于同时签订了旨在侵略的所谓美日"安全条约",接着又陆续地签订了美日"行政条约"和美日"通商航海条约"等一系列不平等条约,从军事、政治、经济各方面紧紧地控制日本,以达到其永久占领日本、把它作为一个侵略亚洲的桥头堡的罪恶目的。把久经磨难的日本人民又一次推到更为痛苦的深渊里去。

战后十余年来,美国对于日本的奴役,除了前面已经指出的在经济上的毒辣控制使之完全成为附属于美国垄断资本的殖民地以外,另外更采用直接占领的形式,在日本建立各种军事基地,并且竭力扩展日本的战争工业和恢复它的武装力量,以便在一旦发动侵略战争的时候提供大量的军需物资和武装部队。

到 1953 年,美军在日本建立的各种名目的军事基地计有 733 处,而实际上占用的更达 806 处;其中包括兵营、飞机场、港湾、演习场等,共占地 18000 平方公里以上,相当于整个四国岛的面积,而更为广大的海上演习场还不计在内。根据 1955 年的统计,由于所谓"原子战略"的需要,美军的基地面积比两年前又增加了 30% 以上。凡是被美军作为军事基地的地方,居民被勒令迁移,建筑全部拆毁,田园荒芜,卢舍为墟,造成日本人民的无穷灾难。而在所有军事基地及其附近,美军到处横行,强奸妇女,抢劫财物,居民备受凌辱,成为一切罪恶的渊薮。

在广泛建立军事基地的同时,日本军国主义重新武装的脚步也大大地加紧了。早于 1950 年以后,日本政府就在美国占领当局的支持下,先后成立了"警察后备队"和"海上保安厅"等军事机构,作为其重整旗鼓和扩展陆海军的核心力量。1954 年,美日签订了侵略性质的所谓"共同防御援助协定",日本的陆海空军"自卫队"正式成立。飞机、军舰和其他各种武器都有了很大的扩充。并且还制订了一项 5 年扩军计划,准备在短时期内建立一支巨大的武装部队。早就被美国陆续释放的战争罪犯,现在他们又换上美式军装,袍笏登场了。日本人民已经受尽了战争的磨难,但是在美帝国主义的统治之下,战争的魔影又紧紧地笼罩在他们的头上,这对他们将是如何严重的一个威胁。

但是,今天的日本人民已经不比过去了。多年来的痛苦经验教育了他们,使他们认识到,美国的奴役和日本统治阶级倒行逆施的政策,将会把日本民族拖到一个万劫不复的悲惨境地,这是每一个日本人民都不能容忍的。因此,他们已经开始团结起来,和美帝国主义及国内反动统治者展开了尖锐的斗争。

战后十余年来,日本人民在和美、日反动派的尖锐斗争中锻炼得更坚强了。为了取消非法"和约"和其他一连串的不平等条约,为了拒绝美国重新武装日本和在日本建立军事基地,为了反对使用原子武器和保卫世界和平,在每一次的斗争浪潮中都卷入了广大的群众,并且获得了辉煌的成就。1953 年,中部地方石川县内滩村的农民,为了反对美军在那里建立军事基地破坏他们的家园,曾经英勇地坚持了 108 天的艰苦斗争。继内滩村以后,群马县的妙义山、东京东北多摩郡的砂川町等地,人民也再接再厉地掀起了反对美军建立军事基地的斗争浪潮。1954 年,美国在太平洋比基尼岛试验氢弹,杀害了日本渔船"福龙丸第五号"上的渔民,日本全国立刻掀起了反对美帝国主义及禁止使用原子弹和氢弹的运动,全国有 2000 万人民签名拥护。在诸如此类的伟大斗争中,已经充分地表明了日本人民坚强的意志和壮大的声势。

日本工人阶级一直来是站在斗争的最前哨。日本共产党自 1922 年 7 月成立以来,在 30 多年的艰苦奋斗中,一直为着维护人民的利益领导着日本人民与国内反动统治阶级展开了不息的斗争。国内的反动统治阶级在日本共产党成立的一天起,就不断对日本共产党和全国进步人士以及爱国的人民进行迫害。但是久经锻炼的日本共产党,在每一次斗争中都得到了全国人民的支持,给予反动统治阶级有力的打击。早在第二次世界大战以前,日本共产党在反对日本军国主义化和侵略我国的各项运动中,已经充分表现了它坚贞不屈的意志和全心全意为人民服务的耿耿忠诚。也正由于这样,第二次世界大战后日本共产党在人民群众中的威信愈来愈高了。它毫无疑问地已经成为引导全国人民走向胜利的光明灯塔。

1951 年,日本共产党公布了它的新纲领,明确地规定了日本革命的性质是民族解放民主革命。它的主要力量是工人和农民,它的目的则在于建立民主、自由、和平的新日本。这个伟大的新纲领,是刻画日本历史时代的不朽文件,它给日本全国人民带来了无限的鼓舞和希望。这个新纲领公布后,立即得到日本人民的热烈拥护,并成为全国人民斗争的纲领。

在日本共产党领导下的对美、日反动派的英勇斗争,声势日益壮大。1951 年,为了反对非法"和约"和旨在侵略的美日"安全条约",东京曾组织了 1 万工人包围国会大厦的示威运动。1952 年,为了反对重新武装和反对吉田政府的各项反动措施,工人发动了 5 次全国性的大罢工,参加罢工的人数先后共达 250 万人。1953 年,为了要求吉田政府下台,东京工人举行了有 3 万人参加的集会和示威游行。1954 年,全国工人又发动了反对冻结工资的春季大斗争。在日本共产党领导下的工人阶级,已经成为日本人民反对美帝国主义奴役和国内反动统治的先锋队和核心力量。

日本农民也同样地投入了各项斗争。由于日本政府规定的低阶征购农民粮食的反动制度,农民们曾掀起了规模巨大的反抗运动,拒绝反动统治者这种劫夺式的征购。此外,他们也广泛地发动了反对苛捐杂税、反对地主夺地和要求解放山林的运动。在反对美国征用土地建立军事基地的斗争中,日本农民更显出了无比坚强的力量。内滩村农民和渔民的 108 天的英勇斗争,曾经给予日本全国人民以莫大的鼓舞,增加了他们反对美帝国主义奴役的信心和力量。

青年学生在反对美、日反动派的斗争中更是勇气百倍。他们和工人、农民站在一起,在历次群众运动中都发挥了很大的力量。他们不仅在城市中曾经发动了向国会的示威和包围天皇质问的正义行动;而且也深入农村,支持了农民的斗争。在内滩村的伟大斗争中,各地大学生曾纷纷赶到当地,帮助农民做了很多工作,鼓励了农民的斗争信心。

日本妇女长期来在封建压迫之下处于十分卑贱的地位,但是现在她们也已站起来了。她们除了和资本家进行要求同工同酬和建立合理的劳动条件的斗争以外,同时也投入了反对美、日反动派的各项轰轰烈烈的运动。在第二次日本女教师全国会议的决议中说:"战争——这不是天灾,它是可以用人的力量防止的。因此,我们——25 万日本女教师,将坚决地保卫和平事业。"日本女医生协会也向全世界呼吁:"我们作为第一个原子弹牺牲者的人民代表,世界上再没有像我们这样迫切地渴望和平了。"这些都说明了日本妇女反对美帝奴役、反对战争和保卫和平的伟大信念。内滩村的妇女在反对美国建立军事基地的斗争中更是表现了伟大的力量。她们曾经夜以继日地在田野上进行了静坐罢工。附近农村里的 500 个妇女也都赶来支援她们,坚持了 108 天的艰苦斗争。

由于美、日垄断资本的狼狈为奸和日本政府的横征暴敛,面临破产危机的日本中小企业家也团结起来了。他们反对美、日垄断资本对他们的压迫摧残和日本政府的种种反动措施,他们特别反对罪恶的"禁运政策",要求和人民民主国家特别是和我国展开自由贸易的呼声,已经愈来愈高涨了。

今天,日本全国各阶层反对美帝国主义奴役和争取民族独立解放的斗争已经蓬勃地展开了。具有 30 多年斗争历史、接受过各种艰苦考验的日本共产党,正在满怀信心地领导着全国人民进行着这个伟大艰苦的斗争。虽然,谁都明白,这种斗争还必须经历一段艰苦而漫长的时期;但是,可以断言,民主、自由、和平的新日本,必然要在地球上出现,日本人民一定能获得伟大的胜利!

原著(上海)新知识出版社 1956 年版

世界煤炭地理

前　言

　　煤炭是重要的燃料,也是工业原料,电力、煤气、冶金、化工等许多极重要的工业部门和铁路、航运等运输业部门,都不能没有煤炭。煤炭又是储藏量、产量最大的一种矿物,和人类社会的接触也最广泛。从世界范围来看,除了极少数小国外,几乎所有国家都拥有数量不等的煤炭资源;而多数国家也都在不同程度上利用了煤炭资源,发展了煤炭工业。由于煤炭资源和煤炭工业在经济上的重要性及其在世界上的普遍性,在世界部门地理中,煤炭地理应该居有重要的地位。当然,由于作者水平的限制,本书的写作,还只能说是一种抛砖引玉的尝试。

　　本书内容分为 5 章:第一章"煤炭的生成和分类",叙述了煤炭生成的原因和过程,并说明了若干煤田地质的问题,以利于掌握煤炭的分布规律,利于研究世界煤炭地理。此外,本章也简要地介绍了关于煤炭分类的若干知识。它关系到煤炭的工业用途和经济价值,和煤炭地理也有着密切的联系。

　　第二章"煤炭的经济意义",说明了煤炭在动力、黑色冶金、化工等工业部门和铁路、航运等运输部门中的作用,并且介绍了煤炭综合利用的更为远大的前途。煤炭的经济意义和经济利用情况,对于煤炭工业的分布和发展是有很大影响的。这是研究煤炭地理必备的知识。

　　第三章"煤炭的开采、加工和运输",是叙述煤炭从生产到运输的各个过程,并注意介绍了在生产和运输中的各种新技术新成就。实践证明,研究经济地理必须了解生产过程,因此这一章的内容也是很必要很重要的。

第四章"煤炭资源的地理分布",叙述了世界各国煤炭资源的蕴藏数量和主要煤田的地质概况。各部分内容的叙述,社会主义国家的比资本主义国家的详细;在资本主义国家中,又较偏重在几个煤炭资源丰富的大国。这样写,既符合客观情况,也较适合我国读者研究世界煤炭地理的需要。

最后一章"世界的煤炭工业",叙述世界各国的煤炭工业概况。这中间,除了探讨主要产煤国煤炭工业的分布以及煤炭的生产、运输、消费等等外,并较详细地介绍了世界闻名的各重要煤炭基地。在叙述方法上,本章和第三章一样,并且归纳、比较了社会主义国家和资本主义国家煤炭工业的若干特点。

本书最主要的任务,是探讨煤炭资源在世界各地区的分布、煤炭工业在世界各国的配置和发展,所以全书的主要部分是第四章"煤炭资源的地理分布"和第五章"世界的煤炭工业",这两章的篇幅也最大。

煤炭是重要的经济资源,煤炭储藏量是国家经济发展的一个重要的自然条件,而煤炭工业的盛衰也在一定程度上具体地反映了国家的经济情况。今天,世界上存在着社会主义和资本主义两个体系,把这两个体系的煤炭储藏量和煤炭工业进行对比,将再次雄辩地证明社会主义的无比的优越性。本书的叙述将紧紧结合这一点。

长期以来,帝国主义的御用学者们,一直贬低和歪曲论述苏联和我国的煤炭资源。在1913年的第十二届国际地质学会会议上,当时俄国的煤炭储藏量竟被低估为2,300亿吨,次于美国、加拿大、中国、德国而居世界第五位。关于中国,直到1945年出版的"第七次中国矿业纪要"中,煤炭储藏量也还只有2,600亿吨。但是,事实和帝国主义者所希望的和宣传的恰恰相反。据可靠材料,苏联已经拥有86,000亿吨的煤炭资源;而我国,根据1958年全国煤田预测图的初步估计,储藏量也可达数万亿吨。中苏两国的煤炭储藏量,已经超过了资本主义世界已知煤炭储藏量的数倍。这个事实,也说明了在优越的社会主义制度下煤田地质工作所取得的巨大成就。

在煤炭工业的发展方面,两大阵营之间的对比更为突出。因为煤炭储藏量毕竟还是一个埋藏地层深处的数字,对于国家的经济发展仅仅是一种可能性,必须有煤炭工业部门来把这种可能性变成现实性。许多年来,各主要资本主义国家煤炭工业的状况是十分不妙的。这个事实,资产阶级学者也不得不承认。例如英国伦敦大学政治经济学教授格·西·艾伦在其著作《英国工业及其组织》一书中,用"成长与衰落"作为英国煤炭工业的标题。法国经济学家萨尔·贝特罕姆的《第二次世界大战后的法国经济》一书中,也把法国煤炭工业列入"衰落中的工业部门"。煤炭产量是无可辩驳的数据,从1913年—1958年的45年中,这些国家的煤炭产量不但没有增加,反而大大缩减。英国缩减了 26.4%，美国和西德各缩减了 30%。这还仅仅就产量而言，其他如对自然资源的掠夺、浪费，生产力配置的极不合理和技术装备的陈旧落后等，也无不处处呈现出腐败没落的征象。但是在世界上的另一面，在社会主义各国，煤炭工业却在一日千里地跃进中。除了对自然资源充分合理的利用，生产力配置的渐趋平衡和技术装备的不断革新以外，特别具有历史意义的是，在 1958 年，苏联的煤炭产量超过了美国，而中国的煤炭产量超过了英国。在不同社会制度国家的和平竞赛中，我们首先在煤炭工业这样一个重要的工业部门中获得了巨大的胜利，显示了东风压倒西风的形势，这是令人兴奋的快事。

本书初稿完成于 1957 年，以后又进行了几次的修改，并且补充了新的资料。但是由于作者对煤炭是门外汉，又是初次写作世界部门地理，谬误一定不少，还希各方面多多批评指教。

在本书写作过程，承胡德芬同志代为翻译全部俄文参考资料，在此表示谢忱。

作　者

1959 年 8 月于杭州大学

一、煤炭的生成和分类

人类知道应用煤炭，已有 2000 多年的历史，但是掌握煤炭生成的科学知识，却还不久。

在中国，很长的时期中，人们都认为煤炭是一种石头，不过是一种能像木炭那样燃烧的石头，因此称它为石炭 。[①]在欧洲，直到中世纪末期，人们还认为煤炭和其他岩石一样，从地球生成以来就存在的。不少学者还认为是由于在自然界吸收了一种特殊的液体——"煤液"，这种"岩石"才有了可以燃烧的性能。欧洲在长时期中并没有注意利用煤炭，所以马可波罗来中国时，中国人把煤炭当作燃料，他还觉得很新奇。《马可波罗行纪》中曾把"用石作燃料"列为专章，并且把煤炭起了一个新的名称——"黑石"。[②]

直到 16 世纪中叶，才有人发表煤炭是由植物生成的这类意见，伟大的俄罗斯科学家罗蒙诺索夫在 1763 年出版的著作《论地层》中，[③]提出了煤炭是原始泥炭层在地下火的作用下生成的理论。1778 年，法国博物学家勃风也提出了煤炭是由植物生成的见解。此外，穆克创立了海藻说，主张煤炭由海藻生成。根勃尔则认为植物的木质部分变成腐土素质后，和植物的破片及孢子等相结合，才生成煤炭。虽然这些说法不是完全没有缺点，但是煤炭由植物生成这一事实，毕竟已被初步发现了。

我国人民知道煤炭由植物生成，大概也不会比外国迟。《山西通志》引《繁峙县志》的记载说："柴皮炭出县东北石梯山，形类木而湿，棕色，枝干肤理了了可辨。"可见人们已经并不怀疑这种"柴皮炭"（即煤炭）是由植物生成的。《山西通志》是光绪十八年(1892)的刻本，人们掌握这种知识当远在这个时间以前。

关于植物生成煤炭的过程，地质学上一般有两种见解，即原地生成说和异地生成说。赞成原地生成说的学者，一部分认为生长在水中的植物的遗骸，积聚在水底而生成煤炭；另一部分则认为煤炭是地面植物的遗骸在原地积聚而生成的。冯·培罗定根是原地生成说最早的创始人之一，他在1778年提出了这种见解。赞成异地生成说的学者，认为地球上煤田的所在地，并不就是成煤植物的生长地，水力从外地把成煤植物搬运到湖沼或海洋中（现在煤田的所在地），以后沉积生成煤层。所以异地生成说又称为迁移沉积说。伯克兰特在1837年首先提出了这个见解。

事实上，在漫长的地质年代中，由于各种条件的差异，原地和异地的成煤过程都是有可能发生的。不过根据近代地质科学对于沼泽变化和煤层生成的关系的研究，地球上的大部分煤层是属于原地生成的。

在地质年代中，有好几个时期（主要是石炭纪、二叠纪、侏罗纪、白垩纪和第三纪），地球上高温多雨，成长了大片茂密的森林，生长着现在所看不到的、十分高大的鳞木目、松柏目、科达树目、苏铁目等树类和巨大的羊齿植物，特别是在当时的海滨和沼泽地带。地球上的海陆分布是经常变化的。海侵的时期，往往有广大的森林被淹没海底，而微生物的活动使植物腐败，并使气体分解，炭分集中，逐渐变成泥炭。这个过程称为菌解作用。目前许多沼泽地带，枯枝败叶变成泥炭的即菌解作用的过程，仍在不断进行。

在泥炭生成的过程中，后来不断沉积的大量泥沙石砾就覆盖在泥炭层上，而且越积越厚。泥炭层所受到的压力愈来愈大，温度也逐渐升高，泥炭中的水分和挥发物就逐渐被析出，含炭的成分相对地增高。于是，泥炭就逐渐变成更为高级的褐煤、烟煤或无烟煤。这个过程，即泥炭形成煤炭的过程，称为变质作用或炭化作用。

经过了一次海侵以后，又可能由于海面下降或地面上升发生一次海退，于是陆地再度出现，森林又开始生长。如果再发生海侵，这个地方就有机会再生成一个煤层。经过漫长的地质年代，一个地方往往有数十甚至数百个煤层。例如苏联的顿巴斯煤田含煤200层，波兰的上西里西亚煤田含煤477层，我国的淮南煤田也含煤18层。许多煤层聚集在一个地区，就成为一个煤系。完整的、连续发育的煤层所占的区域，称为煤田。

煤炭的生成既然需要许多条件，所以并不是在任何地质年代都能生成煤炭。地球上的煤田虽然分布得很普遍，而且储藏量极大，但是绝大部分只形成在几个地质年代中。

目前已经发现的最古老的煤炭生成于元古代,称为古煤。这是一种含炭量比无烟煤还高的煤炭,在苏联卡累利自治共和国的松加地方和芬兰的索亚尔维一带曾有发现。可是它是十分稀少的,几乎没有任何经济意义。在前寒武纪时代生成的煤炭,例如我国云南昆阳县千枚岩及板岩中的煤系,也同样没有开采的价值。在古生代的前期,包括寒武纪、奥陶纪和志留纪,曾经比较普遍地发现由腐泥形成的炭质页岩,在我国浙江西南部奥陶纪地层的印渚埠系中甚至有石煤,甘肃武都一带的志留纪白龙江系中也常夹有薄煤层。这些古老地层中的炭素,往往是由海藻一类的植物生成的,藏量也很少,也都不能作为工业开采的对象。

泥盆纪有一个炎热潮湿的气候,巨大的羊齿植物也已经开始在地球上繁殖,生成煤炭的条件开始具备,所以泥盆纪地层中也就开始有较多的煤炭。苏联库兹巴斯煤田边缘的巴尔扎斯河一带、西伯利亚的克拉斯诺亚尔斯克附近和哈萨克等地,蕴藏有少量泥盆纪煤炭;挪威的北极属地斯瓦尔巴特群岛(斯匹次培根群岛)和熊岛上的煤田,现在知道也是泥盆纪和石炭纪之间形成的。但是,此外就很少再有泥盆纪煤田了,世界泥盆纪地层中的煤炭总储藏量,估计不过 2 亿吨,只占世界煤炭总储藏量的0.002% 多些。因此,这个时期的煤,工业价值也是不大的。

地球上的煤炭,主要是从石炭纪开始生成的。在整个石炭纪的 5,000 余万年里,地球上各地区几乎都有煤炭生成,储藏量约占现在已经知道的世界煤炭总储藏量的23.7% 以上。把这一个地质年代称为石炭纪,确是十分恰当的。

石炭纪通常分为下石炭纪、中石炭纪和上石炭纪 3 个阶段。在下石炭纪,地球上的各聚煤带具有一个十分暖热多雨的副热带气候,而植物也由泥盆纪时代的裸蕨目演变成为巨大的鳞木目森林,这类植物的孢子就成为生成煤炭的主要物质。下石炭纪煤田在地球上的分布不普遍,主要是在苏联的顿巴斯西部、乌拉尔山脉东坡和哈萨克的东北部;此外,挪威的斯瓦尔巴特群岛和波兰的上西里西亚等地,也有这个时期的煤田。下石炭纪煤田煤炭的质量一般也不高,炼焦性差,灰分也高;但是由于含有大量的孢子外壳,提炼液体燃料却很相宜。下石炭纪的煤炭储藏量,约占世界煤炭总储藏量的 1.5% ,数量也还很小。

中石炭纪和上石炭纪是地质历史中重要的造煤时期。这个时期,地球上的各聚煤带具有十分炎热潮湿的热带气候,从下石炭纪发展起来的孢子植物至此进入全盛时代。森林中生长着巨大的鳞木、封印木、真蕨等各种孢子植物和种子蕨、科达树等裸子植物。这些植物的树皮(主要是鳞木目植物,它们有坚厚的树皮)和孢子,是这个时期的主要造煤物质。这个时期生成的煤炭,不但数量巨大,约占世界煤炭总储藏量的22% 以上,而且分布也极普遍。西起西经 100 度,东到东经 60 度—80 度,包括北美洲的东半部、整个欧洲和非洲的北半部、亚洲的西部等地,大部分的煤炭都是这一时期生成的。中石炭纪和上石炭纪生成的煤炭,质量也是最好的。特别是中石炭纪生成的煤,大部分都是质量很好的烟煤,品种齐全,发热量高而灰分少,适宜于炼焦。目前世界上开采的烟煤,约有80%是中石炭纪的;在欧美主要的资本主义国家,比重甚至达到90%。

石炭纪以后的二叠纪,也是生成煤炭的一个重要时期。二叠纪时,地球上各聚煤带气候温和或暖热,但湿润的程度远不及石炭纪,所以一种十分茂盛的大陆型裸子植物——科达树目森林,成为造煤的主要物质。二叠纪煤炭的数量不超过全球煤炭总储藏量的17%,不及石炭纪,但二叠纪煤田的分布却比石炭纪更广泛。地球上有两个最基本的二叠纪聚煤带:北部是安格拉古陆④的边缘,主要在苏联的西伯利亚地区;南部则围绕在冈瓦纳古陆⑤的边缘,包括南极洲、澳大利亚洲、非洲东南部,向北并伸展到印度。在这两个基本聚煤带之间,包括中国的大部分地区,是一个过渡地带。中国的北部(华北)有很多煤田是石炭纪和二叠纪之间的产物,中国南部(华中和华南)则有不少二叠纪煤田。二叠纪煤田的煤炭品质很不一致,有些很好,和中石炭纪的相当,但总的说来,二叠纪煤炭不如中石炭纪,特别是埋藏在冈瓦纳古陆的,灰分很多而炭化程度不高。

二叠纪以后,中生代的三叠纪可以说是造煤停顿的时期。事实上,二叠纪的煤炭也绝大部分是在它的前半期生成的,后半期起煤炭已经逐渐减少了。从分布上看,虽然在欧洲、北美洲和亚洲都有零星的三叠纪煤田,但它的储藏量约只占世界煤炭总储藏量的0.5%。

三叠纪以后的侏罗纪是中生代最重要的造煤期。这个时期的气候现在还有没定论,有的认为全球都是温和湿润的气候,有的则认为当时的气候呈带状分布和变化,而且不少地区具有干燥的特征。不过,侏罗纪煤田在地球上的分布非常集中,说明这个时期的聚煤带在当时肯定有一个暖热潮湿的气候。在侏罗纪,古生代以来的孢子植物几乎已经灭绝了,新的裸子植物群,包括高大的苏铁目、松柏目、银杏目等植物,就成为这个时期的主要造煤物质。侏罗纪煤田除了西欧和北美的阿拉斯加等地有极少量存在外,全部集中在苏联和中国境内。在苏联,下侏罗纪煤田分布在西伯利亚西部,中侏罗纪煤田分布在西伯利亚中部,上侏罗纪煤田则分布在西伯利亚东部。在中国,侏罗纪煤田主要分布在东北,像阜新、鹤岗、蛟河、北票等地的煤田。侏罗纪生成的煤炭约占世界煤炭总储藏量的4%,主要是烟煤和褐煤,炭化程度不高,灰分较多,炼焦煤很少,工业价值比较差些。

侏罗纪以后,从中生代的最后时期——上白垩纪起,直到新生代的初期,即第三纪

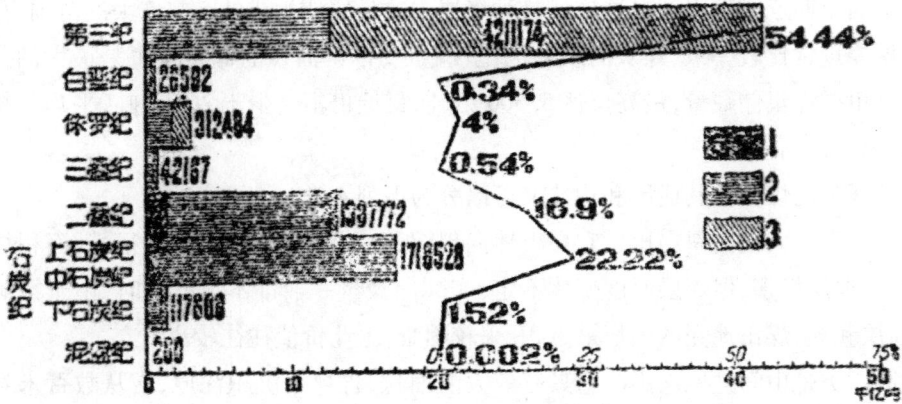

1. 无烟煤　2. 烟煤　3. 褐煤

世界各地质时期地层中的煤炭储藏量

（根据俄罗斯煤田地质学家 П. И. 斯捷潘诺夫的计算。绝对数今已有变化，百分比则仍有很大的实用意义）

前期,是地球上最新的造煤期。这个时期大体是一种副热带和温带的气候,生成煤炭的主要物质,除了松柏目和银杏目等的裸子植物,还有在当时已大量出现的各种被子植物。上白垩纪和第三纪煤田主要分布在太平洋地区。在太平洋东岸,北起加拿大,经美国西部延伸到南美洲西部,这个长 5,000 公里的地带中都有分布。在西岸,主要分布在中国东北地区,此外如澳洲的东部、日本和其他岛屿上,也有零星的分布。上白垩纪煤炭约占世界煤炭总储藏量的22%,第三纪煤炭则占32%,但是它们几乎全部是褐煤、低级褐煤甚至泥炭。只有在个别地区,例如中国的抚顺,由于熔岩的侵入产生了大量的热力,生成了较高级的烟煤。

总起来说,煤炭的生成集中在 4 个时期,即石炭纪（主要是中石炭纪和上石炭纪）、二叠纪、侏罗纪和上白垩—第三纪。石炭纪聚煤带主要分布在北半球偏北地带,呈东西方向带状延伸。二叠纪聚煤带在南北半球都有分布,大体上呈南北方向带状伸展,它是煤炭储藏量很少的南半球的主要聚煤带。侏罗纪聚煤带分布区域最小,主要分布在亚洲东部中纬度及其以北地区,大体上呈东西方向带状伸展。上白垩—第三纪聚煤带环绕着太平洋,呈显著的南北方向带状分布,纵贯南北两半球,但大部分在加拿大和美国境内。

由于成煤条件和过程的不同,煤田的类型也不同。不同类型的煤田,单位面积的煤炭储藏量不同,煤炭的品质不同,开采的难易不同,因此它们的经济意义也不同。

第一种是地槽型煤田,也称为地向斜褶皱带煤田。这种煤田主要是浅海沉积,沉积大体上是整合的,含煤炭的沉积层往往有数百层,厚达数千米。苏联的顿巴斯和波兰的上西里西亚等煤田就是这样。这种煤层主要是原地生成的。在广大的范围内,它的煤层厚度常比较一致,煤炭的质量也比较稳定,单位面积的储藏量也是最大的。每平方公里的煤炭储藏量,最高可达5,300万吨,最低也不会少于260万吨,平均一般可达1,780万吨。

地槽型的煤田按其成因和构造又可以分为下列4类。

第一类是大地向斜煤田。它在大地向斜沉积水成岩时生成,煤质很好,面积往往很大,含煤层极多,但煤层厚度变化不定,实际储藏量一般都不大。同时,由于褶皱剧烈,断层频繁,煤田地壳的破坏最重,开采较困难,工业价值往往较小。

第二类是山间盆地煤田。它具有广大的面积,含煤层沉积深厚,常从数百米到数千米,而且厚度稳定,煤层数目也极多,拥有巨大的储藏量,大部分都可以开采。有时煤层接近地表,还可以露天开采。煤炭的质量是优良的,而且比较一致,大部分是烟煤,适宜炼焦,也有一部分是无烟煤。因此,这种煤田的工业价值是很大的。

第三类是表面褶皱煤田。它在褶皱带中沿褶皱走向伸展,有时长达数百公里,宽度也可达数十公里。煤层厚度从数十米到二三百米,但变化很大,并且常受地壳破坏的严重影响。表面褶皱煤田一般都有很大的储藏量,主要是褐煤和烟煤,也有炼焦煤。由于表面褶皱煤田总是分布在山地中,常常有可能和其他矿产邻近或者甚至在一起,所以也有较大的工业价值。

第四类是鞍部地堑煤田。它平行伸展在褶皱构造的带状地堑中,长数十公里至数百公里,宽度较小,一般是数公里。煤层厚度达数百米,但变化很大,受地壳破坏的影响有时也很剧烈。由于地堑狭小,面积有限,煤田的总储藏量一般不大,但单位面积的储藏量却是非常巨大的。鞍部地堑煤田的煤炭以褐煤和烟煤为主,煤层接近地表的不少,常常有可能进行露天开采,工业价值也不小。

第二种煤田类型是陆台型,也称稳定地块煤田。陆台型煤田除了少数(如三角洲地区)可能是异地生成的以外,主要也是原地生成的,并且几乎完全是内陆沉积。由于在沉积过程中有着较长久的地层上的间断,沉积常常是不整合的。煤层的厚度很不一致,煤层的数目也很少,像苏联莫斯科近郊的陆台型煤田,只有4到7个煤层。煤炭的品质也很不稳定,总的看来,品质一般低于地槽型。单位面积的煤炭储藏量,陆台型煤田也次于地槽型,每平方公里最多不过400万吨,少的只有10万吨,平均也只130万吨左右,但边缘凹地煤田却可远远超过此数。由于陆台型煤田在世界上的分布最普遍,它仍占了世界煤炭总储藏量的一半左右。

陆台型煤田按其成因和构造又可以分成下列5类:

第一类是边缘凹地(也称山前凹地)煤田。所谓边缘凹地,就是长条状的、不宽阔的区域性凹地,位于稳定地块和大地向斜褶皱带之间,是由于大地向斜的褶皱隆起影响波及于稳定地块而形成。它的基础虽然在地台之上,但已经接近于地槽体系。因此,严格说来,这种煤田是既不属于陆台型、又不属于地槽型的一种具有独特类型的煤田。聚集在边缘凹地中的煤田,大概都是世界上经济价值最高的煤田。由于边缘凹地的沉积层往往达数千米,煤层大都很多,多的可达数百层,一般都拥有极大的储藏量。煤炭的品质优良而稳定,绝大部分是高度炭化的烟煤和无烟煤,炼焦煤也很多。世界上很著名的煤田,如波兰的西里西亚、德国的鲁尔、美国的阿帕拉契亚等,都属于这一类型。

陆台型煤田的第二类是内盆地煤田。它位于稳定地块内部,面积巨大(宽达数百公里甚至数千公里),但含煤沉积不厚,一般只有数十米,最厚不过数百米。煤层很少,厚度一般多在二、三米以下,而且品质较差,多数是褐煤,烟煤很少。虽然由于面积广大而拥有巨大的总储藏量,但是因为沉积层不厚,单位面积中的储藏量却往往较小,所以经济价值不大。

第三类是边缘盆地煤田。它位于稳定地块的边缘上,规模很大,含煤沉积也很深厚,可达数百以至数千米。煤层也很多,但厚度不大,一般都在二、三米以下,因此可采煤层不多。煤炭的品质也以褐煤为主,烟煤不多。边缘盆地煤田的总储藏量一般都很大,单位面积中的储藏量则要视煤层的数量及其厚度而定。一般来说,这种煤田的经济价值比内盆地煤田要大些。

第四类是水蚀小向斜煤田。它由几个盆地联合组成,规模一般不大。含煤沉积一般在数十米以内,煤层成水平,厚度的变化则很大,也常受断层的破坏,但影响不大。煤炭的品质不好,多数是褐煤,并常含大量树脂。水蚀小向斜煤田的总储藏量较小,单位面积的储藏量却往往很大。由于埋藏不深,往往可以露天开采,也有一定工业价值。

第五类是地堑小向斜煤田。这是一种长达数十公里而宽不过数公里的长带状煤田。含煤沉积的厚度从数十米到二三百米,煤层厚度为二三米,两者都比较稳定,变化不大。煤层或成水平,或向一侧倾斜,断层不多,因此采掘比较方便。煤炭品质也比较优良,有褐煤和烟煤等。因此,虽然这种煤田的总储藏量一般不大,但经济价值却往往是较大的。

第三种类型的煤田就是所谓过渡型煤田。即地槽型和陆台型之间的过渡类型的煤田。地球上某些煤田在生成的过程中,开始是按照某一种类型发展的,后来由于条件改变,又按照另一种类型继续沉积,因此就生成了这种过渡型的煤田。这种煤田的煤层厚度和煤炭品质,具有前述两种类型煤田的特征。单位面积的煤炭储藏量,过渡型煤田介乎地槽型和陆台型之间,最高为每平方公里630万吨,最低为240万吨,一般平均近440万吨。

　　上述各种类型的煤田,大部分地槽型煤田是在石炭纪生成的,陆台型煤田中除了边缘凹地煤田外,往往生成于二叠纪、侏罗纪和上白垩—第三纪。过渡型煤田,从古生代到新生代的各个地质时期都有生成。

　　煤炭的品质是各有不同的。品质不同的煤炭,经济价值和经济利用的方式也不同。因此,煤炭的分类也是一个重要问题。中国人民在煤炭分类方面曾经做过许多工作,获得很大成就。远在1,400多年以前的北魏时代,人们已经知道煤炭的同素异性体石墨和煤炭原是一种东西。[6]南宋时代,陆游在他的《老学庵笔记》中,已有"北方多石炭,南方多煤炭"的说法。在明代,宋应星的《天工开物》中,也把煤炭分成北方出产的明煤(即块煤)和南方出产的碎煤两大类。到了清代,煤炭的分类在我国已经很精细了。《山西通志》中把煤炭分成夯炭、肥炭、煨炭、蓝炭、柴皮炭等等品种。[7]这种分类方法,即使拿现在的标准来衡量,还是很有科学价值的。

　　事实上,直到现在为止,人们还没有一种十全十美的分类方法:既能区别煤炭的本质和生成的根源,又能符合工业上的需要。科学家们从各个不同的角度和各种不同的需要所制订的各种分类方法,都有一些优点,但也都存在一些缺点。

　　按照生成煤炭的原始物质的不同,煤炭可以分成腐植煤、腐泥煤和残留煤3大类。腐植煤是由高级植物的遗骸生成的,地球上的大部分煤炭都属于这一类;腐泥煤是海藻之类的低级植物和低级小动物的遗骸生成的,像藻煤和某些烛煤;生成残留煤的植物,含有丰富的树脂和蜡分,不容易受细菌的作用而分解。因此就残留着植物,像蜡煤、若干种烛煤和琥珀等。

　　从外表来观察,煤炭可以分成矿煤、辉煤、亮煤和暗煤4类。这种分类方法可以表示出不同的岩石成分、灰分和炼焦性,具有工业上的意义。矿煤在外形上和木炭相似,呈黑色,纤维构造清晰可辨,质地软弱,硫和磷的含量很大,灰分最高,炼焦性极差。辉煤具有光泽,外表上看不出任何纤维构造,灰分不高,炼焦性极强。亮煤是一种半闪光性的煤炭,纤维构造不及矿煤明显,灰分较低,炼焦性此辉煤要低些。暗煤没有光泽,质地坚硬,有颗粒状构造,灰分较大,炼焦性也较差。

　　最普通的分类方法中,还有根据煤炭的炭化程度分类的方法。炭化作用就是由泥炭变成煤炭的作用,随着炭化作用程度的加深,煤炭内所含的固定炭不断增加,而挥发分和水分就逐渐减少。因此,这种分类方法兼顾了煤的外貌和品质,在工业上和一般应用上都有一定的意义。按照煤炭的炭化程度,一般可以分为泥炭、褐煤、烟煤(包括次烟煤)、无烟煤四种。比无烟煤炭化程度更高的还有石墨和金刚石,但这些东西已不称为煤炭了。

　　泥炭是煤炭生成过程中最低级阶段的产物。严格地说,泥炭还不能称为煤炭,因为它只是菌解作用还没有完成的植物而已。泥炭的含炭量极低,只有24%,挥发分达6%左右,质地很软,水分很高,刚出土的泥炭含水甚至可达60%。我们现在在许多湖泊池沼的底部,还可以看到泥炭生成和发育的情况。由于泥炭最适宜于在寒凉湿润的气候环境中生成,所以在北半球的高纬度地带分布最普遍。

　　泥炭炭化作用的结果,首先生成的是褐煤。褐煤是一种暗褐色或棕黑色的煤炭,质地松软,含炭量45%—70%,挥发分27%—53%,水分的含量也很高。褐煤的发热量每克为2,300—4,050卡路里。[⑧]褐煤的品质远远不及烟煤和无烟煤,不过近代化学工业日新月异的发展,作为化学工业重要原料的褐煤,经济价值却是非常大的。

　　褐煤继续炭化作用就生成次烟煤。这是介于褐煤和烟煤之间的过渡型煤炭。它的固定炭含量比褐煤高,挥发分比褐煤少,具有和褐煤不同的黑颜色,但是它和烟煤不同,在空气中并不结成许多立方体,而常常成为薄片。次烟煤的质地仍很松软,常常带有一种沥青光泽,所以也称为沥青煤。

　　次烟煤继续炭化作用,就成为烟煤。烟煤呈黑色,有的没有光泽,有的也有光泽。烟煤的质地相当坚硬,固定炭含量约为70%—90%,挥发分为8.6%—64%,水分在10%以下,发热量每克可达5,000—7,100卡路里。按照炭化程度的不同和其他一些区别,烟煤还可以分为长焰煤、肥煤、瓦斯煤、主焦煤、瘦煤和贫煤等品种。其中主焦煤和肥煤都属于强粘结性煤,最适宜于炼焦;瓦斯煤、瘦煤、贫煤和长焰煤则属于弱粘结性煤,用一般方法不能成焦,但多数可作炼焦配煤,其中长焰煤则是很好的动力用煤。因此,烟煤的炭化作用的程度虽然不及无烟煤,但是工业上的意义却超过无烟煤。

　　无烟煤是炭化程度最高和最坚硬的煤炭,固定炭含量最高,可达95%,但挥发分平均只有8%,水分则低到0.4%—6%,发热量很高,每克可达6,100—7,500卡路里。无烟煤呈黑色,有金属光泽,燃烧时火力强而火焰弱,几乎不生煤烟,是民用和动力工业很好的燃料,但不能炼焦。

　　在一般应用中,无烟煤和烟煤(包括次烟煤)又往往合称石煤,把煤炭分成石煤和褐煤两大类,泥炭则不列为煤炭的分类项目。这种简单扼要的分类方法,在一般经济地理著作中,往往广泛地被采用。

　　按照煤炭的工业用途分类的方案也有许多种。19世纪末叶为西欧编制的"郭聂尔"工业分类法,[⑨]早期曾经广泛流行,在俄国也曾是这样。目前苏联顿巴斯煤田各种煤炭的工业分类法,是对"郭聂尔"分类法作了修改和补充而成的。其分类方法如下:

顿巴斯煤炭分类法

牌　号	工业分析主要指标（燃烧体）		煤炭的有机物成分				附　注
	挥发分 Vr%	发热量 大卡/公斤	碳(O)	氢(H)	氮(N)（平均）	氧(O)	
长焰煤 д	>42	7650—8100	76—86	5—6	1.8	10—17.5	不能炼焦
瓦斯煤（气煤）г	44—35	7900—8300	78—89	4.5—5.5	1.7	6.8—16	能炼焦
肥煤 пЖ	35—26	8300—8700	84—90	4—5.4	1.7	5—10.5	能炼焦
焦煤 К	26—18	8400—8750	87—92	4—5.2	1.5	3—8	能炼焦
瘦煤 пс	18—12	8400—8720	89—94	3.8—4.9	1.5	2—5	能炼焦
贫煤 Т	<17	8300—8700	90—95	3.4—4.4	1.2	1.6—4.5	不能炼焦
无烟煤 А	27	8000—8200	95—97.5	1.2—2.7	1.2—1.7	1.5—3.5	不能炼焦

　　世界其他各国煤炭的工业分类法都不一致。美国现行的分类法是1928年匹兹堡国际沥青煤会议上提出来的美国地质委员会的分类法,把全国煤炭分成无烟煤、半无烟煤、半沥青煤、中挥发分沥青煤、高挥发分沥青煤、亚沥青煤、褐煤、烛煤等8类。这种分类法是根据煤炭中的水分、挥发分和不挥发的残留物的含量而制定的,它有很大的缺点。日本的煤炭分类法是把一切煤炭分成无烟煤、沥青煤、亚沥青煤和褐煤4类,虽然在每一类中又分成若干等级(一共分为9级),但是其前提仍然是固定炭素含量的多寡,因此工业上的意义是不大的。

　　新中国成立以前,煤炭在工业上的分类是杂乱的,名称也极不一致。新中国成立以后,由于学习和采取了苏联的先进经验,才完全改变了新中国成立前的杂乱情况。当然,像苏联和我国这样煤炭资源丰富、分布广泛和煤种极其繁多的国家,要编制一种统一的、全面的科学分类方法,确实是非常困难的。因此,对于那些特别巨大的煤田,地方分类法仍然非常需要。譬如在苏联,库兹巴斯、顿巴斯和卡拉干达等大煤田,就都有它们自己的地方分类法,下面表列的是由中国科学院提出的我国煤炭的分类方案。

中国煤炭分类方案(以炼焦用煤为主)

大 类 别		小 类 别	分 类 指 标	
名 称	符 号	名 称	Vr[⑩]	Y[⑪]
无烟煤	A		0—10	
贫煤	T		>10—20	0(粉状)
瘦 煤	ⅡC	1 号瘦煤	14—20	0—8
		2 号瘦煤	14—20	>8—12
焦 煤	K	瘦焦煤	14—18	>12—25
		主焦媒	>18—20	>12—25
		焦瘦煤	>20—26	>8—12
		1 号肥焦煤	>26—30	>9—14
		2 号肥焦煤	>26—30	>14—25
肥 煤	Ж	1 号肥煤	>26—37	>25—30
		2 号肥煤	>26—37	>30
		1 号焦肥煤	<26	>25—30
		2 号焦肥煤	<26	>30
		气肥燃	<37	>25
气 煤	Г	1 号肥气燃	>30—37	>9—14
		2 号肥气煤	>30—37	>14—25
		1 号气煤	>37	5—9
		2 号气煤	>37	>9—14
		3 号气煤	>37	>14—25
弱粘煤	CC	1 号弱粘煤	>20—26	0(成块)—8
		2 号弱粘媒	>26—37	0(成块)—9
不粘煤	HC		>20—37	0(粉状)
长焰燃	Д		>37	0—5
褐 煤	B		>40	—

注释:

① 中国古籍上最早提出石炭一名的,当为《后汉书》(公元 502 年以后的著作)中所引的《豫章记》。《后汉书》中《郡国志》的"建城"注说:"豫章记曰:县有葛乡,有石炭二顷,可燃以

爨。"《豫章记》是公元429年(南北朝宋文帝元嘉六年)雷次宗的作品。

② 《马可波罗行纪》(冯承钧译,中华书局出版)中册第101章:"契丹全境之中,有一种黑石,采自山中,如同脉络,燃烧与薪无异。其火候且较薪为优。……所产木材固多,然不燃烧。盖石之火力足,而其价亦贱于木也。"

③ 见科学出版社1958年版《论地层》§150—§154。

④⑤ 在地质历史上,地球北部,包括西伯利亚及其附近若干地区,是一古老陆块,有安格拉古陆之称。地球南部,即目前印度洋地区,包括印度半岛南部(即德干高原)和非洲、澳洲、南极洲等地,是一个古老陆块的说法,称为冈瓦纳古陆。这两块古陆之间是特提斯海(古地中海)。

⑥ 《水经注》卷一〇《浊漳水》篇:"石墨可书,又燃之难尽,亦谓之石炭。"

⑦ 《山西通志》:"炭有夯炭,微烟;有肥炭,有烟,出平定者佳;有煨炭,无烟,出广灵者佳,精腻而细碎,埋炉中可日夜不灭;霍山以南,炭硬而多烟,内含油,燃之则融合为一,作枯炭最良,即蓝炭也。"

⑧ "卡路里"(calorie),热量单位。一克纯水自15℃至16℃升高1°所需的热量为一"卡路里",简称"卡"。但实践上往往拿它的1000倍应用,称为"大卡"或"尪卡"。英美各国计算煤炭的发热量往往用一种所谓"不列颠热量单位"(BTU),是一磅煤炭可能供多少磅水变热而增加1°F的计算单位,1大卡折合为3.9683BTU。

⑨ "郭聂尔"分类法起源于比利时,是根据挥发分的多寡和其他化学成分等,把煤炭分成长焰干馏煤、长焰肥煤或气煤、肥煤或锻造煤、短焰肥煤(炼焦煤)、贫煤或无烟煤等5级。

⑩ Vr代表煤炭的挥发分。

⑪ Y代表胶质层厚度(用毫米表示),是煤炭粘结性的标志,是煤炭在加热过程中半焦以前所形成的胶质体的最大数量。煤炭因加热而分解成气体、液体和固体三相,胶质体即液相和固相的混合物。

二、煤炭的经济意义

煤炭是极好的家用燃料,因为单位重量的体积小,储藏不占地位,而发热量比木柴要大两倍多。在生产发展的情况下,炊事应用煤气就更便利了。由于畜牧业(它需要植物枝干作饲料)和利用植物纤维素作原料的各种轻工业的不断发展,植物枝叶茎干等能够用作民用燃料的势必减少,煤炭在民用燃料方面的作用自然还要有所提高。[①]

但是,从全面来看,煤炭的主要价值是作为各生产部门的动力来源和工业原料。虽然动力资源的种类越来越多,但是直到目前为止,煤炭仍旧保持着极大的重要性。

在世界上开采的全部矿物原料中,煤炭也仍然占着绝对优势。根据估计,世界全部矿物原料的年产量中,煤占 3/4,年产值方面也要占 61%。从 15 世纪开始(以前的材料无法估计),人类采掘的煤炭已达 500 亿吨。但在同一时期中,铁的采掘不过 20 亿吨,铜只有 2,000 万吨,黄金当然更少,只有 2 万吨。煤炭对人类已经作出了很大的贡献。

1954 年世界动力原料的结构 （单位：百万公吨，折合为炼油）

一　数量

燃料种类	非洲（阿联埃及地区除外）	北美洲	加勒北区域	美洲其他部分	中东（包括阿联埃及地区）	远东（中国除外）	大洋洲	西欧	东欧、苏联及中国大陆	全世界
石油类……	13.4	343.3	31.5	23.7	19.1	24.3	9.4	87.0	60.0	611.7
天然煤气……	—	220.3	4.6	1.0		1.8	—	3.4	15.0	246.1
煤炭类……	23.7	249.8	2.0	4.8	4.5	59.9	16.3	359.9	461.0	1,180.9
水力发电……	1.1	73.4	2.0	5.4		20.7	2.5	59.3	11.0	175.4
总计……	37.2	886.8	40.1	34.9	23.6	103.7	28.2	509.6	547.0	2,214.1

二　占总量的百分比　　　　　　　（%）

燃料种类	非洲（阿联埃及地区除外）	北美洲	加勒北区域	美洲其他部分	中东（包括阿联埃及地区）	远东（中国除外）	大洋洲	西欧	东欧、苏联及中国大陆	全世界
石油类……	36.0	38.7	78.5	67.8	80.9	22.8	33.3	17.1	11.0	27.7
天然煤气……	—	24.8	11.5	2.9		1.7	—	0.7	2.7	11.1
煤炭类……	61.0	28.2	5.0	13.8	19.1	56.1	57.8	70.6	84.3	53.3
水力发电……	3.0	8.3	5.0	15.5	—	19.4	8.9	11.6	2.0	7.9
总　计…	100	100	100	100	100	100	100	100	100	100

注：社会主义国家的产量数字，资料上已被削减，需要注意。

　　煤炭作为各生产部门原动力的来源，一般总是这样 3 种形式：一种是依靠煤炭的燃烧获得蒸汽动力；另一种是通过煤炭的燃烧，把煤炭的热能转化为电能；还有一种是通过煤炭的燃烧取得煤气。蒸汽动力是一切现代化动力的开路先锋。在工业革命以后，西欧各国能够供给蒸汽动力的各煤矿区，在一个很短的时期里就聚集了各种各样的工业，形成了世界上第一批现代工业区。现在，动力工业内容日新月异，蒸汽动力已经显得陈旧和落后，但是它在工业和运输业中还有很大的作用。在工业方面，蒸汽机和汽轮机直到现在仍普遍应用，它的燃料绝大部分是煤炭。在运输业方面，由于应用液体燃料的内燃机的应用，煤炭的作用比以前有所减小，但是目前运输量最大和运费特别低廉的运输工具，仍然以煤炭为主要燃料。陆上运输中运输量最大的铁路运输，除了少数内燃机火车外，蒸汽火车和电气火车都用煤炭作燃料。因此，在许多国家里，铁路交通往往成为煤炭消耗的最大项目之一。[②]海洋航运是目前各种运输工具中容量最大和最经济的一种，虽然大部分已经改用石油，但仍有一部分以煤炭为燃料。[③]

在蒸汽动力以后发展起来的是电力,由于电力在许多方面比蒸汽动力优越,所以在广大的范围中代替了蒸汽动力,也因此为煤炭在动力工业中的作用开拓了更广阔的前途。电力的优点首先是可以沿着金属导线远程输送,不必像蒸汽动力把动力市场依附在动力工业身旁。其次,电力既可以集中,又可以分散,控制和调节、管理和使用非常便利。第三,电能很容易转变为光能、热能、机械能和化学能,以供各个生产部门的需要,在能量转变的过程中损耗也极小。最后,褐煤以至泥炭等发热量不高的低级煤炭,无法作为民用、炼焦和运输业动力等的燃料或原料,但是电力工业却完全可以利用,既降低了成本,又充分地利用了自然资源。[3]

由于科学技术的进步,电力工业增加了许多新的燃料,像水力、潮汐、风力、沼气、核子能等,但是目前世界上的电力绝大部分还是依靠煤炭的燃烧而获得的。其中最普遍的是火电站,它是世界上绝大多数国家电力工业的主要组成部分。热电站近年来也有了很大的发展,它除了发出电力,还供应工业和民用以蒸汽和热水,发挥了煤炭的更大的作用。[4]

煤气是煤炭成为工业动力来源的另一种形式。在近代工业中,煤气是极重要的燃料,因为可以使煤炭完全燃烧,热量损失极少,温度保持一定,保证炉温加热正常,使用、操作上也方便。目前煤气大都仍然用来发电:把煤气送到汽轮机里,转动汽轮,带动发电机发电。另一方面,煤气又是极重要的化学工业原料。除了作为各生产部门的动力来源以外,煤炭对于黑色冶金工业也有巨大的经济意义。因为在鼓风炉中把铁矿石熔成铁水,要有1,000℃以上的高温,必须有具有高度炭素、发热量极高和灰分极少的燃料,它又要经受得住鼓风炉内大量铁矿石的沉重压力和巨大的摩擦力,因此需要极大的硬度。能够适合这样要求的燃料最好自然是焦炭。[5]黑色冶金工业中得到1吨生铁,大约需要0.9吨焦炭,焦炭方面的费用有时甚至达到生铁成本的一半。按照近代黑色冶金工业发展的情况,大概每生产生铁1吨,需要8吨—10吨的煤炭配合冶炼和用于其他附属工业。煤炭的产量和质量密切地关系着黑色冶金工业的发展。

煤炭炼焦的过程,即所谓干馏过程,是一个化学过程。把煤炭放在炼焦炉中,和空气隔离,然后逐渐提高炉内的温度,大概加热到350℃—400℃时,煤炭就呈泡沫状态;继续加热到450℃—600℃时,煤炭又重新逐渐硬化而成为半焦炭,最后加热到600℃—800℃时,煤炭就变成了焦炭。在炼焦的过程中,还可以得到大量的煤气和煤焦油,它们都是化学工业的重要原料。

炼焦的煤炭是必须经过选择的。在按炭化程度区分的4种类型的煤炭中,只有烟煤适宜于炼焦。[6]而且这种烟煤还必须有一定的炭分和挥发分,一定程度的粘结性,而灰分、硫分和含磷量又必须极小。根据实验证明:若焦炭中灰分增加1%,则炼铁过程中,焦炭消耗量要增加2.2%—2.3%,而熔剂(如石灰石等)消耗量要增加4%。若焦炭中的硫分增加1%,则铁矿石的消耗量要增加2.8%,石灰石的消耗量要增加37%,焦炭消耗量要增加17%,而高炉的生产率要降低16.2%。因此,烟煤中适宜于炼焦的只有主焦煤、肥煤、瓦斯煤和瘦煤4种,第一种是炼焦的主煤,后三种则只能作为炼焦的配煤。世界上全年的煤炭总产量中,估计约有15%—20%是用来炼焦的。因此在煤田的经济评价中,煤炭质量是否适合于炼焦,是极其重要的。

平炉炼钢也不能离开煤炭。平炉炼钢是目前炼钢工业中最普遍采用的方法,生产量大,它需要大量煤气作为燃料。在近代化的钢铁联合企业中,这种大量的煤气往往是煤炭炼焦的副产品。

最后,必须了解煤炭在化学工业中的用途。在化学工业中,煤炭不仅是动力的来源,而且是重要的原料;它不仅转动化学工厂中的机器,而且本身在这些机器的转动过程中变成各式各样有利于国民经济的成品。煤炭在化学工业中的重要用途,替煤炭的经济利用开拓了不可估量的远景。

动力工业和黑色冶金工业中用的煤气和焦炭,就是化学工业的产品,同时也是化学工业的重要原料。化学工业中用的煤气,有水煤气和干馏煤气两种,它们除了是合成工业原料和制造炭黑(用于橡胶工业)等产品外,并且还可获得大量廉价的氢气;廉价氢气的供应对于合成氨工业、煤液化工业、油脂硬化工业、还原金属以及其他大量消耗氢气的工业,作用极为巨大。

煤液化工业就是用煤炭制成人造石油的工业。它用高压增氢法(利用煤气加工所获得的氢)或石油合成法,得到和天然石油完全相同的产品,这对于缺乏天然石油而富于煤炭资源的国家找到了一条获得石油的捷径。由于它所需要的煤炭都是劣质煤炭,如褐煤、长焰煤甚至泥炭,它和其他消耗煤炭的工业部门并不矛盾。特别重要的是,它用褐煤低温炼焦,可以得到不可胜计的化学工业产品,并且还能获得称为半焦炭的高价值燃料。

焦炭在化学工业中的用途主要有两方面:一是制造水煤气,一是和生石灰熔融制成电石。电石可以称为有机合成物之母,因为它遇着水分就生成乙炔,而乙炔可以合成人造橡胶、人造塑料、尼龙等等数以百计的工业用品,还可以制造化学肥料。乙炔和氧混合燃烧的氧乙炔焰,工业上用来焊接金属,应用极广。

煤炭炼焦过程中所得的煤焦油,看来又黑又臭,但是经过分馏,可以得到1%—3%的轻油,8%—10%的中油,10%—12%的重油,15%—20%的绿油和45%—55%的沥青等。轻油经过化学处理以后,可以得到苯类和萘类,用来制造染料(硫化元、硫化蓝、硫化黄、盐基棕、直接砾红等）、烈性炸药（TNT——三硝基甲苯，DNN——二硝基萘）、药品（阿斯匹林、消发地亚净、红汞等）、高级香料（冰片、樟脑丸、留兰香等）和调味品（味精、糖精等），此外，轻油中所含的其他化合物，还可以制造另外一些药品（雷米风、人造奎宁、消发胍等）和电木等许多物品。中油的主要成分是酸性油和萘，酸性油可以制造消毒剂（石炭酸、来沙尔等）、炸药（密腊石、苦味酸等）和染料（盐基红、酸性橙等）；萘除了制成优良的发动机燃料外，还可制造旗红、直接蓝、工农蓝等染料和樟脑丸、玫瑰精、紫罗兰等香料。重油可以制造廉价的萘，又可制成涂料和防腐剂以及各种工业用油（燃料油、动力油、洗涤油和挥发油等）。煤焦油化学处理中最后的一种液体产品是绿油（又名蒽油）。绿油的成分主要是菲和蒽，菲是炸药和若干药品（维生素、镇静剂等）的原料；蒽除了可以制造鞣革剂和涂料外，还是各种高级染料（阴丹士林、阴丹蓝、茜素等）的原料。煤焦油化学处理的最后残渣是沥青，但它也是很有用处的东西。沥青可以分成特软沥青、软沥青、中沥青、硬沥青和特硬沥青5种，其中特软沥青可制涂料和油毛毡等，软沥青和中沥青可制油毛毡和粘结剂等，硬沥青也可制粘结剂，特硬沥青则是炭精电极等工业用品的原料。目前，人类从煤焦油中提取的焦化产品已达300余种，将来必然还要增加。若把煤炭的这许多化学工业产品和煤炭之间的关系用图来表示，就是一株果实累累的"煤树"。

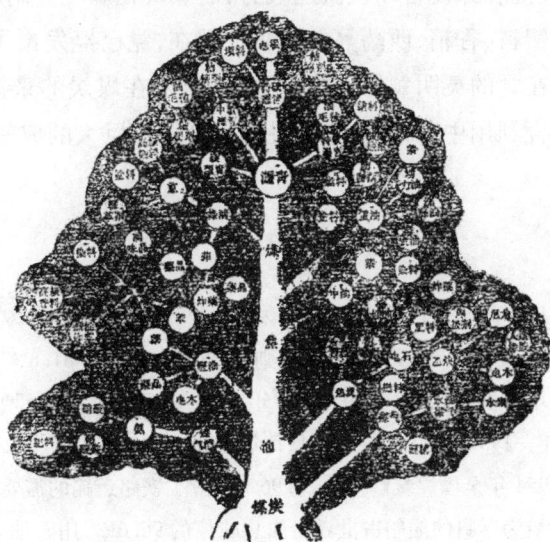

"煤树"图

由上可知，煤炭的经济利用，如果仅仅作为燃料，而且停留在直接燃烧的低级形式，就是莫大的浪费。煤炭用于直接燃烧，则火车的热效率只有6%，炊事只有15%，火力发电站也不过 22%。假定以平均热效率 15% 计算，则燃烧 1 亿吨煤炭，实际上只有 1,500 万吨起了作用。不仅浪费了煤炭资源，还浪费了开采过程中的大量劳动力和装载煤炭的大量工具和运输费用。煤炭必须综合利用。根据计算，煤炭综合利用后，1 亿吨煤炭除了燃烧和发电外，还可以提炼出 750 万吨煤焦油和 49 万吨精苯，这些精苯可以制成人造纤维 33 万吨；相当于 4,600 余万吨棉花。一座年耗煤量 5,200 吨的小型火电站，若能把煤炭全部加以利用，则可以收回轻柴油 54 吨，重柴油 140 吨，粗酚 34 吨，焦炭和半焦炭 3,147 吨，硫铵肥料 30 吨，高质煤气 1 万立方米。上述产品价值等于 12,000 吨煤炭，为发电站消耗煤炭的两倍以上。另外，煤灰在过去只被当作垃圾，但在煤炭的综合利用中，它不仅可以制造高标号水泥，而且可提炼铝和其他更贵重的稀有金属。

　　我国是煤炭资源非常丰富的国家，综合利用就成为我国煤炭工业中特别重要的课题。不过目前，我国煤炭资源的有效利用率还很低。根据 1957 年的统计，全年 12,800 万吨的煤炭产量中，有 11,800 万吨是直接用于燃烧的。也就是说，我国有 92% 的煤炭还没有综合利用。假使按照高压增氢法的效果计算，我们在 1957 年这一年中损失了液体燃料 600 余万吨，这自然是一个不小的数字。以上海一市为例，假使全市居民都能利用煤气而不用煤球，全年民用煤炭就可比现在节省 1/3，不但节约了上万个火车车皮和大批装卸设备以及搬运人力，而煤炭在煤气厂制成煤气的过程中还可以收回大量氮肥、塑料、香精、西药等的原料。现在，党已经发出了"物尽其用"的伟大号召。我们相信，在党的英明领导下，我们既然能够在煤炭的采掘中获得史无前例的胜利，在煤炭的综合利用中，自然也毫无疑问地会取得巨大的成就。

注释：

① 以苏联为例，从 1908 年—1950 年的 43 年中，木柴和麦秸在燃料结构中的比数，从 67.7% 降到 9.7%，而煤炭（包括泥炭）的消耗量则从 25.6% 上升到 81.8%。我国的民用煤炭数量也在逐年递增。根据《人民日报》1957 年 11 月 2 日社论《积极增产煤炭，大力节约煤炭》，从 1952 年—1957 年，民用煤炭数量每年增加 16.9%。

② 以苏联为例，1954 年全国煤炭产量的 22.96% 供应了铁路运输的需要。

③ 1914 年，以煤炭为燃料的船舶占世界船舶总吨位的 96.6%，用石油为燃料的只占 3.4%；1958 年，以石油为燃料的船舶上升到占世界船舶总吨位的 93.1%，用煤炭为燃料的下降到 6.9%。

④ 普通火电站只能利用煤炭燃烧后发生的热能的 22%，其余的都被浪费。但热电站却能利用煤炭燃烧后所发生的热能的 77%，大大地节约了煤炭，并充分发挥了煤炭的作用。

⑤　在我国工业生产大跃进行中,由于群众的智慧,创造了用无烟煤炼铁的方法,节约了焦炭的消耗。这种方法在各式土高炉和小高炉中,采用最多。

⑥　在我国工业生产"大跃进"中,由于群众的智慧和创造。已经发明了用褐煤炼焦的方法。这种方法在赤峰元宝山煤矿取得很显著的成绩。德意志民主和国盛产褐煤,也已创造了褐煤炼焦的方法。

三、煤炭的开采、加工和运输

　　人类开采煤炭,初期由于技术条件的限制,只能采掘那些露头在地面上的煤层,这就是原始的露天开采。后来人类才开始从地面上开凿井洞,采掘距离地表较深的煤层。这种最初的矿井开采,我国在唐代已经有了,宋代则极为盛行。明代时,已有绞车一类的提升工具,懂得开凿水平巷道,采用木柱、木板等支撑巷顶以防塌陷,同时也注意到矿井内有毒气体的排除。

　　近代的采煤方式,是从古代采煤方式发展而来的,仍然不外乎露天开采和矿井开采两种形式,当然,技术装备、矿场规模、劳动生产率和产量等各方面和古代大不相同了。

　　露天开采是将掩盖在煤层上部的泥土和岩石剥去,然后采掘,对距离地表较近而煤层又很厚的煤田,这是最好的方式。它的优点很多,首先是能够最大限度地利用地下资源,煤田中95%的煤炭都可以采掘出来。其次,由于工作面大,可以利用起重机、电铲、挖土机等,运输设备的装置和使用也很便利,所以劳动生产率高。此外,消耗的木材只及矿井开采的5%,因此能够大大节约原材料,降低成本。以苏联为例,露天开采的劳动生产率比矿井开采要大4—6倍,每吨煤炭的成本要比矿井开采的便宜3/4。从安全方面看,由于在空旷的露天下操作,不可能发生像矿井开采中的冒顶、瓦斯和煤尘爆炸等事故。露天开采也有一些缺点,首先是初期投资大,建设时间长。以我国的抚顺煤矿为例,煤层上面平均有300米的黄土层和岩石掩盖着,要剥去这样深厚的土石盖层，自然是非常艰巨的事情。其次，矿井开采是地下作业，不受天气条件的限制。但露天开采就不同，风、霜、雨、雪等天气变化都会影响工作。总的来看，世界上适合于露天开采的煤田只是少数，不过由于露天开采比矿井开采有很多优越的地方，许多国家都在设法增加露天开采的矿场。从第一次世界大战以来，即从 1913 年—1952 年，露天开采的产量增加了 5 倍。1952 年的露天开采产量，已占当年煤炭总产量的 1/4。我国也决定以露天开采作为煤炭工业技术革命的主要措施之一。

矿井开采是目前采煤最重要的方式。它首先必须开凿从地表到煤层的井洞，以便运送煤炭、器材和人员，以及通风、排水。井洞按开凿的方向不同，可以分成 3 种。若煤层埋藏于山地，则可自山麓或山腰沿水平方向开凿以达到煤层，这种井洞称为平硐。平硐的工程费用最小，运输能力最大，可以不用机械排水，矿井的维持费较小，是一种比较经济的开采方式。若煤层和地表有适当的倾斜角度，并有相当数量接近地表，则可按煤层的倾斜角度沿煤层或邻接煤层开凿井洞，这种井洞称为斜井。由于斜井是沿着煤层或邻接煤层开凿的，掘进时可以更详细地探明煤层情况，可以不穿过煤层上面坚硬的或含水的岩层，因此开始采掘很方便，投资少而建设快，适宜于煤层埋藏较浅，露头部分掩盖的冲积层不厚，煤层的倾斜角度不很大的倾斜煤层。但斜井提升和搬运煤炭的能力低，通风和排水也较困难。而且井洞愈延长，这种困难愈增加，付出的维持费也就愈大。最后一种井洞是竖井。竖井是从地表垂直开凿而达煤层的，它适宜于采掘埋藏较深、储藏量较大的缓斜煤层和各种厚度的急倾斜煤层。竖井的优点是井洞掘进较短，生产能力比斜井大，提升速度快，维持费小，生产成本低，是近代采煤工业中常用的形式。但竖井在初期投资很大，建井较慢。

一般煤矿的矿井，大概有两个主要的井洞，一个是主井，装设电气绞车，运出井下的煤炭和石块；另一个是副井，供人员和器材出入。一般矿井并将主井作为入风井，副井作为出风井。但也有另外开凿出风井的，装设搧风机，把矿井内部的污浊空气随时排出井外。

开凿井洞以后，还必须在矿井内开凿许多和井洞相连的巷道。这种巷道也分成水平的、倾斜的和垂直的 3 类。垂直巷道包括暗井、溜井和缆井等。暗井和溜井都是运送煤炭的，缆井是一种直径较小、直通地表的巷道，专作探查煤层、通风和运送器材之用。水平巷道包括平巷、岩石大巷、石门和煤门等，作用很多，如运输、通风、排水、联络或探查煤层等等；巷道中装设轻便铁轨、搧风机和排水设备等。倾斜巷道包括下山、上山、轮子坡、溜煤眼、人行道等，主要是采掘、运送和行人之用，巷道中装设电气绞车或传送带等。

矿井内部还有硐室和井底车场等特殊巷道。硐室的种类很多，如水泵房、机械房、炸药库、电车库、调度室、候车室和医疗室等。井底车场由许多靠近井洞的巷道综合组成,这些巷道一方面为井下工作服务,另一方面也加强了井洞和主要运输巷道的联系。

上述工作称为掘进,是为了提供一个地下工作场所,即采煤工作面。掘进工作的效率主要决定于采用的工具。最陈旧的掘进工具是手镐,完全依靠人的体力。新式的掘进工具是电钻和风钻,利用电力和空气的压力制动,劳动生产率很高。比电钻和风钻更新式的工具是联合采煤机(又称康拜因)。联合采煤机是一种综合性的机器,不但能够掘进,而且能够完成采煤的全部作业。整个机器包括牵引部、电动机、传动装置、截煤装置、破碎杠和装煤机等,能够进行割槽、落煤和把落下的煤块装入运输机等一系列工作。联合采煤机只要一个人操纵,每小时能采掘煤炭50吨—110吨。

准备好了采煤工作面,就要按照煤层的形状、厚度、倾斜角度、煤层的相互关系、顶板岩石的性质和瓦斯的大小等等来决定适当的采掘方法,并且充分考虑3个原则。第一是保证工人的安全。因为采煤是地下作业,随时随地都可能发生冒顶(顶板岩层塌陷)、爆炸(瓦斯、煤尘等的爆炸)、水淹、中毒(一氧化碳和沼气等)等危险,必须尽力防范,一切以安全为第一。第二是减少费用,以降低成本。第三是提高回采率,[①]以最大限度的利用自然资源。当然,能够这样全面考虑问题的仅仅是在社会主义国家。在资本主义世界里,决定开采方法的唯一原则是利润,工人的安全等完全被忽视。

世界各国比较普遍采用的采煤方法如下:

1. 残柱式采煤法　把煤层分成许多小方块,然后采掘,直采到顶板塌陷才放弃。应用这种方法,采煤地点分散,采掘、运输等都不方便,生产效率极低。同时,不仅容易冒顶,而且因为通风条件很差,容易发生爆炸或中毒事故,不能保障工人的安全。回采率也很低,最多不过30%,是一种很不好的开采方法。但是在资本主义世界,特别是一些落后国家里,常常采用这种方法。

2. 高落式采煤法　这种方法常常被用来开采厚煤层。它先在煤层四周用巷道割成小方块,然后拆去支柱,让煤炭自然落下,或用工具把煤炭大片截下来。这种方法的回采率极小,大部分自然资源都被浪费。而且危险性极大,煤炭整片落下来的时候,工人们若躲避不及,就会造成死伤。但由于方法简易、投资少而获利大,所以在资本主义国家里很普遍。

除了上述两种,资本主义国家里常用的不合理的采掘方法,还有堆积式、落垛式等种。

3. 长壁式采煤法　这是一种新式的采煤方法,适用于缓倾斜或倾斜的薄煤层。它先在煤层内掘进巷道,把煤层划分成长方形的采煤区,工作面成为一条直线,一般可以长达100多米,好像一堵很长的墙壁,所以称为长壁式。这种采煤方法的优点,首先是工作面成一直线,因此通风良好,而且工人都在鸭嘴棚子的保护下,可以避免冒顶、爆炸、窒息、中毒等事故。其次是便于利用机械操作,包括联合采煤机和一切采掘、运输工具,因此能大大提高劳动生产率。第三是回采率常高达90%以上,只丢掉很少一部分巷道煤柱。因此,这种采煤方法为社会主义国家所常用。新中国成立以后,我国的采煤工业中也以长壁式为最普遍。

4. 倒台阶式采煤法　这是一种适用于急倾斜薄煤层的较好采掘方法。方法大致上和长壁式相同,但因煤层的倾斜度很大,所以必须把工作面改成倒转的台阶形状,以避免采掘下来的煤炭压伤工作面上的工人,我国的淮南九龙岗煤矿即采用此法开采。

5. 人工假顶分层长壁陷落法　这是一种适宜于开采中等煤层或厚煤层的好方法。由于煤层较厚,不易一次采完,就要分成两层或三层开采。采掘上层时,在层底铺上木板或铁丝网,采掘时崩落的岩石就堆积在上面,成为采掘下层时的顶板。这是一种苏联的先进方法,我国煤矿中也已经采用。

6. 填充法　煤层的情况和人工假顶法相同,但煤层上面的岩石不容易塌陷,或是地面上有河流或重要建筑物不能让其塌陷时,则将人工假顶改为填充法。这种方法在我国也有应用。

7. 地下水力采煤法　地下水力采煤是一种最新式的采煤方法。水力采煤也是地下作业,需要建立矿井,因此它也是矿井开采的一种。但是在另一方面,在采掘煤炭时所用的工具以及运输、提升的种种设备,它又和一般的矿井开采大不相同。水力采煤的主要工具是一种水力冲射机(俗称水枪),它在高压水泵的作用下,受到30大气压—60大气压的高压,水流以每秒70米—80米甚至100米高速冲射出去,就能达到剥落和破碎煤炭的目的。煤炭剥落破碎以后,就和水混合在一起,顺着铺在巷道里的溜槽流到井洞,经过碎煤机破碎以后落到提升池中,高压抽煤机把煤浆抽出矿井,进入地面上的巨形澄清池。澄清池中的煤浆处理以后,经传送带送入仓库。

水力采煤有许多优点,首先是可以革新整个生产过程,把原来需要几十道工序的作业改变成为单一的流水作业,生产效率比普通矿井高出5倍以上。它不需要种种复杂笨重的机械,坑木的消耗可减少70%—80%,劳动力也大大节省(一具水力冲射机只需两个工人操纵)。其次是安全可靠,可以免除瓦斯及煤尘爆炸、冒顶和运输上的种种事故,而矿工的职业病(如煤肺病、硅肺病)也可大大减少或根本消灭。第三是投资省、建设快、成本低。水力采煤每吨煤炭的投资最多只要15元,而普通矿井却要22元—25元;水力采煤矿井的建设时间比普通矿井要缩短20%左右;水力采煤每吨煤炭的成本约比普通矿井低55%左右。当然,水力采煤也存在一定的缺点,譬如煤炭的损失比一般机械采煤大,电能的消耗较多等。但是它的优点是主要的。

地下水力采煤法需要有一定的条件,例如顶板必须坚固,煤质最好较软,煤层的裂纹较多等。目前,这种先进的采煤方法在苏联、波兰等社会主义国家里已经广泛采用,我国从1958年起也开始建立了水力采煤的矿井,而且确定这是煤炭工业技术革命的主要方向。

各生产部门需要的煤炭有不同的质量要求,因此煤炭采掘出来后还必须加工。同时,未经加工的煤炭不宜长期储存。特别是最不稳定的褐煤,它在空气中很快就会破碎成粉末,并能引起自燃。烟煤经过长期储存,不但会降低发热量,成分和性质也要发生变化。由于氧化作用,炼焦煤在空气中会逐渐减少甚至失去它的粘结性,影响焦炭的质量。因此,除了要储藏得法外,必须及时进行加工,而炼焦煤一般必须在离开矿井后的一个月以内进行加工处理。

煤炭的加工,首先就是选煤,也称为洗选。选煤就是剔除煤炭中的杂质,特别是剔除煤炭中存在的外在灰分,[②]提高煤炭的质量。根据我国的情况,洗选以后的煤炭,灰分一般不超过10%,硫分不超过1.4%。(我国煤炭中含磷一般都很低,所以磷分未作规定。)

煤炭的洗选工作由选矿机进行,有干法选煤(风选、筛选、手选)和湿法选煤(跳汰洗选、槽式洗选、重介质洗选)两种,都是利用煤炭和其他杂质在比重上的不同,经过上述方式把原煤中适合炼焦要求的精煤、含杂质较多的次等煤和其他砂石、黏土等杂质分别开来。在现代的煤炭企业中,选煤工业也是一个重要的组成部分。选煤厂在配置上必定依附于煤矿。由于经过洗选以后的精煤的运输,比洗选前的原煤的运输,可以节省1/2到1/3的运输力,降低煤炭的成本,因此选煤厂的配置都接近煤矿。

湿法选煤会使煤炭带有大量水分;如洗选后褐煤的含水量可能高达50%—60%,因此可能要延长结焦时间和炼焦时增加消耗热量,[③]并造成运输工具上的很大浪费,煤炭的脱水工作就很必要了。脱水工作可借特制的干燥器进行,但也有利用日光曝晒或风干等方式的。

煤炭经过洗选,粒度一般仍然很大,假使直接炼焦,焦炭的质量就不均匀,网状裂纹会增多,强度被降低,因此必须用粉碎机进行粉碎,使小于3毫米的煤粒占90%以上。

选煤以后,那些不适宜直接燃烧的煤炭和煤屑,还可以制造煤粉。煤粉用喷射器喷发,混在其他燃料中燃烧,发热量仍然很高,还是一种较好的燃料。那些硬度不大、容易粉碎的煤炭和洗选后的残渣,也可以加工压制成煤砖。煤砖是一种很好的燃料,也是用褐煤低温炼焦的重要途径。但压制煤砖需要有较高的技术水平和设备。

　　煤炭加工的另一部门是炼焦,是将适宜于炼焦的煤炭在炼焦炉中隔绝空气加热,以得到焦炭和其他许多副产品。由于炼焦炉需要加热到750℃—1,100℃的高温,因此这种炼焦称为高温炼焦。在黑色冶金工业中应用的焦炭,普通有高炉用焦炭和铸造用焦炭两种,铸造用焦炭对于所含灰分和磷、硫等杂质的限制,比高炉用焦炭更为严格。近年来,黑色冶金工业中已开始用无烟煤来代替焦炭,这种无烟煤是用特种无烟煤在竖炉中加工制成的。

　　和高温炼焦相对的是低温炼焦。高温炼焦因为主要是为了获得焦炭,在煤质选择上非常严格:必须是具有一定粘结性的优质烟煤。低温炼焦主要是为了获得作为化学工业重要原料的煤焦油,对煤质的要求不高,除了烟煤以外,可以更广泛地利用褐煤和其他劣质煤炭。它是把煤炭放置煤焦炉中,加热到500℃—600℃,使分解成煤气、煤焦油和固体残余物(半焦炭)。大概以烟煤做原料的只能提取煤焦油5%—10%,而用褐煤做原料则可以提取20%左右。至于另一产品中焦炭,虽然有许多缺点,如脆性大、孔隙大、容易自燃等,但若把它研碎制成煤砖,仍是一种很好的燃料。

　　最后还有一种煤炭加工的重要形式是气化。煤气的种类很多,如炼焦煤气、二元煤气、水煤气、低温炼焦煤气和发生炉混合煤气等。其中有些煤气属于副产品一类,像炼焦煤气和低温炼焦煤气,但另外一些煤气却是专门加工制造的。

　　在煤炭的气化中,特别值得提出的是煤炭的地下气化。地下气化就是把蕴藏在地下的煤炭直接加工成为煤气,再用管道输送到各生产部门去应用。地下气化根本不需要坑木、炸药、电力等消耗和大量的采掘机器,也没有大量而繁重的井内劳动,大大地节省了成本和劳动力。从矿井开采的角度看来没有工业价值的薄煤层和劣质煤层,也都可以开发利用,替人类增加了不可估量的财富。而且在燃料的质量方面,由煤炭地下气化而得到的煤气,仅次于天然煤气而优于一般煤炭。煤炭的地下气化确是煤炭工业中的一个伟大革命。

地下煤气的质量

燃　料　名　称	铬炉效率	发电站效率
煤炭………………………………	0.86	0.265
地下煤气(热值800—900千卡/立方米)……	0.88	0.275
天然煤气(热值8500千卡/立方米)…………	0.92	0.285

　　注:表内地下煤气系以莫斯科近郊气化站生产的动力煤气为例。

　　煤炭地下气化的这种伟大理想,还是70年以前著名的俄罗斯化学家门德列也夫所提出的。[④]当然,在沙皇时代的俄国,门德列也夫的这种理想是决不可能实现的。在他发表这方面的论文后 25 年(1912 年),英国化学家威廉·拉姆赛也提出了同样的煤炭地下气化的建议,并且还进行了实验,获得了一些成就。但是,正和门德列也夫一样,拉姆赛的工作丝毫也引不起英国资本家的兴趣,终至不得不半途而废。由于伟大的十月社会主义革命,门德列也夫的崇高理想才在苏联境内具备了逐渐实现的条件。早在十月革命胜利以前,列宁已经十分重视了煤炭地下气化的问题。[⑤]革命胜利以后,苏联于 1932 年起正式在莫斯科近郊、顿巴斯、库兹巴斯等煤田进行了地下气化的试验。1936 年起,苏联的地下气化已由试验而进入了半工业阶段。1938 年,苏联共产党第十八次代表大会通过了发展煤炭地下气化的决议;1940 年,苏联第一座大型的莫斯科近郊气化站就建设完成。这座年产煤气 46,000 万立方米的地下气化站,证明了地下气化在基建投资、劳动生产率和生产成本等各方面,比矿井采掘具有巨大的优越性。

1957 年,世界上第一座以地下气化的煤气为燃料的发电站,在莫斯科以南的土拉正式发电了。它生产的动力的成本,比普通火电站减低一半甚至 2/3,劳动生产率提高了 3—4 倍,管理人员要减少 3/4。当然,煤炭的地下气化是一种需要高度技术的工程,以土拉的这座地下煤气发电站为例,每小时必须用压缩机送入数 10 万立方米的空气,才能使地下煤层在四五十米的深处旺盛地燃烧,发出 1,000℃ 以上的热力。人们在地面上通过各种仪器操纵着燃料燃烧的过程,让每小时有 4 万多立方米的煤气,顺着直径 180 厘米的管道输送到发电站燃烧,然后推动涡轮发电。

莫斯科近郊煤田的地下气化站和矿井的若干比较

比较项目	单　位	矿　井	地下气化站
折合年产每吨煤炭的基建投资资…………	卢　布	234	178
按燃料计算的工人月劳动生产率…………	吨	53	
折合每吨煤的热能成本………………	卢　布	62.1	32.5

煤炭的产量庞大(一个中型煤矿每年就有数十万吨的产量),各部门的需要量也大(一个发电能力 5 万瓦的中型火电站,一昼夜要消耗煤炭 360 吨—400 吨),因此煤炭经常成为各国运输中最大宗的物资,我国目前全国铁路总运量中煤炭也占了 40%以上。煤炭的运输是一个很复杂的问题。首先,煤炭运输是否通畅和合理,关系到煤炭供应是否及时和价格是否低廉,关系到许多生产部门的生产进行和成本。其次,由于煤炭的运输量大,除了许多铁路支线、专用线、专用港、专用码头等交通设施全部为它服务外,大部分铁路和航运干线也往往要负担巨大的煤炭运量,所以密切地关系到运输部门的发展和配置。同时,在物资的流量和流向方面,容易发生难以平衡的困难,造成长期而大量的单向运输。最后,由于运费在煤炭销售成本中占了很大的比重,所

以煤炭运输若能通畅合理,必然能促进矿井的生产,有利于煤炭工业的发展。反之,则不仅会造成资金和资源的积压,矿井生产也会陷于停滞。

要合理地解决煤炭运输问题,首先必须注意生产力的合理配置,充分考虑煤炭是笨重、廉价、大量生产和大量消耗的商品这个特点,尽可能减少不必要的运输,特别是远程运输。因为如果煤炭的运程长达 2,000 公里,运输 8 列车煤炭,机车的燃料就要消耗煤炭 1 列车。所以需要大量消耗煤炭的工部门,地理配置上应该接近煤矿。其次,必须妥善地制订经济区划,很好地安排区际之间的协作关系,使每个工业区都能就近拥有自己的煤炭基地。最后,在煤炭的加工和运输等方面,必须采取种种技术上的措施。除了在煤矿区建立选煤厂等以外,可以就地建立发电站,利用那些发热量不高的次等煤炭和泥炭。因为输送电力比输送煤炭省事得多。同样的理由,煤炭的地下气化在减少煤炭的运输手续和单向运输方面,也具有重要的意义。此外,煤炭虽然是固体,但是若能利用水的力量,它也和石油一样可以进行管道运输。不久前,苏联在西乌克兰的利沃夫煤矿区敷设了工业用的煤炭运输管道,用直径 300 毫米的钢管,借压力和水输送经过碾碎的煤炭。这种煤炭的管道运输,不仅运费比铁路便宜75%,而且也解决了铁路的单向运输问题。

如上所述,解决煤炭运输问题的种种措施,只有在社会主义国家中才有可能充分实现。由于社会主义各国作了种种有效的安排,在很大程度上做到了煤炭运输的通畅合理,促进了社会主义各国煤炭工业的发展。在资本主义世界中,特别是在主要的资本主义国家,如美国和英国,由于各燃料工业部门的彼此倾轧和各运输部门的互相排挤,煤炭的运输问题正在日益严重,反映出这些国家煤炭工业的巨大危机。

注释：

① 回采率是一定采煤区域内采出的煤炭量占该区域煤炭储藏量的百分比。所以回采率 = 能开采出来的数量/煤炭储藏量。

② 外在灰分是由于夹层和顶底板的岩石混杂于煤炭中而产生的灰分。

③ 以煤炭中水分含量为10%,成焦所需时间为 100 计算,水分含量为12%时,成焦所需时间为 109,而水分含量为8%时,成焦所需时间为 91。

④ 门德列也夫于 1888 年在其论文《埋藏在顿河两岸的未来力量》中指出:"看来这样一个时代也是会到来的,那时候,我们不必把埋藏在地下深处的煤炭开采出来,而是在地下把它变成为可燃气体,然后沿着管子输送到遥远的地方。"

⑤ 列宁在侨居国外时期看到了威廉·拉姆赛关于煤炭的地下气化的建议以后,1913 年 4 月21 日在《真理报》上发表了一篇题为《一个伟大的技术胜利》的文章,指出:"拉姆赛的方法

把煤矿变成了像是生产煤气的巨型蒸馏器。"而在社会主义制度下,将"使千百万工人免除烟雾、灰尘和泥垢之苦,能很快地把肮脏的令人厌恶的工作间变成清洁明亮的、适合人们工作的实验室。"(《列宁全集》第19卷,人民出版社1959年版,第41—42页)

四、煤炭资源的地理分布

世界上煤炭的储藏量,现在只有一个概念是肯定的,就是煤炭在地球上有着十分巨大的储藏量,在各种有用的矿物中无疑地居于第一位。但是要用一个很准确的数目字来表示,目前还不可能。

造成这种困难的原因是多方面的。

首先,许多经济不发达国家至今还没有经过全面的地质调查和勘探工作,提不出比较可靠的储藏量数字,那些别有用心的外国人提出的数字,是不可靠的,而且近乎臆测的。例如,在1913年的国际地质学会第十二届会议上,中国的煤炭储藏量曾被垂涎欲滴的西方学者估计为9,956亿吨,但在1937年的第十七届会议上,又被莫明其妙地缩减为2,500亿吨。事实上,这些数字都很难说有多少地质学上的依据。

其次,由于地质勘探工作不断发展,煤炭的储藏量在不断增加,特别是在社会主义国家。1913年的国际地质学会第十二届会议曾估计当时俄国的煤炭储藏量为2,339亿吨,但在1937年的第十七届会议上,苏联宣布的煤炭储藏量就增加到16,544亿吨,跃居于美国的世界第二位了。而目前,苏联的煤炭储藏量已经高居世界第一位。在新中国成立后的中国,特别是经过1958年以来的生产大跃进,煤田地质工作飞速发展,煤炭的储藏量也随着大大增加。

最后,世界各国对于煤炭储藏量的计算标准也并不一致。单单是在国际地质学会第十二届会议上商定的煤炭储藏量计算方法(也适用于计算其他矿物的储藏量),就分成3级。第一级是测定储量(Proved Reserves)，这是根据煤层的真实厚度和面积，经过钻探和测量而已经确定了的可靠储藏量。第二级是可能储量(Probable Reserves)，这是经过地质调查，初步证明有经济价值的储藏量，其中包括测定储量。它所根据的煤层厚度和面积，两者之中只有一项是已知的材料，因此可靠程度较小。第三级是潜在储量(Potential Reserves)，这是没有经过调查的估计藏量，它所根据的煤层厚度和面积都不是确实已知的材料，因此更不可靠。潜在储量也要求包括测定储量和可能储量。

苏联所采用的煤炭储藏量计算标准，是一种科学的、既适用于煤炭工业部门和其他采矿工业部门，而又可安排国民经济的长远计划的计算标准。它体现了社会主义计划经济的特点和优越性，我国也已经采用了这种计算标准。按照这种标准，煤炭的储藏量一共分为3类和5级。

A类中包括 A_1 级和 A_2 级：

A_1 级储藏量是经过充分研究、勘探并准备开采的储藏量，这种储藏量是供给企业计算开采工程用的。

A_2 级储藏量是经过充分研究及勘探的储藏量，这种储藏量是供企业作关于采矿部分的设计及建设工作之用的。

B类只有一级，是根据地质情况并经过相当的勘探而且已经部分地利用探井及钻眼确定了分布范围的储藏量。为了研究矿产的成分和性质，并求得关于利用上所需的技术手续的质量指数，这一级的储藏量是要经过取样试验的。B级储藏量能够基本上确定开采的技术条件，并提供各种利用此矿产原料的工厂作基本建设的设计根据，以及简略的设计根据。

C类中包括 C_1 级和 C_2 级：

C_1 级储藏量是根据自然露头及人工所打少量的钻眼、探井所作地质研究而确定出来的储藏量，或是根据地球物理勘探结果并配合矿区地质情况及粗略的取样试验的资料所研究确定的储藏量。C_1 级储藏量是供布置详细地质勘探工作及作工业远景计划之用。

C_2 级储藏量是对一个地区或一整个煤田，根据地质研究所确定出来的储藏量。有时对某些个别矿区及其集体来说，这一级的储藏量是根据地质推测所确定的储藏量。C_2 级储藏量的用途是供编制国民经济远景计划及地质勘探工作远景计划之用。

5级之中，以 A_1 级、A_2 级和B级最为重要，这3级的总量称为工业储藏量。

此外，许多国家也都有它们自己的煤炭储藏量的计算标准。

1913 年的国际地质学会第十二届会议上,世界煤炭储藏量被估计为 73,975 亿吨。1929 年在伦敦举行的世界动力会议上,世界煤炭储藏量又被估计为 69,000 亿吨。由于这个数字没有把苏联的储藏量估计在内,因此和 1913 年的估计还是很接近的。到 1937 年在莫斯科举行国际地质学会第十七届会议的时候,世界的煤炭储藏量当时估计到达 82,000 亿吨。不过,在这个估计数字中,中国的储藏量是被大大缩减了的。在十七届会议以后,世界各国的煤炭储藏量又陆续有修正,特别是苏联和我国的煤炭储藏量。根据苏联地质和矿藏保护部最近发表的资料,和我国全国煤田预测图的初步估计资料,再结合世界其他各国的资料,目前世界煤炭总储藏量约在 20 万亿吨以上。当然,这个数字仍然只有相对的可靠性。因为像非洲、南美洲等地的煤炭资源情况,现在了解的还很不够。南极洲的煤炭资源连最粗糙的材料也还无法得到。特别重要的是拥有巨大煤炭储藏量的中国,储藏量数字目前正在与日俱增,对于世界总储藏量的影响尤为重大。这些情况都是应该认识的。

煤炭在世界上的分布是不很平衡的。从目前已知的储藏量来看,绝大部分是蕴藏在北半球,南半球的储藏量只占世界煤炭总储藏量的 1/10(不估计南极洲的情况)。而在北半球,主要的聚煤带又集中往北纬 30°—60°之间。这个地带的煤炭储藏量,估计要占世界总储藏量的 80% 以上。

苏　联

苏联是世界上煤炭资源最丰富的国家,煤炭蕴藏量约达 86,695 亿吨。按照生成的年代统计,苏联煤炭总储藏量的 56.91% 属于二叠纪,石炭纪煤炭占总储藏量的 10%,侏罗纪煤炭占 22.8%,白垩纪煤炭占 9.13%,第三纪煤炭只占 0.42%。不过这个比数还没有把新近发现的大量煤田计算在内。

苏联境内煤炭的分布是非常普遍的。除了白俄罗斯和波罗的海沿岸的小片地区以外,几乎任何一个角落都蕴藏有煤炭资源,而在亚洲部分的储藏量又大大超过欧洲。特别丰富的是东西伯利亚。那里要占苏联全部煤炭资源的 90% 以上。

苏联欧洲部分的主要煤田分布在顿巴斯、德涅伯河右岸、西乌克兰、莫斯科近郊、乌拉尔西坡和伯绍拉河流域等处,其中储藏量最大的是顿巴斯煤田。顿巴斯煤田是俄国最早发现的煤田之一,位于顿河支流顿涅次河下游。煤田绝大部分在乌克兰共和国,总面积为 23,000 平方公里,储藏量根据最近的估计已达 2,406 亿吨。顿巴斯煤田有从下石炭纪到上石炭纪之间各个时期的煤层,而以中石炭纪的占大多数。煤田的煤层,西部有数十层,渐东则达上 100 层以上。但多数都是薄煤层:厚度 0.5 米—

苏联的煤田和矿区分布图

0.7 米的煤层的煤炭占总储藏量的一半左右,厚度 0.3 米—0.5 米的煤层的煤炭占总储藏量的 20%—25%。所产的煤炭虽然灰分较高,但大部分煤炭的粘结性很好,适宜炼焦。

由于地质勘查工作的发展,顿巴斯周围的广大地区也不断地发现丰富的煤炭资源,于是出现了"大顿巴斯"的名称。大顿巴斯的范围北达库尔斯克,西北到基辅和涅任,东到伏尔加河下游的左岸地区,南到亚速海北岸、库班低地、卡尔梅次克·沙尔斯克草原和北高加索山麓等地。

乌克兰境内的另一大煤田是大顿巴斯范围内的德涅伯河下游煤田。煤田从扎波罗日耶、德涅伯罗彼得罗夫斯克向西北延伸到基辅以西的日托米尔,面积很大,主要是第三纪褐煤。此外,在西乌克兰的腊瓦—鲁斯卡亚和克莱明尼茨地区(在利沃夫以北),褐煤资源也很丰富。

乌克兰以南的克里木半岛上,也有规模较小的煤田,主要分布在半岛南部克里米丘陵北坡辛菲罗波尔城以南卡嘉河(注入黑海)流域。煤田属于下侏罗纪,可以开采的煤层有两层,是烟煤。

莫斯科近郊煤田也是苏联欧洲部分的重要煤田。这片煤田从莫斯科向南、向西及西北三个方向延伸,构成一个广大的弧形地区,包括列宁格勒、加里宁、斯摩棱斯克、卡卢加、莫斯科、土拉和里亚赞等州,总储藏量约为 243 亿吨。其中最重要的是它的南

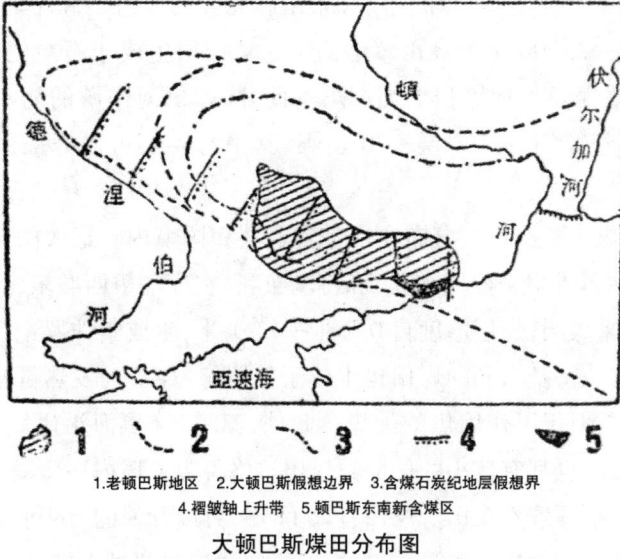

1.老顿巴斯地区　2.大顿巴斯假想边界　3.含煤石炭纪地层假想界
4.褶皱轴上升带　5.顿巴斯东南新含煤区

大顿巴斯煤田分布图

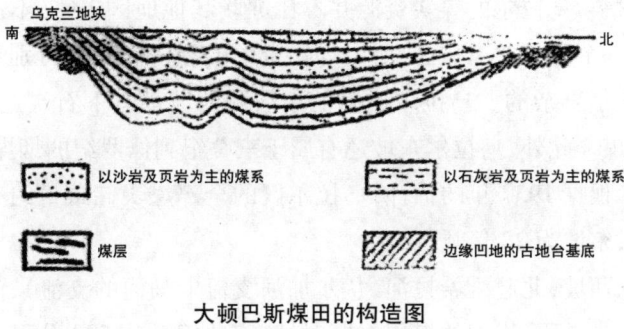

大顿巴斯煤田的构造图

部,以土拉为中心,包括东起里亚日斯克、西到斯摩棱斯克之间的地区。这是莫斯科近郊煤田中蕴藏最丰富的地区,储藏量约有 124 亿吨。莫斯科以西的煤田,主要分布在列宁格勒州南部的姆斯塔河流域,储藏量也相当丰富。莫斯科近郊煤田大部分是下石炭纪煤田,也有一部分属于侏罗纪,煤质较差,绝大部分是褐煤或藻煤。但是有许多有用矿物和煤炭伴生在一起,如铁矿石、硫化矿、石膏、耐火土等,为综合利用提供了有利条件。

伯绍拉煤田是苏联最年轻的煤田之一。十月革命以后,它才被一个集体农庄庄员维克多·波波夫所发现。煤田在科米自治共和国境内,位于沃尔库塔河(注入伯绍拉河支流乌萨河)的河谷,是苏联最偏北的煤田。煤田生成于二叠纪,品质很好,适宜炼焦,总藏量约有 3,446 亿吨。

北高加索和南高加索也有不少煤炭资源,储藏量约有 20 亿吨,其中北高加索占

85%。北高加索的煤田主要分布在高加索山脉北坡的库班河和库马河上游之间,位于海拔1,900米—2,000米的高山草地的边缘。煤田生成于石炭纪,断层和切割作用都很剧烈,所藏煤炭为烟煤和半无烟煤。此外,库班河中游的胡木棱斯克一带还有较丰富的侏罗纪煤田,有18层—20层煤,其中有4层可以开采,煤质颇佳,可以炼焦。

南高加索的煤炭资源主要分布在格鲁吉亚共和国境内。最大的煤田有西北部的特克瓦尔切利(在奥查姆契烈城东北)和特基布利(在库塔伊西城东北)两处。特克瓦尔切利有5层可采煤层,煤层厚度自0.7米—13.1米,生成于侏罗纪,是瓦斯煤,富于粘结性,可以炼焦。特基布利的煤田也生成于侏罗纪,煤炭的发热量略低于特克瓦尔切里,粘结性也差,但仍可作炼焦的配煤。此外,苏呼米(黑海沿岸城市)西北的布兹比和马干斯克等地,也都有较小的侏罗纪煤田。格鲁吉亚境内还蕴藏有不少第三纪褐煤,最著名的是阿哈耳戚贺煤田。煤田有煤11层,可以开采的有4层。和苏联的其他地区相比,南高加索的煤炭资源是较少的,但总储藏量也超过3亿吨。

按照现有材料,乌拉尔的煤炭资源并不比苏联其他地区丰富,不过区内分布很广泛,而且这里是一个重要的工业区,所以煤炭资源的经济意义却特别重大。乌拉尔区煤田的生成年代是复杂的。乌拉尔山脉的东坡和西坡都有下石炭纪煤田,西坡是烟煤,东坡是无烟煤。此外,乌拉尔东坡还有属于三叠纪到侏罗纪的烟煤和褐煤,西坡则有第三纪褐煤。根据1937年的估计,乌拉尔区的全部煤炭储藏量约有76亿吨,其中西坡为48亿吨,东坡为28亿吨。

乌拉尔山脉西坡,北起维希拉河(伏尔加河支流卡马河的支流),南到斯维尔德洛夫斯克的狭长地带,下石炭纪的煤层时断时续,南北绵延达500公里。其中主要的煤田有维希拉河流域煤田、基泽尔煤田和楚索瓦亚河(卡马河支流)流域煤田(包括奥勃曼可夫、斯卡里和儒拉夫林斯克等地的煤田)。维希拉河流域和基泽尔两处煤田,煤炭的品质很相似,储藏量则后者大于前者。这里的烟煤灰分较高,但也有一定的粘结性,可以作为炼焦的配煤。楚索瓦亚河流域的煤炭资源颇为丰富,例如奥勃曼可夫煤田就已经发现了7个煤层和煤夹层,[①]品质很好,可以炼焦。

乌拉尔山脉西坡的第三纪褐煤,数量不大。最大的褐煤蕴藏地在乌法和奥伦堡之间的库尤尔加津斯克(在伊施姆拜城南),及其附近的巴巴也夫。库尤尔加津斯克煤田已知有3个煤层。

乌拉尔山脉东坡,下石炭纪煤田呈狭长的带状绵延,北起利斯河流域(鄂毕河支流托波尔河的支流),南到推契亚河(托波尔河支流)流域,南北长达200余公里。其中伯德辛尼诺(在列日河左岸)、苏霍依—洛格(在托波尔河支流贝希玛河沿岸)、卡缅斯克—乌拉尔斯基等地,都很著名。煤田有 5—15 个可采煤层,有许多是无烟煤,北部地区的无烟煤煤层总厚度达 20 米。烟煤中粘结性好的不多,只有在苏霍依—洛格地区才有适于炼焦的粘结煤。乌拉尔山脉南段的东坡,从马格尼托哥尔斯克起直到哈萨克共和国的边境一带,也蕴藏有无烟煤和烟煤,其中有些煤田也有较大的工业意义。

乌拉尔东坡的褐煤主要生成于三叠纪到侏罗纪,分布极为广泛。北部有卡尔品斯克和沃尔强斯克(均在谢罗夫城西北)褐煤田,煤层埋藏浅,适于露天采掘。中部斯维尔德洛夫斯克以东有布兰纳希—伊金斯克褐煤田,煤层虽较薄(一般厚 0.5 米—2.5 米),但由于强烈变质,煤质已经接近烟煤。此外,南部的切利亚宾斯克附近,也有比较丰富的褐煤资源。

苏联亚洲部分的煤炭资源最丰富。在中亚细亚,最重要的是哈萨克共和国境内的卡拉干达煤田。它是在 1833 年被牧民间帕克—巴查诺夫发现的。但是对于这一煤田的详细勘查,却是在苏维埃政权时代。煤田分布在努腊河(一条注入田吉兹湖的内陆河)上游和左岸的支流索库拉河一带。卡拉干达煤田有 4 个互相连接的主要地区:北部是卡拉干达,西部是萨尔斯克,西南部是丘鲁巴—努拉,东南部则是索库尔斯克。煤田的煤层一般都有 30 层左右,其中厚度达 5 米—8 米的要占 2/3。卡拉干达煤田基本上属于下石炭纪烟煤,发热量很高(大部分为 7,000 卡路里—8,000 卡路里),含磷很少,而且各层煤炭都有粘结性,大部分可以炼焦,较差的也可以作为炼焦的配煤。卡拉干达的侏罗纪地层中还有褐煤,煤层褶厚,有的接近地表,可以露天开采。卡拉干达煤田的石煤储藏量估计约有 512 亿吨,是苏联储藏量最丰富的煤田之一。

在哈萨克的东北部,厄基巴斯土兹—乌哥尔(在巴甫洛达尔城西南)及其西南的内陆河乌林塔河流域,都有下石炭纪煤田。在和我国新疆维吾尔自治区接壤的地区,注入斋桑泊的堪杰尔来克河沿岸,有二叠纪烟煤和三叠纪以后的褐煤。此外,在乌拉尔河和厄姆巴河下游地区,也有广大的煤田。哈萨克境内的褐煤主要分布在共和国的中部;基亚哈塔和拜科努尔等地蕴藏量很丰富。

中亚细亚的其他加盟共和国中,煤炭资源都相当丰富,不过绝大部分是褐煤,石煤的储藏量不多。在乌兹别克共和国东部的费尔干纳盆地,煤田分布极为广泛,除了褐煤以外,还有侏罗纪烟煤,它向东伸展到吉尔吉斯共和国境内而直达中苏边界。乌兹别克东南部的巴伊松煤田,蕴藏了炭化程度较高的侏罗纪烟煤,灰分和硫质都很少。此外,塔什干以东的安格廉地区,拥有相当丰富的侏罗纪褐煤。在塔吉克共和国境内,整个瓦赫什河(阿姆河支流)流域,石煤和褐煤都有广泛的分布。

苏联亚洲部分煤炭资源最丰富的是西伯利亚,特别值得提出的是库兹巴斯煤田。这片煤田发现于 1722 年,位于西西伯利亚南部托木河(鄂毕河支流)流域的库兹涅次盆地,北到西伯利亚大铁道、安热罗—苏振斯克,南到康多玛河(托木河支流)上源,东南和西南为库兹涅次阿拉套山脉和萨拉伊尔山脉,东北和西北则和西西伯利亚平原相接。煤田的面积约为 26,000 平方公里,储藏量约达 9,053 亿吨,居苏联已经详细勘查的煤田的第一位。库兹巴斯煤田中蕴藏最丰富的地区为:南部的朴罗科皮耶夫斯克和基谢列夫斯克(均在斯大林斯克西北)、北部的安热罗—苏振斯克以及中部的列宁斯克—库兹涅次基、克美罗沃。库兹巴斯煤田主要生成于二叠纪,可采煤层最多达 40 层,少的也在 10 层以上,一般在 30 层左右。煤层的平均厚度为 2 米—4.5米,个别煤层甚至厚 15 米—16 米以上。煤炭的品质各地或各煤层都有很大的差别,但是全部二叠纪煤层都是质量很高的烟煤,发热量高而灰分少,特别是含硫质很少,能炼出极好的焦炭。② 此外,库兹巴斯也拥有大量的腐植煤,是提炼液体燃料的最好的原料。

库兹巴斯附近还分布着一些和它构造不同的较小煤田。克美罗沃以北 50 公里的巴尔扎斯煤田有泥盆纪的烟煤,是苏联最古老的煤田之一。库兹巴斯煤田以西,又有二叠纪的郭尔洛瓦煤田,这里蕴藏着大量无烟煤。

上述煤田都在鄂毕河上游流域,叶尼塞河上游流域中,最主要的是米努辛斯克煤田和切烈姆—叶尼塞褐煤田。米努辛斯克煤田位于哈卡斯自治州境内的叶尼塞河左岸,不规则地散布在米努辛斯克盆地中;米努辛斯克以西的阿巴坎是煤田最重要的中心。阿巴坎以南的阿巴坎河(叶尼塞河支流)沿岸,含煤地层也有广泛的分布。米努辛斯克煤田生成于二叠纪,可采煤层一般在 20 层上下,储藏量约为 369 亿吨。这里的烟煤属于瓦斯煤一类,整个煤田中煤炭品质的一致性,成为米努辛斯克煤田的重要特点。

切烈姆—叶尼塞褐煤田以阿钦斯克为中心,西起马里印斯克(在托木斯克以东),向东延伸至叶尼塞河干流地区折而向北,直到叶尼塞河与支流安加拉河的会合处,成为一个从西到北的弧形,这个弧形向东南突出的顶点即是克拉斯诺亚尔斯克。煤田中已经发现有 4 个煤层,厚度为 2.5 米—7.5 米。煤田生成于侏罗纪,除了表层质量较差外,绝大部分都是典型的褐煤。在切烈姆—叶尼塞煤田以东还有坎斯克煤田,两者紧紧相连。这一煤田的范围也很大,从萨彦岭北麓起直达安加拉河流域,西达叶尼塞河支流坎河流域,东到安加拉河支流比留萨河沿岸,而以坎斯克为中心。石炭二叠纪的烟煤在坎斯克城东和城北以及其他若干地区零星地分布着,储藏量很小,侏罗纪的褐煤则有广泛的分布和大量的蕴藏。切烈姆—叶尼塞煤田和坎斯克煤田的总储藏量共有 12,203 亿吨,规模十分宏大。

东西伯利亚的主要煤田之一是伊尔库次克煤田。它呈西北—东南的带状分布,自

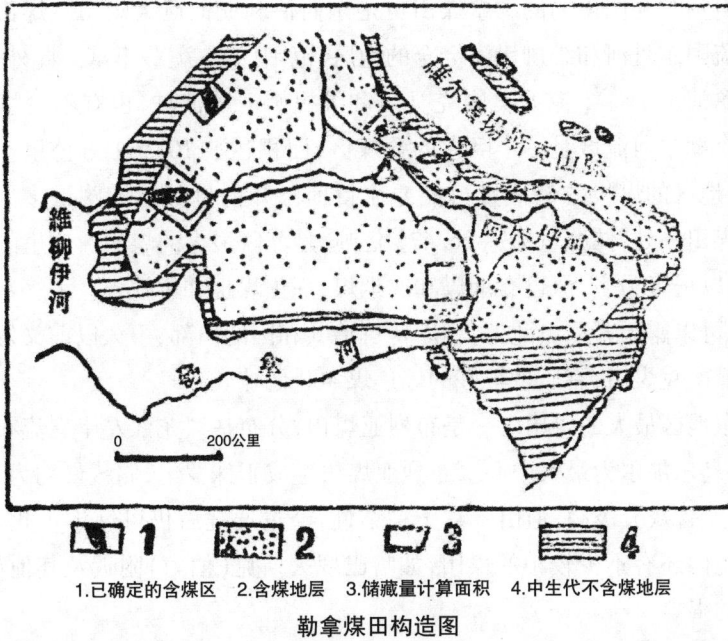

1.已确定的含煤区　2.含煤地层　3.储藏量计算面积　4.中生代不含煤地层
勒拿煤田构造图

下乌丁斯克直达贝加尔湖沿岸。伊尔库次克煤田又可分成三大部分:中央部分在奥卡河(安加拉河支流)、安加拉河和白河(安加拉河支流)之间,西北部分在奥卡河和集马(在西伯利亚大铁道上)以西,东南部分在安加拉河东南和白河、小白河东南。这一煤田生成于侏罗纪,煤炭是属于瓦斯煤一类的烟煤,以中央部分质量最佳,较深的侏罗纪地层中有粘结煤。伊尔库次克煤田的总储藏量约为889亿吨,是苏联的大煤田之一。根据最近勘查的结果,伊尔库次克煤田以东;在贝加尔湖西岸一带的兹良次克煤田,储藏量达1,026亿吨,超过了伊尔库次克煤田。而伊尔库次克煤田以西,在安加拉河流域一带,又有卡姆斯克煤田,储藏量也达303亿吨。

东西伯利亚的另一巨大煤田是通古斯煤田,煤田西以叶尼塞河为界,南起安加垃河,北到叶尼塞河支流下通古斯河,向东则伸展到勒拿河流域。这是一个极为广阔的区域。虽然十分精确的勘查工作还没有完成,但是根据初步的材料,储藏量已经高达17,448亿吨,是世界上的最大煤田之一。通古斯煤田主要生成于下石炭纪,整个煤田的煤炭质量据初步研究有很大的参差,有典型的褐煤,也有烟煤和无烟煤,有些甚至于经过强烈的变质而成为石墨。随着地质勘查工作的发展,通古斯煤田的储藏最必然还要不断增加。

通古斯煤田以北,突出于北冰洋中的太梅尔半岛上,也已经发现了规模巨大的新煤田,储藏量达5,835亿吨,是苏联最巨大的煤田之一。

　　雅库特自治共和国境内的勒拿煤田也是东西伯利亚的巨大煤田。煤田分布在勒拿河及其支流阿尔丹河和维柳伊河会合的地区,范围广大,蕴藏丰富。此外,在贝加尔湖以东的勒拿河上游各支流如奥廖克马河和维提姆河等流域,也有不少煤炭资源分布。所以整个勒拿河流域是一个巨大的含煤区,面积达数10万平方公里。根据最近的资料,这个地区的煤炭总储藏量可能要比目前已知的世界总储藏量多1—1.5倍。其中连斯克煤田一处,储藏量即达26,478亿吨,是苏联最大的煤田。这里的煤田多生成于白垩纪,以褐煤为主,但也有烟煤和次烟煤,炼焦煤也并不缺乏。大多数地方煤层离地表甚近,可以露天开采。此外,雅库特自治共和国的南部,不久以前又发现了蕴藏丰富的南雅库次克煤田,有质量很好的炼焦煤400亿吨。

　　苏联远东地区最大的煤田之一是布烈亚煤田,分布在黑龙江左岸支流布烈亚河上流的左岸,以乌尔加尔为最大中心。布烈亚煤田生成于侏罗纪,储藏量约为261亿吨,主要是烟煤,所含灰分极高,但由于富于粘结性,经过选洗后仍可炼焦。此外,黑龙江沿岸的苏联境内还有不少较小的煤田,如哈巴罗夫斯克(伯力)附近及其他许多地区,都有第三纪的褐煤。

　　远东的另一重要煤田是滨海地区的苏昌煤田,位于符拉迪沃斯托克(海参崴)以东,是下白垩纪的产物,有10层左右的煤层,储藏量估计达420亿吨。煤炭的质量很不一致,有烟煤,其中一部分富于粘结性,也有半无烟煤。此外,滨海地区还有若干小煤田的分布,海参崴以西的奥根斯卡即是较重要的一处。

　　萨哈林岛(库页岛)的煤炭资源也相当丰富,像西岸的杜埃地区和乌格列哥斯克地区以及南部的希内哥斯克地区,都有煤田的分布。不久前在南萨哈林岛又发现了较大的煤田,目前全岛的煤炭储藏量已达400亿吨。

　　苏联最偏东的煤田分布在白令海的阿纳得尔湾沿岸,储藏量达978亿吨,也是苏联新近发现和勘查的巨大煤田。

　　苏联的泥炭资源也具有十分重要的意义。虽然泥炭仅仅是一种地方性的燃料,价值不能和煤炭相比,但是苏联拥有巨大数量的泥炭资源,在优越的社会主义制度下,这些在资本主义制度下被归于"无法利用"的东西,却发挥了重大的作用。

　　苏联的泥炭资源,按在空气中干燥过的泥炭计算,约有1,500亿吨,等于世界上所有其他国家泥炭总储藏量60%以上。苏联最富于泥炭资源的地区,是欧洲部分北部、西西伯利亚和东西伯利亚,这些地区占有了全国泥炭总储藏量的4/5。各地区比较具体的蕴藏数字如下:

苏联各地区的泥炭储藏量（约数）

地　　区	泥炭储藏量（亿吨）
欧洲北部………	400
西西伯利亚……	700
东西伯利亚……	150
中央区…………	40
乌拉尔…………	40
乌克兰…………	30
白俄罗斯………	30

中　国

　　中国是世界上煤炭资源最丰富的国家之一，但是在反动统治时期长期没有进行必要的地质勘查工作，不能提供比较可靠的资料。新中国成立以后，在党的领导下，地质勘查工作大规模地展开了。1950年，白家驹在"中国矿产分布图附表"中，把中国的煤炭储藏量确定为3,132亿吨。到1956年年底，经过了7年的地质勘查，已经探明A_2级、B级和C_1级的煤炭储藏量共330亿吨，C_2级的储藏量687亿吨，而潜在储量则为12,000亿吨。1958年在北京举行的全国工业交通展览会中，根据煤炭工业馆展出的资料，我国的煤炭储藏量又已跃升到15,000亿吨，次于苏联和美国而居世界第三位。但是经过了1958年的社会主义建设大跃进，全国煤田地质工作加速发展，煤炭工业部完成了全国煤田预测图的编制工作，并根据大量材料初步估计了全国煤炭的储藏量。这个估计指出我国煤炭总储藏量约有数万亿吨，超过了以往最高估计的数倍，也超过了所有资本主义国家煤炭储藏量的总和。

　　我国目前已知最为古老而又具有工业价值的煤炭，首先是华南下石炭纪的测水煤系，这个煤系分布在康滇地轴东缘、湘桂山间盆地和江南古陆西缘一带，但储藏量不大。中石炭纪煤田在我国也不多见，主要是江西的梓山系、辽宁和河北东部的本溪系、河西走廊的羊虎沟系等，重要性也不大。上石炭纪和下二叠纪之间的所谓石炭二叠纪时代，是我国极为重要的成煤时期。当时，整个华北，北起内蒙古地轴（即大青山、燕山、铁岭一线），南到秦岭，东至辽宁南部，西达甘肃东部和内蒙古西南部，包括皖北和苏北

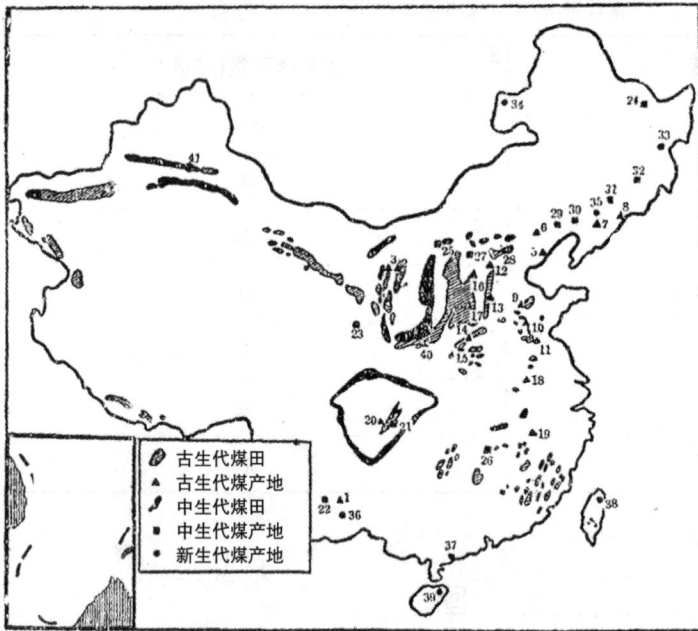

1. 宜良　2. 桌子由　3. 河拐子　4. 平罗　5. 开滦　6. 兴隆　7. 木溪　8. 通化　9. 淄博　10. 新汶　11. 贾汪　12. 井陉　13. 峰峰　14. 焦作　15. 宜洛　16. 阳泉　17. 潞安　18. 淮南　19. 乐平　20. 中梁山　21. 天府　22. 一平浪　23. 阿干镇　24. 鹤岗　25. 石拐沟　26. 萍乡　27. 大同　28. 京西　29. 北票　30. 阜新　31. 辽源　32. 蛟河　33. 鸡西　34. 札赉诺尔　35. 抚顺　36. 小龙潭　37. 茂名　38. 台湾　39. 海南岛　40. 渭北　41. 六道湾

中国的主要煤田和煤产地分布图

等地在内,沉积了广大的太原系和山西系煤层,可采煤层很多,储藏量极大。这个时期华南地区为大海所淹覆,所以没有形成煤系。此后,在整个二叠纪时期,我国境内生成的煤炭为数也很可观。在华北有石盒子系,分布于河北、河南西部和皖北一带;华南则以大羽羊齿系和乐平系为重要,分布在康滇地轴以东的广大地区。三叠纪煤系在华南有少量存在,但详情尚待研究。侏罗纪为我国次于石炭二叠纪的第二个重要成煤时期,煤系分布极为广泛。在华北,东北北部、燕辽地槽、鄂尔多斯地台、祁连山两麓和天山南北麓等广大地区,都有这个煤层的沉积。在华南,除了长江下游和贵州境内较少发现外,其分布大体和二叠纪煤系一致,也很广泛,但储量则远不及华北。白垩纪煤田在我国也较少,主要分布在东北地区,但甘肃和怒江上游等地也有发现,第三纪煤田和褐煤田在我国也不很多,主要分布在东北地区、两广、云南和台湾等地。

　　我国煤炭资源的地理分布,北部比南部丰富。[③]但是,我国南部地区煤炭储藏的绝对数量仍相当可观,而且在地质勘查工作和煤炭工业建设的不断跃进下,那里是不会缺乏煤炭的,旧中国的"江南无煤论"是非常荒谬的。我国各省区煤炭资源在全国总储藏量中的比重如下:

省区	白家驹附表 1950 年数字(%)	$A_2 + B + C_1 + C_2$ 级储藏量 1957 年 1 月 1 日数字(%)
辽、吉、黑三省…………	4.59	6.45
内蒙古自治区…………	1.54	25.27
河北…………………	2.93	5.64
山东…………………	0.54	1.93
山西…………………	50.20	31.81
河南…………………	2.54	6.97
陕西…………………	22.74	5.25
甘肃和宁夏…………	0.22	2.51
青海…………………	0.09	0.96
新疆…………………	10.21	3.62
川、黔、滇三省………	2.67	2.09
东南九省……………	1.60	7.60
台湾…………………	0.13	—
全国…………………	100.00	100.00

注:表中 1950 年的数字,资料较陈旧,但在一定程度上仍能反映潜在储量在各省区分布的比数;1957 年 1 月 1 日的数字只表示煤田勘探的成果,并不反映潜在储量的分布状况。

全国各省区有煤县份百分比(根据 1957 年煤田地质资料)

省区	有煤 县份(%)	省区	有煤 县份(%)	省区	有煤 县份(%)
黑龙江………	61	青海…………	62	湖南………	67
吉林………	69	新疆维吾尔 自治区……	56	广东………	68
辽宁………	67	山东………	48	广西僮族自治区…	60
内蒙古自治区	48	江苏………	27	四川………	68
河北………	88	安徽………	69	云南………	50
山西………	90	浙江………	46	贵州………	94
河南………	38	江西………	57	西藏地方……	无资料
陕西………	64	福建………	46	台湾………	无资料
甘肃和宁夏 回族自治区…	48	湖北………	40		

　　山西、陕西、新疆等省区是我国极重要的煤炭分布区,但是全国没有一个省区没有煤炭,而且每个省区中拥有煤炭资源的县和县级民族自治地方,往往占很大的部分。

　　根据前述 1957 年 1 月 1 日的材料,全国已探明的 A_2 级、B 级和 C_1 级储量中,主焦煤占 8.88%,肥煤占 25.43%,瓦斯煤占 11.02%,瘦煤占 14.79%,这些都是很好的燃料和动力用煤。在华北各省和内蒙古西南部;上述煤种颇为齐全,而且特别富于主焦煤。因此除了供应区内的黑色冶金工业外,还可以大量支持区外。东北区有大量肥煤,但探明的瘦煤还较少,需要继续加强这方面的勘探工作。西北各省由于勘探工作开始稍迟,这方面的确切情况目前还不能肯定。东南各省中煤种较齐全的是湖南和江西两省。西南各省煤种较多的是四川。此外,在已经探明的 A_2 级、B 级和 C_1 级储量中,长焰煤要占 17%,主要集中在内蒙古自治区和山西、辽宁等省。褐煤的储藏量虽然不多,但分布却很集中,主要是在内蒙东部、吉林和云南等省。长焰煤和褐煤的燃料和动力价值虽然不是最大,但是却是化学工业的好原料。

　　东北区的煤田是中国的重要煤田,主要生成于侏罗纪,其次是石炭二叠纪和第三纪。煤层很厚而且集中,不少地区的煤层距地表很近,适于露天开采。煤炭的绝大部分是烟煤,其中一部分为主焦煤,其余也可作炼焦配煤。此外,长焰煤和褐煤也很多。在地理分布上,长春市以北的煤炭资源比它的南部更为丰富。

　　黑龙江省是东北区中煤炭资源最丰富的一省,广大的侏罗纪煤田分布在本省东部地区,大致包括北到鹤岗、南到东宁、西到林口、东到密山这样一个南北长而东西窄的地带。最重要的煤田之一是小兴安岭南麓的鹤岗煤田,产侏罗纪烟煤,具有极强的粘结性,可以作为炼焦主煤。鹤岗煤田共有煤层 12—13 层,总储藏量约为 50 亿吨。松花江以南有双鸭山煤田,在安邦河支流泰平沟和马蹄河之间,也是侏罗纪烟煤,粘结性强,发热量达 7,000 卡路里—8,000 卡路里,在东北区中这里的煤炭品质最好。双鸭山煤田有主要可采煤层 5 层,储藏量估计在 3 亿吨以上。穆棱河流域和绥芬河上游,煤炭的蕴藏也很丰富。最著名的是密山,拥有粘结性很强的侏罗纪烟煤 20 亿吨以上。密山以西的鸡西藏煤约有 14 亿吨,鸡西以西的滴道也有数亿吨。此外如穆棱和东宁等地,煤炭资源也很丰富。

　　吉林省的煤田分布也很广泛,而以通化、蛟河、舒兰、辽源和延边朝鲜族自治州最著名。通化煤田在通化以东的辉河支流地区,生成于石炭二叠纪,煤质是半无烟煤和高级烟煤,粘结性也好,主要可采煤层厚达 4 米—12 米,储藏量估计达 15 亿吨。蛟河煤田以松花湖东北的蛟河为中心,南北长 40 公里,东西宽 10 公里—20 公里。煤田生成于侏罗纪,主要煤层共有 6 层,厚度为 1.5 米—6.3 米,储藏量接近 5 亿吨。辽源煤田在四平以东的辽源附近,是富于粘结性的侏罗纪烟煤,储藏量约有 3 亿吨。延边朝鲜族自治州的和龙、延吉、珲春和汪清,长春东北的九台,永吉的缸窑,临江的四道沟以及桦甸、磐石、辉南、伊通等地,也都富于煤炭资源。这些地区的煤田大多生成于侏罗纪,但也有少数生成于白垩纪(如永吉缸窑)和第三纪(如珲春关门嘴子)。

辽宁省境内的煤田主要分布在努鲁儿虎山脉的东麓,其次是千山山脉的西麓。努鲁儿虎山脉东麓最重要的煤田是阜新煤田。煤田东西长约50公里,南北宽约22公里,有煤层15层,每层厚达32米,是品质很好的侏罗纪烟煤,主要是动力用煤,储藏量达40亿吨,在东北区各煤田中储藏量汉次于鹤岗。阜新煤田西南又有侏罗纪的北票煤田和石炭二叠纪的南票煤田。北票煤田的储藏量和品质都胜于南票煤田,这里有煤层10层,煤炭的粘结性极好,储藏量在2亿吨以上。千山山脉西麓最著名的煤田是抚顺煤田,煤田滨浑河南岸,西起古城子,东到搭连,延长达17公里,南北宽约14公里。煤层厚(最厚达170米)而埋藏不深,适于露天开采,储藏量为14亿吨。抚顺煤田生成于第三纪,主要含煤带在新第三纪的上部;但由于火成岩的侵入,煤质已提高到相当好的烟煤,可供动力和炼焦配煤之用。抚顺煤田以南有本溪煤田,是石炭二叠纪产物,有煤层17层,每层平均厚度为0.6米—3米,储藏量近4亿吨。本溪煤田的煤炭是无烟煤和粘结性极强的烟煤,品质很好。本溪以东的牛心台、小市、田师付和碱厂等地和本溪以西的辽阳(烟台),石炭二叠纪煤田也有广泛的分布。辽宁境内还有不少煤田,较重要的有黑山八道壕的白垩纪煤田,锦西虹螺岘和大窑沟的石炭二叠纪煤田,赛马(千山东麓)的侏罗纪煤田等。此外,如复县的五湖嘴、法库的帮牛堡、铁岭的洪家屯和武家沟、凤城的梨树甸子以及海城、桓仁、开原等县,也都有煤田。

内蒙古自治区的东部,煤炭资源非常丰富。满洲里东南的扎赉诺尔煤田,是东北区最大的煤田之一。它分布在扎赉诺尔和察罕诺尔一带,呈东北西南向,长达40公里,宽也有28公里。煤田生成于第三纪,含煤共有9层,储藏量接近40亿吨,主要是褐煤。扎赉诺尔煤田以东,在免渡河一带,煤炭资源也很丰富。此外如莫力达瓦旗(布西)的九峰山、嫩江支流甘河流域的煤窑、赤峰的元宝山等地,也都有煤田分布。仅赤峰元宝山一处,储藏量就在4亿吨以上。

就全国范围来说,东北区的煤田地质工作是较有基础的(特别是南部),但是远不能说已经彻底查明煤田的情况了。大兴安岭处于海西宁褶皱体系,很可能形成边缘凹地,而根据边缘凹地的理论,在东北大平原上找到大规模的新煤田也是很可能的。

华北区是我国煤炭资源特别丰富的地区,其中山西一省的煤炭储藏量就达6,300亿吨,在全国各省区中居第一位。根据华北煤田地质局的资料,山西省的主要煤田有沁水、[④]大同、太原西山、宁武、霍县、[⑤]河东、五台、浑源等8处,而全省大部分地区都有巨大的煤田。山西省的煤田主要生成于石炭二叠纪,煤质为无烟煤和烟煤;其次属于

侏罗纪,煤质是烟煤和部分褐煤。总的来说,山西省煤炭资源多,分布普遍,煤质优良
而种类齐全,其中2/3可以炼焦,1/3为良好的动力用煤和民用煤,煤层较厚而又大多
接近地表,便于开采。这样优越的条件,在国内是首屈一指的。

在山西北部,最著名的是大同煤田。煤田位于大同以西的口泉一带,有石炭二叠
纪和侏罗纪两个煤系的露头。其中二叠纪煤层为厚0.4米—0.45米的薄煤层,重要
性不大。侏罗纪煤层为大同煤田的主要煤层,含煤达数十层之多。侏罗纪煤层厚而倾
角小,开采方便,储藏量达400亿吨。所产煤炭包括动力用煤、炼焦配煤和小部分主焦
煤,品质很好。大同煤田附近,在恒山北麓有藏量巨大的浑源煤田;大同以西的左云等
地,煤炭资源的蕴藏也很广泛。山西东部的煤炭资源比北部更为丰富。除了储藏量达
200亿吨(其中主焦煤有6亿吨)的太原西山煤田外,北起五台,南到石太铁路沿线,包
括阳泉和原平定、盂县⑥等地,也都是煤田集中之处。山西的南部和东南部,有沁水流
域的大煤田和长治、晋城一带的煤田。它北接阳泉,南和河南的焦作、修武相连,是华
北的一个巨大的含煤地区。山西西部的黄河沿岸,北起河曲,南到吕梁,包括兴县、临
县、离石等县,煤炭资源可和北部相当。

在内蒙古自治区南部,特别是阴山山脉南麓,煤炭资源非常丰富。这里最重要的
是石拐沟煤田,含煤岩层总厚度达900米,拥有品质优良的侏罗纪烟煤约7亿吨,其中
有相当数量是主焦煤。此外。在石炭二叠纪地层中,可采煤层厚度亦达3米以上,但
储藏量远不及侏罗纪。呼和浩特附近的柳树湾、黑牛沟、速力图以及安北和萨拉齐等
地,都蕴藏有石炭二叠纪烟煤,集宁、丰镇、兴和等县市有第三纪煤田。此外,狼山山脉
南麓地区的煤炭资源也很可观。

河北省境内最大的煤田是开滦煤田。它位于燕山山脉南麓,从唐山以东的开平
起,向东伸展到山海关附近的柳江和石门寨,中间包括了赵各庄、林西、原滦县等地。
这里的煤田生成于石炭二叠纪,含煤地层平均共厚140米,储藏量约有30亿吨。所产
煤炭为炼焦配煤和动力用煤,除了灰分和硫质稍多外,品质一般优良。在河北省境内
的太行山脉东麓,煤炭资源也很丰富,主要煤田分布在峰峰、六河沟和原井陉、临城等
地,都是石炭二叠纪产物,有品质很好的烟煤。其中峰峰附近,含有上石炭纪煤层7—
11层,二叠纪煤层1—3层,储藏量达10亿吨,主焦煤占60%以上。这些煤田的煤层
都向东继续伸展,深埋于东部大平原之下,因此随着地质勘探工作的发展,河北大平原
还可能有巨大的煤田发现。

西北区也是我国煤炭资源最丰富的地区之一,陕西省煤炭的储藏量仅次于山西
省,在全国各省区中居第二位。陕西省的煤田绝大部分生成于石炭二叠纪和侏罗纪,
品质一般都很优良。省内秦岭以北的煤炭储藏量远远大于秦岭以南,最主要的煤田分

布在渭河北岸。它东起韩城,西到陇县,包括铜川、宜君、邠县等广大地区,东西长335公里以上,南北平均宽约5公里,像一条狭长的带子横贯省境中部——这就是称为"陕西黑腰带"的渭北煤田。煤田主要生成于上石炭纪,但二叠纪、三叠纪及侏罗纪地层也都含有一定数量的煤层。这片煤田的地质构造简单,煤层稳定,便于开采,而且质量很好,部分可以炼焦,储藏量达91亿吨。陕西北部,北起长城,南到延水之间的广大地区,侏罗纪煤田分布很广,储藏量巨大。陕西南部,在渭河和秦岭之间地区,以西部凤县一带的煤田最为重要。陕西最南部的秦岭和大巴山地区,地层以变质岩为主,煤炭资源不多,但在汉水上游沔县一带的山间盆地中,小规模的煤田仍然不少。东南部雒南和商南一带也蕴藏有煤炭资源。

陕西以西的广大的西北地区,解放以前在煤田地质工作上是一个空白区。新中国成立以后,大规模和高速度展开了勘查工作,这里的丰富的煤炭资源才逐渐了解。在这个广大的地区,煤炭储藏量最多的是新疆维吾尔自治区。它的煤田主要生成于侏罗纪,属于石炭二叠纪的不多。煤质多为烟煤,其中一部分富于粘结性。最重要的煤炭蕴藏地在天山南北两麓,煤系沉积深厚,范围极广,煤层极多,延伸达数百公里。特别是天山北麓,侏罗纪煤系厚达数千米,煤层数也很多,像和布克赛尔蒙古族自治县、伊宁等地,都发现巨大的含煤盆地。著名的六道湾煤田(在乌鲁木齐附近),煤系延长50多公里,煤层最厚达40多米,是我国最大的煤田之一。因此,有些地质学家认为这个地区在构造上是由于侏罗纪时代天山回春隆起[⑦]而形成的第二度的边缘凹地。

甘肃省境内已知的煤炭资源,目前也有了很大的增加。河西走廊已发现了不少石炭二叠纪煤田,从山丹到永昌一带已发现深厚的沉积层。山丹附近的煤田是上石炭纪的产物,煤层多达15层,这些都是边缘凹地的特征。因此河西走廊在构造上可能是南山(祁连山)的边缘凹地,在这里找到更多更大的煤田,有很大的希望。目前,在兰新公路沿线的羊虎沟一带,已经发现了面积达300平方公里的大煤田,煤层总厚度为5.7米,其中有不少炼焦煤。甘肃的另一大煤田是兰州附近的阿干镇煤田,它生成于下侏罗纪,有煤层3层,最厚可达16米,拥有动力用煤50亿吨。此外,像榆中的伏家川,白银市的窑街,平凉市的安口以及徽成、武山等地,也都蕴藏有煤炭资源。其中下侏罗纪的窑街煤田可采煤层平均厚达20余米,而且埋藏不深,可以露天开采。

宁夏回族自治区也是西北重要的煤炭蕴藏地区。鄂尔多斯地台的西缘直到贺兰山脉的东坡,也可能有一个边缘凹地存在。贺兰山脉东坡的煤系厚度可达1,000米,分布范围极广,煤层数目多至10层以上,相当稳定而成层不厚,构造也较简单,这些也和边缘凹地的特征相符。这一带中的石嘴山煤田是特别著名的,那里有炼焦煤和动力用煤等,储藏量约有100亿吨。此外,平罗的汝箕沟也分布有煤田。

青海省境内煤炭资源的蕴藏和分布情况,目前了解得还不很清楚,特别是除了东北一角以外的广大的内部地区。现在仅知祁连山南麓煤田分布甚为广泛,西宁附近地区的煤炭蕴藏极为丰富。像门源的多罗和鸽子沟,大通的金鹤山,互助的五峰寺以及湟源、民和一带,都有煤田的分布,煤质以烟煤为主,包括二叠纪和白垩纪两个时代。

华东区的煤炭资源和前述各区比较,数量是不大的,而长江以南又少于长江以北。山东省是华东区煤炭资源最丰富的省份。这里最重要的煤田分布在中部丘陵及其边缘地区。淄博煤田储藏量估计有 12 亿吨以上,是全省最大的煤田。煤田分布在淄博及其附近,包括章丘、莱芜和洪山等地,并和新泰及泰安的煤田相连接。这里的煤田生成于石炭二叠纪,有煤层 17 层,是粘结性极强的烟煤,发热量 7,710 卡路里—7,900卡路里,固定炭含量 64%—68%,品质的优良在国内有很高的声誉。淄博煤田以东有潍坊煤田,包括坊子、昌乐等地,侏罗纪煤层甚为丰富。山东南部最重要的是峄县的枣庄煤田,生成于上石炭纪,共含煤 15 层,约有 4 层可以开采,煤质很好,储藏量达数亿吨。此外如临沂、莒县、郯城等地,也有煤田分布。新中国成立以来,经过大力勘探,山东境内的煤炭资源已经有了很大的增加。目前已经确定拥有新煤田的地区有滕县、官桥、济宁、肥城等,储藏量都很丰富。

安徽省境内的煤炭资源主要分布在皖北,其中最著名的是淮南煤田。这里在构造上是淮阳地盾的边缘凹地,前途很有希望。煤田分布在淮河南岸的舜耕山和八公山一带,在上石炭纪地层中含有薄煤层 11 层—14 层,但没有工业意义。主要煤层均在二叠纪地层中,有煤层 18 层,含煤岩层总厚度达 500 米—600 米,储藏量约有 100 亿吨。这里的烟煤虽然没有较好的粘结性,但仍可作炼焦的配煤,在整个淮北平原上,发现新煤田的希望还很大,目前,在宿县、濉溪、蒙城一带,已经发现了一个面积达 250 平方公里的大煤田,煤层有 8 层—9 层,最厚达 7 米,储藏量估计为 20 多亿吨,煤质也很好。皖南的煤田比较零星,多为二叠纪的产物,主要分布在广德、宁国、宣城和泾县一带。

江苏省境内的煤炭资源绝大部分蕴藏在苏北。新中国成立以前,只有属于石炭纪的贾汪煤田比较著名,它生成于石炭二叠纪,共含煤 14 层。新中国成立以后,经过了详细的勘探,发现在冲积掩盖下的徐州外围,煤炭资源非常丰富,整个含煤区的范围极广,储藏量约在 100 亿吨以上。目前已经查明的有徐州东部的大黄山、潘家庵、青山泉等地,可以采掘的煤炭储藏量即达 42,000 万吨;西部九里山一带,蕴藏也很丰富。在煤炭资源较少的华东地区,徐州大煤田的发现具有十分重大的经济意义。苏南的煤炭资源目前发现的还不多,在南京附近和龙潭一带有少量的蕴藏。

江西省境内的主要煤田之一是萍乡煤田。萍乡煤田大部分是在下侏罗纪沉积而成,但它的下部已是上三叠纪的产物。煤田含煤达 10 层以上,约有 3 层可供开采。所产为烟煤,粘结性很好,储藏量约有数亿吨。新中国成立以后,赣西地区从丰城起直到湖南醴陵,已发现了煤田 19 处,其中宜春与醴陵之间的 13 处煤田,储藏量即达 9 亿吨。赣江流域也有不少规模较小的煤田,以吉安的天河煤田比较著名。赣东的主要煤田是鄱阳湖以东的乐平煤田,煤层遍及乐平、余干、万年、波阳、浮梁各县,二叠纪烟煤的蕴藏极为丰富。这是一种性质比较特殊的残留煤,不具粘结性,挥发分和焦油含量特多,地质学上称为"乐平煤"。此外,在横峰、上饶和玉山一带,也蕴藏有煤炭资源。

浙江省的煤炭资源,按目前的材料,比华东区上述各省少。二叠纪煤田断续地分布在长兴、江山、开化一带,以长兴的蕴藏量最为丰富,但主要的可采煤层仅有一层,平均厚度为 3.8 米。侏罗纪煤田分布在江山、常山、兰溪一带,储藏量不及二叠纪煤田。按照地质构造,浙江虽不可能有华北那样的大煤田,但规模较小的煤田今后还可能继续发现。目前正在加紧勘探中。

福建省的情况和浙江省相似,煤炭资源不及华东其他省份丰富。省境北部的煤田分布在邵武、建瓯和崇安一带,南部则以龙岩、永定一带为中心,包括漳平、安溪、德化、连城等地区。在龙岩境内发现的一片新煤田,估计储藏量达 3 亿吨。和浙江一样,福建的煤田主要是二叠纪和侏罗纪两个时代的产物,无烟煤占了很大的比重。

台湾的煤炭资源集中在北部从基隆到新竹的地带,是第三纪时生成的烟煤,其中一部分富于黏结性。根据过去的资料,台湾全岛拥有煤炭储藏量 4 亿吨以上。

华中区的各省,煤炭资源以河南省最丰富。在黄河以北,煤田主要分布在太行山脉的东麓和南麓,主要是鹤壁集和焦作,此外如林县、博爱、济源等县,也富于煤炭资源。这一带的煤田生成于石炭二叠纪。鹤壁集煤田含煤 14 层,有 3 层可以开采,是粘结性颇好的烟煤。焦作煤田含煤亦达 10 层以上,约有 2 层可以开采,煤层的最大厚度达 11.7 米,蕴藏着大量优质无烟煤。这里的煤田向东延伸,深埋于大平原之下,在汲县和辉县等地,都已有煤层发现。黄河以南的煤炭蕴藏量更丰富。洛阳以西,石炭二叠纪和二叠纪煤田分布甚广,包括洛阳和宜阳之间的宜洛煤田,陕县的观音堂煤田等。在嵩山和伏牛山的东侧,北起密县,向南伸展经禹县、宝丰而达叶县,就是号称"中原煤海"的豫中煤。仅仅在以叶县平顶山为中心的附近地区,面积达 1,000 平方公里,储藏量即达 150 亿吨,而且煤炭的品种齐全,质量极好,价值很大。这个地区在构造上属于秦岭和淮阳地质的边缘凹地,而从煤田的实际情况看,这里的煤系深厚而煤层甚多,和边缘凹地的特点也极符合,所以前途甚为远大。而且由于在构造上和安徽的淮南煤田有许多相同的特点,二者很可能隔黄泛平原彼此相连,所以豫东、皖北还有发现大规模新煤田的巨大的可能性。

湖北省的煤炭资源在中南区各省中最少。大概东部以大冶为主,阳新、黄冈一带也有分布;西部则分布在巴东、秭归、宜都和长阳一带。煤田生成于石炭纪、三叠纪和侏罗纪三个时期,煤质以烟煤为主,但也有不少无烟煤。

湖南省的煤炭资源在我国南部省份中是比较丰富的,并且有大量的无烟煤。省内煤田分布甚广,东部有醴陵一带的煤田,湘江沿岸有湘潭一带的煤田,资水流域则有安化煤田和邵阳煤田。近年来,在南部的耒阳、永兴、郴县、宜章一带,发现了一处面积达300平方公里的大煤田,煤层平均厚3米,距地表不深,煤质好而储藏量多。这样大片的煤田,在江南还是很少见的。

华南区的煤炭资源目前比其他各区少。广东省的煤田主要分布在北江上游,以曲江、仁化、乐昌、乳源等地较丰富,西北的连阳各族自治县也有分布,多数是侏罗纪的产物,其中无烟煤占了很大的比重,在西南部两阳县境内,近来又发现了一片主焦煤田。

广西壮族自治区的煤炭资源比广东丰富。煤田主要分布在北部和中部,以宜山、来宾等地最多。这里的煤田大多数是二叠纪和侏罗纪的产物,以烟煤为主,但也有少量第三纪褐煤。

西南区在过去也被认为是缺乏煤炭资源的地区,但新中国成立后经过不断的勘探,发现了许多新煤田,证明这里的煤炭资源非常丰富,约占黄河以南各省煤炭总储藏量的一半以上。四川省是西南区煤炭储藏量很多的一省,全省是一个完整的盆地,盆地周围和内部的背斜山脉和穹隆构造突起的地方,都有煤系的露头。大概在南部,二叠纪和侏罗纪煤系互见,盆地内部则以侏罗纪为主。全省按分布约可分为3个含煤带:重庆到奉节之间称为巴含煤带,煤田分布于重庆、綦江、北碚等地,有北碚的天府煤田和重庆东南的中梁山煤田等,后者比前者更为丰富。第二处是西部的蜀含煤带,分布在成都附近的彭县、灌县一带,侏罗纪烟煤蕴藏很丰富。这里在构造上属于龙门山的边缘凹地,很有发展前途。第三处是岷、沱二江下游含煤带,煤田分布在隆昌、犍为、屏山等地,也是侏罗纪的产物。隆昌以东的永川,最近也发现了储藏量很大的新煤田。

贵州省境内的煤炭资源分布得相当广泛,是西南区煤炭资源最丰富的一省,估计600米深度的煤炭储藏量约占全国的6.2%。省内西部有威宁煤田,北部有南桐煤田(在桐梓),中部的贵阳附近和南部的都匀、独山一带,也都有煤田分布。新中国成立以后,在西部安顺以西、盘县以东的地区又发现了一个煤种齐全、蕴藏丰富的大含煤区,煤层厚达6米—10米,储藏量估计达180亿吨,其中有许多炼焦煤。贵州省的煤田生成于石炭纪和二叠纪,主要是烟煤,但也有不少无烟煤。

云南省的煤田主要分布在内昆线沿线,包括彝良、曲靖等地,此外,昆明以东的宜良和以南的开远,煤炭资源也相当丰富。金沙江附近的永仁,最近又发现了储藏量不小的新煤田。云南的煤田生成于石炭纪、二叠纪和三叠纪3个时期,此外还有相当数量的第三纪褐煤。云南省的煤炭资源在西南区仅次于贵州省,估计600米深度的煤炭储藏量约占全国的4.7%。

西藏和昌都地区的煤炭资源还正在逐步勘查中。不过根据目前已知的材料,昌都地区二叠纪煤层露头的厚度有1.8米,西藏的雅鲁藏布江谷地、藏北高原西北部和新疆交界的地区,煤炭资源的蕴藏也都相当广泛,因此这个地区的煤炭资源也将是很丰富的。

欧亚其他社会主义国家

苏联和中国以外的欧亚各社会主义国家,煤炭资源也相当丰富。在欧洲,社会主义各国的石煤储藏总量接近1,000亿吨,此外还有丰富的褐煤资源,而且储藏量超过石煤,约有1,100多亿吨,虽然各国的煤炭资源并不十分平衡,有些国家特别丰富(如波兰),有些国家则比较贫乏(如罗马尼亚),但是这些国家互相毗邻,自然资源彼此调剂、互相支援很便利。此外,煤炭资源不够丰富的社会主义国家,如罗马尼亚和阿尔巴尼亚等,都拥有另一种重要的燃料资源——石油,所以使得欧洲社会主义国家燃料资源更加丰富多样,为各国的社会主义建设准备了更有利的条件。亚洲的社会主义各国也拥有丰富的煤炭资源,而且煤炭的品质都很好。随着地质勘探工作的继续进行,这些国家的煤炭资源今后还将大大增加。

在所有这些国家中,煤炭资源最丰富的是波兰。从储藏量来看,深度在1,000米以下的煤炭储藏量为820亿吨,深度在1,800米以下的更远远超过此数。此外,波兰还富于褐煤资源,估计储藏量达400亿吨。因此,波兰的全部煤炭资源当在1,200亿吨以上,居社会主义阵营各国的第三位(次于苏联和中国)。

波兰最重要的煤田是上西里西亚煤田,煤田包括上西里西亚、栋布罗伐—古尔尼恰、克拉科夫和杰琴斯克四区,在构造上属于典型的边缘凹地。煤田的总轮廓呈三角形,顶点靠近塔尔诺夫斯克—古拉城,底边为克拉科夫到哲申的直线,总面积达5,400平方公里,其中82.5%的面积在波兰境内,其余属于捷克斯洛伐克。煤田生成于上石炭纪,可以采掘的煤层达141层。西部的煤层甚厚,而且富于粘结性;向东逐渐减薄,煤炭的粘结性也降低。

另外一处大煤田是下西里西亚煤田,在构造上也是边缘凹地,分布在苏台德山脉北麓的伐乌布白伊赫地区,是石炭纪时期的产物。煤田的可采煤层有30层,虽然煤层的厚度和储藏量不如上西里西亚煤田,但品质更优良。这里的煤炭发热量特别高,而且大部分是富于粘结性的炼焦煤。上西里西亚和下西里西亚两处煤田的石煤储藏量

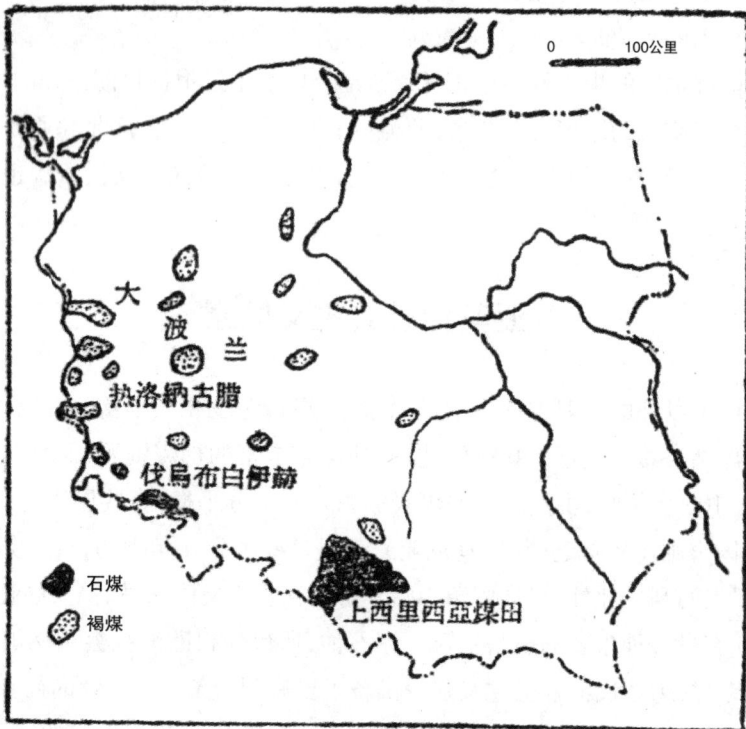

波兰的煤炭资源分布图

共达 700 亿吨(其中下西里西亚煤田的储藏量为 30 亿吨),约占波兰全国石煤储藏量的 7/8。

波兰第三纪褐煤的分布比石煤普遍,特别是在西部的大波兰[①]地区。此外,整个西部地区,北起波罗的海沿岸,南到苏台德山脉北麓,也都有褐煤蕴藏。褐煤煤田的煤层平均厚度为 2 米,有时可达 6 米,其中托维尔才和加明诺阿一带的褐煤,以品质优良而著名。

捷克斯洛伐克境内的煤炭资源和波兰有密切关系,以捷、波交界处的沃斯特腊伐为中心的上西里西亚·摩拉维亚煤田(或称沃斯特腊伐—卡尔维纳煤田),就是波兰上西里西亚煤田延续的部分。煤田面积约占整个上西里西亚煤田的 17.5%,是捷克斯洛伐克最重要的煤田。这片煤田的煤质优良,灰分低,发热量达 7,000 卡路里,其中有很大部分是富于粘结性的炼焦煤。

布拉格以西的克拉德诺煤田,是捷克斯洛伐克的第二大煤田。这里的煤炭有很高的发热量,但粘结性不大,可作为炼焦的配煤。此外,波兰的下西里西亚煤田也有一部分伸展在捷克斯洛伐克境内,称为查茨列尔什煤田。在埃尔次山脉南麓的霍木托夫,

捷克斯洛伐克的煤炭资源分布图

比尔森附近的尼尔查尼和摩拉维亚丘陵以南的罗西泽(在布尔诺附近)等地,也都有煤炭资源。此外,在埃尔次山脉以南的许多小盆地中和西南部的波希米亚林山地区,还有大量的褐煤。

捷克斯洛伐克煤田的生成年代非常复杂,从石炭纪、二叠纪、侏罗纪、白垩纪直到第三纪。石煤储藏量为60亿吨—70亿吨,如果把埋藏在深处(1,000米—1,200米以至1,800米)的也计算在内,则可达130亿吨,褐煤的储藏量约为130亿吨。因此,捷克斯洛伐克的煤炭总储藏量当在200亿吨以上。

德意志民主共和国煤炭资源的重要特点是有巨量的褐煤,储藏量约有500多亿吨。主要的褐煤煤田分布在3个地区。第一处是易北河上游及其支流扎阿列河之间的地区,哈勒和来比锡两城周围蕴藏量特别丰富,约达200亿吨,其中有70亿吨接近地表,煤层厚达6米—10米,可以露天开采。第二处褐煤煤田分布在施普累河上游左岸的劳希茨区,施普累河流域的褐煤储藏量约为250亿吨。第三处在劳希茨以北的奥德河左岸,储藏量约有100亿吨,但埋藏较深,开采比较困难。

德意志民主共和国境内的石煤,在萨克森南部的兹维考和法里特尔等地有少量分布(属于上石炭纪和二叠纪),储藏量约为2亿吨。

欧洲的其他社会主义国家,包括匈牙利、罗马尼亚、保加利亚和阿尔巴尼亚,煤炭资源大部分都是褐煤。匈牙利的主要煤田分布在西南部的梅切克山区(在贝奇城附近),这是生成于侏罗纪的烟煤,在全国各煤田中品质最好。此外,东北部的玛特拉山地(喀尔巴阡山的尾间)和肖约河谷(提索河支流)的密什科尔次附近,北部的肖耳果

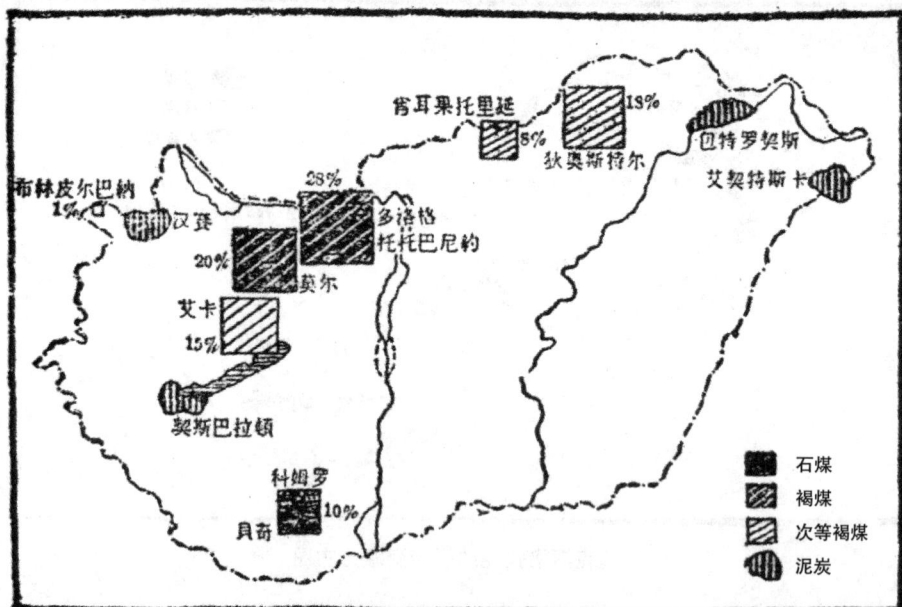

匈牙利的煤炭资源和煤炭工业分布图

托里延、布达佩斯西北的多洛格和以西的托托巴尼约、莫尔等地,都有褐煤。匈牙利的石煤储藏量为 3 亿余吨,但褐煤储藏量却有 15 亿吨。

罗马尼亚的石煤主要分布在巴纳特山脉地区(阿尼那、多曼、塞库尔等地),是烟煤,可以炼焦,但储藏量不到 3,000 万吨。罗马尼亚的褐煤资源相当丰富。佩特罗沙尼盆地是最重要的褐煤储藏区,包括胡内杜瓦腊州的卢培尼、培特拉里、佛尔坎和罗尼亚等地,储藏量在 15 亿吨以上,而且质量很好。此外在科马内什盆地(巴克乌州)和阿尔马什盆地(克罗什州)也有褐煤,但数量较少。另一个褐煤蕴藏区分布在下喀尔巴阡山区南部的各盆地,包括卡尔布内什蒂、戈德尼、奥扎斯卡等地,已知储藏量在 16 亿吨以上。

保加利亚最重要的石煤田在中部斯塔普兰尼那山脉(巴尔干山脉)地区,即登萨河上游的加布罗伏城附近,主要是烟煤,但也有少量无烟煤。此外在山脉西段的斯夫格附近,也有石煤。褐煤的最大蕴藏地是西部的斯特鲁马河流域,特别是上游的季米持洛夫城附近。这里品质较好的褐煤已经接近于次烟煤。此外,马里乍河流域的季米特洛夫格勒、罗多彼山脉西段以北的波波佛多和黑海沿岸的布格斯一带等地,也都有褐煤分布。保加利亚的石煤储藏量有 3 亿吨,褐煤储藏量却超过 35 亿吨。

阿尔巴尼亚的煤炭资源不多,目前已发现的还只有少量的褐煤。这些褐煤田大概分布在 3 个地区:一处是首都地拉那的东南部,包括布利斯卡和卡拉巴等地;一处在国境南部维约萨河流域的麦玛利亚附近;另一处在国境东南部的科尔恰以南的地区。但储藏量都不很大。

　　中国以外的亚洲各社会主义国家的煤炭资源也都很丰富。朝鲜民主主义人民共和国(包括韩国),共有煤炭约24亿吨。其中2/3分布在北部。朝鲜煤田生成于二叠纪、中生代和第三纪,特别富于无烟煤(占总储藏量的3/4以上),其次则是褐煤,烟煤较少。全国最重要的煤田之一是平壤煤田,这里蕴藏着二叠纪的无烟煤达3亿吨。在平安南道偏北的地区,如价川、苏民、德川、孟山等地,煤炭资源也很丰富,储藏量达49,100万吨。东部沿海的文川和龙潭地区(在元山附近),煤炭的储藏量也达12,500万吨。由于侏罗纪末期以来,朝鲜半岛发生了被称为"大宝运动"的剧烈地壳变动,褶皱、断层和火山活动频繁,因此,无烟煤层多被压碎而转入褶皱或断层的空隙之间,所以朝鲜的无烟煤以粉状煤为主。朝鲜境内的褐煤主要分布在图们江流域,储藏量约为37,300万吨。

　　朝鲜南部最大的煤田是东部沿海的三陟煤田,储藏量约为37,400万吨。

　　蒙古人民共和国煤炭资源的分布颇为普通,但储藏量的详细情况还不完全清楚。目前最著名的是首都乌兰巴托东南35公里的纳来哈煤田,拥有相当丰富的中生代烟煤。此外,南部的上古生代和中生代地层中煤炭也不少。而肯特、乔巴山、东戈壁、科布多、乌布苏等省内,也都有煤田。

　　越南民主共和国是东南亚煤炭资源最丰富的国家,全部煤田几乎都分布在北部,

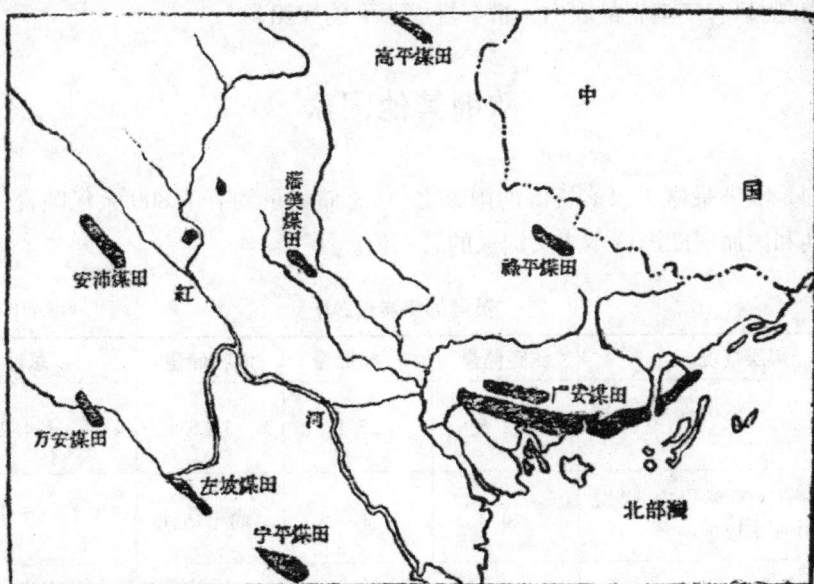

越南的主要煤田分布图

即越南民主共和国境内。越南的煤田绝大部分属于侏罗纪,只有少数生成于第三纪,煤炭绝大部分是品质优良的无烟煤,烟煤和褐煤不多,烟煤中富于粘结性的炼焦煤也不多。

越南最大的煤田是北部广安县境内的广安煤田(按照这个煤田的输出港的名称,它又称为鸿基煤田)。这里蕴藏着侏罗纪的优良的无烟煤,煤层呈水平掩覆,而且非常接近地面,适宜于露天开采。此外,广安县境内的别巧(Bicho)、旦巴(Tambour)、普林旦(Pintemps)、万安(Van Yen)、台登(Dai Dan),以及鸿基到海防一线沿海的许多岛屿,比较著名的如丐保岛(葫芦岛)和盖达(Cai Da)等,都有无烟煤。广安县和海阳县之间,还有同泰煤田。和中国接壤的同登一带也有煤田分布,主要的有同登煤田和它以南的安定煤田,也都是无烟煤。广安县以西的海阳县,煤田占据着广大的面积;像马基(Mao Khe')、西基(Se'guy)、凯德(Clairette)等地,无烟煤的蕴藏都相当丰富。河内以北的太原县有藩美煤田,是越南主要的富于粘结性的烟煤蕴藏地。此外,河内以南的宁平县内也有烟煤煤田,河内西北的宣光县有第三纪褐煤,高平县也有褐煤资源。

越南煤炭的储藏量,各方面的资料出入很大。根据1913年国际地质学会第十二届会议的估计,广安县及其附近地区的煤炭储藏量约为200亿吨,越南其他地区的煤炭储藏量则仅有250万吨。根据较新较可靠的材料,全国储藏量估计为200亿吨,其中广元煤田拥有无烟煤100亿吨。今后,随着越南民主共和国地质勘探工作的发展,越南的丰富的煤炭资源情况将会得到全面和详细的了解,并且提供确实的资料。

在南越,只有广南省的农山一带有规模不大的煤田。

欧洲其他国家

英国是欧洲最富于煤炭资源的国家之一,总储藏量约有1,800余亿吨,次于德意志联邦共和国而居欧洲资本主义国家的第二位。

英国的煤炭资源　　　　　　　　(单位:10亿吨)

煤层情况	测定储量	可能储量	潜在储量	总计
1,200米以内,煤层厚度在30厘米以上…………	132.5	25.1	17.3	174.9
1,200米—1,600米以内,煤层厚度在60厘米以上…	6.2	1.7	尚未估计	7.9
总　计…………	138.7	26.8	17.3	182.8

英国的煤炭几乎全部是石炭纪的产物,质量一般很好,全部储藏量的94%是烟煤,另外6%是无烟煤。按地理分布来说,英国的煤田大致可以分成南部、中部和北部三部分,其中储藏量最大的是中部。

在南部各煤田中,最重要的是南威尔士煤田,煤田生成于中石炭纪,面积达2,377平方公里,储藏量约有377亿吨。它沿着布里斯特耳海峡分布,约有80个煤层及煤夹层,其中厚度达0.3米—3.36米的可采煤层有20层—40层。煤田东西两部的煤炭质量有显著差异,西部是无烟煤,东部是烟煤(瓦斯煤和动力煤)。此外,南部英格兰的较大煤田还有索摩斯煤田和东肯特煤田,储藏量都不大。东肯特煤田是英国煤田分布的最南界限。

中部煤田包括密特兰煤田、北威尔士煤田、南兰开厦煤田、北斯塔福特煤田等,其中最大的是西列庭—诺廷厄姆—达比煤田。西列庭—诺廷厄姆—达比煤田位于奔宁山脉东侧,包括约克厦南部(即西列庭地区)、诺廷厄姆厦和达比厦等地,面积达5,532平方公里。这里的煤炭主要是石炭纪烟煤,储藏量约为560亿吨。煤田的可采煤层约15层,西部埋藏甚浅,东部则为深藏煤层。西列庭—诺廷厄姆—达比煤田和南兰开厦煤田是整片相连的石炭纪沉积,由于石炭纪以后的造山运动,煤田发生褶皱,背斜层(即奔宁山)的煤炭在漫长的地质年代中侵蚀殆尽。今天约克厦和兰开厦的煤田就在两翼的向斜层中,所以两处煤田在构造上几乎是完全对称的。

英国北部的各煤田主要分布在北海沿岸的东北英格兰地区、福思湾与克来德湾之间的中央苏格兰低地。此外,在爱尔兰海沿岸的康布里安厦地区,也有少量的分布。特别著名的是东北英格兰的杜尔厄姆—诺桑勃兰煤田,分布在杜尔厄姆厦和诺桑勃兰厦境内,陆上的面积达1,760平方公里,另有286平方公里延伸至北海海底,储藏量约为135亿吨。煤田中有厚度在0.3米—1.8米之间的可采煤层24层,但埋藏情况和质量并不完全一致:西部埋藏甚浅,东部埋藏甚深;北部拥有巨量优质炼焦煤,南部则多为瓦斯煤。另一处重要煤田分布在苏格兰中央低地,包括菲夫—斯特林煤田、兰奈克煤田和爱尔煤田3处。菲夫—斯特林煤田在福思河口南北两岸,兰奈克煤田在兰奈克厦的格拉斯哥及其附近地区,爱尔煤田在爱尔厦的北部。这些煤田都生成于石炭纪,3处煤田的总面积达2,400平方公里,煤炭的总储藏量约有231亿吨。一般都埋藏较浅,但质量较差,只有一小部分适宜于炼焦,其余多为动力用煤。

英国以西的爱尔兰共和国缺乏煤田,只有东南部巴罗河流域的林斯特地区有几处零星的小煤田,是下石炭纪和上石炭纪的烟煤,储藏量约为30亿吨。此外,爱尔兰境内还有颇为丰富的泥炭,也是一项重要的燃料资源。

欧洲资本主义国家中煤炭资源最丰富的是德意志联邦共和国(以下简称西德)。

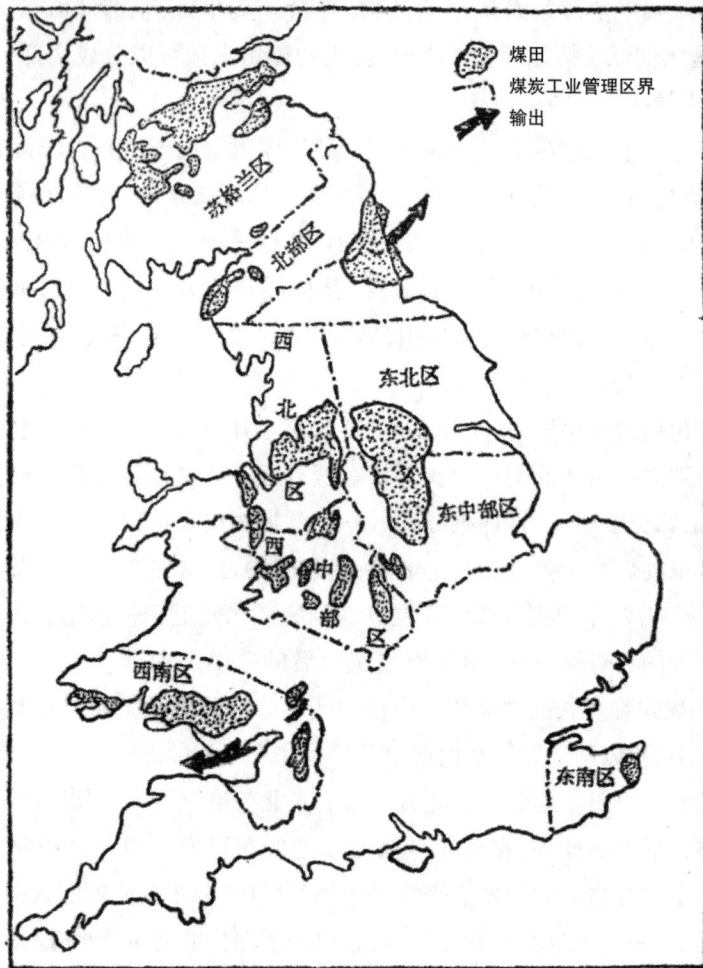

英国的煤田和煤炭工业管理区

西德的石煤储藏量约有 2,400 亿吨,并且还有相当数量的褐煤。按照石煤的储藏量来说,西德居于资本主义世界的第三位(次于美国和加拿大)。

西德最重要的煤田是下来因—维斯特法伦煤田(即鲁尔煤田)。煤田分布在来因河支流鲁尔河沿岸,东西延伸 100 余公里,南北将达 50 公里,面积达 4,500 平方公里。从煤田地质构造说,这是海西宁造山运动中形成的典型的边缘凹地,因此储藏量非常丰富,共有煤层及煤夹层 136 层,其中平均厚度在 0.5 米—1 米的可采煤层也有 112 层,总储藏量达 2,140 亿吨,占西德煤炭储藏量的 5/6 以上。深度在 1,200 米以内的测定储量,也达 400 亿吨。鲁尔煤田生成于中石炭纪,其中品质好的烟煤和瓦斯煤占 70%,有很好的炼焦性;长烟煤和其他粘结性不好的煤炭占 30%。整个鲁尔煤田大体上可分南北两部分,北部埋藏甚深,煤系仅靠钻探而发现;南部埋藏甚浅,是目前的主要产地。

鲁尔煤田附近,在来因河西岸地区的德、比两国交界处,还有面积不大的阿亨煤田。阿亨煤田是比利时煤田向东延伸的部分,也是石炭纪的产物。煤田构造属于褶皱盆地型,但断层作用也很剧烈,增加了采掘的困难,煤田共有 45 个煤层,总厚度为26.5 米,其中可采煤层的厚度在 0.41 米—1.4 米之间。煤炭的品质很不一致,甚至同一煤层中也有颇大的差异,大体上主要是粘结性不好的烟煤,并有若干无烟煤。

西德的第二处重要煤田是萨尔煤田,位于西德西南部来因河支流摩泽尔河上游的萨尔河流域,在构造上是一片内陆洼地,和法国的洛林地区毗邻。煤田生成于石炭纪,面积达 600 平方公里,在 2,000 米深度以内的储藏量约为 165 亿吨。煤炭的品质一般还算良好,但其中有一部分是褐煤。萨尔煤田虽然在储藏量和品质等方面都远远比不上鲁尔煤田,但是由于位置接近世界大铁矿之一的洛林铁矿,工业价值很大。

西德、法、比、荷各国的主要煤田分布图

德国是特别富于褐煤的国家,不过主要的蕴藏区都在民主德国境内。西德只有在来因河下游的科隆地区和南部巴伐利亚林山有较多的蕴藏,大致都是浅薄的第三纪沉积。

法国是欧洲资本主义各大国中煤炭资源很少的国家。在 1937 年国际地质学会第十七届会议中,法国的石煤储藏量被估计为 100 亿吨,另外还有 100 亿吨左右的褐煤。炼焦煤只占法国石煤总储藏量的 20%—22%。

全国主要的煤田都在北部,阿登地块以北有诺桑煤田,它是比利时松布尔河谷地煤田的延续部分,主要分布在伐仑西恩以西的地区。此外,接近西北沿海的霍廷汉一带也有若干煤田。北部的煤田都生成于石炭纪,是法国最重要的烟煤蕴藏区。东北部的洛林煤田(摩泽尔煤田)位于来因河支流摩泽尔河以东的法、德两国交界处,是西德萨尔煤田的延续部分,也是生成于石炭纪的烟煤。以上两处煤田,估计要占法国煤炭总储藏量的80%。另外一些较小的煤田分布在中央高地的周围,比较重要的有高地东北的勒克勒佐—勃朗才煤田(在勒克勒佐的南部和北部)和较南的卢瓦尔煤田(在卢瓦尔河上游的圣太田附近)。卢瓦尔煤田以南的倍西奇斯和坦马列斯之间,有阿拉斯煤田。中央高地西缘的奥佛尼山脉沿线,从北到南也有不少小煤田,例如蒙德鲁康以南的康曼脱莱煤田及南部德喀几微和卡麦克斯一带的煤田等。法国的煤田大部分经过强烈的褶皱,煤层极不规则,增加了采掘的困难。第三纪褐煤分布较广,在巴黎附近以及国境南部和东南部都有较多的蕴藏。蕴藏最丰富的是在地中海沿岸,尤其是马赛附近的福肥盆地。

在西欧各资本主义小国中,比利时的煤炭资源比较丰富。主要的煤田有3处。第一处是和法国诺桑煤田相连的纳缪尔煤田,它绵延于松布尔河谷地的蒙斯、沙勒尔瓦和列日之间。煤层薄而埋藏深,褶皱剧烈,构造颇为复杂。第二处是马斯河沿岸的狄农煤田,范围很小,储藏量不大。第三处是储藏量最大的北部坎屏煤田,位于哈塞耳特和基尔一带。不过煤层埋藏很深,确实情况尚未勘探清楚。比利时的各煤田都生成于石炭纪,并且都是品质较好的烟煤,储藏量约为110亿吨。

比利时以北的荷兰,煤炭资源很少,只有在东南部和比利时列日地区毗邻的林堡省有属于石炭纪的小规模煤田,质量颇好,但储藏量只有40亿吨。不过到目前为止,荷兰的其他各省也都发现了煤炭资源。全国的煤炭总储藏量约可到达50亿吨。此外,国境东部和北部还有若干泥炭分布。

比利时东南的小国卢森堡,有丰富的铁矿,但是煤炭资源很缺乏,国内所需的煤炭全部要从鲁尔区和比利时运来。

中欧阿尔卑斯山地区的两个小国,即瑞士和奥地利,煤炭资源也很缺乏,特别是瑞士。虽然阿尔卑斯山北麓的莫那斯地区在构造上也属于边缘凹地,但这里的第三纪沉积中仅有极少量介于褐煤和烟煤之间的劣质煤炭,没有工业意义。因此瑞士几乎完全没有煤炭资源。奥地利境内有零星的小煤田,以南部格拉次盆地和克拉根富特盆地最重要。根据1950年的资料,奥地利的石煤储藏量只有400万吨(测定储量),而可能储量也不过800万吨。褐煤的蕴藏比石煤丰富得多,估计约有30亿吨,但其中测定储量只有6亿吨。

北欧各资本主义国家几乎都缺乏煤炭资源。在丹麦,只有波罗的海中的博恩霍尔姆岛和日德兰半岛西部的相当深处有不多的褐煤,另外还有占面积约5万公顷的泥炭分布在日德兰半岛上。芬兰虽然拥有相当丰富的泥炭资源,但石煤和褐煤却是缺乏的。瑞典的煤炭资源也很贫乏,只有在南端斯坎平原区有规模不大的煤田,储藏量不过2亿吨。挪威本国也没有煤田,但在它的北冰洋属地斯瓦尔巴特群岛(斯匹次培根群岛)和熊岛,却有较大的煤田分布。特别是斯瓦尔巴特群岛,蕴藏相当丰富。群岛上的煤田分布在朗伊尔谷、爱特芬德湾及帝王湾等地。从泥盆纪最上部起,包括石炭纪、中生代和第三纪地层中,都有煤炭的蕴藏,储藏量可达数十亿吨。北欧的另一个国家是孤悬海外的冰岛,那里也很缺乏煤炭资源,直到目前,还仅仅发现了若干不大的褐煤煤田。

在南欧各资本主义国家中,煤炭资源以西班牙最为丰富。西班牙的煤田主要在西北部,以阿斯土里亚斯山脉北坡的奥维耶多省储藏量最丰富。坎塔布连山脉南坡的累翁和巴棱西亚两省,也有许多零星的小煤田。这两处煤田的储藏量,估计约超过全国总储藏量的一半。此外,在东部地中海沿岸地区,还有若干褐煤煤田。西班牙的煤炭储藏量约为88亿吨,其中包括褐煤10亿吨、西班牙的煤田生成于侏罗纪和白垩纪,质量一般不高。褐煤则是第三纪的沉积。

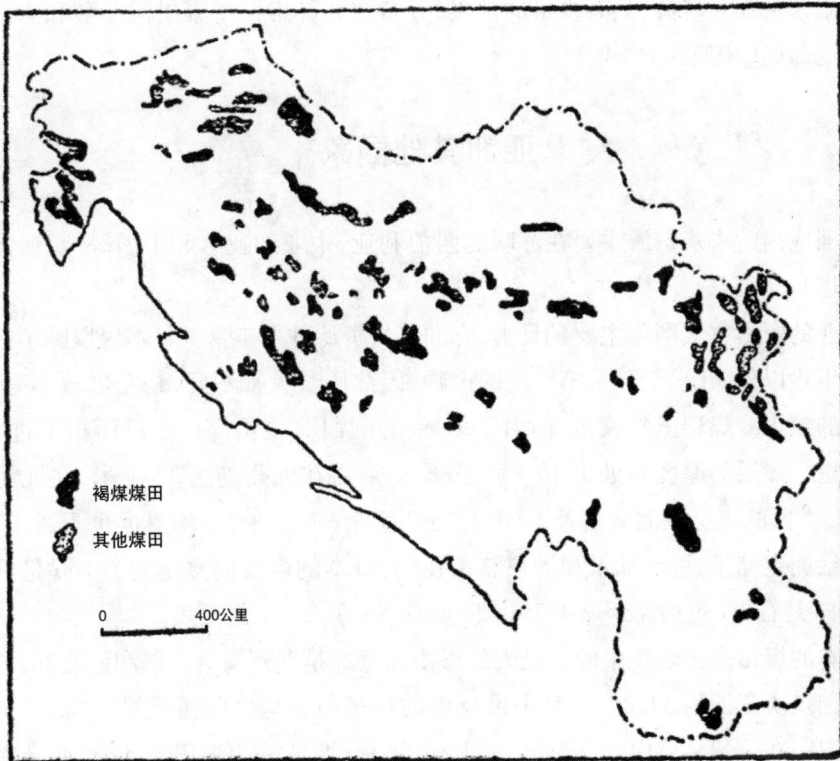

南斯拉夫的煤炭资源分布图

　　葡萄牙的煤炭资源很少,数量不大的石煤分布在杜罗河下游的波尔图附近,褐煤分布在蒙得古河下游的菲基拉及其以南的累里亚等地。和西班牙一样,葡萄牙的煤田也是中生代和第三纪的产物。

　　南欧的资本主义大国意大利,是一个非常缺乏煤炭资源的国家。在北部伦巴迪亚平原和阿尔卑斯山区,有规模不大的煤田,都灵以北的拉—突伊利地区,有少量无烟煤分布。此外,亚平宁半岛西北的托斯卡那地区,包括里波拉和格罗塞托等地,有较多的第三纪褐煤;在撒丁岛西南的苏利青斯一带,还有数量不大的烟煤。各种煤炭的总储藏量,估计还不到 3 亿吨。

　　巴尔干半岛的两个国家,即南斯拉夫和希腊,煤炭资源以南斯拉夫最为丰富,它也是南欧最富于煤炭资源的国家。如果把它国内的石煤、褐煤和泥炭都计算在内,储藏量可达 220 亿吨。但其中石煤只有 8,800 万吨(测定储量更低,只有 1,900 万吨)。褐煤也不过 188,330 万吨,其余都是价值很低的泥炭。南斯拉夫的石煤几乎全部集中在莫腊伐河中游,以拉然为中心。褐煤的分布较广,主要在塞尔维亚东南部、波斯尼亚—黑塞哥维那和克罗地亚等地。

　　希腊缺乏煤炭资源,只有少量的褐煤,分布在北部维斯持察里河上游和东南沿海的埃维厄岛(优比亚岛)中部。

亚洲其他国家

　　亚洲境内的煤炭资源主要在苏联的西伯利亚、中亚细亚等和中国等地,亚洲其他地区的煤炭储藏量是不大的。

　　东亚的资本主义国家主要是日本,它的煤炭资源并不丰富。日本煤田除了极少数属于中生代以外,几乎全部是第三纪的产物,因此质量大都不好,是发热量不高、没有粘结性的烟煤。煤田虽然较多,但由于多数是小煤田,全国煤田的总面积不过 1,785 平方公里。煤层的厚度各处也不一致,最厚的煤层在九州岛为 11.1 米,在北海道为 51.5 米,最薄的煤层在北海道及本州,只有 0.5 米—0.6 米,平均厚度也不过 1 米—4 米。包括测定储量、可能储量和潜在储量在内,日本的煤炭储藏量约为 166 亿吨。其中 97.1% 是石煤(包括无烟煤 4.3%,烟煤 92.8%),2.9% 是褐煤。

　　日本的煤田是比较集中的。最大的煤炭储藏地是九州岛的北部和西北部,这里集中了全国煤炭资源的 37.8%。其中最重要的是福冈县境内的筑手煤田,它是全国最大的煤田。在佐贺县境内则有唐津、三池、佐世保、西彼杵等煤田。此外,西部沿海各岛屿如松岛、高岛、端岛、天草岛等地,也都有煤田。

日本的煤炭资源　　　　　　　　　　　　　　　　（单位:千吨）

类　别	测定储量	可能储量	潜在储量	总　计	百分比%
无烟煤	454,745	131,944	132,093	718,782	4.3
烟　煤	5,349,905	3,780,975	6,278,211	15,409,091	92.8
褐　煤	65,765	132,582	275,113	473,460	2.9
总　计	5,870,415	4,045,501	6,685,417	16,691,333	100.0

　　北海道是日本另一个重要含煤区,这里煤炭分布很广,储藏量约占全国的49.4%,其中以中部偏西地区的石狩煤田为最大。此外,在岛的东南部还有钏路煤田和十胜褐煤田等。

　　本州岛岛上的煤田最为零星琐碎,只占全国煤炭资源的12.8%。其中以东部太平洋沿岸福岛和茨城两县间的常磐煤田为最重要。南部和九州岛隔海相望的山口县境内,有大岭煤田和宇部煤田。此外,沿太平洋的岐阜县和靠日本海的新潟县境内,也有零星的小煤田。

　　在东南亚除了社会主义阵营的越南民主共和国,其他各国的煤炭资源是并不丰富的。

缅甸的煤炭资源

地区	储藏量（万吨）
北珊邦…………	100
上亲敦…………	21,000
瑞　波…………	16
丹　荖…………	4,956.1
总　计…………	26,071.1

　　中印半岛各国中,煤炭资源较多的是缅甸。这里的煤田主要生成于第三纪,大部分是次烟煤和褐煤,品质低劣,煤层一般都不厚,而且受到断层作用的影响,埋藏极不规则,采掘上有一定的困难。缅甸的主要煤田分布在珊邦高原(掸邦高原)的北部、上亲敦(伊洛瓦底江支流亲敦河上游)、瑞波(伊洛瓦底江支流横河流域)附近和南部田纳西廉的墨吉(丹荖)等地。其中上亲敦卡累瓦附近的第三纪煤田,分布在卡累河下游及其附近的一些小河河谷中,面积颇广,煤层厚度达300米以上,是全国最重要的煤田。北珊邦煤田分布在萨尔温江和伊洛瓦底江之间的南马、腊戍、曼杉、曼西里以及曼德勒附近的越军等地。煤田小而煤层薄,蕴藏不多。卡劳(在锡唐河上游)附近的罗

安煤田,生成于侏罗纪,是缅甸唯一的中生代煤田,但断层作用甚剧,而且煤层的倾斜
度甚大,开采很困难。南部墨吉附近的煤田分布在丁道告马彬地方,蕴藏也较丰富。

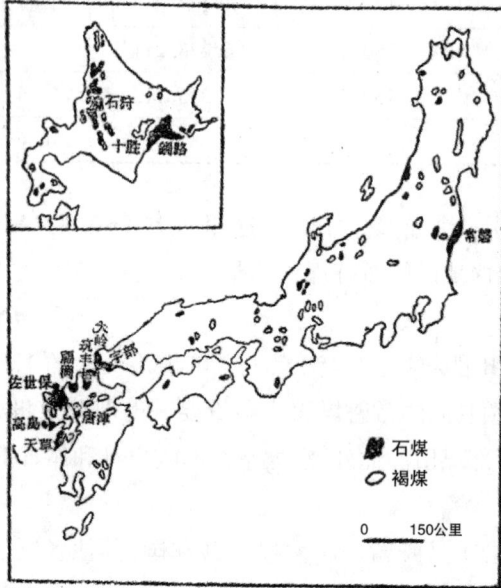

日本的煤炭资源分布图

　　中印半岛上的其他国家,如泰国、老挝和柬埔寨,煤炭资源甚为贫乏。而且由于地
质勘查工作的落后,目前还缺乏确实的资料,仅知这些国家只有数量不大的劣质褐煤。
　　中印半岛最南端的马来亚,煤炭资源也不丰富。那里最重要的煤田在马六甲海峡
沿岸的雪兰莪,是第三纪生成的烟煤,属于长焰煤一类,品质尚好。此外,在霹雳、柔佛
和玻璃市等地也有零星的小煤田。马来亚的煤炭储藏量估计约为 1 亿吨。
　　在南洋群岛诸国中,印度尼西亚的煤炭资源比较丰富。印度尼西亚的煤田主要也
生成于第三纪,但是由于火成岩的普遍侵入,强大的热力使煤炭的质量有所提高。因
此煤田中有很大部分是烟煤,另一部分则是褐煤。全国各岛屿中煤炭资源最丰富的是
苏门答腊,岛上最重要的煤田是翁别林煤田,位于岛西的派登高地,是品质很劣的烟
煤,储藏量近 2 亿吨。另一处重要的煤田分布在岛东部的巴邻旁(巨港)附近,有无烟
煤、烟煤和褐煤,储藏量约为 18,000 万吨。此外,岛上还有许多零星的小煤田。印度
尼西亚第二个煤炭资源比较丰富的岛屿是加里曼丹(包括英属北婆罗洲和沙捞越),
煤田主要分布在东南沿海的拉乌特岛上,拥有质量较差的第三纪褐煤达 3 亿吨。另一
处煤田在东岸中央部分的马哈坎河流域,也是第三纪褐煤,储藏量在 3 亿吨以上,品质
比拉乌特岛煤田优良。在英属沙捞越、拉布安岛(纳闽岛)和北婆罗洲境内,也都有零

星的煤田,其中比较丰富的是纳闽岛。爪哇岛的煤炭资源甚为贫乏,全岛储藏量不过
3,000万吨。主要分布在西部。此外,苏拉威西、摩鲁古群岛(主要是褐煤)和伊里安
岛也都有煤田,其中以伊里安岛为特别丰富,但确实情况迄今仍不清楚,印度尼西亚
(包括英属北婆罗洲等)的煤炭储藏量估计约为20亿吨。

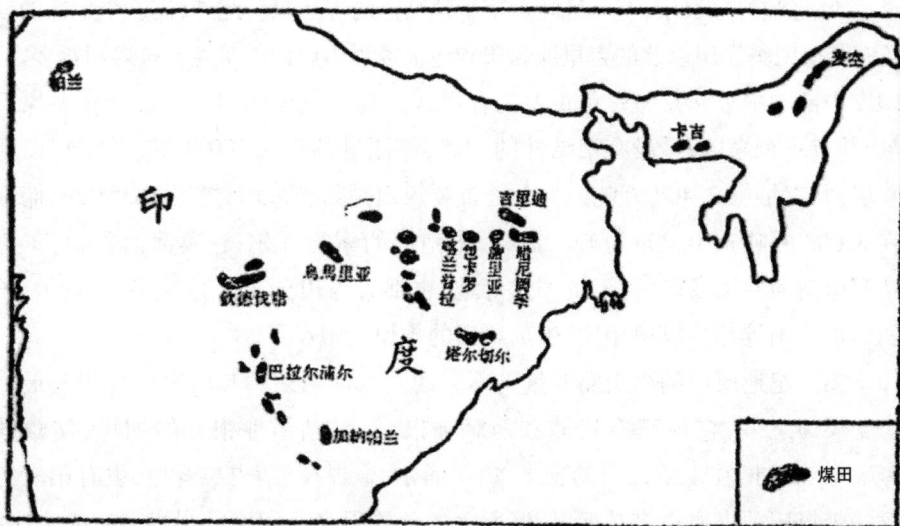

印度的煤炭资源分布图

　　菲律宾的煤炭资源非常贫乏,只有零星分布的若干第三纪煤田,质量很低。包括
次烟煤和褐煤在内,储藏量不超过7,000万吨。全国最重要的煤田在吕宋岛东南的小
岛巴丹岛上,位于兰哥诺湾和爱尔培湾之间。此外,民答那峨、宿务和维萨亚群岛上也
有小片煤田。

　　在南亚各国中,煤炭资源最丰富的是印度。从整个亚洲范围内说,它也是除了中
国以外的有最大煤藏国家(亚洲苏联不计)。根据1934年的估计,煤炭的全部储藏量
为600亿吨,其中可以开采的测定储量为200亿吨,品质优良的煤炭(灰分在16%以
内)为50亿吨,其中炼焦煤为15亿吨。1954年,印度政府又发表了关于煤炭储藏量
的新资料,根据新资料,全国煤炭的储藏量为431亿吨,其中炼焦煤为20亿吨,褐煤为
40亿吨。印度煤田主要存于冈瓦纳系的下统,但褐煤则是第三纪和第四纪的产物。

　　正由于生成年代的关系,印度煤炭资源的地理分布是和冈瓦纳系地层的分布分不
开的。冈瓦纳系地层分布之处,即哥达瓦里河、马哈纳迪河和达谋达尔河流城(均在
西孟加拉国、比哈尔和奥里萨等邦),也就是印度煤田分布的地方。印度最重要的煤
田是詹里亚煤田,它位于比哈尔邦境内,面积达450平方公里,有煤层25层以上,其中
可以开采的有12层。煤炭的质量很好,富于粘结性的炼焦煤储藏量达8吨—9亿吨。

詹里亚煤田以东,在西孟加拉国和比哈尔两邦之间,还有面积更大的(1,600平方公里)腊尼冈季煤田。煤田约有10个煤层,其中厚度在3米—5.4米的有5层。煤炭的质量也很好,富于粘结性的良好炼焦煤储藏量为25,000万吨。詹里亚煤田以西,另外还有一处规模不小的包卡罗煤田。这里的煤层总厚度达38米,面积为220平方公里。在总储量达30亿吨的煤炭中,有6亿吨是富于粘结性的炼焦煤。此外,在这个地区的较小煤田还有腊尼冈季煤田以北的吉里迪煤田和包卡罗煤田以西的喀兰普拉煤田等多处。

印度中部的中央邦是另一个重要的含煤区。乌马里亚煤田是这里的重要煤田之一,煤田共有6个煤层,是没有粘结性的烟煤,储藏量约为5,500万吨,其中可以开采的有4层,共有烟煤2,400万吨。另一处重要煤田是希拉煤田,煤层厚达6米,储藏量估计在3,000万吨—10,000万吨。此外,中南部的索哈浦尔、达莫河河谷、瓦尔达河和哥达瓦里河河谷以及萨特普、贝图尔等地,也都有煤田分布。当然,和比哈尔、奥里萨和西孟加拉国等邦的煤田相比,中部煤田的规模就很小了。

印度第三纪地层中的煤炭储藏量是不大的。东部阿萨姆邦的麦空煤田是最重要的第三纪煤田之一,它位于雷肯浦和西萨加以南,是粘结性很好的烟煤,储藏量约9,000万吨。此外,在麦空以南的勒多、詹伊浦尔、金提拉、纳吉拉等地,也有第三纪煤田。这一带煤田的煤质也多是烟煤,但所含的硫质很高。印度的褐煤分布颇为广泛,北部最著名的是腊贾斯坦邦的帕兰褐煤田,褐煤层埋藏在64米的深处,煤层厚度为1.2米—4.2米;在南部,马德拉斯邦南端的南阿尔科特褐煤田颇为重要,褐煤的品质较帕兰的优良。

和印度相反,南亚的另一个国家巴基斯坦的煤炭资源是微不足道的。巴基斯坦境内没有冈瓦纳系地层分布,零星分布的少许煤田都是第三纪的产物。从全国来看,西巴基斯坦省比东巴基斯坦省要丰富些,俾路支境内的霍斯特煤田是西巴基斯坦的重要煤田之一,煤田只有两个煤层,厚度为0.66米—1.4米。虽然煤质是粘结性很好的烟煤,但储藏量只有80万吨。此外,俾路支境内的马奇、古拉克海尔、马凯尔瓦尔等地,有小规模煤田分布。西巴基斯坦省的另一个有煤炭资源的地区是西旁遮普。那里,第三纪煤田沿着苏来曼山脉断续地分布。北部的拉瓦尔品第附近也略有煤炭蕴藏。东巴基斯坦省几乎完全缺乏煤炭资源,只有在吉大港附近地区有规模极小的煤田。

南亚的其他国家煤炭资源也都贫乏,喜马拉雅山南麓的尼泊尔只有一个略具规模的煤矿,印度以南的锡兰自治领几乎完全没有煤炭资源。

在西南亚,虽然地质勘查工作做得很不够,但就目前已知的一般情况推论,这里是一个缺乏煤炭资源的地区。

在伊朗高原的两个国家中,伊朗是比较富于煤炭蕴藏的,但是由于地质工作的落后,目前还无法估计出较为准确的储藏量。这里的煤田主要分布在厄尔布尔士山地、东北部的霍拉桑地区和中央伊朗等地,绝大部分是侏罗纪烟煤。

厄尔布尔士山地煤田的特征是煤层不多和厚度不大(平均为 0.5 米),在品质上的唯一缺点是含硫颇高,但粘结性很好,可以炼焦。北厄尔布尔士的布拉浦煤田有 5 个煤层,平均厚度为 0.3 米—0.7 米;南厄尔布尔士的煤田分布在喀士维和塞姆塞克一带。霍拉桑地区的煤炭资源以密斯海脱一带较多。中央伊朗的煤田主要分布在库罗德山脉地区。此外,西北部伊朗的阿塞拜疆地区还有若干第三纪褐煤。

阿富汗缺乏煤炭资源,只在北部马查里萨里夫省、南部坎大哈省的巴格兰区和首都喀布尔附近,有若干储藏量微小的煤田。

整个阿拉伯半岛至今尚未发现有工业价值的煤田,当然这和地质工作的落后也是有关系的。目前仅知在沙特阿拉伯和也门境内,有为数极微的煤炭资源,谈不上什么经济意义。黎巴嫩的沙里赫(特里波利附近)和毕克费亚(贝鲁特东北)一带,有少量褐煤,经济意义也微不足道。此外,伊拉克的基伏里(在基尔库克东南的扎格罗斯山麓)一带,也有少量的褐煤蕴藏,稍有工业意义。

整个西南亚范围中煤炭资源比较丰富的是土耳其。根据 1950 年的资料,土耳其的石煤测定储量为 31,900 万吨,可能储量达 15 亿吨。此外还有较多的褐煤蕴藏,测定储量根据 1950 年的资料为 21,900 万吨,可能储量为 27,800 万吨。土耳其的地质勘查工作也极落后,这个资料也还不是很可靠的。

土耳其最大的石煤煤田分布在西北部黑海沿岸,生成于中生代。埃雷利—宋古尔达克—亚马士拉含煤盆地东西延长达 160 公里,煤层中有含炭砂岩的交互层,质量很好,一部分富于粘结性,可以炼出品质优良的焦炭。缺点是煤田地区的断层频繁,采掘十分困难,45 米以下的煤层目前就很难利用。第三纪褐煤的分布很广,在阿纳托利亚高原的内部、爱琴海沿岸地区以及土耳其的欧洲领土东色雷斯盆地中,都有褐煤蕴藏。最著名的是安卡拉西部的屈塔亚,那里储藏量有 10 亿吨。

北美洲

北美洲和欧亚大陆同是世界上煤炭资源最丰富的地方,煤炭主要蕴藏在北纬 32°到北纬 55°之间的地区,其中品质优良的煤炭集中在西经 100°以东,北纬 32°—42°之间的地区,也就是说全部在美国境内。

美国是世界上煤炭资源最丰富的国家之一。根据 1913 年国际地质学会第十二届会议的估计,全国煤炭储藏量约为 38,386 亿吨,但根据 1948 年美国矿山局和地质处公布的资料,到 1944 年元旦为止,美国各种煤炭的储藏量共为 27,970 亿吨。除此以外的一些这方面的资料,都大体上认为美国煤炭储藏量在 3 万亿吨上下。

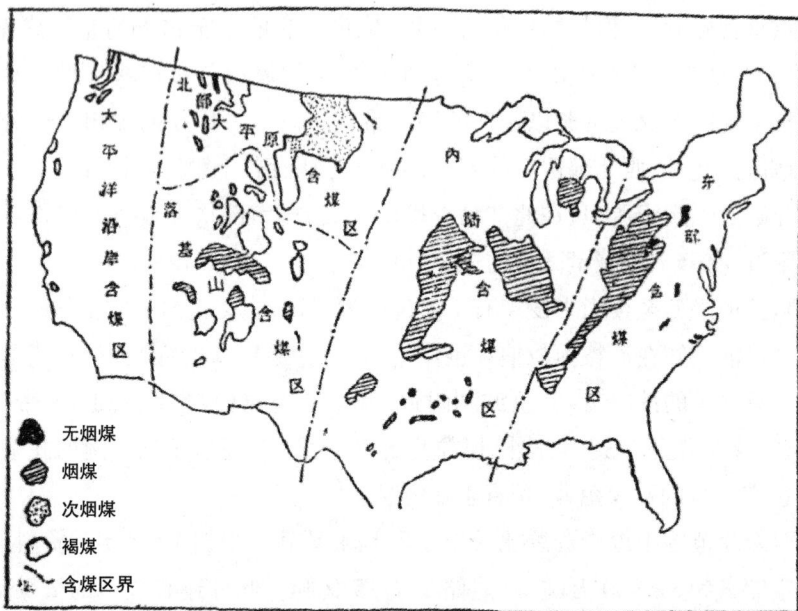

美国的煤炭资源分布图

　　美国煤炭资源的分布相当普遍,全国大致可以分成东部、内陆、北部大平原、落基山和太平洋沿岸等 5 个主要的含煤区,每个含煤区中分布着一系列煤田。全国除了西南部太平洋沿岸和东南部大西洋沿岸的若干州缺乏煤炭资源外,绝大部分州都有煤炭蕴藏,有 27 个州的煤炭资源都非常丰富。煤炭的质量,西部远不及东部,但储藏量则西部大大超过东部。在全国 5 个含煤区中,东部含煤区的储藏量占全国总储藏量的 14.6%,内陆含煤区占 16.6%,北部大平原含煤区占 29%,落基山含煤区占 36%,太平洋沿岸含煤区蕴藏最少,只占 3.8%。这就是说,美国东部地区的煤炭储藏量只占全国储藏量的 31.2%,而西部地区却要占 68.8%。

　　美国的煤田大部分都是中石炭纪和上石炭纪的产物。东南部有规模不大的三叠纪煤田,这是世界上其他地区不多见的。白垩纪和第三纪煤田主要分布在西经 100° 以西,第三纪煤田拥有巨大的储藏量。在地质构造上,美国不少重要煤田都具有边缘凹地的性质(如阿帕拉契亚煤田),储藏量巨大,而且煤层受到的褶皱作用不大,许多煤层都呈水平掩覆,并且接近地表,采掘便利。美国各煤田大部分是烟煤,其中有大量富于粘结性的炼焦煤,但无烟煤却显得贫乏。大概在美国的全部煤炭储藏量中,烟煤占 42.4%，次烟煤占 26.5%，褐煤占 30.5%，无烟煤只占 0.5%。

美国的煤炭资源（1943 年 12 月底止）　　　　（单位：百万吨）

含 煤 区	州	总 计	煤 炭 种 类			
			无烟煤	烟煤	次烟煤	褐 煤
东　　部	宾夕法尼亚	72,470	13,520	58,950	—	—
	俄亥俄	83,150	—	83,150	—	—
	马里兰	6,950	—	6,950	—	—
	西弗吉尼亚	100,250	—	100,250	—	—
	肯塔基	109,750	—	109,750	—	—
	田纳西	22,880	—	22,880	—	—
	阿拉巴马	60,285	—	60,285	—	—
	乔治亚	830	—	830	—	—
	弗吉尼亚	19,010	440	18,570	—	—
	北卡罗来纳	60	—	60	—	—
内　　陆	密歇根	1,750	—	1,750	—	—
	伊利瑙	178,880	—	178,880	—	—
	印第安纳	46,940	—	46,940	—	—
	艾奥华	25,995	—	25,995	—	—
	密苏里	75,865	—	75,865	—	—
	堪萨斯	26,860	—	26,860	—	—
	俄克拉何马	49,650	—	49,650	—	—
	阿肯色	1,445	200	1,165	80	—
	得克萨斯	28,040	—	7,240	20,000	—
北部大平原	北达科塔	544,940	—	—	—	544,940
	南达科塔	925	—	—	—	925
	蒙塔那	345,470	—	2,365	50,970	286,135
落基山	怀俄明	562,560	—	27,455	535,105	—
	犹他	66,300	—	61,630	4,670	—
	科罗拉多	287,240	80	192,800	94,360	—
	新墨西哥	18,735	—	17,050	1,685	—
太平洋沿岸	华盛顿	57,670	20	10,110	47,540	—
其他各州		2,230	—	630	1,590	10
总　　计		2,797,130	14,260	1,188,000	741,920	852,890

在东部含煤区中,宾夕法尼亚煤田是全国最重要的无烟煤田。煤层大多含于石炭纪的砂岩中,可分东西两部。东部煤田分布于宾夕法尼亚州的东北部和纽约市的西北部,东界为德拉韦河,西界及北界是萨斯奎哈纳河,南界为阿帕拉契亚山脉,煤田面积达1,260平方公里,几乎全是无烟煤。西部煤田分布于宾夕法尼亚州的西部,以匹兹堡为中心,主要包括俄亥俄河(密西西比河支流)上游地区,煤田面积约3,900平方公里,也以无烟煤为主。宾夕法尼亚煤田向西延至俄亥俄州东部和南延至马里兰州及西弗吉尼亚州境内,但煤质主要是烟煤。

宾夕法尼亚煤田以南是阿帕拉契亚煤田,主要分布在从宾夕法尼亚州南部起的阿帕拉契巫山脉西侧,包括宾夕法尼亚、俄亥俄、西弗吉尼亚、肯塔基、田纳西和阿拉巴马等州,成东北—西南方向,面积达182,000平方公里,是世界最大的煤田之一。阿帕拉契亚煤田主要生成于石炭纪,煤层多在页岩中,厚度不大而层数极多。在某些地区的三叠纪地层中,也有若干煤层的分布。这里也属于边缘凹地的煤田类型,拥有巨大的储藏量。阿帕拉契亚煤田的西部,地层甚为简单,多呈水平掩覆而未经褶皱,采掘极为便利。但煤田东部受褶皱作用颇烈,断层也常常发现。整个煤田的煤质很好,大部分是富于粘结性的炼焦煤。

内陆含煤区的煤炭储藏量比东部含煤区丰富。这里的煤田分成北部、东部、西部和南部4处。北部煤田即密歇根煤田,分布于密歇根湖和休伦湖之间的密歇根州中部,面积约18,000平方公里。煤田生成于石炭纪;表层为冰川地层所掩覆。煤质为烟煤,但品质较差。东部煤田包括伊利瑙州的大部、印第安纳州的西南部和肯塔基州的一部,面积约11万平方公里,也是生成于石炭纪的烟煤,品质甚佳。而且煤层呈水平掩覆,许多地方离地表极近,可以露天开采。西部煤田包括艾奥华州的南半部、密苏里州的西北部、内布拉斯加州的东南部、堪萨斯州的东部及俄克拉何马、阿肯色两州的各一部。在艾奥华和密苏里两州境内的许多地方,西部煤田和东部煤田连成一片。西部煤田在面积上仅次于阿帕拉契亚煤田,共达15万平方公里。这里主要也是石炭纪的烟煤,但南部的煤种比较复杂,除了烟煤,还有无烟煤、次烟煤和褐煤等。煤田的地层构造也很简单,除了在俄克拉何马和阿肯色等境内稍有褶皱外,其余大部分地区都呈水平掩覆。南部煤田即海湾煤田,主要分布在墨西哥湾沿岸地区,包括特克萨斯、路易西安纳、密西西比等州和阿肯色州的南部。除了特克萨斯州的布腊泽斯河和科罗拉多河两河中游之间有大片相连的煤田外,其余各州多为零星分散的小煤田。这一带的煤田多是第三纪始新世的产物,除了特克萨斯州的煤田是质量较好的烟煤以外,其余均为质量低劣的次烟煤和褐煤。

北部大平原含煤区是美国煤炭资源最丰富的一个含煤区。包括北部大平原(即大草原)的蒙塔那、北达科塔、南达科塔三州和怀俄明州大角山脉(落基山脉的一支)以东的地区。这里主要的大煤田有两处,均是白垩纪的产物。一是在北达科塔的西部和蒙塔那州的东北,向南伸展到怀俄明州的东北部和南达科塔州的西北部,向北则和加拿大境内的萨斯喀彻温省的煤田相连。煤质绝大部分是褐煤,但煤田的最西部,从蒙塔那州伸展到怀俄明州的东北部,已经变质成为次烟煤。另一处大煤田分布在蒙塔那州中央偏北地区,是加拿大阿尔伯达省大煤田的延续部分。煤田西以大瀑布城为中心,东以鲁易斯敦城为中心,煤质主要是次烟煤,但煤田的最南端也有较好的烟煤。此外,在密苏里河最上游的朗达普附近有较大的次烟煤煤田,西部海尔那以西地区还有比较零星的烟煤煤田。

落基山含煤区的煤炭资源仅次于北部大平原,煤田主要分布在怀俄明州境内,其次是科罗拉多和犹他两州。此外,新墨西哥州的北部和阿里佐纳州的东北部也有若干分布。这里的煤田主要生成于白垩纪和第三纪,煤炭的品质比北部大平原优良,以烟煤和次烟煤为主。怀俄明州的煤田,除了属于北部大平原区的大角山脉以东的地区外,主要分布在西南部的格临河(科罗拉多河支流)干支流流域及甜水河(格兰得河上游支流)上游。煤田的东南部伸入科罗拉多州,西部有不大的部分并伸入爱达荷州境内。煤质以次烟煤为主,但煤田的中央部分和边缘部分却是烟煤。此外在北部大角河(密苏里河上游黄石河的支流)流域,也有面积颇大的烟煤煤田。科罗拉多州东部也有许多煤田,以丹佛及其东部的煤田最大,煤质多是次烟煤。在南部特里尼达德以西,有面积不小的烟煤煤田,横亘于科罗拉多州和新墨西哥州之间。科罗拉多州西部格临河及其支流白河流域的煤田,是落基山含煤区最大的烟煤煤田,这一煤田有 1/3 的面积在科罗拉多州,其余 2/3 则在犹他州境内。新墨西哥州的西北地区也有广大的煤田,并向北伸展入科罗拉多州和犹他州境内。这一煤田主要分布在圣胡安河(科罗拉多河支流)流域,在新墨西哥州境内的为次烟煤,但在科罗拉多和犹他两州境内则为烟煤。除此以外,犹他州的西南部有烟煤煤田,阿里佐纳州的东北部有次烟煤煤田。

太平洋沿岸含煤区是美国煤炭储藏量最少的一区,这里的煤田多生成于第三纪,大多零星窄小,而且煤质也低劣,次烟煤和褐煤居多数,而同一煤田中煤质又往往优劣悬殊。按分布来说,以北部华盛顿州最丰富,煤田和加拿大的温哥华煤田相连,煤炭的品质也较好,部分可以炼焦。奥里根和加利福尼亚两州只有零星的小煤田,质量都很低劣。

美国阿拉斯加的主要煤田大致有 3 处。一处分布在育空河下游,向东北延伸到西华特半岛以东的地区,范围广大。一处分布在境内北部,大致在勃罗克斯山脉以北的科尔维尔河流域一带。一处在境内南部,包括库克湾以南的基奈半岛西部和库克湾以北地区。阿拉斯加的煤田生成于侏罗纪,但详细情况目前还未很好研究。

　　北美洲另一个煤炭资源很丰富的国家是加拿大。根据 1913 年国际地质学会第十二届会议的估计,加拿大的煤炭储藏量约为 12,343 亿吨。但这个数字后来又有了缩减,《苏联大百科全书》中提出的加拿大煤炭储藏量为 7,000 亿吨,[⑨]其他还有另外一些估计数字。[⑩]综合所有资料,加拿大的煤炭储藏量当在 1 万亿吨上下。

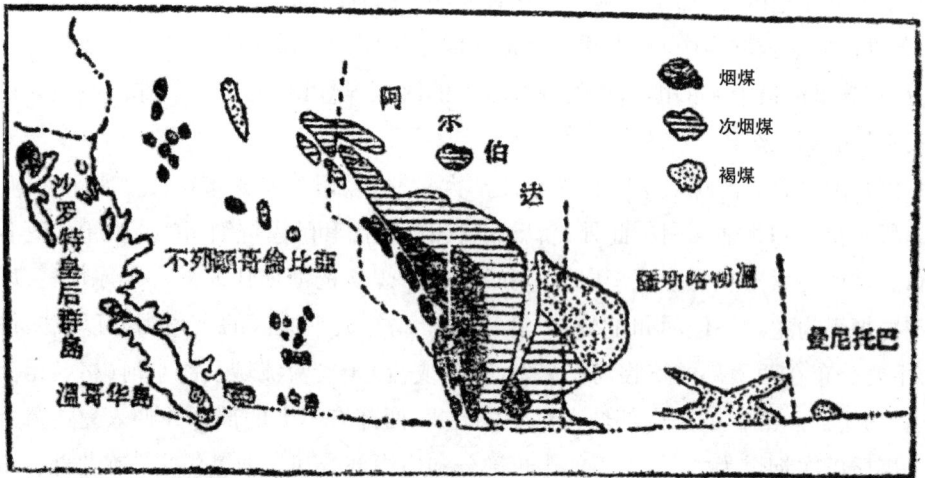

加拿大的主要煤田分布图

　　加拿大东部的煤炭储藏量为数不多,但由于接近工业区,所以价值很大。主要的煤田分布在新斯科夏省(诺法斯科底亚省)境内,包括新斯科夏半岛及其东北部的克普布雷顿岛。其中较大的煤田有 4 处,都是上石炭纪的产物,尤以克普布雷顿岛东北部的锡德尼煤田为著名。锡德尼煤田的整个含煤盆地中约有近 400 米的沉积层,煤系在沉积层的上部。可采煤层的厚度为 7 米—12 米,是富于粘结性的烟煤,灰分很少,固定炭的含量较高。另一处英凡纳斯煤田位于克普布雷顿岛西南的英凡纳斯附近,可采煤层厚度为 1.8 米,由于含硫较多,不宜炼焦。第三处匹克多煤田位于新斯科夏半岛北部的诺桑勃兰海峡沿岸,煤田稍有断层,煤质也是石炭纪烟煤,但其中混有烛煤和油母页岩。虽然所含硫质不多,但灰分颇高,只有一部分适于炼焦。第四处乔琴斯煤田分布于新斯科夏半岛和大陆接界处的乔琴斯和斯普林希尔一带。乔琴斯的煤层极薄,煤质也低劣;斯普林希尔的煤层颇厚,达 3.9 米,煤质也很好,灰分和硫质都较少。

　　除了新斯科夏省以外,新不伦瑞克省和北冰洋中的若干岛屿(主要是班克斯岛)上,也有石炭纪烟煤,但数量不大。

　　加拿大的主要煤田分布在西部,包括阿尔伯达、萨斯喀彻温、不列颠哥伦比亚和曼尼托巴等省,其中最重要的是阿尔伯达省。这里的煤田生成于上白垩纪,总面积达

203,000 平方公里,也是世界上最大的煤田之一。煤田成西北—东南方向,东南部延伸入美国蒙塔那州,西北直达北纬 55°附近,向东并伸入萨斯喀彻温省西部,其西翼也有较小的部分伸入不列颠哥伦比亚省境内,储藏量约占全国的 3/4。这片煤田有很多的煤层和颇大的厚度,例如在西南部和不列颠哥伦比亚省接近的勃莱摩尔一带,6 个煤层的厚度共达 17 米,在埃德蒙顿一带,14 个煤层的厚度共达 19 米。这里次烟煤占最大优势。但煤田的东部,主要在萨斯喀彻温省境内,褐煤分布最广;煤田的西缘,包括卡尔格莱及其以北地区,烟煤的储藏量也很可观。

阿尔伯达省以东,在萨斯喀彻温和曼尼托巴两省,也有相当丰富的煤炭资源。曼尼托巴省的煤田分布在泰脱尔山地一带,和美国北达科塔州的煤田相连,估计储藏量有 17,500 万吨,是第三纪褐煤。萨斯喀彻温省的煤炭资源,除了西南部从阿尔伯达省延伸而来的白垩纪煤田外,几乎整个省境南部都被第三纪褐煤煤田所掩覆。煤田以爱斯得文为中心,和美国北达科塔及蒙塔那两州的煤田相连,煤质比曼尼托巴省的优良,已接近次烟煤的水平。

最西部的不列颠哥伦比亚省也富于煤炭资源,除了福拉斯脱河上游及东南部由阿尔伯达省延伸而来的白垩纪煤田以外,省内还有许多不同地质时代的较小煤田。东南部的尼可拉、图拉明和普林斯敦等地分布着一系列小煤田,生成于第三纪,其中尼可拉和图拉明是质量不高的烟煤,普林斯敦则是次烟煤和褐煤。不列颠哥伦比亚省最主要的煤田之一是那内模煤田,位于温哥华岛东南端的那内模附近。岛屿东岸的科马克斯和塞奈希等地也有煤田,虽然是较晚的上白垩纪产物,但却是很好的烟煤,可以炼成优等焦炭。此外,省内西南端的温哥华附近,上白垩纪地层中也有烟煤和次烟煤蕴藏。北部勃克利河(斯基奈河支流)流域,则有零星的下白垩纪煤田,其中有些煤田已延伸到北部育空地区境内。温哥华岛附近的小岛上也有煤田,比较重要的是西北沙罗特皇后群岛,岛上有第三纪的次烟煤和褐煤。

在北美洲北部的北冰洋岛屿中,除了属于加拿大的若干岛屿外,煤炭资源比较丰富的是丹麦的属地格陵兰岛。根据目前已经初步探明的情况,格陵兰的煤炭资源主要分布在西部巴芬湾沿岸。在迪斯科岛北岸和它以北的努格苏亚克半岛上,褐煤相当丰富,煤层存在于白垩纪和第三纪的泥质页岩和砂岩层中,大体成水平分布,上部为玄武岩所覆盖。有些地方,煤层被正断层所破坏,于是玄武岩和煤层直接接触,使褐煤变质成为石墨和无烟煤。煤层的厚度平均为 50 厘米,最厚可达 3 米。许多地方的煤层露头于地面,适于露天开采,储藏量初步估计达到数十亿吨。格陵兰的其他地区,特别是广阔的内部地区,煤炭资源的情况目前尚不了解。

加拿大煤炭资源简况

<table>
<tr><td colspan="2">地　质　时　期</td><td>煤　田　分　布</td><td>煤炭种类</td></tr>
<tr><td rowspan="2">第四纪</td><td>现　代</td><td>大部分省区</td><td>泥　炭</td></tr>
<tr><td>更新世</td><td>安大略省、詹姆士湾、不列颠哥伦比亚省</td><td>褐　煤</td></tr>
<tr><td rowspan="2">第三纪</td><td>中新世</td><td>不列颠哥伦比亚省</td><td>褐煤和次烟煤</td></tr>
<tr><td>始新世</td><td>爱斯得文（在萨斯喀彻温省）、温哥华、沙罗特皇后群岛</td><td>褐煤和烟煤</td></tr>
<tr><td rowspan="2">中生代</td><td>上白垩纪</td><td>萨斯喀彻温省、阿尔伯达省、不列颠哥伦比亚省</td><td>褐煤和烟煤</td></tr>
<tr><td>下白垩纪</td><td>柯登尼区（在不列颠哥伦比亚省东南和阿尔伯达省西南之间）、不列颠哥伦比亚省</td><td>烟煤和半无烟煤</td></tr>
<tr><td rowspan="2">古生代</td><td>宾夕法尼亚系（上石炭纪）</td><td>新斯科夏省、新不伦瑞克省、北冰洋若干岛屿</td><td>烟　煤</td></tr>
<tr><td>密西西比系（中石炭纪）</td><td>北冰洋若干岛屿（班克斯岛和维多利亚岛等）</td><td>烟　煤</td></tr>
</table>

　　北美洲最后一个较大的国家是墨西哥，它的煤炭资源比较贫乏。全国唯一的含煤地区在科乌伊拉省（和美国特克萨斯州毗邻）的北部，是白垩纪的产物，煤层夹在石灰岩和砂岩中，一般厚度为 0.5 米—2 米。这个含煤区包括几个含煤盆地。费音脱含煤盆地位于皮埃德腊斯—内格腊斯的西南部，煤层呈水平掩覆，厚度为 1.25 米，煤质是褐煤，储藏量为 9,000 万吨。费音脱含煤盆地以南，在培皮亚河（格兰德河支流）以北有萨皮纳斯含煤盆地，煤层平均厚约 1.5 米，煤质颇佳，是富于粘结性的烟煤，可以炼焦。这是墨西哥最大的煤田，储藏量约有 10 亿吨。离这个含煤盆地西南不远，又有爱斯普兰萨含煤盆地，煤层厚约 1.2 米，煤质也好，可以炼焦，储藏量为 18,000 万吨。再向南，有骚脱列多和兰帕西多斯两个含煤盆地，中间只隔了一个背斜；前者储藏量为16,000 万吨，后者为 26,000 万吨。这里的煤质很好，固定炭含量高于以上的所有煤田，可以炼成优质焦炭。这些含煤盆地附近还有圣帕脱利沙和圣勃拉斯两处含煤盆地，但储藏量极小，没有工业价值。

　　北美洲的其他地区缺乏煤炭资源。在整个中美洲，只有洪都拉斯有微不足道的煤炭储藏量。在西印度群岛，唯一拥有煤炭资源的国家是古巴，那里的煤田分布在库比达斯山脉、卡马圭省以及梯—阿利巴（在关塔纳谋附近），但煤层很薄，储藏量也未勘定。此外，在麦亚利一带，有比较丰富的褐煤蕴藏，但质量非常低劣。

南方大陆[11]

南方大陆的煤炭资源远比北方少。在南方大陆各洲中,煤炭储藏量最丰富的是非洲,其次是澳洲,南美洲最为贫乏。南极洲虽然可以肯定拥有煤炭资源,但确实情况还不知道。

非洲的煤炭资源,是相当丰富的,目前已知全洲煤炭总储藏量已经超过 2,000 亿吨。由于广大地区长期处于殖民统治下,广大的可能含煤区,特别是北非的撒哈拉沙漠,煤田的勘查工作没能得到应有的开展,所以这个储藏量数字不是很确实的。

目前的材料表明,非洲的煤炭资源几乎全部集中在南非联邦境内。南非联邦的煤炭储藏量计有 2,060 亿吨,在资本主义世界中仅次于美国、加拿大和西德。南非联邦的煤田主要是二叠纪的产物,此外也有若干白垩纪煤田和第三纪褐煤,但数量有限。南非联邦的煤田又几乎全部分布在它的东南部分,包括奥伦治自由邦、德兰士瓦州、纳塔耳州以及好望角州的东部地区,其中以奥伦治自由邦最丰富,约占全国总储藏量的 2/3 左右。

奥伦治自由邦和德兰士瓦的煤田互相连接,总称为赫佛特煤田。它包括奥伦治自由邦的北部和德兰士瓦州的南部,向东并伸入纳塔耳州。这里大小不等的煤田很多,最著名的是约翰内斯堡东北的维特班克煤田。它生成于二叠纪,煤层的总厚度约 17 米,并且接近地表,采掘甚为方便。煤质是含炭率很高的烟煤,但粘结性不大,不适于炼焦。德兰士瓦州南部如卡罗列那、欧美罗、密德尔堡、弗里尼欣等地,也都有煤田,也是二叠纪的烟煤,情况和维特班克煤田相似。此外,在德兰士瓦州东部和葡属莫三鼻给之间,即莱朋波山脉西麓的克鲁求国家公园一带,有南北绵延成带状的煤田分布,也是二叠纪的产物。西北部和贝专纳兰保护地之间的地区,也有小片二叠纪煤田。奥伦治自由邦的煤田主要分布往北部瓦尔河(奥伦治河上游的支流)流域,以海尔勃朗为主要中心。煤田的范围极广,储藏量巨大,但品质不及德兰士瓦州的各煤田。

纳塔耳州境内,煤田掩覆了全州的北半部,习惯上把这个地区的许多煤田总称为纳塔耳煤田,都是二叠纪的产物。这里的煤层较赫佛特煤田的薄,但煤炭质量很好,除了大量烟煤以外,还有一定数量的无烟煤。最大的煤田是北部的佛利海特煤田,其次是纽卡塞尔和累迪斯米思之间的煤田,面积均超过 2,590 平方公里。此外,南部柴路兰附近也有煤田分布。

好望角州的煤田不多,储藏量较少,只有在东部巴苏陀兰以南的德腊肯山脉地区,有呈东西分布的狭长的二叠纪煤田。此外,南非联邦还有一定数量的白垩纪煤田和第三纪褐煤田,但在总储藏量中所占比数甚微。

非洲南部的其他地区,目前发现的煤炭资源还不多。在罗得西亚和尼亚萨兰联邦境内,南罗得西亚西部,三比西河南岸的凡基及其以东的西朋格比一带,有二叠纪煤田分布,煤层离地表仅45米,开采方便。储藏量约为35,000万吨。葡属莫三鼻给西北部和尼亚萨兰西南部接壤地区,以及坦噶尼喀南部的鲁呼呼(在尼亚萨兰湖东北),也有煤炭资源的蕴藏。此外,比属刚果南部的鲁伊那、布卡玛和鲁库加一带,煤炭资源也相当丰富。

马达加斯加岛已经发现了好些煤田,主要也是二叠纪的产物。南部奥那拉海河(注入莫三鼻给海峡)上游一带的蕴藏最为丰富,其中以萨科亚煤田最重要;储藏量估计达20亿吨。北部苏菲亚河(注入莫三鼻给海峡)以北地区,也有二叠纪煤田。此外,在西部沿海,南起玛朗达伐、北到马章加之间的广大地区,第三纪褐煤有广泛的分布。

广大的非洲中部,包括几乎整个热带森林和热带草原地区,目前还没有工业价值较大的煤田发现。根据目前的不完全的材料,以尼日利亚南部的埃努古煤田(位于尼日尔河下游以东)为最重要。在埃努古煤田以西的沃尼恰—阿沙巴地区(位于尼日尔河河口以西),则有第三纪的褐煤。

从目前已经获得的初步资料来看,非洲北部,主要是摩洛哥、阿尔及利亚和撒哈拉沙漠掩覆的其他广大地区,很有可能成为非洲仅次于南非联邦的第二个富于煤炭资源的地方。从生成的时期说,北非的煤田主要是石炭纪的产物,质量优于南非,特别是粘结性好,适合于炼焦的需要。假使和这个地区大量蕴藏的铁矿加以联系。就可以理解这些煤田的重要意义了。

摩洛哥东部杰拉达盆地中的煤田,是北非最早发现的煤田之一。阿尔及利亚境内,煤炭资源也相当丰富,北部科隆—贝沙尔的煤田,是目前北非最大的煤田,储藏量达1亿吨以上。在阿尔及利亚中部和南部的撒哈拉沙漠中,煤田分布颇为普遍。据初步的材料,在因萨拉附近、廷杜弗北部等不少地方,都有较大的煤田。南部的肯那特撒煤田,储藏量也达3,000万吨。有人估计在撒哈拉沙漠地区拥有10亿吨炼焦煤,这已是一个不小的数字。

阿拉伯联合共和国的埃及境内,长期以来是被认为没有煤炭资源的,但1957年在苏伊士以南60公里的地方也发现了煤田,煤田位于海平面下457.5米的深处,煤层厚达1.22米,蕴藏相当丰富。这是阿联埃及境内有史以来第一次发现的煤田。

澳洲的煤炭资源在南方大陆中仅次于非洲,它主要分布在澳大利亚联邦境内,特别集中在东南沿海地区,新南威尔士一州的储藏量要占澳洲的5/8。其次是昆士兰和维多利亚等州,澳洲内地和西部各州的煤炭资源不多。根据1913年国际地质学会第十二届会议的估计,澳洲的煤炭储藏量约为1,655亿吨,其中半无烟煤和烟煤为1,302亿吨,褐煤为324亿吨,另外是少量的无烟煤。但根据1938年澳大利亚联邦政府的公报,全国煤炭储藏量为570亿吨。

新南威尔士州东部纽卡斯尔附近的含煤区中分布着一系列澳洲最大的煤田,主要有北部煤田、中央煤田、南部煤田和西部煤田等4部分。北部煤田分布在纽卡斯尔及其以西的东马德兰、辛莱敦、麦斯威尔勃洛克等地,煤层存在于二叠纪的下部和上部,煤层的数目和厚度各处有颇大的差异。例如纽卡斯尔有13个煤层,厚度约1.5米—5.8米,但马德兰和希斯诺克就只有两个煤层,厚度约2.9米—9.6米。这里的煤炭质量一般不高,固定炭含量在53%左右,发热量多在7,000卡路里以下。中央煤田在悉尼附近,储藏量不大。南部煤田在悉尼西南,包括依拉瓦拉和华浪狄莱等地,是二叠纪末期的产物,有煤层7层,厚0.6米—3.6米,除灰分和硫质的含量较高外,煤质一般很好,可以炼焦。西部煤田在悉尼西北的利斯哥和堪陀斯一带,也是二叠纪末期的产物,有煤层7层,厚度0.3米—3.3米,煤质和北部煤田相似。如上所述,新南威尔士州的煤田总面积约为38,000平方公里。

昆士兰州的主要煤田有两处:伊普斯威奇煤田在东南部布里斯本以西,是三叠纪初期产物,只有一个煤层,厚度0.3米—3.4米,但储藏量颇大,约有2亿吨。煤质是烟煤,其中一部分富于粘结性。另一处博恩煤田在博恩港(南纬20°)以西,煤层在二叠纪中部,有煤层6层,厚0.6米—7米,是品质极好的烟煤。此外,昆士兰州境内的道生河流域(东部)和克娄蒙德(东北部)等许多地方,都有煤炭资源。

维多利亚州最大的煤田在南部耶拉冈附近,是第三纪褐煤。煤层极厚,一般在30.5米—73米之间,最厚可达238米,储藏量达200亿吨。此外,在阿尔伯达港附近和和尔多奈附近等许多地方,也都有第三纪褐煤。维多利亚州是澳洲褐煤储藏量最大的地方。

除了上述以外,西澳大利亚洲伯斯以南有科里煤田,是石炭二叠纪的产物,为西部最大煤田。南澳大利亚洲也有少量石炭二叠纪煤田。东南部的塔斯马尼亚岛有石炭二叠纪、三叠纪、侏罗纪和第三纪煤田,主要分布在东部罗蒙特山地一带。

澳洲东南的新西兰自治领也拥有煤炭资源。主要的煤田分布在南岛,大概生成于第三纪。南岛西北部纳尔逊州境内的西港煤田是最大的煤田,煤层平均厚4米,是品质较优的烟煤,储藏量约22,000万吨。此外,纳尔逊州的古莱依河和巴拉河流域,南部奥泰哥州的东南端等地,也都有煤炭资源。北岛的最大煤田在北部的惠伊开多地方,那里的煤层厚度达15米—18米,拥有第三纪褐煤数亿吨。新西兰的煤炭储藏量估计达 338,600 万吨,其中褐煤占了最大的比重。

太平洋中的其他的岛屿上煤炭资源并不多,只有在澳洲以东的法属新喀里多尼亚岛上有不大的煤田。

南美洲是有定居居民的各大陆中煤炭资源最贫乏的一洲。当然,在某种程度上也是由于地质工作的落后。

在南美洲北部各国中,煤炭资源比较丰富的是哥伦比亚。在那里,主要的煤田分布在西北部安的奎那省麦德林以东地区和加利地区;此外,波哥大北部一带也有较大的煤田。哥伦比亚的煤炭储藏量约为 400 亿吨,是目前已知南美洲各国中煤炭储藏量最丰富的国家之一。委内瑞拉的煤炭资源非常贫乏,少量石煤和褐煤分布在东北部沿海巴塞洛纳以南的奈立克尔一带。

在西部太平洋沿岸各国中,煤炭资源最丰富的国家是秘鲁,主要煤田在塞罗—德—帕斯科城以北的哥拉列斯奎斯加一带。在此以北,安卡西省的煤田面积也很广大。此外,西北部普腊省和通贝斯省与厄瓜多尔接壤的地区也有若干煤田。秘鲁的已知煤炭储藏量为 293,000 万吨,潜在储量可达 1,000 亿吨以上,是南美洲在煤炭资源上最有希望的国家。其中无烟煤在总储藏量中占了颇大的比重。智利的煤炭储藏量约为 20 亿吨,全国最大的煤田在中南部阿鲁加省的利蒲港附近,此外,南部布朗斯威克半岛上的蓬塔—阿雷纳斯附近也有小片的煤田。

南美洲最大的两个国家——巴西和阿根廷(特别是阿根廷),煤炭资源都比较贫乏。直到目前为止,巴西境内发现的煤田还仅限于巴西高地南部的两个州,在圣他哥塔里纳州东部沿海的克利斯西马附近和里约格兰得州中部的骚—热诺尼么以北地区,藏有质量不佳的烟煤,灰分很高,只有不大的部分可以炼焦,总储藏量也不过 50 亿吨。阿根廷的煤炭资源比巴西更为缺乏,只有在门多萨以北和南部巴塔哥尼亚台地的安第斯山脉东麓,有小片的煤田,储藏量微不足道。

南美洲煤田的造成都是较晚的,除了少量二叠纪和侏罗纪煤田外,在全洲的主要煤炭蕴藏区,即西部太平洋沿岸地带,大部分是白垩纪和第三纪煤田。

南极洲是一块冰原大陆,人们对于那里的各种地理概况了解很少,特别是对于巨大冰层掩盖下的地下资源。但是尽管这样,这块大陆上拥有煤炭资源却已被事实所完全肯定了。而且在南极洲蕴藏的各种矿藏中,煤炭也可肯定是非常丰富的。不久以前,面积达数千平方公里的煤田也已经被发现了。当然,根据目前的技术条件,这些埋藏在冰下深处的地下资源,短期间还不可能有任何经济意义。

在南极洲的东部,南维多利亚地在 1908 年已经发现了冈瓦纳型的软煤。这片煤田位于俾尔德摩尔冰川附近,伸展达 3,200 公里,面积达数千平方公里,共有 7 个煤层,厚度约在 2 米以上。此外,亚历山大一世地的煤炭资源也已经发现。由于南极洲和澳洲原来都是冈瓦纳古陆的一部分,因此,煤田在地质构造上也和澳洲的二叠纪煤田相似,煤质一般是软的,含炭量约为 68% 左右。若干地区由于和玄武岩接触,也有硬煤分布。

当然,由于地质工作在这块大陆上的极端落后,南极洲煤炭资源的基本情况、储藏量数字和地理分布等问题,至今还都不得而知,不过煤田相当普遍的概念,大概可以认为是确实的。根据目前所得的初步资料,在大陆沿海和内地,甚至深入到南纬 87° 的地方,都有煤炭资源。

南极洲外围的岛屿上也有不多的煤炭资源,其中以南设得兰群岛的煤田最为著名,那里的褐煤具有很好的品质。

注释:

① 由于煤炭沉积的间断,煤层和煤层之间往往夹着其他沉积岩层,如页岩、砂岩等,称为煤夹层。

② 在炼 1 吨生铁所需要的焦炭中,顿巴斯的焦炭量达 16.5 公斤;美国钢铁厂的焦炭中含硫量一般也达 9 公斤之多;但库兹巴斯焦炭的含硫量只有 5 公斤。

③ 根据 1958 年煤炭工业部的估计,我国南方 13 个省区(苏、浙、皖、赣、闽、豫、鄂、湘、粤、桂、川、黔、滇),600 米深度的煤炭资源占全国 20.2% ;1,200 米深度的煤炭资源占全国 22.2% ,1,800 米深度的煤炭资源占全国 20.3% 。

④ 沁水县行政区域现分别划归晋城、阳城、翼城 3 县。

⑤ 霍县行政区域现并入洪洞县。

⑥ 平定、盂县行政区域已划分为阳泉市的一部分。

⑦ 在褶皱运动中隆起的山地,褪过长期的侵蚀而逐渐平夷,后来受另一次褶皱运动的影响而再度隆起,这种现象在地质学上称为回春隆起。天山原是石炭纪时期隆起的褶皱山脉,所以侏罗纪的隆起是回春隆起。

⑧ 大波兰为波兰的一部分,大体位于奥德河支流的瓦尔塔河中游一带。

⑨ 见《苏联大百科全书》(俄文版)第 19 卷第 569 页。

⑩ 例如前中国地质调查所 1942 年的估计为 6,658 亿吨。人民教育出版社出版的高中《外国经济地理》教科书中则作 11,000 亿吨等等。

⑪ 指南半球的非洲、澳洲、南美洲和南极洲等大陆。虽然非洲和南美洲都有不小的面积位于赤道以北,但为了方便起见,这些地区的煤炭资源也并在南方大陆的范围内叙述。

五、世界的煤炭工业

　　不论是在中国或是在欧洲,18 世纪末期以前,在自给自足的自然经济占绝对优势的封建社会里,或者是资本主义刚刚萌芽的工场手工业时期,由于没有冶炼上和动力上的需要,煤炭工业的规模和现在是无法比较的。技术落后,产量自然更微不足道。以当时手工采煤业比较发达的英国为例,1700 年的煤炭产量也不过 260 万吨。正和其他工业部门一样,18 世纪末期是煤炭工业的一个跃进阶段。当时,由于资本主义的发展而促成了从西欧开始的工业革命,于是,蒸汽动力开始应用,鼓风炉也开始在冶炼工业中显露头角。就使作为蒸汽动力主要来源和冶炼工业新燃料(在鼓风炉使用以前主要是木炭)的煤炭的需要量急剧增加。这样,在英国的各煤田地区首先建立起世界上第一批新式的煤炭工业。接着,法国、比利时、德国和美国等,也都先后建立了煤炭工业。此后,东欧国家如俄国,亚洲国家如日本和印度以及世界上其他许多国家(包括殖民地),也都次第建立了煤炭工业。当然,那些较晚建立煤炭工业的国家(包括殖民地),它们国内的煤炭工业当时往往是在西欧国家和美国的投资和控制之下的。不过从煤炭产量来说,由于新式煤炭工业在世界范围内的普遍建立,毕竟大大增加了。

　　世界上的煤炭产量是十分巨大的。根据 1954 年《牛津世界经济地图集》的材料,在 1949 年—1951 年之间,全世界平均每年开采 138,800 万吨石煤和 41,500 万吨褐煤。根据世界上多数产煤国家产量的合计,世界各国在 1956 年的石煤和褐煤总产量约为 224,254 万吨,1957 年则增加到 230,371 万吨。1958 年以来,我国和其他社会主义国家煤炭工业的一再跃进,尽管一些主要资本主义国家的煤炭产量曾经不同程度的缩减,世界的煤炭产量仍旧不断上升,产量(包括石煤和褐煤)共达 241,350 万吨。今后,不管燃料动力工业部门的内容越来越复杂,但世界煤炭工业在相当长的时期内必然还要在世界整个燃料动力工业中占据主导地位。

第二次世界大战结束以来,以苏联为首的社会主义阵营在煤炭工业方面所获得的成就是非常巨大的。而帝国主义国家的煤炭工业在这段时期里却是一再发生危机,和社会主义各国的蓬勃气象恰为尖锐的对比。现在,不仅是在煤炭资源的总储藏量方面,社会主义各国经过了几年来的地质勘查工作,已经远远地超过了资本主义世界;而在煤炭工业部门中,不论是技术水平、生产规模和产量增长速度等各方面,也都远远地超过了世界上最主要的资本主义国家。从总产量来看,第二次世界大战前夕,社会主义国家的煤炭产量只占世界煤炭总产量的 10% 光景,但 1950 年,社会主义各国的煤炭产量就上升到占世界煤炭总产量的 32.7%,1956 年上升到 42.5%,1957 年则更上升到 43.8%。社会主义阵营煤炭产量在世界总产量份额上的这种与年俱增的现象,充分说明了社会主义各国煤炭工业欣欣向荣。1958 年,苏联的煤炭产量超过了美国,而中国的煤炭产量也超过了英国,这个事实,标志着两大阵营之间在煤炭工业方面的形势已经起了根本的变化,有利于社会主义阵营的变化。社会主义阵营煤炭工业的迅速跃进是史无前例的。以中国为例,煤炭产量从 1957 年的 13,000 万吨跃升到 1958 年的 27,000 万吨,只花了短短的一年时间。而美国的煤炭产量从 13,000 万吨增加到 27,000 万吨花了 14 年,英国则花了 32 年。因此,不同制度国家之间和平竞赛的各主要工业部门,煤炭工业首先以东风压倒西风的形势,宣告了社会主义阵营的辉煌胜利!

世界的煤炭工业,就是这样循着两条道路发展着:一条是社会主义的康庄大道,一条是资本主义的穷途末路。尽管各国煤炭工业都有它具体的特点,但是都不能离开两种类型煤炭工业的共同特点。

社会主义各国煤炭工业的共同特点是:

第一,所有社会主义国家的煤炭工业,也正和这些国家的一切生产部门一样,发展是非常迅速的。从第一次世界大战以前的 1918 年—1958 年,苏联的煤炭产量增加了 15.1 倍。中国虽然直到 1949 年获得全国解放,但在新中国成立以后的短短 9 年之中,由于煤炭工业的飞跃发展,1958 年的煤炭产量竟比 1949 年增加了 7.7 倍,比 1913 年则增加了 19.4 倍。像这样的增长速度,在资本主义国家是绝不可能的。

若干社会主义国家和资本主义国家的煤炭产量增长情况

国　　别	1913 年产量（百万吨）	1957 年产量（百万吨）	增长率（%）
苏　联	29.1	463.0	1,491
中　国	18.2	128.4	872
波　兰	41.0	100.8	146
捷克斯洛伐克	37.3	76.2	104
美　国	516.6	467.0	−10
英　国	292.0	227.0	−29
西　德	154.0	153.0	−16
法　国	43.8	59.1	35

注:1. 波兰、捷克斯洛伐克的 1918 年产量,系按战后领土计算,西德的 1913 年产量系全德产量;
　2. 除捷克斯洛伐克的产量包括石煤和褐煤外,其余各国均指石煤产量。

社会主义各国煤炭工业欣欣向荣,资本主义国家煤炭工业衰落腐朽,在 1957 年—1958 年间,表现得更为显著和突出。

社会主义阵营各国煤炭工业如此惊人的发展速度,是在各国共产党及工人党的领导和优越的社会制度下获得的。由于工人阶级政党的领导和革命斗争的胜利,这些国家在它们的煤炭工业中肃清了帝国主义资本和官僚资本的统治,使矿山企业成为全民所有,进行了各项改革,实行机械化,推广先进采掘方法,提高矿工的物质和文化生活水平,所以大大地提高了劳动生产率。此外更大力勘探新的煤炭资源,建立巨大的新煤炭基地,终于达到了煤炭工业的无比繁荣,在短短的时期内赶上和超过了各资本主义大国,取得了不同制度国家间和平竞赛的辉煌胜利。

1957 年—1958 年两大阵营煤炭产量的对比

社　会　主　义　各　国		资　本　主　义　各　国	
国　　别	1958 年较 1957 年增减（%）	国　　别	1958 年较 1957 年增减（%）
苏　联	+7.0	美　国	−21.8
中　国	+108.0	英　国	−3.3
捷克斯洛伐克	+18.7	西　德	−1.7
匈牙利	+14.0	法　国	+1.5
保加利亚	+7.0	日　本	−0.9
朝　鲜	+38.0	美、英、西德、日、法等国平均	−10.7
社会主义各国	+19.9	资本主义各国	−10.9

　　社会主义国家煤炭工业的第二个特点是地区配置上的逐渐趋于平衡。沙俄的煤炭工业集中在顿巴斯,但在伟大的十月社会主义革命以后,苏联的煤炭工业就有计划地向东、向北和向南发展,大大改善了过去片面集中的情况,促进了整个国民经济的发展。在1959年—1965年的七年计划中,对于西伯利亚东部和远东各边远地区的煤田,都规定要进行大力的开发。苏联煤炭工业的区域配置今后将更加平衡合理。

　　中国的情况也正如此。解放以前,煤炭工业集中在储藏量并不最丰富的河北和东北南部,而蕴藏丰富的晋、陕各省,煤炭工业都很落后,广大的华中和华南更都需要从华北远程输送煤炭,造成了极大的浪费,也影响了生产力的发展。新中国成立以后,我国煤炭工业在区域配置上开始向西和向南发展,过去煤炭工业落后的地区开辟起了许多新的煤炭基地。通过1958年的大炼钢铁运动,在土洋结合的方针指导下,煤炭工业出现了一个遍地开花的局面。大小煤窑和各种类型的炼焦炉,在过去从来没有煤炭工业的地区雨后春笋般地出现了。这就有助于逐渐扭转旧中国煤炭工业在配置上的极端不平衡现象,从而促进我国整个国民经济的高涨。

　　其他社会主义国家也都在努力促使煤炭工业的区域配置趋于平衡,并且获得了巨大的成效。

　　社会主义煤炭工业的平衡分布,还表现在社会主义各国间的相互协作、相互支持上。阿尔巴尼亚等一些国家的煤炭工业,新中国成立以后在其他社会主义国家的支持下,迅速地改变了落后的面貌。由于煤炭资源、工业需要等条件的不同,社会主义各国煤炭工业实行了一定的分工和专业化,互助互利,互相促进。

　　社会主义国家煤炭工业的第三个特点表现为对自然资源的充分的和合理的利用,这也是两种不同制度的本质区别之一。苏联在煤炭工业中特别重视回采率的提高和那些在资本主义世界里认为根本没有价值的劣质煤炭和薄煤层的利用。地下气化的实现即是最具体的表现之一。中国解放还只有10年,但是煤炭工业中却已经基本改变了新中国成立前那种残柱式和高落式等掠夺性的开采方法,回采率从过去的80%提高到90%以上。1958年以来煤炭工业中的群众运动,更使那些在过去认为毫无价值的小规模矿山得到物尽其用。此外,如德意志民主共和国和东欧其他社会主义国家对于褐煤资源的大量开发利用,苏联在泥炭利用方面的巨大规模,也都是资本主义国家所无法做到的。社会主义各国还特别重视煤炭资源的综合利用,不仅是在燃烧过程中尽最大可能地利用煤炭的热能,而且还要使煤炭不但是燃料,更是制造多种多样产品的工业原料。

　　社会主义煤炭工业的这些主要特点,体现了社会主义煤炭工业的巨大的生命力。在这里,尽管世界燃料种类的日益丰富多样,特别是液体燃料生产的发展,这个最古老的工业部门之一——煤炭工业,仍将蓬勃发展,并且以新的姿态(如广泛地采用地下气化、露天矿场开采固体燃料等方法)向无限美好的前景跃进。

与社会主义各国煤炭工业相反,资本主义国家煤炭工业的主要共同特点是:

首先,整个资本主义世界煤炭工业的发展是极度缓慢的。其中最主要的国家如美国、英国、西德和加拿大等,煤炭产量已经长期停滞甚至倒退。最根本的原因是资本主义生产关系对于生产力的束缚和阻碍。在资本主义世界,石油企业的利润大大高于煤炭企业,所以垄断资本家除了疯狂地掠夺自己国内的石油资源以外,还疯狂地掠夺其他国家的石油资源。为了扫除石油在销路上的阻碍,就一方面使自己本国的其他燃料工业陷于停滞和倒退,另一方面更千方百计地阻挠和扼杀其他国家的其他燃料工业,而煤炭工业就首当其冲。美国是这方面最突出的例子。在美国石油垄断资本的排挤和强大压力下,不仅美国煤炭工业停滞倒退,加拿大、拉丁美洲甚至西欧许多国家的煤炭工业更感到喘不过气来。"欧洲经济合作组织(OEEC)"各国近年来燃料的生产和消费情况,充分说明了这个问题。

西欧(OEEC各国)1937年及1955年燃料的生产和消费

燃料种类	生 产 量				消 费 量			
	百 万 吨		百 分 比		百 万 吨		百 分 比	
	1937年	1955年	1937年	1955年	1937年	1955年	1937年	1955年
石煤	488.1	477	81.8	69.9	472	509.2	77.6	63.7
褐煤	72.3	10.5	12.2	15.5	72.8	105	11.9	13.2
石油	0.58	9.2	0.09	1.3	28.6	93.5	4.7	11.7
天然煤气	0.05	6.7	0.01	1.0	0.05	6.7	0.01	0.8
水力发电	35.4	84.4	5.9	12.8	85.4	84.4	5.8	10.6
合计	596.41	682.3	100.0	100.0	608.85	798.8	100.0	100.0

西欧各国从1937年—1955年的18年中,石煤生产不仅没有增加,反而有了缩减。因此,1937年石煤的生产和消费平衡还勉强可以维持,到1955年就出现了入不敷出的情况。其间的差额主要是由远渡重洋的美煤来弥补的。更重要的是,1937年—1955年间各种燃料消费量百分比增长最大的是石油,石煤消费量的百分比却大大下降,石煤下降的数字绝大部分恰恰就是由石油上升的数字所取代的(水力发电虽然也有较大的增长,但它仅限于挪威、瑞典、意大利等国,不能代表整个西欧情况)。这就具体说明了石油燃料的滥用如何排挤了煤炭,而石油在西欧市场上的倾销又怎样摧残了这些国家的煤炭工业。自然,对于以美国为首的石油垄断集团来说,这确是大

大有利的。

　　资本主义国家煤炭工业停滞倒退的另外一个原因是资源条件的恶化,这是对煤炭资源长期的掠夺式滥采的恶果。以英国为例,因为浅层煤炭和优质煤炭的急遽缩减,使矿井建设费用和开采成本愈来愈高,资本家一方面利用各种手段不断加重对矿工的剥削,把自己贪欲的恶果转嫁于劳动人民;另一方面逐渐把资本改投到其他更有利可图的地方,终至放弃了煤炭企业。这也就是英国煤炭工业资本家接受"国有化"的真相。

　　此外还有许多原因,如劳动生产率的低落,矿井设备的陈旧,机械化程度的落后等等,这些虽然是次要的和从属的,但是表现得也很突出。

　　资本主义国家煤炭工业的第二个特点是区域配置的极端不平衡性。首先是整个资本主义世界范围内煤炭工业发展的极端不平衡。在资本主义体系中,有近代煤炭工业部门的国家(包括殖民地)接近 50 个(另外许多国家和殖民地就完全没有煤炭工业),但其中美、英、西德 3 个国家的产量就占了资本主义世界煤炭总产量(按 1957 年产量计算)的 82% 以上。假使再加上法国和日本,则 5 个国家的煤炭产量就占了整个资本主义世界总产量的 91% 以上。在产量如此集中的情况下,必然就有少数国家可以向外倾销煤炭,进行经济侵略;而另外多数国家就不得不仰赖输入的煤炭,虽然有不少国家自己拥有丰富的煤炭资源。

　　资本主义国家内部煤炭工业的区域配置也极端不平衡。如美国和加拿大等,占全国总产量绝大部分的煤炭工业集中在占面积很小的若干区域里,而这些区域里的煤炭资源只占全国很小的数字。此外的广大地区就完全没有或很少有煤炭工业,而在那些地区却拥有非常丰富的煤炭资源。在其他资本主义国家,西德 90% 以上的煤炭出自鲁尔一区;法国的伐仑西恩矿区生产了占全国 2/3 以上的石煤;荷兰的全部煤炭产量集中在林堡省境内的几个矿点;印度有 80% 以上的煤炭产量集中在比哈尔、奥里萨和西孟加拉国 3 个邦境内;而澳大利亚新南威尔士一州的几个矿点,煤炭产量就要占全国的 70%—80%。虽然部分地是由于自然资源分布不平衡,但是绝大多数都是煤炭工业配置不合理的结果。

　　最后一个特点是资本主义国家在它们的煤炭工业中对于自然资源的大规模浪费。例如资本家为了减少坑木和其他矿井设备的投资以增加利润,在资本主义国家的矿井中,仍然广泛地流行着残柱式和其他柱式采煤法。美国煤矿矿井中的坑木费用,甚至比其他资本主义国家还要少 1/5 乃至 1/3,其中一部分是由于采用了金属支架,但是主要的是因为残柱式和其他柱式采煤法的大量存在。巨大和宝贵的煤炭资源,被作为煤柱而抛弃在地下。在美国,即使在具有很有利的矿山地质条件和经济条件的煤田中,通常也只开采质量优良易于销售的煤炭,而且一般都只是开采煤田中最便于开采的一二层。比外,资本主义国家很少开采褐煤,更不能大规模地利用泥炭,煤炭的综合利用也遭到严重束缚。对自然资源的这样大规模的浪费,更证明了资本主义制度的腐朽和罪恶。

资本主义煤炭工业的这些主要特点,说明了它已处于最严重的危机中。尽管资本主义各国实施所谓"舒曼计划"之类的挣扎,企图与强大的优越的社会主义煤炭工业抗衡,结果只是加深了内部的矛盾,加剧了地区分布的不平衡性,从而更加深了本身的危机。

资本主义煤炭工业的危机,是资本主义总危机的一部分,是无法克服的。资本主义煤炭工业的危机,也说明了帝国主义国家胁迫仆从国家对社会主义各国实行"经济封锁"政策的彻底破产,自食了恶果。而社会主义阵营的经济,包括煤炭工业,在肥沃的社会主义制度的土壤上,依旧巍然屹立,而且朝着既定的方向顺利地飞速地前进着。

这是事实证明了的历史必然性,而且将被更丰富的事实更雄辩地证明,不管人们是否意识到这一点。

苏　联

苏联是世界上煤炭工业最发达的国家。不论是产量、发展速度、设备和技术水平等方面,它都居世界第一位。在苏联的整个燃料工业部门中,煤炭工业也占有很大的优势。以1955年为例,该年苏联总共开采了47,990万吨燃料,其中煤炭为31,080万吨,占65%。从下表可以看出,在过去数十年中,煤炭在苏联各种燃料中的地位及其变化。

苏联1908年—1950年的燃料平衡表[①]

燃料种类	消　耗　量(%)				
	1908 年	1013 年	1937 年	1940 年	1950 年
木　　材	66.6	25.8	9.0	13.9	9.7
泥　　炭	3.5	1.4	6.2	6.2	6.2
麦　　稭	11.2	—	—	—	—
油母页岩	—	—	0.4	0.1	0.8
煤　　炭	22.1	54.5	60.6	71.9	75.6
石油产品	6.7	18.9	18.2	7.9	6.3
天然煤气	—	—	—	—	1.4

煤炭确是苏联最重要的燃料,它对苏联的各生产部门和民用都有重大意义。根据1954年的资料,全国煤炭的消费,铁路运输占22.96%,黑色冶金占21.38%,发电站占18.53%,机器制造工业占6.02%,煤炭工业占4.09%,其他生产部门和民用占26.42%。

十月革命以前的俄国,煤炭工业是非常落后的。1913年全国产煤炭2,910万吨,只占当年世界煤炭总产量的2.5%,只及当时美国的1/14,比欧洲的英、德、法和捷克等国也低,甚至煤炭资源极少的日本的产量也超过了俄国。产量最高的1916年也不过3,450万吨。技术水平和装备更是落后。1913年,在当时最重要的顿巴斯煤矿中,只有几十台从外国买来的截煤机,机械化生产的煤炭只占1.7%。落煤主要用手镐,运煤是爬犁,绝大部分过程都用手工操作。露天采掘的比数也极小,1913年只占煤炭总产量的0.6%。当时俄国缺煤的情况十分严重,1913年购买外煤达870万吨,几乎等于国内产量的1/3。1916年,由于煤炭缺乏,国内有30座高炉停止生产。而且,当时全俄煤炭产量中的59%是属于外国资本所控制的。在顿巴斯矿区,外国资本的比数高到70%。

十月革命胜利的初期,煤炭工业陷入了可怕的瘫痪。由于第一次世界大战和反革命匪徒的破坏,1920年产量锐降到870万吨,使燃料问题成为突出的严重问题。列宁在1919年就指出,"燃料恐慌"有破坏全部苏维埃工作的危险。但在伟大的苏联共产党的领导下,苏联人民终于以艰苦的努力克服了这种困难,并在以后的数十年里建立了规模巨大的煤炭工业。意义深远的斯达哈诺夫运动,就是从煤炭工业部门发轫的。1957年,苏联产煤46,300万吨,约为1913年的16倍。1958年,苏联产煤49,600万吨,赶上并超过了美国的煤炭产量,取得了和资本主义制度和平竞赛的辉煌胜利。按照七年计划,苏联在1965年的煤炭产量将达到60,000万吨—61,200万吨,不仅在按人口平均的产量上超过美国,而且把它远远抛在后面。

苏联十月革命前和革命后40年的煤炭产量　　　　（单位:万吨）

年　度	产　量	年　度	产　量	年　度	产　量
1913	2,910	1938	13,330	1957	46,300
1916	3,450	1939	14,620	1958	49,600
1920	870	1940	16,590		
1929	4,010	1950	26,110		
1932	6,440	1955	89,100		
1937	12,800	1956	42,900		

　　苏联煤炭工业的机械化程度和技术水平是资本主义国家望尘莫及的。早在 1940 年，截煤和钻煤的机械化程度已经到达 94%，回采巷道中运煤的机械化程度到达 90.4%，火车装煤工作到达 86.5%。最近 10 年来，苏联煤井中广泛地采用了联合采煤机和联合掘进机，并大大增加了装煤机的数量。1957 年年初，全国的联合采煤机至少有 2,600 台，联合掘进机大约有 260 台，装煤机则有 5,500 台。1956 年，在回采巷道利用联合采煤机开采的煤炭有 7,600 万吨左右，即占用传动带装煤的总采煤量的 32%；机械化装煤的主要水平巷道的掘进工程量，从 1948 年的 7% 增加到 1956 年的 49.7%。自动操纵和远距离操纵的机器数量日益增加，生产率最高的最新式回采机"图 1"式等已开始应用。此外，铁支架和钢骨水泥支架的应用也日益扩大。在采掘方法上，长壁式采煤的比重已从 1940 年的 26.4% 增加到 1956 年的 48.4%。更新式的地下水力采煤法，已经在各矿区广泛采用。煤炭的地下气化也取得了惊人的成就。1958 年，苏联已经获得了 76,300 万立方米地下煤气，1965 年将要增加到 125 亿立方米。正因为此，苏联煤炭工业的劳动生产率有了飞速的提高。最近十几年来，各矿井和露天矿场的每昼夜平均采煤量，前者从 1940 年的 309 吨，提高到 1945 年的 738 吨，1956 年的 929 吨；后者从 1940 年的 2,490 吨，提高到 1945 年的 2,599 吨，1956 年的 4,720 吨。

　　苏联具有全国意义的煤矿区有顿巴斯、库兹巴斯、卡拉干达、伯绍拉、莫斯科近郊等区，此外，乌拉尔、高加索和远东等地也都有相当发达的煤炭工业。在各主要煤矿区中，只有顿巴斯是十月革命以前就已经得到发展的，其他的在革命前只有零星的开采，甚至完全没有开采过。煤矿工业地理配置的新发展，说明了苏联过去边远落后地区的社会生产力正在不断地发展。社会主义的生产力配置以平衡为其特点，这种特点在煤炭工业中也得到了充分的反映。

　　顿巴斯是苏联历史上最古老的煤炭基地。早在 1722 年，这里已经开始采掘煤炭，但较具规模的煤炭工业是在 18 世纪末和 19 世纪初才建立起来的。当时煤炭的产量很少，主要只是供给亚速海和黑海舰队的需要。19 世纪下半叶，由于铁路的兴建和南部克里沃罗格黑色冶金工业的发展，这里的煤炭产量才有了提高。但十月革命以前，顿巴斯平均每一矿井的年产量仍只有 25,000 吨。1925 年以后，这里才开始兴建新型的矿井，产量有了迅速的提高。卫国战争时期，顿巴斯沦陷于法西斯德国之手达两年之久，矿井受到了惨重的破坏。战后从矿井中排出了 65,000 万米^3 的积水，修复了 2,500 公里的矿山巷道设备（这一工程等于开凿一条从莫斯科到巴黎深达 200 米—700 米的大隧道），顿巴斯的烘炭工业得到了迅速的恢复和发展，煤炭产量逐渐达到并大大超过了战前的最高水平。虽然由于其他地区煤炭工业的大规模发展，顿巴斯煤炭产量在全国总产量中的比重不断下降,但是直到目前它仍在全国产量中占着相当的优势,确不愧被称为是"全苏的锅炉房"。

顿巴斯煤炭产量在全国总产量中的变化

	1913	1928	1932	1940	1955
顿巴斯所占百分比(%)	87	77	70	57	38
其他煤矿所占百分比(%)	13	23	30	43	62

顿巴斯的煤炭大部分在区内或乌克兰其他地区消耗。顿巴斯本身有许多耗煤量极大的工业城市,主要如斯大林诺、哥尔洛夫卡、马克耶夫卡、耶纳基耶沃等,这些城市都拥有巨大的黑色冶金工业。德涅伯河沿岸工业区和克里沃罗格的巨大钢铁企业也都要消耗大量煤炭。南部刻赤地区的黑色冶金工业和黑海的船舶燃料,也由顿巴斯供给。顿巴斯煤炭还要供给外区,主要是以莫斯科为中心的中央工业区、列宁格勒、波罗的海沿岸区、北高加索和伏尔加河下游一带,其中以运往列宁格勒的最多。因此,整个欧洲苏联的重要工业区,大都应用着一定数量的顿巴斯煤炭。顿巴斯煤炭在工业上的重要性是很大的。

欧洲苏联的另一个煤炭产区是以沃尔库塔为中心的伯绍拉地区,它主要是在卫国战争的年代里建立起来的。当时顿巴斯煤矿被敌占领,伯绍拉的煤炭工业曾经发挥巨大的作用;把这里的煤炭运到欧苏北部的沃尔库塔—科特拉斯铁路,也是在那时赶筑完成的。伯绍拉现在已经成为苏联第四个煤炭基地,而被称为"北极圈外的顿巴斯"。伯绍拉出产的煤炭供给欧苏北部、西北部和北乌拉尔等地的动力和黑色冶金工业的需要,同时也是北冰洋船舶燃料的主要来源。

莫斯科近郊煤田的煤炭质量虽然无法和别处比较,但是由于位置靠近耗煤量最大的工业中心,这里的煤炭工业仍然具有重要的意义。在十月革命以前,莫斯科近郊的煤炭工业是很薄弱的,当时煤炭产量还不到全国总产量的1%。十月革命以后,莫斯科近郊陆续建立了巨大的煤炭工业;现在,这里的煤炭产量已经超过十月革命前俄国的全部煤炭产量了。

欧洲苏联的另外一些煤炭工业分布在乌克兰共和国境内,象基洛夫格勒、亚历山大、利沃夫—沃伦和德涅伯河右岸的其他许多地方。在七年计划中,这些地方将建设成为乌克兰的新煤炭基地。

南高加索主要的煤炭工业分布在格鲁吉亚共和国的特克瓦尔切利和特基布利等地。这里的煤炭产量虽然不大,但也具有一定的地方性的意义。特别是因为所产的大部分是质量很好的炼焦煤,解决了南高加索黑色冶金工业的燃料问题。

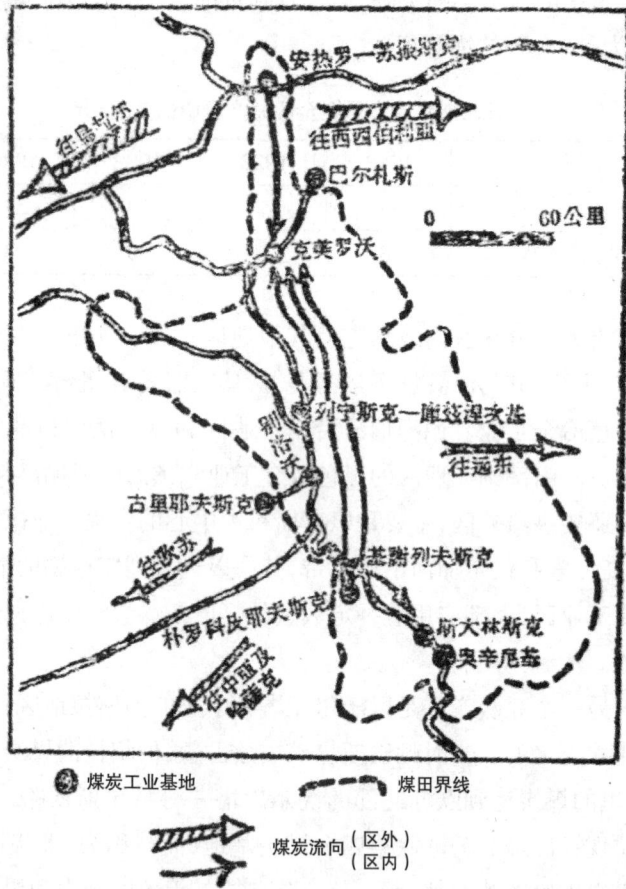

库兹巴斯的煤炭工业分布图

乌拉尔是煤炭产量较少的地区,最大的煤炭工业中心是基泽尔,其次是切利亚宾斯克。其他如耶哥中诺、卡尔品斯克、科别依斯克、库尤尔加津斯克和布列戴等地,也都发展了规模不等的矿井和露天开采。但是,乌拉尔的煤炭生产还远不能供给当地工业的巨量需要,必须大量从外地输入。

亚洲苏联的煤炭蕴藏量在全国占最大的比重,但是在十月革命以前,这里根本没有较具规模的煤炭工业。在苏维埃年代里,规模巨大的煤炭工业,开始在库兹巴斯、卡拉干达等地建立起来,煤炭产量直线上升,在全国煤炭产量中的比重也与年俱增了。煤炭工业是动力工业中的主要部门,是国民经济发展的"先行官"。苏联亚洲境内煤炭工业迅速和巨大的发展,替亚洲苏联的社会主义和共产主义建设创造了优越的条件。

亚洲苏联境内规模最大的煤炭工业在库兹巴斯,按产量这是全国第二个煤炭基地。这里的煤炭采掘在十月革命以前虽然已经开始,但是直到1913年年产量仍不过了 5 万吨。十月革命以后,这里建立了大规模的矿井,产量才飞跃增加。1940 年年产量已达 2,250 万吨,占全国产量的 13.6%。目前,库兹巴斯的煤炭年产量还只有顿巴斯的 2/5 左右,但它的发展速度却比顿巴斯大 2 倍。可以肯定,由于库兹巴斯的煤炭储藏量超过顿巴斯约 4 倍,由于它对于乌拉尔、西伯利亚、甚至远东等地的燃料供应有重大意义,库兹巴斯的煤炭工业规模和产量将来必然要超过顿巴斯。

库兹巴斯煤田的范围非常广阔,这里的煤炭工业分布在区内的许多城市,主要为斯大林斯克、奥辛尼基、基谢列夫斯克、别洛沃、列宁斯克—库兹涅次基、克美罗沃和巴尔札斯等地。库兹巴斯煤炭的供应范围极广,西到欧苏和乌拉尔,南到哈萨克和中亚细亚,并且还愈来愈多地支持了正在日益发展的西西伯利亚和东西伯利亚。长时期中,库兹巴斯供应了南乌拉尔马格尼托哥尔斯克的黑色冶金工业以焦炭,并且从那里运回铁矿石到斯大林斯克,在 2,000 多公里之间进行了钟摆式的运输,建立了著名的乌拉尔—库兹巴斯钢铁联合企业,体现了社会主义生产力配置的优越性。近来,由于伯绍拉和卡拉干达的煤炭工业迅速发展,乌拉尔的煤炭来源扩大了,而库兹巴斯附近又找到了大量铁矿,因此今后库兹巴斯虽然仍为乌拉尔的主要煤炭基地,但库兹巴斯将以更大的力量支持东部的建设。

哈萨克共和国卡拉干达的煤产量居全国第三位。目前卡拉干达的煤炭产量约为库兹巴斯的一半,但和库兹巴斯一样,发展前途是非常远大的。因为哈萨克境内的金属矿藏极为丰富,冶金工业正在蓬勃发展,煤炭的需要量日益增加。从这里到马格尼托哥尔斯克,比库兹巴斯到马格尼托哥尔斯克缩短 1,030 公里。所以近年来卡拉干达供应马格尼托哥尔斯克的煤炭愈来愈多了,而且以后必然还要增加。这种情况对这里煤炭工业的发展,具有很大的促进作用。

哈萨克其他较大的煤炭工业分布在东北部厄基巴斯土兹—乌哥尔地区,这里的大规模露天矿场还要获得更大的发展,使 1960 年的产量为 1955 年的 4.8 倍。此外,在哈萨克和整个中亚细亚,具有地方意义的煤炭工业还有不少。科克—扬加克、舒腊勃等地都有大小不等的矿井,在安格廉、拜科努尔、连格尔、苏柳克塔和克兹尔—基亚等地,则发展了褐煤采掘工业。

东西伯利亚拥有巨量的煤炭资源,但煤炭工业的规模和产量目前还不及西部地区。较大的煤炭工业分布在切烈姆霍沃、米努辛斯克和布卡恰恰等地。此外,在坎斯克和切诺斯克等地有褐煤的采掘工业。由于七年计划中规定的在西伯利亚的大规模建设,这些地方的煤炭工业将要获得迅速的发展,分布在勒拿河和雅库次克地区的巨大煤田也将要得到次第开发。

在苏联的远东地区,最大的煤炭工业是海参崴附近的苏昌煤矿,它对这个地区的工业需要和太平洋的船舶燃料有很大意义。海参崴以西的双城子、黑龙江以北的赖契欣斯克等地,都有褐煤采掘工业。萨哈林岛上也早已建立了煤炭工业,其中规模较大的分布在西岸的亚历山大罗夫斯克一带。

　　苏联是世界上唯一能大规模利用泥炭资源的国家,这是社会主义制度的胜利。事实上,泥炭只要能够合理地采掘利用,就不仅可以直接作为燃料,而且可以加工制成煤气、焦炭、泥炭砖等等,或者作为化学工业和建筑业的原料,同时,泥炭又是农业中极好的肥料。在苏联,仅仅是作为农业肥料用的泥炭,每年就达 3,000 万吨以上。苏联对于泥炭的采掘利用,已经创造了不可胜计的财富。十月革命以来的数十年中,在党和政府的关怀下,苏联的泥炭采掘量有了飞速的增加。由于泥炭发热量低,并且含有大量的水分,所以泥炭通常作为地方性的燃料。因此,苏联的泥炭采掘工业具有很大的地方性。中央工业区由于它对地方性燃料的需要特别殷切,这一带的泥炭采掘量最大,几乎按近全国泥炭总采掘量的 2/3,并且建立了泥炭发电站。其次是伏尔加河沿岸地区,泥炭采掘量约占全国的 10% 以上。此外如乌克兰、白俄罗斯、波罗的海沿岸和乌拉尔等地,也都广泛地采掘和利用泥炭。

苏联历年泥炭梁掘量(单位:百万吨)

年　份	采掘量	年　份	采掘量
1913	1.6	1937	26.3
1928	6.8	1940	31.9
1932	13.6	1950	43.3

中　国

　　在社会主义各国中,中国的煤炭工业规模和产量仅次于苏联。在整个世界范围内,中国的煤炭工业也已经跃升到次于苏联和美国的第三位。中国拥有丰富的煤炭资源,而且在历史上第一个知道煤炭的利用和建立了手工采煤业,累积了长期的开采经验,因此具有发展煤炭工业的优越条件。但是在新中国成立以前漫长的岁月里,中国的煤炭工业是极端落后的。只是在新中国成立以后,由于共产党的英明领导,煤炭工业才有了迅速的发展,而在不到 10 年的时间里彻底地改变了煤炭工业的落后面貌,建成了世界上第一流的煤炭工业。

　　中国虽然在汉唐时代就已经建立了手工煤炭工业,但近代煤炭工业的建立却远远晚于欧美各国。1878 年,清政府筹办唐山煤矿(开滦煤矿的前身),建设第一对用机械提升的矿井,成为中国近代煤炭工业的嚆矢。此后,1880 年建立中兴煤矿(在山东枣庄),1882 年开办河北临城煤矿,1898 年创办江西萍乡煤矿,所以近代煤炭工业的发展迄今约有 80 年历史。在帝国主义和官僚资本控制下的旧中国煤炭工业,大概具有下列特点。

首先是装备和技术水平的落后,手镐刨煤和人力拉筐是当时最基本的方法,劳动生产率极低,工人的生产安全没有保障,在 1942 年本溪中央大斜井的一次煤尘爆炸中,死亡工人达 1,600 人。其次是对于自然资源的破坏和浪费。帝国主义者和官僚资本家兴办煤炭工业,除了通过对这个重要工业部门的控制达到在政治上控制中国的目的外,在经济上的唯一目的是获取最大利润。他们对自然资源采用了掠夺式和破坏性的开采,不按照采煤的上下程序,在煤质好、煤层厚的地区普通地使用残柱式和高落式等落后方法进行掠夺,回采率低到 20%—30%,废弃了大部分可以利用的煤炭资源。第三是地区配置上的极端不平衡和不合理。由于旧中国半殖民地的社会性质,煤炭工业的发展主要是符合于帝国主义进行经济掠夺和军事侵略的需要,因此绝大部分集中在东部沿海地区。这些地区中已探明的煤炭储藏量不过全国的 1/10,而煤炭产量却要占全国的 3/4 左右。这样,不但长期造成了极端不合理的北煤南运和东煤西运的现象,大大提高了煤炭的成本,而且大大阻碍了内地工业的发展。最后是发展速度的极度缓慢。在 1930 年以前的 30 年中,中国煤炭工业大概以每年 4%—5% 的平均增长速度发展着,煤炭产量平均每年增长的绝对量不过 70 万吨左右,中间若干年份并且有下降的现象。从 1931 年—1942 年的 12 年,由于日本帝国主义者在其占领区的疯狂掠夺,成为旧中国煤炭产量增加最快的时期,但这个期间的煤炭工业平均增长速度也不过 7.5% 左右,平均每年煤炭产量的绝对增长量也无非 290 万吨左右。旧中国煤炭产量最高的一年为 1942 年,但该年煤炭总产量也只 61,875,000 吨。从 1942 年—1948年,在国民党反动派的破坏下,旧中国本来已脆弱不堪的煤炭工业又受到了极大的摧残。几年中煤炭产量逐年递减 10%—20% 左右,到 1949 年,全国煤炭产量竟缩减到3,243 万吨。煤炭工业已经奄奄一息了。

新中国成立以后,在党的领导下,旧中国残留下来的破烂煤矿立刻得到了大力的恢复和扩建。在 1950 年—1952 年短短的 3 年时间里,全国煤矿完成了民主改革,修复了破烂设备,推行了新式采掘方法,装备了新式机械,提高了劳动生产率和改善了劳动条件。1952 年,全国煤炭产量就到达 6,353 万吨。新中国的煤炭工业,用 3 年的时间就超过了旧中国 70 年(1878 年—1948 年)中的最高水平,充分证明了党的领导的英明、伟大和社会主义制度的无比优越性。

1953 年起,中国进入了第一个五年计划,这 5 年之中煤炭工业有了更为巨大的发展。5 年中,国营煤矿共建设了矿井和露天矿场 262 处,生产总能力达到 9,427 万吨,完成了五年计划指标的 108%。地方煤矿也建设了矿井 199 处,生产总能力达 2,311 万吨。总计 5 年中全国建设矿井和露天矿场 461 处,生产总能力为 11,738 万吨。开采方法上也作了全面的革新,陈旧的残柱式和高落式等方法已完全摒弃,新式的长壁式采煤法得到了普遍的推广。到 1957 年,新式采煤法已经占全部矿井的 95.3%,回采率在 1957 年已提高到 83.9%,使自然资源得到了合理和充分的利用。机械化的程度也有了飞速的提高。1957 年,开采的机械化到达 77.9%,回采工作面的运煤到达 77.4%,主要运输巷道的运煤到达 83.6%,这是新中国成立前所根本梦想不到的。1958 年起,煤炭工业也和其他生产部门一样掀起了大跃进的高潮。在机械装备和技术水平上,最重要的是世界最先进的采煤方法—地下水力采煤法的开始应用。到 1958 年 8 月底止,全国已有 3 处水力化矿井和 139 处水力采掘面,替我国煤炭工业历史创造了新的一页。水力采煤已确定为煤炭工业今后主要的技术发展方向,1962 年我国水力采煤所生产的煤炭将达 4 亿吨,占当年全国煤炭总产量的 60%,这将使我国煤炭工业面貌发生更深刻的变化。1958 年起,在大同、蛟河、鹤岗、抚顺等不少煤矿开始进行了煤炭地下气化的尖端试验,已先后获得成功,在我国煤炭工业史上写下了更新的一页。在煤矿建设和配置方面,这一年中除了大型矿井的继续扩充发展以外,特别重大的成就是实行了全民大办煤炭工业的小、土、群运动,不但尽量地利用了一切可以利用的自然资源,而且迅速地提高了煤炭产量,终于使我们的煤炭工业在各重要工业部门中第一个完成了赶上和超过英国的任务。若是拿发展的速度来对比,英国早在 1854 年就已经能够生产煤炭 6,570 万吨,同我国 1952 年产量 6,649 万吨的水平大体相似。经过了 50 多年时间,到 1907 年,英国的煤产量才增加到 27,000 万吨。而我国只花了 6 年时间,在 1958 年就到达了这个水平,成为世界上苏联和美国以外的煤炭工业最发达的国家。1959 年,我国生产了 34,780 万吨煤炭,比 1958 年约增长 28.7%,超过了英国历史上的最高水平。从煤炭工业这样一个工业部门中,也可以看出我国所有工业部门的宏伟远景和社会主义、共产主义建设的美好前途。

中国的煤炭产量 （单位:百万吨）

年份	产量	年份	产量	年份	产量
1913	13.2	1952	66.5	1956	110.4
1932	26.4	1958	09.7	1957	180.7
1942	61.8	1954	88.7	1958	270.2
1949	32.4	1955	98.3	1969	847.8

　　煤炭工业的地理配置,新中国成立以来也扭转了过去极端不平衡、不合理的状况,

而根据平衡配置生产的原则,一方面使中央的大型煤矿和地方的中小型煤矿合理配合,一方面在充分利用沿海地区原有煤炭基地的基础上,把煤矿建设的重点移向内地。

我国煤炭产量最高的地区是东北区,1950 年它的产量占全国的 36.38%。但区内工业和运输业部很发达,煤炭消耗量极大,因此所产煤炭基本上只能自给,一部分煤炭还须从华北区调运来。为了保证以鞍钢为骨干的南部工业区的发展,本区抚顺、阜新、本溪等煤矿正在不断扩建;此外,为了供应鞍钢以炼焦煤和北部新建工业城市的需要,鹤岗、双鸭、鸡西等煤矿也正在迅速发展。

抚顺煤矿是全国最大的煤炭企业之一,而且是全国最大的露天煤矿。早在汉代这里已经有人采掘煤炭,历代开采不辍。这个世纪初期,抚顺开始建立近代化的矿场,1905 年落入日本帝国主义者之手后,横遭 40 年的破坏和掠夺。抗战胜利以后又受到国民党反动派的严重破坏,所以东北解放之初这个煤矿已经极端破烂衰老,估计只能再开采 10 年。但是由于在党的倾导下进行了总体改造,并且纠正了日本占领时所测定的断层,大大增加了煤炭的储藏量,使这里重新成为一个年轻的煤矿,可以继续开采100 年以上。抚顺煤矿包括露天、龙凤、胜利、双金沟、老虎台等大矿场,1958 年产量达1,518 万吨,居全国第一位。

东北区第二个重要煤炭基地是阜新煤矿。这里包括新丘、米家窝铺和双家湾等矿井,特别重要的则是海州的露天矿场。日本占领时期,由于没有摸清这里的煤田地质就草率动工,已经开凿了 7 个斜并准备开采。新中国成立以后,经过了详细勘探,肯定了海州是一处蕴藏丰富、煤层厚、覆盖物薄的煤田,适宜于露天开采,于是就封闭了日本占领时期的旧斜井,于 1953 年建成了这个名闻国内的巨大露天矿场。1957 年,阜新煤矿的产量为 850 万吨,1958 年产煤 1,360 万吨,1959 年更达 1,710 万吨,超过开滦而跃居全国第二位。

东北区的第三个大煤矿是黑龙江的鹤岗煤矿。由于这里的煤炭大部分可以炼焦,对支持鞍钢有重要意义,所以在第一个五年计划中作了重要发展,由 3 个矿区增加到6 个矿区。1959 年的产量已达 3,000 万吨以上,是全国年产量 1,000 万吨以的七大煤矿之一。

除了上述以外,东北区南部的主要煤矿还有本溪、北票、西安、通化等;东北区南部的煤炭产量,约占全区的 2/3。东北区北部的大煤矿还有鸡西、双鸭、蛟河、穆棱等,其中鸡西煤矿也是全国的七大煤矿之一。北部的煤炭产量约占全区的 1/3。

华北区也是我国煤炭工业很发达的地区,1956 年的产量占全国 31.83%,是目前全国唯一的余煤区。这里最大的是开滦煤矿,矿井分布在唐山、林西、唐家庄等地,是我国最早建立的近代化煤矿。这个煤矿在 1900 年被英帝国主义霸占,以后又被日本占领,被掠夺去了 19,000 万吨煤炭。英国和日本霸占下的开滦煤矿,设备简陋,事故频仍,从 1913 年—1948 年的 30 多年时间里,有 4,000 多个矿工死在矿井里,成为一个人间地狱。新中国成立以后,经过几年来的改造发展,开滦煤矿已经完全改观。全矿采煤的机械化程度已高达 90% 以上,水力采煤法也已经在这里使用。开滦煤矿 1957 年产量超过 900 万吨,居全国第二位。1958 年的产量已超过 1,000 万吨。它所生产的炼焦配煤和动力煤等,除了供应京津唐地区的黑色冶金、电力和机车用煤外,还大量支持华东区。

河北省另一个重要煤炭工业基地是南部的峰峰煤矿。由于这里出产大量质量优良的炼焦煤,南援武钢,北供石(景山)钢,具有重要意义。1958 年,峰峰煤矿的产量可逾 500 万吨。此外,河北省境内的煤矿还有不少,如京西(在门头沟一带)、井陉、临城、六河沟等矿,也都有一定的规模。

山西北部的大同煤矿是华北区次于开滦煤矿的第二个煤炭工业基地,也是目前全国机械化程度最高的煤矿之一。1957 年煤炭产量超过 600 万吨,是全国仅次于抚顺、开滦、阜新的第四个大煤矿。1950 年产量已超过 7,000 万吨。大同煤矿储藏量,地质条件也好,将随着包钢的发展而获得更巨大的发展。

此外,华北区的重要煤炭基地在山西境内还有太原西郊的西山煤矿,它和太原组成为太原小型煤钢基地。同蒲线上的汾西煤矿,将是一个支持武钢的重要炼焦煤基地。晋东南的潞安煤矿,侯詹店到东观的铁路在两年内修通后,也可大量支持武钢。晋西北宁武煤田东南部的轩岗煤矿,对支持包钢有很大的意义。晋东的阳泉、平定、原盂县一带,煤炭工业也很发达,其中阳泉是我国最大的无烟煤产地之一。最后,内蒙境内的石拐子煤矿也已于 1957 年建立第一个平峒,这是支持包钢最近便的煤炭基地。

华中区是我国次于东北和华北的第三个煤产区,1956 年的煤炭产量占全国产量的 10% 以上。但是由于区内工业和运输业的不断发展,特别是规模巨大的武钢的建设,煤炭消耗量增加极速,所以华中区仍然是一个缺煤区,需要从外区调运。因此,在第二个五年计划中,正在大力进行以河南西北、中部和湖南中部各煤田为重点的煤炭工业建设。

华中区的煤炭工业目前集中在河南省。最重要的是平顶山煤矿,几年来建成了数对现代化矿井,出产大量的主焦煤和肥煤。产量到 1962 年可以赶上开滦,前途远大,对支持武钢更有重要作用。黄河以北的主要煤矿有鹤壁集和焦作两处,鹤壁集煤矿生产大量的瘦煤,可与平顶山所产煤炭配合炼焦。焦作煤矿则是我国无烟煤的最大产地。河南省在全民大办煤炭工业的运动中,成绩是非常卓著的,宝丰县曾以日产煤炭 30,441 吨,创造了土法采煤的最高纪录。

湖南和湖北两省的煤炭工业主要是有待发展。湖南省中部湘江流域的煤田已经进行了规模很大的矿井建设,发展前途极好。湖北省的煤炭工业主要分布在大冶附近的石灰窑等地,但规模较小,石灰窑出产的无烟煤可供武汉一带的需要。

华东区过去长期缺乏煤炭工业,煤炭的消耗量很巨大,全由华北区供应。新中国成立后,淮南、贾汪、萍乡、淄博等煤矿得到了大力扩建,产量有了迅速的提高。但1956 年全区煤产量还不到全国的 10%。

华东区最大的煤炭工业基地是安徽的淮南煤矿。这是中国南方最大的煤矿。新中国成立后这里作为建设重点,除了扩充和改建原有的九龙岗、大通、新庄孜 3 矿以外,又新建了李一、李二、谢一、谢二、谢三等新矿。1958 年淮南煤矿出产煤炭达 817万吨,比 1957 年增加 60% 以上。1959 年产量已超过 1,000 万吨,成为全国七大煤矿之一。这里的煤炭绝大部分沿淮南铁路装运到裕溪口,然后装船循长江下行至上海,或上行至黄石和武汉。

华东区另一重要煤矿是贾汪煤矿。这是徐州煤炭基地的一部分,对支持华东区的工业有重大意义。最近几年中这里正在加紧建设。除了原有的贾汪以外,青山泉的矿井已经建成,大黄山、潘家庵和九里山的矿井也正在赶建。1958 年这里已可生产煤炭300 万吨以上。

华东区另一处较大的煤炭工业基地是江西的萍乡煤矿,它也是目前我国长江以南的最大的煤炭基地。这里有丰富的炼焦煤,1958 年的煤炭产量已达 300 万吨,对支持武钢有重要意义。

除了上述以外,华东区较大的煤矿还有山东的枣庄、陶庄、新汶,江西的乐平、浮梁、上饶,浙江的长兴、江山等处。它们也都在不断地扩建和发展中。

西北区虽然有丰富的煤炭资源,但新中国成立前煤炭工业极端落后,新中国成立以后才开始建立现代化的矿井。作为“先行官”的煤炭工业在西北区的发展,对于西北区的工业、运输业和整个国民经济的发展,将具有十分重大的意义。1956 年全区产量占全国的 3.5%,现在正以渭北和贺兰山煤田为重点大力发展中。

目前西北区的最大煤炭基地是陕西的铜川煤矿。新中国成立后,除了改建了两个原有的矿井外,还建成了现代化的三里洞竖井,产量有了很大的提高。铜川煤矿位于“陕西黑腰带”的中心,发展前途很远大。1962 年,这里将建成一个年产 600 万吨的煤炭基地。

甘肃省境内的煤炭工业新中国成立后也有了很大发展。兰州附近的阿干镇煤矿,对供应兰州的工业需要和兰新、天兰等铁路用煤,有很大意义。此外,山丹煤矿也已部分投入生产,它将是河西走廊的重要煤炭基地。

　　宁夏回族自治区的煤炭工业主要分布在北部的石嘴山。石嘴山煤矿在支持包钢和包兰铁路用煤方面有重要的意义。

　　西南区也是长期来煤炭工业极落后的地区,新中国成立后有了改变,1956年的产量占全国的6.96%。现在正在以重庆周围和贵州西部的煤田为重点,加紧建设中。重庆西南的中梁山煤矿正在建设大型的平硐,将成为西南区最大的煤炭工业基地,对支持重庆的钢铁工业和西南区其他工业及运输业,具有很大的意义。此外,四川省境内的天府和贵州省境内的南桐两煤矿,也都是西南区较大的煤炭工业。

　　在华南区,广东乐昌的南岭煤矿和广西僮族自治区的来宾煤矿等较大煤矿,新中国成立后也都有了发展。但1956年全区的煤炭产量还只占全国的0.76%。最近一年中,这里的煤炭工业已经大大地加快了发展速度。仅以广东曲江附近新建的4对矿井为例,建成以后的产量就可以超过过去广东全省煤炭产量。

　　台湾的煤炭工业主要分布在北部基隆、台北和新竹一带,过去年产量约为200万吨左右。目前在美帝国主义和国民党反动派的摧残掠夺之下,煤炭工业也和其他的生产部门一样陷入困境,亟待解放。

　　除了上述许多大型煤炭工业,我国还有更多的中小型煤矿。

　　新中国成立以来,在党的领导下,贯彻了大型企业和中小型企业同时并举的方针,地方煤矿有了很大的发展。自从全民办煤炭工业的运动从1958年开展以来,地方煤矿更像雨后春笋地蓬勃发展了。全国大部分县(1,500多个县)办了中小型煤炭工业,这是一支十分巨大的力量。在大型煤矿和中小型煤矿同时并举的正确方针的指导下,我国煤炭工业将会很快顺利完成赶上并远远超过美国的任务,而和苏联在一起,成为世界上煤炭工业最发达的国家。

欧亚其他社会主义国家

　　欧洲其他社会主义国家中,煤炭工业最发达的是波兰。全国有22万煤矿工人,煤炭工业在国民经济中居于极其重要的地位。在它的对外贸易中,煤炭也居极其重要的地位,1956年煤炭和焦炭的出口曾占全国出口总值的1/2左右。在1959年—1965年的七年计划时期中,虽然机器、其他工业设备和运输工具等的输出要大大增加,但每年的煤炭和焦炭的输出量将仍达1,500万到1,600万吨。

　　波兰解放以来,煤炭工业的发展是很迅速的。在技术装备上,1958年波兰采煤的机械化程度达32.3%,装卸的机械化程度为19%,并且成功地推行了水力采煤法。几年来产量也有了很大的增长,按人口平均的采煤量;波兰在1956年就达到3.5吨,在世界上居有很高的地位。

波兰的煤炭产量

（单位：万吨）

类别 ＼ 年份	1929	1937	1947	1950	1951	1952	1953	1954	1955	1956	1957	1958
石煤	4,610	3,622	5,913	7,800	8,199	8,444	8,860	9,130	9,450	9,510	9,410	9,500
褐煤	—	1.8	477	484	590	620	620	690	710	620	600	750

波兰的煤炭产量虽然有了很大的增加，但是由于国内社会主义建设的飞速发展，各生产部门对煤炭的需要量与日俱增，[②]因此波兰人民正在统一工人党的领导下，进一步大力发展煤炭工业和更快地增加产量。根据新的七年计划，到1965年，波兰将生产石煤11,200万吨—11,300万吨，褐煤2,700万吨，并且还将生产10亿立方米的地下煤气，各企业使用石油产品，也将比1958年扩大220％，以既维持煤炭的正常出口，又解决燃料的平衡问题。

波兰的煤炭工业主要分布在南部上西里西亚地区，包括卡托维兹和克拉科夫两省的栋布罗伐—古尔尼恰、克拉科夫、索斯诺维次、格利维策、卡托维兹等地。早在18世纪，波兰人民已经在这个地区采掘煤炭，建立了许多露天矿场。经过以后长期来的扩充，特别是波兰人民共和国成立以来的大力建设，这里目前已拥有70个现代化的矿井和许多露天矿场，产量占全国的95％以上，成为波兰最大的煤炭基地。上西里西亚矿区出产的煤炭大部分是动力用煤，炼焦煤主要在格利维策、扎布热、里布尼克等地开采。

波兰的第二个煤炭工业基地是下西里西亚，二次世界大战前下西里西亚曾经被法西斯德国占领，战后才回到波兰人民的手里。这里以伐乌布白伊赫为中心，所产大部分是品质优越的炼焦煤，并且还出产部分无烟煤。

波兰的褐煤绝大部分出产于西南部的弗劳兹拉夫省，其次是西部的热洛纳古腊省和波兹南省。波兹南省的科宁城一带，褐煤采掘工业最近已有巨大的发展。

波兰的煤炭除了供给本国需要外，还有大量的出口。输出的主要对象是苏联、德意志民主共和国、南斯拉夫以及斯堪的纳维亚的瑞典、芬兰和挪威各国。

捷克斯洛伐克的石煤产量仅次于波兰，煤炭工业的技术装备和企业规模解放以来也都有很大的发展。由于它所出产的石煤质量很好，同时又有大量可以和石煤媲美的优质褐煤，捷克斯洛伐克的煤炭产量事实上已经超过了法国。但是，也由于社会主义建设的迅速高涨，其他工业部门的煤炭需要量增长很大，所以战前曾有大量煤炭输出，现在则甚至要从波兰输入一部分煤炭了。捷克斯洛伐克正在继续大力扩建煤炭工业，继续迅速提高产量，以适应整个国民经济发展的需要。预计到1960年，石煤产量将达2,930万吨，褐煤产量将达 5,779 万吨;到 1965 年,石煤和褐煤的产量更将达 11,300 万吨。

捷克斯洛伐克的煤炭产量

年 份	煤 炭 产 量(百万吨)			
	石 煤	褐 煤	次等褐煤	合 计
1900	9.8	17.5	—	27.8
1930	14.5	19.1	—	33.6
1940	20.7	21.6	0.7	43.0
1945	11.6	14.7	0.6	26.9
1948	17.7	22.5	1.0	41.2
1952	20.2	31.9	1.8	53.4
1955	22.1	38.6	2.0	62.7
1957	25.3	48.7	2.2	76.2
1958	26.6	50.4	1.4	78.4

捷克斯洛伐克最大的煤炭(石煤)工业基地是沃斯特腊伐—卡尔维纳矿区,产量要占全国石煤总产量的 80% 左右。厄尔士山脉南麓的莫斯特一带(霍木托夫煤田),是全国最大的褐煤产地,产量超过沃斯特腊伐—卡尔维纳矿区。此外,主要的石煤产地还有克拉德诺,主要的褐煤产地还有索科洛夫。虽然捷克斯洛伐克的全部煤炭产量中褐煤占了 2/3,但是这里的褐煤的质量良好,可以作为机车、轮船和许多产业部门的燃料,因此经济价值很大。褐煤绝大部分可以用露天方式开采,投资省而收益大。按照 1956 年的情况,捷克斯洛伐克的全部煤炭产量中,矿井开采的占 57%,露天开采的占 43%。

德意志民主共和国的煤炭工业部门中,石煤采掘的比重是比较小的,因为资源缺乏。萨克森区发展了石煤采掘工业,但产量不大,不能满足国内的需要。所以,在民主德国的全部进口物资中,煤炭是最大的一项。

但是,德意志民主共和国褐煤采掘工业的规模和产量都居世界第一位,约占世界褐煤总产量的一半左右。褐煤采掘几乎全部是露天矿场,而且分布极普遍。最大的褐煤工业在哈勒和来比锡附近,其次是施普累河上游的维尔兹和劳塔一带。现在,民主德国不但大量用褐煤压制煤砖和作为化学工业的原料,并且还大量地用来发电。例如柏林最大的克林根堡电力站就已经改用褐煤为燃料,它每年约可节省石煤 50 万吨。利用褐煤炼焦,民主德国也已获得了很大的成功。

捷克斯洛伐克煤炭工业的地理分布

矿　区	煤　质	1957 年产量 （千吨）	占总产量 百分比（％）	占石煤、褐煤、次等褐煤 产量百分比（％）
沃斯特腊伐—卡尔维纳	石　煤	20,503.7	26.8	占石煤产量81.0
克拉德诺	石　煤	2,670.4	3.6	10.6
比尔森	石　煤	854.9	1.1	3.3
德鲁特诺夫	石　煤	668.8	0.9	2.0
罗西泽	石　煤	630.8	0.8	2.6
莫斯特	褐　煤	34,345.2	44.9	占褐煤产量70.1
索科洛夫	褐　煤	18,248.8	17.3	27.1
汉德洛伐	褐　煤	770.5	1.0	1.6
摩特里—凯门	褐　煤	422.9	0.6	1.8
捷克—布迭约维策	次等褐煤	459.0	0.7	占次等褐煤产量20.5
霍多宁	次等褐煤	1,038.1	1.4	46.5
诺瓦契	次等褐煤	736.8	0.9	33.0
合计		76,343.4	100.0	

德意志民主共和国的煤炭工业发展是很迅速的,预计到 1960 年,石煤的产量为 296 万吨,褐煤的产量则将跃升到 24,400 万吨。为了更合理地配置煤炭工业,民主德国褐煤开采的重心将由西部移向东部。1960 年东部开采的褐煤将占全国的 77%,1970 年则将占 90%。

德意志民主共和国的煤炭产量[③]　　　　　　　（单位:万吨）

类别	1938	1947	1950	1951	1952	1953	1954	1055	1956	1957	1958
石煤	340	275	280	320	290	290	290	270	271	275	290
褐煤	10,110	10,170	13,730	15,250	15,910	17,500	18,380	20,000	20,590	21,135	21,490

匈牙利的煤炭工业在最近几年中也有很大的发展,石煤和褐煤的产量都已超过战前水平一倍以上。但是匈牙利的石煤资源不多,特别是缺乏炼焦煤,所以煤炭产量大致还只能满足国内 4/5 的需要。不过褐煤的产量很大,在很大程度上也可以弥补石煤的不足。

匈牙利的煤炭产量④ （单位：万吨）

类　别	1937	1947	1950	1951	1952	1953	1955	1957	1958
石　煤	92	106	150	160	180	210		204	
褐　煤	803	775	1,180	1,360	1,090	1,920	2,230	1,915	2,420

匈牙利最重要的煤炭产地在梅切克山区。矿区中心在贝奇和科姆罗，显然产量不过全国的10%，但是由于是匈牙利唯一的石煤产地，却有特别重要的意义。最大的褐煤产地在布达佩斯的西北地区，包括多洛格和托托巴尼约等矿区，产量占全国的28%。此外如莫尔、艾卡、肖耳果托里延和密什科尔次附近的狄奥斯特尔等地，褐煤采掘工业也很发达，绝大部分都是露天矿场。除了石煤和褐煤以外，匈牙利还出产相当数量的泥炭。泥炭采掘工业主要分布在东北部的艾契特斯卡和包特罗契斯、西北部的汉赛以及巴拉顿湖西南沿岸的契斯巴拉顿等地。

匈牙利煤炭工业的区域分布

矿　区　中　心	煤炭类别	产量占全国的万分比（%）
贝奇、科姆罗	石　煤	10.0
多洛格、托托巴尼约	褐　煤	23.0
莫　尔	褐　煤	20.0
狄奥斯特尔	次等褐煤	18.0
艾　卡	次等褐煤	15.0
肖耳果托里延	次等褐煤	8.0
布尔皮尔巴纳	次等褐煤	1.0

罗马尼亚、保加利亚和阿尔巴尼亚3国中，煤炭工业规模较大和产量最多的是保加利亚。和解放以前相比，保加利亚的煤炭产量已经增加了5倍以上。和匈牙利一样，保加利亚的煤炭产量中绝大部分是褐煤。以1957年为例，全部煤炭产量中褐煤占了96.25%，烟煤占2%，无烟煤占1.75%。保加利亚的褐煤大部分具有很好的质量，可以作为许多产业部门和铁路运输的动力用煤；次等褐煤多用于发电，或是混在优质褐煤中作为机车的燃料。保加利亚的次等褐煤拥有巨大的储藏量，但解放以前却很少开采利用，1939年全国次等褐煤的产量只占煤炭总产量的4%。但目前已经大量开采利用，产量已接近煤炭总产量的40%。保加利亚的煤炭产量增长极快，1959年的计划产量为1,500万吨，1960年更将达1,900万吨以上。

保加利亚的煤炭产量　　　　（单位：万吨）

年　代	1939	1944	1952	1953	1954	1955	1956	1957	1958
产　量	230	300	710	840	860	1,030	985	1,200	1,273

　　保加利亚最大的煤炭基地在季米特洛夫附近，出产质量很好的褐煤。产量在1952年要占全国的63%，目前由于其他矿区的产量上升而在全国的比重有所下降，但仍占全国的46%左右。马里乍河流域的矿区和首都索非亚附近的矿区，最近几年中发展最快。这里出产次等褐煤，目前产量已各占全国的15%以上。此外，罗多彼山脉西段以北的波波佛多，也是重要的褐煤产地。保加利亚最重要的石煤产地在加布罗伏附近，其次是斯夫格一带，产量近年来也有较大增加。在保加利亚的全部煤炭工业中，有44%是露天矿场，这对于降低成本具有很大的意义，也有助于煤炭工业的更快发展。

　　罗马尼亚的燃料动力工业中，最重要的部门是石油工业，煤炭工业只占次要的地位。但是，煤炭工业在近年来仍得到了很大的发展，产量比解放前增加了两倍以上。在全部煤炭产量中，绝大部分是褐煤。全国最大的煤炭工业在胡内杜瓦腊州的佩特罗沙尼矿区，出产品质很好的褐煤，是铁路运输的主要燃料，也供应了发电站的大量需要，巴纳持山脉地区是主要的烟煤产地，可供炼焦之用；此外，在胡内杜瓦腊州也已发现了若干炼焦煤，并且已经建立了炼焦厂，供应这里一带黑色冶金工业的需要。罗马尼亚的煤炭工业今后还将有更大的发展，预计到1960年产量将达1,500万吨—1,600万吨。

罗马尼亚的煤炭产量　　　　（单位：万吨）

年　代	1958	1947	1950	1951	1955	1956	1957	1958
产　量	282	70	390	460	620	628	705	738

　　阿尔巴尼亚煤炭工业的规模虽不大，但战后年代中产量的提高也很迅速。在首都地拉那附近和东南部科尔恰等地的褐煤采掘工业有了很大的发展。褐煤的产量在1949年约为16,000吨，1955年的产量已经增加到20万吨，为1949年的13倍以上。1957年的产量达23.5万吨，1958年的产量达25.6万吨。

　　在亚洲的各社会主义国家中，除了中国以外，煤炭工业最发达的是朝鲜民主主义人民共和国。朝鲜的最大煤炭产地集中于平安南道和平安北道，在日本占领时期，这里的煤炭产量要占全国总产量的85%。此外，平壤附近地区和东部沿海的文川、龙潭等地，也都有相当发达的煤炭工业。由于日军撤退时和后来美帝国主义的严重破坏，朝鲜煤炭工业的矿井和地上建筑，70%都被毁灭。虽然经过朝鲜人民几年来的艰苦努力,但直到 1958 年为止,煤炭工业产量还没有恢复到日本占领时期的最高水平。当然,这仅仅是时间问题。在社会主义建设的大跃进中,朝鲜的煤炭工业也已跨上千里马,所以必然会迅速地赶上和超过历史上的最高水平。

1959 年朝鲜的煤炭产量将达 1,086 万吨,不仅在总产量方面已经超过了战前的最高水平,在按人口平均的产量方面也将超过资本主义高度发展的日本。根据朝鲜劳动党提出的今后四、五年的经济建设计划,朝鲜的煤炭产量在四、五年以后将跃升到 2,500 万吨,成为一个煤炭工业非常发达的国家。

朝鲜的煤炭产量⑤ （单位:万吨）

年代	1944⑥	1948	1949	1953	1954	1955	1956	1957	1958
产量	800	266	399	71	205	324	390	500	688

韩国的煤炭工业是很薄弱的,年产量仅数十万吨,较大的矿井分布在三陟附近及和顺。

越南民主共和国的煤炭工业拥有很好的基础。鸿基煤矿不仅是东南亚的第一大煤矿,在亚洲范围内它也是有名的。由于在解放战争期间受到法国侵略军的严重破坏,越南人民接管矿井的时候全矿已陷于瘫痪状态,年产量只有 20 余万吨。几年来,越南人民在越南劳动党的领导下,进行了巨大的努力,1957 年的煤炭产量已经提高到 110 万吨,1958 年,产量更上升到 150 万吨,并且已经向日本和我国等输出了。

越南的南部(即北纬 17°线以南的南越反动政权境内),在广南省的农山有两处煤矿,自 1900 年—1920 年曾生产煤炭 28 万吨,1920 年以后即停止生产,目前几乎完全没有煤炭工业。

蒙古人民共和国也已经建立了近代化的煤炭工业。规模最大的矿区在首都乌兰巴托东南的纳来哈,那里有 7 个主要的矿井,设备都是新式的。此外还有沙音山达、温都尔汗、哲布拉克和科布多等地,也都建立了新式的煤炭工业。1956 年,全国煤炭产量为 343,000 吨。按照蒙古发展经济文化的 1958 年—1960 年的三年计划,1957 年的煤炭产量预计为 354,000 吨,但实际产量则已超过了 40 万吨。1960 年的产量预计为 637,000 吨,估计也可超额完成。蒙古人民共和国的煤炭工业,正在加速发展中。

美　国

在整个资本主义世界中,煤炭工业最发达的国家是美国。

美国的近代化煤炭工业建立于 18 世纪末期。最初,刺激煤炭工业发展的有利因素是铁路和航运。根据1889年的统计,全部煤炭产量的27.7%为铁路所消耗,黑色冶金工业部门消耗16.7%,其他所有生产部门和民用消耗55.6%。但是这个时期建立的多为小型矿井,机械化的水平不高,主要只有蒸汽机和压缩空气的设备,因此产量也就较低。直到本世纪初期,煤炭工业才有了大规模的发展,诸如大型矿井的兴建、机械化水平的提高、[⑦]露天开采比重的增大[⑧]等等,使美国的煤炭产量有了迅速的增长。至1918年而到达顶峰,产量超过6亿吨。但是以后,煤炭工业就走上了下坡路。1918年以后,除了个别年份由于有一些特殊原因外,再也不能到达1918年的生产水平了。

美国的煤炭产量[⑨]　　　　（单位：百万吨）

年　份	产　量	其中无烟煤产量	年　份	产　量	其中无烟煤产量
1913	817	—	1947	624	52
1918	615	87	1949	436	39
1929	655	65	1950	508	40
1937	451	46	1953	443	28
1938	368	42	1954	378	24.6
1939	406	47	1956	449	22.6
1944	620	58	1956	480	26
1945	574	50	1957	467	23
1946	539	55	1958	421	20

美国拥有丰富的煤炭资源,但是煤炭产量长期一蹶不振,很大的原因是对其他比煤炭更宝贵的动力资源(如石油和天然煤气)的掠夺性的开采。

美国动力平衡表（%）

年　代	煤　炭	石　油	天然煤气	水　力
1901—1905	87.7	6.9	3.2	3.2
1911—1915	88.5	9.1	8.7	3.7
1923—1930	65.7	23.6	7.4	3.8
1931—1935	57.2	29.1	9.8	8.9
1936—1940	53.0	82.1	11.2	3.7
1941—1945	54.2	29.9	11.9	4.0
1946—1950	45.5	34.2	16.0	4.3
1951	38.2	37.6	20.2	4.0
1953	32.5	40.0	23.0	8.9
1954	29.3	41.8	25.0	3.9

许多年来,液体燃料和气体燃料一直在燃料市场上排挤和代替煤炭,以使垄断资本获取最高利润。国内市场的逐渐缩小,直接造成了美国煤炭工业的衰落。

美国的煤炭消耗(%)

消费者	1937	1945	1953	1954
公用电话	9.9	12.8	26.4	81.8
一级铁路	20.4	22.4	6.5	4.8
炼焦	17.2	17.0	20.4	23.5
炼钢、轧钢	3.0	1.8	1.5	1.4
水泥工业	1.2	0.7	1.9	2.3
其他工业	27.3	23.2	22.9	21.8
家庭消费	18.5	21.8	14.4	14.4
总消费量(百万吨)	392	507	386	329

不仅如此,在煤炭生产量缩减的情况下,美国每年仍有大量煤炭剩余。于是,美国垄断资本就千方百计地阻挠控制下的那些国家发展煤炭工业,不遗余力地向它们输出煤炭。美国的煤炭主要输往加拿大,其次是拉丁美洲。第二次世界大战以后,更借"援助"为名,把煤炭大量输往西欧和日本,强使这些国家购用高价的美国煤炭。[10]目前,美国每年输往国外的煤炭约有3,000万吨—4,000万吨。

美国煤炭出口量　　　　　　　　　　　　(单位:百万吨)

年份 煤炭	1913	1938	1945	1947	1950	1952	1953
烟煤	18.3	9.5	25.3	62.3	23.1	43.2	30.6
无烟煤	4.2	1.7	3.3	7.7	3.5	4.2	2.5
合计	22.5	11.2	228.6	70.0	26.6	47.4	33.1

美国煤炭工业本身对于自然资源的浪费也是惊人的。垄断资本家在设计矿井时,考虑的只是利润,回采率的大小是毫不介意的。直到现在,落后的残柱式采煤法和其他柱式采煤在美国仍然普遍流行,它的产量要占全部煤炭产量的38%,采煤的损失一般达到30%—45%。至于节约自然资源的煤的地下气化、美国要比苏联晚12年,即到1946年才在阿拉巴马州进行试验。试验断断续续地进行了一个时期,到1953年,美国国会就拒绝了拨给地下气化试验用的追加款项,理由是这种方法赢利不大。于是,阿拉巴马州的地下气化试验就从此中断了。美国垄断资本家为了利润,甚至不惜

抛弃全部煤炭资源。新墨西哥州的褐煤田中含有少量的铀矿物,垄断资本家为了掠夺这种战略资源竟毁坏了巨量的褐煤资源。

　　美国煤炭工业的地区配置极端不平衡,也极端不合理。美国煤炭资源最丰富的地区是北部大平原和落基山各州,但是美国煤炭工业却集中在资源比较贫乏的东北部。以1954年为例,落基山区的怀俄明州,煤炭储藏量占全国的20%以上,但产量只占全国的0.7%。东北部的宾夕法尼亚州,煤炭储藏量只占全国的2.9%,但产量却占全国的23.6%。近年来,美国煤炭工业有逐渐向南移动的迹象。1916年—1920年的全国平均开采量中,东北部占68.8%,西部占5.9%,南部占25.3%;但1950年的全国开采量中,东北部占49%,西部占3.9%,南部已上升到47.1%。这种现象丝毫不能说明美国煤炭工业在配置上有任何平衡的趋向,只是因为过去盛行奴隶制的南部有着众多的廉价劳动力,更能满足资本家最高利润的欲望。

　　美国的煤炭工业主要分布在宾夕法尼亚州。这里的煤矿在美国具有最久远的开采历史,并且是全国最大的无烟煤产地。目前虽然在比重上已较前略减,但仍是全国最大的煤炭产地之一。不过无烟煤采掘由于石油和天然煤气的排挤,倒反不如以前,而且还有一部分无烟煤(约占无烟煤产量的10%),主要通过安大略湖上的港口罗契斯特,转运到加拿大去了。

　　在阿帕拉契亚煤田中,开采最盛的是西弗吉尼亚州,近年来产量已经超过宾夕法尼亚州而居全国第一位。其次是肯塔基州。此外如弗吉尼亚、田纳西、阿拉巴马等各州,也有一定的产量。

　　在内陆煤田中,规模最大的煤炭工业在伊利瑙州,其次是俄亥俄和印第安纳各州。这里是美国露天开采最发达的地区,1954年俄亥俄一州的露天开采量,就要占全国露天开采量的62%。

　　北部大平原和落基山各州的煤炭工业非常薄弱,其中只有犹他州的产量较多。太平洋沿岸的煤炭工业更为落后,只有华盛顿州有少量出产。

欧洲其他国家

　　美国以外,资本主义世界中煤炭工业最发达的地区是西欧,煤炭产量最多的是英国和西德,其次是法国和比利时。在其他欧洲资本主义国家中,只有荷兰和西班牙的煤炭年产量超过1,000万吨。整个欧洲资本主义国家的煤炭总产量,按照目前的水平,每年也不过略多于5亿吨。

美国各州的煤炭产量(%)

州　　别	最高年产量 (百万吨)	1929	1939	1944	1949	1954
宾夕法尼亚	—	35.7	32.4	30.8	27.4	23.6
其中:烟煤	162(1918 年)	—	—	—	—	—
无 烟 煤	90(1917 年)	—	—	—	—	—
俄 亥 俄	42(1920 年)	3.9	4.5	6.0	6.4	7.2
印 第 安 纳	28(1918 年)	3.0	3.8	4.1	3.4	3.1
伊 利 瑙	81(1918 年)	10.0	10.3	11.3	9.8	10.0
马 里 兰	5(1907 年)	0.45	0.4	0.3	0.15	0.1
密 苏 里	5(1917 年)	0.7	0.75	0.7	0.7	0.5
艾 奥 华	8(1917 年)	0.7	0.75	0.3	0.4	0.3
堪 萨 斯	7(1918 年)	0.5	0.5	0.4	0.4	0.35
北 达 科 塔	3(1950 年)	0.35	0.5	0.4	0.7	0.7
西弗吉尼亚	160(1947 年)	22.8	24.3	24.2	25.5	27.7
肯 塔 基	76(1947 年)	0.8	9.7	10.5	13.0	14.3
弗 吉 尼 亚	19(1951 年)	2.1	2.0	2.9	3.0	4.2
阿 拉 巴 马	19(1926 年)	3.0	2.7	2.8	2.5	2.4
田 纳 西	7(1942 年)	0.9	1.1	1.1	0.9	1.6
阿 肯 色	2.5(1907 年)	0.25	0.25	0.3	0.2	0.15
俄克拉何马	4(1920 年)	0.5	0.25	0.5	0.6	0.4
特 克 萨 斯	2(1913 年)	0.2	0.2	—	—	—
科 罗 拉 多	11(1917 年)	1.8	1.1	1.2	1.0	0.7
蒙 塔 那	4(1944 年)	0.5	0.75	0.8	0.6	0.4
新 墨 西 哥	4(1928 年)	0.35	0.25	0.3	0.2	0.05
犹　　他	7(1947 年)	0.9	0.75	1.0	1.3	1.3
怀 俄 明	9(1945 年)	1.1	1.1	1.4	1.2	0.7
华 盛 顿	4(1918 年)	0.85	0.35	0.2	0.18	0.15
总计(百万吨)	624(1947 年)	555	405	620	436	378
其中:烟煤	572(1947 年)	—	—	—	—	—
无 烟 煤	90(1947 年)	—	—	—	—	—

　　在资本主义世界,英国煤炭工业的规模和产量虽然仅次于美国,但是它是在产业革命时代建立起来的,[⑪]设备陈旧,技术落后,直到 1857 年,全国采煤工作面中的机械化程度仍只占 20%。而且企业的规模狭小而分散,生产率很低。而且矿井经过长期开采,深度平均已达 350 米,最深达 900 米,露天开采的煤炭产量约只占总产量的 7%。因此矿井的投资越来越大,是一个处于腐朽没落的社会制度下的腐朽没落的工业部门。第二次世界大战以后,工党政府付出了大量的赔偿费和股息,对破烂不堪的煤炭工业实行了所谓"国有化",这样解脱了垄断资本家的沉重负担,并使他们能将获得的赔偿费和股息投资于其他有利可图的部门。这就是英国煤炭工业没落的铁证,是资本主义制度下的所谓"国有化"的本质。

　　在英国工业发展的历史上,煤炭具有很重要的意义。因为蒸汽动力是促成产业革命的重要关键之一,而煤炭在当时几乎是获得蒸汽动力的唯一燃料。此外,在很长时期中,煤炭一直是英国重要的出口物资,它不但不等价地取得了英国需要的部分粮食和工业原料,而且在运输工具(轮船)的平衡上起了很大的作用。[⑫]以输出盛时期的 1913 年为例,当年英国出口煤炭达 9,800 万吨,约为全国煤炭产量的 1/3,占英国出口总值的 10% 和当年世界煤炭出口总量(包括船舶用煤)的 55%。因此,在有一段时期中,英国煤炭工业的发展和煤炭产量的增加是非常迅速的。19 世纪之初,煤炭产量据估计只有 1,000 万吨,1860 年产量即上升到 8,100 万吨。5 年以后产量冲破亿吨大关,而 1913 年的 29,200 万吨达到了英国煤炭工业的最高发展阶段。此后,英国煤炭工业的产量和输出量就此大大缩减。最近若干年来年产量大多不到 1913 年的 80%。虽然每年仍有相当数量的输出,但优质煤炭已经不敷国内需要,要从国外进口了。1956 年起,输入煤炭的价值已经超过了输出煤炭的价值,成为英国经济上的严重问题。

英国的煤炭产量　　　　　　　　　　　　(单位:百万吨)

年　份	产　量	年　份	产　量	年　份	产　量
1875	135	1946	193	1956	226
1900	229	1951	226	1957	227
1913	292	1952	229	1958	215
1929	262	1953	228		
1932	212	1954	228		
1937	244	1955	225		

　　英国煤炭工业衰落的根本原因是接二连三的经济危机使得国内外煤炭市场锐减,

这是资本主义制度下不可避免的结果。此外,外国煤炭特别是美国和德国煤炭的竞争,也大大地影响了它的输出。第二次世界大战以后,美国煤炭的到处倾销尤其是对它的致命打击。其他燃料特别是石油和水力等的广泛使用,对英国煤炭的国外市场也不无影响。英国煤炭传统市场的意大利,从 1913 年—1929 年之间,水力发电得到了相当的发展,水力发电的年产量的增加就约相当于 900 万吨煤炭。自从 1957 年后期资本主义世界经济危机发生以来,英国煤炭工业的处境更为狼狈。1958 年的国内消费量比 1957 年减少了 700 万吨,出口减少了 300 万吨。因此,虽然当年的总产量比 1957 年下降了 3.5%,但煤炭的生产过剩现象仍很严重,全部库存量已接近 4,000 万吨。1950 年,英国政府打算封闭 40 个矿井以减少生产,因此而失业的矿工就达 12,000 人以上。

英国的煤炭工业虽然已经大大衰落,特别表现在出口方面。但是对于英国本身来说,由于缺乏其他燃料资源,煤炭仍占很重要的位置。英国国内煤炭消费的对象主要是家庭用户和发电厂,约各占煤炭消费量的 15% 以上。其次是煤气厂和炼焦炉,约各占煤炭消费量的 12% 左右。因此,英国动力平衡中煤炭的地位虽然也越来越下降,但是仍然超过其他许多资本主义国家。

英国的动力平衡表(%)

年　份 燃料类别	1930	1938	1948	1953	1955
煤　　炭	94	92	90	86	85.6
石　　油	6	8	10	13	14
水　　力	—	—	—	1	0.4

注:1955 年的水力项内包括天然煤气在内。

英国的各主要煤田都已发展了煤炭工业。在所谓煤炭工业"国有化"以后,英国政府把全国划分成 9 个煤炭工业管理区以进行管理,各管理区的大概情况可参阅下表资料。

在下列 9 个煤炭工业管理区中,规模最大和产量最多的是东北区和东中部区,但输出最多的则是西南区、杜尔厄姆厦区和北部区。这 3 个区生产的煤炭约有半数供给输出,输出量要占全国煤炭总输出量的 3/4。大概西南区的煤炭主要输往法国、地中海沿岸各国和南美洲各国,杜尔厄姆厦和北部区的煤炭则以输往北欧各国为主。西南区的加的夫和北部区的纽卡斯尔,都是英国最大的煤炭输出港。

英国的煤煤炭工业简况(1953 年)

管理区域	主要煤田	产量(百万吨)	从业人数(千人)
苏 格 兰	苏格兰中部低地各煤田	22.8	85.2
北 部 区	诺桑勃兰厦和康布瑞安厦煤田	13.4	48.9
杜尔厄姆厦	杜尔厄姆厦煤田	26.0	105.2
东 北 区	约克厦南部煤田	45.1	141.1
东中部区	诺廷厄姆厦和达比厦煤田	44.6	100.8
西 北 区	兰开厦、切厦和北威尔士煤田	15.6	60.9
西中部区	西罗帕厦、斯塔福特厦、华威克厦、华尔斯脱厦等煤田	18.2	58.3
西 南 区	南威尔士和索摩斯煤田	25.0	110.1
东 南 区	东肯特煤田	1.7	6.4
合　　计		212.4	716.9

联邦德国的煤炭工业在欧洲资本主义国家中仅次于英国。第二次世界大战以前,德国的煤炭产量,如包括褐煤在内,已经超过英国。由于战争的破坏和战后美国煤炭对联邦德国的倾销,煤炭工业产量大减,恢复缓慢。不过联邦德国的石煤产量目前虽然不及英国,但由于建立的年代较晚,装备、技术水平、机械化程度和劳动生产率等都超过了英国的水平。假使把褐煤的产量也计算在内,则目前联邦德国的煤产量已经略高于英国了。

联邦德国的煤炭工业主要集中在鲁尔区,产量占全国的 90% 以上。最大的煤炭工业基地在来因河以东、鲁尔河以北的埃森、博胡姆和多特蒙特,其次是格耳曾基尔亨、奥贝尔豪曾、吕能等地区。利珀河以南的雷克林豪曾、马耳和休利斯等地,煤炭工业也很发达。来因河以西,最大的煤炭工业中心是来因豪曾。由于长期的开采,煤井的深度,平均已达 700 米。在这些地区,同时也有规模很大的煤炭加工工业和炼焦工业。

联邦德国第二个煤炭工业区是萨尔区。第二次世界大战以后,这个地区在经济上长期被并入法国,[13]因此全部煤炭工业也长期落入法国手中。萨尔区目前年产煤炭在 1,700 万吨左右。

联邦德国的煤炭产量　　　　　　　　　　　　　　（单位:百万吨）

年　份	产　量	年　份	产　量	年　份	产　量
1946	54	1953	126	1956	184
1951	120	1954	129	1957	133
1952	125	1955	131	1958	132

此外,联邦德国的褐煤开采工业在整个欧洲(苏联除外)次于民主德国而居第二位。褐煤开采主要分布在来因河下游的科隆附近和南部的巴伐利亚林山地区。

联邦德国的褐煤产量　　　　　　　　　　　　　　（单位:百万吨）

年　份	产　量	年　份	产　量
1947	58.8	1954	87.9
1950	76.9	1955	90.4
1951	83.4	1956	95.2
1952	83.5	1957	96.8
1953	84.7	1958	93.0

在美煤的大量倾销下,联邦德国的煤炭工业已经受到了极大的打击。1958年,鲁尔区各煤炭企业因无法出售而堆积在仓库里的存煤已达1,000万吨。而鲁尔煤炭的主要主顾如铁路、煤气公司和零售煤炭商,存煤的总数也已超过了1,000万吨。这个数字,已经超过了德国在1931年—1932年经济最不景气时期的煤炭储存量。但是另外,1958年内联邦德国却还要进口1,100万吨的美国煤炭,其中有一部分还是几年前签订的合同所规定的。此外,由于美国煤炭在西欧市场上的泛滥,同时也影响了联邦德国煤炭在法国、比利时和其他许多西欧缺煤国家的销路。根据1959年年初的资料,由于无法出售而存贮起来的煤炭,平均每天增加32,000吨。目前,鲁尔区的各矿井开工不足,生产萎缩,已经出现了一片萧条的景象。

英国和联邦德国煤炭工业的情况,很大程度上和所谓"舒曼计划"有关。"舒曼计划"亦即"欧洲煤联营(ECSC)",是1950年法国外长舒曼按着美国垄断集团的愿望而提出的。这个联营的参加者包括联邦德国、法国、比利时、荷兰、卢森堡和意大利6国,但它的后台老板却是美国。按照联营计划,各参加国的煤炭工业和黑色冶金工业联合成一个超卡特尔,而作为美国统治集团代理人的联邦德国垄断资本就扮演了这个超卡特尔中的主角。计划中规定上述各国成立煤炭、铁矿石和废铁的所谓统一市场,取消各国对上述商品进出口的关税和其他限制,使联邦德国垄断资本能够操纵上述各国的煤、炭和钢铁生产。因此,非常明显,这个计划乃是美国百万富翁们通过它所控制的联邦德国垄断资本达成其从经济上控制西欧各国的目的。

在"舒曼计划"的牢笼中,首先遭到牺牲的即是法国、比利时、荷兰和意大利等国家的煤炭工业。因为一旦撤去关税壁垒以后,这些国家的煤炭工业是无法和联邦德国竞争的。法国开采一吨煤炭,成本要比鲁尔高出 21%—23%,比利时每吨煤炭的成本更比鲁尔高出 38%。联营以后,这些国家只好一方面缩减煤炭生产,使中小企业纷纷倒闭;另一方面则以压低工人工资和提高劳动强度来缩减其成本。这就是法、比等国的煤炭工业所以停滞不前甚至倒退的重要原因。当然,这些国家煤炭工业的陷入困境,对于美国垄断资本家倾销其来自西南亚的石油和来自美国的煤炭,确是完全有利的。

"舒曼计划"同时也沉重地打击了英国的煤炭工业,堵塞了英国煤炭向西欧各缺煤国家输出的可能性,破坏了英国煤炭的重要传统市场。以 1958 年为例,英国向联营国家输出煤炭的总量,只有美国的 1/16。因此,英国对"舒曼计划"一开始就十分不满,它不仅拒绝参加这个计划,并且也和美国、联邦德国等在煤炭输出上进行了尖锐的明争暗斗,暴露了帝国主义集团之间的尔虞我诈和钩心斗角。

对于联邦德国来说,"舒曼计划"也同样替它的煤炭工业招致了莫大的灾难。虽然从表面上看,这个计划似乎替鲁尔煤炭在联营各国中的倾销创造了条件,但是鲁尔的煤炭生产是必须听命于美国主子的。正和美国"幸福"杂志在 1956 年所招认的一样:在 1954 年和 1955 年两年中,一蹶不振的美国煤炭工业正是依靠了向西欧输出了大量煤炭才得以把煤产量提高了 25%。事实上,联邦德国本身敞开了美国煤炭输入的大门,而它对联营各国的输出仍然必须不顾血本地和这些国家中的美国煤炭及英国煤炭竞争。在经济危机笼罩资本主义世界的 1958 年,近水楼台的联邦德国向联营各国输出的煤炭不过 2,000 万吨,而远隔重洋的美国向联营各国输出的煤炭达 2,570 万吨。所以,德意志民主共和国总统威廉·皮克早就揭露了"舒曼计划"的本质,号召联邦德国工人为自己的工资、劳动条件和降低物价而斗争。

在西欧煤炭比较缺乏的年代,煤钢联营各国总算还能够勉强拼凑在一起。自从 1958 年起,由于经济危机而引起的煤炭过剩波及了整个西欧,于是联营各国间的裂痕就骤然明朗了。在联营组织中一直处于劣势地位的比利时、荷兰和卢森堡,由于无法和它们的强大对手竞争,坚决要求联营各国实行限额生产,并限制其他成员国煤炭进口。联营中产煤极少、一直依赖进口的意大利,则竭力主张降低西欧煤价,以降低其工业成本,增加出口竞争能力。联营中竞争力量最雄厚的联邦德国,自然不愿缩减产量和限制出口。法国的煤炭过剩危机不如其他各国严重,因此也不愿缩减产量。从

1959 年开始,联营各国间的相互斗争就日益尖锐了。比利时为了要求这个集团的高级机构宣布西欧煤炭市场的"危机状态",就以退出煤钢联营为要挟。联邦德国则因为比利时不发鲁尔煤炭的入口证而向比利时提出抗议。纠纷正在不断扩大,裂痕已经难于弥补,煤钢联营终将最后瓦解。

法国也有相当发达的煤炭工业,产量在欧洲资本主义国家中仅次于英国和联邦德国。但若根据法国总的生产发展水平来看,煤炭工业是一个落后的部门。虽然煤炭资源的贫乏影响了法国煤炭工业的发展,但是装备的陈旧、技术水平的低落,特别是作茧自缚的"舒曼计划"之类的祸害,更是重要的原因。法国煤矿的机械化程度极低,每一工人上班的出煤率平均只有英国的 88%,煤炭生产成本大大地高于联邦德国。

法国主要的煤炭产地是北部伐仑西恩一带的煤田,产量要占全国总产量的 2/3 以上。洛林煤田的产量不多,中央高地各煤田的产量更小。法国的煤炭生产水平,目前还停留在 1929 年水平的上下,这是资本主义煤炭工业停滞倒退的又一个典型例子。

法国的石煤产量　　　　　　　　　（单位:百万吨）

年　份	产　量	年　份	产　量	年　份	产　量
1913	43.8	1951	52.9	1956	57.0
1929	55.0	1952	55.3	1957	59.1
1937	44.3	1953	52.5	1958	57.8
1947	46.2	1954	54.4		
1950	60.8	1955	55.3		

除了石煤以外,法国也开采少量褐煤。褐煤开采工业主要分布在马赛附近的福肥盆地,此外,巴黎以南地区也有出产。由于化学工业等方面的需要,法国的褐煤产量比战前有一定的增长。

法国的褐煤产量　　　　　　　　　（单位:百万吨）

年　份	产　量	年　份	产　量	年　份	产　量
1937	1.0	1952	1.9	1956	2.2
1947	2.1	1953	1.9	1957	2.3
1950	1.7	1954	1.9		
1951	2.0	1955	2.0		

法国的煤产量是不够自给的,缺煤一直是法国经济中的重要问题。在一般年景下,法国每年需要从国外进口 30%—40% 的煤炭,其中炼焦煤占很重要的地位。炼焦

媒的绝大部分从鲁尔进口,动力煤(无烟煤和半无烟煤)的一部分从英国和比利时进口,第二次世界大战以后美国煤炭也开始来到法国。最近几年中,由于经济危机的影响和美国煤、鲁尔煤的大量倾销,向来缺乏煤炭的法国竟也出现了煤炭过剩的现象。在战前,法国的煤炭库存一般不超过全国矿井10天的产量,但目前库存已达全国矿井2月以上的产量,这进一步打击了法国的煤炭工业。在资本主义高度发展的西欧各小国中,煤炭工业最发达的是比利时。比利时的煤炭工业分布在南区和北区两个不大的区域之内。南区包括蒙斯、沙勒尔瓦、纳缪尔、列日等地,煤炭工业分布在东西长170公里、南北宽3公里—5公里的范围内,产量约占全国的71%,矿工则占全国的75%。北区包括哈塞耳特和基尔一带的5公里—10公里的地区,产量约占全国的29%,矿工则占全国的25%。虽然比利时所产的煤炭大部分可供炼焦之用,但仍不能满足本国黑色冶金工业的需要,每年必须进口炼焦煤500万吨—800万吨。无烟煤和半无烟煤有部分可以出口,主要输往法国。第二次世界大战以前,比利时的煤炭年产量接近3,000万吨(1937年产量为2,986万吨),战后直到1952年才略为超过战前水平。1955年以后产量又回降,以后一直徘徊在战前水平上下,形成停滞的局面。1958年的产量为2,705万吨,远在战前水平以下。最近以来,由于资本主义世界新的经济危机的影响,加上美国煤和鲁尔煤在欧洲市场上的竞争,比利时煤炭在国内外的销售都受到很大的打击。煤炭的库存量正在日益增加,各矿井出现了普遍的开工不足现象。目前,比利时销售不出去的煤炭已等于一年前存煤量的8倍,超过年产量的1/4。比利时政府决定要封闭一批所谓"不经济"的矿井,并且把煤炭的年产量缩减400万吨。这项反动的措施遭到了比利时13万煤矿工人的罢工抗议。

荷兰的煤炭工业全部集中在国境东南部林堡省的盖尔克拉特区,共有12个矿井,是荷兰燃料动力工业的基本部门。在第一次世界大战以前,荷兰煤炭的年产量只有100余万吨。荷兰的煤炭工业主要是在第一次世界大战以后建立起来的,因此和欧洲其他资本主义国家相比,矿井的设备较新,生产效率比英国、法国和西德都要高些。第二次世界大战以前,荷兰的煤炭年产量约在1,500万吨上下(1937年产量为1,430万吨),战后恢复甚慢,1958年的产量只有1180万吨,还没有到达战前水平。荷兰的煤炭工业部门中比较发达的是炼焦工业,全部煤炭产量中约有1/4进行炼焦,每年生产的焦炭除了供应本国黑色冶金工业的需要外,约有半数可以向外输出。荷兰本来并不缺乏煤炭,但是战后在"马歇尔计划"的控制下,也被迫进口美国煤炭,替本国的煤炭工业制造了深重的危机。

荷兰是个小国,煤炭工业的水平也不高,但是煤炭工业配置极端不平衡却很典型。虽然荷兰在全国各省都已发现了煤炭资源,但是煤炭工业却一直局限在林堡省的小小一隅,而消耗煤炭最大的工业部门则几乎全部分布在莱因河下游和沿海地区。例如荷兰的黑色冶金工业中心,即在远离林堡省的北海沿岸的埃伊牟登,其他一些大工业中心如阿姆斯特丹,鹿特丹等也都远离煤炭基地。不要以为荷兰境内有着繁密的运河网,这种情况就是合理的。因为纵使运河的运价比较低廉,但在这样一个只有 3 万多平方公里的小国境内,却把煤炭这种笨重而大量的商品进行着约摸 400 公里的远程运输,必然要造成极大的浪费。

意大利的动力平衡表(%)

年　份 燃料种类	1929	1938	1953	1955
煤　　炭	58.5	55.1	28.0	20.4
石　　油	5.1	5.9	12.0	17.3
天然煤气	—	—	9.0	13.4
水力发电	36.4	39.0	51.0	48.0
合　　计	100	100	100	100

注:1. 各项燃料均按煤发电量折算。
　　2. 1955 年的煤炭份额中包括木柴份额 3.4%。

意大利是欧洲资本主义国家中煤炭工业最落后的国家。规模不大的煤炭工业分布在几个矿点,最大的烟煤开采工业在撒丁岛西南部的苏利青斯;在北部伦巴迪亚平原,都灵以北的拉—突伊利地区有意大利唯一的无烟煤开采工业。此外,在托斯卡那的里波拉和格罗塞托等地有若干褐煤开采工业。把各种煤炭都合计在内,意大利的煤炭年产量近年来不过 120 万吨左右,而 1958 年产量更惨跌至 70 万吨。由于煤炭工业的脆弱,几十年来,意大利的动力平衡中煤炭的比重与年俱减。

意大利煤炭工业薄弱,虽然在颇大程度上可以由水力发电来弥补。但水力本身并不可能完全代替煤炭,所以就影响了意大利许多工业部门的发展,其中黑色冶金工业的落后即是最显著的例子。而且,不管是水力利用在意大利已经到达了相当高的程度,但它每年毕竟还缺乏大量煤炭(约占全国煤炭消费量的 20%),真需要从国外进口。第二次世界大战以前,意大利缺乏的煤炭多数从波兰和捷克斯洛伐克进。战后,由于意大利反动政权对美国的投靠,虽然波兰和捷克斯洛伐克的煤炭比美国煤炭便宜50%,但它却不得不从美国输入全部需要的煤炭,因此招致了经济上更大的困难。

西班牙的煤炭资源相当丰富,但煤炭工业却甚落后。而且在装备技术等各方面,也都不能和前述国家相比。全国最重要的煤产区是以西北部奥维耶多为中心的阿斯土里亚斯省,石煤产量几占全国总产量的 70%。其次是阿斯土里亚斯省以南的累翁省,产量约占全国的25%,其中无烟煤产量要占全国的70%。中南部摩勒纳山脉以北的休达特—里尔省,产量约占全国的5%。此外,北部的巴梭西亚省,南部的科多巴省和塞维利亚省等,也有少量石煤的出产。褐煤的最大产地是东部的特鲁韦耳省,产量占全国褐煤总产量的39%,其次是巴塞罗那省,产量占全国的34%。此外在利里达、萨拉戈萨和巴利尔等好几个省份中,也都有褐煤的生产。

西班牙的煤炭产量　（单位:万吨）

年　份	烟　煤	无烟煤	褐　煤	合　计
1930	656	34	52	742
1935	629	19	64	712
1940	604	50	56	716
1945	930	135	152	1217
1950	952	136	150	1238
1955	1233		181	1414
1956				1550
1957				1640
1958				1410

注:1. 1955年烟煤产量中包括无烟煤产量。

2. 1956年、1957年和1958年产量系烟煤、无烟燃和褐煤的总产量。

西班牙的煤炭消费对象中,铁路运输业是最大的一项,要占全部煤炭消费量的26.5%,其次是黑色冶金工业,约占15%,航海业居第三位,占10.5%。另外一些消费对象是煤气工业和水泥工业等。西班牙的电力工业很薄弱,而且多利用水力发电,因此火电站在全国煤炭消费量中只占2%。西班牙虽然拥有较多的煤炭资源,但由于煤炭工业的落后,尽管它的煤炭消费量不大,每年仍需从国外输入炼焦煤和焦炭,而且是输入中比较大宗的物资。

在南欧各国中,煤炭工业稍具规模的另一个国家是南斯拉夫。第二次世界大战以前,南斯拉夫的煤炭工业主要集中在塞尔维亚和斯洛维尼亚境内。战后由于建立了若干新的煤矿企业,主要的煤炭基地已经转移到波斯尼亚—黑塞哥维那地区,目前这个地区的煤炭产量已占全国总产量的40%。其次是塞尔维亚东部地区。此外,在克罗地亚和斯洛维尼亚等地,也有若干煤炭工业的分布。南斯拉夫的煤炭产量近年来虽然稍有增加,但由于出产的绝大部分是褐煤,优质的工业用煤仍然无法满足国内需要,每年进口的煤炭约在70万吨左右。

南斯拉夫的煤炭产量　　　　　（单位：万吨）

年份 类别	1937	1947	1950	1951	1952	1953	1954	1955	1956	1957
石煤	43	108	115	99	101	93	99	113	—	—
褐煤	457	823	1171	1105	1109	1032	1268	1406	1710	1830

注：1955年以后的各年煤炭产量系石煤和褐煤的总产量。

由于南斯拉夫战后长期依靠西方的"援助"，特别是美国的"援助"来制定其所谓"社会计划"，所以资本主义世界稍有风吹草动，南斯拉夫整个经济就会受到影响。在1958年的资本主义世界经济危机中，南斯拉夫的煤炭工业毫不例外地遭受了危机的袭击。素来缺乏煤炭的南斯拉夫，这一年竟发生了煤炭销售困难的情况，若干煤矿在一段时期中完全停止生产。

除了上述各国以外，其他欧洲国家的煤炭工业都不发达，煤炭产量也微不足道。这些国家的煤炭工业和煤炭产量简况如下表：

欧洲其他资本主义国家的煤炭工业简况

国　别	主要产煤区	产量概况
奥地利	西提利亚、上奥地利、下奥地利等各省	年产量接近700万吨，其中褐煤占97%左右
葡萄牙	波尔图、莫拉、累里业、卡尔达日等地	年产煤炭50万吨左右
希　腊	埃及厄岛、萨洛尼卡湾沿岸	年产量约100万吨，主要是褐煤
爱尔兰	分布甚广	年产褐煤约20万吨，泥炭产量居资本主义世界首位，年产量约250万吨
挪　威	斯瓦尔巴特群岛	年产煤炭近40万吨，只能供给本国10%的需要
瑞　典	南部斯坎地区	年产煤炭约80万吨
丹　麦	博恩霍尔姆岛	年产褐煤约150余万吨，并产若干泥炭
芬　兰	分布较广	年产泥炭35—40万吨

除了表列各国以外，瑞士、冰岛等几乎完全没有煤炭工业，不生产煤炭。所有这些国家，每年都需要进口煤炭，特别是瑞士、瑞典、挪威、丹麦等国，煤炭的进口量最为巨大。这些国家所需的煤炭大都从英国、西德、波兰和美国等运来。

亚、非、美、澳各洲其他国家

在亚洲资本主义国家中，煤炭工业最发达的国家是日本。虽然日本对于水力的利用已经到达颇高的程度,但煤炭工业在燃料动力工业中仍然占有极重要的位置。从各采矿工业部门来看,煤矿开采无疑是最重要的部门。日本的煤矿工人约占全国采矿业工人的2/3以上。

日本的煤炭工业配置也是很不平衡的。日本最大的煤炭基地在九州的北部和西北部,产量约占全国的53%。第二个煤炭基地是北海道,产量接近全国的30%。日本经济最发达的本州岛上,煤炭工业却非常薄弱。本州东部煤矿较多,产量约占全国的10%稍多;本州西部最为落后,煤炭产量只占全国的7%。

日本重要煤矿的煤炭产量百分比(1952年)

煤矿名称	所在地	在全国煤炭产量中所占份额(%)	煤矿名称	所在地	在全国煤炭产量中所占份额(%)
筑丰	九州	30.1	西彼杵	九州	3.8
石狩	北海道	22.6	铁路	北海道	3.8
常盘	本州	9.5	福田	九州	2.9
宇部	本州	6.9	留萌	北海道	1.5
佐世保	九州	6.8	其他		3.1
三池	九州	4.7	合计		100.0
唐津	九州	4.8			

由于区域配置的不平衡,日本国内运输中煤炭的运量就构成了巨大的数字。全国最大的筑丰煤矿,除了供给九州北部工业区的煤炭外,还必须通过海运供给京滨工业区、名古屋工业区、阪神工业区和濑户内海广岛等地的需要,其中以供给阪神工业区的数量最大。石狩煤矿是日本第二个大煤矿,但是由于北海道是一个经济落后的边区,工业薄弱,当地需要的煤不多,所以石狩煤矿和北海道其他煤矿所产的煤炭,有很大部分必须海运至京滨工业区以及仙台和本州西部富山湾沿岸等地。此外,常盘煤矿的煤炭通过陆运供给京滨工业区和名古屋工业区。宇部煤矿也通过陆运供给阪神工业区、名古屋工业区和濑户内海沿岸各工业城市需要。日本虽然是个面积不大的小国,但煤炭的平均运距却很大。

如上所述,尽管日本拥有相当规模的煤炭工业和一定数量的煤炭产量,但是由于煤炭的工业消费量很大,特别是由于优质煤和炼焦煤的缺乏,每年仍然需要进口大量煤炭。日本黑色冶金工业所需要的焦炭有30%是依赖输入的。第二次世界大战以前,日本原从我国进口煤炭;战后,由于日本反动统治者屈从美帝国主义敌视我国的政策,中断了和我国的贸易关系,以致不得不进口高价的美国煤炭。1956年全部进口煤炭中的 80% 是来自美国的。远程的运输,自然大大增加了它的工业成本,造成了经济上的许多困难。此外,日本也从印度进口部分煤炭。

日本的煤炭产量　　　　　　　　　　　　　　　　（单位:百万吨）

年　份	产　量	年　份	产　量	年　份	产　量
1875	0.57	1946	20.38	1955	42.42
1900	7.49	1950	38.45	1956	46.56
1913	21.32	1951	43.31	1957	51.73
1929	34.25	1952	43.36	1958	49.60
1937	45.25	1953	46.53		
1943	55.50	1954	42.72		

注:均指石煤产量,日本近年来年产褐煤约 150 万吨,未计在内。

自从 1957 年后期以来,由于整个资本主义世界范围内新的经济危机的蔓延,历来缺乏煤炭的日本,开始出现了煤炭生产过剩的现象,而且由于美国煤炭的继续倾销,更加重了煤炭过剩的程度。因此,日本 1958 年的煤炭产量开始下降,而且尽管生产部门有意识地缩减了产量,煤炭的库存仍在不断增加。到 1959 年 3 月底为止,全国煤炭库存量已达 1,300 万吨,超过日本煤炭年产量的 1/4。因此,1959 年的煤炭产量还要缩减 140 万吨,而总产量则下降到 4,800 万吨,这个数字已经只有日本历史上最高年产量的 85%。

亚洲资本主义国家中另一个煤炭工业比较发达的国家是印度。不过和印度的丰富煤炭资源相比,它的煤炭工业是很落后的。这是英帝国主义长期统治的后果。直到现在,在印度并不发达的煤炭工业中,外国资本仍占了很大的比重。根据 1951 年的资料,外国资本在印度煤炭工业中占了 62%,其中势力最大的是英国资本。这说明民族独立国家要在经济上摆脱帝国主义的影响,还需要作很大的努力。印度在 18 世纪下半期就建立了煤炭工业,但直到目前,煤炭产量还不过 4,000 余万吨,增长是极其缓慢的。

印度的煤炭产量　　　　　　　　　　　　　　　　（单位:百万吨）

年　份	产　量	年　份	产　量	年　份	产　量
1900	6.1	1951	34.9	1953	39.4
1913	16.5	1952	36.8	1957	42.3
1937	25.4	1953	38.5	1958	45.9
1947	30.6	1954	37.5		
1950	32.8	1955	38.8		

　　印度最大的煤炭产地在比哈尔、奥里萨和西孟加拉国3邦,产量占全国总产量的80%。其中最大的是比哈尔邦境内的詹里亚煤矿,产量占全国的36%左右,最高时曾达50%,詹里亚以东的腊尼冈季煤矿,是印度历史上最早开采的煤矿,目前产量也达全国的1/3。除了上述3邦以外,中部的中央邦煤炭产量占全国的12.5%,安得拉邦占全国的4%。印度的主要煤炭基地都偏在国境东部,西部的煤炭工业极为薄弱。

　　英帝国主义在统治印度的漫长时代中,为了便于在印度掠夺物资,曾经建筑了相当庞大的铁路网。而英国开采印度的煤矿,主要也是为了供应铁路的燃料需要。在目前印度煤炭的消费统计中,这种情况还可以清楚地看出来。

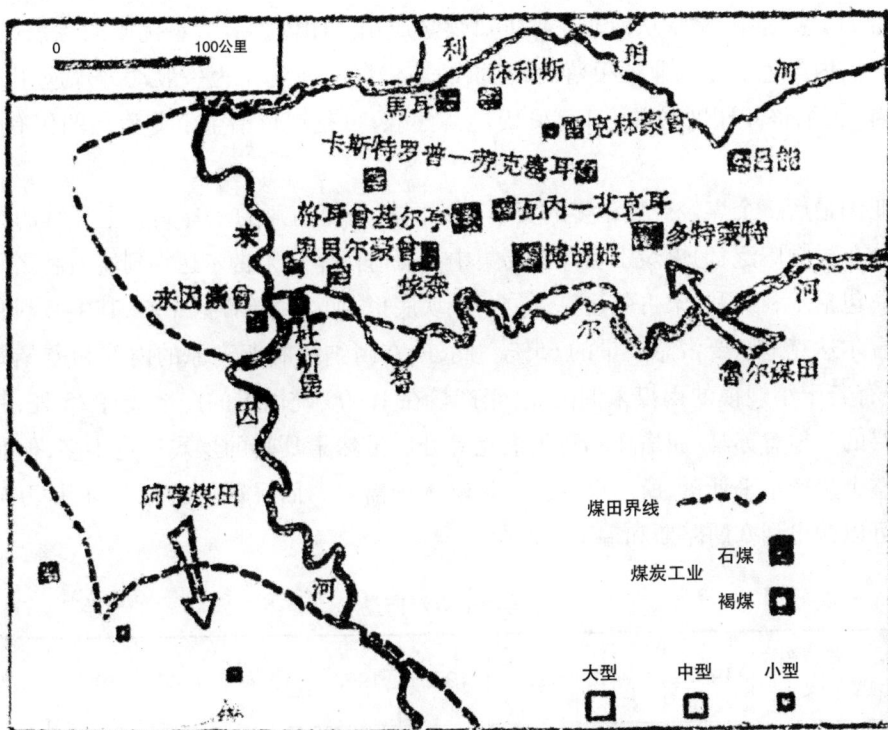

鲁尔及其附近煤田和煤炭工业分布图

　　尽管印度的煤炭产量并不很高,但是由于生产水平的低落,国内的消费量有限,所以必须向外输出。目前印度出口的煤炭每年约在200万吨左右。印度煤炭最大的主顾是巴基斯坦,其次是日本、锡兰、缅甸和马来亚等亚洲国家。甚至还有少量输往欧洲,如丹麦、意大利和芬兰等。

印度的煤炭消费（1953 年）

部　　门	煤炭消费量（千吨）	百分比（%）
铁　　路	10, 425	29. 0
黑色冶金工业	4, 528	12. 6
火力发电站	2, 792	7. 8
纺织工业	1, 810	5. 0
水泥、陶瓷、砖瓦工业	1, 666	4. 0

印度的煤炭工业中，除了上面指出的外国资本的大量控制以外，在区域配置上也极不平衡。由于煤炭工业片面地集中在东部，加上铁路运费的昂贵，在印度西部如孟买一带的工业区中，常常从南非联邦进口煤炭应用。印度拥有大量优质的炼焦煤，但是由于国内黑色冶金工业还很落后，宝贵的炼焦煤往往就作为一般动力煤应用。以1953 年为例，该年印度采掘了 1, 370 万吨炼焦煤，可是黑色冶金工业消耗的仅有 450万吨。

亚洲最后一个煤炭产量稍多的资本主义国家是西南亚的土耳其。土耳其的煤炭资源分布虽颇广泛，但煤炭工业却主要集中在黑海沿岸从宋古尔达克到埃雷利之间的地区。包括基利姆利、宋古尔达克、科兹鲁、坎底里、加姆里等矿区中心，其中基利姆利到宋古尔达克地区要占总产量的 65%。此外，在阿纳托利亚高原的内部和爱琴海沿岸，还有若干小规模的褐煤采掘工业，年产量在 1, 000 吨以上的产地计有 25 处，其中最主要的产地有苏马、屈塔亚和契尔推克等处。虽然土耳其的煤炭产量不多，但是也由于整个生产水平低落，所产煤炭已经足够本国需要。而且每年还有大约 50 万吨的煤炭可以输出到塞浦路斯和瑞士等地。

土耳其的煤炭产量　　　　　　　　（单位：万吨）

煤　种＼年　份	1937	1947	1950	1952	1953	1954	1956	1957	1958
石　煤	231	395	486	485	565	571	589	628	325
褐　煤	12	84	121	139	164	210	341	359	137

注：1958 年系 1—6 月份的半年产量。

亚洲其他资本主义国家的煤炭工业更为落后，如缅甸、泰国和多数阿拉伯国家目前几乎还完全没有煤炭工业。

亚洲其他资本主义国家的煤炭工业

国　别	煤炭产区	产量概况
马来亚	雪兰蛾	年产量约 20 余万吨
印度尼西亚	以苏门答腊为主	战前年产量在 150 万吨左右,战后下跌,目前年产量仅 80 吨—90 万吨
菲律宾	巴丹、宿务、只答那峨	年产量 15 万吨左右
巴基斯坦	俾路支和旁遮普	年产量约 60 余万吨
阿富汗	喀布尔附近等地	年产量仅 2 万吨左右
伊朗	希拉浦、喀土维、塞姆塞克等地	年产量 17 万吨—20 万吨
伊拉克	基伏里(基尔库克东南)	1940 年—1952 年期间平均年产褐煤约 2,000 吨
黎巴嫩	沙里赫和毕克费亚一带	产量甚微

　　上述国家煤炭工业的落后和煤炭产量的微少,并不完全由于它们国内缺乏煤炭资源。这些国家中拥有丰富煤炭资源的确实不多,但是假使能进行合理的开采和利用,供应本国的需要至少对大部分国家都是可能的。因此就必须联系到阻挠这些国家煤炭工业发展的特别重要的原因——殖民制度。缅甸的煤炭需要量,在第二次世界大战以前每年不过 35 万吨左右(战后更缩减到每年只需 10 万吨—12 万吨),如果开发本国的煤炭资源,供应本国的需要是绰有余裕的。而且事实上,在 1932 年以前,缅甸原来已经有了若干较小的煤炭工业(1923 年的产量为 1,271 吨)。但是为了有利于在英国资本控制下的印度煤炭企业的对外输出,英国殖民者就扼杀了缅甸的微弱的煤炭工业,使它在 1932 年以后生产完全停顿。西南亚的情况更为明显,那里绝不是完全没有煤炭资源,主要的原因乃是帝国主义者对于这个地区的石油疯狂的掠夺,不让可以影响石油销路的煤炭工业在当地有丝毫的发展。中东地区 1954 年的燃料结构中,石油占了 80.9% ,而煤炭却只占 19.1% 。

　　非洲的煤炭工业是非常落后的。直到目前为止,全洲全年的煤炭总产量才刚超过 4,000 万吨。虽然和欧亚大陆或北美洲相比,非洲的煤炭储藏量确实有限,但是今日非洲煤炭工业的落后却决不在于自然资源。非洲沦为西欧帝国主义者的殖民地已有几个世纪。西欧和美国的那些垄断资本家扪所梦寐以求的是非洲的黄金、金刚石、铀矿和许多热带植物资源,煤炭是一种占舱位很多的笨重商品,帝国主义者不愿让煤炭占去它们装载黄金、金刚石、铀矿和许多热带植物资源舱位。而且,煤炭本身是加工工业和运输业的燃料和动力来源,帝国主义国家怎能轻易地让殖民地发展加工工业,非洲本地又因生产落后而非常缺乏煤炭市场,煤炭工业自然无法得到发展。

　　在非洲各国中,煤炭工业最发达的是南非联邦,它的煤炭产量约占全洲总产量的

85%。全国最大的煤产区在德兰士瓦州,包括维特班克、密德尔堡和弗里尼欣等地,产量要占南非联邦的70%。第二个产区是纳塔耳州,那里最大的煤炭工业中心是州境西北部的纽卡斯尔,包括附近的地区在内,产量要占全国的20%。南非联邦所产的煤炭质量比较优良,除了供应本国黑色冶金工业和其他工业部门的需要外,还有颇大的部分运送到南部的德班港,供应过往船舶的需要。

南非联邦的煤炭产量　　　　　　　　　　　　　　　　(单位:万吨)

年　份	产　量	年　份	产　量	年　份	产　量
1937	1549	1952	2806	1956	3360
1947	2381	1953	2846	1957	3530
1950	2647	1954	2931	1958	3710
1951	2663	1955	3226		

非洲另外一个煤炭工业稍稍发达的国家是罗得西亚和尼亚萨兰联邦。它由尼亚萨兰、北罗得西亚和南罗得西亚三部分合并而成。最主要的煤产区在南罗得西亚西部的凡基,那里有属于英国资本的煤炭企业"凡基煤矿公司",几乎全部垄断了这里的煤炭生产。另一个英国资本所控制的煤炭企业"罗得西亚—喀坦加公司",拥有这里一带6,500平方公里范围内20个矿区的永久开采权利。联邦境内的煤炭产量近年来接近400万吨,主要供给北罗得西亚的冶铜工业。

非洲其他国家的煤炭工业是非常薄弱的,其中大部分国家(或殖民地)没有煤炭工业,不产煤炭。

非洲其他国家煤炭生产概况

国　别	煤炭产地	产量概况
尼日利亚	埃努古	年产80余万吨
摩洛哥	杰拉达盆地	年产近50万吨
阿尔及利亚	团萨拉和廷社弗等地	年产约30万吨
莫三鼻给	尼亚萨兰湖以西地区	年产约20余万吨
比属刚果	警伊那	1956年产量为42万吨
加纳	不详	有少量出产
马达加斯加	萨科亚	有少量出产

在美洲,除了美国以外,煤炭工业都是不发达的。虽然加拿大还有较多的煤炭产量,但是和它丰富的煤炭资源及国家整个的生产水平对比,煤炭工业是非常薄弱的,而

且在配置上也极端不平衡。全国的煤炭绝大部分储藏在西部,但是却有 1/2 的煤炭是东部沿海各省生产的,其中特别重要的是克普布雷顿岛北部的锡德尼煤矿。此外,克普布雷顿岛西南部、新斯科夏半岛上的匹克多、乔琴斯和斯普林希尔等地,煤炭工业也比较发达。这些地区的煤炭工业规模较大,技术水平也较高,许多矿井建设在海滩和海底,因此这里的煤炭大概有一半以上是在海底开采的。加拿大西部的煤炭工业很落后,在广大的煤田地带只有爱斯得文、埃德蒙顿、莱斯桥和那内模等几个较大的开采中心,出产以褐煤为主。从加拿大的煤炭产量数字中,不仅可以看出它的煤炭工业水平的低落,而且更可以看出它在这个工业部门上的长期停顿甚至倒退的现象。加拿大本国所产的煤炭大大不敷国内的消耗,每年从美国进口的燃料用煤和炼焦煤约在 1,500 万吨左右。

加拿大的煤炭产量[⑤]　　　　（单位:万吨）

煤种 ＼ 年份	1937	1947	1950	1951	1952	1953	1954	1955	1956	1957	1958
石煤	1,341	1,297	1,536	1,484	1,406	1,259	1,161	1,129	—	1,010	—
褐煤	143	200	202	190	183	192	209	191	1,147	190	1,160

整个拉丁美洲的煤炭工业是极端落后的。1957 年的全部产量不过 800 万吨(其中南美洲的产量为 640 万吨),是世界上产煤最少的地区。这里只有极少数国家有规模微小的煤炭工业,大多数国家都需要依赖进口的煤炭。

拉丁美洲各国煤炭生产简况

国　别	煤　炭　产　地	产　量　概　况
墨西哥	北部科乌伊拉省	年产量约 140 万吨
哥伦比亚	安的奎那省	年产量约 180 万吨
巴　西	圣他哥塔里纳州和里约格兰得州	年产量约 220 万吨左右
智　利	阿鲁加省	年产量约 220 万吨以上
秘　鲁	哥拉列斯奎斯加等地	年产量约 12 万吨
阿根廷	门多萨以北等地	年产量约 6 万吨
委内瑞拉	东北部的奈立克尔附近	有少量出产
古　巴	不　详	有少量出产

美洲国家(美国除外)的煤炭工业所以如此落后,是和美帝国主义的侵略政策分不开的。美国垄断资本家从来就把加拿大当作美国煤炭倾销的最大市场,因此使加拿

大不得不长期地摒弃了自己的丰富资源而依赖美国煤炭。整个拉丁美洲,一方面长期来也是美国煤炭的重要市场;另一方面,美国资本(还有西欧其他帝国主义国家的资本)控制了这个地区的巨大的石油企业,不让这些国家有发展煤炭工业的机会,在加勒比地区的燃料结构中,石油占78.5%,而煤炭只占5%;拉丁美洲其他地区的燃料结构中,石油也要占67.8%,煤炭只占13.8%。

澳洲的煤炭生产几乎完全集中在澳大利亚联邦,最大的煤炭基地在新南威尔士州,包括纽卡斯尔和附近的利斯哥、波立爱等地,产量要占全国的70%—80%。所产煤炭以烟煤为主,并且是炼焦煤的主要产地。昆士兰州的伊普斯威奇和博恩也有较大的煤炭工业,出产烟煤和部分无烟煤。维多利亚州境内的煤炭工业也有相当规模,出产以褐煤为主。澳大利亚联邦和南非联邦一样,在殖民地国家中算是具有比较强大的煤炭工业的。这是因为这些地区的外国资本控制下的生产力比较高,对煤炭有迫切的需要;而且在地理位置上远离宗主国,有利于避免作为帝国主义的煤炭倾销市场的缘故(因为煤炭是笨重商品)。虽然如此,澳大利亚联邦的煤炭工业仍然很落后。不仅是地区配置上极端不平衡,在产量方面,除了褐煤增长较快外,石煤的增长也是极其缓慢的。

澳大利亚联邦的煤炭产量[16] （单位:万吨）

煤 种＼年 份	1937	1947	1950	1951	1952	1953	1954	1955	1956	1957	1958
石 煤	1,227	1,507	1,681	1,789	1,972	1,871	2,008	1,958	3,034	3,090	2,100
褐 煤	345	624	745	796	823	839	948	1,027	—	—	—

新西兰的南岛和北岛都出产煤炭,其中产量最大的是南岛的西港。此外,如纳尔逊州和北岛的惠伊开多等地,也都有煤炭出产。在新西兰的煤炭工业中,相当重视水力采煤的方法,水力采煤的产量在总产量中占了颇大的比重。煤炭产量的大部分是褐煤,石煤约只占总产量的34%左右。新西兰的煤炭量每年约有270万吨。

注释:

① 根据苏联共产党第二十一次代表大会批准的"1959—1985年苏联发展国民经济的控制数字",到1965年,石油和煤气在燃料生产总量中的比重将增加到51%,煤炭的比重将下降到43%。

② 1937年波兰工业部门用煤只占全国煤炭产量的40.8%,但1955年工业部门用煤已占全国煤炭产量的51.1%。

③　1938 年的产量为当时德国东部地区的产量。

④　1955、1958 年的产量为石煤和褐煤的总产量。

⑤　根据 1958 年的产量,朝鲜民主主义人民共和国每人有煤炭 549 公斤,日本则每人有煤炭 567 公斤,数字已经接近。按照计划,朝鲜 1959 年的煤炭产量将要大大增加,而日本则相反地还要降低(见日本煤炭工业部分的说明)。因此,1959 年按人口平均的煤炭产量,朝鲜已肯定可以超过日本。

⑥　1944 年系日占时期整个朝鲜的煤炭产量。

⑦　1953 年,美国的采煤机械化达 93%,装载机械化达 88%。

⑧　1954 年美国露天采煤量达 8,400 万吨;占全国煤炭产量的 23.7%。

⑨　1913 年的无烟煤产量缺乏资料。

⑩　美国强使西德买美国煤炭,每吨价 21 美元,但质量相同的鲁尔煤每吨只有 13 美元。一吨美国焦炭到日本,需要运费 8.5 美元,但一吨中国焦炭运到日本只需运费 4 美元。日本在美国控制下却被迫购买美国焦炭。

⑪　始建于 19 世纪的古老矿业的煤炭产量,目前占英国深矿井煤炭产量的 2/3 以上。这些古老矿井大多已达到经济开采的极限,估计在今后 15 年中,将有年产量达 3,000 万吨的 280 个古老矿井被关闭。

⑫　英国的对外贸易是建立在经济侵略和剥削的基础土的。它输入大量体积和重量都很巨大的工业原料和食品,但输出的却是体积和重量都不大的工业品。这样,输入和输出在所需的船舶吨位数上就相差悬殊。由于英国每年能出口一定数量的煤炭,这种笨重商品就使它在进出口所需的船舶吨位上得到相对的平衡,避免了许多船舶的放空,使资本家更获巨利。

⑬　在 1956 年法国和西德的协议中,萨尔区从 1957 年 1 月起,在政治上和西德合并,但经济上要到 1959 年才并入联邦德国,而且在今后 25 年中,法国将在萨尔区获得 9,000 万吨煤炭。德意志民主共和国已对这个不平等的协议提出抗议。

⑭　缅甸在 1923 年产煤 1,271 吨,但 1932 年以后即停止开采。战后每年需煤 10 万吨—12 万吨,全赖印度输入。最近缅甸又拟开采煤矿。但即使计划完全实行,也要到 1960 年才能满足国内的需要。

⑮　1956 年、1958 年各年的煤炭产量是石煤和褐煤的总产量。

⑯　1956 年、1957 年各年的煤炭产量系石煤和褐煤的总产量,1958 年的褐煤产量无资料。

主要参考资料

《煤业概论》　王宠佑　商务印书馆版

《固体可燃矿产》　阿·阿·别加耶夫　地质出版社版

《煤矿地质》　斯·普·瓦西列夫　燃料工业出版社版

《煤田地质学》　依·弗·多洛辛　煤炭工业出版社版

《边缘凹地与煤系沉积》　朱夏　地质出版社版

《边缘凹地的含煤沉积》　F.Φ.克拉兴宁尼可夫　科学出版社版

《各国煤炭蕴藏量》　《世界经济文汇》1957 年 2 月号

《世界知识年鉴》　世界知识出版社版

《苏联的矿产资源》　Л.安特罗波夫　商务印书馆版

《祖国矿资源简介——煤》　全国地质资料局　《地质月刊》1958 年 4 月号

《中国主要煤田地层》　北京煤炭科学研究院　煤炭工业出版社版

《东北之经济资源》　王成敬　商务印书馆版

《资本主义国家重要矿产的地理分布》　莫·斯·罗津　财经出版社版

《各洲自然地理(亚洲部分)》　刘德生　东北师范大学版

《东南亚地理》　任美锷　中国青年出版社版

《印度的矿产资源》　E.N.奥尔洛娃、M.C.罗津　新知识出版社版

《煤矿开采技术讲话》　于公纯　科学技术出版社版

《采矿通论》　波·维·博基　燃料工业出版社版

《苏联工业地理》　斯杰潘诺夫　三联书店版

《苏联煤炭工业的四十年》　施维列夫　《煤炭工业》1957 年第 21 期

《苏联与资本主义国家统计集》　Л. Я. 艾文托夫主编　统计出版社版

《1957 年世界主要国家统计资料简编》　统计出版社版

《我国煤矿工业的发展和配置》　王懋和　《地理知识》1957 年 4 月号

《我国煤炭工业的配置概况》　林蔚人　《财经研究》1958 年 5 月号

《波兰经济地理》　尤·巴尔巴格　财经出版社版

《捷克斯洛伐克》　马耶尔高茨　三联书店版

《保加利亚的煤炭工业》　《煤炭工业》1958 年第 18 期

《英法美德日百年统计提要》　统计出版社版

《美国自然资源及其利用》　齐曼　商务印书馆版

《美国煤炭工业的组织及其发展方向》　А. П. 沙基洛夫　《煤炭工业》1957 年第 13、14 期

《英国工业及其组织》　格·西·艾伦　世界知识出版社版

《英国的动力问题》　王士鹤　《地理知识》1958 年 7 月号

《缅甸地理》　赵松尹　科学出版社版

《中东》　费舍　三联书店版

《资本主义国家的矿物原料资源》　克·依·罗卡医夫　财经出版社版

《资本主义国家的选煤工业》　吴寿培　煤炭工业出版社版

《南方经济资源总揽(第二卷)》　山根新次　日本经国社版

Introductory Economic Geography E. Klimm, P, Starkey, N. F. Hall, Harcourt Branse & Co.

Economic Mineral Deposits, A. M. Batemam 龙门影印版

Oxford Economic Atlas Of The World, 0xford University Press 1954.

Geography of Europe, G. W. Hoffman, The Ronald Press Co.

North America, J. K. Smith, M. O. Phillips, Harcourt Brance & Co.

Regional Geography of Anglo-America, C. L. White, E. J. Foscue Prentice Hall.

Production, Classification and Utilization of Western. U. S. Coals, V. F. Parry, Economic Geology Vol. 45.

The Coal Reserves of Canada, Economic Geology Vol. 35.

Africa, W. Fitzgerald, E. p. Dutton Co.

Australia, G. Taylor, Methuen Co.

The Role of Nuclear Power in Europe's Future Energy Balance, G. W. Hoffman, Annals of the Association of American Geographers, 1957, 3.

原著商务印书馆 1960 年版

马尔代夫共和国

前　言

　　马尔代夫共和国是印度洋上的一个小国，它在世界上是一个比较陌生的国家。我国至今还不曾出版过介绍马尔代夫的著作，在国外，有关这个国家的著作也并不多。我们曾经查阅过不少国外的图书目录，资料较新而内容较丰富的马尔代夫专著，实在凤毛麟角。为此，我们采取了编译的方式，除了翻译了英文和俄文两种专著外，又在十余种英、俄、法文的百科全书、年鉴、地图等之中，选译了有关马尔代夫的章节。然后用这些资料编成此书，以供有关方面的参考。

　　本书编译者的工作，主要是把上述外国文献的内容加以整理，去其芜杂，删其重复，然后编写成书。由于本书的所有观点和资料都来自上述外国文献，这些文献，国别不同，作者不同，其中有些观点并不正确，不少资料颇有差异，因此，我们除了在资料问题上择要作了一些译注外，在观点方面，还希望读者参考时注意批判。

　　本书编译中依据的外国主要文献，其目录附后，以供读者作进一步的研究。

1979 年 3 月

马尔代夫共和国地图

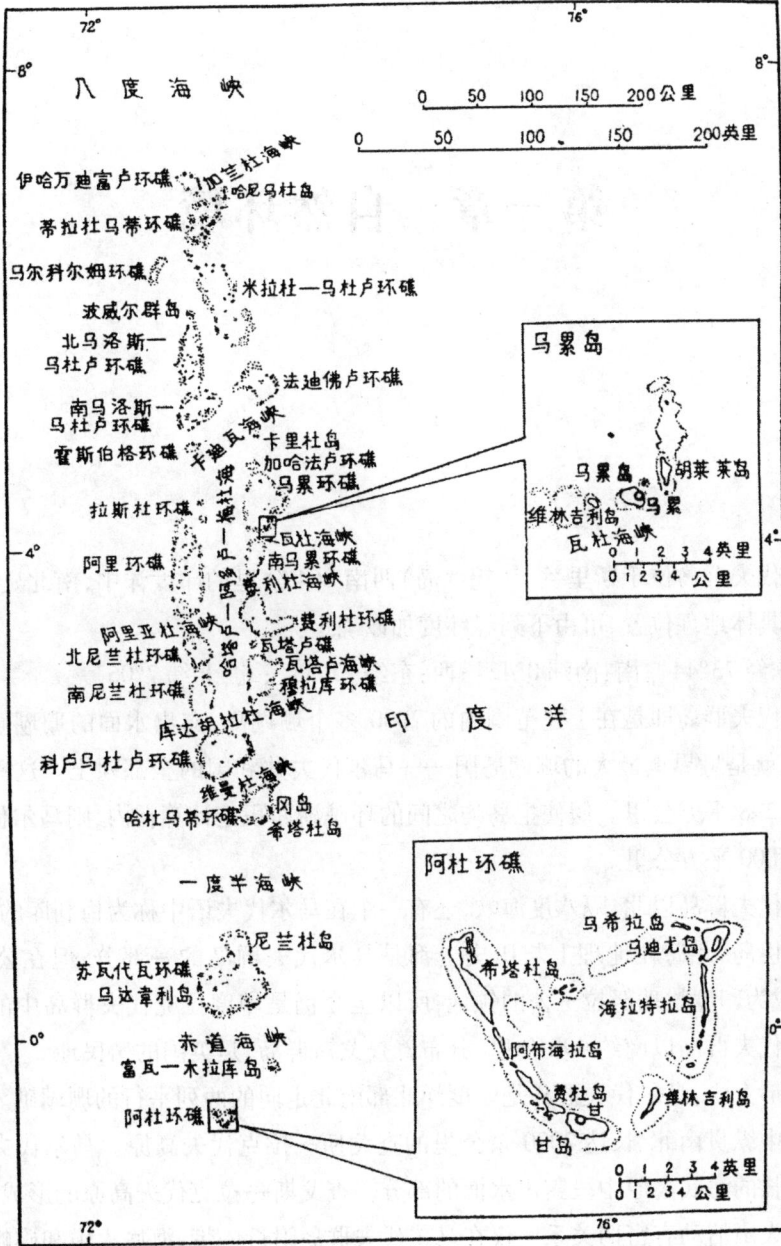

八 度 海 峡

伊哈万迪富卢环礁　　加兰杜海峡
哈尼马杜岛
蒂拉杜马蒂环礁
马尔科尔姆环礁
米拉杜—马杜卢环礁
波威尔群岛
北马洛斯—
马杜卢环礁
法迪佛卢环礁
南马洛斯—
马杜卢环礁
霍斯伯格环礁
卡里杜环礁
加哈法卢环礁
马累环礁
拉斯杜环礁
瓦杜海峡
阿里环礁
南马累环礁
费利杜海峡
阿里亚杜海峡
费利杜环礁
北尼兰杜环礁
瓦塔卢礁
南尼兰杜环礁
穆拉库环礁
库达坎杜杜海峡
印 度 洋
科卢马杜卢环礁
哈杜马蒂环礁
冈岛
菁塔杜岛
一 度 半 海 峡
尼兰杜岛
苏瓦代瓦环礁
马达韦利岛
赤 道 海 峡
富瓦—木拉库岛
阿杜环礁

马累岛
马累岛
胡莱莱岛
维林吉利岛
马累
瓦杜海峡

0 1 2 3 4 英里
0 1 2 3 4 公里

阿杜环礁
马希拉岛
希塔杜岛
马迪尤岛
海拉特拉岛
阿布海拉岛
费杜岛
维林吉利岛
甘岛
甘

0 1 2 3 4 英里
0 1 2 3 4 公里

0 50 100 150 200公里
0 50 100 150 200英里

第一章　自然环境

马尔代夫群岛位于斯里兰卡(锡兰岛)西南864公里的印度洋中,南北延伸,范围甚广。其具体地理位置,可由下列经纬度加以确定:

东:东经73°44';南:南纬0°42';西:东经72°33';北:北纬7°06'。

马尔代夫群岛即是在上述范围内的2000多个珊瑚岛、露出水面的珊瑚礁和浅滩等。[①]这也就是世界上最大的珊瑚岛国——马尔代夫共和国的全部领土。这些岛屿的总面积为298平方公里。假使把岛屿之间的环礁湖面积也计算在内,则马尔代夫的总面积达32000平方公里。

马尔代夫群岛以北,隔八度海峡,还有一个在马尔代夫语中称为梅利库的环礁,今名米尼科伊岛,此岛在地理上与历史上都是马尔代夫群岛的一部分,但在公元1752年,此岛成为印度坎瑙努拉王公的领地,所以至今仍是印度拉克代夫群岛中的一个岛屿。马尔代夫群岛以南约490公里,分布着查戈斯群岛,是英国的殖民地。

从地形上说,马尔代夫群岛是印度洋北部南北走向的两列平行的珊瑚礁。其基础是印度洋中纵贯南北、长达2000余公里的查戈斯—拉克代夫高原。马尔代夫群岛即是这一狭长的海底高原中段露出水面的部分。查戈斯—拉克代夫高原的形成,与地质年代中的火山活动有密切关系。仅在马尔代夫群岛附近一带,海底火山和礁帽火山多达30座左右。北部蒂拉杜马蒂环礁东侧还存在海底活火山一处,曾经有7级以下的地震记录,震中在海底70公里以内。此外,南部苏瓦代瓦环礁以东的3000米深海中,

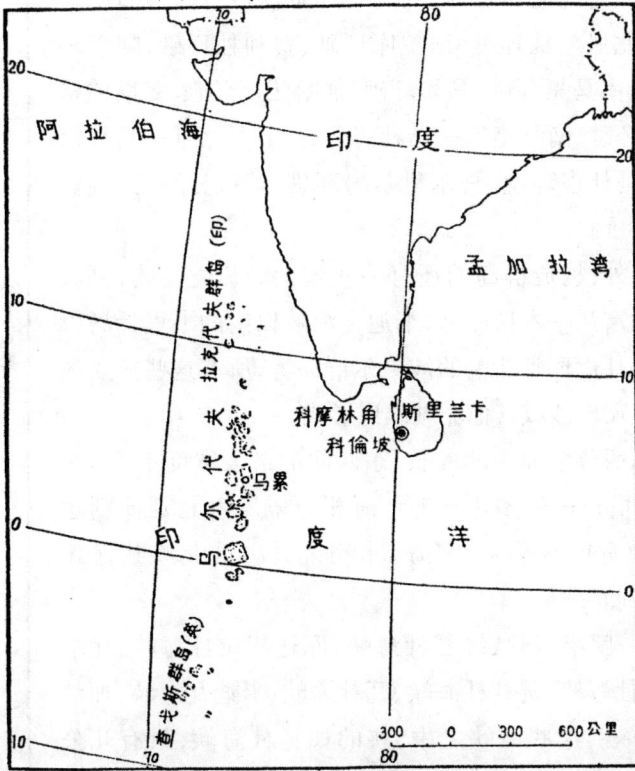

马尔代夫共和国的地理位置图

也有火山活动的记录。查戈斯—拉克代夫高原上有古老的阿拉瓦利山脉,山脉的北段高耸,其山脊部分在水面下 250 米—450 米处形成马尔代夫高地,高地的边缘陡落而成为 2000 米的深海。

　　查戈斯—拉克代夫高原周围的海底地形也比较复杂。它的东北部毗邻印度半岛西侧的大陆架,西北部是深度超过 4000 米的阿拉伯海盆,西部是卡尔斯布—埃尔格海底山脊,西南部是中央印度海底山脊,东南部则是中央印度海盆。查戈斯—拉克代夫高原是印度洋海底范围最广、地形最高的高原之一。在整个印度洋海底,只有西部的马斯卡莱尼高原和南部的克格内兰高原可以和它相比。

　　马尔代夫群岛是在查戈斯—拉克代夫高原中段的马尔代夫高地上形成的珊瑚环礁、孤立的珊瑚岛屿和浅滩,这些珊瑚礁、岛的形成,是由于造礁有机物(珊瑚虫和石灰质藻类)的长期活动和海洋自然力经常作用的结果。其中最重要的是环礁,在马尔代夫语中称为阿多尔(atoll),意思是"珊瑚岛的环"。整个马尔代夫群岛中环礁甚多,最大的有 21 个,它们从南到北是:

阿杜环礁、苏瓦代瓦环礁、哈杜马蒂环礁、科卢马杜卢环礁、南尼兰杜环礁、北尼兰杜环礁、穆拉库环礁、费利杜环礁、阿里环礁、拉斯杜环礁、南马累环礁、马累环礁、加哈法卢环礁、霍斯伯格环礁、法迪佛卢环礁、南马洛斯—马杜卢环礁、北马洛斯—马杜卢环礁、米拉杜—马杜卢环礁、马尔科尔姆环礁、蒂拉杜马蒂环礁、伊哈万迪富卢环礁。

除了环礁以外,构成群岛的还有一些较大的孤立岛屿,例如赤道海峡以南的富瓦—木拉库岛,卡迪瓦海峡以南的卡里杜岛以及北马洛斯—马杜卢环礁北端的波威尔群岛等,所有这些孤立岛屿,也都由珊瑚、珊瑚沙或其他珊瑚碎屑形成。

整个群岛东西狭窄而南北漫长,东西间的最大宽度不过120公里,其间有哈塔卢—阿多卢—梅杜海相分隔。南北延伸则达670公里,其间有宽狭不等的许多海峡相分隔,较大的海峡共有10余处,它们从南到北是:

赤道海峡、一度半海映、维曼杜海峡、库达胡拉杜海峡、瓦塔卢海峡、阿里亚杜海峡、赞利杜海峡、瓦杜海峡、卡迪瓦海峡、加兰杜海峡、八度海峡。这些海峡之中,狭的如瓦杜海峡,只有几公里,宽的如一度半海峡和赤道海峡等,宽达100公里左右。

马尔代夫群岛的环礁由圆形或卵形的岛屿、岩礁、暗礁或浅滩等组成,岛屿的面积都很小,整个群岛中最大的岛屿是哈杜马蒂环礁中的冈岛,它长达7.2公里,面积还不到13平方公里。这里在陆地地形上没有什么山地、丘陵等概念,所有岛屿和岩礁等,露出水面的高度最高也仅及2米。环礁大小悬殊,其直径小的只有几公里,大的如苏瓦代瓦环礁到达80余公里,是世界上最大的环礁之一。在上面列名的21个环礁之中,有14个具有大小不等的环礁湖,总面积超过30000平方公里,但深度一般只有30米—50米。环礁湖和外海之间有许多狭窄的通道,这些通道多数很浅,而且水下礁石纷繁,所以只能通行小船。大多数环礁为珊瑚浅滩和暗礁(深度为0.5米—1米)所环绕,群岛北部的某些环礁,在坚硬的珊瑚基底上,环绕着由珊瑚沙层和珊瑚碎屑形成的沙质浅滩。所有这些浅滩和暗礁,具有保护岛屿免受波浪侵蚀破坏的作用。大多数环礁在濒临开阔海洋的一面,有宽约300米、深约50米—80米的濒岸陆裾。岛屿一般都是边缘较高,内部往往是低洼的沼泽。由于夏季和初冬常有强大的暴风侵蚀破坏,许多岛屿不断地改变着

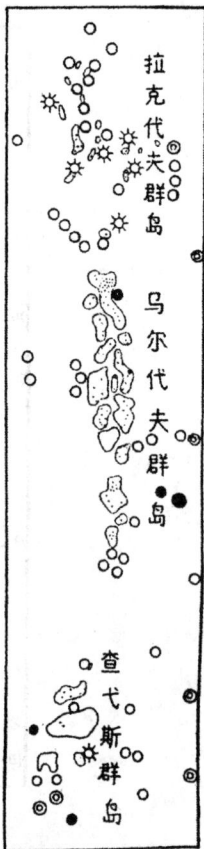

○ 海底火山
● 海底活火山
✿ 礁帽火山
◎ 海底山脊

查戈斯—
拉克代夫高原的
海底火山分布图

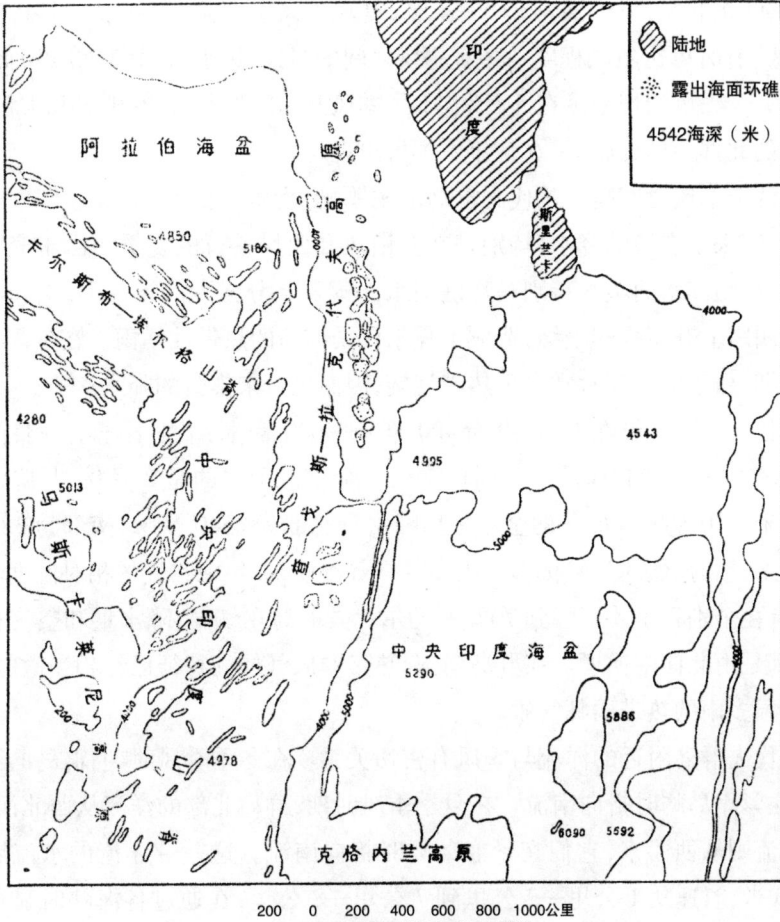

查戈斯—拉克代夫高原周围的印度洋海底地形图

它们的外形,有的岛屿甚至因强烈的破坏而逐渐消失。

　　马尔代夫群岛在地理位置上跨赤道南北,除了紧靠赤道的少数环礁外,赤道以北的大部分环礁属于热带季风气候,具有炎热而潮湿的特点。年平均气温为29℃。一年之中,岛上存在4个季节。从12月到翌年2月,东北季风盛吹,这是岛上的冬季;从6月到9月,西南季风盛吹,这是岛上的夏季。3—5月和10—11月,这是另外两个季风交替的季节。群岛的最热月——4月,气温在荫影处常常超过32℃。最凉快的是1月,气温有时可低于23℃。在群岛各地,气温的年较差和日较差都不大,4月份和1月份的平均气温相差只有3℃。在首都马累,年最高气温和最低气温相差为13℃,而气温的日较差也不过3°—5℃。

　　马尔代夫群岛的气压常在1010毫巴—1013毫巴之间,变化很小。在冬季季风时期,岛上盛吹东北风,风力通常是3—4级;夏季季风主要是西南风和西风,风力一般是5—6级,有时可达烈风程度。冬夏季风之间的时期,风力微弱(2—3级)而不稳定,常常出现完全无风的现象。在5月和11月季风开始的季节,常有飓风和大雷雨,特别是在群岛的北部,暴风雨几乎在整年中都可出现。

冬夏两个季风时期是马尔代夫群岛的雨季,饱含水汽的气团,经过印度洋的暖热洋面,因而带来了丰沛的降水,特别是在西南风和西风盛行的夏季。由于气团内的局部环流,在高温和水面蒸发特别是环礁湖水面蒸发十分强烈的条件下,饱和的水汽和加热的气团因上升而冷却凝结,造成了马尔代夫群岛的热带性暴雨。在冬夏季风之间的过渡时期,由于群岛间常常发生热带气旋,因而也带来丰富的降水。

马尔代夫的降水量在12月份为400毫米—600毫米,个别日子的一日降水量可达120毫米。1月份和10月份也同样多雨。全年最干燥的是2月份,月降水量一般只有5毫米—10毫米。群岛的全年平均降水量北部为2540毫米,南部为3810毫米。丰富的降水量和强烈的蒸发量形成很高的空气湿度,一年中空气的相对湿度经常超过90%,只有在个别日子才下降到70%。马尔代夫群岛在气温、降水量和空气相对湿度等方面,都是由北向南递增。在群岛南部,热带季风气候的特征已经相当微弱,而代之以终年高温多雨的热带雨林气候。

马尔代夫群岛附近的洋流与季风有密切关系。在冬季季风时期,群岛的洋流从东而来,而在紧靠岛屿时折向南流。在夏季季风时期,群岛北部的洋流从西北而来,群岛南部的洋流则从西而来,它们在紧靠岛屿时折向南流。这一带洋流的水流层厚度达50米—70米,时速从1公里—2公里到7公里—8公里,在通过各海峡时显得特别强盛。在冬夏季风交替季节,洋流极不稳定。冲刷岛屿的海水是具有规则的半日潮,涨潮高度不大,一般为1米—1.5米,涨潮流也较微溺。马尔代夫群岛附近的海洋表面水温在冬季季风时期为22℃—23℃,夏季季风时期为26℃—28℃。而夏季季风来临的前夕即5月份,表面水温最高,可达29℃。环礁湖的水温常比开阔的海洋高出2℃—4℃。

马尔代夫群岛上分布着沙质土壤,厚度一般在15厘米—45厘米之间。虽然在其表层也含有不多的有机物,但土壤并不肥沃。表层以下是珊瑚沙,再往深处就出现珊瑚基底。由腐烂的树干和枯枝败叶形成的腐殖土最为肥沃,可以种植香蕉等对肥力要求较高的作物,并可试种水稻,可惜这类土壤在群岛上的分布极为有限。

马尔代夫群岛的陆地水十分贫乏。由于地面狭小,地形单调,整个群岛上没有一条河流。除了广泛分布的沼泽以外,只有一些面积很小的湖泊。其中最大的是南部的富瓦—木拉库岛上的班达拉—库利湖,但全湖长度也只有180米。这类湖泊中的蓄水,虽然通常称为淡水,但实际上仍含咸味。此外,在许多岛屿上都有规模不大的人工蓄水池。用以积蓄雨水供岛民饮水之需。

由于丰沛的降水量和珊瑚岛的特殊底土结构,从表土渗透的丰富雨水受到坚硬的珊瑚基底的限制,使之不与海水发生交换的现象,因而群岛拥有相当丰富的地下水积蓄量。埋藏在1.2米—1.5米深处的地下水,饮用时没有咸味,是较纯的淡水,但再往深处就含有一些咸味。地下水也是岛上的重要淡水来源。

马尔代夫群岛的高温多雨的气候,为岛上的植物生长提供了十分有利的条件。在群岛的大多数岛屿上,植物的发育都很良好,枝叶繁茂,终年常绿。各岛沿海都为浓密的灌木丛所被覆盖,而高大的乔木特别是椰子树、槟榔椰子树、棕榈树和露兜树等,耸立于灌木丛之中。在许多环礁湖中生长着热带的红树林,它们的根系半陷入滨海的松软沙土中,而树上则发育了众多的气根,参差披拂,遮盖水面。岛屿内部的低洼地区多为沼泽植物,在开阔地上生长着芦苇和各种草类。

马尔代夫群岛由于其地理位置远离大陆,而且面积狭小,所以在野生动物中以没有高等动物和大动物为重要特点。陆上动物的品种和数量都不多,其中有些动物是居民迁移中从印度和锡兰带入的,并非岛上土著。野生的哺乳动物中仅有家鼠一种,由于它们常常啮食椰子的果实,对岛上的居民造成很大危害。昆虫的种类和数量比较丰富,有色泽绚丽、花纹多变的鳞翅目以及数量很多的鞘翅目、蜻蜓目、蜘蛛目以及某些蚂蚁的变种。因为岛上有很多沼泽,所以蚊子孳生,种类繁多,其中有疟蚊。蚊子的幼虫常常在树干(特别是椰子树干)的褶皱处发育,然后成为成虫。在沼泽和草地中并且还有陆上的蛭纲存在。两栖纲的蛙类在岛上有若干品种。爬虫纲动物也不少,包括几种巨蜥,避役目、陆上龟鳖亚纲以及体形不大的蚺蛇科,并且某些岛屿还有毒蛇。守宫科动物在岛上也有存在,其中有一种半透明而淡黄色的独特品种,它们在夜晚成群外出捕食昆虫。

群岛上还有许多当地的和迁徙的鸟类。如美丽的密吸科、太阳鸟科、鸟纲—犀科鸟类等,此外还有羽毛优美、能学人语言的各种鹦鹉目鸟类。北部诸岛上的鸟类比南部诸岛要少,在那里只有雀、鸽子、雨燕亚目、燕子和隼等几种,一种称为渡鸟的鸟类是这里的特殊品种,它们以啄食住宅附近的腐烂废物为生。在群岛周围的辽阔海洋中,则有善于飞翔的信天翁和军舰鸟科以及白色的热带鸟科等鸟类。

马尔代夫群岛周围的印度洋中,拥有丰富的海洋资源,这对马尔代夫的经济发展具有重大价值。这里有各种金枪鱼、鲣鱼、鲭鱼、竹荚鱼属、旗鱼,还有巨大而带电的鳐目和比目鱼。各种鲨鱼也是这里常见的鱼类,由于这里有丰富的鱼类可供鲨鱼吞食,因此这里的鲨鱼很少袭击人。这一带海洋中还有许多种类的飞鱼,它们在受到船舶发动机的干扰或受到追击时,往往成群地冒出水面,利用翼鳍飞向海空,高达50米—70米,有时甚至可达150米,然后再返回水中。在群岛的许多环礁湖中,鱼类也丰富多彩,它们具有奇特的形态和鲜艳的颜色,是水族馆的理想装饰品。

除了鱼类以外,海洋中还有巨大的海龟、玳瑁和有毒的海蛇。在岛屿附近的浅海中还可以看到若干海豚的变种。捕鲸船在这一带海洋中常常可以捕获价值很高的抹香鲸,马尔代夫的贵重出口品龙涎香,就是这种动物肠内所分泌的一种灰褐色物质。蟹的种类也很多,比较独特的是一种以椰子的坚果为食料的椰蟹。各种虾类如龙虾、螯虾等,分布也很广泛。软体动物中有最珍贵的珍珠,棘皮动物有管皮参和海胆等。此外如硅质海绵目动物、各种珊瑚、色泽鲜艳的管水母亚纲动物等等。这一带海水的上层水温很高,阳光充足,因此富于浮游生物,是鱼类的重要饵料。海面上还常常可以看到海水"开花"的现象,这就是一种单细胞藻繁殖的结果。夜间发光的各种单细胞生物如硬皮鞭毛目、光海鞘目和某些水母等也在这一带海洋中大量生存繁殖。马尔代夫群岛一带的海底,生物也很丰富,这里生长着棕藻、绿藻和红藻等各种藻类植物。在距海底5米—25米处,则有大型的各种海草丛生,它们也是有些底栖鱼类的饵料。

如上所述,马尔代夫在自然资源方面富于海洋资源。群岛沿岸和近海中,有取之不尽的各种热带鱼类,还有其他如珊瑚、贝壳之类的海产品,这些资源,长期以来已经为马尔代夫人民创造了大量的财富,今后仍然要依靠这种丰富的自然资源,发展马尔代夫的经济。马尔代夫缺乏矿物资源,这是马尔代夫自然环境中的一个缺陷,使他们的经济发展,受到这方面的很大限制。但是应该看到,在各环礁的濒海陆裾和附近的浅海海底中,各种矿物资源存在的可能性很大,随着科学的发达和技术的进步,海底矿物资源为人类服务的远景是很美好的。近年以来,已有不少资料可以预期马尔代夫近海有石油的蕴藏,马尔代夫政府并且已经授予圣地亚哥矿业公司以勘探这种资源的权利。假使这种预期的资源成为事实,那就会替马尔代夫的经济发展带来十分有利的影响。

注释:

① 这个数字在各种资料中不完全相同,但大多数资料都认为岛屿和岩礁等的总数在2000个左右。法国《拉罗斯大百科全书》说它有12000多个岛屿、小洲和环礁。这可能是把那些露出水面的小礁石都计算在内的数字。

第二章　历史概况

马尔代夫古代的历史概况目前还不很清楚。在纪元前 3 世纪以后,锡兰和印度移民已经开始到达这里。纪元以后,上述地区的移民就在群岛上定居。从马尔代夫至今保存的古代墓碑中可以证明,这些早期的移民信奉佛教,他们有相当高的文化水平。他们建造佛教庙宇和瘗有佛骨的窣堵波(即佛塔),塑造佛陀的雕像,这些残迹,至今仍在不少岛屿上得到保存。

在移民进入后的初期,一些从北方次大陆带来的宗族和部落制度,在群岛中有所保存。但以后,随着阶级的分化,群岛上出现了早期封建社会的迹象。今日首都所在的马累岛,由于在地理位置上的优越性,很早就已经成为整个群岛的核心。当然,有关马尔代夫古代的这些传说和记载,都是片断的和零碎的。有关这方面的零星报道,还可以在希腊和伊斯坦布尔的学者与旅行家普托洛梅亚(约公元 150 年)、安米阿纳—马齐利纳(4 世纪下半叶)、利斯迈—英迪科普罗瓦(6 世纪)等人的笔记中找到。这些作者证实,马尔代夫在远古已有商人和旅行者来自希腊、罗马、伊斯坦布尔和波斯等地。公元前 20 至 50 年代,在埃及政府工作的希腊航海家吉帕尔,曾不止一次地完成了到印度洋及其邻近地区的航行。吉帕尔利用夏季的西南风从红海出发,又利用冬季的东北风从印度洋返回,这种航程很可能就是经过马尔代夫群岛的。

到了公元 5 世纪,阿拉伯人也航海来到了马尔代夫,他们来自红海沿岸的蒂哈马地区和阿曼湾沿岸的马斯喀特。开始,这些阿拉伯航海者沿着印度洋沿岸的近海路径航行到印度、锡兰和马尔代夫,以后,他们利用季风在开阔的洋面上航行如同吉帕尔所做的一样。这样,公元 7 世纪以后,阿拉伯人对马尔代夫的访问就变得很经常了。巴士拉商人在印度西南的马拉巴海岸和锡兰沿岸建立了许多采购站,马尔代夫群岛成为这些商业活动的要冲,群岛与阿拉伯世界的接触于是日益频繁。

随着商人以后,一些著名的阿拉伯学者和旅行者也来到了马尔代夫。公元 9 世纪,阿拉伯学者卡莱曼首先到达这里,接着,伊斯兰教贤者马卡迪于公元 916 年,伊斯兰教贤者比鲁尼于公元 1030 年先后来到这里。这样,伊斯兰教的信仰逐渐在群岛上盛行起来。公元 1153 年,阿拉伯传教者伊斯兰教贤者巴拉喀特—优素福和伊斯兰教贤者贝贝里,使当时的马尔代夫国王达鲁马范塔—拉斯盖法努—布莱戈切斯蒂沃戈皈依了伊斯兰教,于是伊斯兰教最后在这个国家取代了佛教而成为马尔代夫的国教。

随着伊斯兰教在岛上取代了佛教,岛上的政治体制也开始作了相应的变革,在国王周围享有权力的旧贵族从此失势衰落,国王利用伊斯兰教的教义,把全部权力集中在一人手中,成为大权独揽的苏丹,于是华丽的苏丹宫殿、庄严的清真寺和其他伊斯兰教建筑在马尔代夫次第建成,伊斯兰教的宫廷礼仪在岛上相继流行。这个时期就成为马尔代夫古今历史和文化等的分水岭。

自从接受了伊斯兰教以后,在国家的对外关系方面也开始有所改变。马尔代夫和原来有密切关系的印度和锡兰逐渐疏远,而和阿拉伯世界则发生了愈来愈密切的联系。阿拉伯人纷至沓来,其中有些人甚至做了马尔代夫苏丹的亲近顾问。不少马尔代夫人到开罗等地访问和学习,还有不少人到伊斯兰教圣地麦加和麦地那等地朝圣。14 世纪中叶,著名的阿拉伯旅行家伊本—布图塔曾经到达马尔代夫,他详细而生动地描述了这个苏丹国及其居民的风俗习惯。15 世纪中叶,另一个阿拉伯旅行家拉扎克到了这里,也对这个苏丹国作了详细的记载,所有这些阿拉伯旅行家的记载,都是马尔代夫重要的历史资料。

15 世纪中叶以后,马尔代夫和阿拉伯世界的关系又一度减少。在一个短时期中,马尔代夫被印度的坎瑙努拉王公所控制,今八度海峡以北的米尼科伊岛,即是这个时候归入印度的。某些学者曾经注意到马尔代夫社会中至今尚可察觉的种姓制度残迹,当然,种姓制度的影响是否即在这一时期传入马尔代夫,这仍然是一个值得研究的问题。

此后,由于欧洲资本主义的发展,欧洲殖民者从 15 世纪末叶起开始侵入马尔代夫群岛。首先侵入的是葡萄牙,因为当时葡萄牙殖民者已经在印度沿岸建立了基地,他们就利用了印度的基地,企图把马尔代夫也占为己有。1513 年,正当马尔代夫内部因王位的继承问题发生了争夺,葡萄牙人乘机进行了干涉,他们支持卡卢—穆罕默德取得王位,并迫使他同意葡萄牙人在首都马累驻军和建筑堡垒。但这一次入侵并没有持续很久,到 1518 年,马尔代夫人民就起来反抗侵略者,把葡萄牙的全部驻军一举消灭,表现了马尔代夫人反抗侵略者的英勇气概。

但是葡萄牙殖民者并不因此放弃了他们兼并马尔代夫的野心。1552 年,葡萄牙传教士又唆使马尔代夫苏丹哈萨纳第九,要他放弃伊斯兰教改奉基督教,接着葡萄牙的舰队就卷土重来,企图再次攻占首都马累,但马尔代夫人民又一次奋勇地击退了葡萄牙殖民者的进攻。1558 年,葡萄牙人又组织了第三次进攻,在众寡悬殊的情况下,马累遭到殖民者的占领,马尔代夫成为葡萄牙的殖民地。殖民者指派他们在印度殖民地的总督果阿兼管这块新的殖民地,对马尔代夫人民进行了残酷的殖民统治。但是马尔代夫的人民并不屈服,他们经常和殖民者展开不屈不挠的斗争。1573 年,穆罕默德—博杜—塔库鲁法努领导人民与葡萄牙殖民者作战,终于又一次赶走了殖民者,于是他宣布马尔代夫成立苏丹国(伊斯兰教王国)。葡萄牙殖民者以后曾多次企图重返马尔代夫,但在马尔代夫人民的英勇战斗下,都没有得逞。

继葡萄牙以后,荷兰殖民者在 17 世纪中叶以后曾一度侵入马尔代夫。当时,荷兰在锡兰岛已经建立了殖民地,1645 年,在锡兰的荷兰殖民者借口马尔代夫免受印度马拉巴海岸的海盗侵犯,竟宣布马尔代夫属于它的势力范围。1662 年,荷兰殖民者向马尔代夫派遣了所谓“友谊代表团”,但这个代表团对马尔代夫当局和居民的傲慢无礼令人发指。1671 年,在锡兰的荷兰总督曾指示对马尔代夫群岛进行研究,其目的是为了保证荷兰船舶从锡兰到波斯和荷兰之间的安全航行。从此,荷兰船舶经常在马尔代夫停泊,荷兰殖民者也经常粗暴地干涉马尔代夫的内政。

法国殖民者对马尔代夫也有入侵的意图。早在 17 世纪初叶,一艘法国船,即拉瓦尔的法朗索瓦—皮拉尔号在马累岛附近遇险,全部船员曾在岛上逗留了 5 年。这些船员返国以后,出版了一本详细描述这个为欧洲人所素不熟悉的群岛的书籍,引起了法国殖民者的极大注意。18 世纪中叶前后,荷兰人在这个地区的势力已经衰落,法国殖民者就随时窥测着入侵的机会。1752 年,印度坎瑠努拉—阿里王公的武装部队侵占了马累岛,马尔代夫苏丹向法国在印度的殖民地本地治理的驻军司令求助,法国就这样乘机侵入了马尔代夫。1753 年,法国殖民者与马尔代夫苏丹签订条约,规定法国可以在马累驻军。但是马尔代夫人民同样没有向法国的舰队和驻军屈膝,条约签订后不到数月,由于马累居民对法国殖民者的坚决斗争,迫使法国驻军和舰队撤离马尔代夫。

侵入马尔代夫的最后一个殖民帝国是英国。由于英国在 1756 年—1763 年的七年战争[①]中获得胜利,法国和其他殖民帝国在印度洋的地位开始为英国所取代,马尔代夫也就随着落入英国的势力范围之中。从 18 世纪末到 19 世纪初,英国的商船和军

舰多次到达马尔代夫。接着在 19 世纪 30 年代前后,英国利用马尔代夫上层贵族间的
内讧,获得了国王穆罕默德—伊马特—艾德—丁第四的支持,进一步控制了马尔代夫。
1882 年,穆罕默德—伊马特—艾德—丁第四死后,英国殖民者又利用王位争夺的机
会,支持国王穆英—艾特—丁第二,并于 1887 年由英国锡兰殖民地的省长与马尔代夫
国王签订条约,马尔代夫从此正式成为英国的附属国,马尔代夫国王承认英国为其宗
主国,马尔代夫必须通过锡兰省长,才能和外界发生关系。英国同时也控制了马尔代
夫的内政,英国军舰经常停泊和出没于马尔代夫群岛之间,使马尔代夫成为英国在印
度洋的军事基地。

第一次世界大战以后,随着世界民族解放运动的高涨,马尔代夫人民要求摆脱英
国殖民统治,要求在国内建立民主政治的斗争也空前高涨,在这样的潮流下,英国殖民
者及其控制下的马尔代夫国王也不得不对人民作出某些让步。1932 年,国王穆罕默
德—沙姆斯—艾德—丁第三被迫批准了马尔代夫的第一个宪法,建立了马尔代夫的第
一个君主立宪政体。宪法规定了一系列人民的基本权利和自由,并且成立了由人民选
举的议会。1934 年,英国与马尔代夫国王签订条约,正式承认马尔代夫的独立。但是
实际上,英国仍然在外交、国防和内政各方面控制着马尔代夫。

马尔代夫在第二次世界大战中经历了严重的困难。由于正常的商业运输被迫停
顿,使粮食、医药和日常用品的供应面临着困难,岛上发生了饥饿和瘟疫,造成了大量
的死亡。1942 年以后,战争逼近了这个地区,日本侵略者的军舰、潜艇和飞机都在群
岛出现,英国在阿杜环礁建设了巨大的军事基地,强迫人民迁居他岛,使群岛人民饱经
了战争的灾难。

第二次世界大战以后,世界各地民族独立解放运动空前高涨。马尔代夫原来受锡
兰的英国殖民当局所统治,1948 年,锡兰获得了独立,英国在那里的殖民机构废除,这
是马尔代夫人民争取独立的极好时机,但英国殖民者仍然不愿放弃他们在马尔代夫的
利益,虽然被迫修改了 1887 年的条约,但新的条约仍然规定马尔代夫接受英国的"保
护",尽管英国放弃了干涉马尔代夫内政的特权,但外交和岛屿的防务,仍然为英国所
把持。

马尔代夫人民坚决反对封建国王和英国殖民者签订的屈辱条约,他们为独立民主
展开了英勇的斗争,1952 年,人民终于推翻了国王阿布杜尔—马吉德—戴狄的统治,
有史以来第一次宣布成立共和国,阿明—戴狄出任马尔代夫共和国的总统。但是这个
共和国成立并不很久,殖民者的残余势力和国内的保守力量进行勾结,使国民议会竟
于 1953 年罢免了总统,并通过了废除共和国制度的法律,而于 1954 年重新宣布马尔
代夫为苏丹国。

历史的倒退给英国以可乘之机,英国于 1956 年年底,又与马尔代夫政府达成协议,恢复它在甘岛的军事机场,给予英国船只进入阿杜环礁湖及附近水域的特权,让英国承租希塔杜岛的 45 公顷的土地以建设一个军用无线电台等等,马尔代夫又丧失了许多主权。1958 年,英国军队登陆甘岛,并唆使阿杜环礁的骚乱,让分裂主义者阿布杜勒—阿菲夫宣布成立"苏瓦代瓦联合共和国",自任"总统",并同意英国承租阿杜环礁。这样就迫使马尔代夫政府于 1960 年和英国签订协议,将阿杜环礁租借给英国,为期 30 年(从 1956 年算起),以换取取消傀儡的"苏瓦代瓦联合共和国"和 850000 镑的经济援助。

马尔代夫人民的斗争意志百折弥坚,由于他们持续而坚强的努力,终于一步步地走向胜利。1963 年,马尔代夫参加了科伦坡计划,[②]使他们有了独立参与外交活动的机会。1965 年 7 月 26 日,英国和马尔代夫终于在科伦坡签订协议,承认马尔代夫的完全独立,这个日子此后就成为马尔代夫的国庆日。1968 年 11 月 11 日,通过全民投票,马尔代夫宣布成立共和国。

注释:

① 七年战争(1756—1763)是以英国、普鲁士等为一方,法国、俄国、奥国等为另一方的战争。战争因英、法争夺殖民地和普、奥争夺中欧霸权而引起,战争在欧洲、美洲、印度和海上等多处进行,英国和普鲁士获得胜利,于 1763 年签订巴黎和约。

② 1950 年 1 月,英国在锡兰科伦坡召开英联邦外长会议,澳大利亚建议制订一项开发南亚和东南亚国家的计划,称为科伦坡计划。这个计划于 1951 年开始实行,并成立了科伦坡计划组织,最先参加这个组织的是英联邦国家,以后,非英联邦国家如美国、日本和东南亚国家也都被邀请参加。

第三章　居民与风俗习惯

马尔代夫群岛上在远古时代有没有土著至今尚不明白。现在,马尔代夫本地人自称为"迪维瑟",意思就是"岛人";称他们的国家为"迪维希—雷杰",意思就是"岛屿王国"。但是这里所称的"迪维瑟",从种族上说,实际上是一种古代移民的混合。这些移民有的在公元以前就已经迁入,有的则在公元以后的较长时期里,陆续迁入群岛。

马尔代夫的居民,主要可以分成4个组成部分。

首先是僧伽罗人,这是属于印欧语系的南亚古老居民之一,他们原来分布在印度北部,公元前5—6世纪开始迁入锡兰岛,以后有一部分又从锡兰岛浮海迁入马尔代夫群岛。僧伽罗人是在公元前3世纪中叶接受佛教的。从马尔代夫早期僧伽罗人遗留的佛教文化这一点来看,说明僧伽罗人迁入群岛,为时当在公元前3世纪中叶以后。

其次是达罗毗荼人。这种居民的来源目前主要有两种说法。有人认为他们是印度的土著居民。也有人认为他们是地中海人种的一支,在公元前4000年—3000年间迁入印度。达罗毗荼人迁入群岛的时间,大概也在公元以前,他们当时也已经皈依了佛教。

再次是阿拉伯人。阿拉伯人据记载在公元5世纪来到群岛,开始来的是商人,以后才是传教士和移民。伊斯兰教要到公元11世纪以后才在群岛上流行,因此,阿拉伯人比较大量的移入,大概也总在这个时候。阿拉伯移民多数来自阿拉伯海和红海沿岸,他们迁入的路程比印度和锡兰要远得多。

　　最后是黑人。黑人是从东非作为奴隶被贩卖进入群岛的。阿拉伯人有贩卖黑人奴隶的历史,因此,黑人的迁入必在阿拉伯人出入于群岛以后。目前,群岛上还存在着一个由那些黑人血统相当明显的人所组成的同族婚配的独立小群体,称为"雷维拉"。

　　除了上列4种最重要的以外,还有从16世纪—18世纪以后迁入的少数马来西亚人。此外是为数更少的印度人、巴基斯坦人、斯里兰卡人、英国人等等。

　　在整个马尔代夫群岛上,有定居居民的岛屿不超过220个,[①]而上述不同来源的居民,在分布上有明显的地域差异。在群岛北部的一些有定居居民的环礁上,主要是达罗毗荼人的后裔,他们具有皮肤黝黑、头发卷曲和身材短小等特征。在包括首都所在的马累岛在内的中部各环礁上,居民具有明显的阿拉伯人后裔的特征。在和其他岛屿距离较远的南部各环礁上,居民以僧伽罗人后裔为主,他们和现代斯里兰卡人比较相像,比北部各环礁的居民有较浅的肤色和较高的身材。

　　上述马尔代夫的各种居民,由于在历史上经过了长期的共同生活,差异已经缩小,在语言上也并不十分复杂。作为标准语言的马尔代夫语,也称为迪维希语,流行于首都所在的马累岛一带。迪维希语属于印欧语系,它和伊卢语相当接近,伊卢语是古代的僧伽罗语,是一种在斯里兰卡某些地区流行的、稍稍变化了的印度雅利安语。除了在马累岛一带流行的标准迪维希语以外,马尔代夫群岛上还流行着一些迪维希语的方言,群岛的北部、中部和南部,居民的语言和马累岛一带都有所差异,这是迪维希语的3种主要方言。此外,在迪维希语之中,有许多来自阿拉伯的外来语,还有许多由印度商人在交易中使用的来自北印度的诸如乌尔都语之类的外来语,也还有来自斯里兰卡的诸如泰米尔语之类的外来语。

　　在马尔代夫语汇中,阿多尔(atoll)即环礁这一词汇,是今日世界上所公用的。这是马尔代夫语言即迪维希语对世界上的一个贡献。至于马尔代夫这个名称的本身,则是迪维希语中的外来语,是来自阿拉伯语中的"马尔"(mahal,意即"地方")和古代僧伽罗语中的"代伐"(diva,意即"岛屿")两词的组合。

　　印地语、乌尔都语和北印度流行的其他语言以及僧伽罗语等,在马尔代夫也有流行,但这主要是在上层人物和商人之间通用。此外,由于和英国交往比较频繁,英国又在此建有基地,因此英语在群岛上也稍有流行。

　　在文字方面,迪维希语有两套字母系统。其中一套是从阿拉伯字母改编的;另一套称为"泰纳",是一种以古体僧伽罗语与梵文作基础的字母。先者从左向右写,而后者则从右向左写。这两套字母都在学校中教学。

　　外国语文在马尔代夫文字中的影响十分明显。例如数字,马尔代夫的数字,从一到十二用的是僧伽罗文,十二以后则是用的印地语。日期的名称也用僧伽罗语和印地语。阿拉伯语文是马尔代夫相当通行的书面语文,它不仅用于宗教仪式,并且也用于人的名字。马尔代夫的宪法中规定,每个马尔代夫人应该阅读和书写阿拉伯文,并且讲迪维希语。从现状来看,马尔代夫人民在识字教育方面是颇有成效的,70%以上的人民认识迪维希文字,约6%识英文,10%识阿拉伯文,此外,僧伽罗语、乌尔都语、印地语等也有一定的推广。

马尔代夫人民的风俗习惯和他们的独特历史发展、岛屿的地理环境以及伊斯兰教的宗教信仰有密切关系。

在居住方两,一般人民都住在就地取材的房子里。人民建筑房子,在减少烈日的照射和使暴雨时能迅速排水等方面,往往首先考虑。遍地皆是的椰子树提供了建筑用材,而椰子树的叶子又恰好用来编织遮盖屋顶的席子。从20世纪以来,瓦楞状的铁皮已发展成为最普遍的屋顶材料,但它在烈日下吸热甚快,实在并不舒适。一般住宅都相当小,每所住宅都有一个带围墙的院子,栽种着树木和花卉。富裕的人家则模仿阿拉伯、斯里兰卡或西方的式样,用砖、珊瑚石和瓦片建筑更为坚固的住宅。马尔代夫人的住宅以平屋为主,除了首都马累以外,楼房十分少见。室内是泥地或水泥地,家具很简单,晚上只以席子作为卧具。

马尔代夫人民的服饰与当地暖热的气候相适应。

男人和男孩子的民族服装与斯里兰卡比较相似,他们用长全膝盖的围裙围腰,上面穿一件薄薄的衬衫或汗衫,常常是白色的。他们偶然也穿西方式样的夹克。大部分衣服是从印度、斯里兰卡或英国进口的。头饰不拘,许多人戴着各种类型的帽子或头巾,多数人穿着鞋子或拖鞋。有身份的人,特别是宗教方面的专职人员,常常穿着阿拉伯式的长礼服和头巾。伞是居民常带之物,除了用来遮日挡雨外,并且还表明持伞人的身份。除了宗教领袖和虔诚的信徒外,大多数男人都不蓄发,而是剃着光头。

青年妇女们穿着色泽鲜艳的服装,轻质的上装,长长的裙子,腰围很高,袖子很长,领围很高,领口很大。她们的头发编成长长的辫子,有的还戴上纱巾。女孩子们穿着西方式样的短上衣。老年妇女们仍保持着古老的穆斯林装饰,包括条纹布做的长裙或用黑色及其他深色厚土布做的围裙,在这外面穿一件宽大的、长袖的、长至膝盖的外衣,头发左右侧梳成馒头状,并用围巾扎牢。各种年纪的妇女都穿着鞋子或拖鞋,并且总是佩戴着一些她们财力能及的金、银、铜制的首饰。

马尔代夫人民的饮食与他们的自然条件和宗教信仰有密切关系。他们喜欢用加有刺激性的芳香调味品的肉、鱼和蔬菜配上米饭。他们由于宗教习惯而不吃猪肉,而牛肉需要从国外进口,所以也很珍贵。他们常吃的肉类是家禽和山羊,也常吃蛋类。鱼是他们吃得最多的食品。因为岛上几乎完全不产稻米,所以也要大量进口。不过块根植物的种类很多,如红薯、芋、薯蓣和萝卜等,是他们最容易得到的淀粉食物。最多的是热带水果和蔬菜,除了香蕉较少外,其他如面包果、椰子、波罗、芒果等等,终年不断,构成了他们丰富的饮食。其中椰子并且是制作糖果和饮料的原料。除了含有少量酒精的一种甜棕榈酒以外,饮酒在群岛上是禁止的。人们在有强烈香辣味的槟榔椰子叶中,卷入椰子坚果的碎块和少量石灰浆(用以中和槟榔椰子的酸汁),不时地放在嘴里咀嚼,由于这种嗜好在岛上的普及,马尔代夫人的牙齿常被染成黑色。

从上述衣、食、住的情况来看,马尔代夫人民的生活水平是很低的。由于国家的经济落后,居民平均年收入不超过 600 马尔代夫卢比,所以虽然在马尔代夫很少遇着乞丐,但广大居民的实际生活是相当贫困的。一个熟练的粗木匠,每天工资只有 3 卢比,这已经算马尔代夫的最高工资了。其他手工业者和渔民的工资,每天都不超过 2 卢比,小学教师的工资每月只有 20—30 卢比。这些还都是有职业的人。在不少岛屿上,失业和不充分就业的情况仍然普遍存在,占全国就业人口 50% 的渔民,生产时间具有很大的季节性,常常发生空闲无业的情况。马尔代夫没有什么社会保险的措施,伊斯兰教的法律和习惯规定了马尔代夫福利救济的唯一形式,这就是所谓"扎卡特",即每个人必须缴纳他收入的 2%,作为赈济贫苦之用。此外,在伊斯兰教的习惯上,家庭必须供养他们的穷亲戚。这些当然都不是根本解决的办法,根本的办法是发展生产,扩大就业,提高人民的生活水平,这是马尔代夫的重要问题。

马尔代夫的人民是勤俭、朴实的劳动人民,他们的风俗习惯是美好而淳朴的。人们在各个方面都表现出性格平静的特色,稳健与温和似乎是他们与生俱来的秉性。他们的特征是彼此在心情上和举止上相差无几。因而,马尔代夫人虽然是虔诚和热心的穆斯林,但却也不是宗教狂,他们的日常生活都是很有节制的,即使在娱乐和假日中,也并不失其稳健的风度。尽管节日是欢乐的,但是他们只喝一点低酒精的甜棕榈酒,绝不过分放纵。

虽然马尔代夫没有剧团和乐队,也没有剧院(只有一所放映外国影片的电影院),但马尔代夫人倒是富有音乐才能的。他们爱歌善舞,其歌曲和舞蹈吸取了锡兰、印度、阿拉伯和非洲音乐和舞蹈的优点。由斯里兰卡作曲家 U.D. 阿马拉迪夫谱曲的马尔代夫国歌中,就充满了马尔代夫民族音乐的气氛。

最后把马尔代夫的人口及其动态稍作叙述。

马尔代夫全国人口接近 13 万人,每平方公里的人口超过 400 人,属于人口高密度的国家。而且,人口在土地上的分布极不平衡。在全部岛屿中,有定居居民的岛屿只稍稍超过 1/10。而在所有有定居居民的岛屿中,只有 13 个岛屿的居民超过 1000 人,其余各岛的人口往往只有 200 人左右。[②]全国有 1/10 以上的人口,包括全部外侨(在军事基地的不计)集中在首都所在的马累岛这个小岛上。

　　这个国家人口动态的特点之一是人口的自然增长率很高,每年大约到达 3%——3.5%。下表是近 50 年来的人口增长情况。

年份	1921	1931	1946	1963	1966	1967	1968	1969	1972	1974
人口 (人)	70,413	79,281	82,068	94,527	100,833	103,801	106,969	110,770	118,818	128,697

　　人口的高度增长,给马尔代夫带来了种种问题,其中最主要的是食物供应。每天不可缺少的主食稻米,在岛上几乎全不生产,日益增加的消耗量,成为一种沉重的负担。很大数量的年轻人要上学,又产生了一个教育设备的问题。现在还没有充分资料获知马尔代夫政府是如何认识人口问题的。但是因为马尔代夫人是伊斯兰教徒,对人口控制的一些看法是可以根据他们的宗教习惯而加以料知的。伊斯兰教法律专家最近的说明中准许使用避孕方法,只要这些方法不导致绝育;另一方面,伊斯兰教风俗和《可兰经》中的诗文都明确表示喜欢多子女的家庭。而实际上,马尔代夫的家庭成员,常常超过四五人,其中又以小孩居多。从总人口中的年龄比例来看,幼年人所占的比例很高,未满 15 岁的儿童和少年占总人口的 40% 以上,而 60 岁和 60 岁以上的老年人还不到总人口的 5%。情况可见一斑。

　　马尔代夫人口的另一特点是人口构成中的男人大大地超过女人。下表所列举的是 1966—1968 年三年的情况。

马尔代夫人口的性别构成

年　　份	男　　性		女　　性		总人数(人)
	人数(人)	百分比	人数(人)	百分比	
1966	53,938	53.4	46,945	46.6	100,833
1967	55,346	53.3	48,455	46.7	103,801
1968	56,983	53.3	49,986	46.7	106,969

　　在较早时期的人口统计中,男子超过女子的百分比更高。例如,1911 年是 54.3%,1921 年是 54.2%,1931 年是 54.5%,1946 年是 54%。比较晚近的统计是 1972 年,这一年中,每 1000 人之中,男人为 532 人,则所占比例仍达 53.2%。这个数字在世界各国的同类统计都是相当高的。

　　上面已经提到了马尔代夫人口分布极不平衡的情况,这中间,最突出的例子是首都所在的马累岛。这个小岛上居住着 13000 多人口,岛上显得人满为患,到处盖起了房子。新的建筑物已经盖在填塞海滩而获得的土地上。马累是个古老的城市,街道建筑在压碎了的珊瑚路基上,再铺上一层净沙,显得直而洁净,沿街绿树成荫,在热带的烈日下给人以一点凉爽的感觉。全市分成4个行政区,所有的住宅都编上了号码。主要的街道上有美丽的二层楼私邸,都属于富裕商人、高级官吏和苏丹时期遗留下来的地方贵族。这些房子由珊瑚和瓦片的屋顶构成,房子常位于花园深处,沿街是用石灰刷白的墙壁。

城市的最中心是总统的官邸,这是一座独创的、结构精美的小建筑,附近是一座博物馆,是由过去的苏丹王宫改建而成的。博物馆附近则是尖屋顶的马累市市政府。首都的北部海滨有一排二层楼的行政建筑,供内阁各部和其他国家机关之用。"梅伊利斯"(议会)的简朴建筑也在这里。

中央街道上有一座现代化的电影院,离电影院不远,还有一座建筑不大的公共图书馆(有12000卷藏书)。在这条街上,并且还有国立学校和一家旅馆。在城市的南部和西南部边缘有手工业工厂,附近有十字街坊区,这是劳动人民的住宅区,居住着许多手工业者、渔民和摊贩等。街坊区的房子大多简陋,常常没有窗子,墙壁和篱笆往往是椰子树叶做的。街坊区的大小道路都撒上了白色的珊瑚沙,因此在清洁上仍然楚楚可观。

马累岛的北岸是港口,这里的居民更为拥挤,一片喧闹。小帆船和汽艇穿梭来往,渔船和驳船则在码头上卸货。由于日夜都有渔船靠岸,因此这里也是一个鱼市场,同时又是一个商业中心。不要认为马尔代夫孤悬海外,但这里的大小商店中,商品却也琳琅满目,除了本地出产大量鱼货、热带水果、蔬菜和地方手工业品以外,货架上也充满了日本的最新晶体管收音机、磁带录音机和钟表,法国的香水,荷兰的橡皮糖等等。1969年,马尔代夫政府宣布马累为"开放港口",外国商品在这里可以免征关税。

马累市内还有3个体育场、几个排球场和网球场,马尔代夫人民对体育运动十分爱好,这些体育场和球场往往充满了热烈的竞赛场面。

马累市在古代和中世纪是重要的要塞,至今还遗留着往昔的堡垒,巍然矗立,增加了这个海港城市的气派。成为这个城市的特殊风光的还有35座清真寺(几乎每条街都有一座)和它们的雄伟尖塔。胡库鲁—穆斯基特清真寺建于1674年,规模巨大的石块上有着精美而庄严的雕刻。离它不远,又有朱马清真寺,建筑虽然不很高,但有白色和天蓝色的柱状楼塔,这里用强大的无线电扩音器为市民报告祈祷的时间。尖塔旁边的回廊装饰得十分壮丽,它是马尔代夫人们的主要圣地。公元12世纪,使马尔代夫国王达鲁马范塔—托斯盖法努—布莱戈切斯蒂沃戈皈依伊斯兰教的阿拉伯传教士伊斯兰教贤者巴拉喀特—优素福和贝贝里两人的陵墓就在这里。离陵墓不远,则是马尔代夫民族英雄穆罕默德—博杜—塔库鲁法努的坟墓,他于 16 世纪率领士兵抵抗了葡萄牙殖民者的侵略。这里同时也是主要的市民墓地,埋葬着历来马尔代夫的著名活动家和伊斯兰教的重要传道者。

注释:

① 关于马尔代夫群岛上有定居居民的岛屿数字,各种资料颇有出入,例如法国《拉罗斯大百科全书》和《苏联大百科全书》都认为这样的岛屿有 220 个。《美国大百科全书》认为有 215 个,《英国大百科全书》认为有 197 个,《1974 年国际年鉴与政治家名人录》认为有 190 个等。

② 由于经济上和国内政治上的原因,马尔代夫政府于 1967 年开始,计划把人口少的岛屿(少于 50 人)上的居民移往人口较多的岛屿。但此计划进展缓慢,故各岛人口变化不大。

第四章　宗教

　　早期的马尔代夫居民是信奉佛教的,这在不少岛屿至今残存的佛教建筑遗迹中可以得到确凿的证明。研究马尔代夫社会结构的学者指出,历史上,在马尔代夫社会中,颇有一些种姓制度的残余影响。这说明,在一个时期中,印度教的影响也可能到达过这里。但是这些都是早期流行的宗教。在 16 世纪葡萄牙殖民者开始侵入这里的时候,也曾经把欧洲的基督教带上群岛,但是在这个根深蒂固了的伊斯兰教国家里,欧洲的传教士根本无所作为,虽然当时的马尔代夫苏丹及其家属曾一度改变信仰,但是对于整个马尔代夫社会,实际上仍是无足轻重的。自从 12 世纪以来,伊斯兰教始终是这里唯一流行的宗教,直到今日,它仍然是马尔代夫的国教,这是由这个国家的宪法加以肯定了的。

　　在伊斯兰教各教派中,马尔代夫人是属于逊尼派的穆斯林,逊尼派是伊斯兰教最大的一个分支。在阿拉伯世界的一次早期的政治分裂之后,这个教派的信徒追随穆罕默德后裔的现行路线,力图更接近古代阿拉伯的风俗习惯。他们根据阿拉伯文中的"逊尼"(saunah,意为"习惯")一词,把自己称为"逊尼派",因为他们相信,他们所信奉的是先知的惯例。

　　在马尔代夫的伊斯兰教徒中,也有少数人是属于什叶派的,那就是居住在马累岛上的一些印度商人。什叶派是伊斯兰教的另一个大的分支,它和逊尼派因继承权问题而分裂,并发展了自己的法律和信条。马累岛上的什叶派教徒叫做"博拉",是"伊斯梅利"的什叶派教徒。"博拉"在传统上是专门经商的。当然,这个教派在马尔代夫的伊斯兰教中没有什么影响。

在马尔代夫,取得伊斯兰教组织的成员资格的主要程序是进行叫做"沙哈达"的入教宣誓。其誓言是:真主是唯一的神,穆罕默德是神的使者。由此可知,他们是反对多神论的。他们把穆罕默德的书——《古兰经》,奉为神圣的启示。《古兰经》是穆罕默德的实践。早期的穆斯林教徒构成了伊斯兰教神学、宗教法规和许多风俗习惯的基础。所有这一切,在马尔代夫也和在阿拉伯世界一样,都已经根深蒂固。

穆斯林教徒相信伊斯兰教是犹太教和基督教发展到了顶点的宗教,穆罕默德是最伟大和最后的一个先觉,但并没有被看作是神圣的。他的先辈,包括亚伯拉罕、摩西和其他《旧约》中的先知、一些阿拉伯预言家和耶稣。伊斯兰教神学理论虽然在中世纪就已经高度发展了,但它的宗教法规并不像天主教规对天主教徒那样地对穆斯林教徒的日常生活起影响。而真主的全能和超绝的观念却对伊斯兰教徒的日常生活起着深刻的影响。马尔代夫的穆斯林也相信天使"吉纽"(Jinu,即伊斯兰教传说中的神怪)和其他圣灵、命运、最后审判日、宽恕、罪恶、永生的愉快或惩罚等等。他们不接受赦罪这种观念,也不接受在上帝和凡人之间有任何斡旋者存在的观点。

虽然宗教法规是中世纪经院哲学的产物,但它在目前实际上仍为伊斯兰教信徒们所普遍遵循。例如,在马尔代夫,一个人被允许去麦加朝圣的时候同时经营商业事务,以减轻他此行在经济上的负担。他们既反对禁欲主义,却也不是好色之徒。穆罕默德简单而普通的生活被奉为典范。在理论上,宗教法规适用于生活的所有方面,而事实上,它不但管理着真主和人之间的关系,而且也统辖着人与人之间的关系。

在马尔代夫,每个穆斯林有5项义务,它犹如伊斯兰教的5根支柱。这5项义务是:背诵"沙哈达";执行5种日常祈祷仪式;实行施舍;谨守在斋月期间的斋戒以及去麦加朝圣。但伊斯兰教也豁免那些因重要原因而不能履行的义务。

在马尔代夫,伊斯兰教组织中有些特有的习俗,包括星期五寺院、"瓦库"、"迈特拉沙"和"库塔巴"等。星期五是在寺院里作公共祈祷的日子,人们必须在中午一起举行祈祷仪式并听讲道。"瓦库"是慈善机构,是为了虔诚的目的而设立的,比如对寺院或学校进行资助等等。"迈特拉沙"和"库塔巴"是学校,这些在以下还要提到。

在伊斯兰教中,法律制度是高度发展了的。有许多类型的法律专家,其中最重要的是"奎迪"(qudi,即法官)、"法奎"(faqih,即律师)以及"穆夫蒂"(mufti,即法律解释人)等,这些专家解释和修正法律,同时执行审判程序。在马尔代夫,伊斯兰教的传统法律专家负责管理"沙里赫"(shariah,即法律)的工作。

马尔代夫人是虔诚的穆斯林,他们的热忱表现在对许多圣徒坟墓的祭礼上。马尔代夫的许多岛屿上都可以看到装饰着白旗的坟墓,也可以看到人们在这些坟墓面前的虔诚的祭礼。但是,马尔代夫人也存在一些伊斯兰教世界中不常见的宗教习惯。他们相信精灵和神怪能纠缠人并引起疾病。为了防止这些灾难,他们常常求助于符咒、术士和驱魔逐妖的人,因此,在这里念咒祈福和占星术等仍然通行,马尔代夫的巫术和魔法在周围地区中曾颇为著名。

马尔代夫的大部分人民严格地遵守伊斯兰教的教规和道德原则。官方文件和科学著作,都摘录来自《古兰经》中的句子。无线电广播在每天的开始和结束时,都要向安拉祈祷。总统、议员、部长和其他高级官吏以及法院中的法官和见证人,都要对《古兰经》起誓。伊斯兰教的教理和《古兰经》,是学校学习的主要内容。

伊斯兰教的祭司在他们寺院的尖塔上,一天5次地召集居民进行祈祷。只要祭司一发声音,一切活动都会骤然中止,步行者、自行车、汽车等都停下来,所有的人都在祭司领导下面朝西方——圣城麦加和安拉作虔诚的祈祷。清真寺是人人向往的中心,是最受尊敬的地方。

马尔代夫人民对宗教的虔诚也表现在他们对所有宗教节日的谨守上。穆罕默德的生日在伊斯兰教历的第3个月第12日,这是岛上最隆重的节日。升天节也是一个重要的节日,这是伊斯兰教历第7个月的第27日,是纪念穆罕默德从麦加旅行到耶路撒冷并在那里升天的节日。马尔代夫人谨守斋戒,从伊斯兰教历的第9个月第1日开始的30日内,人们从黎明到天黑禁止用餐,天黑以后才能进食。在这些日子里,人们要摒除一切享乐,而是专心于向安拉赎罪。这个月的27日之夜,伊斯兰教徒认为这是宿命之夜,信徒们在这一夜向安拉请求今后一年的恩赐。伊斯兰教历第10个月的第1日到第3日,是教徒们的"开斋日",他们虔诚地庆祝斋戒月的结束。在斋戒结束后的第70天,即伊斯兰教历的第12个月的第10日到第12日,是信徒们的祭祀节,在这个节日里,信徒们虔诚地向安拉献祭,赞美安拉的崇高与伟大。

除了上述纯粹的宗教节日外,在马尔代夫,另外还有一些与历史事件相关的节日。例如在伊斯兰教历第3个月的第1日,是纪念马尔代夫人民在1753年驱逐葡萄牙侵略者的节日;公历7月26日,是马尔代夫的国庆日,庆祝1965年马尔代夫最后摆脱英国的殖民统治而独立;公历11月11日也是一个节日,庆祝马尔代夫从1968年这一天起宣告共和国的成立。由于马尔代夫通行伊斯兰教历和公历两种历法,因此他们也庆祝两次新年。此外,如国民议会开会的日子和总统的诞辰等日子,在马尔代夫也都作为节日来庆祝。上述这些节日虽然与宗教没有直接联系,但是在庆祝活动中都充满着浓厚的宗教气氛。人们去清真寺举行礼拜仪式,诵读《古兰经》,举行宴会。马尔代夫政府机关和学校等,以星期五作为一周的例假日,这当然也是伊斯兰教的习惯。

　　此外,马尔代夫人还遵照伊斯兰教的习惯奉行许多仪式,"法泰哈"仪式是教徒忠心工作和赞美安拉的仪式,"孔纳特"仪式是受切礼的仪式;"贾伊纳兹"仪式是丧葬仪式。所有这些仪式,都在严格的伊斯兰教习惯下举行。

第五章　社会概况

有一些证据可以说明，种姓制度曾经有一个时期在马尔代夫存在。直到1920年颁布的禁止奢侈的法令中，还规定了各种阶层允许穿着的服装的式样。但是其他一些证据也说明了这种类似种姓制度的特色，并不是马尔代夫社会制度的本质，而仅仅是某一时期从北方次大陆来的印度教所给予的影响。至于印度教的影响究竟什么时候到达这里，除了前面已经提及的以外，详细的情况还不得而知。

马尔代夫的家庭是按照财产、政治地位、职业以及坚持伊斯兰教的美德和出身的高贵等指标来排列的。与前任苏丹有关的人、商业和专职人员、学者和宗教界人士等构成了上流社会。一些有社会地位的人在他们的名氏前加上特殊的尊称"戴狄"（Di-di），意思就是"先生"。

在社会劳动力的职业差别方面，存在着某种程度的种族的、地区的和性别上的职业专门化。比如说，男子一般地可以较自由地从事各种工作，而妇女一般只能从事在住宅附近进行的职业，例如用棕榈叶的纤维和椰子外壳的纤维编织席子，搜集珊瑚和贝壳等以供出口以及制作枕头花边等等。约有一半男子是渔民，其余的从事织席、木工、石工、漆工以及其他手艺和务农。虽然全国70%的人民不是文盲，但称得上知识分子的人在马尔代夫却并不多，大部分知识分子成为各政府机关的大小官吏。还有一部分居民从事小商和服务行业的劳动。进出口贸易和国内的零售贸易过去长期来都掌握在"博拉"即什叶派教徒的印度商人手中，至今，零售贸易还有很大一部分由他们经营。职业也有一些地区性的差别,例如,织席的中心在南方各环礁岛屿上,油漆匠的中心在图雷杜岛等。因为劳动是建立在家庭的基础上的,因此,劳动力的补充和培养是代代相传的。当然,情况也是不断变化的,逐渐成长的专业工人就是例外,因为他们是从公共学校里培养出来的。所以在马尔代夫,通过接受较高的教育而从事另一种职业以提高其社会地位的可能性是存在的。不同社会阶层之间的婚姻关系也并无阻碍。因为马累是首都,所以头面人物大都集中在该岛,但是没有任何资料可以说明,某些种族有进入上层社会的特权。

马尔代夫的家庭组织以男性为首脑。按照伊斯兰教的习惯,马尔代夫的穆斯林男子每人可以拥有 4 个妻子。但在实际上,马尔代夫和其他伊斯兰国家不很相似,娶妻在一人以上的男子是不多的。伊斯兰教也规定,男子离婚比女子容易得多,但这种规定对马尔代夫看来没有多大影响,家庭组织还是比较稳定的。马尔代夫的家庭一般有两种:一种是由配偶和他们的未婚子女组成,这是规模较小的家庭;另一种是由配偶和他们的未婚子女和已婚儿子组成,这是规模较大的家庭。一夫多妻的丈夫分开供养每个妻子和她的子女。子女在血统上是跟随丈夫的,但男女都有财产继承权。

和伊斯兰世界的其他国家相比,马尔代夫虽然经济落后,但妇女的地位还是较高的。虽然她们过着朴素和退隐的生活,在公共事务中起的作用很小,但她们不戴遮盖视界的面纱,不着束缚身体的长袍,也并不被严格隔离。白天,年轻的妇女一般不在外界露而,但她们允许进入一些公共场所,如清真寺、体育场等等。女孩子们可以接受初等和中等程度的教育,她们的文化水平大多数达到基本识字。

近年以来,马尔代夫的一部分男女青年对宗教的观念开始淡薄了。这在相当程度上促进了国内教育的发展,并扩大了马尔代夫与国外的接触,这种接触对妇女的地位特别具有影响。她们已经开始不甚遵守家庭的隐居和寂寞生活,而逐步走向社会。在历史上,马尔代夫的妇女地位原来就比阿拉伯国家要高,自从 12 世纪以来,妇女曾先后几次占据过这个伊斯兰国家的王位。根据今天的马尔代夫宪法,妇女可以担任除了总统以外的一切政府职务。实际上,现在已有不少妇女在国家机关和工商界服务。

马尔代夫没有统一的教育制度,但却有两种类型的学校,即伊斯兰教的传统学校和现代的学校。伊斯兰教的传统学校叫做“库塔巴”,在这种学校里,男孩子和女孩子学习读和写,并且背诵《古兰经》。比“库塔巴”高一级的传统学校是设立在首都马累的“迈特拉沙”,它附属于一个伊斯兰教寺院,在这个学校里,用阿拉伯语文进行教学,教学的内容主要就是《古兰经》和其他伊斯兰教法典,所以这是专门培养专业宗教人才的学校。这里学成的学生,除了在国内宗教界服务外,也有被送到国外的伊斯兰教大学继续深造的。

现代的学校是晚近出现的新生事物。它们办在马累市和其他一些居民较多的岛屿上。总的说来，这是按照西方的教育体制、教育方法和教育内容创办起来的学校。当然，任何外国事物，一旦引进这里，总会或多或少地着上一些伊斯兰教的色彩的。1964 年，马累市办起了第一个现代的幼儿园，有 14 名教师，全是女的，园内招收了 396 个幼儿，其中有 216 个是女孩子。全国又先后办起了 200 余所私立的和由地方当局拨款开办的小学。马累市有一所国立小学，约招收了 400 余学生。这里还有两所国立中学，一所供男学生入学，另一所供女学生入学，两校共招收男、女学生 1000 余人，学习年限为 10 年（从 6 岁—8 岁到 16 岁—18 岁）。国立中学用英语教学，并且用英国的教学大纲和教科书，教学内容上比较偏重于技术教学，但对伊斯兰教教义的学习仍有很大的注意。此外，马累市还有一所私立中学，采用男女混合制，全校有 100 余学生，其中女生几乎占一半。马尔代夫的国立学校是免收学费的。这类学校聘请了不少外籍教师，其中最多的是斯里兰卡人。

马累岛以外的小学，不论是私立的或是地方当局开办的，规模都很狭小，设备也极简陋。这些学校一般只有一个教师，最多也不超过两人，由本地人充任。学生需要缴纳学费，大部分学校的学生不超过 100 人。学校中用马尔代夫语文教学，学习期限为 2 年—4 年。学校中设立的学习课目有马尔代夫语（迪维希语）、阿拉伯语、算术、《古兰经》等。

马尔代夫已经有了一所新创办的中等专业学校，但是至今还没有自己的高等学校。中学毕业以后有条件继续深造的男学生，可以向政府提出申请，由政府提供奖学金到斯里兰卡的高等学校去学习。斯里兰卡的高等学校与马尔代夫有特定的联系，那里有专门为马尔代夫学生准备的寄宿舍。此外，马尔代夫也还有少数留学生在埃及、澳大利亚、印度、加拿大、巴基斯坦、英国等国家学习。

马尔代夫在 1976 年的学校、学生和教师数量如下表所列：

学校类别	学校数	学生数	教师数
小学	10	3,362	94
中学	5	513	40
职业学校	1	19	4

第六章　国家制度

　　马尔代夫的国家制度是深深地扎根于伊斯兰教的传统的。关于这方面,在今日的马尔代夫国旗中,还有明显的体现。马尔代夫的国旗是在绿色的旗布中央安上白色的半月,周围是红色的宽边。白色的半月用以说明伊斯兰教是马尔代夫的国教。以绿色作为国旗的底色,这体现了人民对伊斯兰教的忠诚、国家的繁荣以及海洋和陆地的富饶。红色的旗边象征自由和历史上与阿拉伯教徒的紧密联系。

　　在一个信奉宗教的社会中,伊斯兰教在限制非宗教机构方面,也许比其他任何宗教都更为严格。伊斯兰教有它自己的法律戒条,它几乎规定了信徒生活的一切方面,在信徒们心目中,这是一种神圣的法律。被尊视为完美无缺的、永恒的和公正的。传统上,在伊斯兰教社会中,作为政府的唯一目的就是管理信徒和实施《古兰经》的法规。

　　从 12 世纪起,马尔代夫即已成为伊斯兰教国家。尽管他们是个非阿拉伯社会,但他们建立的国家制度却还是反映了穆斯林的理论和习惯。当然,和别的许多伊斯兰教国家相比,过去和现在,马尔代夫都不是一个神权政治。因此,要在国家制度和其他政治方面进行一些改革的话,马尔代夫显然比其他伊斯兰教国家方便。

　　但在另一方面,由于伊斯兰教历史上没有委员会,没有议会,也没有代表大会之类的组织。伊斯兰教习惯中也没有"多数决定"的原则。因此,在马尔代夫,从头面人物到基层百姓,从来没有这些现代政治的概念。而且,在英国殖民统治的时期里,也竭力防范把选举机构这一类事物引进这个国家来替殖民者自找麻烦。在英国的殖民地中，有些是通过当地行政机构进行管理的，有些则通过间接统治加以管理。马尔代夫是经由锡兰间接统治的，因而它既接受不到代议制政府的观念，也接受不到实施这种政体的经验。所以，尽管在 1932 年，马尔代夫曾经颁布过一部根据世纪初期中东的伊斯兰国家的实践所编制的成文宪法；甚至在 1953 年宣布成立共和国。但实际的情况是，在整个英国统治的时期中(1877—1965)，它一直保持着一种古典的伊斯兰专制制度。

第二次世界大战结束后不久，中东的伊斯兰教世界中，开始出现了一个"共和主义"的变革，这种变革的浪潮无疑也对马尔代夫进行了冲激。1953 年，埃及、巴基斯坦和马尔代夫都把"共和国"这个名词写进他们的国名之中，接着，在以后的 6 年中，又有另外 3 个伊斯兰教国家苏丹、伊拉克和突尼斯也加上了"共和国"的头衔。但是马尔代夫在 1953 年所宣布的共和政体，也正和它在 1932 年颁布宪法的尝试一样，这样的"共和国"并不意味着在马尔代夫创立了代议制和民主选举。穆斯林意识中的共和国主要只是取消寡头统治的朝代，并不包括普选一类的欧洲思想。因此，1953 年的共和国实际上只存在了 7 个月，在当年就为伊斯兰教王国所代替。其实，在那几年中，共和国的尝试在伊斯兰教世界中失败的，马尔代夫并不是唯一的例子。

一直要到 1964 年，为了摆脱英国殖民统治的羁绊，政体的改革才成为当务之急，而改革也就开始获得成效。这一年的改革中规定：苏丹是国家的元首，他是由一个特别会议来选举产生的，政府的首脑则是内阁总理，由称为"梅伊利斯"（即议会）的立法机构提议，然后由苏丹任命。"梅伊利斯"由 54 人组成，其中 8 人由苏丹指定，其余则通过选举产生。内阁由阁员、部长、首席检察官等组成，内阁成员全部由内阁总理指定。内阁总理、内阁成员和"梅伊利斯"成员的任期均为 5 年。国家的一切法律都由"梅伊利斯"制定，然后呈报苏丹批准。

如上所述的政体改革，虽然不能算是很大的步子，但对于一个长期以来伊斯兰教教规为国家一切准则的国家来说，已经称得上是一个较大的进步了。而这种改革接着导致了英国殖民统治于 1965 年的最后退出和马尔代夫的完全独立。

1968 年，在经过全民投票以后，马尔代夫又成为共和国。其政体又有了相应的变更，国家官员的称呼也随着由伊斯兰教式的改变为共和国式的。总统代替苏丹成为国家元首，拥有全部行政权，诸如批准议会（即"梅伊利斯"）通过的法律草案，任命内阁各部长和其他高级官员，宣布国家处于紧急状态等等。总统并可任命副总统若干人以协助总统工作（现有副总统 5 人）。总统的任期为 4 年，"梅伊利斯"成员即议员的任期为 5 年。总统由"梅伊利斯"选举产生。

一院制的议会即"梅伊利斯"是全国最高的立法机构，其成员共 54 名，其中首都马累占 8 名,其余 19 个行政管理区每区产生 2 名。总统有权任命"梅伊利斯"成员中的 8 名,但不能和首都马累所产生的议员重复。

第一任总统于 1968 年 11 月就任,但第一个共和国政府要到 1969 年 9 月才组成。当时的内阁设有 8 名部长,即外交、教育、农业、渔业、卫生、司法、公共安全、贸易和发展部长,此外还有首席检察官,同时并选定了驻美国大使和联合国常驻代表(两者由一人兼任)。

如上所述,马尔代夫的政体变革,无疑已经削弱了传统的伊斯兰教的影响。但另外,作为国家制度的另一重要支柱的法律,现在看来和伊斯兰教的习惯势力还有密切的联系。马尔代夫现行法律的理论基础和原理,绝大部分是根据古典的、理想化解释的《古兰经》。穆斯林世界中也早已知道,虽然不少伊斯兰教国家的法律是按着《古兰经》的戒条制订的,但是这样的法律对于日益复杂的现代社会实在已经不够充分和明确了。马尔代夫也和多数伊斯兰教国家一样,"梅伊利斯"的立法过程就是把《古兰经》的格言变换成为更为清晰的法律语言的过程。这样的法律,其内容的局限性是不言而喻的。

伊斯兰教起源于没有政治准则的国家,在那些国家里,宗教法律和社会法律是同等的,任何法律都被认为是神的启示,神学上的理由重于世俗的理由。和欧洲的观念不同,在伊斯兰教世界中,世俗法律和神灵的命令是不可分割的。

对于马尔代夫来说,作为 20 世纪的国家立法机构,"梅伊利斯"必须打破传统,去掉伊斯兰法官"奎迪"手中的立法作用,并要发展一种能比中世纪的神学更好的处理现代社会和经济问题的方式。可以推想,这也就是自从 1932 年他们的第一个民主政体宣告成立以来,马尔代夫人民所一直深思熟虑的问题。

在 1968 年的宪法中规定,立法权交割给了"梅伊利斯",总统拥有否决权,法律条款同时也规定设立一个首席检察官的职位。虽然从目前来说,马尔代夫法律制度的现代化将取得何种成就还无法评论,但这种发展的趋向,对于一个长期以来《古兰经》为准则的国家,毕竟还是差强人意的。

马尔代夫法律制度的现代化过程必须要克服那种只凭传统而不严格处理问题的做法,也要克服那种有坚固的组织机构而无多大效率的社会制度。除了上述根深蒂固的伊斯兰教习惯外,现代马尔代夫人从民族渊源上说又是泛印度种姓制度的僧伽罗佛教徒的后裔。在前面社会概况中已经提及,有些观察者早已注意到马尔代夫社会中的类似种姓的职业分异和一些种姓结构的特征。虽然《古兰经》中是禁止社会不平等的,但是马尔代夫的伊斯兰教和阿拉伯世界的伊斯兰教的许多差异之一就是在信奉穆罕默德教义的印度文化社会中类种姓的社会结构的长期存在。因此,如何消除这种类种姓的残余影响,这是马尔代夫法律制度中值得注意的问题。

在国家制度中,一个重要的部分是政府组织。和其他许多国家相比,马尔代夫的政府组织是很简单的。马尔代夫没有重工业,也没有大型商品农业企业,政府毋须设置与此有关的部门。另外,它没有邮电部(虽然政府也发行邮票),没有国防部,没有运输局,没有社会保险机构,既没有直接税制度,也没有商业银行制度,没有其他许多国家必须设置的复杂部门和繁琐制度。马尔代夫政府是一个小小的、孤立的、没有工业社会的政府,这个政府统治着十多万对公用事业并不奢求的居民们。

由8个部长组成的内阁,在目前世界上来说,也是最简单的。

教育部长作为一个内阁职位是1968年确定的。虽然如前所述马尔代夫近年来陆续兴办了一些现代学校,但是马尔代夫的教育仍然继承着一种强调哲学基础、道德和伦理价值的宗教教育传统,来抵制西方世界所注重的那种现实和实用的知识,这种倾向显然不是正常的。当然,自从60年代以来,现代公共教育的发展是令人满意的,但是超过中等水平的教育和专门技术的培训,仍然大部分依靠国外,还必须迎头赶上。

渔业部长和农业部长在马尔代夫内阁中居有重要的地位。这两位部长对充分地开发国内的食物资源和有效地提供鱼类出口市场负着重要的责任。因为在马尔代夫,大部分粮食进口必须依靠鱼类产品的出口作为支付条件。所以在内阁中,这两位部长特别是渔业部长提出的计划,常常得到优先的讨论。

马尔代夫的公共卫生条件仍然有待改善,因此,卫生部长的职责实际上是重要的。由于高温潮湿的自然环境和卫生知识、医疗条件等的缺乏,在这里流行的传染病品种不少,除了称为“马尔代夫热”的各种疟疾以外,还有肺结核、麻风、小儿麻痹症、丝虫病、性病、眼传染病和各种皮肤病等。直到今天,西方培养的医生在这里毕竟是很少数,大部分马尔代夫人是靠他们自己的卫生常识和民间的土著医生来保障他们的健康的。这些土著医生叫做“海基姆斯”,他们配制草药饮剂和护符,深得人民的相信。此外,也还有土著的接骨医生和助产士,他们用富于宗教色彩的传统土法来施行他们的外科手术。在现代医生十分缺乏的情况下,这样的土著医生毕竟也还可解决一些问题。

马尔代夫现在已经是世界卫生组织[①]的一个成员了。这使得马尔代夫卫生部得以接近最新的、科学的预防和治疗药物。但是由于经济上和习惯上的原因,世界卫生组织对岛民的卫生方面的贡献主要仅在于公共卫生方两,而不是对个人提供医药和治疗。对马尔代夫人来说,尽管马累和其他商业中心的商店里,进口成药的出售已经较多,但个人享受新式医疗服务,除了很少数富裕者以外,毕竟还是一件奢侈的事。

卫生部的有形资产极有限,主要是1960年由英国提供资金在马累建造的一个有

40 个床位的医院。全国有马累、图雷杜、德杜、马那杜 4 个医疗点和古利、雷两个流动医疗点,可以为人们提供新式的医疗。马尔代夫独立后不久,又在世界卫生组织的主持下,开展了一个公共卫生运动。但是除了集体防疫注射和卫生教育外,政府指出,限于经济力量,他们无法做更多的工作了。

在马尔代夫政府组织中,司法部长、公共安全部长和首席检察官的职务和权限,区别是不够明确的。据报道,马尔代夫约有警察 500 人,分驻在有定居居民的 200 多个岛屿上。

贸易和发展部长在内阁各部中的地位相当重要。因为对外贸易是马尔代夫获得外汇输入必需品的主要手段。而主要的出口商品如鱼类、椰干、椰壳纤维制品和手工艺品等,为马尔代夫的经济发展提供了重要的潜力。

上面介绍的是马尔代夫的中央政府的组织。除此以外,马尔代夫也还有地方政府的组织。在马尔代夫的每一个有定居居民的岛屿上,都设有"卡蒂布"(酋长)和他的助手。在行政级别上,他们属于环礁弗伦(atoll verin)的领导之下,环礁弗伦是环礁委员会的首脑,在每个行政区产生,领导地方政府。马尔代夫有 19 个环礁建立了行政区,每个行政区都有一个环礁委员会。

马尔代夫没有政党,通常是通过利益集团和个人联盟来表达不同的政治目标。年满 21 岁的公民(包括妇女)都有选举权。

虽然马尔代夫曾经长期地成为英国殖民地,但是在 1965 年独立以后,在对外关系上,马尔代夫没有选择参加英联邦的道路。他们参加了联合国、科伦坡计划和世界卫生组织。此外,马尔代夫已经与下列国家建立了外交关系:

澳大利亚、缅甸、中华人民共和国、捷克斯洛伐克、埃及、法国、德意志民主共和国、德意志联邦共和国、匈牙利、印度、印度尼西亚、伊朗、伊拉克、意大利、日本、朝鲜民主主义人民共和国、大韩民国、利比亚、马来西亚、墨西哥、新西兰、巴基斯坦、菲律宾、新加坡、斯里兰卡、苏联、英国、美国、越南、南斯拉夫。

在上述国家中,除了印度和利比亚两国在马尔代夫驻有外交使节外,其余各国处理马尔代夫的外交事务都是通过各自驻斯里兰卡的大使馆来进行的。马尔代夫在各建交国也没有大使馆,1968 年曾经在华盛顿建立了一个大使馆,但到 1970 年也关闭了。

如上所述,马尔代夫的对外关系是很简单的。它只参加联合国、科伦坡计划和世界卫生组织,通过这些组织,得到经济上、技术上和医药卫生等方面的利益,这些利益,都是马尔代夫所急需的。它与印度及日本签订了贸易协定,日本将在马尔代夫发展渔业的五年计划中给予经济和技术的援助,印度正在帮助马尔代夫从事罐头食品厂和远洋船舶的建造。在军事方面,除了 1960 年和英国签订的关于租让阿杜环礁的甘岛作为空军基地等协议外,马尔代夫独立以来,和一切国家没有共同防御条约,没有军事同盟,和任何外国势力都没有特殊的联系。为了避免超级大国的干预,马尔代夫曾经拒绝苏联提出的提供"援助"的建议。

最后是关于马尔代夫的宣传和舆论报道。1966 年时,全国曾有 3 份报刊,一份是政府办的日报"维亚法里—米亚杜",一份是私人办的日报"费西斯",还有一份私人办的周刊"加丁"。但到 1969 年,就只剩下政府办的"维亚法里—米亚杜"了,其发行量为 4000 份。

马尔代夫有一个无线电台设在首都马累,由政府经营,但收音机至今还是一种奢侈品,居民们所拥有的收音机,包括晶体管和电子管的,总数不过 2000 多架。马尔代夫还没有电视业务。

注释:

① 世界卫生组织是联合国的专门机构之一,系联合国经社理事会在 1946 年召开的国际卫生会议所通过,于 1948 年正式成立。这个组织的机构有世界卫生大会、执行局以及 6 个区域组织,总部设在日内瓦。

第七章 经济概况

由于历史的原因和地理的原因，马尔代夫至今仍是一个经济落后的国家。这个国家没有重工业和现代化的农业，国内外的交通运输也很落后，国民生产总值极低，劳动人民收入菲薄，这在前面居民部分的介绍中已经有所说明了。

第二次世界大战结束以来，马尔代夫的国民经济较过去有了发展，英国对它的经济发展有所帮助，其他一些参加科伦坡计划的国家如斯里兰卡、埃及、新西兰、日本、加拿大、澳大利亚、印度、巴基斯坦和法国等，也都或多或少地对它提供过经济上的援助和技术上的培训。诸如此类，对马尔代夫的经济发展也起了一定的促进作用。

在马尔代夫国民经济各部门中，渔业显然是主导部门。全国50%的劳动力从事渔业生产，鱼产品的出口占全国出口总值的90%以上。马尔代夫渔民捕获的鱼类，主要是各种金枪鱼。包括扁舵鲣(frigate tuna)、圆舵鲣(bullet tuna)、鲣鱼(skip-jack tuna)和黄鳍金枪鱼(yellow fin tuna)等品种，年捕获量波动甚大，但一般在30万公吨左右，其中鲣鱼约占60%以上。此外也捕捉其他鱼类如竹筴鱼、飞鱼、旗鱼，鲨鱼和环礁湖内的一些鱼种，也捕捉抹香鲸，但这些比数都很小。全部捕获量基本上在离岸8公里—10公里的近海水域得到，很少数在离岸25公里—30公里的较远海域捕获。

他们的捕捞技术十分熟练，但捕捞的方法却相当原始。渔民们首先在海上抛撒活的沙丁鱼作为诱饵，使鱼群聚集起来，然后用网把这些沙丁鱼捞去，于是他们再用一般的鱼钩在聚集的鱼群中钓捕大鱼。每艘渔船一天大概可钓获大鱼500条—1000条。他们很少用网,甚至是原始的曳网来捕捞鱼类,当然更谈不上其他更新式的渔具。所以产量很低。

他们把捕获的大部分金枪鱼制成一种叫做"马尔代夫鱼"的成品。这不仅是一种食物,而且也是一种调味品。南亚各国特别是斯里兰卡人对这种食物十分爱好,因此每年大量的出口。"马尔代夫鱼"的制作方法是,渔民们把这种金枪鱼进行解剖烧煮,初步把鱼的内脏和血烧熟,以便分离鱼刺,把鱼切片,然后放在竹制的架子上,用椰子树的木柴进行烧熏,使鱼熏成黑色,再放在太阳下曝晒几天,最后集束加以存放。经过这样加工的干鱼,重量只有鲜鱼的1/5到1/6,贮藏和运输就都比较方便,这就是马尔代夫最主要的出口品。除此以外,也还有一些小鱼在经过盐制后晒干或风干,然后进行熏制,同样用来出口。未经加工的鲜鱼,主要只供国内消费,出口的很少。每年约有5000公吨上下的鲜鱼运往马累,那里有全国唯一的一个小型冷藏库。

马尔代夫约有1700余艘有二桅或三桅的用椰子树木建造的小帆船,这类帆船一般长10米—12米,宽2.5米,每艘乘渔民10人—12人。此外还有约2700艘的小船,船长一般只有6米—8米。马尔代夫渔民就靠这些落后的船只和简单的渔具,在沿海和环礁湖中从事捕捞。他们有时在沿岸作业,有时依靠盛行风和洋流的力量,在离岸不超过30公里的海域内活动。1975年以后,政府才开始注意在渔业中使用机动船舶的问题,现在已有装有柴油引擎的机动船舶100多艘,可以到较远的海域进行捕捞。马尔代夫的渔船大部分属于商人,渔民们以30%的捕获量向他们租用。

近年以来,强大的外国曳网渔船纷纷到达马尔代夫近海从事掠夺性的捕捞,造成马尔代夫近海渔业资源的很大危机,这就迫使马尔代夫政府采取了保护本国渔业利益的措施。1969年,马尔代夫政府宣布,他们已规定了一种新的海域界线,以代替过去确定的岛屿沿岸3浬宽度的海域界线。新的海域界线东至东经73°6′,西至东经72°30.5′,南至南纬0°45.25′,北至北纬7°10.25′。在这个范围之内,都属于马尔代夫共和国的海域,禁止外国渔船入境捕捞。同时并进行了在海域内的武装巡逻,没收和扣留了一些擅自入境捕捞的外国渔船,并处以罚款,情况从此已有了好转。

马尔代夫近年来的捕鱼量约如下表所列:

年份 捕获量（千公吨）位 鱼种	1971	1972	1973	1974	1975
扁舵鲣与圆舵鲣	26.9	3.1	6.2	5.9	3.9
鲣鱼	28.9	16.0	20.0	24.0	16.0
黄鳍金枪鱼	1.3	5.0	5.2	4.5	4.2
其他沿海鱼类	1.8	8.1	2.3	3.1	3.8
合计	58.9	32.2	33.7	37.5	27.9

除了渔业以外，农业在马尔代夫的国民经济中也有一定作用。在马尔代夫，不论是有定居居民或无定居居民的岛屿上，土地的所有权一律属于国家。虽然1970年曾经通过法律，允许国家出卖土地给私人，但这种公私之间的土地买卖，以后并不广泛流行。根据马尔代夫的法律，每个家庭有权永久使用国家免费给予的450平方米的土地。但是分得土地的家庭，必须在一定时期内在此土地上建造住宅，才能确认这种永久的土地使用权。除此以外，马尔代夫人民还可以不通过任何许可而在空闲的国家土地上栽种椰子树、槟榔椰子树和木本粮食，条件是所栽树木的一半和收获粮食的一半归国家所有。假使国家对个人栽树的地段有了需要，那就可以在其他地段偿还栽种树木的一半于栽树人。人民还可以向国家租入一定的土地以种植香蕉和蔬菜，收获量的4/5可以归自己所有。在那些没有定居居民的岛屿上，人民也可以向国家租用土地以种植椰子树等树木，除了付出一定的租金外，还应当在承租的岛屿上每年栽上一定数量（通常为栽种总量的10%）的树木。

在前面自然环境中已经提到，马尔代夫的土壤是比较贫瘠的，这是发展农业的一个不利条件。但是，在所有环礁中，土壤的肥瘦情况也并非完全一致。比如，北部和南部的岛屿，其土壤就比中部的岛屿肥沃，而东部的岛屿一般也比西部的岛屿肥沃。因此，只要因地制宜地进行耕作，改善肥料供应和提高耕作技术，则在品种的扩大和产量的提高方面都仍然是很有希望的。

马尔代夫最主要的农作物是椰子树，全国绝大多数岛屿上自古以来就遍栽椰子树，村的前后，也无不椰林成荫，葱翠挺拔，成为马尔代夫各岛屿的独特风光。马尔代夫人民历来珍视椰子树，细心栽培，无微不至。马尔代夫的谚语说："砍掉椰子树，毋宁砍掉自己的手。"人民和椰子树血肉相连的情况可见一斑。

椰子树对于马尔代夫人民的确是取之不尽、用之不竭的宝贵财富。树干可作建筑材料、造船和日常燃料之用，叶子可加工为栅栏和加盖屋顶，椰子树液可调制外伤药和加工成为粗糖,椰子坚果内的汁水是清凉止渴的饮料,椰子的碎果加水以后就是马尔代夫人代替动物乳的食品,而碎果加上槟榔椰子的叶子则是人们日常咀嚼的嗜好品,椰子干肉榨制而得的椰油,是马尔代夫人的主要脂肪来源,椰子壳的纤维能加工成为粗绳、地毯、刷子、席子和其他制品,果实的硬壳还可以制作家庭用具、手工艺品和烧制木炭。椰子树和马尔代夫人民的生活真是息息相关,难怪马尔代夫人民对椰子树历来就有十分深厚的感情。

　　值得注意的是,马尔代夫虽然拥有大量的椰子树,马尔代夫人民也确实具有栽种椰子树的丰富经验,但是和世界上其他地区的椰子树相比,这里的椰子树产量很低,这是马尔代夫农业中的一个重要问题。这里各岛屿的椰子树,每年每棵能结的椰子果实约为6个—8个,而世界上其他地区的椰子树,每年每棵能结的椰子果实,到达50个—60个,差距十分悬殊。马尔代夫有这样多的椰子树,而椰子树在它的国民经济中又起这样大的作用,则椰子树产量的提高将有何等重要的意义。看来,在这方面确有很大的潜力可以挖掘,而品种的改良和栽培技术的提高都是当务之急。

　　除了椰子树以外,马尔代夫农作物中比较重要的还有芋类、甘薯、薯蓣、木薯等块根作物,这些都是重要的粮食作物,在全国人民的淀粉来源中具有次于稻米的地位。马尔代夫主要农作物近年来的产量如下表所列:

品　种　　年　份　产　量(公吨)	1973	1974	1975
椰子	8,070	8,230	8,390
干椰肉	1,372	1,399	1,426
芋类	1,000	1,000	1,000
其他块根作物	4,000	4,000	5,000

　　岛上种植的其他粮食作物还有木本粮食如面包果、番木瓜等,此外有一些岛屿也种植了小米、高粱、玉米、豌豆、南瓜等等,但产量不多,没有重要意义。稻米是马尔代夫人民的主要粮食,这里在历史上没有种植水稻的经验和习惯,近年以来,政府曾经不止一次地在胡莱莱岛和卡里杜岛等岛屿进行试种,但是由于以珊瑚沙为母质的土壤比较贫瘠,对水稻似非相宜,所以收成都不理想,至今尚未试种成功,所需几乎全赖进口。

　　岛上种植的热带水果品种甚多,鲜果供应,终年不断,确是一个丰富多彩的热带果园。主要的产品有香蕉、大蕉、芒果、柠檬、桔、甜橙、菠萝、扁桃、石榴、甘蔗等等,此外还有各种蔬菜如萝卜、洋葱、番茄、黄瓜、辣椒等等,产量也很丰富。当然,蔬菜只供给国内需要,没有出口意义。

马尔代夫虽然土地狭小,土壤贫瘠,对农业生产的发展带来不利的影响。但它的暖热多雨的气候,是作物生长的有利条件。而大量没有定居居民的岛屿尚未垦殖,在土地资源方面还有较大的潜力可以挖掘。1967 年,联合国曾经派出农业专家去到马累,为马尔代夫研究农业的改进问题,特别是在这里发展水稻种植的可能性。马尔代夫政府也正在努力改进目前椰子种植的落后状况。这些都是马尔代夫农业生产中面临的重要问题,这些问题的逐步解决,对马尔代夫的农业发展具有重要意义。

马尔代夫的畜牧业很不发达,这和马尔代夫人民多年来的宗教成见有密切关系。《古兰经》认为猪是脏畜,禁止饲养和食用,马尔代夫的法律也禁止猪从国外输入,因此这种在世界上最普遍的家畜,在这里却是完全陌生的。马尔代夫人认为狗是不清洁的动物,因此也很少有人饲养。岛民的成见又认为猫会带来不幸,所以宁可让家鼠在岛上成群横行,岛上却没有猫。在宗教习惯允许饲养的牲畜中,养牛业由于经济水平的落后和饲料来源的限制,基本上没有发展。唯一较普遍的家畜是羊。家禽的饲养也较普遍,特别多的是鸡。这些都是岛民的主要肉食来源。

马尔代夫群岛的工业是相当薄弱的,这当然与岛上的矿物资源贫乏等原因有关,但是历史上的原因以及整个经济发展水平的长期低落,也都与这种落后的现状有密切关系。

全国最重要的工业是鱼类加工工业,这在上面渔业中已经提到了。其实,这种传统的鱼类加工,纯系手工作业,技术落后,劳动生产率极低,只是由于它几乎是马尔代夫获得外汇的唯一手段,因此才显出其重要意义。目前马尔代夫政府正在进行一个发展渔业的五年计划,并且正在建造一所罐头食品工厂,这些都将促使鱼类加工工业的进一步发展。

次于鱼类加工工业的第二个工业部门是造船工业。这个工业部门是 1958 年开始建立的,主要就是坐落在胡莱莱岛上的马尔代夫造船厂。这是全国唯一较具规模的现代化企业,能制造一些小吨位的机动船舶。马尔代夫其他各岛也分布着一些手工造船业,制造木帆小渔船、木帆运输船和船具等,这种手工造船业,在中古时代的维雅亚纳加尔王朝时期,曾经名闻遐迩,印度洋沿岸的一些国家当时曾向马尔代夫购买船舶。但从今天来看,这种手工造船业技术落后,规模狭小,已经没有什么意义。

其他比较现代化的工业,实在屈指可数,首都马累有一个规模不大的锯板厂,用机器锯板,为造船业和其他一些需要木材的部门服务。此外,全国还有 5 个用柴油机发动的小电厂,分别建立在马累岛、希塔杜岛和其他 3 个小岛上,主要供给照明之用。

马尔代夫的其他工业都是分散、落后的手工业。按产值来说,榨油业是次于鱼类加工业和造船业的第三种工业。用椰子作原料,以土法榨得椰子油。椰子油为岛民日常所食用,但也有相当数量供出口,特别是输往印度的东南地区。

用椰子壳的硬纤维制作绳子和其他用品,也是岛民广泛经营的手工业,但这是全部分散在一家一户由妇女们从事的,没有什么工场和作坊之类的组织。这种手工业在马尔代夫已经有了好几个世纪的历史,椰壳纤维制品色泽柔和、轻巧而美观,颇受国际市场的欢迎。虽然几个世纪来在技术上几乎没有什么改进,但是依靠妇女们的熟练技巧和传统市场,这个工业部门今后仍有可能继续发展。

和这个工业部门在技术上有联系的是织带子和制作枕头花边。这种手工业是17世纪由荷兰人引入的。用从印度进口的金、银丝线织成精美的带子和枕头花边,这同样是妇女们的家庭手工业,而且也同样为国家挣得一些外汇。

另外一个传统的、由妇女们从事的手工业是织席。这种席子的原料是一种特殊的芦苇,分布在马尔代夫南部的一些环礁岛屿上,因此,这种工业只在南部的三个环礁特别是苏瓦代瓦环礁上得到发展。妇女们首先砍伐这种芦苇在日光下晒干,然后加以编织,由于色泽美观,质地轻巧,历史上曾经作为奉献给锡兰君主的贡品,现在也仍然拥有国际市场。

最后是贝壳和珊瑚采集业。这种由妇女们从事的劳动,其唯一目的是为了出口。马尔代夫近海富于各种颜色美丽的珊瑚,这是上等的装饰品。各岛海滨又有许多颜色美丽又为世界其他地区所罕见的贝壳,特别是一种称为玛瑙贝的贝壳更为珍贵,这些都是大自然所创造的工艺美术品,也是马尔代夫每年都有相当数量出口的特殊商品。

在介绍了马尔代夫的结构简单的工业以后,再来看看这个国家的旅游业。在现代国家的经济统计中,旅游业往往也是列入于工业范围之内的。而实际上,甚至像马尔代夫这样一个孤悬海外、交通困难、土地狭小、经济落后的岛国,按其产值来说,旅游业仍能列于鱼类加工业和造船业以下的第三位,成为国民经济中的重要部门。马尔代夫虽然是个海上小国,但是它的天然胜景却是十分美丽的。沿海是一片颜色洁白的沙滩,和晶莹透彻的海水相映成趣,而五色缤纷的珊瑚群,更使人眼光缭乱。在岛上,椰子林耸入云际,绿荫茂密,苍翠欲滴,雨后晴空,显得分外明朗,一片诱人的热带风光,吸引着无数来自海外的旅行者。早在1969年,马尔代夫政府就声明,世界上所有国家的公民,都可以不必签证进入马尔代夫,并且开放库卢姆博岛和班多斯岛两个岛屿建成现代化的观光地。于是,马尔代夫的旅游业从70年代初期就开始发展起来了。到了1976年,已经在7个岛屿上发展了旅游设备,接待外来游客。在这期间兴建的供游客住宿的旅馆,总共已有1000张床位。1977年,马尔代夫政府又宣布把南部阿杜环礁的甘岛开辟为国际旅游业中心。在马尔代夫政府的努力之下,来到这个岛国观光的游客几年来与日俱增。在 1972 年—1973 年度旅游业开创之初,当年的游客总数只有 1799 人,到了 1976 年,游客已增加到 9164 人。从游客人数和马尔代夫全国人口的比例来看,在世界上也已经不算很低了。

马尔代夫的运输业和世界各国的运输业相比,具有一种很独特的类型。这个岛国虽然有许多岛屿,但每个岛屿的面积都很狭小。首都所在的马累岛,在全国已不算一个小岛,但也无非是一个长 1600 米,宽 1200 米的小岛。因此,世界上其他大多数国家所使用的陆上运输手段如铁路、公路、驮运等等,在马尔代夫人看来是比较陌生的。各岛之间的运输完全依靠船舶,全国有上千艘小船和几十艘汽艇,经常来往于各岛屿之间。但定期联系各环礁岛屿之间的班船却是没有的,船舶往来主要由渔民们按自己的需要来安排,所以各岛屿之间的交通实际上非常不便,从首都马累到南部各环礁岛屿之间的旅行,由于候船,往往需要一二个星期甚至更多的时间,而且由于这些小型船舶对风浪的适应性很小,因此,在暴风雨和风浪较大的日子里,各岛之间常常长期断绝往来。另外,由于各环礁岛屿缺乏正规的港口,环礁湖水道又多浅滩和暗礁,所以大型船舶实际上并不适宜于这类航行。全国唯一可以驶入大吨位船舶的港口是马累港,这里,每月有两次往返的定期班船和斯里兰卡的科伦坡保持联系。但货运主要是依靠一种称为"布加洛斯"的木帆船承担,这种船和阿拉伯的单桅商船相似,船长不到 30 米,载重 120 吨,经常往返于马累和科伦坡之间。此外,和马累港有经常联系的外国港口还有孟买、马德拉斯、卡拉奇、仰光、新加坡以及印度洋沿岸其他一些港口。当然,这些港口与马累港之间的来往船舶并不是定期的。至于马累港,其港口设备也是很简陋的,货物的装卸依靠停泊场中的一些小型平底船进行。港口的内港与外洋之间有防波堤隔开,因为内港的深度也只有 0.9 米—1.8 米,所以只有汽艇和小吨位的船舶可以出入。

陆上运输如上所述在马尔代夫没有什么意义。在几个较大的岛屿上,陆上运输的主要工具是自行车。马尔代夫全国拥有的汽车不过 200 辆左右,其中几乎有一半不是载重汽车。而且能通行汽车的,在全国也只有两三个岛屿。在有聚落的岛屿上,每个聚落中心都有土路相通,但许多道路狭隘简陋,不供机动车往来之用。

马尔代夫的另一个运输业部门是航空。除了南部甘岛的英国空军基地以外,全国的唯一机场在胡莱莱岛上,离首都马累只有半公里。这个机场是在第二次大战中英国驻军建造的,在 1958 年—1959 年的反英运动时期遭到破坏,直到 1964 年—1966 年之间,才又在锡兰政府的帮助下进行重修,建成了这个全国唯一的航空站,拥有长达 1200 米的混凝土跑道。1969 年—1972 年间,又再次进行增修,混凝土跑道加长到 1800 米,可以起落大型飞机。但是由于政府在财政上和技术上的困难,这个航空站一直没有得到正常地和充分地使用,仅仅依靠斯里兰卡航空公司所组织的航线,与科伦坡一地发生经常的航空联系,每周有一次班机往来。

在交通电讯方面,马累与科伦坡之间有无线电的联系。马累和各岛的较大聚落之间,也依靠无线电联系。各环礁与岛上的行政机构之间,依靠手携式的无线电通话设备保持日常的联络。此外,在首都马累,还有一个规模不大的电话网。

在邮政通信方面,尽管马尔代夫没有邮电部,但它仍能定期发行彩色邮票,这些邮票深受世界各地集邮者的欢迎。不过马尔代夫各岛之间以及马尔代夫与世界各国之间的经常邮政联系,却显得十分缺乏。这当然与马尔代夫的经济落后及其国际往来的稀少有直接关系。

马尔代夫的对外贸易由国营的马尔代夫贸易公司经营,国家并且也用进出口执照制度控制私人公司和个别人民的对外贸易活动。马尔代夫有两家私人进出口公司,但这两家公司的大部分股票也已落在国家手中了。

在进出口商品中,出口商品的90%以上是鱼类加工产品,主要是称为"马尔代夫鱼"的一种干鱼,以斯里兰卡、印度和巴基斯坦为最大主顾。此外还有腌鱼、烘干鱼、阴干鱼、熏鱼和专门作为调味品的一种称为"基里"的鱼制品。其他是数量不多的鱼粉和鱼骨粉。鲜鱼的出口由于受缺乏冷冻设备的限制,过去每年约只有100吨,但近年来因为日本的丸红渔业合作社和仰光的国际商业促进公司的收购,数量已有较大的增加。除了鱼类制品以外,还有另外一些海产品如贝壳、珊瑚、鱼翅(鲨鱼鳍)、龙涎香等等,也都有一定数量的出口。近年来,马尔代夫海洋产品的出口数量,约如下表所列:

品　种＼＼年　份＼出口量（公吨）	1975	1976
鲜鱼	5,782.04	8,601.70
马尔代夫鱼	1,930.30	1,429.30
干腌鱼	不详	62.90
干鱼	不详	0.35
玳瑁壳	4.04	6.39
鱼翅	3.14	8.02
贝壳	60.65	22.70
龙涎香	不详	0.15

在出口商品中居第二位的是椰子和椰壳纤维制品,包括椰子干、椰子油、椰壳纤维绳及椰壳雕刻品等,这些产品的出口约占出口总值的5%。此外还有席子、枕头花边、热带水果等等,但在出口总值中所占的比数很小。

在马尔代夫的进口商品中,最大宗的是稻米,从缅甸和菲律宾等东南亚国家输入,约占输入总值的5%。此外是面粉、原料和矿物燃料、基本工业产品(以棉织品为主)、化学工业产品、饮料、烟草、杂货等等。1976年,马尔代夫输入商品的种类及其价值如下表所列:

输入商品种类	1976年输入额 (马尔代夫卢比)	输入商品种类	1976年输入额 (马尔代夫卢比)
粮食与活畜	6,983,572.16	化学产品	1,060,609.97
饮料与烟草	992,175.35	基本工业品	6,324,893.97
原料	1,063,732.46	机器与运输工具	101,739.06
矿物燃料与润滑油	1,398,737.43	杂货	2,643,171.54
动物与植物油脂	13,804.15	合计	21,498,086.09

由于输入的商品种类多而产值高,而输出的商品种类少而产值低,因此,马尔代夫在对外贸易中从数字来看逆差很大,入超数字很高。但是在实际上,马尔代夫的国际支付基本上是平衡的。因为马尔代夫的船舶装载外国货物每年约有200万吨,有一笔相当可观的运费可赚。此外,马尔代夫人在国际上是相当出色的水手,有不少在外国航运公司当海员,每年也有一笔不小的外汇收入,加上旅游业的收入和科伦坡计划等的补助等,基本上抵偿了它在对外贸易中的逆差。马尔代夫近年来的进出口贸易额约如下表所列:

(单位:马尔代夫卢比)

进 出 口 贸 易 额 ＼ 年 份	1974	1975	1976
进口	26,669,010.13	26,532,909.00	21,498,086.09
出口	不详	6,940,637.96	11,755,268.34

马尔代夫的国内贸易长期来曾为印度和斯里兰卡商人所控制,他们掌握了国内贸易额的几乎一半。但近年以来,马尔代夫政府采取了一些措施,使政府在分配上逐渐扮演主要的角色。政府首先是把重要的消费品包括稻米、食盐、煤油、纺织品和其他工

业品等运送到所有有定居居民的岛屿上,通过国营贸易公司所属的商店和合作商店,以固定的价格出售,这样就有效地杜绝了私商牟取暴利的行为,保障了岛民的基本生活。但是,在一些地区,特别是远离首都的偏僻岛屿,国家控制商品价格的制度还经常遭到破坏,因为在那些地方,商品贸易仍或多或少地掌握在私商手里,甚至还有套购牟利的现象。另外,由于人民的就业率不高,有职业的人收入也很菲薄,因而社会购买力很低,所以国内贸易的总额是不大的。由于收入较高的居民大部集中在首都马累,因此马累在国内贸易总额中占了极大的比数,这里不但是全国的政治中心,同时也是全国的商业中心。

马尔代夫没有本国的银行,有关银行的业务由政府的贸易公司兼办。外汇账目通常存在斯里兰卡银行里,通过斯里兰卡中央银行处理贸易事务。1974 年,印度国家银行在马累创设了分行,虽然这是一家外国银行,但是却也是马尔代夫有史以来在国境内出现的第一家银行。此外,巴基斯坦的胡比莱银行在马尔代夫也设立了办事处。马尔代夫既没有保险公司,也没有有组织的安全贸易。人民的储蓄往往以现金或珠宝的形式进行。马尔代夫的本位币是马尔代夫卢比(M. R.),它的法定票面值与斯里兰卡卢比相等,1 美元约折合 3.93 马尔代夫卢比,1 英镑约折合 6.85 马尔代夫卢比,当然,这是大致的兑换率,市场上的实际情况是常有变化的。斯里兰卡卢比和印度卢比在马尔代夫均可作为法币接受。1 马尔代夫卢比等于 100 个拉里,政府发行有 1/2、1、2、5、10、50 和 100 卢比的流通券,但纸币在当地的习惯上不受欢迎。1960 年马尔代夫委托英国伦敦造币厂代为铸造了刻有阿拉伯和迪维希文的硬币,面额有 1、2、5、10、25 和 50 卢比等种,这些硬币至今仍在市面上流通。此外流通的还有 1 拉里和 4 拉里(习惯上称为"博拉里")的铜币。在马尔代夫,由于岛屿分散,交通阻滞和经济落后等原因,国家的货币也并不是在所有岛屿都充分流通的。在有些偏远的岛屿中,至今还流通着传统的称为"考里"的贝壳作为买卖的媒介。而历史上曾经流通的货币,例如 16 世纪通行的鱼钩状银币,17 世纪通行的由法国马赛造币厂铸造的圆形银币和铜币等,至今仍然常常在市场上出现。

马尔代夫的国家财政收支为数很小,预算支出的项目主要是政府机关的日常支出,军队、警察和海岸防护的经费(有一支 500 人的警察部队和海上巡逻队)以及养老金支付等等,发展经济、教育和卫生事业的经费虽然也列入预算,但为数更属有限。马尔代夫国家预算中的收入主要来自关税,关税采取一种征收实物的形式,比如,每进口 12 袋稻米,政府要征收 1 袋;同样,每进口 12 听煤油,政府也要征收 1 听。此外,国营贸易公司的利润、国有土地出卖和出租的收入以及印花税等,也都是岁入的来源。政府没有直接向人民征税的规定,但每个强壮的男子,每年要为国家从事一定时间的义务劳动。

最近几年中，马尔代夫政府预算的岁出情况如下表所列：

（单位：马尔代夫卢比）

年份	1973	1974	1975
政府岁出	20, 668, 489	22, 127, 000	25, 153, 242

外国主要文献目录

1. Л. В. Печуров, Мальдивская Респуьлика, Главная редакчия восчной литературн москва, 1973.

   Л. В. 彼楚罗夫《马尔代夫共和图》,莫斯科,东方文学编辑所,1973 年。(毛履军译)

2. T. L. Stoddard, Area Handbook for The Indian Ocean Territories, chapter 2, The Republic of Maldives, The American University, Washington, 1971.

   T. L. 斯托达特《印度洋地区区域手册》第 2 章《马尔代夫共和国》,华盛顿,美利坚大学,1971 年。

3. Encyclopaedia Britannica, 1971, Vol. 14, P694, Maldives.

   《英国大百科全书》,1971,第 14 卷第 694 页,《马尔代夫》。

4. The Encyclopaedia Americana, 1977, Vol. 18, P. 164a, Maldives, Republic of.

   《美国大百科全书》,1977,第 18 卷第 164 页 a,《马尔代夫共和国》。(以上陈可吟译)

5. La Grade Encyclopédie Librairie Larousse, 1974, T. 12, P. 7521—7522, Maldives.

   《拉罗斯大百科全书》,1974,第 12 卷第 7521—7522 页,《马尔代夫》。

6. Большая Советская Энциклоиедия т. 15, 1974, CTP. 297—298. Мальдивц.

   《苏联大百科全书》,1974,15 卷,第 297—298 页,马尔代夫。(以上黄佩琚译)

7. The Far East and Australasia,1977—1978,P. 700—704,Maldives,by B. H. Farmar.

《远东与澳大拉西亚》,1977—1978,第 700—704 页,《马尔代夫》,(B. H. 法默著)。

8. The International Year Book and Statesmen's who's who,1974,P. 279—280,The Republic of Maldives.

《1974 年国际年鉴与政治家名人录》,第 279—280 页,《马尔代夫共和国》。

9. 1978 Britannica Book of the Year,P. 533,Maldives.

《1978 年英国大百科全书年鉴》,第 533 页,《马尔代夫》。

10. Geological – Geophysical Atlas of The Indian Ocean,Academy of Science of The USSR, Moscow,1975.

《印度洋地质——地球物理地图集》,苏联科学院,莫斯科,1975 年。(以上陈桥驿译)

附录一　马尔代夫行政区简表

行政区环礁名称	迪维希文简称	行政中心的岛屿名称	岛屿总数（未计算水面上礁石和浅滩）	有定居居民的岛屿数	1967 年人口
马累（首都）	—	马累	1	1	11,760
蒂拉杜马蒂（北）	海—阿利夫（HaaAliff）	德杜	40	16	7,148
蒂拉杜马蒂（南）	海—达卢（HaaDaalu）	诺利范格法罗	37	17	8,386
米拉杜—马杜卢（北）	沙维亚尼（Shaviyani）	法鲁科卢富纳达	50	14	4,892
米拉杜—马杜卢（南）	纽纽（Nuunu）	马那杜	64	15	5,187
马洛斯—马杜卢（北）	雷（Raa）	尤戈法鲁	76	17	6,743
马洛斯—马杜卢（南）	巴（Baa）	艾达富希	64	16	4,605
法迪佛卢	莱维伊尼（Laviyani）	奈法鲁	53	4	5,245
马累与南马累	卡夫（Kaafu）	胡莱莱	72	10	3,033
阿里	阿利夫（Aliff）	马哈巴杜	76	19	4,731
费利杜	瓦武（Waavu）	费利杜	20	5	818
穆拉库	米穆（Meemu）	穆利	38	9	2,559
尼兰杜（北）	法夫（Faafu）	马古杜	17	6	1,489

续表

行政区环礁名称	迪维希文简称	行政中心的岛屿名称	岛屿总数（未计算水面上礁石和浅滩）	有定居居民的岛屿数	1967 年人口
尼兰杜(南)	达卢(Daalu)	库达胡拉杜	48	8	2,695
科卢马杜卢	塔(Taa)	维曼杜	66	13	5,534
哈杜马蒂	莱穆(Laamu)	希塔杜	82	12	4,721
苏瓦代瓦—胡瓦杜（北）	盖夫—阿利夫（Gaaf Aliff）	维林吉利	86	10	4,128
苏瓦代瓦—胡瓦杜（南）	盖夫—达卢（Gaaf Daalu）	加杜	149	10	6,612
富瓦—木拉库	纳维伊尼(Naviyani)	富瓦—木拉库	1	1	3,405
阿杜	西纽(Seenu)	希塔杜	24	6	10,101
合计			1,064	209	103,792

附录二 索 引

（地名、人名、专名对照）

A

Arabian Basin 阿拉伯海盆

Arabic 阿拉伯语

Aravalli Mts. 阿拉瓦利山脉

Ari Atoll 阿里环礁

Ariyaddu Channel 阿里亚杜海峡

atoll 环礁

atoll verin 环礁弗伦

Australia 澳大利亚

Austria 奥国

B

bagalos 布加洛斯(一种单桅木帆船)

Bandara Kuli L. 班达拉——库利湖

Bandos I. 班多斯岛

Barakat Yusuf 巴拉喀特——优素福

Basra 巴士拉

Berberi 贝贝里

Biruni 比鲁尼

Bornbay 孟买

Borah 博拉(一种经商的什叶派教徒)

boularee 博拉里(货币)

British 英国

the British Commonwealth of Nations 英联邦

Buddha 佛陀(释迦牟尼)

Buddism 佛教

Burma 缅甸

C

Cairo 开罗

Canada 加拿大

Eight Degree Channel　八度海峡

Elu　伊卢语

English　英国人、英语

Equatorial Channel　赤道海峡

Europe　欧洲

F

Fadiffolu Atoll　法迪佛卢环礁

fagih　法奎(律师)

Farukolufunada I.　法鲁科卢富纳达岛

Fathis　费西斯(报刊名)

Fatiha　法泰哈

Fedu I.　费杜岛

Felidu Atoll　费利杜环礁

Felidu Channel　费利杜海峡

Felidu I.　费利杜岛

France　法国

Fransua Pirar　法朗索瓦——皮拉尔(船名)

Fua Mulaku I.　富瓦——木拉库岛

G

Gaddu I.　加杜岛

Gahafaru Atoll　加哈法卢环礁

Gallandu Channel　加兰杜海峡

Gan　甘

Can I.　甘岛

Gang I.　冈岛

Geneva　日内瓦

the German Democratic Republic　德意志民主共和国

the Fcderal Republic of Germany　德意志联邦共和国

Indo-Arayan language　印度雅利安语

Indo-European language　印欧语

Indonesia　印度尼西亚

Iran　伊朗

Iraq　伊拉克

Islam　伊斯兰教

Ismaili　伊斯梅利

Istanbul　伊斯坦布尔

Italy　意大利

J

Japan　日本

Jerusalem　耶路撒冷

Jesus　耶稣

Jinaz　贾伊纳兹(丧葬仪式)

Jinu　吉纽(伊斯兰教中的神怪)

Judaism　犹太教

Juma mosque　朱马清真寺

K

Kalu Muhammedom　卡卢——穆罕默德

Kannanura　卡瑙努拉

Kannanura Ali　卡瑙努拉——阿里

Karachi　卡拉奇

Kardiva Channel　卡迪瓦海峡

Karidu I.　卡里杜岛

kauri　考里(一种作为货币的贝壳)

Kergnelen Plateau　克格内兰高原

kerri　基里(一种鱼制品)

Kcteeb　卡蒂布(酋长)

Kolumadulu Atoll　科卢马杜卢环礁

Koran　可兰经

the Democratic People's Republic of Korea　朝鲜民主主义人民共和国

Republic of Korea　大韩民国

Kosmy lndikoplova　科斯迈——英迪科普罗瓦

Kudahuradu Channel　库达胡拉杜海峡

Kudahuradu I.　库达胡拉杜岛

Kurumbo I.　库卢姆博岛

Kuttab　库塔巴(伊斯兰教学校)

L

Laccadive Is.　拉克代夫群岛

lagoon　环礁湖

laree　拉里(货币)

Laval　拉瓦尔

Libya　利比亚

London　伦敦

M

Macudi　马卡迪

Madawali I.　马达韦利岛

Madras　马德拉斯

Madrasah　迈特拉沙(伊斯兰教学校)

Magudu l.　马古杜岛

mahal　马尔(地方)

Mahibadu l.　马哈巴杜岛

Mahira I.　马希拉岛

Malabai Coast　马拉巴海岸

Malayan　马来亚人

Malaysia　马来西亚

Malcolm Atoll　马尔科尔姆环礁

Maldive Is.　马尔代夫群岛

the Republic of Maldive　马尔代夫共和国

Male　马累

Male Atoll　马累环礁

South Male Atoll　南马累环礁

Male I.　马累岛

Maliku Atoll　梅利库环礁

North Malos Madulu Atoll　北马洛斯——马杜卢环礁

South Malos Madulu Atoll　南马洛斯——马杜卢环礁

Manadu　马那杜

Marseille　马赛

Mascarene Plateau　马斯卡莱尼高原

Mascat, Muscat　马斯喀特

Mecca　麦加

Medina　麦地那

Mediterranean Sea　地中海

Mexico　墨西哥

the Middle East　中东

Mijlis　梅伊利斯(议会)

Miladu Mmadulu Atoll　米拉杜——马杜卢环礁

Minicoy I.　米尼科伊岛

Mohammed　穆罕默德

Moses　摩西

Moslcm, Muslem, Muslim　穆斯林

M. R.　马尔代夫卢比(缩写)

mufti　穆夫蒂(法律解释人)

Muhammedom Bodu Takurufanu　穆罕默德—博杜——塔库鲁法努

Muhammedom Imad ad Din Ⅳ.　穆罕默德——伊马特——艾德——丁第四

Muhammedom Shams ad Din Ⅲ.　穆罕默德——沙姆斯——艾德——丁第三

Muin ad Din Ⅱ.　穆英——艾德——丁第二

Mulaku Atoll　穆拉库环礁

Muli I.　穆利岛

N

Naifaru I.　奈法鲁岛

Negro　黑人

Netherlands　荷兰

New Zealand　新西兰

North Nilandu Atoll　北尼兰杜环礁

South Nilandu Atoll　南尼兰杜环礁

Nilandu I.　尼兰杜岛

Nolivangfaro I.　诺利范格法罗岛

O

the Old Testment　旧约

Gulf of Oman　阿曼湾

One and a Half Degree Channel　一度半海峡

P

Pakistan　巴基斯坦

Pakistani　巴基斯坦人

Paris　巴黎

Persia　波斯

Philippines　菲律宾

Pondicherry　本地治里

Portugal　葡萄牙

Powell Is.　波威尔群岛

Prussia　普鲁士

Ptolomeya　普托洛梅亚

Q

Qudi   奎迪(法官)

R

Rangoon   仰光

Rasdu Atoll   拉斯杜环礁

Ravare   雷维拉

Razzak   拉扎克

Red Sea   红海

Reef-caped volcano   礁帽火山

Rei   雷

Roma   罗马

Russia   俄国

S

Sanskrit   梵文

Santiago   圣地亚哥

Seven Years' War   七年战争

Shahadah   沙哈达(入教宣誓)

Shariah   沙里赫(法律)

Shiite   什叶派

Singapore   新加坡

Sinhalese   僧伽罗人、僧伽罗语

South Asia   南亚

Southeast Asia   东南亚

Sri Lanka   斯里兰卡

Stupa   窣堵波(佛塔)

Subcontinent   次大陆

Sudan　苏丹

Sunni　逊尼派

Suvadiva Atoll　苏瓦代瓦环礁

T

Tamil　泰米尔语

Tena　泰纳（迪维希语字母）

Tihama　蒂哈马

Tiladummati Atoll　蒂拉杜马蒂环礁

Tunisia　突尼斯

Turaidu　图雷杜

U

U. D. Amaradew U. D. 阿马拉迪夫

under sea volcano　海底火山

Ugofaru Ⅰ.　尤戈法鲁岛

the Union of Soviet Socialist Republics　苏联

the United Nations　联合国

the United States of America　美国

Unifed Suvadiva Republic　苏瓦代瓦联合共和国

Urdu　乌尔都语

V

Veimandu Channel　维曼杜海峡

Viet Nam　越南

Veimandu J.　维曼杜岛

Vijayanagar　维雅亚纳加尔

Viyafaari miyadu　维亚法里——米亚杜（报刊名）

W

Wadu Channel　瓦杜海峡

Waqf　瓦库(伊斯兰教慈善机构)

Washington　华盛顿

Waiaru Channel　瓦塔卢海峡

Wataru Reef　瓦塔卢礁

Wilingili Ⅰ.　维林吉利岛

World Health Oraganization　世界卫生组织

Y

Yugoslavia　南斯拉夫

Z

Zakaat　扎卡特

原著署　陈桥驿等编译,浙江人民出版社 1979 年版

淮河流域

前　言

　　新中国成立以来,到处传播着让大家兴奋的消息,满眼洋溢着使人们热爱的事物,在兴奋和热爱的深处,谁都会有愿望表达他这一分兴奋和热爱的情绪的。因此,在著者的能力和业务范围之内,就选择了淮河这样一条伟大的河流,报道给读者们。除了著者个人可以在这里表达一点对于祖国的热爱以外,可能也带给对祖国前途满怀热爱和信心的读者们一点鼓舞和兴奋。

　　淮河是一条千疮百孔的河流,淮河流域是一块多灾多难的地方。特别是在这 7 个多世纪以来,这里已经成为一块"大雨大灾,小雨小灾,无雨旱灾"的严重灾区。历代反动统治者,他们曾经开出很多张"导淮"的空头支票,拟订了一大堆纸上谈兵的"导淮"计划。但是他们实际上的行动,却是不断地糟蹋淮河和重重地压迫和剥削淮河流域的人民。自从1194 年金的统治者放任黄河冲入淮河以后,历代反动统治者,以各种不同的方式,替淮河招致了各种不同的灾难。历史证明了,反动的统治一天不结束,淮河的灾难也一天不会结束。因此,今天我们的治淮工程,是一项扭转淮河历史的伟大工程。从两年来治淮工程的成就中,可以证实,淮河的历史,已经开始被我们扭转了过来。

　　历代反动统治者,他们一方面恣意糟蹋淮河,另一方面却作贼心虚地竭力要推卸他们的责任。除了编造一套封建迷信的鬼话来欺骗和麻痹人民以外,他们更不遗余力地把"地理环境决定论"的毒素,灌输到大家脑子里去,他们通过这门反动的伪科学,想尽方法,来说明淮河的灾难,是决定于淮河的地理环境的。但是到现在,已经谁都明白,地理环境是完全可以克服和改造的。事实说明,在今天淮河上流的山谷水库,中流的湖泊蓄洪,下流的河湖分流和灌溉总渠等伟大建设,都是两年前的地图上所没有的。因此,修治淮河也就是改变淮河地理环境的一个过程。两年来移山搬水的治淮工程,就充分证明:我们已经初步改变了淮河流域的地理环境了。

伟大的治淮工程,不但从此结束了淮河流域人民的苦难生活,给他们带来了美丽丰富的远景。而且,在新中国成立后短短的 3 年中,我们一面在朝鲜战场上击败了美帝国主义的疯狂进攻,一面却又能进行这样在中国史无前例的伟大工程。这就说明了我们这个政治制度的优越完美。因此,伟大的治淮工程,对全世界爱好和平的人民来说,除了给他们一个莫大的鼓舞以外,更将是世界和平事业必然胜利的有力证明。

这样,扭转了淮河的历史;改变了淮河的地理,替淮河流域的人民带来了美丽丰富的远景;并且更向全世界爱好和平的人民,提供了和平事业必胜的证明,这就是治淮工程的伟大意义。也就在这样重大意义的鼓舞之下,著者写作了本书,而且更希望将这一伟大的鼓舞带给读者们。

本书的内容,主要分成两个部分:第一部分是淮河流域的过去;第二部分是淮河流域的现在和未来。在第一部分里,除了从历史上和地理上说明淮河流域的情况以外,更着重地指出了历代反动统治者,特别是罪大恶极的反革命战犯蒋介石在淮河流域的罪行,并且在戳穿了他们这一伙欺骗人民的连篇鬼话。在第二部分里,一方面说明了淮河的整个修治计划和介绍了两年来治淮工程的进行情况,另一方面也指出了两年来治淮工程的卓越成就和淮河流域的美丽远景。但是著者的能力有限,见闻不多,因此这里面,一定会有一些错误的地方,希望读者们多多指出批评。

另外,由于本书的主要对象是中学生和相当于中学程度的青年。因此,在写作的方式上,著者会努力避免一些纯理论的叙述和大篇资料数字的堆砌,希望能将本书写得更轻松、通俗一点。当然,就作者的能力来说,这样的意图,恐怕这是难以完成的。因此,在这一方面,作者也诚恳地等待着读者们的意见。

著者

1952 年 9 月

第一章　戳穿反动统治者的鬼话

翻开地图来看，在江苏和安徽两省的交界上，有一个大湖，叫作洪泽湖。

说到湖，大家想来总以为这是一件好东西，洞庭湖、鄱阳湖、太湖，都是平原沃野，鱼米之乡；杭州的西湖，南京的玄武湖，北京的三海，那更是波光水色，是有名的风景区。洪泽湖也是个大湖，比洞庭湖、鄱阳湖小不了好多，四周也是平原，土地也很肥美，但是大家却从来不会谈起过它的好处，尤其是住在湖边的人民，多少年来常常为了湖水担忧。这又是什么缘故呢？原来洪泽湖没有太湖、西湖那样的安稳，时常要闹乱子，人民也就时常要吃它的亏。

在洪泽湖西面的安徽省（皖北）地图上，我们又可以找到一个泗县（在泗洪县以西，灵璧县以东）。泗县在清朝时代叫做泗州府，但是熟悉掌故的人说，这里本来是虹县，泗州城不在这里。那末泗州城到底在哪里？是不是还能在地图上找到呢？地图上是再也找不到第二个泗州城的，那除非去问洪泽湖！原来泗州城不在别处，正在洪泽湖的湖底里。

公元 1680 年（康熙十九年），洪泽湖又出事了，这是许多次中的一次，但是这一次，事情闹得特别大，湖水满上岸来，到处乱闯，泗州城就在那时沉到湖底里去了，还有淮河边上的洪泽村，也同时葬入鱼腹。洪泽村附近原来有许多小湖，这一次都被大水连贯起来，因此洪泽湖就大大地扩展，成为一个 2400 多平方公里的大湖了。泗州城沉到湖底里去以后，泗州府只好搬到西北面的虹县县城里去，这就是现在地图上的泗县。

泗州城是怎样沉到湖底里去的呢？下面是一个在民间流传着的故事。

据说有一天，泗州城里一口井边，有一个老妇人在那里打水。打满了一担，正坐在井旁休息的时候，对面来了一个骑驴的老头子，老头子也到了井边，跨下驴子，向老妇人要水饮驴。老妇人答应了他，老头子的驴子就开始在桶里豪饮起来。起初，老妇人以为一条驴子喝不了多少水，但是事情出乎意料，这条驴子很快地喝完了一桶，而且开始喝第二桶了，不久，第二桶也快被喝完，只剩桶底里一滴滴了。这一下老妇人发了急，赶紧站了起来，一手拉开驴头，另一只手把桶底里那一滴滴水倒了出来。说也奇怪，这么一滴滴驴子喝剩了的水，倒出外面，就立刻泛滥起来，一霎时淹漫全城，泗州城就这样淹到水底里去了。

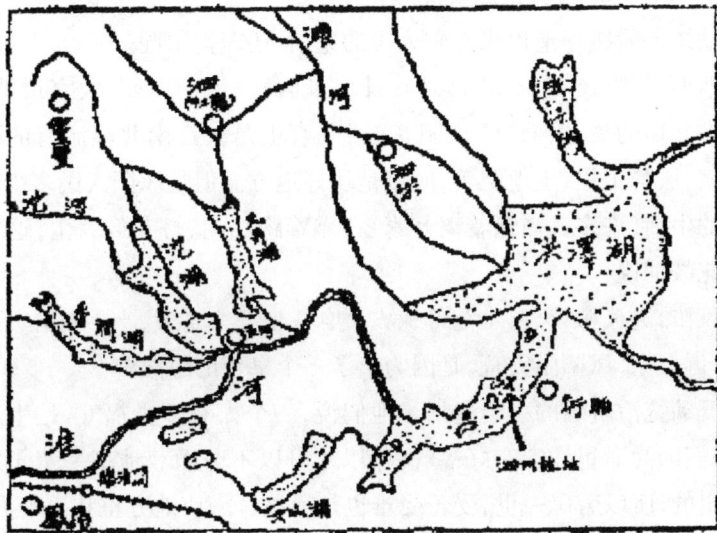

洪泽湖附近地形图

故事的结论说，老妇人是龙王爷爷的化身，因为世上的人心太坏了，玉皇大帝要海龙王放大水来收拾天下。要不是那个骑驴的神仙张果老来帮一帮忙，事情可就不得了。因为一滴滴水就淹没了一个泗州城，要把那一担水完全倒出来，那末，整个中国还不都完了蛋！神仙张果老救了天下，却救不了一个泗州城，这也是天数。

这个故事告诉大家什么呢？首先要大家晓得，"世道日非，人心太坏"，是一切灾难的根本原因。其次，张果老尚且救不了泗州城的浩劫，因此，这样的大难，当然不是人力所能挽救的了！那一定是泗州城里"人心太坏"的缘故。

这样的故事真是太荒唐了，坏人多了，上天就会降下灾难吗？灾难来了，牺牲的又会全是坏人吗？就拿洪泽湖发大水的事来说吧，泗州城淹到湖底里去，受难的究竟是哪些人呢？当时中国顶大的一批坏蛋，包括封建头子的清朝皇帝和那些大官僚、大地主们，他们都安安稳稳地坐在朝廷里享福，就是多淹没几个泗州城也淹不到他们。即使是本来住在泗州城里的那些小官僚、小地主们吧，大水也是淹不到他们的。他们有钱有势，大水一到，他们就坐上船逃走了。真正被淹死了的，只有那些善良的农民们，他们被淹到湖里去，却还要顶一个"人心太坏"的罪名，这真是荒谬绝伦的事！

非常明显，像这样一类的故事，都是过去的反动统治阶级捏造出来的。他们对人民横征暴敛，剥削掠夺，真是无所不用其极。对于人民的福利安全，他们却是完全不管的，他们从来不想法子防止灾害，等到灾害来了，就造出一套鬼话来哄骗人民，麻痹人民，把他们自己的责任推得干干净净。他们自己才是坏透良心的东西，却偏偏反咬人家一口，说是"人心太坏"，真是岂有此理！

历来反动统治阶级捏造出来欺骗人民的鬼话，还多得很呢。

洪泽湖西面，另外还有个凤阳县（在蚌埠东面）。说到凤阳，大家顶熟悉的，不但它是明太祖朱元璋的故乡，而且"凤阳花鼓"一直也是大江南北很流行的曲调儿。凤阳在淮河以南，沃野千里，土地肥美，应该是块好地方。但是凤阳人民多少年来一直却是过着痛苦的生活，许多人被逼着离开家乡，靠着跑江湖、打花鼓为生，这又是什么缘故呢？凤阳花鼓词说：

　　说凤阳，道凤阳，凤阳本是好地方。自从出了朱皇帝，十年倒有九年荒。

这里，告诉大家，凤阳闹灾荒，是因为出了一个皇帝的缘故。

这又是反动统治阶级的一套鬼话。他们说，一个人有多少福气，是生来就注定了的，地主老爷们因为命里注定有好福气，所以才可以不劳而获地享一辈子福。穷苦人也是命里注定的，所以劳碌一世，受苦受难也是活该。一块地方正和一个人一样，像凤阳这样的小县份，因为出了皇帝，把福气享尽了，剩下来的就都是灾难。因此，凤阳人民吃苦受罪，都是命中注定的事，怪不得谁。

在反动统治者的欺骗蒙蔽下，过去有许多人相信了这套鬼话，因此这些鬼话才能一直流传开来。现在，反动统治阶级已被推翻，这些欺骗人民的鬼话，也就被大家戳穿，再也没有人相信这一套了。

戳穿了反动统治者的鬼话，然后就得再检查一下，到底泗州城是怎样被淹下去的，凤阳为什么弄得"十年倒有九年荒"？关于这些问题，过去反动统治阶级费尽心计，掉了这么多的枪花，其实原因却很简单，顶主要的，就是过去的反动统治者没有把淮河水利修好的缘故。

淮河是怎样的一条河流呢？淮河的水利又是怎样一回事情呢？本书主要的就是谈这些问题，下面便要原原本本地告诉大家。

第二章 古今战场

淮河是一条大河,淮河流域是一块可爱的地方,在历史上,它是有着灿烂的光辉的。

中国历史上有一段混乱的时期,那便是五胡十六国时代。这时,北方有 5 种外族(匈奴、鲜卑、羯、氐、羌),先后侵入中原,建立了国家。公元 351 年起,五胡中的氐族人在北方建立了一个大国,叫做前秦。到了公元 383 年,前秦的皇帝苻坚是一个相当能干和怀有侵略野心的人物,他建立了一支 90 万人的军队,预备向偏安在南方的东晋进攻。军队由苻坚的弟弟苻融做先锋,浩浩荡荡地南下。这支百万大军,说起来真也威风,行军道上,从最头上的先锋部队起到顶末了的殿后部队止,竟有一千里之长。这样一直开到淮河一带,攻陷了这一带的大城寿春(现在皖北的寿县)。

东晋是一个很弱小的朝代,当时在那边一带准备抵抗的军队,总共只有水陆军 8 万人。虽然官兵们都觉得异族侵凌,危机严重;莫不抱着敌忾同仇的心理,准备痛打一仗。但是数字的距离到底太大了,因此当时统率军队的将领谢石、谢玄等,就在离寿春二十几里的地方停下兵马,不敢迅速前进,因为谁都看得出来,众寡如此悬殊,这一仗是相当冒险的。

晋兵迟疑不进,在苻坚看来,无疑地就是怯敌,这是一个招降的好机会,因此他马上派遣他的尚书朱序到谢石军营里来游说诱降。朱序虽然是苻坚的尚书,但是他却是一个有民族意识的汉人,因此他不但没有引诱谢石投降,而且还偷偷地告诉谢石:"秦兵正在陆续不断地开到,如果等他们的百万大军来齐了,晋兵还是他们的对手吗?应该掌握时机,用突击方式打败他们的先锋,削弱他们的士气,这样才可以击溃他们的大军。"

谢石他们接受了朱序的意见,因此就展开了大战前的序幕战役——洛涧之战。当然,这还不过是前哨战而已。

洛涧在定远西北,这里有一条洛涧水,是淮河的一条小支流,苻坚的军队已经占领了那个地方。为了打击敌人的先锋,东晋的勇将刘牢之,带了5000精兵去反攻这个据点。他们勇敢地冲过洛涧水,把苻坚的军队打得溃不成军,纷纷地渡过淮河北逃。这一役,除了杀敌15000人以外,还击毙了苻坚的守将梁成。

这一次前哨战的胜利,的确给东晋的官兵们带来了莫大的鼓舞;同时,对骄气凌人的苻坚和他的官兵来说,也是一个严重的打击,使他们感觉到,这场战争并没有如他们想象的那样顺利。

有一天,苻坚和他的弟弟苻融在寿春城上远望,看到城外严整的东晋兵营,思想上相当波动,在慌乱的心境下,苻坚竟把八公山上的草木也看成为东晋的部队了。因此他就很不自在地和苻融说:"这样强大的敌人,为什么以前许多人都说他们弱小呢?"

现在,两军的主力在淮河的另外一条支流肥河(发源于合肥以西,在寿春附近流入淮河)两岸对峙起来了。

谢玄派人告诉苻坚,希望他的军队能从河岸略为后撤一点,因为这样晋军才能渡过河来,和他们作一决战。

苻坚的将领们不同意这个办法,他们一致认为,敌寡我众,守住河岸即已可保万全,何必撤退;但是苻坚和他弟弟却同意谢玄的要求,愿意将部队后撤。因为他们有另外一套更聪明的想法,认为晋军渡河到一半时,他们就来一个拦河截击,晋军不就马上垮台了吗?于是苻融立刻下达命令,要部队向后撤退。

命令传下去以后,部队就开始撤退了,士兵们只晓得长官要他们"向后转,开步走!"并不清楚到底发生了什么事和为什么要撤退。正当撤退的时候,朱序和他的同志们忽然在队伍中大声叫起来:"秦军败退了!秦军败退了!"这样一来,部队立刻骚动起来,大家都信以为真的拼命奔逃,拥挤争轧,互相践踏,任何人都没法喝止下来。

就在这时候,晋军渡过河来,追杀秦兵。苻坚的弟弟骑着马在人群中东西奔跑,想把奔逃中的部队喝止下来,可是谁都是顾自己逃命,没有一个人睬他,而且反把他的马挤倒,从马上摔下来的苻融,就被晋军一刀结果了性命。

秦军就这样一路丢枪弃甲地亡命奔逃,甚至把风声和鹤的叫声都当作追兵,他们不敢休息，不敢吃饭，夜以继日地只管逃命。等到苻坚在洛阳收拾残余的时候，百万大军，已只剩十多万残兵败将了。

朱序和他的同志们都回到了祖国的怀抱，他们都是这次战争中的功臣，也是我们中华民族的功臣。由于这次战争的胜利，南部中国才避免了遭受异族的侵略。

这次战争在历史上叫做"淝水之战"。中国人民抵抗外族侵略的英勇精神，中国人民不屈不挠的崇高品质，在淮河两岸留下了这样光荣的一页。

"淝水之战"以后的1500多年，淮河两岸，又发生了一场惊天动地的大规模战争。在这场战争中，中国人民又充分表现了为真理、为正义而奋勇牺牲的忘我精神。他们打垮了20多年来压在中国人头上的蒋介石匪帮，加速了中国人民解放战争的最后胜利，这样一场伟大的、划时代的战斗，就是著名的"淮海战役"。

1948年11月以前，中国人民解放军连续获得了济南、辽沈、平津三大战役的胜利，北部中国基本上获得了全面的解放。反动头子蒋介石，知道事情不妙，赶紧把他们的最后老本，结集在淮河流域，预备在这里孤注一掷，抵抗南下的解放大军。但是在解放大军的英勇攻击下，蒋介石最后老本的70万美械部队，就全部垮台！这真是一场可歌可泣的战斗。

这次战争分成三个阶段。

一开始，山东南部的解放大军向徐州以东的陇海线进击，匪军李延年，看着势头不对，赶紧丢掉海州向西逃命。匪军黄伯韬，是蒋介石的一张"王牌"，但是也不敢留恋，丢掉新安，沿陇海线想逃到徐州去。沿途，他们破坏了道路，抢劫了村舍，烧毁了桥梁。但是解放军一步不放松地紧追前进。黄匪逃到陇海沿线的碾庄，发觉再也不能西进了，原来解放军突然从北向南，杀出一支奇兵，在碾庄以西的铁路线上拦住了匪军的逃路。后面的追兵也就同时赶到，这样前无去路，后有追兵，碾庄就成了黄匪兵团的坟场。"十万大军"在这里被包围歼灭，曾因杀人有功得过蒋介石勋章的黄匪伯韬，也就在这里结束了他的丑恶一生。

第二个被围歼的是匪军黄维兵团，这10多万蒋匪的"精税"部队，是战争开始后匆匆地从河南调过来的。他们企图从蒙城打到宿州，以解除徐州的包围。但是当他们离开蒙城后不久，就被解放大军包围在北淝河和浍河之间的地区里了。战犯黄维用数以千计的汽车，筑成了所谓"汽车防线"，依靠对被包围地区人民的抢劫和匪空军的空投，妄想守住以双堆集为核心的这个据点，但是结果一切都是枉费心机，连他自己在内，也乖乖地做了俘虏，这样就胜利地结束了第二个阶段的战斗。

现在，解放军的炮口该轮到战犯杜聿明了；当时他以匪"徐州剿总副司令"的官衔，带着邱清泉、李弥和孙元良三匪的部队40万人，企图从徐州西南冲出重围来。但是，离开徐州只有 3 天，这一伙亡命之徒，就落在解放大军布置好的天罗地网中了。40
万人被包围在萧县和永城之间的淮河流域地区。钢铁般的力量，扼住了他们的咽喉，
使他们动弹不得。全国人民，密切地注意着这场战斗，尤其是解放区的人民，他们动员
了所有力量，来支援这场伟大的战斗。在前线，解放军战士们，更发挥了空前未有的牺
牲精神，顷刻之间，包围圈的周围，掘起了千万道壕堑，筑起了千万个工事，他们决心不
让敌人移动一步。在包围圈里面的匪军，起初，他们抢劫老百姓，把老百姓家里好吃的
全吃光了。然后，他们杀自己的骡马，吃田里的麦苗。虽然，蒋匪想尽方法，用飞机来
空投食物，但是这终究救不了他们的死亡。包围圈逐渐缩小，最后，解放大军发动了雷
霆万钧的攻击，40 万匪军就迅速地全部解决。除了击毙了恶贯满盈的杀人刽子手邱
清泉以外，头等战犯杜聿明，也终于逃不了人民的巨掌。

　　蒋介石的 70 万"大军"，是这样地在淮河流域被人民的力量所歼灭的！淮河，这
伟大的河流，这可歌可泣的古今战场，受了又一次艰苦的磨炼，却也显露了又一次空前
的光荣。

第三章　淮河本支流

现在,让我们回转头来谈谈淮河的本身。

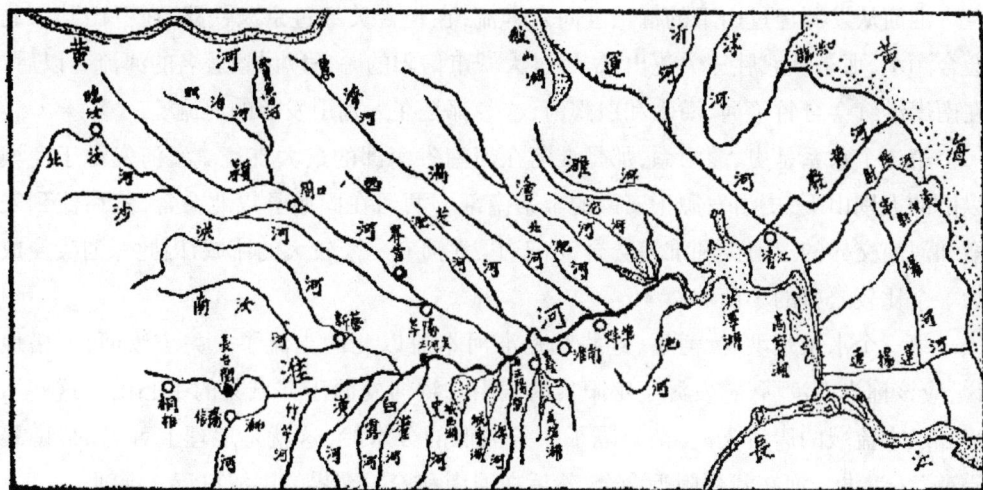

淮河流域图

淮河是一条大河,从发源到洪泽湖,共长 845 公里。要是拿它和英国第一条大河泰晤士河相比,就要比泰晤士河长过 3 倍。

淮河流域是一块大地方。翻开地图来一瞧,东北到泰山(山东),西北到嵩山和外方山,西到伏牛山和桐柏山(河南),西南到天柱山和大别山(安徽),东到海边,南到长江。这样一块区域,面积大约有 28 万平方公里。要是拿它和欧洲的一些国家比较,它就有 9 个比利时那么大。

就人口来说,淮河流域包括河南、安徽、江苏、山东 4 个省的一部分,估计约有 5800 万人,比英国全国的人口还要多。

淮河流域的范围之所以这样广大,全由于淮河是一条支流众多、水量丰富的大河。淮河中流有个城市叫正阳关,在那里有句谚语,叫做“七十二道山河归正阳”。72 道支流,这已经是个不小数字了。但是淮河的支流,实际上却远远超过此数。单就河南一省来说,便有 140 多条河流是流入淮河的,这真是一条了不起的大河流。

现在,让我们来看看淮河和它的支流吧。

淮河是在河南发源的,主要的支流也都在那里。为了便利记忆,我们把河南省境内的淮河本支流,归纳成 5 个水系。那就是:淮河本系,史、灌河系,洪、汝河系,颍河水系,涡河水系。

淮河的正源在桐柏山的太白顶(又称大复峰)下。那里有一个固庙镇的地方,镇上有个大禹庙,庙后有一口井,叫做“淮源井”,据说这就是淮河的源头。实际上,“淮源井”本身也是承受着上面许多小溪伏流而来的。井以上,河道很小,井以下,河道才逐渐开阔起来,因此大家才把这口井当作淮河源头了。

淮河从发源经过山下的桐柏县向东奔流,在长台关穿过京汉铁路,在罗山县以北会合浉水,那是从武胜三关流出来,经过大城市信阳的一条以风景著名的河流。以后,在南岸继续会合竹竿河、潢水和白露河,这些都是在大别山发源的河流。

第二个水系是史、灌河系,那是淮河在河南省南部的最大支流。灌河发源于商城以南的大别山下,史河发源于安徽的金寨南部。两河在固始县以北会合,然后流到安徽和河南交界的三河尖和淮河会合,由于史、灌河有一个较大的流域,因此三河尖便成为一个比较繁盛的小商埠。

第三个水系是洪、汝河系,这些都是淮河本流以北的支流了。关于汝河,严格地说,应该称为南汝河,它发源于泌阳县的黄山。洪河发源于方城县的牛心山。这些河流和汉水流域的唐河支流,都只隔了一条极低的分水岭,这就是地理上著名的“南襄隘道”。汝洪二河在新蔡附近会合,然后在河南和安徽交界的洪河口流入淮河。

第四个水系是颍河,这是淮河支流中源远流长的一条。颍河本身发源于登封县西的少室山。它的支流很多,在南面,顶大的支流是北汝河。北汝河发源于嵩县天息山,在元朝以前,它还是属于南面的洪、汝河系的。元朝至正年间,曾经引汝入颍,在舞阳被阻分流,从此汝河才分南北。汝河的下流叫做沙河,沙河到鄢城以东分成两支:一支和颍河交会;另一支单独流入安徽,到了阜阳,再和颍河会合。

颍河在北面的支流主要的有双洎河和贾鲁河。双洎河发源于登封县东面的阳成山，到扶沟县和贾鲁河会合。贾鲁河在元朝以前叫惠民河，因为黄河决口而被湮没，到元朝因为由贾鲁这个人主持疏浚而复通，所以叫做贾鲁河。

贾鲁河和颍河会合于周家口，说起周家口，那确是淮河上流一个向来繁闹的商埠。两条河流在这里交成一个三叉路，市镇就建筑在河的三面。在过去封建割据时代，周家口的管辖问题是一个笑话：颍河以南属商水县，贾鲁河以东属淮阳县，以西属西华县。新中国成立以后，已经单独成立周口市了。

周家口是淮河民船航运的终点，民船从这里到正阳关，大概 8 天就可到达。加上又是一个公路交通中心，商业相当发达。颍河以南的南寨是商业中心，贾鲁河以东的东寨有着许多四方商人建筑起来的会馆。这里是一个有名的牲口的市场，也是一个茶市。过去，茶商们在这里把江南运来的茶叶加工，曾经培植了好多的茉莉园。

自从京汉铁路通车以后，许昌和漯河先后兴起，这对周家口说来是一个发展上的限制。但是由于它还是控制着淮河上流的航运，而且淮河的疏浚必能使它的地位更形重要。因此周家口还是有着它的美好前途的。

上面谈了淮河本支流在河南的情况，淮河流入安徽以后，水量就大得多了。

颍河一入皖境，便到了界首。由于颍河流域很大，因此界首的商业也有相当发达。从界首南流到阜阳，这又是一个大城，也是一个公路交通中心和农产品的集中地。颍河和它的支流沙河、茨河等都在这里附近会合。

从阜阳南流的颍河和从三河尖东流的淮河本流，在正阳关交会。另外，淮河南面的一条大支流淠水，它发源于霍山县西南的碁盘岭，向北流过六安，也在这里和淮河交会。从霍邱到正阳关之间，其他还有八个湖泊和许多细小的支流。"七十二道山河归正阳"，这是一点不夸张的话。因此，淮河从正阳关起，不但水道开阔，水量也大大增加了。这样，它就成为淮河中流一个重要的河港，从这里起，可以行驶机动船只。淮河上下流很多的货物在这里集散，造成了正阳关的繁华。

在中国无产阶级革命的历史上，正阳关也是有着它的光荣的。那是 1933 年，一支从皖西大别山区过来的工农红军，英勇地驱逐了这里的反动部队。一度解放了正阳关。同年，正阳关以下的凤台县，掀起了一次 3 万农民的大暴动，显示了中国人民革命斗争的潜在力量。

在正阳关以东的寿县，淮河交会了肥河和瓦埠湖，那就是 1500 多年以前"淝水之战"的地方。在寿县以北的凤台，又交会了西淝河。从此淮河流过八公山和舜耕山，直到淮南市，这是淮河流域极著名的产煤地。

从淮南市起，淮河折向东北，一直流到怀远，和北面来的支流涡河交会。涡河的上源也在河南,它的支流惠济河,发源远在开封附近的坡地上。淮河从怀远东流,便到了蚌埠。说到蚌埠,大家都晓得这是淮河流域最重要的城市,但是在津浦铁路通车以前,这里只不过是个荒凉的小镇。津浦路和蚌水路的先后通车,给它带来了繁华。现在,这里已经成为一个工商业非常发达的城市了。

淮河在蚌埠流过津浦路的大铁桥,这是一座有9个桥孔长达一里多的钢筋水泥桥梁。淮海战役的时候,国民党匪帮破坏了这座伟大的桥梁,但是现在早已修理得完好如新了。

蚌埠以东,淮河又交会了北淝河、沧河、沱河等支流,然后流入洪泽湖。洪泽湖以东,淮河本来是有一条进入海道的,但是现在早已淤塞了。淮河入海,是由三河经过高宝湖,然后经过所谓"归江十坝"而入长江。

上面谈到的,仅仅是淮河的本流和它重要的一些支流而已,要是把整个淮河流域内的河流都说出来,那真是太多了。流入洪泽湖的潍河、张福河,鲁南苏北的沂河、沭河,下河地区的串场河、射阳河等等,这些都是淮河流域比较重要的河流。

第四章　淮河为什么闹灾

淮河流域的人民，一向有句自豪的话："走千走万，抵不上淮河南岸。"真的，自古以来，"江淮稻粱肥"，淮河流域是一块肥美丰硕的地方。

的确，淮河流域的出产真是太丰富了。淮河沿岸，从上流到下流，种满了小麦、米、豆和杂粮。里下河地区是我国一个重要的米仓。苏北和皖北，是全国有名的棉花出产地。许昌和凤阳的烟叶，也是到处闻名的特产。此外，六安的名茶，大别山的竹木，怀远的石榴，砀山的梨子，淮河的银鱼，高宝湖的肥鸭，也都是尽人皆知的名产。就矿产说，淮河流域是我国著名的煤矿区。除了山东徐州北部的许多大煤矿以外，在皖北，还有淮南煤矿和烈山煤矿。此外，苏北的两淮盐场，是我国产盐最多的盐区。还有，利国驿的铁，新海连的磷，宿迁的玻璃砂……都是取不尽、用不完的宝藏。

这样一块江河交错、沃野千里、资源丰富的好地方，多少年来，却变成了一个"大雨大灾、小雨小灾、无雨旱灾"的人间地狱，这主要的都是历代反动统治者的罪恶。

谈到淮河的灾患，说来话长。

谁都知道，淮河以北，还有一条黄河。黄河的灾患，比淮河更多。从周定王起到不久以前止，黄河曾经大决口7次，小决口数千次，每一次都使人民倾家荡产，庐舍为墟，而且更替淮河同样带来了灾难。

黄河带来了灾难，这就是淮河灾难的主要开端。屈指一算，已是700多年以前的事了。

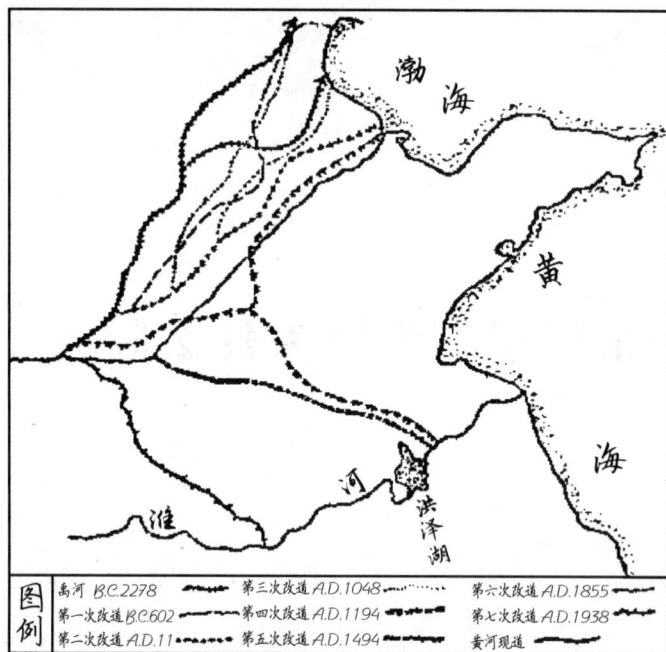

历代黄河改道示意图

　　南宋时代,中国的北部被金人侵占了。南宋和金,大概就以这条淮河为界。公元1194年(南宋光宗绍熙五年,金章宗明昌五年),黄河在阳武决口(今平原省的原阳县),就在封邱和梁山泺(今平原梁山)一带泛滥起来,这是历史上黄河的第四次大决口。当时金的统治者,不但没有设法抢救,而且反认为这是一件好事情。因为黄河泛滥南流,势必会淹浸南宋人民,造成南宋的混乱,这正是金的统治阶级所希望着的。因此,他们就听任黄河泛滥,没有去堵口。这样,黄水就滚滚南流,冲入泗水和淮河,从此替淮河带来了一连串的无穷尽的灾难。

　　黄河决口以后,就分成南北两条水道。北支从大清河出海,大概和今天的黄河河道差不多;南支从泗河故道(即今日山东境内的运河河道)流入淮河。黄河夺泗,使山东省西面许多河流的宣泄成了问题,于是大片良田就潴为南阳、昭阳、独山、微山等一系列的湖泊。黄河夺淮,借用了淮河的出海道。黄河是一条含沙量极大的河流,它把从上流带来的大批泥沙,沉积在淮河河底,这样就淤塞了淮河的出路。因此,自从黄河夺淮以后,淮河流域的灾难就空前地增加了。

　　从上表可以看到,淮河流域的水旱灾患,在黄河夺淮以前的1400多年中,共有800余次。在黄河夺淮以后的700多年中,多至1000多次。在这样愈来愈多的灾难中,淮河流域人民所遭受到的家破人亡、颠沛流离的苦难,是可想而知的。

历代淮河灾害统计表

公元	朝　代	水灾次数	旱灾次数	公元	朝　代	水灾次数	旱灾次数
B.C.246 – B.C.101	秦始皇元年至汉武帝太初四年	11	16	10 世纪	昭宗天復元年至宋真宗咸平三年	54	68
B.C.100 – A.D.1	汉武帝天汉元年至哀帝元寿二年	13	15	11 世纪	咸平四年至哲宗元符三年	46	61
1 世纪	汉平帝元始元年至后汉和帝永元十二年	15	25	12 世纪	徽宗建中靖国元年至宁宗广元六年	29	48
2 世纪	永元十三年至献帝建安五年	26	30	13 世纪	宁宗嘉泰元年至元成宗大德四年	35	43
3 世纪	建安六年至晋惠帝永康元年	26	19	14 世纪	大德五年至明惠帝建文二年	73	50
4 世纪	惠帝永宁元年至安帝隆安四年	24	36	15 世纪	建文三年至孝宗弘治十三年	74	56
5 世纪	隆安五年至南北朝齐东昏侯永元二年	22	33	16 世纪	弘治十四年至神宗万历二十八年	93	67
6 世纪	齐和帝中兴元年至隋文帝开皇二年	24	33	17 世纪	万历二十九年至清康熙三十九年	94	68
7 世纪	开皇二十一年至唐武后久视元年	29	28	18 世纪	康熙四十年至嘉庆五年	96	58
8 世纪	唐武后长安元年至德宗贞元十六年	26	34	19 世纪	嘉庆六年至光绪二十六年	87	53
9 世纪	贞元十七年至昭宗光化三年	40	46	1901—1948	光绪二十七年至1948年	42	23
总　计		水灾次数	979		旱灾次数		915

　　1194 年淮河河道被黄河侵夺以后,泥沙淤塞、宣泄不畅的情况,上面已经谈到了。但是当时的黄河,还是分南北两支入海的。那就是说,淮河只受到黄河带来泥沙的一半,还有另外一半让北方的大清河分担去了。到了 1494 年(明孝宗弘治七年)从汲县到铜山,筑了一条长 200 多公里的太行堤,从此黄河北流断绝,黄水倾巢南犯,这是黄河第五次的大改道,黄河的灾难也就与日俱增。以后,淮河下流的河床就迅速地升高起来。到了 1855 年(清咸丰五年),黄河在铜瓦厢(开封附近)决口后,就抛弃这条道路,流向北方去了。这便是历史上黄河的第六次大改道。以后,被抛弃的淮河下流,就干涸出来,河床已经高过两岸,成为一条低低的沙丘了。淮河就这样地失去了自己原

有的出海口；大量的河水，要辗转经过长江宣泄，这么一来，灾患又安得不多呢。

淮河的灾患除了上面才谈过的黄河夺淮以外，有一个很重要的原因，那就是所谓"蓄清刷黄"。这又是历代反动统治者干的好事！

怎样叫"蓄清刷黄"呢？

自从黄河夺淮以后，这一带的水道，关系就搞得非常复杂。黄河、淮河、运河，都混在一起，交互影响。对历代统治阶级来说，黄河决口和他们无关，淮河泛滥，他们会视若无睹。但是也有一条河流，和他们关系非常密切，而他们也十分关心的，这就是运河。

中国从南宋以后，历代王朝的首都，除了明太祖短短数十年以外，都建在北京。在京城里，聚集了一大批不劳而食的寄生阶级，他们都是依靠剥削人民而生活的。因此，当时中国的南部，每年都要运送大批粮食物资去供应他们。为了使南北的漕运通畅，可以保证他们的奢华享受，因此，历代统治阶级对于运河的运输交通，是非常关切的。

但是黄河所给予运河的威胁，正和它给予淮河的一样。混浊的黄水，不断地带来大批泥沙，沉积到运河河底去，这样就影响了运河航行的通畅。反动统治者于是就采用了"蓄清刷黄"的政策。

为了要使黄河带来的泥沙不致沉积在运河里，历代统治阶级并不从根本上去疏导黄河，却用了这样一个危害人民利益的方法。"蓄清刷黄"，即是利用淮河的清水，去冲刷黄河的浑水。他们筑高洪泽湖大堤以提高水位，更不惜让洪泽湖沿岸大块肥美土地沦入湖中，以扩大湖的面积；因为只有这样，清水才能蓄积起来，才有冲刷浑水的作用。大家总还记得泗州城的故事吧？泗州城就在这"蓄清刷黄"的政策下被沉到湖底里去的。当然，泗州城万千人民的生命财产，在反动统治者眼里，又算得是什么一回事呢！

第五章 反动统治者也能"治淮"吗

上面已经谈过历代反动统治者糟蹋淮河的大概情形了。他们让黄河冲到淮河来，堵塞了淮河的出口；他们要"蓄清刷黄"，让淮河到处泛滥成灾。

那末，历代统治阶级也曾经修治过淮河吗？

回答是这样：他们除了不断的糟蹋淮河，使淮河灾害愈来愈凶以外，就从来没有修治过淮河。他们不但不修治，还想出各种方法，使用各种卑鄙下流的手段，利用淮河的灾难，加紧压迫人民，剥削人民。但是他们却厚着脸皮说："我们要治淮哟！"

让我们看：他们"治淮"的"功绩"吧。

明朝万历（神宗）以后，统治阶级的河官，在运河东堤上设置了"减水闸"。当淮河发大水的时候，他们就开放这"减水闸"。"减水闸"对反动统治者说，是很有功用的，它可以解除淮河对运河的威胁，减低运河的水位以保持南北的漕运。使北方的那些帝王公卿们，不管淮河发多少大水，仍旧可以高枕无忧地向南方剥削掠夺。可是对人民说，那就完全不然了。"减水闸"开放，淮河的大水，就泛滥到苏北的里下河地区去。里下河地区有一千多万亩田地，这样一块广大地区的人民，就常常为了"皇上"的漕运而弄得倾家荡产，过着痛苦不堪的生活。

这样一个危害人民的"治淮"方法，对不久以前国民党反动派说，却是非常赏识的。他们不但仍旧借重这样的东西来对付淮河的大水，而且更把"减水闸"美其名为"归海坝"。几十年来，"归海坝"又带给里下河人民说不尽的痛苦和灾难。

　　淮河自从 1194 年被黄河侵夺以来,到了清朝,灾难是愈来愈严重了。康熙以后,大概每隔两三年,就要发一次大水。当时,反动统治者为了推卸责任,欺骗人民,曾经虚张声势地放过一些"导淮"的空气。但结果,事实证明了这些都是自欺欺人的勾当。

　　1866 年(清同治五年),睢宁县学训导丁显提出复淮故道的意见。当时的统治阶级就假惺惺地成立了所谓"导淮局",说要疏导淮河,让它从以前被黄河侵夺的故道出海。但嘴里说得好听,实际却舍不得拿出一文钱来。"导淮局"原来是一个欺骗人民的机构,结果是"只闻楼梯响,不见人下来。"

　　1906 年(光绪三十二年),清朝的末科状元张謇向当时的两江总督端方上了一篇对淮河"标本兼治"的意见书。端方当然不愿意修治淮河,但是表面上他并不反对,他用了一套非常卑鄙下流的手段。一方面赞成张謇的意见,到处宣传他要修治淮河,为民除难;但另一方面,他却秘密地命令测绘员在图上加高涟水一带的黄河故道。这样,就在河床过高、工程无法举办的借口下,将这次工程搁浅了。

　　辛亥革命以后,淮河流域被一批军阀们盘踞着。谁都知道,这批东西是永远想不到要修治淮河的,但是他们居然也喊出了"治淮"的口号。非常明显,他们企图以治淮作幌子,制造对帝国主义者借款和对人民加重剥削的借口,这样就可以充实他们发动内战的资本,以达到他们杀害人民的目的;于是军阀们的主子,帝国主义者就跑到淮河流域来了。1914 年,美国红十字会工程团调查以后,曾发表了所谓"导淮入江计划。"1919 年,广益银公司的代表,水利工程师费礼门在淮河运河一带进行勘测,也发表了"导淮入江计划"。当时,全国水利局和安徽水利局也像煞有介事地订出了许多大大小小的"导淮"计划,制造了一些"导淮"的空气。当然,封建军阀们的"导淮",只无非是个政治上的幌子,因此,他们所有的计划,也是永远无法实现的。

　　历代反动统治者的治淮,正如一幕又一幕的假戏。在装腔作势之中,顶"杰出"的一场,那就应该是国民党的"导淮委员会"所主演的了。

　　1929 年,国民党成立了"导淮委员会",那真是一个贪污腐化、祸国殃民的机关。他们以"导淮"为名,到处征工派夫、搜括民财,闹得淮河流域的人民鸡犬不宁。1934年,他们又发行了水利公债,欺骗了人民两千万银圆:这笔款子,马上就变成蒋宋孔陈四大财团资产的一部分。

　　"导淮委员会"导了 8 年,这 8 年里,淮河两岸真是翻云覆雨、气象万千。大小"河官",贪赃舞弊,他们根本就不希望把淮河治好,只希望永远"导"下去,他们就可以永远向人民搜括。工程人员也是花天酒地、穷奢极欲,他们知道,反正"导"不好淮河,乐得趁机会享一阵福。可是淮河流域的人民可就苦透了。征工派夫,强拉硬索,逼得你透不过气来。当时的民工称为"小伕子","小伕子"上面,又是小工头、大工头,又是甲长保长。几个"小伙子"在一起工作,就有一个拿马棒的工头站在旁边监视。除非是运气特别好,没有一个"小伙子"一天不吃到几马棒的。民工挖河,明明说是给吃饭的,但是因为层层剥削的缘故,谁都得自己带了粮食去替人家做工。"导淮"8 年,淮河两岸的人民受尽了 8 年的辛酸。直到现在,淮河流域的人民还记得"导淮"时期的小调:

> 区长盖楼房,乡长盖瓦房,甲长起砖墙,大小工头扣几分,小伙子谈起挖河泪汪汪。

可不是吗? 到如今当地人民一谈起国民党"导淮",还愤慨地说:"用装了洋面粉的袋子来筑堤,也可以筑起来了。"

反动统治者"治淮"愈起劲,淮河的灾难却也就愈来愈凶。这正给予他们那些纸上谈兵口是心非的治淮计划一个最好讽刺,现在把 1911 年(民国元年)起到 1931 年(民国二十年)为止的淮河灾难和损失,列成下表:

1916—1931 淮河灾害损失统计表

灾期(年份)	被灾人数(人)	被淹田亩(亩)	损失总计(银圆)
1916	3,009,456	21,744,120	83,491,315
1921	7,693,415	49,729,680	215,163,074
1926	3,129,573	18,157,693	92,097,730
1931	20,024,508	77,741,218	564,231,330

这里最值得注意的是 1931 年的这次大水灾,这是"导淮委员会"成立后第二年就发生的空前大水。这场大水,正是国民党"导淮""功绩"的一个极好证明。大水中,被淹田地 780 万亩,占淮河流域全部耕种土地的 4/10;罹难人民 2000 余万,占全流域人口的 3/10。全部损失,估计竟达 6 万万银圆。真是一场骇人听闻的浩劫!

说起来真是一幅惨绝人寰的图画。当时,淮水冲倒堤岸,泛滥到两岸上,水涨得齐到屋檐。人民的粮食,牲口和一切财物,都被大水卷走了。他们除了当时被淹死的以外,幸而生存的都上屋的上屋,上树的上树,饿着肚皮等救命,可是又有谁去救他们呢?有些地方,蛇和人一起被大水赶到了树上和屋上,许多人就被蛇咬死了。

大水中响起了一片呻吟和呼号,在呻吟和呼号声中,地主老爷们的船出来了。他们对于嗷嗷待救的灾民们说:"三块大洋买条命,没有钱的莫上船!"很有些人在大水到来时,带了他们历年辛勤积蓄的几块银洋上屋,现在,他们这最后的一点财产,也就被地主老爷搜括去了。多数农民们是没有银洋的,他们就只好眼巴巴地看船只从身边摇过。许多人病死和饿死在屋上,许多人索性就投水自杀了。

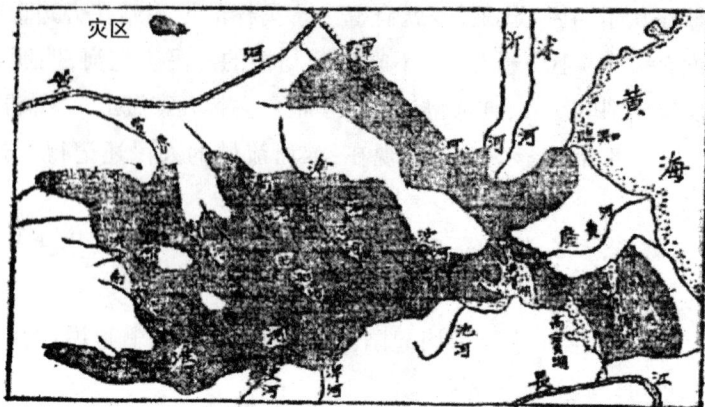

1931 年淮河流域水灾图

大水给淮河流域的地主们带来了横财,也替反动官僚们带来了更大的横财。他们在全国各处以"救灾"为名,装出一副悲慈的嘴脸,到处招摇撞骗,敲诈勒索;趁此机会增加了许多捐税,这些都说是"救济"淮河灾民去的。自然,结果却是落到他们自己的腰包里去了。

大水退了,侥幸还能活着的农民们从屋上树上下来,可是他们又怎样活下去呢?一切财产都没有了,而反动政府的钱粮不能少一颗的,地主老爷的田租更逼着要缴的。没有办法,只好带着一家老少向外面逃荒去。可是逃荒又有什么地方可以去呢?逃来逃去,最后还是逃了回来。眼看家乡已变成一片泥泞的沼泽和干燥的沙丘,没处吃,没处住,没有工具,也没有种籽。于是他们彷徨潦倒,病了,死了,弄得妻离子散,家破人亡!

国民党"导淮",就"导"出了这样的一个凄惨场面!

第六章　蒋介石在淮河流域的血债

　　蒋介石是中国历史上的头号罪犯,他向中国人民欠下了一笔惨重的血债。但是对于淮河流域的人民来说,蒋介石的罪行更是"罄竹难书"的。蒋介石"导淮"的"功绩",上面已经谈过了,现在让我们再来看看他对淮河流域人民的另外一桩滔天罪行吧。

　　谁都知道,蒋介石是中国历史上一个出色的杀人不眨眼的刽子手,在他的杀人历史当中,以杀得快、杀得多、杀得狠而足以媲美于古今中外一切著名的杀人犯的,就是1938 年的黄河大决口。

　　自从 1937 年抗日战争开始以后,全国战场上,只有共产党领导的八路军给敌人以严重的打击,国民党部队到处惨败。1937 年,他们丢了几乎整个的华北,丢了上海、南京、杭州……1938 年一开始,又在徐州吃了大败仗。兵败如山倒,一大群残兵败将,就一窝蜂沿着陇海路向西逃命;日寇跟着屁股紧追,一直追到河南。这一下蒋介石可急了,狗急跳墙,终于他干下了一场滔天大罪,这也是一个惊心动魄的杀人场面。历史上许多反动统治者,他们都不敢这样轻易地闯下这样一场可怕的大祸,但是蒋介石,这个头号的盖世魔王,他却横起心肠干了出来。

　　当时蒋介石命令炸毁开封到郑州之间的黄河南岸大堤。这年 6 月 2 日,他们炸毁了中牟县以北的赵口河堤,6 月 5 日又炸毁了郑州以北的花园口河堤。黄河的河床本来就高过地面的,全靠堤防挡水,大堤一塌,黄水就滚滚地冲上南岸来。真是"黄河之水天上来",人民听到水声就拔脚逃跑,但是大水还是赶上了他们。

这真是一个不可想象的场面!

黄河南岸和淮河上流的人民,当时正是兵荒马乱、心惊胆战的时候。他们忍受了蒋军败兵的洗劫,又遭遇了日寇飞机的滥炸。西边是蒋军,东边是日寇,当头忽又来了滚滚大水,逼得他们上天无路,入地无门。他们有的上屋,有的上树,有的逃命。但是大水冲塌了屋,没过了树,追上了逃命的灾民。大块田园,顿时变成了一片黄水奔腾的泽国,造成了河南、皖北和苏北60几个县份的惨重损失。下面是一篇蒋介石在这次罪行里留下的血债:

淹没土地　　二万九千余平方公里

淹没田亩　　一千七百万余亩

冲毁房屋　　一百五十余万间

淹死牲口　　五十余万头

死亡人口　　四十七万人

流离失所人口　　六百一十余万人

黄泛区示意图

从此,黄河就放弃了老路,从贾鲁河和颍河流入淮河。1942年以后,日寇在河南太康一带筑堤拦住黄水的去路,黄水又回到西边,流入寿县的瓦埠湖和霍邱的城东、城西湖。9年间,黄水在淮河各支流中东西摆动,到处乱闯,造成了一块面积达两万多平方公里的黄泛区。整个淮河流域系统和它的涵闸、堤防等,全遭黄水破坏,大部分地区,经常积水数尺,淮河河床普遍地被黄水带来的泥沙淤高了两尺多。每年汛期一到,黄水滚滚南下,淮河两岸的洼地立成一片汪洋。黄泛区的人民在这9年里面,真是饥寒交迫,颠沛流离,尝尽了辛酸苦辣的味道。

除了黄泛区的400余万人民以外,淮河流域的其他地区人民,也同样地受到了黄河决口的灾难。洪泽湖被黄水侵袭,湖底淤高了一米多,再也承受不了上流的大水,沿湖积水成潦,芦草丛生,成为蝗虫繁殖的大本营。那几年里,蝗虫的灾害也就特别闹得凶,多难的人民又增加了一重可怕的灾害。由于黄水入淮,淮河水量骤增,1938年那年就开放了运河上的归海各坝,里下河地区也就因此遭了殃。高邮、泰县、兴化、盐城、东台5个县约6000平方公里面积的土地上,以后几乎年年遭受水灾。这样一场古今中外所少见的灾难,就是蒋介石一手造成的。

抗日战争胜利以后,国民党反动派扬言要进行花园口的合拢堵口工程,把夺淮的黄水,纳入原来的黄河河道中去。这在表面看来似乎是一件好事情,但实际上反动派是有着他恶毒的用意的。事实是这样:黄河夺淮以后,花园口以下的黄河故道就干涸起来了。许多黄泛区的灾民和黄河沿岸的人民,就搬到黄河旧河床上去居住耕种,那一带后来都成了解放区,共产党领导人民在那里进行生产。这群受苦受难的人民,蒋介石谋害了他们,赶走了他们,现在总算在共产党的领导下,又重整家业,慢慢地兴发起来,开始过着他们以前所从来不曾遇着过的生活。但这样,竟又引起了蒋介石的痛恨和嫉妒,他决心再一次拿洪水去毁灭他们和平可爱的生活。

共产党为了保护这一带人民的利益,经过向国民党的抗议和交涉以后,和国民党签订了"菏泽"和"南京"两个协定。向国民党取得一个保证,要等到在旧黄河河床中的人民安全迁出,而且筑好堤防以后,才得在花园口堵口合拢。国民党表面上答应了,但骨子里却酝酿着更大的阴谋诡计,蒋介石要把黄河河水当作他进攻解放区的40万"大军"。因此,他就在1946年悍然撕毁"菏泽"和"南京"两个协定,拒绝了共产党"先堵口,后放水"的合理要求,在美帝国主义的"联合国救济总署"帮助之下,提早把花园口河堤堵复,让滚滚黄水流到河南、河北和山东的解放区去。总之:他企图在解放区再制造一个黄泛区。

这一次虽然黄水滔滔,来势汹涌,而且又是提前放水,旧黄河河床的居民一时还没有迁移好。但是在共产党的紧急动员、组织抢救之下,居民们减少了很多损失,粉碎了国民党反动派的阴谋梦想,安全地渡过了这一次的灾难。

花园口的合拢除了给当时华北解放区的人民许多灾患以外,黄泛区的人民是不是得到了好处呢? 答案是这样的:黄泛区人民得不到一点好处。而且淮河流域所受黄河侵夺的坏影响,并不就此好转。一直到新中国成立后人民大力建设黄泛区和修治淮河为止,淮河流域的人民,一直落在水旱频仍、痛苦重重的深渊里,苦难地生活着。

黄水回到黄河去以后,黄泛区大部分地方又干涸起来了。流浪在四方的灾民们,想回到家乡去耕种,可是回到了家乡又有什么用呢? 家乡在水底下浸了 9 年,现在已经面目全非了。田地上盖了几尺厚的黄沙,不把它搬去以前是不必想进行耕种的。不但是房屋、农具、粮食、种子一点都没有,而且泥沙淤满了以前的水井,连饮水也发生了严重的问题。此外,黄水淤积,到处是星罗棋布的沼泽,蚊蝇嗡嗡成群,蝗虫满天飞舞,疟疾和黑热病更是可怕地蔓延着。颍河和涡河流域,本来是豆麦杂粮的一个仓库,现在却变成这样一个凄凉的人间地狱了。

更严重的是淮河的水道愈来愈坏了。漫长的 9 年里,淮河被黄河搞得一团糟。淮河本支流的河床日益升高,颍河、涡河、西淝河等支流的河口都被淤塞了,淮河原来的一些天然调节器如城东湖、城西湖和瓦埠湖等,也都被泥沙淤塞,大大地减低了调节水量的功用。这就是后来 1950 年淮河大水灾的原因。这是一场百年来所未曾见过的大水,幸亏当时全国已经解放,在人民政府的领导之下,克服了一切困难,度过了这场可怕的灾难。要不然的话,淮河流域真不知要糜烂到这么一个田地呢!

这都是蒋介石在淮河流域造成的血腥罪恶,也是他屠杀淮河流域人民的惨重血债。当然,他在淮河流域做下的坏事还多得很:如在淮海战役中,他在这里杀戮过不少人民,烧毁过不少村子。他也在淮河大堤上挖掘工事,把大堤弄得百孔千疮,他炸断了淮河大桥等等。的确,蒋介石在淮河两岸的罪行,是说不尽、诉不完的。

第七章　淮河流域的地理环境

历代的反动统治阶级是怎样对待淮河灾害的呢？

起先，他们编造出一些荒唐无稽的神话来欺骗和麻痹人民，好像水淹泗州城的那个故事一样。后来，他们又胡乱找出许多地理上的原因，说淮河流域地势太平坦哪，雨量太集中哪，没有出海口哪等等。因此，他们说淮河流域的所以多灾多难，都是因为地理环境不好的缘故。反动统治者说，天时地理的变故，不是人力所能挽救的。地理环境成为他们作恶的挡箭牌。因此，像"凌汛决口，河官无罪"这样荒谬无耻的话，居然能成为历代以来中国北方治河的一条不成文法。现在，我们已经有了充分的理由来戳穿地理环境决定一切的无耻鬼话。

那么，地理环境和淮河水旱灾害到底有没有关系呢？关系当然是有的，但却并不是顶重要的关系。因为地理环境是可以用人的力量来改变的，我们只要看看苏联的人民，他们已经在荒凉的沙漠上培养出了花草，冰冻的荒原上种植了庄稼，又使防风林挡除了干燥的热风，河流驯服地改变了道路。在苏联，许多过去认为恶劣的地理环境，现在都用人的力量加以改变了。因此，人的力量，才是决定一切的力量。地理环境决定一切，这只是反动统治者推卸责任和掩盖罪恶的无稽之谈。何况，反动统治者在淮河流域的所作所为，根本和地理环境丝毫没有关系，"导淮"8年，把金钱都"导"到私人的腰包里去，这是地理环境的关系吗？炸毁黄河大堤淹死万千人民，这是地理环境的关系吗？

　　许多人一谈到淮河流域的地理环境,特别是水文状况的时候,觉得其中的确有许多足以造成灾害的因素,因此而忽视了造成灾害最主要的原因:反动统治者的罪恶。这样的想法,恰巧是上了反动统治者的大当,正中了他们下怀。因此,在开始谈淮河流域的地理环境以前,我们必须先把这一点弄清楚。当然,地理环境对淮河灾害是有着相当关系的,但是今天我们研究淮河流域的地理环境,绝不是消极地替淮河的灾害找出多少原因,而是积极地,如在战场上一样地,先明了敌情,然后设法消灭我们的对方。

　　我们先看一看淮河流域的地形吧!淮河流域的地形是比较单调的。江淮河汉是我们惯称的4条大水,但是淮河和长江黄河全不一样,它既不像长江黄河一样,发源在五六千米的高原上,也不像长江黄河一样,沿途流过那些巴蜀三峡和壶口龙门等险峻的峡谷。淮河流域的边缘虽然也有一些山脉,但都不高的。流域东北的五岳之首的泰山,算是这一带最高的山峰了,也不过1500多米。淮河本源所出的桐柏山,则只有1100多米。此外,洪汝河系发源的伏牛山,史灌河系发源的大别山,也都是高不过千余米的山脉。淮河北部的各支流,例如颍河水系的贾鲁河,其他如西淝河、涡河、浍河等,都发源在黄河大堤以南的一些坡地里,地势自然更加低平了。这些河水,我们特称为"坡水"。整个淮河流域,大部分是一块冲积平原,这就是著名的江淮平原。

　　淮河流域的里下河地区,是一块很特别的区域。这里,西面是运河,南面是通扬运河,北面是淤黄旧道,那也就是淮河旧道,是一条低低的沙丘,比里下河地区要高出5米以上。东面是串场河和范公堤,也比里下河地区高一米至两米。因此,里下河地区就活像一只锅子,兴化县就是这锅子的中心。从所谓"减水闸"和"归海坝"放出来的淮水,结果全是泛滥在这一地区,直到太阳光把它们晒干为止。

　　知道了淮河流域的一般地形以后,再来看看淮河沿岸各段的地形情况吧:桐柏山高1127米,从这里流下来的淮河,到了桐柏县,立刻降低到160米,再向东流到息县,地面已经只有海拔43米了。从桐柏山到息县260公里间,高度相差1084米,淮河河床平均每公里要降低4米,这是淮河斜度最陡、水势最急的一段。

　　但是从息县向东,情况就完全不同了。到了洪河口,地面是海拔26米,到正阳关,降低到20米,直到洪泽湖附近,地面也不过降低到海拔17米。从息县到洪泽湖约600公里之间,高度相差只有26米,每公里平均只降低0.04米。在平时,这一段,淮河水势的平稳,也就可想而知了。

　　因此,息县以上这一段河水所卷带下来的大批泥沙,到了息县以下,就慢慢地沉积下来了。这样,淮河的河床就不断地高涨起来。河床的升高就影响了水流的通畅,当水量一多的时候,河流本身容纳不了,于是就向外发展,冲破堤防,泛滥到两岸上来了。因此,淮河流域的地形对于淮河的灾害,是起了一定影响的。

现在,让我们来看看淮河流域的水文情况吧!这里最重要的一环是雨量。淮河流域的雨量,也和长江黄河完全不同。就长江说,各支流流域的雨季很不一致,嘉陵江、岷江下雨的时候,湘资沅澧不一定下雨,湘资沅澧下雨的时候,汉水上流不一定下雨。各支流流域的雨季不一致,大水就不至于同时从四面八方赶到,从而使河流有了喘息换气的机会,就黄河说,黄河的水源,有的是高山的雾水,有的是流域的雨水。雪总在春天融化,因此黄河每年必有春汛;但是春汛期间,黄河流域照例是不大下雨的,黄河上中游的降雨时节,大概在春末夏初,这就是黄河夏汛的原因。这样,大水也就不至于一并暴发。

但是淮河却全不是这样,淮河虽然支流多,水量大,流域面积也很广,但是它并不像长江黄河那样的源远流长。它的流域范围,实际上全在华东的大平原上。淮河本支流流域各地,气象情况大致相同,降雨季节也就完全一致。

大家知道,气压的变化是气象变化的重要因素,淮河流域在初夏以前,还是受着西伯利亚高气压的影响的,高气压地带雨量就很少。夏季一开始,从热带太平洋和印度洋吹来的季风,带来了许多水汽,到了淮河流域,和北方的冷气流接触,形成一个低气压区域。这个低气压区域可能长久地徘徊在淮河流域,这就是淮河流域多雨的季节了。在这段时期里,不是阴雨连绵,便是暴雨常降。流域各地,一月中有一半甚至2/3的日子是雨天。一月中的最大雨量平均可达400毫米,一昼夜内的暴雨量,竟有超过200毫米以上的。

这样的大雨,同时在流域各地下降,加上在上流,封建地主霸占森林,滥伐树木,贫苦农民,又被地主阶级逼上山坡,开垦了大片的山地,这样,水土保持已全被破坏,大雨一到,湍急的洪水就挟带着大批泥沙,匆匆地奔向中下流去了。

在中下流,由于不断的大雨,地下水已经大大升高,土壤再也没有渗透水分的能力了。加上各支流的山洪,同时赶到。因此大水就横冲直撞,破坏堤岸,造成惨重的灾害。

现在我们拿淮河上流的桐柏、中流的正阳关和下流的淮阴(清江市)为例,看一看淮河流域雨量的集中情形。

从下面这张图表中,我们可以看到:7月份是淮河流域雨量最多的一月,而6、7、8、9这4个月里,降雨量就要占全年总雨量的一半以上。桐柏占55%,正阳关占52%,淮阴占69%。到此,淮河流域雨量集中的情况,我们便可大概明白了。

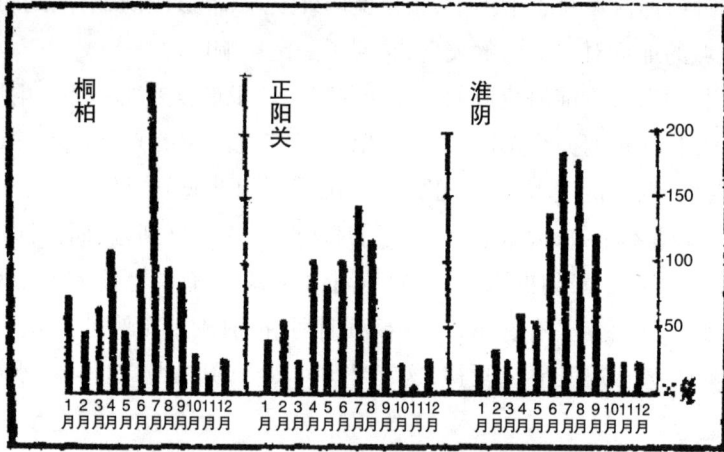

桐柏、正阳关、淮阴逐月雨量图

淮阴雨量变化表

月份	6月	7月	8月	全　　年
最大雨量(毫米)	360	504	495	1406(发生于1921年)
最小雨量(毫米)	14	26	0	375(发生于1903年)

淮河流域雨量的另一个特点是变率极大,也就是说,每年降下的雨量很不均匀。现在以淮阴为例,可以看出淮河流域雨量变化的一斑。

雨量在这样变化多端的情况之下,遂使淮河流域既闹水灾,也闹旱灾,造成所谓大雨大灾、小雨小灾、无雨旱灾的严重情况。

明了了淮河流域的地理环境,和我们对治淮工作的认识是很有帮助的。地理环境是完全可以改变和征服的,治淮工作,就是改变和征服淮河流域地理环境的工作。这个工作现在已经正式开始了。在伟大的毛主席和党的领导之下,淮河流域的地理环境,有的已经改变,有的正在改变,有的也将要改变。这是一件全国人民和世界人民所瞩目的大事。法国今晚报记者贝却敌说:"五百万农民改变中国地理!"这是伟大的治淮工作的一个非常恰当的写照,让我们在后面慢慢地把它叙述出来。

第八章 1950 年的大水灾

蒋介石匪帮在淮河流域干下许多恶事,淮海战役是他们在淮河流域作恶的最后一次。在这一次里,他们疯狂地抢劫,残酷地杀戮,他们破坏了淮河大堤,炸毁了蚌埠铁桥。但是人民的力量把他们这伙杀人的强盗消灭在淮河流域,从此以后,他们就一败涂地,宣告完蛋。

蒋匪帮虽然垮了台,但是由于他们过去在淮河流域的长期作恶,严重破坏,他们对淮河的恶影响,一直到新中国成立以后,仍旧免不了发生严重的灾难,造成不少的损失,这就是1950年的大水灾的来由。

这是百年以来空前未有的一次大水。

这年从6月起,天气久旱不雨。淮河流域这时节正是农作物需要水分的时候,因此各地都呈现了旱象,情况相当严重。照例这应该是淮河流域多雨的季节了,大家都在盼望着雨水的到来。

不久,雨终于来了,是出人意外的暴雨。6月26日起到月底为止,以正阳关为中心的淮河中上流,连续降了5天大雨,正阳关一地的雨量,竟达150毫米,因此,淮河的水位就立刻高涨起来。但是大雨却不让你透一口气,7月1日起,以信阳为中心的淮河上流又是大雨倾盆,一直降到6日。信阳在3、4两日中,雨量多至313毫米。紧接着这第二次大雨,7月7日起,第三次大雨又以上流的新蔡及下流的淮阴为中心,连续下降,直到7月16日。新蔡在10天中降雨470毫米,淮阴在10天中降雨354毫米。

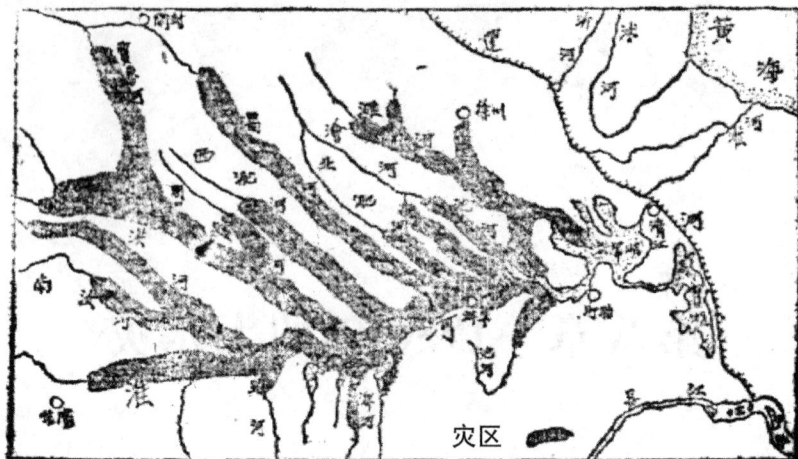

1950 年淮河流域水灾图

正阳关和蚌埠等地,从 6 月 26 日起到 7 月 20 日的 20 几天中,都超过了 1931 年 7 月份的全月雨量。这样空前未有的大雨,使淮河本支流的水位,剧速地高涨了起来。

淮河这条河流,在历代反动统治者特别是蒋介石匪帮的摧残破坏下,本来已经是一条千疮百孔、虚弱不堪的河流了。在这样连续不断的暴雨下、从 7 月 3 日到 6 日间,淮河本流及各支流山洪暴发。淮河本流的洪水和洪河水系的洪水在洪河口相遇,水头高达 3 米多。颍河水系各支流的洪水在阜阳碰头,水位剧涨到两米半。这是第一次洪水峰。到了 7 月 16 日,第二次洪水峰又从上流匆匆赶到,水势更超过第一次。这样,河堤纷纷溃决,皖北一地,淮河本支流决口的便有 300 多处。洪水在 28 个市县范围流过,冲倒了 110 万间房屋。从三河尖到正阳关,由于堤岸决口,以致东西 80 公里、南北 30公里的地方,平地水深一丈,波涛汹涌,成为一片汪洋。从蚌埠到五河,洪水更不分河道,横冲直撞,也成一片泽国。蚌埠以上的水位,竟超过 1931 年的洪水,确是一场空前浩劫。

从下面的两张图表里,我们可以看出这次洪水的灾情,在灾情最严重的皖北地区,甚至超过了 1931 年的水灾。蒋介石匪帮虽然垮台了,但是他对淮河流域人民的血债,却又增加了这样巨大的一笔。

1950 年淮河流域灾情

省　区	受灾田亩（亩）	受灾人口（人）
河　南	11,888,000	3,410,000
皖　北	31,620,000	9,980,000
总　计	43,508,000	13,390,000

皖北 1931 年与 1950 两年灾情比较表

年　份 灾　情	1931	1950	1950 年超过 1931 年数
受灾田亩(亩)	24,270,000	31,620,000	7,350,000
受灾人口(人)	5,860,000	9,980,000	4,120,000

大水发生以后，接着有许多幸灾乐祸的谣言，从美国、从蒋介石集团占领的台湾、从一些仇恨中国人民的坏蛋们的口里散播出来。他们恶毒地宣扬淮河流域有多少人饿死，多少人流离失所。但是这些卑鄙无耻的谎言，终被铁一般的事实全部戳穿了。

在大水中，政府立刻动员了所有船只，干部们在狂风大浪里，不顾自己的危险，撑着小船到各处屋顶、树上和孤立的高地上去抢救避难的灾民。他们供给灾民许多粮食和药品，把他们拯救出来，使他们安全地渡过了灾难。好些干部和战士们，就在抢救灾民的险恶任务中，光荣地牺牲了自己的生命。

华东军政委员会从 7 月 7 日到 10 日，连续接到了皖北水灾的急报。7 月 11 日，就飞速地组织了“皖北淮河灾区视察团”，带了大批的救济物资，前往灾区救济。当时，全国解放不久，国家在万分困难的经济情况下，先后拨出粮食 1 亿多斤，食盐 1000 万斤，煤 52 万吨，并且还发放了 350 亿元的现款。因此，大水以后，农民们实际上是过的供给制生活，吃的粮食是国家发给的，穿的衣服是国家发给的，连修房子、贷种子等，甚至于喂牛的饲草，政府都给照顾到了。在这样的情况下，农民们深深地感觉到自己政府的亲切可爱。他们都说：“现在的政府，真比自己的爹娘照顾得周到。”这样，就更使他们回忆到 1931 年的大水灾。他们说：“那时候的政府，趁发大水的时候，保甲长不带着人来抢你就是好事了。”

在这次大水中，另外值得一提的，那就是苏北里下河地区的安然无恙。这也是历次淮河水灾中所少见的。在过去，只要淮河发大水，苏北里下河地区就注定了也要遭殃。但是这一次却在人民政府的大力防护下，安然地渡过了险期。当淮河水势告急的时候，苏北军民，在政府的号召下，动员全部力量，昼夜抢救洪泽湖大堤和运河堤岸。8 月中，大水来到洪泽湖，水位曾经高过 1931 年，但那时政府已经准备了 20 几万土方，加修了洪泽湖大堤，更准备了 19 万吨石头，在高宝湖一线的运河西堤上加筑石堰，运河东堤也经过加厚，这样就保障了苏北里下河地区的安全。这也是党和人民政府领导人民和洪水斗争的结果。

大水过去以后，党和政府除了妥善地安顿灾民以外，为了根治淮河，永远消除历代反动统治者遗留在淮河流域的灾难。中央人民政府于 8 月底在北京举行了治淮会议，对淮河水情，进行了精确的分析和研究，然后由水利部负责，拟好根治淮河的方针和

1951 年在淮河流域举办的工程。这样,政务院就在 10 月 4 日颁布了"关于治理淮河的决定"。在这个决定中,除了明确地指出了修治淮河的方针和规定了 1951 年应该举办的各项工程以外,为了加强治淮的领导,以彻底贯彻治淮方针,对治淮的领导机构,也做了一个新的决定。原有的"淮河水利工程总局"取消,另外由华东、中南两军政委员会和有关的省区人民政府,指派人选,成立"治淮委员会"。这样,治理淮河的工作,就有了更统一、更坚强的领导了。

　　1950 年 11 月 7 日,治淮委员会在蚌埠正式成立,它将领导人民和淮河的灾难作斗争。这是根治淮河的开端,是淮河流域的人民、也是全国人民的一件大喜事。

第九章　怎样根治淮河

根治淮河，正像根治一个病人的宿疾一样，必须要洞察病情，对症下药，来一个全面的、科学的、永久的治疗。我们优越的新民主主义的政治和社会制度，有毛主席及党的领导，是根治淮河的基本条件。由于这个基本条件的取得，今天我们才有可能来讨论这个根治淮河的问题。

从以前谈过的"蓄清刷黄"，"减水闸"，"归海坝"，和国民党的"导淮委员会"中，我们已经领教了反动统治者"治淮的功绩"和方法了。反动统治阶级的"河官"们，一直是用着一种非常陈腐的见解，对付这条淮河的，他们愚笨地、拙劣地采用了求神问卜和头痛医头、脚痛医脚的治疗方法。因此，在这批家伙的手中，淮河永远是只有越治越糟。

在历史上，淮河灾患以中下流最为严重，只看表面现象的反动统治阶级的"河官"们，就只会注意到淮河下流的泄水问题。而且仅仅这一问题，历代以来，也就意见纷纭，莫衷一是。他们有的主张"复淮故道"，有的赞成"导淮入江"，也有的提议"江海分疏"。自从1866年满清政府的"导淮局"开始，就一直在"入江"和"入海"的争议上，做着纸面文章。最愚蠢可笑的莫过于国民党反动派，"导淮委员会"在1934年—1935年间，曾经盲目地在沙丘高耸的废黄河槽里挖掘所谓"淮河入海"工程，当时强派民工，敲诈勒索，浪费了大批的人民财产，结果挖出了一条小河，能够排泄淮河最大流量的1/45。这样的"淮河入海"工程，真是笑话奇谈。

在帝国主义和封建军阀所统治着的旧中国,各省和各地区的统治阶级,他们都是眼光短浅和极度自私的。因此,在修治淮河这一工作上,就完全不可能取得一致的见解。例如从河南一省的局部利益着眼,洪水时期,最便当的办法就是疏浚河道,让洪水赶快流到中下流去。但在安徽和苏北来说,这样遭殃就会更大。因此在过去,淮河流域上中下流之间,是有着非常尖锐的矛盾的。水大了,上流要泄,中下流不答应;水小了;上流要蓄,中下流反对。例如豫东的洪河口和皖北的三河尖之间,为了泄水蓄水的纠葛,一直吵到蒋匪帮垮台。在苏北,情况更严重,大水一来,洪泽湖、高宝湖一带就希望赶快开放"归海坝",但里下河地区却永远不愿让"归海坝"开放。这样就造成连年的诉讼,不断的械斗,结果全没有解决问题。

修治淮河,绝不是一种局部的、短期的工作,而是一种全面的、长期的工作;不仅仅是下流的泄水问题,而是整个流域里怎样有计划地利用水和消化水的问题。根据这样的情况,科学的修治淮河的办法,应该是:"控制洪水量,减去洪水峰,降低地面水和地下水。"这就是现在我们修治淮河的办法。

要贯彻上面这个治淮的办法,第一件要做的工作就是蓄洪。蓄洪的意思,就是当洪水暴发时,设法暂时把洪水在上流拦蓄起来,不让它大量地流到中下流来,以保证中下流的安全。假使上流有办法拦得住洪水,那么洪水量就可以控制,中下流的洪水峰自然会随着减低,水灾就可以免除了。而且拦蓄着的洪水,在无雨缺水的时候,又可以放出来作为灌溉之用,这样,旱灾也可以防止了。所以蓄洪是修治淮河的一件重要工作。

淮河的大部分支流都在正阳关以上,因此淮河的蓄洪工程,主要的应该在正阳关以上进行。正阳关以上的蓄洪工程,可以采用3种不同的方式。第一种是山谷水库,即是利用淮河上流的山谷地形,建造水库以拦蓄洪水。淮河上流包括各支流在内,有很多地方是适宜于建筑山谷水库的。山谷水库是蓄洪工程中最重要、最永久的一种,除了拦蓄洪水以外,还可以作灌溉和发电的利用,是一举数得的水利工程。

第二种蓄洪的方式是洼地蓄洪。洼地也是农田,利用低洼的农田来拦蓄洪水,当然是一种暂时的、不得已的办法。不过在上流山谷水库还没有全部完成以前,为顾全整个流域的利益起见,洼地蓄洪仍是必要的。因为淮河的洪水期一般总在六、七、八3个月之内,只要蓄洪控制得时,牺牲的还只是早秋一季的收获。如果能够扩大和保证晚秋麦收,损失并不甚大。而且经过蓄洪,土地的肥力增加,经济上多少还是可以得到补偿的。因此在治淮初期,凡是流域中可以利用拦蓄洪水的洼地,是必须尽量加以利用的。

第三种蓄洪的方式是湖泊蓄洪。淮河在正阳关上下,有一连串的天然湖泊,这些湖泊也是可以利用拦蓄洪水的。当然,利用这些平原上的湖泊来蓄洪,并不是顶好的办法,但是为了免除中下流遭受灾害,湖泊蓄洪是能够收到一定效果的。这些湖泊的本身,大部分也是由于下流流水不畅而积潴起来的,例如霍邱附近的城东湖和城西湖,百年以前,还都是可耕的良田,黄泛时期,这里一带也积潴一些小湖泊。因此,在上流山谷全部完成以后,这些湖泊,大部分还可涸出,作为耕地,这样,湖泊蓄洪也不是顶长久的事情。在目前,可以利用冬季尽量放空积水,借以进行种植,从而做到一水一麦的收成,在经济上还是有好处的。

除蓄洪以外,第二件工作就是疏浚。因为蓄洪不能把全部洪水都拦蓄起来,拦蓄不了的水量,就应该让它好好宣泄。因此,整个流域各干支流就应该做好疏浚工作。这样不但能够清除河流的淤塞,而且能够增加河身的容量,这是有利宣泄的最好方法。

由于黄河泛滥的结果,淮河本支流的淤塞和河床升高的现象是非常严重的。在上流,因为黄水倒灌,各支流几乎是没有一条不淤浅的。加上沟洫工程在黄泛时期已全遭破坏,内涝情形也很严重,必须进行彻底的疏浚和整理,使所有的细流、积水都能流入支流,支流也都能顺利地流入干流,这样就可以免除淮河上流及各支流的灾害。至于淮河中下流的疏浚那更是一件重要和艰苦的工程。据估计,淮河中下流疏浚工程的土方数,是一个非常惊人的天文数字。尤其是临淮关以下的各段必须应用机械,进行大规模的疏浚工程。

最后,谈到降低地面水和地下水的问题,这是一个长期的、细致的、群众性的水利工作,但却也是根治淮河极重要的一环。

首先,要做好水土保持的工作。在过去,地主恶霸强占山头,滥伐树木,森林全被破坏,弄得上流许多山头都是光秃秃地一毛不生。另外,农民们在地主阶级的逼迫下,平原上的良田美地尽被霸占,他们就只好上山开荒,开出了许多坡田。这样,土地就毫无蓄水的能力,大雨一下,山洪暴发,大批泥沙即被挟带到中下流去,造成严重的灾害。因此要做好水土保持工作,必须封山育林,动员群众普遍地进行植树。在淮河流域的有些地方,例如涡河流域的亳县一带,民间每有一婴孩出世,就植树9棵,表示庆祝,这实在是一种非常优良的风俗,是值得在整个淮河流域推广的。对于农民们在山上开垦出来的坡田,应该设法改成梯田。这里必须好好地向农民进行教育,使他们晓得乱开山荒对整个流域是有严重损害的,由于泥沙大量地剥蚀,会使所有河道淤塞,甚至费了千辛万苦所建筑起来的蓄洪工程也会被泥沙淤塞而失去效用,所以将坡田改为梯田,也是一项急不容缓的工作。

其次,要降低地面水和地下水,必须在整个流域,普遍进行修建沟洫,挖掘水塘水井和改良农作物的工作。沟洫工程必须作有系统的、全面的布置,而且要择要地设置涵闸和堰坝。这样,雨水的蓄泄,就可由人力来控制。少雨时节,可以关闭涵闸,保存水量,帮助灌溉;多雨时节则开放涵闸,使地面渗透不了的水分,可以由小沟、中沟、大沟而流入支干流去。地面水有了去路,就不致积成内涝和泛滥成灾了。掘塘和掘井也是降低地下水和地面水的好办法。在低地挖掘水塘,除了降低地面水以外,还可以积蓄水量作为灌溉之用。掘井则可以腾出地下空隙,增加地下渗水量,同时也可以利用作为灌溉和解决人民的饮料问题。另外,在某些地区进行农作物的改良,也可以收到降低地面水和地下水的功用。例如水稻能消化大量的水分,因此在流域中,凡是地下水位太高的地方,可以推广水稻的种植,这样也可以解决一部分问题。

现在,我们已经完全可能按照自己的意愿,正确地、彻底地根治淮河了。毛主席号召我们"一定要把淮河修好",淮河两岸已经展开了一个火热的场面,这是中国历史上一件空前未有的大事,是值得让我们大声欢呼的。

第十章 治淮两年

现在，我们已经掌握了科学的根治淮河的办法，根治淮河的全部工程，就在这科学的办法指导下拟订成功的。在上流，主要的工程是择定地址，建筑山谷水库，另外，也需要做好水土保持工作和疏浚一些淤塞的河道。在中游，除了进行湖泊和洼地的蓄洪工程以外，还需要进行疏浚河道及堤岸的修复和加厚工作。在下流，主要的工程是替淮河开掘一条单独的入海道，这样，在非常洪水时期，就可以分担入江的流量，以保证流域的安全。

自从政务院公布了"关于治理淮河的决定"以后，整个淮河流域就开始活跃起来了。许多专家、技术人员和干部们，爬山越岭、不辞劳苦地在流域各地进行调查和勘测的工作。在他们夜以继日的艰苦努力之下，在上流，已经找到了16处适宜的地点，决定建筑山谷水库。

淮河下流"入江"和"入海"的问题，在过去是一个久争不决的悬案。为此，政务院也指定组织了一个"淮河入海水道查勘团"进行入海水道的调查勘测工作，经过40多位专家一个多月的努力，决定了一条理想的入海路线，解决了多少年来所不曾解决的问题。

自从1950年冬天起，淮河流域进入了一个火热的战斗场面。在整个流域上，300余万治淮大军，浩浩荡荡地走上了工地，开始了紧张的工作。将近两万个水利专家、工程师、技术人员和大专学生，从全国各地纷纷赶到了淮河两岸。为了运输治淮物资和供应治淮员工们的生活需要,人民政府动员了大小船只一万多条,铺设了许多轻便铁道,成立了数百个物资转运站,修筑了很多的公路和桥梁,架设了1000多里的新电线,每天往各地运到工地来的物资平均重达4000吨。在短短五六个月中,从全国各地运来的物资和粮食,竟达20亿吨之巨。因此,第一年的治淮经费,就远远地超过了国民党20年来治淮经费的总和。这样一笔巨大的经费,要是折成粮食,就可以供给两百万大军一年多的食用。这的确是一个令人惊骇的数字!

淮河上流山谷水库

库名	河系	坝址	蓄洪量 亿米^3	库名	河系	坝址	蓄洪量 亿米^3
大坡岭	淮河	信阳	2.5	南湾	浉河	信阳	1.5
紫罗山	北汝河	伊阳	4.7	盛家店	灌河	商城	1.7
白沙	颍河	禹县	1.8	鲇鱼山	灌河	商城	0.6
下汤	沙河	鲁山	1.5	梅山	史河	金寨	4.2
曹楼	沙河	鲁山	0.6	独树	竹竿河	罗山	0.2
石漫滩	洪河	舞阳	0.5	龙山	潢河	光山	2.9
薄山	南汝河	确山	0.7	佛子岭	淠河东源	霍山	5.0
板桥	南汝河	遂平	2.4	长竹闸	淠河西源	六安	1.4

这样,从1950年冬季到1951年夏季为止的短短8个多月的时间里,由于毛主席根治淮河的伟大号召、党和政府的正确领导和全国人民的全力支援,在300余万治淮大军不分日夜的忘我劳动下,终于胜利地完成了第一年度的治淮工程。

第一年度治淮工程的成就是伟大的,8个月中,在上流,除了完成石漫滩水库和动工建筑了白沙、板桥两个水库外,还完成了老王坡、吴宋湖、蛟停湖和潼湖4处洼地蓄洪工程,建筑了谷坊155座,进行了南汝河、洪河、双泊河等河流的疏浚工程和水土保持及沟洫工程。在中下流,完成了伟大的润河集分水闸工程,做好了濉河、西淝河及淮河干流的疏浚工程,更大规模地进行了堤岸的修复和加厚工程,另外,还完成了大大小小的涵闸60多处。总结第一年度的治淮工程,除了完成了像润河集分闸、石漫滩水库等巨型工程以外,另外,更修理了长达3600里的堤防,疏浚了1500多里的河道,做了近两亿立方米的土方和大小56处的钢筋混凝土建筑物。全部土工,等于3条修筑将近10年的苏伊士运河。要是把这些土方,堆成高和宽各一米的土坝,就可在地球的赤道上围绕5周!

第一年度治淮工程完成以后,一般地说淮河流域已经可以做到"小雨免灾,大雨减灾"的地步。就各省区来说,河南省的水灾可以减轻,在皖北,如遇1950年的大水,则颍河以东、浍河以西的淮河北岸干支流堤防可以保证不决。这一地区的内涝问题也已局部解决,可以保证麦秋两收。其他各干支流的堤防也可以保证麦收,争取秋收。这已是一个不小的成就了。

第一年度的治淮工程完成以后,接着,治淮委员会宣布了规模更伟大的第二年度治淮工程计划。第二年度的治淮,规模远远地超过了第一年度;就经费来说,比第一年度增加了1倍;就土工来说,全部约在4亿立方米以上,超过第一年度一倍有余,这真是一件了不起的工程。

第二年度的治淮工程,在上流,主要的是建筑一系列的山谷水库,除了完成第一年度中已经建筑了一部分的板桥、白沙二水库以外,在潕河上流,一个最大的山谷水库,佛子岭水库,开始进行建筑,这是第二期治淮的重点工程。另外,南汝河上流的薄山水库,浉河上流的南湾水库,潢河上流的龙山水库,也都准备开始建筑。其他,在上流还要进行颍河、洪河、北汝河等12处河流的整理疏浚。在中流,蓄洪方面,要完成蒙河洼地的蓄洪工程,河道整理方面,要完成西淝河、赵王河、沱河、安河等河流的疏浚;涵闸工程方面,则要完成蒙河进水闸和退水闸、焦冈湖闸、东淝河闸等13处工程。在下流,主要的是开掘苏北灌溉总渠,这也是本年度治淮的重点工程之一。另外,运河的防洪和灌溉工程以及运河和张福河的航道,也须加以整理和疏浚。

总计第二年度的治淮工程,计动员民工230万人,技术工人23000人,新开河道(不包括沭河和沂河工程)170公里,疏浚河道963公里,建筑水库6处,湖泊蓄洪工程5处,涵洞22处,水电工程1处。若把本年度治淮的全部土方,建造一条高和宽各一米的土坝,就可从地球造到月亮!

为了使第二年度的治淮工程能够顺利地完成,在事前,党和政府作了最大的努力,解决了全部工程的人力和物力问题。两千多位水利专家、地质学家、大学教授等组织了40多队测量、勘测和钻探队,宵行露宿地在淮河流域进行了紧张的工作,完成了第二年度治淮工程上的勘测和钻探任务。治淮委员会和其他各省区,训练和调集了大批干部。中央、华东和中南卫生部及中国红十字会总会,调来了大批医务工作人员。在淮河流域,真是群英毕集,气象万千。

在物资方面,除了大批堆积如山的粮食、柴草和煤炭以外,更准备了将近7万吨的水泥,4000吨的钢筋,700余吨的钢料,两万立方米的方板枕木和10万余根的原木。另外更需要巨大数字的块石、石子和黄沙。为了物资供应的便利,更铺设了全长等于成渝铁路的轻便铁道,集中了15000辆的斗车和平车。在淮河工地上,有着东北工人制造的捞土机、推土机、钻采机和斗车、平车,上海工人制造的各种引擎机和拌和机以

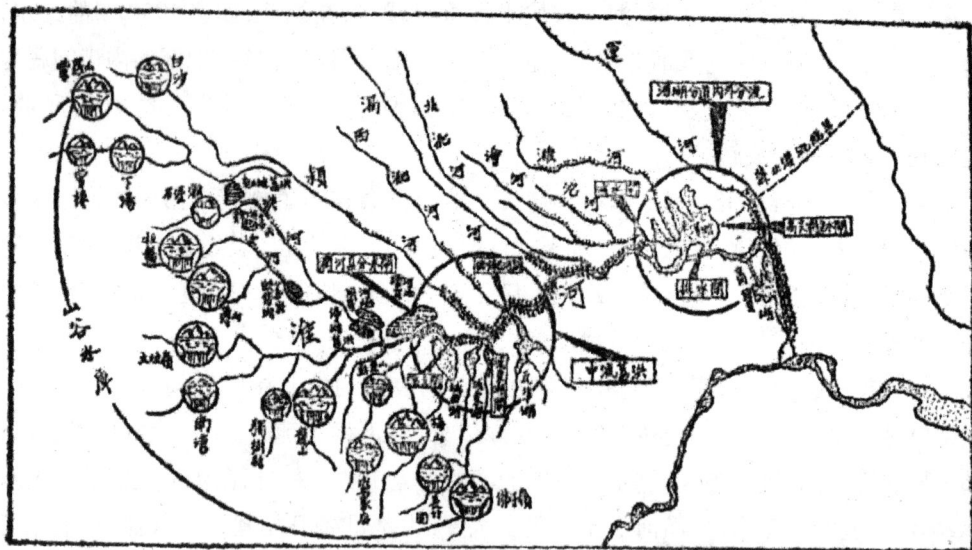

淮河主要工程示意图

及开封等地手工业工人制造的铁轮小车和铁铲。另外,更有着苏联工人制造的大卡车和开山机、欧洲人民民主国家制造的发电机。因此,第二年度的治淮工程,不但代表了中国万千工农心血的结晶,而且也象征了整个和平民主阵营的亲密团结。

现在,第二年度的治淮工程也已经胜利的完成了。我们将以更兴奋的情绪,来迎接更伟大的第三年度的治淮工程。

第十一章　湖泊蓄洪——润河集分水闸

　　1951 年这一个年头,在世界建筑工程史上,发生了一个奇迹,那就是伟大的润河集分水闸的完成。

　　大家已经知道,淮河流域的蓄洪工程,在上流的山谷水库没有全部完成以前,湖泊蓄洪是有着重要的意义的。淮河在正阳关上下,有着大大小小的 8 个湖泊和洼地,而且正阳关又是一个众流交会的地方,假使能在这里建造一个操纵控制的机构,就可以拦蓄大量的洪水。在理论上,这是很多人想得到的事,可是谁又会有这样的魄力,这样的本领,真的建造起一个伟大的控制洪水的机构来呢?

　　3 个月以前,毛泽东教养下的一群坚毅的工程人员,决定了这个伟大工程的地址,3 个月以后,这伟大的工程就全部完成了。摊开地图来看吧,3 个月以前,这里是怎样的情形吧? 润河集,一个古老的小镇,润河在这里入淮,淮河在这里流过。但是 3 个月以后呢? 淮河改变了道路,两座钢筋混凝土的现代化工程,矗立在河上,20 万民工,在短短 3 个月内,改变了淮河流域的地理,改变得多快哪!

　　这样一座控制了 10 条河流、8 个湖泊、能够拦蓄洪水 72 亿立方米的伟大建筑,能够传奇式地在短短 3 个月时间内完成。证明了在党和政府领导之下,中国人民的力量是如何强大! 整个工程的经过是艰巨的,胜利是从奋斗中得来的。

　　在起初,有些人认为在淮河中流建造湖泊蓄洪工程,要控制这么多的河流和湖泊,根据美国的工程"标准",无论如何总得建造一系列的近代化控制工程。这样,工程就得要几年的时间才得完成。

　　但是经过几百名工程人员几个星期在正阳关上下一带紧张的勘测,在苏联水利工程专家布可夫同志的帮助下,决定了只要在润河集这个地方,建造一个包括两座活动坝的大型控制系统,就可以基本解决问题。润河集,这是一个锁钥,掌握了这个锁钥,72 亿立方米的洪水就可以束手就范。这哪里是一般迷信美国“标准”的人所能梦想得到的呢?

　　地点虽然决定了,但是要动手建筑这样庞大的工程,却还是横着很多的困难。因为 3 个月以后,洪水就要到来,因此,全部工程必须在 3 个月之内完成。但是这样艰巨复杂的工程能在 3 个月里面完成吗? 这是中国历史上一个空前未有的水利工程,在过去,像苏北杨庄活动坝这样小型的水利工程,也花上了 20 几个月的时间。因此,当领导上肯定地接受苏联的技术思想,决定在汛前几个月内完成全部工程时,很有些人为这惊人的决定捏一把冷汗。

　　根据美国的“标准”和“规格”,这样的工程、至少要打上 12000 根基桩,才能够担当得起这样两座共长一里的钢筋混凝土的活动坝和 1300 吨重的钢斗与启闭机的控制系统。但是苏联的专家替我们介绍新的经验,这经验告诉大家:事实上一根基桩也用不着打。从试验证明了,坝基的本身足能担当得住坝的全部重量。老的“规格”,像这样的工程,必须用从美国运来的洋松,花上半年工夫,打 1 万平方米的板桩以保护活动坝,但是苏联专家又指导了我们,用润河集对面的黏土,铺成不透水的黏土层,这就可以代替了远涉重洋的美国板桩。也有人担心这一大套巨大的闸门和启闭机怎么办,在过去,像杨庄活动壩这样小而简单的闸门,也得在伦敦定制。但是上海的钢铁工人响亮地接受了这个任务。50 多位技术和工人,在 10 天之中,便完成了全部工程的设计工作,一万多工人立刻发起竞赛,两个月以后,全部闸门已装在润河集的分水闸上了。一切都证明了只有在我们这样一个政治制度中,才能应用新的、进步的技术思想,才能在短期内造成这个奇迹。在我们这样一个完美的社会里,再有人以旧的标准来衡量一件事物,那真是一个莫大的错误。

　　1951 年 3 月底,润河集分水闸开始动工了。就时间来说,真有火烧眉毛一样的迫切。但是工程一开头,却又偏偏碰上了一个相当严重的困难。在 4 月中旬,当闸塘土工按照预定计划行将完成时,突然在闸基上发现了大批的泉眼和灰沙,这样的土层,在承当整个闸基的重量上,就有了严重的问题。那怎么办呢? 停工吗? 改变已经化了这许多力量的闸基地址吗? 一切困难在我们的工程人员和工人面前,是完全可以解决的。首先,工程人员决定了设法改变坝基上的土层,用大量的黄沙代替了原来的废土。其次,为了适应闸基的土壤情况,全部建筑物,又来了一个新的设计。例如墙岸重量从每平方米负重10余吨减为7吨,门墩隔水墙也改成了空心。这样,困难就迎刃而解了。

经过了这一个困难以后,为了夺回因此而损失的半个月时间,工地上掀起了万分紧张的工作热潮。"和洪水赛跑!""把失去的时间夺回来!"这样动人的口号,在全体员工们的口中喊出来。在万千员工的忘我劳动和集体智慧之下,新的模范事例和惊人纪录不断地涌现出来,许多过去在工程上认为天经地义的"定律",现在都在事实证明下被我们永远推翻了。例如浇水泥的壳子板,一向是要半个月才能拆除的,但是经过研究以后,只要两天就可以拆除了。隔墙等部分的水泥,本来是浇两米一层的,但是经过研究以后,就做到了每层浇4米,这样就又节省了许多时间。装置闸门本来必须等到水泥浇好以后,但是为了争取时间,经过了工程人员的苦心安排,闸门的装置就和水泥工程同时并进。装置闸门的油压筒,开始时要化3小时才能装好1个,但到后来竟提高到1小时能装好3个。铆钉工人起初要化12小时才能钉好一扇闸门上的1万多个铆钉,但是到后来只要5小时就足够了。在这样突飞猛进的赶工之下,失去的时间,终于被大家一分钟、一秒钟地争取了回来。

在毛主席"一定要把淮河修好"的英明号召下,在党和政府的正确领导下,在万千员工昼夜不停的战斗下,在全国人民引颈盼望和全力支持下,历史证明了这一场人和自然的赛跑,终于是人跑在前面。在淮河水位逐日上涨的紧张防汛声中,1951年7月20日,这一个光荣伟大、有历史意义的日子,在中华人民共和国的地图上,终于胜利地添上了这样一座现代化的建筑物——润河集分水闸。

现在,让我们把这座伟大的建筑物的工程全貌,作一个简单的介绍吧。

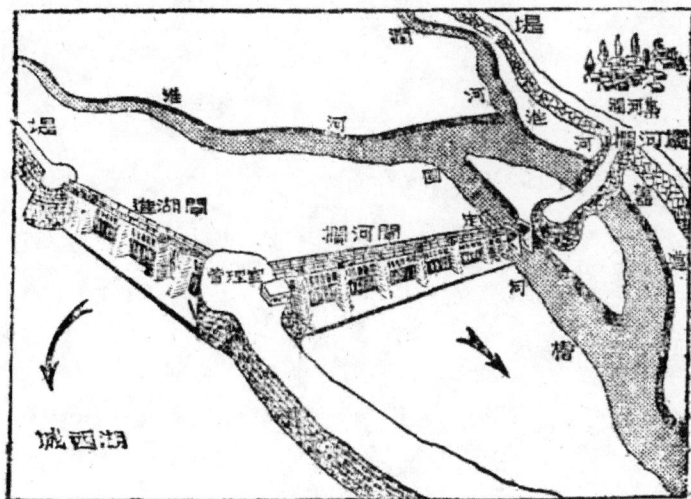

润河集分水闸图

　　润河集分水闸是一个现代化的蓄洪工程,它的主要作用,是控制正阳关以上的淮河洪水。在洪水到来的时候,它可使一定的水量流到下流河道里去,而把超过的水量控制起来,拦蓄在 8 个湖泊和洼地里,这样就可以保证了下流的安全。润河集的蓄洪总量为 72 亿立方米。这样,在洪水最高的时期,就可以使正阳关的可能最大流量,从每秒 13000 立方米减到每秒 6500 立方米,大大地减轻了中下流可能发生的水灾。

　　全部工程分成 3 个部分:第一部分是一条长 78 米的固定河槽,固定河槽用混凝土浇成,在洪水时期也不怕冲刷。这条河道的最大流量每秒钟能走水 3500 立方米,是一条终年通畅的河道。工程的第二部分是拦河闸,拦河闸是一座全部用钢筋混凝土建筑成功的河闸,它的宽度是 300 米,包括 45 米的闸门 5 孔,15 米的闸门 3 孔,21 米的闸门 1 孔。洪水时期,它便可以和固定河槽配合起来,操纵闸上的活动闸门,控制洪水的流量,以保证下流的安全。工程的第三部分是进湖闸,进湖闸宽 179 米,包括 45 米的闸门 2 孔,21 米的闸门 4 孔,在平时,进湖闸的闸门是关闭的,这样就保证了湖内农田的麦收。在洪峰初到时,闸门仍可不必开放,以免使洪水过早入湖,等到洪峰继续升高,情况需要拦蓄时,就可打开闸门,拦蓄适量的洪水。

　　投入这一伟大工程的物资也是十分惊人的,总共需要水泥 20000 立方米,钢铁 1000 余吨,块石 70000 立方米,石子 30000 立方米,黄沙 15000 立方米。从 100 公里以至 1000 公里以外运来的物资,总数竟在 20 万吨以上,真是一件空前未有的伟大工程。

第十二章　山谷水库

蓄洪工程是整个治淮工程中的主要部分，特别是山谷水库，因为它是蓄洪工程中最经久、最主要的。在整个治淮计划中，淮河及各支流的上流，要建造16个山谷水库。在第一年度和第二年度的治淮工程中，即要修建7处。山谷水库，将替整个淮河流域的人民带来幸福。

山谷水库的建造，是利用自然的地形，再加上人工建筑的障碍，把洪水拦蓄起来，河流两岸山峰并列的袋形地区，都是适宜于建筑山谷水库的。像这样的袋形地区，只要择定地址，建筑一道袋底，即在两山之间的缺口上，建筑一道拦河坝（土坝或钢筋混凝土坝）。这样，水就在袋里积蓄起来，造成一个人工湖，这就是水库的本身。另外，为了供给下流灌溉用水，必须开鉴一条隧道，装置活动闸门，以便根据下流的需要而放出水去，这叫做输水洞。另外，还须加建一条溢洪道，遇到洪水太大，水库本身无法容纳时，超过水库容量的洪水，就可以泛溢洪道流出。这样，水库和拦河坝的安全就有了保证。

拦河坝是建筑在两山之间的缺口上的，两个山头当然不会刚刚在河边上，因此，在拦河坝以内，除了原有的河道以外，另外一定还有很多东西，例如田地、村庄、房屋、人民等等。拦河坝把流水挡住，坝以上便涨起大水来，这些田地房屋不是都要淹到水底下去了吗？一点儿不错，建筑拦河坝的目的，就是为了要把大水拦在坝内，造成一个人工湖。因此，坝内除了一片汪洋的大水以外，是什么也不能存在的。坝内原来当然也有田地、房屋、人民，一般说来，水库愈大，坝内的村庄、田地、人民也就愈多。就河南省现在已经造好的几个山谷水库来说，石漫滩水库内有 6 个村庄，白沙水库内有 40 几个村庄，板桥水库内有 80 几个村庄。整个河南省，在全部已经测定的水库地址之内，住着约摸 50 万人口。那么，这许多村庄和人民将怎样办呢？办法只有一个，那就是搬家。搬家本来是一件麻烦的事，但是在水库动工以前，政府老早就替这里的人民打算好了搬家的事。首先，必须让要搬家的人懂得，为什么要搬家的道理，当他们懂得了上流一户搬家、中下流千万户得到好处的时候，他们的疑虑就顿时解决了。而且在党和政府的领导之下，有组织、有计划的搬家，是一件并不麻烦的事。人民政府对他们照顾得无微不至。最初，要搬家的各村，成立了"迁移委员会"，一面由政府指定迁移的地方；在那里腾出房子，留好耕地，一切安排得停停当当。搬家的那天，政府替他们雇好大车，一切箱笼物件，都装入大车，运到他们的新居里去。年老的人，当他们离开几十年的故居的时候，总还觉得有点依依不舍，但是当他们一跑到新居，老远地大锣大鼓就迎上来了。接着搬进新房子，眼看院子扫得光光的，窗户纸糊得亮亮的，锅灶安放得齐齐的，屋后面，连菜也给种上了。在这样的情况下，谁都是笑逐颜开，觉得人民政府真是太好了。水库内的村庄、人民，就是用这样的办法来解决问题的。

现在，我们回过头来谈谈几个山谷水库吧。

石漫滩水库图

在淮河流域，第一个建筑成功的水库是石漫滩水库。虽然，在淮河流域的一系列水库之中，就规模的大小来说，它不过是个小弟弟，但是它的完成，却带给全国人民一种莫大的鼓舞和信心，因为这是中国水利建设中刻划时代的一页。

石漫滩水库在河南舞阳县，它建筑在淮河支流之一的洪河上源。整个水库可以分成 3 个部分,首先是一条长 460 米、高 22 米的拦河土坝,其次便是拦河坝右端山头上一条长 85 米的输水洞,另外,坝左端的山头上,还有一条长 45 米的溢洪道。

参加建筑这项工程的有 4 万人,在他们夜以继日的忘我劳动之下,这个在新中国成立前至少需要 3 年时间才造得起来的山谷水库,在短短 3 个月时间内,终于胜利地完成了。水库的完成,除了能够拦蓄洪河上流 5000 万立方米的洪水,消除洪河流域的水灾以外,库内蓄水,更可灌溉 9 万亩农田。

在淮河上流第二个完成的山谷水库是板桥水库。水库的位置在河南泌阳县的板桥镇附近,这是南汝河上流的一个山谷水库,就拦蓄洪水的容量来说,它是石漫滩水库的 5 倍。因此,这已是一个规模宏大的山谷水库了。

水库的主要部分是一道高 23 米半、长 1700 米的拦河土坝,另外是一条 901 米长的输水洞和 80 米宽、1150 米长的溢洪道,规模都比石漫滩水库大得多,水库除了能够拦蓄洪水 2 亿 4 千 4 百立方米以外,更可以供给沙河店以东 15 万亩农田的灌溉用水。

板桥水库工程的进行,曾经先后动员了民工 15 万人,工程人员及其他干部 1000 多人,调用了 1800 部大小机器,4700 吨器材。在工程进行时期,每天所需要的粮食和柴草,就在 125 吨以上。在党和政府的正确领导和全国人民的热烈支持之下,经过治淮战士们一年零一个月的艰苦奋斗,终于完成了这样一座巨型的山谷水库。

河南省淮河上流的另外一座已经完成的伟大山谷水库是白沙水库,它建筑在颍河上流的楚河上,坝址在登封和禹县之间的白沙镇。颍河是淮河支流中源远流长的一条。但是却也是淮河支流中多灾多难的一条。因此,白沙水库的建筑,就意味着颍河流域的人民的幸福生活,将要加速地到来了。

白沙水库的工程,第一部分是在河两岸的逍遥岭和黑龙潭之间,建筑一条长 1300 米,高 42 米的拦河土坝。第二部分是在逍遥岭开鉴一条输水洞,这条输水洞,要穿过山腹,共长 436 米。第三部分是在黑龙潭背后的山坳中间挖一条长阔各 100 米的溢洪道。整个工程这样巨大,因此,它是第二年度治淮工程中的重点之一。

白沙水库的建造曾经动员了 10 多万民工,由于它的拦河土坝高度极大,简直像一座没有山峰的大丘陵,因此整个工程需要 400 多万土方和石方。为此,工地上纵横交错地铺设了 100 多公里的轻便铁道。5000 多辆斗车、平车,9000 多辆手推车和 4000 多辆架子车,昼夜不停地来回吞吐着泥土和石块,交织成一个紧张热烈的劳动镜头。

白沙水库的胜利完工,的确是多年来饱经忧患的颍河流域人民的无上福音,水库除了能够拦蓄洪水 1.8 亿立方米,永远根除许昌等县 200 万亩农田的水灾以外,利用拦蓄的洪水,在干旱时期,更可使 4000 亩农田得到灌溉,每年的可增产粮食 4000 万斤以上。

　　最后,我们来看看建造中的佛子岭水库,这真是一个伟大惊人的名称! 单单就它的高过 24 层楼的上海国际饭店的拦河巨坝来说,已是一个举世闻名的庞大建筑物了。

　　佛子岭水库,是所有淮河山谷水库中规模最大的一个,水库的位置在安徽霍山县城南 17 公里,佛子岭打鱼冲南的淠河峡谷内。大别山绵延到此,环抱成一个陡壁峭崖的袋形山谷,这正是建造山谷水库的理想地点,因此,第二年度治淮工程中最大建筑的佛子岭水库,就决定在这里动工了。

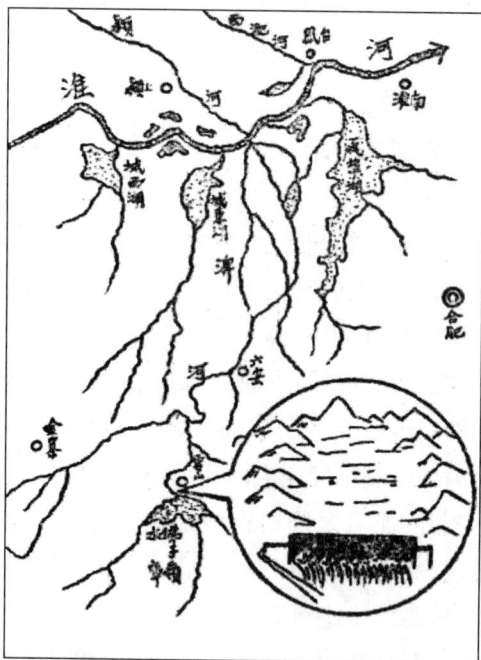

佛子岭水库图

　　水库建筑在淠河两岸的东西两个山峰之间。在相隔两百米的山谷中,建造一座近代化的钢筋混凝土的连拱式空心拦河坝。坝的迎水面是半圆形的拱,背水面则是 23 座坝垛,用来支持迎水面的坝拱。这座伟大的新式拦河坝,长达 530 米,高达 70 米,实在是一座钢筋混凝土的山峰。

　　佛子岭水库的建造,是一个巨大复杂的工程,加上大别山区是一个地震区,整个工程的设计还必须适应地震区的特点。全部工程所需要的器材约在 10 万吨以上,规模远超过第一年度治淮工程中最伟大的润河集分水闸。它需要 13 万立方米的水泥,27万立方米的黄沙和石子,3360 吨钢筋,500 吨钢板桩,各种油料 17000 余吨,以及 300多部巨大机器和大批的轻便铁轨、斗车、平车等。另外,为了保护工程物资的迅速运输和充分供应,曾经动员了 18 万农民,在 30 天的短时间内,建筑了一条从六安县到佛子岭水库工地长达 120 华里的公路。

　　佛子岭水库完成以后,带给淮河流域人民的幸福是说不完的。水库能拦蓄 5 亿立方米的洪水,从此,淠河流域的水灾将基本消灭。而且正阳关以下,淮河干流的洪水峰,也可因此而减低。此外,水库内拦蓄的洪水,还可以灌溉麦田 50 万亩以上,并可发电约 4000 千瓦。50 吨的木船可以直达大别山区。而且将来更计划在水库周围兴建一个风景优美的休养区。过去水旱频仍的淠河流域,不久以后,除了将变成一个新型的工业区以外,更将是一个美丽可爱的名胜地了。

　　上面所谈的,仅仅是已经完成的和正在建筑的 4 个山谷水库而已。当淮河流域的 16 个山谷水库一起完成以后,那时的淮河流域,将是怎样一个美好动人的地方呢? 这就留着让读者们自己去设想吧!

第十三章 河湖分流和苏北灌溉总渠

从前面水淹泗州城的故事里我们已经熟悉洪泽湖历来的灾患了。洪泽湖的灾患，都是淮河带给它的。

在过去，淮河从五河县以东流入洪泽湖，再从洪泽湖经过三河、高宝湖，由运河进入长江。洪泽湖对淮河来说，是很有帮助的，它不啻是淮河的一个天然蓄水库，在洪水时期，由于它的庞大容量，可以拦蓄淮河的一部分水量。但是淮河这条河流，一直以来，委实太糟糕了。因此，洪泽湖不但没有能够救得起它的沉疴，而且连自己本身，也被淮河拖垮了。

由于淮河不断地把大批泥沙带到洪泽湖来，湖底便日益淤浅，容量也就随着逐渐减小。特别是黄泛时期，漫长的 9 年里，湖底淤高了 3 尺以上，这样，情况就愈来愈严重。在汛期里，淮河流域每遇大雨，洪水就倾巢而来，大大地超过了日益缩小的洪泽湖容量，万一洪湖大堤塌倒，这一带就会糜烂得不可收拾。

洪泽湖受淮河的影响的确太深了，要把洪泽湖从灾难中拯救出来，那除非是将它和淮河两者的水道分离开来。在过去，这是谁也不敢设想的工程，但是到今天，我们却毅然决然地放手做去，这就是伟大的河湖分流工程。

河湖分流工程是第二年度治淮工程中的重要工程之一，要使淮河不经洪泽湖而直接从三河进入高宝湖，除了必须在浮山、盱眙和中渡间以及三河和高宝湖间开凿淮河的新河道以外，更必须在浮山和三河一带，建造一系列的堵坝和涵闸，从此，淮河河水就可以顺利地从三河、高宝湖和运河流入长江。这样,不但淮河变成了独立的河道,洪泽湖更将成为一个具有控制力量水库。

和河湖分流工程同时进行的,还有内外水的分流工程,这是使淮河某些支流和干流分家的一件工作,实际上也就是一个大规模的河道疏浚和整理工程。

淮河从五河县到双沟镇一段,河床特别狭小,但是这一段的支流,却又偏偏很多,浍河、沱河、漴河、潼河等,都是在这一带流入淮河的。因此,在洪水时期,这一带是经常决口泛滥的灾区。另外,这一带的支流,大概都是流经宿县专区的,由于干流泄水不畅,加上宿县一带是一块著名的洼地,因此,就常常发生淮水倒灌的现象,造成了严重的内涝。1950年这一带曾经五种五淹,群众称之为"田鸡撒泡尿也得淹",这就可以把这一带的严重内涝情况,具体地说明了。

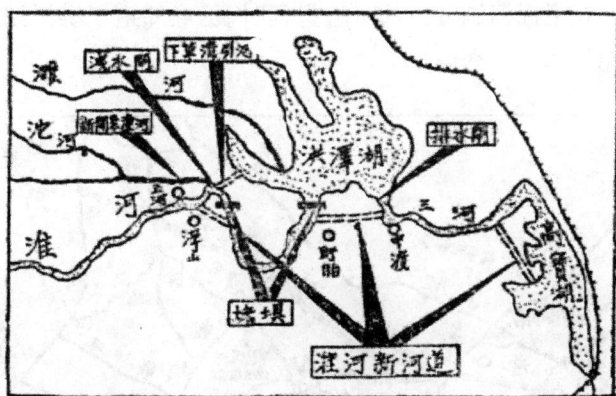

河湖分道内外水分流图

要免除淮河倒灌的灾患,解决这一带的内涝问题,就必须把这些支流和淮河干流隔绝开来。这就是和河湖分流工程同时进行的内外水分流工程。

整个工程是伟大而艰巨的,除了大力疏浚漴河、潼河和窑河等河流并整理它们的新河道以外,更须在峰山和下草湾两地,开凿通洪泽湖的引河,这样就进行了峰山和下草湾的切岭工程;特别是下草湾,虽然引河的长度只是短短的9华里,但是在这9华里中,要穿过20余米高的岗阜,要使河道流过山头,这工程的艰巨情况,也就可想而知了。

这项工程,目前虽然还没有全部完成,但是到全部工程完毕以后,淮河从五河县到双沟镇之间的这些支流,例如浍河、沱河、漴河、潼河等,就都可以和淮河干流分离,直接从溧河洼水流入洪泽湖,基本解决了宿县专区的内水宣泄和淮河的倒灌问题。

河湖分流工程完成以后,洪泽湖已成为一个完全可以用人力控制的蓄水库了,这真是苏北人民一件天大的喜事。他们不但从此不必再为了湖水担忧,而且还可以从湖水中获得无限的幸福。这样的变化,真是太大了。

的确,在过去的日子里,苏北人民的景况,真是过得太惨了。

苏北也是淮河流域的一部分,这里本来是淮河的入海处。在一望无际的平原上,丰产着棉、稻、鱼、盐,是一个重要的粮仓。自从淮河入海道被淤没了以后,这里便从此遭了殃。里下河一带,稻米成熟的时候,也正是大水到来的时候。"秋前三天不好收,秋后三天收不了",这就是那里一带人民痛苦生活的写照。

苏北的滨海地区,景况更是荒凉。由于土壤的碱质太重,又没有淡水加以冲刷,满地只长满了芦苇、盐蒿、红茅草和白茅草。大片土地让它荒芜在那里,成为一块"多见芦花少见人"的地方。

这样一块多忧多难的地方,现在,由于洪泽湖的整理和苏北灌溉总渠的开凿,情况已经完全改变了。在上面河湖分流的工程里,我们已经知道了洪泽湖的整理情况,现在再把苏北灌溉总渠作一个介绍。

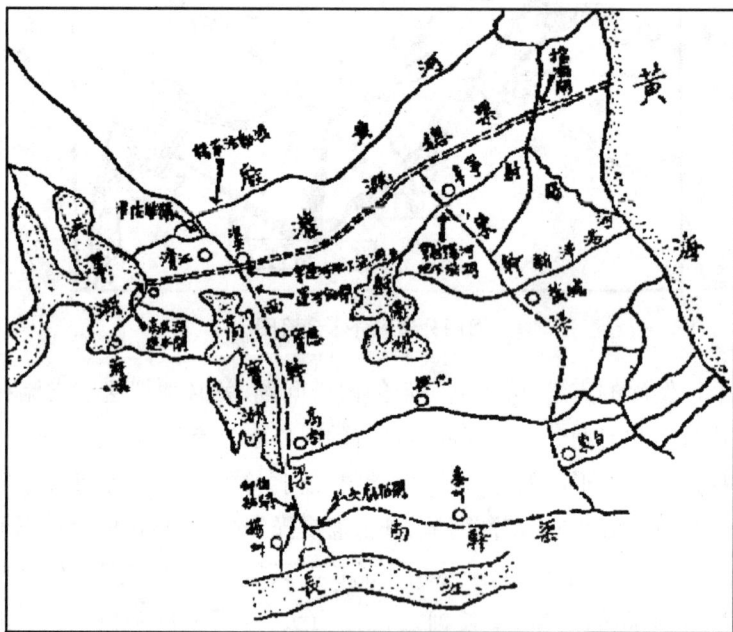

苏北灌溉总渠图

1950年10月,"淮河入海水道查勘团"的40几位专家们,经过了一个多月艰苦的实地勘测,决定了淮河的一条入海水道路线。但是后来由于中上流一系列蓄洪工程的计划建造,洪泽湖以下,在非常洪水时期,大概还有每秒7700立方米的流量需要外泄。原有经高宝湖和运河的入江水道,加以整理以后,约可承泄每秒7000立方米的流量。

这样,淮河的入海水道,只要在非常洪水时期,能够宣泄每秒 700 立方米的水量就足够了。当然,非常洪水是几十年里面才会碰到一次的事。因此,这条水道,在平时主要的就作为灌溉农田之用,这就是今年完成的苏北灌溉总渠。

苏北灌溉总渠,是一个完美细致的灌溉系统,也是一个伟大的水利工程。从 1951 年冬季开始,80 万民工,在零下 15 度、积雪深 1 尺的工地上进行工作。到了今年 7 月,包括高良涧进水闸、运东分水闸在内的灌溉总渠全部工程,基本上已经完成了。里下河地区的地理环境,将因此而全部改观。

灌溉总渠从洪泽湖东岸的高良涧开始,向东经过淮安以南的杨家庙,这是总渠穿过运河的地点,工程上建筑了穿运河的地下涵洞。从此,总渠经过苏家嘴南部,从滨海县以南,阜宁县以北,由扁担港入海,全长达 170 公里。总渠中泓底宽,在运河以西段为 140 米,运河以东段为 50 米—60 米。河底的高度在洪泽湖口为 6 米,和运河交错处为 3 米,到海口则为 -3 米。总计土方工程为 7260 万米^3。

和灌溉总渠联系起来的,还有许多干渠,这里面包括西干渠(运河),东干渠(串扬河)和南干渠(通扬运河)。这些干渠,都需要经过有计划的疏浚和整理。在各干渠之间,更要开掘和整理许多大大小小的支渠,并且要建筑数以千计的涵闸工程。这样,里下河地区就构成一个规模庞大、组织细致的灌溉系统,替千万人民造成无限的幸福。

现在,灌溉总渠的本身和控制总渠的枢纽高良涧进水闸及运河分水闸等伟大的工程,都已胜利完成。特别是高良涧进水闸,它有 8 米宽的闸门 8 孔,全部工程需要水泥 5000 吨,黄沙近 1 万立方米,石子 8000 余立方米,块石两万余立方米,钢筋 350 吨,是一座现代化的钢筋混凝土建筑物。和灌溉总渠有关的其他建筑,例如滨海的挡潮闸以及其他各支渠涵闸等,都将在 1953 年和 1954 年中陆续完成。

灌溉总渠带给苏北人民的幸福真是太多了,除在洪水时期分担淮河的入江流量,以免除淮河流域的水灾以外,另外更还有 5 大好处:首先,它可以从洪泽湖中分出每秒 500 立方米的水量经常灌溉农田,大概有 2180 余万亩的稻田和棉田能够得到充分的灌溉。其次,滨海地区的八九百万亩碱质荒地,将因此得到淡水的冲洗而改变土质,成为良好的棉田。第三,向来经常要用碱水当作饮料的滨海地区人民,将从此得到充足的淡水,解决了他们的饮料问题。第四,滨海的挡潮闸建筑完成以后,沿海的人民,可以再也不必担忧海水的倒灌和潮汐的侵袭。最后,一向转辗周折的淮河,从此也有单独入海的航道,大大地增加了交通的便利。这真是一件一举数得的水利工程。

第十四章　移山搬水的导沭整沂工程

沭河和沂河都是淮河流域的河流,它们跟淮河是有着相互的关系的,因此,虽然导沭整沂的工程一直来是单独进行,不属于治淮工程之内,但是本书却仍旧愿意留出篇幅,把这一移山搬水的伟大工程,向读者们作一个介绍。

要知道导沭整沂的工程情况,就必须先把这两条河流弄个清楚。沂河和沭河的上源,都在山东省的沂蒙山地区。沂河发源于沂水县以西,沭河发源于莒县西北。在上流,这两条河流几乎是平行的,到下流,它们都没有属于自己的、固定的出海道,要靠别的河流来宣泄它们的水量。沂河从山东到苏北以后,就分成好些支流,这些支流,分别在瞿塘口、沙河口和三道口等地流入运河,干流则流入骆马湖,再从骆马湖向东,借南北六塘河出海。沭河从山东到苏北以后,在骆马湖以东打一个圈子,然后折向东北,经过青伊湖,借蔷薇河从临洪口出海。

沂河和沭河,都是属于"暴源性"的河流,在两河发源的地方,地势非常倾斜,水势就很湍急。但是一到下游,进入苏北大平原,由于地势平坦,水势就顿时和缓。因此,从上流挟带下来的大批泥沙就沉积河底,造成下流河床日益狭小的现象。沂河上流,在非常洪水时期,最高流量可达每秒 6500 立方米。但是下流的南北六塘河,每秒却只能排泄 1000 立方尺水量出海。因此,沂河每发大水,除了在南北六塘河地区泛滥漫溢以外,更会倒灌运河,造成运河一带的水灾。沭河的情况也是一样,在上流,非常洪水时期的最高流量,可达每秒 2500 立方米。但是它下流的主要入海水道蔷薇河,每秒却只能排泄 200 立方米的水量。因此在上流并不很大的洪水,就足以造成下流很大的灾难。特别是沂沭二河并涨的时候,两条河流的大水都泛滥起来,混成一片,徐海一带,就成为一片泽国。在这一带的所有大小河流,都受到沂沭二河泛滥的影响,把整个流域的水系搞得乌七八糟。鲁南苏北沿河 1800 万亩田地上的 500 多万人民,多少年来,就在这样灾难频仍的日子里痛苦地生活着的。

导沭整沂的工程,早在 1949 年春季就开始了。当时的情况,山东和苏北刚刚解放,人民解放战争正在激烈进行,百万解放大军亟待渡江。在这样经济情况非常困难的时期里,党和政府,为了早日解除这一带人民多少年来的苦难生活,就毅然决定了举办这样一个艰巨而伟大的工程。3 年以来,导治沭河的工程已经进行了 6 期,导治沂河的工程也已经进行了两期。在这 3 年里,鲁南苏北投入这项工程的民工,先后共达 200 余万人。全部工程的土方数,要是砌成一道高和宽各一米的土坝,就可以围绕地球的赤道 3 周。现在,全部工程已于今年 6 月中旬胜利地完成了。鲁南苏北的人民,从此将永远结束了他们多灾多难的痛苦生活,走向丰富美好的未来。

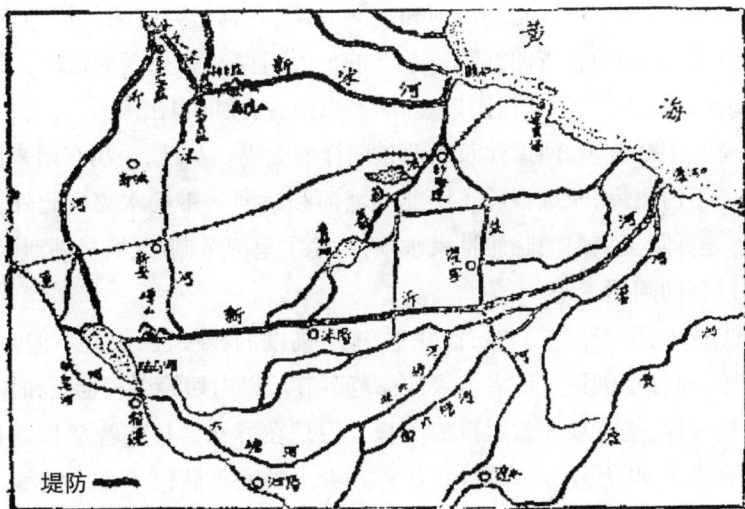

导沭整沂图

全部工程的经过是艰难辛苦的,但是它的成就却是十分伟大惊人的。

导治沭河的工程,主要的是替沭河找出一条新的河道。这条新河道,是从山东临沭县的大官庄和神木庄之间,向东凿通原有的一条叫做沙河的河道。这样,沭河就可以永远和沂河分家,不必再从骆马湖绕一个大圈子而借道排水量微小的蔷薇河了。新沭河比旧沭河足足缩短了 130 余公里,排水量也比旧沭河大大地增加,除了可以排泄上流 3/4 的洪水,免除这一带多年来的水患以外,沙河两岸的农田,更因此得到充分的灌溉。

　　导沭工程中最艰巨、最重要的一段是马陵山的切岭工程。沭河要从大官庄和神木庄之间开通沙河，就必须开凿一条长14华里的新河道。这条新河道，却正要通过高达数十米的马陵山。马陵山表面上盖着砂质，下面却蕴藏着太古时代的岩石。要把这样一条山岭开凿成为河道，真是一件移山搬水的伟大工程。

　　沭河通过马陵山，计要开劈石块300万立方米。劈石工程是最艰难辛苦的。民工们劈石的时候，满手起泡，碎石像钉子般满脸打来。但是不管工程的进行是如何困难，在党和政府的领导下，民工们用坚持的劳动，克服了一切困难。他们通过"找石底"、"找石纹"、"找石根"等方法，大大地提高了劈石的效率。著名的劈石模范刘新柱，竟创造了一日劈石12立方米的惊人纪录（一般是每日劈石一立方米左右）。在这3年里面，几千几万个劈石用洋镐，从一尺五寸长磨蚀得像个短锥子。这上面，曾经流上了多少劈石民工们的汗滴。但是也就在这上面，胜利地完成了一条长14华里、宽80米的崭新河道。

　　导治沂河的工程，主要的是使沂河和运河分家，并且抛弃过去借用的南北六塘河的出海道。这样，就必须替沂河开辟一条新的出海道路。这条新的道路，是从骆马湖向东，开劈高耸的嶂山，然后从沭阳以北、灌云以南，由灌河口出海。

　　新沂河全长190公里，两岸建筑了两条同样的大堤。从此，由山东南来的洪水，可以通畅地从新沂河出海，永远根除了南北六塘河和运河一带的水灾。此外，在导治沂河的工程里，还拆除了皂河的临时性束水坝，改建了皂河节制闸、骆马湖泄水闸和皂河船闸等3个巨型的闸坝工程。

　　在导沂工程中，由于民工们在劳动中发挥了高度的积极性，因此不但克服了一切工程上的困难，而且更创造了许多惊人的模范事迹。嶂山切岭工程也正和导沭工作中的马陵山一段一样，是一项非常艰巨的工程。但是在群众的集体智慧和忘我劳动下，终于胜利地完成了90万立方米的劈石任务。沂水县七大队民工张志满等，为了替国家节约炸药，创造了用花鼓锤代替炸药劈石的方法，竟达到了每天劈石近20立方米的最高劈石纪录。蒙山县三大队民工们，每人每日平均劈石达8立方米，超过了一般四倍有余。邳县三大队一中队运土民工石德山，每车推土450斤，运土距离54米，他每天自挖、自运，数字竟达4.5万多斤。整个导沂工程，是在这样热烈紧张的劳动中完成的。

　　导沭整沂的工程已经完成了，在这一带，还有运河、泗水和汶河需要进一步加以修治。当然，在人民的巨掌中，这些河流必定束手就范的，让我们等着捷报吧！

第十五章　战斗在淮河流域

> 河工是战场——
>
> 砂礓油泥是美蒋，
>
> 抓钩大锹是刀枪。
>
> 扬起了刀枪，
>
> 打倒了美蒋，
>
> 装上抬筐，抬到堰上去埋葬。
>
> 管叫你祖祖辈辈不能还阳。

上面这首治淮民工们创作的小诗，生动地写出了今天淮河流域的战斗场面。的确，两年来的治淮工程，不啻是一部动人的英雄史诗。在这里面，有多少可歌可泣的英勇故事，让我们随便举出一些来吧。

金秀兰的故事，是被大家所传颂着的。

她是一个泗县的贫农家庭的女儿，在她短短的 21 年历史中，已经尝够了淮河泛滥的苦味了。泗县在濉河流域，那是淮河一条很大的支流，也是一条多灾多难的支流。她很早就有这样的想法："为什么不把河道修一修呢?"可是在反动派统治之下，这是永远不会实现的事。

解放了，她听说毛主席号召大家根治淮河，这个贫农的女儿，优秀的青年团员，立刻兴奋地报名参加了治淮工作，而且更积极地动员村里的人报名参加。1950 年冬天，她在淮河工地上,被选为民工分队长,领导一个乡的民工工作。她担任了濉河的疏浚工作。天气冷,北风吹得紧,土地都冻得硬绷绷了。这是一个多么可怕的天气,民工们除了受冻以外,更担心濉河底里的砂礓。濉河底里的砂礓,有桌子面那么大,洋镐洋锹一碰到,反把工具弄坏了,大家都束手无策,但是金秀兰却丝毫没有动摇她的信心,她提出要把砂礓当作敌人,要大家鼓起勇气来干。她自己脱光了生满冻疮的双脚,带头在河里挖,这样就鼓励了整个分队,克服了困难。

一天,天气特别冷,雪下得很大,人们冻得索索发抖。但是这一天的任务,要在河边打一道坝子。人们说:"砂礓好挖,这样的天气跳到水里打坝子,怎么吃得消?"当时,金秀兰的冻疮更厉害了,烂口很大,一走路便痛。但是她却毫不畏缩的卷起裤脚,跳下水就干。冰冻的水,刺痛了她的冻疮烂口,比刀割还痛,但是她绝不退却。她想起了以前那些大水涨漫的苦难日子,也想起了志愿军在朝鲜英勇杀敌。她咬紧牙关,忍痛干到底,这样就鼓起了大多的战斗决心,完成了打坝子的艰巨任务。

光荣的金秀兰分队,不但提早了38天完成了她们分队的任务,而且还帮助别人,突击完成7个工段的工作。因此,第一年度治淮工程结束时,金秀兰被评为宿县专区的特等治淮模范。这样,她就光荣地代表皖北数十万青年,于1951年8月到柏林参加了第三届世界青年、学生联欢节。归国后,又参加了国庆节的观礼代表团。11月间,她又重新回到了淮河工地上。1951年12月,她在五河附近的峰山工地上,领导她的分队,向皖北治淮战线上的民工们,提出了友谊竞赛的挑战书,给整个的治淮战线,带来了莫大的鼓舞。

在濉溪县的治淮工程中,也有一个非常动人的故事。

这也是一个北风凛冽、天寒地冻的时节,工程正在紧张地进行,突然,有一处龙沟埂裂开了。大水顷刻间就会灌满方塘,全中队的工程就会立刻陷于停顿。在这样千钧一发的紧张阶段,一个优秀青年团员化宜德毫不犹豫地挺身出来,上去用自己的身体堵住了龙沟埂的缺口。冰冷的水,冲到他头上,冲到他全身,泥浆淋满了他的头发,灌满了他的耳朵。但是他咬紧牙关,站着不动。嘴里只是说着:"快堵!快堵!不要管我,我死也不能让水灌进咱塘子。"这样,在水中坚持了一个多钟头,大家把裂口赶紧堵好。化宜德起来时,面孔冻得铁青,身体冻得索索发抖。但是他还是没有想到他自己,用着颤抖的声音,关切地问:"缺口……堵……堵结实了吗?"

在濉河疏浚工程中的灵璧县工程段上,特等劳模民工翟士林的事迹,也是治淮工程中一个不朽的范例。

谁都知道在疏浚工程中,排水是一个重要的关键,要是排水不能顺利,疏浚工程也就绝不可能如期完成的。那一天,工地上的战斗已经激烈地展开了。不管它寒风刺骨,天气冷得凶,民工们都勇敢地走上了工场,河面上飘满了浮沉的冰块,抽水机开始发动了。但是在抽水的过程中,发现工作的进行很困难,这并不是抽水机有了什么毛病,却是因为河底里有大批的砂、淤泥、水草,这些东西,随时会塞住抽水机的皮管,水就不能被顺利地抽出来了。这样严重的情况,的确弄得大家没有办法,几乎使整个工作都停顿起来。但是在毛主席教养下的中国人民是没有困难的,困难愈大的时候,也正是英雄模范愈多的时候。当时,特等劳模翟士林就奋不顾身地出来,在天寒地冻的情形下,他脱光衣服,跳入冷得刺骨的水里,拨开浮冰,潜入 3 米深的水底,把塞住皮管的砂礓、淤泥和水草清除掉,这样抽水便可以顺利地进行了。但是不久,砂礓又把皮管淤塞起来,于是翟士林再一次下去。这样一共下水 28 次之多,终于胜利地完成了抽水的任务。当他每一次从水底起来的时候,全身冻得发紫,但是为了治淮,为了千万人的幸福,任何困难他都不怕。

在整个淮河战场上,这样的事迹真是太多了。

蚌埠西线大堤上的女劳模甘彩华,一听到人民政府要根治淮河,她就组织了 51 名妇女上堤,自己担任了班长。她团结了全班,一切困难的工作,她总带头先干。腊月天,她们的方塘出了水,要继续工作,就得排水挖稀泥,起先大家有点儿犹豫,因为天气委实太冷了。但是她却毫不畏惧地先跳下水,这样,大家就鼓起勇气跟着下去,工作很快地完成了。

泗县佟南乡妇女李葛氏,在疏浚濉河的工程中,当她正努力地刨除砂礓时,突然被大块的砂礓压伤了大腿,伤势非常严重,抬到医院以后,她知道此后再不能刨砂礓了,但是她仍然迫切地要求离开医院,回到工地上去。她说:"我不能做重活,烧饭也成。"

今年,正是治淮春季工程全面展开、战斗开始进入白热化的时候,可爱的祖国儿女们,在淮河战场上,进行了一次有历史意义的会师,这就是中国人民志愿军归国代表团的来到淮河流域。

两年多来,志愿军部队和治淮大军,都在不同的战线上,为了祖国和人民的未来,在那里英勇地战斗。他们两支部队之间,相互间是起着很大的鼓舞作用的。在志愿军里,战士们把毛主席"一定要把淮河修好"的题词和治淮工程的大幅照片贴在墙上。一个战士说:"我一起床就看到淮河,看到祖国的建设;一睡下来也看到淮河,看到祖国的建设。祖国的建设就在我身旁。"许多家乡住在淮河流域的战士们,接到家里报告关于治淮和丰收的消息时,高兴得直发跳,大大地提高了他们杀敌的情绪。因此,在志愿军里,普遍地流行着这样一首诗歌:

　　志愿军前线打胜仗,

　　祖国人民生产忙,

> 淮河古来就为害，
> 今天改造变了样：
> 灌溉千顷田，
> 修起发电厂，
> 国强民也富，
> 大家乐洋洋。

在治淮大军们来说，志愿军的艰苦事迹，加强了他们克服困难、苦干到底的勇气，志愿军的伟大胜利，鼓舞了他们建设美好前途的坚强信心。虽然，他们的战场隔得这样远，但是他们的心却是紧紧地联在一起的。淮河流域的日日夜夜正和汉江南岸的日日夜夜一样的紧张。因此，这一次他们在淮河工地上的会师，是有着伟大的历史意义的。

1952年3月2日，中国人民志愿军归国代表团到达了苏北灌溉总渠的工地上，他们先后在淮安、高良涧进水闸、运东分水闸等地做了5次报告，两万多民工听了报告，鼓舞了这一带的治淮大军，他们决心以行动来支援志愿军。他们保证"治好淮河，发展生产，增强抗美援朝力量，建设伟大的祖国。"水泥工人金振芳表示："不浪费一把水泥，一块木板，一根铁钉，一定要把淮河修好！"秦县夏朱大队400多民工学习志愿军过清川江作战精神，跳到水里，挖通1100米的龙须沟。在340里长的工地上，80万治淮大军，因此而增加了一股新的力量。

3月10日，志愿军代表又参观了伟大的润河集分水闸工程。工地上8000民工举行了一个盛大的欢迎大会。志愿军代表向他们报告了许多前线战士的英勇故事和战士们关心祖国建设的情形。民工们一齐高呼着"学习志愿军同志的艰苦斗争精神"和"坚决修好淮河"的口号。的确，志愿军的斗争对于淮河上的斗争是有着莫大的鼓励的，从下面淮河民工们的一首顺口溜里，我们就可以看出这个鼓励的力量。

> 不叫苦，不怕难，
> 困难面前比好汉！
> 志愿军前线打美帝，
> 我们后方治淮河，
> 前方后方齐努力，
> 战胜美帝和水灾。

淮河流域正在紧张地战斗着，战斗的淮河象征着新中国奋发蓬勃的朝气，它将带给中国人民无限的幸福和光明。

第十六章　美丽的远景

千年铁树开了花,毛主席啊当了家,领导修淮才一年,今年收的好庄稼。

从上面这首淮河流域农民歌颂毛主席的诗歌里,我们可以看出,淮河流域是怎样欣欣向荣地在繁盛起来了。的确,淮河流域已经进入新的世纪,淮河流域的人民,已经永远结束了他们祖宗百十代以来的苦难生活。现在,他们可要舒一口气,抬起头来,展望前面那幅光明灿烂的远景。

皖北寿县迎河区大店乡30几个贫农集体写信给毛主席说:"修了润河集分水闸,使我们这里20多年来不收的湖地都丰收了。现在,我们锅里有了面食,身上穿了新衣,买了一些农具,日子越过越好了。要不是您号召治淮,我们那能过这样好的日子呢?"从这里,我们可以看到,经过了修治的淮河流域,已经开始把美满丰富的生活,带给了多年来饱经忧患的农民。当然,这还不过是一个开头,它告诉我们,更美丽更可爱的远景,将在我们大伙的努力下,迅速地来到了。

自从治淮工程开始以来,淮河流域的面貌的确大大地改变了。第一年度治淮工程完成以后,由于历年来的水患开始消除,淮河流域的农民,得到了多少年来所朝夕盼望的丰收。"七月半,花开一半;八月半,收割一半"。这句已经被淮河流域人民遗忘了很久的歌颂丰年的谚语,现在又从人民口中哼出来了。1951 年河南省东部和南部的麦收,平均每亩比去年多收 27 斤。平时常常淹水的区域如鄢城、舞阳、西华、商水、遂平、上蔡、新蔡、罗山等县,1950 年只收小麦 3.6 亿斤,1951 年竟增加了一倍。皖北的宿县、阜阳两专区,也增加了小麦收获量3亿斤。甚至年年被水淹没的老王坡、吴宋湖等洼地,每亩小麦产量也高到300斤以上。在过去灾荒严重甚至于"五种五淹"的濉河流域地区,每斗麦子(20斤)的重量,要比过去多二三斤,这真是从来所想不到的事。

　　1951年的麦收以后,接着又是一个丰富美满的秋收。堆积如山的高粱、大豆、芝麻、棉花、绿豆等等农产品,都进了农民们的仓库。粒头饱满的高粱米,每斗要比往年重三四斤。多少年来,那些"十种九不收",群众称为"田鸡撒泡尿也得淹"的地方,现在得到了满意的丰收。苏北的淮阴专区,由于新沂河的开凿和做了一些排水工程,粮食生产量就大大提高,1950年只收9亿斤,1951年竟收了22亿斤,增产的数字可买5238台拖拉机(以每台2.1亿计算)。皖北农民梁继献,一家6口,种地41亩,夏秋两季约收细粮12676斤,超过了他1950年以前三年总收获量的一倍。这样的情况,不禁使我们想起了润河集工人的一首集体创作:

　　　　工人农民团结紧,
　　　　好比洋灰和钢筋;
　　　　工农兄弟一条心,
　　　　修好淮河出黄金。

　　丰收以后,接着是淮河流域人民生活水平的提高。多少年来饥寒交迫、餐风宿露的农民们,现在开始打算砌围墙,做庄台,盖新屋,重建他们的家园了:买耕牛,添农具,恢复他们的副业生产了;甚至于更进一步办学校,订报纸,学习文化了。单单一个宿县专区,1951年麦收以后,就购进了牲口11.6万头。1950年凤台县被大水冲倒的房屋11万间,1951年麦收以后,就大部分重建起来了。各处的百货公司、合作社,都觉得购买者拥挤,弄得货物供不应求,这是多少年所没有的现象。特别是布匹,销路真是突飞猛进,遭逢多年灾荒、以致购买力十分薄弱的宿县,市上布店每天营业额竟达3000万元,新店还在陆续开设。蚌埠中国花纱布公司门口,更是每天挤满了购买布匹的农民行列。淮河流域,已经显露出一片繁荣兴盛的气象。

　　但是这仅仅只是第一年度治淮工程完成后的情景呢,而且也仅仅是初步消除了水患以后的情景呢。整个治淮工程,除了永远消灭5000万亩农田的水灾以外,另外还有更多的好处,让我们再来看一看吧。

　　在过去,淮河流域除了"大雨大灾"和"小雨小灾"以外,还有很严重的"无雨旱灾"。也就是说,淮河流域在过去根本就没有什么灌溉系统和灌溉设备。这种情况,以后将要整个地改变了。今后,上流的山谷水库,中流的湖泊蓄洪,下流的洪泽湖和灌溉总渠,都将发挥灌溉的作用。在整个淮河流域,总共有3000万亩农田,可以获得充分的灌溉。河南省淮河上流的13个山谷水库完成以后,就可以灌溉农田300余万亩。

在安徽单单一个佛子岭水库,就可以灌溉农田50万亩。在苏北,灌溉总渠可以灌溉农田2580万亩。这样,苏北每年就可增产粮食18亿8千余万斤,皮棉3200余万斤。等到将来各干渠和支渠修好以后,产量更要大大提高。而苏北滨海地区,由于得到了淡水的冲刷,将可以增加棉田900余万亩,每年增产皮棉3亿斤。另外,由于淮河的修治,许多终年浸水的地方,将可涸出辟为良田,倒如高宝湖地区,等到入江水道整理好以后,就可涸出良田300余万亩。洪泽湖也可涸出一部分。在上流山谷水库完全造成以后,淮河中流正阳关一带的许多湖泊,大部分也可以涸出耕种。这样,增产的数字,更将大大地增加了。

除了灌溉以外,发电和航运也是治淮重要的收获。据初步估计,淮河在上流山谷水库全部落成后,约可发电2.5万瓩以上,这就替淮河流域的工业建设和农村电气化打下了良好的基础。就航运说,除了因为苏北灌溉总渠的开凿而有了单独的出海道以外,山谷水库的建筑和航运工程的整理,将来可使航道的深度,完全由人控制。淮河中上流的船舶,可以终年畅通淮阴和长江。这样就大大地增进了城乡物资交流的作用,使整个流域的社会经济,迅速地走向繁荣。

在千百万人民的艰苦奋斗下,淮河流域美丽丰富的远景,已经招展在我们的面前了。一位丹麦朋友参观了治淮工程以后曾经说过:"中国的劳动人民用他们的血汗,把天堂建造在地上。"对!自从毛主席决心根治淮河,号召"一定要把淮河修好"以后,淮河流域也就决定了要进入这个美好的天堂了。

"淮河弯,淮河长,毛主席当家像太阳。"太阳照遍了淮河流域,发出了万丈光芒!

原著(上海)春明出版社1952年版

黄　河

前　　言

　　黄河是我们祖国的第二大河,也是地球上最早登上人类历史舞台的重要河流之一。黄河流域,是我们汉族文化的发祥地。5000年来,滔滔黄水,滋润了大片肥沃的土地,养育了我们千百代的人民。黄河在我们民族发展的历程中,是有着非常伟大的贡献的。

　　但是,由于黄河也存在着一些地理上的缺陷,特别是由于历代的反动统治阶级,不但没有力量克服这些缺陷;而且相反地,他们采用各种不同的方式,糟蹋了黄河这条伟大的河流,造成了黄河每况愈下的局面,给人民招致了无穷的灾难。以致一直到新中国成立以后的今天,黄河还不能发挥它伟大的潜在力量,仍是我们一个重大的负担。追本溯源,就更增加了我们对旧社会和反动统治阶级的极端憎恨和无比愤怒!

　　随着人民的新中国的诞生,在灾难频仍的黄河的面前,已经展开了一幅美丽壮阔的远景。伟大的根治淮河的工程,是我们一个很好的启示。它告诉我们:和治淮工程一样,根治黄河的工程,一定也将大规模地展开;同时,也正和今天治淮的辉煌成就一样,根治黄河的工程,是一定会获得更辉煌的胜利的。在伟大的领袖毛主席和共产党的领导下,在全国人民的一致努力下,多少年来,中国人民的"忧患",将要转变成为我们欢乐的泉源。正和政务院周恩来总理所说的一样:"要使江湖都对人民有利!"黄河供给我们以巨大利益的新世纪,已经招展在我们大家的面前了。

　　随着4年来黄河流域一系列防灾兴利的新建设的展开,随着更伟大的根治黄河工程的即将到来。让大家增加一些有关于黄河的知识,以便把黄河的过去、现在和未来认识得更清楚一些,这是完全必要的事。不过新中国成立以来,以黄河为专题的著作还不多见,因此,我写作本书,一方面固然是向读者报道一些黄河的情况;另一方面却更有一种抛砖引玉的希望。希望今后,将有更多更完美的关于黄河的著作,出现在广大读者的面前。

欢迎读者对本书的批评。

陈桥驿

1953 年 10 月

一、黄河河源

每一条河流都有它发源的地方，黄河当然也是一样。

那末黄河发源在哪里呢？

说起黄河的发源，却不是一句话可以讲得清楚的。由于黄河是一条源远流长的大河，几千年以前，我们的祖先，就已经在它的中、下游蕃衍生息。因此，关于黄河发源的问题，几千年前就流传着很多故事。当然，这些都是很不可靠的。

读过唐诗的人，或许还会记得有一句"黄河之水天上来"的诗句。"黄河之水天上来"，用科学的观点来解释也是说得通的。不单是黄河，任何河流都是一样。因为河里的水，不是流域的雨水，那就是高山融化的雪水，不消说都是从天上降下来的。不过，古代人民所论的"黄河之水天上来"，却绝不是这个意思。

"黄河之水天上来"，是古代人民对黄河河源的一个神话。

夏天的晚上，我们在庭院里乘凉，抬头望天空，从南到北，像云彩一样地横亘着一条乳白色的带子，我们叫它银河。当然，现在大家都知道，银河并不真的是什么河，而是宇宙间的一团星云。但是古代的人民，并不知道得这样清楚。他们以为这是一条天上的河流。在这"河"上，我们的祖先曾经凭他们的臆想留下了许多美丽、动人的神话，例如像牛郎织女之类的故事等等，而且他们说，银河流到地上，就是黄河的源头。"黄河之水天上来"，正是这样流传下来的。

中国古代有一部专门讲河流的著作，叫做"水经"。"水经"著作的确实时间，已经不大清楚,大概总在后汉或三国时代。到了后魏,有一个名叫郦道元的,把"水经"作了很多的注释,这本书叫做《水经注》。

在《水经注》这部著作里,开宗明义第一章就讲黄河。它说:"在天下的中央,有一座高达一万一千里的大山,叫做昆仑墟,黄河就发源在昆仑墟的东北角,然后向东南流入渤海。"

《水经注》对黄河发源的情况有很多解释,最主要的是:从昆仑墟发源的黄河,并不在地面上奔流,而却潜伏在地底下流动。在地底下流了 13000 里,一直流到积石山。到了积石山以后,由于禹曾经"导河积石",因此才把黄河从地底下引到地面上来。黄河发源昆仑墟,但又要到积石山才在地面上出现,这种情形,古人把它解释作"黄河重源"。

"黄河重源"的说法,到后来流传很广,其中最主要的一种是"蒲昌海(新疆的罗布泊)之水伏流潜发于星宿海为黄河"。直到 1940 以后,曾经还有少数的所谓"学者"公开拥护这样的说法。

自然,上面所谈的这一些,无论是"黄河之水天上来"也好,"黄河重源"也好,都是一样荒诞不经的事。

对黄河河源造成这许多牵强附会的故事,主要当然是由于对黄河河源没有经过实地勘察的缘故。历史上虽然也曾有人勘察过黄河上源的情况,不过由于勘察得并不仔细,因此,所得的材料也就不很确实。

公元 1782 年(清高宗乾隆四十七年),"乾隆皇帝"曾经派他的侍卫官阿弥达到黄河上游探索河源。阿弥达溯河上行,经过了札陵、鄂陵二湖,到了巴颜喀喇山北麓的一处地方。这里,高原上排列着很多星罗棋布的小湖泊,在山底下观望,宛如一天星斗,所以叫做星宿海。黄河河水就从这些湖泊中流出来。阿弥达以为这就是黄河的河源了,从此他就不再继续上行,于是星宿海就这样地被武断作为是黄河的源头了。

这样,阿弥达探索河源的结果就一直流传下来,直到不久以前为止,所有的地图和地理教科书上,讲到黄河的时候,总是说:"黄河发源于青海省巴颜喀喇山北麓噶达素齐老峰下的星宿海。"

阿弥达探索河源以后,虽然使大家对黄河河源的认识稍稍清楚了一些。但是实际上,阿弥达对黄河河源的探索,仍然是十分模糊的。一直要到最近,黄河的河源才被真真的查勘出来,几千年来没有被猜中过的谜底,终于在新中国人民的面前全部揭晓了。

黄河河源查勘的经过是这样的:

黄河水利委员会为了彻底根绝黄河水患,开发黄河流域的资源,特在 1952 年 8月,组织了一个黄河河源查勘队,深入黄河上源,作了 4 个月零 22 天的详细勘查。终

于胜利地完成了任务,摸清了黄河河源的底细。(附图一　黄河河源形势略图)

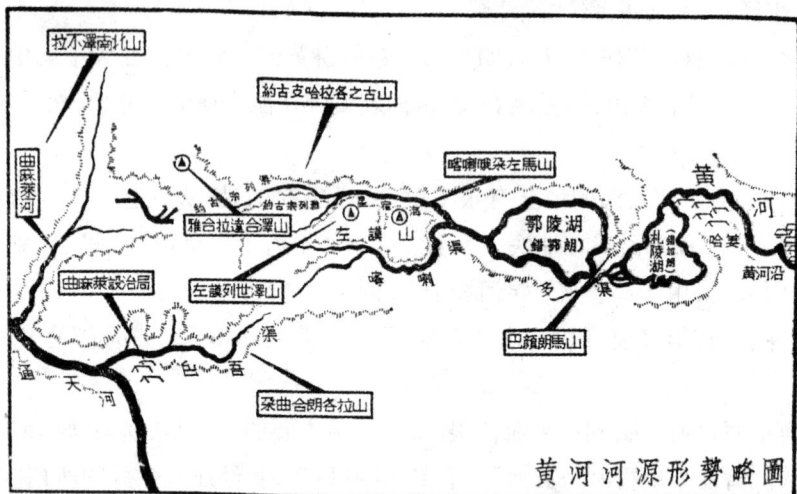

附图一　黄河河源形势略图

　　黄河河源查勘队于 1952 年 8 月 2 日从开封出发,走了 12 天,到达了青海省省会西宁。在西宁,他们作好了一切查勘工作的准备。他们雇了 173 头牦牛,替他们驼运4 个月的粮食和生活用品;买了 62 匹马供他们骑用;每人穿上了 20 多斤重的老羊皮大衣;还有皮背心、皮袴,皮袜、皮靴、皮帽、皮手套等。浑身上下都是皮,一个人足足穿戴了 20 多公斤。另外,由于黄河上游多是藏族同胞居住和游牧的地方,因此他们也买了很多红茶、纸烟、布、绸缎等东西,准备给藏族同胞做礼物。

　　查勘队查勘黄河的路径,先是由西宁沿湟水到湟源,从湟源翻过海拔 3500 米的日月山口,沿着从西宁到玉树的公路,经过倒淌河、恰不恰滩、兴海县(大河坝)、棉草湾和长石山等地,再越过海拔 4700 米的马拉峪山口,到达黄河沿。

　　到达黄河沿以后,他们的查勘工作就开始紧张起来了。黄河沿在黄河边上。黄河在下游是一条波浪汹涌、泥沙滚滚的大河,但是在这里,河面的宽度只有五六十米,而且河水澄清,深度也不过 1 米。

　　从黄河沿西行,查勘队经过了札陵湖、鄂陵湖、星宿海,再沿黄河到左谟雅朗河(黄河右岸支流);沿左谟雅朗河翻过左谟山(巴颜喀喇山)到喀喇渠源;然后越过海拔4670 米的朵曲合朗各拉山口,到达通天河(长江上游)的支流色吾渠。从色吾渠经过曲麻莱设治局,再从通天河向西上溯,然后北折从通天河的另一支流曲麻莱河到达拉不泽南北山。从拉不泽南北山向东,经过约古宗列渠,然后再沿他们的原路左谟雅朗河、左谟山、喀喇渠、鄂陵湖和札陵湖回到黄河沿。

黄河河源查勘队在黄河上源绕了这样一个大圈子,是有着很大的收获的:

首先,他们发现了札陵湖和鄂陵湖的正确位置。在我们的地图上,历来总是札陵湖在西(上游),鄂陵湖在东(下游)。但实际上这却是一个以讹传讹的错误。查勘队自黄河沿从西北转向西的方向走,大约经过 60 公里,就到了一个周围约三马站(一马站约四五十公里)的大湖,藏族同胞称为"错加朗"。"错"的意思是湖,"加朗"的声音则正和"札陵"相似。因此可以决定这是札陵湖。札陵湖略呈三角形,湖水清澈,鱼类极多。湖口在湖的南面,这里,黄河在一个广漠的砾石滩中间联系着两个湖的水流。河道自由地分成九股,乱穿在广大的河滩上,滩上生满了牧草,中间夹杂着许多小泉水池,这就是所谓多渠了。从札陵湖南,黄河沿巴颜朗马山向西转北 28 公里,就到了另一个湖的下口,藏族同胞把这个周围约二马站半的大湖叫做"错鄂朗"。这里,"鄂朗"又正和"鄂陵"的发音相似,因此,这才是真正的鄂陵湖。

其次,查勘队找到了黄河的真正发源处,这是这次查勘最重要的收获。先是查勘队确定了星宿海的真正位置,发现以前我们地图上所绘的星宿海是不对的。星宿海紧接于鄂陵湖的上口,位于一个宽广约五六公里的草滩上。这是一个东西长而南北狭的大滩,滩上差不多每十几米就是一个大小不等,形状不同的小水池子。大的有几百平方米,小的只有一二平方米,有的相连,有的孤立。水池的周围长满了牧草,藏族同胞把这片地方叫做"错朵世泽",这就是"星宿海"的意思。

星宿海的南面是巴颜和欠山,顺着这山向西,有一片宽约 20 余米的大草滩,藏族同胞称为"马涌","马涌"就是"黄河滩"的意思。从黄河滩向西,是约古宗列渠,再向西则是分水岭,在分水岭以西约 30 公里,有一座大山,叫做雅合拉达合泽山。雅合拉达合泽山高约海拔 5440 米,形状雄伟,突出于群山之上,这山是青海省各水系的中枢。从这山向西北流的水都是内陆河,入柴达木盆地;向东的水流入黄河;向南的水则入长江上游的通天河。藏族同胞有两句很普遍的民谣:"马塞巴,雅达约古塞;约塞巴,雅合拉达约古塞。"它的意思是:"黄河发源在约古宗列,而约古宗列的水是来自雅合拉达合泽。"这样说来,黄河的正源应该是雅合拉达合泽山以东的约古宗列渠了。

约古宗列渠的位置是在黄河顶源的一个大盆地中,盆地的总面积约有 200 平方公里。内部有很多大小不等的小水池子,情形和星宿海非常相似。黄河上源的水流,就从这许多小水池中渗出。盆地四周的山都不很高,土壤被覆很厚,因此也就看不见什么岩石。

对于一般地图上所称黄河河源的噶达素齐老峰,查勘队也作了仔细的调查。当他们经过了鄂陵湖以后,就一直留心着这样一个山峰。但是虽然在他们绕完了这个大圈子以后,却始终找不到一座名叫噶达素齐老峰的山头。在黄河滩的正南面,有一条雄壮的山脉,叫做左谟山,左谟山有两座主要的山峰,西边的叫左谟列世泽山,东边的叫喀喇哦朵左马山。喀喇哦朵左马山高达海拔4600米,按照地图的位置,这山很可能就是噶达素齐老峰。但是当查勘队询问附近的藏族同胞时,藏胞说出了这一带的很多山名,却没有一座是叫做噶达素齐老峰的。据说这一带以前是蒙古同胞游牧的地方,噶达素齐老峰可能是蒙古同胞叫出来的名词,但是现在蒙胞早已离开这一带了。

黄河河源查勘队在这4个多月中是十分艰苦的。他们经常奔波在海拔4000米以上的高原上,由于地势高,空气稀薄,连呼吸也感到困难。因为高原上气压降低,烧东西就不容易烧熟,因此他们一直吃着半生半熟要黏住喉咙的面条。天气的酷寒更是难耐,夜晚经常在摄氏零下二三十度,最冷的时候竟到过摄氏零下36度。每天12点钟以后,高原上就要起大风,刮得飞沙走石,天昏地暗。在经纬仪上看镜子的同志,眼睛经常流着泪,大家的手也都冻得开裂了。从黄河沿以后的22天之中,查勘队在路上只遇到过4个藏族同胞。在这样荒山僻野、困难重重的情况之下,查勘队却能坚决地克服一切困难,在"永远跟着黄河走"和"不到河源不死心"的口号中,胜利地走完了5000公里艰难万状的路程,完成了伟大的黄河河源勘查任务。

现在,黄河河源的秘密已经戳穿,一切神话和以讹传讹的故事都已永远成为过去。只有在人民胜利以后,在伟大的毛主席和党领导的今天,我们才可能在四五千米的高原上,替黄河的源头,写出这样光荣的一页。

二、黄河干支流

　　把黄河的河源弄清楚以后,再来谈黄河的干支流,就要容易得多了。(附图二
黄河干支流)

　　从前面关于黄河河源的讨论中,我们已经知道,黄河是发源于青海省雅合拉达合
泽山以东的约古宗列渠。在那里,黄河只不过是从一些小水池里渗溢出来的细流。从
约古宗列渠东流到黄河滩,黄河也不过是宽不到 10 米和深仅 1 米的小水沟。从此,黄
河流过鄂陵、札陵二湖,向东南的方向,在积石山(阿尼玛卿山)和果洛山之间奔流。
在这一带,黄河最宽处约 100 米,狭处则只有 50 米,平均深度约 3 米,最深处也不过 10
米,水势相当平稳。这一段黄河,由于积石山的阻挡,因此从这里到共和、贵德之间,河
身绕了一 S 形的大圈子。藏族同胞把这一段弯曲的河道称为"玛曲","玛曲"是黄河
九曲的开始。

　　在"玛曲"一带,黄河的支流大多从左岸流入,黄河的宽度约为 200 余米。到日月
山南麓,河身经过一个山峡,宽度减到 90 米—100 米,但流出山峡以后,即入贵德县
境,河身放宽,两岸谷地广达四五公里。

　　贵德以下的黄河,两岸本已渐渐宽广,但是过了循化县以后,河身忽又进入深峡,
这就是著名的积石关了。积石关以东的黄河,在永靖县和大夏河会合。大夏河发源于
甘肃夏河县(拉卜楞)以西,是黄河上游的一条较大支流。在临夏一带,大夏河平时宽
度约 30 米,水深为半米。

黄河在永靖和大夏河会合以后,东北行20公里到洮口,在这里,黄河和更大的一条支流洮河交会。洮河发源于海拔1700米以上的西倾山和岷山山麓。全长470公里,沿岸有大小支流20余条,整个流域的面积达29200平方公里。

会合了洮河以后,黄河再辗转东北流约30公里,到了达家川,就又有一条支流从西岸来会,这就是大通河和湟水。大通河源出青海大通山,上游叫做浩亹河,南流500公里到民和县和湟水相会。湟水源出青海湖东北的噶尔藏岭,全长约300公里。大通河是一条峡谷河流,水深近6米,河谷狭而且深,除亹源一县以外,都没有灌溉之利。湟水则和大通河不同,西宁以下,河谷即宽达2公里,不但灌溉极盛,而且可以通行皮筏。

黄河从达家川向东,直到新城,两岸都是山岭,河谷极狭。这一带,只有发源于乌鞘岭的庄浪河在新城对岸的河口流入黄河。新城以东,黄河河谷又开始放宽,这样一直到兰州。

黄河到了兰州,河面宽度已达1000余米。在兰州北门,黄河上有一座近代化的大桥——镇远桥。这是黄河三大铁桥之一,桥共分5孔,每孔明宽47米,桥身全长达300米。

兰州以下的黄河,由于受六盘山的阻挡,河道又折向东北行了。从兰州东北行15公里,河流进入桑园峡。桑园峡是黄河上流著名的峡谷之一,河狭水急,极为险峻,要到一条城以下,才又逐渐开朗。到了靖远,黄河和南岸的支流祖厉河交会。此后,黄河北流在景泰县以东出长城;又折向东流,从宁夏省中卫以西的张家堡返入长城。黄河在中卫以上,沿途山峡仍多,狭的地方,河道还只有40米。中卫以下,除了青铜峡之险,一般都是河宽水缓。从中卫起直到绥远托克托的河口镇为止,黄河中可以通行民船。

黄河出青铜峡以后,情形就大不相同了。河谷宽广达四五十公里,从青铜峡口到平罗的150公里之间,沟渠纵横,灌溉极盛,这是从汉、唐以来早就发展的黄河上游的著名的农业区。黄河河面在这一段中也很宽阔,一般可达三四公里,而且河中有很多洲、岛。但是从石嘴山以下到磴口这一段,黄河被夹在左岸的阿拉善山和右岸的阿拉布素山之间,河身宽度又减到340多米,而且岸高水急,因此,水流从此起就变得非常混浊了。

磴口以后,黄河折向东行进入绥远,河面又大大放宽。乌加河在黄河以北阴山以南绕了一个圈子,然后通过乌梁素海又和黄河会合。这一带又是一个渠道密布的农业区,即是著名的"后套平原"。此后,黄河东流经包头、萨拉齐到托克托,这一带,阴山以南的大小河流都流入黄河,这中间,最重要的是大黑河。大黑河发源于陶林县西南,

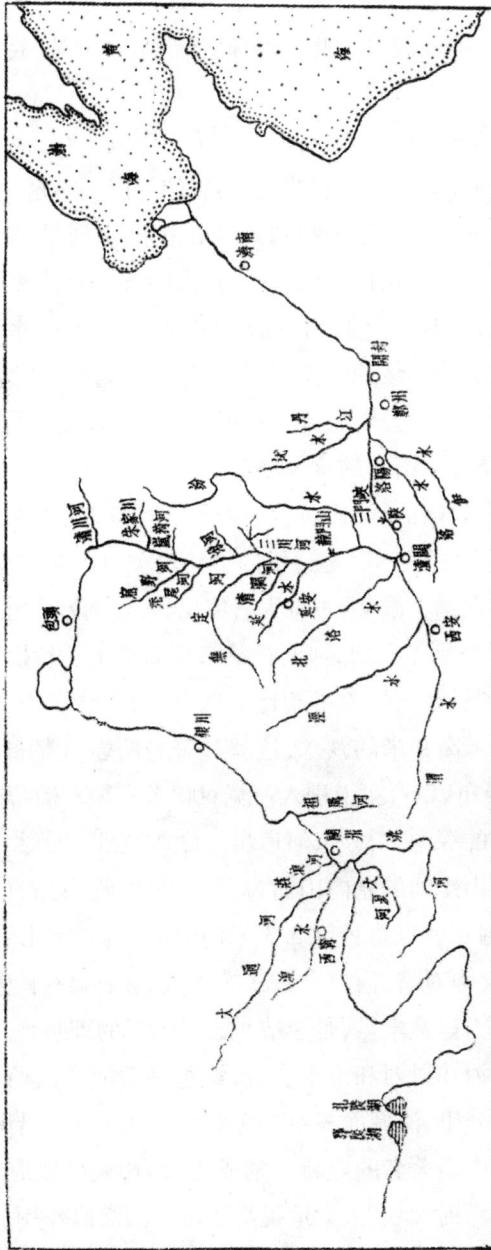

附图二　黄河干支流图

在托克托附近流入黄河，流域面积达 12080 平方公里。大黑河的下流，也有一块灌溉农业区，即是所谓"前套"。

"后套"和"前套"，是黄河流域很重要的地区，在反动统治的时代里，由于黄河水利的整个失修，全河就只河套地方稍稍好一些（当然，这一带的人民仍是很苦的），因此才有了历代相传的所谓"黄河百害,唯富一套"的谚语。到了今天,黄河正在人民的掌握之中不断地改变着它的面貌。因此,黄河已将绝不会再是"百害",而且也更不会仅仅只富"一套"了。

黄河到了托克托以南的河口镇,河身突然又折向南流。在长城边上会合了东岸流来的清水河以后,黄河从此就变成山西和陕西两省的界河了。这一带,两岸山丘重叠,水深流急,成为一条峡谷河流。从这里起到龙门山为止,黄河虽然也容纳了很多支流,但这些支流,都是非常短小的。从山西流入的,较大的有保德县的县川河和朱家川、发源于岢岚以东的岚猗河、碛口的湫河、离石的三川河、大宁的昕水河等。从陕西流入的,则有神木的窟野、秃尾二河、绥德的无定河、延川的清涧河、延长的延水等。这中间以无定河最大,计有23150平方公里的流域面积。延水流域则是抗日战争时期的老根据地,民主圣地延安,就是延水沿岸的重要城市。

这一段黄河确是十分险峻的,河面宽度一般不过400米,但两岸峭壁却往往超过100米。河曲以上15公里的龙口峡,是这里的第一道关口。龙口峡以下,石洲和沙洲相连,又有娘娘滩之险。保德上游,河中有大石突出,每当河水高涨,水流奔腾,响彻岩谷,这就是著名的"天桥"。到了碛口,河面竟狭窄到200米。特别是从壶口到禹门口的一段,险峻的程度,真和长江三峡差可相比。这里,两岸悬崖高达400米,水面高差达15米,河水成为宽52米高9米的跌水,这就是著名的壶口瀑布。水流的速度每秒钟达3米—5米。壶口瀑布以下,河道进入一宽600米—700米的峡谷中,接着又进入一宽仅20米长达5公里的深沟。其后,河道虽一度放宽到200米—400米,但是过了施家滩以后,黄河截吕梁山尾闾的龙门山而过,河面突然收缩到50米,两岸悬崖又达数百米,形势险恶万状,河水就以每秒钟3.3米的流速,直奔泻出禹门口。这里,东岸的龙门山和西岸的梁山夹河对峙,河口有石岛横亘,岩壁上架有铁索桥,可以通行。从壶口到禹门口这一段,水力蕴藏丰富,是建造水力发电厂的理想地点。

禹门口以下,黄河在河津以西和汾水会合,汾水是黄河在山西省的最大支流。它发源于管涔山,全长650公里,流域面积40240平方公里。汾水沿岸,有很多可以灌溉的农业区,太原盆地是其中最著名的。新中国成立以后,人民政府在汾水支流的潇河上,建造了一座现代化的潇河大坝,大大地提高了汾水的灌溉作用。

黄河会合了汾水以后,在西岸又会合韩城的盘水、濩水、芝水和合阳的郃水;东岸则会合永济的涑水。这些支流,都是短促细小,没有什么意义。只是沿河谷地又逐渐宽展,稍有一些灌溉之利罢了。

黄河南流到三河口,便和它最重要的支流渭水和北洛水会合。北洛水发源于陕西北部的白于山,全长450公里,流域面积计27020平方公里,沿岸有很多支流。北洛水以南的渭水,发源远在甘肃渭源县的鸟鼠山,流域面积达 115000 余平方公里,渭水的上游坡度很大,切过陇山以后,河面渐宽,到西安东北和它最大的支流泾水会合。泾水发源于甘肃泾源县一带的六盘山东侧,流域面积也有 56930 平方公里。泾渭一带,有一块广阔的盆地,即是著名的关中平原,是我国古代的文化发源地。自古以来,渠道纵横,灌溉发达,留下了很多古代劳动人民创造力量的伟绩。渭水从西安东流,到三河口和北洛水一同注入黄河。

从山、陕省界上南下的黄河,接纳了渭水以后,由于"西岳华山"的阻挡,突然来一个急转弯,在风陵渡和潼关之间,折向东流,成为山西和河南两省的界河。潼关以下的黄河,由于被北岸的中条山和南岸的崤山紧紧夹住,因此河道狭窄,水势仍很湍急。特别是过了陕县的会兴镇以后,河面突然缩小到 100 米以内,有石岛两处屹立河心,河水分流成为三道,这就是著名的三门峡。这里的三条水道,北面的叫人门,中间的叫神门,南面的叫鬼门。三门中只有人门比较宽阔,可通木船。三门峡以下,河上还罗列着好多小岛,其中最著名的就是砥柱山。砥柱山高出水面七八米,水激石上,奔腾澎湃,形势非常雄伟,古人所说的"中流砥柱",就是指的这个地方。三门峡和砥柱山一带,是黄河除了龙门山一带以外的另一处适宜于建造水力发电厂的地方。是祖国的一个重要的水力资源。(附图三　三门峡图)

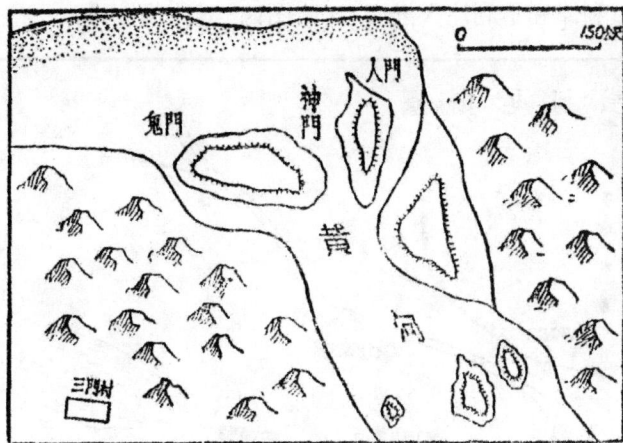

附图三　三门峡图

黄河从三门峡以下,一直要到了垣曲,河面才逐渐放宽。孟津以下,两岸山丘完全消失,河面非常宽广,水流也就顿时缓慢。到了巩县,黄河接纳从陕西发源的洛水;到了武陟,又和山西南流的沁水会合。从此以后,黄河河床常常高出两岸地面,因此就再也找不出一条较大的支流了。

从巩县东流的黄河,到郑州以北穿过京汉路大铁桥。这座铁桥的建筑远在公元

1901 年(清光绪二十六年),桥身计分 102 孔,全长达 3 公里又 10 米,是目下全国最长的一座铁桥。这座桥梁在抗日战争胜利以后,桥身已仅存北边的 14 孔,其余都是临时搭设的轻便钢梁。而且桥墩铁椿多被炸毁,以致行车速度极低,列车过桥得花费 3 小时时间。国民党反动派不但不加修理,而且桥梁情况,反而日益恶化。新中国成立以后,在苏联专家的帮助修理之下,试车时竟以 13 分钟的时间胜利通过全桥。现在,永久性的修复工程也在进行之中了。从黄河铁桥附近到新乡之间,新中国成立后已经建筑了一条"人民胜利渠",沟通了黄河和卫河,使这一带的农田得以灌溉,而卫河的航行能力也因此而大大提高了。

从郑州以东,黄河经过花园口、赵口而达开封。这一带,在抗日战争时期,曾被蒋介石匪帮炸开大堤,造成了一次空前的大水灾。河南、安徽、苏北的 60 几个县份的人民,都因此遭受到惨重的损失。黄河在这些地方,常常是河床高过两岸地面,全靠大堤束水。几千年来,不知已闹过多少次水灾了。从开封向东,黄河在铜瓦厢附近折向东北流。新中国成立以后,人民政府在这一带的长垣附近,建筑了溢洪堰工程,有力地保障了黄河大堤的安全。

黄河到了山东寿张县以东的陶城铺和运河交会。但是由于黄河河身高高耸起,因此运河和它并不相通。从陶城铺向东,黄河在济南以北的泺口穿过津浦铁路大铁桥,然后再东流,经过利津和垦利注入渤海。(附图四　黄河尾闾图)

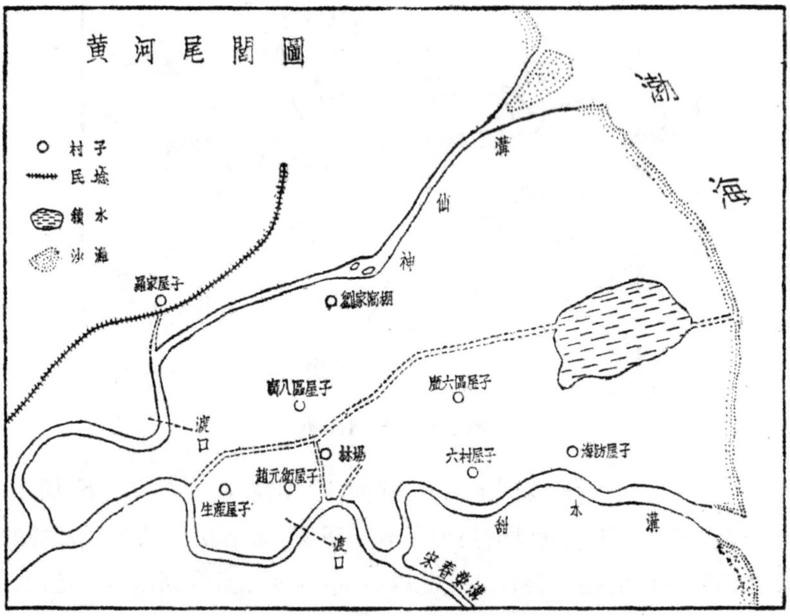

附图四　黄河尾闾图

　　黄河的入海处在垦利县的鱼洼以下,这里,黄河河道分成三股流入渤海。中间的一股甜水沟是黄河的主流,估计长约 50 公里,一般宽度为 500 米,入海口门处约宽 1500 米,一般水深在 2.4 米—2.5 米之间,入海口门处则仅 1.2 米—1.3 米。北面的一股神仙沟是较大的支流,估计长约 40 公里,河面宽度约 300 米,水深在 2 米以上,入海口门处宽达 1500 米,但深度则减到 8 公寸至 1 米。南面的一股宋春荣沟最小,而且已经逐渐开始淤塞了。

　　现在,我们已经大概明白黄河干流和它的支流的一般情形了。黄河是我们祖国的第二条大河,西从约古宗列渠起,东到渤海,全长在 4600 公里以上,也可算得是世界上的大河之一。黄河流域面积共达 77 万平方公里,比 3 个英国还要大些。在这样广大的流域地区里,居住着 1.2 亿人口,等于法国全国人口的 3 倍。这真是一条了不起的河流。

三、黄河的灾难

　　"黄河是中国的忧患"这句话，虽然从今以后已将永远成为过去。但是在以前的日子里，这句话却是真的。

　　黄河是一条常常决口的河流，翻开黄河的历史来看，4000年来，有历史记载的决口已有1591次；仅仅清朝一代的269年之中，决口就达600次；辛亥革命以后，从1912年—1933年的22年中，决口竟也有94次之多。黄河流域的人民，多少年来，在黄河的灾难中，已经付出了一笔惨重的代价。曾经有人作过估计，黄河每次决口的损失，平均以银元2500万元计算，就可折合小米5万万斤左右。则4000年来，已经损失了小米8000万万斤，平均每年要在灾难中付出小米2万万斤，这是多么骇人听闻的一个数字！

　　但是事情说来又很奇怪，这样容易闹水灾的黄河，在它的流域上，雨量却并不多。而且相反地，在黄河流域，庄稼没有很好的灌溉，是不可能有什么收获的。所以，除了水灾以外，旱灾也是多少年来黄河流域人民所经常遭遇的灾难。每遇亢旱，赤地千里，颗粒无收，情况和水灾一样的凄惨。

　　黄河为什么会这样灾难重重呢？

　　对于这个问题，在过去，反动统治者一直是拿着黄河流域地理环境不好的鬼话掩饰着的。不错，黄河流域的地理环境对于黄河的灾难是有一些影响的，但是这绝不是黄河灾难的根本原因。为了把问题弄得更明确些，我们索性就先把地理环境和黄河灾难的关系谈一谈吧。

　　黄河的惯于决口和它的惯于淤塞是分不开的。大家知道，在黄河流域，有世界上最大的黄土区域。黄土很深厚，而且很松，容易被水冲刷。黄河流域的黄土区域面积计有28万多平方公里，比整个英国本土的面积还大。在上游，如洮河、大通河等支流都流经黄土地带；在中游，黄河支流最多的山、陕两省就是著名的黄土高原。黄河经过黄土区域，把泥沙大批地挟带下来。黄河的河水所以特别混浊和黄河的所以得名，也就是这个原因。

　　黄河从上、中游挟带下来的泥沙到底有多少呢？古人所说的"水一石，泥六斗"当然是过于夸张的话。不过根据陕州的调查，黄河的输沙量的确是大得可惊的。在洪水时期，黄河的输沙量最大可达总水量（重量）的46％。一年里面，黄河所带走的泥沙大概有12万万立方米。这些泥沙，如果把每一个立方米连接起来，竟可以环绕地球赤道30周。这真是一个巨大的数字！

　　再看看黄河流域的地形吧。黄河发源于4000米以上的青康藏高原上，沿途经过陇西盆地、宁夏、绥远和山、陕高原等地。这一带，崇山峻岭，水势湍急，黄河所挟带的泥沙，无法沉积下来。但是孟津以下，黄河进入华北大平原，河道宽广，水流顿时缓慢，因此，从上游挟带下来的泥沙，就大量地在这一带沉积下来了。泥沙淤积的结果，河床就不断地升高。对于这样的情况，历代反动统治者，除了消极地筑堤防水以外，就拿不出其他办法了。于是堤防渐渐筑高，河床也就跟着增高，到后来，河面就远远地高过两岸的地面了。例如在山东濮县，涨水面超过两岸地面7米；在河南封邱，涨水面竟要超过地面13米。所以当地人民把黄河称为"悬河"。这样的河流，要是堤防一倒，那真是一泻千里不可收拾了。

　　黄河流域的雨量是稀少的，但是却非常集中，我们可以用一个图表，表示出黄河流域雨量的一般情况来。（附表一）

　　从下面这幅图表里，我们可以知道，黄河流域的雨量，一年中有极大部分是集中在6、7、8、9四个月内降下的。于是在这几个月里，就成为黄河的危险时期，这段时间里。大雨在流域各地降下，洪水从干流和各支流纷纷赶来，波涛汹涌，声势浩大。加上下游河床浅而且高，容水量极小。这样，历来延误的脆弱堤防，就到处有决口的可能。此外，黄河在冬季里要结冰，来春才融化。但下游的气候，比上、中游要冷些，因此，当上、中游已经解冻时，下游还没解冻。这时，上、中游的黄水和冰块就滚滚而下，到下游被冰坝挡住，又可能造成凌汛。还有，当春天上游高山积雪融化以后，水量骤增，也可能造成春汛。总之，在反动统治的时代里，这条千疮百孔的黄河，可以决口成灾的机会，委实也太多了。

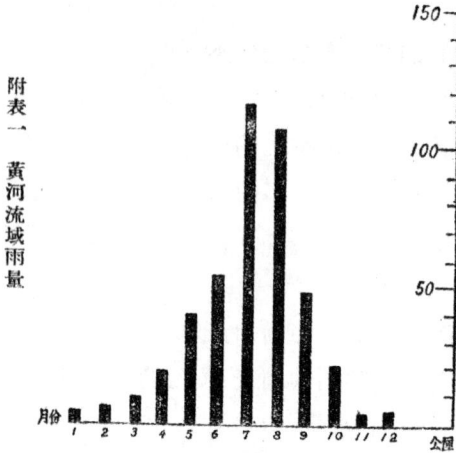

附表一　黄河流域雨量

　　由于黄河河床的升高,每一次决口以后,泛滥的洪水,就无法再回到原来的河道里去,这样黄河必然就要改道。因此,在历史上,黄河下游,老是在华北平原上南北摆动,不知糟蹋了多少地方。4000年来,黄河因决口而改道的情形,最主要的共有7次。(附图五　历代黄河改道图)

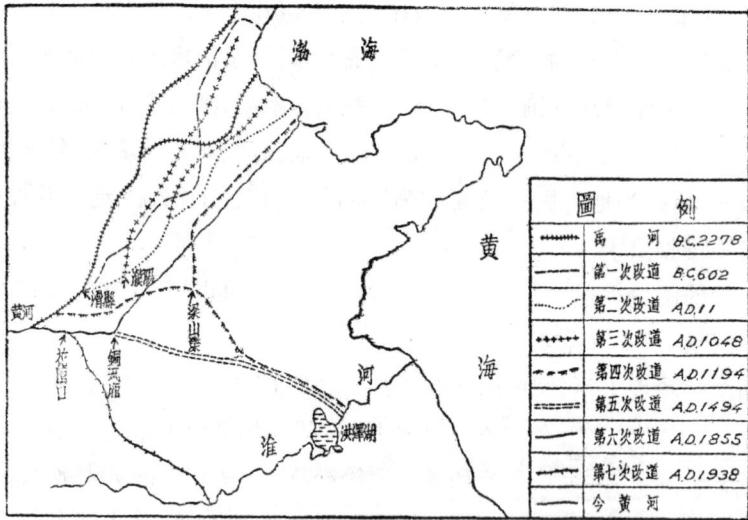

附图五　历代黄河改道图

　　现在,我们已经明白了黄河灾难的大概情形,而且也认识了黄河流域的地理环境和黄河灾难的关系了。这样,我们就得更深入一步,算算细账,挖挖根源,到底黄河的灾难,是不是应该让黄河流域的地理环境来负责呢?

　　假使认为黄河的灾难,主要是由于黄河流域地理环境不好的缘故。这样的想法,正上了反动统治者的大当,是正中他们下怀的。当然,地理环境对黄河的灾难是发生了一定的影响的,但是这绝对不是决定的影响。谁都知道,地理环境的困难,是完全有办法加以克服和改造的。我们只要看看苏联的人民,他们已经在荒凉的沙漠上培养出了花草,冰冻的荒原上种植了庄稼,又使防风林阻挡了干燥的热风,河流驯服地改变了道路。在苏联,更恶劣的地理环境都已经改变了,黄河流域的地理环境有什么不可改变,黄河的灾难有什么不可以克服呢?

再深入研究一下,黄河的灾难和黄河的输沙量巨大有密切的关系,但是黄河输沙量的巨大又和反动统治者分不开的。我们知道,历史上大多数的封建王朝,总是建都在北方,黄河流域多少年来,一直是中国的政治中心。那些王、公、将、相们,曾经大量砍伐了黄河流域的森林,建造了他们豪华的宫殿楼阁。而封建的土地制度,又逼迫着农民大量地开垦荒山。这样就造成黄河流域童山濯濯、土壤暴露,大大地增加了黄土的冲刷,制造了无穷的灾难。诸如此类,在过去一直都是记在地理环境的账上的。

为了更深入一层地说明反动统治者对黄河灾难的责任和地理环境的可以被改造,让我们再举几个实际的例子来看看吧。

在反动统治的时代里,黄河只要在陕州流量超过 4000 米^3/秒的时候,下游便有决口的可能了。当陕州流量超过 10000 米^3/秒的时候,下游便有 75% 的可能要决口。但是新中国成立以后,1949 年的 7 月下旬,黄河陕州流量竟到达 15400 米^3/秒,但是下游却在人民政府紧急动员、日夜防护下,整个泛期内终于安然无事。这和过去不是一个明显的对比吗?

1937 年春天,山东的黄河河工人员,发觉蒲台县麻湾大堤前的河流有了变化的趋势。他们提出了加修护岸工程的建议,以免黄河在汛期中决口。但是这一个合理的工程计划,却被国民党反动派政府打了回来。果然,当年夏天发了大水,由于河道变化,麻湾大堤却毫无准备,终于造成了决口的惨灾。1948 年春天,这一带已经解放了。黄河河工人员发现麻湾大堤前的河道又有了变化的趋势。当时正是解放战争最激烈、人力物力最困难的时候。但共产党却克服了一切困难,领导群众进行了加修工程。人民政府组织 15000 人的治黄远征军,财政机关从远地运去了 500 万斤粮食,结果就完成了 30 多万个人工、5000 多万方砖石的加修工程,安全地渡过了这一年的洪水季。为什么同是一个麻湾大堤,而且同样地事前发现了险工,但是在解放以前不免决口而新中国成立以后却安如泰山呢?

黄河的凌汛是以前根本无法克服的灾难。反动统治者无耻地订下了“凌汛决口,河官无罪”的不成文法。意思就是说,人民在凌汛中遭殃,这是活该的事。新中国成立以后,在 1952 年,绥远的包头到托克托一带,也发生过一次非常严重的凌汛。河流上结满了数里长的冰坝,最大的冰坝有 7 里长、6 尺厚,堵塞了上游的黄水,使当地水位在 2 小时内提高了 2 尺。就在这样紧急万分的当儿。两架人民飞机和一大队炮兵赶到了。他们陆空联合,用炮弹和炸弹跟冰坝作战,一天以内,就把冰坝轰开,战胜了凌泛,保障了沿河 25 万人民生命财产的安全。但是在过去,国民党反动派难道没有飞机和大炮吗?

从上面这些例子里,我们清楚地可以看到,以前黄河的灾难,应该让谁来负主要的责任。过去的反动统治者,他们不但是听任黄河决口,对人民的生命财产置之脑后,而且更进一步利用黄河作为剥削人民的工具。黄河闹水灾,正是他们发财的大好机会。他们马上以"救济"灾民为由,在全国各地,招摇撞骗,敲诈勒索。于是各种巧立名目的捐款、特税、公债……都一起加在人民头上。自然,这些最后都是放到他们自己的腰包里去的。

最可恶的是更有些反动统治者,他们竟借用黄河的洪水,作为残杀人民的武器。在上面表中所列的几次大决口中,就有着这样的事例,公元 1194 年的那次大决口即是这样的。这是黄河历史上的第四次大决口,当时,黄河在阳武(今河南原阳县)决口,并且在封邱和梁山泺(今山东梁山县)一带泛滥起来。当时正是南宋和金南北对峙的时候,这一带是金的地盘。金的统治者不但没有设法抢救,而且反认为这是一件好事。因为黄河泛滥南流,势必殃及南宋人民,就可造成南宋的混乱。因此,他们就听任黄河泛滥,禁止人民去堵口。这样,黄河就滚滚南流,冲入泗水和淮河,从此替淮河也带来了灾难。700 多年来,淮河流域人民历尽了千苦万难,这就是当时金的统治者所干的事。

历代的反动统治者,在黄河流域干下了多种多样的恶事。在这中间,最罪大恶极的,就要算战犯蒋介石了。

蒋介石是中国历史上的头号罪犯,他向中国人民欠下了一笔深重的血债。但是对于黄河流域的人民来说,他的罪行,更是"不共戴天"的。现在让我们来看看他在黄河流域的滔天罪行吧。

这是在抗日战争中的事。1938 年春天,国民党军队在徐州吃了大败仗,兵败如山倒,一大群残兵败将,就一窝蜂似的沿着陇海铁路向西逃命,日寇也就紧追不放,一直跟到河南。这一下蒋介石可着急了,"狗急跳墙",他终于干下了一场滔天大罪。这也是一个惊心动魄的杀人场面,历史上许多反动统治者,他们都不敢这样轻易地闯下如此一场大祸。但是蒋介石,这个头号的盖世魔王,他却不顾一切,横起心肠干了出来。

由于战争是沿着陇海路进行的,陇海路恰在黄河南岸,在河南省,它几乎是和黄河平行的。蒋介石,这个杀人不眨眼的刽子手,他居然看中了黄河的洪水——这是谁都害怕的东西,他毫无顾忌地决心要在这里制造一桩亘古未有的大灾难。

当时蒋介石命令炸毁开封到郑州之间黄河南岸大堤,这年6月2日,他们炸毁了中牟以北的赵口河堤;6月5日又接着炸毁了郑州以北的花园口河堤。这一带黄河河床本来高过两岸地面,全靠大堤挡水。大堤一塌,黄河就滚滚地冲入南岸,真是"黄河之水天上来",人民听到水声就拔脚逃跑,但大水还是赶上了他们。

回忆起来,这个可怕的场面,真是太凄惨,太悲苦了。

黄河南岸的人民,当时正是兵荒马乱、心惊胆战的时候。他们忍受了蒋军败兵的洗劫,又遭遇了日寇飞机的滥炸。西边是蒋匪军,东边是日寇,当头忽又来了滚滚大水。逼得他们上天无路,入地无门。他们有的上房,有的上树,有的逃命,但是大水冲塌了屋,没过了树,赶上了逃命的灾民。大块田园顿时变成了一片黄水奔腾的泽国。影响所及,造成了河南、皖北、苏北66个县份的惨重损失。下面是一篇蒋介石在这次深重的罪行里留下的血债:

淹没土地　　29000余平方公里

淹没农田　　1700余万亩

冲毁房屋　　150余万间

淹死牲口　　50余万头

死亡人口　　47万人

流离失所的人口610余万人

从此,黄河就放弃了它的老路,从花园口向南突入淮河的支流贾鲁河和颍河,并在河南东南部及安徽北部到处乱闯,造成了一块面积达2万多平方公里的泛滥区域,这就是黄泛区。(附图六　黄泛区)

说起黄泛区的400多万人民的生活,那真是太伤心了。他们不能耕种,无法获得生活资料,而且每年汛期一到,黄水滚滚地从北面流来,他们随时都有丧失生命的可能。这十几年里面,他们真是饥寒交迫,颠沛流离,尝尽了辛酸苦辣的味道。不仅是黄泛区,由于黄河的改道,又一次地带给淮河流域的人民以可怕的灾害。整个淮河流域系统和它的涵闸、堤防等,全被黄水破坏。淮河河床普遍地被黄水挟带来的泥沙淤高了2尺多。洪泽湖底积沙更增了1米。这样,就又连累了苏北里下河地区的人民,使他们每年都因此要遭受一场水灾。蒋介石是这样血腥地屠杀黄河流域的人民的。

黄河夺淮以后,花园口以下的河道就干涸出来了。因此,许多黄河沿岸的人民,就搬到黄河旧河床中去耕种居住。那一带后来都先后成了解放区,共产党领导那里的人民进行生产,这群受苦受难的人民,现在总算在共产党的领导下开始兴发起来。可是不久以后,蒋介石的罪恶的魔掌又临到他们头上来了。

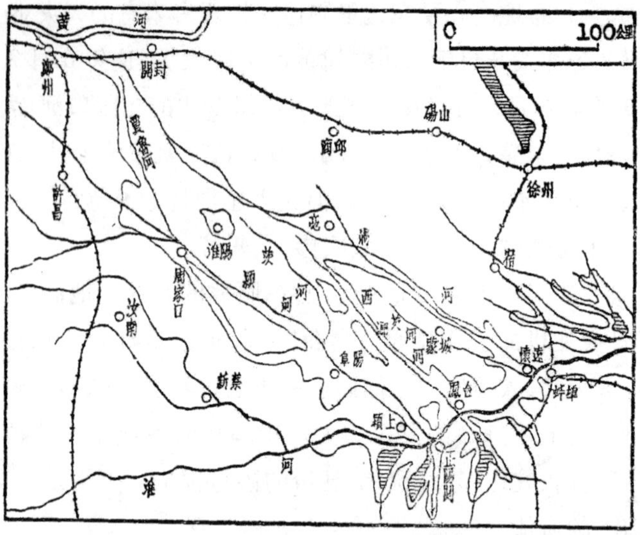

附图六　黄泛区（河湖周围线以内为泛区范围）

抗战胜利以后，国民党反动派扬言要在花园口进行黄河合龙堵口的工程，把夺淮的黄水，纳入黄河原来的河道中去。这表面上好像是一件好事情，但实际上却是一种极端毒辣的阴谋诡计。蒋介石企图再一次用黄河洪水去残杀当时在黄河旧河床上进行生产的解放区人民，以造成解放区的混乱。蒋介石匪帮曾经公开地表示，要把黄河洪水，作为他们进攻解放区的40万"大军"。

共产党为了保护这一带人民的生命财产，经过向国民党的严正抗议和交涉以后，和国民党签订了"菏泽"和"南京"两个协议，向国民党取得一个保证，要等到黄河旧河床中的人民全部安全迁出，并且筑好堤防以后，国民党才得在花园口合龙堵口。国民党反动派在会议上无法反对这样正义堂皇的主张，因此，他们在表面上只好答应了。但是骨子里，他们却正在酝酿着更大的阴谋诡计。1946年，他们终于悍然撕毁了"菏泽"和"南京"两个协定，拒绝了共产党"先堵口，后放水"的合理主张，在美帝国主义的"联合国救济总署"的帮助之下，提早把花园口河堤堵复，让滚滚黄水流到河南、河北、山东的解放区去。他们企图水淹解放区，再制造一个黄泛区出来。

这一次虽然黄水滔滔，来势汹涌，而且又是提前放水，旧黄河河床上的居民一时还没有迁移好。但是在共产党的紧急动员，大力抢救之下，终于使旧河床上的居民减少了很多损失，粉碎了国民党反动派的阴谋诡计，安全地渡过了这一次灾难。

花园口的合龙工程除了给当时华北解放区的人民以灾难以外，黄泛区的人民是不是得到了好处呢？事实证明，花园口合龙以后，黄泛区的人民，一丝好处都没有得到。黄水回到旧河床里去以后，虽然黄泛区大部分地区又干涸出来了，流浪在四方的灾民们,很有些想回到家乡来耕种,可是回到家乡又有什么用处呢? 家乡在水底里浸了9年,现在已经面目全非了。田地上盖上了几尺厚的黄沙,有什么办法在沙粒上进行耕种呢? 不但是房屋、粮仓、农具、种子一点儿都没有,而且泥沙塞满了从前的水井,连饮水都发生了严重的问题。此外,洼地中仍是黄水淤积,到处是星罗棋布的沼泽。蚊蝇嗡嗡成群,蝗虫满天飞舞,疟疾和黑热病,更是可怕地蔓延着。在以前这一带是一个丰富的农业区,现在却成为一个凄惨的人间地狱了。直到新中国成立以后,人民政府大力治淮和建设黄泛区以前,黄泛区的人民,一直是生活在痛苦与磨难之中。

是谁制造了黄河的重重灾难呢? 除了反动统治者以外,还找得出其他答案吗?

四、黄河流域的农田水利

尽管是过去的反动统治阶级怎样制造了黄河的灾难和迫害了黄河流域的人民,但黄河流域的人民却是一直克服了各种困难,和恶劣的地理环境进行着不断的斗争。当然,在这样困难重重的情况下,在这样低劣的物质和技术条件下,这个斗争是不可能大规模地展开的。但是几千年以来,由于劳动人民世代相传的不断努力,由于他们的伟大智慧和创造能力,这场斗争,是获得了相当巨大的成绩的。

我们已经知道了黄河是一条容易发大水淹害人民而却又得不到水灌溉农田的河流。几千年来,我们的祖先蕃衍生息在这个地带。他们要生存,就必须进行耕种;要耕种,就一定得设法灌溉。因此,他们就运用他们的智慧,付出他们的劳力,在这一带发展了相当规模的农田水利事业,开辟了很多灌溉区。就在这里,我们的祖先获得了生活资料,延续了我们民族的生命。

让我们看看历史上黄河流域人民在农田水利事业上的成绩吧。

（一）水车

水车是黄河上游人民利用灌溉农田的一种重要工具。它的使用,远在公元 1536 年(明世宗嘉靖十五年)以后,到了现在,黄河干流,上起青海贵德,下到宁夏中卫;黄河支流,则在湟水和洮河等处,都还是应用着这种灌溉工具。其中最普遍的,要算甘肃兰州一带。

这种水车，在内地只有长江中游也有采用，它和利用人力或畜力推动的那种戽水车完全不同，这是一种利用流水的力量自动戽水的设置。因为黄河在那一带，地高水低，在古代的技术条件下，用另外方法戽水是极感困难的，因此，这种大型的水车，就被普遍地制造应用了。应用这种水车，可以灌溉高于黄河水面20米的农田。大型的水车每具可以灌溉农田数百亩，不可不说是古代劳动人民的一种伟大创造。

水车的构造主要的是一个木制的大轮，轮上有大辐十八根，集于大轮中心的毂上。轮和辐大概都用松木制成。大轮的周围，另外附上了用白杨木制成的刮水板和水斗，每个大轮上约有水斗20余只。大轮的直径小的10米，大的达20米，全轮倚在一根木轴上，木轴的直径1米，全长2米，必须用数十年以上的粗柳木制成。木轴两端用铁皮包里，支放在铁制轴筒和档头上，轴筒和档头固定于松木制的柱子——夹鸟柱上面，夹鸟柱则嵌在石块砌成的龙墩上。大轮放在水中，河水冲激轮上的水板而掀动大轮，大轮就开始转动，这时，附在大轮上的水斗就因为大轮的转动而不断地进入水中和不断地离开水面。离开水面的水斗，里面已经灌满了水，上升到顶点时，则依次将水倾注在预先设置好的固定掌盘内，然后从掌盘沿木槽进入水渠？灌溉田亩。（附图七　水车样图）

附图七　水车样图

水车的制作是相当复杂、同时也是相当昂贵的。在过去，大概制造一具水轮直径达五丈的水车，包括工、料、龙墩和引水渠等在内，需要银元3600余元。不过它的灌溉效益也是不小的，最大的水车，汲水量每分钟可达6立方米，约可灌田500亩光景。甘肃一省，单单皋兰、永靖、靖远、榆中、景泰、会宁6个县，就有水车将近400具，灌溉农田达10万亩。（附表二）

附表二　甘肃水车分布(1944年)

县　别	水车数	灌溉面积(亩)	每车平均灌溉面积(亩)
皋　兰	203	55,926	275
永　靖	69	17,120	249
靖　远	59	15,595	264
榆　中	19	5,200	274
景　泰	9	1,845	205
会　宁	2	600	300
合　计	361	96,286	261

当然,用水车灌溉,也是有些缺点的。首先是水车的成本太高,虽然它的使用寿命可达20年到50年之久,但每年都要加以修理,耗费也相当巨大。其次由于支持木轴的夹鸟柱固定在石龙墩上,大轮就无法上下移动,不能适应水位的涨落。以致水位过低的时候,水就推不动大轮,便不能汲水灌溉田亩。而水位过高的时候,轮辐没入水中的部分太大,阻力增多,便又不能使大轮转动。因此,用水车灌田,常常要因水位涨落而受到影响。另外,水斗在汲水上升时,水量的损失也很不少,大概有20%—30%的水量要在半空中损失,这也是很可惜的。

但是,不管怎样,四百多年来,水车在黄河上游的农田灌溉中,已经起了相当巨大的作用了。在今后,当黄河上游的大规模农田水利事业还没有兴修以前,水车仍然是能够发挥它灌溉的效用的。而且由于它的能够自动而不需要人力,和它的对小型灌溉区域的较为节省易办(因开掘沟渠花费更大,在小规模灌溉区内实施较不经济),因此,在今后的相当时期之内,水车还是可以作适当地推广,水车本身的构造,也还可以作必要的改进。

(二)砂田

甘肃省黄河流域人民在农田水利事业上的另外一种创造是砂田。砂田在黄河干流沿岸的皋兰、永靖和黄河支流洮河流域的宁定等县特别流行。根据1945年的统计,甘肃的陇中一带,大概有砂田近40万亩。(附表三)

附表三　甘肃陇中地区砂田分布（1945 年）

县别	皋兰	永登	景泰	靖远	会宁	榆中	临洮	永靖	洮沙	宁定	统计
砂田亩数	166,251	161,307	26,339	24,127	214	3,614	795	8,171	650	7,937	399,405

怎样叫做砂田呢？

砂田就是在普通的田上铺上一层鸡卵大小的砾石，而且要铺得相当厚，因为越铺得厚，砂田的效用也就愈高。当然，在广大面积的农田上，要整块地铺上几寸厚的砂砾，这并不是简单的事。特别是砂砾并不就在田边，一般都要到河边滩地去挑，几里路以外取砂，这是很普通的事。但是为了使土地能够进行耕种，并且让收获可以丰富一些，我们的劳动人民就这样不辞劳苦地进行了如此艰巨伟大的工作。从这里，也可以看出我们劳动人民的刻苦、耐劳及勇于和自然斗争的崇高品质。

为什么田上铺了砂砾收获就会好呢？砂田有些什么效用呢？

说到砂田的效用，主要的大概有下列 4 种：

首先，铺了砂砾，可以保持土壤中的水分。因为这一带雨量不多，蒸发量却很大，如何保持土壤中的水分，是进行耕种的主要问题。田上铺砂以后，不但是下雨时雨水都能渗入而极少浪费。并且由于砂砾保护了地面，在白天，太阳不能直接晒到土壤，蒸发量就大大减少了。其次，因为白天砂砾既有挡住阳光的作用，夜间砂砾自然也有防制土壤中热量散发的作用，这样对农作物的生长是很有好处的。第三，由于土壤蒸发的减少，则随着毛细管作用而使碱质上升的现象也就减少了。这样就防制了土地碱化而影响耕种的毛病。第四，由于西北多风，土地表层最肥沃的部分往往容易被大风刮去，或者被暴雨冲刷。铺了砂砾以后，暴风不能直接吹着地面，暴雨也因砂砾的阻挡而不能冲刷地面了。另外，土地上铺了砂砾以后，还有杂草不易生长，肥料容易保存等种种好处。因此，在陇中一带，砂田是确实能比一般农田丰收的。

铺砂田的步骤，大概先要将地面耕掘平坦，然后施上基肥一道，并且将肥料和土壤拌和，于是再把土壤用石碾压平，因为这样，才能使砂砾和表面的一层土壤不致混合起来。最后的工作是铺砂，砂砾的厚度各地不一，大概铺砂三寸，砂田的效用可以维持十五年；铺砂五寸，则可延长到四十年。因为砂的时间一长，砂砾内就一定会混入许多土壤。这样，砂的效用就会减少。到那时候，必须要除去旧砂换上新砂，否则就会完全得不到收获。

当然，在土地上铺了砂砾进行耕种，这本来是不得已的办法。但是在反动统治的时代里，统治阶级除了向农民横征暴敛以外，对于农民的农田水利工作，他们是完全不管的。农民们在反动统治阶级的压迫和剥削之下，没有力量进行大规模的农田水利工程如挖掘较大的沟渠灌溉系统之类。但是他们却仍然利用他们的智慧和创造能力,相对地克服了自然所给予他们的困难,创造了在极少的雨量下、没有灌溉而能进行耕种的奇迹。因此,虽然在今后,党和人民政府一定会领导那里的人民挖掘大规模的沟渠灌溉系统,利用黄河及其支流的水进行灌溉,而砂田最后会被废弃。但是从历史上看,它已是有了伟大的贡献了的。

(三)沟 渠

沟渠是黄河流域农田水利的最主要部分,也是历代以来黄河流域劳动人民最伟大的创造。除了黄河下游,因为河床高于地面而不能引水灌田以外,黄河中、上游各地,很早都已有沟渠的修建了。

黄河流域沟渠灌溉最发达的是陕西省。大家知道,泾、渭水一带是我们祖国的文化发祥地。也就在这一带,产生了我们历史上非常伟大的农田水利工程。这中间顶早的是郑国渠。郑国渠的修建,远在 2000 多年以前的战国时代。那时候,欧洲的很多地区,人民还过着原始人类的生活,但我们却已经有了这样伟大的沟渠灌溉工程了。

说起郑国渠的修建,里面还有一段故事。郑国是战国时代韩国的一个水工。当时泾、渭水一带是秦国的地方,韩国由于害怕秦国的侵略,特地派了郑国入秦,帮助秦国修建沟渠。这样,让秦国可以专心于水利建设而转移了它的侵略野心。郑国入秦以后,果然得到了秦王的同意,兴工开掘沟渠。于是郑国领导了那一带的劳动人民,从泾水开掘一条渠道东通洛水,全长达 300 多里。在工程进行的中途,秦王忽然发觉了郑国是一个韩国派来的间谍,因此就想把郑国杀掉。可是郑国告诉秦王说:"我虽然是一个间谍,但是渠沟修成了,受好处的还是秦国。韩国虽然因而延长了几年寿命,秦国却因此而建立了它永远的事业。"秦王想想也不错,就让他继续工作,终于完成了全部工程,使 4 万多顷(约合今 200 万亩左右)的碱质土地,因得到了灌溉而成为丰收的良田。

郑国渠凿成以后,到了汉朝中叶,已经逐渐淤塞,于是就又有白公渠的修建。汉武帝太始二年(公元前 95 年),赵大夫白公又主持修掘沟渠。从谷口起到栎阳止,引泾水灌溉农田 4500 余顷(约合今 23 万余亩),这就是白公渠。一直到明朝末年,这一带土地还受到白公渠的灌溉。

上面这些,都是引用泾水的沟渠灌溉工程。至于引用渭水的工程,则远在汉武帝时代,也已经有了漕渠的开掘。漕渠不但可以灌溉,而且更能通行船只,便利交通。渭水以南的盩厔县,又有灵轵渠的兴修。另外,引用洛水灌溉的,还有龙首渠的开凿。这一系列沟渠灌溉工程的完成,对当时农村生产力的提高和封建文化的发展都是有着很大的作用的。班固在《西都赋》里歌颂这一带的富庶,说是:"郊野之富,号为近蜀。……郑白之沃,衣食之源。"潘安仁在他的《西征赋》里也描写这一带的情况是"华实纷敷,桑麻条畅。"当时这里农田水利事业发达的情形,由此可见一斑了。

但是这些由劳动人民开掘出来的沟渠,在历代反动统治阶级的漠视和糟蹋之下,到后来就逐渐淤塞和废弃了。到了满清末叶,郑白各渠的残余水道,已经只能灌溉农田二三万亩,辛亥革命以后,这一带连年遭受旱灾,赤地千里,饿殍遍地,反动统治阶级对这样的情况却毫不过问和救济。直到 1930 年才在热心水利事业的人士李仪祉先生的倡导之下,这一带的劳动人民,又拿出了自己的力量,进行了泾惠渠的兴修工程。到了 1936 年,泾惠渠工程全部完成,可以灌溉农田 70 多万亩,部分地解决了这一带的灌溉问题。(附图八　泾惠渠示意图)

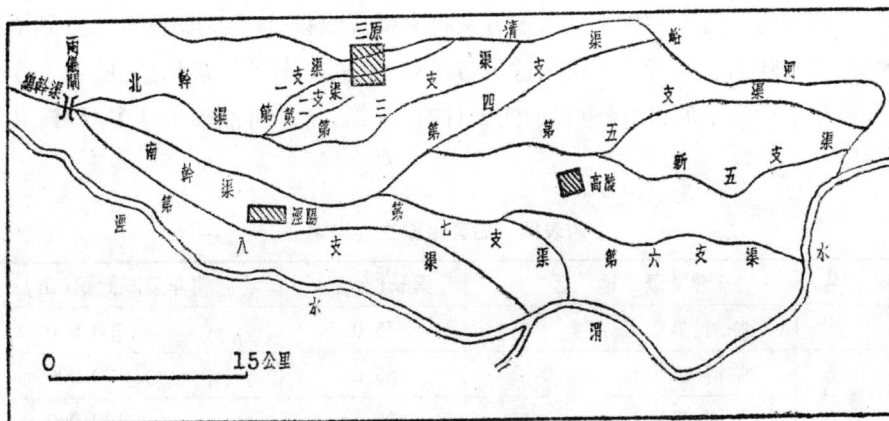

附图八　泾惠渠示意图

泾惠渠起于泾阳锺山谷口,在渠首附近建有水泥的拦河坝一座,拦阻泾水以便抬高水位,使能流入渠内。从渠首经过一道长 11 公里的总干渠以后,就分成北干渠、南干渠和第八支渠三条水道。北干渠又分一、二、三 3 条支渠,南干渠也分五、六、七 3 条支渠,各渠计经过泾阳、三原、高陵、临潼、醴泉 5 个县,全长达 373 公里。

由于泾惠渠灌溉获得了利益,这一带以后继续兴修的沟渠还有不少。例如从郿县经武功等县到咸阳的渭惠渠;鄠县、长安和咸阳一带的沣惠渠;盩厔的黑惠渠;郿县到岐山的梅惠渠;鄠县的涝惠渠;醴泉的甘惠渠;以及陕北榆林、米脂到绥德一带的织女渠等。这些沟渠的灌溉面积多至数十万亩,少至数万亩,在农业生产上,也发挥了相当的作用。

不过在国民党反动派统治的时代里,由于反动统治者的贪污腐化,横征暴敛,因此就绝不可能很好地进行这些水利工程的兴修。国民党反动派,不但不会支持农民,帮助农民兴建这样一类的工程。而且往往趁兴修工程的机会、浑水摸鱼,向农民派捐摊款,征工派夫,更殁酷地向农民敲诈勒索一大笔。在工程的进行中,也往往毫无计划、毫无步骤,盲目地乱搞一通,以致破费巨万,收获寥寥。工程进度更是时作时辍,一拖再拖,反正损失的总是老百姓,和他们没有关系。以大荔、朝邑、华阴一带的洛惠渠而言,开工以后,耗费时间共达18年,结果徒然浪费了很多人力和物力,到最后还是一事无成。一直要到新中国成立以后,才在人民政府的领导下,完成并且扩大了陕西省的这些沟渠灌溉工程。

绥远的沟渠灌溉工程,在黄河流域各省中也是比较发达的。这里最著名的是后套平原。后套平原是指黄河以北、乌加河以南和乌拉山以西的地区而言。这一带沟渠纵横、灌溉事业相当发达。从历史上看,早在唐代,已经有劳动人民在这里开渠灌田了。后来到元朝因为蒙古人占领了这些地方又将它辟成牧扬,沟渠乃被湮没。直到清朝初年,才又有山、陕两省的劳动人民到这一带进行耕种,开凿了很多沟渠,成就了今日的局面。在整个后套平原,比较重要的沟渠计有11条,常年可灌田130多万亩。(附表四)

附表四　后套平原主要沟渠

渠　名	灌　溉　地　区	渠长(公里)	常年灌溉面积(亩)
永　济	临河、晏江、狼山	75.0	300,000
刚　济	临河	65.0	30,000
丰　济	临河、晏江	36.5	100,000
沙　河	五原、晏江	41.5	60,000
义　和	五原、安北	45.0	100,000
通　济	五原、安北	57.0	50,000
长　济	五原、安北	65.0	80,000
塔　布	五原、安北	60.0	50,000
黄土拉亥	临河、晏江	72.5	250,000
杨　家　河	米仓	80.0	250,000
民　复	安北	27.5	45,000
合　　计			1,315,000

除了上表所列的11条沟渠以外,在五原、安北等县境内,另外也还有较小的沟渠30余条,全长达300多公里,约摸也可灌溉农田50万亩。后套平原由于有着较多的

沟渠,所以一直来是黄河干流上比较富庶的地方。过去常有人说:"黄河百害,唯富一套。"事实上"黄河百害"乃是反动统治阶级糟蹋黄河的缘故;而一套的所以较为富庶,也正是劳动人民不断努力的结果。

　　以前的反动统治阶级,对于绥远的这些沟渠灌溉工程是一向听任其自生自灭的。因此,后套平原的沟渠,一直来存在着很多缺点。第一,各渠都没有拦水蓄水的设备。一定要到黄河水涨,才能自行流入沟渠之内。这样,黄河水位如不到一定高度,各渠就无法引水灌溉。第二,各渠的入口处都没有涵闸的设置,无法控制渠水的流量。每遇黄河泛滥,洪水入渠,常常要淹没灌溉区。第三,各渠的水,最后都流入乌加河,再从乌加河经乌梁素海回到黄河。但乌加河水位较高,退水困难,常有各渠渠尾倒灌的危险。第四,黄河河床变迁无定,影响所及,使各渠渠口也变迁无常,每年因修理渠口,经常要付出一大笔款项。这种情况,到了新中国成立以后,由于黄杨闸的修建完成,以及其他3座大闸的计划修建,已经大大改善了。

　　黄河在绥远除了后套以外还有一个前套。前套就是乌拉山西山嘴以东、黄河东北沿岸一带的地方。黄河从后套东流,到乌拉山西山嘴分为二股。北股是支流,叫做三湖河,全长约120公里。三湖河和黄河干流之间,也早由劳动人民开出了好些沟渠,其中主要的有6条,约可灌溉农田16万亩。(附表五)

附表五　前套三湖河地区沟渠分布

渠　别	渠　长(公里)	灌溉面积(亩)
东大渠	20	50,000
西官渠	20	60,000
西大渠	10	20,000
公济渠	40	20,000
民福渠	30	10,000
东河各渠		2,000
合　计		162,000

　　国民党反动派曾于1929年起在前套进行所谓民生渠灌溉工程的兴修,计划在黄河和大黑河之间开凿沟渠,扬言要灌溉萨拉齐和托克托两县的200万亩土地。但工程的开始既是草率从事、毫无计划;工程进行中更是偷工减料、贪污克扣。因此,虽然这一带的劳动人民也出钱出力,增加了很多负担,而结果工程尚未成功,却在1933年因

黄河水位的暴涨,造成渠道淤塞、渠堤溃决,终至全盘失败。这就是国民党反动派"兴修水利"的又一具体事例。

在黄河干流上另外一个重要的沟渠灌溉区是宁夏省。说起宁夏的沟渠,的确也是我国最早的水利工程之一。远在西汉时代,这里的劳动人民,就已经在青铜峡口挖渠灌田了。汉代所挖掘的沟渠至今已经湮没的据传有御史、尚书、光禄3条;至今还存在的则有汉渠和汉延渠两条。到了唐代,曾在汉代的光禄渠废址上开掘新渠,那就是迄今还存在的唐徕渠。此后,元、明、清各代,这里的劳动人民继续不断地在这一带开掘了许多沟渠。"千里黄河富宁夏",这绝不是凭空得来的,而是劳动人民世代辛勤的成果。由于历代劳动人民的不断努力,才造成宁夏省"塞外江南"的美好风光。

宁夏省的沟渠就自然地形,可以分成三区,而青铜峡则是这三个灌溉区的枢纽。在沙头坡以下,青铜峡以上的中卫、中宁一带是卫宁区。这一带,黄河南岸的平原较为狭小,灌溉面积不大。主要的沟渠有中卫的美利渠和中宁的七星渠等。从青铜峡到石嘴山之间,黄河两岸的平原比较广大,是宁夏省灌溉区的重要部分。黄河以西称为河西区,包括银川、贺兰、宁朔、平罗、惠农、永宁等地主要的沟渠有汉延渠、唐徕渠、惠农渠、大清渠等。在黄河东岸的称为河东区,包括吴忠、金积、灵武等地,主要的沟渠有秦渠、汉渠、天水渠等。(附表六)

下表所列的26条沟渠都是较大的。其余灌溉面积在1万亩以内的,为数还有不少。而在这26条之中,又以美利、七星、汉延、唐徕、惠农、大清、昌润、秦渠、汉渠和天水渠等10条为最重要,称为宁夏十大渠。

当然,宁夏的沟渠也是存在着好些缺点的,首先是排水不良。由于宁夏的沟渠不但是渠道曲折,而且比降平缓,断面也都不大。因此,就因排水不良而致沼泽遍地,使很多良田碱化。其次是引水困难,由于这里的沟渠大多都是多首制,因此,黄河的迁徙无定影响了渠首的常常变动,使引水随时都会发生困难,灌溉就没有充分的把握。解放以后,宁夏沟渠的这些缺点,已在迅速改善之中了。1951年河东区新式水利工程的完成,替整个宁夏沟渠系统的整理改善,作了一个极好的示范。现在,河西区和卫宁区的沟渠也已在逐步整理修建之中了。

黄河流域的沟渠灌溉工程,在其他各处还很多。例如甘肃省的黄河干流及支流渭水、祖厉河、洮河和湟水等处,青海省的黄河干流及支流湟水一带,历代以来,也都有劳动人民开掘了纵横密布的沟渠,灌溉了相当面积的农田。另外,在黄河中游,如山西省的汾水流域,山西和河南之间的沁水和丹江流域,自古以来,也都是沟渠灌溉很发达的农业区域。

附表六　宁夏沟渠分布

区别	渠别	渠长(公里)	灌　溉　地　区	灌溉面积(亩)
河西	唐　徕	212	贺兰、银川、宁朔、永宁、平罗、惠农	600,548
	汉　延	110	贺兰、银川、宁朔,永宁	345,857
	惠　农	184	贺兰、银川、宁朔、平罗、惠农、永宁	396,306
	大　清	37	宁朔	59,750
	昌　润	43	平罗	65,700
	滂　渠	30	惠农	17,093
	永　润	20	惠农	11,136
	西　官	24	惠农	14,500
	马家滩	4	宁朔	21,807
	云　亭	60	贺兰、银川、永宁、平罗、惠农	200,000
河东	秦　渠	72	金积、吴忠、灵武	186,266
	汉　渠	63	金积	133,600
	天　水	18	灵武	26,104
卫宁	美　利	77	中卫	130,865
	七　星	66	中宁	84,548
	羚羊角	12	中卫	14,486
	羚羊寿	19	中卫	11,740
	羚羊夹	24	中卫	30,988
	太　平	33	中卫	47,678
	新　北	20	中卫	17,260
	柳　青	20	中宁	19,176
	新　生	38	中宁	30,495
	中　济	32	中宁	20,256
	康家滩	12	中宁	11,103
	黄辛滩	10	中宁	15,931
	丰　乐	37	中宁	19,750

黄河流域的农田水利事业是可观的,从这些自古以来的水利建设中,我们可以认识,我们的劳动人民,是怎样地用他们的双手,用他们的智慧和他们伟大的创造力,克服了困难的地理环境。使我们的民族能够蕃衍生息,使我们的文化得以发扬光大。

自古以来黄河流域的农田水利事业,是我们中国人民无上的光荣!

五、黄河流域的资源物产

　　黄河流域的资源和物产是非常丰富的,黄河干支流所经各处,有的地方森林蔽日;有的地方牛羊遍野;有的地方长满了丰美肥硕的庄稼。黄水滔滔,潜藏着用不完的动力;山岭连绵,存贮着取不尽的宝藏。黄河绝不是"中国的忧患",它应该是祖国最美丽可爱的地方。

　　让我们从上游到下游,在黄河流域作一次漫步吧。

　　黄河上源的青海省,是青唐藏高原的一部分,这里,在黄河干支流一带,贮藏着多种多样的有益矿藏。虽然在过去,这一带根本就没有做过什么勘探工作,但仅仅就目前已经知道的来说,矿藏的种类已经有不少了。

　　煤的贮藏在这一带是相当丰富的,在黄河、湟水和大通河流域的西南、大通、化隆、互助、乐都等地,都有着蕴藏和出产。大通的樵渔堡煤矿,是这里很早就进行采掘的煤矿;西宁的煤矿则是新中国成立后的新建设之一,正在计划将日产量提高到 100 吨,是一个很有前途的矿区。黄金在这里产得更普遍,积石山附近,早在 1919 年以后,就曾经设厂开采过一个时期了。大通河上游的金沙,含金沙层极厚,是一个重要的富源。此外,如乐都、循化、湟源一带的铜、乐都的铁、享堂的石油、也都是重要的矿藏。至于盐的出产,那更是遍地皆是,从札陵湖边的哈姜盐池起,沿着黄河,一路都有盐池的分布。青海的盐,除了供给本地应用以外,还可以运销到甘肃去。

　　在农业上,虽然黄河上游由于过去没有很好地解决灌溉问题,开垦面积还很小,但是在灌溉充分的地区,特别是在湟水流域的西宁和湟源一带,农业却也是相当发达的。青稞和小麦,是这里主要的农产,另外,大片的草地上,发展了大规模的畜牧业。就这一带来说,畜牧业的重要性是远远地超过农业的,湟水上游的湟源,就是一个羊毛和畜产品的交易市场。还有,在黄河和湟水沿岸,特别是大通河上游的祁连山地区,还保有了大片斧斤未入的原始森林,生长着云杉、桧、柏等优良的建筑木材。这些森林,对将来西北地区的建设事业,是一定会有很大的贡献的。

黄河进入甘肃以后,情况便和在青海不同了。到这里,河两岸的谷地扩大,阡陌连绵,良田遍野,农业已成为人民的主要事业了。这里的主要农产品是小麦,种植面积要占全部耕地的40%左右,产区以渭水流域和兰州一带最为重要。兰州和榆中一带,出产数量不少的烟草。另外,陇中一带,更是很有名的瓜果产地。

畜牧业在这里仍占相当重要的地位,大夏河流域和洮河流域是主要的畜牧区。新中国成立以后,人民政府在兰州设立了"兽疫防治处"和"羊毛改进处"等机构,因此,这里的畜牧业已经开始走上了光明的大道。另外,在洮河上游,也还存有着大片森林,生长着云杉、冷杉、油松、栎、橡、樟等树木,是西北的重要林区之一,目下已在进行合理的采伐和利用了。

甘肃省的黄河流域在地形上是陇西盆地,陇西盆地是一个矿藏丰富的地区。煤的蕴藏很普遍,兰州东南的阿干、庄浪河沿岸的永登窑街、泾水上游的华安口窑,是三个最著名的矿区。阿干的煤,质地非常优良,正好供给兰州的工业需要。永登窑街除了煤矿以外,又藏有数量相当的铁矿,是一个很理想的冶金工业地区。黄金的蕴藏和出产,除了黄河、湟水、大通河和庄浪河一带的沙金以外,在榆中的马衔山和兴隆山以及永登的武胜驿等地,都有着山金的蕴藏。甘肃的六盘山地区,可能是一片油田,因为在华亭和固原,都曾发现过油泉。另外,食盐的出产也很不少,诸如皋兰的喇叭场、景泰的一条山、永丰的哈家嘴、靖远的小红沟等地,都有着盐池的分布;渭水上游的漳县,更还有井盐的出产。还有,黄河以北的大片地区,普遍出产硝石,质量优良,可以和智利硝石媲美。

宁夏回族自治区的黄河流域是一向来被称为"塞外江南"的著名农业区。黄河两岸,沟渠纵横,田畴相望。在粮食作物方面,北部贺兰一带以小麦为主,南部中卫一带以稻米为主。宁夏是秦岭以北的主要产米区,每年都有余粮可以运销到甘肃去。在经济作物方面,则这里也有着棉花、烟草、亚麻和大蒜之类的出产。畜牧业是宁夏人民的主要生活来源,在黄河沿岸,如平罗、灵武以及东南部的盐池一带,畜牧业都很发达,其中最主要的是羊的畜养,因此,这一带也是我国主要的羊毛出产地之一。

就矿产说,贺兰山一带是一片蕴藏丰富的大煤田,南起中卫,北到磴口,沿途都有大量的煤藏。平罗汝箕沟煤矿，是这里最著名的矿区。石嘴山以北的河拐子煤矿，盛产烟煤，是这一带很重要的燃料。另外，如中宁的铁、磴口的自然碱以及盐池县和其他多处的池盐，也都是这一带的重要富源。

绥远是黄河河套所经的地带，这是一向被认为富庶的地方。的确，这里的农业是非常发达的。绥远的粮食作物以小米为主，另外，春小麦和高粱也种植得很普遍。还有，这一带的燕麦出产，每年达四五百万担，要占全国的第一位。在后套平原，同时也有部分的稻米出产。在经济作物方面，则烟草、豆类、亚麻等，都有多量的出产。此外，享有国际地位，可以制成30多种化学原料的胡蒴，华北地区造纸工业中的主要原料枳机草，也都是这里的重要农产品。最近又在试验对于哈密瓜和橡胶草的种植，这一带的农业前途，的确是无限光明的。

绥远同时又是著名的畜牧区，黄河以北的乌兰察布盟和黄河以南的伊克昭盟的蒙古族同胞，都以畜牧作为主要的生活来源，特别是在黄河北岸的大青山（阴山）一带，那真是马畜涨山、牛羊遍野。这种景象，使人想起古诗中的："敕勒川，阴山下，天似穹庐，笼盖四野。天苍苍，野茫茫，风吹草低见牛羊。"这是多么生动、美丽的一个镜头呢！

绥远每年出产大批的羊毛、驼毛、猪鬃、肠衣，以及珍贵的猫皮、黄狼皮等，从京包路运到北京一带出售。新中国成立以后，在人民政府的领导之下，各牧区都进行了打井、刈草、打狼等各种运动；乌、伊两盟都普遍地设立了兽医防治站。畜牧业正在空前地发展，牧民的生活也已经大大地提高了。

绥远的地下资源，更是具有很大的重要性的。大青山南麓，包括包头，萨拉齐、固阳、归绥一带，是华北一片重要的煤田，石拐沟即是这个矿区的中心。铁的贮藏在这里也很丰富，主要是在归绥、固阳和包头一带。归绥西北部的白云鄂博，是一个大铁矿的所在，这里的铁，贮藏量比目下华北最大的龙烟铁矿还多，是一个极端重要的富源。另外如归绥的石墨、萨拉齐的石棉，产藏量也都不少。至于池盐的出产，为数就更众多，仅仅是伊克昭盟一区而言，估计每年盐产就在6000万斤以上。还有，在托克托以南，黄河和支流清水河交会的地方，潜藏着巨大的水力，更是发展工业的重要动力支源。

绥远以下，黄河成为山西和陕西两省的界河，让我们先看看陕西吧。

陕西的泾渭盆地，是我国最古老的农业区域之一。小麦是这里最主要的粮食出产，另外，玉米、小米和豆类的出产也很多。泾渭盆地同时又是我国极重要的棉产区，特别是渭水流域的棉花，纤维坚韧细长，弹性极好，可以纺成细纱，称为"陕棉"。新中国成立以后，陕西的棉产已经有了空前的发展。1951年，泾渭一带的棉产量，平均每亩比前一年提高53%。这样丰富的棉产，替今后西北地区的纺织业开辟了良好的前途。陕西的北部,如延水和无定河诸流域,虽然自然条件较差,但是由于这些地方解放得最早,在共产党的领导下,这里的农业早已大大地发展,小米和高粱是这一带最主要的农产品。

陕西的矿藏,特别是煤和石油,是对整个国家有着非常重要的意义的,陕西的煤矿,主要的贮藏在泾水和北洛水下流的地带。根据过去不完全的资料,贮藏量即达720余亿公吨,占全国各省中的第二位。目下已在进行开采的,计有铜川、韩城、宜君等地,以铜川的规模最大,有铁路线和陇海路相连接。陕西的石油贮藏,矿区面积很大,藏量也极为丰富。油田大概以延长为中心,北到榆林,南达铜川,西至安塞,东抵黄河,到处都有油苗的存在,确是我国最大的石油蕴藏地之一。早在1903年(清光绪二十九年),德帝国主义者曾经觊觎过这里的石油富源;1913年,美国的美孚公司也企图霸占这里的油田,并且曾一度设厂开采过。1918年,延长某处油井,曾经一日出产原油2万多斤,可见这里存油的丰富了。

除了煤和石油以外,陕西的另外矿藏还是不少的,例如鄠县和郿县的石墨、临潼的锰等。还有,富平、蒲城、朝邑和陕北的榆林一带,也出产很多的池盐,供给本省人民的食用。

陕西东面的山西,是黄河流域最重要的矿区。山西的丰富煤藏,是早就名震世界了的。北起大同,东到汾水支流上的阳泉,南达沁水和丹江流域及其附近的长治、晋城一带,都是重要的蕴藏地区。山西的煤矿贮藏,要占全国各省中的第一位。大同煤矿,更是全国最大的煤矿之一。除了煤以外,山西还有相当数量的铁矿。铁矿主要的在东部的平定和南部的晋城一带。这里的矿层离开地面不深,采掘非常容易。这样丰富而又便利的煤铁贮藏,替我们指出了太原重工业区的伟大、美好的远景。

山西另外还有多种多样的金属和非金属矿产,垣曲、绛县和闻喜一带,是我国历史上最古老的铜产区。太原、平陆和灵石的石膏,贮藏量和品质都居世界第一位。阳泉和阳城的硫磺出产,在目前也占国内最首要的地位。运城以东的解池,是华北最大的池盐产地,这里的池盐,即是历来著名的"河东盐",每年产量常在100万担以上。还有,山西是黄河水力藏量最大的地区,特别是在龙门山一带,是我们国内重要的水力贮藏区,对今后新中国动力工业的发展,是必然能起巨大的作用的。

山西的农业出产也很丰富,汾水中、下游和涑水流域是最主要的农业区域。小麦、小米、高粱、马铃薯和棉花,是这里最主要的农产。

山、陕以下,黄河到达河南,这里,已是一望无际的华北大平原,是我国极重要的农业区之一。小麦、芝麻和烤烟的出产,在全国各省中都居第一位,花生和番薯,都居全国的第二位。另外如高粱、小米、豆类、棉花等,也都有着很大的出产。新中国成立以后,黄河北岸的国营博爱机垦农场和黄河南岸西华县的国营黄泛农场的建立,对这一带的农业等集体化,已经指出了美好的路径。无疑地,河南将成为一个庞大的粮仓,是我们很多工业区域的一个粮食基地。

河南的矿产,也是丰富而多样性的。黄河北岸的焦作煤矿,煤质非常优良,一直来有"中原煤都"的称号。黄河南岸的观音堂、巩县、洛阳和宜阳等地,也都有丰富的煤藏。另外,如博爱的黄铁矿、济源的黄铜矿、辉县的方铅矿、沁阳的石墨矿等,还有,巩县的铁,伊水和洛水一带的沙金,陕县的石膏、新安的硫矿等,也都是这里很有价值的矿藏。而三门峡的水力贮藏,恰也正和龙门山一样,是一个大规模的动力资源。

黄河出海处的山东,在地形上有着平原,丘陵和沿海3种优良的条件。因此,这里不但是一个丰富的农业区和矿产区,而且又是一个著名的海产区。

这一带的农产的确太丰富了。小米、高粱和花生的出产,都占全国各省中的第一位;小麦和大豆占全国第二位;玉米、番薯、棉花和烟草,产量也都居全国第三位。此外,这里又是全国著名的果园区,莱阳的梨、肥城的桃、乐陵的枣、烟台的苹果、胶县的白菜,都是一直来脍炙人口的名产。还有,山东半岛又是我国很重要的柞蚕区,是著名的"山东府绸"的老家。

山东的矿藏,大部分都在半岛的丘陵地带。潍县坊子和淄博一带有着丰富的煤藏,淄川煤矿是我国煤矿中质量最优良的。还有,金岭镇的铁、招远玲珑山和平度、牟平一带的金,另外,这里更蕴藏着铁矾土、菱镁、氟石、蛭石、石墨、石棉、云母等多种矿藏,是一个极有前途的矿区。

山东沿海,有着非常丰富的海产,以胶县为中心的山东盐区,其产量在中国北方仅次于长芦盐区。黄河从上游带来的大批冲积物,饲育了海上成群的鱼类,沿海渔港满布,是我国北部沿海的最大鱼产地。

黄河流域的资源物产,要是细细说起来,真是讲不清、叙不完的。过去只是由于政治制度的不好,弄得水利不修,灾难频仍,而农民们辛勤劳动的成果,又被反动统治阶级剥削殆尽,使这里的人民一直过着贫困、痛苦的生活。新中国成立以后,黄河流域的人民变成这些丰富的资源和物产的主人了。他们必将以高度积极的劳动,利用这里的资源物产,替祖国创造出更多的财富来。黄河流域的前途已经大放光明了。

六、新中国成立以来的新建设

千疮百孔、多灾多难的黄河，新中国成立以后，已开始逐渐转换了它的面貌。在短短的几年中，由于党和人民政府领导了黄河流域人民展开了和自然斗争的结果，很多黄河历史上所从来没有见过的防灾和灌溉的新建设，已在黄河干流和它的支流上建筑起来了。虽然就整个黄河流域来说，这些建设还仅仅是黄河转变的开始，黄河面貌的整个改变，还需要我们不断地努力。但是在这些建设里，我们可以认识，黄河的面貌是可以整个转变的，只要我们有决心，在伟大的毛主席和党的领导擘划之下，我们一定可以把黄河建设成为一条美丽可爱的河流。

下面让我们介绍几个新中国成立以来黄河流域的新建设吧。

（一）人民胜利渠

人民胜利渠即是著名的"引黄灌溉济卫"工程。中国历史上，在黄河下游利用黄水，这还是第一遭。从防制水转变到利用水，这确是一个刻划时代的工程。（附图九　人民胜利渠示意图）

介绍"引黄灌溉济卫"工程，就必须先把卫河也附带谈一下。

卫河也是海河的支流之一，是华北平原上的一条大河。它发源于河南辉县的苏门山，下游经山东临清到天津和海河的其他支流相会合。从临清到天津段的卫河，就是

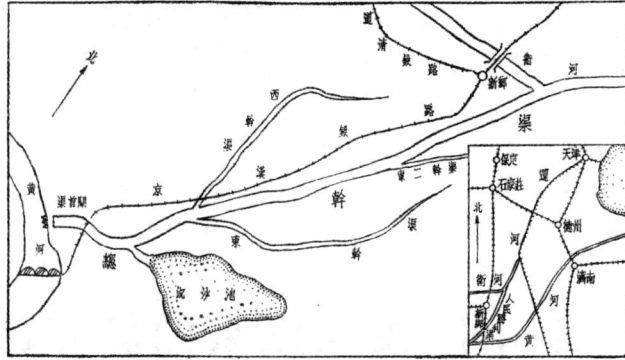

附图九　人民胜利渠示意图

南运河河道，一般地图上都绘作运河符号。运河从淮阴到北京的 1262 公里河道中，只有从临清到天津的 520 公里还可以勉强适航，这也是因为卫河上源有一部分水量的缘故。

卫河上游，从新乡到临清这一段，在夏秋涨水季，也可以通行木船，是河南省黄河以北通天津的重要道路。要是能够将这条航道加以改善，对于这一带的物资交流，必能起巨大的作用。要使卫河能够经常通航，就必须增加它的水量。新乡距黄河河岸不远，假使能在这里开凿一条沟通黄河的水道，不但是卫河水量有了来源，而且水道两岸的土地都能因此得到灌溉，确是一个一举两得的好事。"引黄灌溉济卫"工程，就是这个理想的计划的具体实现。

"引黄灌溉济卫"工程的主要部分，就是沟通黄河和卫河之间的总干渠。在黄河北岸京汉铁路大桥以西一公里半的地方建筑了一座渠首闸，这就是总干渠的起点。总干渠在詹店越过京汉路到铁路的东侧，然后沿铁路在新乡附近进入卫河，全长 52 公里半。总干渠从渠首闸可以引入 40 米^3/秒的黄河水量。除了把其中的 20 米^3/秒供给卫河以外，还有多余的水量可以利用灌溉。因此，在总干渠的两旁，又开凿了好些支干渠，以使灌溉能够进行。在京汉路忠义站以南引出的是西干渠。西干渠向北到新乡和焦作间的铁路线附近，全长 16 公里，有支渠 4 条，输水量为 7 米^3/秒，可以灌溉获嘉一带的农田。从忠义站向东分出的是东一干渠。东一干渠全长 7 公里，输水量为 6 米^3/秒，有支渠两条，可以灌溉新乡一带的农田。从京汉路小冀站附近引出的是东二干渠。东二干渠向东北直到汲县城西为止，全长 14 公里半，输水量为 7 米^3/秒，可以灌溉新乡和汲县一带的农田。另外，由于黄河是一条输沙量极大的河流，为了防制输水时挟带进来的泥沙问题，在总干渠上流东侧的武陟县张莱园附近，专门设置沉沙池一处，以拦蓄黄水中的泥沙，免使各渠道淤塞。

"引黄灌溉济卫"工程是在1949年开始的。那年年底,黄河水利委员会成立"引黄灌溉济卫"工程处;1950年1月—9月,完成了工地的地形测量;1951年3月起开工;到1952年6月全部完成。比原定的完工日期提早了一年半。在1952年3月第一期工程完成后的放水典礼上,前平原省人民政府副主席罗玉川同志宣布把这条灌溉渠命名为"人民胜利渠"。

人民胜利渠的完成对这一带的人民来说,好处真是太多了。第一,黄河北岸的新乡、获嘉、延津、武陟4个县的40余万亩农田,从此可以得到充足的灌溉。这一带本来是小麦和棉花的重要产区,过去由于经常地遭受旱荒,限制了农业的发展;现在,这里已成为沟渠纵横、庄稼繁茂的灌溉区了。第二,卫河可以经常地得到来自黄河的10米³—20米³/秒的水量,使它的水位,可以经常保持2米。这样,卫河除了严冬冰期以外,可以经常通航。以后只需对航道稍加疏浚,吃水200吨的汽船就可以直达天津。另外,如新乡、获嘉等地,过去因为排水不畅,地下水位极高,很多地区发生土质碱化的现象,大大地影响了农业生产。这些沟渠的完成,就可发挥排水和洗碱的作用,逐渐消灭这些地方的碱质。而这一带原有的很多沙地,也因灌溉问题解决而能渐次改良土壤增加生产。还有,引入黄水的干渠上,有4处地方可以利用水力发电,是将来发展地方工业和农村电气化的良好基础。

人民胜利渠的完成对黄河来说,确是一项刻划时代的工程。这是中国历史上在黄河下游利用黄水的创举,是人民对黄河斗争的伟大胜利。

(二) 石头庄溢洪堰

黄河向来有"铜头铁尾豆腐腰"之称,"豆腐腰"即是指的河南郑州以下的一段河道而言。特别是在长垣一带,这里由于黄河涨水面大大地超过了两侧的地面,而且河道又是变化无常。本来坚固的堤防,只要河道一变,即可成为险工。因此,这一带是历来黄河最容易决口的地方。

1933年黄河在长垣决口时,陕州的流量是23000米³/秒;1942年更到过29000米³/秒。而现在河道所能容纳的流量只有18000米³/秒。因此,在非常洪水时期,主动地放出洪水以减轻大堤的负担,是现阶段保障黄河两岸人民生命财产的有效办法。石头庄溢洪堰即是基于这种情况而建筑的工程。

在黄河上建筑溢洪堰,首先要选择适宜的地点,因为把洪水放到黄河大堤外面来,不是一件好玩的事。放出来的洪水必须有充分的把握加以控制,并让它有一定的出路,使之不会横冲直撞,反而因此造成灾害。根据这样的情况,在长垣县的石头庄建筑这个工程是很适当的。因为黄河在这里一带,大堤以北还有一道金堤,可以约束放出来的洪水,而且从石头庄向西地势渐高,向东在金堤和大堤之间,原来有旧的河槽一条,可以利用作为排泄的通道。另外,黄河在这里,河床和大堤以外平地间的高差较小,因此堰口处的坡度不会太大,放洪就比较便利。还有,这一带黄河的附近都是沙地,黄河大堤也是沙质,最容易溃决,因此在这里放洪护堤,也就特别重要。以上种种,都是溢洪堰建筑在石头庄的理由。

溢洪堰又称滚水坝,它的工程大概是这样的:

在石头庄的黄河大堤上,开一条长 1 公里、宽 49 米的缺口。底部用钢骨水泥修成 6 道大墙,各大墙中间修了 30 道小墙,成为一排排的长方形格子,格子里填满了装满石块的铅丝笼。从此向外,铺着柳条。堰底和河床成为缓缓的斜坡;堰口两端筑有水泥石块的石包头,高度和黄河大堤相齐。这就是溢洪堰工程的基本部分。

堰的上面,另外用泥土砌成控制堤,控制堤高海拔 68 米半,比黄河大堤低一米半(黄河大堤高海拔 70 米)。控制堤的作用是掌握洪水,不到一定的时机,不让河水外溢。另外,为了在放洪时有效地约束洪水,不使乱闯,在溢洪堰两端的石包头处,向两方修有略成八字形的翼堤(雁翅堤)两道。翼堤用水泥石块筑成,其中一道长一公里,另一道长一公里半。还有,为了防制在放洪时被洪水冲破靠近堰门的黄河大堤,在两侧大堤的临黄面上,也用石块修筑了长各一公里半的护堤工程。(附图十 石头庄溢洪堰示意图)

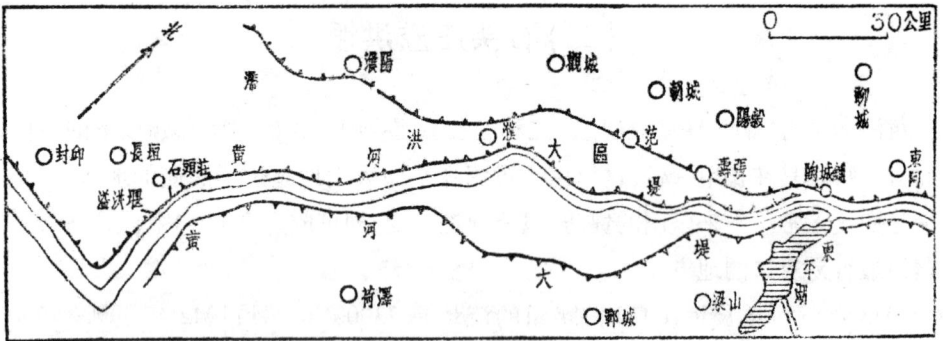

附图十 石头庄溢洪堰示意图

介绍了溢洪堰的工程以后,就要谈谈怎样放洪的问题了。放洪是一个十分严肃的工作,绝不允许草率从事的。如果不应放而放,则白白地糟蹋了滞洪区万千农田的庄稼,造成无谓的损失。如果应放而不放,则一旦大堤溃决,损失更将无法估计。因此,每逢汛期,石头庄和陕州及黄河沿岸各重要地点(设有水文观测站者),都设有专用电话互报水情。如果陕州流量超过 18000 米^3/秒,并且还有继续上涨的趋势,这时便须按照下游水情,掌握具体情况,呈准中央,开始放洪。

放出的洪水从那里走呢? 上面已经提起过在这一带黄河大堤以北的金堤了。金堤从濮阳以西起,向东要到山东寿张的陶城铺才和黄河大堤会合。这一块西宽东窄的地区就是滞洪区,也就是溢出来的洪水的通道。从溢洪堰口到陶城铺计要经过长垣、滑县、濮阳、范县、寿张等处,全长共有 160 公里。陶城铺以东,黄河南北岸都有丘陵岗阜,两岸地面已经高过河床。陶城铺附近则是一块洼地,在这里,黄河北岸又只有民埝、没有大堤了。因此,洪水到了这里,就会自然地回入黄河河道中。

有人问:洪水反正仍然是回入黄河,何苦要把它放出来呢? 这里就必须说明,在滞洪区流动的洪水,要比在黄河河槽里流动的洪水慢得多。洪水在黄河河槽里奔流,从石头庄到陶城铺只要一天半时间就够了,但是在滞洪区里流动就需要七八天。黄河洪水的涨落是很迅速的,每次涨水时的高水位,大概只能持续 3 天左右。因此,当从溢洪堰分出的洪水到达陶城铺时,黄河水位早已下降,紧张的阶段已经过去了。溢洪堰能够放出的洪水,约有 5000—6000 米^3/秒。这样,石头庄溢洪堰的功用,可以保证黄河在陕州流量 23000 米^3/秒时,和争取在陕州流量达 29000 米^3/秒时,确保黄河大堤和金堤不会溃决。这对这一带历来多灾多难的人民来说,真是一个莫大的福音。

也有人问:滞洪区内有很多城镇、村庄、人民、财物、庄稼等等,现在做了洪水的过道,不是会造成损失吗? 不错,洪水经过滞洪区,是有一些损失的,最起码的是洪水所经之处的庄稼一定要被淹没。但是假使让我们看一看整个利益的时候,这个问题就会马上解决了。和整个黄河下游两岸的人民利益比较,滞洪区不就显得很渺小了吗? 况且放洪是一件十分慎重的事,非到万不得已,不会轻易动手,放洪之所以必须要得到政务院的批准,也就是这个道理。

黄河洪水从陕州到石头庄,总要两天工夫。因此,在决定放洪以后,滞洪区的人民至少还有两天时间做准备工作,如抢收庄稼和搬运财物到安全地区等。放洪以后,除了正当洪水主流所经的村庄需要临时搬动外,别的地区并不需迁移。而且靠近洪水的村镇,都已建有救生台,作为临时迁避之用。离洪水较远的村镇,则在四周修筑了护庄堤,洪水也不能侵入。总之,人民政府对滞洪区的人民照顾得无微不至,一切损失都会得到合理的补偿的。

自然,溢洪堰的作用仅仅是把洪水的威胁缓和一下,并不是根本解决洪水的办法。因此,这只是一个救急性的工程。但是由于根治黄河并不是一件短时期内可以完成的工作,所以像这类救急性的工程是非常必要的。等到根治黄河的工程全部完成以后,溢洪堰当然失去效用而可以废弃了。

石头庄溢洪堰的建筑于 1951 年 4 月 20 日决定,同年 5 月 24 日开工,到 8 月 20 日就全部胜利完工了。在工程的兴建中,除了先后完成 1200 万米³ 的土工外,并在工程大、时间短、交通不便、经验缺乏、农忙、雨季和河水涨落不定的种种困难条件之下,完成了来自全国各地的 25 万吨物资器材的运输任务。另外,还铺设了从陇海铁路兰封站到石头庄黄河南岸的东坝头的 15 公里铁路和河北岸的 24 公里的轻便铁路。工程中共动员了大小木船 1700 余只,汽车 1500 余辆、胶轮马车 900 余辆和小车 700 余辆。参加工程领导工作的各级干部 2500 多人,技工和民工共达 45000 多人。全部工程共做了 150 多万个工作日。

(三)山东下流减凌分水工程

黄河的滨海一段,因为河道狭窄,滩多水浅,冬季最容易结冰。尤其这一带天气较冷,每到春季,黄河上、中游开始解冻时,这里却还有一段时期的坚冰不解。这时,上游的冰凌源源而下,都在这里壅塞起来,造成一条冰坝。于是河水没法宣泄,便会酿成决口,这就是黄河的凌汛。为了克服凌汛的灾难,保护这一带人民的生命财产,山东省人民政府于 1951 年春天就决定兴修这项减凌分水工程。工程于 1951 年 10 月开始,经过两个月的努力,已于 1951 年 12 月全部完成。

减凌分水工程的主要部分包括一个溢水堰和一条新引河。黄河入海处如果因冰凌壅塞、河水难泄的时候,就可打开溢水堰的节制闸,把河水从新引河放入黄河故道出海。溢水堰建筑在黄河南岸利津县小街子村北的黄河大堤上。全堰计长 200 米,宽 52 米,堰顶高 12 米,堰身中间留着一道 38 米宽的放水缺口,节制闸即安置在这个放水缺口上。节制闸计有闸墩 9 个,闸台两座,闸门 10 孔,以利用黄水灌溉田地。新引河是从溢水堰的缺口起,到利津县东的张庄和小宁海村之间入黄河故道,全长约 17 公里。新引河两岸并筑有两道新堤,全长达 40 余公里。在新引河两岸的两道新堤中间,还有 60 余个小村庄,这些村庄,都建筑了护庄的围埝,以免在放水时被黄水侵入而造成损失。另外,并将利津和垦利两县的黄河旧堤也加以培修,增加了堤身的巩固。

减凌分水工程的建筑是极艰苦的。当时天气酷寒,气温曾下降到摄氏零下 9 度。但是民工们却仍然不顾一切地破冰下水,积极劳动,使工程能进展得迅速顺利,在短期内胜利成功。参加这项工程的干部、技术人员和民工共达 7 万人,全部工程,共做了 254 万多米³ 的土方工程。

减凌分水工程完成以后,不但是利津、垦利等县,在今后黄河凌汛季节不会再发生决口的灾害;而且在每年黄河春汛时节,新引河还可放水灌溉约 40 万亩农田,黄河出海处的一片不毛之地将因此变成一片肥沃的耕地;而滨海地区,过去一直用咸水当饮料,此后也可以得到充足的淡水了。

(四)绥远黄杨闸

绥远省的后套平原,是黄河流域的重要灌溉区,这在前面已经谈到了。不过由于过去反动统治阶级对这一带的沟渠工程的不加重视,以致年久失修,渠道紊乱,排水不良。不但是灌溉面积日益缩小,可以灌溉的地区也经常要闹水灾。另外,由于排水不良的缘故,土质渐渐碱化,生产量因而日益低落。

为了解决后套平原的灌溉问题,中央人民政府水利部在1949年内即已决定要兴建黄杨闸。工程于1950年5月初步开始,经过两年的努力,全部工程于1952年完成。这一工程,包括47000吨重的7孔进水闸、7孔泄水闸,开掘渠道75公里,并且还有可以通行载重30吨船只的船闸一座。全闸宽130米,长93米,总面积达6651平方米。投入这一工程的建筑费共达人民币300亿元。在工程中,参加工作的干部,工程人员和技工计有1400多人,民工则将近一万人。一共做了土方280万米^3,混凝土8380米^3。

黄杨闸建筑在绥远陕坝专区米仓县黄河西岸的黄杨木头附近,闸基的位置在从黄河引出的一条大渠之上,闸的进水量通常为140米^3/秒,渠水经过闸门后,分别流往黄济渠,杨家河、乌拉河等3条大河中,灌溉米仓、临河、狼山等一带农田。在过去,后套平原的这些水渠,都是无法控制水量的。在黄河汛期里,往往要泛滥成灾。黄杨闸工程完成以后,便可节制和调剂水量,并且完全控制了黄济渠、杨家河和乌拉河的流量,发挥了防洪、减旱的功效。一方面使这一带1223600亩的农田得到良好的灌溉;另一方面,由于渠水泛滥的免除,乌梁素海沿岸,还能脱出10万亩耕地来。这一灌溉区,在3年以内,更可争取扩大到180万亩。此外,宁夏磴口县也有3万亩土地可以因此而得到灌溉。以后继续整理渠道,充分发挥灌溉效能,则灌溉区域将能发展到280万亩。

黄杨闸是后套平原计划修建的四大涵闸之一。在这一带,另外还有3座和黄杨闸相似的大闸要继续兴建起来。还有,横过黄河,更需要建筑一座拦河坝和蓄水库,以便控制整个后套平原的全部沟渠。到那时,预计后套平原的灌溉面积将达到1300万亩,成为华北极大的粮仓。而且除了灌溉以外,又可以发展水电、航运等等,大大地繁荣这一带的经济。

（五）宁夏河东区新式水利工程

在前面黄河流域的农田水利中,我们已经谈到了宁夏省的沟渠灌溉工程。宁夏的沟渠,特别是在河东区,渠身多是弯弯曲曲,水行非常迁缓。因此,不但是渠道常常要被泥沙淤塞,而且在大水时节,渠道的转角地带,随时有闹决口的可能。水小的时候,又有很多农田得不到水进行灌溉。另外,由于沟渠弯曲、水流不畅,在山水来到时,往往泛滥成灾。低洼的地区,则又因积水不退而使土质逐渐碱化。因此,历来号称"千里黄河富宁夏"的地带,有些地方实际上已经弄到"十种九不浇"的地步了。农业的减产,再加上蒋、马匪帮的重重剥削,因此,在解放以前,这一带人民的生活,痛苦已达极点。

1951年4月,人民政府拨款80余亿,动工兴修河东区的水利工程。工程的主要部分,除了新开一条长达30公里的农场渠以外,并进行了清水沟洞、山水沟桥、秦渠等6个截湾工程;修建了大小桥洞、涵洞、跌水、斗门,进退水闸等建筑44座。全部土方工程计有10282000多米^3。这一工程,已于1951年10月较原定时间提前一月完成了。

这一工程完成以后,除了使吴忠、金积,灵武一带15万回、汉人民的土地得到了充足的灌溉和永远消除了他们遭受山水、湖水及土地碱化的灾害以外,并且还可以把这一带的23万亩荒滩、水沼,逐渐变为良田。据初步统计,每年可以增产粮食约23000吨。

新开的农场渠于1951年11月正式放水,放水以后,渠道两岸的荒滩上,已经出现了新盖的房子。好些从前被水灾赶走的农民,纷纷回到自己的土地上重建家园。许多从别处移来的农民,也准备在这里成家立业。由于这一工程的完成,这一带已经现出了一片奋发蓬勃的新气象。

（六）山西潇河大坝工程

在前面黄河干支流部分,已经谈到黄河在山西省的最大支流汾水了。汾水本身也有很多支流,潇河就是其中的一条。潇河发源于太行山西麓平定县的陡泉岭。西流沿石太铁路经寿阳、榆次、旧徐沟、清徐各地而入汾水。潇河流域气候干燥,特别是每年七、八月间,正常农作物最需要水分的时候,却只有90毫米的雨量。而且赤日炎炎,蒸发量比雨量大得多。因此,这一带是经常要闹旱灾的。另一方面,潇河又是一条暴源性的河流,每当山洪暴发,下游一定会酿成泛滥之灾,淹没很多田地。

1949 年,山西省人民政府就已准备修建一座潇河大坝和一些沟渠以消灭潇河流域的水、旱灾害。经过了实地的勘察、测量以后,在苏联专家的帮助下,工程于 1950 年 9 月正式开始。潇河大坝的坝址在榆次县城东 5 里的源锅镇,是一个近代化的水利工程。工程的主要部分如滚水坝,冲沙闸和进水闸等,都用钢骨水泥建筑。滚水坝全长 347 米,从坝的两端开凿了两条渠道,右边的叫民丰渠,可以灌溉农田 20 万亩;左边的叫民生渠,可以灌溉农田 25 万亩。从 1952 年春季起,沿河 120 个村的 45 万亩农田就可以得到充分的灌溉了。另外,在潇河大坝的各灌溉区内,也发动农民,做了很多引水、蓄水以备灌溉的准备工作。清徐县旧徐沟的农民,在 1951 年年底,就修成了敦化、嘉丰两堰,可以囤冰、蓄水 300 多万立方米,足能供给 25000 余亩农田的灌溉需要。多年来水旱频仍的潇河流域,今后将成为一个沟渠纵横的灌溉区了。

上面 6 个工程,是新中国成立以来黄河干支流上比较巨大的建设。当然,新中国成立以来黄河流域的建设是绝不仅仅止于此的,例如 1300 多公里黄河大堤的培修;8200 万土方工程和 170 余万石方工程的完成;另外,黄河沿岸,已经种植了 1000 多万株树木和 1700 多万丛草地。诸如此类的建设,还有很多很多,而且目下仍在不断加速地进行着。

七、总　结

　　明了了黄河过去的历史,和它流域的大概情况以后,我们一方面固然是提高了对那些在过去糟蹋黄河和剥削黄河流域人民的反动统治阶级的极端憎恨;另一方面,对于黄河流域人民多年来和自然斗争的精神以及黄河流域丰富众多的资源物产,则使我们感觉到无限欣慰;特别是新中国成立以来黄河流域大力建设,欣欣向荣的气象,更带给我们莫大的兴奋和对新中国美好前途的无比坚强的信心。黄河是中国的忧患,这个时代已经一去不复返了。今后,黄河将进入它坦荡、光明的道路。黄河流域,必然会成为一个美丽、富庶的乐园。

　　随着全国大规模经济建设的开始,伟大的根治黄河工程的准备工作,也正在紧张地进行之中了。早在 1949 年,黄河水利委员会已经组织了大批水利工作人员,到黄河沿线进行查勘、测量、地质钻探、水文测验和泥沙研究工作。除了在黄河沿岸设立了209 处的水文站、水位站和雨量站以外,为了解决黄河的泥沙问题,特别又成立了泥沙研究所。经过长期精密的测验,已经初步调查出了黄河泥沙的来源和算出了所含泥沙的总量;并且完成了 3300 多个土样的泥沙颗粒的分析工作,得出了黄河泥沙运行规律的材料。此外,为了结合根治工程的需要,又作了土壤压实和基地承载力的试验。

　　今年 1 月间,黄河水利委员会又召开了查勘、测量、钻探、水文测量和泥沙研究工作会议,指出了今年的工作任务。此外,又建立了水工试验室和土工试验室,从今年起已经开始了水工和土工的试验工作。

到目前为止，准备根治黄河的勘测队伍，已在黄河上、中游进行了以黄河为主的水力资源勘察约 3000 公里；测量了水库坝址和峡谷地形约 5500 平方公里；初步钻探了坝基约 3500 米；调查了水库的经济地理约 7600 平方公里。

从上面这一系列紧张工作的事实中告诉我们，根治黄河的工程，不久的将来就要开始了。这是多么使人兴奋的一个消息！

在伟大的毛主席和党的领导之下，在我们全国人民的一致努力之下，新黄河的前途将是无限美好的，根治黄河的斗争是决定要胜利的。有人问：今后的黄河流域，将是怎样的一番气象呢？不说别的，让我们就单拿龙门和三门峡两个地方的建设前途做例子吧。

大家已经知道，龙门山和三门峡，是黄河流域高山夹岸、水流湍急的险恶地区。但这两地却都是理想的建筑水库地址。湍急奔腾的流水，几千年来成为航行上的大害。但是只要我们能妥为利用，都可成为取之不尽、用之不竭的宝藏。

要是在龙门山附近，横过黄河建造一座高达 200 米的近代化拦河坝，水坝的上游，就可以成为一个能蓄积水量达 265 亿立方米的巨型水库。根据最低的估计数字，可以发电 100 多万瓩。这样，北到绥远，南抵川、鄂，东至济南，西达兰州，在如此一个庞大的地区之内，所有轻重工业、高地灌溉及农村用电，都可以取给于此，这是多么伟大的一个力量呢！而且，水库造成以后，河水抬高，回水所及，龙门以上所有山、陕两省边界河谷中的暗礁、跌水，统统没入水中，化险为夷，使千吨大轮能够畅行无阻。还有，由于水库能拦蓄大量洪水，因此，黄河最大的洪水流量，就可以从 26000 米^3/秒减低到 8000 米^3/秒，则下游可从此永葆太平。另外，利用水库中的大量蓄水进行灌溉，收益更是无穷。

三门峡也是一样，假使在这里建造一座高 86 米、长 420 米的近代化拦河坝，则在坝以上，就能造成一个面积达 2800 平方公里的蓄水库。这样，根据最低的估计，除了能利用发电 100 多万瓩以外，也可以将黄河最高流量减低到 10000 米^3/秒以下。

自然，整条黄河的干支流上，可以建造水库的地址真是太多了；而且根治黄河的工程，也更不仅仅是建造水库这一项。这样，我们就愈可以说明黄河前途的伟大可爱了。

黄河已经开始新生了。滔滔滚滚的黄水，今后不但不能再冲到岸上来造成灾害；而且相反地，它将要给我们以无穷的好处。千百年以后的人民，我们世世代代的子孙，当他们学习历史的时候，一定能体会到：20 世纪的 50 年代，是黄河在中国历史上决口、改道和制造灾难的终点；是黄河付给中国人民以巨大利益的开始。而这个具有历史意义的无上荣耀，则应当归于伟大的毛主席和他领导的人民。

本书的主要参考资料

《水经注》 郦道元著

《中国水利问题》 李书田等著 万有文库本

《中国之水利》 郑肇经著 商务印书馆

《祖国的水利》 胡焕庸著 开明书店

《西北的农田水利》 王成敬著 中华书局

《淮河流域》 陈桥驿著 春明出版社

《一九五二年人民手册》 大公报馆

《中华人民共和国分省地图》 地图出版社

《新黄河月刊》 各期 黄河水利委员会

《黄河的新面貌》 程敏 地理知识 1952 年 10 月号

《黄河河源勘查记》 项立志 董在华 人民日报 1953 年 1 月 21 日

《黄河源查勘见闻记》 周鸿石 旅行杂志 第 27 卷第 3 期

《黄河口概况》 葛行 地理知识 1952 年 10 月号

《黄泛区域的认识》 汪安球 祁延年 地理知识 第 2 卷第 5 期

《一九五一年新修的黄河溢洪堰的地理基础》 王钧衡 地理知识 第 2 卷第 12 期

《介绍"引黄灌溉济卫"工程》 君谦 人民日报 1952 年 1 月 23 日

原著(天津)益智书店1953年版

祖国最大省份新疆省

一、新疆的自然景色

新疆鸟瞰

新疆在祖国的西北边陲，是全国最大的一个省份。

新疆全省东西最长处达 1,900 公里，南北最宽处也有 1,500 公里。面积 171 万平方公里，占全国总面积的 1/6。假使把我国最小的台湾省和它相比，47 个台湾还抵不上一个新疆呢。要是把目前欧洲顶大的 3 个资本主义国家（英国、法国和意大利）的领土面积一起加起来，也只抵得上新疆一省的 2/3。从新疆省我们可以充分看出我们祖国是多么辽阔广大！

这块亚洲中部的广大土地，四周几乎全被高山包围着。它的西部是一个群山结集的高原；南部的山脉像一列不断的屏风，显得特别高峻；北部的山脉虽然也很崇高，但山脉间却有不少的缺口，河流悠悠地流出这些山口；只有东部比较平坦，蜿蜒如带的道路，是通往祖国腹地的孔道。

我们可以看到多么雄伟的一列高山，在中部东西横亘了整个省境，把新疆分成南北两区，成为两块广大的内陆盆地，这是多么雄伟秀丽的一幅画面呢！万年积雪的山峰，在阳光下闪烁着晶莹皓洁的光辉，像许多趺坐着的巨人，戴着满缀钻石的金冠；气势雄伟的冰河，在山间缓缓移动，仿佛是千百条巨大的银龙，在那里盘旋曲折；广大无际的草原，点缀着成群的羊群、骆驼马队，正像是一天晴空，漂浮着朵朵白云；大漠茫茫,好似是一片无边无际的海洋;绿洲点点,好比是大海中的许多小岛。

我们又可看到有些地方是湖泊罗列,河川缭绕;有些地方渠道密布,阡陌纵横。山岭间绵亘着整片相连的"树海",田野中生长着丰茂苗壮的禾苗。真是花团锦簇,一片大好河山!

至于新疆的周围:东南是甘肃和青海两个腹地省区,那里有高山耸峙、水草丰美的河西走廊,也有沙漠和沮洳相间的柴达木盆地。南方是世界屋顶的西藏,羌塘高原像一座大平台。西北和东北是苏联和蒙古两个兄弟之邦,首尾相连的长列卡车在公路上奔驰,运输机隆隆地掠过晴空,一切象征着兄弟国家间真挚的友谊和密切的交往。西南是阿富汗和克什米尔,有许多峰峦重叠的高山,那些雄赳赳、气昂昂的战士,正坚决地守卫着祖国国防的前哨。

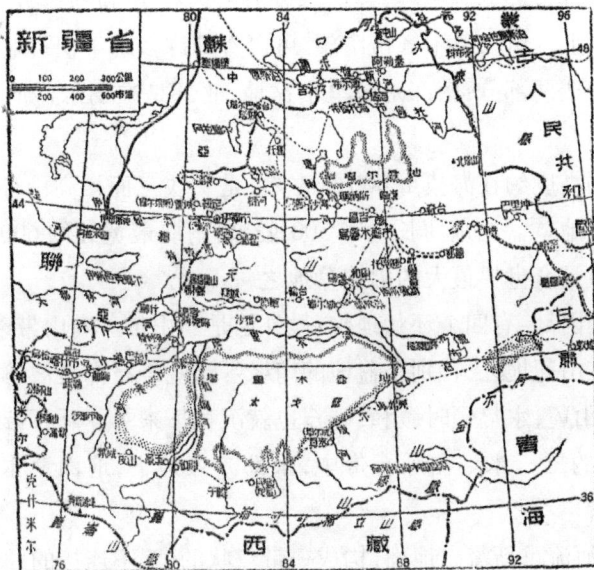

1954 年新疆行政区划图

地　形

新疆省有着一个周围多山的地形。新疆的西部边缘是帕米尔高原。帕米尔群山的总汇,如喜马拉雅山、柴斯克山、拉达克山、冈底斯山、喀喇昆仑山、昆仑山以及兴都库什山和苏里曼山等,都挤集在这里。这样的地方,在地形上叫做"山结"。

西南边缘是喀喇昆仑山,这是世界著名的大山之一,有着众多的高峰和长大的冰河。新疆和克什米尔之间的奥斯腾峰,高达海拔 8,611 米,除了珠穆朗玛峰以外,地球上再也没有比它更高的地方了。

南缘是昆仑山脉,它不但是绵亘在新疆和西藏之间,这条伟大的山脉,西起帕米尔,东到黄海,是全世界最伟大的山脉之一。

东北边缘是断层作用造成阿尔泰山,阿尔泰山斜贯在中、蒙边境,它的尾闾深入蒙古境内。另外,在新疆和苏联之间,也分布着好多东西走向的山脉,如塔尔巴哈台山和塔尔奇依楞山等。这些山脉之间的缺口,成为新疆和苏联的重要通道。河流从这些通道流出去,风和水汽却从这些通道中吹进来。

在新疆中部,横亘一条天山山派,天山由东西走向的好几条山岭构成,南北宽度约有 200 公里到 300 公里,天山的尾闾分成博格多山和库鲁克山两条,博格多山几乎和阿尔泰山相连。西部最高的胜利峰,高达海拔 7,439 米,尾闾的博格多山主峰,高度也在海拔 4,000 米以上。由乌鲁木齐市南望,可以看到许多终年积雪皑皑的山峰。

天山把新疆分成两部分:南部是塔里木盆地,北部是准噶尔盆地。我们通常又叫做南疆和北疆。

塔里木盆地的高度约在海拔 1,000 米左右,是一块三面被高山环绕(向东缺口)、表面平缓的内陆盆地。盆地东西长约 1,500 公里,南北最宽处约 600 公里,面积占整个新疆的一半以上是全世界最大的内陆盆地之一。

从盆地外部到内部,有四个环状地带:最外层是高山带。高山带以内是砾石带,砾石带大概都分布在山麓地区,特别是盆地的南缘。这些砾石都是被河流从高山上挟带下来的,河流出了山麓,水势顿时缓和,砾石也就沉积下来了。砾石带的宽度从几公里到几十公里,厚度约二三米。在砾石带中,水都渗入地下,地面草木不生,景象非常荒凉。

砾石带以内,河流重新流出地面,构成一带点状的、互不连接的冲积扇。人民在这里引水灌溉,即是水草田带(绿洲)。这一带是南疆产业最发达、人口最密集的地方。在整个塔里木盆地中,较大的水草田,约有 100 多处。

水草田带以内是沙漠带,这是一块非常广大和荒凉的地方。新疆全省的沙漠面积,抵得到 10 个以上的浙江省。最大的是塔里木盆地中的塔克拉·玛干沙漠。在东部还有一片较小的白龙堆沙漠,白龙堆沙漠大部分是砾石铺成的戈壁,和塔克拉·玛干的整片沙海,景象殊不相同。

塔克拉·玛干沙漠正像是一片汪洋大海,沙尘山积的原野,就如望不见边际的海面;那些随风移动的沙丘,像起落不宁的浪潮。到处是扑面的沙尘和砾石,几乎完全没有一点生气了。从前曾有一个探险队在沙漠中找寻土著的动物,找了好久,才满意地在他们的营帐旁边得到了一只蚊子。以一只蚊子之微,对拜访沙漠的人来说,已是一个喜出望外的收获了。但是仔细检查了一下以后,不禁又使他们悲哀起来,这只蚊子原来也是随着旅行队的营帐从沙漠外面进来的。

塔克拉·玛干沙漠中,是充满着离奇莫测的神话的。有人说,要是你在塔克拉·玛干沙漠中迷失了道路,就会听到有人在喊你的名字,这实在是沙漠里的"恶鬼",他把你引诱得愈走愈远,最后终于渴死在沙漠里。

神话不是全无来由的,在塔克拉·玛干沙漠中,正和海洋一样,它也能因光线折射的关系造成海市蜃楼的景象,把远处的绿洲、城市映现在天空中,旅客因此会迷路,并不是什么"恶鬼"。

这些神话的产生,都是由于人们对沙漠不了解,对它有着很大的畏惧的缘故。的确,直到现在为止,我们对塔克拉·玛干沙漠知道得还不多,而且没有去征服它。不过中亚细亚苏联已经应用了原子能的力量在进行对沙漠的改造了。苏联的今天就是我们的明天,因此,我们可以确信,在不久的将来,新疆的沙漠也都会被我们所征服的。

新疆的北部是准噶尔盆地。它是一个三角状的内陆盆地,高度绝大部分都在海拔1,000 米以下。盆地东西最长处达 1,100 公里,南北最宽处也在 800 公里以上,面积约占新疆的 1/3。

盆地的东缘,阿尔泰山和天山尾间的博格多山几乎是连接起来了。只有在南部留了一条约 100 公里长的缺口。盆地的西部有很多宽阔的通道留在许多山脉中间。准噶儿盆地的内部非常辽阔;地势是从东向西缓缓倾斜的。景色非常复杂,这里有沙漠平原、湖泊、沼泽地、内陆河和外流河。沙漠只限于中部和东部,而且面积都很小。

除了塔里木和准噶尔两大盆地以外,在天山尾间的博格多山和库鲁克山之间,还有一系列的盆地:自西至东是焉耆盆地、吐鲁番洼地和哈密盆地。

吐鲁盆地地形图

　　在这个地带,博格多山和库鲁克山好像是南北并列的两堵高墙,而喀拉乌成山的尾闾和觉罗山则又像是两堵高墙中的两道矮墙。这些盆地和洼地就坐落在这两堵高墙和两道矮墙之间。

　　焉耆盆地居全省中央。焉耆县和东部的博斯腾湖即是这块盆地的中心。哈密盆地在新疆东部,哈密在盆地的中央偏东。吐鲁番洼地处在焉耆和哈密两块盆地之间,但情况和其他两块盆地很不相同。焉耆盆地的高度在海拔 1,000 米以上,哈密盆地也达海拔 700 米,吐鲁番洼地却大部分都在海平面以下。吐鲁番城的高度是在海平面下 15 米,洼地中心的小湖——觉洛浣,湖面高度为海平面下 283 米。湖深 30 米,则湖底已在海拔 313 米以下,是全国最低的地方。从海平面以下的吐鲁番洼地,北望白雪皑皑的博格多山高峰,真是地球上少有的奇观。

　　在天山的西段以北,塔尔奇依楞山以南,由于伊犁河的流贯,造成了一块相当广阔的伊犁河谷地。以伊宁为中心,也称伊宁盆地,水道纵横,沃野连绵,是新疆一块富庶肥沃的土地。

河流湖泊

　　在新疆,河流和湖泊是最令人神往的。因为在那里谁都热爱水,水是新疆人民的珍宝。

　　当然,新疆和中国其他大部分地区不同,在那里,有了河流湖泊,并不就等于有水。不过,河流和湖泊毕竟总是水的希望。在新疆,只有很少数的河流和湖泊一年四季都有水,有的只有几个月有水,更有的只有在几百年甚至几千年前有水,现在,不但找不到水的痕迹,连河流和湖泊本身的痕迹,也几乎没有了。

　　最大的河流和湖泊都在南疆。"塔里木"就是指数河汇流的意思。塔里木河全长 2,750 公里,它比我国南方的大河珠江要长得多。也是地球上仅次于苏联伏尔加河的第二大内陆河。伏尔加河由于一系列运河的开凿,早已失去了内陆河的性格,因此,塔里木河可说是世界第一大内陆河了。

　　塔里木河的上游主要有 4 个源头:那就是喀什噶尔河、叶尔羌河、阿克苏河和和阗河。这些支流,本身都流经沙漠,汇合以后,仍在塔克拉·玛干沙漠中奔流。在沙漠中,每一粒沙尘都像一张干渴的嘴,抢夺着塔里木河中一旦到来的水,因此,塔里木河的水量不是越流越大,而是越流越小,最后只有少量的水注入罗布泊。

　　罗布泊面积 2,570 平方公里,是新疆最大的湖泊。不过,在古代,它所占有的地盘要比现在大上 4 倍。是谁抢去了罗布泊的地盘呢? 首先是塔里木河,其次就是风。塔

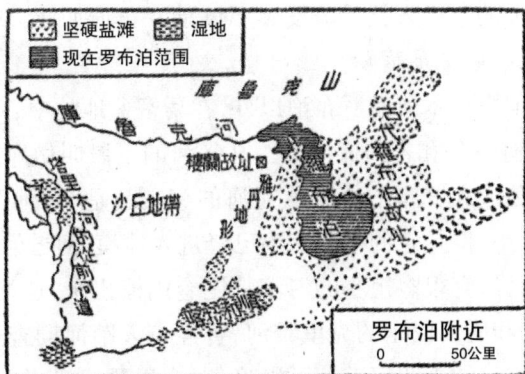

罗布泊附近地形图

里木河不断地把泥沙沉积到湖里来,大风又不断地把沙尘吹到湖里去。因为塔克拉·玛干本来是一个庞大的沙尘仓库。

河水和风不断的作用,罗布泊就要干涸了。但是罗布泊干涸以后,塔里木河总不能向后转回到发源的地方去,它还是需要流。于是就在罗布泊的西南重新又汇成一个新的罗布泊。但是河水和风仍然没有放过它,使它也要走上和老罗布泊相同的命运。这样,塔里木河的下游不断地改道,罗布泊也像钟摆一样地经常南北摆动,这样的湖泊,地理学上叫做"交替湖"。

罗布泊的位置,2000年来已经有了3次改变。在公元第二世纪(汉代),罗布泊的位置大致和现在相同。后来,它逐渐向西南迁移,潴成一个喀拉和顺湖,这就是19世纪时代的罗布泊。1921年,它的位置又移回东北。在罗布泊迁移的道路上及其周围,有着广大面积的盐滩,地面盐碱结集,造成坚硬的表壳。在盐滩周围,特别是罗布泊的西部,分布着纵横交错的干沟和高出地面1米到10米的小丘所构成的一种特殊的"雅丹"地形。另外,便是一片茫茫的荒漠。罗布泊附近16万平方公里的广大区域中,都是寥无人烟的不毛之地,称为罗布荒原。

即使是塔里木河不断注入水量的时期,罗布泊的水量还是很缺乏的。罗布泊是一个极浅的湖泊,虽然面积有这么大,但是在夏季涨水时,最深也不到1米,浅的地方简直连小鱼都不能在那里自由地游泳。罗布泊的水没有出口,这些水都到哪里去了呢?古人早就注意了这个问题,不过他们对这个问题的解答却是非常荒谬:他们以为罗布泊的所以缺水,是因为这些水从湖底里漏掉了,漏下地底的水,在地下潜行了一个很长的距离,直到青海省的星宿海才出来,就成为黄河的源头。可是罗布泊湖面高不过海拔732米,星宿海高达海拔4310米,地下潜水哪里会上涌得如此高呢?

那末罗布泊的水到哪里去了呢? 现在我们已经清楚了:罗布泊的水不是从下面跑

掉的,却是从上面跑掉的。原来就是蒸发。不仅是罗布泊如此,新疆的所有湖泊的水量支出项目下最大的一项都是蒸发。

在天山以南,除了塔里木河和罗布泊以外,在焉耆盆地的中心,有一个叫做博斯腾湖(淡水湖),从这里有一条孔雀河流出来。孔雀河的下段叫做库鲁克河;它有时和塔里木河相合,有时单独流入罗布泊。库鲁克河的意义就是"干河",这可以看出,虽然孔雀河的水量并不算小,但是它的尾闾因为已经进入沙漠,河道就不免有时干涸了。

塔里木盆地的南缘,有很多短小的河流从昆仑山流出来,这河流的流向都是准对着塔里木河的。例如和阗河以东的克里雅河,曾经有人踏河勘查过,在它没有了水的地方向北,还有一段很长的干涸河道。可以确信,克里雅河过去曾经也是塔里木河的支流之一。的确,要是没有这样一大片塔克拉·玛干沙漠的拦阻,昆仑山北麓的这许多河流,都是会流到塔里木河去的。可是现在塔里木河对它们却是可望而不可及的。虽然它们是那么勇气百倍地从昆仑山冲下来,但是它们仅仅只能攻进塔克拉·玛干沙漠的南部边缘,沙漠把它们的液汁吸光了。

天山以北的河流湖泊也不少,不过没有像塔里木河这样源远流长的大河和罗布泊这样辽阔的湖泊,另外,天山以北的几条河流,只有上游在新疆境内,下游往往都在苏联。

伊犁河的上游主要有特克斯河、崆吉斯河和喀什河3源头,在伊宁以西流入苏联注入巴尔喀什湖。玛纳斯河从南到北,流贯了准噶尔盆地的中心。玛纳斯河流域以西的艾比湖,是北疆最大湖泊,有很多河流注入那里。塔城以南的额敏河,正和伊犁河相似,只有上游在新疆境内,下游注入苏联的阿拉库尔湖。北部的乌伦古河是北疆最大的内陆河,它的下游注入布伦托海。

从天山北麓,也有许多不大的河流流出来,流过乌鲁木齐市的乌鲁木齐河即是这中间非常著名的一条。这些河流最后都在准噶尔盆地中消失了。在博格多山海拔约2,000米的北坡上,有一个周围达12公里的高山湖泊,那就是著名的阜康天池。湖泊在三面陡峭的山岭夹峙之中,雪峰映水,茂林连绵,景色秀丽如画。

在北疆,另外还有一条外流河,也是我们祖国唯一流入北冰洋的河流,那就是阿尔泰山南麓的额尔齐斯河。额尔齐斯河即是苏联大河鄂毕河的最大支流。

额尔齐斯河流过布伦托海的东北,河道和布伦托海相距不过10公里。但是由于中间的起伏地形,额尔齐斯河并没有和布伦托海和乌伦古河相贯通。布伦托海的水也永远流不到海洋。

气候、土壤和生物

新疆在亚洲大陆的中心,这里有着非常严酷的大陆性气候,从来有很多形容大陆性气候的话,例如"朝穿皮袄午穿纱"、"抱着火炉吃西瓜"之类,在新疆人看来,这些都是毫不奇怪的常事。

新疆各地,不论是北部和南部,都有着一个漫长的冬季,北疆的冬季长达6个月,南疆也有4月之久。整个冬季在大风、雪和坚冰中度过。

在我国一月等温线图上,我们可以清楚地看到:南疆大部分地区的气温都在摄氏零下8度以下;在北疆最冷的地方可以低到摄氏零下20度。乌鲁木齐的最低纪录曾达摄氏零下34.4度,北部则更达摄氏零下40度以下。摄氏零下10度的等温线,正好落在天山附近,走向也大致和天山一致,以北气温大大降低,以南就逐渐升高。这使我们认识到,北疆的寒冬之所以比南疆更为严酷,主要是受了地形的影响。

在北疆,中苏国界上有好些宽阔的山口,这正像是许多张开了口的袋子,欢迎着西伯利亚寒潮的光临。但是南疆却躲在崇高的天山背后,虽然寒潮也会越过山脉,但是力量毕竟比北疆要弱小得多了。这就是天山所以成为新疆气候上一个重要的分界线的道理。

新疆的夏季虽然短促,气候却是非常干热的。特别是在那广大的沙漠地带,沙粒吸收太阳的热量,正像它们攫取水一样的贪馋。太阳出来以后不久,沙漠便热得像一只火锅子,灼热的沙粒甚至可以在里面把鸡蛋炖熟。但是日落西山以后,沙漠却立刻把它白天吸取的热量,顷刻之间就挥霍殆尽了。因此,即使在盛夏,夜晚又会变得寒气袭人。一天里面的气温变化极大,"朝穿皮袄午穿纱",正是这种气候的写照。

吐鲁番洼地的确是全国的一个"热极"。古人们把它叫成"火州"。那里7—9三个月的平均气温都在摄氏30度以上,5—9五个月的最高气温都超过了摄氏40度。1942年的最高温曾经到达过摄氏47.8度,这已是全世界罕见的高温纪录了。

在吐鲁番的夏季,每到正午以后,人民都要躲到地窖里去避暑,牲畜也成堆地赶上高山,以免中暑死亡。这时候,天空没有飞鸟,地上不见走兽,大自然中只有阳光是唯一的战胜者,其余的东西都显得死气沉沉的。人们的屋上和墙上,烫得几乎可以烙饼。一直要到日落西山以后,大地才苏醒起来,人们出来了。于是炊烟袅袅,灯火辉煌,吐鲁番夏天的夜市,却是特别热闹。

可是吐鲁番洼地中的一月平均气温,仍在摄氏零下10.4度呢!一年中气温较差44.1度。这正是我国大陆性气候最极端的典型。

极端的干燥,也是新疆气候的主要特点。在塔里木盆地中,几乎没有一个地方的全年降水量能超过100毫米。盆地北缘的库车年雨量为80毫米;西部的喀什年雨量为89毫米;东部的婼羌年雨量少到只有4.5毫米。这一点点雨水,实在还不足以打湿地面的尘土。在我国南部珠江流域的年雨量,要相当婼羌3个多世纪的总雨量!这真会使人感到惊异。

在广大的塔克拉·玛干沙漠中，究竟一年下几次雨，或者是几年下一次雨？那只有沙粒才会知道。在这样的沙漠中造成下雨，委实是一个十分难得的机会。水蒸气好容易在天空结集起来，变成水滴，但是水滴还等不到降到地面，沙漠上空的干热空气，却又把它蒸发得无影无踪了。

19 世纪末叶，以侵略为实的瑞典斯文海定"探险队"，在叶尔羌河和和阗河之间的塔克拉·玛干沙漠中，喝完了最后的一滴水，陷入了干渴的绝境中。忽然遇着了个雷声隆隆、乌云密布的天气，这真是绝处逢生的机会了。为了预防沙粒抢走他们的生命泉源——水，探险队赶紧张开了油布营帐，造成一个"贮水池"，等待着天空把甘霖赐下来。他们眼巴巴地凝视着密层层的雨滴从云层里下来，但是他们的贮水池里却始终得不到一滴水。雨水还没有到地面，老早就变成蒸气溜跑了。他们等不到天上掉下来的"生命"，结果探险队的大多数生命，最后就都被那可怕的干渴攫夺去了。

天山以北的降水量比较丰富。年雨量一般都在 200 毫米以上，甚至还要多些。乌鲁木齐的年雨量为 250 毫米，北部的塔城则在 300 毫米以上。山脉的缺口对于水汽也是一视同仁地让它吹入，这就是北疆雨量校多的原因了。天山既然已经阻挡了寒潮和水汽，因此，南疆的气候就显得特别干燥。

新疆的高山地带，雨量是比较丰富的。博格多山高度在海拔 3,000 米的地带，年雨量可达 800 毫米；其余各高山上，至小也在 300 毫米—400 毫米。3,500 米以上就开始下雪，4,500 米以上就是永久积雪的地带。高山的雨雪丰沛，对新疆的农业极有关系。

新疆气候的另外一个特点就是风。有人说，新疆一年只刮一次大风，从大年初一刮到年三十晚！这虽然是言过其实的话。不过新疆的风，的确像是永远不会疲倦似的，呼呼地老是吹着。

岑参的诗句："轮台九月风夜吼，一川碎石大如斗，随风满地石乱走。"没有到过新疆的人，总以为这是古代文人的夸大狂。事实上，新疆的大风，的确可以将停在公路上的汽车推送向前，而沙漠中的龙卷风，更能把数以吨计的沙石，霎时间带到遥远的高空。

高耸的沙丘，看去似乎是屹立不动的赳赳武士，但是在大风面前，它们却柔弱得和绵羊一样。不管沙丘有多高多大，都得听从风的"指挥"。大风要它们往哪里走，它们就得走向那里。在大风"指挥"沙丘的过程里，特别是南疆，很多历史上曾经显赫一时的古国，都在风沙中殉葬了。例如楼兰是古代西域的著名大城，但是不久以前，当这个古城在罗布泊西岸发掘出来的时候，它已经在地下躺了好几个世纪了。

我们已经知道了新疆的地形主要的有高山、砾石、水草田和沙漠四带。新疆的土

壤和生物的分布,和这 4 个地带具有密切的关系:

在高山地带,山峰的顶部是亘古不化的积雪和伟大壮丽的冰河,这里全是冰沼土,几乎没有什么生物。

高山上部分布着广大的棕色森林土,长着茂密的原始森林,总计新疆的森林面积约有 20,000 平方公里。其中如天山的云杉林,阿尔泰山的落叶松林,都是著名的建筑良材。

山岭高处的平坦地区,在宽阔的山谷和倾斜缓和的山坡上,分布着广大的灰色或棕色的漠钙土。这里到处生长着肥嫩的青草,是重要的牧场。在低平的河谷地带,并且已经开辟了不少的农田。在伊犁河上游的一些河谷,还长满了宝贵的橡胶草。根据苏联科学家多年来的研究,这种纤小的青草,在工业上的用途和热带高大的橡胶树完全一样。帝国主义为了攫取橡胶,进行了多次争夺热带橡胶原料产地的斗争。我们却和自然斗争,在寒冷的北方,同样地可以取得橡胶了。

在高山森林和草地上,分布着多种的野生动物。1953 年,新疆猎户曾在南疆东南部的山区,发现了成群的野骆驼、野牛、野马、鹿、大头羊(俗名蟹羊,体大如驴)、走羊、羚羊和熊、豹、豺狼、獭、狸以及珍贵的银狐、麝等 20 种以上的野生动物。其中以野牛、野马、走羊为最多。野牛身体粗大,角长 2 尺多,体重达 1,000 斤。这些野骆驼、野牛、走羊等,如能捕获豢养,对于改进今后新疆家畜的品种,具有很大的意义。

高山带以下的砾石带,由于流水都潜伏在砾石之下,表面非常干燥,除了偶然有一些骆驼刺之类的植物以外,景象非常荒凉。少数水量特别丰富的大河也能切穿砾石带,沿河才有一些草类和灌木。

砾石带以下的水草田带是新疆最开发的地带,这里分布着成片的冲积性钙质土,土壤受雪水滋润,肥度很大。自然植物有青草和灌木如芨芨草、旱蒿和索索等。这里种植了多种多样的农作物、果树和人工植造的小片森林。另外,也养殖着许多家畜。

水草田带以内大片沙漠,大部分都是漠钙土,中间也分布着小片的盐渍土。这里植物极少,只有在河岸湖畔才生长着一些青草、芦苇、骆驼刺和灌木等。在南疆沙漠带的大河沿岸,分布着 5 公里—50 公里的林带,生长着柽柳和胡桐。柽柳叶细、根深、生长快,除了盐渍土以外,一般漠钙土中都能生长,是当地居民主要的燃料。胡桐是杨树的一种,树脂很多,富有碱分,可制肥皂。

沙漠中的野生动物很少,只有在边缘有成群的野猪;山谷里有鹿群、羚羊、野狗和野猫;另外,还有极少数的虎、狼、狐等。野骆驼也时常在沙漠里游弋,这种动物生得异常的机警灵敏,而且有四条飞毛快腿,偶然见到它的影子一闪,很难猎捕得到。

此外,湖泊里的鱼类也很多,博斯腾湖和罗布泊都是著名的鱼产区。特别是博斯胜湖,渔民往往用一张网一天能捕到 300 公斤左右的鱼类。

二、新疆的人口和民族

人口分布

新疆省有这样一片广大的土地。但人口却异常稀少的。新疆的面积虽是可以抵得上 47 个多台湾,可是拿人口来说,竟连一个台湾都抵不到。新疆全省一共只有 530 万人口。

新疆的人口密度当然极小,每平方公里中只有 3 人。假使把新疆的土地和人口平均一下,那末在 500 亩土地上,才找得到一个人的踪迹。当然人口绝不是这样平均地分布的,都市和绿洲地带人口密集,沙漠和高山上那就几乎没有人。大概新疆的人口有 90% 集中在南疆的水草田带和北疆的沿河谷地上,那些地方,每平方公里中甚至可以超过 200 人。由于南疆的水草田带最多,所以,全疆有 2/3 的人口集中在那里。也由于新疆是以农牧业为主的一个地方,因此,都市人口集中的现象并不显著。全省人口超过 10 万的城市只有乌鲁木齐和伊宁两处,人口超过 5 万的城市也只有喀什和莎车两处。

新疆省的所以这样地广人稀,地理环境困难,可以肯定的,这是新疆人口稀少的主要原因之一。但是必须认清,这并不是决定的原因。非常清楚的事实摆在面前:苏联的中亚细亚,要是和新疆比较,困难的情况相似,但是,当苏联革命成功之日起,那里的情况就开始改变了。到了现在,已经大变特变,面目全非了。从这里可以看出,地理环境是可以改变的。不过,在某一种政治制度下,它可以改变;在另一种政治制度下,它就不可能改变。因此,可以得出这样一个结论:新疆的人口所以这样稀少,起决定作用的原因是过去的政治制度,不是地理环境。

新疆在反动的大汉族主义统治下这么多年,又在帝国主义者的角逐下,在残酷的半奴隶式的封建统治下,新疆的人民已经狼狈到那般境地呢?

就牧民们来说,一个牧民放了牧场主40头牲口,吃了4个月的草,就得付给牧场主3岁的牛5头,这就是"牧租"。付牛的时节到了,牧民们好容易卖儿鬻女,凑足了租数,牵了牛去缴给收场主。可是,不! 牧场主摇摇头,我不要牛,要钱! 当然,正在这个时候,市场上的牛价一定大跌特跌,于是牧民们花了8头牛甚至10头牛的代价,去付了他5头牛的牧租。

农民们,新疆的封建剥削真是骇人听闻的。土地几乎是全部掌握在地主和寺院手里,在南疆竟有千亩甚至万亩以上的大地主。新疆的农村,好些地方还停留在封建前期的农奴制社会阶段,又是地租,又是水租,租额一般都在70%以上。

在这样重重压迫的情况下,农民们救死不暇,哪里还有余力去好好地改善地理环境呢? 当然,新疆的人口也就别希望能多起来。不但不增加,而且还要缩减,特别是哈萨克族和蒙古族,人口减少得很多,在旧的政治制度下,这也算不得什么一回事。

新疆的解放,把新疆的人口问题带上了新的道路。当然,就目前的情况说,我们不能像苏联一样地拿原子能来改造沙漠。但是,仅仅根据现有的条件吧,苏联的土壤专家已经替新疆作了估计:全省可以增加耕地1亿亩,平均每人以3亩计,可供3,000万人口之用。除了农业以外,新疆的富源正多着:如森林、畜牧、矿产、工业等。都可以养活更多的人口。这样看来新疆今后的发展过程中,只会有"剩余的粮食",绝不会有什么"人口过剩"。

因此,现在新疆省的人口稀少,是在长期反动统治以后遗留下来期间的现象,今后的人口将要大大地增加。中国既然是一个地大、物博、人多的中国,新疆就必然要成为一个地大、物博、人多的新疆!

民族种类

在过去,反动派认为新疆没有什么其他民族,他们把所有民族都说成是汉族的"宗支"。甚至更荒谬的说:"新疆的绝大部分人民都信奉回教(伊斯兰教)。因此就都是回族,回族吗,那并不能算是一个民族,因为他和汉族仅只有宗教信仰的不同。其实就是汉族。"

　　因为新疆的所有少数民族都是汉族的"宗支"，或者干脆说就是汉族。因此．他们就得放弃他们自己的语言、文字、风俗、生活习惯，他们必须忘记他们民族发展的历史，忘记他们的祖宗，以便专心一志地来接受反动统治者的"同化"，接受他们的摧残和压迫。

　　根据反动统治者的荒唐透顶的民族理论，可以得到两个奇妙绝伦的公式：

　　第一，信仰回族的人民都是回族。那么，英国、美国、加拿大、澳洲联邦等许多国家的人民，都应该是"基督族"；法国、意大利、西班牙、葡萄牙，甚至许多拉丁美洲的国家，就成为"天主族"；在我们中国、南洋群岛和日本，还可以找到很多"佛族"。自然，像这样一类稀奇古怪的民族，世界上还有很多很多哩。

　　第二，信仰回教的民族都是回族，而回族和汉族又只有宗教信仰的不同，是汉族的"宗支"。这样，汉族的"宗支"真是太多了。不仅是新疆而已，西南亚洲各国甚至于北非的一些国家，都是汉族的"宗支"了。

　　反动统治者的歪曲理论，是这样掩耳盗铃、自欺欺人。自然，他们的目的，无非是企图把新疆的许多兄弟民族，以及全国的所有兄弟民族，都在民族的名单上抹去，以便让他们进行更残酷的血腥统治。

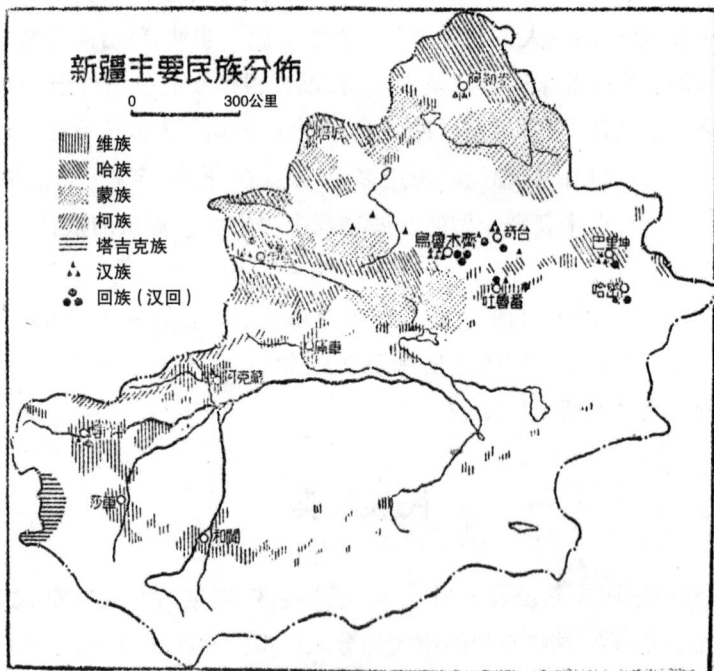

新疆主要民族分布图

　　新疆省事实上是我国少数民族种类最多省份之一。有人把新疆境内的所有民族，编成这样一首歌谣：

　　　　汉、满、蒙、回、维，

　　　　　锡、达、哈、柯、俄，

　　　　　二塔加一乌。

　　从这首歌谣里知道新疆一共有13个不同的兄弟民族：——汉族、满族、蒙古族、回族（汉回、东干族）、维吾尔族、锡伯族、达呼尔族、哈萨克族、柯尔克孜族、俄罗斯族、塔塔尔族、塔吉克族和乌孜别克族（也有人把维吾尔族的别派塔兰奇人另立一族，这就是把新疆说成有14种民族的原因）。

　　新疆的这13个民族中，维吾尔、汉回、哈萨克、柯尔克孜、塔塔尔、塔吉克和乌兹别克7种民族，都是信奉回教的；蒙古族信奉喇嘛教；其他如汉、满、锡伯、达呼尔等族，没有固定的宗教信仰。

　　就各民族的生活方式来说，维吾尔、汉回、塔塔尔、满、锡伯和达呼尔等族，主要是农耕民族，其中维吾尔、汉回和塔塔尔族中，也有一部分是经商的。塔吉克是半耕半牧的民族。哈尔克、柯尔克孜和蒙古族，还过着游牧生活。汉族、俄罗斯族和乌孜别克族，主要是经商，也有一部分经营农业。

　　就这些民族的语言文字说，新疆通行的文字有汉、维、哈，回蒙、俄等多种文字，其中维文的使用最广，讲维文的人民也最多。哈萨克文和维文大同小异；乌兹别克文和塔塔尔文也和维文属于同一体系，大致可以互通；只有塔吉克文字比较不同。蒙古文只在蒙古族中通行，使用范围不广。满族、锡伯族、达呼尔族等，大概都沿用汉文。新疆目前有汉、维、哈、回文字的报纸多种；中共新疆分局的机关报——《新疆日报》，分别以汉、维、哈、回4种文字出版；伊犁并有俄文报和蒙文报。此外，还有大批维文书刊，并且也发行了维文的人民币。在新疆，特别是在城市里，一个人精通几种语言文字，并不算怎样一件了不起的事。

　　新疆的基本居民是维吾尔族。他们从纪元前1世纪起，就已经居住在这里，是新疆的土著居民。就人口说，维族在新疆的各种民族中占最多数，约占全省人口3/4。他们主要分布在天山以南的水草田带。南疆的维族人口要占8/10。

　　维吾尔族有着悠久的历史和文化，他们有自己的语言文字与有优美的文学和艺术。他们是出色的音乐家和熟练的舞蹈能手。在新疆，很多场合里，我们都可以看到引吭高歌和翩翩起舞的维族男女，他们的胸襟，是多么的爽朗和乐观。

　　在生产上，维族更是灌溉农业的好角色。2000年来，他们克服了南疆这样干旱地区的种种自然困难，创造了很多艰巨的灌溉工程，发展了水草田带的农业生产。另外，他们又是巧夺天工的手工艺家,他们能制作非常精巧的毛织、丝织和玉石雕刻等手工艺品。

维族的旁支塔兰奇人,和维族是属于同一血统的。200年以前,他们从南疆迁移到伊犁河流域一带进行垦殖。伊犁河流域本来是游牧的蒙古人的世界,现在忽然来了这样一支农耕民族,因此蒙古人就把他们称为塔兰奇。"塔兰奇"一词,在蒙古语文里就是"耕种"的意思。塔兰奇人的风俗、语言文字、信仰和其他一切生活习惯,和维吾尔族没有多大区别,人数约有45,000人。

此外,和维族比较相近的民族是乌孜别克族。乌孜别克族大概从中亚细亚移来,和苏联境内的乌孜别克族属于同一民族。他们居住在天山以北的伊犁、塔城、乌鲁木齐和天山以南喀什一带,人数不多。但在新疆的各大城市,都可以看到乌孜别克族的商人。

除了维吾尔族以外的新疆第二个人口众多的民族是哈萨克族。他们大概分布在北疆,人口要占新疆总人口的1/10。他们和苏联境内的哈萨克族是同一民族,来到新疆历史还不很久。这是一支游牧民族,他们身穿宽衣,头戴皮帽,足着长靴,腰挂利刃,整日驰骋在马上,气概是多么英勇威武!有时高歌一曲,指鞭阔步,在草原上疾驰而去,又是那么的慷慨激昂。由于他们的牲畜需要随着水草而迁移,因此哈族居住在一种可以移动的哈萨克包里。哈萨克包和蒙古包很相似,不过顶端稍尖而已。在北疆的广大草原和山野中,经常可以看到三五成组的哈萨克包,而羊群成簇,骏马长嘶,替山野带来了活跃的生气。

柯尔克孜族分布在天山西段的南北两侧,如南疆的喀什、阿克苏和北疆的伊犁河流域一带,他们和苏联境内的吉尔吉斯族原是同一个民族。柯尔克孜族也是新疆的游牧民族,而且他们居住的山区比哈萨克族还要高。也是信奉回教的民族,不过他们的宗教观念比新疆其他的回教民族要淡薄些,像礼拜、诵经等宗教仪式,都没有像其他回教民族的那样严格认真。

新疆的蒙古族主要分布在北疆的额尔齐斯河、乌伦古河、额敏河、艾比湖和伊犁河流域。另外,博斯腾湖以北的天山山区,也有他们的踪迹。蒙古族也是游牧民族,不过他们的游牧地区,大概都是比较低平的山区和平原河谷。新疆的蒙古族,已逐渐趋于定居。特别是在冬季,一部分人民已开始脱离蒙古包而居住到一种固定的土屋里去。

蒙古族酷信喇嘛教,有着强烈的宗教观念。寺庙是他们的中心,王公、喇嘛是他们的残酷统治者,生活十分贫穷痛苦。这仅是新中国成立以前的事,新中国成立以后,他们的生活已开始好转了。

新疆的回族,并不是如过去反动派所称的包括整个信奉回教的民族,而是一种容貌酷似维族、服饰却和汉族相似的汉回族,又叫东干族。这种民族,本来居住在甘肃的临夏和青海的湟源一带,后来才逐渐移往新疆,所以也称甘回族。他们极善于经商,在新疆的各城市中,都可以见到他们的踪迹。集中在东部和中部如哈密、吐鲁番、焉耆、奇台和乌鲁木齐等地的汉回族,主要过着农耕生活。

汉族的进入新疆,远在唐代即已开始。最近数十年中,移住到那里的,数字就更增加。新疆的汉族,主要分布在北疆的巴里坤、奇台、乌鲁木齐、米泉、昌吉和沙湾一带。其他较大的城市如北疆的伊宁、塔城、阿勒泰和南疆的喀什、阿克苏等地,也有少数分布。

新疆的汉族,一部分是过去大汉族主义统治时代戍守那里的军人和一些反动政府的人员;另一部分是各地赴新疆的商人;还有是从河南、甘肃一带迁去的灾民。少数汉人——那些反动军人、官吏和奸商之流,过去曾经残酷地压迫了新疆的其他各族,制造了民族间的仇恨。但是多数善良的汉族,是受着反动统治者的压迫和剥削的。而且他们在新疆的辛勤劳动,对于新疆的开发,是起了很大的作用的。

满族、锡伯族和达呼尔族,原来都是东北的少数民族。他们的进入新疆,还在清朝时代。那时,由于满清反动统治者执行其大满族主义的征服政策,曾经派遣了很多满族、锡伯族和达呼尔族的士兵进入新疆,这些士兵的后代,现在大概居住在伊宁、宁西、塔城和霍城一带,各族人数都只有 2,000 人—3,000 人。实际上,这 3 个民族的生活方式和习俗,好些地方与汉族已经没有什么区别了。

此外,新疆的俄罗斯族居住在伊宁、塔城、乌鲁木齐和沙湾一带。塔塔尔族居住在伊宁和塔城两区。他们大概是经商和务农的。塔吉克族分布在南疆蒲犁县一带,他们和苏联境内的塔吉克族原是同一种民族。

从牢狱到温暖的大家庭

过去的新疆是一个民族的“大牢狱”。反动统治者在新疆进行了惨绝人寰的虐杀,特别是对于新疆的少数民族。

清朝时,准噶尔盆地的蒙古族,几乎被杀戮殆尽。著名的清朝将领左宗棠,即是清朝时代在新疆执行残杀政策的重要刽子手。

清朝以后,新疆落入了一批豺狼虎豹的军阀手里。起初是杨增新,接着又来了金树仁、马仲英之流。他们像一群疯狗,互相进行了长时期的战争,破坏了新疆人民的和平生活。每一条狗的后面都站着一个主人——帝国主义者。英帝国主义曾经企图把新疆从中国版图中脱离出去,成立一个由他控制的“东土耳其斯坦共和国”,日本帝国主义支持了军阀马仲英,彼此间进行了混战,把新疆成为一个帝国主义角逐的场所。

最后,新疆又落入了盖世魔王盛世才的魔掌里。为了欺骗人民以巩固他的反动统治。起初他假装了一副亲苏和要求进步的姿态,曾经骗取了苏联的很多援助。但最后他的狐狸尾巴露出来了。许多优秀的共产党员和民主人士,都惨死在他的魔掌里。当时的新疆,只要不是盛世才的心腹走狗,都得忍受他们的残酷虐待。新疆进入了一个空前恐怖的黑暗时代。

抗日战争胜利以后。美帝国主义的势力渗入了新疆。他们准备把新疆作为一个"进攻"苏联的军事基地,计划修建一条从广州到乌鲁木齐和塔城的"马歇尔铁道"。以作为"进攻"苏联的通道。

各民族内部的封建势力,也紧紧地扼住了新疆广大人民的咽喉。宗教迷信吞噬了广大人民的意志,让他们沉沦在空洞的幻想里而甘心忍受着来自各方面的压迫。

新疆的大多数民族,受宗教迷信的残害也是够深的了。在那里,不管人民的住宅是多少简陋可怜甚至于不避风雨,但是僧侣们的寺院,却一定是豪华富丽的;不管是人民贫苦到怎样的地步,但是他们仍得向阿訇缴纳他们的"贡品"。

在回教民族中,妇女们的眼睛好比是多余的。因为当她们要出门一步的时候,一定得在面上遮起一块黑纱。薄薄的黑纱,却正像铜墙铁壁一样的坚厚!千百年来,它不让妇女们有机会睁开眼睛来看看这个大千世界。

哈萨克族的妇女是和牲口一样地作价买卖的。自然,她们的生活也就不会比牲口高多少。《古兰经》规定一个男人有娶4个老婆的"权利"。因此,维族的"上层分子"总是三妻四妾的。有些地主恶霸娶到二三十个妻子,甚至曾有娶300个妻子的最高纪录。这还不足以说明在封建统治和宗教势力控制下新疆妇女的暗无天日的生活吗?

帝国主义的侵略、国民党反动派大汉族主义的统治和各民族内部的封建势力,这3条可恶的"毒蛇",缠住了新疆各民族的广大人民,多少年来,一直在水深火热之中,过着穷困、惨苦的生活。

新疆的各民族人民是不甘心忍受这种"大牢狱"的生活的,在最近几十年中,民族革命运动曾经蓬勃地发展着。1926年,革命人士和进步官吏曾联合起来杀死了新疆的暴君——督办杨增新。1944年,伊宁一带的人民,又组织起来驱逐了国民党匪军,解放了伊犁、塔城、阿山三区。使国民党反动派不得不采用了一些伪善的措施——撤换了盛世才,以缓和新疆各民族人民的革命浪潮。

可是,这一系列的革命运动还是局部的,一直要到1949年9月,鲍尔汉主席在乌鲁木齐高举义旗,人民解放军和平解放了新疆以后,新疆各民族的广大人民,才真正地从千百年来的"大牢狱"里解放出来。在毛主席和共产党的领导下,首先立刻执行了新的民族政策,由各民族的人士,共同组织了新疆省人民政府。这样由各族人民共同组织而成的政府,在新疆的历史上是空前未有的。

新中国成立后新疆各民族密切团结的情况,从 1950 年 1 月乌鲁木齐各族各界人民代表会议的一项决议中可以清楚地看出来:"积极向各族人民宣传解释民族政策,通过各族人民的日常生活,逐渐加强相互间的了解与感情联系,以消灭残存于民族间的成见隔膜,增进民族的团结,共同致力于发展生产,建立民主自由幸福的生活。"

新中国成立以来,在共产党和人民政府的领导下,新疆各民族的广大人民,已经开始走向幸福的大道了。正确的民族政策,使他们永远结束了多少年来民族仇视的冷酷生活,而感觉到新的民族大家庭的温暖;使他们渐渐摆脱了千百年来的贫穷落后逐步走向富裕的生活。

三、新疆的丰饶产业

农业和畜牧业

到目前为止,和新疆人民经济关系最大的还是农业和畜牧业。就一般的情况来说,南疆以农业为主,北疆以畜牧业为主。

新疆的自然环境对农业的发展是有一些限制的。但是千百年来,在劳动人民的努力下,毕竟已在那里发展了农业。特别是在水草田带,庄稼弥望,呈现着一幅塞外江南的美好风光。

新疆的自然环境虽然不太好,干、冷、风、沙是存在着的,但是一年中的无霜日南疆仍有 211 天左右,北疆也还有 150 多天。这就是在新疆发展农业的重要条件。关键是在水,对于这问题,新疆的劳动人民千百年来已经有了很大的成就;新中国成立以来,党和人民政府更把这问题作为建设新新疆的重点工作之一。

新疆的农产品是多种多样的。在粮食方面,最重要的是小麦和水稻。小麦主要的产在南疆的喀什、莎车和北疆的塔城一带,产量要占全省粮食总产量的 1/4。水稻大概分布在南疆的阿克苏一带,要占全省粮食总产量的 1/5。阿克苏的稻米,粒长色白,滋养丰富,在封建王朝时代,它的身价是被列为"贡品"的。新中国成立以来,新疆的小麦和水稻的产量已经大大增高。

杂粮方面有玉米、高粱、小米和青稞等。在过去,新疆农民对于这些杂粮的种植,往往是采用一种粗放的方式。他们在河水泛滥以前，把种子撒在土地上，只问撒了多少种子，并不计算种了几亩地。事实上，对于这些田地，他们除了播种和收获以外，平时是很少会去培养的。当然，这样的种植方式，收获量是不会高的，一般总只能收获到种子的数倍。

新中国成立以后，由于条件的逐步改善，农民们已经开始放弃这种粗放的耕种方式而向着精耕细作的方向迈进了。因此，粮食的总产量已比新中国成立前增加了半倍。

在技术作物中，最主要的出产是棉花。它的最大产区是吐鲁番洼地，南疆的莎车一带和北疆的玛纳斯河流域种植得也很普遍。新中国成立以后，由于采用了苏联的早熟品种，产量已有显著的提高。1953 年，人民解放军在玛纳斯河流域的棉花收获中，个别棉田的单位面积产量，竟达到了每亩产籽棉 1,288 斤的空前丰收，打破了 1951 年山西曲耀离每亩产 912 斤的纪录和 1952 年山西吴春安每亩产 1,021 斤的纪录。在寒冷的北疆得到了这样惊人的丰产纪录，这具有两个伟大的意义：

第一，过去很多人认为新疆不适宜于发展农业的错误观点，这事实已证明完全荒谬。

第二，在新疆自然环境较差的省份，这样的丰产成绩告诉了全国的广大农民：增产无底，再接再厉！

新疆的蚕桑业也有相当发达，主要的蚕桑区在南疆的和阗一带。这是我国塞外的重要蚕桑区。在盛世才前期，由于得到了苏联的大力援助，蚕桑业非常发达。当时，苏联输入了大批优良蚕种，免费发给农民饲养，生丝年产量最高曾超过 50 万斤。盛世才后期反动劣迹暴露，苏联蚕种即未再输入，蚕桑业逐渐衰落。新中国成立前夕，蚕种已经到了行将绝灭的地步。新中国成立以后，才又重整旗鼓，在迅速发展之中了。

新疆又是我国著名的温带果园。哈密瓜和吐鲁番葡萄是顶著名的两种。哈密瓜的主要产地实在并不是哈密而是鄯善。哈密瓜和西瓜不同，它的外形很像冬瓜，只是两头要尖一点，像一颗大橄榄。外皮的颜色分黑绿、淡绿和糙米 3 种，小的每个 10 斤左右，大的可到 70 斤。哈密瓜的肉有粉红、乳白和青三种颜色，滋味有些像香瓜，但香甜可口，都远在香瓜之上。

新疆的葡萄不但是产量多、质量好，而且种植的历史也是很悠久的。新疆实在各地都产葡萄，但以吐鲁番最多最好。产量最多和最有名的是一种无核的名叫"吐尔甫"的水晶葡萄，这种葡萄甜得腻人，专作晒葡萄干之用。另外，如形状长圆、颜色青绿的"马奶子"，红色的"红葡萄"，白色的"白葡萄"和黑色的"黑葡萄"等，都是非常优异的品种。吐鲁番的葡萄都种在田里，每棵高度不到 2 尺，不必搭起架子来种植。那里建筑像碉堡一样的房子,是为了晒葡萄干之用。

此外,库尔勒的香梨,肉嫩汁多,鲜美异常;另外,如各地的桃、李、杏、梨、苹果、枣、西瓜等,都有大量的出产,并且也都是脍炙人口的名品。

新疆全省有 1/4 的人民靠着畜牧业为生;畜牧业的生产价值,占新疆全省国民经济生产总值的 15%;而畜产品的出口数量更要占全省出口品总额的 90% 左右。从这数字就可以看到新疆畜牧业的重要地位了。牲畜的种类很多,主要的有羊、马、牛、骆驼等,由于回教民族没有吃猪肉的习惯,因此猪在新疆是极少的。

最多和最重要的要算绵羊,新疆是全国最重要的羊毛产区之一。那里有全国 1/4 的绵羊头数。但过去新疆绵羊的质量很差,一头绵羊一年只能剪下 2 斤羊毛,而且质地粗劣,不能纺织上等的毛织品。新中国成立后,新疆的绵羊品种开始改良了,其中著名的是一种质量优异的蓝哈羊种的培育。蓝哈羊是苏联蓝布里种羊和新疆阿勒泰哈萨克种羊配交而育成的。平均每年可产羊毛 12 斤,而且毛质优良。1953 年,新疆各区出产的蓝哈羊种羔羊,计有 10 万只以上。新疆绵羊品种的改良,并且对全国的毛织工业都有极重要的关系。

新疆的马主要产于伊犁、巴里坤和焉耆等地。伊犁马体高善驰,确是我国最优良的马种。牛大概分布在伊犁、塔城和乌鲁木齐一带,在南疆西部的乌恰、蒲犁等地,也有牦牛(犛牛)的畜养。

骆驼在新疆是重要的交通工具;驼毛也是纺织原料。每年三、四月里都会整块整块地脱下来,然后长上新毛,每头骆驼每年约可产毛五六斤。毛织品中骆驼绒之类就是用驼毛制成的。

新疆的主要牧区是北疆,在南疆的水草田带,畜牧业往往只是农村副业。不过南疆西部的乌恰、蒲犁等县,却也是纯牧区。

在天山山地,盛行着一种季节性的游牧。严冬时节帐篷都扎在山谷低地中,牲畜群只能吃着预先准备的干草。冬季过去,山麓的积雪融化,青草开始长出来,于是他们的牧群就赶到山麓。接着半山里的雪也融化了,牧群就赶到半山。直到盛夏,到高山的雪线以下,在那里过一个凉爽的夏季。夏季过去,他们也一步步地赶着牧群下山。

新中国成立以来,人民政府领导新疆的牧民,开展了打狼、储草等运动,并帮助牧民改良牲畜的品种及进行了牲畜疫病的防治。另外,更大大地提高了畜产品的收购价格。例如羊毛的收购价格比新中国成立前提高十多倍。在这样的情况下,新疆的畜牧业大大地发展了。1949 年,新疆全省只有牲畜 1,300 万头,1951 年增至 1,500 万头。今后还要继续不断地增加。

在祖国的很多地方,农作物需水的主要来源是下雨。但是,长期的经验告诉了新疆的人民,他们绝不会在天气亢旱的时候希望有雨水来拯救农作物。因为新疆的雨水对于农作物好比是杯水车薪,完全无济于事的。新疆人民在农作物愈是需要水分的时候,他们愈爱天晴。因为新疆唯一的给水来源,就是高山上的雪水。太阳晒得猛烈些,积雪的融化就快一些,给水就会丰富起来。假使在那时遇到一连串的阴霾天气,那就糟了。

雪水的确是和新疆人民血肉相连的东西,每当4月以后,高山积雪开始融化,这时节,就是新疆各河流充满水量的时期,也是农民们开始投入紧张的农业生产的时候。各处水草田带,在这时都呈现出一片生气勃勃的景象。

但是雪水从高山下来,经过砾石带而到达绿洲。是匆匆地立刻要转到大漠带去的。因此。农民们必须想办法及时地把它擒住,否则,转眼之间,水去河干,耕种就无法进行了。数千年来,怎样擒住雪水以进行灌溉,就成为新疆农民和干旱斗争的主要课题。

新疆人民擒住雪水的主要方法:

第一,开凿沟渠,沟渠大概都以原有的河流或湖泊做基础,沿河湖进行开凿。使雪水来临时能够顺渠流入以灌溉沿渠的土地(沟渠灌溉较发达的各县渠道情况见附表)。

在新疆,没有沟渠,就不可能有农业;没有农业,就不成其县甚至更小的村镇聚落了。总计新疆全省旧有的沟渠约有1,580道,总长度达39,000公里,灌溉农田共1,700万亩。这些都是新疆劳动人民世代辛勤的成绩。

沟渠是新疆农业灌溉的主要形式。不过沟渠都和河流相通,沟渠的水量是随着河流的涨落而涨落的。农作物可比不得骆驼,可以一下子喝下许多水去和长期地忍受干渴,而是需要慢慢地供给水。可是沟渠却不会这样耐心地等待你,涨了几天水以后,就悄悄地跟着河水溜走了。因此,除了沟渠以外,农民还得想另外方法把水积蓄起来,以供日后慢慢地应用。如此,农民又开凿了涝坝。

涝坝就是贮水的池塘,开凿在沟渠的附近,以便将灌溉后多余的渠水积蓄起来,供给日后之用。涝坝的底部,往往修筑得非常考究,以避免水分的渗漏。在新疆,由于现实的教训,任何人都有爱惜水的习惯,大家都是舍不得浪费水的。

第三种擒住雪水的方法是架槽。农民们看到雪水从山坡里下来经过砾石带时的大量损耗,他们就制作木槽,下面装置木架,把水直接从山坡里引下来,以越过砾石带而直接到达田地里。这样就减少了水量在砾石带中的许多损耗。长的架槽达数公里,从山坡曲曲折折地下来,好像一条游龙一样。为了做到点滴不漏,农民们在整条木槽底上,都铺上毛毡。

县 别	渠 数	渠长（公里）	灌溉面积（市亩）
乌鲁木齐	68	1,038	160,290
伊 宁	13	163	989,419
绥 定	11	252	243,000
巩 留	14	2,260	289,665
霍 城	9	180	206,214
宁 西	12	324	236,454
阿 克 苏	15	750	619,265
温 宿	20	1,010	474,640
库 车	102	2,015	490,583
拜 城	17	435	490,356
乌 什	25	1,005	445,237
新 和	11	395	577,207
疏 附	32	627	443,815
疏 勒	4	573	545,089
英 吉 沙	4	201	524,927
莎 车	92	1,826	1,824,446
沙 雅	52	1,446	632,064
叶 城	20	800	1,200,000
和 阗	43	315	590,000
洛 浦	12	340	425,900
墨 玉	11	400	441,000
皮 山	60	947	509,262

　　最后一种重要的灌溉工程是坎井（坎儿井），坎井也是新疆人民擒住雪水的工具。不过它和前面说过的3种不同，前面的3种只是擒住地面上流动的雪水，而坎井的开凿，更把已经渗入地下的雪水也榨取出来。坎井是新疆劳动人民的卓越智慧和艰苦劳动的伟大结晶，也是新疆人民和干旱斗争的巨大胜利！

　　坎井的开凿工程是极度艰巨的。首先要请有经验的挖井工人在山坡上找寻水脉（含水层），先开一口直井。直井中见着了地下水，就在戈壁斜坡上挖一连串的直井，再把各直井的底部挖通，成为一条暗沟。暗沟从山坡引出来就是明沟，明沟才把水引到田里，进行灌溉。

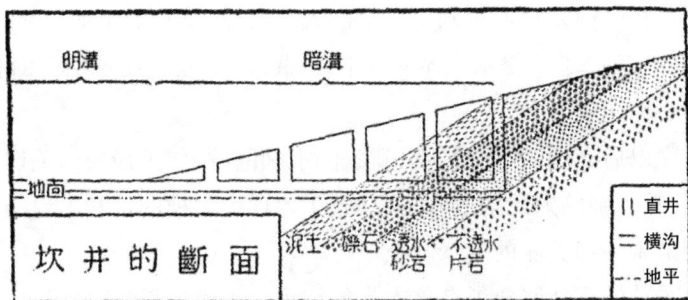

坎井断面图

直井和暗沟,是坎井工程最艰巨的部分。直井的作用是通风和输出挖掘暗沟时的泥沙,以后疏浚修理时,工人也从直井进去。直井少的有十数个,多的可达一二百,最深的直井竟达 100 米。暗沟短的约 5 公里左右,长的达 15 公里,简直像一条短短的地下河流。

新疆的坎井,集中在吐鲁番洼地中的吐鲁番、鄯善、托克逊和哈密等 4 县。哈密盆地中的坎井规模较小,一般只能灌溉 40 亩—50 亩农田;吐鲁番洼地中的坎井,有些很庞大,最大的坎井,可以灌溉农田 4,000 亩。仅仅吐鲁番一县,大小坎井就有 320 口。如果把吐鲁番、鄯善、托克逊 3 县的上千口坎井的暗沟一起连起来,长度达 2,500 公里以上,比大运河还长得多!

由于上述一系列农田水利工程的修建,新疆人民终于克服了干旱的侵袭,而在荒凉的沙漠上建立起他们的家园。2000 年来,新疆劳动人民和自然环境的艰苦斗争,是沙漠上一部可歌可泣的英雄史迹。新疆的解放,踢开了所有阻碍新疆人民和自然斗争的绊脚石,因此,可以确信,在今后的日子里,新疆人民必将运用他们的丰富斗争经验,发扬他们的光荣斗争传统,来整个地改变新疆的地理面貌。

新中国成立以来的水利建设

新疆人民虽然有着很丰富的和干旱斗争的经验,但是在旧社会里,他们是不可能很好地和恶劣的自然环境进行斗争的。即使是他们在克服了种种困难之下修建起来的一些灌溉工程,都会被地主霸占起来。地主们不但拥有土地,更控制了水源。而那些辛辛苦苦兴修水利的劳动人民,反必须向地主缴纳巨额的"水租"。

在这样的情形之下,劳动人民哪里还会有兴趣去兴修水利呢?反动统治者往往借兴修水利为名,进行大规模的敲榨勒索。他们征工派夫,增捐加税,口口声声要"兴修"水利。例如在国民党反动统治时代,也曾要"兴修"乌鲁木齐红雁池水库和阜康天池水库等水利工程。但是他们搜刮了大批的人民膏血,却只到工地上潦潦草草地敷衍了一下,就宣告"完工"了。修水利本来是件好事,但是在反动统治的时代,一提起它人民就不由得心惊胆丧了。

新中国成立以后,党和人民政府对新疆的水利问题,作了最大的关切。从1950年的下半年起,驻扎新疆的人民解放军,就开始了各项大规模的水利工程的兴修,替新疆的农业发展带来了一幅美丽的远景。

人民解放军首先重新修建了乌鲁木齐的红雁池水库工程,这是国民党时代曾经大吹大擂但结果没有修起来的工程。红雁池水在乌鲁木齐西南的天山北麓,位于乌鲁木齐河的右岸。这是一个现代化的大规模水利工程,工程包括三个主要的部分:

首先是一条5公里的引水渠,这是水库的咽喉,乌鲁木齐河水要通过引水渠才进入水库。引水渠上有进水闸、排沙闸等现代化的钢骨水泥建筑物多座。第二部分是红雁池水库的本身,水库的蓄水量为5,000万米^3,是目前新疆最大的一个水库。第三部分是一条长达70公里的和平渠。这是红雁池水库的输水管,它从乌鲁木齐南大渡槽起,向北直到米泉县境。

经过解放军同志3年多的努力,红雁池水库工程于1952年年底基本完成,1953年4月正式放水。它灌溉了乌鲁木齐、米泉间青格达湖一带的20万亩土地,1953年即能增产粮食约60万担,可以供给乌鲁木齐全市居民的7个月的食用。

和红雁池水库兴修的同时,新疆各处如焉耆盆地、哈密盆地、伊宁盆地、玛纳斯河流域以及南疆的广大水草田带中,都展开了大规模的水利建设。到目前为止,已经完成的大型水利工程,计有焉耆盆地中全长81公里的解放第一渠和全长50公里的十八团大渠,哈密盆地中全长达80公里的红星一渠和红星二渠,蓄水量达了750万米^{3}的乌苏车排子水库以及伊犁的四十团渠等。

1953年新疆省进行的大规模水利建设,主要的有八大水利建设:哈密红星二渠、乌鲁木齐和米泉之间的猛进水库、米泉八一水库、玛纳斯大海子水库、玛纳斯河东岸大渠、焉耆解放第二渠、阿克苏胜利渠和伊犁可克达拉大渠。另外,如玛纳斯河中游西岸大渠、蘑菇河水库、巴楚的洪海水库、疏勒的马场水库、莎车的铁里木大渠和和阗的通古斯渠等,也都已在修建、勘测或计划之中。

在大规模水利工程的开展中,带动了整个新疆的人民,普遍地发动了小型水利工程的修建。各地已经广泛地展开了整修和兴建沟渠,开凿坎井和挖掘泉眼、涝坝等水利工程。吐鲁番一地整修坎井的数字:解放以前,吐鲁番每年整修的坎井不过40口,1950年整修了80口,1951年整修了300口,1952年则把全部坎井都进行了整修。

4年来,新疆已新修和整修了大小沟渠5万多条,水闸、渡槽等渠道建筑物2万多座,新修和整修饮井 1,200 多口,挖掘泉眼 3 万多眼。这些水利工程兴修的结果,灌溉面积和水量都大大增加,农业生产就跟着空前提高。例如焉耆盆地的开都河一带,本来是一片贫瘠的荒地,但是由于沟渠的兴修,1952 年就在这里出现了每亩产 1,377 斤的全国小麦丰产纪录。1953 年全疆耕种的 800 亩春小麦和冬小麦,由于普遍地得到了 3 次到 4 次的灌溉,每亩产量平均达 800 斤,比解放以前增加了一倍。

这还不过是一个开头呢。毫无疑问,新疆的水利建设今后将更要大大地开展。人民解放军驻新疆的部队,计划在 5 年以内,要完成能灌溉 500 万亩农田的水利工程任务。

日益发展的矿业和工业

新疆的广大地面下,埋藏着多种多样丰富的矿藏,在新疆的石油贮藏区中,无论是山泉或溪水里,都会浮上一层油花。它们好像是在和地面上的人打招呼:"快些把我取出来吧,我能替你们做事呢!"

石油是新疆顶重要的一项地下财富,西北本来是我们祖国的一个大油库,新疆的油估计要占西北石油总藏量的一半。

最大的油田在天山北坡的乌鲁木齐到乌苏一带,天山以南,从轮台到温宿,特别是这中间的库车,藏油也很丰富。此外,如南疆的喀什、莎车、乌恰,北疆的塔城等地,也都有石油的贮藏。像天然煤气、土沥青、石蜡等,在各处也都有发现。

新疆的石油贮藏,数量是非常可观的。1952 年 4 月间,曾在某个矿区打了一口油井,因为没有来得及关闸门,煤气和原油汹涌地喷出,井架前像下大雨一样,井口的煤气,更熏得工人无法接近。后来经过苏联专家们抢救了很久,总算关上了闸门。从这一事实看来,我们可以知道新疆石油丰富的情况了。

除了石油以外,新疆更拥有种类繁多和储量丰富的有色金属,如金、银、铜、铅、锌、钨、钼、锰等。

阿尔泰山就是"金山"的意思,金矿分布极广,是我国最大的金矿区之一。在过去,阿尔泰山一带每年产金曾达 20,000 两,昆仑山北麓的各县如和阗、于阗、且末等地盛产沙金,那一带含金的矿层极厚,不但淘取容易,产量也很丰富。

铜矿分布在拜城、库车、伽师和尼勒克等地,产量以拜城为最多;铅矿在南疆的乌恰、尉犁、库尔勒、伽师和北疆的精河、尼勒克等地;锌矿主要分布于乌恰、尼勒克、和阗、叶城等处,新疆的很多锌矿,都和铅矿共生。此外,钼矿分布在精河县以南的山区,钨矿分布在温泉县境,锰矿则在鄯善和阿勒泰区一带。

新疆地形矿产图

　　煤和铁的分布,在新疆也是很普遍的。煤矿主要在天山以北的乌鲁木齐、巴里坤、阜康和天山以南的哈密、鄯善、吐鲁番、库车,乌恰等地,开采最盛的是乌鲁木齐和哈密。新中国成立后,人民解放军在北疆开凿了露天煤矿,现在也已经出煤了。铁矿分布在阜康、乌鲁木齐、塔城、尼勒克,吉木萨尔、库车等地,以阜康的水西沟为最大。乌鲁木齐附近的赤铁矿,矿石的含铁成分在50%以上,现在正在计划开采。

　　在其他非金属矿产中,主要的还有食盐和玉石两种:

　　新疆的盐产分岩盐、池盐和滩盐3种,分布得非常普遍,储量和产量也都很丰富。据估计,盐的贮藏量约有85,000万吨,其中以天山山区的岩盐质量最好。这样丰富的食盐资源,不但可以源源地供给人民的食用,而且也是新疆发展化学工业的良好条件。

　　玉石是新疆早已闻名的出产,主要的产地在南疆的和阗、于阗和洛浦一带。和阗河上流分玉龙喀什河和哈拉喀什河两支,玉龙喀什是维语"白玉"的意思,哈拉喀什是维语"黑玉"的意思,这些河流,在古代就是被称为"玉河"的。玉石大的可达千斤以上,历史上闻名的"赵氏璧",就是这里的出产。

　　玉石是重要的装饰品。封建时代的统治阶级,曾经向这一带的人民榨取玉石。清朝每年"进贡"的玉石约7,000—10,000斤。国民党反动派也曾经在这里掠夺玉石,反动的"国民政府"印信,即是 1929 年从和阗搜刮去的一块美玉。我们衡量一种矿产的价值,是根据它在经济建设中发挥作用与它对人民生活贡献的多少。因此,玉石就变得并不太重要的了。

新疆的石油和有色金属,曾经有一个时期,在苏联的合作和互助之下得到了开采,例如乌苏东南 20 公里的独山子油矿,1938 年起由于苏联的技术援助和机器设备而进行采掘,每日可出原油 30—40 吨。1940 年完成了炼油厂的建造,每天能炼油 55,000 加仑。另外,如精河附近的钼矿,温泉一带的钨矿,也都在 1940 年—1942 年这一段时期中和苏联合作开采过。但是所有这些矿产的采掘,最后都在国民党反动派的阻挠下先后中止了,许多由苏联进入的机器和矿场设备,也都遭到湮废。

1950 年 3 月,中苏签订了合办新疆石油公司和有色金属公司的协议,从此以后,苏联的专家、机器和各种矿场设备,都源源地运入新疆。钻探队在人迹不到的深山大岩上装上了机器,许多矿场建立起来了。目下,乌苏的独山子油矿,已经建设成为全国次于甘肃玉门老君庙的第二大油矿,过去荒凉的戈壁滩上,现在已源源地涌出了宝贵的石油了。

旧的新疆完全是一个农牧社会,除了少数手工业以外,根本谈不上新式工业的。但是随着新疆的解放,新式工业开始蓬勃地发展起来了。

为了发展农田水利,乌鲁木齐附近建立了小型的钢铁厂和水泥厂,以生产建筑现代化灌溉工程所需要的钢筋和水泥;为了供应新疆各民族人民所需要的大量日用品,同时也已经建立了利用当地农畜产品作为原料的棉纺织、毛纺织、面粉、制糖、火柴和肥皂等工厂。在乌鲁木齐,又建立了规模宏大的汽车整理装配工厂,以解决新疆省悠长公路上汽车的修理和装配问题。

动力工业也有了很大的发展,除了大量的石油采掘以外在乌鲁木齐附近建立了新式的煤矿;焉耆铁门关附近正在积极修建一座发电量达 25,000 瓩的大型水力发电厂;许多较小的水力发电厂也正在红雁池水库和其他好些河流上建造或设计之中;在乌鲁木齐,1953 年起又在建造一座大型的自动化火力发电厂,这座发电厂完成以后,发电量将等于新疆全省现有发电量的 140%。

南疆蚕丝业中心的和阗,正在建造一座现代化的机器缫丝厂,这座缫丝厂,在 1953 年第一期工程完成以后,即可投入生产,年产生丝 100 吨;到 1954 年第二期工程完成时,产量更可增加一倍。为了培养工人以发展这一带的缫丝业,90 名维族青年女工已被派到太湖流域丝织工业中心的苏州,在那里学习机器缫丝的技术。

今天,新疆的新式工业还谈不到什么发达,只是一个萌芽阶段。新疆拥有这样丰富的地下资源,出产如此众多的农牧产品,原料基础是极其雄厚的。因此,在党和人民政府的领导和苏联的帮助下,新疆工业的高度发展,是一件完全可以预期的事。

目前的手工业在新疆工业中占了更大的比重。新疆的手工业,包括钢铁铸炼、石木陶瓷、棉织、丝织、制毯、皮革、绣帽、缝纫、榨油、肥皂、玉石雕刻等,手工业生产总值要占全省国民经济生产总值的32%左右。

由于劳动人民集体智慧的创造和多年来的经验积累,新疆的手工业产品,有着优良的质量和美观的形式。其中和阗和洛浦的地毯和挂毯、伊犁的皮靴、叶城、喀什和库车的绣帽、和阗的玉石雕刻等,都是有着广大销路和历史荣誉的精美出品。

新疆每年可织毯子40,000平方米,和阗和洛浦两县,经常从事织毯的劳动人民有2,000人,大的毯子每条达120平方米,曾经远销国外。新疆全年所出产的皮靴,也达40万双。玉石雕刻是和阗人民的独特技艺。

在过去,很多人把新疆设想成为一个边远的、落后的和贫瘠的省份,但是新疆不但是具备了多种丰富的资源和产业,而且更拥有着发展这些产业的无穷潜在力量!

若干年以后的新疆,将是怎样一幅景象呢?那时,渠道纵横,水库密布,拖拉机在田畴中往来奔驰,沙漠的面积剧速地缩小,水草田不断地扩大,防风林像带子一样地往来环绕,品质优异的牛、羊、马群布满着广大的草原,荒山里建起了众多的矿场,戈壁滩上竖起了高大的油井架,烟突如林的都市里,整日交织着马达的合奏,蛛网般的公路上,奔驰着各种形式的车辆,长列的火车把石油、有色金属、羊毛、水果等大批物资从兰新铁路带到祖国的各个都市与乡村去。那时候,广大丰富的草原上,到处欢腾着各族人民的翩翩舞蹈,到处洋溢着各族人民的爽朗欢笑。这就是新疆的无限美好的远景!

四、新疆游程

从星星峡到乌鲁木齐

从祖国的腹地到新疆有 3 条重要的公路:绥新公路横过内蒙古的西南部和宁夏北部的戈壁进入新疆;青新公路擦过柴达木盆地的南缘而跨入新疆南部;甘新公路则通过甘肃的河西走廊。甘新公路从安西以西分成两支:北支越星星峡到哈密,南支经敦煌出古阳关而到新疆的南部。在所有这些路线之中目前最重要的一条要算是从兰州经安西入星星峡的甘新公路了。因此,在我们入疆的游程中,就决定选择这一条道路吧。

甘肃和新疆交界处的星星峡,是山丛中的一个峡口,这一带的山头,都是岩石嶙峋的濯濯童山,不要说树木,连杂草也很难得在那里生长,举目四望,一片黄褐,景色是相当荒凉的。这里除了车站、关卡等机关以外,只有几家饭铺和住户,附近也没有什么出产。

过了星星峡以后,汽车行驶在一望无际的戈壁滩中,路旁间或有一些木牌和小石堆,指示车行的道路,其余几乎什么都没有。实际上,这里的公路,也仅仅有其名义而已,在广大的砾石戈壁上,只要不迷失方向,只要不错过让水箱在沿途仅有的几处井、泉加水的机会,总是能够达到目的地的。

哈密以东的黄芦冈,是甘新公路和绥新公路交会的地方。从黄芦冈西行约 30 公里,便到了哈密。到这里突然看到了纵横的沟渠,碧绿的庄稼,参天的树木,真像骤然进入了一个人间的乐园似的。

哈密是新疆最东的一个大城,位居一块水草田的中心,盛产着甜瓜、西瓜、葡萄和其他多种鲜美的果品,小麦和高粱也种得很普遍。新中国成立后红星渠的开凿,替这里的农业创造了更优越的条件。哈密有维、汉二城,维城约在汉城以南半公里。有维族、汉族、哈萨克族和回族的居民,总人口约有 20,000 人。

从哈密到乌鲁木齐有两条路线可走:一条是向西走七角井;另一条是向北过博格尔多山走巴里坤。不过博格尔多山以北的气候比山南要冷得多。甘肃安西的风,吐鲁番的热和巴里坤的冷,合称"塞外三绝",因此,巴里坤一路很少人走了。

七角井是公路交通上的一个要站,从这里到乌鲁木齐的公路又分南北两条:南路经过吐鲁番洼地,北路则越过博格多山的缺口经奇台、阜康等地。车辆选择这两条路线,是按照季节和气候的变化来决定的。在冬季,博格多山以北,大风刮面,气候极度寒冷,但南路由于高山的阻隔,风势较弱,气候也比较暖和,因此在冬季行车,一般总走南路。但是在夏季,由于吐鲁番洼地的酷热,汽车每行驶 20 公里,水箱中的水就要沸腾,车胎更时常要炸裂,往往只能在半夜以后才能行车。但北路在那时却很凉爽宜人,因此夏季里大概都改行北路。

就沿途的自然景色来说,南路此北路要美丽得多。离开七角井不久,行程就进入了吐鲁番洼地的边缘,首先到达的是洼地东侧的鄯善。在这一带沿途时常可以看到淙淙的流水,参天的白杨,而天山负雪,又耸峙在北方,景色很是壮丽。

鄯善是吐鲁番洼地中 3 个城市之一,在这里可以看到硕大的甜瓜,琳琅满目的各种葡萄和其他多种多样的水果,仿佛进入了一个水果世界。这里出产了全疆最多和最好的甜瓜,人们都晓得哈密瓜,却不晓得哈密瓜的老家在鄯善呢。

从鄯善西行到吐鲁番的 90 公里行程,地势剧速下降。到了吐鲁番,虽然抬头仍可以清楚地看到博格多山顶上的皑皑积雪,但是假使把立脚点搬到海边去的话,那末,我们的头顶上,就还应该有 15 米深的海水呢。

吐鲁番附近的景色,也是非常特致的。这里一带的山头,都是红色砂岩构成,在灼热的阳光下,闪烁着耀人眼目的光辉。这就是《西游记》里的所谓"火焰山"所指的地方。

吐鲁番就是唐代的高昌,是一个历史上早已闻名的地方,附近充满了汉代以至隋唐时代的古迹,高昌古城坐落吐鲁番城以东,至今还有遗迹可寻。在吐鲁番以东的胜金口和土峪沟一带的群山中,分布着极多的千佛洞,有很多珍贵的壁画和塑像,是祖国文化艺术遗产的宝藏。但是今天我们在那里看到的这些壁画和塑像,大部分都已经剥蚀破坏了,这就是 40 年前英帝国主义分子斯坦因和德帝国主义分子勒库克等在这里劫掠的结果。这些帝国主义者毫无廉耻的野蛮劫夺,和过去的反动统治阶级只晓得压迫人民而漠视自己祖宗的文化艺术遗产的罪行。又给我们上了一堂生动的政治课！

吐鲁番有维、汉两城，两城相距约 2 公里，维城要比汉城热闹得多，这里的居民，绝大部分都是维族，人口约有 20,000 人，是吐鲁番洼地中最大的城市。

在吐鲁番城外一望无际的戈壁滩中，我们可以看到一串串接连成直线的小山丘。在哈密和鄯善的近郊，我们也曾看到过这种景象，但都没有像这里的众多密集。这些小山丘，原来就是堆积在坎井的每一个直井口上的泥砂石砾。这一个特殊的地理景象，正是吐鲁番人民和干旱斗争的伟大标志。

在发达的农田灌溉事业下，吐鲁番生长了众多而丰富的农产品。这里出产了全疆数量最多、质量最好的棉花和葡萄，另外，还有许多谷类和多种多样的鲜美水果。吐鲁番城东 15 公里的葡萄沟，是著名的葡萄产区，那是一条全长数公里依山傍水的小山沟，山沟中全是丰硕肥美的葡萄田。在葡萄田两侧白杨和柳树的绿阴深处，点缀着三五成簇的维族人民的小土屋；在空旷的高地和附近的小山岭上，矗立着一所所用土砖筑成碉堡似的晒葡萄干的房子。这真像是一幅美丽的大自然图画！

过去吐鲁番的劳动人民生活是极其痛苦的。他们流尽血汗，辛苦地培养出鲜美的葡萄，又把它晒成甜美的葡萄干。然后他们必须用兽力将葡萄干驮运到遥远的乌鲁木齐去，但是每 100 斤葡萄干只能换到 3 斗小麦。新中国成立以后，省贸易公司派人上门来收购，再不必运到乌鲁木齐去了。而且每 100 斤葡萄干的价格，已经提高到能换小麦 5 斗。吐鲁番人民的生活提高了，因此，不论是在吐鲁番或是葡萄沟，我们都看到维族人民加倍地热情劳动和流露在脸上的愉快微笑。

离吐鲁番驱车向北，汽车从海平面以下的洼地又进入了崎岖高峻的天山山区，到了博格尔多山和喀拉乌成山之间缺口上的达坂城。它是南疆和北疆和一个重要孔道；在军阀混战的时代，它是一个著名的战场。

乌鲁木齐印象

汽车过了达坂城以后，在天山北坡的戈壁滩上行驶，好久，我们在极目无际的地平线上看到一线起伏的黑影，接着，在我们的前面沃野敞开，白杨夹道，沟渠交错，流水曲折，构成了乌鲁木齐郊外的一幅富饶秀丽的画面，全疆第一大城中的鳞次栉比的高大建筑，终于映入了我们的眼帘，我们到达了乌鲁木齐市。

乌鲁木齐是新疆省的省会，为全疆的政治、经济和交通中心。公路向东可以到甘肃、宁夏和内蒙古，向南有两条路线通达南疆，向西经过绥定和塔城可以进入苏联，向东北有大路和蒙古相通。另外，从北京到苏联土西铁路上的阿拉木图的中苏航空线中，乌鲁木齐是一个重要的站。正在积极建筑中的兰新铁路，也以乌鲁木齐为终点。乌鲁木齐真是一个四通八达的交通枢纽。新中国成立以后在新疆建立的新式工业，大部分也都在乌鲁木齐及其附近，使它又成为新疆最大的一个工业城市。

新中国成立后，乌鲁木齐由于建设事业的推进和产业的发达，全市人口已经增加到 18 万。为全国西半部的广大土地上的第一个大都市。乌鲁木齐的居民以汉族最多，约占 6/10 以上，其他如维族、满族、俄罗斯族、汉回族、塔塔尔族等，以及新疆境内的各种民族，在乌鲁木齐几乎都可以看到。新中国成立前，乌鲁木齐本来是新疆省民族纠纷的火药库，但是新中国成立后，在伟大的民族政策下，乌鲁木齐的所有民族，已经融和成为一片，过着平等互助的愉快生活，因此，乌鲁木齐除了在行政、经济和交通上的重要地位以外，更是新疆省民族团结的核心。

乌鲁木齐街市在解放 4 年来的大力市政建设下，已经修建得面貌一新了。我们首先到了乌鲁木齐人民的活动中心——八一广场，从这里伸展到解放路的大街，都是光油油的柏油马路，路旁白杨参天，浓荫覆地，和过去风沙满目的荒凉情况，已经是换了一个世界了。

乌鲁木齐的第一区是全市最热闹的地方，那里店铺林立，商业十分发达。高耸的鼓楼俯视着整个市区，幽雅的大公园，游憩着劳动人民。第三区的南梁，也是乌鲁木齐的精华所在，那里有着俄罗斯族、维族和来自天津及山西的商人所开设的各种商店，在这条新式建筑的市街上，构成了一个多种民族的商场。

乌鲁木齐不像我国东部的都市，这里没有什么三轮车、黄包车之类的交通工具。乌鲁木齐市区内主要的交通工具是公共汽车和"六根棍"，"六根棍"是一种铁轮马车，车上绑着六根棍子，上面铺着毛毯，乘客坐在毛毯上，是一种普通的交通工具。另外，在乌鲁木齐市上，我们还时常可以看到哈萨克族和蒙古族的人民，骑着高头大马，雄赳赳地驰过市区，这又是西北街市的一种特殊景色。

红雁池水库、和平渠的完成，和其他一系列沟渠的开凿，把乌鲁木齐滋润得更丰富肥沃了。在市区北郊，我们又参观了著名的集体农庄。这里本来是一片未经垦殖的荒僻原野，由于沟渠的开凿，人民解放军在这里垦出了一片广达 1,200 亩的肥沃土地。现在这里已经建立了新疆第一个集体农庄，有农民 430 户，这个多种民族组成的集体农庄，正象征了新疆各民族空前未有的大团结。解放军除了无条件地让出农庄外，又送给农庄马 80 匹、马拉农具及农业机械 25 部及其他农具多种。庄员们本来都是身无立锥之地的贫苦农民，现在忽然成为这样一个富裕的集体农庄的主人，他们的喜悦真是无法形容的。他们决心以实际行动来报答党和政府的伟大恩情。

北疆巡礼

沿着从乌鲁木齐向西的公路前进。这公路不但是乌鲁木齐通伊犁区的大道,而且是著名的国际路线,抗日战争前期,苏联援助我国的大批物资,就是循着这条公路运到国内来的。车行进过昌吉、呼图壁、玛纳斯等较小的城市,然后到达了乌苏。乌苏附近有一片很大的绿洲,农业和牧业都很发达。这里是一个重要的公路交通中心,到伊犁区和塔城的公路在这里会合,向来商业有相当发达。乌苏又是一个重要的石油产区,新中国成立后在苏联的互助和合作下,建立了城南 20 公里的独山子油矿。这个油矿,就规模说,只比甘肃玉门的老君庙油矿略小;质量则在老君庙油矿之上。矿工业的迅速发展,乌苏城比以前显得更热闹了。

从乌苏向西,经过了精河以后,公路渐渐地逼近了塔尔奇依楞山的北坡。在海拔 2,000 米的山麓上,荡漾一片清澈的湖水,这是赛里木湖,当地人称为“海子”,是一个宽达 30 公里的高山湖泊。沿湖是一片丰茂的草地,风景非常秀丽,湖边安扎着三三两两的哈萨克包,成群的牛羊马匹,在草地上遨游,马背上骑着哈萨克童子,嘹亮的歌声响彻了整个原野。

汽车在风景如画的赛里木湖绕湖奔驰了约 20 公里,然后向南爬上了塔尔奇依楞山脊,越过山脊以后,就进入了伊犁区。这里有肥沃的良田,丰茂的水草,是一个非常富庶的区域。

伊犁区的最大城市伊宁,在伊犁河的北岸,这是新疆省除了乌鲁木齐以外的最大城市。它不但是中苏公路的要站,而且也是伊犁河小轮航运的起点。就产业来说,这里有着蛛网一般的沟渠,发展了规模很大的灌溉农业,伊犁河有着新疆所有河流中最丰满的水量,这就是它得天独厚的优惠。伊宁并且也发展了新式工业,皮革厂和面粉厂规模都不算小,这也是目前在新疆除了乌鲁木齐以外难得看到的情形。

伊宁是一个美丽而清幽的城市,整齐建筑配上了一列列的白杨,显得那么秀丽恬静;几处高大的伊斯兰教寺院,露出了它金黄色的屋顶,又是那么的庄严肃穆。伊宁也是一个各族杂处的城市,这里的 10 万居民中,有维、汉、汉回、满、锡伯、达呼尔、塔塔尔和俄罗斯族等,在熙熙攘攘的市街上,各种肤色、各种服装和各种语言混杂在一起,构成了一个融融乐乐的民族大家庭。

在我国少数民族的革命历史中,伊宁也是值得纪念的地方。1944 年伊宁人民为了反抗国民党反动派大汉族主义与盛世才的血腥统治,曾在这里一带举起了革命的义旗。他们英勇地赶走了国民党反动派的军队,把解放区迅速地扩展到塔城和阿勒泰,声势非常浩大,使国民党反动派一时惊慌失措,不得已撤换了杀人魔王盛世才,采取了一些"缓和措施"。以后,他们又迅速地组成了民族的武装,保卫革命胜利的果实。新中国成立后,这民族武装改编成为中国人民解放军。

伊犁区除了伊宁以外,其他比较重要的城市还有绥定和霍城等,这些城市,都在伊犁河的支流上。绥定是伊犁区的第二大城市,是附近农牧产品的一个集散中心。霍城靠近中苏国界上,它是中苏公路国境上的最后一个站头,在中苏两国的交通和贸易上,有着很重要的地位。

访问了伊犁区以后,又驱车回程,循原路到了乌苏。准备到北疆的第二条路线上去游一次。我们的目的地是塔城和阿勒泰。

从乌苏北行,公路伸展在准噶尔盆地的广大戈壁滩和草原相间的地区。这一带是蒙古族游牧的地方,草原上时常可以看到零星分布的蒙古包和一簇簇的牧群,但刹那间,戈壁滩又吞噬了草原的绿色,眼前就显得一片荒凉。最后,公路又深入了山区,过了额敏以后,到达了中苏边界上的大城——塔城。

塔城有3万居民,也是北疆的一个大城。它也在中苏公路上,是交通上的一个要地。由于位置的偏北和地形的向西伯利亚方向敞开,塔城的气候非常寒冷,生长季节也极短促。但是尽管自然条件这样困难,劳动人民还是在这里附近开凿了很多的沟渠,发展了灌溉农业,使塔城成为新疆很重要的一个小麦产地。

塔城又是我国一个重要的金矿区,这里东北的哈图山,是国内最大的金矿之一。清朝时期,这里的金矿采掘曾经盛极一时,矿工最多时竟超过万人。但是以后由于新疆境内军阀割据和混战的局面,采掘就渐渐衰落以至停顿了。今后一定又会开发的。

从塔城回来,我们又到了额敏河畔的额敏。公路向东沿着崎岖的乌尔噶萨尔山到达了和丰旧城。从此转北,便到了布尔津。布尔津的居民主要是蒙古人,北疆本来很少维族,但这里却也可以看到戴着绣帽和穿着鲜艳服装的维族人在那里漫步。布尔津是北疆交通上的一个水陆码头。它是额尔齐斯河的小轮航行起点,公路交通由此向东可到阿勒泰,向西可到中苏边境上的吉木乃。最近为了开发阿尔泰山南麓的牧区,这一带又已在建筑一条到达富蕴的公路,这条公路造成以后,布尔津这个水陆码头一定会更繁荣起来。

从布尔津向东,到达了北疆游程中最后的一个目的地——阿勒泰。

阿勒泰是新疆是最偏北的城市,谁也不会想到在这样寒冬漫长、北风凛冽的极北地区,劳动人民竟早在那里开凿了全长1,700公里的几条大小沟渠,发展了相当规模的灌溉农业,使这里能够多出一部分粮食,供给了阿尔泰山的纯牧区。劳动人民的这种顽强刻苦的精神,使我们发生了莫大的惊异和钦敬。

阿勒泰城区只有几千居民,主要的有哈萨克族、蒙古族、维族和汉族。阿勒泰城外的广大地区,则是哈萨克族和蒙古族的放牧地带。阿勒泰的位置和蒙古毗连,反动统治者过去曾长期地在这里进行了反苏、反蒙和民族仇视的活动。解放以前,国民党反动派为了混淆国际视听,以便让其专心一志地进行残杀人民的内战,曾经无耻地制造了阿勒泰区南部的"北塔山事件"。作贼心虚地诬陷蒙古的"侵略"。但结果铁的事实戳穿了无耻的谎言,今后中、蒙两国的贸易进一步发展中,阿勒泰无疑地将成为两国交通和贸易上的要地。

跨越天山到南疆

从乌鲁木齐到南疆去,有中苏民航公司新开的乌鲁木齐喀什线。乌鲁木齐到喀什有 1,000 公里以上,汽车往返一次要化去一个多月,但是在空中来回一趟,只要 9 小时就够了。因此,从天上飞的确此在地上走要便捷得多。不过为了沿途观光,看看我们祖国的大好河山,从地上走比较方便,其间有两条道路:一条是从乌鲁木齐向东南经过达坂城和吐鲁番洼地;另一条是从乌鲁木齐向南越过喀拉乌成山。从达坂城转吐鲁番洼地那一条,当我们到乌鲁木齐来时已经走过了,为了多看一些地方,就决定坐汽车翻过高峻的喀拉乌成山。

从吐鲁番洼地绕一个圈子到焉耆,正好走了一个三角形的两边,但是过喀拉乌成山到焉耆,却刚刚走了这个三角形的底边,要缩短路程 200 公里。一年里面从南疆运到乌鲁木齐来的粮食和棉花,最少也有两万吨,一个单程就需要"吉斯150"号汽车(载重 3.5 吨)5,700 辆,来回一趟,能够缩短 228 万公里,省下 25 万加仑汽油。25 万加仑汽油不是一个小数目,它可以供给一辆汽车在地球赤道上打 57 个圈子。

不过替国家节省这么一大笔财富,并不是一件简单的事。这段全长 312 公里的路线,在人迹不到的天山山丛中有 110 公里。在过去,反动统治者连做梦也不会想到,汽车竟可以跑过这样高峻广大的山丛中去。新中国成立以后,从 1952 年 1 月开始,人民解放军经过了 7 个月的艰苦工作,终于把这条公路修起来了。

从乌鲁木齐出发,汽车不久就进入了天山山口——前峡,从此以后,映入我们眼帘的,除了高山和雪峰以外,简直就没有旁的东西了。汽车经过了海拔 2,080 米的峡口,最后翻上了海拔 3,880 米的天山山脊——胜利达坂。在那里,我们置身于万山丛中,举目四望,全是密密丛丛数不清的高山深谷,真是一种难以描写的壮丽气象! 天山是一个宝库,这条公路的修成,已经让我们打开这个宝库的大门了。

跨过天山,经和靖到达焉耆。焉耆是一个美丽的城市,开都河滔滔地流过西门,河上架着长达 300 米的崭新桥梁。城内虽然只有两条街道,但建筑很整齐,市容也挺热闹。新中国成立后,人民解放军在这一带开凿了很多沟渠,而且还在继续扩大,预计不久的将来,附近可以增加耕地 200 万亩,这将替焉耆带来多少财富呢。

从焉耆到库尔勒的公路上,我们穿过了铁门关。铁门关原来是一排高山中的一个小峡口,公路就从这里经过。和公路一同穿过的还有孔雀河。由于两面山势的紧逼,孔雀河水在这里奔腾澎湃,声势非常浩大。大批工程人员,正在加紧建造着水力发电厂的工程。在荒僻的山野中,突然看到了这样一个热烈紧张的工地镜头,我们的心头,具有无法形容的兴奋!

过了铁门关才算进入南疆。南疆风光,到库尔勒以后才领略到,到了这里,我们已站在塔克拉·玛干沙漠的北部边缘了。

库尔勒一向有"小江南"的美称,的确,在这里小溪流水,果树白杨,假使忘记了沙漠就在它不远的南方的话,真的会以为是身在江南呢。这里的农产品有小麦、稻米和玉米,水果有梨、桃、杏、葡萄、枣等多种,库尔勒的香梨是和哈密瓜和吐鲁番葡萄同样出名的。

库尔勒县城在孔雀河南岸,城北不远,便是新中国成立后新修的十八团大渠。城内几乎所有的街道旁和院落里都种植着绿油油的果树,结满了累累的硕大果实,发出了阵阵的诱人香味。全城住着 26,000 人口,维族要占 80% 以上。南疆的城市几乎都是一样,维族总是占着绝对多数的,这里原来就是维族的老家哟。

从库尔勒向西,公路沿着沙漠的北缘,经过了轮台到达了渭干河畔的大城库车。从库尔勒到库车,汽车走了 270 公里,沿路上大漠茫茫,飞沙扑面,真是所谓"风尘仆仆"了。

库车是南疆的大城之一,也分维城和汉城两处,汉城的规模比维城要大得多,不过商业区却在维城。新中国成立以后,人民解放军从远处用汽车载来了碎石,把城内的街道修得又平又宽,显出了一副崭新的气象。

库车就是古代西域的龟兹国,那真是一个音乐和舞蹈的老家。中国的音乐和乐器,有很多从龟兹传来的;今天维族人民舞蹈中,也还保存着许多龟兹舞蹈的风格。库车又是南疆的一个矿藏宝库——南疆最大的油田。

从库车西行到了拜城,拜城在维语是"丰富"的意思。由拜城向西,汽车在沙漠上跑了将近一天的路程,到了阿克苏,这又是南疆的一座大城。

在维语中,阿克苏是"白水"的意思,正是因为那条清澈见底的阿克苏河的缘故。多少年来被人们认为"西塞绝域"的阿克苏,却居然一直以它质量优异的香稻压倒江南。

新中国成立后,人民解放军在这里建筑着一项伟大的农田水利工程——阿克苏胜利渠。全长130公里,将引用阿克苏河流水,在阿克苏到喀什的公路沿线,造成一块100万亩良田的灌溉区,今后,阿克苏将能生产出更多的香稻。

从喀什绕过塔里木南缘

喀什在喀什噶尔河畔,是南疆最大的城市。这个一向有"小北京"之称的古色古香的大型城市,是维吾尔族的古都。喀什也分成维城和汉城两处,维城疏附,汉城疏勒,相距约9公里。疏附是维族人民行政、经济和文化的中心,城的中央,有一所高大的艾提卡大礼拜寺,寺内的教堂可以容纳3000群众,建筑得非常富丽堂皇。喀什的宗教气氛是很浓厚的,这里一共有126所伊斯兰教的大小礼拜寺,并且还有一所经文大学,人民政府是尊重各民族的宗教信仰的,在南疆,很多开明的阿訇也都被选为县人民代表会议的代表。

艾提卡大礼拜寺前面是一片大广场,广场以南,屹立着一座有3,000座位和转台、电灯等设备的大戏院,这是盛世才前期,在苏联的帮助下建造起来的。从广场伸展出去的有6条大街,每一条街上都排列着商店和摊贩,营业非常发达。

从疏附出东门到疏勒的道上,矗立着一座和艾提卡大礼拜寺差不多的大建筑,这就是著名的香妃墓。香妃原是小和卓木王的妻子,满清朝时被掳到北京,乾隆皇帝即想把她占为己有,用各种方法威逼利诱以达到其丑恶的目的。但是富有民族气节的香妃,全身佩刀,宁死不屈,最后终于遭到了杀害。为了纪念这样一位气节凛然、保持民族尊严的伟大妇女,维族人民替她建立起一座壮丽的陵墓。

汉城疏勒比疏附要小得多,喀什的6万居民,绝大部分都是住在疏附的。现在市人民政府和专署都设在疏附,所以它是一个商业中心与行政中心。

在交通上,喀什也有着它特殊重要的位置的。除了有公路联系了南疆的水草田带和航空线直达乌鲁木齐以外,从喀什到苏联外里海铁路的安集延的公路,正在计划修建。从这里向南,有陆路可通阿富汗、巴基斯坦和克什米尔等地,因此,喀什也是祖国国防的前哨。

从喀什出发,沿着沙漠边缘,到达叶尔羌河畔的南疆第二大城——莎车。莎车的汉城即是目下莎车市的所在地,维城在汉城之东,叫做叶尔羌,两城合计共有55,000居民。

莎车是一个值得依恋的地方,这里的人民,对于音乐和舞蹈特殊的嗜好。莎车人民有自动组织的音乐队,那种古色古香的悦耳音乐和优美动人的婆娑舞姿,是多么使人神往哟！在莎车的维城有南疆最大的公园，那鲜花嫩草古木参大的清幽环境里，正是高歌长舞的最理想场所。

莎车是一块很富广的地方，这里出产了大批的棉花和粮食，除了供给本地的人民需要外，每年有很多可以运到乌鲁木齐去。莎车以南的山地中，又有着丰富的石油贮藏，人民甚至于可以从溪水和泉水中把石油汲取出来。

离开莎车，汽车跨过了叶尔羌河上的南疆第一大桥，桥上悬挂着高大的匾额，写着"南出昆仑，北入瀚海"。在这样的旅程上，看到了这样的字句，这是何等浩大的气魄！不禁使我们的胸襟豁然开朗起来。

从莎车到和阗，真是一段漫长的旅程，在车上凭窗远眺，右面是雪峰罗列，左面是沙丘无垠。沿途一簇簇的桑林，自然景色好像是一幅固定的舞台布景，汽车跑了几十公里，但是窗外仍然雪峰沙丘和桑林，经过了泽普、叶城、皮山和墨玉4个县城以后，到达了玉龙喀什河边的和阗。和阗是古代西域的于阗国，也是新疆的一个玉石和丝绢老家。

和阗有着众多的沟渠和广大的沃野，灌溉农业非常发达。直到新中国成立前，这里还停留封建前期的农奴社会形态，农民生活的痛苦和地主气派的"浩大"，都是骇人听闻的。新中国成立后，和阗进行了轰轰烈烈的减租反霸运动，农民的生活，已经得到了初步的改善，和阗开始显露出一副喜悦的气象。

我们参观了规模相当大的蚕种场和正在建造中而且部分已经落成了的新式缫丝厂。蚕种场里培育着多种苏联和中国的优良蚕种，这是和阗蚕桑业发展的主要关键；缫丝厂的马达匀称地发着轰鸣，一列列戴着绣帽的维族姑娘，正在专心和敏捷地工作着。另外，我们又参观了公营的手工业地毯工厂和好几家玉石作坊。鲜艳华美的和阗地毯和精巧细致的玉石雕刻，在和阗都已有千年以上的悠久历史了。虽然由于种种原因，今天的销路还比较清淡，但是在交通运输的不断发展中，在新中国人民生活水平的不断提高中，这两种名贵的手工业品，也一定会打开它们的广大销路的。

和阗紧靠着沙漠，我们漫步在玉龙喀什河畔，北可看到塔克拉·玛干沙漠的情景。不禁使我们想起：19世纪末叶，以侵略为目的的瑞典探险家斯文海定，曾经带了一个"探险队"，想从叶尔羌河边上的麦盖提，横过沙漠而到和阗河边。但在伟大的自然考验下，终没有能力克服塔克拉·玛干沙漠的风沙和干渴，在丢尽了一切伙伴和装备以后，斯文海定狼狈地只身流浪到和阗。但同时也使我们想起，早于1,500年前，我们祖国的伟大旅行家法显，曾经轻骑单驾地从焉耆横过沙漠到达和阗。而中国人民解放军进驻南疆的部队，也曾在1950年初从阿克苏横过将近800公里的沙漠，在15天的短期内安然进入和阗区。和阗，这个屹立在塔克拉·玛干沙漠边上的城市，在它千百年的历史中,曾经看到了心怀叵测的冒险家的覆亡,但是却也看到了祖国旅行家的卓越业绩和我们人民军队的伟大胜利。

　　和阗以东的行程,是我们入疆以来最艰苦荒僻的一段了。在这里,往往几十公里中看不到一滴水,整天里碰不到一个聚落。例如我们经过的那个以产金著名的且末,新中国成立前的几十年里,几乎已经和世隔绝了。且末以东的婼羌,是有名的干燥区,也是人迹罕至的县城。自然,新中国成立以来,这里一带也渐渐地活跃起来了。

　　婼羌以东,沙丘起伏的瀚海,逐渐地又变为平沙无垠的戈壁滩。终于,在经过了几天单调的戈壁旷野以后,汽车突然驶过了一座碉堡式的城墙。我们赶紧回过头去,墙头上分明的是"古阳关"3个大字。至此,我们便告别了新疆。

原著(上海)地图出版社1954年版

江淮流经的安徽省

一、安徽省的地理概观

自然景色

在长江下游，江苏以西，河南、湖北以东，江西、浙江以北，有一块面积达 14.4 万平方公里的省区就是安徽省。

过去由于这里的长江以北有一个安庆府，长江以南又有一个徽州府，安徽的名称就是这样得来的。安庆附近一带，春秋时代是皖国的地方，因此安徽省简称作皖。

新中国成立以后，安徽省曾经一度以长江为界，成立皖北和皖南两个行署区。1952 年起，又恢复了安徽省的建置。现在，安徽是隶属于华东行政区的一省，全省有 5 个省辖市、7 个专区、两个专区辖市和 67 个县份。在华东行政区它是面积较大的一省。

安徽省的地形是多种多样的：丘陵与平原相间，河流和湖泊交错，这是安徽地形的轮廓。

长江是安徽省地形上的一条重要界线。长江以南，大部分是起伏不平的皖南丘陵。在皖南丘陵的边缘，界乎安徽和江西、浙江两省之间，盘旋着怀玉山脉和天目山脉，较高的山峰都超过海拔 1,000 米。皖南丘陵的中部分布着丘陵中最主要的山脉——黄山。黄山是一个花岗岩构成的山岭，主峰在歙县西北，高达海拔 1,700 多米，是长江下游和东南沿海大陆上的第一高峰。黄山风景极好，奇异的岩石和古松，构成了一幅气象万千的画面。黄山西部在祁门以北又有一座高达海拔 1,300 米的马鞍山，是黄山山脉中的第二高峰。黄山山脉是皖南丘陵地形的主体,并且是长江和钱塘江的分水岭。

皖南丘陵的北部边缘是长江,这一带虽然比丘陵内部要平坦一些,但是海拔300米—500米的山岭,却仍是经常可以在江岸上看到的。例如,当涂以北的马鞍山、芜湖以北的东梁山、铜陵的铜官山和贵池以南的九华山等。九华山高度虽不过海拔1,323米,但是由于位滨长江,周围地势平坦,因此相对高度就显得很大,山势高耸突兀。它和四川的峨眉山、山西的五台山及浙江的普陀山,合称佛教四大圣地。

安徽省长江以北和淮河以南的大片地区,也是一块丘陵地,称为淮南丘陵。淮南丘陵的整个地形面貌是西高东低的。西部和河南、湖北两省邻接的地带,是大别山脉的延伸部分,地形相当崎岖,主要的有霍山、潜山和皖山等。霍山顶峰高达海拔1,700米,山势陡峭,所以又称天柱山。早在汉朝时代,霍山曾被封为中国五岳之一的"南岳",到后来才为湖南的衡山取代。霍山以东,地势逐渐低平,直到津浦铁路沿线附近,一般都是200米上下的低丘陵,这些山脉总称为霍山山脉。实际上,霍山山脉的东段,已经呈现着一片侵蚀平原的景色了。

安徽省淮河以北的广大地区是一片坦荡的淮河平原。但东部津浦铁路两侧有一些侵蚀平原,其余多是淮河及其支流冲积而成的。淮河平原是华北大平原的一部分,自然景色大致和华北一带相似。

安徽省的河流系统也是相当复杂的。全省包括3个不同的河流系统:即是长江、钱塘江和淮河3个水系。

长江成西南、东北的方向横过整个省区,把安徽分为皖南和皖北两部分,是省境内最大的河流。不过由于沿江两岸丘陵地形的关系,长江在安徽并没有很大的支流。主要的只有发源于黄山的青弋江和发源于天目山的水阳江等,都在芜湖附近注入长江。另外,沿江还分布了不少大大小小的湖泊,在北岸有龙官湖、大官湖、泊湖、白兔湖和巢湖,在南岸有丹阳湖、石臼湖和南猗湖等。其中以巢湖最为重要,它的面积达800平方公里,是安徽省内的第一大湖,巢湖周围的平原,也是安徽省著名的富庶地方。

皖南丘陵中的另外一个水系是钱塘江水系,那就是钱塘江上游的支流之一新安江(徽港)。新安江发源于黄山南麓,东流从街口进入浙江境内,到建德和钱塘江干流会合。

安徽省北部的大河是淮河,淮河是一条支流众多、流量丰富的河流。淮河干流发源于河南省桐柏山,到三河尖进入安徽省境,最后注入安徽和江苏两省之间的洪泽湖。

淮河在安徽省境内的支流,北岸主要的有颍河、西淝河、涡河、北淝河、浍河和沱河等;南岸较大的是淠河和池河。淮河沿岸也分布着一系列的湖泊:例如霍邱附近的城

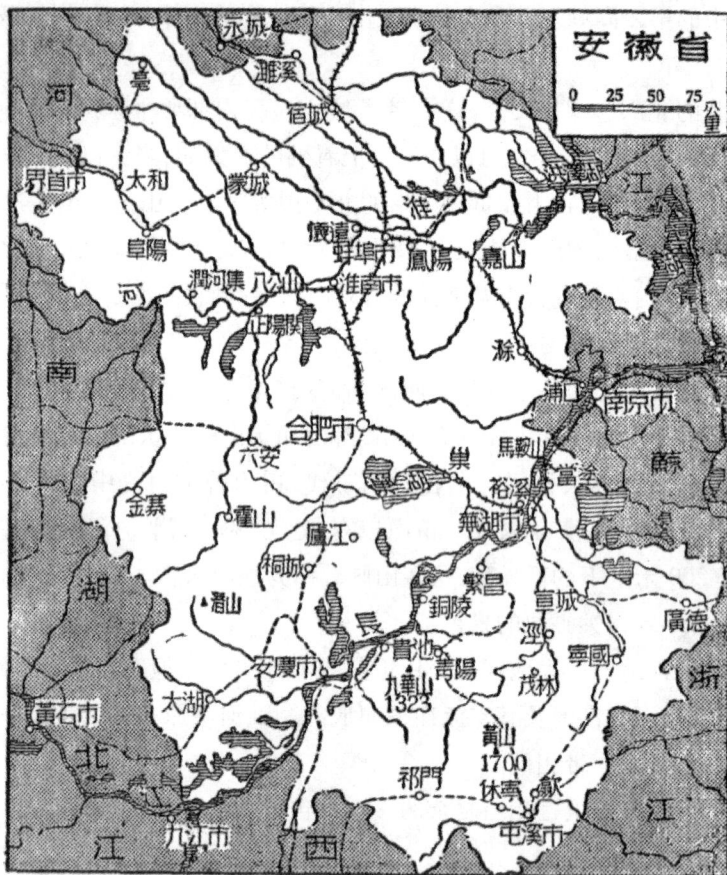

安徽省行政区划图

东湖和城西湖,寿县的瓦埠湖,五河的香涧湖、沱湖和嘉山的女山湖等。最重要的是安徽和江苏之间的洪泽湖。洪泽湖面积达 1,300 平方公里,是全国范围内的大湖之一。

在气候方面,安徽省的南北两部相差颇大。就气温说,虽然 7 月平均气温南北较差极微,大概都在摄氏 28 度左右,但 1 月平均气温,南北就有着显著的差别了:皖南 1 月平均气温全在摄氏 2 度以上,皖北则几乎全在摄氏 2 度以下,最北地区更低达摄氏零度以下,完全是黄河下游地区的气候类型了。淮河是中国河流冰冻的最南界限,平均每年约有半个月的冰冻期。

就雨量说,皖南和皖北的差别也是不小的。在皖南,每年平均雨量约在 1,100 毫米左右,其中 40% 集中于夏季各月,10% 以上降于冬季各月。降雨中最主要的是春季的季风雨,夏季的黄梅雨,秋季的台风雨和冬季的气旋雨。一年四季中雨水调匀,变率很小,对农业极为有利。

长江以北,雨量就自南至北逐渐减少,淮河流域的年雨量,约在 700 毫米—800 毫米。皖北雨量的第一个特征是雨量集中,淮河流域最经常降雨的季节总在 6 月—9 月,以正阳关为例,这 4 个月的雨量就占全年雨量的 52%。皖北雨量的另外一个特征是变率大。一年中的降雨既不调匀,而各年间的雨量多寡又很不一致。自然,这是一个对人民不利的自然条件,是需要我们加以克服和改造的。

经济发展

在产业方面,和安徽省人民关系最大的自然是农业。安徽全省有着广大面积的平原,本来是发展农业的理想地带;在丘陵地区,由于劳动人民累世不断的努力,大部分也经过了垦殖,种植了各种不同的作物。安徽的耕地面积,约占全省面积的 26.5%。

在作物分布中,淮河是一条重要的界线:淮河以南是水稻区,淮河以北是小麦杂粮区。丘陵地带则主要的种植着茶叶、油桐等技术作物。

安徽省是一个粮食富足的省份,长江沿岸、巢湖流域以及青弋江流域。是最重要的稻米产地,芜湖就是全国的四大米市(其余 3 个是无锡、九江和长沙)之一。淮河流域是一个丰饶的小麦产区,这一带的小麦,多由水路集中在蚌埠,再从津浦路南运,供应了上海、无锡等地面粉工业以充足的原料。此外,丘陵地区的玉米,淮河流域的高粱和小米,也都是安徽省重要的杂粮。

安徽省的技术作物是种类繁多而产量丰富的:长江沿岸的油菜籽和淮河流域的芝麻、大豆是主要的植物油原料;另外,如凤阳和定远的烟草,淮河流域的棉花,到处分布的果品,如怀远的石榴,歙县的雪梨及宣城一带的枣等,也都是安徽省的重要出产;而皖南的广德、郎溪和宣城各地,田野间桑林成簇,发展了相当规模的蚕桑业。

安徽省丘陵地带的农业也是非常发达的。除了阶梯相连的大片梯田以外,这里更生产了大量的茶叶、桐油、漆和竹木等。其中最重要的是茶叶,安徽省的茶叶产量仅次于湖南位居全国第二。长江以北的六安、霍山等地,出产内销的瓜片茶和炒青茶,销售于河南、江苏、山东等地。皖南的祁门、至德、贵池、石埭等县,即是名闻中外的“祁门红茶”的产区。此外,休宁和祁门的东乡各地是外销绿茶的产区,歙县和太平一带又出产了烘青茶、大方茶等内销绿茶。“黄山毛锋”是皖南最著名的绿茶,可以和杭州的“龙井茶”媲美。皖南的茶叶大概都在屯溪集散,屯溪就成国内著名的一个茶市。

竹木的出产在丘陵地区也是有着很大的经济意义的。漫山遍野的竹林供给了重要的造纸原料。木材自然是更重要的富源,皖南的黄山和怀玉山,皖北的淮阳山脉西段,都分布着面积不小的原始森林,可以进行合理的采伐和利用。淮阳山脉的森林中的栓皮栎树,在工业上有着很大的价值。栓皮是软木的主要原料,它可以用来制造冷藏装置所必需的软木砖、防热防震所需的软木纸和救生圈、救生衣、各种瓶塞等。新中国成立以后,淮阳山脉地区的金寨、岳西和霍山等县,已经开始大量地采剥栓皮,仅仅1953年安徽省就有800吨以上栓皮运往上海,受到了工业用户的极大欢迎,扭转了我国软木长期来完全依赖进口的局面。

安徽省的农林业资源确是非常丰富的。长期来的反动统治,虽然曾经造成了这里灾难频仍、民不聊生的困难境况,但是新中国成立以后,所有恶劣的条件都转变了。自从农民变成了土地的主人以后,生产情绪已经大大提高;而根治淮河及其他一切改造自然的工作,更将替安徽省的农业发展创造十分优越的条件,带来无限美丽的远景!

安徽省的地下资源在长江下游各省中是首屈一指的。特别重要的是煤矿,由于长江下游地区的工业发展和藏煤的较少,安徽省的丰富煤矿就显得格外可贵了。最著名的煤矿是淮南市附近的淮南煤矿,这个煤矿包括舜耕山和八公山等矿床,是长江下游地区和东南沿海的第一大煤矿。尤其是八公山煤田经过新中国成立以后的大力勘探,已经确定这里是全国有地位的藏煤区之一。这里煤层分布的长度有10公里以上,只就浅部和少数深部的煤层计算,就可以供年产300万吨的矿井设备开采100年以上。这是多么丰富的一个宝藏!较小的煤矿还有很多:在津浦铁路沿线附近的宿县烈山煤矿、在长江沿岸有芜湖的火龙岗煤矿、灰山煤矿、贵池的馒头山煤矿和繁昌煤矿等,这些煤矿都有着便利的运输条件,也可以大大发展。此外,皖南的广德和宣城等地,藏煤也很不少,这些地方和长江三角洲的工业区非常接近,也具备了大规模开采的价值。

安徽省的其他矿藏也是种类繁多而蕴藏丰富的。当涂的马鞍山、繁昌的桃冲山和庐江等地,都有铁的贮藏和出产。铜陵的铜官山和长江以北的滁县、安庆以及淮河流域的蚌埠一带,都蕴藏着丰富的铜矿。庐江是全国仅次浙江平阳的第二个明矾贮产地,祁门附近的瓷土,更是著名的景德镇瓷器的原料。此外,如桐城一带的石棉,金寨一带的云母、水晶,霍山山脉西段的建筑石料等,也都是安徽省重要的矿藏资源。

丘陵地区的河流,又提供了安徽省相当丰富的水力资源。在皖北,霍山山脉西段的好些淮河支流,都是水势湍急的,到处都有拦坝蓄水开发水力资源的条件,在皖南,水力潜藏最丰富的是新安江。新安江在皖、浙交界的街口附近,有一峡谷,实为拦坝蓄水的理想地点,这水力开发后,将是长江下游和东南沿海地区最大的水电站之一。丰富的水力资源,是今后安徽省工业建设和农业电气化的一个重要力量。

由于过去长期的反动统治,安徽省的工业向来是非常落后的,新中国成立以后才开始扭转了这个局面。安徽全省唯一的钢铁工业是马鞍山铁矿厂。这里在日本帝国主义者占领时期,原建有小型炼铁炉10座,但当日寇败退时,这些设备就被破坏了。

抗日战争胜利以后,这里仅仅是一堆荒烟蔓草的瓦砾场。新中国成立以后,在人民政府大力的修复工程中,1953年起,长期来破烂不堪的炉子里重新又吐出了铁水,支持了上海一带的钢铁和机器制造工业。

安徽省在过去根本谈不上机器制造工业的。但是新中国成立以后,相当规模的机器制造工业已经在芜湖建立起来了。现在,芜湖的机器制造厂,已能够生产榨油机、碾米机、马达和内河轮船等机器。1952年,安徽全省的机器生产总值竟超过1949年的34倍!

安徽省的其他新式工业,还有如蚌埠、芜湖一带的棉织工业,蚌埠的面粉工业,芜湖等地的碾米工业,屯溪的机器制茶工业等。这些工业,新中国成立以后也都有了很大的发展。

手工业替安徽生产了很多种类名闻遐迩的土特产品,在国民经济中还是有着很重要的地位。此较著名的有宣城的纸、歙县的墨和砚石、亳县一带的皮革等等。新中国成立以后由于人民政府的大力扶助,这些土特产品的销路和生产量,也都已空前地增加了。

交通和城市

铁路的建筑,安徽省在长江流域各省中是比较发达的。到目前为止,安徽省已有3条铁路:津浦、淮南和宁芜。津浦和宁芜两条路和外省发生了联系,淮南路则全在省境以内。

津浦铁路是我国主要的南北纵贯线之一,也是安徽省最重要的铁路。它从徐州向南,在宿县以北进入本省范围,最后经过滁县而入江苏,蚌埠成为津浦铁路在安徽省的中点。

淮南铁路从蚌埠市经过省会合肥到达芜湖对江的裕溪口,全长251公里,并有支线通淮南市与八公山。淮南铁路主要的作用是输出淮南煤矿的大量煤矿,从长江水道供给长江三角洲的工业城市应用。又因经过了富庶的巢湖流域,对这一带农产品的运销也具有了很大的意义。

从南京到芜湖的宁芜铁路,在抗日战争以前曾经通车到宣城以南的孙家埠,当时称为江南铁路。这条铁路将来还要继续延伸经过歙县、祁门到江西和浙赣铁路会合,成为在皖南和沪杭、浙赣二铁路平行的一条重要铁路线。

安徽省的公路建设也是比较发达的。特别是在西部没有铁路的地区,公路就成为陆上交通的主要道路。在皖南,屯溪是一个重要的公路中心。从这里出发的公路,可以通达浙江的杭州和江西的景德镇；也可以和芜湖及长江南岸沿江各埠联系。长江以北的重要公路中心是合肥和六安，公路网除了联系了巢湖流域和淮南丘陵的多数城市外，并且还可以通达湖北和河南。淮河以北的公路主要的集中在宿城和阜阳。并且有很多路线联系了与河南、江苏之间的交通。

就安徽省的航运交通说，最有价值的是长江。可以畅通海洋巨轮，它与沿岸的许多支流和湖泊，联系成一个繁密的内河航行网。小汽船循青弋江可达湾沚，溯水阳江可通宣城，由芜湖以西的鲁港河可到南陵。长江和巢湖主要的有一条运漕河沟通，不但裕溪和巢湖之间，小汽船往来频繁，并且还可从巢湖沿南肥河北溯到达合肥。

淮河的航行效益也是不小的，从洪泽湖到皖、豫交界的三河尖，小汽船可以通行无阻。支流小轮航道可通阜阳或周家口。淮河的支流大部分可以航行木船，溯涡河可达亳县，溯淠河可达六安，溯颍河更可直达河南各地。

皖南丘陵中的河流航行价值较小，大概都只能通行木船。顺徽港可达浙江，顺昌江可达江西。

安徽省的重要城市，大概都分布在江淮沿岸和铁路在线。全省最大的城市是芜湖，芜湖位于宁芜、淮南二路和长江航运的会合点上，交通便利，工商业发达，1952年这里已有40万以上人口，是一个很有发展前途的城市。

安徽省的第二个大城市是蚌埠。几十年以前，这里还是淮河南岸一个冷落的小村庄，津浦铁路和淮南铁路的先后修筑，使它逐渐发展成为一个现代化的工商城市。淮河的修治，替蚌埠带来了更大的繁荣，目下，这里也已经到达33万居民了。

安徽省会合肥是全省的第三个大城。它不偏不倚地落在全省的正中部分，这一带正是巢湖流域的富庶中心。淮南铁路的通过这里，使合肥更具备了发展的条件。现在，新式工业已经逐渐兴起，人口已到达了20万。

除了上述3处以外，长江北岸的安庆，淮河沿岸的淮南市和正阳关，淮北的宿城、界首和阜阳，皖南的屯溪等地，在经济或交通上，也都有相当重要的地位。

二、皖南行程

乘江轮到芜湖

了解了安徽省的地理概观以后，为了更进一步的认识安徽，为此，让我们到安徽全省跑一跑吧。

为了使我们在安徽省的足迹能够普遍一些，我们选择了好几条不同的旅行路程。首先是乘江轮从江苏到芜湖，然后在芜湖登陆，以便把整个皖南游历一转。

江轮离开南京以后，一路上都可见江中有连绵不断的洲岛。最后，江北岸显露出一带并不很长的房舍，看样子不过是个小镇集，舟人说，这是乌江；翻开地图来对照一下，原来已经进入了安徽省境界了。

乌江虽然是个小镇，历史上倒是很有名气的。2000 年以前，楚霸王项羽被刘邦打垮以后，曾经在这里自刎，结束了楚、汉之争的局面。"乌江自刎"是很多人都晓得的一个史实，但是往往有人把乌江当作一条河流或和远隔重山的贵州省乌江混为一谈。经过了乌江镇以后，这件事就完全弄清楚了。

过了乌江镇，接着就看到长江南岸烟囱高耸、黑烟缭绕的景象，原来这里已是马鞍山了。

在抗日战争以前，这里和附近的大凹山一带，曾经有几家规模很小的公司采掘过铁矿。当时，采掘的铁矿是以矿砂输出的。抗日战争沦陷期间，日寇为了掠夺我们的资源和劳动力,在马鞍山建造了一个小规模的炼铁厂。抗日战争胜利以后,这个炼铁厂受到了严重的破坏,国民党反动派又只顾发动内战、残杀人民,在这样的情况下,马鞍山炼铁厂就整个损毁,变成了一堆瓦砾场。新中国成立以后,人民政府开始在这块废墟上进行各座高炉的修复工程,终于在1953年10月首先恢复了一二座高炉的生产,使国营马鞍山铁矿厂,从此也参加了祖国大规模的经济建设。目下,就已经出铁的一二两座高炉来说,产量已经超过了日伪统治时期生产能力的两倍以上。今天,我们在马鞍山的长江码头上,看到了堆积如山质量优良的生铁,搬运工人一刻不停地在那里搬运上船,构成了一个紧张、生动的劳动图景。

最近,附近的南山和马山,也都发现了大量的矿体,马鞍山铁矿厂的前途越来越远大了。而且,由于这一带的铁矿多是硫化铁矿,除炼铁以外还可得到大批含硫的废料,这些废料就是离此不远的江苏六合硫酸铔厂的重要原料。硫酸铔是很好的农业肥料,江苏六合的硫酸铔厂是目前国内最大的硫酸铔生产地。

离开马鞍山不久,接着就来到了采石矶,不但是被称为“诗仙”的著名诗人李白的坟墓就在这里,更重要的是宋代的虞允文,曾经在国势凌夷、外患日迫的情况下,在这里将金国的侵略军打得落花流水。在我们民族抵抗外敌侵略的历史中,采石矶是一个值得骄傲的地方。

过了采石矶以后,江轮南航到达当涂,长江和青山河在这里会合。过当涂江流曲折向西南,忽然间,江面骤然收缩,东西两旁被两座山头夹峙,水流湍急,形势显得重要,这就是东梁山和西梁山。一向这里被认为是一个江防的要塞。从东、西梁山南行,江轮在喧闹声中到达了芜湖。

芜湖的确不愧是安徽省最大的城市。漫长的码头,樯橹相接的各种船舶,整齐雄伟的建筑。到处都显现着一幅大都市的景象。

芜湖不仅是铁路交通和长江航运的交点,而且由于青弋、水阳等河流及其支流的流贯,这里又是一个水道复杂的内河交通网枢纽。长河横过芜湖,把市区划为河北、河南两部分。新中国成立以后,人民政府在河上兴建了一座长达56米的钢骨水泥大桥,紧紧地联系了长河两岸的交通,加速了芜湖的繁荣和发展。

河北是重要的商业区,十里长街上商店林立,市况非常热闹。河南是工厂和学校区,碾米厂、机器制造厂、化工厂和其他工厂都集中在那里,马达声交织成一片。新中国成立以后,旧的工厂在扩大,新的工厂在建筑。由于芜湖拥有广大而丰富的矿产和农产基地,芜湖工业区的前途是非常远大的。

芜湖不但是一个热闹的工商城市,同时也是一个美丽的风景区。在市区中心,有一个范围很大的湖泊——陶塘,这是芜湖劳动人民消遣游憩的大公园。陶塘四围筑着马路,塘边遍栽杨柳,湖中游艇交织,风景如画。新中国成立以后,人民政府重视了陶塘风景区的建设工作,除了已经落成的图书馆大楼以外,沿湖还计划开辟一个大公园,一直和湖北岸的赭山相连。到那时候,芜湖一定会显得更美丽动人!

芜湖屯溪之间

从芜湖出发有两条深入皖南的公路:一条是经过鲁港、繁昌到青阳去的;另一条则沿着公路经宣城、宁国可以直达歙县和屯溪一带。我们的行程决定选择后面这条路线。

离开芜湖以后首先到达的城市是宣城。这个规模不大的城市。在中国文化的发展史上,它是有过一番贡献的,原来这里和附近的泾县就是著名的宣纸的老家。宣纸是质地优厚、色泽洁白的书画用纸,有"单宣"、"夹贡"等多种名称。由于这一带劳动人民的精湛技巧,使千百年前的名家书画,我们祖国珍贵的文化遗产,能够原封不动地保存在纸面上。因此,当今天我们欣赏古代书画的时候,实在也应该谢谢这一带的劳动人民哩。

不过皖南的纸产得最多的却是宣城西南的泾县,泾县的造纸,在过去以曹氏一族技术最为高明,所以称为曹纸,曹纸是宣纸中质量最优良的一种。

除了造纸这项手工业以外,宣城同时又是皖南最主要的煤田中心。主要的矿区在水东以东的大汪村,过去曾筑有轻便铁路和孙家埠联系。由于和长江三角洲工业区的接近,宣城煤田的规模在目前虽然很小,但是它的发展前途却是很大的。

皖南人们都会记起抗日战争时期的愤慨沉痛的皖南事变,皖南事变就发生在泾县以南的茂林。1941 年 1 月,国民党反动派调集了 7 个师的匪军,背信弃义地在茂林包围袭击了开始北移的新四军9,000 人,由于众寡的悬殊,新四军在给予了进攻的匪军以沉重的打击后,终于也遭到大部壮烈的牺牲。今天,当人民已经取得了政权的光明日子里,我们奔走在这块曾经洒满革命先烈的鲜血的土地上,抚今追昔,痛定思痛! 就更加增强了我们对国民党反动政权的极端情恨和对新中国的无比热爱。

从宣城南行的汽车在河沥溪跨过水阳江上游而进入宁国,到达了徽州专区的境内。宁国以南,公路几乎全是沿着水阳江建筑的。车行经过旌德以东的观音桥以后,丘陵显得更为崎岖,这就是水阳江和新安江的分水岭。翻过分水岭不久便到绩溪,绩溪在新安江的支流沿岸,这里已是钱塘江流域了。

从绩溪出发,不消一小时工夫,汽车就到达了歙县(徽州),这个皖南著名的古老城市。一进城,狭窄的街道和各式建筑的石牌坊,就立刻带给人们以一种古色古香的风味。

歙县也是一个手工业发达的城市,主要的产品是墨和砚石。中国人一向来把笔、墨、纸、砚称为文房四宝,四宝中却有三件产在皖南,对祖国文化事业的发展历史来说,皖南确是一个值得骄傲的地方。

墨的制造是用烟末和胶水混合而成。中国墨不同于西洋的红、蓝墨水,它的色泽是永远不褪的,所以,数千年前流传下来的各种名家手迹和抄本,仍能保持它们的本来面目,这不能不说是祖国劳动人民的一种独特创造。砚石由采自附近山中的一种岩石制成,中国砚石主要的只有端砚(产于广东肇庆)和歙砚两种,歙砚就是这里的产物。

从歙县南行,不久就到了屯溪市。在过去,屯溪不过是休宁县属下的一个小镇,但是现在这里却是整个皖南除了芜湖以外的最大的城市了。

新安江的木船交通在屯溪是一个枢纽,而杭徽公路可从这里前往杭州,屯张公路经过皖、赣交界的张王庙以后又可以直达江西景德镇。由于交通的便利,使屯溪成为景德镇瓷器、祁门红茶、歙县砚墨、沪杭杂货以及新安江上游竹木等多种货品的集散地。没有到过屯溪的人总以为用"小上海"这样的名称去形容它是不是相称?但是看到了屯溪的活跃市况以后,就会知道"小上海"之名对它确是受之无愧的。

在屯溪集散的各种物产中,最重要的自然是茶叶,屯溪是一个著名的茶市。名闻中外的祁门红茶和这里附近出产的绿茶是最主要的两种,"祁红屯绿",这是多么动人听闻的一个名词!

新中国成立以后,屯溪已经建立了一些茶叶加工工业,而新安江街口一带的伟大的水库工程,已在勘探和计划之中,屯溪的前途是无限光明的。

翻越奇丽的黄山

从屯溪北望,黄山群峰已清晰可见,它那奇兀的峰峦,雄伟的山势,使人禁不住渴望一登为快。的确,黄山的景色是够令人向往的,古人曾有"五岳归来不看山,黄山归来不看岳"的说法,而明代的大旅行家徐霞客更提出了"黄山天下无"的至高评价。黄山在祖国群山中的崇高地位,由此已可见一斑。

从屯溪到黄山也有公路,而且翻过黄山还可到安庆专区的长江以南各县走走,我们就决定去登一登这座向慕已久的祖国名山吧。

汽车从屯溪向北,面对着黄山前进,黄山的面貌,越来越清楚,形势也随着更加雄伟。不久就到达了汤口,这是黄山南坡下的一个小镇,凡是从南面登山的旅行者,都需要在这里下车。

　　黄山是一座大山,向来有黄山三十六峰之称,事实上,黄山的峰峦,是断断不只此数的。因此,游览黄山不可能是朝发夕归的,必须在山上找好一个歇宿的地方。从汤口登山,比较理想的歇宿地是文殊院,不过汤口的高度是海拔400米,而文殊院已在海拔1,500米以上,攀登这一段路程也是相当费力的。

　　从汤口登山首先到达的是桃源村,那是个很大的村子,村内有宫殿式的建筑多座,黄山招待所和黄山管理处都在那里。再向上便是慈光寺和半山寺,半山寺以后,山路逐渐艰险,黄山的瑰丽姿态也开始显露,从这里到文殊院之间,必须经过天门槛和小心坡等地,这些都是黄山的著名险径。黄山主峰包括莲花、天都和始信3座峰巅,从文殊院出发攀登这些峰峦都比较近便,而且由于位置恰当,黄山面貌在文殊院可以一览无余。古人说:"不到文殊院,不见黄山面。"这是很确切的。

　　由文殊院登天都峰,可说是黄山全程中最险峻的一段。这里的石级狭而陡峭,加上草苔满布,攀登极为艰难。特别如青龙脊、鲫鱼背等处,中间是一条依岩而凿的曲折鸟道,两旁则是悬崖千丈,虽有铁链拦绕,人们却仍是不免心惊胆战的。

　　黄山以奇松怪石著名,在天都峰上,就可以看到这些景致。人们把许多峥嵘怪异的岩石,命上了各个富有诗意的动人名称,例如天都峰下的一块有头有尾形如老鼠的岩石,人们就叫它"仙鼠跳天都"。松树也往往因它形状的奇特而荣幸地获得一个美丽的称号,天都峰边的悬崖上有向下生长的怪松,这就是著名的"探海松"。黄山的虬松是闻名遐迩的,在天都峰也可以看到。这是一种生长在悬崖峭壁上的躯体瘦小、枝干盘折的松树,姿态非常奇丽而苍秀,是黄山所特有的。

　　莲花峰是黄山的绝顶,峰上石壁排列,形如花瓣,莲花的名称就是这样得来的。登莲花峰向东可望天目山群峰,向北则长江隐约,云海茫茫。气势十分雄伟! 四周更是峰峦罗列,峭壁千仞,都俯伏莲花峰之下,这一片锦绣的祖国河山,是多么逗人喜爱啊!

　　以文殊院为据点游完了天都、莲花二峰以后,可以再前进一程,到达狮子林。狮子林也是一个地点适中的休息站,不但是很多名胜都集中在它附近,而狮子林本身,也就是一个景色奇丽的地方。

　　狮子林附近的散花坞,也是一个奇松怪石、各具体势的胜境,而且较之天都峰更为出色。"不到散花坞,不见黄山丽。"这话也是不假的。狮子林以下的清凉台,一直来被认为是眺望黄山云海最好的地方,特别是在早晚和有雨时节,雾气翻腾,云海茫茫,真如置身仙境一般。从狮子林登始信峰也是比较近便的,始信峰虽不及莲花、天都二峰的高峻,但从此北眺黄山山后胜景,也是别有风味的。

　　从狮子林循黄山北坡下山,丛林夹道,比山前更为苍郁。一路山势极为陡峭,到了甘棠镇,海拔高度已在400米以下,回望黄山,群峰高耸入云,比在山南汤口所见的更为雄奇伟大!

　　黄山确是我们祖国的一座奇丽拔俗的伟大山岳,虽然目前山上的住宿条件还很差,但是在今后的大力建设中,一幢幢漂亮的休养院,必定会在这美丽的山岭上出现,到那时,黄山将是祖国劳动人民最理想的休养和游览的地方。

　　翻过黄山以后,从太平登车经过石埭便到青阳。青阳也是皖南的一个公路交通枢纽,经过这里的公路,可以到达长江沿岸的很多码头。向西是贵池和安庆对江的大渡口,循江岸并且更能经东流而入江西。青阳以西是产铜著名的铜官山和大通,大通是安徽省长江沿岸一个相当繁闹的商埠。从青阳向东经繁昌可到芜湖和荻港,荻港不但是桃冲铁矿的输出港,而且更是1949年中国人民解放军渡江战役中的最早飞渡的港口,是革命历史上一个值得纪念的地方。

三、皖北巡礼

三条到蚌埠的道路

在结束了皖南行程以后，我们就得渡过长江。到皖北去走一走了。皖北的面积抵得上皖南的 3 倍。我们要看的东西，也比皖南多得多呢。

皖北的最大城市是蚌埠，这也就是我们到皖北去的重要目标。从长江以南到蚌埠，普通有 3 条比较便捷的道路：

第一条是从江苏南京对江的浦口搭津浦铁路的火车，由此到蚌埠，中间不必再换车，是最简捷的一条路线。火车离开浦口后，不久就到达乌衣镇，从此便进入皖北境内了。乌衣镇以后，铁路建筑在霍山山脉尾间的丘陵地带，一路上可以看到许多不高的小山。进入皖北后第一个到达的县城，即是欧阳修在他的醉翁亭记里所说的"环滁皆山也"的滁县，这里的所谓山，实在只不过是一些低矮的岗阜罢了，一般称为张八岭。从滁县北上，经过嘉山、临淮关和凤阳以后，接着便到达蚌埠。

第二条到蚌埠的道路是从芜湖对江的裕溪口搭淮南铁路的火车，这条路线的大部分落在富庶肥沃的巢湖平原上，沿途田畴弥望，庄稼连绵，是一个非常丰美的地区。火车经过巢湖东岸的巢县以后，沿湖北进，便到了安徽的省会合肥市。

合肥即是古代的庐州，是安徽省从古以来即已闻名的一个大城。在国内，再也找不出第二个省会，像合肥一样不偏不倚地落在全省的几何中心。而且它同时又是巢湖流域的富庶中心和安徽中部的水陆交通中心,把这样的一个城市作为全省的行政中心,自然是非常适宜的。新中国成立以后,由于市政建设的大力开展,束缚都市发展的古老城墙拆除了,马路放宽了,各种工厂的数字已经增加到20多个,人口也比新中国成立时增加了4倍以上。合肥正在剧速的变化,从一个破旧的消费城市,变成一个新型的生产城市。它的前途是无限美好的。

合肥以后,火车北行到水家湖,这是淮南铁路和它的支线分歧处,由这里可以直达蚌埠及淮南矿区。

最后一条到蚌埠的道路是从西部长江北岸的安庆市出发。安庆也够得上算是安徽省的一个大地方。它是安徽省长江沿岸除了芜湖以外的最大码头,也是好些公路的交点。1954年起,从上海到重庆的航空线,又在这里设了站,自然更会有利于安庆的繁荣和发展。

不过安庆没有铁路,从这里到蚌埠去开始就必须搭乘汽车。从安庆向北首先经过的城市是桐城,从桐城举目西望,展现着一列重重叠叠的高山,情况和在津浦铁路沿线所见的那些低矮岗阜完全不同了。这就是皖西著名的大别山区。在第二次国内革命战争时期,大别山区曾是著名的老解放区之一,现在皖西的金寨县,即是当时这个革命根据地的中心。

桐城以北,汽车驶过风景秀丽的北峡山下,来到了舒城。舒城在巢湖平原的西缘,也是一个富庶丰硕的粮食仓库,人们说"收不尽的三河"(三河镇在舒城以东的巢湖沿岸),就是指的这一带地方。

从舒城乘车经过肥西以后就到达合肥,和第二条到蚌埠去的道路会合。

蚌埠不但是安徽省著名的大城市,即使是在整条淮河沿岸,上至河南,下到苏北,蚌埠也是首屈一指的。50年前,蚌埠还是一个淮河边上的荒僻小渔村,短短的50年之中,劳动人民在这里铺设了铁路,架起了桥梁,把蚌埠建设成为一个近代化的都市。从渔村到都市的过程,写下了劳动人民的伟大业绩!

在反动派统治的时代里,蚌埠是个淮河灾民的集中地,街头上整年地拥挤着鸠面鹄面、衣不蔽体的流浪难民,经常替这个城市蒙上了一层灰暗、惨淡的颜色。而且淮河流域人民购买力的极端薄弱和国民党反动派在这里的凶暴掠夺,蚌埠本身的遭遇也是十分狼狈的。新中国成立前夕,这里的工商业几乎已经全部瘫痪,人口尚不到10万人,真是一座面对着破碎农村的凄凉城市。

新中国成立以后,随着淮河根治工程的展开和人民购买力的飞速增长,随着大力展开的市政建设,几年来,蚌埠的面貌已经变得焕然一新了。纺织、化工、面粉、卷烟、瓷器等工业,开始在这里大大地发展。新的工厂正在陆续不断地建造起来,蚌埠除了是一个交通枢纽外,显然又成为了一个综合化的轻工业城市。随着工商业的发展,人口也就飞速地增加到33万,到目前为止已经超过了新中国成立前夕的3倍以上,而且还在继续增加。

蚌埠的市区中央有一座独立的小山,新中国成立以后,人民政府在那里修建了一座小南山公园。在小山顶上,蚌埠全景可以一览无遗:东面是火车站和机车厂,南面是体育场,西面是烟突如林的工业区,北面是繁荣喧闹的商场。长达574米的九孔大铁桥,更雄伟地横跨在城北的淮河上。蚌埠有着一个不同凡响的姿态,在今后的大规模经济建设中,它的发展前途更是未可限量!

淮河两岸

从蚌埠沿淮河向东30里就是凤阳。它不但是明太祖朱元璋的故乡,而且凤阳花鼓更是一直来流行于长江南北的曲调。凤阳花鼓词说:"说凤阳,道凤阳,凤阳本是好地方。自从出了朱皇帝,十年倒有九年荒。"不错,这一带河湖交错,沃野连绵,"凤阳本是好地方",这是谁都不会怀疑的。不过事实上凤阳一带却是一个灾难重重的地区,翻开凤阳府志来,满篇都是"人相食"、"陆地行舟"、"疫病流行"、"百里不见人烟"之类的灾荒记载。当然,这绝不只是"自从出了朱皇帝"一人的关系,而是历代反动统治阶级糟蹋淮河、忽视淮河水利的缘故。在伟大的治淮工程中,凤阳已经一步步地走向富庶了。

凤阳以东淮河南岸的临淮关。本来是淮河航运的一个重要码头。自从蚌埠兴起以后,这里在交通上和商业上的地位已经被蚌埠取代了。

临淮关以下,淮河折向东北,从这里流经五河一直到盱眙注入洪泽湖为止,淮河河身曲折迂回,河中洲岛罗列,水流很不舒畅。年来在这里进行的几处切岭工程和开凿新河道的工程,目的就是为了改善这种情况。

洪泽湖本来没有这个大湖泊,那是因为淮河入海水道被黄河侵夺而逐渐积潴成的。淮河一次又一次地泛滥,洪泽湖的范围就一次又一次地扩大。公元1860年(清康熙十九年)的一次大泛滥中,曾把湖边上的整个泗州城都淹到湖底里去了。

多少年来,这一带的人民吃尽了洪泽湖泛滥的苦头,但是历代的反动统治阶级,他们却只希望洪泽湖涨水。他们经常地借洪泽湖的水量,用来冲刷混浊的黄河流水,以使运河免受淤积,畅通他们的漕运。以便让他们向江南人民剥削的大批脂膏,运到北方去供他们的尽情挥霍。这就是罪恶的"蓄清刷黄"政策,也是淮河和洪泽湖闹灾的重要原因之一。自然,这已经都是永远过去的事了。

我们再回到蚌埠西行,首先到达的是怀远,这个淮河和涡河会合处的小小县城,是一个著名的石榴城。要是能在五月里经过这里,满城遍野的榴火,真会映红淮河的滔滔流水呢。

从怀远溯河西上便是淮南市(田家庵),原来只不过是沿河一个小镇,由于附近煤矿的采掘,才发展成为一个重要的工矿的区。这一带分布了好些起伏的岗阜如舜耕山和八公山等,就都是重要的藏煤区,其中以八公山的贮藏最多,发展前途最大。

八公山矗立在淮河南岸,历史上曾是我们民族抵抗外敌侵略的重要战场。远在1,500年以前的东晋时代,中国北方的一个氐族人建立的朝代前秦,它的皇帝苻坚曾经亲自统领90万人的大军,南侵到淮河流域,准备覆没东晋这个弱小的朝代。敌我两军在八公山附近依水为阵,展开了激战。当时东晋的军队还不到10万人,众寡十分悬殊。但是在这个民族生死存亡的关头,英勇的汉族人民,终于打垮了强大的敌人,胜利地结束了这场战争,这就是历史上著名的淝水之战。

淮河从八公山北折,经过凤台,这是淮河和西淝河会合的地方。凤台以上,淮河又曲折向南,到达正阳关,这又是安徽省淮河沿岸很著名的一个市镇。

正阳关在地理上是淮河干、支流交会的地方。除了从北面注入的颍河和从南面注入的淠河都是淮河最大的支流以外,从正阳关到霍邱之间,还分布着大大小小的8个湖泊和很多细小的支流。"七十二道山河归正阳",这是并不夸大的话。

在黄河泛滥的年代里,滚滚黄水从颍河而来,把正阳关变成一个与世隔绝的"孤岛"。而且大水时常冲入市区,替这里人民制造了说不完的灾难。正阳关人民在这种洪水茫茫、朝不保暮的艰苦环境里,渡过了八九年悠长的岁月,一直要到新中国成立以后的伟大治淮工程中,才把正阳关从洪水包围中拯救出来。

正阳关在交通上是淮河航运的一个重要枢纽,河南东部和皖北的很多物产和外来的商品都在这里集散,淮河码头上经常是帆樯林立,市况非常热闹。加上治淮工程展开以后这一带的连年丰收,农民的购买力已经空前提高,正阳关显得越来越繁荣了。

在祖国劳动人民的革命历史上,正阳关有着它的光荣一页的。1933年,一支从皖西大别山区过来的工农红军,英勇地驱逐了这里的反动派部队,一度解放了正阳关。同年,正阳关以东的凤台,掀起了一次有3万农民参加的大暴动,显示了中国人民革命斗争的伟大潜在力量!

轮船从正阳关溯河西上,掠过城西湖口以后,就来到了润河集。润河集本来是一个沿河小镇,但是在第一年度的治淮工程里,由于在这里建造了伟大的分水闸,润河集这个名称已经响遍中外了。1953年,这里又建造了一座船闸,因为这样的缘故,淮河的轮船航程大大地伸长了。本来,淮河在正阳关以上是不能再航行轮船的,但是现在,我们的轮船安安稳稳地驶进了润河集船闸,而且过船闸以后,又可以一直上溯经皖、豫交界处的三河尖直达河南境内的淮滨县(乌龙集)了。

在整个安徽省的旅行中,淮河两岸所给予我们的印象是最深刻的。我们看到了数以万计的劳动大军正在沿河夜以继日地进行着修治工程,我们看到无数伟大的涵闸、堤防和其他水利建设,都以崭新的面貌在淮河两岸出现起来了。修治淮河的工程,在中国历史上的确是空前伟大的。

在淮北平原上

从蚌埠出发的津浦列车跨过了淮河大桥以后,眼前就展开一片辽阔的原野,虽然不时也出现若干座孤立的岗阜,但是比淮河以南,地形显然要单调得多了。北风扑面,尘沙飞扬,使人们感觉到这里已是黄河流域的风光。

火车越过了很多大大小小的淮河支流,到达宿城,这个坐落在沱河沿岸的县城,由于正好是津浦铁路蚌埠到徐州这一段的中点,而且又从四面八方会集了好几条公路。因为交通的比较便利,皖北的淮河、沱河和浍河各流域的农产品大概都运到这里来集散,显出了一副欣欣向荣的气象。

从宿城搭汽车向北经过烈山煤矿以后便到濉溪。它是安徽顶偏北的一个县城。濉溪附近,曾经是中国人民解放战争中一个重要的战场。1948 年年底,强大的人民解放军在这附近包围了从徐州逃亡出来的 20 多万国民党匪军,阻遏了他们疯狂的垂死挣扎,在一个多月雷霆万钧的攻击下,全歼了这支匪军,并且活捉了统率这支军队的匪首国民党徐州"剿总"副司令杜聿明,击毙了另一匪首国民党第二兵团司令邱清泉,胜利地结束了这场大规模战争。这就是可歌可泣的淮海战役。

从宿城搭汽车西南行到蒙城。宿城和蒙城之间的双堆集附近,人民解放军也曾经在淮海战役中歼灭国民党匪军 12.5 万人,取得了辉煌的胜利。在宿城周围这一大片淮北平原上,我们凭吊了这不久以前的革命战场,想起了国民党匪帮那种疯狂地残害人民的罪恶,心头上升起了莫大的愤怒。但是另外,看到这庄稼丰苗的连绵沃野,已经回到了劳动人民的怀抱,到处显现着新修院墙屋舍。几年来在共产党和人民政府的领导下,断垣残壁、满目疮痍的战场,已经建设成为一片融融的乐土了。这又使我们感到由衷的愉快和兴奋,自然也就更增加了我们对毛主席和共产党的无此热爱和景仰。

蒙城是涡河西岸的一个县城,公路从这里沿涡河北上,经过涡阳以后就到达亳县。亳县(亳州),这一带是汉族最早活动的地区之一。由于在交通上这里是通往河南省的要道,市容就显得比较热闹。亳县附近的农产品相当丰富,牛、马、驴等牲畜的出产也不少,因此,这是皖北很重要的一个农产品和牲畜交易市场。

从亳县南行,汽车跨过了西淝河和茨河以后便到达太和,再南行到阜阳。阜阳当颍河和沙河的会合处,是淮北平原上最大的城市。在交通上,它不但是颍河木船航运的枢纽,而且更是淮北平原上一个重要的公路中心。无论是从水路和公路,它和河南省颍河沿岸的重要城市周口市,都有着极密切的联系。

阜阳又是淮北平原上的一个富庶地区的中心,附近出产了大批的小麦、高粱、芝麻、蓝靛等等,配合了这里优越的运输条件,阜阳就成为河南东部和淮北平原上最大的农产品集散市场。

到了阜阳以后,我们结束了安徽省的旅程。虽然,我们来去匆匆,只是浏览了一圈,但是这一片锦绣河山,处处都足以丰富我们的新鲜知识;而整片的美丽原野,更在在使我们热爱不尽。因此,虽然仅仅是一次匆促的旅行,但是不论对地理知识和政治思想教育上的意义来说,我们的确也得到相当的收获了。

四、伟大的治淮工程

淮河的灾难

"走千走万,抵不上淮河两岸"。淮河原来是一条很好的河流。

在古代,淮河的上游固然是支流众多、水量丰富;它的下游,河道也是又深又广,通畅地从江苏云梯关(属现在的滨海县)注入黄海。1,000年前的宋代著作中,有"在盱眙候潮"的记载,海潮可以直达安徽省的盱眙,这证明了当年淮河下游宽阔通畅的情况。那时候,淮河不但是很少闹灾,而且灌溉和航行也都非常便利,是一条能够造福于人民的河流。

可是后来淮河为什么会弄得灾难重重呢? 这问题虽然说来话长,但是总括说一句,主要是因为历代反动统治阶级不断地破坏和贻误了它的缘故。

淮河的灾难,开始于南宋时代。公元1194年(南宋光宗绍熙五年,金章宗明昌五年),黄河在阳武(今河南原阳)决口,使封邱和梁山泺(今山东梁山)成为一个泛区。这一带当时被金占据,金的统治者不但没有设法抢救。而且反把它当作是一件好事情。因为黄河河床高出河岸,决口以后,洪水无法再回到原来的河床中去,势必要泛滥南流,殃及淮河流域的南宋辖区,造成南宋的混乱。这自然是金的统治者所最希望的。于是他们就听任黄河泛滥,禁止人民前去堵口。这样,黄水滚滚南流,冲入泗水和淮河,并且侵夺了淮河的入海水道,从此就替淮河带来了无穷的灾难。

黄河抢去了淮河的入海水道以后,淮水没有了出路,只好在苏、皖之间潴处一个洪泽湖,然后辗辗地从运河流到长江去。当然,这样的排泄水量,比以前要困难得多了,于是灾难就开始了。由于淮河最重要的部分落在安徽省,这样就替安徽省招致了越来越重的灾难。700多年以来,安徽省淮河流域的人民,经常的是在水、旱灾荒的煎熬下,过着辛酸痛苦的生活。

在历代反动统治者摧残淮河的历史中,最罪大恶极的是战犯蒋介石。淮河流域的人民永远也不会忘记这个恶贯满盈的刽子手在那里留下的滔天大罪;这是1938年的事,当时正是抗日战争时代,国民党反动派的部队在徐州吃了大败仗,沿着陇海铁路向西溃退,日寇也就跟着紧追。蒋介石本来无心对日寇作什么有效的抵抗,同时也舍不得作为他政治资本的反动部队在战争中蒙受重大的损失,但是对于人民的生命财产,他向来是漠不关心的。于是,他就横起心肠,悍然地在河南开封到郑州之间的地区,扒开赵口和花园口的黄河南岸大堤,让滚滚黄水冲往南方,制造了一个亘古未有的人间惨剧。灾民一时多至1,250万人,淹死的竟达32万人以上。

从此,黄河就放弃了它花园口以下的旧河床,向南泛滥入贾鲁河、颍河和淮河,在河南东部和安徽省的淮河流域,制造了一块面积达23,000平方公里的黄泛区。黄泛区在黄水底下浸了9年,在这段漫长的时期里,黄水在安徽省颍河和涡河之间的地区东西摆动,横冲直闯,破坏了淮河干支流整个的涵闸系统,替淮河流域特别是皖北地区招致了更多的灾难。

抗日战争胜利以后,虽然黄河又回到它原来的河床中去,皖北的泛区开始干涸出来。但是从黄河带来的大批泥沙,9年来已经淤满了淮河干支流。淮河干支流的河床大大升高,颍河、涡河、西淝河等的河口都被淤塞了。淮河原来的一些天然调节器如城东湖、城西湖和瓦埠湖等,被淤塞得完全失去了调节的功用,洪泽湖湖底也普遍地升高一米以上。这样,淮河就被糟蹋得变成一条"大雨大灾、小雨小灾、无雨旱灾"的河流。皖北的好些地方,只要连续晴上一二星期,农作物就会得不到灌溉;但偶然下了10毫米以上的雨,水量却即无法排泄,就会造成一次水灾。生活在这种地方的人民,说起来委实也太痛苦、太凄惨了。

把淮河从一条好河变成一条害河,把淮河流域从一块肥美富庶的地方变成一个灾难重重的人间地狱,这就是历代反动统治者干出来的罪恶!

一定要把淮河修好

历代反动统治者替淮河招致了很多灾难,他们却同时又常常扬言要修治淮河。自然,他们的"修治",不但是假仁假义的一种叫嚣和敷衍搪塞,而且更趁"修治"的机会,向老百姓再重重地榨取一大笔。

1929 年,国民党反动派为了欺骗人民,向人民榨取,成立了一个"导淮委员会"。这真是一个贪污腐化、祸国殃民的机关,他们以"导淮"为名,到处征工派夫、敲诈勒索,闹得淮河流域的人民鸡犬不宁。1934 年,他们又发行了"水利公债",向人民榨取了 2,000 万银圆,这笔款子自然没有用在"导淮"身上,而是立刻变成了蒋、宋、孔、陈四大财阀的私产。

"导淮委员会"导了 8 年,搜刮了全国人民的大量脂膏,浪费了淮河流域人民的无数汗血,结果只是堆了一些脆弱不堪的土堤和挖了几条简陋狭小的浅沟。整个工程无非是些头痛医头、脚痛医脚的敷衍搪塞。1931 年的那场惨重水灾,就完全揭露了国民党"导淮"的真正面目。

在那次大水里,被淹田地 7,770 万亩,占淮河流域全部耕地的 40%;罹难人民 2,000 万,占淮河流域全部人口的 30%。全部损失,估计竟达 56,400 万银圆。最主要的灾区是安徽省。淮河以北,西起颍河,东到洪泽湖的广大地区,几乎全成了一片泽国。淮北平原人民的生命财产,遭受了不可估计的惨重损失。这就是"导淮委员会"成立以后的事,也就清楚地说明了国民党"导淮"到底是怎样一回事。

由于国民党反动派对淮河水利的因循贻误,由于蒋匪帮决堤放水、以水代兵的血腥罪行,不但在当时造成了淮河流域的惨重灾难,而且遗祸所及,也造成了新中国成立以后的重大灾殃。这就是 1950 年的淮河大水灾。

1950 年 7 月间,由于淮河整个流域中的连续大雨,水位剧速高涨。虽然党和人民政府采用了一切可以防制洪水的办法,但是因为在反动派统治长期摧残下的淮河,是一条百孔千疮的河流;脆弱不堪的堤防,无法经得住这样的洪水。这样,堤防就纷纷溃决,整个皖北,淮河干支流决口的达 300 处以上,洪水从 28 个市、县范围内流过,冲倒了 110 万间房屋。从三河尖到正阳关,由于堤岸倾颓,以致东西 80 公里、南北 30 公里的地方,平地水深 3 米,波涛汹涌,成为一片汪洋。从蚌埠到五河,洪水也不分河道,横冲直闯,泛滥成一片泽国。

安徽省 1950 年的大水,无论从流域雨量、淮河水位、被灾面积和人口等各方面,情况都超过了 1931 年的那一次,由下表可以看出皖北在这两次水灾中的一般灾情:

灾　情 ＼　年　份	1931	1950	1950 年超过 1931 年人数
受灾田亩(万亩)	2,427	3,162	735
受灾人口(万人)	586	998	412

　　从上表我们就完全可以了解皖北地区在 1950 年的大水中受灾的严重情况了。幸
亏当时已经解放,党和人民政府立刻动员了一切力量,进行了迅速和有效的抢救。当
时的华东军政委员会飞速地组织了皖北淮河灾区视察团,带了大批的物资前往皖北灾
区救济。那时国家成立不久,财政情况还非常困难,但人民政府却仍然先后拨出粮食
100 万担以上、食盐 10 万担、煤 52 万吨,并且还发放了人民币 350 亿元的现款。全国
人民,也都对皖北受灾人民寄予了十二万分的同情,纷纷地捐输了大批寒衣和款项。
在这样大力的赈济下,皖北人民才渡过了这一场巨大的灾难。他们一方面对国民党反
动派糟蹋淮河、贻误河工的罪行深深地恨入骨髓;另一方面对于党和人民政府这样无
微不至地照顾,则增加了无限地感激和热爱。灾民们都说:"人民政府真比自己的爹
娘还照顾得周到。"

　　大水过去以后,党和政府除了妥善地安顿灾民以外,为了根治淮河,永远消除历代
反动统治者遗留在淮河流域的灾难,于 1950 年 8 月在北京举行了治淮会议,对淮河进
行了精密的分析和研究,然后由水利部负责,拟好了根治淮河的方针,10 月政务院即
颁布了关于治理淮河的决定。这个决定,指出根治淮河必须蓄泄兼筹,要上、中、下游
统筹兼顾,以防洪为主,首先做到根除水患,同时,结合灌溉、航运、发电的需要,逐渐做
到多目标的流域开发。根据这个伟大的决定,根治淮河的工程,预计可在 1955 年以前
基本完成。这真是淮河流域特别是皖北人民的一个莫大福音啊!

　　随着治淮方针的决定,治淮委员宜于 1950 年 11 月在蚌埠正式成立,于是,中国历
史上所空前未有的根治淮河的伟大工程,就在整个淮河流域热烈地展开了。

　　根据蓄泄兼筹的治淮方针,淮河工程中的主要内容上游是利用山谷地形,建造一
系列的山谷水库,使干、支流的洪水得以控制调节。淮河中游则是利用一些湖泊和洼
地,建造若干湖泊和洼地蓄洪工程,以拦蓄山谷水库容纳不了的洪水。在淮河下游,一
方面是整理入江水道,使大部分水量能够顺利入长江,另外,又从洪泽湖向东北开辟一
条入海水道,以便在淮河的非常洪水时期,排泄入江水道所负担不了的水量。此外,在
淮河上、中游,普遍进行水土保持、河道疏浚和沟洫整理的工程,以减少冲刷,降低地下
水位而免除内涝的灾害。经过 3 个年度的努力,这些工程,有的已经完成,有的也正在
进行之中了。

润河集分水闸和佛子岭水库

　　安徽省境内已经完成的和正在进行中的治淮工程中,最重要和最伟大的,要算润
河集分水闸和佛子岭水库。

润河集分水闸建筑在颍上县西南的润河集,是第一年度治淮工程中最伟大的建筑。投入这一工程的各种物资器材,总数共达20万吨以上,是我国工程界一件空前的盛事。

润河集分水闸的全部工程分成3个部分:

第一部分是一条长达78米的固定河槽。固定河槽用混凝土浇成,在洪水时期也不怕冲刷。这条河道的最大流量为3,500米^3/秒,是一条终年畅通的河道。

第二部分是建筑在淮河上的拦河闸,这是一座用钢筋混凝土造成的现代化巨闸,全长达300米,包括45米的闸门五孔,15米的闸门三孔,21米的闸门一孔。在洪水时期,它便可以和固定河槽配合起来,机动地调节淮河流量,以保证下游的安全。

第三部分是进湖闸,全闸共长179米,包括45米的闸门二孔,21米的闸门四孔。在平时,进湖闸的闸门是关闭的,这样就保证了湖内农田的麦收。在洪水初到时,闸门仍可继续关闭,以免使洪水过早入湖。等到洪峰不断升高,情况必须拦蓄时,就可打开闸门,将洪水拦蓄到城西湖和其他好些湖泊里去,润河集分水闸直接间接可以拦蓄淮河洪水60亿米^3,配合了上游的山谷水库,基本上已可免除淮河中游的泛滥了。

润河集分水闸的造成,不但在技术上是我国工程界的一个惊人成就;在思想上更教育了那些向来迷信美国“规格”的工程人员,从事实中初步培养了他们新的技术思想。

润河集分水闸是一个艰巨庞大的工程,但工程领导上却决定要在3个月时间内造好。根据旧的经验,像这样的工程,要三五年时间才能造成的。润河集分水闸的一整套构造复杂的闸门和自动启闭机,根据过去的经验,在国内更是无法制造的。但是由于党和政府的领导、苏联专家的技术援助,和工人阶级觉悟程度的提高,这些困难毕竟都解决了。上海的工人阶级首先响亮地接受了全部闸门和启闭机的设计和制作任务,在两个多月的时间里,胜利地完成了这项艰巨复杂的任务。自然,润河集工地上的全体工作人员也夜以继日的埋头苦干,在“和洪水赛跑”的口号下,终于如期地造成了这一座巨大的现代化水利工程。润河集分水闸的落成,是我国工程史上刻划时代的一页,也是我国劳动民改造自然斗争中的伟大胜利!

佛子岭水库建筑在霍山县以南17公里的淠河上游,它是淮河干支流所有山谷水库中最巨大的一处。

佛子岭水库的建造是更为艰巨伟大的,不仅是工程的规模庞大异常,特别是由于水库所在地的大别山区,是我国一个著名的地震区。因此,整个工程的设计就必须适应地震区的特点。

佛子岭水库的拦河坝采用了连拱坝的形式,全长530米,高70米,共有20个渠,

21 个拱,全部是钢骨水泥的空心坝。坝内装有泄水闸门 8 道,灌溉闸门两道,其中两道可兼作水力发电之用。此外,为了排泄过量的洪水,又建筑了溢洪闸门两道。全部工程完成以后,除了可以拦蓄洪水 40,740 米^3,基本消灭淠河的水灾以外,并还可以灌溉农田 50 万亩,开发水电 4,900 瓩,而目下每年只能通航 3 个月的淠河,从此就可做到全年通航。

佛子岭水库工程于 1952 年起开始进行,目下尚在加紧建筑中。投入这一工程的器材约计共有 10 万吨以上,工程中使用的机器就达 20 种以上;为了便利大量物资的供应,从六安到佛子岭水库工地之间,特地建造了一条长达 60 公里的公路。佛子岭水库的落成,将整个改变淠河流域和皖西大别山区的地理面貌。

除了润河集分水闸和佛子岭水库两项巨大的建筑以外,在安徽省境内的其他治淮工程还有很多:例如三河尖以东的濛河洼地蓄洪工程、万民闸、城东湖闸、西淝河闸和其他许多涵闸沟洫工程,五河附近的内外分流和切岭改道工程以及淮河干支流上漫长的疏浚和复堤工程等,也已经都获得了巨大的成就。另外,史河上游的梅山水库和淠河上游的另外一个响洪甸水库,也正在计划兴建中。随着治淮工程的进展,安徽省的地理面貌已经开始改变了。法国今晚报记者贝却敌曾用"500 万农民改变中国地理"的标题报道了伟大的治淮工程。

美好的远景

> 不怕苦,不怕难;
> 扒滩河,为的俺。
> 河扒好,不受淹。
> 麦面馍,白又鲜。
> 好日子,过不完!

上面是皖北淮河支滩流域民工们自己编唱出来的一首诗歌。多么的热情,多么的生动。这首诗歌唱出了今天整个皖北人民欢乐的声音。在党和政府的领导下,在治淮工程的大规模开展下,多少年来受苦受难的皖北人民,已经看到了展现在他们面前的那幅美好远景了。这自然会引起他们无限的喜悦和兴奋,同时也就空前地提高了他们的劳动热情。

随着伟大的治淮工程的进行,水旱连绵的皖北,已经得到了连续几年的丰收。过去那些"十种九不收"的地方,现在长上了茁壮的庄稼了;过去那些"田鸡撒泡尿就得淹"的内涝区,现在能够经得起几场大雨了。"七月半,花开一半;八月半,收割一半"。

这句久已被皖北农民遗忘了的歌颂丰年的话,现在重新又到处流行起来了。治淮3年来,皖北人民的生活水平,已经得到了普遍的提高。

今天,农民们买耕牛、添农具、盖新屋等,已经成为皖北淮河流域的一个普遍热潮,各地的百货商店和合作社,都觉得货品有供不应求的情形。皖北人民的这种日益上涨的强大购买力,的确还是破题儿第一遭。仅仅以凤台县来说,1950年的大水中,曾被冲倒房屋11万间,但是到了今天,不但原有的已经恢复,而且更出现了很多新盖的房子。破败零落的凤台县,已经整个地改换了一副面貌。

寿县迎河区大店乡的30位贫农,曾经集体写信给毛主席说:"修了润河集分水闸,使我们这里20年来不收的湖地都丰收了。现在,我们已有了面食,身上穿了新衣,买了一些农具,日子越过越好了。要不是您号召治淮,我们哪能过这样好的日子呢?"从这封信里,一方面具体地说明了皖北人民生活改善的状况;另一方面也就充分地表达了皖北人民对毛主席和共产党的衷心感谢。

这还不过是一个开头呢,随着今后根治淮河工程的全部完成,皖北将更要显得美丽和富庶的。那时候,淮河平稳地流动着,满载农产品和工业品的各种船只,在河面上往来行驶。山谷水库里的蓄水,滋润了千万亩农田,纵横交错的高压电线,替农村送来了廉价的水电。淮河两岸的湖泊已经开辟成大农场,拖拉机的马达声,响彻了整个皖北的富庶原野。这是多么令人神往的一个美好远景呢!

原著(上海)地图出版社1954年版

民族融洽的贵州省

一、总　说

说起贵州省,大家就容易联想起几句一直来流行得很普遍的谚语:"天无三日晴,地无三里平,人无三分银。"头上两句是贵州的自然状况,描写得相当真切;最后一句叙述了贵州人民的生活,就新中国成立前的情形来说,这也是对的。正因为它是这样潮湿、崎岖和贫穷的地方,所以在新中国成立前,是很少被人们注意的。

实际上,贵州并没有像人们想象的那么糟,而且相反地,它是一块好地方。解放前的贫穷落后,完全是多年来反动统治阶级压迫和剥削的结果。新中国成立后,在共产党和人民政府的领导下,它已是欣欣向荣地发展起来了。

把这样一个向来不大被人们注意的省份的大概情况写出来,让大家看看:它的过去、现在和未来,让大家对这块比较生疏的地方多增加一点了解,这也是一件很有意义的事情。

贵州是一个比较偏僻的省份,它的开发比黄河流域和东部各地要迟得多。殷、周时代的鬼方,就是指这里,战国为楚黔中地,顾名思义,当时这一带还是很荒僻的。到了唐朝,开始有贵州的名称;明朝初年才在这里设置贵州省,把统治权固定下来。

在自然区域中,贵州是云贵高原的一部分;它包括贵定、遵义、铜仁、镇远、都匀、兴义、安顺、毕节等 8 个专区共计 75 县,加上贵阳、遵义两市和惠水、炉山、台江、丹塞 4 个自治区,面积为 17 万平方公里。

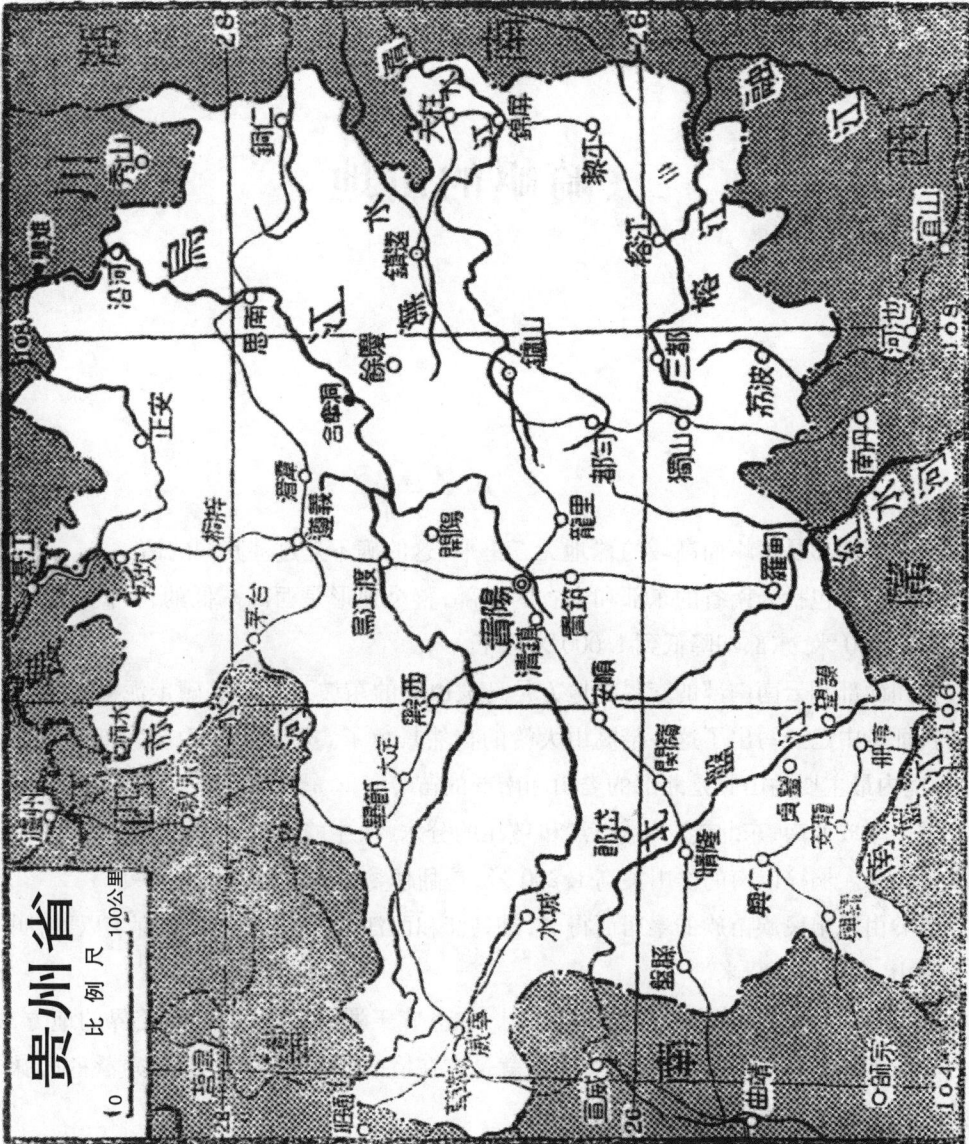

贵州省行政区划图

二、崎岖的山地

贵州的地形是崎岖而高峻的,"地无三里平"这的确不是过甚其词的话。

云贵高原包括云南省的东部和本省的全部,整个地形是西高东低的,大概西部高达海拔2,000米,东部却降低到1,000米以下。

贵州西部和云南南部的交界的地方是乌蒙山脉的东坡,"乌蒙磅礴走泥丸",毛主席的长征诗中已经写出了这一带高山大岭的自然景色了。不过乌蒙山脉大部分不在境内,境内最主要的山脉是北部的娄山和南部的苗岭。

娄山略成西南、东北走向,是长江和乌江的分水岭,主峰金顶山位于遵义西北,高达1,576米。桐梓以南的娄山关高1,200米,是翻越娄山的主要通道。

苗岭由兄弟民族苗族的聚居而得名,是乌江和西江的分水岭,主峰在都匀以西,叫做云雾山,高达2,100米。

除了娄山和苗岭,还有东部的武陵山脉;它盘旋于湘、鄂、川、黔4省交界的地方,成为乌江和洞庭湖水系的分水岭,梵净山就是它在境内最高的一峰。纵横重叠的山脉构成了本省起伏不平的、极度复杂的地形。

不过认为贵州省全部都是崇山峻岭,一片平坦的地方也没有,这也是不对的。实际上,山地之间,常常散布着局部的小平原和比较宽广的沿河谷地。当地人民把这些小平原和谷地称为"坝子"。坝子里阡陌纵横,到处种植着水稻,是本省人口密集和产业发达的地方。境内较大的城镇就都分布在坝子里。

　　贵州省地形的另外一个特点是石灰岩层分布很广,石灰岩层经过流水的长期溶解以后,就成就了一种非常特致的地形。在境内,我们可以看见很多奇秀的山峰和笔立的石林,"无地无山,无山无石"很可以描写那里的自然景色。而且很多深长幽邃的岩洞,奇形怪状的天生桥,犬牙交错的石钟乳,渊深莫测的陷穴(当地人民叫"地漏子"或"冒水孔"),这些奇异的景致,虽然是西南各省共同的景色,但本省与广西却是特别的多。

　　龙里和都匀之间的观音洞是本省所有岩洞中最悠长特出的一个。据说只要带足七八天的粮食和火炬,在当地寻觅一位熟悉路径的向导,就可以进去;进去的一端在龙里县境,出来时则已到了都匀县境。像这样悠长深远的洞穴,都是几千万年流水侵蚀而成的。水滴石穿,说来确实不错。

　　像这样一类特殊的地形,在欧洲南斯拉夫亚得里亚海沿岸的喀斯特地方也非常发达,因此欧人就称它为喀斯特地形,其实它还没有我国黔、桂两省的奇特多采哩!

三、湍急的河流

　　贵州省是一块高原,有很多河流从这里发源,但却找不出一条通航很方便的河流。

　　境内的河流,有着一些共同的特点:首先是河床都深深地陷入地表之下,岸壁陡峭,成为典型的峡谷河流;一般都是礁滩密布,水流湍急。在岩层断裂的地方,水流直降,更形成汹涌的瀑布。其次,由于本省喀斯特地形的发达,石灰岩层被流水所侵蚀,河流就潜入地底,成为伏流。伏流长的往往延伸达数十公里,然后在一个山洞或岩窟里再流出地面,当地人民叫这种伏流做暗河。在贵州省地图上,特别是在它的南部,我们可以看到很多带着一个箭头符号的河流,很像是沙漠上绘着的内陆河;实际上这绝不是内陆河,而是一般当地人所称的暗河。

　　贵州省的水系很复杂的。苗岭以北的河流大都注入长江,苗岭以东的河流流入湖南省的洞庭湖,苗岭以南的河流,则又都是珠江上游的支流。

　　本省最大的河流是乌江(黔江),是长江的主要支流之一。从西南到东北,流贯了整个省境,全长达920公里,流域面积要占全省面积的2/3。

　　乌江的上游有南北两个源:北源六冲河,南源三岔河,都发源于黔西威宁县的草海附近。草海是一个周围达30公里的大湖。

　　由于喀斯特地形的发达,乌江上源就时常发现伏流的现象;六冲河的全部流程中即有两次潜入地下,六冲河和三岔河会合以后称为鸭池河。此后又北纳湘江,南受清水江,在梵净山以西折向东北,并转西北到四川境内注入长江。

乌江河谷图

乌江奔流在娄山和苗岭之间,岸高水急,险滩相接,是一条很典型的峡谷河流。

除了乌江以外,贵州境内单独注入长江的支流还有西北部的赤水河。赤水河发源于云南东北的镇雄县,它的大部分流程却在黔、川两省界上,到赤水县以下才完全进入四川。沿岸的峡谷地形没有像乌江一样发达,水势此乌江要缓和得多。

苗岭以东的河流都是湖南省沅江的上游,主要的分成三支:北支辰水(锦水),发源于铜仁县以西,东流经铜仁入湖南。中支抚水(镇阳江),发源于黄平县附近,东流经镇远入湖南。南支清水河,发源于云雾山附近,东流经锦屏入湖南,它在3条支流中源流最远,可说是沅江的正流。沅江上游在贵州境内的部分,一般也都是谷狭水深、滩多流急的河流。

苗岭以北和以东的河流,虽然有的直接注入长江,有的注入湖南省的洞庭湖,都是属于长江水系的河流。苗岭以南的河流,却全部是西江支流的上游,也就是说都是珠江水系的河流了。

珠江水系的河流,在贵州省最主要的是北盘江和南盘江,这两条河流都发源于云南东部,北盘江流贯本省的西南境,南盘江则是本省和广西的界河。南、北盘江在册亨县东南会合,称为盘江,仍然奔流在两省界上,要到罗甸县以南才完全折入广西境内,称为红水河。

南、北盘江地区是本省境内喀斯特地形特别发达的地带,因此这一带河流成为伏流的也就更多。两盘江本身以及支流格必河、涟江、曹渡河等,都是些时隐时现、踪迹缥缈的河流。

这一带河流的水势也是非常湍急的,岩层断裂的地方更形成奔腾澎湃的瀑布。北盘江支流打帮河,上游在关岭县附近有黄果树瀑布,是我国最巨大的瀑布之一,如果加以开发,可获得5,250瓩的电力,是一个重要的水力资源。

贵州省珠江水系的另外一条河流是都江。它发源于都匀以南,流经三都、榕江等地而入广西,是柳江的上游。它的支流众多,水量丰富,是本省东南部的一条重要河流。

四、温暖湿润的气候

　　本省的气候是一个冬温夏凉的副热带型气候。在夏季,由于这里是一块 1,000 米以上的高原,气候就显得凉爽,以贵阳为例,最热的 7 月,平均气温也不过摄氏 24.6 度。冬季因为寒潮被北部的高山阻住,气候自然也就不至于十分寒冷,以最冷的 1 月平均气温来看,贵阳也还达 4.6 度。这样,本省的气候仅以气温一项来看,到确是温和宜人的。

　　不过本省的气候也有它美中不足的地方,那就是阴霾多雨。贵州是我国阴云天气最多的地方,一年中有十分之七八的日子,天空中总是笼罩着云雾。四川盆地中向来有"蜀犬吠日"的谚语,事实上,太阳在贵州露脸的机会更远比四川要少。

　　随着阴云的密布,下雨也就成为一件最经常的事。虽然贵州各地的全年雨量,一般不过 1000 多毫米,但是由于这里的雨,大多是缠绵不断的毛毛细雨,所以,下雨的日子就显得特别多了。根据统计,贵阳一年中阴雨的日数多达 260 天,平均每 10 天中就有 7 天是阴雨天气。特别是冬天,几乎整个季节都在蒙蒙细雨中度过,人们只能偶然地看到一线从云端里漏出来的阳光。"天无三日晴",真是一点不错!

　　为什么贵州的气候会"天无三日晴",是不是可以根据气候学的原理,说出一个道理来呢?贵州的所以"天无三日晴",地势的高峻,是一个很重要的原因。因为贵州位处长江以南,这一带,冬季多东风和东北风,夏季多南风和东南风。省境东北部恰是长江以南的一个迎风面,空气中的水汽,当流过海拔 1,000 米以上的比较凉爽的高原时,就凝结成无数的小水滴,同时,地形的崎岖不平,又阻碍了空气的流动;因此就形成了弥漫天空的云雾和连绵不断的毛毛细雨,造成了的湿润气候。

"天无三日晴"自然是本省气候的一个缺点。这不仅是因为天气潮湿多雨而造成人们行动和工作上的不便,主要的还是由于潮湿而高温的气候,容易将茂密的植物的枯枝败叶腐化分解,加上阳光的少见,更造成了一个让蚊、蝇和病菌繁殖的极好机会,这就是本地人所谓的"瘴气"。在贵州,特别是少数民族聚居的山地区域,常常疫疬和疟疾流行,影响了人民身体的健康。自然,这并不是一个不可克服的困难,只要经过大力的垦殖、开辟和加强环境卫生工作以后,情况就可以好转的。

贵州是一个副热带型的气候,按理说来,它的土壤应该是以红壤为主的。但是由于气候的湿润,气温也此一般红壤区略低,使土壤中的铁质不能高度氧化,土壤就呈现黄色,称为黄壤。另外,由于植物茂盛、枝叶腐败的结果,使土壤中腐殖质的积聚大为增加,所以,土壤表层又常常呈现着灰色。土层较厚和较为肥沃的地区,大概都分布在一些坝子里;山地中的土壤一般都比较浅薄贫瘠。另外,由于石灰岩层的普遍分布,到处都可以看到石灰质的黑色土。也有些地方,土壤冲刷殆尽,童山濯濯,岩石裸露,景色就显得相当荒凉。

贵州的天然植物主要是落叶阔叶树和针叶树的混合林,另外也分布了一些常绿树林。全省估计有天然森林约2,500万亩,占省境面积的9%。最重要的林区在东南部的都江流域,其余如沅江上游,西北部和西南部,也都分布着若干面积的森林。木材中最主要的是松、杉两种,其他如楠木、阴沉木之类也不少;新中国成立后,在黔西、威宁一带更发现了广大的栓皮栎林,替本省林业,开拓了一个更重要的资源。

五、丰富的地下资源

贵州的地下资源是非常丰富的。虽然在反动统治时代,境内的地质勘探工作做得很差,但仅就目前所有的资料,矿藏种类已经不少,藏量也都相当可观。我们按照动力资源、黑色金属、有色金属和非金属的次序叙述。

动 力 资 源

动力资源主要的是煤、石油和水力3种,在贵州,这3种资源都有相当的贮藏。

贵州的煤矿分布得非常普遍,大概可分成三大区域:北部煤田包括桐梓、遵义、赤水、仁怀、毕节等县,其中以桐梓开采最盛。中部煤田包括贵阳、安顺、龙里、黔西、织金、镇宁等县,藏量以贵阳市北的扎佐最多。东南煤田包括平越、贵定、都匀各县,藏量是比较的小。

在上述各煤田中,已经采掘的主要有3处:一是桐梓煤矿,矿区北面和四川的綦江煤矿相连,南到遵义,西达仁怀和赤水,大小矿场分布很多;其中如桐梓的松坎、西半山,遵义的火石坝等,都有发展希望。二是贵阳煤矿,矿场在北部的扎佐和西部常祚;它具备了煤层厚、部分可炼焦和贵阳工业区距离近这样3个优越条件,可说是本省最有希望的矿区。三是安顺煤矿,矿场在城北的轿子山;由于接近公路,运输比较方便,也可大量发展。

　　贵州石油贮藏情况虽然资料还很少，不过油田分布的地区并不算小，在水城、威宁、盘县、龙里、炉山一带，都有石油贮藏的可能。就已经发现的来说，则以泡木冲和翁项两处为著名。

　　泡木冲是贵阳和龙里之间的一个小村子，以此为中心，东至千家卡，西到黄泥哨，均为藏油相当丰富的矿区。1928 年曾组织黔隆油厂进行采掘，今后如能尽量开发，将是本省一项主要的富源。翁项在炉山县东 40 公里，山岩中流出的黑色原油，很久以来，就为这一带苗族人民取作点灯和医治皮肤病之用；但贮藏的详细情况还不很清楚，需要继续加以勘探。

　　贵州水力的藏量还没有很好地勘察，仅就目前已知的数字已经是相当可观，像思南的高滩河，水头最大时达 500 米，最小时也有 450 米，可利用发电 100 万瓩，可能是本省最巨大的水力资源。另外，如瓮安县的西门河，息烽县的老鸦河，贵阳市的南明河、铜仁县的大小江以及关岭县的黄果树瀑布等，也都可利用来建筑水力发电站。这些水力的开发，和今后工、农业的建设实有极重大的关系。

黑色金属

　　黑色金属包括铁和锰两种，是工业建设最重要的原料。贵州境内有铁矿贮藏的约有 50 多县，其中水城铁矿在县西 25 公里的观音山，多为赤铁矿和褐铁矿，含铁量在 58% 以上，是一处蕴藏极多的富矿。此外，镇远以东的青浪（清溪），威宁以北的马姑，平越的张黑塘，铜仁的龙溪口以及仁怀、贵阳、龙里、沿河、瓮安、织金、盘县等地，也都有相当丰富的铁矿贮藏。

　　本省的铁矿资源曾经引起了帝国主义者的垂涎。1898 年，属于英、法资本的隆兴公司，就开始攫取了好几处矿权，并预备采掘青溪和龙溪口的铁矿，后因焦煤问题不能解决，才没有实现。现在，帝国主义者掠取我国富源的时代已经过去了，本省的铁矿，也正和其他矿藏一样，将会陆续地得到很好的开发，支援我们祖国伟大的经济建设。

　　锰是黑色冶金工业中所必不可省的原料，是一种很有价值的地下资源。本省的锰矿也分布得相当普遍，像黔西的威宁附近、兴义的枫塘和老塘房、湄潭的卧帝沟，遵义的团溪等地，都已发现有锰的贮藏；开发后，不但可供给本省的需要，而且能支援四川的钢铁工业。

有色金属

贵州省的有色金属,种类很多,分布也极为普遍,下面叙述的,仅是重要的几种:

1. 汞矿　汞俗称水银,是一种液体金属。本省在过去年产汞约 1,000 吨,居全国首位,除供给国内需要外,还可大量输出。本省的汞,分布非常普遍,已经发现汞矿的地方约在 30 县以上,其中最重要的矿区是铜仁,县境东南的万山场和东部的大硐喇,是我国最大的汞矿所在地;如果说湖南锡矿山是锑都,江西大庾是钨都,那末铜仁就可称汞都了。此外如开阳县的白马洞,丹寨县的羊朗寨,晴隆县的楠木厂以及印江、黄平、都匀、三都等县,藏量也都很丰富。

2. 铝矿　铝主要由铁矾土电解而得,是一种轻而坚固的金属如制造飞机、汽车及多种家庭用具的原料。本省铝矿在国内有极重要的地位,矿区集中于贵筑、修文、平越一带,量大质佳,特别是矿层成水平分布,厚度一致,采掘非常容易;附近又有丰富的水力,可以发展炼铝工业。因此,铝矿是本省极有发展前途的一种有色金属。

3. 铜矿　本省铜矿主要分布在黔西,以威宁为最著。矿区在铜厂河、稻田坡和黑山坡 3 处,这一带历史上即为我国著名的产铜地区,矿石的含铜量很高,是一个富矿。此外,大定县大兔场附近的卡娜河以及水城、毕节、晴隆等县藏量也很可观。

4. 锑矿　本省锑矿以东部梵净山为贮藏中心,但因交通不便,尚未大量开发。南部的罗甸、平塘、独山、三都、榕江等县,贮藏也很丰富。独山矿区在县城东北 20 公里的深沟内。延长达 250 米;三都矿区在城北苗龙场,有矿脉 3 条,延长达一公里多;榕江锑矿则在城西 60 公里的八蒙;以上 3 处都可循水道入广西,采掘和运输极为便利,发展的希望很大。

5. 铅矿　本省铅矿,明、清两代即已开采,分布范围极广,藏量也不在少数。著名的为遵义的高寨坡、水城的万福厂、丹寨的蜂糖寨、镇远的冽洞和铜仁的锡堡等处。此外,威宁的马姑,三都的野竹,息烽的南山,也都曾采掘过铅矿。

6. 金矿　本省金矿分布在乌江沿岸和沅江上游。梵净山周围各县如印江、江口、松桃等,都有山金和沙金的贮藏及出产,其中以印江县的木黄老金矿最为重要。清水江沿岸的金矿,以天柱和锦屏两县最为丰富,重要矿区在茅坪和金井村一带。

7. 银矿　本省银矿分布在水城、威宁、息烽、镇远、荔波一带。水城县南的万福厂银矿,于满清乾隆年间,曾经大量采掘,矿坑百余,矿工多至数万人;息烽的南山银矿,过去也很著名。

非金属

本省非金属矿产,种类更多,分布也更为广泛,兹将比较重要的数种,略述于下。

1. 黄铁矿和硫磺　黄铁矿是提取硫和制造硫酸的重要原料;如贵阳的高坡、赤水的土城、仁怀的二郎庙等地,贮产都很丰富;此外,息烽、正安、安龙等已经知道有贮藏的达20县。至于硫磺的贮产,主要在福泉、沿河、从江各县,产量以福泉最多。

2. 石膏矿　本省石膏矿以威宁最著名,黄平县的石牛寨次之;石阡县羊里塘的膏质比较低劣,但也有采掘价值。

3. 硝土　硝为制造硝酸和肥料的重要原料,主要产区在册亨、兴义、安龙、大定等县,正安、赤水、湄潭、龙里等也不少。居民一直用土法熬硝,如果加以改良,很有发展希望。

4. 硃砂　硃砂和汞共生,凡是有汞矿贮产的地方也,必有大量硃砂出产。主要产区为铜仁、开阳、三都、晴隆等县,产量仅次于湖南,居全国第二位。

5. 石棉矿　石棉是防热、防火的重要建筑材料;盘县境内曾经进行采掘,贮量都相当丰富;水城县集河的石棉纤维极长,品质量非常优良,极有发展希望。

此外,如硅砂、萤石、雄黄、陶土、耐火土等,本省藏量也都相当丰富。从上面的简单叙述中,我们已可认识到本省地下资源的丰富,但是在反动统治的日子里,人民却免不了陷入"人无三分银"的贫苦境地,从这里也可以使我们更进一步地提高对反动统治的憎恨。现在丰富的地下资源已经掌握在人民手中了,今后一定会得到有计划的大量开发,这对本省的发展前途,将是如何有意义的一件大事啊!

六、新生的兄弟民族

贵州是一个多民族的省份,全省1,300万居民之中,除了汉族900万人左右以外,其余就都是兄弟民族,省内只有乌江以北地带少有兄弟民族的分布。兄弟民族的种类也是相当复杂的。虽然还没有一个确实的数字,但就现在知道的来说,已达30种以上了。这中间人数最多的是苗族和布依族,次为侗族、水家、彝族、僮族、回族、倮兜、土佬、木佬等,余则人数很少,分布也很零星。

苗　族

苗族是本省兄弟民族中人口最多的一个,估计约有200万人。从历史上看,苗族的进入贵州,比汉族要早得多,当时全境多分布了苗族。后来汉族从四川南来,乌江以北的苗族逐渐退处乌江以南,到了今天,除遵义附近的山区里还住着苗族几千人以外,黔北基本上是没有苗族的。

在乌江以南,就几乎无处没有苗族的足迹,最主要的分布区是在苗岭一带。在地图上,假使把黔东的炉山、丹寨、台江和雷山4个县用线条连结起来恰好成为一个长方形;这个长方形的范围以内,就是苗族聚居的最重要中心,本省第一个成立民族自治区的凯里就在这个长方形的中间;大概在这个范围以内,苗族要占全部居民的80%左右。此外,黔东的清水江流域,黔西乌江上游的三岔河一带,苗族分布得也很不少。

在历代反动统治阶级大汉族主义政策的摧残压迫下,苗族的处境是非常可怜的。"老鸦无松椿、苗家无地方",是新中国成立前苗族生活的一幅活生生的图画。的确,境内除了几个苗族聚居的中心地区外,凡是和汉族杂处的地方,苗族总是居住在荒僻艰难的高山上。"官占坪、汉占坡、把我苗家赶上山窝窝",就完全说明了历代反动统治者是怎样逼害苗族的。

除了政治上的压迫和经济上的重重剥削以外,直接用军队对苗族进行惨无人道的屠杀,历史上更是史不绝书的。到现在为止,黔东黄平县附近还留下了一个"杀人洞"的古迹,据说在清朝咸同年间,曾经在这里发动了一次对苗族的集体大屠杀,埋积如山的尸首都丢在这个洞里,流血甚至染红了洞外的溪水。

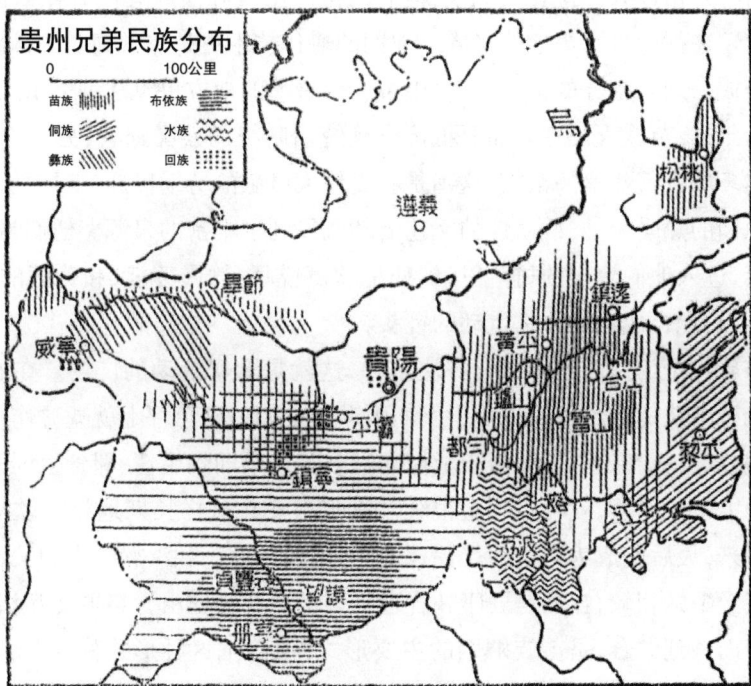

贵州兄弟民族分布图

在国民党反动派统治的岁月里,反动统治者除了继承他们的前身的残酷榨取和掠夺以外,更实行了罪恶的"同化"政策:他们不准苗族使用自己的语言;禁止苗族穿着自己的民族形式的服装;他们派兵守候在市集上,强迫苗族妇女剪去她们的长头发,并加以百般侮辱。造成那一个时期苗族人民只能躲在山寨子里不敢外出一步。在过去的漫长日子里,苗族人民的生活,真是血泪交织、说不尽的辛酸悲苦的。

新中国成立后,由于共产党和人民政府执行了新的民族政策,境内多年来受苦受难的苗族同胞,才开始获得了新生。凡是苗族聚居的地方,如炉山、丹寨、台江、惠水等地,都已先后成立了苗族自治区人民政府。另外,除了实行一系列的民主改革以外,更大力发展了苗族区内的建设事业:各种交流物资、收购土特产和供应日用品的贸易机构普遍地设立了,学校的数字不断地增加,医疗队陆续地进入了苗区。这样,苗族人民的生活水平和文化水平,都已开始逐步地提高。他们说:"国民党就是这些做官的和这些地主们的;拉我们兵,派我们款,客家(汉人)的乾人(穷人)还不是和我们苗家一样苦。"多少年来反动统治阶级制造起来的民族隔阂和仇恨,在毛主席的阳光照耀下就永远消释了。

　　苗族是一个勤劳朴实的民族,在苗族聚居的村落里,男女老少可说找不到一个坐食的人。耕种是苗族人民主要的职业,他们的生产工具和汉族并没有什么区别,在畜力利用方面还往往超过了当地的汉族。他们的耕作技术更是非常高明的,崎岖的山坡被他们开辟成一列列整齐的梯田,甚至土壤十分瘠薄的地方也设法种上了玉米之类的杂粮。多少年来,苗族人民一方面要抵抗汉族统治阶级的残酷逼害;另一方面又要和艰苦的自然环境进行斗争。苗族,这确是一支伟大可敬的劳动民族。

　　由于他们的热爱劳动,群众性的文艺活动就得到了丰富的泉源。他们是一支爱歌善舞的民族,进入他们聚居的村落里,到处是歌声悦耳,舞影婆娑,和美丽的民族服装与健康的体躯,配合成一个非常生动的镜头。

　　每个苗族村子的外面往往都有一块草坪,这就是歌舞活动的广场。在农闲时节,青年男子成群结队地赶到各村去找少女们唱歌。他们一到草坪上就嘘嘘作声,少女们即盛装出迎,双方就开始唱歌。由于他们的唱歌是采用即景生情、即景生词的方式,所以当感情涌上来的时候,就可以唱上很久。青年男女在这样长期地相互歌唱中,渐渐地谈起爱情来,最后就成为终身的伴侣。这种方式的结合,和汉族过去的父母之命、媒妁之言的买卖婚姻相较,自然是健康和合理得多了。像这样由青年男女互相唱歌以至于发生爱情而谈到结合,是苗族婚姻的主要形式,他们把这种形式称为"摇马郎",而这块歌舞广场就叫作"马郎坡"。

　　苗族的确是一支可敬可爱的兄弟民族。这不仅是他们勤劳质朴的日常活动,值得我们的热爱和敬仰;而新中国成立后苗族人民政治觉悟的普遍提高,在我国民族历史中更是显得无限光荣和伟大的。早于1950年秋天,纳雍县苗族青年刘兴文,就已光荣地参加了中国人民志愿军,在伟大的抗美援朝战争中,以两个人的单薄力量,守住了金化以南朴达峰阵地,击退了敌人用飞机大炮和坦克配合起来的4次凶猛冲锋,杀伤敌人100名以上。就在这次战斗中,这位勇敢的苗族青年光荣地立了一等功,成为祖国一个著名的战斗英雄。自然,这不过是一个例子而已;但是在这个例子之中,我们已可看到苗族人民新中国成立后政治觉悟提高的情况了。今天,新人新事在各苗族区域中正在愈来愈多地涌现着。毛主席的光辉,替贵州省的苗族人民照耀出一片光明美丽的远景。

布依族

布依族是本省境内次于苗族的第二个人口众多的兄弟民族。全族人口约在 120 万左右,分布在都匀、安顺、贵定、兴义、毕节 5 个专区和贵阳市、贵筑县一带。主要的中心区则在靠近广西省的册亨、贞丰和望谟各县。

在过去,人们把布依族叫成许多不同的名称,如"仲家""水户"、"夷族"、"土边"、"本地"、"绕家"等,这些都不是布依族的自称。为此,贵州省人民政府民族事务委员会于 1952 年召开了 26 县的布依族代表人士协商统一民族名称的代表会议,通过了布依族这个一向来为布依人民共同应用的民族称谓。

布依族在历史上的遭遇比苗族稍稍好一些。因为他们主要居住在贵州省的西南部,而汉族封建势力向贵州的扩张大概是从四川和湖南方面来的;在汉族扩张路线上首当其冲的是苗族而不是布依族,布依族就这样地得到了比较安定的生活环境。贵州谚语说:"苗家住山头,仲家住水头,客家(汉族)住街头。"从这样的谚语里也可以看出,在同样受民族压迫的情况之下,布依族确较苗族要略胜一筹。

也正是由于生活环境的比较安定,布依族内部封建主义的发展就远远地超过了苗族,阶级分化的情况也就显得非常明显。在过去,布依族内部的地主阶级,为了保护他们一个阶级的利益,往往和汉族反动统治者串通一气,共同进行对本族劳动人民的榨取和掠夺。因此,在历史上虽不曾像苗族人民一样地受到大规模的杀戮,但是在双重压迫下,仍是过着水深火热的生活。

由于国民党反动派利用布依族"上层分子"进行了对该族广大人民的"以夷制夷"的罪恶统治,就造成了布依族内部严重的宗派斗争。被利用的一部分人,在当地就有了权势,可以包庇一部分人和欺压另一部分人;但是当反动派一旦支持了该族内部的另一些上层分子的时候,这种情况又立刻会起一次改变。这样,他们轮流报复,互相仇视,造成了日益加深的宗派斗争,而反动派却坐收渔利。

新中国成立后,由于剿匪、反霸和其他各种民主改革运动在该族内部的次第展开,该族人民的认识已经空前地提高了。他们说:"国民党就是要挑拨我们闹不团结,只有共产党才真是要我们好;我们不团结,就不能翻身。"的确,新中国成立以后的布依族紧密地团结起来了。紧密地团结替这支民族带来了巨大的力量,同时也指出了这支民族的光明前途。

其他民族

除了苗族和布依族以外,境内其他兄弟民族人数较少,最多的不过20万,少的仅仅几千人,可说是少数中的少数了。

彝族是这中间比较重要的一种。他们的中心住地在西康和四川交界的大凉山区,总人口约150万左右;在贵州只分布在西部的威宁、赫章、毕节等几个县的小片地区里,人数只有10万人。

大凉山区的彝族在新中国成立前还停留在半奴隶半封建的落后社会形态中。贵州的彝族虽然比较要前进了一步,但是很多地区也还保存着一种封建初期的庄园制;彝族有黑彝、白彝之分,在贵州,白彝大概都是黑彝地主的佃农户。

历代反动统治阶级对彝族的残酷统治,第一步是采用"以夷制夷"的土司制度,利用彝族内部的统治阶级,进行对该族广大人民的掠夺榨取。最后觉得土司制度还不够满足他们压迫的目的,于是干脆地"改土归流",用随时可以调动的汉族流官,代替了世袭的彝族土司。自然,这个措施所带给彝族人民的是更深一层的痛苦。

新中国成立后,境内的彝族人民也开始翻身了。千百年来的反动统治,将彝族停滞在一个极端落后的社会形态中;今天,在党和人民政府的关切和领导之下,他们将要飞速地向前跃进,和贵州省的其他民族一样,彝族人民的前途是无限光明的。

比彝族人数稍多一点的是回族和侗族,大概各有20万人光景。贵州本来没有回族,清代云南回族因杜文秀起义的失败而经不住反动统治者的压迫,有一部分迁入贵州,散居在西南部主要交通线附近的城镇中,经营着农业和小商业。侗族居住在黔东南的黎平及清水江上游一带,他们的言语和布依族可以相通。

此外,水族分布在黔南的荔波一带,人数也有10多万,语言和其他情况和侗族相似。僷兜居住在炉山和黄平一带,是一种语言和苗族相同而且还保留着氏族制度的古老民族,人数不过数千,生活状况比苗族更苦。土佬族即是古书上所称的僚族,分布在炉山、黄平和黔西的普定、郎岱、安顺、大定一带,虽然人数很少,但是他们进入贵州的历史比苗族和布依族还要早得多。他们也是一个极端闭塞和落后的民族,生活状况一般比僷兜族更为贫苦;要不是贵州省获得解放,他们已经濒于灭绝之境了。

七、农林畜牧业的现状

.

贵州省的农业在国民经济中占绝对的优势。但是由于多年来封建地主对农民的残酷剥削;加上省境是一块"地无三里平"的崎岖山地,耕地只占总面积的 11% ;而且灌溉条件也非常恶劣。因此,农民们的生产是在极端恶劣的条件下进行着的。

直到现在,贵州省的农业区域还局限于一些坝子和沿河谷地中,而且坝子和谷地也并不是完全平坦的,要进行耕种还得加上人工的改造。在境内可以看到连绵不断、阶梯相连的广大梯田,这些梯田在开辟的过程中不知花费了农民们多少汗血;即是在梯田上的耕作劳动,较在平原上的田地里操作,其辛苦程度也不知要超过多少倍;至于少数兄弟民族的农业,很多是在深山大岭的瘠薄土地上进行,其艰苦的情况自然更是不可言喻了。

省内农业最重要的是粮食生产,其中稻米约占一半以上。主要的稻米产区在乌江、清水江和都江流域,如都匀、剑河、遵义、榕江等县,稻米生产都相当丰富。旱地作物有小麦、玉米、大麦、甘薯、豆类等多种。小麦主要产于乌江流域,以遵义、印江、思南各县为较多。玉米是本省最主要的杂粮,是很多地方的人民最经常和最重要的粮食。

本省耕地既不多,生产技术又相当落后。因此,虽然粮食种植面积高达耕地总面积 95% 以上,人口密度又很小;但每人平均可得的粮食仍比全国平均数字少 15% ,一遇荒年就无法自给;加上交通不便,调运困难,特别是黔西一带,情况更为艰苦。所以,今后还得大力地发展粮食生产,改良耕种技术,充分供应肥料和农具,兴建灌溉事业,以提高单位面积的粮食产量,使能达到省境内部粮食自给自足的目的。

本省的技术作物种类很多,不过经济意义较大的只有烟叶和棉花两种。贵定一带的烟叶,就质量说,国内实无出其右,今后可以大量地加以推广和发展。棉田和棉花生产在抗日战争时期增加极为迅速,种植棉花的不下 30 县,主要分布在罗甸、三穗、思南、施秉、炉山、印江等地。不过由于本省雨日太多而气温不足,对棉花的种植不顶适宜,各处棉田的单位面积产量也很低;所以,对于植棉事业的发展,还需要作通盘的计划和研究。

本省是一个山区,根据靠山吃山,靠水吃水的原则,山地作物的栽培和发展,是对人民生活有着莫大的关系的。目下已经培植的有油桐、药材、茶、漆等项,都是前途很有希望的产业。

油桐为制取桐油的原料,本省种植得非常普遍,乌江流域是最重要的生产中心,次为清水江和盘江两流域。成品大概都循乌江运到四川,或循沅江运到湖南,是本省一项重要的输出品。

贵州是我国一个很著名的药材产地。药材的采集和培植也是本省农民很重要的副业。主要的药材有石阡的胡椒、八角和茯苓,下江的厚朴和五倍子,湄潭的栀子和当归,威宁的半夏,大定的泡参,瓮安的川芎等。贵州银耳的生产很有名;产区中心是遵义,银耳是种植在青冈树上的一种菌类植物,是国药中最有名的滋补品,经济价值很高,本省还可继续发展。

贵州省的茶种植于都匀、凤冈、安顺、贞丰、修文、镇远、石阡各县,都匀的红茶颇为著名。漆则出产于黔西、大定、毕节一带,东部的沿河和余庆两县出产也很不少,可以向四川方面输出。

贵州是很理想的发展林业的地区;因为境内适宜于植造森林的地方很多,估计可占全省总面积的一半以上,目前林地还不过 9%;所以大力造林,是本省今后林业的重要任务。

就目前的情况,每年沿柳江和沅江输出的松、杉木材,已经相当可观。新中国成立后,又在威宁一带发现了大小栓皮栎树 500 万株以上,其中干径在 5 寸以上,目前即可采剥栓皮的至少有 30 万株。栓皮是主要的软木原料,它可以用来制造冷藏装置所必需的软木砖、防热防震所需的软木纸和救生圈、救生衣及各种瓶塞等;因此,本省栓皮栎的发现,将替我国工业建设解决一项过去一直依赖国外进口的重要原料。另外,在平坝和兴义两县,又先后发现了各省稀有的檫树。檫树是一种落叶大乔木,富有弹性,并且不易腐烂和被虫蛀蚀,树干正直,高可达 30 米以上,树身周围可达 5 米,是造船和大型建筑物的难得良材,今后当可大量培植,以供应祖国各方面的需要。

贵州的畜养事业在国民经济中也有很重要的意义。牲畜以猪和牛为主,马的出产在西南各省中很占地位,西部高寒地带的养羊事业也相当普遍。本省很多地方的农民,也把育蚕作为一种副业生产。桑蚕分布在贵阳、安顺、修文等县,规模一般都很小;在遵义、湄潭一带则发展了柞蚕饲养,每年有相当数字的柞蚕丝和府绸出产,是我国长江以南的重要柞蚕区。

本省的农林畜牧业,过去确是非常落后的,这也就是"人无三分银"的重要原因之一。新中国成立后,在党和人民政府的领导下,农林畜牧业已经开始得到了发展。土地改革的完成使多年来身无立锥之地的贫苦农民获得土地,大大地提高了他们的生产情绪,替农业生产创造了决定性的发展条件。政府又拨出款项,在各处兴修规模不等的农田灌溉工程,例如贵筑的乌当和中曹司灌溉区的整修,惠水涟江灌溉区的兴修等等,更替农业增产提供了充分有利的条件。

惠水涟江灌溉工程是新中国成立后本省最大的水利建设。涟江是盘江的支流之一,它发源于贵筑附近,南流经罗甸进入广西。涟江西岸有一块狭长的平原,东西宽一二公里,南北长20多公里,有20000多亩适宜于种植水稻的肥沃土地,只是因为得不到灌溉,使很多土地不能种植,已经耕种的也常常要闹灾荒。1951年起,人民政府领导人民在惠水县一带开始了涟江灌溉工程的兴建,全部工程于1952年胜利完成。工程内容包括引水渠和干渠各1道,分渠2道,支渠14道,涵闸等建筑物233座,根本解决了涟江流域20000多亩土地的灌溉问题,估计每年可增产大米300万斤以上,替这一带人民带来了无穷的幸福。

另外,为了保护耕畜的健康和发展畜牧业,人民政府又在遵义、兴仁和镇远等县成立了兽疫防治站。农林畜牧业的迅速发展替本省带了一幅美好的远景。"人无三分银"的时代,已永远一去不复返了。

八、尚待发展的工业

贵州工业更是落后。抗日战争以前,可说一点新式工业都没有;在抗日战争中,曾经有少数民族工业迁入贵州,本可趁那个机会,配合地下的丰富资源,替本省新式工业打下一个基础。但是国民党反动派不但没有给这些内迁的民族工业以必要的扶助,反而用各种方法,直接间接地加以摧残,使它们凋零衰落,先后走上了绝境。因此,本省工业虽然有过这样一个可以发展的机会,但是直到新中国成立前夕还是少得可怜的。

矿工业是本省比较重要的工业部门,但是不论对哪一种矿产的采掘,绝大部分都是用手工业的方式进行的;不但浪费了很多劳动力,而生产的规模更是不易扩充。

脆弱的新式工业都集中在贵阳市,这里有小型的机器制造厂、锰铁厂、水泥厂、玻璃厂、电气厂、制革厂、火柴厂等。另外,只遵义有面粉厂和火柴厂,思南有小型的火柴厂,其余城市,几乎一点新式工业都没有。

新中国成立后,一方面逐步发展了新式工业;另一方面也把原有的工业加以合理的配置和改造。例如机器制造厂,过去主要只做一些修理工作,现在已改为贵阳矿山机械制造厂,专业制造矿山机械;这对矿藏丰富而迄今还是用手工业开采的贵州矿工业,将会发生很大的改造作用。又如六一五纱厂,所用原棉要远从重庆和广西等地分别运来,运费很大,不合乎工业接近原料产地的社会主义生产配置原则;新中国成立后即把它迁往重庆并入其他纱厂,使贵州能够集中力量,发展一些对本省更相宜的新式工业。

　　由于新式工业的尚未充分发展,手工业在国民经济中,还显得相当重要。它不但供应了多种多样的土特产品,替本省人民解决了很大一部分的日常生活需要,而且很多手工业品更是全国闻名的特产,可以大大地外销。

　　手工业中最普遍和最发达的是土纸制造,大概有将近 50 个县份能够生产各种不同的纸张,例如都匀的白纸,遵义和息烽的竹纸,遵义和盘县的毛边纸等,品质都很不错;就中以遵义为最大的产纸中心。

　　其他如贵阳、安顺的生丝绸缎,遵义的府绸,贵阳、安顺、遵义等地的土布,贵阳、大定的漆器,贞丰的陶器,水城的铁器,兴仁、兴义的红糖,仁怀县的茅台酒等,都有长期的制作经验和广阔的销路。新中国成立后,随着物资交流的发展和广大农民购买力的不断提高,本省手工业已经显出欣欣向荣的景象了。

　　虽然,直到目前为止,本省工业还是全国各省中比较落后的一省。但是本省发展工业的潜在力量无限巨大的,它有着丰富而多样的矿产原料,有着充分供应的动力资源(特别是水力);因此,在共产党和人民政府的领导下,在我们祖国伟大的经济建设中,它的积极发展,是一件完全可以预期的事。到那时候,各种工厂建筑起来了,地下资源大规模地开掘起来了,不但本省本身的工业发展,它更要源源地支持全国范围内的社会主义建设呢。

九、渐趋便利的交通

　　本省的交通是非常落后的。"地无三里平",本来已经给予交通上一个莫大的困难,加上国民党反动派根本不注重贵州的交通建设;因此,直到新中国成立前夕,不但是交通道路的稀少,仅有的几条公路也是残破不堪的。

　　本省现在还没有铁路。在抗日战争期间,国民党反动派曾经铺过一条黔桂铁路;虽然在筑路的过程中浪费了巨额的人民膏血和牺牲了大批的路工,但是工程的草率和路基的恶劣,确是铁路建筑史上所少有的。由于反动统治者的贪污,筑路的经费都落入了私人的荷包,以致铁路从广西柳州北上,只能通到都匀,都匀到贵阳的一小段,就永远铺不起来。而即此已成的一段,也因为建筑时的偷工减料,致行车时事故频繁,不知冤死了多少旅客的生命;到抗战末期,又因为反动军队无力御敌,仅仅是这样一条不中用的路线,也被他们整个毁掉了。

　　不过,政权掌握在人民手里,这种没有铁路的局面,是绝不会持续得很久的。黔桂铁路已经在计划加以恢复,从贵阳向北经过遵义到达四川的川黔路已经修抵贵州边境;另外,从贵阳向东进入湖南的湘黔路,向西进入云南的滇黔路,将来也都会次第兴筑。"地无三里平"的根本改造是完全可以预期的事。

　　目前本省的陆上交通主要依靠公路,贵阳就是公路交通的中心。从贵阳出发,向北经过遵义可到四川,向南经过都匀可入广西,向东经过镇远可达湖南,向西南经过安顺可通云南,向西北经过大定可到毕节;因为毕节是川滇公路线上的一个要站,所以也可由此沟通四川和云南。

新中国成立前,境内总共只有 2,700 公里的公路;不但是路基恶劣行车危险,而且在新中国成立前夕又遭到反动派的惨重破坏。因此,当新中国成立初,本省的公路交通,可说是已经全部瘫痪了。新中国成立后,即对公路开始了大力的修复和新建工作。到 1952 年国庆节,除了将原有被破坏的路线全部恢复以外,又新建了公路 1,600 公里,到目前为止,全省 81 个市、县、区中已有 63 个修通了公路。

湘黔公路图

新建的各公路中,例如思(南)铜(仁)路修通,就把乌江和川黔公路连接起来,使贵州东北部江口一带过去无法运出的大批粮食能够运输出去。三穗到锦屏和仁怀到遵义的公路修通,使黎平、锦屏等粮产区的食粮和仁怀的棉花可以大量地运销到省内其他缺乏棉粮的地方去。大(定)普(定)路和惠(水)罗(甸)路修通,使这一带向来缺乏粮食和日常用品的兄弟民族地区,能够充分地得到外来的物资供应。遵义到黄平的公路修通,使这两地间的运输路程,比过去从贵阳绕一个圈子的走法要缩短 110 公里,大大地节省了运输费用。许多新公路线的修筑,使境内各地区间的物资交流,进入了历史上从来未有过的活跃状况。

在"地无三里平"的贵州高原上建筑道路,本来是一件极度困难的事;但是一切困难,在共产党的领导下,都顺利地解决了,像乌江大桥的完成,是一个很好的例子。乌江渡本来有一座巨型的公路桥梁,是跨越乌江必经的大道。这座桥梁在贵州新中国成立前夕,竟被国民党反动派忍心地用三卡车炸药彻底地毁坏了。新中国成立后,人民政府立刻动手重建乌江大桥,经过中国人民解放军工兵同志在 5 个月短促期间内的艰苦努力,终于修成了一座比原来更坚固、更新型的乌江大桥。全桥计长 110 米,高 30 米,桥面宽 17 米,载重量为 20 吨,巨型卡车可以通行无阻,紧紧地联系了乌江南北的变通运输。

本省的陆上交通除了公路以外,以骡车为主的旧式驿运,在交通还比较落后的情

乌江大桥图

况下,仍有着很重要的意义。因此,在修筑公路的同时也大力地组织和发展了群众的驿运力量,以补助公路交通的不足,供省内的物资交流能够更有效地进行。

就内河航运来说,本省的情况比陆上交通更为困难。虽然境内有很多的河流,但大都是岸高滩多,水流湍急,对于航运的发展是极度不利的。

乌江是本省最重要的河流;由于滩多水急,木船航运只能在思南或合伞洞以下才可勉强地进行,每年又只能行走两次,而且需要一种特殊形式的坚固船只。但是不管你坚固到如何程度,沿途仍有随时发生危险的可能。乌江沿岸的人民说:"生儿不用焦,但教武隆、彭水(均在四川)走一遭。"的确,在过去,乌江木船上的船工,生命真是朝不保夕的。还有一种人为的阻碍,就是在新中国成立前,乌江的航行,被沿江28个封建集团霸占着。他们残酷地剥削和压迫船工,按段索取高额的"买路钱",更替航运带来了重重的困难。新中国成立后,党和政府重视了乌江的航运:一方面彻底摧毁原来的封建集团;另一方面更设法炸平险滩,改善航道,使乌江的航运效率,有了很大的提高。在过去,一只载重17吨的木船,每年只能行走两次,现在,载重量已经增加到24吨,每年行走的次数也增加到10次;而且由于航道的改善,船只失事的情形,也大大地减少了。另外,就整条乌江来说,从前不能行驶机动船只,现在轮船已能从四川省的涪陵上溯,经武隆、彭水到达川、黔交界处的袭滩。在这样不断地努力之下,可以相信,机动船只在贵州境内的乌江上出现,也是不远的事了。

除了乌江以外,川、黔两省之间可以通航的河流,还有赤水河和綦江两条:赤水河从茅台镇起即可通行木船,从赤水县以下还能航行小汽船;綦江从松坎镇以下也能航行木船。

沅江上游在贵州境内的各支流,也都有或长或短的一段可以通行木船,其中以清水江的航行效益较大,木船溯其支流之一的龙头河可达下司场或都匀,溯其另一支流重安江可达重安江或福泉。不过麻江和炉山间有结滩洞之险,船只常要发生事故,还需加以改善。沅江在贵州省境内的另外两条支流是潕水和辰水,木船溯潕水可达镇远,溯辰水可到铜仁。

盘江的航行效益很小,由南盘江上溯,虽可通至云南的盘溪,惟滩险特多,只能作间段的航行;北盘江则要到贞丰以东的白层渡,才能航行木船。柳江上游的都江,从三都以下即可通行木船,是黔、桂两省间很重要的交通路线。

十、转向繁荣的城市

　　由于本省产业上和交通上的长期落后，所以，没有什么特别发达的大都市；但随着新中国成立后经济的逐渐繁荣，城市也就开始发展起来了。前面已经大概叙述了境内比较重要的几条交通路线，我们就依着这些路线把几个比较重要的城市说一说吧。

　　贵阳市是全省最大的城市，它不但是贵州的行政中心，而且是经济中心和交通中心。它的位置恰巧在全省的中央，以这样一个城市来作为全省的省会，自然是非常适宜而且便于经济和交通的发展的。

贵阳南门外风景图

　　贵阳市分新旧两城，市区绝大部分位于乌江支流南明河北岸；新中国成立以后修筑马路，添设公共汽车，市政建设一日千里，市况已经呈现出一片蓬勃的气象了。市区内外不但集中了几乎占本省全部的新式工业，而且还有贵阳师范学院、贵阳医学院、贵州农学院、贵州民族学院等高等学校和为数更多的中学、中等技术学校和小学。此外，如人民体育场和公园等，也已次第建设和不断扩充。就文化发展来说，贵阳在省内也是首屈一指的。

贵阳市今后发展的前途，更是未可限量的。本省已成的公路干线和计划中的各条铁路线，都以这里为中心，加上附近煤、铁、水力和其他矿物资源都很丰富，工业建设是具备了非常优越的条件的。今天，贵阳已经是一个拥有 21 万人口的贵州第一工商业城市了。今后还要更大大地发展呢。

从贵阳循川黔公路北行，在乌江渡以南跨过乌江大桥。乌江渡南岸即是工农红军在二万五千里长征途上，取得飞越乌江天险的伟大胜利之处，是一个有着光荣革命史迹的地方。从乌江渡向北，便是贵州北部的重要门户遵义市。

遵义市位于乌江支流湘江流域，南控乌江，北扼川、黔要道的娄山关，而且西至仁怀、茅台，东到思南和黄平，也都有公路相联系，加上附近农业比较发达，新式工业也已经萌芽；因此，它不但是黔北的交通和经济中心，同时也是贵州境内仅次于贵阳的第二个大城市，人口 11 万。

在中国新民主主义革命历史上，遵义更是有着它不可磨灭的光荣史页的。红军在二万五千里长征时，紧接着乌江战役的胜利以后，曾于 1935 年 1 月在这里举行了中国共产党扩大的中央政治局会议，确立了以毛泽东同志为首的党中央的正确领导。在中国人民革命斗争的过程中，这是多么伟大的一个转折啊。

和贵阳一样，遵义也分新老两城：新城是商业区，市况十分繁闹；老城是文化区，聚集着政府机关、各级学校和图书馆等。遵义会议纪念公园也在老城，公园的南面就是名闻世界的遵义会议所在地，新中国成立后已经加以整修，按照当时的形式布置了这个场所，让后世千千万万人们，都能瞻仰这个千古不朽的伟大会场。

遵义以北的桐梓和以西的仁怀，都是工商业不很发展的小县城。不过桐梓的松坎和仁怀的茅台两个镇集，由于和四川之间的水陆交通都比较便利，市况倒相当热闹。茅台出产的烧酒，香味浓郁，是全国闻名的特产。

从遵义向东循公路经过湄潭、凤冈等地可到思南。思南就水路说是乌江木船航运的起点；就陆路说是遵义和铜仁两大城市的公路交通中点，附近农业和手工业都有相当发达，也是贵州北部一个比较重要的城市。

从贵阳市向东，循湘黔公路经过炉山、黄平等地可到镇远。镇远在沅江上游的潕水两岸，是贵州东部最重要的城市。在昔公路未通时，潕水木船由此直下常德，是本省唯一对外的交通枢纽；后来公路发达，北走四川，南通广西，都比较东路为便捷，市况才落在遵义等城市之后，但仍不失为本省和湖南的贸易要地，商业仍属相当繁盛。

镇远桥图

本省东部的另外一个重要城市是铜仁。铜仁位于辰水上游麻阳江的北岸，不但是辰水木船航运的起点，而且也有公路和遵义、松桃及镇远等处相通，附近又是我国最大的汞矿所在地，因此工商业的发展也是可以预期的。

从贵阳循滇黔公路可到安顺，安顺是贵州西南部的最大城市。就交通上说，这里是滇、黔交通的必经孔道，因此商业颇较繁盛。安顺本身有很丰富的煤矿，西面距离水城铁矿不远，而南面更有着取之不尽、用之不竭的黄果树水力资源。根据这优越的条件，安顺发展成为一个小型的工业城市，是一件完全可能的事。

从贵阳向西沿公路经过黔西、大定等地以后就是毕节，毕节是川滇公路上的一个要站，是贵州西部仅次于安顺的大城市。毕节附近的矿产资源相当丰富，工业发展也很有希望。

除了上面叙述的一些以外，其他如南部的都匀和独山，西南部的兴义，东南部的榕江和西北部的赤水等，也都是贵州省比较重要的城市。

原著(上海)地图出版社1954年版

祖国的河流

一、祖国的河流

　　地球上分布着 4 个大洋,4 个大洋中却有 3 个承受了祖国的河水。从这里可以看出,祖国的河流,有怎样庞大、复杂的一个系统。

　　翻开地图来,从黑龙江到珠江,从乌苏里江到喷赤河,到处密布着纵横交错的、蛛网般的河流。祖国河流所经的地方,有的是森林密布、矿藏丰富的崇山峻岭;有的是牛羊成群、马畜滧山的丰美草原,有的是江深岸高、水力巨大的峡谷,更有的是沃野连绵、农业发达的平原和盆地。祖国的河流,替祖国的原野构成了这样一幅美丽生动的画面!

　　祖国河流的分布,总的说来,可以分成外流和内流两大区域。外流区域面积占全国总面积的 2/3,内流区域面积占全国总面积的 1/3。

　　外流区域的河流,绝大部分都注入太平洋,最主要的有长江、黄河、黑龙江和珠江4 条,这是祖国的四大河流。注入太平洋的河流的流域面积约占外流区域总面积的 9/10,是我国人口最多、产业最发达的地区。另外,西南的雅鲁藏布江和怒江等注入印度洋,西北的额尔齐斯河注入北冰洋,也构成了两个面积不大的外流区域。这两个区域合计只占外流区域总面积的 1/10。

　　内流区域分布在祖国的北部和西部,主要的有塔里木盆地、准噶尔盆地、漠南北、柴达木盆地和羌塘高原 5 区。内流区域中流动着很多没有入海口的内陆河。最大的内陆河是塔里木河,其他还有额济纳河、疏勒河和柴达木河等。

在外流区域的河流中,秦岭和淮河是一条很重要的分界线,在这条分界线南北的河流,有着各不相同的特点。

秦岭和淮河以北的河流,包括淮河在内,它们的共同特点是:

1. 冬季里都有一个或长或短的冰期,因此,这些河流的航运都是有季节性的。

2. 水量的季节变化很大,夏季水量充沛,冬季水量减少。

3. 这些河流大都有很大的输沙量,使下游河道经常淤积。在过去反动统治阶级对水利建设的摧残破坏和因循贻误之下,这些河流就常常要泛滥成灾。

分布在这些地区的河流,最重要的有黄河。在河北省,主要有海河及其支流白河(包括北运河)、永定河、大清河、子牙河和卫河(包括南运河)。较小的还有胶河、小清河、徒骇河和滦河等。在河南、安徽、江苏、山东等省主要有淮河和沂、沭河。在东北,主要有黑龙江及其支流松花江和嫩江,鸭绿江和辽河,较小的还有绥芬河,图们江,大凌河和小凌河等。

在秦岭和淮河以南的河流,它们的共同特点是:

1. 流域中雨量充沛,支流众多,水量丰富。

2. 不但航行里程比北方的河流长,而且经冬不冰,四季通航。

3. 流域中植物繁茂,冲刷减少,所以,输沙量一般都很小。

分布在这些地区的河流,主要的是长江和珠江。另外,在东南沿海,还有钱塘江,甬江,瓯江,闽江,九龙江和韩江等。东南沿海的这些河流,大体说来,也都具有了上述的共同特点。不过这一带是我国著名的丘陵地区,因此,这些河流大都流短水急,所以航程也都不长。

祖国西南横断山脉地区的河流,例如怒江、澜沧江和元江等,它们又有另外的一番面貌。

它们都发源在青康藏大高原上,彼此的上游距离很近,曲折南流才逐渐分散,最后到印度支那半岛(中印半岛)分别注入太平洋和印度洋。各河大都奔流在高山大岭之间,谷狭流急,地理学上称为"峡谷河流"。冬季不冰,水量丰富,航运效益较小,水力藏量却极大。

至于祖国西部和北部的内陆河流,除了极少数以外,大都很细小短促。它们的水源都依靠雪水,因此,只有在高山积雪融化的时期水量才比较丰富,平时往往成为一条涸流。这样的河流,地理学上叫做"季节河"。

祖国的河流是祖国地理面貌的极重要部分,对我们有着非常巨大的意义:源远流长的河道,替我们布置了运输量大而运费低廉的水上航线;湍急的流水,给我们提供了取之不尽用之不竭的便宜动力;丰富的水源,滋润了广大面积的农田;幽深的河水,贡献给我们丰富众多的水产资源。祖国的河流,替我们创造了不可估量的经济价值。

可是,多少年来,在反动统治阶级的摧残和掠夺之下,美丽而悠长的祖国河流系统,已经受尽了破坏和凌辱。多少年来,水利不修,灾难频仍,田地得不到河水灌溉,而泛滥的河水却不知夺去了人民多少生命财产。河岸上建立起帝国主义者的工厂,河道中往来着帝国主义者的军舰和船舶,这里面,又不知掠夺了我们多少财富,吮吸了人民多少膏血!

随着祖国的解放,祖国河流被破坏、被凌辱的时代已经一去不复返了。在人民的力量下,祖国的河流,必将被装饰得丰富美丽,供给我们以无限的利益。因此,怎样认识、利用和改造祖国的河流,便成为摆在我们面前的一个新课题。

伟大的领袖毛主席号召"一定要把淮河修好"! 是祖国河流在历史上的一件极其重要的大事。由于这个伟大的号召,不仅是淮河,所有祖国的河流都将次第得到修治和改造。在中国共产党和人民政府的领导下,在苏联的无私援助下,在我们全体人民的努力下,修治和改造祖国河流的事业,必然会获得辉煌的胜利!

二、长 江

　　长江,这真是祖国的一条了不起的大河。在地球上,虽然还有另外 3 条河流在长度上超过了它,但是要拿流域的开发历史和居住的人口来说,毫无疑问,长江是全世界第一的大江。

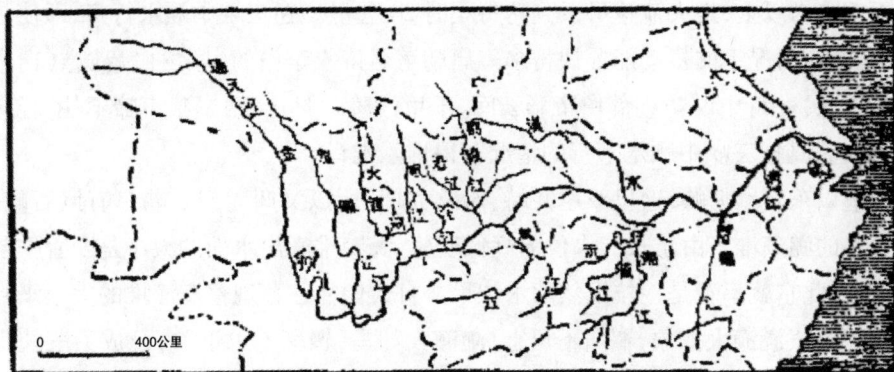

长江流域图

　　长江全长 5590 公里,它的流域面积广达 170 万平方公里。这样一块广大的区域,要是和欧洲的一些国家比一比,就可以抵得上 8 个英国或 65 个比利时! 长江流域居住着 2 亿以上的人口,比美国全国的人口还要多。在中国,无论是农业、工业、交通运输等方面,长江流域都居重要的地位。用动脉管和人的关系来比喻长江和我们祖国的关系,那真是最恰当也没有了。

长江发源于青海省的可可西里山麓,上源水道复杂,支流繁琐,主要的有木鲁乌苏河和楚玛尔河等;这些支流会合以后,叫做通天河;通天河南流进入西康,又称为金沙江。金沙江奔流在西康省的宁静山脉和沙鲁里山脉之间,情况和这一带的另外一些峡谷河流相似。一直要到云南东北部进入四川盆地,水势才比较缓和。

根据地质学家的研究,四川盆地原来是古代一个很大的湖泊,金沙江当时仅仅是流入这个湖泊中的一条河流。后来,湖水从地形较低的巫山溢出去,起初是瀑布,渐渐地又变为急流,最后成为峡谷——三峡。这样,湖底就暴露出来成为一块盆地,而金沙江才和长江中、下游连成一气。

金沙江流入四川盆地,首先就在宜宾和北面流来的岷江会合,从此,长江这个名称才正式开始。

除了岷江以外,在四川盆地中流入长江的,南面有永宁河、赤水河、綦江和乌江,北面有沱江和嘉陵江。岷江、沱江和嘉陵江,每一条河流都有一个属于自己的流域,各个流域中多种多样的物产,构成了四川盆地的无穷财富。成渝铁路的建造,把这些富庶的流域都联系起来了。

长江从四川万县以东,两岸山势逐渐紧逼,到了奉节,就进入了名闻遐迩的三峡。三峡是一段全长 204 公里的峡谷中的许多滩、峡的总称,主要分成瞿塘峡、巫峡和西陵峡三大部分。三峡之中,江面最狭的地方只有 100 米到 150 米,两岸峭壁危岩,常常高出江面 500 米以上,最大流速可以到达每小时 24 公里。在三峡中顺水行舟,即使是木船,也比普通情况下的机动船要快得多。唐朝著名诗人李白的《朝发白帝城》(白帝城在奉节以东)一诗中说:"朝辞白帝彩云间,千里江陵一日还,两岸猿声啼不住,轻舟已过万重山。"真把三峡中顺水下行的情况写得惟妙惟肖。

奉节以东是瞿塘峡,这里双崖并峙,对立如门,所以又叫夔门。峡口有巨石屹立,即是著名的滟滪堆。由于长江水位的高低变化,滟滪堆露出水面的大小是随着季节而不同的,因此它就不啻是一枝天然的水位尺。舟人们往往藉观察滟滪堆的大小来判断行舟的险夷,"滟滪大如象,瞿塘不可上;滟滪大如马,瞿塘不可下"。已成为三峡舟人的一句熟悉谚语。

巫山县以东是巫峡,有巫山十二峰的胜景。十二峰中如翠屏、朝云、登龙、飞凤等,都是各具姿态的瑰丽峰峦;而神女峰则更清奇拔俗,是巫峡中的第一名胜。

巫峡以下的一段漫长峡谷总称为西陵峡。这里面包括兵书宝剑峡、新滩、牛肝马肺峡、黄猫峡和灯影峡等很多险峡,特别是在新滩附近,乱石叉牙,江流汹涌,形势极度险峻,船只常常在这一带发生事故。

湖北宜昌以下,长江进入平原地带。从湖北枝江起到湖南城陵矶的一段又称为荆江,荆江流贯在江汉平原之间,江流盘旋曲折,有九曲回肠之称。由于这里的水道迂曲和流速减小,长江从上游挟带下来的泥沙,就大量地在荆江沉积下来,河床于是日渐淤高。在洪水期间,江水比荆江北岸的平原高出 10 多米,在湖北沙市楼上眺望长江,江上帆船竟如从屋顶飞过一般。

在这样一个险恶万状的地区里,过去仅仅靠着一条单薄的荆江大堤(从湖北江陵县的枣林岗到监利县的麻布拐)抵御滔滔江水。而反动统治者又漠视水利,以致堤防常常溃决,造成了荆江北岸"沙湖沔阳洲,十年九不收"的经常灾难。

新中国成立以后,人民政府决定修建荆江分洪工程,划出太平口以南,虎渡河以东,荆江以西,藕池口以北的 921 平方公里地区,作为长江的分洪区,以便在非常洪水时期分出长江洪水,保证荆江大堤的安全。在毛主席"为广大人民的利益,争取荆江分洪工程的胜利"的伟大号召下,在人民政府的领导和全体工作人员的努力下,这一工程在 1952 年 4 月初开工,已于 1953 年 4 月 25 日胜利完成了第一二两期工程。

工程主要的分堤工和闸工两部分:堤工包括分洪区周围的虎渡河东堤、黄天湖新堤和安乡河北堤 3 处。其中,安乡河北堤竟高达 42 米,包括荆江北岸大堤的加固工程在内,全部堤工共需土方 1200 万立方米。分洪区的闸工是具有高度技术性的伟大工程。全部闸工包括太平口进洪闸、黄山头节制闸和其他 4 处涵洞工程等。太平口进洪闸共有闸门 54 孔,计长 1 公里又 54 米,是目前国内的第一大闸。太平口进洪闸的最大流量为每秒 12800 立方米,黄山头节制闸的最大流量为每秒 3800 立方米,都是我国水利建设上空前伟大的工程。

荆江分洪工程的胜利完成,不但有效地保障了江汉平原上江陵、沔阳等十几个县的 800 万亩良田和 300 万人民的生命财产,而且更替整个长江流域的大规模除患和兴利工程创造了良好的条件。荆江分洪工程,是新中国水利建设上的巨大成就!

荆江两岸,沙市、武汉、长沙之间,在古代是一片巨大的湖泊,叫做云梦泽。后来由于长江和汉水的泥沙冲积,湖泊逐渐地干涸,形成了一块广大的平原。到现在虽然还有很多湖泊遗留在这一带,但面积都已极小了。荆江以南,云梦泽却尚遗存很大的一部分,这就是洞庭湖。

洞庭湖面积约 3750 平方公里,是全国最大的一个淡水湖泊。长江的水经过 4 条水道泄入洞庭湖,而洞庭湖本身又承受了湖南省的所有河流。洞庭湖,对长江的水位有一定的调节作用,是长江的一个天然蓄水库。但是在过去,地主阶级在湖边筑圩排水,以致湖面日益缩小,不但失去了调节长江的作用,而本身也水灾频仍,使沿湖农民蒙受了惨重的损失。新中国成立以后,人民政府开始修治了洞庭湖的水利,1953 年,南洞庭湖的整理工程宣告完成,从此,洞庭湖的情况已趋于好转了。

荆江以下,长江在武汉接纳汉水,东南流经过黄石市。这是新中国成立后新建的工业城市之一,它的附近,有着著名的大冶铁矿,是我国未来的重要的钢铁工业基地。黄石市以东,长江经过武穴之险,到达了江西省的北部。这里,长江在九江以东的湖口,和它的另外一个天然蓄水库鄱阳湖相通。鄱阳湖面积约 2780 平方公里,是全国第二大淡水湖。

鄱阳湖以下,长江折向东北,进入安徽省。在这里,长江两岸也分布着好些湖泊,最主要的是北岸的巢湖。在南岸,青弋江和水阳江两条支流从芜湖附近注入长江。芜湖以东,长江经过东、西梁山,到达马鞍山。马鞍山的小型炼铁厂,在抗日战争以后,已经是一片荒丘蔓草,但是解放不久,到 1953 年,这里的炼铁炉中又吐出铁水来了。到 1954 年第一季度,马鞍山铁厂所生产的生铁,已经为 100 多个炼钢和机械翻砂工厂,制造了大批的钢材、钢锭、钢轨、钢筋等建筑器材,支持工业建设;同时在许多工厂里制造了大批的新式步犁、解放式水车、自来水管等器材和工具,支持农业生产和市政建设。

过了马鞍山,长江流入江苏省,首先在南京和秦淮河会合。南京是长江沿岸的大城市,也是我们祖国的古都之一。就城墙的长度说,南京城周围达 35 公里,居世界的第一位。国民党政府在这里盘踞了 20 多年,使它变成一个畸形发展的消费都市。新中国成立以后,才开始扭转了这个恶劣的倾向。

南京以东,长江在镇江和大运河相交。此后,长江进入沃野千里的长江三角洲,在这一带,除了很少数的几个孤立的小山头以外,大部分地面都不超过海拔 10 米。江南岸更港汊纷歧,河湖密布,大部都和太湖相通。太湖在江、浙二省之间,面积达 2000 余平方公里,是全国第三大淡水湖。太湖流域是全国最富庶和人口密度最大的地方。

长江三角洲是由长江的冲积作用所形成的陆地。根据地质学家的研究,长江从上游挟带下来的泥沙,使长江口的陆地,平均每 40 年向外伸展 1 公里。根据这样的推算,5000 年以前,海岸还在目下的江阴一带;1000 年以前,上海市区的大部分还是一片汪洋呢。太湖原来也和东海相连,太湖以东的那些孤立的小山头,正是古代海洋中的岛屿;现在长江口面积达 800 多平方公里的崇明岛,1000 多年以前也不过是一片刚刚露出水面的小沙洲而已。河流的这种移山倒海的力量,的确也够伟大了。

在长江三角洲的东端,长江和黄浦江相会。这里屹立着全国最大的工商业城市——上海。上海是在帝国主义者的剥削和掠夺下,用祖国劳动人民的血汗所建立起来的都市。新中国成立以前,这是一个浮华、糜烂、污秽的典型殖民地化都市,有吸人膏血的外国银行,官僚资本的垄断企业,投机倒把的交易所,还有那多到数不清的妓院、赌窟和鸦片馆。在旧上海，有官僚、豪门的极度奢侈浪费的生活和工人阶级及城市贫民的穷苦寒酸生活的尖锐对比。新中国成立以后，在党和人民政府的正确领导和大力改造之下，上海已经转变成一个质朴、健康的新型工商业城市，这里拥有一万多家新式工厂和百万以上的工人，全市有 600 多万人口。

上海以北，江面上横亘着全国第三大岛崇明岛，长江在这里分成南、北两条水道入海，结束了它全部悠长伟大的流程。

长江真是一条伟大的河流，就它在我国国民经济上的重要地位来说，更是无与伦比的。

长江流域是肥美富庶的地方。它流过森林茂密、矿藏众多的青康高原；流过"天府之国"的四川盆地，流过"湖广熟天下足"的两湖地区，流过"江淮稻粱肥"的安徽省，也流过富甲海内的长江三角洲。长江流域就农业来说，根据新中国成立初期的材料，它的稻米出产约占全国除了东北和台湾以外的 70%，大麦占 65%，棉花占 45%，小麦占 40%，玉米占 30%，其他如茶叶、蚕丝、桐油、猪鬃、油菜籽、甘藷、苎麻等等，也都居全国第一位。至于安徽、湖北、四川、西康的铁矿，安徽、江西、四川的煤矿，湖南的锑矿和锰矿，江西的钨矿，西康、四川、湖南的金矿，贵州的汞矿，有的闻名全国，有的闻名世界。长江水系又是我国最大的淡水鱼场。长江流域的物产是非常丰富的。

在工业上说，仅仅上海一地，根据新中国成立初期的材料，上海拥有全国除了东北和台湾以外的机器制造工业的一半，80% 的毛纺锭，50% 的纱锭，60% 的缫丝业，70% 的卷烟业，38% 的面粉业，其他如橡胶、搪瓷、印刷、制药、食品等多种工业，也都居全国的首位。虽然由于经济建设在全国各地的飞速发展，使上海在工业比重上的数字逐渐减低，但无论如何，它仍不失为全国最大的综合工业城市。

此外，在长江流域，如重庆、武汉、南京等，都是百万人口以上的大城市。而南通、苏州、无锡、马鞍山、芜湖、南昌、黄石、长沙、湘潭、成都等，也都在工商业中有着重要的地位。

便利的航运交通，又将富庶辽阔的长江流域，紧紧地联结在一起。长江水系是一个庞大复杂的航行网，从江口到宜昌的 1800 公里可以通行大轮，宜昌到宜宾的 800 多公里可以通行浅水轮，另外，还有 3000 公里的支流可以通行汽船，11000 多公里的支流可以通行木船。自然，这个数字是没有把太湖流域的那许多内河计算进去的，要是把浙江的部分一起算入太湖流域的内河，全长竟达 6 万公里，可以环绕地球赤道一圈半！这些水道除了灌溉以外，都能通行船只，真是一个举世罕有的巨大内河航行系统。

潜藏在长江流水里的水力资源，更是一个惊人的巨大力量。在长江今后远大的开发前程中，水力的利用是极端重要的一环。长江水系的水力藏量，估计约有 8270

万瓩。

假使在宜昌附近拦坝蓄水，那末，从宜昌到四川江津，将形成一个面积达 1370 平方公里的人造海。这样，三峡中的险滩全部消失，万吨巨轮可以从上海直驶重庆；水库蓄水，可以灌溉 6000 万亩的农田；长江的洪水灾难，也将永远根绝。除了这三大收获以外，更重要的是可以因此而得到 1000 多万瓩的电力，能够供应以宜昌为圆心的1000 公里圆半径以内的地区。这样，东到上海，西到成都，南到桂林，北到太原，所有的工业，农业和一般家庭的需要，都可以应用这里的廉价水电，这将是多么美丽动人的一幅远景呢。

长江，这祖国的滔滔大河，它已经把无限美好的前途展现在我们的面前。让我们加紧努力于我们的建设事业，让长江供给我们以更巨大利益的日子早日到来吧。

三、长江的支流

岷江和大渡河

在四川盆地中,长江最富庶的支流是岷江。

岷江发源于松潘草地上岷山山脉的羊膊岭。上游河床的坡度极大,水势很急;到了灌县以下,水势才缓和下来。到乐山,它和青衣江及大渡河两条支流会合。从此南流,在宜宾注入长江,全长共864公里。

岷江在灌县以上,由于水势湍急,挟带下来的泥沙很多。灌县以下,地势骤然平坦,这些泥沙便堆积成一块扇形平原,这就是著名的成都平原。

成都平原面积还不到四川全省的1/60,却聚居了全省1/12的人口,每平方公里居民多至600人,几乎可与太湖流域相比。这一带平原沃野,庄稼苗壮。除了稻米以外,还出产小麦、油菜籽、蚕豆、烟草、麻等200多种物产,是四川盆地的富庶中心。

成都平原的富庶,和劳动人民利用岷江的灌溉事业是分不开的。远在2300年前,秦国蜀太守李冰领导这里的劳动人民,选择灌县一带,编砌一分水堤埂,叫做鱼嘴(也叫金堤),把岷江分为内外两江(外江就是岷江正流,内江又叫都江);为了要畅通内江水流灌溉内地的水田,他们又开了一个山嘴叫离堆,建造了渠堰工程260多个,使北起灌县,南达新津,东至金堂,西到崇庆计14个县市的500万亩良田得到灌溉,这就是历史上有名的都江堰工程。

　　2000多年来,成都平原的劳动人民,遵守着李冰手订的"深淘滩,低作堰"的修理原则,每年都进行了都江堰的岁修工作,使都江堰滋润了国内最大的一块灌溉农业区。但是,当都江堰掌握在封建地主和官僚手里时,他们互相争利,不修水利,造成了灌溉区内春耕缺水和夏季洪灾的后果。而农民出力修堰,得到的收获却还不够交租。

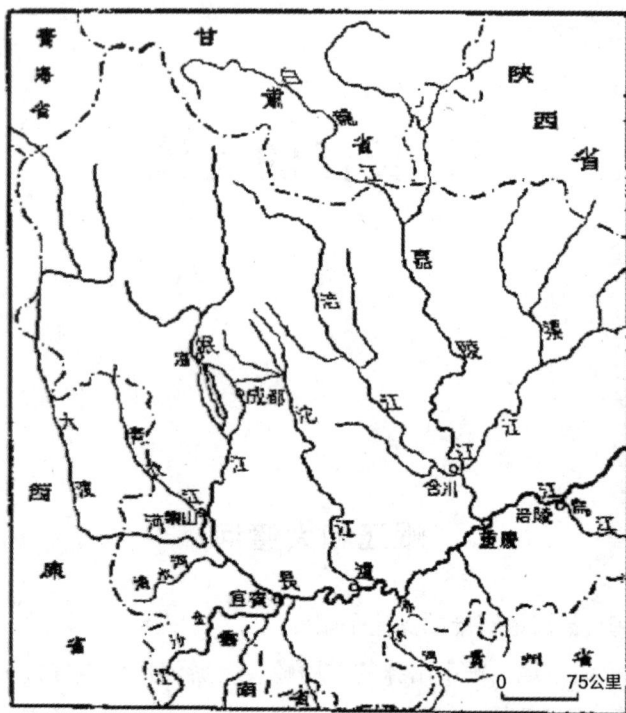

四川盆地的长江支流图

　　新中国成立以后,都江堰回到了人民手里,在人民政府的领导下,经过了4年维修,这一带已经整个的改变了它的面貌。4年之中的淘河工程量,已超过了反动统治时期30年淘河的总和,使年久失修的岷江(外江),从灌县到新津的85公里河道有了一条较有规则的河床,大大地减轻了洪灾;内江流域的重点堰口又设置了新式水闸,充分地控制了水量,扩大了灌溉的面积,替成都平原的农业发展带来了更美好的远景。

　　在岷江水流分成内外江的起点都江鱼嘴之上,有一座伟大的竹索桥,悬跨在320多米的江面上,这就是著名的灌县安澜竹索桥。由于江面辽阔,假使用铁索建桥,则铁索必将被自身的重量压断。因此,劳动人民就聪明地利用了轻巧的竹索。安澜竹索桥,确又是祖国劳动人民在岷江上的另一种伟大而精湛的创造。

　　流过了成都平原,岷江在乐山和支流青衣江及大渡河相会。比较重要的是大渡河,它发源远在青海省西南,全长达1150公里,超过了干流岷江。

大渡河是一条典型的峡谷河流,中游以下,河面一般宽达一公里左右,两岸削壁千仞,水深约三、四丈,奔腾澎湃的水声,在20公里以外就可听到。整条河上只有极少数的几个急流险峻的渡口和一些晃落摇摆的索桥,联系着河两岸的交通。

在工农红军二万五千里长征的伟大行程中,会经胜利地完成了河川战斗,夺取了大渡河在西康境内的重要渡口安顺场。在这里,湍急的流水能够在顷刻之间将24根头号铁丝绞成的铁索冲断,但红军毕竟克服困难,顺利地完成了一个团的渡越任务。

红军在大渡河上更取得了飞夺泸定桥的辉煌胜利。泸定桥在泸定县西门,20条铁索悬挂在大渡河两岸的巉岩上,全桥计长31丈,宽9尺,在桥边俯身下望,红色的流水像瀑布一样从上游倾泻而下,谷狭水深,急流滚滚,流水的声响震耳欲聋,真使人惊心动魄!新中国成立以后,泸定侨已经改建成一座钢骨水泥的现代化桥梁,大大地改善了大渡河上的交通情况。

乐山以下,岷江就开始能航行汽船。到了犍为以南的麻柳场,岷江又和它的另一支流清水河相会。清水河发源于马边以西的小相岭,又叫马边河,也是一条峡谷河流。

根据长江水利委员会上游工程局和西南水力发电勘测处的调查,清水河从黄丹附近起到铜街子附近的大渡河之间,相距不过7公里,但水面相差却有80米。如果用隧洞把这两条河流连结起来,就可以建造一座力量非常巨大的水力发电站。

嘉陵江

嘉陵江全长770多公里,流域面积达23万多平方公里。在四川盆地中,它是流域面积最大的长江支流。

嘉陵江发源于甘肃南部的嶓冢山,上游的另一支叫做白龙江,发源于甘肃省的岷山北麓。从甘肃南流的嘉陵江,在四川经过广元、阆中、南充等大城以后,到达了合川。在那里,嘉陵江和它的两条很重要的支流会合,东面是渠江,西面是涪江。

渠江干流发源在川北米仓山。渠江的上游有很多支流,大部都发源在大巴山麓;涪江发源在松潘草地,上源和岷江非常接近。渠江和涪江,都各自拥有一个较大的流域,这就是嘉陵江流域面积所以特别广大的原因。

合川以下,因为支流的会合,嘉陵江的水势有了显著的增长。但是由于这里已经地处川东的褶曲山地,河道仍然是曲折多滩,而水流也仍是非常湍急的。逼岸的山峰,往往形成风景美丽的峡谷,合川以下,主要的峡谷有温塘、沥鼻和观音3处,是嘉陵江的小三峡。

嘉陵江最后和长江在重庆会合。重庆,是个百万人口以上的大城市。这里有着各种重工业和轻工业工厂,像制造的钢轨,供应范围就很广。成渝铁路的通车和宝成铁路的修筑,将替重庆联系了更大的腹地,使它成为祖国西部最大的一个水陆码头。

在嘉陵江的广大流域里,农林业和畜牧业的资源是极其丰富的:大巴山上有着绵延的森林;渠江流域到处分布着油桐树;有着众多的林业副产,各种药材和著名的四川银耳;田地上种植着产量丰富的米、小麦、甘藷、油菜和棉花;猪的普遍饲养,更使这里一带成为国内最重要的猪鬃出产地。

嘉陵江流域同时也是四川的一个重要煤矿区,重庆以北的江北和北碚一带,有着四川盆地中目前正在开采的最大煤矿。这些煤矿是重庆工业区最近便和重要的动力基地。

嘉陵江的湍急流水,自然也是一个极理想的动力资源。而且在国内的小规模水电事业中,嘉陵江可以称得上是比较发达的。在那里,嘉陵江沿岸的南充,渠江支流通江沿岸的达县,涪江沿岸的遂宁和三台,涪江支流罗江沿岸的中江等地,已经都有了小型水力发电站的建造。这些在新中国成立以前建造的水电站,大部都是设备简陋和规模微小的,除了南充青居场的一处发电能力到达 1500 瓩以外,其余的加起来,还不到1000 瓩的发电能力。这当然和嘉陵江的水力藏量是极不相称的,有待我们今后的不断努力。

嘉陵江的航行效益是比较微小的,小汽船从重庆到合川以后,只能沿涪江才可上溯到射洪县(原为太和镇),其余都仅能通行木船,而且沿途都需绲桅,不但耗费人力,而且也常会发生危险。现在,人民政府已经着手在调查和研究如何改造这条航道。我们相信,这条航道的改造,是一定可以实现的。到那时,嘉陵江将会变得更繁荣富庶。

乌 江

乌江又叫黔江,是长江在贵州省的最大支流。从西部到东北,乌江横过贵州整个省区,全长 920 公里,流域面积要占贵州全省的 2/3。

乌江上源有南北两处:北源叫六冲河,南源叫三岔河,两河都发源于贵州西部的草海附近。两源会合以后称为鸭池河,向东奔流在娄山和苗岭之间,沿途接纳了好些支流,到贵州东北部的梵净山以西,北折流入四川,在涪陵和长江会合。

乌江流域的地形是非常特殊的。在乌江的上源和它的支流中,常常有一些滚滚急流,忽然间峰回路转,消失了河道的形迹;但是在那里的很多山洞和岩窟里,却往往可以看到有一条河流悠悠地流出来。原来那里的河流时常会离开地面躲到地底下去,在地下流了一段路程,然后再回到地面上来。地下的河流叫做伏流,长的伏流可达十几公里。六冲河在毕节附近,就曾经两次成为伏流。

这是由于地面下分布着石灰岩。石灰岩容易被水溶解,因此,在石灰岩的地层里,水就常常会侵蚀进去,造成裂缝和窟窿,或者更造成伏流、天生桥和悠深的岩洞。在乌江支流清水江上游的独木河一带,有一个著名的岩洞,叫做观音洞。观音洞的一端在龙里县境,要是你能带足一个多星期的粮食和灯火,并且有一个可靠的向导的话,你就可以进去。在洞里曲曲折折地摸索了七八天,一旦当你重见天日从洞的另一端出来的时候,你已经在都匀县境了。

贵州在反动统治时代是"人无三分银"的穷苦地方。实际上,乌江流域本来有着丰富的物产,"人无三分银",这完全是反动统治阶级剥削掠夺的结果。在乌江上游,蕴藏着多种丰富的有色金属如铜、铅、锌和铁矾土等,其中铜和铁矾土的贮藏,在国内占重要的地位。在农业方面,农民在乌江两岸的山坡上,开辟了成千成万亩的梯田,这些梯田盛产着稻米和玉米;乌江支流湘江上游的遵义和湄潭附近,是江南顶著名的柞蚕区,乌江下游的川、黔交界处,是我国重要的桐油产地;乌江流入长江的涪陵县,又是著名的"四川榨菜"的老家。

贵州是"地无三里平"的多山地区,因此,乌江两岸山势紧逼,水流是非常湍急的。但是在红军二万五千里长征的行程中,会在这条江急岸高的险流上,冒着敌人的炮火,履险如夷地往来了两次。在乌江支流湘江上游的遵义,当时更举行了中国共产党的中央政治局扩大会议,确立了毛泽东同志在全党的领导地位。乌江两岸,在中国革命史中,是有辉煌的历史的。

在交通运输上,乌江过去是非常落后的。汽船在乌江是见不到的。木船虽然可以通达到思南,但是由于滩多水急,即使是最好的船只,一年也只能航行5次,而且常常会发生危险。

新中国成立以后,人民政府开始逐步改善了乌江的航运交通。不久以前,四川省内河试航轮船,已经突破了重重难关,从四川彭水上溯到川、黔交界处的龚滩。险峻的乌江,从此得到了300公里的汽船航程,活跃了川黔两省的物资交流。

在息烽以北的乌江渡,新中国成立以后,人民解放军即动手修建了一座被国民党匪军炸毁了的桥梁。这座重新修成的近代化桥梁,全长110米,高达30米,桥面宽17米,载重量为20吨,可以通行最大的卡车,密切地联系了乌江两岸的交通。

湘　江

流入洞庭湖的河流,主要的有湘、资、沅、澧4条,这中间最大的是湘江。湘江全长

876 公里,流域面积达 10 万平方公里,要占湖南全省面积的一半。

湘江发源于广西兴安的海阳山,北流到湖南零陵和潇水会合,到常宁以北的松柏镇又接纳舂陵水,水量就逐渐增大了。在衡阳,湘江会合了耒水和蒸水两条支流。从此向北,东面注入了洣水,西面掠过了海拔 1300 米的"南岳衡山",再先后接纳渌水、涟水等支流,到达了湘潭。

湘潭是我们伟大领袖毛主席的故乡,已经成为举世闻名的地方。现在,它又成为湖南省工业建设的重点城市之一,很多种类的工厂已开始在这里建立起来了。江面上更修建了一座全长达 781 米的 11 孔湘江大铁桥,火车已可跨过湘江,直达湘潭市区。

湘潭以下,湘江掠过风景秀丽的岳麓山而到达长沙。长沙不但是湘江流域的第一大城,而且更是我国革命历史上一个光辉灿烂的城市。毛主席青年时代曾在这里求学,后来又在这里做了很多革命工作。湘江两岸真不愧是中国人民革命的发祥地,这不仅因为它是我们伟大领袖的故乡;更因为在中国革命的过程中,它一直是屹立在革命斗争的最前哨的。

从 1927 年的 1 月起,毛主席考察了湘江流域的湘潭、湘乡、衡山、醴陵和长沙等 5个县的农民运动,发表了党在整个第一次国内革命战争时期的是重要著作《湖南农民运动考察报告》;同年,毛主席又亲自策划和领导了伟大的湖南秋收起义,并且解放了湘江支流上的茶陵、酃县和桂东等城市。

湘江流域是一块土地肥美、产业发达的富庶地带。从洞庭湖边起,直到长沙和湘潭一带,是全国最大的产米区之一,长沙就是国内著名的米市。"湖广熟,天下足"。几乎已是无人不知的谚语,这就充分说明了这一带产米的盛况。除米以外,湘潭、湘乡的茶叶,浏阳、醴陵的苎麻,也都是湘江流域的丰富农产。

就矿产来说,湘江流域是极为著名的有色金属产地。湘江支流涟水发源处的锡矿山,有着地球上最丰富的锑矿。舂陵水沿岸的常宁水口山,是全国最大的铅锌产地之一。其他如临武、桂东、茶陵的钨,湘潭、常宁、耒阳的锰,也都是这一带重要的矿藏。除有色金属外,煤矿的分布也很广,有耒河煤田、湘江煤田两区。

在航运交通上,湘江是有特殊重要的地位的。不但是它的汽船航程特别长,从洞庭湖一直可以上溯到衡阳西南的祁阳。木船交通,从岳阳起,向南经过衡阳,西南行到广西的兴安,通过兴安运河进入桂江,把长江和珠江两个流域联系起来。这就是历来相传的"湘桂同源"。

湘江发源于海阳山,桂江发源于越城岭的苗儿山,"同源"是一个以讹传讹的误会。但是两条河流相通却是事实,这个事实是由于古代劳动人民开凿了一条湘桂运河而创造出来的。

湘桂运河古称灵渠,因为河道开凿在兴安和大溶江之间,所以又叫兴安运河。远在 2000 多年以前,当秦始皇进攻百粤(现在的两广地区,古代称为百粤)的时候,为了便利军事运输,曾派史禄凿渠转饷,开通了湘、桂二江之间的低矮分水岭,成就了这样一条全长达 33 公里的运河。

湘桂运河的水量大部分来自湘江,平均宽度为 9 米。在 4 月到 9 月的涨水季中,可以航行载重 7 公吨的木船,在其余枯水季中,可以航行载重 3 公吨的船只。2000 多年来,这一带的劳动人民,一直用着航运能力十分低下的,一种特制的长达 20 米而宽仅 2 米的狭长船只,来沟通长江和珠江两大流域间的物资交流。2000 年前,我们的祖先,已经凿通了两个不同流域的河流了。我们祖国的历史,是多么悠久和辉煌。

湘桂运河是一条古代的运河,而且湘江和桂江的上游河床很陡,水势湍急,因此,就目前的状况来说,湘桂运河的航运能力是较小的。这种情况可以经过运河的渠化工程而加以改善。渠化,即是在运河上分段筑坝筑闸,提高水位,消除滩险,这样就可以大大增加湘桂运河的作用。

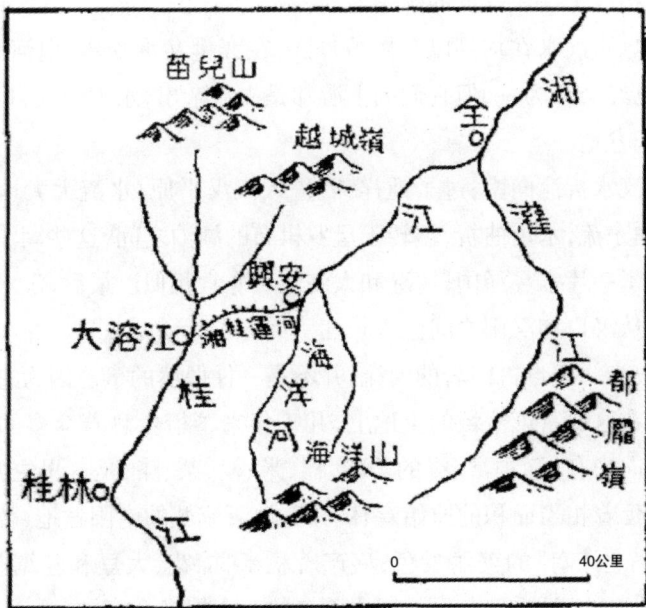

湘桂运河图

湘桂运河航运能力的提高,对长江和珠江流域间的物资交流是有很大的意义的。将来,湖南的米和两湖的棉花、纱布都可经此运销两广;而两广的盐、糖和其他海产,也可经此输入两湖。运输费用较之陆路也将大大减低。另外,运河渠化以后,由于水位提高,就可以便利地灌溉两岸的农田。而在筑坝筑闸的地方,也能利用水位的落差,建筑小型水电站,对发展地方工业和农村电气化,都有很大裨益。

汉 水

汉水应该是一条幸运的河流。虽然它仅仅是长江的支流之一,可是由于它的位置恰在中原,是中国历史上经济和文化最发展的地区之一,因此自古以来,人们称大河必尊江、淮、河、汉,汉水居然和滔滔滚滚的长江和黄河并列,成为一条历史上久享盛名的河流。

在长江的所有支流中,汉水确是源远流长的一条。它全长达 1500 公里,流域遍及陕西、甘肃、四川、河南和湖北 5 省。

汉水发源于陕西省西南部的宁强县附近,上游叫做沔水。沔水流过大城市汉中,到城固以东和另一条发源于秦岭主峰太白山的滑水会合。从此东流,一直到达陕、鄂两省交界处的白河。从发源直到陕、鄂交界,汉水奔流在北面的秦岭和南面的米仓山及大巴山之间,构成了一块富庶的汉中盆地。

进入湖北以后,汉水在均县以东接纳丹江;在襄樊又承受唐、白河诸水。唐、白河在流入汉水时已经会合为一,但它们的上游却是支流杂出,水道纷歧,构成了河南省西南部富庶的南阳盆地。

襄樊以后,汉水折流向南;过了钟祥,就进入江汉平原,水流大大地缓和了。汉水在潜江以北改向东流,水道曲折,辗转于星罗棋布的湖泊之间,这些湖泊大都有水道和汉水相通,构成了一片水乡泽国,情况和太湖流域非常相似。最后,汉水在汉川以东接纳了支流涢水,从汉口和汉阳之间注入长江。

汉水所以成为一条自古闻名的河流,并不是一件偶然的事。因为它拥有着一块广大富庶的流域,在这块富庶流域的土地上,几千年来蕃衍生息着众多的人民。汉水上游的汉中盆地,向来有"渔稻富乡"的美称,棉、米、麦、茶、漆,是这里主要的农产,秦岭巴山之间,又绵延着相当面积的原始森林。唐、白河流域的南阳盆地,替河南省的西南一角,带来了"华北江南"的美丽景色,盛产着稻米、棉花、大豆和丝绸。自然,汉水下游这一块沃野千里的江汉平原,更是国内著名的一个棉米仓库。

在航运交通方面,汉水也是在长江所有支流中首屈一指的。汽船从武汉上溯,一直可以到达光化县的老河口。木船则更能直通上源,到达沔县以西 20 公里的新浦湾。汉水的支流,也大部分发展了木船航运:循唐河可到河南赊旗店,循白河可到南阳,循丹江可到陕西丹凤(龙驹寨)。构成了一个相当广阔的内河交通网。将来根治汉水后,500 吨轮船终年可从汉口通达汉中。

　　汉水和长江会合处的武汉，则更是我国中部水陆交通线上的十字路口。长江上的海洋巨轮和京汉、粤汉两路的火车，把四面八方的物资带到这里，又把堆积在这里的物资送到全国各个角落去。这里集中了电力、造船、水泥、纺织、食品和新中国第一个枕木防腐工厂等各式各样轻重工业。武汉就全国范围来说，也是南北交通的枢纽，工业化的基地。

　　自然，对于这个十字路口的陆上交通来说，汉水和长江的纵横交错，是会造成一些阻碍的。在过去，汉口和汉阳之间的唯一交通工具是汉水上的扁舟横渡，不但是往来的行人和货物拥挤不堪，而且一遇狂风大水，交通就会断绝。汉口和武昌之间的铁路轮渡，不仅对于时间、人力和物力是一个经常的浪费，而且运输的效率也因此而很低。

　　新中国成立以后，党和人民政府立刻计划改造武汉的交通状况。经过长期的准备，横跨汉水的铁桥工程已于 1953 年 11 月底开工了。汉水铁桥的兴建，不但整个改造了汉口和汉阳之间的交通，而且铁桥的本身，又是规模更大的武汉长江大桥工程的组成部分之一。武汉长江大桥建成后，现有的湘桂路、浙赣路和将来要在南方新建的贯穿湖南、贵州、四川与贯穿江西与福建的铁路，都可直接或间接通过这座大桥和北方各铁路干线连结起来，使我们祖国辽阔广大的土地在运输上大大缩短了距离，这就会进一步促进全国范围内的物资交流。同时，武汉长江大桥的修建，也使武汉三镇将连结为一。从这些工程中，我们看到了武汉市的更为远大的前程。

　　汉水是一条很好的河流，但是多年来的反动统治却替它招致了不少的灾难。由于反动统治阶级在汉水沿岸的残暴掠夺和对汉水水利的毫不关心，使上游土壤暴露、冲刷增加，造成中下游愈来愈多的灾难。1935 年的一次大水，曾经淹死沿河 12 万居民。

　　新中国成立以后，经过了长江水利委员会的实地勘测和研究，已经作出根治汉水的计划，第一步工程决定先在钟祥碾盘山和均县三官殿建筑两座大型山谷水库，以拦蓄洪水，另外，还可利用汉水发电，然后再进一步根治汉水。

　　现在，根治汉水的工程已经开始了。几千年来我们中国人民活动中心之一的汉水，在今后的岁月里，伟大的根治工程将替它带来更出类拔萃的面貌。

赣　江

　　江西省在地形上和湖南省非常相似：四境多山，北部有大湖和长江相通，境内有很多河流，这些河流都由大湖辗转流入长江。

　　江西省最大的河流是赣江，赣江的情况说起来又和湘江差不多。这条全长 864 公里的长江支流，流域面积几乎要占江西全省的 2/3。

赣江发源于大庾岭和九连山脉的北麓,上游水道分歧,主要的有两支:一支是章水;另一支是贡水。章水和贡水在赣州会合,从此才叫赣江。

从赣州北流的赣江,在万安附近经过了十八滩之险,到吉安接纳西面的支流禾水。吉安以下,江面开朗,水量增大,这里便成为赣江汽船的航行起点。

从吉安北流,赣江到樟树镇(即清江县)接纳西面流来的袁水,到市汊又和西面的另一支流锦江会合。从此,赣江掠过南昌以北,主流在吴城镇注入鄱阳湖。在吴城镇,赣江又和另一条从江西西北幕阜山脉流来的修水碰头。修水虽然不能算是赣江的支流,但是它们却是在同一个地方注入鄱阳湖的。

赣江流域是一块富庶美丽的地方。江西一直是国内余粮的省份之一,赣江流域即是重要的稻米产区。遍地种植的苎麻,是著名的万载夏布的原料。另外,如茶叶、烟草、药材、木材等,产量也都很可观。

赣江入湖处的鄱阳平原,沃野连绵,水道纵横,农业十分发达;而且港汊纷歧,樯橹相接,交通非常便利。这个可爱的鱼米之乡,是江西全省的富庶中心。

赣江流域同时也是一个地下资源丰富的大矿区。大庾的西华山,有着地球上最大的钨矿。赣江支流袁水上游的萍乡煤矿,不但在中南首屈一指,而且也是全国范围内的重要煤矿之一。另外,如大庾、南康和赣州一带,有着不少的锡产,遂江上游的井冈山,新中国成立后更发现了蕴藏丰富的铁矿。

和湘江流域一样,赣江流域不仅是有着丰富的物产资源;而且在中国人民革命的历史上,这一带更有着灿烂辉煌的光荣事迹。

赣江下游的南昌,是赣江流域的第一个大城市,这便是 1927 年朱德和周恩来等同志领导发动"八一"起义的光荣城市,是中国人民解放军的诞生地。

"八一"起义以后的一个月,萍乡煤矿的矿工在毛泽东同志的号召下,成为了当时工农红军第一军第一师的重要组成力量,英勇地参加了湖南秋收起义。接着,毛泽东同志又领导革命武装,进入了赣江支流禾水和遂江上游的井冈山,在那里建立了革命的最早根据地。

1929 年,毛泽东同志又率领红军,解放了赣江上源之一的贡水流域的瑞金一带,直到 1934 年二万五千里长征开始为止,在 5 年多时间里面,瑞金成为了一个光荣的红色首都。

赣江流域的人民在革命斗争的历程中一直是站在最前哨的,赣江两岸,多少年来洒遍了革命先烈的热血。这就是赣江在祖国河流中特别值得骄傲的地方。

四、淮河和沂河、沭河

长江以北,黄河以南,还有另外一条大河,就是淮河。

说起淮河,大家一定很熟悉,这确也是一条著名的河流。从发源到洪泽湖,全长845公里。流域范围,东北到泰山,西南到霍山(天柱山,在安徽省)和大别山,东到海边,南到长江,面积达28万平方公里。

淮河是一条水量丰富、支流众多的河流,它的干支流,通常可以分成5个水系,那就是:淮河本系,史、灌河系,洪、汝河系,颍河水系,涡河水系。

淮河发源于河南桐柏山,东流经过桐柏县,陆续和南面的支流浉水、竹竿河、潢水、白露河等会合,在安徽和河南交界的三河尖,接纳史、灌河系的流水。史河和灌河都发源于大别山北麓,是淮河在河南南部的最大支流。

洪、汝河系在河南省,是淮河北岸的支流。洪河发源于方城以东,汝河严格地说,应该称为南汝河,发源于泌阳以东,两河在新蔡附近会合,到豫、皖两省之间的洪河口注入淮河。

颍河水系是淮河所有支流中最源远流长的。颍河本身发源于登封以西。它的支流很多,南面有北汝河和沙河,北面有双洎河和贾鲁河。贾鲁河和北汝河都在周口市注入颍河,沙河和另一支流茨河则要到安徽阜阳才和颍河会合。

从阜阳南流的颍河和从三河尖东流的淮河干流,在正阳关交会。还有淮河在安徽南岸的最大支流淠河,也到这里注入淮河。从霍邱到正阳关之间,沿河更分布着大大小小的 8 个湖泊和许多另外支流。"七十二道山河归正阳",这是一点也不夸张的话。淮河从正阳关起,河道开阔,水量也大大增加了。

正阳关以下,淮河在寿县和肥河及瓦埠湖会合;在凤台又接纳西肥河。然后掠过八公山和舜耕山到了怀远,在这里承受它支流中最后一个较大的水系涡河。此后,淮河又在蚌埠以东接纳北肥河、浍河、沱河等,最后注入洪泽湖。

洪泽湖并不直接通海,而是从三河经过高宝湖,然后由所谓"归江十坝"进入长江。这就是淮河的最后归宿。

"走千走万,抵不上淮河两岸",淮河流域本来的确是一块肥美丰硕的好地方。这里是个富庶的大谷仓,淮河上、中游的河南和安徽盛产小麦,苏北的里下河地区更供给了多量的稻米。另外如高粱、玉米、豆、芝麻、花生等,产量也都不少。淮河上游的许昌一带,种植了占全国 1/3 的烤烟,里下河以东又是祖国早就著名的大棉田。还有六安的名茶,大别山的竹木和栓皮,怀远石榴,砀山梨子,淮河银鱼,高宝湖肥鸭,都是尽人皆知的名产。

不过淮河流域是一块好地方,已是很久以前的事了。新中国成立以前的淮河流域,境况早就变得十分凄惨,那是一个大雨大灾,小雨小灾,无雨旱灾的地方。

淮河从一条富庶的河流变成一条多灾多难的河流,这中间是有着一部沉痛的历史的。

淮河本来是有着一条属于它自己的入海水道的,但是在公元 1194 年(南宋光宗绍熙五年,金章宗明昌五年)黄河在阳武(现在河南省的原阳县)决口时,由于当时占据在那里的金的统治者,希望以水代兵,借黄河洪水来杀害南宋的人民,就没有设法抢救。于是黄水就滚滚南下,抢去了淮河的入海水道,这就是淮河走上厄运的开端,这已是 700 多年以前的事了。在这 700 多年中,淮河流域的水旱灾难,总共有 1000 多次,生命财产的损失,真是不可胜算了。

面对着这样一条灾难重重的河流,历代反动统治者却丝毫没有把它修治一番的打算。他们只是纸上谈兵地拟订一些永远不会实行的"计划"和"方案"之类的官样文章,或者是头痛医头、脚痛医脚地做一些表面工作,甚至借"治淮"为名,向人民搜刮一大笔钱财。因此,虽然历代以来,"治淮"的锣鼓不知已经敲了多少场了,但淮河却仍是闹着闹不完的灾难。

国民党反动统治时期为了欺骗和剥削人民,也曾经在 1929 年成立所谓"导淮委员会"。他们拟订了一套自欺欺人的计划。大吹大擂地到处宣扬,乘机增加了许多捐税,发行了大额的公债,敲诈勒索,招摇撞骗,都说是为了"导淮"。

事实立刻戳穿了国民党的鬼把戏,在"导淮委员会"成立两年后,"导淮"的假戏正演得逼真上劲的当儿,淮河却发了一次空前的大水,这就是著名的 1931 年淮河大水灾。

这次水灾,淹田地达 7770 多万亩,占淮河流域全部耕地的 4/10,罹难人民 2000 多万,占全流域人口的 3/10。估计损失竟达银元 5 亿 60 多万之巨,真是一场骇人听闻的浩劫。这就充分说明了,国民党"导淮"到底是怎样一回事。

国民党"导淮"8 年,饿死了淮河流域的千万人民,塞饱了贪官污吏们的腰包。最后,蒋介石匪帮更于 1938 年扒开黄河大堤,让滚滚黄水冲入淮河流域,制造了豫东、皖北和苏北 66 个县份的空前灾难。

在这一段漫长惨痛的日子里,滔滔黄水,从贾鲁河、颍河而并入淮河干流,在颍河和涡河之间的大片地区内泛滥漫溢。整整 8 年多,淮河做了黄河的通道。淮河干支流的所有河道、沟渠和涵闸,全被黄水搞得一塌糊涂。颍河、涡河、西肥河等重要支流的河口都被淤塞了,霍东湖、霍西湖、瓦埠湖等湖泊也被泥沙填得失去了调节水量的作用,洪泽湖湖底被淤高了 1 米以上,再也承受不了上游的大水。淮河流域变成了一个惨痛的人间地狱,这样一直到新中国成立为止。

新中国成立以后,人民政府立刻动手计划对淮河的修治工作。但是由于多少年来反动统治者的因循延误,由于国民党匪帮的严重破坏,遗祸所及,以致 1950 年仍免不了发了一次大水。不过在共产党和人民政府的紧急动员、大力抢救和全国人民的热情援助之下,终于减少了损失,渡过了这样一次严重的灾难。

大水过去以后,接着,毛主席发出了"一定要把淮河修好"的号召,政务院就根据毛主席的指示,作出了蓄泄兼筹的修治方针。按照这个方针,修治淮河,必须做到上、中、下游的统筹兼顾;并且以防洪为主,首先做到根除水患,同时结合溉灌、航运、发电的需要,逐渐达到多目标的流域开发。整个计划,要在 5 年以内,永远根除淮河的水患,而且进一步利用淮河,替人民创造无穷的幸福。

根据蓄泄兼筹的治淮方针,在淮河上游,主要的是建筑一系列的山谷水库,以便在洪水时期拦蓄洪水,减少中、下游的水灾威胁。而且,拦蓄的洪水又可以利用来溉灌和发电。在淮河干支流上游已经勘定较大的山谷水库地址一共有 13 处,全部约能拦蓄洪水 60 亿立方米。

到 1954 年 5 月为止,已经完成的山谷水库,计有石漫滩、板桥、白沙、薄山 4 处,工程正在进行中的有佛子岭、南湾、大坡岭、梅山、龙山等 5 处。这中间,淠河上游的佛子岭水库最大。它的连拱坝高达 74.4 米,相当于上海 24 层楼的国际饭店,真像是一堵钢骨水泥的人造丘陵。佛子岭水库目前已起了拦洪作用。如果淠河发生非常洪水,在连拱坝闸门的控制之下,可使淠河的最大流量由 3300 米³/秒降低到 580 米³/秒,同时

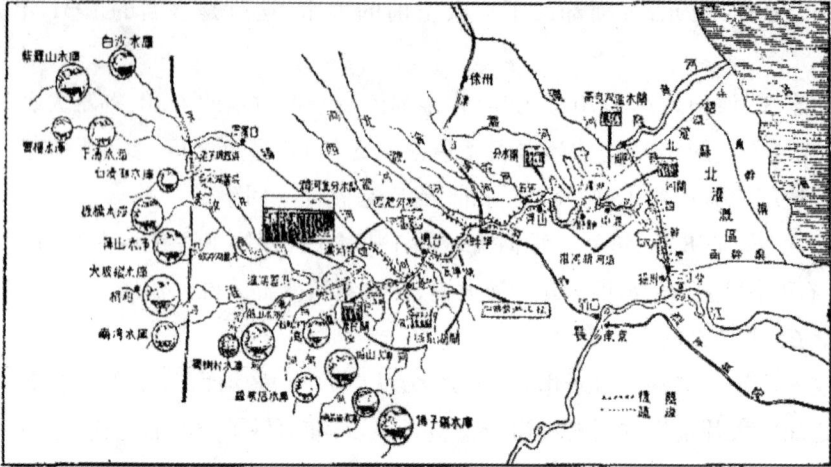

治淮主要工程示意图

连拱坝拦蓄 5 亿立方米的洪水,可供给 70 万亩农田溉灌,并可发电 9500 瓩。

除了山谷水库以外,在上游另外还需要做好水土保持的工作,主要如封山育林,改坡田为梯田及建造谷坊等等。这些都是针对着积蓄水量、减少冲刷这一任务的设施,也都是群众性的、长期的和细致的水利工作。

在淮河中游的修治工程里,主要的仍然是蓄洪。不过这里已经没有山谷地形,不能再建造山谷水库。因此,中游的蓄洪工程就必须利用湖泊和洼地。霍邱县西北的润河集分水闸,即是利用霍西湖和其他一系列湖泊的蓄洪工程。这个包括两座近代化涵闸的巨型建筑,在第一年度的治淮工程中即已完成,是整个淮河工程中的巨大建筑之一。

淮河下游的修治工程,主要的分成 3 个部分。第一部分是整理洪泽湖和附近的一些支流,一方面疏浚濉、潼、浍等支流,开凿引河,让它们都单独流到洪泽湖去以达到内外水分流的目的;另一方面在洪泽湖南的三河建造三河闸,以便有效地控制湖水,使它不再无节制地漫流。下游工程的第二部分是开凿一条沟通洪泽湖和苏北海岸的苏北灌溉总渠。灌溉总渠在平时可以和苏北其他许多渠道联系起来,成为一个庞大复杂的灌溉系统,在淮河非常洪水时期,又可以排泄入江水道所容纳不了的水量。下游工程的第三部分是整理淮河的入江水道,把从洪泽湖经三河、高宝湖以至长江的河道加以疏浚和整理,使能经常保持通畅和顺利。到目前为止,淮河的下游工程中,除了整理入江水道的部分还没有大规模开始以外,其余的已经大部分完成了。

总结 3 年治淮工程的成就,已经造好 4 座山谷水库,16 处湖泊洼地蓄洪工程,104 座涵闸,6 座船闸,疏浚河道 3735 公里,修复堤防 1562 公里,一共做了 6 亿多立方米的土方工程。这些土方如果拿来砌成高和宽各 1 米的土墙,这座土墙就可以在地球赤道上环绕 15 圈!

随着淮河的逐步根治,淮河流域展现了一片新的气象。早在第一年度工程完成以后,淮河两岸的部分地区就开始获得了数十年来所没有的丰收。随着修治工程的进展,丰收的地区也迅速地扩大了。例如 1954 年 5 月中旬,河南省新蔡县一次降雨 160 毫米,横川县一次降雨 90 毫米,淮滨县一次降雨 116 毫米。由于治淮工程中洪河、汝河进行了疏浚整理,石漫滩、板桥、薄山等水库控制了洪水,这几次暴雨期中,没有漫堤,也没有决堤,保证了洪河,汝河两岸小麦的丰收。700 多年来灾难频仍、贫穷困苦的淮河流域,现在开始富庶起来了;淮河两岸的人民,挨过了多少年愁眉苦脸的岁月,现在已经笑逐颜开了。他们由衷地感激毛主席,感激共产党。

淮河除了它的支流以外,在它水系范围以内的其他河流还有很多。在安徽有濉河、安河,在苏北有运河、串场河、六塘河,在鲁南苏北之间有汶河、泗河、沂河和沭河。这中间,运河和串场河大部分是人工开凿的,在天然河流中,最重要的是沂河和沭河。

沂、沭二河的上源都在山东省的沂蒙山地,沂河发源于沂山、鲁山之间,沭河发源于沂山东麓。在上游,这两条河流几乎是平行的,到下游,它们又都没有固定的、属于自己的入海水道,而是要依靠别的河流来排泄它们的水量。

沂河全长 595 公里,流域面积 1.7 万多平方公里。它的流程是从山东进入江苏,在邳县附近分成两支:干流由周家口经骆马湖,再向东南流到大石渡,分为南、北六塘河,穿盐河,借道灌河从燕尾港入海;另一支在邳县以南,分由二道口、沙家口和瞿塘口流入运河。另外,沂河干流也还有一支从周家口分流,经窑湾竹络坝注入运河。

沭河全长 440 公里,流域面积 1.1 万多平方公里。它的流程是从山东的红花埠进入江苏,到沭阳附近分成两支:干流经青伊湖,从蔷薇河由临洪口入海;支流分为前沭河和后沭河,后沭河也注入青伊湖,前沭河分为官田河和柴米河,官田河经港河入蔷薇河和沭河干流相会,柴米河则注入北六塘河。

沂河和沭河都是"暴源性"的河流。在两河发源的沂蒙山地,地势非常倾斜,水流极为湍急。但是一到下游,进入苏北平原,水流顿时缓慢,于是,从上游挟带下来的大量泥沙,就逐渐沉积河底。在反动统治者长期来的因循贻误之下,终于造成了下游河床日益狭窄的现象。

沂河上游,在非常洪水时期,最高流量可达每秒 6500 立方米,但下游的南、北六塘河,每秒却只能排泄 1000 立方米的水量入海。沭河的情况也是一样,上游在非常洪水时期,最高流量达每秒 2500 立方米,但下游的主要入海道蔷薇河,每秒却只能排泄 200 立方米的水量。因此,在沂、沭河上游即使不很大的洪水,也足以造成下游的严重

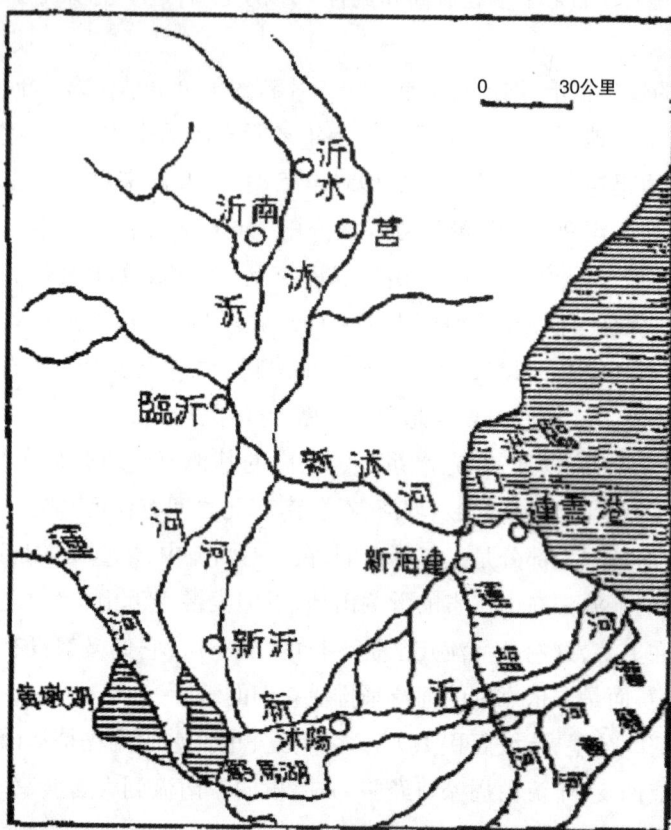

沂河和沭河图

灾难。鲁南、苏北沿河的 1800 万亩耕地上的 500 多万居民,多少年来,都在灾难连绵的日子里,痛苦地生活着。

　　为了解除这一带人民的苦难,早于 1949 年春季,当鲁南苏北刚刚解放的时候,党就在人力物力万分困难的情况下,毅然地领导这里的人民,进行了导沭整沂工程。

　　导治沭河的工程,主要的是替它找出一条新河道。这条新河道从山东临沭以南的大官庄和神木庄之间,向东劈开一座高达数十米岩石坚厚的马陵山,沟通这里原有的一条叫做沙河的河道,直接从临洪口入海。这样,沭河就永远和沂河分了家,不必再打骆马湖绕一个大圈子而借道排水量微小的蔷薇河了。新沭河比老沭河缩短了 130 多公里的流程,排水量却比旧河道大大增加,3/4 的洪水可以通畅地入海,其余的水量还可以灌溉两岸的农田。

　　导治沂河的工程,主要是使它和运河分家,并且抛弃原来借用南、北六塘河的入海水道。这样,和沭河一样,也必须替它准备一条新河道,这就是现在地图上的新沂河。

新沂河从骆马湖向东,劈开高耸的嶂山,经沭阳以北、灌云以南入海,全长达 190 公里。

导沭整沂的工程经过了 3 年多的艰苦奋斗,终于在 1952 年 6 月胜利完成。全部计做了土方 1.2 亿米^3,石方 300 万米^3,建造了现代化的闸坝、涵洞等永久性建筑物 80 多座,参加工程的人员,前后共达 200 万人。

这一工程完成以后,由于河道系统的改善,沭河洪水在临沭大官庄达到 4500 米^3/秒,沂河洪水在临沂李家庄达到 6000 米^3/秒时,沂、沭两河下游可以确保安全。多灾多难的鲁南、苏北地带,已可以保证得到年年的丰收,每年约能增产粮食达 10 亿市斤以上。

导沭整沂的工程,整个改变了沂河和沭河的面貌,是新中国人民和自然斗争的又一伟大胜利!

五、黄　河

黄河是祖国的第二大河,也是全世界最著名的河流之一。

黄河全长 4600 多公里,在地球上,整个欧洲和澳洲,都没有这样悠长的河流。黄河流域的面积达 77 万平方公里,比 3 个英国还大。

黄河发源于青海省,它的源头,直到最近才详细调查清楚。

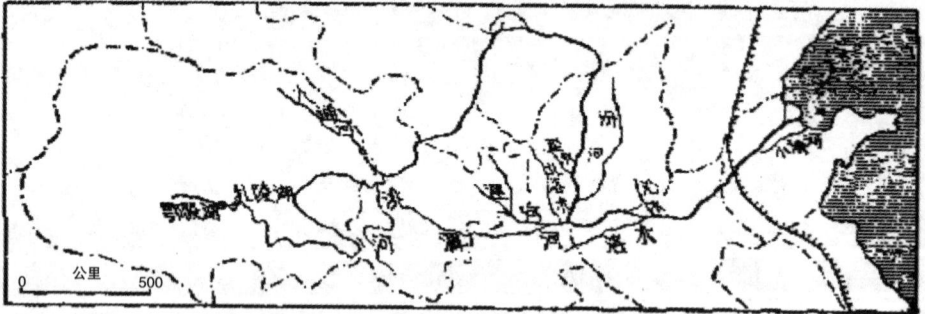

黄河流域图

对于黄河的发源,一直充满了许多离奇莫测的附会,这中间最普通的是“黄河重源”的传说。

在后魏时代的我国地理著作《水经注》上,对黄河的发源情况,有着如下的叙述:

天下的中央,有一座高达 11000 里、名叫昆仑墟的大山,黄河就发源在昆仑墟的东北角。从那里发源的黄河,在地底下奔流了13000里,然后才从积石山流出地面来。

像这样黄河既发源于昆仑墟,又出现于积石山,所以就称为"黄河重源"。

非常明显,这样的说法是荒诞不经的。但是在旧中国,那个黑白不分、是非不辨的时代里,反科学的观点,是很会流行一时的。像"黄河重源"这样荒唐无稽的传说在后魏时代,是难免的,但这种错误的传说甚至直到新中国成立前夕,居然还有好些人相信。

在国民党统治的年代里,所有地图和地理教科书上都这样说:"黄河发源于青海省巴颜喀喇山北麓噶达素齐老峰下的星宿海。"似乎已是一个有凭有据的说法,但是到今天,我们才知道这原来也是以讹传讹的误会。

根据最近的实地勘查,过去地图上的黄河上源,有很多错误的地方:札陵湖和鄂陵湖颠倒了位置,黄河的源头并不在星宿海,而且星宿海的位置也不对,至于这座传闻已久,中国人叫它"噶达素齐老峰",外国人叫它"北极星峰"的源头,原来是个子虚乌有的地方。

在愚昧和落后统治的时代里,在科学没有为人民掌握的旧中国,地理学中闹出这样的笑话,这并不是偶然的事。

新中国成立以后,在1952年秋季,黄河水利委员会的黄河河源查勘队,曾经深入河源,作了4个多月的查勘,终于清楚了黄河源头的来踪去迹,结束了数千年来关于黄河发源的许多传奇式的故事。

根据实地勘查的结果,我们已经清楚,黄河发源于青海省雅合拉达合泽山以东的约古宗列渠。

从约古宗列渠东流的黄河,经过鄂陵、札陵二湖,在积石山和西顷山之间,到青海省东南绕一个"S"形的大圈子。这一段黄河水势湍急,河谷狭窄,沿途只有一些细小短促的支流。

青海贵德以下,河身才逐渐开朗起来。从此到兰州,黄河有4条较大的支流,那就是大夏河、洮河、湟水和大通河。在兰州,河道穿过黄河三大铁桥之一的中山桥和兰新铁路上新建的黄河便侨,东行在桑园峡以南折向北流。

黄河北流的这一段,两岸的谷地显得比以前远为宽广,早从汉代开始,劳动人民陆续在这里开凿了很多沟渠。南起中南,北到惠农,构成了一个渠道纵横的灌溉区。比较重要的沟渠有美利、七星、汉延、唐徕、惠农、大清、昌润、秦渠、汉渠,天水渠等10条,称为十大渠。十大渠替这里带来了"塞外江南"的美好风光。这是我们劳动人民历代血汗的结晶。

黄河在磴口以北,又向东折入内蒙古。在那里,黄河流过富庶的后套平原和前套平原。特别是后套平原,这又是一个肥美丰硕的灌溉农业区。历代劳动人民,在黄河和乌加河之间，开凿了纵横密布的沟渠，自黄杨闸建立后，这里已能灌溉280万亩农田。"黄河百害，唯富一套"。这是过去常常被作为说明黄河富庶的话。虽然，由于历代反动统治阶级漠视黄河水利的结果，制造了黄河的"百害"。但是因为劳动人民在河套地带世世代代的辛勤努力，居然也替这条多灾多难的河流，创造了这样一段值得歌颂的地带。

黄河流过前套平原，在托克托县以南的河口镇折向南流，成为山西和陕西两省的界河。这是黄河支流最多的一段。在山西，顶著名的是汾河，在陕西，则有无定河、延水、北洛水和泾、渭河等。延水流域是我国在抗日战争时期的革命老根据地。延水南岸的延安，是一个举世闻名的民主圣地，毛主席就在那里领导全国人民，完成了八年抗战的大业。人民解放战争的前期，这里一带还是全国革命的领导中心，是一块留着光辉史迹的地方。

晋、陕之间的黄河，同时也是水流非常湍急的一段。高山夹峙，一水奔流，形成了许多暗礁、险滩和瀑布。特别是从壶口到禹门口的一段，两岸峭壁高达三四百米，黄河在这里成为宽30米—50米、高5米—20米的瀑布，这就是著名的壶口瀑布。

晋、陕以下，黄河在风陵渡折流向东，成为晋、豫两省的界河。在陕县以东的兴会镇以下，黄河又经过著名的"三门砥柱"。河心中两个石岛把水道分成三股——人门、神门和鬼门，形势万分险恶，这就是所谓三门峡。三门峡以下，河中礁石起伏，不计其数，其中有一石最雄伟，高出水面约七八米，水激石上，奔腾澎湃，这就是砥柱山了。

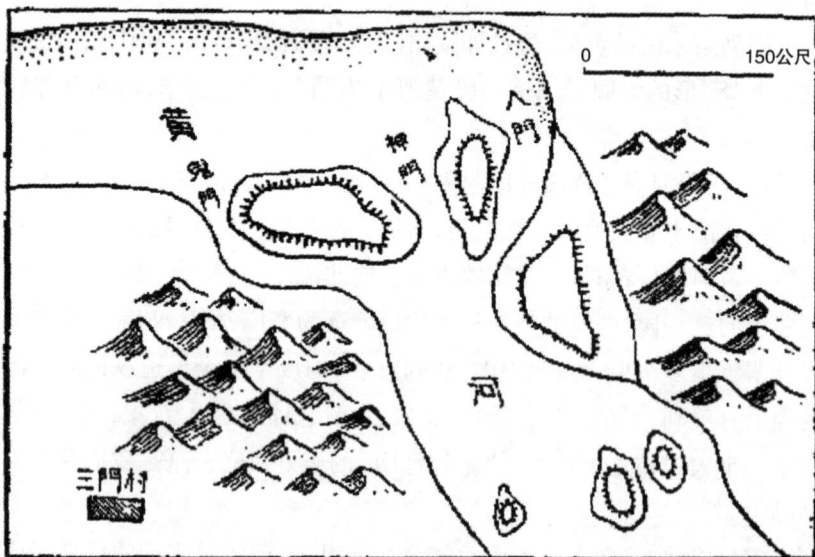

三门峡区域图

　　"三门砥柱"以下,黄河到了河南孟津。从这里起,黄河结束了它的山地流程,进入一望无际的华北大平原。在巩县,南面有洛水来会;到武陟,北面又接纳了沁水。从此以后一直到入海,黄河就没有什么支流了。

　　黄河在郑州以北穿过京汉铁路大桥。这是跨黄河最长的铁桥。经过开封以后,黄河在铜瓦厢折向东北,流入山东。在陶城铺,黄河和运河相交;到济南以北的泺口镇,又穿过津浦铁路大桥。此后,黄河在利津以东分数股入海,结束了它的全部流程。

　　黄河是祖国北部的最大河流,黄河流域也是一块广大辽阔的地方。就国民经济上的价值来说,它虽然抵不上长江,但是无论如何,它在祖国领土上是有着重要的地位的。

　　黄河流域特别是下游的华北大平原,是祖国一个重要的大农场。包括河北省在内,这里的小麦、小米、棉花的产量很大,另外如玉米、花生、烤烟、芝麻等的出产,也很丰富;还有高粱和大豆仅次于东北,甘薯仅次于四川;山东半岛是我国最著名的温带果园;山东半岛和伏牛山地则又是国内仅次于辽东半岛的柞蚕丝产地。

　　就矿藏资源来说,黄河流域是超过了长江流域的。煤的贮藏在整个流域都有,山西和陕西,更有着全国最丰富的煤矿。山东和山西,都有铁的贮藏和出产,而内蒙古包头附近,新中国成立后更发现了含铁量极高的巨大铁矿。陕西的延水流域,是全国最大的石油藏区之一,兰州附近和山西一带,新中国成立后又都勘测到贮量极丰富的铜矿。另外如山西的石膏,山东和内蒙古的石棉和石墨,黄河上游和山东的金,山东的海盐和晋、陕、甘、青各省的岩盐,内蒙古和甘肃的自然碱等等,也都是取之不尽用之不竭的宝藏。

　　在航运方面,就目前的情况来说,效率还很低。从兰州开始,这一带的人民用去毛的羊皮或牛皮胎,吹进气去以后,绑在长方形的木架上,作成皮筏。皮筏的载重量从5公吨超到30公吨为止,可以从兰州直放包头。河套一段,是黄河航行最便利的地带,这里可以航行较大的木船,新中国成立以后,在这一段上进行长途航运的船只,比新中国成立前增加了3倍。黄河下游虽然难以航行,但人民利用了在它南岸和它平行的小清河,因此,从济南以下,就经常可以通行汽船。

　　黄河的水力贮藏也是十分巨大的,估计约有1860万瓩,要是和欧洲水力利用非常著名的意大利相比,黄河的水力就要超过意大利全国的3倍半。

　　仅仅从内蒙古清水河以下到河南孟津以上的这一段中,可以利用发电数10万瓩的坝址就不下十多处。其中如壶口、三门峡和山西垣曲以东的八里胡同等处,都可发电100万瓩以上。例如在壶口以南的龙门附近拦坝蓄水,则除了因此获得的100多万瓩的电力,可以供应东到山东,西到甘肃,南到川、鄂,北到内蒙古的广大地区应用以外,还可以消灭洪水,灌溉农田,并且使千吨大轮通行无阻。这是多么美好的一幅远景。

黄河虽然在我国国民经济中有着重要的地位,并且也有着更为美好的开发前程,但是在中国历史上,黄河却同时也是一条多灾多难的河流。

翻开黄河的历史来,4000 多年之中,有记载的决口已有 1591 次。黄河流域的人民,在世代不断的灾难中,付出了极惨重的代价。曾经有人作过估计,黄河每次决口所引起的损失,平均以银元 2500 万元计算,就可折合小米 5 亿斤左右。4000 多年来,黄河流域的人民已经损失了小米 8000 亿斤。平均每年要在黄河水灾上花掉小米 2 亿斤的代价!

黄河的惯于决口和它的惯于淤塞是分不开的。

黄河流域有世界最大的黄土区域。黄土很深厚,而且很松,最容易被冲刷。因此,大量的泥沙就不断地被挟带下来,水流变得非常混浊。它的以“黄”为名,也正是这个原因。虽然古人所说的“水一石,泥六斗”是过于夸张的话,但是根据陕州水文站所得的资料,黄河的输沙量的确是很惊人的。在洪水时期,黄河的最大输沙量可达总水量(重量)的 40% 以上。一年里面,黄河所带走的泥沙,大概有 12 亿立方米,如果堆成阔、高各一米的土坝,竟可环绕地球赤道 30 周。

黄河从上、中游挟带下来的大批泥沙,到了下游,由于水流的缓和,就大量地沉积下来,这样便造成了下游河床日益增高的现象。历代反动统治者,面对着这样的情况,除了消极地筑堤束水以外,就再也没有别的办法。于是,堤防逐渐筑高,河床也跟着增高,到后来,河面就终于超过了两岸地面。例如在山东濮县,涨水面超过地面 7 米;在河南封邱,涨水面竟超过地面 13 米。当地人民把黄河称为“悬河”,真是一点不错。这样的河流,要是堤防一塌,那真是“黄河之水天上来”,一泻千里,不可收拾了。而且决口以后,水流就无法再回到高耸如丘陵般的旧河床里去。因此,黄河每决口一次,往往跟着要改道一次。4000 年来,下游河道就老是在天津到苏北之间这段海岸上南北摆动,其中最主要的大改道,已经有了 8 次。

对于黄河这样重重的灾难,历代反动统治者不但没有设法防治,而且相反地,反动统治阶级的本身,正是黄河灾难的主要制造者。他们砍尽了黄河流域的森林,增加了土壤的侵蚀,他们贻误了黄河的堤工,招致了黄河更多的决口,甚至更丧心病狂地扒掘河堤,以水代兵,以达到他们残杀人民的目的。这中间,战犯蒋介石即是最罪大恶极的一个。

抗日战争时期,蒋介石匪帮曾于 1938 年扒开黄河花园口大堤,让滚滚黄水冲入南岸,使 1250 万人遭灾,淹死者竟达 32 万人以上,制造了一块面积达 54000 平方公里的惨重灾区。抗战胜利以后,蒋匪又在美帝国主义的帮助之下,进行所谓花园口合龙的工程,企图用黄河洪水淹没当时河北和山东一带的解放区。要不是共产党的组织抢救,那一带人民又将遭受一次空前的灾难。

新中国成立以后,这条千疮百孔、灾难频仍的黄河,开始进入了它的新世纪。防灾和兴利的各种水利工程,已在它两岸雨后春笋般地建设起来了。这中间主要的有人民胜利渠(在卫河一节中介绍)、石头庄溢洪堰、山东下游减凌分水工程、山西潇河大坝(在汾河一节中介绍)、后套平原黄杨闸和甘肃东北部河东区新式水利工程等等。

石头庄溢洪堰修建在河南省黄河北岸长垣县的石头庄。在那里,黄河除了河岸上的大堤以外,大堤以北,在河南濮阳到山东寿张陶城铺之间,还有一条完整的堤防,叫做金堤。黄河大堤和金堤之间的地区,长约160公里,作为滞留黄河洪水的滞洪区。

当黄河水位高涨,行将危及这一带大堤的时候,就可打开溢洪堰,分出洪水 5000 米^3—6000 米^3/秒,让它流入滞洪区。在滞洪区流动的洪水虽然到陶城铺后仍回入黄河,但是时间上比在河道中流动要迟缓了五六天。黄河每次涨水时所出现的最高水位,大概只能持续 3 天左右,这样,滞洪区就有效地保障了黄河大堤在洪水时期的安全。至于滞洪区以内的村镇、人民在放洪时期安全问题,则由于护庄堤和救生台的普遍设置,也有着充分的保障。除了正当主流的一些村镇需要临时移动外,其余都不必迁移。而且放洪时洪水带来的大批淤泥,无异替滞洪区土地施一次深厚的肥料。

黄杨闸建筑在内蒙古河套行政区杭锦后旗黄河西岸的黄杨木头附近。是一个包括进水闸、泄水闸、船闸和许多沟渠的复杂巨大的水利工程。这一工程的完成,使后套平原的那些紊乱散漫的沟渠,可以节制和调剂水量,做到防洪减旱,完全控制了乌拉河、杨家河和黄济渠三大干渠的流量,使 280 万亩耕地得到适当的灌溉,使后套平原成为除了四川都江堰以外的最大灌溉农业区。

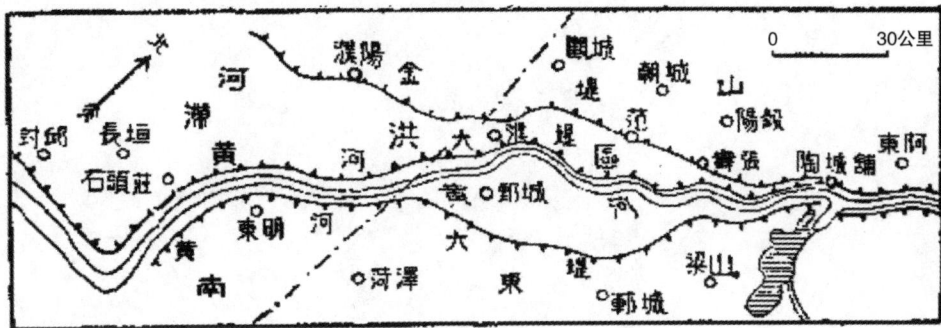

黄河溢洪堰图

此外,甘肃省东北部黄河东岸新式水利工程的修建,使金积、灵武、吴忠等地的20多万亩荒滩,水湖变成良田,并替当地15万回、汉人民除掉了历年所遭受的山水、湖水和碱地三大灾害。估计每年可增产粮食4600万斤。山东利津下游的减凌分水工程的完成,除了有效地防止了多年来不可克服的因冰凌壅塞而造成的凌汛以外,更可利用灌田40万亩,发展了农业生产。同时也解决了垦利、广北一带缺水地区的吃水问题。这个工程包括溢水堰和分水区两大部分。分水区计完成修筑左右两岸新堤长40多公里,挑挖自利津小街子至东张庄17公里长的新河一道,旧堤加高、帮宽,及分水区村乡护庄围埝等土方工程。又完成200米长,52米宽,12米高的溢水堰。堰身中间留有38米宽的缺口,设九个闸墩,两座闸台,闸分10个孔,以利用黄水灌溉田地。

今天,随着全国大规模经济建设的开始,伟大的根治黄河的准备工作,已在积极地进行之中了。黄河已经开始新生,我们已经结束了它4000多年来的灾难。滔滔滚滚的黄水,今后不但不能直冲上岸来造成灾害,而且相反地,它将要给我们以无穷的好处。20世纪的50年代,是黄河在中国历史上决口和改道的终点,是黄河付给中国人民以巨大利益的开端。

六、黄河的支流

汾 河

汾河全长 650 公里,流域面积达 4 万多平方公里,在黄河的所有支流中,它只次于渭河。在山西,它是除了黄河以外的最大河流。

汾河发源于宁武县西南的管涔山,和桑乾河的上源只隔了一段不高的冈阜。汾河上游奔流在吕梁山脉和云中山脉之间,地势高峻,南流到太原进入太原盆地,地形就豁然开朗。太原盆地北起太原,南到介休,东至榆次,西达汾阳。汾河在这里先后接纳支流潇河和文峪河,沃野连绵,沟渠纵横,是山西全省的精华所在。

介休以下,汾河又流入霍山和吕梁山之间的峡谷里,一直要到赵城以下,才再度流入平原,这就是以临汾为中心的临汾盆地,是山西省另一个棉粮遍野的丰富农业区。

过新绛后,汾河西折在河津西南注入黄河。从新绛到河口,经年都可通行木船;涨水季节,更可以上溯到临汾。

汾河流域是山西省最富庶的地方。汾河流水滋润了沿岸大片的土地,使这里成为一个丰富的棉粮仓库。

水利事业的兴修,使汾河流域的农业得到了更顺利发展的条件。潇河大坝即是新中国成立后汾河水利工程中最重要的一项。

潇河发源于平定西南的陡泉岭,经过寿阳、榆次、清徐各县注入汾河。潇河沿岸气候干燥,沿岸农田往往因得不到灌溉而造成旱象。但每当山洪暴发,沿岸却又时常泛滥成灾。新中国成立以后,人民政府于1951年在榆次以东的源锅镇修建了潇河大坝,并且开凿了民丰、民生两条沟渠,和坝相连,可以灌溉田地45万亩。

在汾河流域的大规模水利建设中,潇河大坝是一个开端。今后,更多和更大的水利工程将陆续出现,汾河流域的农业生产也将跟着空前地发展。

汾河流域同时也是一个蕴藏丰富的矿区。山西省本来是全国最大的煤田,汾河沿岸的太原、汾阳等地,就都分布着多量的煤藏。太原附近有着埋藏不深的铁矿,可以很方便地进行采掘。另外,太原和灵石一带,贮藏着极为丰富的石膏,藏量和质量都居全世界的第一位。

汾河流域更是祖国极重要的一个工业区域。汾河东岸的太原,是经济建设中的重点城市之一。这个50万人口的大城市中,拥有着钢铁、重型机器、化工、水泥和纺织等工厂。厂房毗连,烟突如林,交织成一幅动人的画面。另外,太原东南的榆次,正扩建着我国最巨大的纺织机器制造厂,榆次和汾河下游的新绛等地,又发展了相当规模的纺织工业。工业的发展,替汾河流域带来了蓬勃的朝气,也替汾河流域创造了更远大的希望。

泾河和渭河

黄河是一条支流不多的河流,泾河和渭河是它所有支流中最著名的了。

在习惯上,我们总是把泾河放在前面,称为泾渭两河。但是实际上,渭河是主流,泾河只不过是渭河许多支流中最大的一条而已。

渭河全长864公里,流域面积达11.5万多平方公里,是黄河最大的支流。它本身的支流也多至40多条,其中最重要的就是泾河。

泾河全长约400公里,还不到渭河的一半。不过它的支流很多,因此流域面积达5.6万多平方公里。

渭河发源于甘肃渭源县的鸟鼠山,东流经过陇西、武山、甘谷等地,到达天水。这一带气候干燥,雨量稀少,但人民利用渭河的灌溉,沿河垦出了大片的耕地,盛产小麦和杂粮。天水便成为这一带的农产品特别是小麦的集散中心。

天水以东,渭河进入陕西,到达宝鸡。这个陇海和宝成两条重要铁路交会的城市,正由于交通和工业的迅速发展而不断地在改变着它的面貌。

过了宝鸡以后,沿河地形逐渐低平,谷地宽广,沃野连绵。这一带,渭河的南北两岸,都有很多支流,众水缭绕,风光宛如江南。其中最大和最有经济意义的,是泾河。

泾河干流发源于甘肃瓦亭以西的六盘山麓,支流众多,像叶脉一般地布满了整个甘肃东部。最大的支流是环河,在陕西邠县附近注入泾河,从邠县东南流,到泾阳附近和渭河相会。泾河的输沙量比渭河大得多,水色也比渭河更为混浊,在泾渭合流处,可以清楚地看出来。古人说"泾浊渭清",事实上渭河也流过大片黄土地区,哪里够得上"清",这仅仅是和泾河相较之下的说法而已。

泾渭会合以后,直到在华阴以东注入黄河为止,两岸平原益形扩展,最宽处可达五、六十公里,村舍相间,田禾弥望,这就是渭河平原。渭河平原可以说是我们民族文化发展的摇篮。古代人民称富庶必道"关中","关中"就是指的这一带地方。

渭河平原是古老的灌溉农业区之一,直到今天,这里仍是小麦和棉花的重要产区。这一带的农业发展,是和农田水利事业分不开的,两千多年以来,劳动人民世世代代的辛勤缔造,才逐渐改造了这个干旱的自然环境,开辟了这样一块丰富的灌溉区。

远在纪元前3世纪,一位名叫郑国的古代的水利专家,领导这里的人民,在泾河和洛河之间开凿沟渠300里,引泾河之水灌溉农田4万多顷(约合今200万亩),这就是著名的郑国渠。此后,在纪元前95年(汉武帝太始二年),赵大夫白公,又领导人民开凿了一条白公渠,引泾河流水灌溉农田4500多顷(约合今23万亩)。在同一时代,这一带还完成了漕渠的开凿,利用渭河流水灌溉农田。此外,渭河以南盩厔县的灵轵渠,也是引渭灌田的水利工程。

这些由古代劳动人民所开凿出来的沟渠,在历代反动统治阶级的漠视和糟蹋之下,到后来就逐渐被淤塞和废弃了。到满清末叶,郑、白渠的残余水道,已经只能灌田二三万亩,使关中地区,又形成了"五年一小旱,十年一大旱"的可怕局面。一直到1930年,才又在热心水利事业人士李仪祉的倡导下,进行了泾惠渠的开凿工程。

泾惠渠西起泾阳钟山谷口,有支渠多道,经过泾阳、三原、高陵等县,和渭河相通,全长373公里,1951年已能灌溉农田81万多亩。在同一时期,泾渭一带的劳动人民,又相继开凿了另外好些沟渠。主要的有从郿县经武功等县到咸阳的渭惠渠,鄠县的涝惠渠,鄠县、长安和咸阳一带的沣惠渠,盩厔的黑惠渠,郿县至岐山的梅惠渠,醴泉的甘惠渠等等,这些都显示了泾渭一带劳动人民的伟大力量。

自然,在反动统治者的多方阻挠和重重压迫之下,人民要进行这样的水利工程是异常困难的。因此,泾渭一带的沟渠灌溉工程,不是进行得草率粗糙,便是中途受到种种阻碍而不得已停工。在过去,人民花了很多的金钱劳力,但往往得不到实际的利益。

新中国成立以后,在人民政府的倡导下,这里的人民组织起来进行了对旧有灌溉系统的整理和改造。首先是完成了在国民党时代修建了10多年还没有完成的洛惠渠,灌溉了泾河和北洛水之间的大片土地。接着又新凿了全长达32公里半的渭惠渠第六渠,灌溉武功、兴平一带的 4 万亩农田,使每年可增产小麦 180 万斤,棉花 40 万斤。目前,旧的沟渠正在不断地疏浚和整理,新的沟渠也正在积极地开凿,泾渭地区,已经出现了一幅从来没有的活跃气象。

泾、渭河流域的前途是未可限量的。这里不但是一个富庶的农业区,而且更是一个蕴藏雄厚的矿区。整个陕西省是藏煤丰富的省份。泾、渭河流域,不论是上游和下游,到处都分布着煤田。另外,泾河上游的六盘山地区,可能是一块丰富的油田,甘肃的固原和华亭,先后都有了油苗的发现,这自然是一项更为重要的财富。除了煤和石油以外,还有鄠县和郿县的石墨、临潼的锰等,也是渭河沿岸的矿产。

丰富的农产和矿藏,替泾渭河流域的工业发展创造了优越的条件。今天,流域中的最大城市古都西安以及咸阳、宝鸡和天水等地,都已经发展了各种不同的新式工业。

七、海河及其支流

海河又名沽河,是河北省境内的最大河流。

海河的上游分成 5 条支流:

白河:干流发源于独石口以北,上游有白河和潮河两支,到密云以南才会合为一,从通县到天津的一段即是北运河的河道。

永定河:上游称为桑乾河,发源于山西及内蒙古。

大清河:又叫上西河,上游发源于五台山和太行山东麓,汇白沟(即南拒马河与北拒马河)、瀑河、唐河、潴龙河 4 水,经过西淀和东淀到天津和其他支流会合。

子牙河:上游分滹沱河和滏阳河两支,都发源在山西,到献县附近会合,在天津注入海河。

卫河:发源于河南省,从山东临清到天津一段,即是南运河的河道。

上述 5 条河流在天津附近会合以后才叫海河。海河本身的长度不大,从天津到塘沽和大沽之间入海,全长不过 69 公里。

海河各支流的上游,河床都很陡峭,水势非常湍急。加上这些河流又都发源于黄土高原,因此,海河的输沙量就显得非常可观。另外,海河正和它南面的淮河一样,曾经多次地被黄河侵夺,造成海河地区连年不断的灾害,成为河北人民的心腹大患。

新中国成立以后,党和人民政府重视了海河及其支流的修治工作,几年来已经完成了多项水利工程。主要的有潮白河的根治工程、永定河的官厅水库、大清河的独流入海工程、卫河的人民胜利渠以及冀西和永定河下游防护林的营造等等。这些工程的效益,不但是拦蓄了洪水和减少了河流的输沙量,而且也通畅了下游水量的排泄和提高了航运能力。现在,海河的支流已有很大的一部分可以通航,而海河本身,吃水5米的海轮也可通行无阻。穿错交织的航运网,使天津成为一个四通八达的水陆码头。在海河河口上新落成的塘沽新港,更替京、津工业区带来了一个美丽的远景。

下面把海河最悠长的两条支流,卫河和永定河作一个大概的介绍。

卫　河

卫河是海河五大支流中最长的一条,从发源处的河南辉县起到天津和海河的其他支流会合为止,全长约为900多公里。从山东临清到天津的520公里,在一般地图上都绘作运河的符号,这就是南运河。

卫河从辉县西北的苏门山发源,东流经过新乡,在淇县以南接纳淇河,在内黄以北接纳安阳河。到了河北大名和河南南乐之间,它又和最大的一条支流漳河会合。

漳河发源在山西,上游有清漳河和浊漳河两支。早在战国魏文侯时代(纪元前424年—387年),著名的县官西门豹,在漳河沿岸的邺(今临漳县)的地方领导人民在漳河开凿十二渠,成为祖国最早的灌溉工程之一。

接纳漳河以后,卫河东北流到山东临清和会通河会合(会通河即是临清到黄河段的运河),从此,卫河沿冀、鲁两省边境,从德州折入河北,北流到天津附近注入海河。

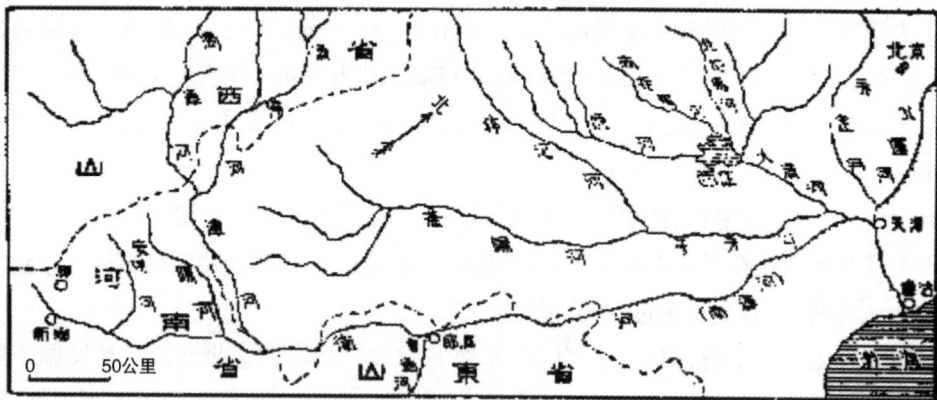

卫河流域图

卫河上游,是我们民族解放战争中著名的老解放区——太行区。漳河两岸,充满了抗日战争中的英雄诗篇,人民英雄左权将军,就在这一带为人民贡献了他自己的生命。

卫河支流安阳河以南安阳市西北的小屯,曾是商朝后期建都的所在,是人类历史上最早的都市之一。我们曾在这一带发掘出大批的甲骨文和其他古物,不但说明了我们祖国的悠久历史,而且更是考古学上的无价之宝!

卫河流域的产业是非常丰富的。卫河上游山地,是我国最大的藏煤区之一,有名的焦作煤矿就在这里。浊漳河上游的长治一带,蕴藏着大量煤和铁,此外,漳河以北河北省磁县的峰峰煤矿,漳河以南河南省的六河沟煤矿,也都是我国重要的大工矿区。

卫河在辉县以南就进入平原地区,整条河流几乎全部都流在华北大平原上。因此,在农业上,卫河更是有着非常重要的地位的。从上游到下游,盛产着小麦、小米、高粱和玉米等多种多样的粮食,花生、芝麻等油类作物,还有大量的棉花。像新乡、安阳以及卫河以北滏阳河上游的邯郸等地,新中国成立后都利用当地的丰富原料,发展了规模不小的纺织工业。

在交通运输上,卫河也有着它重要的意义。从新乡到天津,卫河的木船航程达900公里;临清以下,四季都可通航,交通特别便利。因此,卫河一向是河南省黄河以北和天津之间的重要交通路线,对这一带的物资交流,起了很大的作用。

自然,卫河并不是没有缺点的,这里面最主要的是水量的不足。水量不足不但影响了沿岸农田的灌溉,而且更造成了航行上的很多困难。为了克服卫河缺水的困难,以便进一步发展卫河流域的农业和便利卫河的交通,新中国成立以后,人民政府在这里修建了"引黄灌溉济卫"工程,这个工程也叫"人民胜利渠"。

"人民胜利渠"的主要工程,是黄河铁桥附近到新乡之间的一条沟通黄河和卫河的总干渠,全长达52公里半。在总干渠两侧,并且还开凿了支干渠多道,再加上沉沙池和许多涵闸,成为一个复杂的水利工程。

"人民胜利渠"的完成,替这一带人民带来了很多好处:第一,总干渠和许多支渠,组成了一个庞大的灌溉网,使新乡、获嘉、延津、汲县、武陟等县的72万亩农田得到灌溉;第二,卫河得到了黄河的水量,水位大大提高,此后只要将航道稍加整理,新乡到天津就经常可以航行载重200吨的汽船;第三,新乡和获嘉一带,有很多排水不良的碱质土地,这些沟渠的完成,就能够发挥排水洗碱的作用,改良这里的土壤;第四,在引入黄水的总干渠上,有4处地方可以利用发电,替将来进一步发展地方工业和农村电气化创造了条件。

"人民胜利渠"的完成确是祖国人民和自然斗争的一大胜利。这不但是中国历史上在黄河下游利用黄水的首次成功,而且也是卫河流域进一步繁荣发展的重要征兆。

永定河

　　永定河次于卫河,是海河的第二条大支流。从桑乾河的发源处算起,永定河全长约 700 多公里,流域面积达 6.2 万平方公里。

　　永定河的上游是桑乾河,桑乾河的上源支流分歧,主要的有内蒙古集宁以南的御河,山西宁武的灰河和浑源的浑河等,这些支流会合以后,从山西怀仁县以东起,才叫做桑乾河。桑乾河在石匣里以西接纳壶流河,涿鹿以东又接纳浑河,此后才称为永定河。

　　永定河在怀来以南会合妫水,然后穿过长城到达北京以西的三家店。三家店是永定河流程上的地形分界点,三家店以上是上游,上游全在山地之中,三家店以下是下游,从此到天津和海河其他支流会合,奔流在华北大平原上。

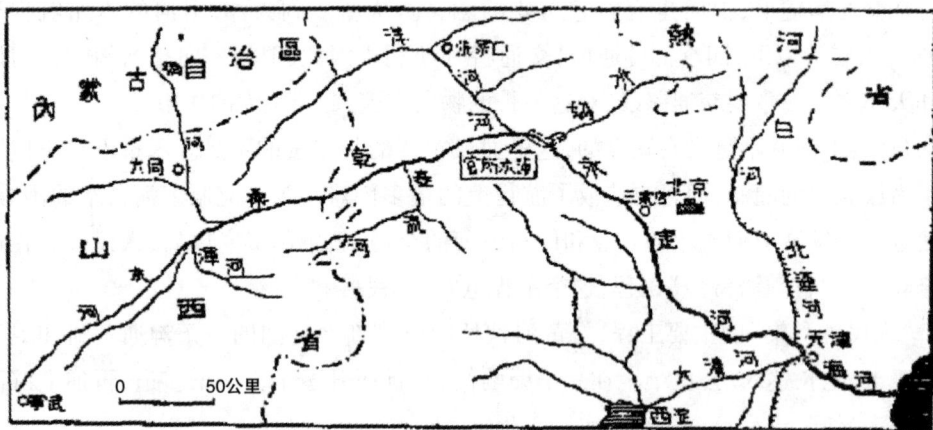

永定河流域图

　　永定河是海河各支流中灾难最多的一条河流,它的输沙量要占海河全部输沙量的 4/7。虽然,永定河上游的大片黄土高原是它冲刷剧烈的原因之一;但是,历代反动统治者在永定河流域的掠夺破坏,却是这一带灾难的主要原因。

　　由于历来反动统治阶级滥垦滥伐的结果,永定河流域的大片森林和草地,被破坏殆尽。永定河上游地区,正当汉、蒙两族的交接地带,反动统治者多年来屯兵成"边"和移民滥垦的罪恶政策,消灭了整片大好的草地,使土壤冲刷不断加剧,造成了永定河下游愈来愈多的灾难。

　　根据历史记载,巨大的洪水泛滥已有 80 多次。从 1912 年起到新中国成立的 30 多年中,卢沟桥以下的堤防,曾经大决口 7 次,受灾面积最多曾达 2000 平方公里。仅仅就农产品一项而言,30多年中平均每年就要损失小米达1.5万吨。最严重的1917年和1939年两次水灾,永定河洪水和大清河、子牙河洪水汇合,侵入天津市,使京津交通断绝,造成了不可估计的损失。

历代的反动统治者,都曾经扬言要修治永定河,但是事实上,所有"修治",都仅仅是一纸虚文。一直到新中国成立以后,永定河才走上了它新生的大道,根治永定河的工程,现在已在积极进行之中了。

早于1949年,人民政府就已经拟定了根治永定河的计划。主要的是在上游进行水土保持的工作,并且建筑山谷水库;在下游则进行疏浚河道和植造森林的工作。根据这个计划首先动工的工程,就是官厅水库的建造。

永定河上游的山谷水库,已经决定兴建的有官厅、石匣里和马各庄3处。其中规模最大的是官厅水库。水库的位置在河北怀来的官厅村,这里正当永定河和支流妫水的会合处,河道流过一个漏斗状的官厅山峡,这就成为了水库的地址。

官厅水库的工程包括45米高的拦河坝一道,直径8米,全长495米半的输水洞一条;长431米的溢洪道一条。全部工程完成以后,这里就可以出现一个面积达230平方公里的人工湖泊,能够拦蓄洪水22.7亿米^3,比淮河流域最大的佛子岭水库大3倍。

官厅水库工程将于1954年春基本完成。此后,永定河除了官厅以下有时发生的洪水还需要另筑水库解决外,官厅以上的洪水从此即可得到完全的控制。这里还可以建造水力发电站,供给城市、农村以廉价的电力,并可供给北京市工业和城市用水、航运用水和农田灌溉的水源。另外,水库本身可以发展鱼类殖养,周围岸边和山野将遍植林木果树,这一带的风景和气候将因此大大的改善,成为人们休憩和游览的胜地。

和官厅水库建造的同时,永定河沿岸的沙荒造林工作也已开始了。上游的防护林,主要分布在桑乾河两岸,下游的防护林则营造在大兴、固安、永清和安次4县。因此,不久的将来,永定河不但是水、旱、风沙等灾难的永远结束,而且更将绿树夹岸,果木成荫,成为一条风景美丽的河流。

除了因兴修水利而必然将要出现的农业大丰收以外,整个流域更是祖国一个蕴藏丰富的矿区。从支流浑河沿岸的宣化起,东到龙关一带,沿途如烟筒山、庞家堡等,都埋藏着深厚的铁矿。估计大约有两万万吨的贮藏量。北京石景山钢铁厂和太原钢铁厂的原料,主要取给于此。另外,这一带也是我国极重要的煤矿区,桑乾河上游的大同煤矿是全国贮量最大的煤矿。宣化的下花园煤矿,则供给了京、津、保三角地带的主要燃料。毋庸置疑的,永定河流域将是我国未来的一个重工业区。

永定河,这条流过祖国首都和大都市天津的河流,在今后我们的经济建设中,将要发挥它无限巨大的作用。

八、东北的河流

黑龙江

黑龙江是我国和伟大的社会主义国家——苏联的界河。

黑龙江全长达 4478 公里,在我国境内的长度为 3774 公里,是全国的第三大河。黑龙江支流众多,在国境内构成的流域面积达 90 万平方公里,远远地超过了黄河流域。

黑龙江的上源有南北两支:

北支是石勒喀河,发源远在蒙古人民共和国的肯特山东麓,上游叫做鄂嫩河,那就是《元史》上所称的斡难河,是 700 年前成吉思汗的游牧部落居住的地方。鄂嫩河东流进入苏联境内和来自赤塔的赤塔河会合,然后才叫石勒喀河。

黑龙江的南支是额尔古纳河。额尔古纳河本来有 3 个源头:最长的是从蒙古人民共和国流出来的克鲁伦河,另外一条是流在中、蒙边界的哈拉哈河,第三条则是从大兴安岭的室韦山发源的海拉尔河。

克鲁伦河全长 1050 公里,下游注入呼伦池。哈拉哈河下游注入贝尔湖。呼伦池和贝尔湖相距 100 公里,中间有一条乌尔顺河联结着。贝尔湖水面高出呼伦池达 300 米(贝尔湖水面海拔 830 米,呼伦池水面海拔 534 米),因此,在乌尔顺河的流程中,平均每公里要低落 3 米,这样的流水,正是一个极好的动力资源。

　　呼伦池和贝尔湖本来是和额尔古纳河连通的。但是不久以前,由于呼伦池的出口逐渐被沙滩淤塞,最后终于和额尔古纳河分离了。这样,克鲁伦河和哈拉哈河都变成了内陆河,呼伦池和贝尔湖也逐渐成为半咸水湖状态,额尔古纳河就只剩下海拉尔河一个源头了。不过在克鲁伦河的偶然洪水时期,呼伦池间或也会有水溢出,流到额尔古纳河去。这样内外流混淆的水系,也是世界河流中的一个奇迹。

东北的河流图

　　额尔古纳河到洛古河以西和北支石勒喀河会合,从此才叫做黑龙江,在苏联称为阿穆尔河。

　　黑龙江奔流在我国的大兴安岭、小兴安岭和苏联的雅布罗诺威岭(外兴安岭)及斯塔诺尾岭之间,在我国国境上绕成一个大弧形,漠河是这个弧形的顶点。漠河附近的黑龙江江心,就是祖国疆界的最北一点。

　　漠河以下,黑龙江从瑷珲东流,环绕在黑龙江省的边境,在佛山附近,黑龙江江面非常宽阔,两岸距离竟达10公里;佛山以下,江面在涨水季节竟有超过15公里的。到同江以西,黑龙江和它最著名的支流松花江会合;抚远以东,又和乌苏里江相会。乌苏里江和黑龙江的会合处,是祖国疆界的最东一点。乌苏里江全长约800多公里,是黑龙江省东部和苏联的界河。它的上游,有一个比洞庭湖还大1/4的兴凯湖。

　　黑龙江和乌苏里江会合以后,即流入苏联境内,在锡赫特山脉(老爷岭)以西折流向北,到尼科莱夫斯克(庙街)以东注入鞑靼海峡。

在反动统治的时代里,黑龙江流域一直被认为是一块冰天雪地的不毛之区。清朝时代,这一带是囚犯充军的地方,在军阀和日本帝国主义统治的日子里,这里也是东北最荒凉落后的地区。但是实际土,黑龙江流域是有着非常丰富的资源的。

黑龙江南岸的大小兴安岭地区,是祖国最大的原始森林带。根据黑龙江省农林厅的统计,黑龙江全省的森林面积达 700 多万公顷,木材贮量达 99500 多万米^3,是祖国一宗非常重要的富源。这一带漫山遍野地生长着红松、白松、白杨、白桦等合抱参天的良材,构成一片苍郁无际的树海。黑龙江沿岸的瑷珲,便是这里重要的木材集散地。在过去,由于日本帝国主义掠夺式的滥伐,黑龙江流域的林区,曾经蒙受了极大的损失。新中国成立以后,人民政府确定了以护林为主的林业方针,一方面建立各级林业机构,在林区普遍地设立了护林站、望火楼等,有效地保障了森林的安全;另一方面组织了合理的、有计划的采伐,建造了森林铁路(从内蒙古的库都尔到图里河的林业铁路,全长 72 公里多,是新中国成立后黑龙江流域新建的最大林业铁路),大大的便利了木材运输。黑龙江流域的大片森林,已经在祖国的经济建设中,贡献出它应有的力量了。

黑龙江干支流中的水产事业也是很重要的。额尔古纳河上游附近的呼伦池,是一个鱼产丰富的湖泊,附近的渔民都称它为"聚宝盆"。这里主要出产鲤鱼、鲫鱼、鲶鱼、狗鱼和白鱼 5 种鱼类,每年产量达 4000 吨—6000 吨,现在由内蒙古渔业公司统一经营。黑龙江支流乌苏里江上游的兴凯湖,每逢湖水解冻,大批鱼类就溯江进入湖中,湖内鱼群充斥,可以进行大规模的捕捉。整条黑龙江中,到处都繁殖着淡水鱼类。即使是在严寒的封冻时期,渔民们也往往于晚上在冰上凿一个窟窿,上面放一盏油灯,鱼类见到灯光,就纷纷跃上冰面,一晚上可以拾取三五十斤,使人民在冰天雪地之中,仍可以尝到黑龙江中的鱼鲜。

黑龙江沿岸的土壤,是一种非常肥沃的黑土。黑龙江所以一直称为"黑水",就是由于江水中含有腐殖质极多,水色呈现深绿的缘故。这种腐殖质冲积的结果,大大地增加了黑龙江流域土壤的肥力。虽然在过去由于反动政权的长期统治,使这一带的境况变得荒芜冷落,但是新中国成立后在党和人民政府的领导下,这一带农业的发展前途是十分美好的。特别是在萝北以下的地区,两岸地形开阔,平畴连绵,沃野千里,是建立机垦农业的理想地方。1950 年,萝北已经建立了国营宝泉岭机械农场,替这一带的农业集体化开拓了美丽的前程。现在,黑龙江流域已经出产了数量可观的小麦、高粱、玉米,小米等粮食和亚麻、甜菜等级济作物;未来的发展,自然更是不可限量的。

黑龙江流域的地下资源也是无限丰富的。黑龙江干流从漠河到瑷珲的一段,是祖国最重要的产金地带,最多时每年曾出产黄金 20 多万两。还有,从上游的扎赉诺尔起,以至中游的瑷珲和下游乌苏里江支流上的穆棱、鸡西一带,都分布着丰富的煤矿,是东北重要的产煤地区之一。

黑龙江的航运价值也是很重要的。从上游额尔古纳河起,即能通行木船;漠河以下,可以行驶小汽船;瑷珲是黑龙江航运的中心,从这里起,就可通行江轮了。

黑龙江的支流也大部分可以通航:从乌苏里江上溯的汽船,可以直通兴凯湖。兴凯湖以南,有一带低矮的谷地,南连苏联的海参崴。假使能在这里开凿一条运河,则黑龙江就可以得到一条通往冰期短促的南方海岸的捷径。对整个黑龙江的航运交通来说,这将是一件极有意义的事。

由于黑龙江流域是祖国最寒冷的地区,黑龙江干流和多数支流从每年 11 月起到次年 4 月止,一年中约有 6 个月左右的冰冻时期。在冰期中,航运交通停顿了,代之而起的是雪橇和扒犁,担负了这一时期物资交流的任务。它们有的应用人力,有的利用兽力,疾速地在冻结了的江面上往来滑行,构成了冬季黑龙江一幅特殊的画面。

黑龙江,这条祖国的北方大河的远景是无限美好的。黑龙江北岸,已经是社会主义的乐园了,黑龙江的南岸,也正在朝着这条光明的大道前进。可以确信,和北岸一样的美丽、富庶的日子,不久的将来,一定也会在黑龙江的南岸出现。

"苏联的今天就是我们的明天"。在黑龙江上,我们更深刻地体会了这句话的意义。

松花江

在抗日战争初期,中国人民有一支很流行的歌曲,叫做"流亡三部曲"。这是一支非常动人的歌曲,歌词一开头便是:

　　我的家在东北松花江上,

　　那里有——

　　森林煤矿;

　　还有那——

　　满山遍野的大豆高粱。

从这样的歌词里,我们可以想到,松花江是多么美丽的一条河流,松花江流域又是多么富庶肥沃的一块地方。

在东北地区,松花江确是一条最重要的河流。虽然它仅仅是黑龙江的支流之一,但是在经济意义上,它是远远地超过黑龙江的。松花江全长 1900 公里,在黑龙江国内部分的 90 万平方公里的流域面积里,它占了 52 万平方公里,要占东北地区总面积的 60%。

松花江发源于辽宁、吉林二省和朝鲜交界的长白山上,上源有头道江和二道江两支。长白山的主峰白头山,海拔 2744 米,是东北境内的第一高峰。山顶上有一个周围11 公里、深达 312 米的火口湖,叫做天池。松花江就从这天池里流出来。

头道江和二道江会合以后,在吉林省桦甸县东北,接纳从辽宁省流来的辉发河。从此一直向西奔流,在德惠县西北和饮马河及伊通河会合,到了扶余县以北三岔口,又接纳它最大的支流嫩江。在这里,松花江拐了一个几乎 60 度的大弯,折流向东,先后又接纳了拉林河、呼兰河等支流。到了依兰县,又有另外一条很重要的支流从南面注入,这就是牡丹江。牡丹江的上游有一个镜泊湖,湖口为玄武岩所横过,造成一个高达20 米的瀑布,是一处风景优美的地方。和牡丹江会合以后,松花江东北流到同江镇注入黑龙江。

说起松花江流域的产业,那真是太丰富了。松花江流域是著名的东北大平原的一部分,也是祖国的一个重要的大农场。除了产量丰富的高粱、玉米、小米和小麦等粮食以外,松花江流域更是地球上最大的大豆出产地。另外,这里也出产了多量的甜菜、亚麻和烟草等经济作物。新中国成立以来,松花江两岸,已经成立了不少个集体农庄。有名的星火集体农庄就在松花江边的桦川县境内。这块平原,由于各方面条件的优良,将会是新中国农业最早走上集体化的地方。

在松花江干流和各支流上源的山区里,遍地是遮天蔽日的原始森林,是祖国最大的林区之一。松花江支流汤旺河流域的伊春县,过去是个很荒凉的、只有十多家住户的小村子,新中国成立以后,随着林业的发展,这里已建设成为一个新型的林业城市了。由于森林面积的广大,松花江流域的林业副产也是丰富的。"吉林有三宝,人参、貂皮、乌拉草"。长久以来已经是大家所熟悉的话了。

松花江流域的矿藏也很丰富。鹤岗和集贤等地,都有东北境内的巨大煤矿,嫩江上游的甘河以及吉林省的永吉、长春等地,也都有煤的贮藏。此外,阿城和磐石的铁,桦甸和松花江支流梧桐河以及嫩江支流等各处的金,磐石的铜,黑龙江省齐齐哈尔的自然碱等等,也都是这一带重要的矿藏。

松花江的流水,是一个巨大的动力资源,这一带的水力发电事业,在国内也是居首要位置的。吉林市东南的小丰满,有一个名震亚洲的水力发电站,一座高 91 米、长1100 米的拦江巨坝,在小丰满以上造成了一个蓄水量达 125 亿米^{3}的蓄水库,叫做松花湖。松花湖的蓄水,最高可以发出 56 万瓩的电力。另外一处是利用镜泊湖瀑布的镜泊湖水电站,那里也有一个面积达 375 平方公里的蓄水库,可发 3.6 万瓩的电力。

这两处水电站,和鸭绿江的水丰水电站是东北境内三大水电中心,也是东北境内工业的重要动力。这里虽然受过日本帝国主义和蒋匪帮撤退时的破坏,使发电能力缩小,但是在人民手里,是能够迅速地恢复和扩充的。

松花江是一条航运价值很大的河流,哈尔滨就是它的航运中心。从哈尔滨沿松花江上溯,汽船可以通达吉林,沿嫩江上溯,汽船也可以直达齐齐哈尔。哈尔滨以下,更可航行较大的江轮。松花江冰期比黑龙江短,航程比辽河长。因此,在东北境内,它是航运效益最大的河流。

松花江在航运上是有着它更广阔的前途的。翻开地图来,松花江支流伊通河和东辽河之间只不过50公里。这50公里中,隔着一条海拔250米的公主岭。由于这样小小的一山之阻,使哈尔滨和营口之间的航运交通,变成一件可望而不可及的事。一条船只如果要从哈尔滨到营口,就必须由松花江东下,沿黑龙江出鞑靼海峡,然后经过日本海、对马海峡、黄海、渤海,才能到达营口,这条航路,得跑上3000公里路程。

如果能在伊通河和东辽河之间,打通公主岭开凿一条运河,这样,哈尔滨和营口之间的航程,就可以缩短2500公里。

要把河流开过一座250米的山头,自然并不是一件简单的事。不过,只要我们大家不断地努力,这个理想是一定会成功的。苏联人民在伏尔加河和顿河之间,不也开了一条爬过山头的列宁运河吗? 这就是我们的榜样。

辽　河

辽河全长1440公里,流域面积达22万多平方公里,是东北境内的第三大河,也是东北境内南部的最大河流。

辽河的上游分成东、西二支:东辽河发源于吉林和辽宁二省之间的吉林哈达岭;西辽河发源于热河省西部苏克斜鲁山的东麓。东辽河和西辽河在辽宁省北部的三江口会合,从此才称为辽河。

从三江口南流到达通江口,水势已大为增涨,从此起可以航行汽船。到新民以南,接纳新开河,营口以北的三岔口附近,又和浑河会合。浑河发源于新宾的滚马岭,是辽河支流中较大的一条,西流到海城的三岔口和支流太子河会合,然后注入辽河。

辽河南流和浑河会合以后在营口以西注入渤海,结束了它的全部流程。

辽河流域即是东北大平原的南部地带,是一个农业发达,农产丰富的区域。这里是全国最大的高粱产区,并且也出产玉米、小米、小麦和稻米等多种粮食。大豆是辽河流域最主要的经济作物,另外,这里又是东北境内唯一的棉花产区。辽河以东的辽东半岛,不但是祖国最大的柞蚕丝产地,同时也是一个著名的温带果园,盖平即是一个被称为"苹果城"的地方。

辽河流域的工矿业,在国内更是首屈一指的。煤、铁、石油,是现代工业上最重要的 3 种矿产,辽河流域的产量占全国第一位。鞍山和本溪是国内最大的铁贮产地,抚顺则有着全国最丰富的油页岩和最大的煤矿。此外,从上游的辽源、西丰,以至下游的本溪、辽阳等各地,都有煤的分布和采掘,营口以东的大石桥有着东亚第一的菱镁矿;还有氟石、石棉、铅、铝、铜等多种矿产。多种矿产成了这一带发达的工业,沈阳、鞍山、抚顺、本溪等地,都是国内最主要的重工业城市。辽河流域的工矿业,是祖国经济建设中一支最主要的力量。

辽河流域虽然有着丰富发达的产业,但是由于反动统治者多年的掠夺摧残,却造成了辽河流域的连年灾难。辽河的输沙量在国内是和黄河、永定河齐名的,最大输沙量曾达 60% 以上,甚至更超过了黄河。自然,这是和反动统治者多年来对流域中森林的滥伐是分不开的。森林的破坏,不仅招致了流域的水灾,同时也使土壤暴露,大风扬沙,造成了辽河西岸一带严重的风沙灾难,掩没了很多的耕地和村庄。

新中国成立以后,根治辽河的水利工程已经开始了。1952 年起,东北境内西部的防护林带已经开始营造,预计在 10 年内基本营造完成。十多年后,不仅是辽河的水、旱、风沙的灾害将消灭,而且防护林将使 20 万平方公里的广大范围蒙受利益,替东北人民带来无穷的幸福。

除了防护林带以外,在辽河干支流,也将建造一系列的山谷水库,目前已经动工的,便是辽河支流浑河上的大伙房水库。这座水库建筑在抚顺市郊的大伙房村,水库工程包括一座高 41 米、长 1367 米的拦河坝,一个总长 556 米的输水洞和一个 850 米长的溢洪道。工程完成以后,可以拦蓄洪水 18.59 亿米^3,规模仅次于官厅水库。

大伙房水库完成以后,不但可以做到蓄水防洪,而且更可以利用灌溉和发电,将要大大地改变辽河的面貌。

九、东南沿海的河流

钱塘江

在我国东南沿海的河流中，钱塘江是非常著名的一条河流。它全长380公里，流域面积约占浙江全省的2/5。

钱塘江别名浙江，又因为它的水道曲折，从上游到入海，略成"之"字形，所以也叫之江。严格地说，杭州以上的河道，每一段都有专门的名称，钱塘江仅仅是指杭州以下的一段而已。

钱塘江的上源主要有3支，中源、南源和北源。

中源衢港，由江山港，常山港和乌溪江在衢州附近会合而成。

南源婺港，是东阳江和梅溪在金华会合后的总称。衢港和婺港交会于兰溪，叫做兰溪江。

北源是徽港（新安江），它发源于安徽黄山南麓，东流和兰溪江会合于建德。建德以下，称为桐江，桐庐以下，称为富春江，杭州以下，才称为钱塘江。

许多河流的入海口，往往是一片泥沙冲积而成的三角洲，但钱塘江却不是这样。杭州以下，江面突然扩大，成为一个喇叭状的三角江。

钱塘江之所以成为三角江而不成为三角洲的原因，主要是因为它的含沙量极小，只有总水量的万分之一。其次，钱塘江的潮汐冲击力量很大，上游冲积下来的少量泥

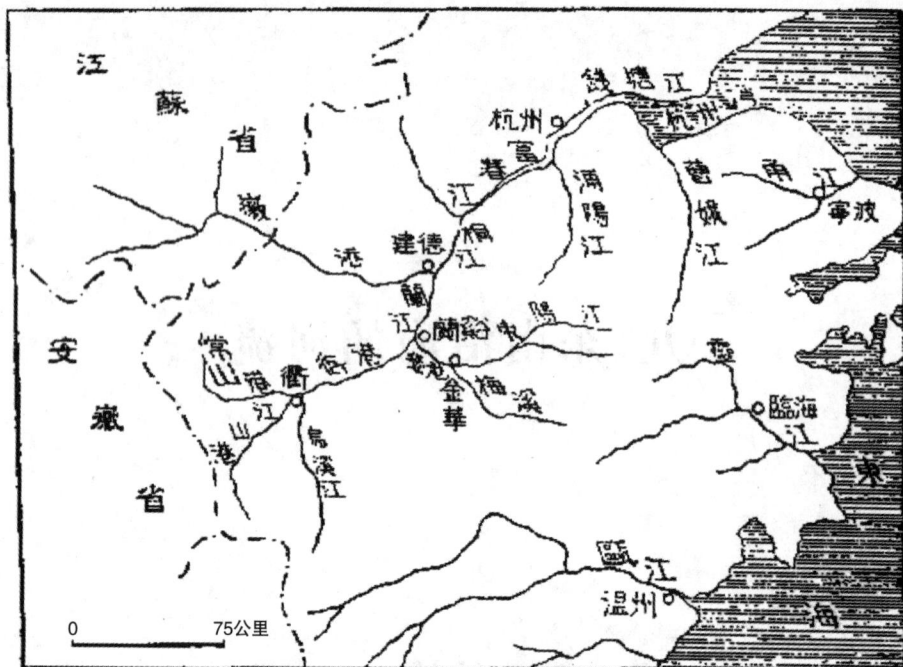

钱塘江流域图

沙,也往往被浪涛卷走。在绍兴和萧山以北的地区,有一块不大的冲积沙地,这块沙地随时受着潮水的威胁,人民不得不筑起50多公里的堤防水抵挡,这就是著名的江浙海塘的一部分。

钱塘江口的海潮,确是世界闻名的奇景。海潮本来是由于日月对地球的吸引力作用而发生的,在钱塘江口,因为它的漏斗状的江面,潮水受江岸的愈来愈窄的束缚,潮头就愈涨愈高了。特别是在盐官(旧海宁)一带,海潮到时,数十里长的江面上,白浪滔滔,声如千军万马,潮头高达1丈多,以每小时30公里的速率奔腾而过,真是一个惊心动魄的场面。

钱塘江流域是一块富庶繁华的地方。从上游到下游,钱塘江两岸,都是重要的产稻区,兰溪和海宁(硖石),是流域中两个很大的米市。这一带又是全国极重要的绿茶产地,安徽的"屯溪茶",绍兴的"平水茶",每年都有大量的出产;杭州的"龙井茶",更是名闻中外的绝品。

钱塘江上游的仙霞岭、怀玉山和黄山一带,长满了茂密的森林,是东南地区重要的森林带。钱塘江沿岸,遍栽着各种果树,出产了多种多样的果品:徽州的雪梨,衢州的橘子,金华的南枣,于潜、昌化的核桃,萧山、绍兴的杨梅,塘栖的枇杷,海宁的西瓜等,都是名产。钱塘江下游的杭属各县和萧山、绍兴一带,桑园遍野,是重要的蚕业区。

另外,钱塘江流域还有很多著名的土特产品:杭州绸缎和丝织品,徽州的墨、砚,金华的火腿,绍兴的酒等,都具有悠久的历史。

在交通方面,钱塘江流域更是非常发达的。钱塘江本身,汽船从江口可以直达桐庐,木船交通则更可上溯到所有干支流的发源处。钱塘江下游的杭州和绍兴一带,内河纵横交织,构成了一个庞大的航行网。

浙赣铁路在浙江省几乎和整条钱塘江平行,是钱塘江流域最有经济意义的交通要道。萧山以北,铁路通过著名的钱江大桥,这座全长 1453 米的近代化桥梁,有着行驶火车和公路及行人道的两层建筑,是国内建筑规模宏大的一座桥梁。

钱江大桥北端的杭州,是个世界闻名的都市。美丽的西湖使杭州成为一个动人的花园城市。新中国成立以后,经过修整,使湖山变得更美丽了。

钱塘江也是一条水力资源很雄厚的河流,沿岸如徽港的街口,桐江的七里泷等,都是拦坝蓄水的理想地点。在人民政府的领导下,金华的湖海塘已经建造起每年能发电 70 万瓩时的小型水电站,大型的水电站,也正在衢港支流乌溪江上积极兴建之中。

钱塘江水,从此将替人民创造大量的财富,在人民手上,钱塘江开始发出了它巨大无比的力量!

闽　江

闽江全长 576 公里,支流众多,水量丰富,流域面积要占福建全省的一半。在东南沿海,闽江是最大的一条河流。

闽江的上游有 3 个源头,北源、中源和南源。

北源包括发源于浦城以北的南浦溪、发源于崇安以西的崇溪和发源于松溪以北的东溪 3 条河流,3 条河流最后在建瓯会合,叫做建溪。

中源是富屯溪。富屯溪发源于光泽以西的杉岭,到顺昌和另一条叫做金溪的支流会合。

南源是沙溪。沙溪的上游叫九龙溪,发源远在宁化以西,沿途接纳了一些支流,到永安以后,水势才逐渐增大。

建溪、富屯溪和沙溪会合于南平,叫做剑溪。在这里,4 条河流成为一个十字街的形状,南平正落在这个十字街口。剑溪东流,先后在樟板湖接纳尤溪,在水口接纳古田溪。水口以下,江面开阔,水势增大,从此才叫闽江。闽江在福州以南有南台岛横亘江心,江面膨大,但马尾以下,江面又骤形紧缩。最后在琯头附近入海。

闽江上游大都发源在海拔1000米以上的武夷山脉,但到了南平,地形陡降到海拔70多米。所以闽江上游都是地势倾削,滩多水急,即使是木船航运,也都非常困难。因此"一滩高一丈,邵武在天上"。不仅是富屯溪一条支流的情况,同时也可作为闽江所有支流的写照。

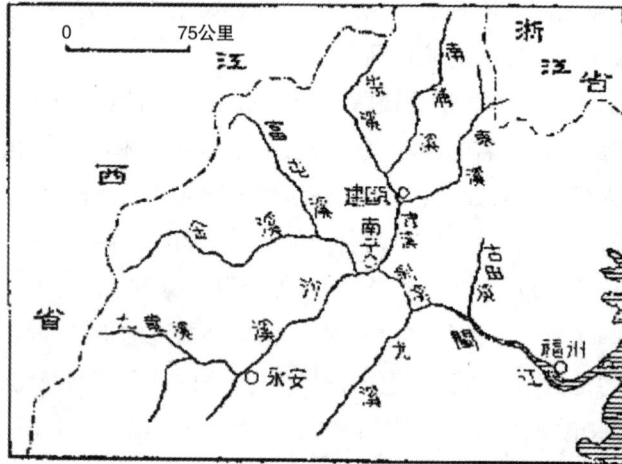

闽江流域图

南平以下,河床的倾斜度缓和了,从此起就可以航行汽船。不过剑溪一段,河道中巉岩罗列,暗礁起伏,船只在岩石缝中穿来穿去,不是富有经验的识途老手,是不敢轻易掌舵的。一直要到水口以下,才是江阔水深,航行始称便利,马尾以下,并且可以通行海轮。

在中国人民革命的历史上,闽江流域是一块值得骄傲的地方。当第二次国内革命战争时期,闽江上游的人民曾经热烈地参加了伟大的革命斗争。例如沙溪上游的宁化、宁洋,富屯溪上游的建宁、泰宁等地,都获得过一个时期的解放。在抗日战争时期,一大群被国民党匪帮羁押摧折着的爱国青年,曾经赤手空拳地在崇溪沿岸的赤石街,发动了可歌可泣的"赤石起义",树立了革命青年不屈不挠的楷模。

闽江流域的产业也是非常丰富的。闽江上游的武夷山,是东南沿海最大的林区。武夷山的茶叶,不但数量可观,而且更具备了优异的质量。其中如"大红袍"、"铁观音"、"铁罗汉"等,都是茶叶中的名品。

闽江流域虽然山岭连绵,地形崎岖,但是历代人民的劳动却也替这一带创造了大片梯田夹岸、水稻茁壮的丰富土地。闽江下游,那更是国内一个著名的亚热带果园。在福州近郊,在南台岛,到处都是绿阴一片,生长着柑橘、荔枝、龙眼等鲜美无比的果品。

　　闽江流域的工业虽然还没有很大的发展,但是马尾的造船厂却是中国历史上最早建立的新式造船工业。新中国成立以后,福州、南平和永安一带地方,已经先后建立起小规模的纺织、制茶、造纸等新式工厂。新式工业开始在这一带发展起来了。

　　手工业在闽江流域是有着悠久的历史和巧妙的技术经验的。它供给了大量的土特产品。例如土纸、樟油、蔗糖等等。其中最著名的是福州的脱胎漆器。凡来到中国参观的国际朋友,都很喜爱这种光彩焕发、轻巧美丽的漆器。

　　闽江流域的工业是会大大发展的。闽江上游的建瓯和南平一带,都分布着广大的煤田。特别是湍急的闽江流水,更是发展工业的重要动力。现在,规模庞大的水力发电站已经在古田溪上积极兴建之中了,这个工程的成功,将替闽江开辟出一个无限美好的前程。

十、珠　江

　　珠江又叫粤江,是中国南部最大的河流。它全长达 2100 公里,流域面积约为 50
万平方公里。

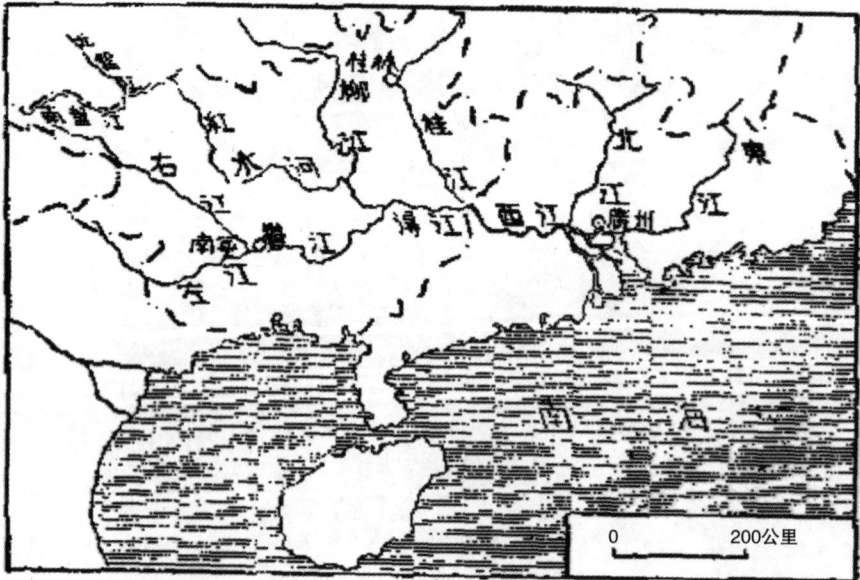

珠江流域图

　　珠江实际上是 3 条河流的总称,那就是西江、东江和北江。这是 3 条各不相关的、单独的河流,它们都有一个属于自己的流域,只是在下游入海的地方,3 条河流会合在一起而已。

　　3 条河流之中,最长和最有经济价值的是西江。

　　西江的上游分南盘江和北盘江两支。南盘江发源于云南霑益的花山洞,北盘江发源于贵州威宁的西山。南盘江从云南东流成为贵州和广西的西北部省界。北盘江自滇、黔东流,到册亨以东和南盘江会合。南、北盘江会合以后,叫做盘江。由于河水中挟带了许多泥沙,水色红褐,所以也称为红水河。

　　红水河的下游是黔江。黔江横过大瑶山的南部,在桂平以西造成险峻的大藤峡。桂平以东,称为浔江,浔江从梧州进入广东,从此才叫西江。西江在高要以下,截过云浮山脉的尾闾,构成著名的羚羊峡。羚羊峡以东,河道才大大放宽,到三水和北江会合,南流在珠江三角洲分成虎门、磨刀门和崖门 3 股入海。

　　西江是一条支流众多的河流,主要的支流有柳江、郁江和桂江 3 条。

　　柳江的上游叫都江,发源于贵州苗岭南麓,南流经过广西柳州,到石龙和黔江会合。郁江的上游分成右江和左江两支:右江发源于云南;左江发源于越南民主共和国。左、右二江在南宁以西相会后才称为郁江。郁江东流到桂平注入浔江。桂江发源于越城岭的苗儿山,南流到梧州和西江干流会合。桂江流域是我国著名的风景区之一,"桂林山水甲天下",已是大家所熟悉的话了。这一带的山水,有它独特的风格。

　　珠江的另外两条河流是北江和东江。

　　北江上游有浈水和武水两支:浈水发源于大庾岭,武水发源于骑田岭,两源在曲江会合,南流到英德以南经过盲仔峡,在清远又经过飞来峡,到三水和西江会合。北江全长约为 500 公里。

　　东江的上源在赣南,有寻邬水和定南水两支。上游切过九连山脉,到龙川以北会合。从龙川西南流,经过惠阳在东莞附近由虎门入海,全长约 480 公里。

　　西江、东江和北江,构成了一块水道复杂,岛屿罗列的珠江三角洲。珠江三角洲面积达 9300 平方公里,是长江以南沿海的最大平原。珠江三角洲的宽广,是和珠江的迅速冲积分不开的。1914 年曾在珠江口的七宝莲到贝水之间作过调查,24 小时内淤积竟达 20 万吨。把这样巨大的数字作一个累积,则古人所说的沧海桑田的故事,就一点也不会使人感到惊奇了。

　　珠江流域是全国各河流域中雨量最多的地方,年雨量大概可达 1600 毫米。因此,珠江是一条水量丰富的大河,对珠江的航运来说,是提供了优良的条件的。在东江汽船可以上溯到龙川;在北江,汽船可以直达英德,涨水季节更可上溯到曲江。至于西江,航行效益就更大了。梧州是西江水上交通的中心,从这里到广州,可以行驶吃水 3 米的大轮。梧州以上,汽船溯桂江可达桂林;溯柳江可到柳州;溯郁江则可至右江的百色和左江的龙津。珠江的干支流,在两广的大部分地方,布置了一个四通八达的航行网。

珠江流域是一块资源众多,物产丰富的好地方。这里蕴藏着各种各样珍贵的地下宝藏:东江和北江上游的九连山到大庾岭以南的南雄和始兴一带,贮藏着丰富的钨矿。这片矿床,和江西南部相连,是全世界最大的钨贮藏地。西江支流的贺江流域,是我国仅次于云南的锡矿区,广西贺县(八步)即是一个重要的锡市。西江中游的桂平和来宾一带,又有着我国仅次于湖南的锰矿。另外如广西河池的锑,广西宾阳和广东翁源的铋,广东英德的铁等,贮量都很不少。而北江上游的曲江、乳源、乐昌等地,都分布着大片的煤田,数量也很可观。

在长江以南的各河流中,珠江是水力资源最丰富的一条,估计水力藏量约有 370 万瓩。珠江沿岸的峡谷地带,如西江的大藤峡、羚羊峡,北江的盲仔峡、飞来峡等,都是拦坝蓄水的理想地点。北盘江支流打帮河上游贵州关岭县的黄果树瀑布,是国内著名的大瀑布,约有 5000 多瓩的水力藏量。郁江在南宁以下、旧永淳以东约 40 公里处的伏波滩,是一个岸高水急的险滩,在那里拦坝蓄水,可以获得 75 万瓩的电力。北江支流滃江的黄冈一带,也有险滩,可以利用发电约 4 万瓩。这些都是比较著名的。实际上,在整个流域里,可以开发的水力资源,自然还有很多很多。

珠江流域的绝大部分都在亚热带和热带气候的范围以内,农产品一年中可以三熟。特别是珠江三角洲,多少年来,劳动人民已经把这里建设成一个鱼米桑麻的大仓库了。

珠江三角洲一年中可以收获水稻两次到三次,杂粮和蔬菜则全年都能种植。这里又是我国著名的热带果园,一年之中,荔枝、龙眼、香蕉、洋桃、柑橘等果品相继成熟,真是琳琅满目,美不胜收。在广东东莞和顺德地区,分布着大片的甘蔗田,是全国仅次于台湾的蔗糖产区。另外,珠江三角洲的蚕桑业,在国内也只次于太湖流域。这里的桑树常年生长,饲蚕的季节比全国任何地区要长。顺德是珠江三角洲的蚕业中心,名闻遐迩的广东香云纱,即是这里的出品。

珠江三角洲北端的广州,是一个人口超过百万的华南第一大都市。这里除了是一个工商业和交通中心以外,在中国人民反帝反封建的斗争历史中,也曾留下了不可磨灭的光辉事迹。鸦片战争时期的平英团,是中国人民最早的反帝组织。1911 年的广州起义,替辛亥革命的巨大浪潮打下了基础。而 1927 年广州公社的建立,更是中国新民主主义革命历史中的一件大事。

　　新中国成立以来,珠江流域的水利建设,特别是农田水利工程,已经大规模地展开了。在广东,已经完成的水利工程有东莞的横山独洲围,三水的芦苞水闸,高要的金东西堤围,惠阳的潼湖大水闸以及乐昌指南乡、曲江马坝中坡等灌溉工程多处。正在进行中的东江沿岸增城和博罗之间的石龙石滩大围,则更是一项规模巨大的农田水利工程。这些工程的建筑,大大地改良了广东省的灌溉情况,替这一带的农业发展创造了更优裕的条件。

　　在广西,最重要的是南宁郊区的良凤江水利工程。这个工程的完成,使附近一万多亩农田得到了灌溉。另外如桂江上游灵川的甘棠渠,柳江上游柳城沙浦河干渠等,也都是新中国成立后新修的水利工程。

　　珠江流域贵州省的最大水利建设是涟江灌溉工程。这也是到目前为止在珠江流域已经完成的最大的工程。这一个包括沟渠10多道、涵闸等建筑物200多座的水利工程,使贵州南部罗甸一带的2万多亩土地得到了充分的灌溉,估计每年可以增产大米300多万斤。

　　自然,这些工程还不过是一个建设的开始。随着祖国大规模经济建设的开展,珠江流域必然还会有更多、更巨大的水利工程出现。珠江本来是祖国的一条自然条件优越、得天独厚的河流,在人民的力量下,它将会得到更伟大的发展远景。

十一、西南的河流

雅鲁藏布江

雅鲁藏布江是西藏第一大河。它奔流在喜马拉雅山脉和冈底斯山脉之间的谷地上,这就是地理上著名的藏南纵谷,或者称为雅鲁藏布江谷地。

雅鲁藏布江发源于冈底斯山以南的玛那萨罗沃湖附近。冈底斯山和玛那萨罗沃湖,是一向被藏族人民尊称为"圣山"和"圣湖"的。这里附近,是萨特里日河(印度河支流)、印度河、喀那里河(恒河支流)和雅鲁藏布江4条大河的发源地。藏族人民一向传说这4条河流都从玛那萨罗沃湖流出来;事实上,真正发源于"圣湖"的只有萨特里日河一条,雅鲁藏市江的上源却在玛那萨罗沃湖以东、公珠湖附近的冈底斯山南麓。

和玛那萨罗沃湖一样,雅鲁藏布江在藏族人民的心目中,也是一条崇高神圣的河流。"雅鲁"相传是藏族酋长的始祖;"藏布"是"赞普"的转音,而"赞普"则又是西藏历史上一位很著名的酋长。从名称中,我们已经可以了解,西藏人民是如何尊重这条河流的。自然,西藏人民对于雅鲁藏布江这样高度的尊敬,并不单纯是一种宗教信仰造成的结果,主要是因为在西藏高原这样一块自然环境艰难的地方,雅鲁藏布江确实替人民带来很多好处的缘故。

雅鲁藏布江的上游叫做马泉河,东流接纳扎克塔布河和拉喀藏布河;再向东到日喀则又和年楚河会合。年楚河是雅鲁藏布江的重要支流之一,它上游的江孜,地处藏、印交通的要道,是一个重要的商埠,也是全藏的第三大城。从日喀则东流,雅鲁藏布江到曲水和拉萨河会合,拉萨河是它最重要的支流。雅鲁藏布江和拉萨河的合流处,江面宽达300多米,江上架有险峻万状的铁索桥一座,叫做朱力桥。

雅鲁藏布江最后流入西康境内,在喜马拉雅山和色隆拉山之间折流向南,进入印度,从此称为布拉马普得拉河。布拉马普得拉河在恒河三角洲和恒河会合,注入孟加拉湾。

从发源到入海,雅鲁藏布江全长约2900公里,这中间,几乎有2/3的流程在我国境内,是我国流入印度洋的第一大河。

雅鲁藏布江是世界上最高的河流。它所流贯的地区,除了在印度半岛的部分以外,大都在海拔4500米左右。住在平原上的人们,对于这样一条奔流在和3座"东岳泰山"一样高的地方的滚滚大河,的确是一件不可想象的事。

而且这样一条高峻的河流还可以通行舟楫呢。从日喀则以西的拉孜起,到拉萨东南的泽当为止,中间有400公里,都可以通行木船。特别是从曲水到泽当的140公里,舟楫往来极多,交通相当便利。雅鲁藏布江的航道,确是全世界最高的内河航道。在这样的河流中行舟,要是设想到平原上的情况,那简直就和坐在飞机里凌空飞行一样了。

雅鲁藏布江谷地是西藏最富庶繁荣的地区。这里拥有了西藏的全部耕地,集中了西藏的最大城市,并且居住了西藏绝大部分的人民。在今后康、藏地区的经济建设中,无疑地,雅鲁藏布江将是一条极有贡献的河流。

雅鲁藏布江上游两岸,是一个广大丰饶的农业区。东自康彩拉山(东经90度),西到格噶千山(东经87度),河谷和盆地相连,在60多万亩肥沃的田地上,种植着青稞、小麦、油菜等6种作物。10多万劳动人民,辛勤地耕耘着这块土地,他们巧妙地引水下山灌田,沿江修筑了许多水渠。使这一带的农产品,可以源源地供给拉萨、日喀则和江孜等大市镇。而且这里还有着丰富的水源和大片未垦的肥沃土地,因此,农业生产的发展前途是很远大的。

雅鲁藏布江沿岸有西藏最大的城市,这中间最主要的自然是拉萨和日喀则。

拉萨在雅鲁藏布江支流拉萨河沿岸,是西藏政治、经济、宗教和文化的中心,也是全藏的第一大城。说起拉萨,马上就会联想到著名的布达拉寺。这座远在1300年以前的前藏王松赞冈布时代就开始建造的伟大宫殿,是一座高达100米的13层建筑。整座宫殿包括金殿3座、喇嘛住舍1万多间。里面还有镶满了珠宝玉石的金塔8座,金、银、铜、玉等塑造的佛像不计其数。金碧辉煌,雄伟无比!它是西藏劳动人民高度智慧和伟大创造能力的结晶。

　　日喀则位于雅鲁藏布江上游南岸,是全藏第二大城。有着伟大的建筑扎什伦布寺。寺院周围3里,有楼房3000间。在西藏,这是规模仅次于布达拉寺的第二座雄伟建筑物。

　　自从西藏和平解放以来,雅鲁藏布江更显出了它活跃、奋发的气象。雅鲁藏布江具有极大的水力发电的潜在量。根据科学工作队在高原上勘察的结果,仅雅鲁藏布江一段约380公里支流的地区内,就能发电44.7万多瓩。据工作队的推测,如果在雅鲁藏布江修建一座巨大的水力发电厂,供电的范围可以遍及整个西康和西藏。共产党和人民解放军,正帮助藏族人民,在雅鲁藏布江两岸进行着各种新建设。拉萨开始创办起新式的工厂,雅鲁藏布江两岸的耕地也在中国人民解放军的开垦下大大地扩展了,盛产青稞、小麦和其他许多农产品。1953年,这一带的青稞、小麦可收到种子的20倍。可以相信,在不久的将来,雅鲁藏布江沿岸,将会建立起许多新的工业城市,而这一带更将开垦出广大面积的肥沃农田,成为那些工业城市的粮食基地。

怒 江

　　怒江也叫潞江,是祖国西南一条典型的峡谷河流。

　　怒江发源于青、康、藏交界处的唐古拉山,上游叫做索克河。索克河以下,河流被夹在唐古拉山和念青唐古拉山之间,在西康洛隆宗以上的一段,称为拉曲河。洛隆宗以下,河流进入怒山和伯舒拉岭之间的峡谷中,从此才叫怒江。

　　从西康流入云南,怒江奔流在怒山和高黎贡山之间,山两侧又各有澜沧江和恩梅开江,几乎都和它平行。怒江在接纳支流南捧河以后,就在中缅未定界上流动。进入缅甸以后,又接纳从我国发源的支流南卡江。

　　怒江流入缅甸境内以后,称为萨尔温江,最后在仰光和毛淡棉之间注入玛打万湾。从发源到入海,怒江全长约2000公里,其中在我国国境上的要占全程的2/3,是我国次于雅鲁藏布江的第二条流入印度洋的大河。

　　怒江沿岸全是高山峻岭,雪峰皑皑,峡谷幽深,形势极其雄伟。怒江流域中的雨量,大概都在1000毫米以上,加上源源融化的雪水,怒江的水量是非常丰富的。这样,由于怒江的山高谷狭,水量丰富,再加上河床中礁石嶙峋,险滩棋布,便造成了怒江流水雷霆万钧的浩大形势。

　　怒江流域在反动统治时代是被认作"蛮貊之邦"的地方。这一带,从西康到云南,居住着藏族、民家、傈僳、怒族和傣族等少数民族。由于历代反动统治阶级的压迫和挑拨,这一带的少数民族,文化落后,生活极苦,有的还停滞在奴隶社会的阶段,而且民族

西南的河流图

间由于历来造成了隔阂,经常发生纠纷和械斗。新中国成立以后,在党和人民政府正确的民族政策领导下,各民族大都已建立了自治区,政治生活已有了改变,经济、贸易和文教事业也大大发展,怒江两岸,已经显露出一片新气象了。

怒江流域的交通是异常困难的。由于滩多水急,整条怒江除了缅甸境内毛淡棉以上的100公里可以航行汽船外,其余大都是不通舟楫的。怒江两岸的高山往往高出河谷达2000米以上。地势十分险峻。两岸的人民,隔着天险怒江,有时在山头上可以互相看见,但往来极不便。这里,唯一沟通两岸交通的是索桥。在保山和腾冲之间,著名的索桥,有双虹桥、惠人桥和惠通桥3处。简单的索桥,只是河岸两棵大树间的一根悬索,过渡者套上圈子在这一根悬索上飚然飞渡,很是惊险。1953年10月间,康藏公路修到了怒江旁边。为了征服怒江天险,康藏公路修建司令部向筑路中国人民解放军部队和工人们发出号召,在激流上空架起钢桥。征服天险的英雄们,经过20天的激烈战斗,在从来没有人走过的怒江上架起了一座崭新的钢桥。现在,成列的汽车满载着物资从这里驰过,当地人民也可以自由自在地渡过怒江天险了。

怒江流域,特别是云南的南部一段,地处热带,湿热的气候,将茂密植物的枯枝败叶分解后,便易于为病菌繁殖,使疠疫和疟疾流行,以致影响了居民的健康。这种情况,只要经过大力的垦殖开辟并且加强环境卫生的工作,是完全能够改变的。

由于反动统治者多年来的压迫,到今天为止,怒江流域的产业还是非常落后的。但是怒江是可以被建设得很美丽的。怒江的北段,是一个理想的高原牧场;怒江的南段,更是除了两广和海南岛以外的我国另一热带植物区。这里长着茂密的森林,森林中有祖国所少有的造船用材料——柚木,森林中有巨大的热带食草兽,如犀牛和大象等,这是我国唯一出产大象的地方。这里是能够建设成为富庶美丽的乐园的。

十二、西北的河流

塔里木河

塔里木河是祖国西北最大的河流，同时也是全国最大的内陆河。

在新疆的南部，北面是天山，南面是喀喇昆仑山和昆仑山，西面是帕米尔高原，构成了一块地球上最大的内陆盆地，叫做塔里木盆地。塔里木河就流贯在盆地中央，全长计有 2750 公里。

塔里木河的上源主要有 4 条支流：阿克苏河、喀什噶尔河、叶尔羌河及和阗河。论长度，它比我国南方的大河珠江要长得多；论流域，它要超过珠江 1 倍；但是拿水量比一比，它却比珠江少得太多了。

这主要是雨量的关系，因为塔里木河流域，是我国著名的干燥地区。流域中没有一个地方的年雨量会超过 100 毫米，而流域东南的婼羌，年雨量只有 4 毫米半，更是世界雨量记录最少的城市之一。塔里木河每年有一段很长的时间是干涸的，要到 4 月以后，高山积雪融化，水量才慢慢增加，夏秋之间，水量最大。塔里木河的涨水季，也正是那一带农民的忙碌时期，他们纷纷整理沟渠，引水灌田。水在那里是最珍贵的东西。

在我国其他大部分地方，田里需要水的时候，农民们总是盼望天空能满布乌云，来一场大雨，但是在塔里木河流域，作物愈是需要水，农民就愈爱太阳。因为太阳愈强烈，积雪才能融化得愈快。雪水是他们唯一的水源，"久旱逢甘霖"，对那里的农民是

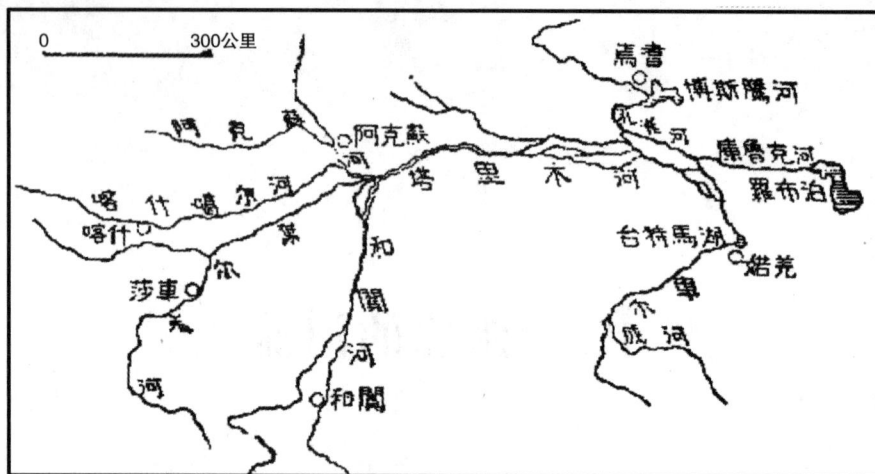

塔里木河图

一句不可理解的话。

　　塔里木河的大部分奔流在塔克拉玛干大沙漠之中,它的下游时常改道。有时它注入罗布泊,有时却改向南流,注入台特马湖,或者是另潴一湖。

　　改道是泥沙淤积的结果。塔里木河流水把上游大量的泥沙带入了罗布泊,使湖底逐渐升高,最后终于使塔里木河无法流入而只好改道他流,于是罗布泊就干涸了。但是干涸以后,湖底暴露,大风就开始进行了和流水相反的工作,把湖底的泥沙逐渐搬掉,湖泊又低陷了下去。与此同时,塔里木河所潴成的新湖,却又因泥沙的堆积而渐渐淤浅了。最后,塔里木河又放弃了它所潴的新湖而重新回到罗布泊来。这样,塔里木河下游就一直像钟摆似地在南北摆动,罗布泊受了塔里木河的影响也跟着循环迁移。这样的湖泊,在地理学上叫做"交替湖"。

　　在1921年以前,塔里木河是流入台特马湖的。1921年,塔里木河在德门堡改入故道,从此又回入罗布泊。直到最近,根据新疆水利局所得的飞机视察报告,塔里木河已经改道流入白龙堆沙漠,而原来的罗布泊又有干涸的迹象了。

　　罗布泊是一个面积达2450平方公里的大湖,但是它的水量却少得可怜。平均深度不到半米,即使是在涨水的季节,最深的地方也不过一米。这样一个大湖,水量却少到这般田地,甚至于常常要干涸。

　　罗布泊所得到的水量本来不很充分,塔里木河又常常改道,再加上这一带大得惊人的蒸发量,这是罗布泊缺水的原因。

　　塔里木河虽然流过了大片寂无人烟的沙漠,但却也流过了很多水草丰美的绿洲。2000年来,维吾尔族劳动人民在塔里木河流域引水灌田,在沙漠中创造了星罗棋布的灌溉农业区,出产了小麦、玉米、棉花等多种多样的农产品。阿克苏一带的香稻,色白味甘,粒子肥长,质量优于江南。瓜果的种植更为普遍,特别是流域的北部,遍地都是果园,生长着甜瓜、梨、杏、苹果、桃、枣等鲜美的果品。流域西南的和阗一带,人民普遍饲蚕,是我国极北的蚕业区。生产出来的丝,利用塔里木河水漂洗,色泽特别光洁可爱;织成的绸,可与山东府绸媲美。目下,正在和阗建设一座现代化的缫丝工厂。

地下资源在这里也是丰富而多样性的。天山南麓的石油,油源充沛,质量优良,是祖国极重要的动力资源。昆仑山以北的且末和于阗一带的金沙,含金沙层极厚。和阗、于阗、洛浦各县的玉石,最大可达三四百斤,是自古以来的名产。此外,银、铜、铅等多种有色金属的藏量也很丰富。自从1950年和苏联签订了在新疆创办中苏石油及有色金属股份公司的协议以后,苏联在设备上和技术上,大量地帮助了我们。塔里木河流域的这些深理已久、无人过问的矿藏,将从此得到大规模的开采了。

塔里木河已经进入了新的世纪,流域中的水利建设,经过中国人民解放军的几年努力,已得到了很大的成就。焉耆县的解放第一渠已经完成,阿克苏的胜利渠和焉耆的解放第二渠也都将在1954年内完工。另外如喀什噶尔河上的巴楚县红海水库,疏勒的马场水库,莎车的铁里木大渠及和阗的通古斯渠等,都在积极计划修建。多少年来河干水浅、灌溉困难的塔里木河,不久的将来,将是一个渠道纵横、水库密布的所在了。

额尔齐斯河

中国只有一条河流注入北冰洋,这就是新疆省的额尔齐斯河。

额尔齐斯河是新疆省唯一的外流河,它在新疆省境内,约摸有400公里的流程。它的下游在苏联境内和著名的鄂毕河会合。鄂毕河全长5200公里,是苏联的第一大河。

额尔齐斯河发源于新疆省北部的阿尔泰山南麓,上游叫做库额尔齐斯河。库额尔齐斯河西流掠过布伦托海北部,虽然库额尔齐斯河和布伦托海在最近处相距还不到10公里,但是由于这中间的崎岖地形,使它无力把布伦托海和注入布伦托海的乌伦古河抢救出去。

从布伦托海北部向西,库额尔齐斯河到达布尔津,接纳了从北面流来的布尔津河,从此才叫额尔齐斯河。从布尔津起,河面比以前开阔,水量也增加得多了。因此,这里就成为额尔齐斯河汽船航行的起点。在新疆省,人们要看到这种在水面上疾速来去的汽船,确是一件不容易的事。除了布尔津和伊犁河边的伊宁以外,整个省区就看不到汽船的踪影了。

额尔齐斯河图

　　布尔津以西,额尔齐斯河经过哈巴河的南部,然后流出国境进入苏联。

　　在苏联境内,额尔齐斯河注入斋桑泊,从斋桑泊北流,一直要到西伯利亚的汉的曼斯克才和鄂毕河干流会合,最后注入北冰洋的鄂毕湾。

　　额尔齐斯河流域虽然位处全年平均气温到达摄氏零度的新疆极化地区,但是由于劳动人民多年来辛勤地开辟和垦殖,终于也克服了这一带寒冷、干燥和风沙的困难,使这里不但成为一个牛羊遍野、马畜涨山的畜牧场,同时也是一个沟渠交错、阡陌纵横的农业区。几百年来,劳动人民已经在流域中的阿尔泰、富蕴、布尔津、哈巴河、吉木乃等5个县的范围以内,开凿了70多条全长达2300公里的沟渠,引用额尔齐斯河流水,灌溉了这一带的9.5万亩农田。使这个天寒地冻、气候干燥的艰难地方,也能播种上小麦、小米、青稞等农作物,供给了牧区人民的粮食需要。

　　额尔齐斯河流域在行政上是新疆的阿勒泰专区,和新疆其他各处一样,这里是一个各兄弟民族聚居的地方。这里的主要民族有哈萨克族、蒙古族、汉族和维吾尔族等。在过去反动统治的日子里,在统治阶级残酷地压迫之下,新疆曾经是一个惨苦的民族大牢狱。

　　新中国成立以后,人民政府领导额尔齐斯河两岸的牧民进行了打狼、贮草等各种运动,并且帮助他们解决了兽疫防治的问题,大大地发展了畜牧生产。阿勒泰专区原有的哈萨克种羊,每年只能剪毛二三斤,品质也很低劣。新中国成立以后,从苏联运来了蓝布里种羊,和哈萨克种羊杂交以后,得到了品种优异的新疆种羊(原名蓝哈种羊),平均每一只羊年产毛绒12斤,可纺60支纱。这自然更是阿勒泰专区人民的一个莫大喜讯。

　　为了便利额尔齐斯河流域的交通,更好地开发这个地区,从乌苏到阿勒泰专区的公路已在进行改线,而从富蕴到吉木乃的全长达 390 公里的新公路也已经开始建筑。不久的将来,这地处北陲的小城布尔津,将要成为一个交通便利的水陆码头,而阿勒泰专区的第一大城阿勒泰,也更有发展前途。

　　额尔齐斯河发源处的阿尔泰山,本来就是一座蕴藏丰富的金山。金山以下的大河,自然也是有着它伟大的前程的。额尔齐斯河的下游,苏联人民已经在进行着应用原子能的伟大的河流改道工程。这个工程带给它上游的人民以一种鼓励,同时也带给全世界从事和平建设的人们以一种巨大的力量。

后　记

　　我写这本"祖国的河流"的意图是想把祖国河流的自然地理和经济地理两方面，作一个较有系统的叙述，使读者能够在短小的篇幅中，对祖国的河流获得一个比较全面的概念。

　　不过要达成这样的目的，却是有一些困难的。除了主要的由于作者能力的不够以外，客观上确也有若干原因：首先，在河流的自然地理方面，因为旧中国没有给我们留下较多的和较为正确的资料。很多河流的发源、流域和水文等等概况，或是资料残缺不全，或是说法纷纭，可靠性很有问题。例如黄河的发源情况，直到不久以前才被实地勘察所判明；而长江的上源和祖国西部的其他河流如怒江、雅鲁藏布江和塔里木河等等，不但数据不多，而且究竟哪一种资料最为可靠，也使作者煞费揣摩。因此，虽然作者对每一种资料的采用，都经过了反复的考虑，但缺点仍然是难免的。作者希望这本书能得到读者的批评和指教。

　　其次，祖国河流的经济地理特别是河流沿岸的经济建设部分，由于新中国成立后一日千里的突飞猛进，作者对这一方面资料的及时掌握，也发生了一些困难。当本书和读者见面的时候，某些地方，不免使读者已有"明日黄花"之感。不过这件事实的本身，倒是令人无限兴奋的；而且这也是写新中国地理面貌和经济建设之类的文字中所普遍存在的和永远不可克服的令人喜悦的困难。因此，关于这一方面的缺憾，只能让读者经常不断地从报章杂志中去弥补了。

感谢替本书作插图的吴贤祚、周丙潮两位同志。

陈桥驿

1954 年 6 月于杭州浙江师范学院

原著(上海)新知识出版社 1954 年版

高中外国经济地理

第一章 绪言

外国经济地理是以分析各国、各地区生产发展的社会条件和自然条件来研究生产配置的科学。我们学习外国经济地理,首先是通过对世界各国经济发展和生产力配置的理解,懂得世界各国的性质和现状,从而认识世界形势和国际变化;其次是通过对各种类型国家的具体研究,使我们能够比较各种政治经济制度,认识社会主义和人民民主制度的优越性,进一步提高我们的政治觉悟,激发国际主义和爱国主义精神。另外,由于这门科学要我们广泛地研究各国的自然条件和资源与它们经济发展的关系,要研究各国的工业、农业、运输业等经济部门,要练习阅读和绘制各种经济地图及统计图表,通过这些,我们将懂得许多生产知识和技能。

外国经济地理的内容既然要涉及到世界各国,因此,我们首先必须对当今世界的政治地图有一个全面的认识。

十月社会主义革命以前的世界是一个统一的资本主义世界,几个强大的帝国主义国家成为世界的统治者,它们把许多弱小国家变成自己的殖民地和附属国,另外许多弱小国家则处于勉强独立的半殖民地地位。

伟大的十月社会主义革命,使世界政治地图起了一个根本的变化。统一的资本主义世界从此结束了,世界上出现了社会主义和资本主义两大体系。此后,世界的发展就成为这样的形势:一方面是社会主义体系的欣欣向荣、日益扩展;另一方面是资本主义体系的腐朽没落、分崩瓦解。

第二次世界大战以后,世界形势的这种发展,显得更明确和迅速了。社会主义体系在这一时期中,得到了空前发展和无比壮大,全世界已有近10亿人口的13个国家在建设社会主义。这些国家,结成了以苏联为首的坚强的社会主义阵营,进行了大规模的经济建设,出现了一片繁荣幸福的气象。这些国家之间展开了友好互助和平等贸易,形成了一个民主市场。从此,统一的、无所不包的资本主义市场,就为社会主义和资本主义两个平行市场所代替,大大削弱了资本主义世界的经济力量。

资本主义体系在这个时期中大大地削弱了。第二次世界大战打垮了德、意、日三个帝国主义大国,另外两个帝国主义大国即英国和法国也伤了很大的元气,美国成为帝国主义的魁首,它组织了一系列侵略集团,占领了许多军事基地,企图发动进攻社会主义国家的侵略战争和镇压殖民地的民族解放运动。但是由于社会主义阵营的团结强大,殖民地人民解放斗争的日益高涨,而帝国主义各国间更是矛盾重重,它们国内的广大人民也正在和反动统治者展开日益尖锐的斗争,因此,不管美国如何虚张声势,帝国主义的末日已经愈来愈近了。

殖民地国家民族解放运动的高涨,是战后国际形势中的重要事件。亚、非二洲的许多殖民地和半殖民地国家如印度、印度尼西亚、缅甸和埃及等,都先后脱离了帝国主义的羁绊而成为真正独立的民族主义国家。这些国家奉行独立、和平的政策,并且坚决地反对殖民主义。此外,还有一些资本主义国家像欧洲的芬兰等,它们也反对战争,愿意奉行和平政策而成为中立国家。目前,从殖民地解放出来的新的独立国家和其他资本主义中立国家的队伍正在日益扩大,使资本主义体系中又出现了一个广阔的和平地区,大大削弱了帝国主义的气焰,有利于世界和平事业。

当然,帝国主义者并不会甘心于它们的死亡,它们仍在一次又一次地挑起侵略战争,企图进攻社会主义国家和继续统治殖民地人民,例如美国对朝鲜的进攻,美、法两国对越南的进攻和英、法两国对埃及的进攻等。但是所有这些进攻,都遭到了可耻的失败。

总之,帝国主义者是挡不住历史发展的巨轮的。世界发展的趋向显示着:社会主义和反殖民主义将要获得更大的胜利,资本主义体系将日益分化,帝国主义必然要走向灭亡。这就是目前世界的基本形势。

第二章　苏联

第一节　国家制度和联盟组成

苏联是苏维埃社会主义共和国联盟的简称,它由 15 个加盟共和国组成,是世界上第一个社会主义国家。

苏联的各加盟共和国,可按地理位置分列如下。

横跨欧、亚二洲:俄罗斯;

欧洲:乌克兰、白俄罗斯、摩尔达维亚、立陶宛、拉脱维亚、爱沙尼亚;

南高加索:阿塞拜疆、亚美尼亚、格鲁吉亚;

中亚细亚:哈萨克、乌兹别克、土库曼、吉尔吉斯、塔吉克。

在所有加盟共和国中,俄罗斯具有特别重要的意义。它的领土广大,约占全国总面积的 77%;人口众多,约占全国总人口的 57%。在自然资源的潜藏和经济发展的程度上,它也居于首要地位。

各加盟共和国是根据平等自愿的原则组成的。它们使用本民族的语言和文字,是具有独立主权的国家。平时除了本身自愿交给全联盟处理的问题以外,它们在自己的领土上,对一切事务都能独立行使国家政权。苏联宪法并且规定它们有自由退出联盟的权利。它们有自己的宪法和法律,有自己的国家政权机关和管理机关,有自己的军队编制(但受全联盟的指导),并且有权和外国建立外交关系。由于它们有着共同的理想和目标,为着共同的事业而努力,因此,在苏联共产党的领导下,它们团结得如铁一般的坚强,并且正在为着建设伟大的共产主义而奋斗。

第二节　自然条件和资源

苏联具有广大的领土,复杂多样的自然地理面貌和丰富的自然资源,这些都是苏联国民经济发展的有利条件。

苏联的领土面积达2,230万平方公里,占地球陆地面积的1/6,是世界上最大的国家。苏联的领土轮廓大致成为一个长方形,东西长约11,000公里,南北宽约4,500公里。它拥有43,000公里长的海岸线,濒临着太平洋、大西洋和北冰洋3个大洋的12个支海;它拥有17,000公里长的陆疆界,和亚洲的朝鲜、中国、蒙古、阿富汗、伊朗、土耳其和欧洲的罗马尼亚、匈牙利、捷克斯洛伐克、波兰、芬兰、挪威等12个国家接壤。

苏联在领土面积和疆域上的条件是优越的。因为第一,领土广大,各种自然资源的贮藏就特别丰富;第二,在广大的领土上,气候、土壤和生物的分布各不相同,构成了各不相同的自然区带,替发展多种农业部门具备了条件;第三,由于领土广大,使生产力能够配置得更合理,有利于社会主义建设事业;第四,广大的领土,使欧亚两洲的人民民主国家能够联成一起,对互相帮助和保卫世界和平事业都很有利。

苏联具有多种多样的地形,其中平原特别广阔,约占全国面积的60%,山地和高原各占20%。主要的平原有3处:即欧洲的俄罗斯平原、亚洲的西西伯利亚平原和中亚细亚平原。平原便于垦殖和灌溉,可以发展大规模的农业。

苏联的高原主要在亚洲,包括中西伯利亚和哈萨克两块高原。山地的分布以东西伯利亚及其他边境地区为较多,东西伯利亚有外兴安岭、斯塔诺尾岭和佛贺扬斯克山脉等;苏蒙边境有唐努乌拉山和萨彦岭;中苏边境有天山,是苏联最高峻的山脉。此外,在欧亚之间有乌拉尔山,在高加索有高加索山,在苏联欧洲部分的西南边缘有喀尔巴阡山等。高原和山地可以发展畜牧业和种植许多山地作物,而且这些地方的矿藏和水力资源都很丰富,对工业建设有重大的意义。

苏联是一个富于河流和湖泊的国家。最长大的河湖分布在亚洲,流入北冰洋的有鄂毕河、叶尼塞河和勒拿河等,流入太平洋的有黑龙江等,在中亚细亚则有内陆河如阿姆河、锡尔河等。主要的湖泊有里海、咸海、巴尔喀什湖和贝加尔湖等,其中里海是世界最大的湖泊。欧洲的河流主要有流入黑海的顿河、第聂伯河、多瑙河和流入里海的伏尔加河等。伏尔加河是世界上最长的内陆河。它是苏联经济意义最大的河流之一。多瑙河流过欧洲的8个国家,下游在苏联入海,是一条航行意义很大的国际河流。

苏联河湖的经济意义,可以从灌溉、航行、水力和水产4方面加以评价。苏联的大部分河流都分布在平原上,水量丰富,灌溉非常便利,特别是中亚细亚的河流,藉高山雪水的灌注,滋润了干燥的沙漠地区。

苏联的河湖在航运方面十分便利,全国能够漂运和通行舟楫的河道达50万公里以上。各流域间的分水岭低矮,又替开凿运河、沟通各流域、组成完整的航行网创造了条件。

苏联的河湖还潜藏着巨大的水力,成为极重要的动力资源。水产资源也很丰富,里海就是全国最大的渔场之一。此外如盐、碱等矿物,也可从许多内陆湖泊中得到。

苏联的气候非常复杂,它具有除了热带气候以外的各种气候类型,构成了各个不同的自然区带,提供了发展各种农业部门的条件:在北冰洋沿岸是苔原带,那里发展了渔业和狩猎业。苔原带以南,包括俄罗斯欧洲部分的中部和西伯利亚大部是森林带,面积占全国的1/3,这里除了拥有世界上最丰富的森林资源以外,并且也发展了狩猎业和耕作业。森林带以南,包括乌克兰、北高加索、伏尔加河中游和哈萨克北部等地是草原带,这里有肥沃的黑土,是苏联最重要的农业区。中亚细亚和伏尔加河下游的半沙漠和沙漠带,虽然在自然条件上不利于农业的发展,但由于进行了一系列改造自然的工程,这里也已经出现了大片良田。

苏联是世界上矿藏资源最丰富的国家。在动力资源方面,主要的煤田分布在库兹巴斯、卡拉干达、通古斯河流域、顿巴斯和伯绍拉河下游一带,藏量略次于美国,居世界第二位。石油蕴藏在高加索,乌拉尔山和伏尔加河之间地区和中亚细亚一带,藏量居世界第一。水力藏量达28,000万瓩,略少于我国,居世界第二位,其中5/6分布在西伯利亚、远东、中亚细亚和高加索。此外,天然煤气和泥炭的贮藏量都居世界第一位,油母页岩的蕴藏量也很丰富。

在黑色金属和有色金属方面,铁、锰、铜3种重要矿藏的藏量都居世界第一位。铁主要贮藏在莫斯科以南的库尔斯克、乌克兰的克里伏洛格、刻赤半岛和乌拉尔等地;锰的最大贮藏地是南高加索的齐亚杜拉(在格鲁吉亚)和乌克兰的尼科波尔;铜则以巴尔喀什湖附近为最大贮藏地。此外如铅、锌、铝、镍、铂、金等等,藏量也很丰富。在非金属矿藏方面,钾盐和磷灰石的藏量都居世界第一位。

苏联的自然条件和资源的丰富对进行社会主义和共产主义建设是十分有利的。目前苏联人民除了充分和合理地利用这些资源以外,并且还正在对某些不利的自然条件进行大规模的改造。

第三节　居民

苏联有 21,000 万以上的人口,居世界的第三位(次于我国和印度)。人是最宝贵伟大的生产力,苏联的众多的人口,是社会主义建设的优越条件。

由于历史的原因,过去的居民分布是很不平衡的。绝大部分居民都分布在欧洲,特别是西南部和中部。亚洲的居民很少,在西伯利亚、中亚细亚和北冰洋沿岸有很多荒凉的不毛之地。十月革命以后,随着生产力配置的趋于平衡,人口分布也正在逐渐趋向于平衡之中。

在沙俄时代,由于工业的落后,居民大都分布在乡间,城市极不发达。十月革命以后,工业迅速发展,目前城市人口已多至 8,000 万人,占全国人口的 40%。莫斯科有 560 万人口,列宁格勒的居民也达 300 万以上,这两个都是全国最大的城市。此外,如基辅、哈尔科夫、高尔基和巴库等城市,居民都超过 80 万人。有很多城市是革命后新建的,如远东的共青城和北极圈内的伊加尔卡等。1917 年,5 万人口以上的城市在全国只有 71 个,到 1949 年就增加到 1412 个之多了。

由于人民物质生活的提高,苏联人口的生殖率不断增长,死亡率不断下降,人口数字增加得很快。近来每年增加约在 300 万人以上,是世界上任何资本主义国家所望尘莫及的。

在居民的阶级成分和职业构成方面,由于革命前后社会制度的改变,已经起了根本的变化。下面表列的,是革命前后社会成分的鲜明对比。

社会成分	革命前(1913 年)(%)	革命后(1939 年)(%)
工人和职员	16.7	49.7
集体农民和合作社手工业者		46.9
个体农民和非合作社手工业者	65.1	2.6
城乡剥削阶级	15.9	
其　　他	2.3	0.8

从上面的统计表中可以看出两个问题:第一,革命以后,剥削阶级消灭了,大家都成为自食其力的劳动人民;第二,由于工业的空前发展和社会主义集体化农业的建立,工人和职员的比重大大增长,而个体农民和手工业工人也都转变成了集体农民和合作社手工业者。

苏联是一个多民族的国家,全国大概有 170 多个大小民族。有自己的民族疆域的

达 60 个民族。人数最多的民族是俄罗斯人,要占全国人口的 58%,乌克兰人约占
16%,白俄罗斯人占 3%,此外如乌兹别克人、鞑靼人、哈萨克人等,也都是人数较多的
民族。革命以前,俄国境内的所有民族,都在俄罗斯地主和资产阶级的统治之下,成为
列宁所说的"各民族的牢狱"。革命以后,实行了新的民族政策,民族不分大小一律平
等,它们组成了加盟共和国、自治共和国、自治省和民族专区等,参加了苏联。而且先
进的民族,努力帮助落后的民族。如北极的落后民族,革命后也由原始的游猎生活直
接进入社会主义社会。全国已成为一个融融乐乐的民族大家庭。

第四节　经济发展的特征

沙俄是个经济落后的国家,它的落后原因主要可以从 3 方面来说明:第一,工业生
产量极为低落,以 1913 年为例,铁的生产量不到当时美国的七分之一,煤的生产量更
不到美国的 1/17。第二,国民经济的部门结构也显得非常落后,1913 年,工业在国民
经济中的比重只占 42.1%,农业却占了 57.9%,而在工业中,全部产值的 2/3 是轻工
业。第三,工业的分布极不平衡,全国有 3/4 的工业集中在莫斯科、彼得堡(列宁格
勒)两个工业区和顿巴斯、乌拉尔两个矿区。其他广大的地区都没有工业。经济上的
这种落后,使沙俄具有帝国主义和殖民地的双重性质。它侵略东方的落后国家如我
国、伊朗、阿富汗等,表现了十足的帝国主义;但它本身又成为西方帝国主义者如英、
法、德等国的投资对象,主要经济命脉全部掌握在这些国家的手里,成为它们的殖
民地。

十月革命胜利以后,苏维埃政府颁布了关于大企业、银行和矿山国有化的法令,基
本上消灭了资产阶级。在收归国有的企业的基础上,初步建立了社会主义性质的工
业。苏维埃政府同时又颁布了土地国有化的法令,消灭了地主阶级,替建立社会主义
集体化农业创造了条件。苏联人民接着进行了艰苦的斗争,击溃了帝国主义国家组织
的围攻和消灭了国内地主、资产阶级的反革命叛乱,经过了一段恢复时期以后,从
1928 年起实行了发展国民经济的一系列五年计划,国民经济获得了迅速的发展。在
1937 年第二个五年计划完成以后,苏联已经建立了强大的工业和集体化的农业,完成
了社会主义建设。在第三个五年计划过程中,由于法西斯德国的进攻而掀起了卫国战
争,并最后获得了伟大的胜利。胜利后,苏联迅速地恢复了战争带来的巨大创伤,通过
第四、第五两个五年计划,使国民经济有了空前的新高涨。现在苏联正在进行第六个
五年计划,逐渐向共产主义过渡。

苏联国民经济发展的特征可以从下列几个方面来看。

第一,在财产所有制方面,它完全不同于资本主义国家。生产资料公有制即社会主义所有制占了绝对的统治地位。社会主义所有制包括国家所有制(即全民所有制)和合作社、集体农庄所有制两种形式,而其中特别以国家所有制为主要。1950年,国内全部生产资料的99.4%是公有的,其中国家所有制约占全部生产基金的91%。在社会主义所有制的基础上,发生作用的是社会主义基本经济法则,即斯大林所说的"用在高度技术基础上,使社会主义生产不断增长和不断完善的办法,来保证最大限度地满足整个社会经常增长的物质和文化需要"。

第二,由于大规模的经济建设,沙俄时代遗留下来在部门结构上的落后情况已经完全不存在了。在第一个五年计划完成以后,工业在国民经济中的比重就达到70%,目前则已达到85%以上,重工业在工业产值中也占了绝对的优势。农业在国民经济中的比重虽然下降,但绝对产量也大大增加。

第三,在国民经济的技术改造方面,苏联也获得了很大的成就。无论工农业和运输业方面,都有了高度的技术水平,全国电气化已有了很大的成绩,生产过程中的机械化和自动化也都达到了很高的水平。近年来,并已开始应用在和平利用原子能方面的科学成就。

第四,由于技术水平的不断提高和苏联人民的忘我劳动,劳动生产率获得不断的高涨。在最近25年中,工业生产平均每年增加18.2%,为资本主义国家所远远不及。农业和运输业方面的发展也很迅速。

第五,在生产力的配置方面,已经大力地扭转了沙俄时代的不平衡状态,把生产力的配置由西方逐渐移向过去落后的东方、南方和北方。在东方的西伯利亚建立了黑色冶金工业、机器制造工业和巨大的水电站;在南方的南高加索和中亚细亚建立了采矿工业和其他轻、重工业;在北方的北冰洋沿岸地区建立了采矿、伐木等工业和畜牧、渔猎业。生产力在全国范围内做到平衡的配置,全国各地都得到了繁荣和发展。

第五节　工业概况

苏联在工业方面具有3个特点:首先是生产量增长的无比迅速,从1917年到1952年的35年中,生产量增长了38倍。同一时期,美国的工业生产量只增加了1.6倍。其次是技术水平的先进,由于苏联的工业大部分都是革命以后建立的新工业,旧的工业部门也都进行了彻底的改造,同时社会主义的生产关系更决定了它在工业上能够随时应用一切新的技术成就。因此,苏联工业的技术水平是世界上最头等的。最后一个特点是工业配置的合理。社会主义的工业配置根据3个重要的原则:第一是工业接近原料产地和消费区,以节省运费;第二是工业的配置必须保证每一个大地区基本上能具备所需的一切,进行完整的生产,同时每一个大地区又必须是全国工业综合体中的一个环节,为全国生产某些基本的成品;第三是工业的配置要注意到国防上的安全,重要的工业不配置在国境边界,以避免遭受敌人的攻击。

苏联各主要工业部门的概况如下:

动力工业　动力工业是一切生产部门所必需的原动力的来源,是现代工业、农业、运输业发展的基础。苏联的动力工业主要包括采煤、石油和电力3个部门。

采煤工业　煤是苏联最重要的动力资源,1955年,煤在全国燃料生产中占65%。

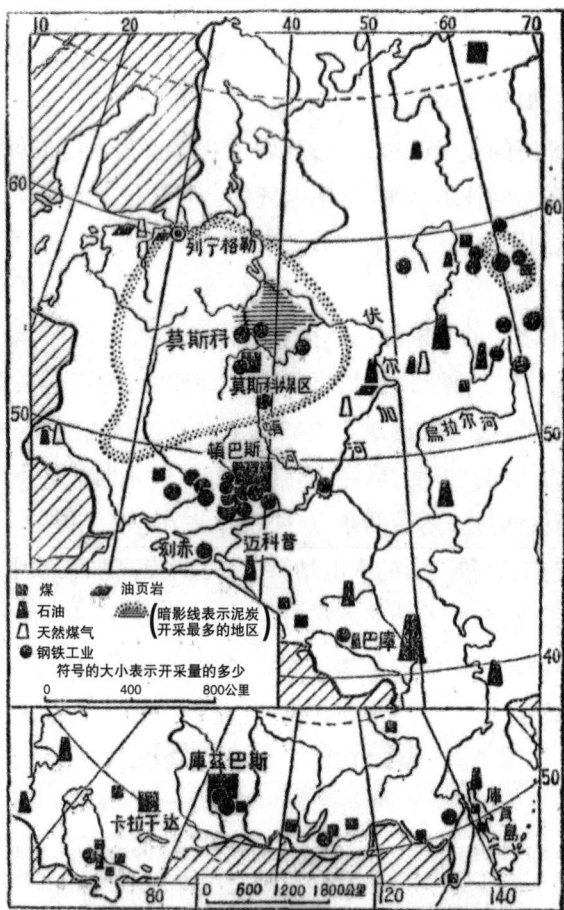

图一　苏联的燃料和黑色冶金工业分布图

苏联的采煤工业主要分布在4个地区:第一区是顿巴斯,位于乌克兰东部顿尼兹河流域一带,产量最丰富,供给了俄罗斯欧洲部分的南部和乌克兰的全部需要,这里是苏联全国最大的煤炭基地。第二区是西伯利亚鄂毕河支流托姆河流域的库兹巴斯,这是全国最大的煤炭蕴藏地,但在产量上还次于顿巴斯。库兹巴斯煤矿不但供给了乌拉尔和当地的工业需要,而且也是开发西伯利亚和远东的煤炭基地。第三区是哈萨克的卡拉干达,贮藏量只次于库兹巴斯,产量则居全国第三位。它一方面供给哈萨克本地的需要,另一方面也支援了乌拉尔区。第四区是莫斯科及其附近地区,这里的贮藏量不多,大部分是质量低劣的褐煤,但由于接近大工业区,运输便利,所以也得到了较大的发展。除了上述 4 区以外,像伯绍拉河下游、乌拉尔和远东等地,也都发展了相当规模的采煤工业。

除了采煤工业以外,苏联还有着规模很大的采掘泥炭的工业。泥炭是劣质燃料,不利于长途运输,因此,必须在泥炭产地建设发电站,将泥炭变为电力,然后再由电线送往各消费地点。苏联的泥炭采掘工业主要发展于莫斯科和列宁格勒附近。

石油工业　石油是苏联的另一种重要燃料,1955 年,石油占全国燃料生产的22.5%。最大的石油工业地是南高加索的巴库,北高加索的格罗兹尼和迈科普等地也有很大的发展。从乌拉尔河到伏尔加河之间地区的石油工业完全是十月革命以后建立起来的,这里称为第二巴库。此外,在爱姆巴河流域、中亚细亚和库页岛等地,也都有石油工业的分布。

油田区往往也有天然煤气的蕴藏,苏联的天然煤气以伏尔加河流域最为丰富。这里建有很长的输送管,把天然煤气输送到莫斯科和古比雪夫等工业城市应用。

油母页岩也可以提炼石油,它的产区以爱沙尼亚和列宁格勒附近为最多,列宁格勒建有提炼油母页岩的很大工厂。

电力工业　列宁曾经说过:"共产主义是苏维埃政权加上全国电气化。"苏联的电力工业确是非常发达的,全部电力约等于资本主义大国中电力工业很发达的英国和西德两国的总和。像顿巴斯、莫斯科、列宁格勒、乌拉尔和库兹巴斯等工业区,都是重要的电力中心。在全部电力中,火力发电约占 6/7,水力发电约占 1/7。

水力发电较火力发电成本低廉,苏联拥有丰富的水力资源,水力发电有着很大的前途。十月革命以后,苏联曾经建造了许多大型水力发电站:第二个五年计划时期,第聂伯河上的第聂伯罗彼得罗夫斯克建造了当时欧洲最大的水电站,发电能力达 90 万瓩。第二次世界大战以后建造的水电站,主要有第聂伯河上的卡霍夫卡、伏尔加河上的古比雪夫和斯大林格勒等,其中古比雪夫水电站发电能力达 210 万瓩,斯大林格勒水电站发电能力达 170 万瓩,都是世界上无与伦比的。最近,在西伯利亚叶尼塞河中、上游,又开始了布拉茨克、克拉斯诺亚尔斯克、叶尼塞等大型水电站的建筑,布拉茨克水电站和克拉斯诺亚尔斯克两个水电站的发电能力都是 320 万瓩,叶尼塞水电站则更达600万瓩,将成为世界上空前未有的大水电站。此外,像伊尔库次克水电站(发电能力66万瓩)、鄂毕河上的新西伯利亚水电站(发电能力40万瓩)和卡门斯克水电站(发电能力50万瓩)等,也都将次第兴建。

冶金工业　苏联的冶金工业可分黑色冶金工业和有色冶金工业两个部门,它是苏联工业基础的基础。

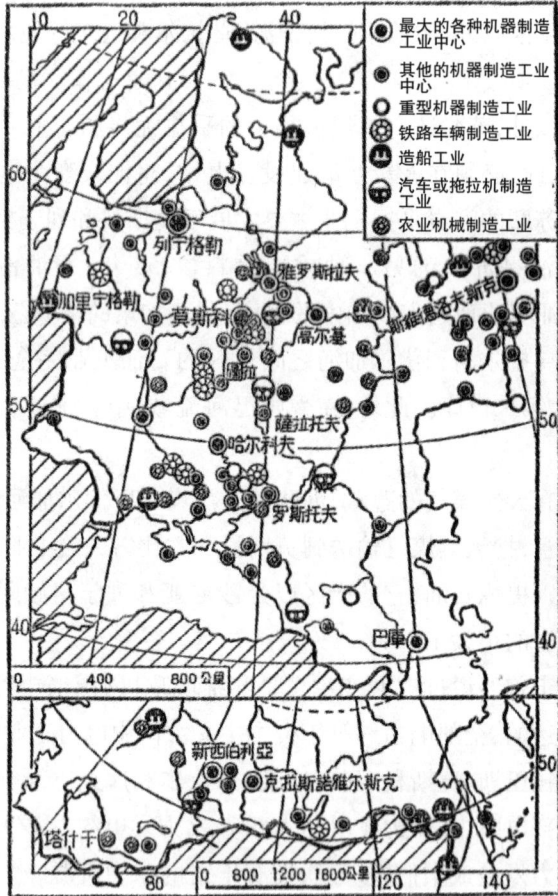

图二　苏联的机器制造工业

黑色冶金工业　苏联的黑色冶金工业主要分布在南区、中区和东区3个地区。南区是目前最大的黑色冶金工业区。钢铁厂主要集中在顿巴斯区,此外,在铁矿区克里伏洛格和刻赤半岛一带,也有很多钢铁工厂。中区包括莫斯科、列宁格勒和莫斯科以南的图拉等地,这里多用废铁为原料,以生产优质钢为主。东区即是乌拉尔—库兹巴斯区,利用乌拉尔的铁和库兹巴斯的煤,在相距2,000公里以上的马格尼托哥尔斯克和斯大林斯克各建立了钢铁工厂。这个区域正当苏联的心脏,对巩固国防有限大意义。

除了上述 3 区以外,像南高加索的第比利斯,中亚细亚的塔什干和卡拉干达,西伯利亚的乌兰乌特和远东的共青城等地,也都发展了黑色冶金工业。

钢铁以外的另一种黑色金属是锰,锰是钢铁工业中不可缺少的原料。苏联是世界上产锰最多的国家,炼锰工业的基地主要是南高加索的齐亚杜拉和乌克兰的尼科波尔。

有色冶金工业　苏联的有色冶金工业种类极多,分布也很普遍。乌拉尔是有色冶金的重要中心,这里有炼铜、炼锌、炼铝、炼镍等部门。此外如哈萨克和亚美尼亚的炼铜,哈萨克、高加索和远东区的炼铅,列宁格勒、乌克兰和库兹巴斯等地的炼铝,可拉半岛的炼镍等,也都有很大的发展。

机器制造工业　机器制造工业是国家生产力发展的最重要指标,苏联的机器制造工业发展得特别迅速,已居欧洲各国的第一位。苏联制造的机器,种类也极多,重要的约有下列一些:

重型机器　包括车床、矿山机器、建筑机器等,主要分布在莫斯科、列宁格勒、顿巴斯、乌拉尔和新西伯利亚等地。苏联的重型机器制造具有高度的技术水平,例如有一种自动掘土机,重达 100 多万公斤,每分钟能掘土 14 立方公尺,可抵 6,000 人—7,000 人的劳动。

运输机器　苏联的运输机器制造工业包括机车、车厢、汽车、飞机和造船业等部门。最大的蒸汽机车制造中心是乌克兰的伏罗希洛夫格勒,电气机车和内燃机车的制造则以莫斯科附近为最发达,车厢制造工业主要集中在乌克兰的第聂伯罗齐辛斯克。汽车制造工业的最大中心是莫斯科、高尔基和雅罗斯拉夫,在白俄罗斯的明斯克、南高加索的库台西和乌拉尔的米阿斯等地,也都建立了汽车制造厂。航空工业主要分布在莫斯科附近和乌拉尔区。苏联的造船工业分海洋船舶和内河船舶两类,最大的海洋船舶制造中心是列宁格勒和黑海沿岸的尼古拉耶夫,内河船舶的制造则以高尔基和基辅等沿河城市为最发达。

农业机器　大量的和各种各样的农业机器,是苏联社会主义集体化农业的重要基础,因此,苏联的农业机器制造工业是特别发达的。农业机器中最重要的是作为各种农业机器牵引力量的拖拉机,苏联的最大拖拉机制造中心分布在全国最主要的农业区附近,例如乌克兰的哈尔科夫,伏尔加河流域的斯大林格勒和乌拉尔的车里雅宾斯克等地。此外,联合收割机的制造分布在黑土草原带如罗斯托夫和萨拉托夫等地,采棉机的制造中心在棉产区的塔什干,另外还有收获马铃薯、甜菜、亚麻等的机器,它们各分布在这些作物的种植地区。

化学工业　苏联拥有非常丰富的化学工业原料如煤、石油、油母页岩、钾盐、磷灰石等等,此外如黄铁矿、天然硫、芒硝、食盐、石膏等也有大量的蕴藏,发展化学工业的条件是十分优越的。主要的化学工业有下列几个部门。

化学肥料工业　包括氮肥、钾肥和磷肥等,氮肥制造不需要原料而需要耗费大量电力,所以主要分布在煤矿区和电力中心,如以莫斯科为中心的中央工业区、顿巴斯和库兹巴斯等地。钾肥制造分布在钾盐丰富的乌拉尔区,而以苏里卡门斯克为中心。最大的磷肥制造中心在列宁格勒,这里接近最大的磷灰石产区可拉半岛。

酸碱工业　酸碱是其他许多化学工业部门中的原料,所以它是化学工业的基本部门。硫酸不宜运输,其制造中心多接近消费区,主要是中央工业区、列宁格勒、乌克兰和乌拉尔等地。最大的制碱工业分布在顿巴斯,其次是乌拉尔。

有机合成工业　包括染料、人造丝、人造橡胶、塑料等各种产品的制造,是化学工业中需要很高的技术水平的一个部门。它们多数集中在技术水平最高的中央工业区和列宁格勒一带,其中人造橡胶的制造因为是以马铃薯为原料,所以多分布在盛产马铃薯的苏联欧洲部分的中部地区。

木材工业　苏联的森林面积居世界第一位,发展木材工业具有优越的条件。木材工业包括采伐和锯木两个部门,采伐必须依附于森林,主要分布在苏联欧洲部分的北部和西伯利亚。全国最大的锯木中心是白海沿岸的阿尔亨格尔斯克,此外如斯大林格勒和北极圈以内的伊加尔卡等,锯木工业也都很发达。

纺织工业　纺织工业是沙俄时代最发达的工业部门,它的产值要占当时工业总产值的五分之一。但它存在着许多缺点:技术水平低落,质量不高,产品的一部分以运往国外市场——伊朗、阿富汗和中国为主;分布也极不平衡,主要建立在中央工业中心区和列宁格勒;部门极不完整,原料基础也很薄弱,只有棉织工业此较发达,但棉花要从遥远的中亚细亚运来,而且只能供给一半的需要。

革命以后,一方面提高了技术水平,一方面在棉产区中亚细亚建立了新的纺织工业基地,在原料方面也因棉产量的飞速增加而获得全部的解决。许多过去缺少或没有的纺织工业部门都建立起来了,像毛织、麻织、丝织和人造纤维等工业,都有了很大的发展。

食品工业　随着人民生活水平的提高,苏联的食品工业有着很大的发展。食品工业的特点是既和农业部门密切联系,又和人民生活息息相关。因此,在配置上就需要根据性质的不同而合理安排:原料便于就地加工而不利于运输的接近原料地区;原料便于运输而产品不宜久藏的接近消费地区。

苏联的面粉工业和甜菜制糖工业都居世界第一,它们大多分布在原料地区,前者以黑土带为最多,后者则集中在乌克兰和俄罗斯欧洲部分的南部。肉类工业主要分布在消费地区如莫斯科、列宁格勒和其他各工业城市附近。由于冷藏设备的完善,在原料地的哈萨克和中区其他各地,肉类工业也有了发展。乳品工业主要分布在中央工业区和其他各大城市的近郊。鱼制品工业则分布于阿斯特拉罕、海参崴和摩尔曼斯克等渔港。

第六节　农业概况

苏联农业的一般特征,大概可从下列几方面来看:第一,在产业发展的自然条件上说,苏联是很优越的。它具有各个不同的自然区带,可以种植多种多样的农作物,发展各个农业部门。第二,在土地利用方面,苏联的农业土地占全国面积的1/4,森林占1/3,其余则是沼泽、苔原、沙漠和山地等。为了开发这些没有利用的土地,苏联人民和自然展开了大规模的斗争:营造了广阔的防护林,开凿了许多灌溉运河和蓄水池,采用了各种优良品种和先进耕作方法,使农业逐渐向东方的西伯利亚和远东、向北方的森林带和苔原带、向南方的干旱草原和沙漠地带推展,使许多荒地变成良田,扩大了土地的利用率。第三,就农业经营的方式来说,苏联的农业是社会主义的集体化农业,即国营农场和集体农庄,全国有5,000个大型的国营农场和93,000个集体农庄。每个国营农场的平均耕地是2,400公顷,每个集体农庄的平均耕地是1,700公顷。第四,从农业发展的技术装备来看,苏联无疑是世界上最先进的国家。以1953年为例,农业机械化的程度已经达到了如下的标准:翻耕土地98%,播种91%,收获77%,绝大部分工作都用机器代劳了。

苏联的主要农业部门包括耕作业、畜牧业、渔业和狩猎业等,它们的大概情况如下。

耕作业　这是苏联农业生产中最主要的部门,它本身又可分成粮食作物和技术作物两个部门。

粮食作物　粮食作物在苏联农业中占有最重要的地位,无论从播种面积和产品价值各方面看,都占有显著的优势。全国最重要的粮食作物区是黑土草原带,但十月革命以后,远东和哈萨克等边区也建立了粮食基地。从1954年起,又在哈萨克、西伯利亚、北高加索、乌拉尔河和伏尔加河流域等地,开垦了生荒地和熟荒地1,700万公顷,大大增加了粮食生产。

图三　苏联的小麦产区图

全国最重要的粮食是小麦,播种面积要占全部耕地面积的30%左右,主要分布在乌克兰、北高加索和伏尔加河中下游地区,产量居世界第一位。其次是黑麦、燕麦和大麦,播种面积仅次于小麦,主要分布于黑土带以北的灰化土带,产量也都居世界第一位。马铃薯的主要产区在俄罗斯欧洲部分的中部和白俄罗斯一带,它既是粮食,又是饲料和化学工业的原料,一般把它的产量的1/10并入粮食一项计算,苏联的马铃薯产量也居世界第一位。此外,北高加索和南乌克兰的玉米种植,近年来也有很大的发展,预计不久的将来,苏联将成为世界上玉米产量最多的国家之一。玉米在苏联一般都作为饲料。

技术作物　技术作物的播种在革命以后有了很大的发展。沙俄时代的技术作物播种面积只占全部耕地的10%,现在已占到30%左右了。主要的技术作物有棉花、甜菜、亚麻和大麻。

苏联是世界上仅次于美国的最大产棉国家。棉花的主要产区是中亚细亚和南高加索,乌兹别克共和国的棉花产量居全国首位。近来在北高加索和南乌克兰也发展了植棉业。

甜菜是苏联制糖的主要原料,最大的产区是乌克兰,其次是哈萨克。

亚麻主要分布在俄罗斯西部、白俄罗斯北部和波罗的海沿岸各共和国,产量居世界第一位。大麻分布在俄罗斯欧洲部分的西南部、白俄罗斯南部和乌克兰的北部等地。

油料作物　苏联最重要的油料作物是向日葵,主要分布在乌克兰东南部、北高加索和伏尔加河下游等地,产量居世界第一位。此外,北部的亚麻仁和南部的棉籽,也都是重要的油料。

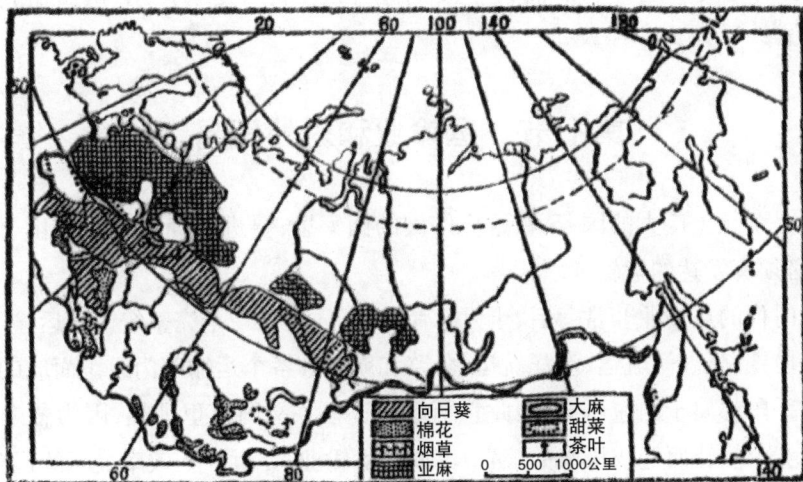

图四　苏联的技术作物产区分布图

畜牧业　畜牧业是苏联农业中的一个重要部门,畜产品价值约占农业总产值的30%左右。畜牧业的发展,是苏联人民生活提高的一个极好标志。

畜牧业中最重要的是养牛业,乳牛主要分布在苏联欧洲部分的中部和北部以及西伯利亚,在大城市附近的牲畜饲养业专门生产鲜牛奶,距城较远的则把鲜牛奶制成奶油和干酪。菜牛(肉用牛)的饲养在草原带特别发达,主要分布在乌克兰、北高加索、伏尔加河中下游及哈萨克等地方。1955 年,全国有牛约 6,700 万头。养羊业分细毛羊和肉用羊两类,细毛羊饲养业分布在乌克兰、高加索和伏尔加河中下游;肉用羊饲养业则以哈萨克及中亚细亚其他地区为主。1955 年,全国有羊 12,500 万头。养马业需要传统的经验和技术,分布比较集中,主要在北高加索。养猪业分布在饲料丰富的白俄罗斯和乌克兰。1955 年,全国有猪 5,210 万头。此外如苔原带的驯鹿和中亚沙漠带的骆驼等,也都是重要的家畜。家禽的饲养则遍布全国各地。

渔业　苏联的渔业也很发达,近年来鱼的产量不断上升,已成为世界上仅次于日本的最大渔业国家。最主要的渔场有 3 处:里海渔场因距离消费地近,有丰富的食盐可以加工,具有特别优越的条件,阿斯特拉罕是本区的主要中心。太平洋渔场由于第二次世界大战以后千岛群岛和南库页岛的收回,捕鱼区域扩大,产量正在直线上升。海参崴是这里最大的渔业中心。北冰洋沿岸的渔业主要集中在白海和巴伦支海一带,称为北海渔场,以摩尔曼斯克为最大中心。

狩猎业　狩猎业最发展的地区是森林带和苔原带,这些地区拥有大量的毛皮兽。

此外,在沙漠、草原和高山地区,狩猎业也有一定的发展。苏联是世界上产毛皮最多的国家,主要的毛皮产地是东西伯利亚、远东和北欧;其次是乌拉尔、西西伯利亚和哈萨克。

第七节　运输业和对外贸易

苏联是个领土广大的国家,在这样广大的国家里,要进行经济上和文化上的种种联系,就必须有发达的运输业。

沙俄时代的运输业非常落后,十月革命以后,才建立一个完整统一的运输网,这个运输网是由铁路、内河航运、海洋航运、公路和航空等各个运输部门组织而成的。由于全部运输手段都属于国家所有,因此它不像在资本主义国家里那样,因为各个运输部门之间的竞争倾轧而造成极大的浪费;苏联的运输业,是世界上效率最高的运输业,它在社会主义建设中起着巨大的作用。

苏联各主要运输部门的情况如下。

铁路运输　这是苏联最重要的一个运输部门。它承担了全国85%的货运和95%的客运,消耗了全国煤产量的1/3,并且吸收了全国工人职员总数的1/10。

沙俄时代只有6万公里设备低劣的铁路;但现在,苏联的铁路长度已在12万公里以上,并且具有最现代化的设备。苏联铁路的运输效率很高,每公里铁路一年的平均运货量达700万公吨,大约超过美国的一倍或英国的3倍。

俄罗斯欧洲部分和乌克兰的铁路密度最大。莫斯科是全国铁路的中心,这里汇集了11条铁路,可以通往全国各地。此外如列宁格勒、基辅等地,也都是重要的铁路中心。

西伯利亚的主要铁路是著名的西伯利亚大铁路,从列宁格勒到海参崴,全长共达9,337公里。在第二个五年计划期间,这条铁路已经铺设了双轨。在运输最忙碌的乌拉尔和库兹巴斯之间,除了实行了电气化以外,并且还在南边建筑了一条南西伯利亚铁路。

中亚细亚的铁路也有几条:外里海铁路从里海东岸的克拉斯诺伏斯克到乌兹别克首都塔什干;塔什干铁路由塔什干到欧洲的契卡洛夫;土西铁路把塔什干和西伯利亚大铁路上的大城市新西伯利亚相连;中哈萨克铁路从阿克摩棱斯克经过卡拉干达而到达伏龙芝,向北并可和西伯利亚大铁路连接。

苏联和我国之间的铁路共有3条,就是东北长春铁路,集宁—乌兰巴托—乌兰乌特铁路和正在建造中的兰州——乌鲁木齐——阿克托加伊铁路。这些铁路对加强中苏团结和发展我国社会主义建设,都有重大的意义。

内河航运　苏联全国能够漂运和通行舟楫的河道达 50 万公里以上,其中可以通航船舶的约有 11 万公里。内河航运是最便宜的运输方式,特别适宜于笨重商品的远程运输。苏联的内河航运中,最主要的货物是木材,其次是石油、粮食、煤、食盐等等。

运输意义最大的是伏尔加河,约占内河运输全部运输量的 46.3%,相当于 10 条以上的平行铁路。其次是西北部的涅瓦河和各湖泊,约占内河运输量的 17.5%。欧洲北部各河运输量又占 17.4%。此外,流入黑海各河及西伯利亚、远东各河,也都有航行价值。

在苏联的欧洲部分,运河开凿在内河航运中起了重大作用。主要的运河有伏尔加河和涅瓦河之间的马林斯克运河,涅瓦河和白海之间的波罗的海——白海运河,莫斯科和伏尔加河干流之间的莫斯科运河,还有战后新凿的列宁伏尔加河——顿河运河。这许多运河的开凿,把深处内陆的莫斯科,成为一个沟通波罗的海、白海、里海、亚速海和黑海的五海之港。

海洋航运　苏联的对外货运以海运为主,而国内的物资交流也有一部分依靠沿海航运。黑海冬季不结冰,是货运最忙碌的海,运输量约占全部海运货物的 50%,主要的货物是小麦、石油和煤。黑海的最大港口是敖德萨和巴统。波罗的海沿岸的列宁格勒是全国第一大港,有大量的木材、小麦和磷灰石从这里出口,它的缺点是冬季有 2—3 个月的冰冻期。北冰洋的最大港口有摩尔曼斯克和阿尔亨格尔斯克等,其中摩尔曼斯克是个不冻港,货运以木材和磷灰石等为主。从摩尔曼斯克沿冰冻的北冰洋经白令海峡而到达海参崴的航线,称为北海航线,这是十月革命后利用破冰船开辟出来的新航线,是苏联在海洋航运业中的巨大成就。太平洋沿岸的最大港口是海参崴,输出也以木材为主。

公路和航空运输　苏联有 20 万公里以上的公路,比沙俄时代多了 10 倍。由于汽车制造工业的迅速发展,汽车的数量也空前增加了。公路运输在陆上运输中起了很大的辅助作用。

航空运输是革命后建立起来的最年轻的运输部门,全国航空线长度已达 17 万公里以上。整个航空网的中心是莫斯科,保证了首都和各边远地区的迅速联系。国际间的航空运输也有了很大的发展,和我国之间,有北京——赤塔、北京——伊尔库次克、北京——阿拉木图 3 条航空线。

苏联的对外贸易在第二次世界大战以后有了很大的增长。这一方面是由于苏联国内力量的加强和经济的空前发展;另一方面是由于世界上出现了两个平行的市场,而苏联成了民主市场的核心力量。

苏联和各人民民主国家的贸易约占全部对外贸易的 80%,这种贸易是建立在平等互利的基础上的,并且体现了苏联对各人民民主国家的无私援助。

资本主义国家也不顾美国的阻挠愈来愈多地要求和苏联贸易,贸易的国家和贸易额每年都有增加。苏联和不同制度国家间的友好贸易,对缓和国际紧张局势、保卫世界和平等,都有很大的意义。

第八节 经济区域

苏联的经济区域划分有两重意义:首先是可以平衡生产力的地理分布,使工业接近原料地和消费地,避免运输上的浪费;其次是可以在各经济区实行专业化和综合化的正确结合,使每个区域能够按其区域特点发展一个或几个主要的生产部门,同时相应地发展其他一些生产部门。

苏联全国各经济区域的大概情况如下:

中央区   中央区包括莫斯科省及其周围的一些省和自治共和国,地处东欧平原中央,地形平缓,有着用运河联系起来的一个水道网。有铁、褐煤、泥炭、油母页岩等矿藏,并有茂密的混交林。

图五 苏联的经济区域图

本区是历史上的工业中心,十月革命以后,在供给全国机械设备和培养技术熟练的干部上起了最大的作用。本区的专门化工业部门是机器制造、纺织、造纸、印刷等,此外如冶金、化工、采矿、木材、食品等工业,也都非常发达。农业的内容也很多,而且有着很高的收获量。中部遍植马铃薯,西部是苏联主要的亚麻产区,南部有小麦、甜菜和向日葵等。由于城市发达,蔬菜、瓜果和乳牛畜养等市郊农业也很发达。

本区的最大城市莫斯科,是俄罗斯和全联盟的首都,是全国政治、经济、文化和交通的中心。这里的工业以精密机器制造、纺织、食品、印刷、化学工业等为主,工业生产量约占全国的 16%。

本区的另一重要城市是伏尔加河沿岸的高尔基,这里有发达的机器制造工业,特别是汽车和内河轮船的制造。此外,像雅罗斯拉夫、伊凡诺夫和图拉等,也都是本区的重要城市。

西北区　西北区位于中央区西北面,包括列宁格勒省等省区和卡累利阿自治共和国。这里在地形上是一块河湖密布的冰蚀平原,北部有丰富的森林,可拉半岛并有磷灰石和霞石等矿藏。

本区的中心城市列宁格勒是全国第二大城市,是一个重要的电气工业和机器制造工业中心,其他如冶金、木材、化工、纺织、食品等工业也很发达。这里同时也是一个交通中心和港口,有 9 条铁路在这里汇集。

北冰洋沿岸的不冻港摩尔曼斯克,是造船工业和渔业的中心;在列宁格勒封冻时期,它代替了列宁格勒港口的作用。

北欧区　北欧区位于中央区的东北,包括整个伯绍拉河和北德维纳河流域,是一片辽阔的冰碛平原。北部是苔原带,南部是茂密的森林,在伯绍拉河下游有丰富的煤和石油。

木材工业是本区专门化的工业部门,最大的城市阿尔亨格尔斯克是全国第一个锯木工业的中心。在第二次世界大战期间,伯绍拉河下游发展了规模很大的采煤工业。以木材为原料的化学工业和建立在农产品基础上的食品工业,也都有一定的发展。

本区的农业以畜牧业为主,马铃薯和其他饲料的种植占了很大的耕地面积,但亚麻和蔬菜等也有相当产量。此外,在森林带和苔原带发展了狩猎业,白海和巴伦支海沿岸发展了渔业。

伏尔加区　伏尔加区包括伏尔加河中下游的一些省和自治共和国。本区北部是黑土森林草原带,南部是干草原和半沙漠地区。第二巴库的石油蕴藏具有全国意义,天然煤气和油母页岩也很丰富。伏尔加河对本区的经济发展有重要作用:它一方面供给巨大的水力,在古比雪夫和斯大林格勒建造的大型水电站,供给了本区和外区的动力需要;另一方面它又是全国航运意义最大的水道,列宁运河的开通使这种意义更为重大。

本区工业以动力、机器制造、石油、木材、水泥、食品等为主,农业方面除了出产大量的小麦、甜菜、向日葵和亚麻以外,并且还有发达的畜牧业。

主要的城市都在伏尔加河沿岸:古比雪夫有很大的机器制造工业;斯大林格勒除了农业机器的制造以外,并且还是个木材工业中心;萨拉托夫有农业机器制造和农产品加工工业;阿斯特拉罕则是一个渔业中心。

东南区　东南区位于俄罗斯欧洲部分的东南部,是介于亚速海、黑海和里海之间的顿河下游及北高加索地区。除了南部高加索山地以外,都是肥沃的黑土平原,具有发展农业的优越条件。东部相当干燥,但由于防护林的营造和许多灌溉工程的建造,已有很大的改善。矿藏资源以燃料为主,煤、石油和天然煤气都很丰富,制造水泥的石灰石也有大量出产。

本区是全国重要的农业区之一,出产大量的小麦,并有甜菜、向日葵和棉花等技术作物。工业和农业结合,以农业机器制造和农产品加工为主。最大的农业机器制造厂在罗斯托夫和库班河沿岸的克拉斯诺达尔,罗斯托夫是本区的第一大城市。此外,高加索山麓的格罗兹尼等地,还有很发达的石油工业。

乌拉尔区　乌拉尔区包括乌拉尔山中部和南部的各个省及自治共和国。地面是崎岖的山地和丘陵,森林茂密,铁矿和其他多种金属矿藏丰富,钾盐和磷灰石更具有全国意义,但煤矿缺乏,是美中不足之处。

本区是苏联的冶金、机器制造、化学工业等重工业的重要基地。由于地处国境中心,国防上最为安全。最大的工业中心是斯维德洛夫斯克,有巨大的有色冶金和机器制造工业。北部大城有莫洛托夫和下塔吉尔,莫洛托夫有机器制造和化学工业,下塔吉尔是重要的采矿和黑色冶金工业的中心。南部大城有车里雅宾斯克、马格尼托哥尔斯克和乌法,其中马格尼托哥尔斯克是本区最大的黑色冶金工业城市,它和库兹巴斯煤矿区之间,建立了巨大的联合企业。

西西伯利亚区　本区是乌拉尔山以东的鄂毕河流域地区,除东南阿尔泰山山地外,全是一片平原,面积广大,跨有苔原、森林和草原3个自然区带,拥有各种不同的自然资源,而以库兹巴斯的煤矿意义最大。

本区有两个最大的工业中心:新西伯利亚是区内第一大城,拥有很大的机器制造工业和化学工业;斯大林斯克是库兹巴斯的中心城市,有黑色冶金、有色冶金、化学工业等工业,在它周围还有很多大工矿城市。

本区农业以南部草原带为最发达,出产以小麦和向日葵为主。畜牧业也有较大发展,森林带和苔原带发展了狩猎业,毛皮产量很大。

东西伯利亚区　本区包括叶尼塞河流域及勒拿河流域一带,南起国境,北达北冰洋,是各经济区域中面积最大的一区。本区有3/4是山地,跨有苔原和森林两带,矿藏资源的种类很多,其中云母和岩盐都居全国第一,水力藏量也列在全国的首位。

　　十月革命前,这里是沙俄流放犯人的边区,经济非常落后。但现在已获得了很大的发展。采矿和机器制造工业都很发达,西伯利亚大铁路上的克拉斯诺亚尔斯克和伊尔库次克,就是最大的采矿和机器制造工业的中心。木材工业也很重要,北极圈内的伊加尔卡就是新建的木材工业城市。在第六个五年计划中,本区的克拉斯诺亚尔斯克、叶尼塞和伊尔库次克等地,都要建立起举世无匹的水电站,生产将获得更大的发展。本区农业以畜牧业为主,狩猎业在森林带和苔原带也有很大的发展。

　　远东区　远东区位于太平洋沿岸,北起北冰洋,南达黑龙江,是全国最偏东的区域。气候严寒,山脉遍布,但煤、铁、石油和森林、水力、毛皮、渔业等资源都很丰富。

　　本区在十月革命前非常落后,但现在工农业都已有了颇大的发展。工业方面如共青城的黑色冶金、海参崴的造船、伯力的炼油等,都很发达。黑龙江下游有相当发达的耕作业,太平洋上的渔业更具有远大前途。

　　南方区　南方区包括乌克兰和摩尔达维亚两个加盟共和国。本区位于肥沃的黑土草原带,并且拥有丰富的矿藏,顿巴斯的煤、克里伏洛格等地的铁以及锰、耐火黏土等,都具有全国意义,使乌克兰有条件成为全国最大的煤铁基地,发展了采煤、冶金、化学工业等工业部门;而第聂伯罗彼得罗夫斯克和卡霍夫卡等水电站,则成了重要的动力中心。大部分工业城市集中在顿巴斯和第聂伯河下游两个区域,此外还有基辅、哈尔科夫和敖德萨3个工业大城,敖德萨并且还是本区的最大港口。

　　农业在本区也有高度的发展,当地的工业部门通过农业机器和化学肥料等的供应,和农业发生了密切的联系。主要的农产品是小麦、甜菜和向日葵,近来玉米和棉花也有很大的发展。由于饲料充分,畜牧业如猪、牛、羊等的饲养也很盛。南部黑海沿岸是重要的果园区,摩尔达维亚的农业即以果树栽培为主,葡萄园面积占全国第一位。

　　西欧区　西欧区包括白俄罗斯和波罗的海沿岸3个加盟共和国,并包括立陶宛西南属于俄罗斯的加里宁格勒省在内。地面是略有起伏的平原,多沼泽和湖泊,富于森林,有泥炭和油母页岩等矿藏资源。

　　本区的工业以木材和农产品加工为主,但也发展了机器制造工业。白俄罗斯的首都明斯克和拉脱维亚的首都里加,是两个重要的工业中心,明斯克有新建的汽车制造厂和拖拉机制造厂。本区农业也很发达,最主要的农产品是亚麻和马铃薯。畜牧业特别是养猪业很盛。

　　南高加索区　本区包括南高加索的阿塞拜疆、亚美尼亚、格鲁吉亚3个加盟共和国,介于黑海和里海之间,地面崎岖,平原很少;水力和矿藏都很丰富,这里巴库的石油和齐亚杜拉的锰最为著名。

　　巴库是本区最大的工业中心,集中了采油、炼油以及和石油有关的各种机器制造工业。此外,格鲁吉亚的首都第比利斯是本区的轻工业中心,齐亚杜拉有采锰工业,库台西有汽车制造工业。

本区的农业以种植副热带技术作物为主,是全国最大的茶叶和烟草产地,棉花产量也仅次于中亚细亚。

中亚细亚区　本区包括哈萨克、吉尔吉斯、塔吉克、乌兹别克和土库曼 5 个加盟共和国。地面大部分是草原、半沙漠和沙漠,地处欧亚大陆中心,距海较远,气候干燥。这里主要发展了畜牧业。耕作业只在阿姆河、锡尔河等内陆河沿岸,费尔干纳盆地和其他绿洲中才有发展。专门化的作物是棉花,其中乌兹别克的产量占全国的 85%。近年来哈萨克北部的草原上也开垦了大片耕地,种植了小麦和甜菜。

本区矿藏很丰富,有藏量居全国第二位的卡拉干达煤田;爱姆巴河流域的石油也很丰富;金属矿藏更多,像铜、铅、锌等,开采量都占全国很大的比重,成为有色冶金工业的重要基地。近来哈萨克境内发现规模很大的铁矿,对本区发展,更有重大意义。工业以采煤、炼铜、纺织和畜产品加工为主。最大的工业区塔什干,拥有发达的纺织和机器制造等工业。并且是中亚细亚的铁路中心。

第三章　亚洲国家

第一节　蒙古人民共和国

蒙古人民共和国是介于我国和苏联之间的内陆国。国土面积达 153 万余平方公里,在世界各人民民主国家中仅次于我国。全国有居民 100 万人,主要是蒙古族的喀尔喀人。

蒙古人民共和国是世界上最早建立的人民民主国家。1922 年,蒙古人民革命党领导全国人民,在苏联红军的直接援助下,赶走了日本军队和白俄匪徒,使长时期以来处于中国反动政权、沙俄和日本帝国主义统治下的殖民地,获得真正的独立,并于1924 年正式建立了蒙古人民共和国。

蒙古人民共和国位于蒙古高原北部,这是一片海拔 1,000 多米的高原。西北部地形较高而复杂。有阿尔泰山、杭爱山、唐努乌拉山等,山上富有茂盛的针叶林。山间有许多盆地和沿河谷地,分布着众多的湖泊,全国第一大河色楞河就流贯在这里,使这一带成为全国最丰美的牧场。东南部地形较低而单纯,戈壁占了很大的面积,但戈壁中也有许多内陆河、湖和绿洲,成为良好的牧场。蒙古在气候上具有极端的大陆性,冬季漫长而酷寒,夏季短促而温暖,全年只有 7 月份完全无霜,干燥更是它的特色。矿藏资源相当丰富,有煤、金、铜、盐等等。

革命前的蒙古,是一个落后的游牧区,劳动牧民在封建主、喇嘛寺院和外国商人的三重压迫下,过着牛马般的生活。革命后,土地收归国有,剥削阶级的财产被没收分给了劳动牧民,蒙古人民共和国建立了向社会主义发展的经济基础。1948 年—1952 年第一个五年计划执行的结果,使全国经济有了很大的发展,1953 年—1957 年的第二个五年计划也将胜利完成,蒙古人民正在稳步地向社会主义前进。

畜牧业是蒙古人民共和国的经济基础。大约有 80% 的人民从事畜牧业,畜牧业收入要占国民经济收入的 70% —80% 。最主要的牲畜是绵羊、山羊、牛、马和骆驼,其中以绵羊和山羊为最多。

革命前的畜牧业是非常落后的,饲料不足,兽病蔓延,每年都有成百万头牲畜死亡。而且大部分的牲畜、牧场和水源都在封建主和喇嘛寺院手中,劳动牧民完全处于赤贫的状态。革命后,剥削阶级占有的牲畜回到了劳动牧民手中,国家实行了发展畜牧业的许多措施,例如建立兽医网、割草机站和开凿水井,以保证饲料,消灭兽病;推广优良品种以提高牲畜质量;落后的游牧也正在逐渐走向定牧,并组织了许多牧民生产合作社和国营牧场。现在,按人口平均的牲畜数字,蒙古已居世界第一位。第二个五年计划完成以后,每个居民平均将有 27.5 头牲畜,畜牧业有着十分美好的远景。

除了畜牧业以外,农业中的另外两个部门是狩猎业和耕作业。狩猎业多数是牧民的副业,但在国民经济上也有重要的地位。耕作业近来也有了较大的发展,在色楞格河沿岸的主要耕作区中,已经建立了不少国营农场,种植小麦、大麦和蔬菜等。许多牧民也已经定居下来,利用一部分土地种植谷物和蔬菜。

蒙古的工业主要是畜产品加工工业。此外还有采矿、电力、机械、印刷等。这些工业都是革命后新建的。首都乌兰巴托有畜产品加工工业的综合工厂,出产呢绒、毛毡、皮革等。此外还有肉类、乳品、洗毛等工厂。乌兰巴托附近的那莱哈,有现代化的采煤工业。西部的科布多和东部的乔巴山等城市,也有许多畜产品加工工厂。工业在国民经济中的比重已经越来越大了。

蒙古有两条主要的铁路:一条是从首都乌兰巴托北接苏联西伯利亚大铁路、南接我国集二线的国际铁路;另一条则从乔巴山通往西伯利亚大铁路。公路的发展更为迅速,各重要城市间已经都有联系。此外,还有一条联络我国和苏联的航空线。革命前完全依靠驼运的落后情况,已经一去不复返了。

蒙古的对外贸易中,输出的以牲畜和畜产品为主,输入的则以机器和日用工业品为主。最大的贸易国是苏联,和我国之间的贸易近年来也大大发展了。

第二节　朝鲜民主主义人民共和国

朝鲜从 1910 年起就成为日本的殖民地,第二次世界大战期间,由于苏联红军击溃了日本军队才获得解放,建立了朝鲜民主主义人民共和国。但北纬 38°以南的土地上,却在美国占领下建立了一个傀儡政权,并于 1950 年在美国直接出兵支持下向北部进攻,企图奴役朝鲜人民、并向我国进行侵略。我国人民立刻掀起了抗美援朝保家卫国的伟大运动,和朝鲜人民并肩作战,获得了辉煌的胜利,迫使美国于 1953 年和我们签订了停战协定。现在,朝鲜民主主义人民共和国已经展开了大规模的经济建设,但韩国人民仍在美国控制下过着水深火热的生活,朝鲜人民还需要为祖国的和平统一而斗争。

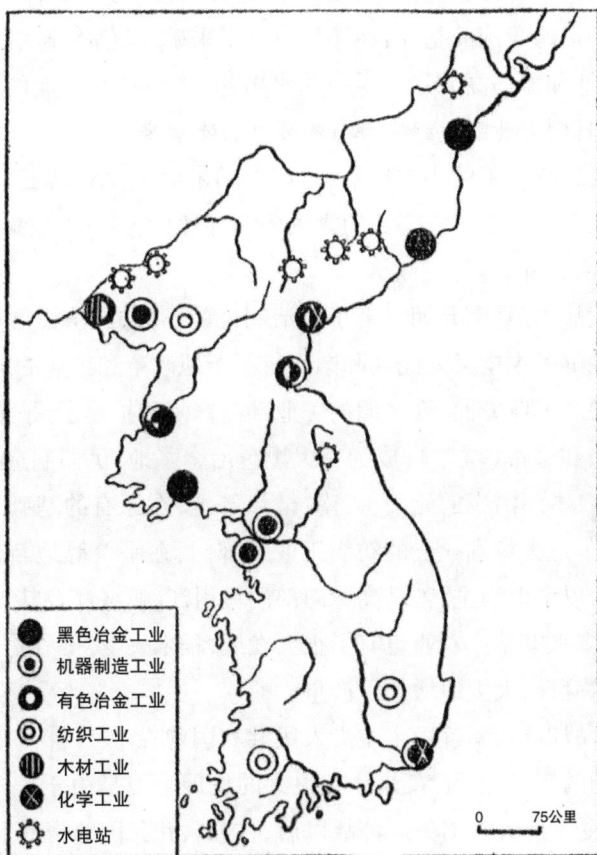

图六　朝鲜的工业分布图

朝鲜是亚洲大陆和日本群岛之间的一个半岛,它 3 面为黄海、日本海和朝鲜海峡所包围,北以鸭绿江和图们江与我国为界,东北也有一小隅和苏联接壤。

朝鲜半岛包括附近的许多岛屿在内,面积为 22 万余平方公里,有居民 2,770 万人。民族单纯,几乎全部是朝鲜人。

朝鲜的地形,北部以盖马高原为主体,南部以太白山脉为骨干,山地占全国总面积的 3/4。只有黄海沿岸,才有一些面积不大的平原。河流也大都注入黄海,以鸭绿江、汉江和注入朝鲜海峡的洛东江最为重要。朝鲜的气候是温带季风气候,大陆性很显著。北部和我国东北相似,南部此较温和。降水一般丰富,特别是作物需要灌溉的夏季。朝鲜的自然资源很丰富,森林面积占全国总面积的 3/4;沿海则是水产资源丰富的渔场;矿藏的种类多而藏量大,以煤、铁、金、钨等为重要;河湖的水力藏量达 500 万瓩以上。

在日本统治时代,朝鲜的经济发展完全是殖民地性质的。日本帝国主义为了掠夺原料和把朝鲜作为侵略我国的基地,在朝鲜建立了采矿、黑色冶金、化工等军事性质的重工业,并在鸭绿江和盖马高原建立了一些水电站,作为这些工业的动力。但机器制造工业极端薄弱,日用工业品更绝大部分需要从日本运来。

农业完全是封建统治下的小农经济,出产以稻米为主,小米、麦类等次之,技术作物有大豆、棉花、人参等。全国有 2/3 的人民务农,但绝大部分土地集中在日本和朝鲜地主手里,农民生活十分贫苦。

第二次世界大战以后,南北朝鲜由于政治制度的不同,经济发展就出现了两个完全不同的面貌。朝鲜民主主义人民共和国实行了土地改革和工业的国有化,工农业都获得了很大的发展。工业方面,许多旧的工业部门修复和扩建了,平壤附近的兼二浦、日本海方面的茂山和金策(城津),成为三大黑色冶金基地;机器制造工业在平壤等地有了很大的发展;日本海沿岸的元山、兴南、清津等地,在原有的基础上发展了化学工业。此外,还发展了过去特别缺乏的纺织工业等部门,在平壤等地新建了很大的纺织工厂。工业的动力以水电为主,盖马高原南部的城川江、鸭绿江及其支流虚川江、秃鲁江等河流上,有很多水电站。农业也有了很大发展,稻米、麦类等谷物已经达到自给有余,棉花等技术作物也已大大地增加了产量。

第二次世界大战以后,朝鲜民主主义人民共和国曾在 1949 年—1950 年完成了一次发展国民经济的两年计划,工农业都有很大的发展。但是由于美国发动了侵略战争,使朝鲜人民遭受了巨大的损失。停战以后,在苏联和我国的帮助下,朝鲜人民又于1954 年—1956 年实行了三年计划,恢复和进一步发展了国民经济,使之逐步向社会主义道路前进。

在交通运输方面,朝鲜有着一个相当稠密的铁路纲,这是日本侵略者为了掠夺资源和有战略意义而建筑起来的。汉城是全国的铁路中心,这是朝鲜民主主义人民共和国的永久首都,是个人口超过 100 万的大城市,但现在还在韩国政府控制之下。平壤是北部的铁路中心,这是朝鲜人民的临时首都,是全国第二个大城市。朝鲜的海上交通也很便利,汉城的外港仁川、东南部的釜山和日本海沿岸的元山,是 3 个主要的港口。

在美帝国主义控制下的韩国,出现了和北部完全相反的面貌。那里,剥削制度依然存在,美国工业品和农产品充斥了整个市场,除了一些军事工业以外,民用工业十分凋敝。耕地面积不断缩减,农业也已奄奄一息。人民生活在水深火热之中,正在英勇地和美帝国主义及反动政权展开斗争。

第三节　越南民主共和国

越南长时期以来就是法国帝国主义的殖民地,第二次世界大战期间,又被日本帝国主义所占领。越南人民曾和帝国主义者进行了艰苦的斗争,在日本投降以前,已从日军手中解放了许多土地。1945 年日本投降以后,就立刻成立了越南民主共和国。但在美国的支持下,法国殖民者接着又卷土重来,企图继续奴役越南人民。越南人民在劳动党的领导下,和法国殖民者进行了 9 年艰苦的战争,终于击败了法国,在 1954 年签订了日内瓦协定。根据协定,越南民主共和国的国境在北纬 17°以北的边海河以北,南部则是一个在美、法帝国主义者控制下的傀儡国家——南越。协定规定南北两部要在 1956 年举行普选,成立统一的国家。但美、法帝国主义者蓄意破坏协定,使普选无法进行。目前越南人民仍在为全国的和平统一而斗争。

越南民主共和国位于中印半岛东部,东临北部湾和南海,南端有金瓯半岛突出于南海和暹罗湾之间,西接老挝和柬埔寨,北和我国为邻。全国面积为 328,000 平方公里(包括南越)。

越南全境约有 2,300 万居民,除了主要民族越南人以外,山区中还有柬埔寨人、傣人等多种少数民族。华侨约有 100 余万人,主要分布在南部。

越南是一个多山的国家,全境有越南山脉南北纵贯。山脉东北有红河流贯,下游形成一片红河三角洲。山脉西南是湄公河下游,也有一片三角洲。此外,在整个越南的沿海,还有若干零星的小平原分布。所有这些平原,都是重要的农业地带。越南属于热带季风气候,气温很高,年雨量多在 1,500 毫米以上。5—10 月是雨季,盛吹西南季风,造成大量降雨;11—4 月是干季,盛吹东北季风,但越南山脉以东地区仍有很多的雨量。台风是越南气候上很大的缺陷,特别是中部以北的沿海地区。越南的自然资源很丰富,森林面积占 60%,有柚木等各种珍贵木材,还有大片竹林。矿藏以北部湾沿岸的广安煤矿为最著名,其他如铁、锰、锡、锦、磷灰石等也不少,都分布在北部。

　　法帝国主义统治的结果,使越南成为一个落后的农业国,农业人口占90%,土地绝大部分掌握在法国地主、越南地主和天主教会手中,农民生活贫苦,生产技术落后,单位面积产量极低。农产品以稻米为主,最大的产地在湄公河三角洲,其次是红河三角洲和各沿海平原。湄公河三角洲还有大片法国殖民者的橡胶园,是越南重要的经济作物。此外,山区多种玉米,南部和中部沿海有甘蔗、北部有茶叶等的分布,但产量并不很大。

　　越南的工业是非常落后的。为了加紧掠夺,法国殖民者曾在北部各矿区建立了一些采矿业,在输出方便的沿海地区建立了一些矿产品和农产品的加工工业,其中以广安的采煤(从鸿基出口)、海防的水泥、南定的纺织和西贡、堤岸等地的碾米比较著名。

　　在北部越南民主共和国现辖范围内,由于殖民势力的被逐,改造经济的工作已经开始了。在农业方面已经完成土地改革,其他如水利、垦荒等工作也已渐次开展。工业方面则也开始了在旧的基础上进行修复、改造和扩充的工作,将彻底改变殖民地经济的落后面貌,使之向社会主义发展。

　　越南的主要城市都在沿海和交通线上。首都河内是铁路交通的中心,有两条铁路和我国的湘桂铁路及滇越铁路相连。另一条铁路从河内通到海防,海防是越南北部最重要的港口。从河内向南有铁路沿海岸到达南部的西贡,西贡和它的外港堤岸毗连,是南部的最大城市。

第四节　日本

　　日本是一个东亚岛国,由本州、九州、四国、北海道等4个大岛和许多小岛组成,这些岛屿位于太平洋和日本海之间,总面积约37万余平方公里。

　　日本全国有8,800多万人口,平均密度很大。众多的居民,长时期以来曾成为日本统治阶级对外侵略的借口。但事实上人口的绝大部分是聚集在沿海的平原地区。占全国面积一半的森林中,几乎没有定居的居民。"人口压力"在日本是根本不存在的。

　　第二次世界大战以前,日本是个法西斯专政的帝国主义国家。1937年开始又发动了一次侵略战争,进攻我国和东南亚的许多国家。由于我国人民的英勇抗战及苏联红军最后参加的正义战斗,终于迫使日本侵略者投降。第二次世界大战以后,美国独揽了占领日本的大权,它阻挠日本向独立、民主、和平的道路发展,企图永久奴役日本,成为它侵略亚洲的军事基地。日本人民已经愈来愈英勇地和美国占领者展开了斗争。

日本在地形上非常缺乏平原,山地要占全国面积的85%。主要的山脉南北纵贯群岛,许多地方山势直逼海岸。只有在东京、名古屋和大阪等地附近,才有较大的平原。日本的海岸曲折而多港湾,是航海和渔业的有利条件;河流短促而湍急,富于水力而不利航行。火山众多和地震频仍是日本地理上的重要特点,也是它自然条件中的重大缺陷。

日本具有一个海洋性的温带季风气候。虽然从北海道到九州之间,有着从寒温带到副热带的变化,但一股说来,气候是温和湿润的。在冬季,全国最冷的北海道中部,平均气温不低于 -10℃;夏季则普遍高温,北海道北部也达 16℃ 以上;除了北海道东北以外,年雨量都超过 1,000 毫米。这种气候,对于农业发展非常有利。

日本的矿藏资源比较贫乏,在煤、石油、铁 3 种工业上最重要的矿藏中,只有煤稍多,主要蕴藏在九州北部和北海道,但质量大都低劣。金属矿藏中以铜为最丰富,分布也很广,而且往往和金共生。非金属中则以硫磺为最著名。

矿藏以外的其他自然资源很丰富,水力贮藏量达 900 万瓩;森林面积占全国总面积的一半以上;广大的海洋中,水产资源更为丰富。

日本经济的主要特点是高度发展的资本主义和封建残余的结合。垄断资本家对于经济部门的控制,成为日本资本主义高度发展的主要标帜。但在工农业中,封建残余仍显著存在,对童工、女工的残酷剥削和债务奴役的普遍流行,是工业中残存的封建色彩。而封建的土地所有制、广泛存在的小农经济以及长子继承制等封建的宗法制度,更巩固了农村的封建统治。

日本的工业很发达,但原料基础却异常薄弱,像棉花、羊毛、橡胶、镍、铝、磁灰石等原料,全部依靠输入;铁、焦炭、石油、食盐等也大都需要进口。日本工业的发展,和其发动侵略战争有密切关系,因此,从工业的部门结构来看,有着非常浓厚的战争色彩。为军事服务的冶金、机器制造和化学等工业,得到畸形的发展,但民用工业就很落后。在日本工业发展历史上一直占主导地位的棉织工业,也在第二次世界大战前被排挤到次要的地位。

日本工业的分布是极不平衡的,主要的工业区都在本州的南部和九州的北部。东京—横滨区包括东京湾沿岸的东京和横滨等城市。东京是日本首都,横滨则是全国最大的商港。东京是人口达 800 余万的全国最大城市,横滨的人口也达 100 万以上。这是一个以中小企业占优势而包有了各种部门的综合工业区,主要的工业有造船和其他机器制造、化工、食品等等。

大阪—神户区包括大阪、神户和京都等城市。大阪是全国最大的棉织业中心;神

采煤工业
黑色冶金工业
炼铜工业
有色冶金工业
炼铝工业
石油工业
水电站

0 50　　200公里

图七　日本的动力、金属工业分布图

户是全国最大的黑色冶金和造船工业中心之一,并且是仅次于横滨的最大商港;京都是日本的旧都,现在则是重要的军火工业中心。这里居民非常密集,大阪和京都都是人口超过 100 万的大城市,神户的居民也接近 100 万。

中京区以东京和大阪之间的名古屋为中心,名古屋也是一个人口超过 100 万的大城市。这里有发达的军火工业,棉织、毛织和陶瓷等轻工业也有很大的发展。

北九州区包括九州北部的八幡、门司、福冈等城市,是全国最大的炼铁基地和军火工业中心。八幡有全国第一的钢铁厂,生产全国 3/4 的生铁和 1/2 的钢。

由于封建的土地关系,40% 的耕地落在地主的手里,日本的农业是很落后的。耕地面积占全国总面积的 17% 左右,其中有一半种植了稻米。日本是世界上次于我国和印度的第三个产米国家,但仍不够自给。小麦和大麦的播种面积占耕地面积的 21% ,是次要的粮食。在技术作物中,茶叶是很重要的一种,以太平洋沿岸的静冈一带为主要产地。蚕桑业有很大的发展,主要是在本州中部的山地区。第二次世界大战以前,日本的生丝输出曾占世界生丝输出的 70% ,但战后已经大为衰落。

由于粮食缺乏和农民生活贫苦,畜牧业很落后,但渔业却有很大的发展,日本每年捕鱼达 4,500 万公担左右,居世界第一位。

在交通运输业上,意义最大的是海洋运输。第二次世界大战以前,日本拥有一支很大的商船队,仅次于英、美而居世界第三位。第二次世界大战期间,这支商船队大部被毁灭。战争结束以后,海洋运输业已被美国轮船公司所控制。日本的最大港口是横滨和神户,其他有东京、大阪、名古屋等,和我国最近的港口是长崎。

铁路在国内运输中有着重要意义。全国有铁路 24,500 公里,密度很大,但分布极不平衡。主要的铁路都在本州南部和九州北部,北海道和四国的铁路比较少。

日本是一个原料缺乏和国内市场狭隘的国家,对外贸易就具有更大的重要性。它必须向外输出各种工业品,才能换取原料、燃料和粮食,以维持国内的生产。第二次世界大战以后,在美国控制之下,实行了臭名远扬的"禁运"政策,割断与中国、苏联及其他人民民主国家之间的正常贸易。丧失了像我国这样一个最大的传统贸易国,使它在经济上发生了极大的困难。目前,反对美国占领,争取自由贸易,特别是恢复和我国之间的贸易关系,在日本已经成为一个普遍的运动了。

第五节　东南亚国家

东南亚即亚洲的东南部,包括中印半岛的越南、老挝、柬埔寨、泰国、缅甸和南洋群岛的印度尼西亚、菲律宾等国家。此外还有一些帝国主义的殖民地如马来亚、英属婆罗洲、葡属帝汶等。东南亚长期以来几乎完全在英、法、美、荷等帝国主义的殖民统治之下,除了泰国以外,所有独立国家都是在第二次世界大战以后出现的。现在,民族解放运动已经空前发展,殖民主义正面临着日暮途穷的景况。

东南亚在地区上分为两部分:一部分是凸出在中国和印度之间的一个大的半岛即中印半岛;另一部分是包括大小一万多个岛屿的南洋群岛。不论是中印半岛或南洋群岛,都具有一个多山的地形。除了泰国和越南等地外,火山遍布,地震频仍,情况和日本相似。中印半岛拥有一个源远流长的河流系统,像红河、湄公河、湄南河、萨尔温江和伊洛瓦底江等,下游都有面积颇大的冲积平原,是主要的耕地所在。南洋群岛河流短促,但海岸平原分布甚多,火山盆地尤为肥沃,都是生产发展的地区。

东南亚在气候上都属于热带,中印半岛和菲律宾北部是热带季风气候,南洋群岛的极大部分和马来亚半岛是热带雨林气候。气温高,较差小,降水丰富,除了缅甸中部地区外,年雨量都在 1,000 毫米以上,有许多地方甚至超过 3,000 毫米。高温多雨,这是发展农业的极有利条件。不过热带季风气候区内,由于干湿季的不同,容易造成旱灾和水涝;菲律宾的北部,特别容易受到台风的袭击,这些都是气候上的缺陷。

东南亚的自然资源是非常丰富的。森林面积广大,有柚木、桃花心木等许多良材。橡胶、椰子、棕榈、金鸡纳树、甘蔗、咖啡等热带植物资源,更是不胜枚举。矿藏方面有锡、石油、煤、铁、钨、金、铁矾土等,锡的贮藏量居世界第一位。

东南亚的居民总共在 17,000 万人以上,民族很复杂,主要的民族有越南人、缅甸人、傣人、马来人等。东南亚的华侨约有 1,000 万人以上,具有很悠久的历史,对东南亚的开发贡献很大。但帝国主义者一直执行排华政策,华侨利益受到莫大损害。新中国成立以后,党和政府对华侨作了很大的支持和关怀,在好些东南亚国家中,华侨的合法利益已经开始得到保障了。

下面是东南亚各国的简单概况。

老挝和柬埔寨　这是越南和泰国之间的两个王国,过去和越南同是"法属印度支那"的一部分,1954 年,才在日内瓦会议的"印度支那停战协定"中,保证了这两个国家的独立和中立。

老挝领土面积 22 万平方公里,有居民 300 万人。国境东部是一片林木茂密的山地,森林占全国面积的 2/3。西部湄公河沿岸有肥沃的河谷平原,盛产稻米、咖啡、茶叶等。首都万象,也在湄公河沿岸。

柬埔寨面积 18 万平方公里,有居民 400 万人。湄公河流贯国境,在首都金边附近构成一片广阔的下游平原,宜于发展农业,盛产稻米、胡椒和橡胶等,并且还发展了畜牧业。

1956 年起,柬埔寨已和我国建立了友好关系。

泰国　泰国位于中印半岛中部,南临暹罗湾,并以狭长的克拉地峡和马来亚相连,国土面积达 52 万余平方公里。在第二次世界大战以前,它是东南亚唯一的独立国家,但实际上也在英、法控制之下。第二次世界大战中,日本军队进入泰国,泰国反动政权曾向盟国宣战。战后美国势力侵入,横施压迫,泰国和美国帝国主义之间的民族矛盾,近年来已经愈来愈尖锐了。

泰国是个经济落后的农业国,耕地主要分布在湄南河下游平原和东部呵叻高原,只占全国面积的 8%,而绝大部分耕地都掌握在地主手中。森林占全国面积的 70%,林业成为农业中的重要部门。工业很落后,主要只有采锡、锯木、碾米等部门,大部分为外国资本所控制。

稻米、柚木、橡胶、锡,是泰国的四大出产,也是最重要的输出品。稻米产于湄公河下游平原和呵叻高原,柚木产于北部山地,橡胶园分布在和马来亚接境的南部,锡矿也在南部克拉地峡一带。由于对外贸易操纵在美国的手中,泰国的这 4 项主要输出品价格惨跌,造成经济上的极大困难。

泰国的首都曼谷是全国的交通中心,在陆上交通方面它是铁路的汇集点,海上交通可以利用外港北榄(巴克南),航空交通方面又是东南亚国际航空的要站。它是泰国最大的城市,也是工业最发达的地方。居民已达 100 万以上。

泰国有居民 1,900 余万人,其中华侨约有 350 万。泰国政府一贯对华侨进行排斥和迫害,新中国成立后,我国政府已经一再向泰国政府提出严正的抗议。

缅甸　缅甸位于中印半岛的西部,面积达 60 万平方公里,有居民 1,900 余万人。第二次世界大战以前,它是英国的殖民地,战后才获得独立,并且奉行了独立、和平和反对殖民主义的外交政策,和我国建立了友好的外交关系。

缅甸是个农业国家,出产以稻米为主,主要的产稻区在伊洛瓦底江下游平原,它是全世界输出稻米最多的国家。森林面积占全国面积的一半,柚木的出产也居世界第一位。

缅甸工业不发达,而且多被外国资本所控制。最重要的工业部门有采矿、碾米和锯木 3 种,采矿工业包括伊洛瓦底江中游的石油采掘和东南部颠拿沙帘区的钨、锡采掘,石油是缅甸重要的矿产,在仰光设有炼油厂。钨,锡的出产也较多,钨的产量在世界上仅次于我国。碾米工业和锯木工业则以仰光和毛淡棉为中心。近年来,缅甸正在从事于建立民族工业、发展独立经济的工作。缅甸政府已在实行一个八年经济发展计划(1953—1960 年),并且和我国及苏联等国家展开了平等互利的贸易,经济情况已经有了一些改善。

首都仰光是全国政治经济的中心,它集中了全国最重要的工业,在交通上也是一个铁路汇集点和港口。中部的曼德勒是全国第二个大城市,也是一个铁路枢纽和伊洛瓦底江的航运中心。

马来西亚　马来西亚位于中印半岛的最南端,面积 13 万平方公里,有居民 705 万人,其中华侨达 300 万人。

马来西亚是英国的殖民地,第二次世界大战以后,英国在这里成立了"马来西亚联合邦"作为它的保护国,而把新加坡单独划为它的直辖殖民地。现在马来西亚人民反对英国殖民者的斗争已经获得胜利,马来西亚联合邦已经在 1957 年 8 月宣告独立。它将成为英联邦的成员国。

马来西亚在经济上完全是殖民地性质的,橡胶和锡矿成为它的经济命脉,但全部为英国垄断资本所操纵。橡胶园主要分布在西部,产量仅次于印度尼西亚,占世界产量的 1/3 以上。锡矿以西部的怡保、太平和吉隆坡一带为多,炼锡厂设在新加坡和槟榔屿,锡产量占世界的 1/3 以上,居第一位。英国殖民者控制了这两大经济部门,大量地向美国输出,每年约可获得 2 亿美元的收入。近年来美国采用压低价格和直接向马来亚投资等方式和英国竞争,造成了两国的很大利害冲突。此外,马来西亚的物产还有椰子、凤梨等,但稻米还不够自给,要从泰国和缅甸输入。

马来西亚的最大城市新加坡,位于马来西亚南端的一个小岛上,人口达100万以上。它在海上交通方面是印度洋和太平洋的要冲;在陆上则有铁路向北纵贯整个马来西亚,并和泰国联系,是英国在东南亚的最大军事基地。此外,马六甲和槟榔屿都是马六甲海峡沿岸的交通要地,吉隆坡则是马来西亚联合邦的首都。

印度尼西亚   印度尼西亚是南洋群岛上的一个国家,国境西起苏门答腊,东到西伊里安,包括3,000多个岛屿,国土面积达190万平方公里。最大的岛屿有苏门答腊、爪哇、加里曼丹、苏拉威西和西伊里安(伊里安岛的西部)等,其中的爪哇岛最为重要,西伊里安则至今仍为荷兰帝国主义者所强占。

印度尼西亚长期以来就是荷兰的殖民地,前后达340多年。第二次世界大战以后才获得独立,并且奉行了独立、和平和反对殖民主义的外交政策,和我国建立了友好的关系。

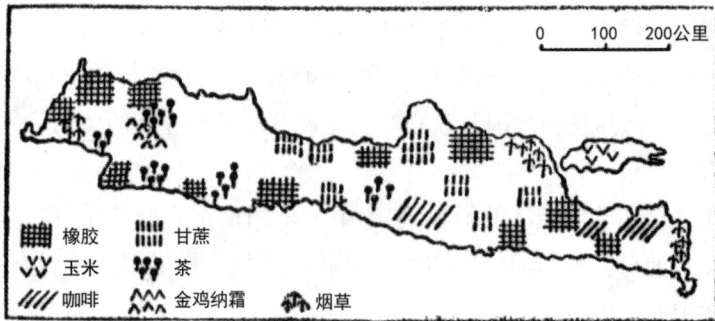

图八   爪哇岛的主要作物分布图

印度尼西亚有居民7,798万人(内有华侨约250万人),资源更为丰富,是东南亚第一个大国。但是由于长期以来的殖民统治,它在经济上直到现在还不能完全摆脱殖民者的束缚,工农业中都有大量的外国投资。在农业方面,很大部分的耕地还是外国资本控制下的种植园,种植橡胶之类的热带作物。稻米只在小片耕地上以封建的小农经济形式经营,以致粮食不够自给。工业以采矿及农产品加工工业为主,主要是为了输出。印度尼西亚独立以后,正在努力设法消除经济上的这种殖民地影响,印度尼西亚政府正在实行第一个五年计划(1956年—1960年),以逐步发展国民经济。

印度尼西亚的物产是非常丰富的,特别以热带植物资源著名,像橡胶、胡椒、金鸡纳霜和木棉等,产量都居世界第一位;椰子、蔗糖、咖啡、可可、棕榈油、茶叶等,产量也很丰富。矿产以锡和石油最多,锡产于邦加、勿里洞二岛,产量在东南亚仅次于马来西亚。石油产于苏门答腊和加里曼丹,此外像煤、镍、铁矾土、锰、硫磺等,也都有相当出产。

爪哇岛是全国生产最发展的岛屿,主要的城市都在这里。首都雅加达在岛的西部,是拥有 200 多万人口的全国最大城市。此外像泗水、三宝垄和万隆等,也都是有名的大城市。万隆曾是第一次亚非会议举行的地方。

菲律宾　菲律宾的领土包括整个菲律宾群岛,在南洋群岛中最为偏北。岛屿总数约在 7,000 个以上,但其中吕宋和棉兰姥两岛就占了全国面积的 2/3。菲律宾的国土面积计为 296,000 平方公里,有居民 2,100 万人。

第二次世界大战以前,菲律宾是美国的殖民地。战后虽然获得独立,但美国仍从各方面控制了它。为了民族的独立解放,菲律宾共产党领导人民,组织人民解放军,正在进行艰苦的武装斗争。

由于美国的长期统治,菲律宾经济上具有典型的殖民地性质,成为一个落后的农业国家。为输出而种植的农作物得到片面的发展,椰子、蔗糖、烟草和马尼拉麻,成为国民经济中起决定作用的四大物产。稻米却不够自给,需要大量输入。工业更为落后,只有制糖、烟草、榨油、制绳等农产品加工工业,而且大部分在美国资本控制之下。

全国最大的城市是吕宋岛西部马尼拉湾沿岸的马尼拉,它拥有 100 万以上的人口。马尼拉向北和奎松城毗连,奎松是菲律宾的首都。

第六节　南亚国家

南亚是指印度半岛和锡兰岛而说的,它本来都是英国的殖民地。第二次世界大战以后,由于民族解放运动的空前高涨,英国才被迫逐步退出这个地区。现在南亚共有印度共和国、巴基斯坦伊斯兰共和国和尼泊尔王国等独立国家,锡兰则是英国的自治领。南亚国家大都和我国建立了友好关系,我国和印度共同发表的"五项原则",对于整个亚洲的和平事业,具有极大的意义。

从地形上看印度半岛,北部是高峻的喜马拉雅山地,南部是古老的德干高原,中部有恒河和印度河等大河的流贯,成为一片广阔的印度平原,是半岛上生产最发展的地方。

南亚各国在气候上属于热带季风气候,一年中按照季风的转换分成 3 季:10 月至次年 2 月盛吹干燥的东北风,天气凉爽而晴朗,是凉季。3 月—6 月,天气炎热无雨,土地龟裂,是热季。6 月—10 月,盛吹湿润的西南风,造成大量降雨,是雨季。总的说来,南亚各国的气候普遍高温,除了西北部和德干高原内部外,雨水也较充足。但西南季风来临的早晚强弱,每年都不一致,容易造成水潦和旱灾,是气候上的最大缺陷。

南亚各国的矿藏资源很丰富,绝大部分集中在印度共和国境内,有煤、铁、锰、云母等,其中锰居世界第二位,云母居第一位。锡兰有丰富的石墨矿。

南亚是世界上人口最多的地区之一,印度有35,700余万人口,在世界上仅次于我国。此外,巴基斯坦有7,500余万人口,锡兰有847万人口,尼泊尔有800万人口。居民的民族成分极为复杂,像印度的印地人,巴基斯坦的孟加拉国人和锡兰的僧伽罗人等,都是主要的民族。宗教在居民中具有极大作用,印度人民多信奉印度教,巴基斯坦人民多信奉伊斯兰教。此外还有西克教和佛教等。

下面是南亚各主要国家的经济概况。

印度　印度是南亚最大的国家,即使不把北部的克什米尔计算在内(这块土地印度和巴基斯坦之间尚有争执),领土面积也达295万平方公里。

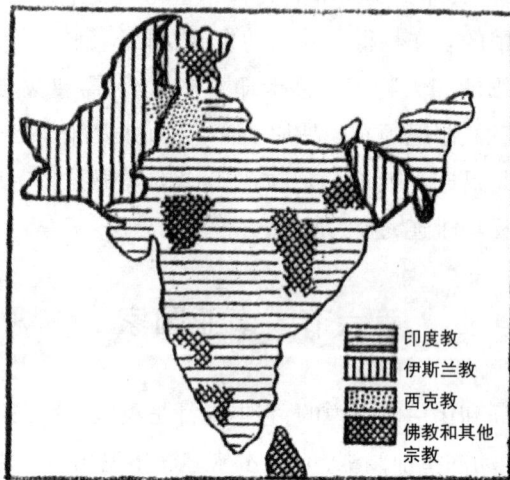

图九　南亚国家的宗教分布图

由于英国的长期统治,印度在经济上是很落后的。工业非常薄弱,在国民经济上占主导地位的产业,也处于生产力十分低落的原始状态。印度政府正在努力改善这种情况,它已于1951年—1956年实行了第一个五年计划,并且准备从1956年—1961年间实行第二个五年计划,以逐步发展工、农业生产。在农业中并且还拟订了一个土地改革方案,政府用分期支付赔偿费的办法,向地主征取一些土地,目前还只在一部分地区推行,进展非常缓慢。

农业各部门中以耕作业最重要。粮食作物有稻米、小麦和小米等。稻米的最大产区是恒河中下游,小麦产于西北部,小米产于德干高原,印度是世界上仅次于我国的第二个产稻米的国家,但粮食仍不够自给。

技术作物主要有棉花、黄麻、茶、甘蔗和各种油料作物等;棉花分布在德干高原西北部的棉花黑土带,产量次于美、苏,居世界第三位。黄麻产于东北部,产量居世界第一位。茶和甘蔗都产于东北部,产量都冠于世界。油料作物有花生、芝麻、菜籽等,产量也很可观。由于第一个五年计划的实行,各种农产品已经有了增加。

印度的工业以轻工业为主,重工业很薄弱,而且很大一部分仍在外国资本控制之下。目前,印度政府正在努力建设一些国营工业,以改变这种落后的状况。

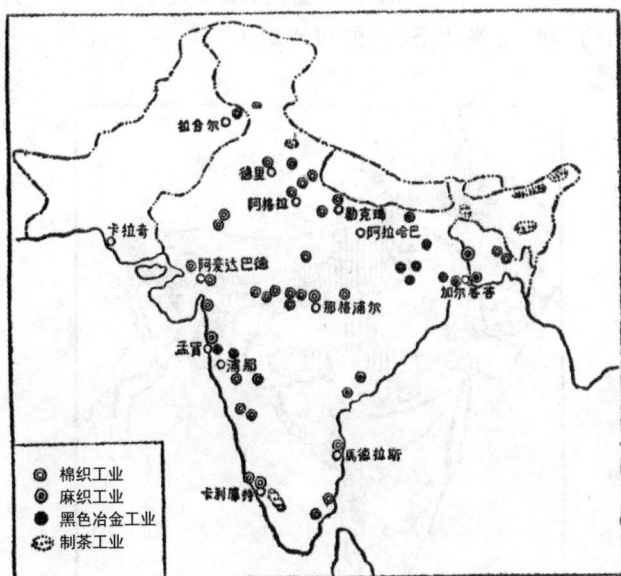

图十　印度的工业分布图

印度的水力藏量很大,动力以水电为主(约占全部发电量的2/3)。总发电量并不大,但由于工业不发达,所发电力仍无法全部应用。采矿工业比较发达,以加尔各答西北部的煤矿采掘最重要。黑色冶金工业以加尔各答西北的詹塞得堡为中心,虽然钢铁的年产量不过300万吨,但由于机器制造工业的落后,所产钢铁也不能全部消耗。在第二次世界大战前,印度生铁的一半是输往日本的。目前,苏联正在帮助印度建立一个年产100万吨的钢铁厂,1957年可以完成。印度的轻工业特别是纺织工业比较发达,其中棉织工业的中心是孟买和阿麦达巴德,麻织工业的中心是加尔各答。此外,制茶工业的规模也很大。

印度的铁路长达50,000余公里,但分布很不平衡,而且轨辐不一,运输能力不高。

铁路多自海港通向内陆,首都新德里,就是一个铁路中心,居民超过 100 万人(包括毗连的德里在内)。海上运输多依靠外国船只,孟买、加尔各答和马德拉斯是全国三大港口,并且都是人口超过 100 万的大城市。

印度的输入品主要为工业品,其次是工业原料和粮食。输出品主要为农产品,其次是纺织品。棉织品、麻织品和茶叶,占全部输出的一半以上。对外贸易主要和英联邦国家及美国进行交易,近年来和苏联、我国及其他人民民主国家的贸易也有了发展。

巴基斯坦   巴基斯坦的领土为互不相连的两部分:位于印度半岛西北部的是西巴基斯坦,位于印度半岛东北部的是东巴基斯坦。东西两部分合计面积 935,000 平方公里。巴基斯坦在独立以前是英国的殖民地,但战后美国势力也已大量渗入,并且被拉入了"东南亚条约"和"巴格达条约"的侵略组织。

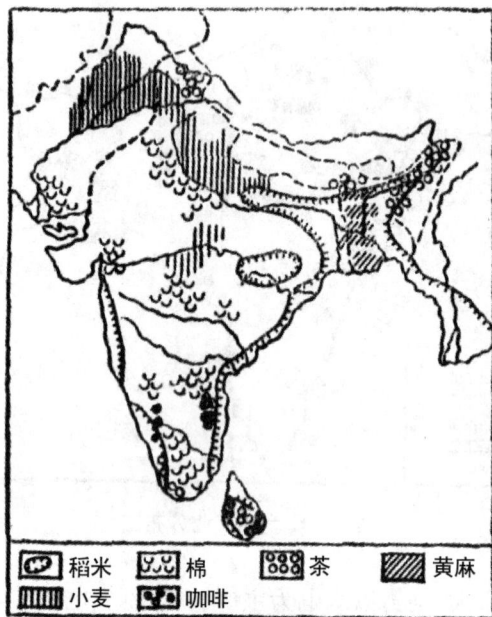

稻米   棉   茶   黄麻
小麦   咖啡

图一一   南亚国家的农业分布图

巴基斯坦是个落后的农业国,地主占有绝大部分土地,农民生活非常困苦。西巴基斯坦的农产品以小麦和棉花为主,东巴基斯坦则以稻米和黄麻为主,黄麻产量仅次于印度,居世界第二位。

工业非常落后,只有在少数大城市中,才有现代化的工厂,但也仅仅是些纺织工业和农产品加工工业。首都卡拉奇是重要的工业中心,其他如西巴基斯坦的拉合尔和东巴基斯坦的吉大港等,也分布着一些工业。

巴基斯坦的输出以黄麻和棉花为大宗,黄麻主要输往印度和英、美,棉花则以我国和日本为主要输出对象。输入以棉织品为最多,其次是粮食和其他工业品。对外贸易主要由首都卡拉奇和吉大港进行。

巴基斯坦和我国建立了外交和贸易关系,两国总理曾互相访问。目前,巴基斯坦人民仍在要求不断改善和社会主义国家之间的关系及退出美国控制的侵略集团。

锡兰　锡兰是印度半岛东南沿海的一个岛国,面积65,000平方公里。

锡兰是个农业国家,除了开采石墨和另外一些农产品加工工业以外,主要的经济基础是建立在农业上的。在农业中,有资本主义方式经营的大种植园,也有分散落后的小农经济。大种植园多为英国资本家所经营,其余的耕地也大部分为地主所有,农民生活非常贫苦。

从农产品中可以看出它农业片面发展的情况,茶、橡胶和椰子等技术作物占了绝对优势。茶以红茶为主,产量仅次于印度和我国,居世界第三位。橡胶的产量仅次于印度尼西亚、马来亚和泰国。稻米虽然是人民的主要粮食,但由于技术作物片面发展的结果,产量很少,还不够供应1/3人口的需要。

对外贸易在锡兰经济生活中占最重要的地位。对外贸易的收入占国民收入总额的42%,政府财政收入中的60%是依靠关税。锡兰的输出品以茶叶、橡胶、椰子等为主,输入品主要是粮食和其他工业品。首都科伦坡是印度洋中的重要转运港,锡兰的对外贸易主要也在这里进行。

锡兰和我国有贸易关系,锡兰向我国输出橡胶,我国供给锡兰稻米。1957年并和我国正式建立了外交关系,两国友谊有了更进一步的发展。

尼泊尔　尼泊尔是喜马拉雅山南麓的一个内陆国,领土面积145,000平方公里。它和我国有800余公里的国境线接壤,彼此已建立了友好的关系。

尼泊尔是一个落后的农业国,全国有3/4的居民从事农业,但土地有80%为地主所有,地租高达收获量的2/3以上,农民生活十分贫苦,流浪在印度做苦工的达20万人。主要的农产品有稻米、黄麻、甘蔗、棉花等,畜牧业也很普遍。

尼泊尔的矿藏很丰富,但至今没有利用。工业十分落后,只有若干纺织、火柴、蔗糖、榨油等小型工厂,大部分为印度资本所经营。全国最大的城市是首都加得满都,那里有10万居民。东南和印度接壤处的比拉特纳加尔,是全国唯一的工业中心。

第七节　西南亚国家

西南亚位于亚洲的西南部,包括3个地区,即伊朗高原、阿拉伯半岛和小亚细亚半岛。主要的有下列一些国家。

地 区	国 别	面积（万平方公里）	人口（万人）	首 都
伊朗高原	伊 朗	165	1,910	德黑兰
	阿 富 汗	65	1,200	喀布尔
阿拉伯半岛	沙特阿拉伯	240	700	利雅德
	伊 拉 克	44	500	巴格达
	也 门	19	350	萨那
	叙 利 亚	18	379	大马士革
	约 旦	9	330	安曼
	以 色 列	2	152	耶路撒冷
	黎 巴 嫩	1	129	贝鲁特
小亚细亚半岛	土 耳 其	77	2,294	安卡拉

除了上述国家以外，阿拉伯半岛上还有哈达拉毛、阿曼、卡塔尔、科威特等小酋长国。此外，又有英国的殖民地，主要是阿拉伯半岛西南角的亚丁、波斯湾的巴岛和地中海的塞浦路斯岛。

西南亚的民族成分很复杂，伊朗的主要居民是波斯人，阿富汗是阿富汗人，土耳其则是土耳其人。阿拉伯半岛土除了以色列以犹太人较多之外，其余都是阿拉伯人。

长时期以来，西南亚国家处于美、英、法帝国主义者的奴役之下，目前也仍然受着它们的侵略和控制。土耳其、伊拉克和伊朗，被拉入了"巴格达条约"的侵略组织，土耳其则更是北大西洋侵略集团中的一员。以色列的反动统治者，经常挑起对阿拉伯国家的军事侵略。在苏伊士运河问题上以色列公然作为英、法侵略埃及的工具，成为西南亚和北非的和平威胁。但大部分西南亚国家都开始认识到帝国主义者的真面目，它们拒绝参加侵略集团，努力为自己国家的独立自主而奋斗。在英、法浸略埃及事件中，它们都支持了埃及，对英、法帝国主义者进行了各种斗争。对于臭名远扬的"艾森豪威尔主义"，它们也大都予以严厉的谴责。

西南亚在地形上是高原，高原的四周和内部有许多山脉，使高原具有很大的闭塞性。整个地区只有底格里斯河和幼发拉底斯河两条大河，两河在伊拉克境内构成一片西南亚著名的美索不达米亚平原。

虽然西南亚的周围有黑海、地中海、红海和阿拉伯海等许多海洋围绕，但在气候上却是大陆性的。阿拉伯半岛是世界上最热的地方之一，而伊朗高原和小亚细亚高原，除了酷热的夏季以外，也都有一个严寒的冬季。干燥成为西南亚气候的特色，沙漠掩盖了广大地面，灌溉良好的耕地很少。但在某些地区，如阿拉伯半岛西南的也门，降水比较丰富,有利于农业的发展。在土耳其的沿海地区和叙利亚、黎巴嫩、以色列等国的地中海沿岸地区,气候属于地中海型,对农业的发展也比较有利。

西南亚特别突出的矿藏是石油,藏量占资本主义世界的一半以上。其中以科威特、沙特阿拉伯、伊朗和伊拉克4国最多,其他如巴林岛和卡塔尔等,藏量也很可观。西南亚的其他矿藏不多,只有土耳其比较丰富,有煤、铬、铜、铁等。

图一二　西南亚的石油分布图

西南亚在经济上是一个很落后的地区,农业成为各国人民生活的主要来源,农产品有小麦、棉花、烟草、橄榄、葡萄等,此外,伊拉克出产世界80%的枣椰子,也门则有品质极好的咖啡。广大的草原中有着比较发达的畜牧业,土耳其的安卡拉种羊以品质著名,阿富汗和伊朗的养羊业也极盛,阿拉伯半岛上则有较发达的养马业。

在帝国主义垄断资本控制之下,西南亚的石油开采和炼油工业得到畸形的发展,主要的情况如下。

伊朗油田分布在西南部卡隆河流域,波斯湾沿岸的阿巴丹,有规模巨大的炼油厂,同时也是伊朗最大的石油输出港。伊朗石油本来被英国的英伊石油公司所垄断。战后伊朗人民曾经展开了收回石油富源的斗争,赶走了英国的势力,把石油收归国有。但美国却乘机渗入伊朗,和英国等共同瓜分和垄断了伊朗的石油资源。

伊拉克的石油分布于摩苏尔、基尔库克和卡纳金等地,而以基尔库克为中心,那里建有炼油厂,并有3条油管通往地中海沿岸的巴尼亚斯(属叙利亚)、海法(属以色列)

等港口。伊拉克的石油全部为属于英国资本的伊拉克石油公司所垄断。这个公司并且还控制了卡塔尔的石油开采权。

沙特阿拉伯的石油被美国资本的阿美石油公司所垄断,在波斯湾沿岸的拉斯塔纽拉建有炼油厂,并有油管通到地中海沿岸的赛伊达(属黎巴嫩)。这个公司同时还经营着巴林岛的石油开采。

科威特是西南亚产油最多的国家,它的石油被美、英资本共同组成的科威特石油公司所垄断。

以 1955 年为例,西南亚主要产油国家的石油产量如下。

国家	科威特	沙特阿拉伯	伊拉克	伊朗	卡塔尔	巴林岛	中立地带	土耳其
产量(千吨)	55,220	48,200	34,200	16,130	5,710	1,500	1,280	160

由于美、英等帝国主义者的掠夺式的开采,西南亚的石油在过去 10 年中产量增加了 4.5 倍,目前年产量已超过世界总产量的 20% 以上。西南亚人民正在不断地为收回自己的石油富源而展开斗争。

西南亚的其他工业是极端落后的,只有土耳其比较发达,有一些采煤、金属、纺织、烟草等工业。手工业在西南亚还占有重要的地位,伊朗的手工制毯,至今名闻世界。

西南亚的交通运输业也很落后,铁路很少,陆上交通还广泛地采用驮运。伊朗高原上只有一条铁路从内陆的德黑兰通到波斯湾的阿巴丹港,德黑兰是一个内陆交通中心,居民超过 100 万。阿富汗完全没有铁路。阿拉伯半岛上的铁路也很少,只有在地中海沿岸和伊拉克的美索不达米业平原上才有几条铁路。土耳其铁路较多,它和欧洲及阿拉伯半岛都有铁路联系。

由于西南亚在地理位置上处于许多海洋之间,而且有大量的石油需要外运,因此海上交通显得特别重要。黑海和地中海之间的博斯普鲁斯海峡及达达尼尔海峡,是海上交通的要道。博斯普鲁斯海峡西岸的伊斯坦布尔,是一个人口超过 100 万的重要港口和大城市。此外,西南亚的重要港口还有土耳其的伊斯密尔,阿拉伯半岛南端的英国军事基地亚丁,伊朗的石油输出港阿巴丹等。

西南亚国家的输出以石油和农产品为主,输入以工业品为主,对外贸易长时期以来垄断在帝国主义者手中。但第二次世界大战以后,西南亚国家正在开始解脱这种束缚,例如阿富汗就已经和苏联签订了贸易协定,并且接受了苏联的友好援助。

第四章　欧洲国家

第一节　波兰人民共和国

波兰领土面积达 312,000 平方公里,有居民 2,754 万人。它是欧洲人民民主国家中,土地最大和人口最多的国家。

波兰北濒波罗的海,东、南、西三面各与苏联、捷克斯洛伐克和德意志民主共和国为邻,地理位置甚为有利。

波兰的南部是苏台德山和喀尔巴阡山,富于矿藏,有煤、铁、石油、岩盐等,其中以西里西亚·顿勃罗夫区的煤最为重要。山地以北是广大的平原,约占全国面积的80%。平原上流贯着维斯拉河和奥得河等大河,灌溉和航行都很有利。波罗的海沿岸,由于冰川作用,冰碛堆积,地面崎岖,需要经过改造,才能发展农业。

波兰具有一种东欧大陆性和西欧海洋性之间的过渡性气候,年雨量约 500 毫米—600 毫米,由于多在夏秋作物需水时下降,故足敷作物需要。但另外也因降水过于集中而容易造成泛滥。目前,波兰人民已在兴建一系列的水利工程,以消弭自然灾害。

旧的波兰是一个落后的农业国家,仅有的一些工业多为外国资本所控制。土地则大部分在地主手中。新中国成立以后,实行了土地改革和企业国有化,先后完成了三年计划(1947 年—1949 年)和六年计划(1950 年—1955 年),现在,波兰人民正在执行

1956 年—1960 年的五年计划。几年来努力的结果,波兰已成为一个工业国家,正在向社会主义道路迈进。

　　波兰的工业主要是解放后兴建起来的,采矿工业中特别重要的是巨大的煤产量,在社会主义阵营中仅次于苏联。黑色冶金工业的中心是克拉科夫附近的诺瓦胡塔。机器制造工业包括飞机、汽车、火车头和拖拉机等,也有很大的发展。此外如化工、纺织、食品等工业也很发达。

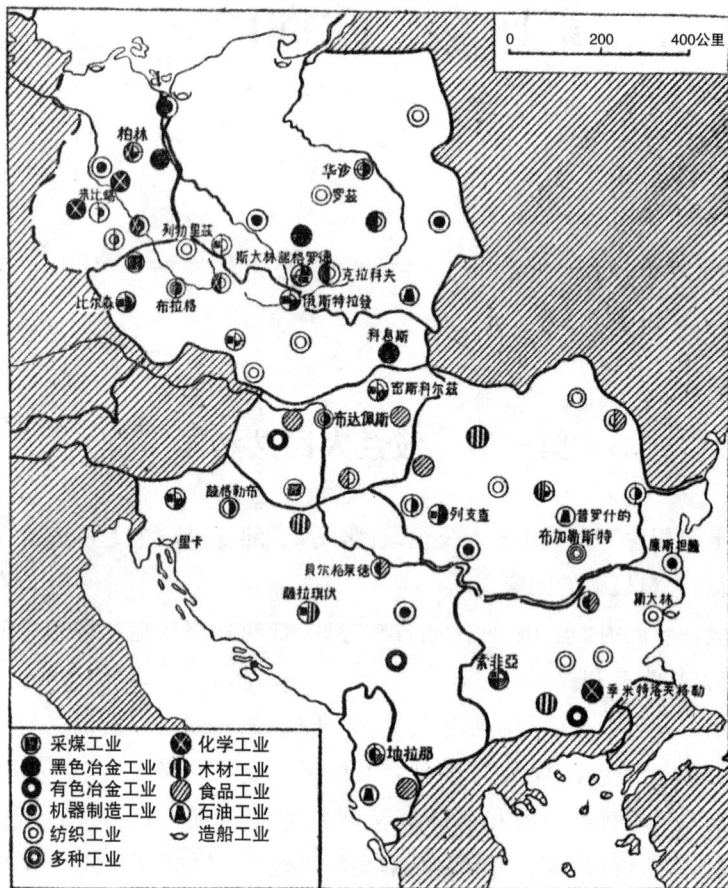

图一三　欧洲社会主义体系各国的工业分布图

　　最重要的工业区是西里西亚·顿勃罗夫区,这里是黑色冶金和机器制造工业的中心,有斯大林诺格罗德和克拉科夫两个最大的工业城市。首都华沙是一个综合性的工业城市,拥有 100 万以上的人口。华沙以西的罗兹,则是最大的纺织工业中心。此外,西部的波斯南,是化学工业和食品工业的中心,沿海的兹杰辛和革但斯克等港口,则发展了造船工业。波兰的东部在解放前非常落后,现在已进行了大规模的建设,像卢布林和贝鲁斯托克等城市都形成了新的工业区。

波兰的农业已有颇大程度的机械化,但近年来农业合作化还搞得不够理想。波兰最主要的农作物是黑麦和马铃薯,主要产区分布在东部和中部。南部的小麦、东部的亚麻和西南部的甜菜,产量也都不少。此外,南部山区还发展了畜牧业,沿海发展了渔业。

国内运输以铁路为主,铁路全长达 26,000 公里,华沙是全国的铁路网中心。维斯拉河和奥得河都可通航,它们之间并有运河联系。海上运输也很发达,兹杰辛和革但斯克是两大港口。

在对外贸易方面,波兰输出大量的煤,其次是纺织品和其他工业品。输入主要是铁矿石、石油、各种机器和棉花等。主要的贸易国是苏联,和我国及其他人民民主国家之间的贸易也很盛。在资本主义国家中,它和瑞典有巨额的煤铁交易。

第二节　捷克斯洛伐克共和国

捷克斯洛伐克是在欧洲中部的一个内陆国家,它的东、北、南三面是苏联和其他人民民主国家,但西部和西南部则和资本主义体系的西德和奥地利为邻。全国的土地面积有 128,000 平方公里,居民 1,316 万人。主要的民族是捷克人和斯洛伐克人,这两个兄弟民族解放后已建立了亲密的关系。

捷克斯洛伐克全境多山,森林满布,占全国面积的 1/3。西部厄尔士山(鲁达山)、苏台德山和波希米亚林山之间是捷克高原,为易北河和奥得河的发源地,地形较高而富于矿藏。西里西亚有丰富的煤矿,厄尔士山和波希米亚林山麓有煤、铁、铀等。东部是喀尔巴阡山地,这里有丰美的草地,有利于畜牧业的发展。多瑙河流过南部国境线的一段,那里有一片平原,是最重要的农业地。

捷克斯洛伐克具有温和的大陆性气候,年雨量较少,约为 500 毫米。但由于许多水库和灌溉工程的建筑,仍可保证作物的需水量。

捷克斯洛伐克在解放前有相当雄厚的工业基础。但那时工业中有不少为外国投资,而且配置极不平衡,绝大部分工业都在西部,东部斯洛伐克境内几乎完全没有工业。捷克斯洛伐克在 1939 年就被法西斯德国所占领,原有的工业遭到很大的破坏。解放以后,接着实行了企业的国有化,经过 1947 年—1949 年的两年计划,工业生产恢复并超过了战前水平。此后,1949 年—1953 年又完成了第一个五年计划,目前,正在进行着第二个五年计划(1956 年—1960 年),工业有着迅速的发展。1955 年的工业总产值已达到战前的 2 倍以上,工业生产在国民经济中的比重也已超过 70%。

　　按照工业的分布情况,西部仍是全国最重要的工业区。首都布拉格是 100 万人口以上的大工业城市,发展了以机器制造为主的多种工业。布拉格以西,以比尔森为中心的工业区,发展了采煤、黑色冶金和机器制造等工业。苏台德山南麓以列勃里兹为中心的地区,则是一个纺织、玻璃和陶瓷的轻工业区。西里西亚区的中心城市是俄斯特拉发,这是全国最大的采煤、黑色冶金和机器制造工业中心,它和波兰的西里西亚·顿勃罗夫区毗连,在相互援助方面十分有利。东部斯洛伐克本来是落后的农业区,解放后也大力发展了工业建设,科息斯已经成为一个新的铜铁工业中心。

　　在农业方面,捷克斯洛伐克解放后实行了土地改革,建立了许多国营农场和农业生产合作社。主要的农产品在粮食方面是小麦和黑麦,在技术作物方面是甜菜和亚麻,制造啤酒的蛇麻草也是捷克斯洛伐克的特产。

图一四　波、捷两国的西里西亚工矿分布图

　　铁路网长达 22,500 公里,和苏联及毗连的各人民民主国家都可相通。各河都有航行之利,多瑙河沿岸的布拉的斯拉发,是全国最大的河港。由于社会主义各国间的亲密团结,捷克斯洛伐克能便利地使用波兰的波罗的海各港口,因此弥补了内陆国家没有出海口的缺陷。

　　对外贸易主要和社会主义阵营各国发生关系,输出的为机器和工业品,输入的为原料和燃料。捷克斯洛伐克所出产的各种具有高度技术水平的机器,对其他人民民主国家的经济建设有很大的帮助。

第三节　匈牙利人民共和国

匈牙利是多瑙河中游的一个内陆国家,周围有苏联、罗马尼亚、南斯拉夫、奥地利和捷克斯洛伐克等5个邻国,除西部的奥地利以外,其余都是社会主义体系国家。匈牙利国土面积93,000平方公里,有居民986万人,1/6以上的人口集中在首都布达佩斯。

匈牙利大部分是肥沃的黑土平原,多瑙河纵贯南北,在灌溉和航行上有极大的价值。东部有多瑙河的支流的萨河流贯,西部有巴拉顿湖,都有灌溉和航行的意义。匈牙利山地不多,但矿藏颇丰富。东北部的北匈牙利山脉是全国最大的煤、铁蕴藏地。西部的巴空尼林山和西南部的贝奇丘陵,都有煤和铁矾土的蕴藏,铁矾土的藏量具有世界意义。

匈牙利在解放前是一个落后的农业国,解放后,紧接着土地改革和企业国有化的完成,于1947年—1949年执行了一个三年计划,1950年—1954年又完成了一个五年计划,建立了许多过去没有的工业部门,而且在地区配置上也改变了过去布达佩斯和全国尖锐对立的那种极端不平衡状态。东北部的密斯科尔兹是拥有煤、铁开采、黑色冶金和机器制造等部门的重工业中心。布达佩斯以南的斯大林城也兴建了大规模的钢铁工业。布达佩斯是最大的机器制造工业中心。巴拉顿湖以北的埃加是炼铝工业中心。此外,像纺织、食品等轻工业,也遍布全国各地。

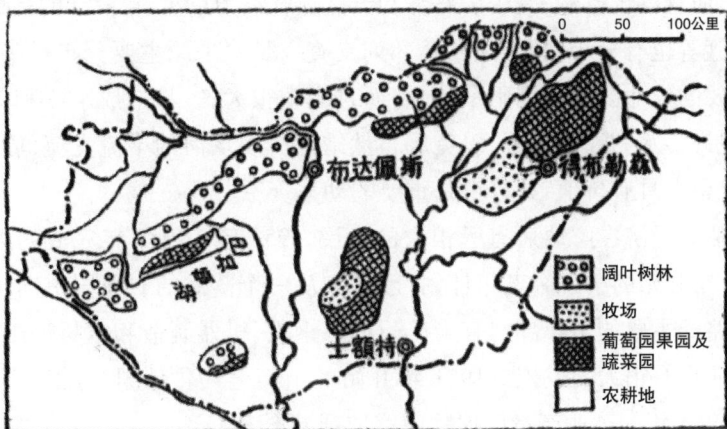

图一五　匈牙利的土地利用图

匈牙利是农业很发达的国家,耕地面积高达全国面积的60%。解放后,由于一系列灌溉工程的兴建,雨水不足(特别是东部)的自然缺陷已得到了很大的改善。小麦和玉米是匈牙利的基本农作物,播植面积遍布全国各地。的萨河以东,解放后种植了新作物棉花和稻米,西北部种植了甜菜,葡萄园的分布也很广。此外,畜牧业也有了很大的发展。

解放以来,匈牙利在经济上是飞跃前进的。工业生产总值在1955年比战前提高到3倍多,农业也获得了很大的增产。但是在发展的道路上也并不是完全没有困难的。匈牙利政府对轻、重工业和工、农业之间按比例发展的关系没有完全安排得当,重工业投资过大,反革命势力没有肃清,其他政策上也有一些错误,帝国主义和反革命残余势力就利用人民的某些不满情绪,发动了1956年10月的反革命叛乱,使匈牙利蒙受了很大的损失。现在,在苏联和人民民主国家的支持下,匈牙利的社会主义工人党和工农革命政府正在领导全国人民,从事恢复和建设工作,使匈牙利今后发展得更顺利更繁荣。

第四节　罗马尼亚人民共和国

罗马尼亚位于巴尔干半岛北部,全国面积238,000平方公里,周围都是社会主义体系国家,并有多瑙河下游和黑海的航行之便,地理位置非常有利。

罗马尼亚全国有1,750万人口,以罗马尼亚人为主,西北部也有不少匈牙利人。城市人口占1/3,首都布加勒斯特是居民超过100万的全国第一大城市。

罗马尼亚的山地和丘陵较多,喀尔巴阡山从北到西,成弧形绵亘境内。山地中不但森林茂密,而且富于矿藏,其中以石油和天然煤气最为重要,普罗什的是最大的蕴藏地。煤、铁、锰等也有分布,特别是在西部列支查一带。平原主要分布在多瑙河沿岸,是全国最重要的农业区。但因雨量较少,而且变率很大,容易造成水潦和旱灾。解放后,正在兴建许多水利灌溉工程,以克服自然缺陷。多瑙河的干流支流,流遍国境,不但在灌溉、航行上具有价值,并且也是重要的动力资源。

罗马尼亚的经济在解放后有了很大的发展,1951年—1955年完成的第一个五年计划和1956年开始的第二个五年计划,已把它从一个落后的农业国引向工业发达的社会主义道路。主要的工业部门有采矿、石油、钢铁、机器制造和木材加工等,纺织和食品等轻工业也有很大的发展。1951年开始的十年电气化计划,对工业发展起了很大的作用。1955年的工业产量已比战前增加到差不多3倍。

首都布加勒斯特是一个重要的工业中心,发展了多种部门的工业。它北部的普罗什的是石油工业中心,石油产量已经超过 1,000 万吨,居社会主义阵营各国的第二位。西部的列支查则是重要的采煤和黑色冶金工业基地。

农业也有很大的发展,1955 年的谷物产量就比 1938 年增加了 1/3。玉米是全国最主要的作物,其次是小麦。技术作物有棉花、甜菜、烟草、向日葵等,葡萄园分布很广,山地中则普遍发展了畜牧业。

罗马尼亚是一个重要的石油输出国,此外如木材工业产品和其他工业品也有很多输出。输入主要是机器装备和原料。对外贸易主要和苏联及各人民民主国家进行,1952 年—1955 年间,和我国的贸易额几乎增加了 6 倍。

第五节　保加利亚人民共和国

保加利亚位于巴尔干半岛的东部,东濒黑海,和罗马尼亚、南斯拉夫、希腊及土耳其为邻。全国土地面积 111,000 平方公里,有居民 743 万人。

保加利亚的中部和南部,各横亘着东西走向的巴尔干山和罗多彼山。山区富于森林,林地面积约占全国面积的 28%。巴尔干山的北部是多瑙河下游平原,南部是马里乍河平原,土壤肥沃,是重要的农业区。西部山区中的索非亚盆地,有全国最大的城市首都索非亚,那里有很丰富的褐煤资源。保加利亚其他矿藏的种类不少,但藏量都不大。

保加利亚有温和的大陆性气候,巴尔干山以南兼受地中海气候的影响,适于果树的栽培。但年雨量一般仅 500 毫米—600 毫米,灌溉问题在这里显得特别重要。

解放后,保加利亚经过 1947 年—1948 年的两年计划,并且又完成了 1949 年—1953 年的第一个五年计划,1953 年—1957 年的第二个五年计划也将胜利完成,工、农业都已有了很大的发展,已经整个改变了它解放前的落后面貌。1955 年的工业总产量超过战前的 5 倍。其中特别发展的是重工业,例如机器制造工业在战前只占全部工业总产值的 0.3%,居于微不足道的位置,但 1955 年已居全部工业中的第三位。轻工业也按比例得到很大的发展,1955 年的棉织品产量就比战前多了 3 倍。

首都索非亚是一个综合发展的工业城市,它以南的季米特洛夫,则是黑色冶金工业的中心。马里乍河沿岸的最大工业城市是解放后新建的季米特洛夫格勒,那里有巨大的水电站,并有水泥和肥料等工业。

农业中最基本的部门是谷物种植,其中以小麦和玉米为主,多瑙河下游平原为最大产地。马里乍河平原的烟草和棉花是主要的技术作物,葡萄园的分布很广。马里乍河支流登萨河上游的玫瑰花是著名的特产,保加利亚是世界上最大的玫瑰油出产国。

此外,畜牧业也有很大的发展。到 1955 年,保加利亚约有 77% 的农户和 75% 的土地已经合作化,在农业中的社会主义成分超过欧洲所有其他人民民主国家。

第六节　阿尔巴尼亚人民共和国

阿尔巴尼亚西濒亚得里亚海,东和南斯拉夫联邦人民共和国及希腊为邻,全国面积 29,000 平方公里,有居民 139 万人。

阿尔巴尼亚全境多山,有丰富的森林和水力,矿藏以石油为最重要,铜、铬、煤、沥青等的藏量也不少。在气候方面除沿海是地中海气候外,内地都属大陆性气候。

阿尔巴尼亚解放前是全欧洲最落后的一个国家。几乎完全没有现代化的工业,也没有一公里的铁路,80% 的人民是文盲。从 1939 年开始,它就被意大利所并吞,此后则更遭到莫大的破坏。

解放以后,阿尔巴尼亚开始了大规模的经济建设,1951 年—1955 年完成了第一个五年计划,工、农业有了极大的发展。1955 年的工业总产值等于 1938 年的 12 倍;现在 35 天的产量,就可达到过去一年所得的产量。目前,阿尔巴尼亚在苏联和各人民民主国家的支持和帮助之下,各种工业部门包括采矿、金属加工、木材、纺织、食品等,都有了很大的增长。首都地拉那也已从一个落后的小城市变为一个新型的工业城市,并且有新建的铁路和港口都拉索及其他一些城市相联系。

农业至今还是阿尔巴尼亚国民经济中的首要部门。1955 年,农业生产占工农业总产值的 56.5%。农业中以畜牧业为最重要,沿海地带也发展了耕作业,种植玉米、黑麦、小麦等谷物和甜菜、棉花、烟草等技术作物,橄榄和柑橘的栽培也不少。1955 年的农业总产值比 1950 年增加了 37%。

第七节　南斯拉夫联邦人民共和国

南斯拉夫位于巴尔干半岛西北部,土地面积有 255,000 平方公里,是巴尔干半岛上最大的国家。全国有居民 1,770 万人,包括塞尔维亚、克罗地亚和斯洛文尼亚等 6 种主要民族,其中塞尔维亚人最多,约占总人口的 40%。

南斯拉夫有 3/4 的地面是山地,山区中森林和水力资源都很丰富,并有众多的矿藏如褐煤、铜、铁矾土、铅、锌、铬、汞等,铁和锰也有蕴藏。东北部有多瑙河流过,是一片肥沃的平原,成为全国最重要的农业区。

气候对农业一般有利,亚得里亚海沿岸是地中海气候,宜于种植果树。内地为温和的大陆性气候,年雨量达 600 毫米,一般足敷作物的需要。

南斯拉夫在第二次世界大战期间曾被德、意法西斯军队占领。战争后期,南斯拉夫人民在苏联的援助下,击溃了法西斯军队而获得解放,成立了南斯拉夫联邦人民共和国;并于 1947 年—1951 年间执行了第一个五年计划,在工、农业各方面获得了很大的成就。不过从 1948 年以后,南斯拉夫和苏联及其他人民民主国家间的友谊,由于人民敌人的破坏和社会主义各国间在处理某些问题上的错误,曾经一度遭到损害,使它在经济建设中受到了一些影响。1955 年,南斯拉夫和社会主义阵营各国友好关系的恢复,不但有利于整个社会主义阵营的共同利益,南斯拉夫本身也将获得更迅速和顺利的发展。

南斯拉夫的工业总产量,1955 年已达到战前的 2.8 倍,工业在国民经济总收入的比重中也从战前的 14% 增加到现在的 40%。工业企业的 90% 以上是国家所有的。主要的工业有采矿、黑色冶金、机器制造、化工、木材等部门,轻工业如纺织和食品等,也相应地得到发展。首都贝尔格莱德是机器制造业和食品工业的中心,另一大城市萨格勒布是机器制造业和纺织工业的中心。在最大的港口里卡,则发展了造船工业和化学工业。

南斯拉夫的农业以耕作业为基本部门。主要的谷物是小麦和玉米,以多瑙河流域为最大产地。甜菜和烟草是最重要的技术作物。在亚得里亚海沿岸,橄榄和葡萄的种植很普遍,山区则盛行畜牧业。南斯拉夫的农业发展较缓慢,到 1955 年,谷物产量才超过战前水平的 2%,使它一直需要进口粮食,因而耗费了大量资金。农业发展缓慢的主要原因,是农业中社会主义成分的薄弱,至今不过 12%。因此,大力发展农业合作化运动,已是南斯拉夫农业中急不容缓的任务。

第八节　德国

德国位于欧洲中部,北濒波罗的海,南靠阿尔卑斯山,周围和 8 个国家邻接,是欧洲最重要的国家之一。

德国在历史上是帝国主义国家中的急先锋,曾经是两次世界大战中的主要祸首。第二次世界大战以后,按照盟国的协定,由苏、美、英、法 4 国暂时占领,目的是为了彻底消灭法西斯军国主义,建立一个真正民主和统一的德国。但是只有苏联才在它的占领区内真诚地执行了盟国的协定,美、英、法的占领区中却相反地奉行了复活德国军国主义的政策。最后,在 1949 年出现了代表人民利益的德意志民主共和国和代表资产阶级利益的德意志联邦共和国。前者就是原来的苏联占领区,土地面积为 108,000 平方公里,有居民 1,800 万人;后者则是美、英、法三国的占领区,土地面积为 248,000 平方公里,有居民 5,335 万人。造成德国的分裂,乃是美、英、法集团罪恶政策的结果,目前,德国的人民正在为全国的和平统一而斗争。

德国的地形自南向北可分成南德高原、中德山地、北德平原三大部分。南德高原由阿尔卑斯山等组成,比较高峻,但交通上仍无很大阻碍。中德山地的山势低矮,山间盆地很多,山麓更有一带肥沃的黄土,成为最发达的农业区。北德平原虽比较贫瘠,但农业仍很发达。到波罗的海沿岸,有一带冰碛形成的低矮丘陵。

德国富于河流,像莱茵河、多瑙河、易北河、奥得河等,都是重要的国际河流。其中莱茵河是欧洲航运最忙碌的一条河流。

德国具有一个过渡性的气候,从东到西,大陆性的影响逐渐减弱而海洋性的影响逐渐显著。与欧洲东部地区相比,比较温和湿润,有利于农业发展。但雨量变率颇大,容易造成水潦和旱灾,是其主要缺陷。

德国的自然资源非常丰富,水力蕴藏特别以多瑙河及其支流为最多,森林占全国面积的 1/4。尤其重要的是矿藏,最大的煤田在鲁尔区,这里集中了全国 3/4 以上的煤藏,并出产优良的炼焦用煤。其次是萨尔区。来比锡一带有大量的褐煤。中部欧法特一带有巨量的钾盐。此外如莱茵河支流兰河流域的铁、汉诺威的石油、亚琛的铅、锌等,也都有一定的藏量。

第二次世界大战以前,德国是个资本主义高度发展的国家,工业企业为垄断资本家所把持,农村中的土地则为封建地主所占有。它们都是法西斯政权的支柱。战后,在民主德国和西德两个不同社会制度的国家里,经济发展也就走上了完全不同的道路。

民主德国成立以后,接着就完成了 1951 年—1955 年的第一个五年计划,第二个五年计划(1956 年—1960 年)也已在开始进行,工农业有了很大的发展。在工业方面,除了恢复旧有工业,并把战争工业改建成和平工业以外,许多新的工业企业兴建起来了。在国防比较安全的奥得河畔,建立了巨大的黑色冶金工厂。像柏林、马格德堡、来比锡、德累斯顿和卡尔马克思等地,都成了机器制造工业中心,出产大量具有高度技术水平的机器。化学工业也有高度发展,分布更为广泛。此外如瓦内蒙德的造船、及那的光学仪器、来比锡的印刷和普遍分布的纺织、食品等工业,都具有高度的技术水平和国际声誉。全部工业的 85% 是国有的。工业总产量已超过战前的 2 倍。

农业已实行普遍的合作化,机械化的程度也很高,因此产量增长很迅速。黑麦是最主要的谷物,其次是马铃薯、小麦和燕麦。最重要的技术作物是甜菜、畜牧业也有很大的发展。

交通运输以铁路为主,首都柏林是一个拥有300多万人口的中欧国际性铁路中心。瓦内蒙德则是海上运输的主要港口。

民主德国的对外贸易主要和社会主义阵营各国发生关系,它所输出的机器和其他工业装备,对其他人民民主国家的工业建设有极大帮助。

联邦德国在战后所走的是另外一条道路。在那里,垄断资本家依然控制了所有工业;农村中的土地,也依旧大部分在地主或农业资本家手中。

图一六　鲁尔工业区分布图

鲁尔区是一个巨大的工业区,其中埃森是最大的黑色冶金工业中心。窝伯特尔、佐林根、多德蒙特等城市也都是机器制造、军火和化学工业的中心,杜易斯堡则是巨大的河港。莱茵河沿岸的工业也很发达,象科隆、法兰克福、路易港、曼海姆等,都有规模很大的机器制造工业和化学工业。此外,北部的汉堡和不来梅等是造船工业的中心,南部的慕尼黑和斯图加特等,也发展了机器制造工业和军火工业。由于美国的投资和贷款,联邦德国的工业特别是为战争服务的工业,发展非常迅速。钢铁产量已和英国不相上下,机器制造工业的产量则已于1956年赶过了英国。鲁尔区一直来是发动侵略战争的军火基地,现在又成了战争的温床。

由于美国剩余农产品的倾销,西德的农业受到很大的打击。粮食作物以小麦、马铃薯等为多,大麦则用作酿造。在莱茵河沿岸一带,葡萄和烟草的种植非常普遍。畜牧业在北部有很大的发展。

铁路在交通运输上意义最大。铁路网很密,莱茵河沿岸的科隆,是重要的铁路和水运枢纽。首都波恩却只是科隆以南的一个沿河小城。汉堡是 100 万人口以上的最大港口,它以北的基尔运河,是沟通北海和波罗的海的国际通道。

联邦德国是资本主义世界中对外贸易额最巨大的国家之一,它的工业品大量输往非洲、拉丁美洲和西南亚等地,和美、英等国发生了激烈的竞争。

第九节　英国

英国的全名是"大不列颠及北爱尔兰联合王国"。它位于欧洲西北部的大西洋中,包括大不列颠岛的全部,爱尔兰岛的北部及附近许多小岛。全国面积共有 244,000 平方公里。

英国是世界上最早发展的殖民帝国,但现在已经没落,政治上处于追随美国的地位。第二次世界大战以后曾接受了美国的巨额贷款和"马歇尔计划"的援助,并且是北大西洋侵略集团中的主要成员。但是在"大西洋联盟"的幌子下,美国正在不断攫取英国的主要战略地位和经济地位和英国争夺殖民地,因而加深了美国和英国之间的矛盾。

图一七　英国的煤铁资源图

英国的地理位置是很优越的。大不列颠岛位于北海和大西洋之间,以英吉利及道维尔二海峡和欧洲大陆隔离,其中道维尔海峡最狭的地方只有 33 公里。这种和大陆一衣带水的形势,既可以和大陆维持政治、经济和交通上的各种联系,同时又可以保持其孤立的优势。此外,北海和英吉利海峡,是莱茵河、易北河、塞纳河、些耳德河等欧洲大河的出口处,也是欧洲许多国家的出入门户。英国站在欧美交通线上的最前哨,长期地利用这种地理位置上的优点,垄断了海上贸易。但是时至今日,一方面是以苏联为首的民主市场的出现和壮大;另一方面是美国对它的倾轧排挤,英国在地理位置上的优势和重要性,已经远非昔比了。

从地形上看,英国虽无高山、但地面是崎岖的。北部的苏格兰和西部的威尔士,极大部分是山地。英格兰的山地也占颇大面积,奔宁山就是全国最著名的山脉,不过这里平原也较多,英格兰东南平原是全国最重要的平原,平原上有著名的泰晤士河。

英国的气候是一种海洋性的西风气候。由于西风和墨西哥湾暖流的影响,气候具有温和湿润的特征。这种气候对于牧草的生长和纺织业生产都很有利,但夏季气温不高,不利于谷物的生长。

英国拥有丰富的煤铁资源。煤的贮藏量达 1,900 亿吨,在资本主义世界中仅次于美国和加拿大,主要分布在英格兰北部、威尔士南部和苏格兰中部等地。铁矿主要蕴藏在英格兰,纯铁藏量达 22 亿余吨。丰富的煤铁资源对英国资本主义的早期发展,曾起了很大作用。但英国缺乏石油和有色金属,易于采掘的优质煤已经不多,优质铁矿更已采掘殆尽。目前英国的矿藏已经显得很不够了。

英国有居民 5,097 万人,平均每平方公里的居民超过 200 人,是全世界人口最稠密的国家之一。但居民的分布很不平衡,英格兰东南部、中部和西北部的工业区人口很集中,苏格兰、威尔士和北爱尔兰的大部分地方居民就很少。城市人口的比例很大,要占全国人口的 80%。首都伦敦连市郊有 800 多万人口,其他人口超过 100 万的大城市还有伯明翰、曼彻斯特、利物浦、里子和格拉斯哥等。

英国居民的民族构成很单纯,英格兰人占了绝大多数,少数民族只有克尔特人一种,分布在苏格兰、威尔士和北爱尔兰等地。

阶级对立在英国居民中是非常尖锐的,工人和职员占全部居民的 90%,没有雇佣劳动的小企业主占 6%,剥削别人的资本家只占 4%。但从国民收入来看,96% 的劳动人民只占全部国民收入的 45%,4% 的资本家却得到全部国民收入的 55%。

英国是世界上最早发展的资本主义国家,也是最老大的殖民帝国。自从 15 世纪末叶以后,手工毛织业已有很大的发展,而当时美洲的发现和印度航路的开辟,促使海上贸易的大为发达,更刺激了它的手工业,手工业工场有了极大的发展,也因此而促成了产业革命,建立了近代化的工业企业。英国从工业、贸易和对殖民地的掠夺中累积了大量的资本,成为一个强大的帝国主义国家。第一次世界大战以前,由于美国和德国的兴起,英国在它们的竞争之下,大大地动摇了它的原有地位。以后经过了两次世界大战,英国在经济上发生了很大的困难,完全丧失了它的原有地位。美国乘机侵入了英国的许多殖民地,排挤英国的势力,把英国处于它的控制之下,造成了英、美之间的尖锐矛盾。

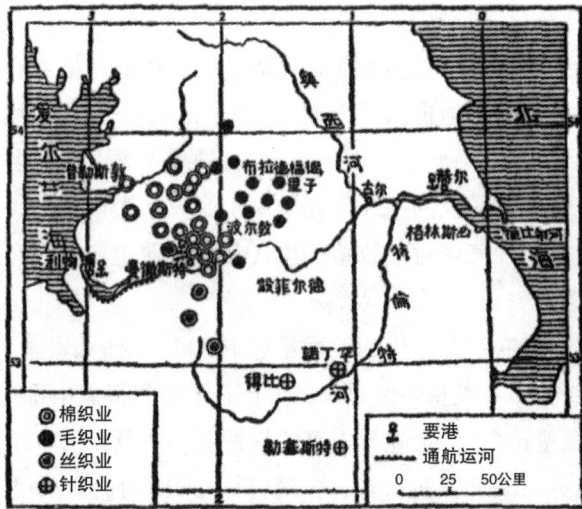

图一八　蓝开厦和约克厦的纺织工业分布图

英国是个工业国家,工业成为国民经济中的主导部门。按照建立时期的早晚,它的工业可分旧的和新的两个部门。旧的部门是在产业革命以后陆续建立起来的,是英国工业的基本部门。这中间包括采煤、冶金、机器制造(制造船舶、机车、纺织机和蒸汽机)和纺织。这些工业主要分布在英格兰,中部的伯明翰和设菲尔德是冶金军火工业区。东北部的密德尔斯布罗和纽卡斯尔是冶金和造船工业区。兰开厦(以曼彻斯特为中心)和约克厦(以里子为中心)是棉织和毛织工业区。此外苏格兰中部的格拉斯哥是全国最大的造船工业中心,并且也有冶金和其他工业。威尔士南部的加的夫一带,也是一个冶金和军火工业区。这些工业在开始建立时多利用落后的蒸气动力,因此它们的分布大多依附着煤矿。它们的设备陈旧,技术落后,已经每况愈下了。

新的工业部门主要是在第一次世界大战以后发展起来的,包括电气、化工、汽车、飞机等工业,有着较高的技术水平和生产能力,但在对外贸易的意义上仍不能和旧的部门相比。这些工业主要集中在伦敦及其附近。

英国的农业很不重要。耕作业只能满足全国 1/3 的粮食消费。土地大部分为地主所有,但地主并不直接经营农业,多租给农业资本家雇工耕种。因此,农民就要忍受双重剥削。耕地面积不到全国面积的 1/4,而其中一半以上种植了饲料。谷物生产只有不多的小麦和燕麦等,重要性远不及畜牧业和瓜果蔬菜的种植。

渔业是极重要的一个部门。北海和英国周围的其他海洋都是重要的渔场,每年捕获量在 100 万吨以上,可以满足国内消费的需要。

英国是个殖民帝国,无论从贸易和战略两方面看,海上运输都有头等重要的地位。长时期以来,英国拥有一支世界第一的商船队和舰队,在海上横行一时。但是第二次世界大战以后,美国商船队和舰队的吨位已经超过了它,英国的海上霸权已被排挤到次要的地位了。

英国的最大输入港是伦敦,最大输出港是利物浦。其他的大港有赫尔、南安普敦、加的夫等。英吉利海峡沿岸的朴次茅斯和普利穆斯,是第二大军港。

在对外贸易中,英国的输入主要是工业原料和粮食,包括小麦和其他食品、棉花、羊毛、橡胶、石油、铁和其他金属等等。输出品主要是煤、纺织品、金属制品和机器等。对外贸易中每年都有巨额的入超,要靠它在海外投资的利润和英国商船载运外国货物的收入来弥补。战后,由于美国的倾轧排挤,海外贸易和海上运输都受到极大的打击,英国在经济上的困难愈益严重了。

英国的殖民地散布于世界各地,面积比它本土大 135 倍,人口比本国多 10 倍。英国把这些殖民地置于它自己的统治之下,这即是所谓"英联邦",也常常称为"不列颠帝国"。

英国的主要殖民地,在美洲以加拿大为最重要,在亚洲有锡兰和马来亚等,在非洲有南非联邦和中非联邦等,在澳洲有澳大利亚联邦和新西兰等。这些殖民地拥有大量的资源,像羊毛、黄金、锡、镍等,产量都居世界首位。靠着对殖民地的残酷掠夺,英本国才能获得各种工业原料和粮食,并且大量地向这些地区推销商品和输出资本,获得巨额利润。为了有效地统治这些殖民地,英国又在世界各地霸占了许多战略基地和交通据点,例如欧洲的直布罗陀和马耳他岛,亚洲的亚丁和新加坡,以及大西洋、太平洋中的许多岛屿等。

第二次世界大战以后,"不列颠帝国"的境况日益困窘。这一方面是由于美国势力侵入了它的殖民地,像加拿大、澳大利亚、新西兰等,已在很大的程度上投入了美国的怀抱;另一方面更是由于殖民地的民族解放运动空前高涨,像印度、巴基斯坦、缅甸、苏丹、加纳等已经先后脱离它而独立,重要的交通路线苏伊士运河也被埃及收回了,其他如马来亚、塞浦路斯、乌干达等许多殖民地的独立斗争也正方兴未艾。殖民主义者正在没落,"不列颠帝国"分崩瓦解的日子不远了。

第十节　法国

　　法国就是法兰西共和国,位于西欧大陆,西临大西洋的英吉利海峡和比斯开湾,东南滨地中海,全国面积55万平方公里,是欧洲资本主义国家中领土面积最大的国家。

　　法国在第二次世界大战中曾经投降法西斯德国,战后投靠美国,成为北大西洋侵略集团的成员之一,并且参加"欧洲防务集团"等侵略组织,同意美国武装西德的政策。法国统治阶级的这种倒行逆施的措施,已经激起了愈来愈多的人民的反对,广大人民正团结在全国第一大党——法国共产党的周围,为脱离美国的羁绊、反对战争和保卫和平而斗争。

图一九　法国的矿藏和工业分布图

　　法国东部和意大利、瑞士、德国等接界处是阿尔卑斯山和汝拉山等,南部和西班牙接界处是比利牛斯山,都是很高峻的山脉。中部偏东的地区还有中央高原,所占地面很大。但法国的平原也很广阔,约占全国土地面积的一半。巴黎盆地上流贯着塞纳河,是全国最重要的平原。比斯开湾沿岸也有广大的平原,并有罗亚尔河和加隆河等大河。在阿尔卑斯山和中央高原之间,有罗尼河流贯的罗尼河谷地。法国的河流既便于航行,又富于水力。法国具有面临大西洋和地中海两个海洋的优点,大西洋方面有诺曼底和布列塔尼两半岛,海岸特别曲折,富于良港。

　　法国在气候上比英国多样化。大西洋沿岸是西风气候,地中海沿岸是地中海气候,内地也大体温和湿润,只有东部山区逐渐接近大陆性气候。

　　法国的地下资源丰富而比英国多样化。洛林铁矿是世界最大的铁矿之一。煤矿比较少,不能和铁矿相称,主要分布在北部里尔附近。此外,地中海沿岸还有丰富的铁矾土,阿尔萨斯有较多的钾盐。水力资源也颇丰富,特别是东部和南部各河。

　　法国有4,350余万人口,主要民族是法兰西人,人口的自然殖增率很低。城市人口和乡村人口约各居半数,首都巴黎连市郊有居民500余万人,是全国的中心城市。除巴黎以外,法国没有一个人口超过100万的大城市。

　　法国是个资本主义高度发展的工业国家,但农业在国民经济上仍占极重要的地位。

　　法国的工业主要为二百家族所垄断,其发展水平在资本主义世界中次于美国和英国,许多部门并且已为西德所超过。燃料基础非常薄弱(煤的缺少和石油的贫乏)是法国工业的极大缺陷。第二次世界大战以后,曾因占领了西德的萨尔煤矿区而使煤产量有所增加,但现在萨尔区已为西德所收回。

　　法国的工业可以分为旧的和新的两大部门。旧的部门主要是纺织、成衣、化妆品和奢侈品的生产,其中棉织业以阿尔萨斯的牟罗兹为中心,丝织业以里昂为中心,里尔和鲁昂等地则发展了棉、毛、麻、丝等多种纺织业。成衣、化妆品和奢侈品工业的最大中心是巴黎。

　　新的部门在第一次世界大战以后才建立起来,包括冶金、化工、汽车和飞机制造等。黑色冶金工业的最大基地是洛林区(南锡和麦次),其次是中部的圣亚田和克勒索等地。汽车和飞机的制造集中在巴黎,其次是里昂。其他机器制造分布在巴黎、洛林区、里尔等地。造船工业分布在马赛、波尔多以及诺曼底半岛和布列塔尼半岛上。化学工业以巴黎和里昂等地为中心,克勒索则是最大的军火工业基地。

　　法国的农业以资本主义大农场为主,但南部仍存在着落后的小农经济。粮食作物的播种在农业中占主导地位,最重要的谷物是小麦,分布在巴黎盆地和比斯开湾沿岸的平原地区。技术作物以甜菜和葡萄为主,甜菜以巴黎盆地为最大产地,产量冠于欧洲资本主义国家。葡萄的种植极为普遍,加隆河下游和地中海沿岸特别多,葡萄酒酿造业占世界第一位。

法国的国内运输以铁路为主,铁路长度达 51,000 公里,巴黎是全国的铁路网中心,内河航行网也很密,各个不同流域之间,都有运河联系,但设备陈旧,航行效率不高。海上运输也相当发达,商船总吨位在资本主义世界中仅次于美国、英国和挪威,居第四位。大西洋方面的重要商港有哈佛尔、鲁昂、南特和波尔多等,瑟堡和布勒斯特是两个主要的军港。地中海方面的主要商港是马赛,军港是土伦。

法国的对外贸易额在资本主义世界中仅次于美国、英国、加拿大和西德。居第五位。输入主要是粮食、煤、石油和其他工业原料,输出主要是工业品,每年都有巨额入超。由于执行"禁运"政策,对外贸易处于每况愈下的境地。

法国是仅次于英国的殖民帝国,即所谓"法兰西联邦"。主要的殖民地在非洲,包括法属西非洲、赤道非洲和马达加斯加岛等。第二次世界大战以后,殖民地民族解放运动空前高涨,亚洲的越南首先击败法国的侵略而成为人民民主国家,北非的突尼斯和摩洛哥也脱离它的羁绊而独立,阿尔及利亚的民族解放斗争正在激烈进行,"法兰西联邦"的境况比"不列颠帝国"更为狼狈,已经一蹶不振了。

第十一节　意大利

意大利的领土包括亚平宁半岛及地中海的西西里岛、撒丁岛以及其他许多岛屿,北以阿尔卑斯山与法国、瑞士、奥地利及南斯拉夫为界,领土面积共有 30 万平方公里,居民 4,835 万人。

意大利在第二次世界大战期间是和法西斯德国合伙的,大战失败后投靠美国,参加北大西洋侵略集团。但目前意大利人民的觉悟程度已经大大提高,拥有 200 多万党员的意大利共产党,已成为全国的第一大党,它正领导着全国人民,为意大利的独立和平而斗争。

意大利的北部是阿尔卑斯山地,有许多冰川湖泊,波河的不少支流从这里发源,水力资源甚为丰富。山地以南是一片广阔的伦巴底平原,有全国第一大河波河流贯着,是意大利经济最发展的区域。伦巴底平原以南是以亚平宁山脉为骨干的长靴形半岛,即亚平宁半岛。半岛大部分是山地,并有许多火山。只有西部沿海有小片平原,主要是阿诺河下游的佛罗伦萨平原和台伯河下游的罗马平原。西西里和撒丁等岛屿也多是山地,西西里岛上并有火山分布着。

图例：
- 大理石
- 石油
- 硫磺
- 黑色冶金工业
- 有色冶金工业
- 机器制造工业
- 多种工业
- 化学工业
- 纺织工业
- 汞
- 造船工业

0　　　200公里

图二〇　意大利的矿藏和工业分布图

　　意大利的半岛和岛屿部分是典型的地中海气候,特别适宜于果树的栽培。伦巴底平原和阿尔卑斯山地具有大陆性气候,但雨水比较丰富,发展农业也很相宜。

　　意大利的矿藏比较贫乏。煤、铁、石油都很缺少,只有铁矾土、锌和水银等稍多,硫磺和大理石则很丰富。水力藏量颇大,是重要的动力资源。水力发电占全国动力的40%。

　　意大利是个工农业国家,在欧洲各高度发展的资本主义国家里,意大利的工业是比较落后的。黑色冶金工业的原料大部分要依靠进口,钢的生产比生铁多。机器制造工业中以汽车和飞机的制造比较发达。轻工业部门中最发达的是纺织工业。

　　最发达的工业区域在北部。100万人口以上的米兰,是全国最大的工业城市,它以西的都灵和以南的热那亚,工业也都很发达。半岛上的最大工业城市是那不勒斯,也是个100万人口的大城市。意大利的首都罗马是个历史名城,人口也超过100万,但工业并不发达。

伦巴底平原是全国最主要的农业区,那里有发达的资本主义大农业,但南部却仍是地主占有土地的小农经济。粮食作物以小麦为主,也有玉米与稻米,都以伦巴底平原为最大产区。伦巴底平原同时又是最重要的甜菜产区和蚕桑区,意大利的生丝产量只次于日本和我国,居世界第三位。半岛和岛屿部分在农业上是著名的果园区,盛产橄榄、葡萄和柑桔等。意大利的葡萄酒出产次于法国,橄榄油次于西班牙,都居世界第二位。

意大利的陆上交通以铁路为主,铁路网以伦巴底平原最稠密,这里有铁路穿过阿尔卑斯山与法国、瑞士及奥地利相通。海上交通也相当发达,最大的港口是热那亚和那不勒斯,亚得里亚海北岸的"水都"威尼斯,曾是历史上的著名商港,但现在已经衰落了。

在对外贸易方面,意大利输入的主要是煤、石油等燃料和铁、棉花等工业原料;输出的主要是纺织品、汽车和果品等。

第十二节　欧洲其他国家

西欧的国家

欧洲的西部,除了英国和法国外,还有下列一些国家:

国　名	面积(平方公里)	人口(万人)	首　都
比利时	31,900	882	布鲁塞尔
荷兰	40,892(退潮时)	1,078	阿姆斯特丹
卢森堡	2,586	30	卢森堡
爱尔兰	70,000	293	都柏林

比利时和荷兰　比利时和荷兰都是资本主义高度发展的国家,但同时又都是拥有海外殖民地的帝国主义国家。比利时的殖民地主要是非洲的刚果,面积大于它本土80倍。荷兰除了南美洲圭亚那的一部分和西印度群岛的几个岛屿以外,至今还强占着印度尼西亚的西伊利安。

两国都濒临北海,地势低平,水道纵横,并且有一个温和湿润的西风气候,有利于畜牧业的发展。比利时还拥有丰富的煤矿,是它发展工业的重要基础。

比利时是个工业国家,发展了采煤、黑色冶金、炼锌、机器制造、玻璃和纺织等工业。首都布鲁塞尔是各种工业的中心;采煤区在列日一带,冶金和机器制造工业也分在那里;纺织工业主要在根特一带。

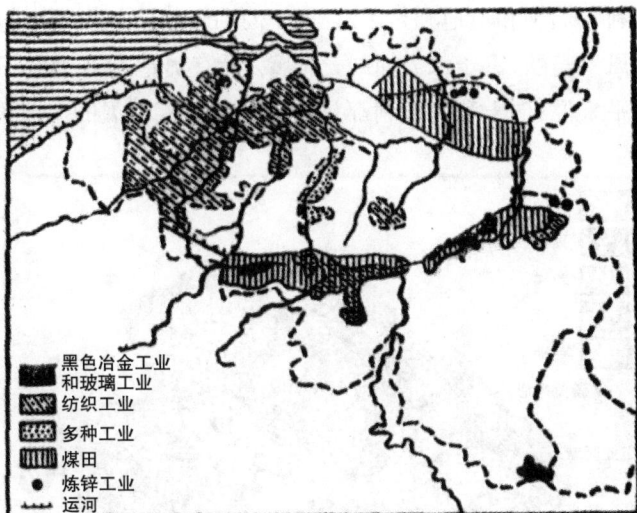

图二一　比利时的工业分布图

荷兰是个工农业国家,它发展了食品工业和纺织工业,造船工业也相当发达。重要的工业区在阿姆斯特丹和鹿特丹一带。农业部门中以畜牧业为主,并且也发展了渔业。

两国的交通运输业都很发达,比利时的铁路密度居世界第一,荷兰则以拥有稠密的运河网著名。海上运输也很发达,荷兰的航海业成为国民收入重要来源之一。

卢森堡　卢森堡是比利时东南部的一个内陆小国,这个国家的重要性,主要在于它有丰富的铁矿。它拥有6个现代化的钢铁厂,钢和钢材的年产量达300万吨以上。此外,它的铁矿石还供给比利时黑色冶金工业的需要。

爱尔兰　爱尔兰的领土包括爱尔兰岛的大部分,它本来在英国统治之下,1937年才正式独立。但北爱尔兰却一直被英国占领,成为英国的一部分。为了收回自己北部的领土,爱尔兰人民和英国已经进行了长时期的斗争。爱尔兰的生产发展水平在西欧最为落后,是一个以畜牧业为主的农业国家。除了畜牧业以外,渔业也相当发达,但耕作业并不占重要地位,粮食不足自给。工业更为落后,工业品需由英国输入。

　中欧的国家

国　　名	面积(平方公里)	人口(万人)	首　　都
瑞　士	41,000	499	伯尔尼
奥地利	84,000	697	维也纳

瑞士和奥地利　瑞士和奥地利是中欧阿尔卑斯山地中的两个内陆国,地形崎岖而高峻,河湖棋布,风景美丽,富于水力而缺乏矿藏,只有奥地利有为数不多的煤、铁、岩盐等。从发展水平来说,瑞士和奥地利都是资本主义高度发展的工业国家。

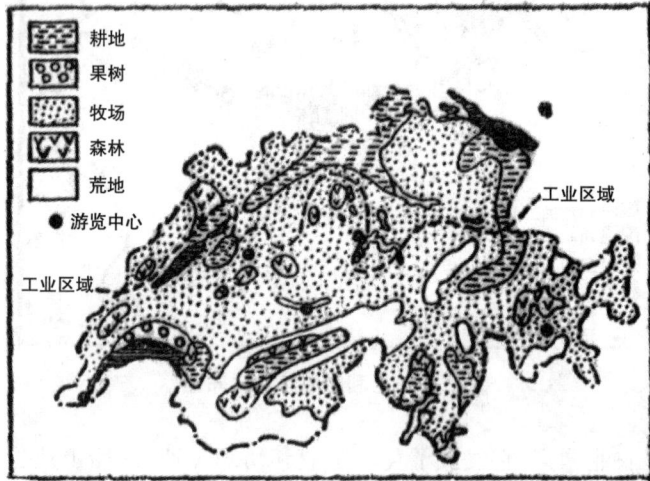

图二二　瑞士的土地利用图

瑞士的工业以需要大量劳动和少量原料的精密机器为主,特别是钟表工业。此外如电气制铝、化工和纺织等工业也有相当发展。主要的工业区在北部,包括苏黎世、巴塞尔和拉相德芳等城市。游览业很发达,这是瑞士资本家的重要收入之一,日内瓦就是著名的游览中心。许多重要的国际会议,也经常在这里举行。农业在国民经济中只占次要地位,畜牧业的意义大大超过耕作业。

奥地利的工业种类很多,包括黑色冶金、机器制造、造纸、纺织等,但规模一般不大。首都维也纳是100万人口以上的中欧大城市,也是最主要的工业中心。此外如北部的林嗣和南部的格拉茨等,工业也很发达。农业以畜牧业为主,主要分布在西部山地。

南欧的国家

欧洲的南部除了意大利以外,还有下列一些国家:

国　名	面积(平方公里)	人口(万人)	首　都
西班牙	503,000	2,898	马德里
葡萄牙	92,000	879	里斯本
希　腊	133,000	794	雅　典

西班牙和葡萄牙　西班牙和葡萄牙位于比利牛斯半岛,它们原是最早发展的殖民帝国。但现在都已经衰落,殖民地也已所剩无几了。

两国都是在法西斯政权统治下的落后农业国,工业非常脆弱。西班牙虽然拥有丰富的煤、铁和其他金属矿藏,但是采矿工业主要还是为了输出矿石而服务。轻工业比较发达,有纺织、食品等。全国最大的工业城市是东北沿海的巴塞罗那,那里有航空、汽车、造船等重工业部门和比较发达的纺织工业。重工业的规模不大,并且有许多外国投资。其次是首都马德里,工业种类也较多,它们都是 100 万人口以上的大城市。煤铁开采和黑色冶金工业分布在比斯开湾沿岸。

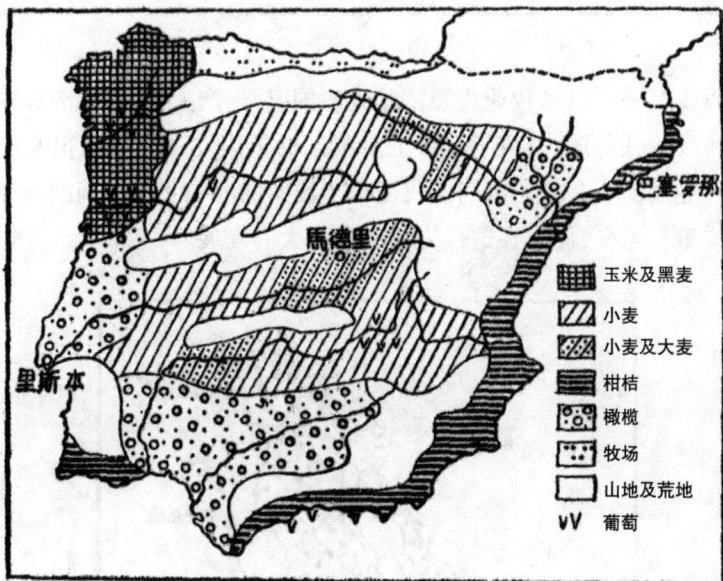

图二三　西班牙的农业分布图

农业占国民收入的大部分和出口总值的 2/3,土地绝大部分在地主和教会手里,农民非常贫苦。粮食以小麦为主,果树栽培很盛,橄榄油产量居世界第一,葡萄园分布也很广,内地山区中则普遍发展了牧羊业。

葡萄牙在经济上比西班牙更为落后,只有一些纺织、软木塞、陶瓷和食品之类的轻工业,其中软木塞的出产居世界第一位。农业以果树栽培为主,葡萄酒和橄榄油的出产也很多。渔业有一定的发展。

希腊　希腊在巴尔干半岛南端,也是一个经济落后的农业国。主要的出产有烟草、橄榄、葡萄、棉花等。工业很不发达,只有一些农产品加工工业。航海业成为国民收入的主要来源之一,首都雅典的外港比雷埃夫斯和北部的萨罗尼加,是全国最重要的两个港口。

北欧的国家

国　名	面积(平方公里)	人口(万人)	首　都
丹　麦	43,000	442	哥本哈根
挪　威	324,000	341	奥斯陆
瑞　典	449,000	726	斯德哥尔摩
芬　兰	337,000	429	赫尔辛基
冰　岛	103,000	15	雷克雅未克

丹麦　丹麦是一个以畜牧业为经济基础的国家,出产大量的奶酪、火腿、鸡蛋和咸肉等。产品主要输往英国,造成了经济上对英国的依附性。渔业也很发达,工业主要发展了和畜牧业及渔业有关的部门。丹麦位于波罗的海和北海之间的地理位置,对于航海和商业有重要意义,使它在这一方面也有颇大的发展。

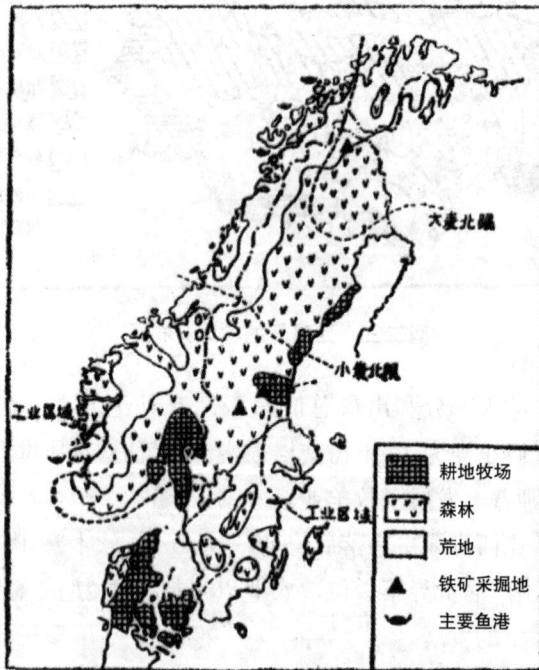

图二四　丹麦、挪威、瑞典的产业分布图

挪威　挪威具有多种部门的经济,包括工业、航海业、渔业、畜牧业和游览业等。海洋和挪威的关系极为密切,世界上没有一个国家依靠海洋到达挪威这样的程度。它是世界上最发达的渔业国家之一,并拥有世界第一的远洋捕鲸船队。商船的吨位仅次于美、英,航海业构成国民收入的重要来源之一。工业包括木材、化工、冶金等部门,有丰富的水力作为动力。挪威的主要出产有鱼类、木材、纸张、化学肥料和金属等。

瑞典　瑞典是北欧国家中工业最发达的国家。森林和铁矿是它发展工业的主要经济基础,而水力则是重要的动力来源。铁矿主要在北部,森林则遍布全国,占总面积的56%。采铁和木材工业(包括木浆、造纸、火柴等)占全部工业产量的50%和出口品的80%。黑色冶金工业并不发达,只有大约10%的铁矿石在国内加工,供给本国机器制造工业的需要,其余全部以矿石形式输出,挪威的纳尔维克不冻港,是瑞典铁矿石的主要出口港。

芬兰　芬兰的经济基础是占全国面积60%的森林。木材工业包括采伐、锯木、胶合板、造纸等,其产品占出口品总值的85%。众多的湖泊,使得芬兰有充分的水力作为工业上的动力。农业以畜牧业为主,在国民经济上也有颇大的重要性。

冰岛　冰岛是个大西洋中的岛国。全境多山,加上冰雪封冻,居民多在海上从事渔业。冰冻鱼、罐头鱼和鱼肝油等,占出口总值的90%以上。此外还有一些养羊业。

第五章　美洲国家

第一节　美国

领土和国家制度

美国就是美利坚合众国的简称，是世界上最主要的帝国主义国家。它位于北美洲的中部，南北是墨西哥和加拿大两个国家，东西介于大西洋和太平洋之间，国土面积为7,828,000平方公里（殖民地的总面积未计算在内）。美国也是一个殖民帝国，主要的殖民地有阿拉斯加、巴拿马运河区、大西洋中的波多黎各岛、太平洋中的夏威夷群岛和其他许多岛屿。

美国是一个资产阶级联邦共和国，全国由48个州所组成。国家最高的立法机关是国会，最高行政权则为总统所有，此外还有掌握最高司法权的最高法院。这就是美国垄断资本家用来统治人民的所谓"三权分立"的制度。国会议员和总统，形式上都由人民选举。这就是美国资产阶级人士叫嚣的所谓"民主"。但事实上选举权受着财产和种族的种种限制，许多没有财产的劳动人民及黑人和印地安人等，都被剥夺了选举权。此外，这种选举本身也就是欺骗人民的幌子。因为不管选举多少次，政治大权总是落在民主党或共和党手里，而这两个党派都是垄断资本家的代理人。

美国是一个凶恶的帝国主义国家。特别在第二次世界大战以后，在国内加强反动统治，镇压一切进步活动，政治日益趋于法西斯化。在国外则组织了一系列的侵略集团，建立了许多军事基地，不断制造国际紧张局势，企图发动进攻社会主义国家的侵略战争。但是全世界人民保卫和平的力量已经空前壮大，社会主义阵营更是无比强大，加上美国国内劳动人民的觉悟程度也已大大提高，美国共产党的力量正在不断加强。

美国反动派的罪恶企图,必然要遭到可耻的失败。

自然条件和资源

从地理位置上说,美国东西介于两大洋之间,南临墨西哥湾,有漫长的海岸线和不少优良的港湾,使它和欧亚两洲的交通,都很便利。

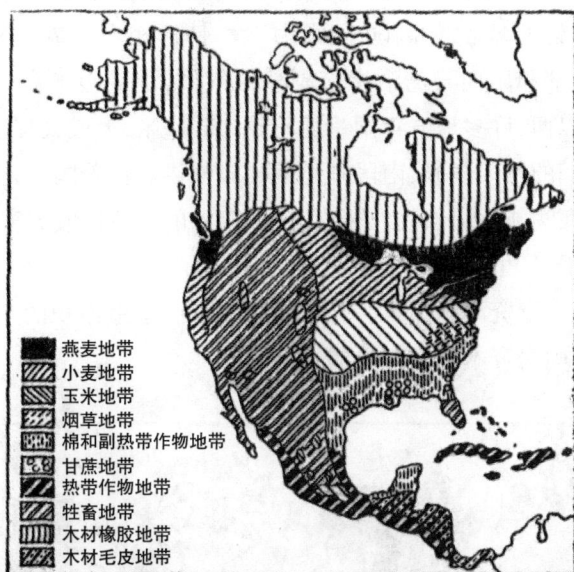

图二五　北美洲的土地利用图

美国在地形上具有南北纵列的特点,东部大西洋沿岸是沿海平原,这是美国最早发展的地方,特别是大西洋沿岸的北段,海岸线曲折,拥有许多港湾和大城市。沿海平原以西是阿巴拉契亚山地,山地低矮不碍交通,却富于矿藏。山地以西是密西西比河平原和大草原,土地平坦而肥沃,是全国最主要的农耕地。大草原以西直到太平洋沿岸,东有落基山,西有海岸山和内华达山,中间是一片广阔的内陆高原。这个区域高峻而闭塞,但拥有丰富的金属矿藏,并有巨大的水力资源,太平洋沿岸也有少数港湾,如接近加拿大国界的普热峡就是世界上最优良的天然港之一。

美国拥有一个庞大的河湖系统,最大的河流是注入墨西哥湾的密西西比河,流域面积占全国面积的2/5。东部大西洋沿海平原上河流甚多,但都很短促。西部山地也有一些河流,以注入太平洋的科罗拉多河和哥伦比亚河最重要。中部平原以北和加拿大交界处有苏必利尔、密执安、休伦、伊利、安大略等 5 个互相连接的大湖,是世界上最大的淡水湖群,并有圣罗棱士河经加拿大和大西洋相通。

美国的河湖具有很大的经济意义,密西西比河、东部沿海各河和五大湖等,在航行上都很便利。密西西比河和五大湖的沿岸都是平原,对农田灌溉也很有价值。西部河流的水力藏量特别丰富,东部大西洋沿岸各河,从阿巴拉契亚山地流入平原地带时,也构成一带瀑布线;伊利湖和安大略湖之间的尼亚加拉瀑布,更是一个巨大的水力资源。

美国的河湖虽然具有很大的经济意义,但是由于水利失修,加上土地滥垦和森林滥伐的结果,以致水土不能保持,各河流常常泛滥成灾,造成人民的很大灾难。

美国在气候上处于温带,但因国土面积广大,情形相当复杂。东北部是比较湿润的温带气候。东南部和墨西哥湾沿岸是副热带气候,雨量很丰富。中部是大陆性气候,特别是落基山以西,许多地方年雨量还不到250毫米,形成大片沙漠。在太平洋沿岸,北段是温和湿润的西风气候,南段则是地中海气候。在美国,由于地形上没有东西横亘的山脉,北方寒潮能够突然间长驱南下,给南方的农业造成灾害。此外,东南部的飓风,西部内陆的干旱,也都是气候上的不利条件。

美国是个拥有丰富资源的国家。森林面积占全国土地面积的1/4,仅次于苏联和加拿大。水力藏量则居资本主义世界的首位。

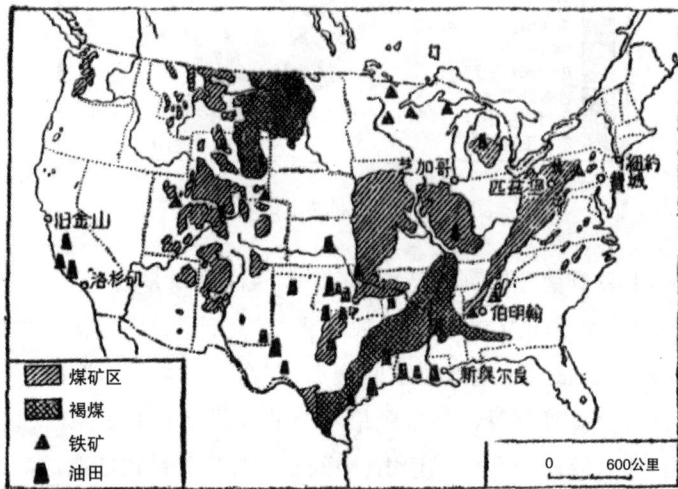

图二六 美国煤、铁、石油的分布图

在矿藏方面,煤矿主要在阿巴拉契亚山地、密西西比河流域和落基山地;贮藏量稍多于苏联而居世界第一。石油主要在中部墨西哥湾沿岸、阿巴拉契亚山地北段、落基山地和西南部太平洋沿岸;藏量仅次于苏联。铁主要分布在苏必利尔湖西岸和阿巴拉契亚山南段,藏量也只次于苏联。此外还有丰富的铜、铅、锌、磷灰石等矿藏。

在腐朽的资本主义制度下,美国的资源已受到很大的掠夺与破坏。例如美国的森林,原来要占全国领土面积的一半,现在东部的森林已经采伐殆尽。对土壤的掠夺式利用,造成了土壤肥力的锐减和水土保持的破坏。对矿物资源的滥施开采,也造成了大量浪费而使许多矿藏趋于枯竭。

居民和种族歧视

美国约有 16,700 万居民,在世界上次于中国、印度、苏联 3 国,居第四位。

人口的分布是极不平衡的,东北各州由于工业发达,人口最稠密。南部农业区人口也较多,向西人口密度渐稀,西部山地每平方公里只有一二人。到太平洋沿岸人口又趋稠密,但仍然远不能和东北工业区相比。

美国的城市人口很发达,约占全部人口的 56%。纽约连市郊在内达 1,500 余万人,是全世界居民最多的城市。此外,人口超过 100 万的城市还有芝加哥、费城、洛杉矶、波士顿、华盛顿和底特律等 10 余处。在这些人口密集的城市里,特别表现出劳动人民生活的赤贫化和贫富之间的尖锐对比。

美国居民的种族构成和民族构成都是比较复杂的。居民 90% 是欧洲移民的后裔,来自英格兰和爱尔兰的又占大多数,所以美国通行英语。除了欧洲移民的后裔以外,美国还有 1,500 万以上的黑人,这是被欧洲殖民者贩卖而来的非洲黑人的后裔,以南部各州分布最多。此外还有亚洲移入的日本人和华侨等。美国的土著居民是印地安人,他们原先约有 300 万人左右,在殖民者的残害之下,现在只剩下 30 万人左右了。

为了分化劳动人民的团结,缓和日益尖锐的阶级矛盾,美国统治阶级大力地宣扬了种族优劣论的荒谬理论,在国内实行了罪恶的种族歧视和种族压迫政策。黑人和印地安人就成了这种罪恶政策的牺牲者。美国的黑人,境遇是很可怜的。他们没有政治权利,不准和白人在同一学校读书,许多公共场所他们都被禁止进入。在种族歧视特别严重的南方各州,黑人绝大部分还是封建剥削下的农奴。在北方城市里劳动的黑人,工资也远比白人要少,同样受着压迫和残害。在美国,私设刑庭,拷打或处死黑人,是常常会发生的事,对于土著的印地安人,美国统治阶级采取了更为残酷的直接杀戮的方式,他们用现代武器射杀印地安人,或在水源中放毒来毒死他们。现在残存的印地安人,则被指定在西部最荒凉的地方居住。他们已濒于种族灭绝的境地了。

现在,美国的黑人正在愈来愈英勇地为争取平等地位而斗争。全国劳动人民也逐渐认识到统治阶级实行种族歧视的卑鄙企图,他们也越来越多地支持了黑人的斗争。

经济概况

美国是目前世界上资本主义最高度发展的国家。但 1783 年以前,它还是英国的殖民地。在短短的 100 多年间,它发展得非常迅速,超过了所有别的资本主义国家。美国资本主义发展迅速的原因,第一是没有封建的土地制度的障碍;第二是拥有大片空旷的土地和多种多样的资源;第三是有一个保护资产阶级发展的统一的国家机构。

从 19 世纪末叶起,美国开始进入帝国主义阶段。资本大量地集中,摩根、洛克菲勒、杜邦等 9 大财团,占有了全国资产的很大部分,成为统治人民的财政寡头。在 1894 年,美国的生产总值已到达英国的两倍,成为世界最大的工业国。第一次世界大战期间,美国垄断资本家又利用战争大发横财,使它们得意忘形,疯狂到了极点。

但是资本主义制度是注定了和周期性的经济危机伴随着的。美国自从 19 世纪中叶以后,较大的经济危机已经不断发生。第一次世界大战以后,一次空前未有的巨大危机从 1929 年起袭击了整个资本主义世界,而美国受到特别严重的创伤。当时,工厂纷纷倒闭,工人大批失业,从 1929 年—1937 年间,由于人力和机器不能充分利用而造成的损失,估计约达 2,000 亿美元,可以建造美国全部铁路的 5 倍。一直要到 1937 年,总生产量才恢复到危机以前的水平,但也就在这一年,另一次危机的预兆已经到来。由于发生了第二次世界大战,美国资本家总算幸免于难,相反地又在战争中发了大财。而且由于第二次世界大战中打垮和削弱了许多资本主义国家,使美国在战后成为资本主义世界的魁首。但另一方面,经济危机的魔影却仍然紧紧地追随着它,使美国垄断资本家变得愈益疯狂好战,成为世界和平人民的凶恶敌人。

美国的工业是高度发展的,工业生产量居世界第一位。但是一切工业都在少数垄断资本家的独占之下,劳动人民是很贫困的。工业部门中以重工业为主,但轻工业也很发达。

图二七　美国主要铁矿和钢铁工业之间的联系图

在动力工业中,煤和石油的采掘量及发电量都居世界第一位。水力发电占全部发电量的1/3,最大的水电站在西部科罗拉多河和哥伦比亚河上。最大的黑色冶金工业中心在匹兹堡、芝加哥和伯明翰等地,钢铁年产量约在1.1亿吨以上。有色金属冶炼方面,像铜、铅、锌、铝等,也都居世界首位。机器制造工业主要分布在东北各州和大湖沿岸,内容繁多,其中以汽车、飞机、军火等的生产特别发达。1955年,美国生产的汽车超过900万辆。化学工业也有高度的发展,其分布和机器制造工业大致相似。轻工业以纺织工业和食品工业为最发达。纺织工业最早发展于东北部,但后来在劳动力低廉和原料近便的南部也有了发展。食品工业主要是面粉和肉类等,分布于五大湖以南和以西的肉用畜牧区和小麦区。

农业在美国国民经济中仍有相当重要的地位,而且也处于垄断资本控制之下。5%的大农场出卖的农产品占全国农产品市场的40%,而80%的小农场才占30%。

谷物以小麦和玉米为主,前者产于五大湖南部和西部,后者产于五大湖以南。玉米主要是牲畜的饲料。棉花产于南部各州,产量居世界首位。此外如烟草、水果等,产量也很丰富。

畜牧业也是农业中的主要部门,乳用畜牧业主要分布于东北各州和五大湖沿岸地区,肉用畜牧业则和五大湖以南的玉米产区一致。牛和猪是最多的牲畜,羊的数量也不少。

美国的交通运输业也很发达,但是它也和工农业同样地掌握在垄断资本家手里。因此,不但是运输效率低落,而且各运输部门间又彼此竞争、相互排挤,造成一种混乱的局面。

图二八　美国的棉花产区图

国内运输以铁路为主,全国铁路网共长 36 万公里,以东北部和五大湖沿岸最稠密,西部则很稀疏。从东部到太平洋沿岸之间,有一系列横贯大陆的铁路相联系,称为太平洋铁路,交通价值很大。

内河航运中以五大湖的价值为最大,它一方面可以借圣罗棱士河出大西洋,又有运河和密西西比河及哈得逊河(在纽约入海)相连,把美国的煤铁产地互相联系,航运极为方便。但内河航运由于铁路运输的倾轧排挤,发展受到很大的阻碍。

在海上运输方面,第二次世界大战以后,美国的商船吨位已超过英国而居世界第一位。全国最大的港口是纽约。此外,大西洋沿岸有波士顿、费城和巴尔的摩,墨西哥湾沿岸有新奥尔良,太平洋沿岸有旧金山、西雅图和洛杉矶等港口。

美国的对外贸易额和资本输出都很巨大,这是它对外进行经济侵略的主要手段。第二次世界大战以后,美国一方面利用各种名目的"援助",向外倾销大量剩余工业品和农产品,另一方面则实行所谓"禁运"政策,百般阻挠各资本主义国家和社会主义国家间的正常贸易,以便于它自己的倾销,因而摧残了许多资本主义国家的工业。现在,许多国家已经都不愿再受美国的控制和干涉,纷纷要求和社会主义国家展开正常的贸易,像英国、法国、挪威、丹麦、葡萄牙、西德等国已经在 1957 年 6 月宣布放宽对我国的"禁运",美国的"禁运"政策已将宣告破产了。

美国的资本输出以向加拿大和拉丁美洲输出为最多,但在西欧、亚洲和非洲也都有很大的投资。国外投资的 30% 左右用在采矿工业和制造工业上,但在农业和公用事业方面也进行投资。依靠商品输出和资本输出,美国垄断资本家每年都能获得巨额的利润。

区域概况

由于各地经济发展的历史不同,美国可分成 3 个基本区域,即:工业化的北部;过去是奴隶制度的南部;殖民化的西部。

北部　这是美国经济上最发展的区域,它的面积不到全国的 1/3,却供给了 3/4 的加工工业产品和一半以上的农产品。按照经济发展的差异,北部又可分成东北工业区、沿湖工业区和中西部农业区 3 个区域。

东北工业区是美国最早发展的和最大的工业区。这里有滨海的有利位置,众多的熟练劳动力和重要的矿藏资源,发展了多种部门的工业。这里集中了全国最大的工业城市和港口如纽约、费城、波士顿、匹兹堡等,纽约按人口是世界第一大城,也是美国的金融中心和最大港口。纽约的华尔街,是统治美国的垄断资本家的大本营。这里有上百层的巨大建筑,也有众多的贫民窟。正和美国其他的大城市一样,纽约是富人的天堂,穷人的地狱。费城和波士顿都是重要的工业城市和港口,匹兹堡则是全国最大的钢铁工业城市。

沿湖工业区包括五大湖沿岸各州,这里的工业很发达,但农业也具有重要的意义,而且工业中的很多部门是在和农业密切相连的基础上发展起来的,例如屠宰和农业机器制造等。这里的黑色冶金工业也很发达,汽车制造工业冠于全国。本区最大的工业城市是芝加哥,它是全国第二个大城市,是最大的屠宰业和肉类罐头工业中心,黑色冶金和机器制造工业也很发达。在交通上,它是一个重要的铁路汇集点,并且是五大湖的水运枢纽。本区的另一大城市是伊利湖西岸的底特律,它是全国最大的汽车工业中心。

中西部农业区包括苏必利尔湖以西的广大地区,有着发达的资本主义大农业,是全国最重要的小麦、玉米产区和肉用畜牧业区。工业主要在农产品的基础上发展起来,面粉工业和其他食品工业特别发达。

南部　面积约占全国的30%,加工工业很不发达,农业和采矿业在经济上占了很大的优势。南部在经济上的落后,主要是因为过去曾经盛行奴隶制度而现在仍存在着奴隶制度残余的缘故。

这里是棉花和烟草专业化的农业区,在大西洋沿岸,早熟蔬菜的种植也很盛。工业以采矿为主,墨西哥湾沿岸各州的石油采掘最重要,石油产量占全国的70%。伯明翰有黑色冶金工业,此外还有纺织及农产品加工工业等。

南部的城市也不及北部发展,大西洋沿岸有工业城市巴尔的摩,墨西哥湾沿岸有大港口新奥尔良,首都华盛顿也在本区以内。

西部　是全国面积最大人口最稀的一区,经济发展也最落后。灌溉农业主要发展于太平洋沿岸,西南部是果园区,盛产柑橘等果品;西北部以小麦和苹果栽培为主,木材的采伐量也很大。此外,西部的其他地区都以畜牧业占优势。

工业以采矿为重要,石油和有色金属的产量很大,加工工业只有在太平洋沿岸的城市才有发展。在哥伦比亚河和科罗拉多河上,有规模巨大的水电站。

西部的城市主要分布在太平洋沿岸,洛杉矶是最大的工业中心,旧金山和西雅图都是重要的港口。

第二节　加拿大

加拿大在北美洲北部,介于大西洋、太平洋和北冰洋之间,南连美国,西北和阿拉斯加相接,面积约996万平方公里。

加拿大是英国的自治领,美国由于地理位置的近便,趁第二次世界大战中英国自顾不暇的机会,大大地加强了对加拿大的控制。战后,加拿大对美国的关系的密切已经超过了英国,美、英之间因而发生了很大的矛盾。

加拿大全国约有居民 1,579 万人,其中英国移民的后裔占 48%,法国移民的后裔占 31%,土著的印地安人由于殖民者的虐杀,只占总人口的 1% 稍多,此外还有其他欧洲国家移民的后裔,北部则有为数不多的爱斯基摩人。

加拿大不但人口少,而且分布很不平衡。主要的居民带是在南部和美国接壤的 100 公里—150 公里的狭长地带。东部圣罗棱士河下游集中了全国人口的 70%,北部有广大的地区是不毛之地。

加拿大的海岸线曲折而破碎,北冰洋中有众多的岛屿,并有哈得逊湾深入内地。大西洋和太平洋沿岸也有许多港湾和岛屿。由于气候寒冷,全部海岸中只有大西洋沿岸的诺法斯科细亚半岛和太平洋沿岸的温哥华岛一带才有不冻港。

加拿大的地形和美国相似,东部是侵蚀剧烈的准平原,岩石裸露、土壤瘠薄,只有圣罗棱士河谷地较为肥沃。中部是美国草原带的延续,是肥沃的黑土带,西部科迪勒拉山系,是一片广阔的高原和山地。加拿大富于河湖,最重要的是注入大西洋的圣罗棱士河,它的上游是和美国交界的五大湖,此外还有很多河流注入哈得逊湾和北冰洋。在中部平原的西侧,南北分布了许多湖泊,成为一条湖带。加拿大的河湖冰期较长,影响了它们的经济价值。

加拿大的气候非常寒冷,冰期很长。在东部的拉布拉达半岛,北纬 56° 以北就属于苔原带,中部地区的大陆性更严酷,并且非常干燥,只有太平洋沿岸比较温和湿润。

加拿大的自然资源是很丰富的,森林面积约占全国面积的 38%,在世界上仅次于苏联。海洋中拥有丰富的水产资源,纽芬兰岛附近是世界著名的渔场之一。矿藏资源种类多而藏量大,煤在东部和西部都有贮藏,藏量在资本主义世界中仅次于美国。石油藏于西部,铁藏于苏必利尔湖以北及纽芬兰岛,藏量也都较多。此外如镍、铀、金、银、铂、铜、铅、锌等金属矿藏也很丰富,其中镍居世界第一,铀居世界第二。非金属矿藏以石棉和云母为多,石棉的藏量冠于世界。

加拿大是资本主义高度发展的工农业国家。工业部门中如冶金、机器制造、木材、造纸等都很发达。农业也具有高度机械化和商品性,有大量的小麦出产。

从全国各地区来看,北部的广大地区是一片荒凉,经济极为落后。东部靠近五大湖、圣罗棱士河和大西洋沿岸地区,是全国最重要的工业区。安大略和魁伯克两省的南部,就集中了全国工业的 80%。首都渥太华,百万人口以上的全国最大工业城市蒙特利尔和另一重要工业城市多伦多等,都集中在这里。农业在这里只占次要地位,以乳用畜牧业和园艺栽培为主;沿海并有发达的渔业。

五大湖以西的草原带是最重要的农业区,也是主要的小麦产地。温尼伯是这个区域的中心城市,有发达的面粉工业。

西部太平洋沿岸地方,是木材采伐、采矿和渔业等专业化的区域,虽然也发展了耕作业,但意义不大。温哥华是这个区域的最大城市和港口。

加拿大的国内运输以铁路为主,铁路网集中在东部工业发达的区域,并有铁路经过中部的温尼伯和太平洋沿岸相联系。海上交通由于圣罗棱士河口一年中有4个月到6个月的冰期,多利用大西洋沿岸的哈利法克斯不冻港。太平洋沿岸的温哥华,也是经年不冻的重要港口。

加拿大的对外贸易额很巨大,在资本主义世界中仅次于美、英两国。输出以小麦、有色金属、纸浆、纸张等为主,输入以石油、煤、机器及零件等为主。美国不仅在加拿大的对外贸易中居有优势地位,而且也大量地对它进行资本输出,控制了加拿大的经济。

第三节　拉丁美洲国家

从墨西哥向南,包括中美、南美和西印度群岛,称为拉丁美洲。这个地区,历史上曾是拉丁族的西班牙、葡萄牙两国的殖民地,现在仍流行着拉丁语。拉丁美洲面积达2,100万平方公里,包括20个国家,它们在不同程度上都受着美国的控制。

拉丁美洲国家可按区域列举如下:

北美洲:墨西哥。

中美洲:危地马拉、洪都拉斯、尼加拉瓜、萨尔瓦多、哥斯达黎加、巴拿马。

西印度群岛:古巴、海地、多米尼加。

南美洲:委内瑞拉、哥伦比亚、厄瓜多尔、秘鲁、玻利维亚、智利、乌拉圭、巴拉圭、阿根廷、巴西。

由于地区广大,拉丁美洲的自然条件是相当复杂的。从地形上看,墨西哥是一片高原。它以南的中美洲,是大两洋和太平洋之间的一条狭隘地峡带,地面崎岖而多火山。西印度群岛是一群多山的岛屿,除了古巴、海地、波多黎各、牙买加各岛外,其余岛屿都很狭小。南美洲面积广大,地形也最复杂,西部太平洋沿岸是从北美延伸而来的安第斯山系,高峻而多火山。东部是圭亚那高地、巴西高地和巴他哥尼亚台地等古老高原。中部自北至南分布着俄利诺科、亚马逊、拉巴拉他三块大平原,各有同名的河流流贯其间,其中亚马逊河是世界上流域面积最大、支流最多和水量丰富的河流,非常适宜于航行,并拥有丰富的水力。

拉丁美洲的海岸线很平直,缺乏港湾。但智利南部有曲折的峡湾,西印度群岛岛屿纷繁,更具有交通上和战略上的意义。

除了南美洲南部比较寒凉以外,拉丁美洲在气候上是暖热的。墨西哥的气候有着明显的垂直分布情况,沿海低地潮湿闷热,但高原内部海拔 900 米—2,400 米之间的地区,气候温和宜人,成为墨西哥人口最稠密的地区。西印度群岛、中美洲和南美洲的亚马逊河流域,大都是高温多雨的热带雨林气候,拥有丰富的热带植物资源,但气候闷热,疾病蔓延,开发较为不易。亚马逊河流域以南是热带草原气候和温带气候,草类繁茂,适宜于畜牧业的发展。阿根廷和智利南部,气候寒冷而干燥,景色非常荒凉。

拉丁美洲的矿藏资源很丰富,像委内瑞拉、哥伦比亚、墨西哥等国的石油,智利的铜和硝石、墨西哥的银、玻利维亚的锡、巴西的铁和锰等,都具有世界意义。但煤的藏量却比其他任何一洲都要少,不过水力藏量很大,可以弥补煤的不足。

拉丁美洲总共有居民 17,000 余万人,其中以印地安人和美斯的索人(印地安人和欧洲人的混血种)为最多,约占总人口的一半以上。欧洲移民的后裔(主要是西班牙、葡萄牙和意大利人)占 25%—30%,此外还有黑人、摩拉特人(黑人和欧洲人的混血种)和日本移民等。印地安人和黑人在那里受着种种不人道的歧视和摧残。

居民的分布很不平衡,人口主要集中在西印度群岛、墨西哥高原中部、南美的拉巴拉他河口和巴西东部沿海等地。其他地区人口稀少,亚马逊河流域的热带雨林中,还有广大的人迹不到之地。

大城市不多,但某些城市中人口都畸形的集中。阿根廷的首都布宜诺斯艾利斯,人口达 500 万,若连郊区在内,就超过全国总人口的 1/4。此外如巴西的旧都里约热内卢和另一大城市圣保罗,智利的首都圣地亚哥、委内瑞拉的首都加拉加斯和墨西哥的首都墨西哥城等,人口也都超过 100 万。

拉丁美洲在经济上有着明显的殖民地色彩。工业落后,采矿业和农业在国民经济上占最大优势。外国资本特别是美国资本充斥泛滥,生产极端片面化,广大劳动人民的生活十分贫苦。

农业部门中对于热带植物资源的栽培,具有特殊意义。例如巴西的咖啡,产量占世界的 65%;哥伦比亚则是世界上第二大咖啡出产国;此外,如中美各国、西印度群岛的海地、南美的委内瑞拉和厄瓜多尔等,咖啡的种植也很重要。香蕉和甘蔗也是这里的重要农作物,中美是世界上产香蕉最多的地区,成为这些国家的经济基础。西印度群岛的古巴,全国有 2/3 的耕地是甘蔗园,蔗糖成为国家的经济命脉。此外如巴西和秘鲁的棉花、古巴的烟草、阿根廷的亚麻仁、墨西哥的西沙尔麻等,在国民经济中,也都有很大的重要性。

　　粮食作物只有在少数国家里具有重要性,大部分国家因技术作物的片面发展,粮食生产不足。阿根廷以出产小麦著名,墨西哥则出产大量的玉米。像阿根廷和乌拉圭等国家,畜牧业成为农业中的主要部门,羊毛和肉类出产很多。

　　美国垄断资本在拉丁美洲的农业中具有极大势力,被当地人民称为"绿色魔鬼"的"联合水果公司"即是其中之一,它垄断了中美各国的香蕉生产,并在拉丁美洲其他许多国家的农业中有巨额投资。

　　拉丁美洲的工业非常落后,但许多国家的采矿业却有着片面的发展。石油采掘具有世界意义,像委内瑞拉、墨西哥、哥伦比亚、西印度群岛的特立尼达和阿根廷等都有石油出产,其中委内瑞拉年产量超过一亿吨,在世界上仅次于美国。此外如智利的铜和硝石、玻利维亚的锡、墨西哥的银、哥伦比亚的铂、秘鲁的铋和钒等,产量在世界上都具有重要地位。拉丁美洲的采矿业,几乎全部在外国资本特别是美国资本的控制之中。

　　加工工业极不发达,主要是利用当地农产品加工的轻工业,如古巴的制糖,阿根廷的面粉、肉类和制革,巴西等国的纺织等。冶金和机器制造等工业,只有在阿根廷和巴西等少数国家才有一些,但规模也都很小。

　　在运输业方面,整个拉丁美洲铁路线不多,建筑紊乱而无计划,运输效率不高。在内河航运上以亚马逊河和拉巴拉他河特别有利,这些河流水深流缓,航程很长。在海上交通方面,巴拿马运河具有最重要的意义。运河在巴拿马国内,全长81公里,它把大西洋和太平洋两岸的航程缩短了10,000公里以上。运河两岸8公里的地区,即所谓"巴拿马运河区",从运河开凿起就被美国所占领,成为它侵略拉丁美洲的军事基地。

　　对外贸易也充分反映了拉丁美洲在经济上的殖民地性质。所有国家的对外贸易在不同程度上都受美国的控制,它们大都以输出农产品和矿产品为主,输入则以工业品为主。从输出品中显著地表现了它们生产的片面性,例如海地的咖啡输出,占其出口总值的50%—60%,哥伦比亚的咖啡输出,占其外汇收入的80%;乌拉圭的畜产品,占其出口总值的90%以上。此外如巴西的咖啡、古巴的蔗糖、中美各国的香蕉和咖啡等,也都在出口品中占了重大的份额。另外一些国家的输出以矿产品为主,委内瑞拉的石油输出,占其外汇收入的95%,玻利维亚的锡和智利的铜等,在出口品中也占重要的地位。由于美国对这些国家的横暴控制和掠夺,压价收购农产品、矿产品和高价供给工业品,使这些国家遭受很大损失,造成经济上的严重困难。

　　在拉丁美洲各国中,阿根廷和巴西是两个较重要的国家,下面是这两个国家的大概情况。

阿根廷　阿根廷是拉丁美洲生产最发展的国家,领土面积达 280 余万平方公里,仅次于巴西。

阿根廷是个农业国家,土地的 41% 是牧场,32% 是森林,11% 是耕地。大部分耕地和肥美的牧场都集中在巴姆巴斯草原,那里是全国经济最发展的地方。

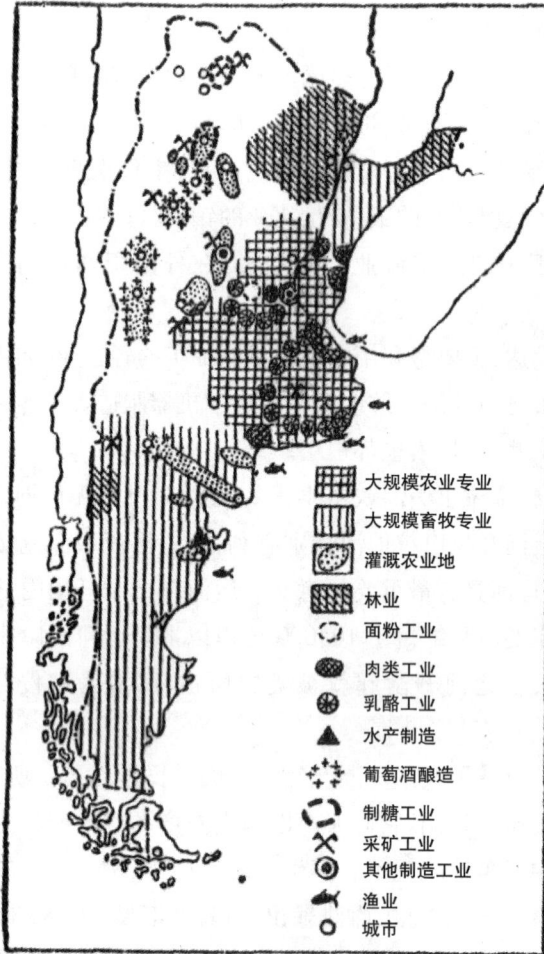

图二九　阿根廷的产业分布图

土地集中在大地主手上,在经营上有相当程度的机械化,农产品的商品意义很高。谷物以小麦和玉米为主,最重要的技术作物是亚麻仁,产量占世界的一半。畜牧业在农业部门中比耕作业更重要,全国有牛 4,500 余万头,绵羊 5,500 余万头,出产大量的肉类、皮革、羊毛等。

工业以农产品加工工业为主,包括肉类、面粉、制革、奶酪等,此外如水泥、纺织等工业也比较发达。美国垄断资本在阿根廷的工业中有巨额投资。

运输业以拉巴拉他河下游最发达，大部分铁路线都集中在这里，海洋轮船从拉巴拉他河口上溯可直达距河口 300 余公里的罗萨利奥。首都布宜诺斯艾利斯，不但是拉丁美洲的最大城市，并且是全国第一港口。

阿根廷的对外贸易也居拉丁美洲各国的首位。输出以农牧产品为主，肉类出口居世界第一，羊毛次于澳大利亚，此外如小麦、玉米等，也都占世界总输出量中的很大份额。输入以工业品、燃料、机器等为主。进出口都以美国为最大对象，其次是英国和西德等，近年来和苏联及某些人民民主国家也发展了贸易关系。

巴西　巴西的领土面积达 851 万平方公里，是世界上最大的国家之一。它并且拥有十分丰富的自然资源：广大的森林、无穷的水力、众多的矿藏如铁、锰、金、石油等等。但在生意发展上，它却仍然落后于阿根廷。

巴西是个农业国，土地的利用率极低，农业最发达的东南部，土地利用率不过 5% ，广大的亚马逊河流域，除了占总面积很小的几处美国资本的橡胶园以外，绝大部分是尚未开垦的处女地。已经开垦的土地，大部分都是地主的种植园，农民多数没有土地，生活非常贫苦。

农产品中最重要的是咖啡。咖啡园几乎完全集中在南部的圣保罗一带，产量冠于世界。棉花是第二种重要的作物，产量在资本主义世界中仅次于美国和印度。可可和蓖麻子的产量也都有世界意义。此外还有橡胶、甘蔗、烟草等等，但粮食不够自给。

巴西工业很落后，主要有一些纺织、食品等轻工业，其中 70% 在美国垄断资本控制之下。第二次世界大战时期，美国垄断集团曾在那里建立了一些黑色冶金和军火工业，但直到现在，巴西的钢铁年产量，仍不过 100 万吨光景。矿藏虽很丰富，但采矿业不发达，采掘很少。

在交通运输方面，铁路很少，只有东南沿海才有几条主要的铁路钱。亚马逊河的航行价值甚大，整条干流和大部分支流都可通航，但目前利用不大。在海上运输方面，最大的港口是里约热内卢，它是巴西的旧都（巴西现在的首都已迁到内地哥亚斯州的巴西利亚）。圣保罗的外港圣多斯，也是一个重要的港口，巴西的咖啡几乎全部从这里出口。

在对外贸易中，输出以农产品为主，咖啡占其出口总值的 70% 以上，其次是可可和棉花。输入主要是工业品、粮食和燃料等。最大的贸易国是美国，由于美国在收购巴西农产品中所实施的压价政策，使巴西在经济上遭受极大的损失。

第六章　非洲国家

第一节　政治地图和居民

非洲介于大西洋、印度洋和地中海之间,全洲面积 3,000 万平方公里,是世界第二大洲。

长时期以来,非洲是一块帝国主义瓜分下的殖民地大陆,独立的国家只有下列一些:

国　名	面积(万平方公里)	人口(万人)	首　都
埃　及	100	2,324	开　罗
埃塞俄比亚	118	1,610	亚的斯亚贝巴
利比利亚	11	125	蒙罗维亚
利比亚	176	109	冬都:的黎巴里 夏都:班加西
苏丹	250	890	喀土穆
突尼斯	15.6	375	突尼斯
摩洛哥	41	954	拉巴特
加　纳	23.7	460	阿克拉

这些国家总共只占非洲全部面积的 24.5% 其他广大地区,都是帝国主义者统治下的殖民地。帝国主义者瓜分非洲的情况如下:

英国殖民地:主要有南非联邦、中非联邦、西南非洲、贝专纳兰、坦噶尼喀、法尼亚、乌干达、英属索马利兰、尼日利亚、塞拉勒窝内、冈比亚等,此外还有沿海的许多岛屿。

法国殖民地:主要有阿尔及利亚、法属西非洲、法属赤道非洲、法属索马利兰、马达加斯加岛、法属几内亚等。

葡萄牙殖民地:主要有莫三鼻给、安哥拉、葡属几内亚以及沿海若干岛屿等。

西班牙殖民地:主要有西属几内亚、西属撒哈拉以及沿海若干岛屿等。

比利时殖民地:比属刚果、路安达、乌隆的。

意大利殖民地:意属索马利兰。

第二次世界大战以后,美国的势力也大规模地侵入非洲,在许多地方建立了它的军事基地。

非洲人民是不甘心帝国主义者的长期奴役的,他们曾经和殖民者展开了英勇的斗争。第二次世界大战以后,非洲人民的民族解放运动更是空前高涨了,并且已经取得了光辉的成就。很多国家参加了 1955 年的亚非会议,表达了它们反殖民主义、争取独立解放的决心。仅仅在 1956 年这一年当中,就出现了苏丹、突尼斯和摩洛哥 3 个新的独立国家。1957 年的 3 月又出现了新的独立国家加纳(原英属黄金海岸)。此外,阿尔及利亚人民的武装斗争方兴未艾。1956 年 10 月埃及人民合法的收回苏伊士运河的主权,击败英、法和以色列侵略军的斗争,更是反殖民斗争的一个伟大的胜利。长时期以来被称为"黑暗大陆"的非洲,现在已经光明在望了。

非洲共有 21,000 余万居民,平均每平方公里土地上只有居民 7 人,人口密度很小。整个非洲以尼罗河下游居民最为稠密,每平方公里超过 200 人。南非和北非的若干沿海地区,居民也较多。此外大部分地区居民稀疏,撒哈拉大沙漠中还有大片地区没有人烟。城市人口很不发达,200 万人口以上的大城市只有开罗一处,100 万人口以上的城市只有埃及的亚历山大和南非联邦的约翰内斯堡两处。

非洲居民在种族和民族构成上可分成两大群:撒哈拉大沙漠以北阿拉伯人为主,撒哈拉大沙漠以南居住的是黑人。英、法等欧洲移民只占少数,他们居住在南非联邦和北非地中海沿岸地区。土著居民长时期以来遭受殖民者的压迫与凌辱,特别是黑人,在 17—18 世纪时期,曾被欧洲殖民者作为奴隶贩卖,大批地运往新大陆。这是帝国主义殖民史上极可耻的一页。

第二节　自然条件和资源

　　非洲大陆在垂直地形和水平地形两方面都很单调。东部和南部是一片广大的高原,包括埃塞俄比亚高原、东非高原和南非高原,其中最高峻的是埃塞俄比亚高原,高达海拔2,000米—3,000米。东非高原上有全非洲最高的乞力马扎罗、法尼亚等火山。南非高原的内部有一片闭塞的卡拉哈里沙漠。非洲的西部和北部是一片不高的台地。撒哈拉大沙漠横亘整个北非,占有900万平方公里的面积。撒哈拉大沙漠以南,从东到西分布着尼罗河中游盆地、乍得湖盆地、丁布克都盆地,再向南则是广大的刚果盆地。它们都是非洲最低洼的地区。非洲的边缘多山,北部有阿特拉斯山,南部有德拉肯斯堡山,造成了大陆的闭塞性。

　　非洲大陆的水平肢节特别缺乏。半岛、港湾、边缘海等都很少,是地球上海岸线最平直的大陆,这在交通、气候等多方面,都是不利的因素。

　　非洲的河流主要有注入地中海的尼罗河,注入大西洋的刚果河、尼日尔河和桔河,注入印度洋的河流最少,只有三比西河较大。在东非大地沟带上有许多湖泊,如世界第二大淡水湖维多利亚湖、坦噶尼喀湖、尼亚萨兰湖等。非洲的河流水量相当丰富,像尼罗河、尼日尔河等,在灌溉上都具有重要的意义,尼罗河下游和三角洲,就是全洲农业最发达的地方。各河多富于瀑布,水力藏量很大。此外,大部分河流和东非大地沟带中的各湖泊都有航行价值。

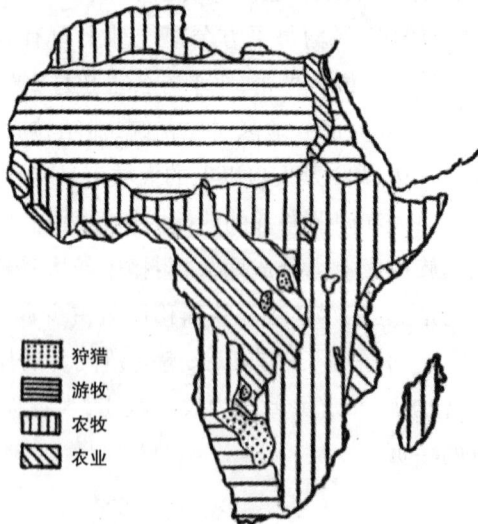

图三〇　非洲的土地利用图

　　赤道横过非洲中部,非洲的气候成南北对称分布。赤道南北的刚果河流域和几内亚湾沿岸是热带雨林气候,气候闷热潮湿,但拥有丰富的热带植物资源。自此向南北推移是热带草原气候,那里草类茂密,是良好的牧场。自此再向南北是热带沙漠气候,气候干热,植被缺乏,特别是广大的撒哈拉大沙漠,景色十分荒凉。非洲的南北沿海是地中海气候,对农业特别是果树栽培很为相宜。

　　非洲的矿藏是丰富而多样的。南非联邦有丰富的煤矿;阿尔及利亚、突尼斯和摩洛哥有丰富的铁矿;南非联邦的黄金和金刚石,藏量都冠于世界;中非联邦、比属刚果和加纳等也都有黄金及金刚石的蕴藏;比属刚果的铀,藏量也居世界首位。此外如中非联邦和比属刚果的铜,加纳的锰,尼日利亚的锡、突尼斯和摩洛哥等地的磷灰石,蕴藏也都非常丰富。

第三节　经济概况

　　非洲在经济上是极端落后的,而且具有强烈的殖民地性质。奴隶劳动普遍存在,工、农业发展非常片面,只是为了供给宗主国的需要。

　　农业的单一化,是非洲殖民地经济的重要标志之一。绝大部分国家,农业部门往往只种植很少的几种作物;这几种作物,往往也就是这些国家的经济命脉。由于片面发展的结果,这几种作物在世界的总产量中也常常占了很大的份额。例如英属桑给巴尔的香料,产量占资本主义世界的80%;加纳、喀麦隆、西属几内亚、尼日利亚4地的可可,产量占资本主义世界的68%;尼日利亚、塞拉勒窝内、多哥3地的棕榈油,产量占资本主义世界的70%;法尼亚、坦噶尼喀、莫三鼻给3地的西沙尔麻,产量占资本主义世界的75%。此外如埃及、苏丹、乌干达的棉花,利比里亚和尼日利亚的橡胶,阿尔及利亚和突尼斯的葡萄和橄榄,南非联邦的牧羊业等,也都有片面的发展。像这样农业单一化和技术作物片面发展的结果,势必造成粮食的缺乏。非洲除突尼斯、摩洛哥、阿尔及利亚出产小麦和南非联邦出产玉米以外,其余各地都不产谷物,需要大量进口。

　　非洲的工业是极端落后的。唯一得到发展的是采矿业,其分布大致和矿藏的分布一致。南非联邦以采金和金刚石著名,产量都居世界第一。此外如比属刚果的采铀,阿尔及利亚、摩洛哥、突尼斯的采铁和磷灰石,中非联邦的采铜,尼日利亚的采锡等,都相当发达。采矿业的片面发展,就是殖民者直接掠夺的结果。加工工业在非洲是很落后的,只有南非联邦有若干重工业和轻工业,埃及和阿尔及利亚等国有些轻工业,但规模都很小,机械化的程度和技术水平也都很落后。

　　非洲的交通运输业也是世界各洲中最落后的,铁路长度很小,除了沿海有一些作为殖民者吸血管的路线外,广大的内陆是没有铁路的。原始的驮运和人力搬运还占着很重要的地位。海上运输全部为帝国主义者所把持,重要的港口有埃及的亚历山大和塞得港,南非联邦的开普敦和伊丽莎白港等。苏伊士地峡上的苏伊士运河,是世界上航运最忙碌的运河。

　　非洲的对外贸易有 3 个特点。第一,所有国家的输出都以农产品和矿产品为主,输入都以工业品和粮食为主。第二,往往是一二种输出品,就占了一个国家输出中的极大份额,充分反映了这些国家生产片面发展的情况。例如橡胶输出占利比里亚总输出的 90%,可可、棕榈油和棕榈仁的输出占尼日利亚总输出的 56%,棉花输出占苏丹总输出的 69%,可可输出占加纳总输出的 66%,花生输出占冈比亚总输出的 98%,都是很典型的例子。第三,这些国家的对外贸易,往往被一二个帝国主义国家所垄断,在不等价交换的情况下,遭受殖民者残酷的掠夺。像利比里亚和美国,阿尔及利亚和法国,南非联邦和英国之间,都存在着这样的关系。

第四节　埃及和南非联邦

　　在所有非洲国家中,埃及和南非联邦是比较重要的,它们的主要概况如下。

　　埃及　　位于非洲东北部,北临地中海,东靠红海,并以西奈半岛和亚洲相联系,交通位置极为重要。

　　埃及全境大部分是一片沙漠,尼罗河从南向北流贯全境,人民引水灌溉,进行垦殖,形成了一条"绿色走廊",下游更成为一片富庶的三角洲。埃及全国只有 4% 的土地上有人居住,尼罗河流域是居民集中之区。

　　埃及具有一个炎热干燥的沙漠气候。以首都开罗为例,冬季平均气温在 10℃ 以上,夏季可达 30℃,年雨量只有 30 毫米,没有灌溉是无法发展农业的。

　　埃及的地下资源相当丰富。苏伊士湾西岸和西奈半岛有石油;尼罗河沿岸的阿斯旺附近有铁矿;锰的藏量颇多,磷灰石的藏量也很可观。

　　埃及是个文明古国,已有 6,000 多年悠久的历史。但长时期以来,埃及人民处于外族统治之下。19 世纪中叶,法帝国主义势力侵入埃及,掠夺了苏伊士运河的开凿权,驱使埃及人民,开凿苏伊士运河。1882 年起,埃及又成为英帝国主义的殖民地。第一次世界大战以后,埃及名义上获得了独立,实际上仍在英国控制之下。直到第二次世界大战以后,由于埃及人民的艰苦斗争,才于 1952 年赶走了反动的国王,成立了共和国。埃及政府奉行了独立和平的外交政策。它发展了和社会主义国家的友好关系,是非洲第一个和我国建立外交关系的国家。它同时又坚决地反对殖民主义,于

1956 年从英、法手中收回了苏伊士运河的主权,并且在全世界正义力量支持之下,击败了英、法帝国主义者和以色列的武装进攻,取得了光荣的胜利。

由于长时期以来的殖民地地位,埃及在经济上是个落后的农业国。农业中特别偏重于棉花的种植,埃及棉花具有非常优良的质量,产量也很大,在资本主义世界中仅次于美国、印度和巴西。此外,尚有稻米、玉米、小麦等粮食作物和甘蔗、大豆等技术作物。由于棉花的片面发展,粮食不够自给。

埃及的农业集中于尼罗河沿岸,特别是三角洲地区。埃及劳动人民在这里凿成了长达 25,000 公里的灌溉运河,并建筑了一系列的水闸和水库,利用尼罗河水进行耕作。最近埃及政府正在计划在阿斯旺附近兴建一座高水坝,将要大量扩大灌溉面积。

埃及的工业非常落后,主要只有一些棉花提净工业和纺织工业。埃及出产大量棉花,纺织工业也算是它最发达的一个工业部门,但棉布仍不能满足本国的需要。目前,埃及政府正在制订一项十年经济发展计划,以逐步发展生产,改变它长期落后的面貌。

埃及在交通运输方面也很落后,但境内的苏伊士运河却具有重要的国际意义。运河从地中海的塞得港到红海的苏伊士湾,全长 175 公里,是欧亚航运的快捷方式。每年通过运河的船舶,约占全世界船舶的一半左右。运河长时期以来处于英、法控制之下,1956 年已被埃及收回。

南非联邦 是英国的自治领,国土面积 122 万余平方公里,有居民 1,300 万人,其中非洲土著居民占 87%。按照生产发展的程度来看,南非联邦在非洲可列为第一位。南非联邦的统治者在对外政策上紧紧地追随美、英帝国主义,对内则实行种族歧视和民族压迫,已经引起了国内人民的坚决反抗和世界正义人士的一致抗议。

南非联邦面临大西洋和印度洋,好望角成为两洋航行的要冲。沿海地区是主要的农耕地。内地多山,流贯着桔河和林波波河等大河,是一片广大的草原,可以发展畜牧业。北部是卡拉哈里沙漠,气候干燥,景色非常荒凉。南非联邦拥有丰富的地下资源,黄金和金刚石的藏量都冠于世界,煤的藏量也居南半球首位,此外还有锰、铬、铜、银等许多金属矿藏。

南非联邦是非洲工业最发达的国家。工业部门中最主要的是采矿业,黄金和金刚石的产量都居世界第一,黄金年产量价值一亿英镑以上,是英国垄断集团的重要利润来源。金属工业和机器制造工业也有一定的发展,并且还有相当规模的军火工业。轻工业以面粉、纺织等为主。工业主要分布在德兰士瓦、纳塔尔两州和好望角州的南部,德兰士瓦的约翰内斯堡是全国最大的工业中心,其北的比勒陀利亚则是南非联邦的首都。

农业在南非联邦仍居重要地位,农民占全国居民的将近 2/3。农业各部门中以畜牧业为重要,南非联邦是英国毛织工业的重要羊毛供应地之一。耕作业在沿海地区比较发展,作物有玉米和小麦等。

第七章　澳洲国家

第一节　澳大利亚

澳大利亚联邦是英国的自治领,也是澳洲最重要的国家。包括东南部的塔斯马尼亚岛在内,全国面积达 770 万平方公里。这个国家位于南半球的太平洋和印度洋之间,距离世界其他大陆都很遥远,地理位置有很大的孤立性。

澳大利亚的海岸线很平直,只有北部的卡奔塔利亚湾和南部的大澳大利亚湾等海湾;缺乏良好的港口。东北沿海有长达 2,000 公里的珊瑚礁,称为大堡礁,对航行更是一个很大的阻碍。

澳大利亚的东部是相当高峻的澳洲科迪勒拉山系。中部是一片广大的平原,平原上有澳洲最大的河流墨累河及其支流达令河,并且还有最大的湖泊埃尔湖和许多内陆河。这个地区,地面下有广大的储水层,可以开凿自流井引水,对农业很为有利。澳大利亚西部是一片辽阔的台地,要占全国面积的 62%,台地上只有一些侵蚀剧烈的山脉,广大的地面上都是荒凉的沙漠。

南回归线横过澳大利亚中部,所以全国各地的气候都是暖热的。夏季大部分地区的平均气温到达 30℃,最低也不低于 18℃,冬季平均气温也都在 10℃ 以上。干燥是澳大利亚气候的重要特点,除了澳洲科迪勒拉山系东侧、北部卡奔塔利亚湾沿岸和塔斯马尼亚岛南部等地年雨量在 1,500 毫米以上外,大陆内部极为干燥,墨累河流域的大部分地区年雨量在 500 毫米以下,成为一片广大的草原。全国有 1/3 地区年雨量不到 250 毫米,对发展农业十分不利。矿藏以煤为重要,分布于东部的悉尼和布利斯班附近。黄金主要蕴藏在西南部,此外尚有铁、铜、油母页岩等。

澳大利亚有居民 920 万人,是世界上人口最稀少的大陆。这里在 18 世纪末期,原是英国流放犯人的地方。19 世纪中叶金矿发现以后,移民才大批拥入。目前的居民中,英国移民的后裔占 98%,其他欧洲国家移民的后裔占 1%,此外尚有少数华侨及土著居民。由于殖民者实行可耻的"白澳政策",华侨受到无理压迫,土著居民更被大量的残杀,现在已只剩数万人了。

澳大利亚的生产发展水平在英国殖民地中仅次于加拿大,是个资本主义相当高度发展的国家。工业已有一定基础,重工业部门包括采矿、黑色冶金、机器制造和军火等,生铁和钢的年产量接近 400 万吨,机器制造工业主要生产农业机器、火车头和飞机等。轻工业部门和畜牧业及耕作业有密切的联系,其中最重要的是食品工业和纺织工业。主要的工业区在东南部沿海,最大的工业城市悉尼和墨尔本,都拥有 100 万以上的居民。悉尼以北的纽卡斯尔,是黑色冶金工业的中心,首都堪培拉却是一个小城市,没有什么工业。

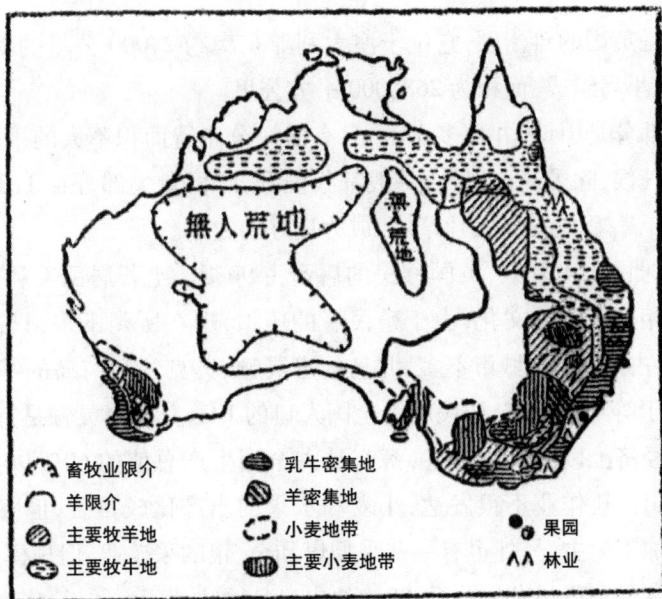

图三一　澳大利亚的农业分布图

澳大利亚的农业具有高度资本主义的性质,广泛地使用雇佣劳动,机械化和商品化的程度都很高,在国民经济上有重要地位。

农业部门中最重要的是畜牧业,全国有羊 12,000 万头,居世界第一位。主要的牧羊区是东南部的新南威尔士州,其次是昆士兰和维多利亚各州。澳大利亚生产了资本主义世界全部羊毛的 1/4,并且还有大量的奶酪和肉类。耕作业在东南部布利斯班到斯宾塞湾一线以东有很大的发展,主要的出产是小麦。

由于孤悬海外的地理位置,海上运输在澳大利亚的运输业中最为重要。最大的港口是悉尼和墨尔本,其次还有东部的布利斯班、南部的阿得雷德,西南部的伯斯和北部的达尔文等。铁路集中在东南部,内地甚为稀少。

澳大利亚的输出品中,羊毛占了 30%—40%,其次是小麦、肉类和皮革等;输入主要是机器、纺织品和石油等。在过去,英国在澳大利亚有巨额投资,并且垄断了它的对外贸易。第二次世界大战以后,美国的势力已大大渗入,不但投资数字剧增,在贸易额上也已增加到和英国相等的地位。此外,美国还和澳大利亚签订了侵略性的“美、澳、新三国安全条约”,大大削弱了英国在澳大利亚的地位,美、英之间因而发生了很大的利害冲突。

第二节　新西兰

新西兰也是英国的自治领,它位于澳大利亚东南约 2,000 公里的太平洋中,由南岛、北岛及其他小岛组成,面积为 268,000 平方公里。

新西兰大部分是山地,并且多火山,只有沿海分布着面积不大的平原。它具有一种温带海洋性气候,除了高山以外,一般都很温和,年雨量大部分在 1,000 毫米以上。1/3 的地面上布满森林,并有大片草原,成为良好的牧场。

新西兰有居民 214 万人,英国移民的后裔占 90%。土著居民毛利人在英国人移入之前已有了相当高度的文化,由于殖民者的压迫,现在所剩不多,只占全国人口的6%。城市人口占 35%,但城市不多,北岛的惠灵顿、奥克兰和南岛的基督堂市(克里斯彻奇)、都内丁等 4 个城市,居民就占全国人口的 1/3,其中惠灵顿是首都。

新西兰在经济上以畜牧业为主,畜产品占全国生产总值的 60% 以上。有大量乳类和肉类的输出。耕作业不很发达,小麦和水果的出产比较重要,但谷物不够自给。工业以畜产品加工为主,另外也有一些采掘煤和金、银的采矿业,但规模都很小。

对外贸易主要和英国发生关系,80% 的出口品输往英国。羊毛、肉类、奶酪和牛油4 项,占了出口总值的 83% 左右。输入主要是纺织品和其他工业品。

第二次世界大战以后,美国在新西兰的投资开始增加,贸易额也有了提高。并且还拉拢它加入了“美、澳、新三国安全条约”,大大动摇了英国在新西兰的传统统治地位。

后　记

外国经济地理是经济地理科学中的一个部门。在我国，它还是一门很年轻的科学。由于这门科学具有的重要意义，新中国成立以后，在高级中学里就开始设置了这门课程。因此，它也就成为一个具有高中文化程度的青年所必须具备的科学基础知识之一。

但是根据国家的需要，我们的青年并不是每个人都能在高级中学里接受这一门科学知识的。许多人必须通过工作岗位上的自学来获得关于这方面的知识。为此，编写一本适合于高中程度青年的外国经济地理自学用书，确是一件重要的工作，这也是我欣然接受浙江人民出版社交给我这个任务的原因。

不过要完成这个任务，中间也确实存在着一些困难。因为外国经济地理牵涉的范围很广，要在短小的篇幅中，全面而又扼要地作一个系统叙述，并不是一件很容易的事。虽然我曾经作了不少努力，希望能精简一些次要的材料，以便把主要的内容突出起来。可是由于本身水平的限制，恐怕仍然很难尽如人意，希望读者们多多批评指正。

本书附了一些地图，但是也同样地限于篇幅，这些图片是不可能完全满足读者需要的。事实上地理科学断断离不了地图，单靠书本上的插图，在不同程度上总是挂一漏万的。因此，使用本书进行自学的读者，希望能置备一本世界地图，这样就可以大大提高学习效果。

本书原稿承严德一教授详细审阅,并提供了不少宝贵意见;插图全部由吴贤祚同志清绘。谨致谢忱!

陈桥驿于杭州

1957 年 8 月

原著浙江人民出版社 1957 年版

小学地理教学法讲话

第一讲　小学地理教学的任务

小学地理教学的任务是什么呢？这是每一个地理教师都必须彻底懂得的。根据中华人民共和国教育部编订的《小学地理教学大纲（草案）》说明部分，小学地理教学的任务包括下列3项。

1. 使儿童获得关于地球的、祖国的、世界各大洲的初步的地理知识，并获得关于定方向和运用地图的技能和熟练技巧；

2. 使儿童从各种地理事物和各种地理现象的相互关系中（例如太阳的光热跟气候的关系，气候跟天然植物分布的关系等），认识世界的物质性，认识地理事物和地理现象变化发展的规律性，初步培养儿童的辩证唯物主义世界观；

3. 使儿童认识祖国的自然界，认识祖国丰富的资源，认识祖国人民劳动的情况和社会主义建设的成就，并认识当前的国际形势，从而培养儿童的爱国主义精神和国际主义精神。

把上述3项简括起来，小学地理教学的任务即是使儿童获得地理科学的初步知识、技能和熟练技巧；培养儿童的辩证唯物主义世界观和爱国主义、国际主义精神。前者是教养任务，后者是教育任务，两者是密切相连不可分割的。

下面让我们把地理教学的这些任务分开来谈谈。

一、获得地理科学的初步知识、技能和熟练技巧

地理是一门科学,但同时也是一门学科。地理科学和地理学科虽然有明显的区别,但两者之间却也有密切的联系。学校中的地理学科,即是通过教学的方式将地理科学的基本知识传授给学生。地理科学是一门范围广阔、内容丰富的科学,要将这样一门科学中的基本知识传授给学生,就必须按照学生的年龄特征和知识水平分阶段地进行。因此,在我们的学校里,从小学起直到高中,都设有地理这样一门课程。当然,各级学校的地理学科,在内容方面的深浅繁简,有着程度上的很大区别。对小学儿童来说,传授给他们的还仅仅是地理科学的初步知识,也就是教学大纲中规定的"关于地球的、祖国的、世界各大洲的初步地理知识"。

教学大纲中规定的小学地理教学任务共有 3 项,这里提出的"关于地球的、祖国的、世界各大洲的初步地理知识",应该是 3 项任务中最基本的一项。要是这一项任务没有完成,那末,另外两项任务即培养儿童的辩证唯物主义世界观和爱国主义、国际主义精神,也都会落空,这是很容易理解的事。因为教学大纲中明白指出,培养儿童的辩证唯物主义世界观,是要通过"各种地理事物和各种地理现象的相互关系",而培养儿童的爱国主义和国际主义精神,则需要从"认识祖国的自然界、认识祖国的丰富资源、认识祖国人民劳动的情况和社会主义建设的成就,并认识当前的国际形势"着手。这里指出的如地理事物、地理现象、祖国的自然界、祖国的丰富资源以及当前的国际形势等等,都是大纲规定地理教学任务第一项中的"关于地球的、祖国的、世界各大洲的初步地理知识"。这就清楚地说明了使儿童获得这些"初步地理知识",是小学地理教学的最基本的任务。

初步的地理知识既然包括地球的、祖国的和世界各大洲的 3 个方面,小学地理教学的具体内容就必须和这 3 个方面密切地结合起来。教学大纲中把教学内容分为地球、中国地理、世界地理 3 个部分,即是针对着这样的教学任务而规定的。

第一部分"地球"共 9 个课时,这一部分是儿童在地理课中首先接触到的初步地理知识。这一部分教材,要儿童知道地球的形状、大陆和海洋的分布以及地球上的气候带等等初步的地理知识。这些内容本身虽是地理科学中最初步的,但也是最重要的知识,对于儿童以后学习中国地理和世界地理,是不可缺少的基础。因为只有对整个地球有了初步的知识以后,在学习中国和世界各洲地理时,才能把它们和地球联系起来,对自然界的认识才会有一个整体概念。

第二部分中国地理共 80 个课时(复习时间不计),分别在五年级第一二两学期和

六年级第一学期讲授,教学时数要占高小全部地理教学时数的 68% 。祖国的地理知识自然应该成为小学地理教学的重点。

中国地理的教学又分 3 个单元进行。第一个单元是中国地理概述,共 9 个课时,把祖国的领土、居民、政治制度、海陆疆界和地形、河湖等,作一个全面的描述,使学生对祖国的地理概况,有一个整体的初步认识。第二个单元是中国区域地理,共 69 个课时,把全国分成东北、黄河中下游、长江中下游、华南、云贵、青藏、蒙新等 7 个区域,这是在中国地理概述的基础上,让儿童进一步获得各区域的初步地理知识。第三个单元在教学大纲上用了"伟大的祖国"这样一个标题,共 2 课时,是中国地理的一个简短总结。

根据教学大纲的精神,在中国地理部分,儿童学习的地理知识以中国自然地理知识为主,适当地结合一部分中国经济地理的知识。这是因为自然环境是人类生活和进行生产活动的基础,对于刚刚在地理科学面前启蒙的小学生,就得首先让他们多懂得一些祖国的自然地理知识,以便更好地认识祖国的自然环境,这样也有利于接受祖国的经济地理知识。

第三部分世界地理共 29 个课时,规定在六年级第二学期学习。这一部分教材是分洲学习的,7 个大洲分成 7 个单元;此外,由于苏联的地位特别重要,另设一个单元,共 8 个单元。和中国地理一样,教学大纲规定世界地理的内容,以让儿童获得各洲自然地理的初步知识为主,另外也简单地结合一些各洲的居民和政治地图以及若干重要国家的初步经济地理知识。

以上是小学地理教学任务第一项规定的关于地球的、祖国的、世界各大洲的初步地理知识。怎样通过地理课让儿童们获得这些知识,是小学地理教学最基本的任务。

除了上述初步地理知识以外,教学大纲规定的第一项任务中,还要求儿童获得地理科学中的若干初步技能和熟练技巧,主要是关于定方向和运用地图的技能和熟练技巧,包括用指南针和不用指南针来确定方向,懂得地图上的一般图例和比例尺的运用以及阅读分层设色的地形图,等等。关于这方面的任务,是通过第一部分"地球"的教学来完成的。在以后中国地理和世界地理两个部分的教学中,儿童已经掌握的这些技能和熟练技巧,就有机会不断地应用,因而得到更进一步的巩固和熟练。这些技能和熟练技巧的获得,不但是儿童们以后学习地理科学所不可缺少的条件;而且在基本生产技术教育方面,也具有极为重要的意义。

二、培养辩证唯物主义世界观

教学大纲规定小学地理教学的第二项任务,是培养儿童的辩证唯物主义世界观,这是极重要的一项任务。当然,培养儿童辩证唯物主义世界观,必须是在儿童获得地理科学的初步知识的基础上进行的。因此,它和第一项任务有着密切的联系。根据教学大纲,教师培养儿童辩证唯物主义世界观的途径,是要儿童从各种地理事物和地理现象的相互关系中,去认识世界的物质性和认识地理事物、地理现象发展变化的规律性。但这并不是要教师去向儿童讲解那些"物质性"、"规律性"等等艰深的哲学名词,而是要教师通过教材的讲解,实际上向儿童进行这样的教育:使儿童虽然不懂得这一套名词,但实际上却确能根据这些真理来认识世界。

在地理教学中培养儿童辩证唯物主义世界观的基础,主要应从两方面入手:首先,要让儿童系统地认识周围的地理事物和地理现象;其次,在此基础上进一步培养他们认识人类和自然界的关系,使他们逐渐懂得人类利用自然、改造自然的意义。

在教育儿童系统地认识周围的地理事物和地理现象的过程中,教师必须注意下列两点:

第一,让儿童认识:一切地理事物和地理现象,并不是固定不变的东西,而是每时每刻都在发展、运动和变化着的。当然,这绝不是要教师拿一套儿童不能理解的哲学术语去高谈阔论,而是要通过具体的地理教材去帮助儿童树立这样的科学观点。例如在高小第二册黄河中下游区"黄河"一节中,课文指出"平均每年黄河要从黄土高原上带下十几亿吨的泥沙"。教师就可以用这样的课文启发儿童,告诉他们:从表面上看,高原、平原、河流、海洋等地理事物,好像具有一副永远不变的面貌,可是事实上呢,河流一刻不停地在流动,把高原上的泥沙陆续带到平原上和海洋中去,慢慢地,高原被削平了,平原不断地扩大,海岸线逐渐向外伸展,形成了大片的陆地……教师还可以把远处的地理事物和当地的地理事物加以比较,使学生更容易领会。譬如以浙江北部为例,海岸向外伸展的现象和华北大平原只有程度上的差异。像杭州的西湖、萧山的湘湖和宁波的东钱湖等,原来都是海湾,由于海岸伸展时海湾被泥沙淤塞,结果才成为现在的湖泊。这样,就会使儿童领会到,在我们附近的这些地理事物,也是在运动、变化着的。

第二,在引导学生系统地认识地理事物和地理现象时,应该使儿童知道,一切地理事物和地理现象绝不是彼此孤立的东西,而是互相依赖和有内在联系的统一整体。因此在讲课中,不仅要把地理事物和地理现象告诉儿童,更重要的是应该把它们之间的相互关系告诉儿童。一位教师在讲解高小第一册"中国的河流"一节课文时说:"我国流入太平洋的河流有长江、黄河、珠江、黑龙江、海河、淮河、钱塘江等,流入印度洋的河流有怒江、雅鲁藏布江等。"不错,教材中的河流,教师并不会遗漏一条,但是像这样枯燥乏味的地名堆砌,除了使儿童养成死记硬背的坏习惯以外,对于让儿童系统地认识我国的河流,恐怕是很少有帮助的。我们知道,河流和地形、气候、土壤、生物等等,都有着极密切的关系:河流的流动方向主要受地形的支配,河流的水文情况则主要又是受着气候的影响。如果在讲解"中国的河流"这一节课文时,教师能够联系前一节课文"中国的地形",说明我国地形是一个西高东低的斜面,因而绝大部分河流都是自西向东注入太平洋;但是,由于我国西南部有一组南北纵贯的横断山脉,因此,在那一带也出现了若干南北流向的河流。同样的道理,在讲到我国东南部河流水量丰富和西北部河流水量很小时,也需要联系当地的气候情况,使儿童逐渐认识各种地理事物和地理现象之间的相互关系,从而掌握地理事物、地理现象的规律性,培养他们辩证唯物主义世界观的基础。

以上所讲,仅仅是一个例子。事实上,一切地理事物和地理现象都不是、也绝不可能是孤立地存在着的。让我们看看课本第一册"地球"这一部分教材中关于地球的公转和自转吧。在表面上看,这好像只是地球和太阳之间的一种关系,但是只要深入地联系一下,就会发现这种关系是错综复杂的。由于地球的公转和自转,就发生了四季和昼夜的变化,也发生了地球上各个地带气候的差异,各地的生物分布也就因此有了显著的不同,世界各地才因此出现了互不相同的地理面貌。诸如此类,教师在教学中都是应该注意的。

苏联专家鲍格达诺娃说:"越是教师经常地采用直接认识地理事物和现象的方法,越是他不屈不挠地教导儿童利用各种感觉器官去认识周围世界,那末,儿童认识整个周围世界确实是存在着、而不是我们的幻想,这个信念就发展得和巩固得越牢实。"[①]因此,在引导儿童系统地认识周围世界的过程中,除了讲解课文以外,教师应该尽量运用各种实物标本、地理园和旅行参观等方法,让儿童实地观察。在系统认识的基础上,还必须进一步教育儿童懂得人类和自然界的关系,懂得自然界给予人类的影响及人类完全有可能利用自然和改造自然的道理,培养儿童对客观事物、现象的正确看法,鼓舞他们克服困难的信心。

为了更好地使儿童认识人类和自然界的关系,在教学方法上,还应该尽量让儿童和自然界作直接的接触,特别是让他们在劳动中去亲身体会。因此,有关于地理科的课外活动,如采集动植物标本、布置地理园和地理园中的经常性观察工作以及植树、造林等工作,教师应多让儿童参加,并作必要的指导。

除了上面所谈的一些以外,在地理教学中培养儿童的辩证唯物主义世界观,还有一个很重要的方面,即是地理教师本身必须努力加强对辩证唯物主义的学习,彻底清除和批判残存在地理教学中的资产阶级观点。因为在任何科学领域中,马克思主义的辩证唯物观点和资产阶级的唯心观点总是势不两立的。不清除唯心主义就不可能建立唯物主义。新中国成立前,我国地理科学长期来处于反动的资产阶级唯心观点的统治之下。新中国成立以后,虽然这些反动的资产阶级地理学观点已经受到了批判,但是它们的影响却仍然或多或少地残存在我们的地理教学中,产生了不小的危害性,这是地理教师所应该充分注意的。

在地理教学中还残存着哪些资产阶级观点呢?

首先就是地理环境决定论的观点。大家知道,资产阶级地理学者一直来千方百计地歪曲地理环境和人类社会的正确关系,把地理环境强调成为决定一切的主宰力量,而认为人类完全处于地理环境的支配之下。关于这方面,从理论上说,教师们大概都已认识:资产阶级的企图是抹煞社会制度的作用,使人们把贫困与落后完全归咎于地理环境。资产阶级用这种论调来蒙蔽和欺骗劳动人民。帝国主义利用它从思想上来瓦解殖民地人民的解放斗争。但是,谁都知道,劳动人民之所以贫困,是因为资产阶级掌握了生产资料,劳动人民所创造的物质财富绝大部分被他们剥削去了的结果。因此,地理环境决定论是为资产阶级服务的,为资产阶级剥削劳动人民作辩护的;同时,它也为帝国主义侵略别国领土、掠夺殖民地人民作辩护,并以此来缓和殖民地人民反抗压迫和奴役、争取民族解放的正义斗争。斯大林同志说:"地理环境当然是社会发展经常必要的条件之一,而且无疑是能影响到社会的发展,加速或延缓社会发展的过程。但它的影响并不是决定的影响,因为社会的变更和发展要比地理环境的变更和发展快得不可计量。"但是,是不是就可以说,地理环境决定论的观点已经完全从我们的地理教学中清除了呢? 还不能这样说。例如一个教师在五年级第二学期讲到黄河中下游区的"官厅水库"一节时,说永定河是如何的糟糕,它是一条"小黄河",和黄河一样地流过黄土高原,泥沙和黄河一样的多,所以它也和黄河一样地经常要闹水灾。……不错,课文的确把永定河称为"小黄河",并且由于课文中没有详细说明永定河闹灾的原因,教师补充一下也是可以的。不过永定河闹水灾的原因并不是像这位教师所说的那样,而是它流经内蒙古南部,那里由于过去反动统治阶级长期实行"移民屯边"的大民族主义政策,大片草地因滥垦而被破坏了,加速了黄土的侵蚀,这也是永定河闹水灾的重要原因之一。出于受了地理环境决定论的影响,这个教师不可能正确地理解和钻研教材,因而造成了教学中的很大错误。

资产阶级反动地理学观点的另一方面是表现在人口问题的理论上。他们的御用学者马尔萨斯,[②]认为人口按几何级数增加,粮食则按算术级数增加,所以人口增加的速率大大地超过了粮食的供应,为了减少"人口过剩",历史上才一次又一次地发生战争。根据马尔萨斯的说法,人们的贫困和战争的发生,都是由于人口太多的缘故。

从理论上说,马尔萨斯人口论的反动本质是非常明显的。这是因为,人口问题在本质上并不是什么物质资料的供应问题,而是社会制度的问题。在资本主义制度下,绝大部分财富被少数人所垄断,广大劳动人民被剥削而陷于失业、贫苦,才出现了人口相对过剩的现象。但在社会主义制度下,社会财富为全民所共有,就可以消灭失业和贫困,使人人都能安居乐业。人口的增加、劳动力的增加不但不会成为累赘,而相反地却是一个可喜的现象(这和我们正在进行的关于避孕和有计划地生育的宣传不相矛盾)。但是,我们也发现,到今天为止,仍有些教师还不免在课堂教学中传播着和马尔萨斯相似的人口理论。例如有一个教师在六年级第二学期讲授"日本"这一节课文,课文中原来说到:"面积三十七万平方公里,比我国云南省稍小一些。人口有八千八百多万,在亚洲各国中只少于中国和印度。"但是这个教师却又补充了几句说:"日本的面积抵不上云南一省,人口却比云南省多过七倍,足见它确是个地小人多的国家。"这里,我们并不否认日本人口密度相对地比较大的事实,但是像这样的比喻,是十分错误的。

我们不应忘记,"地小人多"是日本军阀多年来对外侵略的一个借口,他们欺骗本国人民,把由于社会制度不良而引起广大人民贫困失业的灾难,统统归咎于"地小人多";以争取"生存空间"为理由,向我国进行了野蛮的侵略。当然,即使"地小人多"是事实,也毫不能成为对外侵略的理由,何况日本的情况根本就不像日本军阀所说的没有"生存空间"了。其实日本除了沿海平原地带人口畸形集中以外,广大内地的人口密度仍是较小的。北海道的大部分地方每平方公里不足 50 人;就连人口密度最大的关东地方,至今还有不少荒地。

这个教师拿我国人口稀疏的云南省和日本相比,来证明日本的"地小人多",必然会使儿童产生日本人口过度稠密的感觉,而对比之下,也容易引起他们认为我国人口密度稀疏的片面认识,而事实上我国东南部的人口密度并不比日本小。足见那位教师的这种说法是非常错误的。

此外,过分夸大个人作用、忽视群众力量的资产阶级历史唯心主义观点,在我们的地理教学中也还残存着。例如有的教师讲述秦始皇造长城和隋炀帝开运河的故事,把秦始皇和隋炀帝描述成为神话里面的人物,而真正出力建筑这些伟大工程的广大劳动人民,却被置于无足轻重的地位。我们并不反对在讲述这些伟大历史建筑时向儿童介绍当时领导劳动人民进行这些工程的杰出人物(如领导修筑都江堰的李冰和建造京包铁路的詹天佑等),但是却决不能过分地强调个人的作用,甚至传奇式地夸大个人的作用,而忽视了广大劳动人民的集体智慧和伟大的劳动力量。

残存在地理教学中的资产阶级观点是多种多样的,上面所说的仅仅是一些主要的。其他,像种族问题和民族问题等,有人也曾受到资产阶级反动理论的影响,因此,作为一个地理教师,必须加强学习马克思列宁主义,彻底清除和批判残存在地理教学中的一切资产阶级观点。只有这样,才有可能使地理科成为培养儿童辩证唯物主义世界观的重要武器。

三、进行爱国主义和国际主义教育

教学大纲规定小学地理教学的第三项任务,是培养儿童的爱国主义和国际主义精神。这也是一项极为重要的任务,并且和第一项任务是密切联系的。因为在地理科中结合进行爱国主义和国际主义教育,和一般性的政治报告或宣传工作不同,它并不要教师另起炉灶来讲些额外的材料,而主要是结合教材内容来进行的。教学大纲中明确地指出,培养儿童的爱国主义和国际主义精神,主要的途径是让他们认识祖国的自然界,认识祖国丰富的资源、认识祖国人民劳动的情况和社会主义建设的成就,并认识当前的国际形势。这些都是大纲规定的教学内容,问题是在于教师怎样妥善的贯彻和适当的发挥教材的思想性,做到通过教养,达到教育的目的。

现在先谈谈爱国主义教育的问题。

爱国主义教育主要在中国地理教学中结合进行。中国地理的教学时间最长,内容也最多,以此结合爱国主义教育,材料俯拾皆是,内容丰富多彩,对儿童的感染力极大,若能讲解得法,效果一定很好。下面提出的几个方面,是教师在中国地理教学中进行爱国主义教育所值得注意的。

第一,从我们祖国的自然界来说,我国是一个自然条件十分优越的国家,拥有广大的领土和丰富多样的自然资源。我国领土差不多等于整个欧洲,比世界上最大的4个资本主义国家(美国、英国、法国、意大利)的领土总面积还大。我国的地形是多种多样的,有世界第一的青藏高原,有绵延不绝的山地和丘陵。高原和山地、丘陵,还有丰富的矿藏,并且适宜于林、牧业的发展。我国也有广大的平原和盆地,如肥沃的东部大平原和"天府之国"的四川盆地等,都是我国耕作业最发达的地方。我国有悠长曲折的海岸线和庞大的河湖网。我国有广大的海洋,对外交通非常便利;海洋中还有取之不尽的鱼、盐宝藏;海洋是我国的国防前哨;河湖有灌溉和航行之利,并且还有雄厚的水力和丰富的水产资源。我国具有从热带到寒温带各种类型的气候,适宜于多种作物的栽培,具有发展农业的优越条件。这些内容,在中国地理概述部分,特别容易结合讲解;在中国区域地理部分,也可以很好地加以发挥。

第二,我们祖国的各种矿物资源更是十分丰富的。我们有储藏量极为丰富的煤、铁,可以发展大规模的钢铁工业;有种类多而储藏量大的有色金属,象钨的储藏量,次于苏联居世界第二,锑的储藏量也非常丰富;铜、锡、铅、锌等也很可观;过去认为缺乏的矿藏像石油之类,经过新中国成立后的大力勘探,也证明储藏量是很丰富的。此外,我国的水力资源居世界第一。其他农、林、牧和水产资源也十分丰富。这样丰富的资源,在今后我们的社会主义建设中,将发挥十分巨大的作用。像这些内容,特别在中国区域地理部分,各区域都有生动的描述,教师随时都可以结合发挥,激发儿童热爱祖国的情绪。

第三,从我们祖国的人民及其劳动情况来看,更是非常了不起的。我国拥有 6 亿人口,几占世界总人口的 1/4。人是最重要的劳动力,在社会主义制度下,巨大的人力,是我国最宝贵的财富。我国是个多民族的国家,除了人数最多的汉族以外,还有数十个兄弟民族。新中国成立以后,由于实行了正确的民族政策,各民族之间已经根本改变了新中国成立前由于反动统治者所造成的互相歧视、敌视的关系。各少数民族在共产党和人民政府的领导下,经济建设和文化建设都有了空前的发展。全国各民族已经团结成为一个融融乐乐的民族大家庭了。这种有史以来所未有的全国各民族的坚强团结,是我们祖国社会主义建设的巨大力量。如上所述,在中国地理概述和中国地理部分的总结"伟大的祖国"一节中,都有许多材料可以结合进行爱国主义教育。

至于祖国人民的劳动情况,那自然更是向儿童进行爱国主义教育的生动材料。我们祖国是一个历史悠久的文明古国,5000 多年来,由于劳动人民和自然斗争的结果,已经大大地改变了我国的地理面貌,使我国地图上出现了许多历史悠久的关于经济上、交通上、农田水利上、文化艺术上和国防上的伟大建筑,像大运河、万里长城、陕西甘肃各省的沟渠、四川的都江堰、北京的故宫以及甘肃的敦煌石窟等等,都可以在中国区域地理部分的有关课文中作简明的介绍,这不但能提高儿童的学习兴趣,更能激发他们热爱劳动,热爱劳动人民和热爱祖国的情绪。

第四,祖国社会主义建设的成就,是地理教学中进行爱国主义教育的更重要的材料。新中国成立以后,全国人民在共产党的英明领导下,经过短短几年的努力建设,已经大大地改变了祖国的面貌。在中国区域地理部分中,每一个区域都充满着关于这方面的生动材料,如根治淮河、官厅水库、黄河三门峡水库、武汉长江大桥、新安江水电站,许多铁路的建造和大量地下资源的勘探等等,其本身都是教学大纲范围内儿童应有的地理知识,而同时也都能够大大激发他们热爱祖国、热爱共产党、热爱社会主义的情绪。

这里必须指出:培养儿童热爱共产党、热爱社会主义制度的情感,是地理教学中贯彻爱国主义教育所特别需要强调的。因为前面提到的关于我国优越的自然条件和丰富资源等,在新中国成立前后并没有两样。但是新中国成立以前,这些条件对我国并没有起了很大的作用,而新中国成立以后,就成为我们建设社会主义的优越条件和巨大物质基础。这样的转变就充分说明了,一切成就都是因为我们有这样一个伟大的党,有这样一个优越的社会主义制度,在整个中国地理部分,每一项伟大建设工程和新的地理事物,都是和党的英明领导分不开的。没有共产党就没有新中国。地理教师必须把培养儿童对于伟大共产党和社会主义制度的无比热爱,作为自己教学工作中最神圣的责任。

在地理教学中进行爱国主义教育,固然要教育儿童至诚无间地热爱祖国;更重要的是让他们懂得用怎样的实际行动来热爱祖国。教师必须有意识地启发儿童,使他们立志做一个祖国的建设者和保卫者,都有决心用自己的忘我劳动把祖国的河山建设得象锦绣一样美丽。这样,爱国主义教育中同时也就贯彻了劳动教育。

前面已经提到过,祖国劳动人民在历史上的各种伟大建设,是地理教学中进行爱国主义教育的重要内容,这样的内容同时也是地理教学中贯彻劳动教育的生动材料。例如万里长城、都江堰等工程,教师除了指出它们的名称和所在地以外,特别要注意让儿童了解这些工程在古代经济上、文化上或国防上的具体作用。因为唯有如此,才能把古代劳动人民的实际贡献充分表达出来,才能使儿童认识劳动的真正意义。

有些教师习惯于在课堂中这样说:"劳动人民创造了万里长城,劳动人民创造了都江堰,……劳动人民多么伟大!"必须指出,在儿童没有真正懂得万里长城和都江堰等在我国古代经济上、文化上或国防上的具体意义以前,对于创造这些工程的劳动人民的伟大,也是不容易为他们所真正领会的。因此,教师向儿童介绍这些事物时,应该告诉他们:万里长城在今天虽然已是一个历史陈迹,看不出什么特殊意义;但是在古代,它是我国人民抵抗外敌侵入的坚强国防要塞。万里长城的拱卫,使中国内地很多次避免了外敌的蹂躏,这对我们经济和文化的发展,自然是有莫大贡献的。同样地,教师也可以告诉儿童,由于都江堰的建筑,成都平原的灌溉条件就大大改善,使这一带成为历史上著名的富庶农业区,直到今天,成都平原的人民仍然享受着都江堰的灌溉利益。教师必须使儿童理解,一切物质财富、人类文化及幸福生活都是劳动创造的。

前面也提到了关于祖国社会主义建设的材料在爱国主义教育中的作用,这些内容,在劳动教育中具有更为重要的意义。因为我们的建设成就,是在人民当家作主以后,在共产党的领导下取得的,因此无论从规模的巨大、进展的速度等各方面来看,都是史无前例的。这样突飞猛进的伟大建设,已经大大改变了我们国家的落后面貌,而且还给我们展示出一幅更为美好的远景。把这些内容告诉儿童,让他们知道热爱祖国最具体、最实际的行动,就是建设祖国和保卫祖国;热爱祖国必须热爱劳动。让儿童从小就立定志愿,做一个有社会主义觉悟的、有文化的、身体健康的劳动者。

这种爱国主义和劳动教育相结合的思想教育,教师在运用中还应该随着客观形势的发展加以灵活的配合。例如,在1958年农业生产大跃进的客观形势下,讲述各地区农业部门时,就必须强调农业生产在我国社会主义建设中的巨大意义。农村学校可以趁此教育儿童,毕业后做一个优秀的合作社社员;城市学校更应该结合教材,鼓励儿童毕业后上山下乡,支持祖国的农业建设,争取全国农业发展纲要的提早实现。这种和爱国主义相结合的劳动教育,是具有生动的内容,效果也必然是良好的。

当然,地理教学中的劳动教育,还可以在其他许多场合进行。例如在基本生产技术教育中,在发动儿童自制教具和布置地理园等工作中,也都和劳动教育密切相关,我们在后面还要提到。

下面再谈谈国际主义教育的问题。

在地理教学中进行国际主义教育,除了中国地理部分有这类材料以外(例如第一册"钢都鞍山"和第三册"戈壁滩上的石油矿场"等各节课文中,都提到了苏联对我国的援助),更重要的是在世界地理的教学中结合进行。在教给儿童以世界各国的地理知识的同时,向儿童进行国际主义教育,才能使国际主义教育和地理教材密切地联系在一起。这也就是教学大纲中所指出的,培养儿童国际主义精神,必须让儿童"认识当前的国际形势"。

什么是当前的国际形势呢?

当前的国际形势,首先是社会主义国家的空前发展和无比壮大。目前,占世界总人口三分之一以上的社会主义国家,已经组成了以苏联为首的社会主义阵营,进行着大规模的经济建设和文化建设,出现了一片繁荣幸福的气象。社会主义各兄弟国家之间,建立了团结友好和互助合作的国际关系,特别是苏联对各兄弟国家的无私援助,在整个社会主义阵营中起了巨大的作用。由于社会主义阵营的无比壮大,有效地保卫了世界和平。1957年下半年,国际形势起了巨大的变化。1957年10月4日和11月3日,苏联发射了两个人造卫星,社会主义国家共产党和工人党代表会议及参加庆祝十月革命四十周年的各国共产党和工人党代表会议,发表了两项宣言,显示了社会主义力量对帝国主义力量的无比优势及和平力量对战争力量的无比优势。这就是毛主席在1957年11月17日所说的,在国际形势中,不是西风压倒东风,而是东风压倒西风。

资本主义体系正在日益衰落之中。第二次世界大战打垮了德、意、日3个帝国主义国家,另外两个帝国主义国家即英国和法国也伤了很大的元气。美国成了帝国主义的魁首,它组织了一系列侵略集团,建立了许多军事基地,进行扩军备战、制造国际紧张局势,企图发动对社会主义国家的侵略。但是由于社会主义阵营的团结和无比强大,由于殖民地人民解放斗争的日益高涨;由于帝国主义各国间矛盾重重,它们国内的广大人民也正在和反动统治者展开日益尖锐的斗争；因此，如果帝国主义的战争狂人硬要不顾一切发动战争，那么帝国主义就注定灭亡。

殖民地国家民族解放运动的高涨，是当前国际形势中的重要事件。亚、非二洲的许多殖民地和半殖民地国家如印度、印度尼西亚、缅甸、阿拉伯联合共和国等，都先后脱离了帝国主义的羁绊而成为独立的国家。这些国家坚决反对殖民主义，奉行独立、和平的外交政策。目前，中立国家的队伍正在不断扩大，资本主义国家中爱好和平人民争取和平的斗争，也大大地发展了，这就大大削弱了帝国主义的气焰，有利于世界和平事业。

当然，帝国主义者并不会甘心于它们的死亡，它们仍在一次又一次地挑起侵略战争，企图进攻社会主义国家和继续统治殖民地人民，例如美国对朝鲜的进攻，法国对越南的进攻和英、法两国对埃及的进攻等，但是所有这些进攻，都遭到了可耻的失败。

总之，帝国主义者是挡不住历史发展的巨轮的。世界发展的趋向显示着：社会主义在向上发展，而帝国主义却在衰落。挣脱了殖民主义枷锁的各国，正在捍卫已经取得的独立，并且为经济上的自主和国际间的和平而斗争。这种东风压倒西风的形势，也就是目前国际的基本形势。

在世界地理教学中，对于各种类型国家的讲解，必须密切联系这样的国际形势，从各方面培养儿童的国际主义精神。

在苏联和人民民主国家的教学中，必须特别强调这些国家的伟大建设和日益壮大的情况。在苏联部分的"苏联是伟大的社会主义国家"一节内，讲到"工业"、"农业"和"交通"等段落时，教师可以简要地加入一些目前新出现的材料，如"图—114"式喷气客机、洲际导弹、人造地球卫星、西伯利亚的巨大水电站等等，以树立儿童对以苏联为首的社会主义阵营的坚强信心和无比热爱。此外，对社会主义阵营各国之间团结友好、互助合作的国际主义精神，也必须结合教材加以充分发挥。一方面要特别重视苏联的无私援助，在整个社会主义阵营中的巨大作用；另一方面也要注意各人民民主国家之间相互合作的情况。例如在课文"朝鲜民主主义人民共和国"一节内，关于中国人民志愿军援助朝鲜人民打败美帝国主义侵略军，以及在介绍捷克斯洛伐克的课文中所提到的："它每年输出许多机器，对兄弟国家的社会主义建设有很大的帮助"等等内容，都是极好的材料。这样的讲解，可以激发儿童对苏联和其他各兄弟国家的强烈情感，培养他们的国际主义精神。

在主要帝国主义国家的教学中，应该着重揭露这些国家的黑暗面貌和种种不可克服的矛盾。例如在"美国"一节中，课文就提到了美国国内贫富悬殊和统治阶级对黑人的残酷压迫情况，课文中的"美国的大资本家同劳动人民过着完全不同的生活。少数资本家住在纽约、华盛顿等城市的高楼大厦里,或是郊外的花园别墅里,过着极端奢侈的生活。广大的工人们却拥挤在阴暗、潮湿、污秽和老鼠众多的工人住宅区里"(课本第四册第50页)的描述,充分揭露了美国社会制度的黑暗,这些都可帮助儿童认识帝国主义的腐朽没落,引起他们对帝国主义者的厌恶和憎恨。但是在另一方面,教师也应该教育儿童,对帝国主义国内那些受压迫的工人阶级和广大贫苦人民寄予同情,这也是国际主义精神的表现。

在民族主义国家如"缅甸和印度尼西亚"和"印度"等各节课文的教学中,必须重视这些国家民族解放斗争的胜利成果,并且介绍它们在经济上争取独立发展的情况。这些国家和社会主义阵营各国间的友好关系,也要着重说明。我们和这些国家相互尊重、相互友好的事实,就是不同制度国家和平共处的范例;我们过去曾经同情和支持他们的民族解放斗争,现在又给予这些国家以经济上的各种帮助。这也体现出我们的国际主义精神。

在半殖民地和殖民地国家的教学中,教师必须告诉儿童,帝国主义者对这些国家是怎样进行奴役和掠夺的,而这些国家的人民又怎样地在反抗帝国主义的侵略以及最近时期他们在民族解放运动中的伟大胜利。教师更要热情地表达我们同情和支持这些国家人民的正义斗争的坚定立场,让儿童确实相信:殖民主义一定要失败,所有殖民地和半殖民地国家人民的斗争一定要获得胜利。总之,进行国际主义教育的内容是多方面的,教师必须根据具体情况,灵活地进行教学。

注释:

① 鲍格达诺娃《小学地理教学法》,人民教育出版社版,第37页。

② 马尔萨斯,英国人(1766—1834),反动"人口论"的创立人。他说:生活资料是按算术级数(1、2、3、4……)增加的,而人口是按几何级数(1、2、4、8、16……)增加的。他认为使劳动人民遭受灾难、饥饿和贫穷的罪魁不是资本主义、剥削者,而是劳动人民自己。这当然是十分荒谬和反动的。

第二讲　备课

在第一讲里，我们讲述了小学地理教学的任务。这些任务，主要是通过课堂教学来完成的。要在课堂教学中很好地完成教学任务，首先就决定于教师在上课以前有充分的准备。所以，这一讲我们特地谈谈备课问题。

不管是新教师或是老教师，不管是掌握业务知识已经到达什么程度，备课始终是教师经常的重要的工作。因为教养和教育的过程是复杂的、长期的、同时又是创造性的过程；而且科学和教学法的发展是日新月异的，特别是地理科，每天都可能在书报杂志上发现和自己教学有关的新材料。教师要经常备课，才能和科学保持经常的联系，才能把课文的内容实质融化和渗透到自己的教学中去，从而经常改进自己的教学法和提高教学质量。不备课或备课草率，都是不可容忍的事。苏联专家普希金曾经说过："教师不充分备课，缺乏责任感，这样的教学态度是很可怕的。"

有些教师把备课当作是单纯地看一二遍课文的事。他们往往只在上课以前，匆匆地将教科书翻阅一下，觉得内容还没有什么不了解，于是就自以为"胸有成竹"，算是已经做好备课工作了。这样的态度自然是极不负责的。也有些教师在上课前翻阅了几本和教课内容有关的参考书，或者随意摘录了里面的一些内容，觉得上课时已经有话可讲，也就算是完成了备课工作，这样的对待备课，自然也是非常片面的。

备课是一件非常细致的工作，它有一个复杂的创造性的劳动过程。教师在备课工作中，不但要钻研地理知识，精通教材内容，并且还要安排整个教学过程，考虑教学方法,准备各种直观教具,最后,还得制订教案或课时计划,这样,才算完成了一节课文的备课工作。备课是课堂教学成败的重要关键,绝不可草率从事。下面我们把备课工作中的几个重要方面,分开来谈谈。

一、钻研教材

在整个备课工作中,钻研教材是一项最重要的工作。为了完成地理教学的任务,教师必须认真钻研教材。在备课工作中,如安排教学过程、考虑教学方法和准备直观教具等等,一刻也不能脱离教材内容。实践证明,认真钻研教材的教师,不但在课堂教学中能够很好地完成教学任务,不断提高教学质量;而且对提高教师本身业务知识水平来说,也同样具有很大的作用。

有的教师认为:在教课以前,把课文阅读几遍,懂得课文大意,搞通一些疑难的名词术语,这就算是"钻研教材"了。这样的看法和作法是非常片面的,因为钻研教材是要求教师能做到精通教材,而这样粗枝大叶的做法,最多也不过是粗通教材,或许可能勉强应付课堂教学,却很难提高教学质量;对教师本身业务水平的提高,更是毫无裨益的。

有人说,教科书的每一节课文即是教材内容,因此,只要在上课以前能够认真钻研课文,就能够做到精通教材了。不错,钻研课文是教师精通教材的重要手段。但这不等于说,只要钻研课文,教师就可以完全精通教材。应该认识,一节课文只是整个单元教材的一部分,例如课本第一册中"中国的海"是"从地图上看祖国"的一部分,课本第三册中"云贵区的景色"是"云贵区"的一部分。假使教师在钻研课文"中国的海"或"云贵区的景色"以前,对"从地图上看祖国"或"云贵区"没有一个全面的了解,这样的钻研教材就会变得顾此失彼、前后不相联系。教师也就不可能全面地掌握教材。因此,了解整个单元教材的主要内容,是教师深入钻研每一节课文的第一步工作。当然,了解整个单元教材的主要内容,要求不能太高,只能说是对整个单元教材主要内容的初步了解,因为在这时候,要教师充分地掌握整个单元的教材内容确是有困难的。

以课本第一册"从地图上看祖国"这一单元的教材为例,整个单元包括6节课文,除了具有总论性质的第一节以外,全部教材大都是我国自然地理概况的叙述。先是谈我们国境线上的海疆和陆疆,然后是谈国境内部的地形,最后则是谈同地形有密切关系的河流和湖泊等。课文的组织是完全按照自然地理的规律的。因此,教师在初步了解整个单元教材的内容时,就必须体会教材的这种科学的系统性。

当然,在初步了解整个单元教材时,并不要求对这一单元中每一节课文都能立刻深入钻研;但对每一节课文的内容要点在此时加以掌握,却是完全必要的。例如第一节"中国是人民民主国家"是整个单元教材的总论,是以下各节的基础,它是从地图上中华人民共和国的名称,引导儿童认识祖国的地理位置、领土和居民,并认识祖国的政权性质和社会制度,从而激发儿童对共产党和社会主义制度的热爱。第二节"中国的海"主要是叙述我国的海洋概况及其经济意义和国防意义,启发儿童认识保卫祖国是每一个公民的神圣职责。第三节"中国的大陆国界"主要是叙述我国的陆界形势和邻国的性质。这一节,一方面要培养儿童的国际主义精神:热爱苏联、热爱人民民主国家、热爱邻国的人民。另一方面也要教育儿童对敌人提高警惕性。第四节"中国的地形"主要是叙述我国的地形面貌和各种地形的经济意义,使儿童懂得我们建设美好的社会主义社会具有非常优越的自然条件。第五、六两节"中国的河流"和"中国的湖泊",主要是叙述我国的河流和湖泊概况,通过讲述河流与地形的关系,河流水量与气候的关系,培养儿童的辩证唯物主义世界观。教师若能这样初步了解整个单元教材中每一节课文的主要内容,对深入钻研单元中的每一节课文,将有很大的帮助。

在初步了解了整个单元教材的主要内容之后,就可以进一步分别钻研单元中的每一节课文了。不止一次地阅读课文,解决教师本身对课文的疑难问题,完全掌握课文中的地理知识和思想教育内容,这是钻研每节课文时一开始就要做的工作。以"从地图上看祖国"这一单元中的第二节"中国的海"为例,当教师对课文进行了多次的精读思考以后,就会认识到,课文中的地理知识主要是关于我国的海疆形势以及渤海、黄海、东海、南海等4个海的自然地理概况;其思想教育内容主要是让儿童认识保卫我们祖国海疆的重要意义。

在掌握课文全部内容的同时,对课文中教师本身尚未明确的问题,包括地理学中的一些名词术语在内,也应设法解决。例如在渤海和南海等部分谈到的海的面积和深度及在东海部分谈到的台风等等,这些问题,虽然并不需要都在课堂教学中作过多的讲解,但对于一个地理教师来说,却是完全应该懂得的。课文中的某些地理名词如"大陆海岸线"、"塘沽新港"、"台风"、"气象台"等,也必须透彻了解,切不可想当然地或者是不求甚解地忽略过去。

课文中如有插图插画,也同样需要详加研究。有些教师认为几张图画,岂不是一目了然的东西,有什么值得研究。但事实却不然,在插图插画中,大有可以钻研之处。课本第一册第一面的第一张彩色插画"渤海上的渔帆",即是配合课文的一幅丰富多彩的插画。教师必须仔细观察,准备好怎样在课堂教学中引导儿童看这幅插画。关于课本中插画的运用问题,我们在后面还要讲到。

课文后面的练习题,是课文的一个重要组成部分,也有加以钻研的必要。"中国的海"这一节课文后附着6个问题。要是把每个问题孤立起来看,一般教师都不至于不懂得这些问题的意义,好像也不必再作什么钻研了。但如果把这些问题作一个全面的考察,就可以发现这6个问题的性质是不同的:第1、2、4三题是关于课文内容的叙述和思考性的问题;第3、6两题是旨在将学生的地理知识巩固在地图上的问题;第5题则是以复习"地球"部分各节课文为主要目的和关于地理科中熟练技巧的培养的问题。教师能细致和全面地分析并认识这些练习题,对于运用、布置和选择这些练习题,将会收到很好的教学效果。

另外,虽然地理科并不是语文科,但是地理课本也是用祖国语文写的,因此,教师也就有必要钻研和掌握课文中的一般语文知识。有的教师认为向儿童解释课文中的疑难字句是语文教师的责任,地理教师在课堂教学中弄错几个字眼并没有多大关系,这种想法也是错误的。

对课文作了上述的钻研以后,教师对教材内容已经相当熟悉了,就可以根据地理教学的总的任务,再进一步分析课文,以确定一节课文的教学目的。

以"中国的海"一节为例,整节课文包括六个小标题,而按其内容全文可分为3段,3段文字的主要内容是:

第一段(小标题"我国有广大的海洋"):我国海疆的优越形势;

第二段(小标题"渤海"、"黄海"、"东海"、"南海"):各海的范围、特点及重要海港和岛屿的位置;

第三段(小标题"保卫祖国的海洋",在第二段东海和南海之间关于台湾的一小节,意义上也可包括在本段之内):我国海洋的经济意义和国防意义。

按照对课文的这样的分析,并且根据地理教学的总的任务,"中国的海"这一节课文的教学目的应该是:

1. 使儿童认识祖国优越的海疆形势;知道渤海、黄海、东海、南海的范围和特点,以及重要的海港和岛屿的位置;

2. 使儿童知道祖国的海洋在经济上和国防上的重要意义,从而启发他们认识保卫海疆的安全是我们每一个公民的神圣职责。

一般地说,从精通课文内容起,直到完全明确课文的教学目的为止,钻研教材的工作已经基本完成了。

上面举的是钻研一节课文的例子,当然,课文的内容是不同的,教师钻研教材也就不应该千篇一律。在前面一讲中已经说明,小学地理教材内容包括3个部分。每一部分都有它的一些特点,教师如能认识每一部分教材的特点,这对钻研教材是很有帮助的。

　　第一部分"地球"中包括 7 节课文,从地球的形状直到地球上的五带,教材内容的理论性很强,而且比较抽象,儿童体会比较困难。因此,教师自己如果没有精通这一部分教材,课堂教学中就很难让儿童全部理解。教师钻研这一部分教材时,除了把每节课文内容融会贯通外,还应该懂得更广些深些。例如课文为了适合儿童的年龄特征,没有谈地球的自转、公转和太阳的直射、斜射问题,但教师却是完全应该知道的。特别要注意的是,教师必须研究教材中的一些理论性问题,深入浅出地讲解,让儿童易于理解。这部分教材是说理多于叙述,教师钻研教材时就必须在这方面多下工夫。

　　第二部分中国地理的教材分成中国地理概述和中国区域地理两部分。对中国地理概述的钻研,前面已经举例谈过;对中国区域地理的教材钻研,则必须特别注意区域特点。因为每个区域在内容上都谈到范围、地形、气候、物产、交通、城市等方面,假使教师不能在钻研教材时掌握区域特点,那就必然会把课教得千篇一律,枯燥乏味。但另一方面,若是一味强调区域特点而忽视了区域间的相互关系,则又会把各区域机械地分割开来,这也是必须注意的。

　　以课本第三册内的华南、云贵、青藏、蒙新 4 区为例,每个区域的特点是:

　　华南区　地形以丘陵为主,区内贯穿着南方第一大河珠江。本区包括广西(已于 1958 年 3 月 5 日成立广西僮族自治区)、广东、福建、台湾 4 个省区和散布在南海上的许多岛屿,有一个海陆兼具的自然环境,是其重要特点。本区的气候是湿润的热带和副热带气候,富于各种热带植物资源和水产资源。华南区在经济上是第三册所讲各区中最发达的一区,海陆交通便利,工商业很繁荣,南方第一大城市广州就在这里。

　　云贵区　地形是一片高原,但东西两部有显著的差异。气候和华南区同属于副热带和热带,但由于地形起伏,因此比华南区要复杂得多。本区拥有多种多样的矿藏和丰富的水力资源。因为在反动统治下长期来没有很好的开发和利用,所以经济远远地落后于华南区。新中国成立后,已经有了不少发展。

　　青藏区　是世界最高的高原。这里的气候和植物都依地形高低作垂直分布,有着从热带到常年冰雪带的复杂变化。这里虽富于矿藏、水力和林、牧资源,但经济非常落后,交通尤为困难。新中国成立后已经筑成了工程非常艰巨的康藏和青藏两条公路(新藏公路也已筑成),其他建设也有了很大发展,藏族人民的活动中心拉萨已出现一片新气象。

　　蒙新区　是全国最大的一区。地形以高原为主,中间分布着许多山脉和盆地,盆地中有一些内陆河湖。这里是非常干燥的大陆性气候,草原和沙漠占了很大的面积,雪山是主要的水源,沃洲上有丰富的农产。畜产资源极多,石油蕴藏量居全国第一位。新中国成立后,大规模的经济建设已经开始,像兰新、集二等重要铁路也造起来了。

　　第三部分世界地理的教材钻研和中国区域地理相似,教师必须掌握各大洲和主要国家的地理特点。此外,由于洲的范围广大,而教学时间却不多,教师在钻研教材时还必须掌握各洲教材内容的轻重主次,这样才能在课堂教学中做到重点突出,收到良好的教学效果。

　　最后,还要谈谈补充教材的问题。由于地理事物是经常发展变化的,而教科书却只可能一年或一个学期修订一次。因此,在钻研教材的过程中,教师一定会发现,补充教材在某些课文中是必需的。譬如说,武汉长江大桥和新藏公路都已经筑成,但相关的课文中却来不及写进去,就得由教师找些补充教材。

　　还应该指出,补充教材要经过慎重考虑和仔细选择。教科书上没有写进去的新出现的地理事物是很多的,不是儿童所必须知道的就不应该补充进去。因为确实也有些教师,他们不好好钻研课本中的教材,却专门去找些另外的材料到课堂中讲,不但破坏了教材的系统性,并且增加了儿童的负担。也有些教师专门搜集一些新奇有趣的材料,到课堂中去乱插科、乱打趣,博得儿童哈哈大笑,这些都是错误的,需要千万注意。

二、安排整个教学过程

　　钻研教材的工作完成以后,教师对教材已经心中有数了,以后的问题,是教师怎样把教材教给儿童,怎样达成教学的目的任务。也就是说,教师准备采用怎样的方式方法来教学。这也是备课工作中的一个重要问题。

　　在这里,教师需要考虑的问题是多方面的。课堂教学采取什么类型,这是首先要确定的。当然,一般说来,正规而通常的课,总是按着组织教学、检查复习、讲解新课、巩固新课、布置作业等5个环节进行的综合课。但是这不是一成不变的刻板公式,教师还可以根据钻研教材的结果,作出具体的安排。即使决定了采用综合课的形式,每个教学环节所需要的时间,也因教材的繁简而有不同,教师必须在备课时妥为安排。下面就以一堂综合课为例,谈谈每个教学环节的准备工作。

　　组织教学是任何类型的课都要做的工作,好像不需要做什么准备。但事实却不然,按照教材和班级的不同,组织教学这个环节,还是值得教师每一堂课加以考虑的。纪律好的班级和纪律差的班级,教师就得作不同的准备。教材内容的关系就更大,比如说,地理科是经常有机会要教师带着直观教具去上课的,可是,一件新奇的直观教具,就往往会引起儿童们思想上的波动,上了课老是安静不下来,甚至指手画脚、窃窃私议,诸如此类的情况,教师在备课时也得作好估计和准备。

　　第二个教学环节是检查复习,这是复习前一节课教过的内容和检查家庭作业。教师需要准备的是提哪些问题,或者是口头问答,或者是书面问答;另外如填图、叫到黑板前面来指点挂图等等,所有问题的内容都得准备好。其次要准备的是采用什么方式:用个别提问的方式,还是用密集提问的方式,或是举行一次5分钟的全体测验等等。最后要准备的是提问的对象,把要提问的儿童的姓名都在备课时记录好,这样才不至于提问不普遍;要做到使全班儿童在一学期中都有普遍被提问的机会,对于那些成绩不好的儿童,也可以因此而安排到较多提问的机会。

第三个教学环节是讲解新课,这是课堂教学中最重要的环节,也是备课工作中最重要的环节。教师钻研教材,主要就是替讲解新课做准备工作。此外,在这个环节的准备工作中,教师还要研究,新教材采用怎样的方式方法进行教学儿童们最易于接受。教学原则在这里也必须一一加以考虑,例如怎样安排新教材的讲解顺序;怎样使新教材的每一个段落承转得生动自然,使得讲解层次井然,富于系统性;怎样使那些儿童比较难以理解的东西,像"地球"这一部分教材中的若干理论性问题,能够讲得深入浅出,通俗易懂,适合儿童的年龄特征。教师也要考虑采用怎样的方式进行教学,新教材的主要内容才能格外容易为学生所牢固地掌握。此外,讲解新教材时准备采用哪些生动语言,哪些地图、画片或其他直观教具,以及准备用什么方法来激发儿童学习的积极性等,也都得在备课时周密研究,考虑停当。

第四个环节是巩固新课,教师在备课中必须确定每一课时新教材讲解后的巩固办法。或是采用由教师按主要内容复述一遍的办法,或是采用向儿童提问的办法,还有其他种种办法,教师必须根据内容、时间等条件,事先加以计划。地理科的内容是很丰富的,其中不少东西像地名和产业的分布等等,记忆是比较困难的。按照教学大纲规定的内容,高小儿童平均每一课时就得记住两个地名,还有其他许多别的材料,教师若不在备课时仔细地考虑怎样让儿童及时巩固新教材的方式方法,教学效果是很难设想的。

最后一个环节是布置家庭作业,这也需要教师在备课时完全安排好。教师可根据他在钻研教材时对课文中练习题的钻研结果,事前选择好适当分量的作业,并且估计一下完成这些作业所需要的时间。假使是练习题,教师还得在此时自己动手先做一遍,才有充分的把握,使布置的作业在分量和时间上都能恰到好处。

各种教学方法必须在备课中考虑停当,例如教师准备用谈话法进行一堂课的教学,那么就应该在备课时决定谈话的方式,或者是采用自问自答的方式;或者是按教材内容拟好一连串的问题,陆续要儿童回答;或者是两种方式混合使用。若是教师预备在教课时应用一些比较法,备课工作中也就应该拟定哪几部分教材可以比较以及怎样进行比较等。采用旅行法进行教学也是一样,教师必须在备课时选择好一条最适当的旅行路线,然后把新教材安排到这条路线上去。

此外,还有许多问题需要教师在钻研教材的基础上进一步研究。例如按照新教材内容怎样结合乡土教材的问题。当然,并不是每一节课都必须结合乡土教材,但是的确有很多课文,特别是中国地理部分,都可以很好地和乡土教材相结合,这是教师在备课中应该注意的。关于基本生产技术教育的问题,教师也应该根据教材内容在备课时考虑。

总之,安排一堂课的整个教学过程,是一件细致而复杂的工作,上面提出的各点,只是一般性的意见。随着教材内容、教学时间、地点和对象的不同,教师必须灵活运用,仔细、全面地考虑整个教学过程中的一切问题。任何一点疏忽,都会影响课堂教学的质量。另外,从钻研教材起直到安排整个教学过程为止,教师的备课工作,随时随地都需要作书面记录。下面我们就来谈谈这个问题。

三、备课笔记、教案和课时计划的编写

备课笔记是教师记录备课情况的一种摘记。它没有一定的格式,记载哪些项目,也可以根据教师的不同需要而定。在钻研教材的过程中,像教师对教材内容的分析,课文目的任务的探讨,都可以记入备课笔记。此外,像课文中的疑难内容包括一些地理名词术语的注释以及补充教材的选择等,也可以作为备课笔记的内容。在安排整个教学过程中,像新课的类型,各个环节中的主要问题,如提问的形式、问题、对象,新教材讲解中的教学原则和教学方法问题,贯彻政治思想教育问题,进行基本生产技术教育问题,甚至如准备在讲课时画在黑板上的简明地图和黑板画等,都要记入备课笔记。还有,如教具的准备,家庭作业的布置,以及教师在备课过程中的心得体会和存在的问题等等,都可以记入备课笔记。备课笔记可以有上述这些项目,但也不一定每一课都完全包括这些项目。它可以详细,也可以简单。教学经验不多的教师,或者是在时间比较充裕的情况下,它可以详细些;教学经验丰富的教师,或者是在时间比较局促的情况下,也可以简单些。

总的说来,备课笔记是教师备课时的一个备忘录,它不但能提高教师的教学水平,同时也能提高教师的业务水平。此外,它更为教师编制教案或课时计划创造了条件。因此备课笔记,特别是对于业务和教学水平不高的教师来说,具有十分重要的意义。

下面我们再谈谈教案和课时计划。

和备课笔记不同,教案和课时计划虽然也没有刻板的形式,但是它必须包括几个必要的项目。主要的项目有下列一些:

1. 学科(地理科,一般教案中这个项目可以省略);

2. 上课日期;

3. 班级;

4. 课题(新教材的题目,也就是教科书上每一节课文的题目);

5. 教学目的;

6. 教学方法(上课的类型和主要教学方法);

7. 应用教具(主要是直观教具,一般教具如颜色粉笔、指图竿之类不必列入);

8. 教学时间(一个课题划分的课时数,因为有些课题需要两个课时才能教完);

9. 教学进程(这是教案的中心部分,必须写出教材的纲要,并要写明每一部分的教学时间);

①组织教学×分钟

②检查复习×分钟

③讲解新课×分钟

④巩固新课×分钟

⑤布置作业×分钟

(这是以综合课作为例子的"教学进程"的项目,其他类型的课就不是如此。)

10. 课后记录(这是上课以后的分析,留着课后填载)。

教案或课时计划的制订,是教师备课工作中的一个重要部分,对课堂教学的质量有重要的关系。教案和课时计划在本质上是相同的东西,教案是详案,内容订得比较详细;课时计划是简案,内容可以订得简单些。此外,教案总是按着每一节课文来制订的,不管这节课文是讲一个课时或两个课时;课时计划是按每一个课时制订的,一节课文讲两个课时就需要订两个课时计划。由于教案的制订要费较多的时间,所以在经常的备课工作中可以多采用课时计划的形式。但是对于业务较生疏、教学水平不高的教师来说,多制订一些内容详尽的教案,是可以帮助提高教学质量的。

下面是以课本第一册"中国的大陆国界"为例的一个教案,供给教师们拟订教案或课时计划时参考。

1. 班级:五年级。

2. 上课日期:11 月 18 日(星期四)上午第 3 节。

3. 课题:中国的大陆国界。

4. 教学目的:

①使儿童认识祖国大陆国界的形势,知道祖国的陆界和哪些国家相邻,了解那些国家的性质及它们和我国的关系;

②通过本课的讲述,一方面要培养儿童的国际主义精神,热爱苏联、热爱人民民主国家、热爱我们邻国的人民;一方面要儿童加强对敌人的警惕,使儿童认识保卫祖国国界的安全是每个公民神圣的职责。

5. 教学方法:综合课,着重于语言直观。

6. 应用教具:

①《伟大祖国的地形》图一幅;

②红线绳数段。其中两段按地图上国界的曲折,粘在中苏国界上(因为中苏国界是分成两个部分的);三段分别粘在中朝、中蒙和中越国界上;还有一段粘在中国和其他国家的国界上(粘得松一些,便于随时撕下来)。

7. 教学时间:1 个课时。

8. 上课进程:

①组织教学:3 分钟。

②检查复习:5 分钟。

甲、要儿童指图回答我国沿海有哪几个大岛(由赵××回答)。

乙、要儿童指图说出我国最南方的国土和南方最大的商港(钟××回答最南方的国土,孙××回答南方的最大商港)。

丙、指定儿童朗读课文"中国的海"一节中第七八两段(李××朗读第七段,周××朗读第八段)。

③讲解新课:22 分钟。

甲、从上一节课文"中国的海"引入新课:说明在上一节课中,我们已经知道了中国有很长的海岸浅。但是除了海岸线以外,我们还有很长的大陆国界线。这就是我们今天所要讲的新课,于是就指着粘有鲜明的红线绳的《伟大祖国的地形》挂图,把我国北部、西部、南部和东部的国界告诉儿童。

乙、指出和我国在大陆上邻接的国家一共有 11 个:首先就是苏联,说明苏联是什么性质的国家,和我国的关系怎样,怎样帮助我们建设社会主义以及中苏两国的亲密团结在反对侵略保卫和平中的意义。

丙、接着讲和蒙古人民共和国、朝鲜民主主义人民共和国、越南民主共和国 3 个人民民主国家的关系,指出这些国家都是我们的兄弟国家。并且把中朝人民击败美帝国主义侵略和越南人民击败法帝国主义侵略的辉煌胜利简要地告诉儿童。同时要儿童提高警惕,随时准备制止帝国主义者的侵略,保卫我们国土的安全。

丁、从中国和越南的国界上,转入其他和我国西南边疆邻接的国家,说明中国人民和这些国家的人民都是很友好的。我国和印度、缅甸、阿富汗等国家都有着友好和平的外交关系,这种友好和平的关系,将是东南亚和世界和平的有力保障。但同时也要提醒儿童,我国西南边疆以外的许多地方,曾经是帝国主义者长期来进行侵略活动的基地。直到今天,他们仍然企图在这些地方施展阴谋,作为侵略我国的跳板。因此,我们祖国的每一个公民,要时刻准备保卫祖国边疆,给侵略者以无情的打击。

戊、最后把前面所讲的作一个总结,总结中着重指出两点:第一,我们有苏联和各人民民主国家作为兄弟般的邻国,苏联和我国接壤的国境线最长,对我国的建设和国防很有利。第二,由于帝国主义者处心积虑地想侵入我们的国境,我们必须提高警惕,时刻准备迎击敌人,保卫祖国。在总结中讲到苏联和我国有漫长的国境线接壤时,可以把挂图上粘着的红线绳撕下来,用图钉钉在黑板上:中苏接壤的两段连起来钉在一边,中朝、中蒙、中越接壤的三段连起来钉在另一边,其余七个邻国的一段又钉在一边。然后要儿童比一比,我国和苏联接壤的国境线,比在西南边疆和我国接壤的 7 个国家的国境线还长,假使把 3 个人民民主国家和我国接壤的国境线加在一起,则我国和社会主义阵营接壤的国境线就要比和其他国家接壤的国境线大一倍半。这就是我国大陆国境线的一个十分有利的形势。

④巩固新课:5 分钟。

甲、教师朗读课文一遍。

乙、要儿童指着挂图说出和我国接壤的国家的名称,并说出哪些是社会主义阵营国家(这时不要求儿童完全记住这些国家的名称,可以看图回答)。

丙、指定一个儿童朗读课文的最后两段(由吴××朗读)。

⑤布置作业:4 分钟。

甲、按照本节课文所附练习题中第 2 题的要求,将答案填在中国暗射图上。

乙、做本节课文所附练习题中的第 4 题

9. 课后发言记录:(此栏空白)

上面是一个教案的例子。至于课时计划,只是一种简单化的教案,项目和内容都可以再进行精简,我们这里不再举例了。

四、教具的准备

教师在制订了教案或课时计划以后,备课工作中的主要部分基本上已经完成。最后要做的就是把教案或课时计划中规定的直观教具准备起来。此外,其他在教案中不曾写入的地理课应用的一般教具,上课前也需要检查一下。

地理课应用的一般教具有彩色粉笔、指图竿和地图架等。因为地理课需要随时在黑板上画地图,彩色粉笔的作用就比单用白色粉笔好。指图竿也是地理课所必需的,这是一根长约一公尺的细竹竿或木杆。竿的一端磨得很光滑用以指图,另一端如能装上一个极小的铁叉,则又可以作为挂图和取图的工具。地图架是专门悬挂地图用的,假使没有这种设备,也可以将地图挂在黑板两旁的墙上。

直观教具的准备工作,比一般教具就要复杂些了。自然,教师写在教案中的直观教具,一定是事先经过考虑的,例如这种直观教具学校里是否已经有了,教师有无把握在上课以前准备好,等等。如果因为学校里缺乏现成的直观教具,教师就放弃对直观教具的运用,这是因噎废食的做法,也是对教学不负责任的表现。教师在制订教案或课时计划时,应该尽量设法多运用些直观教具,而且及时把这些教具准备起来。

地理课的许多直观教具,是需要教师自己搜集或制作的。就挂图一项说,就不可能完全有现成的可以购买。例如关于乡土地理的图片,教师应该自己绘制。又如有关祖国各项社会主义建设的挂图,一方面由于出版界的供应在时间上不免要迟缓一些;另一方面因为篇幅太多,一般学校不容易全都购置:因此也应该由教师按需要自己绘制。可以按照各种报刊上的小幅图片(如黄河综合利用示意图、武汉长江大桥示意图等等),加以放大着色,在课堂中使用能够鲜明生动。此外如各种简明地图以及在小黑板上画其他地图和图表等,也都要教师在上课前自己动手准备妥当。

照片和画片等也是一样,教师应该经常留意,替每一节课文搜集有关的照片和画片。每一次备课时,对于同课文有关的照片和画片,还可以再作一次补充。这样,教师就可以掌握一套配合每一节课文教学的照片和画片,以便在课堂教学中应用。

各种模型和实物标本,也是地理课重要的直观教具,制作和搜集这些东西更费工夫,必须及早加以准备,等到制订教案或课时计划想到要用时才去准备,往往是来不及的。

最后还要指出,关于教具的准备,一方面是要使课堂教学中有直观教具可用;另一方面是要考虑在课堂教学中怎样运用这些直观教具。因为同是一件直观教具,由于在课堂教学中使用的时机和方法不同,它的教学效果往往也是不同的。

以前面所举的"中国的大陆国界"那个教案为例。虽然准备的直观教具很简单,但是运用的方法却是较好的。一张中国地形挂图,沿大陆国界粘上红线绳,对于国界这个主题来说,就非常鲜明地突出起来了。印在地图上的国界是拿不下来的,而红线绳却可以拿下来进行比较,使儿童在我国和各国接壤的长度上,有一个非常明确的概念。

把红线绳从地形图上撕下来钉在黑板上进行比较的时机,也需要经过选择。假使在讲完了中苏国界以后,立刻把中苏接壤处的红线绳撕下来进行比较,当时就势必也得把其他各段撕下来(因为不全部撕下来就无法进行比较)。但是在这时候,其他各段国界还没有讲到,不但比较还嫌过早,而且一撕下采以后,等到讲解这些国家和我国接壤的情况时,挂图上的国界就无法突出了。因此,这种比较选择在总结的时候进行是适时的。因为到了那时候,大陆国界的各部分已经讲完,红线绳对于使地图上的大陆国界鲜明突出的作用已经起到了;同时,儿童对我国大陆国界的总的情况已经有了概念;在这时候将红线绳撕下来加以比较,对于突出中苏国界这一点,就能收到优异的效果。

我们在这里举出这个例子,为的是要让教师明白,在备课工作中,不但是要制作和搜集直观教具,而且还要准备怎样在课堂教学中运用直观教具。至于怎样制作和搜集各种直观教具以及直观教具在课堂教学中的具体运用,我们在后面还要谈到。

第三讲　课堂教学

　　课堂教学是教学工作的基本形式,地理科自然也不例外,这门学科的教学任务主要是通过课堂教学来达成的。课堂是传授知识的主要场所,也是教师发挥主导作用的主要地方。要是课堂教学进行得不好,不管教师在备课工作中做得如何辛勤努力,都是枉然的,儿童仍然是得不到什么收获的。一个不善于教课的地理教师,不管他有多么丰富的地理知识,仍然是无法传授给儿童的。当然,教师业务水平的高下和备课工作是否认真,同课堂教学的成败有着十分密切的关系。教师业务水平高和备课工作认真,是搞好课堂教学的重要条件。但是除此以外,教师还必须在教学原则和教学方法上认真地下一番工夫。特别是从长期的实践中累积经验,才能不断求得提高。因为课堂教学和其他许多别的工作如备课、业务学习等都不相同,它是一种生动而丰富多彩的高度艺术。在课堂中,对象是一群活生生的儿童,情况是千变万化的,教师虽然经过了仔细的备课,但怎样把他在备课中准备好的东西教给儿童,却需具体掌握课堂的情况。否则,只是机械地把准备好的一些东西到课堂中去"和盘托出",那就只能说是起了一架留声机的作用,而不是在进行课堂教学,这是教师们所应该充分认识的。下面我们把地理科在课堂教学中的几个主要方面,作一些说明和讨论。

一、综合课的课堂教学

课堂教学最通常的类型是综合课。在前面备课工作中,已经提到,综合课是按组织教学、检查复习、讲解新课、巩固新课、布置作业这样 5 个教学环节来进行的。

当然,并不是每一节课都必须是按着这样 5 个环节进行的综合课,课堂教学的类型是多种多样的。例如在讲完一个单元以后或是教师认为必要的时候,可以抽出一节课的时间,专门作为复习已经讲过的旧教材之用,这样的课称为复习课。教师也可以抽出一节课的时间,完全放在检查儿童的学习上面,这就是检查课。另外,在一节课文内容较多,但又不宜分两个课时来讲解的情况下,教师也可以花一节课的时间,专门作为讲解新课之用,这就是讲解课。此外,例如花整个课时作一次地图上的旅行或是进行一次沙盘教学等等,也都未尝不可。即使是按照综合课类型进行的课,省略 5 个环节中的一二个,或者是把某两个环节加以颠倒,教师都可按照实际情况灵活运用。

上面说明了课堂教学具有多种多样的类型,而综合课的 5 个环节,也并非刻板的公式。但是也必须认识,即是在一般的情况下,按照 5 个环节进行的综合课,还是课堂教学最普通、最经常的形式。因此,在这一讲里,我们有必要专门谈谈综合课的课堂教学。下面就按 5 个环节来讨论这个问题。

组织教学　从教师进入课堂起到讲课开始前为止,这一段时间是组织教学的阶段。此外,在以后各个环节中,教师仍然要经常注意组织教学的工作。组织教学的目的,是为了使全体儿童有一个准备,这种准备包括精神上和物质上两方面:在精神上,是要儿童集中注意,专心听课;在物质上则要儿童准备好应用的课业用品,以利教学的进行。

有些教师不注意这一个教学环节,以为这不是正式上课,只不过是讲课以前的例行公事。这种想法是很不正确的。

组织教学不仅是一节课的一个不可分割的部分,而且对于全节课的能否顺利进行起着极大的作用。因为在上课以前,儿童的情绪总是浮动的,组织教学的工作做得好,全班的浮动情就能在短时间内趋于安定。这样,课堂上就会顿时出现一片严肃的学习空气,这对课堂教学的进行自然是非常有利的。

组织教学的工作一般只需要很短的时间,在二三分钟内即可完成。不过这不等于经过了这个阶段以后,组织教学的工作就从此停止了。在课堂教学进行的整个过程中,若发现有儿童注意力分散的情况或其他偶发性的事件,教师仍得随时运用组织教学的手段,作出迅速的处理,使儿童的注意力重新集中起来。

教师进入课堂以后，首先就是师生互相敬礼。这时，教师应该注意，是不是全班每一个儿童都站立端正了，一定要等到大家都站立端正的时候，教师才可以答礼。这不仅是为了养成儿童有礼貌的习惯，而且也使每一个儿童都有这样的感觉，从现在起已经开始上课了。因为那些没有站起来或是站得不端正的儿童，脑筋里必然还被上课前的动乱思想所盘绕，教师和那些已经站好了的儿童等待他们站起来，就是要他们赶紧安静下来，准备上课。

互相敬礼以后，教师就应该注视全班儿童，看他们是否安静，并检查出席、缺席的情况。检查出席、缺席的办法各校不同，不过假使不是一天中的第一节的话（事实上地理课一般都不会排在第一节），总不宜采用全班点名的方式，以免浪费时间。仔细的教师往往把缺席的儿童姓名用小纸条记下来，并注明是哪一天、哪一节，以便日后找机会给他补课。假使这一节课中有什么讲义、图片等发给儿童的话，也可以根据这个记录给他们留下一份，日后补发给他们。

最后，教师还要检查一下，全班儿童是否都带齐了课业用品。地理课的课业用品比较多一些，这一点更应该注意。教师必须在平时就让儿童养成这样的习惯，将那些教科书、地图和作业本之类的课业用品，在上课前就放好在课桌上。当然，可能有个别儿童忘掉把课业用品拿出来，就得趁这机会让他们拿出来。

上面所谈的组织教学是各科都适用的。自然，地理科在这方面也有一些特点，其中最重要的是挂图的问题。教师在一开始讲课就需要应用的挂图，应该早就订下制度，在上课以前由值日生把地图挂好，不宜在这时悬挂以免浪费时间和分散注意力。但教师随身带入课堂的其他直观教具如模型标本等等，可趁此机会整齐地安置在讲台上。

等到完成了这些工作以后，教师再以温和而严肃的目光向整个课堂扫视一周，使全班儿童十分安静，注意力充分集中。至此，组织教学的环节已经完成，教师可以开始讲课了。

检查复习　教师讲课根据一般的顺序往往从检查复习开始。这里的检查复习，是指对前一节课中所讲的知识和布置的作业而言。这个环节一方面是再一次巩固儿童旧知识的重要手段；另一方面可以借此导入新课的讲解，使新旧教材能够自然地联系起来，这样，儿童所得到的知识才是完整的而不是片断的。

首先，从理论上说，复习旧课确是一件很要紧的事。因为不断地上地理课，儿童要记忆的地理知识就不断地增加。假使不对日益增加的新知识，随时加以巩固，必然会造成"知道新的、忘掉旧的"这种现象，结果弄得一无所获。因此，检查复习就起了督促儿童经常学习的作用；此外，检查复习也可使教师有效地了解他自己前一阶段的教学效果,以便随时改进自己的教学。

地理事物和地理现象是相互联系的。巩固了旧课中的知识以后,讲解新课会得到很大的方便。例如就津浦和京广两条铁路而言,按照教学大纲所分的区域,在"黄河中下游区"和"长江中下游区"中都要讲到。假使能够采用复习旧课的方式,在讲解新课前把这些知识先巩固一下,新课讲解时就会便利不少。

检查复习可以采用多种多样的形式来进行。

提问是最通常和最便利的形式。儿童站在自己的座位上回答教师提出的问题,这不仅检查了被提问者的家庭作业情况,而且全班儿童也都可以借此得到一次复习旧课的机会。采用提问方式复习旧课,其效果的好坏和教师提出问题的内容有十分重要的关系。教师提出的问题,应该是能够启发儿童思维作用的问题,而不是要他们死记硬背的问题。需要儿童记忆的问题自然也可以提出一些,但是这必须是按照教学大纲规定应该记忆的东西。那些小枝小节的琐碎内容,千万不要作为提问的材料。另外,问题的词句应该拟得生动些,不要老提那些词句刻板和内容枯燥乏味的问题。例如在课本第二册"我们的首都——北京"这一节课文里,教师提出"北京有哪些名胜古迹"?"北京有哪些铁路"? 等等问题,儿童就往往死记住几个名称来回答,不能启发他们的积极思维。假使按照课文中所附的练习题向儿童提出:"北京有哪些名胜古迹,新中国成立前后有什么不同"? 或是"在中国地图上找出距离我们学校最近的一个有铁路的大城市,怎样从这个大城市到北京去? 坐火车出发,必须经过哪些大城市"? 这样的问题,不但容易启发儿童的积极思维,而问题的词句,也比前面举出的生动得多。

所以,提问虽然是一种最简便的复习方式,但决不能因此信口开河地随意提出一些问题。因为儿童是经常留意教师提出哪些问题的。很多儿童常常按着教师提问题的情况去做复习工作,例如教师经常提出一些死记硬背的问题,儿童在复习时就会去进行一些死记硬背的工作。因此,教师提出的问题如不恰当,对儿童的复习旧课和其他课外作业,都会发生不良的影响。

举行一次几分钟的小测验,也是检查复习的很好方式。教师可在事前准备好测验用的小块白纸,临时发给儿童应用。测验题的内容更应十分注意,务须做到短小精悍,内容扼要而标准明确。测验完毕以后,可以立刻在儿童之间交换批改,得出检查的结果。测验题的形式一般采用填充、是非或选择法。有时候,可以预先印好题目;有时候,也可以由教师当时口述题目,儿童则仅需将答案写出,不必抄录题目。

把儿童叫到讲台上来指着挂图回答问题,或是要他们填充事前准备好的暗射地图等,也可以经常作为检查复习的方式。这种方式由于密切地联系了地图,获得的效果就会更好,库拉佐夫在他的《地理教学法》一书中说:"检查知识的最有效的手段就是在暗射地图上填画地理事物的作业。"（第88页）也正是这个道理。

教师采用这种方式检查儿童的地理知识，事前需要有更好的准备。暗射图或是画在小黑板上，或是用油印的小纸片。内容一定要简单扼要，线条和符号都要画得或印得清晰明确，使儿童能一目了然，不会因临时看不清楚发生疑问而浪费时间。

苏联学校所采用的密集问课形式，是检查儿童知识的一种值得学习的好办法。密集问课能在较少的时间里检查较多的儿童，而并不降低检查的质量。具体的做法是教师同时叫起四五个儿童来，其中两个到黑板上做教师事前预备好的问题（把黑板划分成两半），另外两个在自己的座位上做小纸片上的书面作业，第五个儿童则叫到挂图前面口答教师提出的问题，答完了以后，另外再叫一个。口答的问题比在黑板上和小纸片上回答的要简单些，口答的儿童大约轮换了三四人以后，在黑板上和在座位上做问题的儿童才完成他们的工作。密集问课确是检查复习的一种好办法，但是也并不是在任何班级里都可以马上就采用的。在纪律性较差的班级里采用这种办法，教师往往会顾此失彼，把课堂秩序弄得不好。因此，要采用密集问课的办法，首先得在班级里创造条件，主要是培养儿童守纪律、守秩序的习惯。

在检查复习这个环节中，另外还有一个评定成绩的问题。有些教师由于怕麻烦，往往是问过就算，不即时评定和记录成绩。这样不但教师无法确切地掌握儿童的学习情况，而且儿童的学习情绪也会因此而受到影响。所以这样的做法是不对的。

也有些教师确实在当时评定并记下了分数，但是他们守口如瓶，不让儿童知道自己的成绩。因为在匆促中评定的分数不可能一定准确，向儿童宣布了以后，唯恐他们争多论少、提出意见。也有少数教师评成绩不认真负责，或者随意评定分数，这样的分数自然更不愿让儿童知道了。不管教师从哪样的思想出发，把分数当作一种"军事秘密"总是不对的。因为儿童不知道自己的成绩，也就无从知道自己回答的问题究竟是否完全正确，或是哪些、地方错了。这样的检查，对巩固儿童学得的知识和提高儿童学习的积极性，作用是不大的。

因此，凡是被检查的儿童，教师必须及时地评定他的成绩，而且随即把他所应得的分数告诉他。同时还须简单地说明理由，为什么得到这样的分数。这样才可使全班儿童都能明白回答的问题有哪些正确或错误的地方，作为大家努力的目标和改进的方向。

在检查复习中，评定成绩和给分的标准大概如下：

五　分

回答问题很完全、有条理、有次序、内容和语言都没有错误。

具有所研究的地理现象的具体观念和具体概念。

不仅是理解个别的地理事物和地理现象,并且还理解各个地理事物及地理现象间的相互关系。

具有地图知识,并且会应用地图。

在教师提问中除了主要问题以外,也能正确地和流利地回答教师提出的补充问题。

能正确解答地理作业题。

四　分

有条理和有次序的叙述,虽然遗漏了一些并不重要的地方,但是在教师的启发下仍能把遗漏的补充起来,运用的语言也只有不大的错误。

具有所研究的地理现象的具体观念和初步的真实概念。

对各地理事物及地理现象的相互关系有初步的理解。

具有地图知识,应用地图时不发生较大的错误。

在解答地理作业题时,只有次要的错误。

三　分

回答了问题,但叙述没有条理,语言有错误。

地理观念贫乏,掌握的地理知识还不够深入。

地图知识不够,指示地图时有不少错误。

对各地理事物及地理现象间的关系,认识还较模糊。

二　分

不能有条理地回答问题;在回答重要问题时有两种以上的较大错误。

一　分

完全不懂,一个问题也答不出来。

(上述评分标准参照库拉佐夫《地理教学法》,第93页)

检查复习完毕以后,教师可以花很短的时间作一个小结,从这一次检查复习的成绩中指出儿童已得的收获和还须进一步努力的地方。然后从这个小结引入另外一个教学环节——讲解新课。

讲解新课　讲解新课是课堂教学中最重要的工作。教师主要依靠这一教学环节贯彻地理教学的目的要求,完成教学任务。没有这个环节,其余各个环节也就失去了它们的意义。就一般情形而说,讲解新课总是占有了一节课最大部分时间。因此,讲解新课毫无疑问地应该是课堂教学的中心环节。

在讲解新课这个环节中,主要应该注意下列一些问题:

第一,注意教材的系统性:儿童获得知识,必须是循序渐进的。特别是地理知识,各方面都有相互关系,系统性紧密,绝不容许颠倒错乱。因此,教师必须根据教科书的内容讲解新课。这些内容在讲解中还必须经过严密的组织,务使做到前后连贯、层次分明和重点突出;各段落间承转自然;小的段落以后有小结,整节课文以后有总结。这样,才能使儿童获得有系统的地理知识。以课本第二册中"我们的首都——北京"这一节课文为例,它的内容是:

> 北京是中国人民的首都;
>
> 雄伟美丽的北京城;
>
> 北京的名胜古迹;
>
> 北京是全国政治、经济、文化和交通的中心。

非常明显,这4个段落,可以作为讲解"我们的首都——北京"的重点。而且在编排上相互间有紧密联系。按着这样的教材讲解,只要在每个重点中安排好适当的层次,各层次间作好承转的安排,并且准备好小结和总结,是可以使讲解做到有系统性的。

第二,注意教材的量力性:教师在教学中应该随时检查,他所讲的东西是否完全能为儿童所接受,或者是超越了儿童所能接受的范围。确有不少教师,他们本着一番多教点东西给儿童的"好心",把过多和过于深奥的教材搬到课堂上去。例如有的教师在课本第一册"中国的海"那一节课文中,为了要向儿童解释"台风"这个名词,竟去翻了许多参考书,到课堂中大谈"热带气旋"的道理。也有教师在讲"中国的地形"一节课文时,在黑板上写满了大小山脉的名称。试问这样深奥和过多的教材,儿童怎样能接受和消化得了呢?

也有教师认为讲解新课还不是大家都根据教科书,而教科书又是根据儿童的年龄特征来编写的,那末,既然是按教科书讲课,又何必再考虑量力性的问题呢?这样的想法也是错误的,因为讲解新课不等于照课文宣读,而是要根据课文的内容,用教师自己的语言和其他直观教具来向儿童进行表达。由于各个教师运用的语言不同,在教材的量力性问题上,也就产生了不同的结果。例如一个教师在讲解"黄河"的时候说:"黄河河水所以混浊,是由于黄河输沙量极大。"但是另一个教师却说:"黄河河水中挟带了许多泥沙,所以河水非常混浊。"又如一个教师在讲解"荆江分洪"时说:"荆江分洪工程的功用,可以拦蓄长江洪水,削减长江洪峰,降低长江水位,减少长江流量。"但是另一个教师却说:"荆江分洪工程可以在长江发大水的时候容纳长江的一部分大水,使江水不会涨得太高,奔流得也可以缓和一些。"像上述例子里,虽然先后两个教师所讲的,内容大致相同,但先者采用了艰深难懂的词语,而后者采用了通俗易懂的语言,得到的效果也就完全不同。但是,若把量力性原则单纯地理解为讲得少些和浅些,却也是不对的。教师不能用量力性的名头去迁就儿童。因为学习是一种严肃的劳动而并不是一件轻而易举的事。每一节课文的讲解必须是,儿童在初学时感到有些困难,但经过努力以后这种困难就能逐渐克服,这是量力性的一个重要标准。因此,教师在教学中运用量力性原则,既要使讲解能深入浅出,通俗易懂,又不致减少教材的分量和降低教学的质量。否则,因为强调量力性而降低了儿童应有的地理知识水平,那就完全失去量力性的意义了。

第三,注意启发儿童学习的积极性:在讲解新课的过程中,教师应该随时启发儿童学习的积极性。这就是说,教师不应该把教材平铺直叙地、像报流水账一样地教给儿童,而须要随时让儿童运用自己的思维活动,在获得地理概念的基础上,进一步进行分析和判断,得出地理事物发展的规律性。这样,儿童就不会是一个被动的、被灌输地理知识的容器,而是一个吸收地理知识的自觉者,这就会大大提高他们学习的积极性。

例如在讲到黄河中下游区的水、旱、风沙等灾害时,教师除了描述这些灾害的情况以外,应该启发儿童,分析这些灾害的自然原因和人为原因。这样,儿童立刻会从单纯的听讲而进入积极的思维活动,不但使课堂的学习空气变得紧张热烈,而且也提高了教学效果。

在讲解中穿插着向儿童提问,这固然是使儿童运用思维的一种方法。但是教师如能适当地把自己的讲解,编成一种自问自答的谈话,同样地有启发儿童思维活动的功效,而且比前者节省时间。例如在前述例子中,当教师讲完了黄河中下游区水、旱、风沙灾害的自然原因以后,接着就用疑问的口气说:"造成这些灾害,是不是单单就是地理环境的原因呢?"于是再稍停片刻,让儿童运用他们的思维活动。然后才接着把过去反动统治阶级招致这些灾害的情况谈一谈。这样的讲解,和平铺直叙的讲解,效果是很不相同的。此外,注意教学方式方法的多样性,例如地图、模型和其他实物的运用,教学中对于生活实际的结合以及语言和教态等的配合都有启发儿童学习的积极性的功效。

第四,注意地理知识的巩固:在讲解新课中,儿童得到的地理知识,有许多是他们生平第一次所接触到的。根据人的心理特性,是否容易记住某一事物,和第一次接触这一事物的印象很有关系。假使第一次的接触是在平平淡淡的情况下进行的,这件事物就不容易记住;要是第一次接触时感到生动有趣和印象非常深刻,这件事物往往可使儿童永志不忘。这就告诉教师,在讲解新课中应该采用多种多样的方法来加深儿童的印象。机械式的讲述,刻板的姿态,催眠曲似的语调,都是大忌而特忌的。

当然,作为一堂综合课来说,检查复习和巩固新课这两个教学环节,其目的本来都是为了巩固儿童的知识。但是这并不是说,既然另外有专门的环节巩固儿童的知识,在讲解新课中就不必再注意巩固知识的问题了。事实上像前面谈到的在讲解新课中启发儿童的积极性和注意教材的量力性等,对巩固儿童的地理知识都有一定的作用。此外,像直观教学和比较法的运用等,也都有助于加强儿童对新知识的印象。

地名本来是一件很难记忆的东西,高小儿童按教学大纲的要求,在两年中要记住250多个地名。所以教师必须在这方面运用一些好的方法。首先,教师应该把同一节课文中出现的许多地名进行分类:第一类是不必记忆的,第二类是以前已经记忆过的,第三类则是按教学大纲必须记忆的。第一类地名应该即时告诉儿童不必记忆,以减轻儿童负担;第二类地名可通过复习进行巩固;这样才能把重点集中在第三类必须记忆的地名上。教师必须采用各种方法,使儿童能巩固地记住这些地名。例如有许多地名,教师如能讲解得法,儿童是能够即时记住而且经久不忘的:像讲到怒江时,教师可先用生动的语言和手势,描述这一条奔流在高山峡谷中的河流,江深峰高,急流澎湃,声如千军万马,好像狂怒的样子,所以人们叫它"怒江"。讲到海南岛的山脉时,教师可举起他伸开五指的手掌,说明岛上的山脉分布即成这样的形状,所以称为"五指山"。经过这样讲解的地名,儿童大概就能永远记住的。这当然仅仅是两个例子而已,事实上有许多中外地名,都可以采用这样的方法进行讲解的。

伴读地名的方法,也可以收到巩固的成效。教师用指图竿指着挂图上或黑板上已经讲解过的许多地名,自己朗读一次,全班儿童跟着朗读一次,这样反复地伴读了二三次以后,教师再用指图竿指着地名,但自己不再朗读,而是由儿童齐声读出,或是指定一二个儿童读出,都可以收到巩固的效果。

在讲解新课时经常联系旧课,也是使儿童巩固地理知识的重要方法。例如讲到长江中下游区的三峡时,可以提出旧课中黄河中下游区的三门峡加以联系。讲到南美洲的亚马逊河时,可以提出旧课中非洲的刚果河加以联系。这样利用讲解新课的机会提出旧课作比较,不但复习了旧课的知识,同时因为有了儿童已知的旧知识作比较,对于新知识的巩固,也有很大的帮助。

第五,注意运用直观教学:在讲解新课中,教师应尽可能利用地图、画片、模型、标本等各种直观教具。这些教具的直观性很大,对帮助儿童建立地理事物的具体概念有极大的作用。此外,教师在语言、姿态、板书等各方面,如能做到生动逼真,同样也具有直观的效用,可以大大提高教学效果。直观教学在地理课中很重要,我们以后还要作专题讨论,这里就不再多谈了。

巩固新课　新课讲解完毕以后,接着就应该把刚才讲过的知识向儿童作一次巩固的工作。因为根据人的心理特性,要想根深蒂固地掌握知识,仅仅靠一次的感受总是不够的。当堂讲过的东西,在儿童印象中还很新鲜,即使已有遗忘,要唤起他们的记忆也还比较容易。因此在讲解新课以后接着来一个巩固新课,使本课的教学有更进一步的明确性和系统性,具有趁热打铁的作用,对巩固知识有极大效果。

在巩固新课的环节里,自然也少不了向儿童提问。因此,这个教学环节不但巩固了儿童的新知识,而且也同时检查了他们在这一节课中对教材的接受和理解情况。当教师发现某些儿童还不能掌握应该懂得的知识时,在课后就要特别注意督促这些儿童好好温课,或是在下一节课的检查复习环节中,向他们提出问题。

巩固新课同时也给教师的教学作了一个很现实的检验。在这个环节的提问中,教师立刻就可以发现自己在教学上存在的问题。假使发现很多儿童对同一问题都不甚了解,教师就应该明白,这责任需要自己来负。于是就得设法趁这个机会加以必要的补救。

此外,巩固新课这个环节还具有调节教学时间,使教师更好地掌握教学时间的作用,因为这个环节在时间需要上不像其他几个教学环节那样刻板,它可以有较多的时间,但也可以在较短的时间里完成,因此,特别是对于新教师,这方面是值得注意的。当然,若是因此疏忽了对于各个教学环节的时间掌握,或者索性停止了巩固新课这个环节而把时间移到别的环节上去,这样就完全错了。

巩固新课大概可以采用下列这些方式:

在时间比较局促的情况下,也可以不通过提问而仅仅由教师的讲述来完成这个环节。不过教师在这个环节里的讲述,不应该是前一个环节(讲解新课)的重复,而应该是重点突出地解决在新课中某些需要特别让儿童注意的问题。讲述的方式也要和前一个环节不同。例如在新课里已经讲过了东北区的铁路交通,那末,巩固新课时教师就可以假设这样的问题:"大连市某小学的少年先锋队员,准备利用暑假分别到山海关、满洲里和绥芬河去旅行一次。从大连坐火车到这些地方,应该怎样走法?"于是在黑板上画出中国长春铁路和沈山铁路的简明图,向儿童解答这个问题。这样的讲述,无论是形式和内容,都不是讲解新课的简单重复,是可以收到巩固新课的效果的。

用讲述作为巩固新课的手段虽然可以采用,但是顶好的办法仍然应该是向儿童提问。因为前面已经提到,在巩固新课这个环节里,既要检查儿童掌握新知识的程度,又要检查教师自己的教学质量。仅仅采用讲述的方式来完成这个环节,除了让儿童们对新课中的重点再获得一次印象外,就不可能有其他作用了。因此教师应该尽可能多安排一点时间,多采用向儿童提问的方式。例如前面举过的关于东北区的铁路交通的例子中,当教师提出问题后,最好能先叫起 3 个儿童来,要他们分别说出从大连到山海关、满洲里和绥芬河的走法,然后由教师加以补充说明,效果比单纯由教师讲述要好得多。

此外,在前面检查复习这个环节里所谈过的各种方式,巩固新课时也都可以采用。应该认识到,被提问的儿童愈多,则对儿童是否已经掌握新知识的结论就愈可靠。若能采用测验、填图等方式检查全班儿童,效果自然更好。虽然这种方式由于需要较多的时间而不宜经常采用,但是对于一个新教师或者是到一个情况不了解的新班级上课时,采用了若干次这样的办法以后,对教师自己的教学质量和儿童的接受程度,都会更快地得到了解。

布置作业　综合课的最后一个教学环节是布置作业。很多教师不大注意这个环节,他们只是在下课以前,例行公事地向儿童随便说几句:"把课文看几遍,下一次要提问。"或是"把后面的问题做一做,星期几交上来"。这些话,已经成了他们下课以前的口头禅,每一次都是几句老调。这样的布置作业,自然是没有什么好效果的。

也有的教师在备课时确实准备好了要布置的作业,但是出于没有在前面的几个教学环节里掌握好时间,到了布置作业的时候,已经打过了下课钟,于是他就在课堂四周已经喧哗、儿童学习情绪已经涣散的情况下,匆匆地把作业内容向儿童宣布一下。有的干脆把作业题目抄在一片小纸头上,到这时就将小纸头交给级长,要他下了课在黑板上抄一抄。这样的布置作业,也是很不妥当的。

布置作业既然是课堂教学的环节之一,这个工作当然应该在下课以前完成。同时布置作业并不单纯是宣布一下作业题目的事,而是需要把作业内容、做法和完成时间等许多问题,都向儿童交代清楚。所以这也是一件需要时间的工作,不能在下课以后匆促完成。

作业的种类是很多的,在布置作业这个环节里,教师必须首先考虑好作业的难易和完成这些作业所需要的时间,然后根据作业性质的不同,向儿童作一个比较详细的说明。

假使把阅读课文作为主要的家庭作业,教师应该告诉儿童怎样读法,哪些段落需要精读,哪些段落只要略读,要注意哪些问题,以及阅读时怎样和地图联系起来等等。这样,儿童回去阅读课文时才不会像小和尚念经一样的有口无心,而是能够在阅读时发展思维,得到新的提高。

假使教师要儿童做课文后面的全部或部分练习题,就需要详细地向儿童解释这些练习题,甚至连疑难的词句也要谈清楚。另外,教师还得告诉他们怎样复习课文,才能正确地回答这些练习题。因为只有这样,儿童才会从复习课文的基础上去回答练习题,而不是到课文上去抄一段下来作为答案。此外,练习题按其内容是具有不同性质的:有的是思考题,有的着重于记忆,有的则是为了培养儿童的熟练技巧,还有其他各种地图上的作业等等,教师在选择练习题时,必须注意各种不同性质练习题的配合,不要老向儿童布置同一性质的练习题。

填充暗射图也是一种很好的家庭作业。在暗射图中,不论是地名、物产、交通等等,都可以作为填充的内容。这种作业,可以使儿童的地理知识和地图得到密切的联系。要注意的是,把同一张暗射图作为课堂中检查复习的内容或作为家庭作业,情形又有些不同。因为遇着偷懒的儿童,把暗射图带回家中,只要和地图册一对照,就可以很快地把图填好。这样毫不思索地抄袭一遍,自然很少收获。因此,布置这类家庭作业时,教师就要教育儿童,务须完全忠实地完成这种作业。另外,教师也可以在下一节课的检查复习环节里,抽查一些儿童,看他们在课堂上填的地图和在家里填的有没有很大的不同。

有些教师喜欢要儿童做放大地图的作业,指定他们将课本上或地图册上的某一幅地图用方格子放大。这样的作业并不是完全不能采用,但是应该尽量少用。因为放大一幅地图,要花费许多时间,这样的作业太多了,往往会影响其他各科的家庭作业。其次,放大地图的作业在效果上并不比填暗射图好。很多儿童往往会忘记放大地图的原意,而把过多的精力花在线条画得漂亮、色彩涂得鲜艳和美术字写得工整等次要的问题上去。这样就会浪费儿童的许多时间,经常布置这类作业的教师应该充分注意。

二、教科书的运用

教科书是小学教学的主要利器。苏联教授布达诺夫说:"不用课本,教学就要失掉真实性和明确性。课本中保证有教师可以坚持的一定的最低限度的知识。"[①]从这句话里,我们可以明确:在地理教学中,除了必要的补充教材以外,教师的讲解应该完全根据地理教科书。抛开教科书另讲一套是完全错误的。

教科书不但是课堂教学中的唯一利器,同时也是儿童在独立工作时的重要工具。因为教师在上课时不可能把他要讲的话讲好多遍;而仅仅靠着一遍讲解,儿童是不可能全部记忆的。这样就必须利用课外时间去温习教科书,使知识获得进一步的巩固。不过要儿童在独立工作时能够使用教科书,也同样有赖于教师在课堂教学时不断地指导他们使用的方法;教师在上课时把教科书撇开一旁,儿童在课后自然也就无法利用它了。

在课堂教学中不使用教科书固然是非常错误的。但是也有些教师,他们以教科书作为课堂教学的唯一内容,他们逐字逐句地读而又讲,讲而又读,把生动活泼的地理课,弄得像私塾里的冬烘先生教四书五经一样的枯燥乏味。这样的使用教科书,同样也是完全不对的。

在课堂教学中既不能完全撇开教科书,又不能把它当作一本逐字推敲的古典文学书。教师讲课的内容基本上要和教科书完全一样,而且经常要让儿童注意教科书,让他们知道教师所讲的内容在教科书的哪一部分。但是自始至终,教师必须要把儿童的注意力全部吸引在倾听他的讲解上。要做到这样,才算是正确地在课堂教学中运用了教科书。下面我们把课堂教学中使用教科书应该注意的几个主要方面,分开来谈一谈。

教科书中的语言文字　从语言方面说,地理课本中采用的语言,不但通俗易懂,充分适应儿童的年龄特征;而且流畅生动,充满了丰富的感情。本来,在地理课中贯彻直观教学的原则,有着实物直观、图示直观和语言直观3种不同的形式。实物直观和图示直观虽然重要而且必需,但是在条件不够的学校里还有一定程度的困难。而且实物、模型和地图等,虽然都很形象化,但它们本身毕竟都是固定的东西,使用时也仍须以生动的语言来配合。因此,语言直观在地理教学中确是最基本和最重要的。这样说来,地理课本中的生动语言,在教学上具有很重要的意义。

自然,地理课不等于语文课,地理课本也不等于语文课本。教师要妥善地运用课本中的生动语言,并不是说要教师拿了课本一字一句地向儿童解释。但在讲解新课的环节中,教师必须随时运用课本中的语言,这是应该加以肯定的。因为这样做,一方面可以使儿童经常跟课本保持密切的联系;另一方面更可借课本中的生动语言,激发儿童的感情,提高儿童的兴趣和丰富儿童的知识。教师对于课本中的语言,可以根据不同的内容和情况,加以灵活运用。有的可以作为讲解的小结或总结,有的可以作为讲解的引言,也有的可以和讲解互相发挥,互相印证,增加讲解的力量。

例如在讲到课本第二册"我们的首都——北京"这一节课文时,教师在讲完全课以后的总结中,可以这样提出:北京的历史是悠久的,建筑是伟大的,新中国成立以后,它更成了我们全国政治、经济、文化和交通的中心。几年来,北京的建设已经有了十分辉煌的成就;在共产党和毛主席的领导下,北京的明天将要显得更伟大更美丽!正如课文末了所说的:"今后,我们的祖国将建设得一天比一天更繁荣更富强,我们的首都也将建设得一天比一天更雄伟更壮丽。"这样,不但密切地结合了课文,而且对儿童的说服力和感动力也是很大的。

为了让儿童深刻领会课文中的最重要部分,有时朗诵课文也是必要的。自然,地理课的朗诵和语文课的朗诵并不相同。它主要不是为了要儿童欣赏课文中的优美语言,也不是要儿童理解文字结构的技巧,而是为了通过朗诵来巩固地理知识达到语文的教学目的。因此,地理课的朗诵,一般不必整篇地从头到尾地读,而是可以选择内容最重要的和语言最生动的部分来读。例如在课本第一册讲解东北平原的春季和夏季的景色时,教师就可以结合讲解,用生动的语调,朗诵一段课本中的文字:"四月以后,太阳渐渐升得高了,阳光照暖了大地,冰雪融化了,河水开始流动起来。在未开垦的草原上,很快就长满了嫩绿的青草和种种的开花植物。从五月到九月,草原上的景色非常美丽,黄色的金盏花,白色的野芍药,在空气里发散着香味儿。"(第43页)朗诵这样优美而形象化的语言,眼前正像显现出一幅东北大平原的春季和夏季的景色的图画,这样的景色确实是令人向往的。

教科书的语言文字一般都是通俗浅显的,但是对于一个小学生来说,毕竟仍有许多地方需要教师来解释。教师解释教科书上的语言文字,不管它是地理名词或一般字句,都必须解释得清楚正确,而不能含糊其词。对于某些儿童还无法理解的地理名词,则应该有意识地暂时不作解释,切不可似是而非地随口应付。有的儿童问教师"气候"是什么,教师随口说:"气候就是天气"。于是这个儿童在后来遇到天气热的时候说:"今天气候热。"遇到天气冷的时候又说:"今天气候冷。"这样说法当然是错误的。

即使是一般的字句,在需要解释的时候,教师也应该正确地解释。切不可认为这是语文课的工作而随意疏忽。一个儿童指着地理课本中的"牺牲"二字要教师解释,教师漫不经心地说:"'牺牲'就是死掉。"后来,这个儿童的日记本上就出现了这样的字句:"我家养的白兔,昨天晚上不知怎样地牺牲了两只。"这个错误的责任,追本溯源应该由那个地理教师来负。

教科书上也有一些冷僻的字眼,其中特别是地名。例如阜新的"阜"、湛江的"湛"、开滦的"滦"、鄱阳湖的"鄱"、老挝的"挝"等等,教师必须把所有这些字眼的读音弄准确。的确有些教师以为在地理课中读错个把字眼算不得一回什么事,这种态度是很要不得的。不仅是读错字眼的本身不是一件好事,而且还会以讹传讹,贻害学生。这是教师必须充分注意的。

教科书中的图画　除了生动的语言以外,教科书中还插入了很多幅生动有趣和意义深长的图画,其中有些是彩色的,附在每册教科书的第一页;有更多是单色的,分别插在各节课文里。有些教师认为课本中的图画不过是一种点缀品,在教学上没有重要的意义,这种想法是不对的。必须认识,教科书中的图画正和文字一样,也是教科书的一个重要组成部分。而且由于图画的直观性大,儿童非常爱好,教育意义很强,因此,教师在课堂教学中,不但要运用教科书中的语言文字,同时也要运用教科书中的图画。

教科书中的插画不同于普通一般的图画,它是有着丰富的思想性和严密的科学性的。以课本第一册的图12(第14页)"热带、温带、寒带的太阳光线"这一幅图画来看。假使没有经过仔细的研究,教师对于这幅内容丰富的插画就很可能用直射、斜射等简单语句草率地讲过去的。但是事实上这是一幅科学性极强的图画。我们看:在左边"热带"图上,由于太阳光线的直射,构成了短矮的人影;由于天气的炎热,人们穿着单薄的衣裳,头上戴着大草帽;远处生长着高大的椰子树,这是多么典型的一幅热带风光图。在中间"温带"图上,我们看到太阳光线比热带斜射了,因此,人影也比热带伸长了;人们穿着既不多又不少的衣服;画面上又画上了我们习见的一些温带树木,这就是我们所在的温带的景色。右边的一幅"寒带"图,非常清楚地画出了北极地区的夏季风光。太阳在地平线上打圈子,小孩子的人影子也拉得老长老长;人们穿着厚实的皮衣;远处是爱斯基摩人的皮帐幕。假使教师能这样地运用插画向儿童讲解,插画在地理教学中将成为十分有用的东西。

向儿童讲解生动丰富的插画时,应该尽可能结合生动丰富的话言。例如在讲解课本第三册"青藏区的景色"这节课文时,就可以先要儿童们看看课本第二面的那幅彩色插画"西藏高原的景色"。教师用生动的语言描述这幅插画:"请大家看看这幅美丽的插画吧。山坡上是茂密的森林,山麓下平铺着鲜嫩的青草,肥壮的牛羊正在牧民们的照顾下在那里悠闲地遨游。起伏的峰峦,显得那么雄伟。看哪,在这些峰峦的后面,还衬托着耸入云际的积雪高峰呢。这就是青藏大高原的自然景色,多么美丽动人啊!"儿童本来是喜欢图画的,经过教师这样的解释以后,他们的兴趣自然大大提高,地理知识也就更能获得巩固了。

有的时候,教师不妨要儿童自己来谈谈,他们在插画中看到了些什么东西。也可以把几幅插画作一个比较,例如把课本第三册的彩色插画"西藏高原的景色"和课本第二册的彩色插画"春天的江南原野上,油菜花一片金黄"相比,可以使儿童对高原和平原这两种完全不同的自然景色,获得更明确的概念。

三、地图和地球仪的运用

除了教科书以外,地图是课堂教学中另一种很有用的工具。对教师来说,这是课堂教学中最重要的教具。"没有地图就没有地理学"。地图的重要性已经不必再加以赘述了。一堂不用地图的地理课,大概就是一堂失败的课。因为教师不带地图上课,也不在黑板上画简明图,那么他的讲解就好比纸上谈兵,是注定不会成功的。

地图的种类很多,在课堂教学中作为教具来说,最重要是挂图和黑板简明图。此外,地球仪也是课堂教学中重要的直观教具。下面就把它们在课堂教学中的运用谈一谈。

挂图　挂图是教学地图中最重要的一种。不论是现成购买或教师自己绘制,教学用的挂图都必须具备内容简单、重点突出、线条清晰、色彩鲜明等特点,否则就不适宜在课堂教学中应用。挂图在地理教学中确实是十分重要的,有时候,整个一节课的教学都不能离开挂图。因此,在课堂教学中,教师熟练地运用挂图,对教学工作将带来很大的方便。

普通的挂图(如中国全图和世界全图)应该固定地挂在课堂里,让儿童有经常接触的机会。特种挂图(如地形图和区域图等)可以视教学上的需要,在上课以前交给值日生预先悬挂,以便课堂教学中使用。

所有挂图必须用布或厚纸裱糊妥帖,两端夹上木轴。不用时卷起来,轴的一端用小纸片标上名称,这样检取就方便。不加裱糊而在黑板上用图钉钳住使用的方法是很不好的。因为一张完好的挂图,经过这样多次使用以后,就会成为一张破烂不堪的东西了,这是一种不爱护学校公共财产的行为。至于怎样裱糊挂图,教师可参阅1957年6月号"地理知识"中《教学挂图的裱糊、使用和保管》及《怎样自己进行裱图》两篇文章,这里不另外介绍了。

在课堂教学中悬挂地图,最好能用地图架。挂在黑板上是不好的,因为黑板也是课堂教学中经常要用的东西,黑板上挂了地图以后,板书和板图就很不方便。假使没有地图架,也可以在黑板两侧的墙上打一些钉子挂挂地图。挂图必须挂在光线充足的地方。

教师指点挂图必须使用指图竿,不要用手指或其他东西指点。指图时当心不要使身体遮住地图,以免有一部分儿童看不到它。

指点一个区域时,应该先用指图竿沿整个区域的界线打一个圈子,使儿童明了这个区域的大致范围。指点河流时,指图竿一定要从河流的上游逐渐移向下游,而不能从下游移向上游,以免造成儿童的错觉。指点城市时,指图竿的尖端要准确地放在城市的符号上,而不是放在标明城市的文字上。指点交通路线时,一定要先指出起讫点的两个城市,然后再沿着路线将指图竿缓缓移动一次。指点一个较小的地名时,可以先指点它附近的一个已为儿童所熟悉的大地名,然后把指图竿从这个大地名移向小地名,并说明它们之间的相关位置。例如讲到塘沽新港时,可先指出儿童所熟悉的天津,然后从天津移向塘沽,并说明塘沽就在天津的东面。

挂图不但在讲解新课时对可以使用,在检查复习和巩固新课时也同样可以使用。

教师把儿童叫到讲台上指着挂图回答问题,除了指出儿童回答的内容是否正确以外,也要趁这个机会把指点挂图的正确方法教给儿童。

黑板简明图　黑板简明图也是课堂教学中经常使用的。黑板图具有许多优点:很多在挂图上没有的东西它可以画出来,可以省略掉挂图上多余的部分,做到重点突出,容易为儿童所巩固。挂图所不能及时反映的新资料,利用黑板图可以得到补充。黑板图又能将一个很小的地区画得很大,让儿童清楚地观察。黑板图可以预先在小黑板上画好,上课时带到课堂中去应用,也可以边讲边画,边画边擦,不像使用挂图那样麻烦,在费用上更比挂图经济。

不过要在上课时当场画出黑板简明图,教师需要有相当纯熟的技巧。因为黑板图虽然不必和挂图一样的讲究,但是总应该做到相对准确,否则教学效果就会受到影响。另外,黑板图还需要画得迅速,因课堂教学的时间有限,不可能在画图上花费很多时间。所以要使用黑板地图,教师在事前得不断地练习。

在课堂教学中运用黑板简明图,最好能采取边讲边画的方式,不宜一气把全图都画出来。因为这样不但浪费时间,而且也会分散儿童的注意力。通常讲解一个地区,可先将这个地区的轮廓画出,然后讲一部分画一部分,直到讲解完毕为止。

黑板简明图在巩固新课的环节中也有用处。最简单的是利用讲解新课中尚未擦去的黑板图,仅仅擦去里面的地名,然后指着图上的符号要儿童把地名说出来,也可以将轮廓以外的一部分或全部内容擦去,作为一张暗射图,要儿童来重新填绘上去。

画黑板简明图一定要采用彩色粉笔,才能鲜明生动。通常用蓝色粉笔画河流,黄色或赭石色粉笔画山脉,白色粉笔画轮廓,特别重要的地理事物用红色粉笔填上。教师可按照不同的内容而随时变化。

在教师还没有掌握当场边讲边画的熟练技巧以前,黑板简明图的工作可利用小黑板来进行。事前在小黑板上画好区域的轮廓,或者再加上一些重要的山脉河流等,上课时把小黑板带到课堂里去,按着讲解的顺序,把讲到的地理事物随时添画上去。当然教师只能把这种变通的办法作为一个过渡的办法。作为一个地理教师来说,这种边讲边画的熟练技巧实在是不可缺少的。

地球仪　地球仪是一种模型,但也可以说是一种地图。前面谈到的挂图和黑板简明图都是平面地图,而地球仪则是立体地图。立体地图自然比平面地图更形象化,因此它在课堂教学中有很大意义。

地球仪具有很多一般地图所没有的优点:

第一,地球仪大体上按照地球的形状制造,上面画上大陆和海洋,可以使儿童获得地球的整体概念和地球上水陆分布的正确认识。而且地球仪上的方向、面积和距离等,都比地图上更正确。第二,像赤道、两极、经纬线、五带等,在地球仪上表示的比一般地图上明确得多,用地球仪讲解这些事物就特别便利。第三,地球仪有轴心装置,可以旋转,能够便利地说明昼夜交替的现象。第四,地球仪有倾斜的装置,又可以移动位置,能够清楚地说明四季变化的原因。

在课堂教学中使用地球仪,主要有下列一些值得注意的地方:

首先,地球仪的位置要放得高些,使全班儿童都容易看到。其次,地球仪虽然有很大的直观性,但教师在讲解时仍应注意一些问题,以免引起儿童的错觉。例如有些教师喜欢强调说:"地球仪和地球完全是一个样子。"这样的说法是不对的。应该说明,虽然地球仪的形状和地球大致相似,但是也有些不同的地方。例如地球的表面有隆起的高山和下陷的海洋,但地球仪的表面却是光滑的(目前已有一种立体地球仪,可以说明这个问题)。此外,地球的自转方向是自西而东的,因此教师不要拿地球仪乱转一通,应该按着自西而东的方向转动。

四、课堂教学中的直观教学

根据许多地理教师长期的教学经验和地理教学本身的特点,在地理科的课堂教学中,关于直观性原则的掌握运用,对教学的成败具有特别重大的意义。因此,我们在这里特地把课堂教学中的直观教学作一个专题讨论。

地理课的直观教学,有着丰富多彩的内容,从一件真实的标本直到一句生动的语言,都可以在教学中收到直观的效果。所有这些直观教学的形式,可以概括为实物直观、图示直观和语言直观3个方面。

实物直现　实物直观就是在课堂教学中应用各种实物标本,或者是结合课堂教学内容的地理观察和旅行参观等。由于这种教学充分地贯彻了由近及远、由已知到未知、由具体到抽象的教学原则,所以十分适合儿童的年龄特征,教学效果就能大大提高。

实物标本在地理教学中是非常重要的。教师们也经常有这样的感觉,即是地理课本中讲到的事物,有很多连教师自己也没有看到过,讲解时自然就无法讲得逼真。像这样空口说白话的教学,效果当然是不会好的。拿浙江省来说,仅仅是教科书上经常出现的粮食作物,如东北的高粱、西北的糜子、西南的青稞等,就很难得看到。其他的农林畜牧产品和矿产品,没有看到过的为数自然就更多了。即使是省内盛产的东西,省境内部也不可能普遍看到。例如浙东盛产的砩石,浙西就不易得到;沿海有丰富的水产,其中也有不少不容易在山区看到。假使地理教师能够掌握较多的实物标本,每一次在教科书上讲到某一新东西时,就把这些标本让儿童观察,这对儿童扩大眼界、掌握实际知识和巩固书本知识都是有很大帮助的。

实物标本除了在条件许可的情况下购买一些现成的以外,主要应该依靠地理教师自己采集、制作。按照小学地理教学的内容,实物标本应以农作物和矿物为主,动物、岩石和土壤等标本的用途较小。关于地理教学中实物标本的采集和制作,将在以后谈到。

在课堂教学中使用实物标本,有多种多样的方式。大型的标本只要放在讲台上就可以让全班儿童看到;小型的标本可以采用传观的办法,不过传观必须找一个适当的时候。一面讲解一面传观,是会影响儿童听讲的。要是在课堂教学中找不到传观的机会,则可以将标本讲解一番,告诉儿童在观察时应该注意哪些地方,然后将标本交给级长暂时保管,让儿童在下课后观察。

不管是观察什么标本,教师对标本的详细解释都是必要的。因为标本和实物的原形可能不完全相同,例如教科书上讲到了高粱,而所备的标本仅仅是几粒高粱米,教师就必须向儿童补充说明,高粱的整体是怎样一件东西。或者再用一些整棵高粱的画片相辅说明,效果就会更好。

儿童已经熟悉的东西,一般就不必再在课堂教学中观察标本。例如在教学“东北区”的时候,已经看过了煤和铁的矿物标本,则以后在黄河中下游区讲到煤铁资源时,就不必再进行观察了。

除了实物标本以外,地理观察和旅行参观也都是实物直观的重要形式。由于这些直观主要在课堂以外进行,我们就留到后面课外活动中去谈了。

图示直现　　直观教学的第二种形式是图示直观。像挂图、黑板简明图、黑板画和其他多种画片、照片、模型等的观察,幻灯和电影的放映以及沙盘的堆砌等等,都属于这一类。就目前我国学校的条件来看,幻灯和电影等还不可能作为经常的教学工具。但是像地图、画片和沙盘之类,都是我们可以采用的。

挂图、黑板简明图和地球仪在课堂教学中的运用,前面已经谈过,这里就专门介绍一下,在课堂教学中怎样运用画片、照片、黑板画和沙盘。

在前面“备课”那一讲里,我们也谈到了画片和照片的搜集工作。的确,画片和照片都是生动有趣的直观教具。大幅的画片和照片,教师在讲台上拿起来,就可以为全班儿童所看到。例如讲到官厅水库时,教师拿出一幅从“人民画报”中选来的彩色的官厅水库图,举起来让儿童观察,儿童一定是极感兴趣的。小幅的画片或照片也可以采用传观的办法,不过传观一定要有适当的时间,并且要注意课堂秩序。

把照片和画片在课前或课后放在课堂上展览的办法,也可以采用。例如在讲完了课本第二册"我们的首都——北京"这一节课文以后,教师将他早已准备好的有关首都的照片和画片,布置在课堂的四壁进行展览。选择照片和画片的内容,务使它们能够和课堂上讲过的内容密切配合。这样的方法,除了能够增加儿童的学习兴趣以外,对知识的巩固也有很大帮助。

图示直观的另一种有效形式是黑板画。黑板画即是教师在黑板上画出各种地理事物的形状,它可以弥补照片和画片的不足,同样也可以加深儿童的印象和提高学习兴趣。不过地理课完全不同于图画课,黑板画的内容只限于一些当地看不到而一时又找不着适当画片或照片的地理事物。黑板画的线条要简单,轮廓要明确,作画的动作又要迅速,不允许花很多时间作什么线条上的修饰。有条件运用这种直观形式的教师,应该随时运用;至于目前尚未掌握这种技巧的教

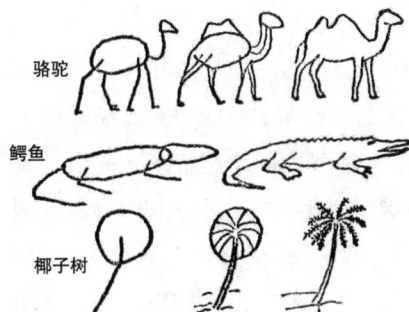

骆驼

鳄鱼

椰子树

图一

师,只能把它当作一种努力的目标,努力练习。这种技巧确是教好地理课的有利条件,但在没有好好掌握它以前,也不必勉强尝试,因为图形如画不正确,反会造成儿童的错误认识。下面是黑板画的几个简单例子。(图一)

沙盘教学在地理教学中具有很好的效果。按性质说,这是一种图示直观和实物直观的混合形式。用一只满堆细沙的木盘,可以在里面随意堆砌各种地形,再加上一些模型(如城市、铁路等)和实物(如农产、矿产等),就能成为一个很生动的地理区域。把堆砌好的沙盘放在课堂里,让儿童分层围坐,由教师拿了指图竿指着沙盘上课,儿童们好像身入其境一样,兴趣和效果,都会大大提高。关于沙盘的制作和它的各种设备,我们在后面介绍地理教具时还要谈到。

语言直观　语言直观是用生动的语言以达到讲解上的直观目的。事实上,前面所谈的实物和图示两种直观教学形式,也都需要用生动的语言来配合。因为模型、标本和画片,都是固定的东西,必须以生动的语言进行讲解,才能收相得益彰的功效。因此,语言直观实在是直观教学中最重要的形式。

语言直观按讲解方式又可以分为描述直观和借比直观两种:

描述直观是用生动、丰富的语言,描述一种地理事物或地理现象,使儿童获得深刻的印象。教师可以根据教科书的内容,考虑好描述的生动语言。描述直观的运用,可以把事物或现象美化和形象化,做到活龙活现。但是绝不可以虚构事实,信口开河,或者夸大和歪曲事物或现象的真实情况,以致造成儿童的错误认识。

　　教师在课堂教学中运用描述直观,除了自己采用各种丰富生动的语言以外,还可以利用许多现成的材料。前面谈到教科书中的语言文字的时候,曾经引用过一段描述东北平原的景色的课文,朗诵这样一段生动美丽的课文,也就是运用了描述直观。书报杂志中也有许多生动的通讯报道,可以作为地理课进行描述直观的材料。一个教师在讲解荆江分洪工程的好处时,朗诵了一段新华社记者的报道,收到了很好的教学效果。这段报道是:

　　　　九月初,是历年荆江洪峰最高的时期,而加固后的荆江大堤,正捍卫着江岸人民幸福的生活。一个早晨,记者到沙市和观音寺之间的荆江大堤上,大堤雄伟而整齐,平坦的堤面上可以并排走两部汽车。防止土壤被冲刷的爬根草已长满了堤坡。大堤紧挨着浩荡的江水向远方蜿蜒而去。堤外:洪水碰在坚固的大堤上,驯服地打着漩涡东流去;帆船载着本地出产的粮食、棉花,轻快地在江面上驶过;临近堤脚的水浣里,身穿花布衣服的女人们在来往荡着小木船,口中唱着小调,伸手采摘新鲜肥美的红菱角。堤内:蔚蓝天空下,是一望无际的葱绿和橙黄两种颜色交织的平原,农民们正在田里收割新稻。堤上更是热闹,人群来往如梭,驴子、挑担、独轮车川流不息;农民们正把粮食和肥藕、红菱、鲜蛋、青竹、芦花、茅草等副业产品送到集市上去,换回他们需要的镰刀、锄头、箩篓等物品,他们一边走一边兴奋地谈论着今年的收成和集市上的物价。(选自《祖国在前进》人民出版社版第169 页)

　　这个例子说明了在书报杂志中确有许多现成的东西,可以供给教师作为描述直观的材料。当然,在选用书报杂志中的这类材料时,必须经过慎重考虑,要内容的确和课文密切相关,而且要生动浅显,长短相宜。运用这样的材料,才能收到描述直观之效。

　　另外一种语言直观是借比直观。也就是儿童不易想象的地理事物或地理现象,用他们已经熟悉的事物或现象作比方。例如讲到喜马拉雅山的珠穆朗玛峰,高达海拔8800 多米,儿童对 8800 多米这个数字是很难理解的,于是教师就得去找一件儿童已经熟悉的事物来打比方。杭州市的儿童最熟悉的自然是北高峰,教师若能告诉儿童珠穆朗玛峰比 24 个北高峰还高(北高峰高度为海拔 355 米),儿童就可以获得珠穆朗玛峰高度的比较明确的概念。借比直观事实上就是比较法的一种,我们在下一节中还要再谈。

　　语言直观除了上述两种以外,其他如手势的装拟,表情的变化,清楚而扼要的板书配合等等,也具有重要的作用,教师都应该掌握运用。

五、课堂教学中的比较法

在地理课的各种教学方法中，比较法是很重要的。教师在课堂教学中经常使用比较法，至少可以获得下列这些好处。

第一，把儿童所陌生的地理事物，同他们已经熟悉的地理事物对比，可以加强他们的理解能力，获得事物的明确概念，这一方面我们在前面借比直观中已经谈到了。

第二，经常提出旧课中的知识同新课比较，也就是把旧课和新课密切地联系起来，让儿童随时有机会复习旧课，对巩固儿童的知识有很大帮助。

第三，地理教科书上并没有把很多地理事物互相比较，运用比较法，必须教师自己动手，对各种地理事物进行分析和综合。这样，对教师业务水平的提高和创造性的发挥会有很大帮助。同时，由于比较法的运用，教学内容也不致于年年再是老一套。例如讲解珠江，这一学期可以和长江比较，指出两者类似的地方；另一学期就可以和黄河比较，说明两者不同的地方。

伟大的俄罗斯教育家乌申斯基曾经说过："比较法就是一切理解及一切思维的基石，世界上的一切，我们去了解它，就非通过比较不可⋯⋯"他的这番名言，可以作为比较法优点的一个总结。

在说明了使用比较法的优点以后，下面我们介绍几种适宜于地理教学中使用的比较法。

第一种是类比法。即是把新课中讲到的新知识，和儿童已经熟悉的同类知识相比较，或是和众所公认的同类事物中的典型范例作比较。类比法的目的在于突出事物的重点，以加速儿童的认识过程并巩固他们的记忆。地理教学中使用类比法的机会是很多的，例如在讲到官厅水库的时候，课文中把永定河比作"小黄河"，这就是一种类比法，因为黄河是儿童们已经熟悉的同类地理事物。又如讲到"我们的首都——北京"这节课文时，把北京的天安门广场比作莫斯科的红场也是很好的。儿童们虽然还没有在地理课文中读到过红场，但红场是同类事物中的一个典型范例，也是儿童们所熟知的，所以也可以进行类比。

第二种是数字比较法。由于地理课常常会讲到数字，而单独的数字，往往不容易形成儿童的明确概念，记忆自然就很困难，因此，一般的数字，不应该要儿童记忆，教师只要在讲解时作一个适当的比较，就可以使儿童获得一个明确的概念。前面谈到语言直观中的借比直观时，我们曾举过一个珠穆朗玛峰和杭州北高峰相比的例子，这也就是数字比较法的一个例子。下面让我们再举出几个数字比较法的例子，其中有些即是摘录课文中的原文,举一反三,就有待于教师的灵活运用了。

我国从北到南长约 5500 公里,从东到西宽达 5000 公里。假定从东到西横贯全国步行一次,每天走 30 公里,大约需要 5 个半月的时间(课本第一册第 18 页)。

我国的领土很广大,面积约有 960 万平方公里,相当于亚洲面积的 1/4,比美国、英国、法国、意大利 4 个国家合起来的面积还要大(课本第一册第 18 页)。

浙江省的面积为 102000 平方公里,约为欧洲的荷兰、比利时、丹麦 3 个资本主义国家面积的总和。

我国最大的湖泊青海湖,湖面比海平面高出 3000 多米,也就是说,有两个"东岳泰山"那么高。

第三种是联系比较法。这是在讲解新课的过程中,经常和旧课进行联系比较的一种教学方法。例如讲到长江三峡时和黄河三门峡联系比较,讲到永定河时和黄河联系比较,讲到新中国成立后新建的湛江港时和新中国成立后新建的塘沽新港联系比较等。都是运用联系比较法的例子。联系比较不仅是比较那些新旧课中相似的地理事物,也可以比较新旧课中完全不同的地理事物,例如讲到暖热的珠江时和寒冷的黑龙江联系比较,讲到遮天蔽日的原始森林景色时和一望无际的草原景色联系比较等。此外,联系比较不仅是用儿童已知的旧知识和正在讲解的新知识比较,同一节课文内所讲解的内容,也可以彼此联系,相互比较。例如在课本第一册"中国的海"这一节课文中,教师可以把渤海、黄海、东海、南海 4 个海互相联系,比较它们的相同和不同之处。在讲解课本第三册"蒙新区的交通"一节课文时,可以把集二铁路和兰新铁路联系比较。

区域和区域之间的联系比较,在地理教学中具有更重要的意义。这种联系比较不仅能加深儿童印象,巩固获得的地理知识,而且,能使儿童对各个区域获得一个统一的整体的概念而不致于把它们机械地割裂开来。在地理课本中,可以进行区域间联系比较的内容是很多的,例如在课本第三册"从地图上看青藏区"一节内,藏南谷地和藏北高原这两个区域,就是可以联系比较的很好内容。

第四种是综合比较法。这是比较法中很重要、又是很复杂的一种。在前面联系比较法中,已经提到了区域之间的联系此较,这种联系比较,还仅仅是联系和比较两个区域中的某一方面的事物。综合比较法则是要把两个或两个以上的区域进行全面的比较。在课堂教学中运用综合比较法,教师需要做较多的准备工作,如果不把两个区域的各种地理事物进行全面的分析和综合,这种比较是做不出来的。另外,综合比较必须按教科书的内容进行,不能因为要比较而去搜罗许多教科书以外的材料,使儿童的负担加重。下面以课本第三册中台湾和海南岛为例,按课文内容作一个综合比较。

比较内容	台　　湾	海　南　岛
和大陆的关系	和福建省隔一个较宽的台湾海峡。	和广东省的雷州半岛隔一个很狭的海峡。（课文中没有提出琼州海峡的名称，教师在综合比较中如有需要，也可以提出，但不能要儿童记忆）。
面积和形状	35000多平方公里，是全国第一大岛。全岛南北长而东西狭，像一片芭蕉叶。	比台湾岛略小，是全国第二大岛。全岛成不规则的多边形。（课文中没有提出海南岛的面积数字，教师可以提出，也可以不提出。）
地　　形	山脉南北纵列，山峰很高，最高峰是玉山（高度接近4000米）。平原主要在西部。（课文中没有提出玉山的高度。）	岛上的山脉不很高（最高只有1000多米），从中部像手指一样向四周分开，所以称为五指山。宽窄不同的平原，分布在岛的四周，以北部平原最宽。
矿　　藏	有煤、金、石油等。	有丰富的铁矿。
林业资源	森林丰富，有樟树可制樟脑，樟脑出产居世界第一位。	有茂密的天然森林，还有高大的椰子林和热带特有的橡胶树，出产橡胶。
农 产 品	有稻米、甘蔗、茶叶、水果等。	有稻米、甘蔗、水果、咖啡等。

六、地理教学中的乡土教材

　　苏联教育家克鲁普斯卡娅曾经说过，苏维埃学校应当教会儿童"不仅仅读印字的书籍，而且也要读生活的书籍。"这就完全说明了乡土教材在学校教学中的重要性，因为乡土教材必然是和儿童的日常生活密切关联的。

　　在学校各科教学中，乡土教材都有它的重要意义。也就是说，各科教师都需要进行乡土教材的研究，以便在教学中结合家乡的具体情况，达到更大的教学效果。但是，不可否认，由于地理科本身存在着必须研究地理环境的特点，乡土教材对它就具有更大的意义。也就是说，地理教师必须特别重视对于乡土教材的研究。

　　地理教师对于乡土教材的研究和在地理教学中的结合运用，主要有下列各种好处。

首先,在地理教学中结合运用乡土教材,可以更好地激发儿童爱国主义的热情。加里宁曾经说过:"关于爱国主义教育我们大家都谈得很多了,但是要知道这种教育是从深入认识自己的故乡开始的。"因此他号召,"在小学中要使儿童熟悉本地的地理"。因为,"这样会使他们更自觉地去研究全国地理,此外,还可使他们至诚无间地热爱祖国"。[②]的确,向儿童进行爱国主义教育和向一般群众进行爱国主义教育,在方法上和内容上都应该有所不同。也就是说,必须极其注意儿童的年龄特征。确实有不少这样的地理教师,他们并不是不注意在地理教学中贯彻爱国主义教育,但是他们往往忽视了儿童的特点,而以很大的精力去搜集许多关于我国各项伟大建设的材料,在地理课中不厌其详地向儿童讲述。当然,教师的用心是良好的。可是由于儿童们的理解能力有限,他们是很难领会和接受的。例如在课本第二册中讲到"黄河"这一节课文时,教师向儿童提出黄河综合利用的规划是很必要的。但儿童们对黄河这条河流本来不很熟悉,黄河和我国的经济关系自然了解得更少。教师一开头就提出黄河综合利用的规划,列举一些工程的名称和数字等等,教学效果必然是不会很好的。因为儿童们对这些事物全是陌生的,不容易深切领会。可是在另一方面,自己乡村里或乡村附近的某些群众性水利工程,虽然就规模说和黄河的综合利用简直无法相比,但是儿童们是非常熟悉并且极感兴趣的,遇到这样的场合,教师就可以结合乡土教材,先用自己乡村附近的水利建设作一个引子,说明兴修这些水利工程的好处。然后再转到大规模的黄河综合利用规划上去,并且作一个比较。这样的讲解方法,将会大大激发儿童的爱国主义热情。这正是加里宁所教导我们的:爱国主义教育"是从深入认识自己的故乡开始的"。

其次,在培养儿童辩证唯物主义的世界观方面,乡土教材也是很有作用的。因为当地的一切地理事物和地理现象,都是儿童所亲眼目睹的,在教师指导之下,儿童可以完全凭自己的观察,懂得当地一切地理事物和地理现象,确实是在不断地发展、运动和变化着的。因此,这种活生生的事物和现象,是培养儿童辩证唯物主义世界观的直观性最强的教材。

第三,乡土教材在课堂教学中的结合运用,在教育原则上说,是一种由近及远、由已知到未知的教学,这是完全适合儿童的年龄特征的。在课本第一册讲到"中国的地形"和"中国的河流"等各节课文时,教师假使不结合儿童自己的家乡的地形和河流,而只按课文讲解,一定不容易收到良好的教学效果。要是教师能带领儿童,先去亲眼看看自己家乡的地形和河流,然后再以这些儿童平日最熟悉的家乡的山川河流来结合课文,讲解全国的地形和河流,不但能大大提高儿童的学习兴趣,而且更能使他们对知识获得全面的理解和巩固。

有一个教师向五(上)年级儿童讲"地球的五带"。教师按照课文讲得很详细,并且也在地球仪上指出五带的大概范围。但是儿童们对教师这样的讲解感到没有满足,当场提出了自己的家乡属于地球上哪一带的问题。这个教师由于没有在课堂教学中结合乡土教材,就不能满足儿童们的要求,打了被动仗。足见儿童们是很迫切地希望了解自己家乡的更多情况的。为此,地理教师就必须很好地研究和掌握乡土教材,去满足他们的这种要求,以奠定他们地理知识的巩固基础。

第四,地理教师对于乡土教材的研究,在教学法上也有很重要的意义。前面已经谈过了比较法在地理教学中的运用,而乡土教材会给比较法的运用带来很多便利。地理教学中的比较法,往往是拿一种儿童们已经熟悉的地理事物去和新接触的地理事物相比较。但儿童们最熟悉的地理事物,除了在过去的地理课中讲过的一些以外,主要还是他们自己家乡的一切。因此,用家乡的地理事物和儿童们新接触的地理事物相比较,对于帮助理解和加强巩固是颇有成效的。前面也已经举过拿杭州北高峰和西藏的珠穆朗玛峰比较的例子,在杭州市,北高峰的高度即是一种乡土教材,教师用乡土教材作为他进行比较的材料,就能使儿童更容易获得珠穆朗玛峰高度的概念。为此,地理教师就必须很好地研究自己故乡的地理概况,把故乡的自然地理概况和经济地理概况掌握起来,以便随时在课堂教学中结合运用。

最后,研究乡土教材这个课题,对教师本身来说,是一种提高业务水平的有效手段。一方面,乡土教材的工作必须是一种实地调查、整理和研究的工作。教师虽然阅读了很多地理书籍,但没有一本地理书籍能告诉他自己家乡的详细地理概况,教师必须以自己原有的地理知识为基础,进行各种调查和研究工作,才有可能全面地掌握家乡的地理概况。在调查研究的过程中,书本的知识和实地的材料必然会得到相互的联系和印证,教师也必然能在这种工作中大大提高自己的业务水平。另一方面,教师能经常注意他自己家乡的地理事物,教师本身也必将在家乡各项建设的飞速发展中获得深刻的教育,从而激发爱国主义的热情。

目前,有不少地理教师已经注意了乡土教材的工作,他们搜集、整理和研究了自己家乡的一些地理概况,并在教学中加以结合运用,获得了一定的成绩。但必须指出,这种工作还是远远不够的。当然,有些教师对乡土地理的研究在方法上还存在着一些困难,觉得无从下手,这确是原因之一(教师在这方面可以参考苏联奥勃罗契夫主编的《研究自己的乡土》一书的中译本,中国青年出版社出版)。但另外一个思想上的障碍,是不少教师还不重视这项工作。他们认为地理教科书上并没有讲述乡土地理的章节,教师若在课堂上讲述乡土教材,必然会排挤掉教科书的原有内容。因此,与其搜集和研究了乡土教材而让它放在抽斗里"英雄无用武之地",倒不如按教科书内容找些其他补充教材来得好。这种看法是片面的。要知道乡土教材的运用,并不能代替教科书的教材而是灵活和自然地结合了教科书的教材。运用乡土教材,不但不会排挤掉教科书的原有内容,而且能够把教科书的内容讲解得更生动更深刻,有效地帮助儿童理解和巩固地理知识,大大提高地理教学的质量。

七、地理教学中的基本生产技术教育

在地理科的课堂教学中,教师不但教给儿童基本地理知识和向他们进行政治思想教育,并且还要向儿童进行基本生产技术教育。文化教育本来是必须为生产建设服务的,在地理课中进行基本生产技术教育,不但能使儿童获得许多有关各个生产部门的基本知识和技能,并且更可培养儿童热爱劳动、热爱劳动人民的品德,从而贯彻了劳动教育。

地理科由于其广阔的范围和丰富的内容,它具有各个生产部门的许多知识,进行基本生产技术教育十分有利。当然,在地理课内进行基本生产技术教育,并不是要改变学科的性质,把地理科改为手工劳动课或农业常识课等等,而是要教师把各种基本生产知识和技术,与地理知识自然地结合起来。地理课内进行基本生产技术教育,并不是要教师另起炉灶,搞一套教科书以外的教材,而是要把教科书的原有内容,在这方面加以发挥。所以有人顾虑进行基本生产技术教育会不会影响儿童的地理知识质量,这是大可不必的。事实上,如此做法,能够使儿童获得的地理知识同生产建设相结合,这样的地理知识才是活生生的真实知识。因此,在地理课进行基本生产技术教育,对于提高地理教学的质量,也具有很大的意义。

在地理教科书中,有关各个生产部门的知识是非常丰富的,这些都是教师在课堂教学中进行基本生产技术教育的重要材料。下面分工业、农业和运输业等几个方面来谈一谈。

教科书中的工业知识 地理教科书中有关工业方面的各种知识是非常丰富的,是教师进行基本生产技术教育的很好内容。例如在第一册东北区各节内,课本中就介绍了许多关于钢铁工业的知识。在课文"抚顺和阜新煤矿、丰满水电站"一节内,介绍了钢铁工业的主要原料:"炼铁、炼钢不但要有矿石做原料,还要燃烧大量的煤"(第50页)。在课文"钢都鞍山"一节内指出了钢铁厂的主要设备高炉和钢铁工业的主要组成部分如炼铁厂、炼钢厂、无缝钢管厂等,并且还介绍了它们的主要产品生铁、钢板、钢轨、钢条、无缝钢管等。

动力工业的各个部门知识,教科书中也有许多材料。在课文"抚顺和阜新煤矿、丰满水电站"一节内,相当全面地介绍了矿井采煤和露天采煤的情况,还介绍了水力发电的基本知识,如拦河坝的建造和水库的形成等。在课本第三册蒙新区"戈壁滩上的石油矿场"一节内,课文详细地介绍了有关石油工业各种知识,除了指出石油工业的许多设备如钻井、采油井、储油罐、输油管、储油池和炼油厂等以外,并且还说明了石油工业的主要产品如汽油和煤油等以及它们的用途。

在轻工业中,特别是对于同人民生活关系密切并且在我国又是很发达的纺织工业,教科书中介绍得颇为详细。在课本第二册长江中下游区"我国第一大城市——上海"一节内,把从棉花纺织成布匹的整个过程作了介绍:"在设备现代化的纺织厂里,工人们用纺纱机把棉花纺成纱,用织布机把纱再织成布,有些布匹还要染上颜色,印上好看的图画"(第56页)。这里就包括了纺织和印染工业的许多生产知识。

在地理教学中培养儿童的工业生产知识,除了教师在课堂教学中的讲解以外,还可以采用其他许多办法。例如要儿童制作各种工业设备的模型,像矿井采煤、石油井架、水电站、高炉炼铁等。这样,一方面由于经过亲手的劳动,儿童对于这些工业设备就会有更进一步的熟悉和理解;另一方面,这些制成的模型,在课堂教学中又是很好的直观教具。

从原料到各种成品的标本搜集工作,在教学上也很有用。譬如要儿童搜集棉花、棉纱和棉布等,拿来钉在一张厚纸板上。在这样的工作里,儿童一定会发现:有的棉花纤维长,有的纤维短;有的棉纱很细,有的却很粗;有的棉布和棉纱的颜色一样(土白布),有的颜色洁白(漂白布),有的印着各种花样。教师向儿童解释这些问题,就会使他们获得许多关于纺织工业的有用知识。

在城市或附近有工厂的学校,也可以通过实地参观来向儿童进行基本生产技术教育。让儿童亲眼看到某些工业的整个生产过程,原料怎样变成成品,工人们怎样在机器旁进行紧张、熟练的劳动,等等。对于增加儿童各种工业生产知识和培养他们热爱劳动、认识工人阶级为国家创造财富中的重要作用等,都会有很大的好处。

教科书中的农业知识　根据我们国家的情况,小学儿童中的很大一部分在毕业以后是要参加农业生产的,升入农业中学的高小毕业生也要参加农业生产。因此,在地理教学中进行有关农业的基本生产技术教育,具有特别重大的意义。

在地理教科书中,农业知识是非常丰富的,只要教师善于结合发挥,是可以使儿童获得许多有关农业生产知识和技术的。

课本第二册"长江中下游区的农业"这一节课文里,有一段关于开辟梯田和水土保持的细致描述。课文指山:"丘陵地带农民们把庄稼种上了山坡。山坡上倾斜的地面,存不住雨水,土壤也容易被雨水冲走。人们把山坡开辟成梯田,筑起一道一道的田埂,把雨水拦蓄起来,种植水稻和其他各种庄稼。"(第40页)这段课文不但指出了梯田开辟的方法,同时也说明了水土保持的原理,这些都是农业生产上非常重要的知识。

在课本第一册"中国的地形"一节中,课文在叙述了我国各种不同的地形及其分布以后指出:"这些不同的地形和我们有什么关系呢? 我们知道平原便于生产粮食和棉花,高原和高山的草地上可以放牧牛羊,丘陵和山地可以改成梯田,也可以长果树和森林,地下还埋着丰富的矿藏。我们只要努力劳动生产,我们的生活就会一天比一天富裕。"(第27页)这里就清楚地说明了各种地形和农业生产的关系。可是有不少教师在讲解这一节课文的时候,往往忽视了这一方面,而把重心整个地放在描述平原、丘陵、盆地、山地、高原的景色和分布上面,使教学完全脱离了生产实际。

这个例子说明了地理教学结合农业生产的一个重要方面,即是要教师正确地解释自然环境和农业生产的密切关系。农业包括了耕作业、畜牧业、林业、狩猎业和渔业等几个部门,每个部门都是和自然环境息息相关的。教师在讲解各地区自然环境的时候,必须让儿童知道当地人民"靠山吃山,靠水吃水"的关系。

拿浙江省来说,全省有广大面积的丘陵区。由于长期来反动统治阶级的压迫和剥削,农业生产技术的落后和对土地利用的不合理,山区农民比平原地区的农民更为穷苦,因而造成了他们那种"穷山僻壤"的错误心理,认为山区总是穷地方,发展农业是没有前途的。教师就应该针对这种情况在地理教学中加以解释,并指出不同自然环境的不同利用方法。山区虽然在某些情况下不适宜于耕作业的发展,但是对于林业的发展,果树、茶树、油桐树等的栽培,却具有优越的条件。

课本第二册"黄河中下游区的农业"一节中,就指出"在黄土高原和山东丘陵的许多山坡上,有的种上了果树,有的开垦成梯田,种上了庄稼"。(第13页)"长江中下游区的农业"一节中,更有具体的材料,例如课文指出"油桐树和茶树多生长在丘陵和山地区"。(第41页)以及"从四川到浙江各省的丘陵地区都有茶树生长"。(第42页)等等。这些内容,都说明了山区发展农业也有十分美好的前途。

另外,浩渺的海洋和广阔的河湖,虽然不能耕种,但是可以发展渔业。在课本第二册"舟山群岛的渔业"一节中,课文指出:"舟山群岛附近的海洋是我国最大的渔场,那里出产着各种咸水鱼,最多的是:大黄鱼、小黄鱼、带鱼和墨鱼。"(第43页)同时也指出:"陆地上的江河湖泊里,还出产许多淡水鱼,像长江、洞庭湖、太湖、洪泽湖都是著名的淡水鱼场,出产鲤鱼、鲫鱼等鱼类。"(第45页)这就说明了不同自然条件对于农业生产的关系,也就是"靠山吃山,靠水吃水"的道理。

除了让儿童认识自然环境和农业生产的正确关系以外,教师还必须更进一步地在农业生产怎样利用和改造自然环境这一方面,提出指导性的意见。当然,这种材料在地理课本中也是非常丰富的,问题仍然在于教师怎样去运用和发挥。例如在课本第二册"黄河"和"官厅水库"各节内,都提出了因河流冲刷剧烈而造成灾害的问题,教师只要把引起这种灾害的原因和消灭这种灾害的办法加以解释,就能使儿童获得有关农业生产的许多重要知识。大凡河流冲刷的加剧,除了自然原因以外,主要是流域中森林或草地的破坏,以及山地的滥垦等原因所造成。而植树、封山、育林、改坡田为梯田等,都是防止冲刷加剧的重要手段。在课文"长江中下游区的农业"一节中,就具体地说明:"山坡上倾斜的地面,存不住雨水,土壤也容易被雨水冲走。人们把山坡开辟成梯田,筑起一道一道的田埂,把雨水拦蓄起来,种植水稻和其他各种庄稼。"(第40页)这样的说明确是详细而清楚的,对于儿童了解农业生产知识有很大帮助。此外,如课本第一册"东北区的农业"一节内提出的防护林带,课本第二册"黄河中下游区的农业"一节内提出的井水灌溉、飞机灭蝗,"长江中下游区的农业"一节内提出的推行先进的科学耕作方法等,对于改造自然环境和发展农业生产,都具有指导性的意义,教师应充分加以注意。

除了在课堂教学中随时运用课本中的农业生产知识结合发挥以外,教师还可以在课余做些和当地农业生产有关的调查统计工作。这不但能增加课堂教学的效果,并且对促进当地的农业生产,还有直接提供资料的意义。例如,在大雨以后河水暴涨的时候,取一勺河水来让儿童观察,等河水在杓内澄清了以后,看看杓底上沉淀了多少泥沙。这样的实验,不但在解释河流的冲刷作用方面有很大的直观性,并且还可以知道当地河流输沙量的大概情况,提供当地水土保持工作方面的参考。教师也可以利用每日课余时间,指导儿童作些气象观察工作,把当地的气象要素逐日记录下来。当然,某些气象要素如雨量、蒸发量、湿度等的观察,需要一定的设备,每个学校不一定都有条件。但另外一些气象要素如霜期、风向、气温等的观察,设备极为简单或是不需要设备,而对于发展农业生产很有用。以浙江为例,对于各地初霜期、终霜期和无霜期的观察和统计,同间作稻、连作稻的推广就有很大的关系。(关于气象观察,我们将在后面地理园部分详细谈到。)此外,在当地或附近植树造林、筑坝、挖塘、建筑水库等群众性水利工程时,地理教师都可以带领儿童去参观或者参加力所能及的义务劳动。以实际事物结合教学,收获当然更大。

为了促进农业生产的大跃进,为了提前实现"全国农业发展纲要",在地理教学中进行有关农业的基本生产技术教育,在现阶段已具有更大的意义。城市小学在这方面特别容易疏忽,今后必须格外注意。城市小学生五谷不分、蒜韭不辨的情况是相当普遍的。农村小学在1957年已经增设了农业常识课,地理科就必须很好地和农业常识课进行配合,让儿童们更好地获得有关农业的基本生产知识和技术。

教科书中的运输业知识   运输业对发展工农业生产和满足人民消费的需要,都有极其重要的意义。运输本身虽然不直接生产成品,也不增加生产品的数量,也不改变生产品的性质和形式,但是它改变了生产品的位置,因此也是一个重要的生产部门。运输业知识也就同样是儿童们应该知道的生产知识。在教科书中,有关这个生产部门的知识是很丰富的,教师在课堂教学中应该很好地结合。

铁路运输在教科书的每一个区域中都占了很重要的地位。新中国成立后新修的重要铁路如成渝、兰新、集二等路线,教科书中还作了重点的介绍。不但是对于铁路运输在各个区域的作用和各重要铁路的载运物资都有了较详细的说明,在课本第二册长江中下游区的"成渝线"一段内,还把铁路沿线的工农业情况和城市,作了简明的介绍。

有关公路交通的知识,教科书中也占了不少篇幅。例如在课本第三册"云贵区的交通和城市"一节内,课文就采用了"公路交通很重要"这样的小标题,叙述了公路对于这个地区物资交流的意义。其他像青藏区内的康藏公路和青藏公路等,也都专门有段落加以介绍。此外,在课本第一册东北区"沈阳和哈尔滨"一节内介绍了长春第一汽车制造厂,这和公路运输业也有密切的关系。

海上运输和内河运输,是运输业的另外两个部门。教科书中对这方面的知识介绍得也不少。例如在课本第二册"天津和塘沽新港"一节内,课文介绍了许多有关海上运输的知识,如人工港、码头、防波堤、仓库、露天货场等,关于船舶"吨位"的概念,也在这里提出来了。在课本第三册"华南区的交通"一节内,并以"重要的河港和海港"作为小标题,介绍了水上运输的许多知识。在课本第二册"我国第一大河——长江"一节内,则着重地提出了许多内河航行上的生产知识。

此外,教科书中还有其他许多运输部门的生产知识。例如在课本第二册"我们的首都——北京"一节内,就简单地介绍了航空运输的知识。在课本第一册东北区"木材的采伐和运输"一节内,课文说明了木材运输的一些生产知识如漂运和森林铁路等。还有蒙新区的驮运,青藏区的原始运输如"溜索"之类,课本中也都作了说明。

地理教学中使儿童获得运输业部门的生产知识,除了应发挥教材的原有内容以外,还可以通过各种作业来进行,例如指导儿童绘制一个区域的铁路图、公路图、内河航行图或综合性的交通运输图等。在这方面也可以结合乡土教材来进行,譬如指导儿童绘制本县或本乡的水陆交通图及物资交流图等等。这些对于丰富儿童的地理知识都很有帮助。

在有条件的地方,组织儿童到各种运输部门实地参观,对丰富儿童关于运输业的生产知识有很大好处。例如带儿童参观火车站、汽车站、轮船码头和飞机场等,让他们实地观察各种运输设备和忙碌的客运、货运等,都能收到良好的效果。

教科书中的其他生产知识和技能　除了工业、农业、运输业等各个部门的生产知识以外,地理教科书中还有其他许多生产知识和技能,它们在基本生产技术教育中,也具有重要的意义。

这里特别值得提出的是教科书第一册中"地球"部分的各节课文。在"大地的形状是怎样的"一节中,告诉了儿童关于指南针的知识和使用指南针的技能。这种知识和技能,在儿童以后的生活和工作中,都是很有用处的。

第四节"地球仪"中,除了告诉儿童关于地球仪的许多知识以外,还介绍了画出各地经线的技能。由于这种技能中包括了在正午用日影杆定方向的工作,因此它使儿童熟练了使用指南针的技能,并且培养了他们精确的时间观念。

第五节"两半球图"在进行基本生产技术教育中的意义更为重要。这一节课文中告诉儿童很多地图知识,培养他们阅读地图中的各种图例和使用分层设色地形图的能力,并且还训练儿童应用比例尺求出地图上实际距离的技能。

要儿童掌握这些知识和技能,一方面需要教师清楚地讲解,而且必须要采用各种直观教具来进行教学;另一方面更需要儿童反复地练习。在这一部分教材的练习题中,有许多是实习和计算作业,教师应该有计划地按时布置各种家庭作业。在下一节课的检查复习中,也需要注意儿童们究竟对这些知识和技能有没有掌握和熟练。

除了"地球"这一部分以外,在以后"中国地理"和"世界地理"两个部分的教学中,这些知识和技能随时都用得着,教师必须随时让儿童有复习巩固的机会。因为儿童们在日后无论参加工业、农业或运输等生产部门工作,这些知识和技能对他们都是很有用处的。

注释:

①②　库拉左夫《地理教学法》,人民教育出版社 1955 年版,第 115、71 页。

第四讲　课外活动

　　课堂教学虽然是小学地理科教学的基本形式,但是,假使除了课堂教学以外,学校里一点课外的地理活动都没有,地理教学的教育和教养任务就不能很好地完成。地理科中不把各种地理事物和地理现象联系起求,不把课本上的知识跟实际生活联系起来,就大大失去教育意义。因此,地理教师不但要搞好课堂教学,而且也要开展一些地理科的课外活动。

　　地理科的课外活动,有多种多样的形式。其中有些是经常性的,有些是临时性的;有些需要一定的场地和设备,也有些根本不需要什么设备。地理教师可以根据自己学校的条件,安排一些适合于本校进行的课外活动,也可以开动脑筋创造一些新的活动形式,互相交流经验,使地理科的课外活动内容,能够不断地丰富起来。

　　一个学期的地理科课外活动,最好在事前安排妥当,不要临时穿插。某些活动可以作为整个学校课外活动的项目,订到全校的工作计划里去;也有些活动可以安排到儿童的科学兴趣小组或少年先锋队的中队活动里去。地理科的课外活动自然应该由地理教师负责领导,但也可以按照活动内容的不同,商请其他有关教师如手工劳动、图画、自然、农业常识等教师来协助。

　　下面我们把地理科的几种主要课外活动谈一谈。

一、旅行参观

在前面"课堂教学中的直观教学"那一节里,我们已经提到过旅行参观的问题。和实物标本的观察一样,旅行参观也是一种实物直观的形式。大自然中有很多地理事物和地理现象,是无法制成标本拿到课堂上来的。因此,旅行参观就成为学校地理科课外活动的重要内容之一。

旅行参观和地理科的其他课外活动有着显著的区别。虽然旅行参观是一种室外的活动,但是它往往也就是正课的一部分。因为某些教材在课堂教学中讲解不容易解决问题,所以才把进行教学的场合暂时移到野外或其他地方去。从活动的时间上说,旅行参观和地理科的其他课外活动也不完全一样,它可以利用课外时间,但有时也往往利用正课的时间进行。从这里也可以看出旅行参观在地理科各种课外活动中的重要性。

旅行参观的对象很多,如地形、河流、湖泊、海洋、工厂、国营农场、农业生产合作社以及各种交通运输设备等等。在选择这些对象时,首先要根据教材内容,和教材内容不相关的东西,就不应该安排到地理科的旅行参观中去。其次要考虑在学校附近有没有这样的地理事物。例如农村中的学校在讲到"中国的河流"时,让儿童观察一次河流一般都是很便利的;海边的学校在讲到"中国的海"时,就可以带儿童去海岸上旅行一趟;城市中的学校参观工厂和各种交通运输设备就比农村有了较便利的条件。但是,旅行参观的准备和进行,都比较麻烦,而且需要的时间也较多,所以次数不宜太多,一学期中以不超过二三次为宜。旅行参观也是正课的一部分,必须在全学期的授课计划中事前安排妥当。此外,在全校性的远足或郊游时,地理教师也可以向儿童布置一部分野外地理观察的作业。

旅行参观并不是游山玩水,应该有计划、有目的地进行,所以教师必须在事前做好周密的准备工作。首先是决定地点,如在全学期的授课计划中虽已拟定了要儿童观察河流,可是学校附近有很多河流,究竟看哪一条比较适宜呢? 这就需要教师在事前进行调查,哪一条河流包括河源、支流、河口等河流的各个组成部分。这个地点距离学校是不是近便,也要考虑在内(最好预计在一节课或两节课的时间以内能够参观完毕回校)。有时候,在一次旅行参观中,需要把前一个阶段的地理教学内容看一下,教师就应该把要观察的事物和路线部署好,不要走回头路,也不要把旅行的路线弄得曲曲折折,以免浪费时间。另外,要是参观的对象是工厂或农业生产合作社,就要事前联系好,取得他们的同意,约定参观时间和参观的具体内容等。

　　旅行参观在哪一周举行,这是应该早在全学期的授课计划里订好的。不过作一次旅行参观,一节课的时间通常总是不够的,因此,就得暂时把这一周的日课表更动一下,设法使两节地理课的时间连在一起,以作旅行参观之用。并且要注意这两节地理课最好能排在一天功课中的最后两节,因为儿童们经过了一次旅行,不免有些疲倦,情绪也不可能立刻宁静下来,接着再要他们上课是不适宜的。当然,旅行参观也可以利用课余时间,安排在一天课程完毕以后,或者在星期日进行。

　　地点和时间决定了,教师还要考虑到其他很多方面:这次旅行参观应达到哪些具体的目的要求;应带些什么用品;对于各个目的物,应采用什么方式指导儿童观察和向他们进行讲解;整个旅行参观的时间怎样安排,等等。教师应先做实地观察,订出具体计划,按计划进行。下面是一个旅行参观计划的例子。

　　一、日期和时间:4 月 2 日(星期六)上午最后两节课,计 90 分钟。(实际上有 105 分钟,因为两节课之间还有 15 分钟的休息时间,但旅行参观的时间不像课堂教学那样容易掌握,这 15 分钟可让教师调节运用。)

　　二、地点和路线:出水偏门沿城脚泥路过南渡桥,再循石路到念亩头村附近的大河和小河的会合处,然后再循石路从南门回城,全程约三市里。

　　三、目的要求:

　　1. 让儿童观察组成河流的各个部分,使他们获得明确的概念;

　　2. 通过对河流的观察,让儿童了解一些关于河流的自然地理现象以及相互间的关系;

　　3. 观察人们对河流的利用,让儿童知道河流在人类经济活动中的意义。

　　四、携带用具:一只挂表或手表,一个小的指南针,记事本,铅笔等。

　　五、进行过程:

　　1. 出发前的组织工作(5 分钟);

　　2. 在南渡桥观察河流流动的方向(5 分钟);

　　3. 从学校经南渡桥到念亩头村的行路时间(20 分钟);

　　4. 在念亩头村的大河和小河会合处观察河流的左岸、右岸和小河的河口等,并加以说明(10 分钟);

　　5. 观察河水涨落的痕迹,并说明河水涨落的原因及其对人们的影响(10 分钟);

　　6. 观察河流的侵蚀作用,并简单说明河流侵蚀作用的原因及其对人们的影响(10 分钟);

　　7. 观察人们利用河流的情况,说明河流在人类经济活动中的意义(10 分钟);

　　8. 回校(20 分钟)。

　　从旅行参观开始直到回到学校为止,旅行队的全部责任都由领队的教师负担。在必要的情况下,地理教师可以商请一位在当时没有课的教师一道参加,帮助搞好这次旅行参观。教师不但要注意到地理教学的问题,同时也要注意到地理教学以外的许多问题。特别要重视培养儿童的纪律性。在公路或马路上走路时应该遵守交通规则,在河边或是通过狭窄的小桥时应小心谨慎。自始至终,教师要密切关心儿童的安全,以免发生意外。

　　在野外进行地理教学,儿童对任何事物都感到新奇有趣,他们的情绪就不像在课堂里那样容易宁静,教师必须注意掌握,不要使儿童思想分散。教师还需要按照预定计划,严密地掌握每一个环节所用的时间。对于儿童提出来的某些问题,因为时间不许可而不必要当时回答的,可以记在本子上,等回校以后再回答。

　　除了让儿童仔细地观察各种预定要观察的事物以外,同时教师也需要进行一些讲解。在讲解时,须从儿童亲眼看到的事物引入,才能使他们信服,并且获得很深刻的印象。如果教师讲的和儿童所看到的丝毫没有联系,那又何必把他们带到外面来呢。

　　以前面所举的那个旅行参观计划为例,在讲到河水涨落的时候,教师一定要先把河岸上涨水时期的痕迹指给儿童观察,然后再来讲解。讲到河流的侵蚀作用时,一定要先让儿童仔细观察河岸上泥土被流水剥蚀的情形,才可接着进行讲解。讲到河流在人类经济活动中的意义时,教师可先让儿童看看小河上拦鱼用的竹箔和渔民晚上管鱼的竹篷房,看看大河中驶向城里去的载着各种土特产品的木船和农民赶市的快船、脚划船等,也让他们看看河流两岸的农田,许多地方还安置着放水车的木架,然后再以提问、启发或讲解的方式,向儿童说明这条河流在水产、交通运输和灌溉上的意义。自然,要教师临时找寻这些观察的材料是不可能的,这些材料都必须在事前观察好,并且记在教师的笔记本里。

　　旅行参观回来以后,教师应该随即指导儿童整理这一次旅行参观的收获,并且在最近的一节地理课中加以总结。在总结时,可以先让儿童发言,报告他们在这一次旅行参观中得到了些什么东西,或是还存在着哪些问题。最后,教师就儿童的发言作出有系统的总结(自己应该先有一个初稿),说明在这次旅行参观中的主要收获,也提出一些需要改进的意见。对于在旅行参观中未能及时解答的问题,也可趁此向儿童解答。

二、地理园和乡土地理馆

　　地理园是一块固定的园地,里面有各种必要的设备。这些设备,多半是为了配合教科书规定的室外作业。因此,地理园的活动虽然仅仅是地理科的课外活动,但这种活动大部分都是经常性的。

根据苏联教学法专家爱尔杰里的主张,地理园的大小以不小于 21 米 × 12 米为宜。不过就我们目前的情况来说,很多学校都还缺乏这样的条件。因此,各方面的要求不妨降低些,能在校园里或学校内外的其他空地上划出一角也就可以了。

划定地址以后,最好能首先在周围拦上一层竹篱笆,这个工作可以发动年龄较大的儿童来做,因为这是一种劳动教育,同时又符合勤俭办学的精神。要是做竹篱笆也有困难,最好把地理园安排在学校以内,因为这样才能使园内的设备得到经常的保护,不致于散失和破坏。

地理园内应该有些什么设备呢?

参照苏联学校地理园的设备情况,再根据我国的情况,提出下面一些比较简单的设备。当然,就目前的条件说,这样的设备在一般学校特别是农村学校恐怕还不容易做到。我们所以这样提出,一方面是使大家晓得,地理园是怎样一个东西,它在地理教学中有什么作用;另一方面,也可以作为一般学校努力的目标。至于城市小学和某些条件较好的农村小学,也可以参照这个内容,逐步实现。

综合的地形模型 这是一种让儿童观察各种地形和河湖等的设备。根据教学大纲的规定,像高原、山地、山脉、丘陵、盆地、平原、河流、湖泊等地理事物,都必须让儿童们认识。综合的地形模型即是把这些地理事物集中在一个模型里,以便于儿童的观察。当然,在教学进行到各种地形面貌和河流湖泊等的时候,教师应该带儿童到野外去进行实地观察。但是地理园中的综合地形模型也可以补充野外观察的不足(因为野外并不一定有教学大纲里所规定的全部地形面貌);此外,在野外观察以后,它也可以作为经常复习和巩固的工具。

综合的地形模型最好能用黏土堆塑(水稻田里的泥土也很好)。首先是在地理园中选好一块基地(约 1.2 米—1.5 米见方),把基地铲平打结实,然后再进行堆塑。地理园中的地形模型是永久性的,堆塑时必须把工作做得细致和结实些。在山峰或平原等地形上,最好能铺些短草皮,以免被雨水冲刷。在河流、湖泊等的底部最好能敷上一层水泥(或用石灰代替),让它们也可以积水,模型就会更生动逼真。

各种道路的模型 各种道路如铁路、公路、大路等,也是教科书上常常出现的,地理园中布置各种道路的模型,可以让儿童得到经常观察的机会,以配合课堂教学。当然,各种道路和其他交通运输设备最好是让儿童去参观实物。但事实上并不是所有学校都有条件看到教科书上的那些交通道路的。拿浙江省来说,大部分地区的学校还看不到铁路,相当一部分地区的学校看不到公路。对于这些地方的学校,地理园中的各种道路模型就更加必要。

各种道路模型的堆塑,在某些地方比地形模型还要复杂些,铁路就是这样,模型中必须把教科书上提到的像铁轨、枕木、道钳等都表示出来,铁轨可以用洋铁皮制,枕木也得用木头削成,此外如路基和路面的碎石也都要堆塑出来。路基的两侧要铺上一些短草皮,以免被雨水冲刷。公路和大路等的堆塑,则是比较简单的。

综合的地形模型和道路模型,也可以混合堆塑在一起,这样,模型的内容就会更生动丰富。不过这样的堆塑在技术上更为复杂,事前需要有更周密的设计。

确定经线和方向的设备根据教科书的内容。五上年级的儿童,在学习"'地球仪"这一节课文时,就要做画出学校所在地的经线的实习作业。在地理园中把做这种实习作业的设备固定起来,对这方面的教学就会得到很大的便利。

用一根长约2米的竿子插在地面上,使竿子和地面保持垂直。另外用一根1米长的绳子,一端以一个活结套在竿子上(贴在地面上),另一端系上一枚木钉,然后拉紧绳子用木钉在地上划一个圈子。从早上到正午,竿子的影子渐渐缩短,当影子的末端到达圆周上的时候,就在那里做下记号。

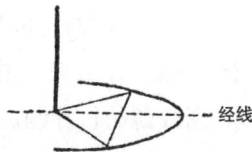

图二

正午的时候,竿子的影子缩得最短,午后又渐渐伸长,当影子末端再一次到达圆周上的时候,再在那里做下记号。这样就在圆周上得到了两点,把两点连成直线,再把这条直线的中点和竿子插入地面的一点(即圆心)连成一条直线,这条直线就是测定的经线。经线画出以后,南北东西的正确方向也就可以决定了。(图二)

这也是地理园的永久性设备,必须做得坚实一些。竿子不论是竹的或木的,必须采用笔直而不是曲折的材料,埋入地下的一端要涂上柏油,或者是将外部烧焦,以免腐烂。在测定的经线上,可用碎瓷片或小石子嵌起来,使儿童可以经常观察。

观察天气的设备　关于气候和天气方面的知识,本来就是地理教学内容的一部分。因此,观察天气的工作,也成为地理科很有意义的课外活动,这种活动可以是经常性的。当然,凭肉眼对阴晴风雨的观察,也是观察天气;但是如能在地理园中设置一些帮助观察天气的仪器,对于培养儿童在这方面的知识和技能,就具有更大的意义。下面列举的,是这类仪器中最简单的一些:

温度计　一般称为寒暑表,是观察气温高低的仪器,普通的温度计只花几角钱就可以买到,学校里大概都有这样的设备。此外还有一种最高最低温度计,它可以告诉人们一昼夜中的最高气温和最低气温,在天气观察上也很有用处。地理园中的温度计,应该安放在一只百叶箱里面,因为百叶箱晒不到阳光,但空气很流通,测定的气温才会准确。百叶箱高85厘米,宽52厘米,深35厘米,四壁是薄木板条做成的固定百叶,内外用白色油漆漆过。百叶箱装在木制脚架上,脚架稳埋土内,并使百叶一箱本身离地面约 1.75 米(为了便于儿童自己观察,也可以再低一些),百叶箱的门应该朝向正北。(图三)

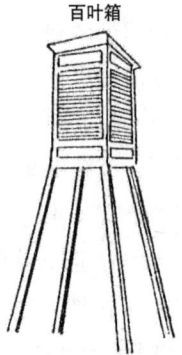

百叶箱

图三

量雨器　这是观察雨量的仪器。标准的量雨器需要向仪器公司购买,但在学校地理园中,并不要求十分精确,所以也可以自制。自制的量雨器用洋铁皮做成,可先制成高半米,口径 26 厘米,一端有底,一端露口的外筒一只;高半米,口径 5 厘米,一端有底一端露口的内筒一只;内筒的露口一端,和另一只筒状漏斗套合,漏斗边高 5 厘米,口径为 20 厘米,恰好与外筒套合。这就是自制的简单量雨器。(图四)

自制量雨器完成后,必须先折算好计算标准,画上记录雨量的记号,然后才可安置在地理园内应用。折算方法先在外筒注入清水,用极薄的竹片制成一支公尺,刻上厘米和毫米数字,插入外筒测量,使外筒储水量适为 5 毫米或 10 毫米,然后将外筒储水小心倒入内筒,再用竹片制的公尺测量内筒,看外筒中的 5 毫米或 10 毫米储水,在内筒中为多少毫米,这样就可以最后算出,外筒中的 1 毫米储水等于内筒中的多少毫米。设外筒储水 1 毫米等于内筒 12 毫米,则可再用极薄的竹片一支,在上面每隔 12 毫米刻一符号,每次下雨以后,就将此竹片插入内筒,雨水浸及几个符号,雨量即为几毫米。

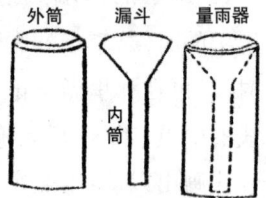

外筒　漏斗　量雨器
内筒

图四

量雨器在地理园中要放得高些(使内筒筒口离地面 1 米以上),或者在它周围地面上铺上草皮,以免地面上的雨水泥沙溅入。每次观察以后,应随即将内筒雨水倒干,以免下一次观察时不准确。

风向计　向仪器公司购买的风向计,是一种用金属制成的箭头式风向计,售价较高,一般学校应该本着勤俭办学的原则自己制作。自制风向计以风向旗或风向袋为简便实用。

风向旗是一条长 1 米、宽 5 厘米的带状旗子,用轻质布料制成。风向旗装在一条长约 2 米的杆子上,杆子的底盘是一个直径 40 厘米的木制圆板,圆板上画出 8 个方位。然后把这个圆板放在离地面约 30 厘米的地方,风向旗就可以应用了。假使风向旗飘向东北,吹的就是西南风。(图五)

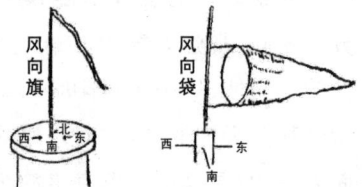

风向旗　风向袋

图五

风向袋是一只用轻质布料制成的圆锥形口袋,袋长约半米,开口的一端约宽 5 厘米,缝装在一个铁丝制成的圆环上。然后将这个布袋用两根细绳系定在一根杆子上,杆子上并做好标出方位的符号,将杆子安装在地理园中较高的地方就可应用。假使风向袋的尖端向南,吹的就是北风。

　　风速计　风速计是用来观察风速和风力大小的仪器。从仪器公司买来的风速计,是一种杯状的转动风速计,或者是附着于风向计上的板状风速计,售价很高,一般学校地理园中不必用这种仪器。地理园的风速或风力观察,可以按下列标准凭肉眼观察确定:

风级	风名	风速(每秒/米)	现　　　象
0	无风	0— 0.5	烟囱中烟气直升。
1—2	轻风	0.5—3	树叶摇动。
3	微风	3—5	细枝摇动。
4	和风	5—7	小枝摇动,尘埃飞扬。
5—7	强风	7—15	大枝和小树的树干摇动。
8— 9	烈风	15—21	大树摇动,小枝有折毁现象。
10—12	飓风	大于21	拔树倒屋,陆上少见。

　　除了上述以外,地理园中可以置备的观察大气的仪器还有湿度计、气压计、测云器、蒸发皿等等,设备和使用都比较困难,小学地理园中不一定需要,各校可根据实际情况酌量制备。

　　有了各种观察天气的设备以后,地理园就可以经常观察、记录和报告天气了。观察天气的工作,可以每天排定两个儿童轮流进行,或者是组织关于观察天气的兴趣小组来做这工作。每天观察的结果,除了记录在一本特备的本子上外,还可以按日用小黑板向全校师生公布。有收音机的学校,更可将天气观察工作和收听气象台天气预报节目结合起来,按时抄写在小黑板上公布。每到月终,教师应该把一个月的观察结果进行统计,算出全月平均气温和总雨量等数字,这些都是很有用的乡土地理资料。

　　地理园中除了上述设备以外,还有如各种日咎,目测距离和目测高度的设备以及观察星座的设备等等,也都可以看学校条件加以置备。教师应该开动脑筋,设计出各种既节省又有效的设备来,使地理园的内容能够更丰富多彩。

　　在条件较好的学校里,地理园还可以附着一个乡土地理馆。乡土地理馆需要一间房子,里面陈列着各种有关乡土地理的资料。把乡土地理馆附在地理园之下,无非是为了使学校可以减少一些组织。假使乡土地理馆已经办得很有成绩,则让它和地理园分家而成为一个独立机构自然也是可以的。

乡土地理馆主要应该有下列一些设备。

各种大幅的乡土地图 如全县地图、县城地图、学校所在地的乡区图和学校附近图等。这些地图大部分都没有现成的,而是需要搜集旧有的图籍加以修改重绘而成。

用纸浆制作的故乡重要建筑物模型 故乡的重要建筑物,特别是新中国成立以后新建的:如涵闸、水坝、灌溉设备等,都可以用纸浆制作,陈列在乡土地理馆内。用纸浆制作模型的方法,我们将在以后谈到。

故乡的各种岩石、矿物和土壤标本 这些东西的搜集工作可以发动儿童来做,问题不大。此较困难的是鉴定的工作,因为没有受过专业训练的人是不容易把这些东西鉴定出来的。但是也不至于完全没有办法,例如附近中学里的地理教师或师范学校里的地理和矿物教师,都是受过这方面的专业训练的,可以商请他们帮助解决。已经鉴定好的标本,把它放在用透明纸封口的小盒子里,并且用标签注明它们的名称、采集地和采集年月等。这样的标本,既可在乡土地理馆陈列,也可在课堂教学中应用。

故乡的各种植物和动物标本 这里所指的动植物标本,应以有经济价值的动植物为主,一般的动植物不必搜集。特别重要的是植物标本,故乡出产的各种粮食作物和经济作物,都可以制成标本加以陈列。地理教师进行这项工作,应该和担任自然科及农业常识课的教师取得密切的联系。

故乡的各种土特产品 故乡的土特产品也是乡土地理馆的重要内容之一。不过这些东西的搜集,需要一定的经济条件。在开始搜集的时候,可以专门注意本乡、本区的土特产品,不必把全县的土特产品都搜集起来。在乡土地理馆陈列土特产品,最好能附以各种说明和图表,例如土特产品的加工和制作过程图,土特产品的外销地区图等等。

有关乡土地理的各种资料、统计图表、照片和画片 如故乡的土地面积、耕地面积、人口以及其他有关故乡自然地理和经济地理的统计资料等。从地理园中观察到气温和雨量等数据,也可以制成图表陈列。此外,像故乡在新中国成立前后的各种对比材料,如能制成内容生动的图表,也很富有教育意义。有关故乡各种事物的照片和画片,具有更大的直观意义,也应注意搜集。

乡土地理馆除了上述设备以外,还可以定期举办各种有关乡土地理的活动。例如利用假日发起一次对故乡某个名胜古迹或建筑工程等的旅行参观,参观以后,可以将经过情形写成一些纪录,放到乡土地理馆去。沿途采集的一些标本,也可以充实乡土地理馆的内容。此外,乡土地理馆也可以定期举行一些有关乡土地理的座谈会、报告会和展览会等,这些活动,可以大大激发儿童热爱故乡、热爱祖国的情绪,我们将在下面谈到。

乡土地理馆的各项工作,由地理教师负责主持。不过要把一个乡土地理馆搞得很好,单靠地理教师的力量还是不够的。必须取得全校教师的支持,同时也需要让儿童参加工作,共同来建立一个内容丰富的乡土地理馆。

三、地理报告会、地理展览会和其他活动

地理报告会和地理展览会,也是学校地理科课外活动的很好形式。而且这种形式不像地理园和乡土地理馆一样需要一定的场地和设备,同时也不需要经常地活动。因此,这样的活动在一般学校里都是可以开展的。

地理报告会按照内容的不同可以采取各种形式,下面是比较主要的几种。

专题报告　专题报告以结合课文或结合时事为主。例如在讲过了"东北区"以后,就可以配合一个关于鞍山钢铁公司的报告;在讲过了"长江中下游区"以后,可以作一个介绍武汉长江大桥的报告;在十月革命节前后,也可以作一个介绍苏联共产主义建设的报告。

专题报告可以由地理教师担任,也可以请其他教师或约请校外有关人士担任。专题报告的内容必须做到深入浅出,生动丰富,时间一般以不超过一节课时为宜。

座谈会　以座谈会的形式进行各种地理报告,比专题报告更灵活便利,容易受到儿童的欢迎。座谈会同专题报告一样地可以和课文、时事甚至和故乡中的某些地理事物相配合,按照内容的不同而冠以各种名称。例如自己的乡村附近正在修建一项群众性的水利工程时,则"祖国的水利建设"座谈会,便会成为一个吸引人们注意的地理活动。座谈会的时间和内容必须早日用大字报公布,以便大家作好准备。

以"祖国的水利建设"座谈会为例,地理教师约请了另外一位教师一起参加座谈,首先由这位教师简单扼要地介绍伟大的根治淮河工程,接着由地理教师讲解黄河三门峡水库工程,并且联系到本乡正在修建的群众性水利工程。两位教师共谈了一节课的时间,休息10分钟以后,有好几个儿童先后谈了他们的感想,于是大家决定发动全校师生到工地去参加一次义务劳动,最后由地理教师作了简短总结。座谈会化了两节课时间,获得很大的收获。

有乡土地理馆的学校,可以组织一些有关乡土地理的座谈会,"我们的家乡"座谈会即是一例。教师在事前约定几个来自不同地区的儿童,要他们谈谈自己家乡的地理概况,包括家乡自然面貌、经济建设、名胜古迹和土特产等等,由于教师在事前帮助这些儿童做了较多的准备工作,座谈会也得到了较好的成绩,提高了许多儿童学习地理的兴趣。

上面所谈的是地理报告会的一些主要形式，现在再来谈谈地理展览会。地理展览会的内容很多，主要有下列一些：

地理作业展览会　这是地理展览会中最普通的一种。这种展览会一般总是全校性各科作业展览会的一部分，很少有单独举行的。地理作业的展览，主要是儿童的练习题、暗射图、放大地图、地理园的各种观察记录以及儿童自己搜集和制作的标本、模型等。展览会不仅让教师和儿童参观，并且也要请家长参观。必要时还可以组织儿童，分成小组进行参观，例如要五年级儿童参观六年级的作业，要六年级儿童参观五年级的作业。互相比较，互相提出意见。

地理教具展览会　这种展览会可以附在作业展览会中同时举行，也可以和全校的各种教具展览会一起举行。但是由于地理科是教具最多的学科之一，因此，小规模地单独举行也是可以的。展览的教具包括挂图、地球仪、教师搜集的各种画片和照片以及各种标本、模型等。各种教具都应该用文字说明，其中特别要重视自制教具。有地理园或乡土地理馆的学校，也应同时开放，让大家参观。

在一个学校举行地理教具展览会时，事前应该通知附近其他学校，让他们的地理教师可以届时前来观摩，并且提出意见，使能相互提高。

地理画片展览会　地理画片也是地理教具的一部分，因此，在地理教具展览会中，画片总是一个很重要的内容。但是在配合课文、时事宣传和其他社会运动的时候，地理画片也需要进行单独的展览。例如在讲到课本第二册"我们的首都——北京"这一节课文时，在课堂里举行一次小规模的北京地理画片展览会，这对增加儿童学习兴趣和提高学习效果方面，将有很大的作用。在讲到武汉长江大桥时，搜集许多关于长江和武汉长江大桥的画片进行展览，将会引起许多儿童的注意和激发他们对祖国的热爱。在大力宣传"全国农业发展纲要"的时候，地理教师也可以将他平时搜集的有关我国农业方面的画片，举行一次画片展览会，也必能收到良好的效果。

乡土地理展览会　这种展览会可以单独举行，但为了节省时间，也可以和全校性的作业展览会同时举行。在原来已有乡土地理馆设置的学校里，乡土地理展览会可以利用乡土地理馆举行。这种展览会除了将平日搜集的有关乡土地理的各种资料加以整理、展览和说明外，还可以斟酌情况，同时举行一些乡土地理的讲座。

除了地理报告会和地理展览会以外，地理科的课外活动，还有其他很多形式。例如在不少学校里已经成立的科学兴趣小组里面，也可以组织儿童，编成若干地理科的科学兴趣小组，如天气观测小组、模型制作小组、标本采集小组、乡土地理小组等等。有些小组，并且可以和地理园或乡土地理馆的工作结合起来。这种小组按儿童自己的志愿组织，在学校的统一安排下利用课余时间进行活动。有关地理的科学兴趣小组，自然应该由地理教师担任指导工作。这种科学兴趣小组进行的课外活动,不但可以提高儿童学习地理的兴趣,同时也可以初步培养儿童的独立工作能力。

此外,在地理科的课外活动中,各种地图游戏,也是很有兴趣和富于教育意义的。

地图游戏的种类和方式很多,下面所举的第一种,可以命名为"谁先到北京"或"谁先见到毛主席",是一种很简单的地图游戏。

游戏的器具是一幅特别绘制的中国地图,地图上的事物很简单:在北京的位置上画着一座红色的天安门,或是一个光芒四射的毛主席半身像。另外就是从乌鲁木齐、拉萨、广州和杭州4个城市到北京的交通路线以及这些路线上的重要城市,地图以外的器具,是4块着了不同颜色的小木片,一个用一小方正方形厚纸和一根火柴制成的旋转盘。用这些简单的器具,每一次有4个人可以参加这种游戏。

游戏开始时,每人将代表自己的一块小木片,放在自己的出发点,然后按次序每人将旋转盘转动一次,按旋转盘上指示的数字前进,看最后是谁先到北京,见到亲爱的毛主席。

在替这种游戏设计地图的时候,应该注意使每一条路线上的中间站数目相同,而且这些中间站都应该是较大的地名。各站之间的交通路线如铁路和公路等,也必须一一绘明,使参加游戏的儿童在游戏中获得必要的地图知识。此外,在每一条路线上的若干中间站上,可以穿插一些趣味性的事物,或是在某些中间站上注明"继续前进二站"、"后退一站"、"停止一次"等,以提高游戏兴趣。

我们设计的这个"谁先到北京"地图游戏,从各个出发点到北京的中间站如下:

乌鲁木齐—吐鲁番—哈密—星星峡—玉门—嘉峪关—酒泉—张掖—武威—乌鞘岭—兰州—天水—宝鸡—西安—潼关—洛阳—郑州—黄河铁桥—新乡—安阳—石家庄—保定—卢沟桥—北京(这条路线全部为铁路线)。

拉萨—太昭—昌都—甘孜—大渡河—二郎山—雅安—成都—绵阳—广元—略阳—秦岭—宝鸡—西安—潼关—风陵渡—太原—大同—张家口—官厅水库—八达岭—居庸关—南口—北京(这条路线包括康藏公路、宝成铁路、陇海铁路、同蒲铁路和京包铁路几段)。

广州—英德—韶关—郴县—衡阳—株洲—长沙—岳阳—武昌—长江大桥—汉口—孝感—武胜关—信阳—漯河—许昌—郑州—黄河铁桥—新乡—安阳—石家庄—保定—卢沟桥—北京(这条路线全部为铁路线)。

杭州—嘉兴—松江—上海—苏州—无锡—常州—镇江—南京—长江轮渡—浦口—滁县—蚌埠—淮河铁桥—宿县—徐州—兖州—泰安—济南—黄河铁桥—德州—泊头—天津—北京(这条路线全部为铁路线)。

　　找寻地名的地图游戏,也很有趣味而富于教学上的意义。把一张中国地图平放在一块木板上,上面按轮廓敷上一层干燥的细沙,使参加游戏的人只能知道国界轮廓而看不到地图内的一切事物。于是主持游戏的人就宣布一些重要的地名如北京、上海、沈阳、汉口、广州、西安、兰州等等,并指定参加游戏的人,谁找寻北京,谁找寻上海……,接着让他们每个人拿一枚图画钉或大头钉,钉到指定他们找寻的地名上去。当大家都钉上了图画钉以后,游戏的主持者就把盖在地图上的细沙去掉,评一评谁找得准确或者比较准确,谁把图画钉按得牛头不对马嘴了。这种地图游戏,对儿童熟悉地名,掌握地名在地图上的位置,都有很大的好处。

　　上面所举的,仅仅是许多种地图游戏中的两种,教师还可以多多创造,设计出一些更生动和更富有意义的地图游戏来。

　　除了上面介绍的这些有组织的、集体进行的地理科课外活动以外,利用课外时间,介绍和指导儿童阅读一些文艺性的地理读物,也是一件很有意义的工作。这些读物,包括游记、探险记、各地通讯报道、风物介绍等等,不但能提高儿童学习地理的兴趣,增加他们的地理知识和其他知识,同时也锻炼了他们的机智,培养他们勇敢豪迈的精神。虽然,阅读课外读物,主要是由儿童个别进行的,但是它也可以和有组织的集体课外活动相结合。例如,教师有计划地介绍若干文艺性地理读物给儿童(最好使这些读物的内容和本学期的课堂教学结合),然后预定日期,举行一些报告会,让儿童们分别报告他们阅读的内容或读书心得,这样的报告会,一定是内容生动而丰富多彩的。

第五讲　简易教具的制造

直观教具的应用在地理教学中确是十分重要的,因为很多地理事物和地理现象,要是仅仅用语言解释,儿童是很难领会的。而有些教具,只要让他们看到一次,就要比教师讲解许多遍的效果还好。例如说明地球是一个球体,不管你讲得如何生动逼真,总不及让儿童看一看地球仪有效。各种物产也是一样,要教师用语言把一种农作物或矿物的形状讲解清楚,确是一件困难的事,要是能拿实物或画片给儿童观察,不但容易明白,而且还会少费唇舌,节省时间。

也有教师这样说:在地理教学中应用各种直观教具,这确是很好的,可是我们没有很多的教具,目前的情况又不允许我们大批购买,这怎么办呢? 不错,就现阶段说,特别是农村学校,要花很多钱去购买教具确实有困难,但是这并不是说,地理课就无法应用直观教具了。事实告诉我们,许多学校的地理教师,已经运用自己的智慧和劳动,制作了很多地理教具,有效地提高了地理教学的质量。这个方向是符合于勤俭办学的精神的,值得广大学校的地理教师学习。事实上,市面上出售的很多地理教具,都可以自己设法用代替品仿制。很多市面上根本买不到的、对地理教学很有帮助的教具,也可以在教学过程中开动脑筋创造出来。此外,教师还可以组织儿童搜集和制作一些教具。这样,不但教具缺乏的困难可以逐步解决;而且在集体制作的过程中,更能启发儿童的创造性和培养他们热爱劳动的习惯,从而贯彻了劳动教育的精神。

下面我们提出一些简易教具的制作方法,不过这仅仅是几个例子。教师们应该结合自己的教学,开动脑筋,多找窍门,创造出更多更好的直观教具来,不但替国家节约许多财力,还能大大提高地理教学的质量。

一、标本和模型

农作物标本和矿物标本　各种农作物标本的采集,在农村学校里是非常方便的,教师可以组织儿童做这项工作。但是那些在本地完全不出产的农作物,就得设法向外地征求。经常地向附近或远地学校交换农作物标本,也是充实地理教具的一个好办法。

农作物的采集,一般应在这种作物成熟以后,最好能将作物的整个部分都采下来制成标本。如果因为作物体躯较大而不能这样做的时候,则可将作物有经济价值的部分采下来。这样,制成的标本才能比较完整。譬如:小麦的标本应该是整个麦穗而不是几粒麦子,棉花的标本应该是整个棉挑而不是一块棉絮。最好是把整棵棉花或整棵小麦(包括根到麦穗)都采下来制成完整的标本。这样才可以让儿童得到作物的比较完整的概念。

制作标本的第一个步骤是使农作物脱去水分,这样才可以保藏经久。这个工作普通可借阳光曝晒来完成,必要时也可以采用炉火焙干的方法,或是把农作物夹在容易吸水的厚纸内加以碾压。把作物弄干燥,经过外形上的必要修整以后,就可以收藏起来。小件的农作物可放在一只用厚纸板制成的没有盖子的小盒子里,上面封上一张透明纸。大件的农作物如果体躯太长,可将茎部折起来,然后用线系在一块厚纸板上,外面也宜包以透明纸,以免日久破损。所有农作物标本都应该贴上标签,写明作物的名称、产地和采集时间。如能在标本收藏时放上少许樟脑粉等防腐剂,标本就可保存得更久。

把各种农作物及其加工后的各种成品,搜集起来制成一组标本,在地理教学中有更大的作用。例如把一个棉桃、一团籽棉和皮棉、一小玻璃管棉籽油、一小束棉纱、一小方棉布等,安置在一个盒子里或用线分别系在一块厚纸板上,作为一组标本。这样的标本,不但可以让儿童看到作物的形状,而且更能进一步知道这种作物的各种用途。

矿物标本的采集比农作物标本要困难些。因为并不是每个地方都有矿物,即使有矿物也不可能有很多种。但是地理教师若能花上较长的时间,采集和贮藏一套比较完整的矿物标本还是可能的。有些矿物像石膏、明矾等,即使在农村里也很容易得到。另外一些矿物如黄铁矿(俗称自然铜)、汞(俗称水银)等,普通中药店里都可以买到,价钱也不很贵。和附近及外地学校建立关系,彼此交换的办法更为重要。在浙江,以新昌一县为例,西乡有硫石矿,南乡有零星铁矿,城郊有煤矿,3个地区的学校就可以彼此交换。当然，更可以和外县外省的学校建立关系，通过邮递互相征求和交换矿物标本。（征求和交换矿物标本，一定是在教学上所必需的，而且一定要通过教育行政部门，不得擅自向厂矿发函索取矿石和有关说明，以免泄漏国家机密。）这样，在相当时期里必然可以搜集起一套完整的矿物标本来。

和农作物标本一样，矿物标本也需要一件一件地装在厚纸板制成的小盒子里，上面封上一张透明纸。有些矿物如明矾、石膏等，在空气中容易潮解，就得装在小玻璃瓶里。盒子和瓶子外面，也要贴上标签，注明品名、产地和采集时间。

除了农作物和矿物标本以外，在条件具备的情况下。也可以采集一些动物、岩石和土壤标本。不过这些标本的采集比农作物和矿物更要困难些，动物标本的制作和岩石、土壤标本的鉴定，都不是一下子可以学得起来的。而且在小学地理教学中，它们的用途也不大。因此，地理教师采集和制作标本的工作，必须有计划地进行。在条件不具备的时候不要盲目贪多，要从教学中最迫切需要的做起。

在标本的采集和制作工作中，地理教师还必须和同校担任自然科和农业常识课的教师密切合作。因为这种教具往往是这些学科所共同需要的；而且在知识上和技术上，地理教师也可以从这些教师那里得到许多帮助。

地形模型　在前面"地图和地球仪"一节中，我们曾经指出过，地球仪的形状，并不真的像地球表面一样。儿童可以从地球仪获得整个地球形状的概念，却不能获得地面形状的概念。虽然，各种等高线地图和分层设色地图可以清楚地表示地形概况，但是儿童们对于这类地图的领会毕竟是有些困难的。要解决这方面的问题，地形模型确是一种最好的直观教具。

制作地形模型可以采用多种材料如石膏、棉花、纸浆等等，其中最经济而简便的则是纸浆。用纸浆制地形模型，可以按下述方法进行。

首先需要搜集大量的废纸，这在学校里并不是件困难的事。不过要注意必须搜集象毛边纸、京放纸一类的软质纸张，旧报纸之类的坚厚纸张是不适宜的。把这些废纸泡在一只水缸中，水可以多放些，不时以木棍搅动它，一般总得泡上一个星期左右，使废纸成为完全稀烂的纸浆。用木棍搅动的工作做得愈勤愈好，可以发动儿童轮流担任。假使能加入少许生石灰，废纸腐化的时间就可以缩短。

地形模型的底版，要用较厚的干燥木板，因为在薄的或不干燥的木板上敷上纸浆后，木板往往胀缩不匀，而使模型走样。假使模型较大，需要用几块木板拼合一块底板时，就要注意选用十分干燥的木料，拼合务须十分紧密，外缘再用木条加上框子。因为木板拼合后往往容易开裂，一旦裂缝加大，模型就会破损。小幅的地形模型，有时不一定要用一块木板做底板，整块底板也可以用纸浆堆塑而成。

准备了底板和纸浆以后,就可以开始制作。例如制作一个台湾岛的地形模型,就得按模型的大小,预先用方格子放大一张台湾的地形图,并且在底板上画好台湾的轮廓。于是就按照地形图,把纸浆拧到半干,一层层地敷到底板上的台湾轮廓上去。如果在纸浆中加入一些稀薄的牛皮胶或桐油之类,也是可以的。不过根据实际制作的经验。只要纸浆的确已经泡得稀烂,即使不加入这些东西,同样不会影响模型的质量。堆塑纸浆时,首先是在整个台湾岛的轮廓上敷上一层纸浆,接着再按地形高低逐层堆敷上去,可以对照放大的地形图,预定一个大致的垂直比例。为了使立体的形状能够突出,模型的垂直比例和平面比例当然是两个不同的标准,这一点在使用时必须向儿童说明,以免造成他们的错觉。堆敷纸浆时,在大块的和简单的地形上,主要是用手工作;但堆敷小的或地形复杂的部分,如台湾沿海的港湾和中部高山带等,就必须用木刻刀或其他小刀帮助工作。

堆敷纸浆的工作完成以后,就需要将模型加以阴干,但不能在阳光下曝晒。在阴干的过程中,当纸浆已经逐渐干燥但尚未完全硬化的时候,还须再修补一下。因为那时纸浆逐渐收缩,整个模型或多或少要变一点样子。若在此时发现有整块较大的地区堆敷得不准确,或因纸浆收缩而发生了较大的变化的,也可用小刀将它整块切下,重新再补上一块。

纸浆完全干燥以后,可以选择适当位置在模型上轻轻打入若干枚小洋钉,使模型和底板结合得更严密,以防止模型在日后长期悬挂中脱离底扳。然后将铅粉(也可利用粉笔头碾碎而调成)调以稀薄的牛皮胶,用毛笔敷到模型上去,使模型表面能洁白光滑。假使需要写地名的话,可用毛笔将地名写在一片片的小纸块上,然后将这些纸片一一贴到敷了铅粉的模型上去。最后的工作是着色,着色最好用磁漆(俗称洋漆),但广告画颜料或普通水彩画颜料也可使用。

沙盘　在前面"地理教学中的直观教学"一节内,我们已经提出了在地理课中应用沙盘的问题。沙盘是一种教学效果大而制作简单的直观教具,一般学校都可以设法采用。

整个沙盘的制造是用一只木板制成的矩形盘子,盘子边高以10厘米—15厘米为宜,大小可按儿童人数多少而定,大概一只长160厘米、宽130厘米的沙盘,让儿童按高矮分层围坐,可以供40人左右的课堂教学使用。沙盘的底部应该漆成蓝色,以便表示河流、湖泊和海洋等地理事物。沙盘可放在一个简单的木架上(或搁在两条长橙上),木架的高低,也看儿童的情况决定。另外,要是学校一时还没有条件用木板制沙盘,在室内的泥地上挖一个沙坑,效用也是一样的。

沙盘里面满铺细沙,能够随意堆砌各种地形。要是堆砌比较复杂的地形,可以洒水使沙潮湿，堆砌就更方便了。另外，也可以再置备装有木柄的平板一块（约长一市尺、宽半市尺），在盘内搬沙用的洋铁皮制的小畚箕一只，用棕丝制的小扫把一个，在沙面上画轮廓的细竹竿一支。

堆砌沙盘的第一步工作，是用平沙板把盘内的沙压平。然后用细竹竿画出轮廓，接着是堆砌山脉，挖掘河湖，然后再配上各种实物标本和模型，这样就可以布置成一个生动有趣的地理区域。在课余的时候可以让儿童观察；在课堂教学中，让儿童分层围坐在沙盘周围，教师手执指图竿指着沙盘讲解，将使教学显得十分生动有趣、引人入胜。

沙盘的内容是千变万化的，教师可以利用各种模型、标本和其他代用品来进行沙盘的堆砌工作。下面提出各种模型、标本和代替品，都是经过试用的。

山脉和山峰　一般的山脉和山峰只要把沙堆高就行了，不必作什么另外布置。雪线以上的高山，在山顶上可以撒一些粉笔灰。活火山山顶上放一点艾绒，在讲解时把艾绒烧起来，就会冒出一股烟气。

河流和湖泊　在铺沙不厚的情况下，只要把沙挖土露出底盘的蓝色就行。铺沙很厚就不宜这样做（例如高原上的河湖），可先在沙上挖出河湖的痕迹，再用一二支蓝粉笔，研成粉末后在河湖痕迹上撒上去就成。

沙漠　在沙盘上撒一层木屑。

草原　在沙盘上撒一点剪碎的草类，或是铺上一些绿芜苔。

森林　在沙上插一些小树枝。最好用松、杉、柏之类的针叶树枝，因为这些东西体积小，不占位置，而且不像阔叶树那样容易干粘。

农产和矿藏　应尽量采用实物标本，在确实不能使用实物标本（没有实物标本或实物标本体积庞大）的时候，也可以用一些代替品。例如用一根橡皮圈代替橡胶树，用外面包以金纸的石粒代替金矿等。

城市　有多种代用品：纽扣、围棋子、废电珠等，并可由代替品的不同分出城市的大小。

铁路　用两条铁丝，中间扎些短火柴梗铺成，或用回形针连续铺成。

公路　用红色粗线铺成。

内河航线　在机动船航行终点，放一只用厚纸剪成的机动船模型；木帆船的航行终点则放木帆船模型。

航空线　用厚纸剪成的飞机模型连续铺成。

除了上述各种东西以外，其他如桥梁、涵洞、水坝等巨大建筑，都可用厚纸制成模型来表示。

二、地球仪和地图

地球仪　地球仪是地理教学所必不可省的教具,学校里假使还没有地球仪,除了有条件立即购买外,应该设法自己制作。下面把自制地球仪的方法介绍一下。

在自制地球仪的工作中,最主要和最复杂的部分是一个球形体。球形体普通有两种制造方法。第一种是用铁丝或细竹篾,先扎起一个圆球形的骨架,接着就用极稀薄的糨糊在这个圆球形骨架上贴上一层层的旧报纸,至少要贴上五六层,才能使球身坚固。结扎骨架的时候,要注意多用些铁丝或细竹篾,务使每条铁丝或细竹篾之间的间隔很紧密。这样,不但粘贴报纸方便,而且更能使贴好报纸以后的骨架成为一个较为正确的球形体,不致于发生凹凸不平的现象。

另外一种制作球形体的方法,是先用黏土制成一个实心的球形体,必须制得相当正确圆滑,然后用前面"地形模型"中谈到的纸浆,一层层均匀地敷到整个圆球上去。这些纸浆需要比制作地形模型的纸浆更为稀烂,并且最好能加入一点稀薄的糨糊,纸浆约摸敷到半分厚,再在纸浆外面贴上几层平坦服帖的棉纸,然后将它阴干。阴干后,用小刀在已经变得坚硬的纸浆壳上划开一条细缝,用刀子或凿子把里面的黏土球捣碎,将其碎末逐渐除去,于是一个球形的纸浆壳便制作完成了。用小刀划开的细缝,必须用线缝好,并且用棉纸贴补好。

用这种方法制作球形休,比用铁丝或细竹篾扎骨架的方法制作的更精确,而且更为经济。不过作为模型的那个黏土球,是需要化很大的细心来制作的。如果不制黏土球作模型,则不妨用一个篮球胎或排球胎代替。把球胎打足气,用线扎紧,然后再如上述方法一层层地敷上纸浆,等到纸浆壳阴干后,即可将球胎内的空气放走,然后在壳外划开一条细缝取出球胎。

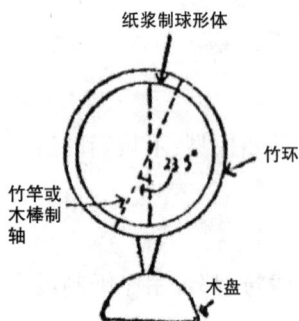

图六

球形体制成后,还需要在球面上贴上一层平滑的白纸,或者是涂上和以牛皮胶的铅粉,使球面洁白光滑,非常美观。

最后,在球形体上画上经纬线、赤道、极圈、回归线等,并且画出地球上的水陆分布。做这个工作,最好是设法暂时借到一个地球仪,按照那个地球仪临摹。否则,就得用分瓣法画出球面地图,然后粘上去。用分瓣法画球面地图,需要数学计算,绘制颇不容易,一般学校不宜采用这个办法。(如要尝试绘制,可参考"地理知识"1954年4月号

《地球仪》一文）

现在，留下的工作是怎样把这个球形体装到架子上去的问题了。用一根削得很圆滑的细竹竿或细木棒做轴，穿过地球仪的南北两极。另外再用较厚的篾片扎成一个此地球仪稍大的圆环，把露出在地球仪南北极两端的细竹竿或木棒装在这个圆环上。圆环上用毛笔写上纬度度数，对准赤道为零度（0°），南北两极点各为 90 度（90°）最后就把这个圆环上的地球仪，装到一个木制的底盘上去，并使地球仪的轴比垂直位置倾斜 23 度半（23.5°）。这样，自制地球仪就全部完成了。（图六）

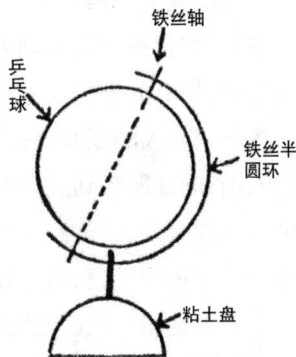

图七

地理教师除了按上述方法制作大型的、此较精密的地球仪以外，还可以设法利用各种废物来制造各种大小不等的地球仪。例如地球仪最重要部分球形体，可以用破篮球、破排球甚至乒乓球制作。用一个乒乓球和一小段铁丝，可以制成一个小巧玲珑的地球仪，这种地球仪以一块黏土或木块作为底盘。乒乓球制成的小地球仪，虽然在课堂教学中起不了什么作用，但是让儿童在课后观察，或是要他们照样仿制，对于他们掌握地球形状的概念，仍有很大的帮助。（图七）

拼合地图　拼合地图是一种简单易制的地理教具，并且也是儿童在课后巩固地图知识的良好工具。

利用一些废纸盒的厚纸板，把三四块厚纸板黏合起来，粘叠得更厚一些。在黏合好的整块厚纸板上贴上一张白纸，画出一幅中国地图的轮廓，并且把各省和各自治区的界线也画好，另外酌情再添画一些重要的山脉、河流、城市、铁路之类，最好能把不同的省区着上不同的颜色。

制作时，首先把整个中国轮廓从厚纸板上剪下来，使整块纸板上留下一块空的中国地图轮廓。然后用别的厚纸板做一个边缘很浅的矩形盘子，恰像一只纸盒的盖子一般。于是再把这块雕有中国地图空洞的厚纸板粘到这盘子的底上去。另外，把那块剪下来的中国地图，按省和自治区一块块地剪下来。这样，拼合地图的制作就完成了。必须注意的是，各省或各区的边界应该简单化一些，不能太精细。因为太精细了容易破折，而且拼好了以后不容易取下来。

正像玩七巧板一样，儿童可以经常把一块块的"省份"和"自治区"拿到纸板盘子里拼合起来。如能多制几个同样的拼合地图，儿童之间还可以举行比赛，看谁拼合得最快。这样，除了能使儿童熟悉各省和各自治区的形状和位置以外，还可以借此巩固地图上的另外许多知识。自然，拼合地图并不一定限于中国分省图，教师还可以选择其他适当的内容来进行制作。

在有条件的学校里,也可以用木板制作大型的拼合地图,以供课堂教学的需要。仍以中国分省图为例:先将一张大幅的分省图,按省和自治区一块块地剪下来,分别贴到一块块光滑干燥的木板上去,再用铜丝锯一块块地锯下来,每一块涂上不同的颜色或磁漆,并且拼合起来画上一些必要的地理事物,然后再在每一块上打一二枚竹钉或小洋钉,使钉的末梢露出地图背面约摸一公分半光景。另外,按整幅地图的大小,用木板拼合一块大的底盘,底盘上钻上许多小孔,要使每一块省区或自治区背面露出的洋钉末梢,刚好能插到底盘上的各个小孔中去。这样,整幅地图就能拼合在底盘上,并且可以悬挂起来。这种木质的大幅拼合地图,每一个省区都能随意拆下,随意装上,悬挂在课堂里很醒目,利用它作为教具也很方便。

六面地图   六面地图即是根据儿童玩具"六面画"的方法制作的,是儿童在课后复习和巩固地图知识的富有趣味的工具。

用长、阔、高各 5 厘米的正立方形木块 20 块(假使不用木块,拿黏土制作也是可以的),另外用厚纸板制成一个长 26 厘米、宽 21 厘米的盘子,盘子的边缘高 3 厘米,使这20 块木头正好能拼合在盘中(长的一边拼 5 块,宽的一边拼 4 块)。在每一木块的 6个面上,都平服地贴上一片大小相同的白纸,于是把这 20 块木头拼合在纸盘中,画出一张整幅的地图。由于每一木块都有 6 面,可以在纸盘上作 6 次拼合,画上 6 幅不同的地图。这 6 幅地图的内容可由教师随意选择。一般的 6 面地图可以画上本省全图、中国全图、亚洲全图、世界全图、苏联全图和欧洲人民民主国家全图 6 幅。另外也可按照教科书中的中国地理分区绘制。

六面地图包括 20 个方块,每一方块上又有 6 种不同的式样。因此,拆散以后,要在纸板盘子中拼合成整幅地图,是需要经过一番细致的辨认和凑合功夫的。这种练习,对巩固儿童的地图知识自然会有很大的帮助。

使用六面地图还可以提高儿童的学习兴趣。如能多制作几个这样的地图,则也可以采用比赛的方式,评比儿童掌握地图知识的熟练程度。

后　记

　　我接受浙江人民出版社写作本书的任务，还在1954年春天。这以前，中华人民共和国教育部曾经寄给我一份油印的、仅仅作为征求意见用的"小学地理教学大纲草案初稿"。当时我就按照这个"草案初稿"写作了本书的初稿。但是后来考虑到，这个"草案初稿"并不是国家正式颁布的文件，而且经过向各方面征求意见后，它必然还会作许多修改，不宜作为写作的依据。这样，我就把写作工作暂时搁下来，等待教学大纲正式颁布以后再来写作本书。1956年，《小学地理教学大纲（草案）》正式颁布了。于是，在这一年多的时间里，我又重新整理资料，并且根据部颁教学大纲的精神，写成了本书。

　　在写作本书的过程中，本省各地有不少小学教师同志对我的写作提纲提过许多宝贵的意见，使我在写作中得到启发。本书中的一部分内容，曾经陆续在浙江文教社出版的《小学教育通讯》上发表过（其中另一部分曾选载于上海新知识出版社出版的《高小地理教材和教法问题》一书中），发表后部分小学教师同志曾来信鼓励或提供意见，这对我的写作工作也带来好处。本书原稿又蒙浙江师范学院地理系陈铎民同志仔细审读，提供了许多建设性的意见。因此，在这里，我要向所有曾经帮助我写作本书的同志们志谢；并且要求他们和本书的读者们，继续再提出宝贵的意见。

陈桥驿于杭州

1958年2月

原著浙江人民出版社1958年版